普通高等教育"九五"国家级重点教材

HISTORY
OF INTERNATIONAL RELATIONS

国际关系史

战后卷
上册

方连庆 王炳元 刘金质 ◎ 主编

北京大学出版社
PEKING UNIVERSITY PRESS

图书在版编目(CIP)数据

国际关系史(战后卷)/方连庆,王炳元,刘金质主编. —北京:北京大学出版社,2006.10

ISBN 978-7-301-11103-1

Ⅰ.国… Ⅱ.①方… ②王… ③刘… Ⅲ.国际关系史—战后—高等学校—教材 Ⅳ.D819

中国版本图书馆 CIP 数据核字(2006)第 116418 号

书　　　名	国际关系史(战后卷)(上下册) GUOJI GUANXI SHI(ZHANHOU JUAN)(SHANGXIACE)
著作责任者	方连庆　王炳元　刘金质　主编
责 任 编 辑	吉　宛　金娟萍
标 准 书 号	ISBN 978-7-301-11103-1
出 版 发 行	北京大学出版社
地　　　址	北京市海淀区成府路 205 号　100871
网　　　址	http://www.pup.cn
新 浪 微 博	@北京大学出版社　　　　@未名社科-北大图书
微信公众号	ss_book
电 子 信 箱	ss@pup.pku.edu.cn
电　　　话	邮购部 010-62752015　　发行部 010-62750672 编辑部 010-62753121
印 刷 者	天津中印联印务有限公司
经 销 者	新华书店
	730 毫米×980 毫米　16 开本　60.75 印张　1058 千字 2006 年 10 月第 1 版　2023 年 6 月第 11 次印刷
定　　　价	139.00 元(上下册)

未经许可,不得以任何方式复制或抄袭本书之部分或全部内容。

版权所有,侵权必究

举报电话:010-62752024　电子信箱:fd@pup.pku.edu.cn

图书如有印装质量问题,请与出版部联系,电话:010-62756370

内 容 简 介

本书是普通高等教育"九五"国家级重点教材《国际关系史》三卷本中的一卷,即战后卷。书中系统地阐述了 1945—2000 年间国际关系格局的新变化和新特点,国际政治舞台上美苏冷战,两大集团的对立和斗争,第三世界的兴起,以及美苏两国争夺全球霸权和双方力量对比的消长、变化,并重点剖析了冷战后世界多极化趋势和国际战略格局深刻而巨大的变化。全书结构严谨,线索清晰,内容丰富,史料求真求新,可读性强,是一部有特色的高等学校教材。

本书主要供高等学校国际政治、国际关系、外交学、国际法和世界史等专业教学使用,也可作为党校、干部院校、军事院校及外事工作人员和关心国际问题的广大青年、干部学习用书。

编著者说明

为了进一步贯彻《中国教育改革与发展纲要》精神,深化教学内容和课程体系改革,提高教学质量,原国家教委于1996年决定进行普通高等教育"九五"国家级重点教材立项选题工作,以便确定编写一批覆盖面较大、对实现教育培养目标有重大影响的教材。

国际关系史是社会科学领域中一门重要的基础学科,也是高等学校中国际政治、国际关系、外交学、国际法和世界史等专业的重要基础课程。它是以国与国之间的政治与外交关系、整个国际社会的矛盾和斗争以及国际关系发展的基本规律为研究对象,同时也注意研究国际经济、军事、文化和宗教关系。

为了给高等学校的相关专业提供一套比较完整、系统的国际关系史教材,我们申报了《国际关系史》三卷本,即近代卷、现代卷和战后卷。该项申请经专家评审和原国家教委批准,确定立项为普通高等教育"九五"国家级重点教材。

现在奉献给读者的《国际关系史(战后卷)》是在方连庆、刘金质、王炳元主编的《战后国际关系史(1945—1995)》的基础上修订而成。这次修订是按照原国家教委提出的"国家级重点教材都应建设成'九五'普通高等教育的精品教材"这一高标准要求努力去做的。全书以马克思主义唯物史观为指导,实事求是地分析了20世纪下半叶国际关系格局的新变化和新特点,力求准确、科学地揭示这一时期风云变幻、扣人心弦的历史进程。本书在体例上主要按编年系统撰写,共分6编23章,既反映战后国际关系史的连续性,也呈现一定的阶段性。书中依据的材料有很大一部分来自原始文件,特别是二战后一些国家陆续公布的解密档案材料,同时我们也利用了国内外公开发表的一些新材料,并参阅了大量中外书刊。这次修订又增加了20世纪最后五年国际关系发展变化的新内容。为了方便读者,我们在书后附录了大事年表。

本书由北京大学国际关系学院方连庆、王炳元、刘金质主编。参加撰稿的有(以姓氏笔画为序)方连庆、王炳元、朱文莉、刘金质、刘甦朝、吴方桂、李茂春、潘琪昌、杨淮生。具体分工为:方连庆撰写编著者说明、序言、对德日前盟国的处理和五国和约的缔结、全书的美国部分;王炳元撰写全书的中国部分、1995年

9月—2000年12月大事年表;朱文莉撰写全书第十三章以后的第三世界部分、第二十章以后的日本和中日关系部分、联合国作用的加强;刘金质撰写全书的苏联、俄罗斯、苏美关系、苏中关系的分歧和恶化、俄美关系及东欧部分、第二十一章第二节的科索沃战争和第四节的国际裁军与军备控制的新进展及环境与发展问题;刘甦朝撰写全书第二十章以前的日本和中日关系部分;吴方桂撰写第七章第二节,第十一章第一、二节,以及第十二章以后的西欧部分;李茂春撰写全书第十三章以前的第三世界部分;潘琪昌撰写第一章第二节、第七章第一节,以及第十一章第三节的西欧部分;杨淮生撰写1945年9月—1995年8月大事年表。全书最后由方连庆、王炳元、刘金质统一修改定稿。

  本书蒙北京大学出版社鼎力支持和帮助,谨表示深切的谢意。

  尽管我们为编写本书做了很大努力,但由于水平有限和对战后国际关系特别是对冷战后国际关系研究不够,书中疏漏和缺点所在多有,望方家和读者斧正。

编著者

2005年12月于北京大学

序　言

　　战后国际关系史或曰当代国际关系,从严格的世界史的角度来说,是现代国际关系史的一部分,是现代国际关系史在第二次世界大战后的赓续和发展。

　　本书所涵盖的时期是从1945年9月到2000年12月,即战后国际关系55年。这55年大体上可分为两个时期:冷战时期和冷战后时期。

　　冷战时期的国际关系以美苏对抗和两大集团的对峙为特征。由于战后民族解放运动兴起,第三世界作为独立的政治力量登上国际舞台,社会主义阵营和资本主义阵营内部的矛盾和分化以及苏美两国实力的不断消长变化,因此这一时期的国际关系错综复杂、逶迤曲折,在不同阶段呈现明显不同的特点。

　　第一阶段:1945—1949年。上限始于第二次世界大战结束,下限以中华人民共和国的成立为界标。这一阶段是战后国际政治格局确立的时期。随着战争的结束,美苏结盟的基础已不复存在,两国的矛盾日益突出。美国凭借其战时膨胀起来的经济、军事实力,妄图建立世界霸权。社会主义苏联的崛起成了美国称霸世界的严重障碍。美国为了"遏制"苏联,先后抛出了"杜鲁门主义"和"马歇尔计划",并策划组织北大西洋公约组织,发动了对苏联的全面"冷战"。面对美国的遏制、封锁和包围,苏联则通过成立共产党和工人党情报局与"经互会",加强了同东欧新走上社会主义道路国家的合作。美苏战时同盟宣告解体,两国由盟友变成敌人。1949年中国革命的胜利和中华人民共和国的成立,冲破了帝国主义的东方战线,极大地改变了世界政治力量对比,标志着社会主义阵营的形成。以美苏为首的两大阵营的对立和斗争由此开始。但两大阵营并没有涵盖整个国际关系体系。战后初期,东南亚和南亚民族解放斗争的胜利和一批国家赢得民族独立,冲垮了亚洲殖民体系,国际关系中出现了一支新兴力量。

　　第二阶段:1950—1959年。始于朝鲜战争爆发,终于苏美首脑戴维营会谈。这一阶段是两大阵营对抗和激烈斗争的时期,也是民族解放运动迅速发展的时期。两大阵营对抗的实质是美苏对抗,对抗的主要表现在亚洲是朝鲜战争,在欧洲是两大对立的军事集团的形成。1950年6月,朝鲜战争爆发。美国试图控制整个朝鲜半岛,进而扼杀社会主义的新中国。由于中朝人民的英勇抗战,美国遭到惨重失败。朝鲜战争实际上是两大阵营的一次"热战",它以社会主义阵营的胜利宣告结束。1955年5月,美国通过《巴黎协定》把联邦德国拉入北大西洋公约组织,企图把它作为北约抗衡苏联的前哨阵地。同年5月14日,苏联同东欧国家成立了华沙条约组织,第二年民主德国加入了该组织。至此,以美苏为首的两大军事集团在欧洲对峙的局面最终形成。但在20世纪50年代中期以后,两大阵营内部的矛盾和分歧已开始暴露。西欧国家对美国的控制感到不满,开始寻求对抗措施。1958年1月欧洲经济共同体的建立是典型事例。苏联外交中的大国沙文主义和民族利己主义也时有表现,损害了社会主义国家之间的关系。1956年10月爆发的波匈事件突出反映了苏东矛盾的尖锐性。1959年秋,赫鲁晓夫与艾森豪威尔在戴维营举行会谈,鼓吹苏美"合作"主宰世界,表明苏联外交的性质已开始发生变化。这一阶段最具世界历史意义的事件是亚非拉民族解放运动的迅猛发展。1955年4月,亚非29个国家和地区第一次在没有西方殖民国家参加的情况下,举行了具有历史意义的万隆会议并由此诞生了"万隆精神"。它标志着亚非国家作为一支崭新的独立的政治力量登上国际舞台,这是被压迫民族反帝斗争史上一个重要的里程碑。

第三阶段:1960—1969年。上限始于苏联撕毁同中国签订的几百个合同和协议,把两党分歧扩大到国家关系,下限以苏联入侵捷克斯洛伐克和中国珍宝岛为界标。这一阶段是国际政治力量大动荡、大分化、大改组的时期。社会主义阵营不复存在,资本主义阵营四分五裂。社会主义阵营解体的主要标志是中苏同盟破裂。中苏分歧始于20世纪50年代中期,其主要根源是苏联推行大国沙文主义,把自己的意志强加于别的社会主义国家。1960年苏联撕毁同中国签订的几百个合同和协议,撤走全部在华工作的专家。1962年苏联竟在中国新疆地区进行大规模颠覆活动,并不断制造边界冲突,直至1969年公然出兵侵犯我国珍宝岛。中苏关系的恶化导致社会主义阵营的破裂。在东欧,1968年苏联悍然出兵侵占捷克斯洛伐克,充分暴露了它霸权主义的真面目,表明苏联已演变成推行霸权主义政策的国家。

在资本主义阵营,由于资本主义经济政治发展不平衡规律和世界革命风暴的冲击,内部也发生了分裂。一方面,美国在20世纪50年代和60年代的侵朝侵越战争中损失巨大,实力衰落;另一方面,西欧和日本经济增长速度明显高于美国,成为与美国并列的资本主义世界经济中心。西欧实力增强之后,加强了同美国的竞争与反控制斗争,最突出的表现是法美矛盾的激化。法国戴高乐政府,在经济上积极主张加强欧洲经济共同体,与美国抗衡;在政治上反对美国控制欧洲,倡导建立"欧洲人的欧洲";在军事上抵制美国的"多边核力量计划",反对北约军事一体化,并于1966年退出北约军事一体化机构,限令撤走美国在法驻军及军事基地,把北约总部赶出巴黎;在外交上坚持独立自主,主动调整同苏联和东欧国家的关系,并与中国建交。这表明美国在资本主义世界的霸主地位已受到严重挑战。日本在60年代经济获得高速发展,到60年代末国民生产总值超过英、法和联邦德国,成为资本主义世界第二经济大国。同时,日美经济贸易矛盾和摩擦也随之激化,最突出的是双方围绕日本纺织品输美问题展开的长期而激烈的斗争。显然,日本同西欧一样,也成了美国在经济贸易领域的重要竞争对手。

美苏之间既勾结又争夺,以争夺为主。1962年发生的古巴导弹危机是战后美苏两国第一次大规模迎头相撞。结果是苏联以冒险主义开始,以投降主义告终,表明苏联的实力尚不能与美国匹敌。1964年,勃列日涅夫上台后,积极增强经济实力,并利用美国深陷侵越战争泥潭之机,拼命扩充军事实力,特别是战略核武器,逐步扭转了战略上的不利形势,走上了与美国争夺世界霸权的道路。

民族解放运动在20世纪60年代出现了新的高潮,其特点是革命风暴的中心从亚洲转到了非洲。仅1960年一年,就有17个非洲国家获得独立;到60年代末,大部分非洲国家赢得了政治上的独立。拉丁美洲在古巴革命的推动下,也掀起了反美风暴。在民族解放运动蓬勃发展的形势下,不结盟运动和"77国集团"应运而生,成为第三世界崛起的鲜明标志。

第四阶段:1970—1979年。始于1970年苏联与联邦德国签订互不侵犯条约,终于苏联出兵入侵阿富汗。这一阶段是美苏争霸和第三世界联合反霸的时期。20世纪70年代美苏争霸有两个特点:一是在"缓和"的烟幕下进行;二是战略态势苏攻美守。1969年1月尼克松就任总统时,美国正面临着历史上从未有过的挑战。世界格局从两极向多极演变,苏联不仅在常规军备方面继续保持对美的优势,而且在战略核力量方面也赶上美国。尼克松为保持美国的现实和长远利益,被迫进行战略调整。同年7月,尼克松在关岛记者招待会上的讲话(即"尼克松主义"),不仅阐明了美国对亚洲政策新的指导方针,而且也是调整全球战略的信号。美国决心"收缩力量",减轻"全球义务"的负担,以"实力"为后盾,同敌手进行"对话"或"谈判",以便在美苏和其他大国之间建立有利于美国的均势。"尼克松主义"标志着美国对外政策进入了一个以收缩海外力量和"缓和"同苏联关系为特点的新时期。

苏联为巩固和发展对自己有利的战略形势,也企图在"缓和"的掩护下,分化、削弱以美国为首的西方联盟，巩固在东欧的势力范围。1970年8月，苏联与联邦德国签订了互不侵犯条约，苏以在西柏林问题上的让步换取联邦德国承认其在东欧的势力范围，从而揭开了"缓和"的序幕。1975年召开的"欧安会"和在赫尔辛基签署的《最后文件》，以条约的形式确认了战后欧洲分治的现状。在欧洲缓和局面得到稳定的情况下，20世纪70年代后半期苏联便放手对外发动新攻势，在亚洲和非洲扩张势力范围。1979年12月，苏联出兵入侵阿富汗，直接威胁了美国在中东波斯湾地区的战略利益，美国对此作出了强烈反应，从而宣告了"缓和"的破产。两个超级大国展开了新一轮的对抗和争夺。

第三世界在斗争中不断发展壮大，成为反帝、反殖、反霸的主力军。1971年10月，在第26届联合国大会上，由于广大中小国家的团结斗争，以76票的压倒多数通过了恢复中华人民共和国在联合国合法权利的议案，显示了第三世界在国际事务中日益增强的巨大力量。1973年，阿拉伯国家以石油为武器，团结协作，展开了一场震惊世界的石油斗争，给资本主义世界以沉重打击。1974年4月举行的联大第六届特别会议，通过了"77国集团"起草的《关于建立国际经济新秩序宣言》和《行动纲领》，反映了第三世界国家要求改变不合理、不公正的旧的国际经济秩序的强烈愿望。在这个时期，由拉美国家发起的维护海洋权益，争取200海里海洋权的运动，迅速得到其他第三世界国家的支持和响应，沉重地打击了超级大国的海洋霸权主义。特别应当指出的是，到20世纪70年代末，第三世界国家已经在联合国占有2/3以上的多数，改变了超级大国任意摆布联合国的局面。联合国开始成为第三世界反对霸权主义、维护世界和平的重要舞台。

第五阶段：1980—1989年。始于"卡特主义"出笼，终于东欧剧变。这一阶段是美苏关系既对抗又对话和世界多极化趋势进一步发展的时期。苏联入侵阿富汗后，美国对苏采取了一系列制裁措施。1980年1月，卡特在国情咨文中明确提出，任何"外来力量"企图控制波斯湾的尝试，都将遭到美国"包括军事力量"在内的一切必要手段的"回击"。这项有关波斯湾的新政策，后被称为"卡特主义"。它标志着美国的对苏政策由缓和转向强硬。1981年1月，里根政府上台后，在"重振国威"的旗号下，调整了对苏战略，加强对苏的遏制和对抗，力图扭转美国在20世纪70年代同苏联争夺的不利局面，恢复和扩大美国在全世界的势力和影响。为此，美国大肆扩充军备，提出"星球大战计划"，目的是利用自己的经济实力和空间技术优势，同苏联在太空领域展开新一轮竞赛，以打破双方的核均势，夺取对苏的核战略优势，并在军备竞赛中拖垮已陷入困难的苏联经济。在外交上,美国由守转攻,公开宣称不承认欧洲被分割的现状合法化,并采取一系列措施遏制苏联在亚非拉的扩张和影响。在意识形态领域,美国更加咄咄逼人,提出要在全世界推广西方民主,促进东欧和苏联向"更加开放"和"人道的社会"演变。

苏联长期推行霸权主义政策,使自己背上了沉重的包袱。进入20世纪80年代,苏联经济增长率大幅度下降,军费开支增长速度放慢,扩张势头减弱。但是,苏联决不允许美国取得对苏的军事优势。面对美国的挑战,它决定加速研制和部署新一代核武器,特别是太空武器。在外交方面也采取针锋相对的不妥协态度。两个超级大国展开了尖锐的对抗。到1985年3月戈尔巴乔夫上台后,情况发生了变化。由于经济困难加剧,国内政治、社会、民族矛盾尖锐,苏联同美争霸已力不从心,不得不在对外政策上实行战略收缩,缓和对美的僵硬态度。1987年12月,美苏签订《中导条约》,标志着双方关系由对抗走向缓和,出现了双方既对抗又对话的局面。苏联试图利用缓和的国际形势,实现加速发展战略,保持自己的超级大国地位。但是,与美力量对比的颓势难以扭转,争霸的态势已由70年代的苏攻美守转为美攻苏守。

西欧和日本在20世纪80年代经济实力不断增强,对美国的离心倾向也随之发展。欧洲共同体在接纳希腊、西班牙和葡萄牙加入之后,成员国由9国扩大至12国,整体实力大增。1989年欧洲共同体国内生产总值达5.6万亿美元,超过美国,其贸易额约占世界贸易总额的40%,居世界之冠。随着实力和自主意识的增强,西欧在对美经济关系中,竭力反对美国的控制和损害自身利益的政策,并在金融、贸易和高科技领域同美展开了激烈竞争。在外交上,西欧各国努力"用一个声音说话",在欧美同盟内部要求扩大自身权益和自主地位,并争取在美苏之间有更多的发言权和回旋余地,以便使自己成为世界上一支独立的政治力量。日本同美国的经济竞争和贸易摩擦也日趋激烈。1989年,日本对美国的贸易顺差为600多亿美元,在美直接投资高达800亿美元。随着经济和科技实力的提高,日本积极谋求政治大国地位,同美国争夺亚太地区主导权,并努力发挥全球性作用。

东欧各国同苏联之间长期存在着争取独立自主与强化控制的激烈斗争。进入20世纪80年代,苏联自身的经济困难不断加剧,对盟国的控制能力日益减弱。东欧国家多年来因受僵硬的苏联模式的影响,妨碍了经济发展。从80年代中期开始,这些国家的经济形势日趋恶化,通货膨胀,物价失控,群众不满,引发社会动荡的因素增多。以美国为首的西方国家趁机发动"和平"攻势,对东欧进行渗透、插手和干预，促使东欧政局朝着自己所希望的方向发展。苏联的"新思维"和政策误导，加剧了东欧局势的不稳。1989年，东欧国家相继发生震惊世界的社会剧变。之后，这些国家纷纷脱离苏联的势力范围，向西方国家靠拢。

20世纪80年代，在发达国家转嫁危机和实行贸易保护主义的影响下，发展中国家的经济发展遇到了巨大困难。发达国家特别是美国，利用第三世界国家的经济困难，顽固坚持不平等的国际经济旧秩序，使南北对话陷入僵局。南方发展中国家为了克服经济困难，协调同北方发达国家对话中的立场，把重点转向加强集体自力更生，实现南南合作方面。1982年2月，在印度新德里举行了首次"南南会议"（又称"新德里磋商"）。1986年5月，在吉隆坡召开了第二次"南南会议"。1987年6月，在朝鲜平壤举行了南南合作部长级特别会议。这些会议讨论了加强和促进南南合作的战略设想，阐明了合作的原则和指导方针，协调了立场和行动，对于减少和摆脱对北方国家的依赖和控制，起到明显的作用。与此同时，第三世界国家独立自主的倾向进一步增强。1989年9月召开的第九次不结盟国家首脑会议，继续坚持反帝、反殖、反霸和支持民族解放运动的宗旨和原则，决定把争取和平与发展作为今后的首要任务。这时，不结盟运动的成员已发展到102个，约占全世界国家总数的2/3，显示了第三世界在国际事务中的力量和影响进一步增长。中国是发展中的社会主义国家，属于第三世界。中国在80年代继续执行改革开放政策，经济取得了长足的发展，国际地位日益提高。中国坚定不移地站在第三世界国家一边，支持第三世界国家的正义斗争和合理要求。中国同第三世界国家的团结合作，对世界的和平与发展起了重要的推动作用。

1990年10月，德国统一。1991年7月，华沙条约组织解体。同年12月，苏联解体。这标志着美苏两个超级大国的激烈争夺和东西方两大集团的对抗结束，雅尔塔体系宣告瓦解。从此，延续了40多年的美苏"冷战时期"的历史落下帷幕，战后国际关系史揭开了新的一页——冷战后时期。东西方冷战结束后，国际关系和世界战略格局发生了巨大的深刻变化，出现了一系列不同于冷战时期的新特点。

一是世界多极化趋势加速发展。随着冷战的结束，世界上各种力量出现新的分化和组合。苏联不复存在，美国成了唯一的超级大国。在20世纪90年代的十年间，美国经济持续增长，年平均增长率在3%以上，它凭借独一无二的军事力量、科技实力以及对国际事务的影响力，妄图建立在其领导下的单极世界。

欧洲的一体化进程快速发展,以1993年11月1日欧洲联盟成立为标志,欧洲一体化取得了突破性的实质进展,它的目标是建成一个具有强大经济实力并执行共同外交和安全政策的政治实体,推动欧洲以整体面貌作为世界重要一极在国际舞台上发挥独特作用。日本在90年代虽然经济持续低迷,但它仍然是世界上第二经济大国,并加快了实现世界政治大国的前进步伐。俄罗斯作为原苏联的联合国安理会常任理事国和核大国地位的继承者,仍然是一个横跨欧亚大陆和资源丰富的大国,是世界上唯一在军事上能够与美国抗衡的国家,虽然国内面临一些困难,但在国际事务中仍拥有重要影响。中国的改革开放不断深入,经济以居于世界前列的速度持续发展,外交方面取得巨大成就,在国际上的地位和作用不断加强。第三世界国家在冷战结束后经济以远远高于发达国家的速度增长,地位明显上升,成为多极化趋势发展中的重要角色。

二是经济全球化进程不断加快。随着科技进步的突飞猛进和生产力的发展,经济市场化、贸易与投资国际化、信息和人才的快速流动,各国经济联系日益紧密,相互依存度增加,合作增强,全球化趋势日益明显。同时,区域经济集团化的进程也在加速发展。欧洲联盟进一步扩展,北美自由贸易区形成,亚太经济合作不断向前推进,世界贸易组织宣告成立。但是,经济全球化趋势既给世界各国带来发展的机遇,同时也带来严峻的挑战和风险,向各国特别是发展中国家提出了如何维护自己经济安全的新课题。

三是相互依存和合作的发展趋势加快。随着世界经济迅速走向国际化,各国之间的联系日益紧密,利益交融,相互影响,形成"你中有我,我中有你"的纵横交叉局面。同时,各国还面临着环境污染、人口激增、自然资源匮乏、毒品贩运、恐怖活动猖獗等一系列全球问题,需要国家间加强合作,共同解决。虽然各国间仍存在着利益的分歧、对立和斗争,但由于相互制约因素和共同利益增多,通过谈判解决分歧和争端已成为冷战后处理国际关系问题的主要形式和手段,这必将进一步推动国际机制朝着协调与合作的方向发展。

四是世界总的趋势走向缓和。两极格局瓦解后,大国军事对抗势头减弱。由于华约解体,两大军事集团在欧洲紧张对峙的局面消失。国际裁军和军控取得新进展。1991年7月,美苏签订《第一阶段削减战略武器条约》,规定双方减少战略核武器的1/3。1993年1月,美俄签订《第二阶段削减战略武器条约》,规定双方削减各自的核弹头2/3。在常规裁军方面,1992年6月,北约国家与原华约国家签署了各国兵员限额协议,决定较大幅度地裁减常规军备。同时,冷战时期遗留下来的一些"热点",逐步得到解决或缓解。然而天下并不太平。

两极格局终结也使一些原来被掩盖的民族矛盾、宗教冲突、领土争端不断发生，出现了一些新"热点"。但这些矛盾和冲突不致影响缓和的总趋势。和平与发展更突出地成为时代的两大主题。

人类已进入新世纪、新千年。世界政治、经济形势正在经历复杂而深刻的变化，各国普遍着眼于以提高科技和经济水平为主要目标的综合国力的竞争，以便在未来的世界格局中占据有利地位。我国应抓住这一百年难逢的发展机遇，开拓进取，努力实现21世纪上半叶的发展战略和奋斗目标，使中国以繁荣、富强、统一的崭新面貌屹立于世界民族之林；同时，应积极开展国际合作，推动人类进步，维护世界和平，促进共同发展，为创造一个和平繁荣的新世纪作出自己应有的贡献。

目 录

第一编 战后初期的国际关系(1945—1949)

第一章 盟国在处理战败国问题上的矛盾和斗争 ······ 003
  第一节 对意、罗、保、匈、芬五国和约的缔结 ······ 003
    从伦敦第一届外长会议到苏美英三国外长在莫斯科的妥协 ······ 003
    第二届外长会议与巴黎和会 ······ 006
    纽约第三届外长会议与五国和约的缔结 ······ 009
    多瑙河会议 ······ 012
  第二节 在处置德国问题上的斗争 ······ 013
    盟国在对德政策上的分歧 ······ 013
    美苏在德国问题上的争夺与第一次柏林危机 ······ 015
    两个德国的建立 ······ 020
  第三节 美国对日本的单独占领 ······ 023
    美国独占日本 ······ 023
    民主改革的实施 ······ 026
    美国对日政策的转变 ······ 030

第二章 美国霸权地位的确立及其对西欧的控制 ······ 034
  第一节 美国的全球战略和冷战政策 ······ 034
    美国称霸世界的计划 ······ 034
    美苏从合作走向对抗与乔治·凯南的"遏制"理论 ······ 037
    丘吉尔的富尔顿演说 ······ 040
    杜鲁门主义与美苏冷战的开始 ······ 041
  第二节 从"马歇尔计划"到《北大西洋公约》 ······ 044
    英国的"三环外交"和《英法同盟互助条约》 ······ 044
    "马歇尔计划" ······ 046

　　　　《布鲁塞尔条约》 049
　　　　北大西洋公约组织的建立 051
　　第三节　美国在拉丁美洲的扩张和"第四点计划" 054
　　　　《里约热内卢条约》 054
　　　　美洲国家组织的建立 056
　　　　"第四点计划" 058

第三章　苏联成为世界大国及其同东欧和南斯拉夫的关系 060
　　第一节　苏联国际地位的提高及其对外政策 060
　　　　苏联成为与美国抗衡的世界大国 060
　　　　战后初期苏联的对外政策 064
　　第二节　苏联同东欧和南斯拉夫的关系 068
　　　　东欧人民民主国家的建立 068
　　　　东欧国家人民政权的巩固 071
　　　　苏联同东欧和南斯拉夫的友好合作互助条约 075
　　　　经济互助委员会的成立 077
　　第三节　欧洲共产党和工人党情报局的建立及苏南关系的破裂 079
　　　　欧洲共产党和工人党情报局的建立 079
　　　　苏南关系的破裂 082

第四章　亚洲各国争取民族独立斗争的胜利 086
　　第一节　越南和朝鲜革命的胜利 086
　　　　越南民主共和国的建立 086
　　　　朝鲜民主主义人民共和国的诞生 087
　　第二节　东南亚和南亚民族独立运动的高涨 089
　　　　印度尼西亚的独立 089
　　　　菲律宾和缅甸的独立 092
　　　　印度和巴基斯坦的独立 095
　　第三节　西亚各国人民反帝反殖斗争的蓬勃发展 097
　　　　叙利亚和黎巴嫩的独立 097
　　　　巴勒斯坦问题 098
　　　　第一次中东战争 100

第五章　美国对华政策的破产和中华人民共和国的成立 …… 103

第一节　美国对华政策的破产 …… 103

美国的扶蒋反共政策 …… 103

马歇尔使华 …… 106

"白皮书"的发表 …… 110

第二节　中华人民共和国的成立 …… 114

中国革命的胜利及其对国际关系的影响 …… 114

新中国外交的基本原则和具体政策 …… 115

肃清帝国主义在中国的特权 …… 117

第二编　20世纪50年代的国际关系(1950—1959)

第六章　美国推行敌视中国的政策及其在亚洲的侵略扩张活动 …… 125

第一节　中华人民共和国对外关系的发展 …… 125

同各国建立外交关系 …… 125

《中苏友好同盟互助条约》 …… 128

和平共处五项原则的提出和实施 …… 130

中美大使级会谈 …… 132

第二节　美国对朝鲜的武装干涉 …… 139

朝鲜战争的爆发与美国的武装干涉 …… 139

中国人民志愿军入朝作战 …… 141

朝鲜停战谈判与停战协定 …… 143

第三节　美国单独对日媾和与日美"安全体系"的确立 …… 145

旧金山和会与《旧金山对日和约》 …… 145

《日美安全条约》 …… 148

日台"和约" …… 150

《日美共同防御援助协定》 …… 153

第四节　印度支那战争和日内瓦会议 …… 156

美国策划扩大印度支那战争与"多米诺理论" …… 156

日内瓦会议 …… 158

第七章　西欧联合趋势的发展和欧洲经济共同体的建立 …… 161
第一节　从舒曼计划到《伦敦—巴黎协定》 …… 161
舒曼计划和欧洲煤钢共同体 …… 161
普利文计划和《欧洲防务集团条约》 …… 165
《伦敦—巴黎协定》 …… 169
第二节　欧洲经济共同体的建立 …… 171
《罗马条约》 …… 171
实施关税同盟计划及共同农业政策 …… 174
戴高乐重新执政后法国的独立自主外交政策 …… 176

第八章　苏联对外政策的新变化 …… 180
第一节　斯大林逝世后的苏联外交 …… 180
对奥和约的缔结 …… 180
日内瓦四国首脑会议 …… 181
苏联同日本恢复外交关系 …… 185
戴维营会谈 …… 187
第二节　苏联与东欧各国关系出现的新情况 …… 190
华沙条约组织的建立 …… 190
苏南关系的改善 …… 192
波兹南事件 …… 195
匈牙利事件 …… 198
第三节　中苏关系变冷的趋势 …… 203
中苏分歧的背景 …… 203
"共建长波电台"与"共同潜艇舰队"问题 …… 205
赫鲁晓夫对台湾问题和中印边界冲突的立场 …… 208

第九章　亚非会议和亚非国家反帝斗争的高涨 …… 212
第一节　亚非国家万隆盛会 …… 212
科伦坡五国总理会议和茂物会议 …… 212
亚非会议的胜利召开和"十项原则" …… 213
第二节　苏伊士运河事件和第二次中东战争 …… 216
苏伊士运河事件 …… 216

  第二次中东战争 …………………………………………………………… 218
 第三节 艾森豪威尔主义与美国军事干涉黎巴嫩的失败 ………………… 220
  艾森豪威尔主义 …………………………………………………………… 220
  伊拉克革命对中东军事联盟的打击 ……………………………………… 222
  美国军事干涉黎巴嫩的失败 ……………………………………………… 224

第三编 20 世纪 60 年代的国际关系(1960—1969)

第十章 美苏争霸格局的形成 ……………………………………………… 229
 第一节 U-2 飞机事件和第二次柏林危机 …………………………………… 229
  U-2 飞机事件和四国首脑会议的流产 …………………………………… 229
  肯尼迪的"和平战略" ……………………………………………………… 231
  维也纳会谈 ………………………………………………………………… 235
  第二次柏林危机 …………………………………………………………… 237
 第二节 古巴导弹危机和部分禁止核试验条约 …………………………… 241
  古巴革命胜利后的古美关系 ……………………………………………… 241
  吉隆滩战役 ………………………………………………………………… 245
  古巴导弹危机 ……………………………………………………………… 247
  部分禁止核试验条约 ……………………………………………………… 252
 第三节 第三次中东战争和葛拉斯堡罗会谈 ……………………………… 255
  第三次中东战争 …………………………………………………………… 255
  葛拉斯堡罗会谈 …………………………………………………………… 258

第十一章 西欧、日本对外政策的调整 …………………………………… 260
 第一节 欧洲经济共同体的发展及其同美英之间的矛盾 ………………… 260
  欧洲经济共同体的巩固和发展 …………………………………………… 260
  "狄龙回合"和"肯尼迪回合" …………………………………………… 262
  欧洲自由贸易联盟与英国加入共同体的波折 …………………………… 264
 第二节 法国对美国霸权的挑战 ……………………………………………… 267
  拒绝美国的"多边核力量"计划 ………………………………………… 267
  《法德合作条约》 …………………………………………………………… 270

  退出北约军事一体化组织 …………………………………………… 272
  中法建交 …………………………………………………………… 275
 第三节 联邦德国的"新东方政策" ………………………………… 277
  哈尔斯坦主义 ……………………………………………………… 277
  "新东方政策"的形成 ……………………………………………… 280
 第四节 日本经济的高速增长和日美安全条约的修改 ………… 283
  日本经济的高速增长和日美矛盾的发展 ………………………… 283
  《日美共同合作和安全条约》 ……………………………………… 287
  日本人民反对日美安全条约的斗争 ……………………………… 290

第十二章 苏联恶化中苏关系和加强对东欧的控制 ………………… 293
 第一节 中苏两国关系的恶化 ……………………………………… 293
  苏联恶化中苏两国关系的步骤 …………………………………… 293
  苏联挑起边界冲突和珍宝岛事件 ………………………………… 296
 第二节 苏联入侵捷克斯洛伐克和勃列日涅夫主义 …………… 299
  "布拉格之春" ……………………………………………………… 299
  苏联出兵捷克斯洛伐克 …………………………………………… 302
  勃列日涅夫主义 …………………………………………………… 305

第十三章 第三世界的兴起 ……………………………………………… 309
 第一节 不结盟运动和"77国集团" ………………………………… 309
  不结盟运动的兴起 ………………………………………………… 309
  "77国集团"等第三世界国际组织的出现 ……………………… 311
 第二节 亚洲反帝斗争的发展 ……………………………………… 314
  东南亚国家联盟的建立 …………………………………………… 314
  印支人民的抗美救国战争 ………………………………………… 316
 第三节 非洲国家独立的浪潮 ……………………………………… 319
  英法非洲殖民体系的瓦解 ………………………………………… 319
  阿尔及利亚民族独立战争 ………………………………………… 321
  刚果事件 …………………………………………………………… 324
  非洲统一组织的建立 ……………………………………………… 326

第四节　拉丁美洲的反美爱国斗争 ………………………………… 328
　　巴拿马争取收回运河主权 ………………………………………… 328
　　多米尼加事件及美国武装干涉 …………………………………… 331
　　拉美国家联合自强的努力 ………………………………………… 333
第五节　中国同第三世界国家的关系 ……………………………… 335
　　《中国同印尼关于双重国籍问题的条约》 ……………………… 335
　　中国同缅甸、尼泊尔、巴基斯坦、阿富汗边界问题的解决 …… 337
　　中印边界事件 ……………………………………………………… 342
　　支持印度支那三国人民的抗美斗争 ……………………………… 346

第四编　20 世纪 70 年代的国际关系(1970—1979)

第十四章　美苏在缓和中的争夺 …………………………………… 357
第一节　美苏对外战略的调整 …………………………………… 357
　　尼克松主义 ………………………………………………………… 357
　　苏联的全球攻势战略 ……………………………………………… 360
第二节　东西方关系的缓和 ……………………………………… 362
　　《东方条约》与《四国柏林协定》 ……………………………… 362
　　美苏首脑会谈 ……………………………………………………… 365
　　苏美关于限制进攻性战略武器谈判 ……………………………… 369
　　欧洲安全与合作会议 ……………………………………………… 371
　　中欧裁军会议 ……………………………………………………… 374
第三节　苏联在缓和掩盖下加紧向外扩张 ……………………… 376
　　苏联在南亚的渗透与扩张 ………………………………………… 376
　　苏联对非洲事务的干涉 …………………………………………… 379
　　苏联支持越南反华和侵占柬埔寨 ………………………………… 382
　　苏联出兵占领阿富汗 ……………………………………………… 384

第十五章　西欧联合趋势的加强和日本的"多边自主外交" …… 387
第一节　欧洲共同体的扩大和政治合作的进展 ………………… 387
　　欧洲共同体的扩大和发展 ………………………………………… 387

    政治联合在曲折中前进 ………………………………………… 389
  第二节 欧洲共同体在对外政策上协调行动 …………………… 391
    在国际事务中力争"用一个声音说话" ……………………… 391
    《大西洋关系宣言》 …………………………………………… 394
    "防务+缓和"——对苏政策的两个轮子 ………………… 397
    从《雅温得协定》到《洛美协定》 …………………………… 399
  第三节 日本的"多边自主外交" ………………………………… 402
    日本经济实力的增强和国际地位的提高 …………………… 402
    日本开展"多边自主外交"和"全方位外交" ………………… 405
    日本对东盟政策的调整 ……………………………………… 409

第十六章 第三世界联合反帝反殖反霸斗争的新局面 …………… 413
  第一节 东南亚国家的反霸斗争 ………………………………… 413
    印支人民抗美救国斗争的胜利 ……………………………… 413
    东盟国家的联合反霸斗争 …………………………………… 416
  第二节 阿拉伯国家反对霸权主义和以色列侵略的斗争 ……… 418
    第四次中东战争和石油斗争 ………………………………… 418
    埃及、苏丹抵制苏联的干涉 ………………………………… 420
    《戴维营协议》的签署 ………………………………………… 422
  第三节 非洲的民族独立运动和反霸斗争 ……………………… 425
    非洲之角的动荡 ……………………………………………… 425
    葡属殖民地的独立和美苏的干预 …………………………… 427
    南部非洲人民反对白人种族主义的斗争 …………………… 429
  第四节 拉丁美洲的联合反霸斗争 ……………………………… 432
    拉美国家反对海洋霸权 ……………………………………… 432
    拉美国家争取经济独立的努力 ……………………………… 434
    巴拿马收回运河管辖权 ……………………………………… 436

第十七章 中国对外关系的新篇章 …………………………………… 439
  第一节 中国在联合国合法席位的恢复和国际威望的提高 …… 439
    中国在联合国合法席位的恢复 ……………………………… 439

中国在联合国为反对霸权主义和维护世界和平而斗争 ……………… 442

第二节　中美外交关系的建立 ……………………………………… 450
　　基辛格秘密访华 ………………………………………………… 450
　　尼克松访华与中美《上海公报》 ………………………………… 453
　　中美建交 ………………………………………………………… 455

第三节　中日关系正常化 …………………………………………… 460
　　中日恢复邦交 …………………………………………………… 460
　　《中日和平友好条约》 …………………………………………… 464

第四节　中国对外关系的全面发展 ………………………………… 467
　　同西欧国家建交的高潮 ………………………………………… 467
　　同东欧国家和南斯拉夫关系的变化 …………………………… 469
　　同加拿大、澳大利亚、新西兰建交 ……………………………… 473

第五编　20 世纪 80 年代的国际关系（1980—1989）

第十八章　美苏争夺的新态势和世界多极化趋势的发展 ……… 479

第一节　美苏争夺的新态势 ………………………………………… 479
　　卡特主义 ………………………………………………………… 479
　　里根的新遏制政策 ……………………………………………… 481
　　"星球大战计划" ………………………………………………… 484
　　戈尔巴乔夫的外交政策新思维 ………………………………… 486
　　美苏首脑日内瓦会晤和雷克雅未克会晤 ……………………… 488
　　里根主义 ………………………………………………………… 491
　　美苏中程导弹协议的签署 ……………………………………… 493
　　布什的"超越遏制"战略 ………………………………………… 495

第二节　西欧联合步伐的加快 ……………………………………… 498
　　欧共体的进一步扩大和发展 …………………………………… 498
　　"尤里卡"计划 …………………………………………………… 501
　　西欧防务联合的进展 …………………………………………… 504
　　东欧剧变及其对西欧的影响 …………………………………… 507
　　德洛尔计划 ……………………………………………………… 510

第三节　日本从经济大国走向政治大国 …… 513
　　综合安全保障战略的提出和实施 …… 513
　　日本的环太平洋经济合作 …… 517
　　日美加强同盟关系 …… 521

第十九章　第三世界争取和平与发展的斗争 …… 526
第一节　亚洲地区的热点问题 …… 526
　　两伊战争 …… 526
　　以色列入侵黎巴嫩 …… 529
　　柬埔寨、阿富汗人民反侵略斗争的高涨 …… 531
　　苏联从阿富汗和越南从柬埔寨撤军 …… 534
　　巴勒斯坦国的诞生与美国中东政策的变化 …… 536

第二节　非洲局势的动荡 …… 539
　　津巴布韦共和国的成立和纳米比亚人民争取独立的斗争 …… 539
　　乍得内战和外部势力的军事干涉 …… 541
　　西撒哈拉问题 …… 543
　　《西南非洲和平协议》的签署 …… 545

第三节　拉丁美洲的反帝反殖反霸斗争 …… 548
　　债务危机 …… 548
　　马尔维纳斯群岛战争 …… 551
　　中美洲危机和美国入侵格林纳达 …… 553
　　拉美国家的和平努力与《中美洲和平协议》的签署 …… 556

第四节　发展南南合作推进南北对话 …… 559
　　争取建立国际经济新秩序与南北问题的提出 …… 559
　　南北对话的艰难历程 …… 561
　　南南合作的进展 …… 563

第二十章　中国对外关系的发展和变化 …… 566
第一节　中美关系的发展和变化 …… 566
　　《八一七公报》的发表 …… 566
　　中美两国领导人的互访 …… 571

中美经济技术合作的发展 ·· 575
　　　中美关系中存在的困难和障碍 ·· 576
　第二节　中国同苏联、东欧和南斯拉夫关系的改善与发展 ················ 581
　　　中苏关系的逐步改善 ·· 581
　　　戈尔巴乔夫访华和中苏关系正常化 ······································ 584
　　　中国同东欧和南斯拉夫关系的新发展 ··································· 589
　第三节　中日友好关系的发展和存在的问题 ································ 592
　　　中日关系四原则的确立 ··· 592
　　　教科书问题 ·· 595
　　　参拜靖国神社事件与光华寮案 ··· 598
　第四节　中国同第三世界的团结合作进一步加强 ························· 600
　　　努力发展同周边国家的睦邻友好关系 ··································· 600
　　　扩大同非洲国家的友好合作关系 ·· 610
　　　增进同拉丁美洲各国的关系 ·· 614

第六编　冷战后的国际关系（1990—2000）

第二十一章　转换中的世界格局 ·· 619
　第一节　美苏两极格局的瓦解和冷战的结束 ································ 619
　　　美苏签署削减战略核武器条约 ··· 619
　　　戈尔巴乔夫外交新思维的实施 ··· 621
　　　布什的"世界新秩序" ··· 623
　　　苏联的解体 ·· 626
　　　冷战的结束 ·· 629
　　　北大西洋合作委员会的成立 ·· 631
　　　独立国家联合体 ·· 634
　　　美俄首脑会晤 ··· 636
　　　北约东扩与"和平伙伴关系" ·· 640
　　　克林顿政府的"参与和扩展战略" ······································ 643
　　　叶利钦的"双头鹰"外交 ··· 650

第二节　欧洲格局的新变化 659
"新大西洋主义"和《欧共体—美国关系宣言》 659
德国的统一 662
《新欧洲巴黎宪章》 665
《欧洲联盟条约》 668
欧洲经济区协议 671
南斯拉夫解体 674
波黑冲突 676
科索沃战争 679

第三节　日本走向政治大国的外交实践 683
《联合国维持和平行动合作法》的通过 683
日美贸易摩擦激化 686
日俄关系的曲折发展 689
宫泽主义与日本同亚洲的关系 692
新《日美防卫合作指针》 695

第四节　联合国作用的加强 699
日益活跃的联合国维持和平行动 699
国际裁军与军备控制的新进展 701
环境与发展问题 707
酝酿之中的联合国改革 711
新时期联合国的地位和作用 713

第二十二章　第三世界的动荡与发展 717

第一节　西亚、非洲的国际关系 717
海湾战争 717
中东和平进程 720
南非民主进程 723
非洲的发展与动荡 726

第二节　东亚、中亚地区的国际关系 728
朝鲜半岛局势的变化 728
巴黎和平协议与柬埔寨大选 731

　　　　中亚、外高加索地区的动荡 …………………………………… 734
　　　　东盟地区论坛 ………………………………………………… 738
　　第三节　拉丁美洲的国际关系 …………………………………… 741
　　　　拉丁美洲的"民主化进程" …………………………………… 741
　　　　拉美国家经济一体化的进展 ………………………………… 744
　　　　古巴同美、苏、俄关系的变化 ……………………………… 746

第二十三章　面向新世纪的中国对外关系 ……………………… 750
　　第一节　中美关系的曲折发展 …………………………………… 750
　　　　美国对中国的制裁 …………………………………………… 750
　　　　中美最惠国待遇问题 ………………………………………… 755
　　　　中美贸易谈判 ………………………………………………… 763
　　　　布什批准向台湾出售 F-16 战斗机 ………………………… 771
　　　　克林顿政府的对华政策 ……………………………………… 773
　　　　中美建设性战略伙伴关系的建立 …………………………… 787
　　第二节　中俄新型的国家关系 …………………………………… 795
　　　　江泽民总书记访问苏联 ……………………………………… 795
　　　　中国同原苏联各加盟共和国建立外交关系 ………………… 797
　　　　叶利钦访华与《中俄联合声明》 …………………………… 808
　　　　江泽民主席访问俄罗斯 ……………………………………… 810
　　　　中俄经贸关系的发展 ………………………………………… 816
　　　　中俄战略协作伙伴关系的建立 ……………………………… 818
　　第三节　中日关系的进一步发展 ………………………………… 824
　　　　海部访华与中日关系的全面恢复 …………………………… 824
　　　　中日最高级互访的实现 ……………………………………… 827
　　　　中日关系中的摩擦与问题 …………………………………… 829
　　　　中日致力于和平与发展的友好合作伙伴关系 ……………… 832
　　第四节　中国同欧洲、北美、大洋洲各国关系的发展 ………… 835
　　　　中国同西欧国家关系的改善和发展 ………………………… 835
　　　　中国同欧共体关系的改善和发展 …………………………… 850
　　　　中国同加拿大、澳大利亚、新西兰友好合作的加强 ……… 854

中欧建立长期稳定的建设性伙伴关系……………………… 859
第五节　中国同周边国家的睦邻友好合作关系 ……………… 865
　　　中越领导人互访和两国关系正常化 …………………………… 865
　　　中印关系的新发展 ……………………………………………… 873
　　　中韩建交 ………………………………………………………… 879
　　　中国同东盟各国关系发展的新阶段 …………………………… 882

附　录　大事年表 ……………………………………………… 889

第一编
战后初期的国际关系
（1945—1949）

第一章　盟国在处理战败国问题上的矛盾和斗争

第一节　对意、罗、保、匈、芬五国和约的缔结

从伦敦第一届外长会议到苏美英三国外长在莫斯科的妥协

第二次世界大战结束后,如何处理战败国和缔结对战败国的和约,是关系到巩固反法西斯战争的胜利成果、维护战后世界和平的重大问题。盟国缔结对战败国的和约分两类不同情况。第一类是德国和日本,它们是反法西斯联盟的主要敌国,发动第二次世界大战的祸首,是在战争末期被迫无条件投降的。对它们的处理事关全局,矛盾错综复杂,一时难以解决。第二类是德国和日本的前盟国意大利、罗马尼亚、保加利亚、匈牙利和芬兰,它们是反法西斯联盟的五个次要的前敌国。五国在第二次世界大战后期,即1943年和1944年间,先后同反法西斯盟国签署了停战协定,并不同程度地参加过反法西斯斗争。对它们的处理较德、日为易。故此,苏、美、英三国在1945年8月举行的波茨坦会议上决定,设立外长会议,由美、英、苏、中、法五国外长组成,"作为当前之重要任务,会议将受命准备对意大利、罗马尼亚、保加利亚、匈牙利及芬兰之和约"。①

五国和约的缔结涉及各大国的利益,特别是在地中海和巴尔干地区的政治、经济、军事和战略利益。任何一方都想乘机为本国多捞一些好处。美国企图凭借其在战争中膨胀起来的经济实力和对原子弹的垄断,阻止苏联在东欧和中欧建立势力范围,并希望在和约谈判中获得停战时期所没有得到的东西,即从经济上和政治上在东欧大门口获得一个立足点。苏联力争巩固其在巴尔干的战果,并向地中海扩大影响。英国想确认在战争期间占领的意大利的殖民地。法国则力图保持其战前在北非的殖民权益。

1945年9月11日,第一届外长会议在伦敦举行,出席会议的有苏联外交人

---

① 《国际条约集(1945—1947)》,世界知识出版社1959年版,第79—80页。

民委员莫洛托夫、美国国务卿贝尔纳斯、英国外交大臣贝文、法国外长皮杜尔和中国国民党政府外交部长王世杰。这次会议的主题是讨论对意、罗、保、匈、芬五国缔结和约问题。

会议一开始,首先就会议程序问题展开了争论。莫洛托夫提出,根据波茨坦会议议定书,中国不应参加欧洲问题的讨论,法国只应参加属于西欧问题的讨论。目的是排除中、法参加对一些重要问题的决定,以避免苏联在会议中处于孤立地位。贝尔纳斯和贝文则认为,根据他们对波茨坦决定的理解,中、法有权参加对五国和约的讨论。贝尔纳斯强硬地表示,如果制定和约工作只限于美、英、苏三国,这样的会议就没有必要举行。莫洛托夫作出让步,同意中、法两国参加会议。

会议在讨论对意、罗、保、匈、芬的和约草案时,与会国间展开了激烈争论,争执的主要问题是关于意大利殖民地问题、意南边界和的里雅斯特问题以及对罗、保政府的外交承认问题。

第一,意大利殖民地问题。

意大利在非洲的殖民地有:昔兰尼加、的黎波里塔尼亚、费赞(该三处即今利比亚)、厄立特里亚和意属索马里。这些殖民地在大战结束时均处于英国军队控制之下。在英国提出的对意和约草案中,只提到意大利应放弃殖民地,避而不谈其归属问题,显然是想独自占有。美国反对英国独占,提出由联合国对意大利殖民地托管十年的方案。中国支持美国。法国既反对英国独占,也不同意美国的托管方案,主张继续由意大利进行统治,以利于毗邻的法属北非殖民地的稳定。苏联提出将的黎波里塔尼亚交苏联单独托管,以便它在地中海有一个"商船基地"[①]。美、英、法都反对苏联的要求。英、法由于不愿让苏联在地中海获得立足点,转而支持美国的方案。

最后,经过激烈争吵,终于基本上按美国的提案达成协议:意大利不能再保留其非洲殖民地,这些殖民地应置于某种托管安排之下。

第二,意南边界和的里雅斯特问题。

的里雅斯特位于亚得里亚海东北岸,伊斯特里亚半岛的西北部,是一个重要的港口城市。市区居住的多数是意大利人,市区以外居住的则是斯洛文尼亚人。原属奥匈帝国。第一次世界大战后,意大利占领了的里雅斯特和整个伊斯特里亚半岛。第二次世界大战期间,的里雅斯特曾一度被德国占领。1945 年 5 月

---

① 贝尔纳斯:《老实话》,纽约 1947 年版,第 96 页。

初,南斯拉夫军队解放了包括的里雅斯特在内的几乎整个伊斯特里亚半岛。

在会议上,美国提出的里雅斯特主权属意大利,行政上由"国际共管"。苏联主张的里雅斯特和整个伊斯特里亚半岛应归南斯拉夫。最后商定的结果是:意南边界应考虑按人种分布情况划线,的里雅斯特则不问其主权归属而辟为自由港,由国际共管。会议还决定,责成苏、美、英、法四国副外长协商组成一个专家委员会进行具体调查,向下次外长会议提出划定意南边界的方案。

第三,对罗、保政府的外交承认问题。

在讨论对罗、保、匈的和约时,美国攻击罗、保政府不民主,扬言除非实行"自由选举",美国将不承认这两个国家的现政权,并要求改组罗、保政府,否则,美国将不参加对它们和约的讨论。美国还攻击苏联对罗、保的政策,说它破坏了雅尔塔公报中《关于被解放的欧洲的宣言》。苏联外交人民委员莫洛托夫再次提出会议"程序问题",进行反击。他指责美国让中国和法国外长参加会议违反了波茨坦议定书的规定,并宣布苏联代表团不再出席有中国国民党政府和法国外长参加的外长会议。

此后,伦敦外长会议就如何解释波茨坦议定书的"确切含义",进行了毫无结果的争论。10月2日,会议正式结束,没有签署和发表任何文件。

伦敦外长会议的失败,主要是美国采取"不妥协"的强硬路线的结果,同时也表明,在缔结和约问题上美、苏战略利益的对立。会后,贝尔纳斯指责苏联"固执己见"[1],并强调美国在当代世界上应担负"领导作用"。苏联则批评美国企图通过"原子外交"解决战后问题,并警告说,"现在没有任何大范围的技术秘密能成为某一个国家或少数几个国家的财产"[2]。

伦敦外长会议虽然失败了,但美苏这时仍互有所求,正如毛泽东所说,"资本主义国家和社会主义国家在许多国际事务上,还是会妥协的,因为妥协有好处"[3]。美国不希望长期推迟和约的准备工作,因为这会进一步削弱其对东欧地区的影响,也会拖延其他战后问题的解决。于是美国建议,根据雅尔塔会议关于定期召开三国外长会议的协议,在莫斯科举行苏、美、英三国外长会议。这样就可绕开中国和法国,以满足苏联的愿望。苏联表示同意。

1945年12月16日至26日,苏、美、英三国外长会议在莫斯科召开。由于苏美双方相互做了一些让步和妥协,会议就缔结五国和约的程序问题以及罗、

---

[1] 《纽约时报》1945年10月6日。
[2] 《真理报》1945年11月7日。
[3] 毛泽东:《关于重庆谈判》,《毛泽东选集》第4卷,人民出版社1991年版,第1162页。

保政府的组成问题达成协议。

会议决定,五国和约的制定分为以下几个阶段:

(1) 五国和约分别由曾在有关的停战书上签字的各国的外长会议起草,即对意和约由苏、美、英、法四国外长起草;对罗、保、匈三国的和约由苏、美、英三国外长起草;对芬和约由苏、英两国外长起草。

(2) 各个和约起草后,应不迟于1946年5月1日在巴黎召开和会。会议由以下21个国家参加:苏、美、英、法、中、澳、比、加、捷、希、挪、波、乌克兰、白俄罗斯、巴西、埃塞俄比亚、印度、新西兰、南非联邦、南斯拉夫、荷兰。与会国将对五国和约草案进行讨论,并对和约的最后文本作出明确的建议。

(3) 根据巴黎和会的建议,苏、美、英、法四国外长准备和约的最后文本。

(4) 五个和约最后文本应由出席和会的所有国家签字。

三国外长还就罗、保政府的组成问题达成协议:劝告罗、保政府适当予以扩大,建议罗政府接纳全国农民党党员一人及自由党党员一人;建议保政府接纳"其他民主集团之两位代表"①。嗣后,美、英将给罗、保政府以外交承认。

三国外长在莫斯科会议上的妥协,打破了伦敦外长会议失败后美苏关系面临的困难僵局,廓清了缔结五国和约进程上的一些障碍。

第二届外长会议与巴黎和会

莫斯科三国外长会议后,1946年1月18日,苏、美、英、法四国副外长在伦敦举行会议,准备五国和约。这次和约起草工作一开始就陷入无休止的争论中,直到临近原定召开和会的5月1日时,有关的里雅斯特和意南边界问题以及意大利赔偿等许多重要问题,都未取得实质性的进展。美国主张如期召开和会,企图把争论的问题提交到和会上讨论解决,以便在会上操纵多数,置苏联于孤立境地。苏联则坚持必须先就和约草案达成协议,然后再开和会。争论的结果,决定先召开在五国停战书上签字的四国外长会议,进一步讨论和约起草问题,特别是解决一些彼此争议较大的问题。

1946年4月25日,苏、美、英、法四国外长会议(即第二届外长会议)在巴黎召开。出席会议的是莫洛托夫、贝尔纳斯、贝文和皮杜尔。这次外长会议分两个阶段:第一阶段从4月25日至5月15日。自5月16日起休会一个月。第二阶段从6月15日至7月12日。

---

① 《国际条约集(1945—1947)》,第127页。

这次外长会议的主要斗争是围绕着对意和约草案展开的,经过激烈争论,最后就下列问题达成一些妥协。

第一,关于意大利殖民地问题的处理。

伦敦外长会议已经决定,意大利殖民地置于某种托管之下,问题是由谁托管。法国主张让意大利托管它原有的非洲殖民地;苏联提出,的黎波里塔尼亚由意大利和苏联两国托管;英国断然反对意大利享有托管的权利,并建议由英国托管昔兰尼加;美国仍然坚持由联合国集体托管。这个问题在会议第一阶段争论了十几天没有结果。

第二阶段会议开始后出现了转机,突破口是多德卡尼斯群岛归属问题的解决。

多德卡尼斯群岛是意大利在地中海东部的殖民地,该群岛居住的主要是希腊人,1912年被意大利兼并。在起草和约过程中,英国提出把它划归希腊。苏联开始主张这个问题应连同意大利和约的其他问题一起解决,但在外长会议复会后,苏联作了"慷慨的让步",同意了英国的意见。于是,会议决定以不设防为条件把该群岛划归希腊。

关于意属非洲殖民地的前途问题,会议决定缓期处理,但如果四国在和约签订后一年内仍未能解决,则提交联合国大会审议。

第二,关于意南边界和的里雅斯特问题。

根据伦敦外长会议的决定,苏、美、英、法四国专家对的里雅斯特和伊斯特里亚有关地区的民族分布情况进行了实地调查,由于四国意见歧异,分别写出四份调查报告,提出四条不同的意南边界线的划法。苏联的基本主张是,包括的里雅斯特在内的整个伊斯特里亚半岛划给南斯拉夫。美、英划的界线稍有不同,但大体以半岛的中线为界。法国划的界线则偏半岛的西部,该线以西是包括的里雅斯特在内的一个弧形地区。究竟采取四条线的哪一条,在这次外长会议的第一阶段,经过激烈争论毫无结果。

在会议的第二阶段,苏美相互妥协,正式采纳法国建议的意南边界线。该线以东划归南斯拉夫,以西建立的里雅斯特自由区。自由区宣布中立并应解除武装,由联合国管理。

第三,关于意大利赔偿问题。

苏联认为,任何侵略行为都应受到惩罚。意军在战时曾入侵苏、南、阿、希等国,给这些国家造成重大损失。在伦敦外长会议上,苏联要求意大利赔偿3亿美元,其中1亿美元归苏联,2亿美元给南、阿、希三国,赔偿应由意大利从它将来生产的工业产品中支付,但这个问题当时没有获得解决。

在这次外长会议上,又一次讨论了意大利的赔偿问题。法国支持苏联的赔偿要求,但美、英却以种种借口加以阻挠。后来达成的折中协议是:苏联在 7 年内从意大利取得 1 亿美元的赔偿。赔偿来源为意大利不能改为民用工厂的军事设备;意大利在罗、匈、保的资产以及意大利的工业品。意大利对其他国家的赔偿留待和会解决。

巴黎外长会议虽然就一些重要问题达成了协议,但还遗留了一些没有解决的问题。最后商定 1946 年 7 月 29 日在巴黎召开和会。

巴黎和会于 1946 年 7 月 29 日如期在卢森堡宫开幕。正式参加会议的有:苏联、美国、英国、法国、中国、澳大利亚、比利时、白俄罗斯、巴西、加拿大、捷克斯洛伐克、埃塞俄比亚、希腊、印度、新西兰、挪威、波兰、荷兰、南非联邦、南斯拉夫、乌克兰等 21 个国家。以协商资格参加会议的有:阿尔巴尼亚、墨西哥、古巴、埃及、伊朗、伊拉克等国。战败国意、罗、保、匈、芬也出席了会议。和会由苏、美、英、法、中代表团团长轮流担任主席。

和会一开始,首先在程序问题上展开了争论。本来在巴黎外长会议上已达成原则协议:关于程序问题的决议由简单多数通过,实质性问题的决议应由 2/3 多数通过。美、英为操纵和会的表决,指使少数国家提出修改和会的表决方式,主张无论程序问题或实质问题都只需要简单多数通过即可。苏联坚决反对这一主张,并谴责美国"玩弄表决票"把戏。[①] 最后,通过了英国提出的折中方案:凡经和会以 2/3 多数通过和以简单多数通过的议案,都可以作为和会建议提交外长会议审议。

在和会讨论实质问题时,争论最多的依然是对意和约草案。美、英企图修改巴黎外长会议上已达成的协议,即:改变业已协商一致的法国提出的意南边界线;扩大的里雅斯特自由区的范围;把的里雅斯特变成大国的军事基地。苏联代表对此进行了针锋相对的斗争。会议还讨论了赔偿和多瑙河航行制度等问题。

巴黎和会的结果是:基本上通过了对罗、保、匈、芬和约草案,在赔偿问题上也达成了妥协,但有关的里雅斯特法规和多瑙河航行制度等问题仍然存在分歧。经过 79 天,这场充满斗争并不和平的巴黎和会,于 1946 年 10 月 15 日宣告闭幕。

---

① 莫洛托夫:《对外政策问题》,苏联外国文书籍出版局 1950 年版,第 71 页。

纽约第三届外长会议与五国和约的缔结

巴黎和会闭幕后,于1946年11月4日至12月12日在纽约召开了第三届外长会议。参加会议的是:莫洛托夫、贝尔纳斯、贝文和法国副外长德姆维尔(法外长皮杜尔因国内大选未能参加)。这次会议的主要任务是审议巴黎和会通过的各项建议,最后确定五国和约的正式文本。

会议开始时,美国主张凡在巴黎和会上以2/3多数通过的决议,均应获得四国政府的支持;苏联则坚持,不论是以2/3多数还是以简单多数通过的决议,四国均应逐项表决通过。经过一番马拉松式的激烈争论,双方都感到缔结和约问题不宜再拖,相互作了一些让步和妥协。结果,巴黎和会以2/3多数通过的53项建议中,苏联接受了47项,和会以简单多数通过的41项建议中,苏联接受了24项。巴黎和会遗留的关于的里雅斯特法规和多瑙河航行制度等问题也达成妥协,五国和约的最后审定工作终于完成,和约的正式文本终于确定。五国和约先由苏、美、英三国代表分别在本国首都签字。接着,1947年2月10日在巴黎正式举行五国和约签字仪式,各有关国家代表也在和约上签了字。和约于同年9月15日起生效。

五国和约的主要内容包括以下几个方面:

第一,对意大利的和约。

领土条款规定:1938年1月1日原有的意法疆界在四个地段作有利于法国的不大的修正;意南疆界作有利于南斯拉夫的变动;的里雅斯特及其附近地区划为非军事化和中立的自由区;多德卡尼斯群岛划归希腊。

政治条款规定:意大利应采取一切必要措施,保证其公民享有一切基本自由;解散意大利国内法西斯组织并不准其复活;逮捕战争罪犯并解交审判。意大利"对于它在非洲的利比亚、厄立特里亚和意大利索马里各属地放弃一切权利"①。意大利放弃由1901年9月7日于北京签订的《辛丑条约》所规定的在中国的一切权利,并取消天津意租界,放弃在上海和厦门的公共租界的所有权。意大利承认并尊重阿尔巴尼亚和埃塞俄比亚的主权和独立,放弃由于对这两国侵略所夺得的一切权利和特权。

军事条款规定:意法边界和意南边界上,所有意大利永久要塞和军事设施"应予破坏或拆除"②;意大利空军包括各类飞机总数不得超过350架;禁止建立

---

① 《国际条约集(1945—1947)》,第304页。
② 同上书,第309、310页。

新的海军基地,并规定意大利应将其舰队的一部分交美、英、法处理;禁止生产原子武器、导弹、30公里射程的大炮等;意大利陆军及警卫队总人数不得超过25万人。

赔款条款规定:意大利向苏联赔偿1亿美元,向阿尔巴尼亚赔偿500万美元,向埃塞俄比亚赔偿2500万美元,向希腊赔款1.05亿美元,向南斯拉夫赔偿1.25亿美元。这些赔款应于本条约生效后7年内付清。

第二,对罗马尼亚的和约。

领土条款规定:恢复1940年6月28日的苏罗协定,罗马尼亚将比萨拉比亚和北布科维纳割给苏联;废止1940年8月30日维也纳仲裁的裁决,罗马尼亚从匈牙利收回特兰西瓦尼亚。

政治条款规定:罗应采取一切必要措施,以保证在它管辖下的一切人,不分种族、性别、语言或宗教,享有人权和基本自由;解散罗领土内的一切政治、军事或者准军事的法西斯组织;逮捕并审判战争罪犯。

军事条款规定:罗陆军包括边防部队在内不得超过12万人;防空炮队兵力5000人;海军兵力5000人;空军兵力8000人,飞机150架。

赔款条款规定:罗马尼亚赔偿苏联3亿美元,自1944年9月28日起8年内以实物支付。

第三,对保加利亚的和约。

关于保加利亚的疆界,和约规定,保应维持"1941年1月1日原有的疆界"①,即承认1940年9月的保罗克拉奥瓦条约,把南多布罗加留在保加利亚领土范围内。

政治条款规定:保应保证其本国公民的民主自由权利;解散保领土内一切法西斯组织;嗣后应不再允许此类组织的存在和活动;保证逮捕并解交犯有战争罪和破坏和平或违反人道罪的人。

军事条款规定:保陆军包括边防部队在内不得超过55 000人;防空炮队兵力1800人;海军兵力3500人;空军兵力5200人,飞机90架。

赔偿条款规定:保应赔偿希腊4500万美元,赔偿南斯拉夫2500万美元,自条约生效起8年内付清。

第四,对匈牙利的和约。

关于匈牙利的疆界,和约规定,匈牙利与奥地利及南斯拉夫的边界仍维持

---

① 《国际条约集(1945—1947)》,第368页。

1938年1月1日原有的疆界。1945年1月匈牙利签署停战协定时,宣布废除1938年11月2日的维也纳仲裁,把外喀尔巴阡归还捷克斯洛伐克。1945年6月,苏捷签订协定,捷克斯洛伐克把从匈牙利收回的外喀尔巴阡转而割让给苏联。对匈和约规定,匈牙利承认上述苏捷协定及根据此协定所确定的苏匈边界。匈捷边界在布拉迪斯拉发地区作了稍微有利于捷方的修改。

政治条款规定:匈牙利应保证其管辖下的一切人,均享有人权和基本自由;解散匈境内的一切法西斯类型的组织;保证将犯有战争罪和破坏和平或违反人道罪的人逮捕并解交审判。

军事条款规定:匈牙利陆军总人数为65 000人;空军人员限为5000人,飞机90架,不得拥有轰炸机。

赔偿条款规定:匈牙利应赔偿3亿美元,其中2亿美元给苏联,1亿美元给捷克斯洛伐克和南斯拉夫。

第五,对芬兰的和约。

领土条款规定:根据1944年9月19日的停战协定,芬兰将贝柴摩省划归苏联。芬兰维持1941年1月1日原有的疆界。

政治条款规定:苏联放弃根据1940年3月12日苏芬和约所取得的汉科半岛的租借权;苏联从芬兰取得在波卡拉—乌德地区建立苏联海军基地的土地和水域的使用权和管理权,租期50年,年租金500万芬兰马克①;亚兰群岛非军事化;芬兰不得允许一切法西斯组织在其境内存在和活动;芬兰应采取一切必要步骤,以保证逮捕和审判"犯有战争罪和破坏和平或违反人道罪、或指使或教唆作出此种罪行的人"②。

军事条款规定:芬兰可拥有陆军34 400人;海军4500人,舰艇总吨位1万吨;空军3000人,飞机60架。

赔款条款规定:芬兰赔偿苏联3亿美元,自1944年9月19日起,在8年内以实物偿付。

五国和约的缔结是苏、美、英等大国之间既斗争又妥协的产物,反映了第二次世界大战结束后国际舞台上力量对比的变化。它的积极意义在于:以条约的形式结束了欧洲大部分地区法律上的战争状态,确立了在该地区的国际新秩序;挫败了美英等西方国家企图孤立苏联,重新控制罗、保、匈等国的阴谋;巩固

---

① 1955年9月19日,苏芬签订协定,苏联放弃了本和约所规定的使用波卡拉—乌德海军基地的权利,以及苏联通往该基地的一切交通运输的使用权。

② 《国际条约集(1945—1947)》,第426页。

了反法西斯的胜利成果,对意大利等国的非法西斯化起了重要作用。但是,和约中也包含一些消极因素,有的条款侵犯了战败国的领土主权,为日后的民族矛盾和领土纠纷埋下了祸根。

多瑙河会议

多瑙河航行问题是在五国和约制定过程中苏、美、英、法等大国之间争论的一个重要问题。在1946年11月召开的纽约外长会议上,美、英、法主张在对罗、保、匈的和约中,都应写明多瑙河自由航行的条款,并提出在和约生效后6个月内召开国际会议,建立多瑙河航道的管理机构,其中应包括外长会议成员国和多瑙河沿岸国家。苏联反对把多瑙河航行问题列入对罗、保、匈的和约中,认为这个问题只同多瑙河沿岸国家有关。最后,外长会议达成妥协:决定在罗、保、匈和约生效后6个月内召开国际会议,建立多瑙河航行管理机构;美国同意可不在和约中列入多瑙河航行制度问题,但要载入多瑙河上的航行对一切国家的国民、商船和货物自由开放的条款。

多瑙河是横贯欧洲大陆的黄金水道,对多瑙河航行的管理和控制权问题,历来是多瑙河沿岸国家同西方大国争论的一个焦点。1856年,巴黎条约设立了一个主要由欧洲大国组成的"欧洲多瑙河委员会",负责管理从罗马尼亚的布勒伊拉到黑海的多瑙河下游的航务。第一次世界大战后,帝国主义国家继续无视多瑙河沿岸国家的主权,于1921年7月23日在巴黎签订了《制定多瑙河确定规章的公约》,公约承认由英国、法国、意大利和罗马尼亚组成的"欧洲多瑙河委员会",并且新成立了"国际多瑙河委员会",这个委员会由所有的多瑙河国家和英、法、意三国组成,负责管理从德国的乌尔姆到布勒伊拉的航务。实际上,多瑙河管辖权操纵在英法等非多瑙河国家手里。

第二次世界大战后,英法企图恢复对多瑙河航行的支配地位,而美国则想在国际化名义下,取代英法控制多瑙河。

1948年7月30日至8月18日,在贝尔格莱德召开了多瑙河会议。出席会议的有多瑙河沿岸国家苏联(它在合并了比萨拉比亚后,成为多瑙河国家)、乌克兰、罗马尼亚、保加利亚、捷克斯洛伐克、匈牙利、南斯拉夫和外长会议成员国美国、英国和法国的代表。德国和奥地利虽是多瑙河国家,但由于这时德国尚未建立政府,奥地利和约还没有签订,所以,德国没有参加会议,奥地利仅以观察员身份与会。

在会上,英、法代表极力维护1921年的巴黎公约,强调以该公约作为战后多瑙河航行制度的主要基础,并认为"欧洲多瑙河委员会"和"国际多瑙河委员会"仍然有效。苏联代表反对继续把旧公约强加给多瑙河国家,提出了一个公约草案,主张废止旧公约,取消原来的两个多瑙河委员会,重新成立一个只有多瑙河国家参加的委员会,确保多瑙河的自由通航,维护沿岸国家的利益和主权。这个草案得到了与会的多瑙河国家的支持。美、英、法三国对该公约草案共提出28项修正案,结果都以7票对3票被否决。

1948年8月18日,会议通过了新的《多瑙河航行制度公约》,苏、乌、罗、保、捷、匈、南七国代表在公约上签字。美、英、法三国代表拒绝签字。新公约的主要内容是:(1)多瑙河的航行关于入港税、通航税及商业航行的条件方面,"在平等原则的基础上,对各国国民、商船和货物自由开放"①。(2)由多瑙河沿岸国家派代表组成"多瑙河委员会",负责监督公约各项规定的执行。(3)任何非多瑙河国家的军舰"不应在多瑙河航行"②;除非有关多瑙河国家预先协议,多瑙河国家的军舰在多瑙河的航行不得越出各该国国境。(4)本公约所建立的制度,适用于多瑙河可航部分。公约的补充议定书规定,"前多瑙河航行制度和建立该项制度的各项条约,尤其是1921年7月23日在巴黎签订的公约,不再生效"③。

新的多瑙河公约,是历史上关于多瑙河航行制度的第一个公正的公约,它打破了西方大国长期控制多瑙河管辖权的局面,维护了多瑙河沿岸国家的主权和利益,同时也照顾到其他使用多瑙河国家的利益。但由于签约的多瑙河沿岸国家中苏联是唯一大国,并控制着多瑙河的出海口,这就有可能使它在多瑙河流域处于支配地位。

第二节 在处置德国问题上的斗争

盟国在对德政策上的分歧

二战结束以后,苏联同美、英之间因意识形态、社会制度、经济利益和安全利益的不同,在处置德国的政策上发生了尖锐分歧。这种分歧早在大战即将结束时,已初露端倪。

---

① 《国际条约集(1945—1947)》,第129页。
② 同上书,第134页。
③ 同上书,第138页。

雅尔塔会议期间，在1945年2月8日斯大林举行的晚宴上，罗斯福致辞说，他感到宴会的气氛如同家庭团聚一样，斯大林则一语破的地说，由于有了共同的敌人，战时保持三国间的团结是比较容易的，但战争结束后，不同的利害关系就可能使盟国分裂。这种分裂突出地表现在对德政策上。

希特勒德国崩溃时，欧洲的形势基本是：德国和奥地利被苏、美、英三国军队占领，意大利本土为美、英占领，希腊处在英军控制之下，苏联红军则进驻波兰、捷克斯洛伐克、罗马尼亚、匈牙利、保加利亚等国。这些昔日与苏联为敌的东欧国家如今处在了苏联的影响之下。在苏联的帮助下，这些东欧国家的共产党人在1944年至1945年间或者夺取了政权，或者在政府内发挥着重大影响。这一形势使美、英两国深感不安。还在苏军攻克柏林之前，丘吉尔就惊呼："俄国已经是自由世界的致命危险。"丘吉尔一再敦促美国尽可能多地抢占地盘，特别是抢先占领柏林，以便抬高日后同苏联抗衡的地位。为了对付苏联这个"致命危险"，美、英两国开始考虑，与其把德国分割成几块，不如把德国控制在己手作为反苏基地。于是，美、英不再要求肢解德国了。雅尔塔会议后不久，1945年3月24日，丘吉尔表示，在他对苏联意图的怀疑消失之前，他很不愿意分割德国。半个月后，罗斯福在一份关于分割德国的文件上批示："我认为，我们（对分割）的态度应进行研究并延迟作出决定。"①5月22日，在批准欧洲咨询委员会关于战胜德国的正式宣言时，杜鲁门明白无误地宣称："我们的目的是要使德国被看成一个国家，最后由一个政府管理。"②

面对美、英这种态度，苏联也不再坚持分割德国。对苏联来说，德国战败后，苏联不仅大大扩充了自己的领土版图，而且事实上已经把原来被西方称为反苏"防疫地带"的一大片东欧地区变成了亲苏的护苏地带，大大减少了德国对苏联的直接威胁，另一方面，苏联考虑到，德国作为一个整体将有利于苏联向德国索取赔偿以弥补苏联在战争中的巨大损失。再者，苏联已经占有了德国的东部地区，相形之下，肢解德国已不再有什么意义。于是，苏联一面把奥得—尼斯河以东一部分德国领土划归波兰作为苏联边界西移给波兰的领土补偿，一面修正自己原来肢解德国的立场。1945年3月26日，苏联方面声明："苏联政府把雅尔塔关于分割德国的决定理解为并非是必须执行的计划……而是一种对德国施加压力的可能做法。"③是年5月9日，斯大林在就德国无条件投降发表的

---

① 斯内尔：《德国问题上的困境》，新奥尔良，豪泽出版社1959年版，第183页。
② 杜鲁门：《杜鲁门回忆录》第1卷，生活·读书·新知三联书店1974年版，第223—224页。
③ 特奥多·爱森堡：《德意志联邦共和国史（1945—1949）》，德意志出版社1983年版，第301页。

声明中进一步阐明苏联不想分割德国的立场:"苏联庆祝胜利,但它并不想肢解或消灭德国。"①

这样,到 1945 年 7 月,苏、美、英三国首脑在波茨坦开会时,都不再要求分割德国。三国最后达成的波茨坦协定,在阐述处置德国的原则时写了如下一段话:"为使德国政治生活在民主基础上最终获得重新建立,并使德国最终能在国际生活中参与和平合作作好准备。"②波茨坦协定还保证,在占领时期,应视德国为一个统一的经济单位。

波茨坦会议后,以苏联为一方,美、英、法为另一方之间的矛盾日趋尖锐和明朗化。

1946 年 7 月 10 日,苏联外长莫洛托夫在巴黎苏、美、英、法四国外长会议上发表声明指出,应该使德国变成一个民主与爱好和平的国家,使其成为一个拥有发达的工农业和对外贸易,但没有可能恢复成为一个侵略性的国家。美国国务卿贝尔纳斯迅速在次日作出反应,声明美国政府认为德国经济复兴对欧洲复兴是必要的。作此声明以后,贝尔纳斯仍感意犹未尽,于 9 月 6 日跑到德国的斯图加特发表演说,声言现在是德国人拥有自己的政府的时候了,美国愿意把德国的政权交还给德国人民。无论莫洛托夫声明或贝尔纳斯演说,都提出要建立一个德国,但十分明显的是,双方的出发点、双方对将建立的德国的设想和要求是迥然不同的。美苏都想按自己的模式和意图来建立德国,而事实上它们只有在自己占领的地区内采取行动的权力,德国的分裂已势所必然了。

美苏在德国问题上的争夺与第一次柏林危机

美苏对德政策的第一次公开破裂表现在德国赔偿问题上。

波茨坦协定对德国赔偿问题做了详细的规定,其中有一条规定称:"苏联除在本占领区获得赔偿之外,尚可自西方区域获得赔偿。"③但在占领区划定后,美国鉴于当时本占领区面临的极其严重的经济困难,为了保存美占区的工业生产能力,减轻美国自己的负担,并加重苏联的困难,决心抛弃波茨坦协定的这条规定。1946 年 5 月 3 日,美占区军事长官克莱在盟国管制委员会会上突然宣布,除已经向苏联交付的赔偿外,从现在起停止从美占区向苏联提供一切赔偿。几乎与此同时,美国开始考虑合并占领区。早在 1946 年 4 月,克莱就向贝尔纳斯

---

① 特奥多·爱森堡:《德意志联邦共和国史》,第 302 页。
② 《德黑兰雅尔塔波茨坦会议记录摘编》,上海人民出版社 1974 年版,第 423 页。
③ 方连庆等编:《现代国际关系史资料选辑》下册,北京大学出版社 1987 年版,第 465 页。

谈过合并占领区的想法并得到贝尔纳斯的赞同。5月26日,克莱在发往华盛顿的一份电报中正式提出合并占领区的建议。克莱在电报中指出,合并占领区之议将难以得到苏联和一直想分割德国的法国的同意,因此可以先同英占区实行合并。美国政府采纳了克莱的建议。7月11日,贝尔纳斯在苏、美、英、法四国外长会议上公开提出合并占领区的要求。7月20日,美国在盟国管制委员会上重提此事。正如美国所预料的那样,苏联和法国反对合并,英国则在8月1日表示同意合并。5天后,克莱在斯图加特召集美占区的德国行政领导人开会,宣布美、英两个占领区合并,并要求这些德国领导人同英占区的德国行政领导人达成相应协议。一周后,英占区军管政府也向英占区的德国行政领导人宣布占领区合并之事。随后,美、英占领区的德国代表共同拟就了5个协定,成立了在美、英军管政府监督控制下的经济、粮食、交通、财政和邮电5个机构。1946年12月2日,美、英双方代表在纽约签订了合并占领区的协定。1947年1月1日,协定正式生效。

合并占领区是美国想按照自己意图来改造、扶植和控制德国的一个重大步骤。当时的德国报刊把合并而成的双占区称作是一个"准国家",事实上,它已是未来联邦德国的雏形了。

双占区成立后,美、英两国积极从经济上和政治上扶植起一个由德国人掌握的政权。1947年7月,美国下达"联合参谋总部1197号指令",要求使德国尽快地达到经济自给。指令指出,一个有秩序和繁荣的欧洲,需要一个稳定和富饶的德国作出经济贡献。这一指令完全推翻了1945年制定的,旨在严厉剥夺和削弱德国的"联合参谋总部1167号指令"[①]。1947年8月27日,美、英两国又根据美国提出的马歇尔计划的精神,颁布了"美英双占区工业生产能力修正计划"。该计划具体规定:双占区的工业生产应达到德国1936年水平的90%—95%(这一水平比1946年3月苏、美、英、法四国规定的生产水平提高了25%)、重型机器工业的生产量允许达到战前的80%(其中35%用于赔偿)、每年钢产量允许最多达到1070万吨,等等。在美、英这种扶植政策的指导下,双占区的大部分生产能力被保存下来,从而使其经济得到了较快的发展。据1947年10月公布的拆除工厂清单,美占区只有683家工厂被拆除,不及原来要求拆除数量的一半。到1948年美、英双占区实行货币改革时,双占区的生产水平已达到

---

① "1167号指令"规定:拆除德国1600家工厂企业及其设备,德国每年的钢产量不得超过580万吨,取缔德国的合成汽油和橡胶、化学、塑料制品、电子仪器等工业部门,等等。

1936 年的 50%，采煤量达到 1936 年的 74%。①

在政治上，美、英两国于 1947 年 5 月 3 日签署"改组双占区经济机构的协定"，成立由德国人组成的经济委员会。这个委员会虽然名义上是经济性质的，实际上已具备若干政府机构的特征。它在美、英军管委员会的控制下拥有相当多的行政权，而且还有一定的立法权。1948 年 2 月 9 日，美、英军管委员会又发布第 7 号通告，把经济委员会的人数由原来的 52 人增至 104 人。克莱对此评论道：这个经济委员会"虽然还不是一个政府，但确乎已是一架起政府作用的机器了"②。

美、英扶植双占区，完全是出于同苏联对抗的目的，是丘吉尔富尔敦演说和杜鲁门主义的实际体现。这导致了以苏联为一方，以美、英、法三国为另一方之间在四国外长会议上的激烈争吵。1947 年 3 月 10 日至 4 月 24 日，四国外长在莫斯科举行第四次外长会议，这次会议主要是讨论盟国对德管制委员会的工作报告、建立德国临时政府机构及准备对德和约问题，结果除达成取消普鲁士邦的协议外，未达成任何其他协议。同年 11 月 25 日至 12 月 15 日，四国外长又在伦敦聚首，举行第五次例会，会上主要讨论对德和约与对德经济原则、德国临时政治组织的形式和范围、德国非军国主义化条约的拟定、德波边界以及对苏赔偿等问题。这次会议被人称作是"最后一次碰碰运气"的会议，结果会上吵得比莫斯科会议还凶，单单为了程序问题就吵了 10 天。最后这次会议亦未达成任何协议。12 月 15 日，美国国务卿马歇尔突然提出：已没有必要继续开会。外长会议遂无限期休会。12 月 19 日，马歇尔发表声明，毫不掩饰地说："我们现在不可能希望德国统一，我们只能够在我们影响所及的地区里尽力而为。"③

此时，美国伙同英国正在紧锣密鼓地策划在西部占领区推行货币改革。从 1947 年下半年开始，美、英两国一面放风说苏占区的莱比锡在印制新货币，一面在极端保密的情况下在美国印制新币德国马克，同时竭力诱说法国让法占区同双占区一起实行货币改革。1947 年底，新币已经印制完毕并秘密发送到了法兰克福。为保密起见，美、英称这一货币改革计划为"捕鸟猎犬行动"。到 1948 年 6 月，当一切工作准备就绪，法国也在经过最后的讨价还价于 6 月 16 日同意与美、英共同行动后，西部三个占领区就在 6 月 19 日发布了"关于改革德国货币

---

① 卢修斯·克莱：《在德国的决策》，法兰克福出版社 1950 年版，第 243、244、249 页。
② 同上书，第 208 页。
③ 〔法〕让-巴蒂斯特·迪罗塞尔：《外交史，1919—1978》下册，上海译文出版社 1982 年版，第 65 页。

制度的法令"。次日,新币德国马克便取代旧币帝国马克。

接着,西部三个占领区陆续发布了四个法令,具体实施货币改革,第一个法令规定每人先可以1∶1的比率用帝国马克兑换40个德国马克,至8月可再以同样比率兑换20个马克;第二个法令规定德国银行发放的货币量不得超过100亿德国马克;第三个法令规定德国人可将剩余帝国马克以10∶1的比率兑换成德国马克,但其中一半要作为活期存款存放在银行,另一半则作为固定存款存入银行;第四个法令规定可以动用固定存款的20%,此外还可把固定存款的10%换成中长期有价证券,而其余的70%固定存款作废。第三、四个法令,实际上将每100个帝国马克变成了6.5个德国马克。

货币改革在一开始使西占区的德国人,特别是中、下层的德国人受到很大打击,给他们带来很多困难,然而总的说来,它对西占区的经济发展起了十分积极的作用。它一下子废除了泛滥成灾、信誉扫地的帝国马克①。而随着货币的稳定,市场也逐渐恢复生气,开始繁荣起来,西占区的整个经济形势逐渐好转。

但是,货币改革是西方三国背着苏联搞的,它使德国出现了两种货币,给苏占区带来了极大的混乱。苏联对此极为震怒。6月19日,即西占区宣布货币改革的当天,苏联对德军事管制委员会立即向西占区的占领当局提出抗议。苏联军事长官索科洛夫斯基发表"告民众书",指责美、英、法三国推行肢解德国的政策,致力于削弱德国,好把德国经济隶属于它们。6月24日,苏联同波兰、保加利亚、捷克斯洛伐克、南斯拉夫、罗马尼亚、匈牙利和阿尔巴尼亚发表声明,猛烈抨击西方三国单方面推行货币改革、加速德国经济上的分裂。与此同时,苏联在苏占区内也发行新的"D"记马克。

货币改革使苏联和西方三国之间本已紧张的关系更加恶化,终于触发了苏联封锁柏林的"柏林危机"。史称第一次柏林危机。

柏林位于苏占区内,这就使苏联有可能封锁柏林市内三个西方占领区与德国西部的西方三个占领区之间的交通。苏联在柏林的行动是随着它与西方三国的斗争激化而逐步升级的。

1947年底的苏、美、英、法四国伦敦外长会议破裂后,美国于翌年2月23日联合英、法、荷、比、卢五国在伦敦开会,公开商议成立西德政府。为抗议这一会议,苏联禁止西方三国代表进入柏林苏管区。3月20日,索洛科夫斯基在盟国管制委员会上要求西方三国公开伦敦会议的详细情况,但被拒绝。索洛科夫斯

---

① 在纳粹统治期间,帝国马克的流通量从50亿增加到700亿。在货币改革前一天,黑市上一条美国吉祥香烟要价23 000个帝国马克,相当2300美元。所以当时人们宁可储藏香烟而不愿保存帝国马克。

基当即宣读一份书面讲话,谴责西方三国破坏协议,尔后即拂袖离开会场。苏联从此退出了四国盟国管制委员会。3月31日,苏联对德军事管制委员会发布命令,凡进入柏林的军用列车及随车人员,必须接受苏方人员检查。次日,苏联又发布命令,凡进入柏林的货车必须经苏联城防司令批准。为试探苏联的决心,克莱故意发送一列载有武装人员的火车开往柏林,结果被苏联坚决顶了回来。这使克莱认识到"苏联人无疑是非常认真的"①。

在西部三个占领区宣布货币改革前,苏联对西方进出柏林的限制还是局部的,时松时紧。及至西占区实行货币改革后,苏联便开始对柏林实行全面封锁。8月4日,柏林和西部三个占领区之间的水上和陆路交通被全部切断。但苏联遵照1945年11月30日同美国达成的协议,没有封锁空中的交通,从而为西方对柏林空运留下一条后路。

美国在分析了形势,确信苏联不会贸然采取进一步军事行动使柏林封锁升级后,便决心留在柏林与苏联硬抗。对于美国这种决心的来源,克莱和杜鲁门都说得很清楚。克莱说:"如果柏林陷落,下一步就会轮到西欧。如果我们想保住欧洲同共产主义对抗,我们就不能让步。"②杜鲁门则说:"如果我们不能保持在柏林的地位,共产主义就会在德国人中间扩张势力。"③

在柏林封锁期间,美国联合英国做了很大努力向西柏林空运物资,截至1949年5月12日,在近11个月的时间内,它们一共空运了1 402 644吨食品、煤和衣服等各种生活必需品。空运量最多时达每天13 000吨,每隔30秒钟就有一架飞机在西柏林起落④,在此期间共有28人因飞机失事丧生。

针对苏联封锁柏林,西方三个大国一面对苏联实行反封锁,切断所有从西欧通向德国苏占区的陆路和水路交通,一面努力寻求同苏联通过谈判解决问题。进入1949年后,苏联方面开始出现松动。1月31日,斯大林在一份电报中表示:"苏联政府不认为取消运输限制有什么障碍。但是,同时要取消三大国所实施的运输和贸易的限制。"⑤美国敏感地注意到,这是苏联自1948年6月以来第一次没有把封锁同货币改革联系起来的表态,立即抓住时机和苏联进行秘密谈判。5月4日,苏、美、英、法四国达成取消柏林封锁和反封锁的协议。从

---

① 卢修斯·克莱:《在德国的决策》,第398页。
② 同上书,第400页。
③ 杜鲁门:《杜鲁门回忆录》第2卷,生活·读书·新知三联书店1974年版,第142页。
④ 卢修斯·克莱:《在德国的决策》,第431、421页。
⑤ 《斯大林文选》下册,人民出版社1963年版,第514页。

5月12日起,柏林的交通恢复到1948年4月1日前的状态。

柏林的封锁和解除,对苏联来说毋宁是一种失着。这是因为:第一,苏联封锁西柏林给西柏林居民生活造成很大困难,一般通过直观来认识问题的老百姓,对切断他们生活来源的苏联十分反感,而对西方的空运则感激备至。封锁柏林可以说是苏联的失人心之举。第二,苏联封锁柏林的目的是想以此对西方三大国施加压力,使它们取消货币改革,甚至迫使它们从柏林退出并阻止西方三国建立西德政府。然而苏联并未达到目的。5月4日四国达成的协议除解除双方的封锁外,没有解决任何别的问题。

柏林封锁期间,柏林市出现了两个市政府,一个亲西方,一个亲苏联。柏林正式分裂为东西两部分。柏林的分裂成为德国分裂的先导。

两个德国的建立

在1948年2月23日至3月6日举行的美、英、法、荷、比、卢六国伦敦会议上,西方国家弥合了在德国问题上的分歧,会议公报声称有必要建立一个使"德国能够加入自由人民集体之内的体制",并且宣布,法国占领区与美、英双占区合并,从而为以后的货币改革及建立西德国家铺平了道路。4月20日至6月1日,六国再次在伦敦开会,发表《伦敦议定书》,决定成立西德国家,并议定西德要接受《占领法规》,参加马歇尔计划,其鲁尔的煤、钢由与会国代表组成的国际管制机构进行分配。

对西方国家筹建西德国家的行动,西占区的德国政治家们亦喜亦忧。喜的是德国重有复兴之日,忧的是德国将被正式分裂。还在美占区和英占区合并之时,后来成为西德国家第一任总理的康拉德·阿登纳就一面称赞此举是"一个积极的进展",一面又指出:"人们担心,其结果将是导致德国分裂为东德和西德两部分。"①

1948年7月1日,美、英、法三国要求西占区内担任州总理的德国人制定一部联邦性质的国家宪法。7日和8日两天,11名德国州总理聚会于科布伦茨讨论成立国家事宜。会上,州总理们一致表示欢迎西方盟国的意见,由德国各州合并成统一的区域,并由居民自行选出政府。但他们坚决反对占领国提出的制定宪法,举行公民投票的要求。因为这将意味着西部德国正式成为一个国家,从而表明德国正式被分裂。但这些德国州总理们又不敢触犯三个占领大国。

---

① 康拉德·阿登纳:《阿登纳回忆录》第1卷,上海人民出版社1976年版,第108、107页。

他们就制宪问题商议良久,找不出一个万全之策。正在他们一筹莫展之时,忽有人想起,1875年法国在普鲁士军事占领期间曾制定过一部"基本法",便提议仿此例而制定一部德国的基本法。此议立即为大家接受。最后,他们还商定:基本法由各州议员组成的议会委员会来讨论制定,然后交各州议会批准,而不是如正式国家宪法那样交由公民投票表决。此外,他们还要求扩大西德政府的权限,缩小盟国的管制范围。

科布伦茨会议这一讨论结果,一开始使美国十分恼火。7月14日,克莱召见美占区的德国州总理,厉声指责他们不识抬举,声言"要不是我们在这里,你们早被俄国化了"[①]。但不久,鉴于国际形势的变化,美国出于同苏联进行冷战的需要,急需扶植西德来遏制苏联,便同意了德国州总理们的要求。7月26日,在法兰克福,美、英、法三个占领国驻德军事长官和德国州总理们开会,正式确认德方的要求。

1948年9月1日,西占区议会委员会在波恩开幕,阿登纳当选为议会委员会主席。该委员会于9月15日正式开始制定基本法工作。1949年5月8日,在德国无条件投降4周年之际,议会委员会对基本法进行表决,以53票对12票获得通过。5月12日,三个占领国的军事长官在法兰克福批准基本法并公布"占领法规"。5月23日,在西方三大国代表参加下,西占区德国州总理和州议会的议长们签署基本法。此后,联邦德国一直把5月23日作为联邦德国诞生的节日——但不能称其为国庆日——来庆祝。9月12日和15日,特奥多尔·豪斯和康拉德·阿登纳先后当选联邦德国总统和总理。9月20日,根据阿登纳提名,组成了联邦德国第一届政府。

在西方三大国积极筹建西德国家之时,苏联也针锋相对,采取措施,筹建东德国家。

还在战争将要结束之前,苏联就有计划地把一批战争期间流亡在苏联的德国共产党人分三组分送到柏林、萨克森和梅克伦堡—波莫瑞,以便他们战后在德国政治生活中发挥作用。后来成为民主德国党和国家领导人的瓦尔特·乌布利希便是被派到柏林的小组领导人。1945年6月10日,苏联驻德军事管制委员会发布第2号通令,允许德国政党和工会恢复活动。四大国中,苏联是第一个作出这一决定的国家。6月11日,德国共产党率先登记注册,恢复活动。在16人组成的党中央委员会领导集体中,有13人是从苏联回来的。不久,在

---

① 卡尔·迪特里希·布拉赫等:《德意志联邦共和国史》第1卷,斯图加特出版社1982年版,第466页。

苏占区内,德国社会民主党、基督教民主联盟和德国自由民主党相继在原有的相应政党的基础上宣告成立。7月14日,这四个党联合组成"反法西斯民主政党联盟"。由于德国共产党在纳粹统治时期是最坚决、最英勇地反对希特勒政府的党,因此它以其在人民中赢得的威望自然而然地成为这个政党联盟中的主导力量。1946年4月21日,苏占区的德国社会民主党与德国共产党合并为德国统一社会党,原德国共产党主席威廉·皮克任统一社会党主席,原德国社会民主党奥托·格罗提渥任副主席。此后,德国统一社会党便作为苏占区德国人的主导力量,在苏联驻德军管会的指令下开展工作,推行计划经济和企业国有化运动,对苏占区的经济、政治和社会结构实行与西占区截然不同的改革。

在美、英双占区成立,莫斯科外长会议和伦敦外长会议破产以后,苏联加快成立东德国家的步骤。1947年6月14日,苏联驻德军管会发布第138号令,宣布成立德国经济委员会。1948年2月12日,苏联军管会又发布第32号令,明令德国经济委员会为统管苏占区工业、农业、财贸等部门的中央级领导机构,实际上赋予该经济委员会以政府的职能,其主席以及六个副主席中的四名皆是德国统一社会党人。

在此期间,1947年12月6日,由德国统一社会党主持召开了第一次德国人民代表大会。在1948年3月17日至18日举行的第二次德国人民代表大会上,选出了一个由德国统一社会党起主导作用的人民委员会。人民委员会在6月19日发表声明,称自己是"整个德国的代表机构",接着便任命一个工作委员会起草德意志民主共和国宪法,1948年10月22日,人民委员会一致通过宪法草案。次年3月,人民委员会正式批准德意志民主共和国宪法。

随着德意志联邦共和国的建立,苏占区的德国统一社会党在苏联支持下,于1949年10月3日召开全体会议,指出,由于美帝国主义推行反动政策,德国政治和经济的统一受到破坏,德意志民族的独立和主权正在遭受威胁,因此民族问题已成为德国人民生活中头等重要的政治问题之一。10月7日,人民委员会开会通过决议,宣告自己以临时人民议院名义行使最高立法机关的权力。临时人民议院在当天宣布成立德意志民主共和国并宣布宪法生效。10月10日,苏占区内的5个州①成立临时州议院。次日,人民议院和州议院一起开会选举皮克为民主德国总统。苏联驻德军管会当天发表声明,宣布把迄今属于苏联军管会的行政职权移交给民主德国临时政府。10月12日,民主德国第一届政府

---

① 德国苏占区由原德意志帝国5个州组成。1945年7月4日,苏联驻德军管会,按这5个州建立州、县和乡镇行政机构。民主德国成立后,取消州一级的区划,代之以15个较小的行政区,称为"专区"。

正式组成,格罗提渥任总理,乌布利希为第一副总理。第二天,斯大林发来贺电,称民主德国的成立是"欧洲历史的转捩点",并称苏德两国人民"在欧洲采取有世界意义的行动时具有最重大的分量。如果这两国人民决心全力以赴——如他们进行战争时那样——为和平而进行斗争,人们就可以说,欧洲的和平有了保证"①。

至此,德国的土地上出现了两个德国:德意志联邦共和国和德意志民主共和国。

第三节 美国对日本的单独占领

美国独占日本

战后美国对日政策的基本目标,就是要日本从属美国,使日本受美国控制并为其称霸世界政策服务。因此,在日本投降前,美国就决定利用其在太平洋战区的军事优势,单独占领日本,以便战后推行美国的对日政策。

美国对日本的独占,是从单独军事占领和控制对日管制机构两方面进行的。首先,美国垄断了对日受降和军事占领的支配大权。在答复日本乞降照会时,美国以主导受降者自居,未同盟国进行任何协商,就想自行任命代表盟国的驻日盟军最高统帅。1945年8月11日,苏联接到美国给日本的复电草稿后,莫洛托夫外长立即召见美国驻苏大使哈里曼,建议"最高统帅可以包括两个人,由美苏将领各一人担任"②。哈里曼当即反驳说:"我以我政府的名义反对这样做","最高统帅竟会不是一个美国人……这是不可思议的"③,断然拒绝了苏联的建议。美国总统杜鲁门也表示:"我们希望把日本置于代表盟国的美国指挥官的控制之下","我决定,对日本的占领不能重蹈德国的覆辙。我不打算分割管制或划分占领区。我不想给俄国人以任何机会,再让他们像在德国和奥地利那样去行动。"④8月13日,杜鲁门任命美国太平洋陆军总司令麦克阿瑟为盟军最高统帅,并授权他"对一切有关盟国为执行投降条款而派出的陆、海、空部队

---

① 《新德意志报》(民主德国)1949年10月14日。
② 杜鲁门:《杜鲁门回忆录》第1卷,第370页。
③ 艾夫里尔·哈里曼、伊利·艾贝尔:《特使——与丘吉尔、斯大林周旋记》,生活·读书·新知三联书店1975年版,第556页。
④ 杜鲁门:《杜鲁门回忆录》第1卷,第371页。

享有最高统帅的权威"①。8月14日,美国把准备发给日本政府的《总命令第1号》先行通知盟国,自行划分了受降区域,其中规定:中国大陆、台湾和北纬16度以北的法属印度支那地区,由蒋介石受降;中国东北、北纬38度以北的朝鲜和库页岛,由苏联远东军最高统帅受降;日本、北纬38度以南的朝鲜和菲律宾,由美国太平洋陆军部队最高统帅受降,等等。②

由总命令划定的苏联受降区未包括千岛群岛,斯大林遂于8月16日电函杜鲁门,提出两点修正:(1)要求明确"整个千岛群岛将由苏联占有";(2)把留萌至钏路一线(包括这两个城市)以北的北海道地区划入苏军受降区之内。③对此,杜鲁门复照同意了斯大林关于千岛群岛的要求,但又宣称"这些岛屿的处理必须在和约中决定"④,同时拒绝了苏联对北海道的分割占领。8月18日,苏军开始在千岛群岛登陆,并占领了属于北海道的色丹岛和齿舞岛。1946年2月20日,苏联宣布领有包括北方四岛在内的千岛群岛,并将其编入苏联的版图。

1945年8月28日,美军先遣部队飞抵日本,8月30日至9月6日,46万美军官兵以"盟军"的名义陆续进驻并单独占领了日本。9月6日,美国参谋长联席会议行文麦克阿瑟,赋予他极大的职权。文件说:"天皇和日本政府统治国家的权力从属于你之下。……由于你的权力至高无上,在权限上无须接受日方的任何异议。"⑤9月7日,以麦克阿瑟为首的盟军最高统帅司令部成立,它的地位凌驾于日本政府之上,只向美国政府负责。这样,美国制定的对日政策便通过盟军总部以命令、指令或备忘录等形式得以贯彻实施。

美国单独占领日本后,为了掩人耳目,于9月22日公开发表了《美国战后初期的对日政策》,宣称美国"将欢迎并期待其他在对日作战中发挥主要作用的国家派遣部队来参加占领。一切占领部队概归美国指派的最高统帅指挥"⑥。对此,苏联政府于10月30日拒绝把自己的军队派去由美国麦克阿瑟将军直接指挥。中国国民党政府经过同美国的磋商,拟定于1946年6月派出荣誉第2师

---

① 杜鲁门:《杜鲁门回忆录》第1卷,第380页。
② 《总命令第1号》经修改后,于8月17日由杜鲁门批准,9月2日麦克阿瑟正式公布。
③ 《苏联伟大卫国战争期间苏联部长会议主席同美国总统和英国首相通信集(1941—1945)》第2卷,世界知识出版社1963年版,第267页。
④ 同上书,第270页。
⑤ 美国国务院:《占领日本:政策与进展》,华盛顿,美国政府印刷局1947年版,第88—89页(附录16)。
⑥ 该文件最初由国务院、陆军部和海军部共同拟就,1945年8月29日发给麦克阿瑟,9月6日杜鲁门批准,于9月22日公开发表。

为中国驻日占领军进驻名古屋。但由于蒋介石在1946年夏发动了全面内战,该师被派往攻打解放区遭人民解放军一举全歼,占领日本的计划随之化为泡影。结果,只有澳大利亚、新西兰和印度组成的少量英联邦部队进驻日本,隶属于麦克阿瑟的指挥之下。这样,对日占领在表面上打着"盟国共同占领"的旗号,而实际上却是美国单独军事占领,美国成为日本的最高统治者。

控制盟国对日管制机构是美国独占日本而采取的另一种形式。这既有利于推行美国的对日政策,又能够掩饰其对日本的独占统治。1945年8月22日,美国向中、苏、英三国建议成立十国远东咨询委员会,这个委员会只能向盟军最高统帅提出处理日本事务的意见,而无任何权力。在9月召开的伦敦外长会议上,苏联提出自己的方案,建议由苏、美、英、中四国代表组成具有实权的对日管制委员会。但美国拒绝盟国共同管制日本,仍我行我素,于10月30日在华盛顿举行远东咨询委员会第一次会议。苏联拒绝派代表参加,英国、澳大利亚等英联邦国家也不满意自己在该委员会中的无权地位,因此会议只好休会。

经过美苏两国政府间多次交换照会,直到1945年12月莫斯科三国外长会议上,美、英、苏三方才在日本问题上达成妥协,通过了《关于建立远东委员会及盟国对日委员会的决议》,并取得了中国的同意。远东委员会总部设于华盛顿,由中、美、英、苏、法、荷、加、澳、新西兰、印度和菲律宾十一国代表组成;它作为对日管制的最高决策机构,负责"制定日本于完成履行投降条件之义务时应恪遵之政策、原则及标准";委员会的决议案须经全体代表多数赞成,其中必须包括中、美、英、苏的代表的赞成方可通过;该委员会的政策决议经美国政府拟具指令转发盟军最高统帅,由盟军最高统帅负责实施。由此可见,远东委员会的权力受到很大限制,最后决定权依然操纵在美国手里。盟国对日委员会(又称"盟国对日理事会")设于东京,由盟军最高统帅(或其代表)任主席,苏、中各派委员1人,英、澳、新西兰和印度合派委员1人组成,该委员会的职责是"与最高统帅协商及建议关于实施日本投降条款",但"在任何情形下,行动之实施,须听命及经由最高统帅,渠为盟国在日之唯一执行当局"①。所以,盟国对日委员会无任何实权,只不过是最高统帅的咨询机构。就连麦克阿瑟也对它不屑一顾,在1946年4月3日举行的盟国对日委员会第一次会议上,他公开声称:"委员会的职能是顾问性和建议性的,它不得侵犯作为盟国在日唯一执政当局的最高统帅所拥有的重大行政责任。"②

---

① 《国际条约集(1945—1947)》,第122—125页。
② 《战后世界历史长编》第1编第1分册,上海人民出版社1975年版,第267页。

虽然相继设立了两个对日管制机构,但由于美国单独占领了日本,并控制了实施对日占领政策的大权,致使这两个委员会未能发挥其应有的作用。这样,美国不仅在军事上,还在对日管制问题上排斥盟国,从而实现了它对日本的独占统治。

民主改革的实施

二次世界大战结束后,和平民主力量崛起,世界各国人民强烈要求严惩日本军国主义,日本国内人民迅速觉醒,广泛开展争取政治民主权利的斗争。另一方面,日本法西斯专制与西方资产阶级民主制度格格不入,被美国视为其称霸全球的重要障碍。为了控制日本,美国必须首先征服日本的统治阶级,然后按照美国的资产阶级民主方式来改造日本。由于反法西斯同盟内部的制约,同时也出于美国自身的需要,美国在战后初期对日本的军事、政治、经济、文化教育等各项基本制度,进行了一系列影响深远的重大改革。

1945年9月22日公开发表的《美国战后初期的对日政策》是美国占领日本期间对日政策的纲领性文件,其要点有:(1)美国占领日本的最终目标是"保证日本今后不再成为美国的威胁,不再成为世界和平与安全的威胁。最终建立一个和平与负责的政府,该政府将尊重他国的权利,并支持联合国宪章的理想和原则中所显示的美国的目标"。(2)"美国将尽一切努力与各盟国磋商,并组织适当的咨询机构","但各盟国之间如发生意见分歧,美国的政策应居主导地位"。(3)"最高统帅将通过包括天皇在内的日本政府机构及其代理机构行使自己的权力"[1]。此外,文件还提出了下列以日本非军事化和民主化为基调的改革措施:

第一,解散军队,逮捕战犯。战争结束后,盟军总部利用天皇的名义,立即解除了745万日军的武装。9月13日,作为指导战争的最高机构日本大本营被废止。10月15日,撤销了陆军参谋本部和海军军令部。11月30日,取消陆军省和海军省。至此,日本法西斯军事机器彻底崩溃。

9月11日,盟军总部发出逮捕战争嫌疑犯的指令,以东条英机为首的第一批39名战犯被捕入狱。以后盟军总部又下令相继逮捕了104名军阀、官僚、财阀,并组织远东国际法庭进行审判。1948年11月12日,法庭宣布判决,被起诉的25名甲级战犯中,东条英机等7人被判处绞刑,16人无期徒刑,两人

---

[1] 美国国务院:《占领日本:政策与进展》,第73—81页(附录13)。

有期徒刑。

但在审判过程中,美国有意包庇日本战犯,日本天皇对发动侵略战争负有主要责任,却被麦克阿瑟说成是"品格高尚"、"坦率纯真而又善良的人"[1],未受到起诉。许多军阀、财阀的头目作为甲级战犯被捕,但未经起诉又都释放。即使是已判刑的甲、乙、丙各级战犯,在1950年麦克阿瑟自行发布第5号命令后,纷纷"宣誓出狱"。

第二,废除压制人民的法律和制度,恢复民主自由权利。10月4日,盟军总部颁布了"关于民权自由的指令",命令日本政府撤销限制政治、信仰及人民自由的一切法令和制度,废除治安维持法;立即释放包括日共领导人在内的全部政治犯;撤销秘密警察机关和思想警察制度;罢免内务大臣和一批高级警官,废除特别高等警察。10月11日盟军总部又发布了"关于保障基本人权和政治自由的指令",即著名的"五大改革指令":赋予妇女选举权,实现男女平等和妇女解放;鼓励工人的团结和工会组织;促进自由主义教育,废除具有压制性的各种制度;促进经济机构的民主化。

第三,整肃军国主义势力。美国占领当局发动的整肃始于1945年10月,最初整肃的对象是特务警察和公教人员。1946年1月4日,盟军总部正式颁布了政治整肃的两项指令。一个指令规定取缔所有支持日本军国主义、国家主义的政党、社团组织。列入取缔名单的有27个最反动的法西斯组织,以后又陆续增至147个。大政翼赞会、大日本一心会、黑龙会等一批法西斯组织被取缔。另一个是"解除公职令",命令日本政府解除战犯、职业军官、法西斯政党及社团头目等七种人的公职,"并不得再任用其担任政府工作"[2]。在整肃中,进步党的274名国会议员,包括总裁在内的被整肃者达260名;自由党43名议员被整肃了30名。[3] 整肃持续到1948年5月,共甄别了71.7万余人,被整肃者达20.1万余人。[4]然而,美国占领当局把这次整肃视为改换日本政治领导的重要手段,其目的是清除阻碍日本归顺美国的右翼极端分子,促使日本各种政治集团在符合美国利益的条件下重新组合。所以整肃进行得很不彻底,许多参与侵略战争的重要人物未受到整肃,就是在被整肃者当中,经过1951年6月设立的

---

[1]　吉田茂:《十年回忆》第1卷,世界知识出版社1963年版,第54页。
[2]　美国国务院:《占领日本:政策与进展》,第99—108页(附录20)。
[3]　日本历史学研究会编:《太平洋战争史》第5卷,商务印书馆1963年版,第86页。
[4]　琼斯等:《国际事务概览:1942—1946年的远东》下册,上海译文出版社1979年版,第534—535页。

"公职资格甄别委员会"为期5个月的审查,约17.7万余人先后被解除了整肃,其中不少人又担任了公职。

第四,制定新宪法。修改宪法的焦点集中在天皇制,即国家权力的归属问题。美国占领当局主张保留天皇的同时大大削弱其权力,利用日本历史上形成的这一精神支柱,把日本引向西方资产阶级民主的轨道。1945年12月15日,盟军总部发布指令,宣布神道与国家权力分离。1946年元旦,天皇在麦克阿瑟的授意下发表《人间宣言》,承认自己是人而不是神。这对战后的日本来说是一次重大的思想解放,同时也为新宪法保留天皇做好准备。2月3日,麦克阿瑟根据国务院训令,提出修改宪法三原则:(1)"天皇为国家元首","天皇的职权要依据宪法行使,并从属于宪法规定的人民意志";(2)"放弃国家发动战争的权力";(3)废除封建制度。① 2月13日,盟军总部把拟定的日本宪法草案交给外相吉田茂,经日本政府修改后,于3月6日内阁会议通过了美国代为起草的新宪法。10月7日议会两院通过后,自1947年5月3日开始实施。

与《明治宪法》相比,新宪法的明显不同处在于:确立了天皇象征制和国民主权原则,规定"天皇是日本国的象征,是日本国民整体的象征,其地位,以主权所属的全体日本国民的意志为依据";实行以议会内阁制为核心的"三权分立"制度;宣布放弃战争,规定"永远放弃作为国家主权发动的战争、武力威胁或使用武力作为解决国际争端的手段","不保持陆海空军及其他战争力量,不承认国家的交战权";尊重和保障国民的权利,宣布"全体国民在法律面前一律平等"②。新宪法的制定,是政治改革的结晶,对日本发展资产阶级民主有着深远的意义。

第五,解散财阀。财阀是日本垄断资本与半封建生产关系相结合的产物,它不仅控制着整个日本的经济命脉,而且还操纵着国家机器,成为天皇专制政权的重要经济基础,以及对外发动侵略战争的罪魁祸首。为了摧毁日本军国主义的经济支柱,美国占领当局决定解散财阀,对城市工业经济实行重大改革。

解散财阀分为三个步骤进行。第一步是指定持股公司和财阀家族。盟军总部于1945年11月2日发出冻结15家大财阀资产的指令,11月6日又以"关于解散持股公司的备忘录"的形式,下令解散三井、三菱、住友、安田等四大财阀的总公司。1946年8月持股公司清理委员会成立。委员会从9月到1947年3月,前后分5批指定包括四大财阀总公司在内的共83家公司为持股公司,并

---

① 石丸和人:《战后日本外交史》第1卷,东京三省堂1983年版,第21页。
② 《日本政府机构》,上海人民出版社1977年版,第128—139页。

指定其中 10 个大财阀的 56 人为财阀家族。第二步是分散股票所有权,消除财阀家族对企业的控制。持股公司清理委员会对 83 家持股公司和 56 个财阀家族进行清产核资,将全部股票、证券公开出售,同时勒令财阀家族的 56 人一律辞去公司职务,并禁止在 10 年内重新任职。财阀所属公司的 1500 余名主要干部也被解除了公职。第三步是建立新的经济体制。为了削弱大企业对经济的支配力,于 1947 年 4 月和 12 月制定了《禁止垄断法》和《排除经济力量过度集中法》,进一步降低企业生产和资本的集中程度,有利于建立更富有竞争性的市场。

第六,农地改革。农地改革是对农村的封建生产关系实行的重大经济改革。1945 年 12 月 9 日,盟军总部发布"关于农地改革的备忘录",提出"打碎几个世纪来的封建压迫造成日本农民奴隶化的经济桎梏",要求"根绝土地结构的恶弊",命令日本政府在三个月内提交一项把土地转让给耕种者的计划。① 然而,日本国会于 12 月 28 日通过的《土地调整法》(通称第一次农地改革措施)明显偏袒地主,企图继续维护封建土地所有制,因而遭到广大农民的反对而告搁浅。1946 年 6 月 28 日,盟军总部根据盟国对日委员会的建议,向日本政府提出关于农地改革的方案。在美国的压力下,7 月 26 日吉田茂内阁制定了"关于彻底改革土地制度的措施纲要",日本议会于 10 月 11 日通过了《修正土地调整法》和《建立自耕农特别措施法》(通称第二次农地改革措施),重新规定:(1) 自耕农土地不得超过 3 町步②(北海道为 12 町步);(2) 在农村而不自耕的地主的土地不得超过 1 町步(北海道为 4 町步);(3) 不在农村的地主的土地和超过规定以上的土地,均由国家收购转卖给有经营能力的佃农;(4) 改实物地租为货币地租。③ 从 1947 年到 1950 年,政府先后 16 次共收购土地 193 万町步,其中 190 万町步低价售给了 430 万农户。④ 随着土地所有权的转变,农村的阶级关系发生了根本变化,自耕农和半自耕农由战前占农户总数的 47.7% 上升到改革后的 87.6%,佃农和半佃农则由 48.1% 下降到 11.7%⑤,从而基本消灭了地主阶级,确立了自耕农土地所有制。

第七,教育改革。1945 年 10 月 25 日,盟军总部发布"关于教育的管理政

---

① 大和田启气:《日本的农地改革》,日本经济新闻社 1981 年版,第 82 页。
② 日本丈量土地面积的单位,1 町步等于 99.18 公亩,等于我国 14.8 市亩。
③ 安原和雄、山本刚士:《战后日本外交史》第 4 卷,东京三省堂 1984 年版,第 65 页。
④ 大和田启气:《日本的农地改革》,第 231—232 页。
⑤ 日本历史学研究会编:《太平洋战争史》第 5 卷,第 95 页。

策"的指令,禁止传授军国主义和极端民族主义思想,取消军事训练,改订课程内容,整肃反动教师和行政人员。12月31日,盟军总部又颁发停止讲授修身(伦理)、日本历史和地理等课程的指令。1946年3月,美国教育代表团到日本考察,提出了以尊重人权和教育机会均等为原则的改革教育制度的建议。1947年3月,日本议会通过了《教育基本法》和《学校教育法》,规定:尊重学术自由;教育机会均等;实行九年制义务教育;男女同校;教育与宗教分离;实行"六三·三四制"①等。

在美国占领日本的前期,以美国占领当局为主导、以包括日本人民在内的世界民主力量为动力而进行的这场重大改革,是具有较彻底的反封建性和一定程度的反法西斯军国主义性质的资产阶级民主改革,是明治维新以后日本资产阶级革命的继续和最终完成。它从政治、经济、思想等各方面扫除了阻碍资本主义生产关系发展的种种封建羁绊,极大地解放了生产力,为经济的恢复和发展奠定了基础,在客观上促进了日本社会的进步。

美国对日政策的转变

进入1947年以后,整个国际形势发生了急剧的变化。美国出于称霸全球战略的需要,公开提出了杜鲁门主义和马歇尔计划,对苏联推行遏制政策,导致了美苏两国关系全面恶化,开始进入所谓东西方的冷战时期。到了1948年,以柏林危机事件为标志,冷战进一步加剧,使战后美苏的紧张关系达到了第一个顶点。

同时在亚洲,从1947年秋起,中国人民解放军转入了全国规模的战略反攻,并接连取得重大军事胜利,国民党政权必然崩溃已成定局,美国对华政策行将彻底破产。中国人民解放事业的迅猛发展,迫使美国决策集团加紧重新考虑其亚洲战略的重点。自1947年10月至1948年2月,美国国务院政策设计委员会主席凯南两次提出研究报告,对中国和日本在美国远东战略中的轻重地位进行了对比。凯南认为:中国形势的恶化对美国的利益还不是致命的,中国不是一个强大的工业国,短期内它不可能成为亚洲的军事强国,因此"一个真正友好的日本和一个有名无实的敌对的中国,美国会感到相当安全","日本和菲律宾最终将成为足以保卫美国利益的太平洋安全体系的基石",他主张今后美国在远东的目标是:"对中国停止承担不合理的义务";"制定各项对日政策,以保证

---

① 战后日本实行新教育法规定,小学六年和中学三年的九年为义务教育,一般称为六三制;再加上高中三年和大学四年,总称为"六三·三四"制。

其安全不受苏联的军事侵犯,也不受共产党的渗透与控制,并使日本经济潜力再一次成为该地区增进和平与稳定的力量";"允许菲律宾独立",但应保证它"继续成为太平洋地区美国安全的坚强壁垒"①。凯南从美国的远东战略利益出发,把日本放到了主要的亚洲潜在盟国的地位。

在日本国内,由于战后初期美国大力推行的一系列非军事化和民主化改革,其部分结果开始走向美国所期望的反面。日共等进步力量不断扩大,各种工农群众运动此起彼伏,而日本统治阶级则连续遭受打击,元气大伤。如果这种状况再任其发展下去,将可能发生根本性的社会变革,从而直接动摇美国占领当局本身的地位和统治,危及美国的切身利益。

美国反苏、反共、称霸全球政策以及美国远东战略重点的转移,必然对美国的对日政策产生重大影响。1948年麦克阿瑟在"元旦致辞"中说:"日本的改造和重建计划已接近完成。蓝图已经绘制,道路已经选定。"②1月6日,美国陆军部长罗亚尔在旧金山国家俱乐部发表演说,公开声称:"当初使日本广泛围非军事化的方针,同建设自立国家的新目标之间,不可避免地产生了矛盾","我们坚定不移地要在日本确立强有力而十分稳定的民主政治,使之独立,并作为一种抑制力量有助于对抗今后远东可能发生新的极权主义的战争威胁"③。以罗亚尔演说为转折点,标志着美国对日政策发生了重大变化,由多方限制、削弱、打击,改为积极帮助、扶植、支持,从而构成了占领后期的美国对日政策。

美国对日政策的变化迅速反映在日美关系的一切方面。在政治上,盟军总部释放了大批战犯,陆续解除了对右翼分子和政客的整肃,并默认他们重返政界,大力支持以吉田茂为首的保守政权,限制各种进步的群众运动,甚至直接出面镇压工人大罢工,禁止在日本成立共产支部组织,指示日本政府加强警察力量,强行褫夺全部日共领导人的公职等等。在经济上,大大缓和并放慢对解散财阀的要求和进程,最初被指定解散的325家大企业,到1949年8月被分割的只有18家④;增加运送救济粮食,提供原料,帮助日本重建经济,仅1947年至1949年的3年内,美国向日本提供的各种物资援助就达11.72亿美元;派遣经济顾问和专家来日本帮助制订经济复兴计划,取消对日本的出口贸易管制,确定了有助于日本重返国际市场的1美元折合360日元的固定汇率。此外,这一

---

① 乔治·凯南:《回忆录(1925—1950)》第1卷,波士顿1967年版,第374、381页。
② 日本历史学研究会编:《太平洋战争史》第6卷,东京青木书店1974年版,第161页。
③ 安原和雄、山本刚士:《战后日本外交史》第4卷,第313—316页(资料3)。
④ 同上书,第39—40页。

时期美国对日占领政策的转变,还从它对日本赔偿问题的态度变化过程中充分反映出来。

赔偿问题是战后对日处理的重要内容之一,它关系到战争受害国的损失能否得到公正的补偿,以及能否彻底摧毁日本战争潜力等原则问题。1945年11月,美国总统特使鲍莱率领调查团抵日,于12月7日和翌年4月1日提出两份调查报告。鲍莱报告从根除日本的战争潜力这一目标出发,提出:"事实上,日本的工业设施几乎全部都用于战争。尽管遭到巨大的破坏,但日本各种工业设施的大量设备仍可以使用,并超过了和平时期民用工业需要的限度,这些剩余的设备必须拆除。"①报告严峻地规定拆除所有陆海军工厂、飞机工厂、轴承工厂、轻金属工厂抵充赔偿,钢铁、发电、机床、造船、化工等民用工业也应大幅度地削减50%以上,钢的生产能力限制在年产量250万吨,拆除剩余的工业设备用于战争赔偿,并主张把1950年日本工业可达到的生产能力维持在1926—1930年的水平,日本人的生活水平不高于亚洲的其他国家。② 1947年4月,美国政府授权麦克阿瑟,从远东委员会通过的临时拆迁赔偿决议所规定的剩余工业设备中提取30%进行赔偿,分配比例为:中国15%、菲律宾、印尼、英联邦国家(缅甸、马来亚等)各5%。根据这项命令,自1948年1月第一艘装载拆迁设备的货轮驶往中国起,到1950年5月最后一艘驶往菲律宾止,日本共向亚洲各国赔偿价值1.62亿日元(1939年价格)的设备,约合4500万美元。③

1947年1月,美国陆军部派遣一直负责处理德国赔偿问题的斯特赖克率领调查团抵日,于2月18日和翌年2月26日向陆军部提交两份报告。斯特赖克报告提出"只拆除军用设备,保留必要的设备,用于日本经济的复兴",他建议停止根据临时拆迁赔偿计划正在进行的拆迁工作,制订新的赔偿计划;除主要军工设备外,几乎全部保留重工业和化学工业的生产设备;用保留的工业设备制造产品,以货物赔偿取代设备赔偿;使1953年的生产能力能够把日本人的生活水平维持在1930—1934年的水平。④ 1948年3月9日,陆军部根据斯特赖克的赴日调查发表报告说,"亚洲作为一个整体,最理想的是通过日本的重建,并尽

---

① 《朝日新闻》(日本),1945年12月16日。
② 安原和雄、山本刚士:《战后日本外交史》第4卷,第49—50页;吉田茂:《十年回忆》第3卷,世界知识出版社1965年版,第104—106页;信夫清三郎:《日本外交史》下册,商务印书馆1980年版,第742页。
③ 安原和雄、山本刚士:《战后日本外交史》第4卷,东京三省堂1984年版,第54—55、123—125页。
④ 同上书,第52—53页。

速利用其生产能力来取得最大利益",主张将日本工业的生产能力提高到1932—1936年的水平。① 显而易见,这时美国开始背离《波茨坦公告》的精神,把复兴日本经济作为其对日占领政策的主要内容。

1948年3月20日,美国陆军部次长德雷珀又率领詹斯顿调查团抵日,5月18日公布詹斯顿报告(亦称德雷珀计划)。报告提出:"要使日本经济自立,美国现在必须正视援助问题","为了维持合理的生活水平,支付进口粮食和原料的货款,日本必须增加目前出口额的8—9倍",因此"除了日本有用的和平生产设备外,能够拆除的生产能力是不太大的"②。这份报告主张进一步缩减赔偿范围,就连军工设备的拆赔数量也被减少了2/3,并表示日本工业生产能力可维持在1937年以后的水平。詹斯顿报告是罗亚尔演说的具体化。根据这个报告,远东委员会的美国代表于1949年5月12日发表声明说:"今后继续从日本拆赔设备而产生的负担,将可能极大地损害稳定日本经济并使其经济自立的占领目的"③,宣布停止执行临时拆赔计划。

鲍莱、斯特赖克、詹斯顿三个报告对赔偿问题的态度一个比一个后退,它充分显示了1947年到1948年的两年内美国对日政策的转变过程:由严厉到缓和继而转为援助,由赔偿调查变为复兴日本经济。美国对日政策的这一变化,其含义远不止减少或停止赔偿,它表明了美国开始把日本纳入其远东战略的轨道。

---

① 刘同舜、高文凡:《战后世界历史长编》第6册,上海人民出版社1985年版,第362页。
② 信夫清三郎:《战后日本政治史》第3卷,东京劲草书房1969年版,第775—776页。
③ 安原和雄、山本刚士:《战后日本外交史》第4卷,第54页。

第二章 美国霸权地位的确立及其对西欧的控制

第一节 美国的全球战略和冷战政策

美国称霸世界的计划

美国在第二次世界大战中非但没有遭到严重破坏,而且发了战争横财,国力得到空前加强。1939—1944年间,美国工业生产增长了近两倍。战后初期,美国工业产量占资本主义世界1/2以上(1948年占53.4%);出口贸易占1/3(1949年占32.4%);黄金储备占3/4(1949年占73.4%);资本输出占世界第一位而且是最大的债权国。美国的军事力量在战争期间也迅速膨胀,到战争结束时,其军队总人数高达1212万人,拥有世界上最强大的海军和空军,在海外建立了484个军事基地,还独家垄断着原子弹。高度膨胀的经济、军事实力,使美国野心勃勃,企图建立世界霸权。

美国称霸世界的计划,是罗斯福在第二次世界大战期间设计和确立的。该计划包括两个重要组成部分:一是建立联合国组织,二是建立国际货币基金组织与世界银行。美国企图通过这些国际性组织,实现其领导的战后世界政治经济秩序。

建立联合国是确立战后美国世界政治领导权的关键和组织保证。罗斯福筹建联合国的基本思路,是在美国的领导下,通过"大国合作"维持战后世界秩序。早在战争初期,他就在积极考虑和谋划战后世界安排问题,他认为二战有可能使美国成为世界上实力最为强大的国家,美国应当利用在战争中取得的优势地位,推动组建由它控制的国际组织。美国参战后,罗斯福就利用各种机会发表其对建立战后国际组织的看法,他认为,在现代武器的条件下,小国缺乏抵抗强敌、保卫自己的能力,只有少数大国才能维持战后的世界秩序。1942年5月,罗斯福对访问美国的莫洛托夫说,美、苏、英、中四大国应负责维持战后的世界和平与安全,承担"世界警察"的任务,一旦发现侵略行为,由"四警察"

予以制裁。

在罗斯福绘制的联合国蓝图中,大国合作是保证新的全球性国际组织在战后发挥权威效能的重要前提。第一次世界大战后成立的国际联盟之所以失败,一个重要原因是它没有包括世界主要大国,因此显得软弱无力。有鉴于此,罗斯福认为,战后国际组织应该把主要大国都包括在内,而且要设法使它们同意使用自己的力量来维持和平。他所设想的大国合作主要是美、英、苏三国合作,其关键是美、苏两国合作。罗斯福和他的助手们认为,德、意、日的共同威胁,促使苏联与美英建立了战时合作关系,战后共同威胁虽然不存在了,但仍面临着维持世界和平的共同任务。而且,苏联为重建其遭受严重破坏的经济,需要取得美国的援助,因此,继续保持同盟国的合作关系是可能的。罗斯福把中国列为四大国之一,后来又同意把法国作为大国看待,其目的是为了使中、法分别在亚洲和欧洲作为牵制苏联的平衡力量,以利于确立美国在五大国中的盟主地位。

为了体现联合国作为大国合作的组织,罗斯福提出了"大国一致"的原则,即只有大国拥有否决权。这也是吸取了国际联盟的教训。按照国联盟约的规定,实际上每一个成员国对国联的决议都有否决权,使它无法迅速作出决定并采取有效行动。罗斯福等人认为,新的国际组织必须把权力集中到少数几个大国组成的国际安全机构中,这个机构有权使用武力制止侵略和处理对和平的任何威胁。但"大国一致"并非大国平等,美国决不甘心与苏、英、中、法平起平坐,只是想利用大国合作的形式,实现美国在战后的政治霸权。

联合国成立后,一开始就为美国所操纵。安全理事会五大常任理事国美国控制着4票,在51个创始会员国中绝大部分是支持美国或者是亲西方的。站在苏联一边的只是少数。苏联虽然拥有否决权,但在联合国中明显处于劣势。联合国在其成立初期,实际上成了美国称霸世界的政治工具。

罗斯福和美国官员在筹建联合国的同时,还积极策划建立美国主导下的战后国际经济秩序,企图从金融、投资和贸易三个方面,进行全球经济扩张。为了实现其扩张目标,美国政府经过长期酝酿,于1943年4月7日抛出了由美国财政部长助理哈里·怀特草拟的所谓"怀特计划"。怀特计划从美国当时拥有大量黄金储备出发,强调黄金的作用,主张设立一个国际货币稳定基金机构,由美国在其中起主导作用,以取代大英帝国的世界金融霸权。

1944年7月1日至22日,美、苏、英、中等44个国家的代表在美国新罕布什尔州的布雷顿森林,举行国际货币金融会议。大会常任主席由美国财政部长摩根索担任,会上虽然发生了一些争论,但基本上仍然是按照美国的方案通过了《联合国家货币金融会议的最后议定书》以及《国际货币基金组织协定》和《国际复兴开发银行协定》两个附件,总称为《布雷顿森林协定》。

《国际货币基金组织协定》的宗旨,名义上是为了促进国际货币合作,保持各国货币的稳定,便利国际贸易的扩大和平衡发展。实际上,美国是为了通过国际货币基金组织,建立以美元为支柱的资本主义世界的国际货币制度。协定确认了美国政府规定的 35 美元等于 1 盎司黄金的官价,而且未经美国政府同意,不得改变。各国中央银行可以用持有的美元按官价向美国政府兑换黄金。协定还规定,其他会员国货币按其含金量同美元订出固定汇率,不能随意变动。由于美元同黄金挂钩,而其他会员国货币同美元挂钩,这就使美元享有高于其他货币的特殊地位,成为资本主义世界的主要储备货币和国际支付手段,从而确立了美元的霸权地位。

《国际复兴开发银行协定》规定,银行的主要任务是担保或参加私人银行对会员国的长期贷款或直接提供贷款。由于当时银行的资金来源主要是在美国筹措的,所以复兴开发银行就成了促进美国资本输出的工具。同时还规定,银行贷款必须由借款国政府担保,使用贷款必须由银行代表监督,其用途主要是购买美国商品,这样,复兴开发银行又成了美国商品输出和扩大对外贸易的工具。

1945 年 12 月 27 日,《布雷顿森林协定》生效,国际货币基金组织和国际复兴开发银行(即世界银行)正式宣告成立。两个组织的总部均设在华盛顿。由于美国拥有最大的资金份额和相应的表决权,又在其中担任最重要的职务,所以,实际上美国取得了对这两个机构的决定性控制权。这就为美国建立战后国际经济领域的霸权地位创造了条件。

罗斯福政府还曾想建立由美国操纵的"国际贸易组织",为此,从 1943 年初开始,美国同英国等许多国家举行了一系列的会谈和会议,并签署了一个标榜贸易自由的"国际贸易组织宪章",但由于各国意见分歧较大,这项计划没有实现。直到 1947 年 10 月 30 日,美国才同其他 22 个国家签订了一个多边贸易协定,即日内瓦"关税及贸易总协定"。该协定于 1948 年 1 月 1 日正式生效。它的主要职能是制定国际贸易规章制度,进行国际贸易谈判,解决国际贸易争端。它的基本原则是:相互提供优惠;反对歧视性保护;主张平等竞争等。当时,在国际贸易中美国是最大的出口国,因此,关贸总协定首先是适合美国需要的。

罗斯福为美国绘制的战后称霸世界的蓝图基本上得以实现,他在 1945 年

2月12日致国会的关于要求批准布雷顿森林协定的咨文中,把联合国称为实行国际政治合作的"基石",把国际货币基金组织和世界银行称为实行国际经济合作的"基石"。实际上,美国正是在这两块"基石"之上,建立起战后资本主义世界的霸权地位。

美苏从合作走向对抗与乔治·凯南的"遏制"理论

如果说罗斯福是美国战后称霸世界蓝图的绘制者,那么杜鲁门则是美国称霸世界计划的实施者。1945年4月12日,罗斯福逝世,杜鲁门继任总统。这时,第二次世界大战已进入后期,反法西斯同盟取得了决定性的胜利。德国的投降指日可待。随着法西斯力量的崩溃,战时美苏同盟逐渐失去了存在的基础。美苏在战后世界安排和欧洲等一系列国际问题上的利益矛盾和冲突日益尖锐化和表面化。

面对上述新变化,杜鲁门认为,罗斯福设计的通过大国合作特别是美苏合作的形式,维护战后世界秩序的战略构想,已不能适应国际形势的发展。美国的对外战略特别是对苏战略和政策应做调整。1945年4月20日,杜鲁门在他召集的一次商讨对苏方针的会议上说:"我不怕俄国人,我准备采取坚定的态度。""不管怎么说,俄国人需要我们总比我们需要他们的地方多。"①4月23日,杜鲁门正式召开内阁会议,围绕波兰问题讨论对苏政策。会上,对苏强硬派代表人物海军部长福莱斯特尔叫嚷,如果俄国人的态度顽固不化,我们就和他们"摊牌"。杜鲁门表示,"如果雅尔塔协定的一个方面不被遵守",他就要认为"整个雅尔塔协定将不再为大家所遵守"②。当天,杜鲁门在会见访美的莫洛托夫时,蛮横指责苏联在波兰政府组成问题上违反雅尔塔协议。

德国投降之后,美苏关系日益恶化。但由于当时对日作战仍继续进行,美迫切需要苏联在远东参加对日作战,所以在1945年7月17日至8月2日举行的苏、美、英三国首脑波茨坦会议上,仍能达成一些协议。然而在此之后,美苏之间的矛盾和冲突进一步激化。8月9日,杜鲁门在华盛顿就波茨坦会议发表广播演说时宣称,罗马尼亚、保加利亚和匈牙利不应是任何一个大国的势力范围。8月18日,国务卿贝尔纳斯发表声明,公开谴责苏联操纵保加利亚的选举,并扬言,如不容纳"一切重要民主分子"参加政权,美将不承认保政府。这表明,美国已无意同苏联继续进行合作,并竭力阻止苏联在东欧和中欧扩大影响。

---

① 杜鲁门:《杜鲁门回忆录》第1卷,第61页。
② 同上书,第68—71页。

1945年12月16日至26日，苏、美、英在莫斯科三国外长会议上，就意、罗、保、匈、芬五国和约缔结等问题达成妥协。贝尔纳斯回国后，遭到杜鲁门的严厉批评，指责他对苏"姑息"。1946年1月15日，杜鲁门当面向贝尔纳斯宣读给他的备忘录，批评他对苏不够"强硬"，并说，"我已厌倦于笼络苏联人"①。杜鲁门之所以对苏采取强硬政策，主要原因是，他认为苏联是美国战后称霸世界的严重障碍和主要对手。这就不可避免地使美苏关系由战时的合作走向战后的分裂和对抗。

针对美国对苏联的强硬政策，1946年2月9日，斯大林在莫斯科选区的选民大会上发表演说。他说，战争的发生是在现代垄断资本主义基础上世界各种经济和政治势力发展的必然产物，第一次世界大战和第二次世界大战都是资本主义经济体系危机的结果。在二战中，苏维埃国家经受了严峻的考验，证明"苏维埃社会制度比非苏维埃社会制度更有生命力，更稳固"②。斯大林在谈到新的五年计划时，强调优先发展重工业，特别是增加煤、铁、钢和石油产量的重要性，认为这是"足以应付各种意外事件的保障"③。斯大林的演说在美国引起强烈反响，美国最高法官威廉·道格拉斯称这篇演说是"第三次世界大战的宣言"④。

1946年2月22日，即斯大林发表演说两周后，美驻苏代办乔治·凯南向国务院发回一份长达八千字的电报，对战后苏联的理论、政策、行为动机和做法以及美国应采取的对策，提出了全面、系统的分析和建议。这位被称为"苏联通"的外交官所撰写的文件，为美国"已经采用的'强硬'政策提供了一个完美的逻辑依据"。它正符合美国决策者"正在形成的想法"。美海军部长福莱斯特尔读到它时如获至宝，下令复印这份电报作为几百名高级军官必读文件。国务院为此还表扬了凯南，并立即调他返回华盛顿。2月28日，福莱斯特尔要求国务卿允许派一支特遣舰队前往地中海"支持土耳其抵抗苏联势力的渗透"⑤。嗣后，凯南又以X署名，在1947年7月的美国《外交季刊》上，发表了一篇题为《苏联行为的根源》的文章，进一步阐述了八千字电报的内容和观点，从而提出了一整套"遏制"苏联的理论和政策。

---

① 杜鲁门:《杜鲁门回忆录》第1卷，第519页。
② 《斯大林选集》下卷，人民出版社1979年版，第492页。
③ 同上书，第499页。
④ 沃尔特·米利斯编:《福莱斯特尔日记》，纽约，瓦伊金出版社1951年版，第134页。
⑤ 戴维·霍罗威茨:《美国冷战时期的外交政策》，上海人民出版社1974年版，第39—40页。

乔治·凯南遏制理论的基本内容是：

第一，苏联行为动机的根源。凯南认为，"克里姆林宫对世界事务的神经质的看法，其根源在于俄国人那种传统的和本能的不安全感"[1]。产生这种不安全感的原因，除俄国的历史环境、民族心理素质等因素外，还有一重要因素，就是俄国在同经济上先进的西方进行接触时，"对西方更能干，更强大，组织得更好的社会抱有畏惧心理"，老是担心外国的渗透。俄国统治者学到的谋求安全的唯一方法，是为了彻底毁灭同它竞争的国家而进行耐心、殊死的斗争，绝不同那个国家达成协议或作妥协。

第二，苏联行为的理论根据。凯南认为，马克思主义理论是苏联维持国内"独裁制度"和同外部资本主义世界进行斗争的理论依据。"苏联的意图必须始终庄严地披着马克思主义的外衣"，以保证对内虚弱的政权在外部获得安全。苏联领导人把资本主义世界"描绘成一个罪恶的、敌视的、威胁着苏联的世界"，这个世界孕育着各种内部矛盾，"最后受到蒸蒸日上的社会主义力量的致命一击，从而让位给一个新的、更美好的世界"。

第三，苏联的政策目标。凯南认为，苏联的近期政策目标是：从一切方面致力于提高苏维埃国家的实力和威信；力求分裂和削弱资本主义国家的力量和影响；"在一切认为适时和有希望的地方，努力扩大苏联的势力范围"。目前，这种努力仅限于某些邻近地区，如伊朗北部和土耳其。一旦条件许可，其他地点随时都可能发生问题。

第四，美国的对苏政策。凯南认为，"美国不可能指望在可预见的将来同苏联政权享有政治上的亲善关系，美国必须继续在政治舞台上把苏联当作对手，而不是伙伴"。美国对苏政策的主要因素，必须是一种长期的、耐心然而坚定、并且时刻保持警惕的"遏制俄国扩张倾向的政策"。他说，苏联"对理智的逻辑性无动于衷，但对武力的逻辑十分敏感"[2]。由于这个缘故，当它在任何地方遇到强大的阻力时，它可以轻易地退却。因此，美国若拥有足够的实力，并表明准备使用实力时，几乎用不着动武，便可遏制住苏联。

第五，遏制苏联的目标。凯南认为，美国应灵活而警惕地运用对抗力量遏制苏联扩大势力范围的努力，把苏联的影响限制在其本土及东欧之内，阻止其进一步向外发展，并竭力促使其内部发生变化，从而导致苏联政权的垮台或逐渐软化。

---

[1] 《国际关系史资料选编》下册，武汉大学出版社1983年版，第74页。
[2] 同上书，第75—80页。

乔治·凯南的遏制理论对战后初期美国政府对苏战略和政策的确立和执行,产生了直接的重大影响,为杜鲁门主义提供了理论基础。

丘吉尔的富尔顿演说

为了在美国国内外制造苏联"扩张"和"威胁"的舆论,经过事前策划,1946年3月5日,英国前首相丘吉尔由杜鲁门陪同,在杜鲁门肄业过的美国密苏里州富尔顿城的威斯敏斯特学院,发表题为"和平砥柱"的演说。演说前,杜鲁门向在场的三千名听众介绍丘吉尔时,称他是"当代伟人之一"。丘吉尔对杜鲁门总统给他的"非凡的礼遇"表示感激,并声称他此行"并无官方任务",演讲"只代表自己"。

丘吉尔的这篇演说,以"铁幕"①一词而闻名,他蛊惑人心地描绘了一幅当时世界受共产主义"暴政"威胁的情景。他宣称:"从波罗的海的斯德丁(什切青)到亚得里亚海边的的里雅斯特,一幅横贯欧洲大陆的铁幕已经降落下来。在这条线的后面,坐落着中欧和东欧古国的都城。华沙、柏林、布拉格、维也纳、布达佩斯、贝尔格莱德、布加勒斯特和索非亚——所有这些名城及其居民无一不处在苏联的势力范围之内,不仅以这种或那种形式屈服于苏联的势力影响,而且还受到莫斯科日益增强的高压控制。"在铁幕后面,几乎每处都受到"包罗万象的警察政府"的控制,"根本没有真正的民主";在铁幕前面,"还有其他令人焦虑的因素";在远离俄国边界、遍布世界各地的许多国家里,"共产党第五纵队已经建立。它绝对服从来自共产主义中心的指令,完全协调地工作着"。他攻击苏联所追求的目标是"权力和主义的无限扩张"。

丘吉尔说,如果我们不趁还来得及的时候正视这些事实,那就太不明智了。现在需要的是作出解决问题的安排。拖得越久,就越困难,对我们的危险也就越大。他说:"大战期间,我对我们俄国朋友和盟友的观察所得的印象使我坚信,他们所钦佩的莫过于实力,而他们最瞧不起的是军事上的虚弱。"因此,丘吉尔提出"一个明确而实际的行动建议",呼吁英美两国"建立特殊的关系"。他强调,这种"兄弟般的联合不仅要求我们两个庞大的、有血缘关系的社会制度之间存在着日益增长的友谊和相互谅解,而且要求双方军事顾问继续保持密切的关系,……还应包括联合使用两国在世界各地掌握的所有海空基地",以共同对付苏联。

---

① "铁幕"一词源于戈培尔诋毁雅尔塔协定的一篇演说。他说,由于这个协定,俄国占领东欧和东南欧,势将使这些地区为"铁幕"所隔离。

最后,丘吉尔以"预言家"的口吻说:"上一次,我曾目睹大战来临,对自己本国同胞和全世界大声疾呼,但是人们都听不进。"①结果,所有我们这些国家,一个接一个都被卷入可怕的漩涡中了。言外之意是,如果人们这次仍然听不进他的"忠告",世界会面临同样的危险。

在丘吉尔演说的过程中,杜鲁门多次带头鼓掌喝彩。演说结束后,丘吉尔同在场的美国国家领导人一道高唱美国国歌,竭力烘托英美团结合作的氛围。

丘吉尔的演说遭到苏联的严厉抨击。1946年3月13日,斯大林就丘吉尔的演说,对《真理报》记者发表谈话,认为这次演说是"危险的行动,其目的是在盟国中间散布纠纷的种子,使它们难于合作"。斯大林谴责丘吉尔和他的朋友酷似希特勒及其同伴那样散布"种族优越理论",即讲英语的民族是唯一的最优秀的民族,应当统治世界上其他民族。斯大林指出,毫无疑问,丘吉尔先生的方针就是进行战争的方针,号召同苏联进行战争。②

丘吉尔的演说在美国国内也引起强烈反响。3月6日,即演说的第二天,美国报刊纷纷发表评论。《纽约先驱论坛报》称丘吉尔的演说是"向市民居住的杂乱无章和破败不堪的街头掷去一束炸弹"。《芝加哥太阳报》认为丘吉尔是想让美国为英国火中取栗,并尖锐指出:"紧随着这位伟大而盲目的贵族所高举的大旗,就会使我们投入这个世界最恐怖的战争中去。"美国国会中有一部分人虽觉得丘吉尔对俄国的抨击颇近事实,但认为他的建议对于大多数美国人来说,提得太早了,有的建议太过火。由于舆论反应强烈,杜鲁门在3月8日举行的记者招待会上,不得不虚伪地否认说,他事先不知道丘吉尔演说的内容。

丘吉尔的演说,反映了第二次世界大战后,英国统治集团因大英帝国日趋没落,已不能在国际舞台上单独起决定性作用,企图借助美国,在欧洲抗衡苏联的心理,也说出了杜鲁门当时想说又不便公开说出的话,符合美国战后企图遏制苏联,称霸世界的战略需要。美国统治集团利用丘吉尔演说,继续大放反苏烟幕,制造紧张气氛。实际上,丘吉尔演说揭开了冷战的序幕,为杜鲁门主义的公开出笼做了舆论准备。

杜鲁门主义与美苏冷战的开始

杜鲁门是美国战后对苏冷战的主要决策者。在丘吉尔的富尔敦演说之后,杜鲁门认为,公开宣布对苏冷战政策的时机已基本成熟。这时,希腊内战形势

---

① 《国际关系史资料选编》下册,第85—87页。
② 《斯大林文选》下册,第462—463页。

的发展正好为其提供了一个机会。

希腊原是英国的势力范围。1944年10月,当希腊解放时,希腊共产党领导的民族解放阵线几乎控制了全国。但是,英国不愿看到民族解放阵线取得全国政权,公开支持流亡回国的右翼政府镇压人民革命力量,致使希腊人民革命事业遭受严重挫折。1946年,希腊人民武装斗争再度兴起,并接连粉碎英国和希腊反动派大规模军事进攻,取得了很大的胜利。英国虽然倾注了大量人力、物力和财力,希腊右翼反动政府的统治仍是岌岌可危。

1947年2月21日,英国向美国递交了两份照会,分别涉及希腊和土耳其,内容大致相同。照会宣称,英国在3月31日以后将无法对希腊和土耳其提供进一步的财政援助,为了不使这两个国家落入苏联控制之下,希望从4月1日开始由美国承担援助希腊和土耳其的义务。这两份照会表明,"英国此刻已将领导世界这一任务,连同其全部负担和全部光荣,一齐移交给了美国"[①]。

美国政府看到英国照会的内容后,兴高采烈。2月27日,杜鲁门同国会两党领袖会谈,商讨援助希、土问题。会上,副国务卿艾奇逊详细说明了援助希、土的必要性。他回顾了大战结束一年半以来的美苏对立,指出,美国不但试图"拯救"中欧某些国家摆脱苏联控制,支持土耳其"顶住"苏联的压力,还在伊朗挫败了苏联的要求。艾奇逊说,现在共产党人的压力则集中在希腊,几个星期内希腊就可能出现全面崩溃的局面。如果希腊和东地中海被苏联所控制,从那里向南亚和非洲渗透的可能性将是无限的。假如苏联成功地控制了包括世界2/3的土地和世界3/4的人口,那么,美国就没有安全可言。鉴于此种情况,美国除了采取有力的行动之外,别无选择。

1947年3月12日,杜鲁门在国会两院联席会议上宣读一篇咨文。咨文宣称,希腊国家本身的生存,今天受到了几千名武装人员"恐怖主义活动的威胁",一旦希腊作为独立国家"陨落",这对它的邻国土耳其的影响将是直接的、严重的。混乱和无秩序状态很可能扩及整个中东地区。不仅如此,还将给欧洲一些国家带来深刻影响,甚至对全世界都具有"灾难性"。杜鲁门认为,通过"直接或间接侵犯"而建立起来的"极权政体",削弱着国际和平的基础,因而也"危害着美国的安全"。所以,杜鲁门要求国会授权,在1948年6月30日以前,向希腊和土耳其提供4亿美元的援助,并选派美国文职和军事人员前往这两个国家,监督美援的使用。

---

① 约瑟夫·琼斯:《十五个星期(1947年2月21日—6月5日)》,纽约1955年版,第7页。

杜鲁门在解释这篇咨文时说:"这就是美国对共产主义暴君扩张浪潮的回答",是"向全世界说明,美国在这个新的极权主义的挑战面前所持的立场"。他说,"我相信,这是美国外交政策的转捩点,它现在宣布,不论什么地方,不论直接或间接侵略威胁了和平,都与美国的安全有关"[①]。杜鲁门的这项政策声明,很快就被称之为"杜鲁门主义"。

1947年4月22日和5月9日,美国国会参众两院分别通过"援助希腊、土耳其法案"。5月22日,杜鲁门签署"援助希腊、土耳其法令",杜鲁门主义正式付诸实施。

随后,美国便大规模插手希腊内战。1947年6月20日,美国同希腊签订了关于美国援助希腊的协定。美国立即派遣庞大的军事代表团前往希腊,帮助训练和重新武装希腊政府军,并成立了由美国人领导的美希联合总参谋部,策划镇压希腊人民武装力量。同时,大量"美援"不断流向希腊,而且拨款陆续增加,到1949年年中,希腊共得到6.48亿美元的援助,其中绝大部分用于内战中的军事需要。最后,在美国军事头目范佛里特的亲自指挥下,1949年扼杀了希腊人民革命。

同时,根据援助希、土法案,美国的势力也渗透到土耳其。美国预计向希、土"援助"共4亿美元,其中给土耳其1亿美元。1947年7月12日,美、土签订关于美国援助土耳其的协定,紧接着美国军事代表团抵达土耳其,改组并控制了土耳其军队,攫取了海空军基地。1948年,美、土签订了经济合作协定。1949年,双方又签订了文化合作协定。

这样,美国就实现了把希、土两国纳入自己的全球战略体系的目标,在东地中海建立了"抵抗苏联侵略的屏障"和美国势力的前哨阵地。美国著名评论家李普曼在谈到杜鲁门主义的真实目的时指出:"我们选择希腊和土耳其不是因为它们特别需要援助,也不是因为它们是民主的光辉典范,而是因为它们是通向黑海和苏联心脏的战略大门。"[②]可见,杜鲁门主义实质上是美国遏制苏联、称霸世界的全球扩张主义,它是美国公开推行对苏冷战政策的重要步骤,标志着美苏战时同盟的正式破裂,从此,美苏以欧洲为重点的长达近半个世纪的冷战全面展开。

---

① 杜鲁门:《杜鲁门回忆录》第2卷,第120—121页。
② 《纽约先驱论坛报》1947年4月1日。

第二节　从"马歇尔计划"到《北大西洋公约》

英国的"三环外交"和《英法同盟互助条约》

第二次世界大战结束后,遭受战争巨大破坏的西欧各国,伤痕累累。工业凋敝,农业歉收;黄金外汇储备枯竭,资金拮据,债台高筑;原料、燃料和生活必需品极度匮乏,处处呈现一派衰败破落的景象。

1946 年底,西欧突然遇上了百年罕见的严寒,更使困难不堪的经济雪上加霜。在英国,运输系统实际上陷入瘫痪状态,半数以上的工厂停产,甚至连煤矿也停工了,失业人数高达 600 多万,人民啼饥号寒。1947 年 1 月 20 日,英国政府发表白皮书公开承认:"不列颠处于极其危险的境地。"[①]美国政府官员说:"突然之间,全世界都看到大英帝国虚弱到快要死亡的地步。"[②]

西欧其他国家的经济也都深陷困境,险象环生。1947 年,法国损失了 320 万英亩左右的小麦,农业产量降至 1932 年来的最低点,居民口粮定量锐减为每天 6 英两面包。德国有许多人在严冬中被冻死,1947 年 1 月,生产水平仅为 1936 年的 31%,到 2 月,又降到 29%。在美英占领区,物价飞涨,商品奇缺,货币发行额已达天文数字。在西柏林,人们以香烟取代货币作为交换单位。香烟几乎可以买到一切。黑市非常猖獗。1947 年末,一条香烟甚至相当于一名德国工人一个月的工资。

严重的经济困难,导致社会动乱和阶级矛盾的激化。1947 年 4 月,法国雷诺汽车厂工人率先举行罢工,紧接着在 5 月和 6 月间,迅速发展为遍及各行各业的声势浩大的全国性罢工浪潮。英国、意大利、比利时等国的工人运动也风起云涌,震撼着西欧各国的资产阶级统治。

苏联的崛起和东欧一系列人民民主国家的建立,以及法、意等西欧国家共产党力量的蓬勃发展,更使西欧国家的统治阶级惶惶不安。

面对严酷的现实,西欧国家为了争取经济好转,对付"共产主义威胁",稳固自己的统治,探索着西欧联合自强的道路。在这方面,英国发挥了带头作用,首先举起了联合的旗帜。

---

① 约瑟夫·琼斯:《十五个星期(1947 年 2 月 21 日—6 月 5 日)》,纽约,1955 年版,第 78 页。
② 同上书,第 80 页。

早在第二次世界大战后期,丘吉尔就萌发了欧洲联合的思想。1946年9月19日,他在瑞士苏黎世大学发表了题为"欧洲的悲剧"的演说,主张欧洲各国应该捐弃前嫌,面向未来,"重建欧洲大家庭",认为这是拯救欧洲的"特效药"①。他还提出,英法必须接近,这可以使法国人忘记不久前法西斯的入侵和占领的阴暗岁月。1947年5月14日,丘吉尔在艾伯特纪念堂的演讲中说:"如果要使欧洲的统一在为时不太晚以前成为有效的现实,那从一开始就需要法国和英国作出诚心诚意的努力。它们必须携手前进。"②他还主张,英、法"必须以一种友好方式,共同把德国人民带回到欧洲的圈子里"③。

1948年10月9日,丘吉尔正式提出了英国"三环外交"的总构想,其中重要的一环就是"联合起来的欧洲"。他说:当我在人类命运的变化万千的图景中眺望我国的未来时,"我感到在自由和民主国家中存在着三个大环","第一个环自然是英联邦和英帝国及其所包括的一切。其次是包括我国、加拿大和其他英联邦自治领在内,还有美国起着如此重要作用的英语世界。最后就是联合起来的欧洲","我们是在这三环的每一环中都占有重要地位的唯一的国家"④。丘吉尔的战略构想是,以第一环英联邦和英帝国作为力量的基础,利用第二环英美特殊关系,借重美国的力量重建世界大国地位,进而利用第三环联合起来的欧洲,谋取西欧的领导权,并利用西欧的力量对抗苏联。丘吉尔提出的"三环外交"政策思想,被当时英国艾德礼政府所接受,成为英国外交的指导方针,它对维护战后初期英国的大国地位起到一定的作用,但却挽回不了大英帝国衰落的总趋势。

戴高乐执政初期,也一再提到西欧联合的问题。他主张在经济上成立一个西欧集团,这个集团的动脉"可能是英吉利海峡、地中海和莱茵河","从政治、经济和战略观点出发,把靠近莱茵河、阿尔卑斯山和比利牛斯山的国家联合起来,使这个组织成为世界三大势力之一",成为美、苏间的"仲裁者",并明确提出,"法国领导欧洲是当仁不让的"⑤。戴高乐的这一政策思想,既是法国重振大国地位的需要,也是对德政策的需要。

法国为了防止德国法西斯势力再起,实行西欧联合政策,首先希望同英国

---

① 詹姆斯编:《丘吉尔演说全集(1897—1963)》第7卷,纽约,1974年版,第7379页。
② 温斯顿·丘吉尔:《欧洲联合起来》,商务印书馆1977年版,第58页。
③ 同上书,第59页。
④ 詹姆斯编:《丘吉尔演说全集(1897—1963)》第7卷,第7707页。
⑤ 戴高乐:《战争回忆录》第2卷,世界知识出版社1959年版,第649页。

加强合作。1947年1月,法国总理勃鲁姆赴伦敦同英国首相艾德礼就缔结同盟条约问题进行会谈。同年3月4日,双方在法国的敦刻尔克签订了《英法同盟互助条约》,又称《敦刻尔克条约》。条约规定:缔约双方中任何一方的安全受到来自德国的威胁时,彼此将"采取一致行动"予以制止;倘缔约一方再度卷入对德冲突或者受到德国的武力攻击时,另一方将立即给予"一切所有的军事和其他的支援力量";任何一方保证不签订或加入反对另一方的同盟或联盟,"并不得承受与本条约相抵触的任何义务"①。这个条约标志着英法在建立西欧联盟的道路上迈出了重要的一步。

《英法同盟互助条约》是以防止德国侵略势力的复活为目的。但是,实际上英法领导人的注意力这时已经开始东移了,即联合对付苏联和"共产主义的危险"。西欧一些领导人认为,联合的欧洲不可能成为独立于美、苏之外的"第三种力量",因为西欧无法靠自身的力量抵御俄国,欧洲的复兴和繁荣也离不开美国的援助,所以,西欧各国不得不执行依赖美国的政策。

"马歇尔计划"

战后初期,西欧面临的艰难的政治、经济形势,为美国控制西欧提供了十分有利的条件。欧洲是美国全球扩张的战略重点。美国为了给自己"过剩的"商品和资本寻找出路,夺取和占领西欧市场;扶植西欧经济复兴和稳定西欧政局;增强遏制苏联的力量,并进而离间苏联同东欧国家的关系,经过反复酝酿,抛出了援助欧洲复兴的计划。

1947年6月5日,美国国务卿马歇尔在哈佛大学发表演说,宣布了美国"援助欧洲"的方针。演说的要点是:强调欧洲的经济困难,说它今后三四年内所需要的进口物品远远超过它的支付能力,如无大量额外的援助,"就得面临性质非常严重的经济、社会与政治的恶化";因此,美国应该尽其所能,帮助世界恢复正常的经济状态,从而"使自由制度赖以存在的政治和社会条件能够出现";他宣布,任何愿意协助完成恢复工作的政府都将得到美国政府的"充分合作",任何图谋阻挠别国复兴的政府,"都不能指望得到我们的援助";他还呼吁欧洲国家应该采取主动,"首先提出倡议",然后,美国将在"实际所能做到的范围内"予以支持;"这个计划必须是联合性质的,假使不能商得所有欧洲国家的同意,也

---

① 《国际条约集(1945—1947)》,第438—439页。

应商得一部分国家的同意"。① 这个演说发表后,很快就被舆论界称为"马歇尔计划"。杜鲁门说:"我很高兴看到他的名字同这个计划连在一起。"②

"马歇尔计划"提出后,西欧一些国家特别是英、法很快作出反应。英国外交大臣贝文公开赞扬马歇尔演说是"世界历史上最伟大的演说之一"③,并呼吁美、英、法三国联合起来。法国外长皮杜尔通过法国驻美大使告诉马歇尔,法国对马歇尔建议颇感兴趣。法国总统奥里奥尔向新闻界透露,法国准备"毫不迟疑"地参加欧洲经济计划。

1947年6月19日,英、法秉承美国的旨意,邀请苏联参加商讨欧洲响应"马歇尔计划"的预备会。这是美国精心设计的一个"策略":如果苏联和东欧接受马歇尔计划,美国可以依靠经济优势对它们进行渗透,并从政治上软化苏联,离间东欧与苏联的关系;如果苏联拒绝,那就意味着苏联"自外"于欧洲复兴计划,难免要承担欧洲分裂的责任。6月22日,苏联表示接受英、法的邀请。

1947年6月27日,英、法、苏三国外长正式在巴黎会晤,讨论马歇尔建议。会上,法国外长皮杜尔按照美国的意图提议:在欧洲各国提出各自的国内经济资源报告的基础上,拟订欧洲国家统一的经济"复兴"计划大纲。莫洛托夫对法国建议制订欧洲统一经济计划表示"严重的怀疑"。他认为,欧洲统一经济计划会要求各国泄露其本国的经济情报,其结果"必然会弄到由某些国家实行干涉另一些国家内部事务"④。他要求查明美国对欧洲实行经济援助的可能性、性质和条件。英国外交大臣贝文则坚持说,欧洲必须先拿出计划,然后再由美国讲清援助的方式和条件。莫洛托夫在摸清了"马歇尔计划"的真实目的是要控制受援国后,严正指出,此种行动的结果,将不是欧洲的统一和重建,而是"把欧洲分裂为两个集团",因此,苏联宣布退出会议。马歇尔对莫洛托夫的退席表示高兴,他认为,在排斥了苏联之后,西欧应该"单独"迅速贯彻他的计划。

1947年7月12日,巴黎经济会议开幕。参加会议的有:英国、法国、奥地利、比利时、丹麦、希腊、冰岛、爱尔兰、意大利、卢森堡、荷兰、挪威、葡萄牙、瑞典、瑞士、土耳其等16国。苏联、东欧各国和芬兰均未参加会议。会议实际上是在美国的监督和指导下进行的。根据美国的意图,巴黎经济会议成立了常设

---

① 参见施莱辛格:《世界强权的动力,美国外交政策历史文献》第1卷,纽约,1973年版,第53—54页。
② 杜鲁门:《杜鲁门回忆录》第2卷,第132页。
③ 卡莱尔:《国际事务文件集(1947—1948)》,伦敦,牛津大学出版社1952年版,第29页。
④ 莫洛托夫:《对外政策问题》,苏联外国文书籍出版局1950年版,第401—403页。

联合机构——欧洲经济合作委员会。美国告诫与会的各国政府,不要过多依赖外界援助,不要提出过高的款额要求。9月22日,16国代表签署了欧洲经济合作委员会的总结报告,要求美国在四年内提供224亿美元的援助。

1947年12月19日,杜鲁门向国会提交"美国支持欧洲复兴计划"的咨文,要求国会在1948—1952年拨款170亿美元。1948年4月2日,美国国会通过了"1948年对外援助法"。4月3日,经杜鲁门签署,"马歇尔计划"正式执行。该法案规定,美国在头15个月内拨款53亿美元,援助西欧各国复兴战后经济,以后逐年审批援助额,不确定为期四年的总额。法案规定:凡接受援助的国家都必须同美国政府签订协定,接受援助条件,即:受援国必须购买一定数量的美国商品,但禁止购买美国的"紧张物资";必须尽快撤销关税壁垒,取消或放松外汇限制;为美国提供生产所需要的战略物资;向美国提供使用美援的情况报告,允许美国对其内部预算作某种程度的控制;保障美国私人投资和开发的权利;限制同苏联和东欧国家的贸易,并在政府中排挤和压制进步力量。法案还规定,设立隶属总统的管理"马歇尔计划"执行的经济合作署,负责美援的分配和使用,并有权批准"特别项目"。

从1948年4月3日到1952年6月30日美国经济合作署结束全部工作时为止,美国共拨"援款"131.5亿美元,其中英国32亿美元,法国27亿美元,意大利15亿美元,西德13.9亿美元,这四个国家获得全部援助总额的60%多。

"马歇尔计划"在一定程度上帮助西欧经济渡过了战后最困难的时期,促进了西欧经济的恢复和发展,巩固了西欧的资本主义统治。据统计,1948—1952年,西欧国家的国民生产总值增长25%,工业生产增长35%,农业生产提高10%。以西欧主要国家为例,英、法、意三国的工业生产,到1952年分别比战前增长13%、29%和48%。德国西方占领区的工业生产,1948年仅为1938年的51%,到1952年迅速增为115%。

"马歇尔计划"最大的受惠者是美国。美国从中获得经济、政治和战略多方面的好处。首先在经济上促进了美国商品和资本对西欧的输出,为美国用经济手段控制西欧铺平了道路。从马歇尔计划推行的过程来看,美国对西欧出口总额中所占比重逐年上升,1948年为36.3%;1949年增为62.7%;1950年达到73.2%。其次,从政治上看,抑制了西欧各国人民的革命运动,削弱了意大利和法国共产党在国内的影响。杜鲁门说:"如果没有马歇尔计划,西欧是很难避免共产主义的专制统治的。"最后,从战略上讲,促进了西欧和美国在对抗苏联战略上的接近和协调,增强了遏制苏联的力量,并为西方政治军事联盟的正式形成奠定了基础。

《布鲁塞尔条约》

英国战后初期的一个重要外交目标是推动欧洲的联合,实则是西欧的联合。英国的具体构想是,建立一个以针对"苏联威胁"为主要目标的西欧"防务"联盟,这个联盟应以英国为盟主,以英法为核心,以美国为靠山。1947年3月4日,英国同法国签订了同盟互助条约之后,企图以该条约为核心,进一步把西欧国家联合起来,建立起以英国为首的西欧国家政治军事联盟。

1948年1月13日,英国外交大臣贝文以书面形式告诉美国国务卿马歇尔,英国打算向法、比、荷、卢提出建议,签订一系列类似敦刻尔克条约的双边防御协定。这一建议得到美国的支持。美国总统杜鲁门授权马歇尔通知贝文说:"我们同意西欧各国所迫切需要采取的一致步骤。正如对欧洲复兴计划一样,我们欢迎欧洲人的倡议,并且对于他们的事业寄以由衷的同情;美国将尽一切可能协助欧洲各国来实现这个以及类似的计划。"①

1948年1月22日,贝文在英国下院发表演说,正式提出成立西欧联盟的建议。贝文说,苏联已控制了东欧,而且一切迹象表明,它并不满足于这种巨大的扩张。鉴于欧洲所"面临的新局面",西欧的自由国家现在必须紧密地团结在一起。目前,西欧统一的时机"业已成熟"。

法国、比利时、荷兰、卢森堡四国对贝文的建议表示赞同。1月23日,比利时外交大臣斯巴克宣布,比、荷、卢三国将尽快考虑贝文的建议。他们的目的是想取得一种"安全感",免受所谓苏联的"威胁",并巩固其国内的统治。他们既想得到美国的"保护",又希望英国能在西欧承担军事义务。1月31日,比、荷、卢三国外长在布鲁塞尔会晤,表示要根据以西欧团结为基础的共同态度与英法会谈。

1948年2月19日,比、荷、卢三国收到英、法分别致送的缔结条约的备忘录。备忘录建议,依照《敦刻尔克条约》方式缔结五国间的双边协定。三国对此持保留态度,希望签订一项类似《美洲国家间互助条约》的多边协定,以便把美国包括进来,使它们的安全有更可靠的保障。但是,英国既想充当盟主又不愿充分承担义务,强调西欧联盟"是一个精神上的联盟","而不是死板的制度",

---

① 杜鲁门:《杜鲁门回忆录》第2卷,第289页。

在军事上它也不准备全力保卫西欧。由于比、荷、卢三国在缔结条约问题上同英、法存在分歧,致使成立西欧联盟计划一度搁浅。

美国为促使西欧国家尽快联合,利用其"恐苏症"向西欧国家施加压力,强调仅有敦刻尔克式的条约是不够的,敦促英、法接受比、荷、卢改双边协定为多边"防御协定"的建议,以便西欧实行"最大限度的齐心合作"。美国的目的是为了把这些国家纳入反苏的战略轨道,并进而把西欧置于自己的控制之下。

1948年3月5日,英、法、比、荷、卢五国代表正式在布鲁塞尔举行缔约谈判。比、荷、卢主张,条约应写明"反对共产主义向西欧扩张"的条款,英法担心触怒苏联,不同意这样写,它们想沿用《敦刻尔克条约》的提法,只写对付德国侵略的威胁。最后,双方做了让步,通过了一个折中的办法,在条约序言里写上:"依照联合国宪章,于维持国际和平和安全以及抵抗任何侵略时,彼此提供援助;采取万一德国侵略政策复活时所认为必需的措施。"①

1948年3月17日,英、法、比、荷、卢五国外长在布鲁塞尔签署了全称为《比利时、法兰西、卢森堡、荷兰及大不列颠和北爱尔兰联合王国间的条约》,即《布鲁塞尔条约》。条约主要内容是:组织并协调相互间的经济活动,磋商有关社会问题,促进文化交流;"倘任何一缔约国在欧洲成为武装进攻的目标"时,其他缔约国应"提供他们能力所及的一切军事的或者其他的援助"②;建立一个咨询理事会,以便共同磋商本条约涉及的一切问题。条约有效期为50年,自同年8月25日起生效。

缔结《布鲁塞尔条约》的五国成立了由外交部长组成的协商委员会,作为最高领导机构,至少每三个月开会一次,在五国首都轮流举行。为处理防务问题,设立了西方联盟防务委员会,由五国国防部长组成。此外,还建立了西方联盟参谋部和西方联盟司令官委员会,负责协调联盟内的军事活动。

《布鲁塞尔条约》是一项以军事同盟为核心的多边军事条约,实际上是在美国操纵下,建立欧洲军事集团的第一个步骤,是北大西洋公约的前奏曲。

早在《布鲁塞尔条约》签订以前,苏联政府就在1948年3月6日分别给美、英、法三国政府的照会中指出,"无论是美国的经济'援助'计划,还是英国'西欧联盟'的政治计划,都是要把西欧同东欧对立起来,因而也将造成欧洲在政治

---

① 《国际条约集(1948—1949)》,世界知识出版社1959年版,第48页。
② 同上书,第50页。

上的分裂"①。条约缔结后,苏联政府断然否认它是自卫性质的条约,指出它是在美国鼓励下建立的针对苏联的联盟。

《布鲁塞尔条约》签字的当天,杜鲁门就明确表示予以支持,他说:"我深信,美国将以适当的方式,根据形势的需要,给予这些自由国家以支持。我毫不怀疑,我们协助欧洲自由国家进行自卫的决心并不低于他们自卫的决心。"②

北大西洋公约组织的建立

《布鲁塞尔条约》虽然签订了,但缔约五国均认为,西欧的安全保障离不开美国。比利时外交大臣斯巴克说,此种"防务性的安排,倘无美国参加,将毫无实际价值"③。法国外长皮杜尔表示,只有美国的帮助才能有效地解决欧洲国家"抵御侵略的问题"。英国外交大臣贝文则认为,除非制定一个包括美国在内的"集体抵抗侵略的协定",否则,西欧不能保住自己。

美国尽管全力支持《布鲁塞尔条约》,但是,作为控制西欧,遏制苏联的工具,仅有该条约是远远不够的。杜鲁门说:"纵使布鲁塞尔条约已经签订了,事情仍很明显,必须采取更具有意义的政治行动来消除西欧各国间所存在的恐惧,从而恢复它们的充分信心。"④美国同西欧互有所求,最终走上了跨洋结盟的道路。

1948年3月22日至4月1日,美、英、加三国代表在华盛顿美国国防部五角大楼举行会谈。这次会谈通过了由美国一手炮制的"五角大楼文件",文件提出了"拟订一项北大西洋区域集体防务协定"的初步计划。会议决定,该文件作为三国政府与其他国家以及本国议会商讨的蓝本。

美国自华盛顿就任第一任总统以来,除独立战争时期同法国结盟,两次世界大战中同欧洲国家有军事合作关系之外,一直避免平时同欧洲大陆缔结军事政治联盟。杜鲁门政府要改变美国这一对外政策传统,在和平时期同西欧建立联盟,就必须得到国会的充分支持。为此,杜鲁门派国务卿马歇尔和副国务卿洛维特与国会领袖进行密切磋商,并争得参议院外交委员会主席、共和党人范登堡的支持。1948年6月11日,美国参议院以压倒多数通过了范登堡提出的

---

① A. C. 阿尼金等编:《外交史》第5卷(上),生活·读书·新知三联书店1983年版,第317页。
② 杜鲁门:《杜鲁门回忆录》第2卷,第288页。
③ 《美国对外关系,1948年第3卷,西欧》,华盛顿1974年版,第7页。
④ 杜鲁门:《杜鲁门回忆录》第2卷,第289页。

议案,即《范登堡决议》。它规定,在持续与有效的"自助与互援"的基础上,以及在涉及"美国国家安全"的情况下,美国可以"通过宪法程序,参加这些区域性和其他集体协定"。这个决议实际上使美国外交政策脱离了传统的轨道,是美国国会第一次在和平时期同意美国政府同美洲大陆以外的国家缔结军事同盟条约。美国国务院法律顾问查尔斯·波伦说:"这个法案标志着美国孤立主义的终结,因为这是历史上第一次在华盛顿产生了这种想法,并且肯定也是国会第一次批准任何这类的行动。"[①]它为美国政府出面组织北大西洋公约集团亮了绿灯。

1948 年 7 月 6 日,美国与布鲁塞尔条约组织成员国英、法、比、荷(卢森堡不单独派代表参加,由比利时代表之)和加拿大在华盛顿举行了第一次正式会议。这次会议直到 1949 年 3 月 15 日才结束,为时 8 个月。会议分两个阶段:第一阶段起草关于建立北约组织的备忘录,以便供参加国政府讨论;第二阶段研究推敲北约条款。

在第一阶段会议上,讨论的焦点是缔约国承担的义务问题,特别是美国如何保卫西欧的安全。英、法代表反复强调西欧普遍存在"不安全感",认为美苏在欧洲的对峙,使西欧成了两个铁锤之间的砧板,一旦两家冲突,苏联的首选目标便是西欧。美国若不保证西欧的安全,就不可能制止西欧的"对苏绥靖主义"。西欧国家的意图是让美国明确承担保卫西欧的义务,以减轻自身的防务开支,尽快复兴本国经济。美国深知西欧国家的用意,但它既想向西欧扩张,又不愿付出过多的代价,特别是不能被人拴住。美国代表强调,西欧应加强自身防务,重申《范登堡决议》中"自助和互援"的原则。

在讨论拟议中的北大西洋公约与布鲁塞尔条约的关系时,比利时代表表示,可以用扩大布鲁塞尔条约体系的办法,也可以搞一个新的防务安排,但美国参加是关键。美国代表认为,布鲁塞尔条约范围太窄,没有包括对大西洋安全必不可少的一些国家和地区,而其承担的义务又太宽,除了共同防务,还涉及经济、文化等方面的合作,这样会冲淡共同防务的义务。美国代表强调,不管防务安排采取什么形式,关键在于是否符合美国的国家利益。美国不能参加目前形式的布鲁塞尔条约组织,主张在扩大此条约组织的同时,另建新的更大的防务体系,然后以此为桥梁,与布鲁塞尔条约国家联结起来。最后,会议基本上采纳了美国的意见。

[①] 查尔斯·波伦:《历史的见证》,商务印书馆 1976 年版,第 332 页。

1948年9月9日,与会国代表一致通过了"华盛顿文件"。文件对即将建立的北大西洋公约组织的性质、范围、缔约国承担的义务及其与欧洲其他组织的关系等,都作了具体而明确的规定。文件认为,北大西洋安全体系若只包括美国、加拿大与布鲁塞尔条约缔约国是不会有充分效用的,还应包括丹麦、挪威、冰岛、葡萄牙和爱尔兰。此外,还应为瑞典和意大利的加入作出"特殊安排",在条件成熟时,还必须就西班牙和西德同北大西洋体系的关系作出决定。文件还附有"北大西洋安全公约宜于规定的条款概要",一并提交各国政府讨论。

1948年12月10日,会议进入第二阶段,与会国代表讨论条约文本。在磋商中遇到最棘手、争议最多的是条约的第五条。西欧各国以面临苏联"威胁"为由,要求美国承诺在他们遭到攻击时立即给予有力的和毫不含糊的援助,并且希望使美国承担的义务规定得越明确越好。美国国会的主导意见是,不能给西欧开一张"空白支票",不然的话,美国很可能被人拖进一场并非出于自愿的战争。美国代表借国会议员的反对意见压西欧国家让步。美国表示,按照美国宪法规定,总统虽然是陆海空三军总司令,但宣战权属于国会,因此,美国政府不能事先对西欧承担军事行动的义务,希望把美国承担的义务规定得越含糊越好。后加拿大代表提出的折中方案,为与会各国代表所接受,成为北约的第五条。根据该条规定,美国既承担了使用"武力"援助西欧的义务,又保持了一定的"行动方式"自由。

1949年4月4日,美国、英国、法国、荷兰、比利时、卢森堡、加拿大、丹麦、挪威、冰岛、葡萄牙、意大利12国外长在华盛顿正式签订了《北大西洋公约》。公约包括一个简短的序言和十四项条款。主要内容是:缔约国应以不断的而有效的"自主及互助"方法,维持并发展其单独及集体"抵抗武装攻击之能力";任一缔约国的领土完整、政治独立或安全受到威胁时,各缔约国"应共同协商";对于一个或数个缔约国之武装攻击,"应视为对缔约国全体之攻击",如此种武装攻击发生,每一缔约国"应单独并会同其他缔约国采取视为必要之行动,包括武力之使用"①;公约生效20年后,任何缔约国可在通知废止本条约一年后,停止作为本公约的缔约国。该公约于1949年8月24日开始生效。

公约签字后,筹建北约组织机构的工作基本上由美、英、法三国操纵。1949年9月17日,在华盛顿举行的北约理事会第一次会议上决定设立下列机构:(1)北大西洋理事会——北约最高权力机构,由各缔约国外长组成;(2)防务

---

① 《国际条约集(1948—1949)》,第192—193页。

委员会,由各缔约国国防部长组成,负责制订统一的防务计划;(3)防务委员会下设各国参谋长组成的军事委员会;(4)在军事委员会内设立由美、英、法三国代表组成的常设小组;(5)设立5个地区性军事计划小组:北大西洋地区计划小组、加—美地区计划小组、西欧地区计划小组、北欧地区计划小组和南欧—西地中海地区计划小组。这些小组负责制订和协调本地区内的防务计划。美国参加了所有上述五个地区计划小组。以后,北约组织又陆续增设了其他一些机构。

北约组织是美国破天荒第一次在和平时期同美洲大陆以外的国家建立的军事集团,杜鲁门把它看作为战后美国外交政策的基础之一。美国通过其在北约的领导地位,加强了对西欧政治和军事控制,并在欧洲大陆组成了一个遏制苏联的弧形包围圈,标志着美国以欧洲为重点的全球战略部署已基本完成。

第三节 美国在拉丁美洲的扩张和"第四点计划"

《里约热内卢条约》

拉丁美洲是美国传统的势力范围,被美国视为禁脔,不许其他国家染指。第二次世界大战期间,美国打着"互助与防御合作"的旗号,通过同拉美国家签订双边协定和多边条约的形式,加强了对拉美国家的控制。战后,拉美各国人民反对美国干涉内政和军事控制的斗争不断发展,在一定程度上冲击和动摇了美国在拉丁美洲的霸权地位。

美国为了镇压拉美各国人民的斗争,巩固和发展战时取得的阵地,千方百计地拼凑由美国控制的军事政治集团,力图从经济、政治、军事各方面,使拉美成为美国称霸世界的稳固的战略后方。

1947年6月3日,杜鲁门总统正式发表声明:美国准备着手同新世界其他国家协商,从而引向本半球共同防御公约的缔结。6月27日,泛美联盟指导委员会开始商谈会议筹备工作,讨论了由美国炮制的条约草案,并就有争议的问题进行了磋商。

1947年8月15日至9月2日,20个美洲国家在里约热内卢举行维持大陆和平与安全会议。美国代表团团长是国务卿马歇尔,其他19个拉美国家代表团大多也是由外交部长率领。会议的中心议题是讨论和签订"美洲国家间互助条约"。实质上,是美国要把1945年3月6日签订的以军事"合作"为内容的

《查普特庇克议定书》，从一种战时的、临时性质的条约，改变为永久性的条约，以使泛美体系进一步军事化。

与会各国在讨论条约条款时，主要在三个问题上发生了争执。

第一，条约是否应含经济内容，特别是反对经济侵略问题。会前，美国曾一再声明，这次会议只有一项议程，即签订"美洲国家间互助条约"，它担心拉美国家提出经济"援助"问题。但拉美国家对美国在欧洲推行《马歇尔计划》而不管拉美国家的困难表示不满，许多国家的政府认为，美国的经济侵略是造成拉美经济恶化的原因，坚持应该讨论这个问题。墨西哥外长在发言中强调增进"经济合作"，认为西半球和平的坚实基础在于向这些"不幸的国家"提供援助。古巴代表要求在条约中写进反对任何形式的经济侵略和干涉，并说如不禁止经济侵略，古巴将不在条约上签字。美国唆使一些拉美国家反对古巴的提议并操纵多数否决了古巴的提案。

第二，条约的适用范围问题，即条约是否应该区分来自美洲以外国家的侵略和美洲国家之间的争执。阿根廷和许多拉美国家提出，在使用"集体措施"问题上，要对来自西半球以外的侵略和美洲国家之间的争执明确加以区别，主张任何形式的制裁只适用于前者，对后者则用和平方法谋求解决。它们不愿使条约成为美国干涉拉美国家内政的依据。美国反对这种意见。马歇尔在会上一再强调：在现代战争中，很难区别来自西半球以外和来自西半球内部的侵略，因为一个西半球以外的侵略国可以通过阴谋和特务行径，制造一国内部的严重骚乱和美洲国家之间的冲突，从而为向西半球进攻做准备。会议经过激烈争论，最后在美国的压力下，条约规定，对于来自美洲内部的武装进攻，仍同来自外部的进攻一样看待，但采取的措施应有所区别。

第三，在表决程序问题上，究竟需要多少成员国的同意才能协商采取行动。阿根廷代表提出，须经成员国全体同意才能对侵略者采取集体行动。美国认为，这等于把否决权引入美洲国家组织，会阻止集体措施的执行。乌拉圭代表提出，只要简单多数就可采取行动。美国认为，简单多数不利于美洲国家团结一致采取行动。最后决议，条约规定对侵略者采取行动须经 2/3 的多数同意，并规定凡经 2/3 的多数通过的决议，对全体成员国均有约束力，但不得强求任何成员国违反其自己的意志而使用武力。

1947 年 9 月 2 日，出席里约热内卢会议的美国和 18 个拉美国家①的代表团

---

① 厄瓜多尔因会议期间发生政变，政府变更，中途被劝退席，故未签字。

团长签订了《美洲国家间互助条约》(通称《里约热内卢条约》)。该条约共26条,主要内容是:(1)"任何一国对美洲一国的武装攻击应视为对全体美洲国家的武装攻击",每一缔约国应"单独或集体自卫"以援助"应付攻击";(2)如果任何一个美洲国家"遭受到非武装攻击的侵略的影响,或遭受到大陆以外或大陆以内的冲突的影响,或遭受到可能危及美洲和平的任何其他事件或情势的影响时",各缔约国"应该商定共同防御和维持其和平与安全所应采取的措施";(3)条约划定的共同防御"安全区",面积达1亿多平方公里,比1939年的"中立区"约大2倍,其中包括美国和整个拉美地区以及加拿大、格陵兰、南极地带、北冰洋、太平洋和大西洋;(4)如美洲国家间发生冲突,"各缔约国在会商中,应要求争议国停止敌对行动并恢复一切事物到战前的原状,此外并应采取重建或维持美洲国家间的和平和安全以及和平方法解决争端的一切其他必要的措施"[①];(5)本条约所述之协商应以有关缔约国的外交部长会议方式进行,以泛美联盟理事会暂时作为协商机关;(6)协商机关的决议应经批准本条约的签字国以2/3的多数票通过。该条约于1948年12月3日生效。

《里约热内卢条约》是战后美国为称霸世界而缔结的第一个区域性政治军事同盟条约,它不仅为美国巩固在西半球的霸主地位、干涉拉美国家的内政和镇压该地区民族民主运动提供了便利,而且为此后美国在其他地区建立一系列军事政治同盟开创了先例。

美洲国家组织的建立

里约热内卢会议后,美国为加紧推行全球扩张政策,进一步加强对拉美国家的经济渗透、政治和军事控制,迫切需要巩固和加强泛美体系,以对付所谓"共产主义威胁"。

1948年3月30日至5月2日,在哥伦比亚首都波哥大举行了第九届美洲国家会议。会议的主旨是加强和改组泛美联盟,讨论的主要问题是:(1)把泛美联盟改组为美洲国家组织问题;(2)如何对付来自本半球以外的所谓"共产主义威胁"问题;(3)美洲国家间经济合作的问题。

出席本届会议的有21个美洲国家的代表。美国代表团由国务卿马歇尔任团长,其成员包括财政部长、商务部长、助理国务卿和进出口银行行长等重要角色,显见美国非常重视这次会议。

---

① 《国际条约集(1945—1947)》,第520—521页。

马歇尔在代表团团长预备会议上公开表示,他最关心的是讨论矛头指向美洲各共和国的"颠覆活动问题",企图策动拉美国家通过反共决议。这一呼吁仅得到少数国家支持,多数拉美国家则犹豫不决。但由于美国煽动,以外来势力威胁相恫吓,4月23日,大会通过了美国、巴西、智利和秘鲁四国提出的"维护美洲民主宣言"。宣言诬蔑"国际共产主义"的活动具有所谓"干涉主义倾向",敦促美洲各国政府在各自国境内采取适当措施,以管制在"外国诱发"下的极权类型的颠覆活动,并就此类活动交换情报。

拉美国家迫切关心的是经济问题,希望取得美国的"援助",以解决它们的经济困难。但马歇尔则公开表示,鉴于美国在全世界的巨大负担及其自身的能力,只能够资助拉美所需大量开发资金的一小部分。他希望拉美国家"鼓励私人企业和公平对待外国资本",其目的是使美国私人资本大量流向拉美,以加强对拉美的经济渗透。由于美国同拉美国家意见迥异,所以在讨论《美洲国家间经济合作协定》草案时,争论激烈,互不相让。厄瓜多尔提出采取必要措施,以补偿原料和制成品之间经常出现的不等价差额,以及古巴提出的反对经济侵略问题,均遭到美国的抵制和反对。最后,虽然勉强凑成了一项协定,但由于严重违背拉美国家的意愿和要求,递交批准书的远不足缔约国的2/3。协定未能生效。

这次会议的主要议程是把泛美联盟改组为美洲国家组织。在这个问题上,美国同拉美国家同样存在严重分歧。美国力图把美洲国家组织搞成一个由美国控制的、高度集中、权力很大的政治—军事机构,而拉美国家则反对该组织职权过大,成为"超国家"性质的机构。经过激烈争论,最后通过了《美洲国家组织宪章》。

根据宪章规定,美洲国家组织设立了一套复杂而庞大的组织机构,主要有:(1)美洲国家会议是最高机构,每5年召开一次。在必要时经2/3美洲国家政府的同意,可举行特别会议。(2)外交部长协商会议,是和平安全方面的协商机构,在发生"紧急性问题及其共同利益的问题"时召开,特别是在发生武装进攻时必须召开。(3)美洲国家组织理事会,由每个会员国派大使级代表组成,"有权处理任何由美洲会议或外交部长协商会议提交的任何事宜"[①]。理事会下设经济及社会、法律和文化三个理事会。(4)泛美联盟,是美洲国家组织的中央常设机构,并且是该组织的秘书处。它同理事会都设在华盛顿,表明美国

---

① 《国际条约集(1948—1949)》,第73—75页。

在该组织中的主导地位。美洲国家组织宪章于 1951 年 12 月 13 日生效。

美洲国家组织的建立是美国为实现其称霸世界的野心而建立的第一个地区性政治和军事集团。美国企图以此巩固它在西半球的霸主地位,加强对拉丁美洲国家的控制和干涉,同时把拉美作为向"美洲以外"发动冷战的重要基地。

"第四点计划"

在美国战后称霸世界的全球战略中,亚非拉地区无论是经济上、政治上、还是战略上,对美国都具有至关重要的意义。美国为了在世界各地削弱和排挤英、法殖民势力,抵制共产主义的影响和阻遏民族解放运动的发展,以达到全面控制亚非拉的目的,需要制订一个着眼于长远的总体计划。

1949 年 1 月 20 日,杜鲁门在第二任总统就职演说中,提出了美国外交方面的四点主要行动原则:(1) 支持联合国;(2) 继续推行世界经济复兴计划(即马歇尔计划);(3) 加强与爱好"自由"国家的合作,反对侵略威胁(即正在酝酿成立的北大西洋公约组织);(4) 技术援助不发达地区。前三点内容都是美国在战后已经或正在推行的霸权措施,而第四点却是新提出来的,后来被称为"第四点计划"。

杜鲁门在谈到第四点计划时说:为了使我们能够利用现有的先进科学和发达的工业来"改进和发展落后地区",我们必须着手拟订一项"新的大胆的计划"。他说,全世界半数以上人口的贫困,对他们自己和比较繁荣的地区来说,都是"一种障碍和威胁"。因为共产主义就是在这种"贫困和不满的土壤里蔓延滋长的"。杜鲁门强调指出,美国的"援助"不仅可以消除这种"障碍和威胁",而且还可以在经济和政治上"得到很大的好处",使越来越多的国家"参加到自由世界国家的行列中来"。

第四点计划提出时仅是一个笼统的设想,并没有具体的实施方案。这时,美国正在欧洲推行马歇尔计划,军费开支也在增加,没有更多的余力在广阔的地区去搞"技术援助"。美国私人垄断资本担心政府的"援助"会给自己在国外制造竞争对手。国务院对此开始也不热心。因此,在计划提出后一段相当长的时间里,国会并没有采取行动。

1949 年 6 月 24 日,杜鲁门为推动该计划的实施向国会提交一份特别咨文,要求采取"迅速行动"。他说,亚非拉地区的人民"已经骚动和苏醒",如果我们不支持和援助这些国家,那他们就会落入"同人类自由敌对的哲学控制之下"。他要求为此计划第一年拨款 4500 万美元,但国会仍未采取行动。

1949年10月1日,中国革命的胜利冲破了帝国主义的东方阵线。美国为稳住在亚洲的阵脚,急忙策划对亚洲的新政策,炮制各种军事、经济和技术"援助"方案。1950年1月4日,杜鲁门在致国会的国情咨文中,敦促国会加快通过"技术援助和资本投资的立法"。他说,最近发生的"世界事件",使得迅速采取这种行动成为"刻不容缓的事情"[①]。

1950年6月5日,美国第81届国会第二次会议通过了"对外经济援助法案",第四点计划列入该法案的第四节"国际开发法案"。当天,此法案经杜鲁门签署正式生效。

"国际开发法案"规定:美国的政策是,援助经济不发达地区的各国人民开发本国资源和改善当地劳动、生活状况,其办法是鼓励交换技术知识和技能,向这些国家输出资本。法案强调要把私人投资和技术"援助"结合起来,鼓励私人对外投资,并保证私人投资者的"人身和财产"安全。法案规定,至1951年6月30日止,用于技术援助的拨款总额不超过3500万美元。

1950年9月8日,杜鲁门发布一项行政命令,责成国务卿实施"国际开发法案",并设立国际开发咨询委员会。10月27日,国务卿建立了由技术人员组成的"技术合作署"。11月14日,杜鲁门任命俄克拉荷马州农业机械学院院长亨利·贝奈特为第一任署长。同月,又任命纳尔逊·洛克菲勒为国际开发咨询委员会第一任主席。

为推行第四点计划,美国派出大批技术人员到国外进行技术"合作",并接受许多国家的人员到美国受训。到1950年底,美国已与33个国家和地区缔结了第四点计划的一般协定,主要项目是农业、原料开发、运输、职业教育和卫生等。美国用于技术"援助"的拨款也逐年增加。1951年财政年度为3900万美元,1952年财政年度为1.27亿美元,1953年财政年度为1.45亿美元。

第四点计划是美国打着反共产主义和"技术援助"的旗号,大规模向亚非拉渗透的一项重要措施,是战后初期美国推行新殖民主义的一个步骤。它带动了美国私人垄断资本的资本输出,并为美国工业发展取得了销售市场和原料供应地。

---

① 杜鲁门:《杜鲁门回忆录》第2卷,第278页。

第三章　苏联成为世界大国及其同东欧和南斯拉夫的关系

第一节　苏联国际地位的提高及其对外政策

苏联成为与美国抗衡的世界大国

苏联在第二次世界大战中付出了巨大的牺牲,但也赢得了崇高的荣誉与尊严,在战后国际政治舞台上的政治和道义影响力大大提高。苏联人民在苏联共产党和苏维埃政府的领导下,通过英勇奋斗和忘我劳动迅速恢复了被战争严重破坏了的国民经济,大大加强了自身的经济实力。苏联保持了一支强大的军事力量,积极推行和平外交政策,扩大了国际联系和国际影响。在战后形成的两极战略格局中,苏联成为美国最强大的对手。

第一,苏联成为政治大国,具有强大的政治影响。

第二次世界大战及其结果,苏联扩大了自己的版图。波罗的海三国爱沙尼亚、拉脱维亚、立陶宛于1941年并入苏联。苏联还从芬兰、波兰、罗马尼亚、捷克斯洛伐克、日本等国占取了部分领土。苏联积极帮助东欧一些国家取得了解放并加速民主政权的建设,使社会主义超越了一国的国界而形成了一个社会主义阵营,变成了一种世界体系。苏联从此结束了长期以来被孤立和单独作战的状态。苏联建立和扩大了"防御区",建立了在东欧国家的至高无上的领导和主宰地位。

苏联参与了联合国的建立,成为联合国安理会常任理事国,并争取到了否决权。反法西斯战争尚在进行,美国总统罗斯福就构想了一幅由美国领导的、美苏合作通过联合国来主宰世界事务的蓝图。联合国成立之初,美国在该组织拥有支配的多数,它可以利用投票机器来推行自己的侵略战争政策。苏联坚持联合国安理会常任理事国的否决权,这就意味着在解决重大的国际问题时它拥有了决定性的发言权。这在当时的历史条件下对于维护和平、主持正义、反对侵略战争政策和邪恶势力是有益的。战后初期,苏联整体而言执行了和平外交政策。维护和平、反对侵略战争政策是苏联外交的主导方面。苏联在联合国的活动在相当程度上反映并符合国际进步力量和维护和平力量的要求。

苏联在第二次世界大战中所作出的突出贡献,战后的迅速恢复与发展,苏联维护和平反对战争的斗争,这些都极大地提高了其国际地位。世界上爱好和平与主张正义的人们都把自己的希望寄托于社会主义和它的故乡苏联。苏联成为人类进步的象征与维护和平的中坚。战后苏联的国际联系扩大了,同苏联建立外交关系的国家由战前的 26 个增加到战争结束时的 52 个。

苏联推行和平外交政策,支持争取和平及反对侵略战争政策的斗争,在国际政治舞台上是美国的主要竞争对手,成为美国实现世界霸权的不可逾越的障碍。

第二,苏联维持了一支强大的军事力量。

在第二次世界大战中,苏联为了战争的需要,广开兵源,建设了一支强大的武装力量。1945 年战争结束时,苏军共有 1136 万人,这是世界上人数最多的武装部队。苏联动员和组织国家的经济力量保证前线的需要,使苏联的军工生产能力大为增强。战争的最后 3 年,苏联每年平均生产 4 万架飞机、3 万多辆坦克和 3 万多件自动武器、12 万门各种大炮、45 万挺机枪、300 多万支步枪和 200 多万支冲锋枪、10 万门迫击炮和几亿发炮弹。除了飞机的生产,苏联的武器生产能力居世界首位。[1]

战争结束后,苏联开始了大规模的部队复员和军工转产工作。早在 1945 年 6 月 22 日,苏联最高苏维埃会议讨论了关于作战部队中年龄较大的人员复员的问题。23 日,苏联最高苏维埃通过了特别法令,规定解散相当大一部分现役军人。此后有数百万红军战士和军官复员了。尽管战后苏联军队人数减少了 2/3,但它仍保留了 175 个师、2.5 万辆坦克、1.9 万架飞机。除了维持强大的武器生产能力,苏联还加速对先进武器的研制,并用其来装备部队。苏联常规武装力量占据了对美国的优势。

苏联为了打破美国对原子武器的垄断,进行了不懈的努力。随着美国试验原子武器和爆炸原子弹的成功,人类进入了原子核武器时代。1945 年 7 月 24 日,杜鲁门对斯大林透露美国试验成功的消息,意在引起苏联领导人的惊恐。斯大林表情平静,但从此苏联加速了对原子武器的研制。据苏联元帅朱可夫回忆:当晚斯大林回住所后对莫洛托夫说,应该"加速我们的工作进度"。其实,早在

---

[1] 金挥、陆南泉、张康琴主编:《苏联经济概论》,中国财政经济出版社 1985 年版,第 13 页。

1942年夏天,苏联已经作出制造原子弹的决定。战争结束后,苏联即投入了大量人力和物力,从事原子武器及其运载工具的研制。1947年底,苏联政府发表声明,说原子弹的秘密已不复存在。1949年8月末,苏联成功爆炸了第一颗原子弹。9月23日,杜鲁门总统宣布了这一令许多美国人震惊的消息,美国没有想到这件事竟会来得如此之快。9月25日,苏联塔斯社奉命声明:"苏联早在1947年就已寻找出原子武器的秘密。某些外国人士在这方面所散布的惊恐,是毫无根据的。应当指出,虽然苏联政府有原子武器可供使用,但是它信守而且今后仍拟信守原来的无条件禁止使用原子武器的立场。"①

苏联打破美国的原子垄断,并维持一支强大的军事力量,说明苏联顶住了美国进行军备竞赛的压力,赢得了在核竞赛中的第一个回合的胜利,保住了世界军事大国的地位。苏联成为美国的主要军事对手。

第三,苏联被战争破坏的经济得到恢复与发展。

德国法西斯发动的战争给苏联带来了严重的创伤。法西斯洗劫了苏联1710多座城市和村镇,给苏联造成了总值26 000亿卢布的物质损失,其中被侵略者掠夺和毁坏的贵重物品多达6790亿卢布。苏联在战争期间有2000多万人失去了生命。另据德新社汉堡1995年3月20日电,估计在二战中2500万苏联人丧生,其中1400万人是在作战中阵亡的。经过战争的洗劫,在苏联"很难找到一个没有失去亲人的家庭"。德国的入侵中断了苏联社会主义建设的进程。大战破坏了苏联的生产力,给苏联国民经济造成了严重的灾难。1945年底,苏联产煤量只相当于战前水平的90%,石油60%,铁59%,钢67%,纺织品40%。苏联的农业生产更是面临着十分严重的局势。国家的人力、物力和财力全部集中于保卫祖国的战场。1946年初,农业拖拉机总数几乎减少1/4,作为主要畜力的马减少50%。对农业生产影响最大的是农村劳动力的锐减。战争期间农村的主要劳动力参军和投入工业建设以保证前线的胜利。1946年初,有劳动能力的农庄庄员人数几乎减少了1/3,农业男劳动力减少近60%。② 农业生产劳动力的减少和农业生产资料的短缺,造成了农村播种面积的减少:从1940年的1.506亿公顷减少到1946年的1.136亿公顷,下降了32.5%。同期,牲畜总数从5450万头减少到4740万头,农业总产值比战前水平下降了40%。③ 西方普遍认为,苏联不可能依靠自己的力量来恢复被战争破坏了的国民经济,

---

① 《苏联外交政策:文件与资料(1949)》,莫斯科1953年版,第162页。
② 《苏联农民》,莫斯科1970年版,第339页。
③ 《苏维埃国家50年》(统计资料汇编),莫斯科1967年版,第30页。

必须寻求西方国家特别是美国的援助。西方某些有影响的人物在谈到战争给苏联带来的灾难时曾经说过这么一段话：苏联在经济上已经沦为一个丧失了生活必需品、穷困潦倒的穷汉。此话有一部分是对的，即战后苏联的经济形势是严重的，恢复国民经济的任务是十分艰巨的。但是，在苏联共产党的领导下，苏联人民发挥了高度的爱国主义精神，积极投入了恢复国民经济的伟大斗争。苏联上下掀起了重建家园的生产建设高潮。1945 年 8 月 19 日，联共（布）中央委员会和苏联人民委员会委托国家计划委员会制定 1946—1950 年恢复和发展国民经济五年计划。1946 年 3 月，苏联最高苏维埃通过了这一计划。该计划规定的基本任务是"重建我国受害地区，使工业和农业恢复到战前水平，然后再大大超过这个水平"。苏联人民以忘我的劳动，用四年零 3 个月的时间胜利完成了五年计划所提出的指标。1948 年苏联的工业总产值超过了战前水平，1950 年工业生产水平超过 1940 年的 73%，6200 个修复和重建的工业企业投入了生产。重工业取得了特别重大的成就：1950 年铁产量 1900 万吨，钢 2700 万吨，采煤量 2.61 多亿吨，原油 3800 万吨。工业部门所取得的成就大大加强和巩固了社会主义的物质技术基础。国民收入增长 64%。农业生产恢复较慢，1950 年还只及 1940 年的 99%。战后初期苏联经济的恢复与发展具有增长较快，特别是工业增长快的明显特点。苏联经济的恢复与发展为其推行积极的外交政策，顶住美国施加的各种压力，提供了物质上的保证。

第四，苏联坚持意识形态斗争，在国际舞台上高举反帝、维护和平的旗帜。

战后初期苏联加强了国内的政权建设和意识形态领域的斗争。1946 年 2 月，苏联举行了最高苏维埃选举。在选举产生的 1339 名最高苏维埃代表中，工人代表 511 名，占 38.5%，农民代表 349 名，占 26%，职员代表 479 名，占 35.95%。一年以后，各加盟共和国和自治共和国举行选举，把千百万苏联公民吸引到国家政治生活中。随着冷战的到来，面对西方意识形态的进攻，苏联加强了在这一领域的斗争。1946—1948 年它作出了一系列有关文学和艺术的决议。在尖锐的国际斗争和复杂的国际形势下，苏联提出了两个阵营和两个平行市场的理论。1947 年 9 月，苏联出席欧洲共产党和工人党情报局会议的代表日丹诺夫在关于国际形势的报告中把国际政治力量划分为"帝国主义反民主阵营和反帝国主义民主阵营"。他指出，"帝国主义阵营的主要目的是巩固帝国主义势力，制造新战争，反对社会主义与民主，支持一切地方反动的反民主的和亲法西斯的政权和运动；反帝国主义民主阵营的基础是苏联和新民主主义国家"，这个阵营"受到一切国家工人运动与民主运动和各国兄弟党的支持，受到各殖民地附属国家的民族解放运动的支持,受到各国所有进步民主力量的支持";反帝国主义民主阵营的目的"是反对新战争威胁与帝国主义扩张,加强民主和根绝法西斯主义"。苏联谴责美国准备战争、破坏和平的政策,指出美国统治集团的这一政策是"反共十字军运动的必然结果",是"引起对美国劳动人民基本权益的进攻,引起美国政治的法西斯化,引起最野蛮的仇恨人类的'理论'和观点的散播";美国为了推行扩张主义政策,在军事和经济上进行扩张以及进行思想斗争。为了挫败美国的战争、扩张计划,苏联必须进行上述三个方面的斗争,并取得胜利。①

战后初期苏联的对外政策

第二次世界大战后,国际政治格局发生了巨大的变化。新的政治组合已经出现,形成了以美国为首的帝国主义阵营和以苏联为首的社会主义阵营。它们在政治、经济、军事和意识形态等方面进行对抗与较量。美国成为超级大国,妄图称霸世界。其他帝国主义国家遭到了严重的削弱,经济上需要美国的援助,政治上追随美国。社会主义的力量有了壮大:苏联得到了恢复和发展;诞生了一系列人民民主国家;苏联和各人民民主国家签订条约联系起来;民族解放运动在发展;民族独立国家相继诞生。战后苏联的外交政策要回答与解决以下几个方面的问题:如何对待美国的称霸野心以及它所发动的冷战、准备侵略战争政策;如何处理同东欧国家的关系;如何对待民族解放运动;如何解决战后尚未解决的遗留问题;如何为苏联经济的恢复与发展创造一个良好的和平国际环境。

苏联根据变化的国际政治力量对比提出了两大阵营、两大体系和两个平行市场的理论,并以此为外交政策的指导思想。战后初期苏联外交政策的目标是:保证苏联进行社会主义建设的有利条件;发展同人民民主国家的友好关系,加强社会主义阵营;支持民族解放运动;维护世界和平、反对帝国主义的侵略战争政策;实行和平共处,加强国际合作。

战后初期苏联的对外政策主要体现在以下几个方面:

第一,揭露帝国主义的侵略战争政策。

战后初期,苏联打算继续战时同西方国家的联盟,保持同美国的关系,得到美国的一些经济援助,在比较和平的环境中从事国民经济的恢复和发展。

---

① 《共产党情报局会议文件》,人民出版社1954年版,第17—18页。

1947年以前,苏联对外政策,特别是对西方国家的政策是和平与合作。但这只是苏联的主观愿望,美国则反其道而行之。美国为了实现霸权,制造与鼓吹战争言论,宣扬"美苏必战"。对此,斯大林进行了坚决的揭露。1946年2月9日,斯大林在对选民的讲话中指出:"战争是世界各种经济和政治势力在现代垄断资本主义基础上发展的必然产物。"①斯大林还指出:"在美国、英国以及法国,有着侵略的势力渴望新的战争。……这些人就是那些财产以百万和亿万计的富豪们,他们认为战争是产生巨大利润的有利可图的事情。"

苏联对美国推行的遏制与冷战政策进行了针锋相对的斗争与坚决的回击。苏联揭露杜鲁门主义是对其他国家进行干涉,谴责马歇尔计划是美国要把别的国家置于自己的"经济和政治控制之下",是美国试图对受援国内政进行直接干涉;苏联坚决反对美国的军事集团政策和鼓吹侵略战争;苏联坚决回击西方国家在意识形态领域的进攻,维护社会主义的思想意识和自身的价值观;苏联特别注意加强自身的安全,加强军队的建设和原子武器的研制。苏联同西方的帝国主义政策进行了有力的斗争,有利于维护和平、防止战争。但是,苏联不大注意斗争的策略,过火的反应加剧了同西方,尤其是同美国的对抗。

第二,帮助东欧国家加速政权建设和经济发展。

如何对待东欧国家是苏联战后对外政策的关键问题。在第二次世界大战和战后初期,苏联对东欧的政策所要达到的目的,布热津斯基曾归结为五个方面,主要有以下三点:(1)扩大在东欧地区的影响,通过建立友好政府来建立和扩大"防御"地带,确保自身安全;(2)从东欧国家迁入工厂设备,获得资源,从战败国索取战争赔款,加速苏联经济发展;(3)抵制西方对东欧的扩张,确保自己的势力范围。②

冷战开始后,苏联注意推进东欧国家的政权建设和经济恢复与发展,巩固自己在这一地区的独特地位,以抗衡西方。苏联采取了如下几个方面的措施:(1)帮助东欧国家加快政权建设,通过各种途径与方法从政权机构中消除其他党派的代表人物,实现共产党的一党执政。(2)抵制马歇尔计划,向东欧国家提供必要的援助,实施莫洛托夫计划,同各国签订经济贸易协定;成立经互会,加强多边联系和经济合作。(3)签订为期20年的友好合作互助条约,确定了防止德国及其同盟者的可能侵略,互相提供包括军援在内的一切援助,在重大国际问题上进行磋商以及互相尊重、互不干涉内政等原则。(4)苏联主张在同

---

① 《斯大林选集》下集,第488页。
② 参见布热津斯基:《苏联集团团结与冲突》,1961年,第4—6页。

德国前盟国媾和时,应贯彻民主和平原则,维护罗马尼亚、保加利亚、匈牙利的主权,反对西方国家借口在上述国家建立民主制度干涉其内政,进而推翻其合法政府。苏联还注意这些国家在经济上的独立,反对任何奴役的企图。苏联坚持索取战争赔款,但又考虑到这些国家的经济状况缩小了索赔的数额,减轻了这些国家的经济负担,以有利于这些国家的国民经济的恢复和社会主义建设。(5)为了统一认识和协调政策,苏联和欧洲一些国家的共产党和工人党成立了情报局。苏联的支持与援助对于东欧国家巩固政权、恢复国民经济是有益的。但是,苏联的政策过于强调团结一致,并把苏联的利益置于首位,而不考虑东欧国家的特点与独立的要求,从而损害了它们的根本利益。

第三,苏联为裁军开展了广泛的斗争。

苏联政府认为,军备竞赛将给各国人民带来严重的后果:消耗大量人力、物力和财力,在经济上造成新的负担;加剧国际紧张局势,增加战争的危险。苏联需要一个和平的环境从事国民经济的恢复与发展,需要人力、资源和技术,保证从战时经济转为和平建设。战后初期,苏联在为裁军的斗争中,重点是提出禁止和消除原子武器。1946年6月19日,苏联向联合国原子能委员会提交了一份关于禁止制造和使用各种大规模毁灭为目的的原子武器的国际公约草案。苏联主张:缔约国不论在任何情况下都不得使用原子武器,禁止生产和储存这类武器,在公约生效后三个月内销毁全部储存的原子武器成品和半成品。苏联强调,破坏公约是"对人类犯下最严重的国际罪行"[1]。苏联还主张削减常规军事力量。早在1946年的第一届联合国大会上,苏联就提出了裁减军备和武装力量的决议草案:"为了巩固国际和平与安全,同时根据联合国的宗旨与原则,联合国大会认为,必须普遍裁减军备。"[2]该决议草案还提到,"贯彻裁军决议必须把禁止为战争目的而生产和使用原子能作为首要任务包括在内"[3]。为了实施全面裁军的决议,苏联提议建立国际监督委员会。苏联身体力行从欧战结束后就着手裁减军事力量。1945年到1948年,苏联武装部队人数由1136.5万减少到287.4万。[4] 后来随着国际形势的变化和冷战的加剧,苏联重新加强其军事力量,增加了军队人数。

---

[1] 参见《苏联外交政策:文件与资料(1946)》,莫斯科1952年版,第632—633页。
[2] 同上书,第429—430页。
[3] 同上书,第430页。
[4] 安·安·葛罗米柯、鲍·尼·波诺马廖夫主编:《苏联对外政策史(下卷):1945—1980》,中国人民大学出版社1988年版,第134页。

第四,按民主原则解决战后遗留问题。

苏联主张按战时盟国达成的协议来解决战后的遗留问题,力争实现有利于自己的方案。苏联解决战后遗留问题所要达到的目标在于促进民主与和平,根除法西斯势力,防止新战争的产生。苏联关注的是谋求自身的最大的安全利益。

苏联在解决德国问题和日本问题时提出了同西方相对立的方案。在德国问题上,苏联坚持肃清法西斯主义及其影响,铲除法西斯的经济基础,建立一个和平的民主国家。苏联认为,战后德国问题的症结是"非军国主义化和民主化",保证推动德国东部的民主改革,建立民主政权。

根据战时盟国首脑达成的协议,战败的德国被分区占领。苏联在东占领区认真贯彻业已达成的共识与原则,保证东德的民主化进程。1945年6月6日,苏联人民委员会批准的《德国苏联占领区苏联军事管制条例》规定,苏联的军事管制的任务是"监督德国履行无条件投降的一切规定"以及"执行管制委员会就整个德国的重要军事、政治和经济等问题作出协商一致的决议"①。苏联在苏占区采取了一系列政策措施,它们是:(1)建立德国共产党等政党,举行民主选举,实现政治生活自由民主化;(2)进行土地改革,肃清法西斯在农村的基础容克地主所有制;(3)没收纳粹战犯及骨干分子的财产归国家自治机关所有;(4)解散法西斯军事力量,取缔军事工厂、设施、仓库,肃清法西斯的影响等。

苏联出兵对击溃日本帝国主义、加速第二次世界大战结束起了重要作用。苏联坚决反对美国单独占领日本,要求对日本进行民主改革。苏联政府主张同日本缔结和约,并保证日本的民主化。苏联在参加盟国对日管制机构——远东委员会和盟国对日管制委员会的工作中,为达到上述目的进行了不懈的斗争。美国则利用单独占领日本的有利条件,极力把苏联排除在外。美国拒绝苏联所提出的一系列建议,如彻底肃清日本军国主义势力的影响,消灭其存在的经济基础,废除天皇制,彻底打碎日本旧的国家机器,彻底改革日本的土地制度。美国按照自己的模式来改造日本。但是,苏联在领土问题上得到了美国的支持。苏联不但收回了被日本占领的南库页岛,而且还把对日本北方四岛的占领合法化,并得到了美国和国际社会的认同。

苏联在解决战后遗留问题时虽然强调肃清法西斯势力和影响以及铲除法西斯主义赖以生存的经济基础,进行民主改革。但是,苏联考虑更多的是自己

---

① 《争取建立一个反法西斯的民主德国1945—1949年文件》,莫斯科1969年版,第65页。

国家的利益与安全。苏联为了实现上述目标不惜牺牲他国的利益,甚至主权利益。苏联不允许在其周边存在对自己不友好的国家。苏联还通过同邻国签订条约,把已占领的邻国领土合法化。

第五,承认中国革命的胜利。

1949年10月1日中华人民共和国诞生,苏联第一个予以承认。1950年2月,中苏签订了《中苏友好同盟互助条约》。条约称,一方如果遭到外来侵略,另一方竭尽全力、提供包括军事援助在内的一切援助。中苏就解决中国长春铁路、旅顺口和大连的归属问题达成了协议。苏联为中国国民经济的恢复与发展提供了宝贵的援助,包括经济和技术援助。苏联向中国提供了约3亿美元的低息贷款,两国经济关系十分密切。苏联在外交上也维护中国的安全利益。

战后初期,总的看来斯大林执行的是和平外交政策,主张和平与国际合作。苏联外交为国家的建设赢得了一个和平的国际环境,提高了苏联的国际地位。同时斯大林的外交也存在着民族利己主义和大国沙文主义的错误。苏联占领邻国领土,索取战争赔款,在处理兄弟党关系中强调大国大党地位,总是把自己的意志与愿望强加于人,对不听话的党实行"集体处罚"。这不仅损害了苏联的声誉,也不利于社会主义国家之间关系的正常发展。

第二节 苏联同东欧和南斯拉夫的关系

东欧人民民主国家的建立

第二次世界大战期间及战后,波兰、捷克斯洛伐克、匈牙利、南斯拉夫、罗马尼亚、保加利亚和阿尔巴尼亚等国在苏联红军胜利进军、同盟国击败希特勒德国的条件下,通过武装起义和武装斗争,建立了人民民主政权。

东欧国家的国情不同,政治经济发展水平不一,它们在反法西斯战争中的地位和作用不同,建立人民政权的方式与道路也不尽相同。

第一,坚持长期武装斗争,积聚革命力量,在世界反法西斯战争胜利推进的情况下,南斯拉夫和阿尔巴尼亚主要依靠自己的力量赢得解放。

南斯拉夫于1941年4月6日被法西斯德国占领。南斯拉夫共产党号召各民族人民和所有爱国力量组成统一战线,反对德国占领者,5月就开始了地方游击战斗。6月22日,南斯拉夫共产党号召加强武装斗争。7月4日,南共又发出了全面武装起义的号召。党在各地建立了军事委员会作为人民解放游击队的领导核心。随着武装斗争的普遍开展，游击队改编为人民解放旅。南共建立了自己的正规军，并迅速扩大到几十万人，成为武装起义的主要突击力量。党重视革命政权的建立。1941年2月22日，南成立了人民政权组织——人民解放委员会。南共规定人民政权的政治基础是人民解放运动。该运动的领导力量是南斯拉夫共产党，核心力量是工农联盟。1943年11月29日，南斯拉夫人民解放反法西斯委员会在亚伊采召开第二次会议，决定把南斯拉夫建成工人阶级和劳动群众的国家，以广泛动员与组织群众投入反法西斯占领和争取解放的伟大斗争。1945年5月15日，南斯拉夫全境解放。11月29日，南斯拉夫联邦人民共和国成立，铁托任主席。

阿尔巴尼亚在1939年4月7日被意大利法西斯占领。在反法西斯占领者的斗争中，1941年11月8日阿尔巴尼亚共产党成立。党投入和领导了民族解放的伟大斗争。1942年9月16日，阿尔巴尼亚共产党确立了在民族解放战争中的领导地位。1943年3月17日召开党的第一次全国代表大会，决定发动人民举行总起义。1944年11月29日，阿尔巴尼亚全国解放。1946年1月11日，阿尔巴尼亚共和国成立。

第二，波兰、捷克斯洛伐克共产党人在苏联直接支持与帮助下建立人民政权。

1939年9月1日，希特勒德国入侵波兰。1942年1月，以原波兰共产党员为骨干建立了波兰共产党，领导波兰人民同德国法西斯占领者进行斗争。党提出建立民主的全国阵线的口号。1943年12月31日至1944年1月1日党举行会议，提出依靠战斗着的胜利人民的力量与帮助以及加强反希特勒占领者的民族解放斗争的纲领。在战争期间，侨居苏联的波兰人，得到苏联在武器装备方面的帮助，组成了波兰军队的最初几个师团，同苏军并肩参加了解放波兰领土的斗争。1944年7月20日，苏联红军和波军越过布格河进入波兰同希特勒占领军作战，进行解放波兰的战斗。22日，波兰民族解放委员会发表宣言，号召波兰人民同苏联红军并肩战斗，迎接祖国的解放战争。宣言称"红军已以解放军的姿态进入波兰"。它号召："全体人民和隶属本委员会的所有一切权力机关，与红军实行最密切的合作，给予最有效的援助。"宣言宣告自己是"波兰唯一的合法的权力机关"，伦敦流亡政府不能代表波兰人民。12月31日，全国人民代表会议第六次会议作出了将民族解放委员会改组为波兰共和国临时政府的决议，由波兰工人党、社会党、农民党各5名，民主党2名代表组成。1945年1月17日，苏波军队解放华沙。雅尔塔会议作出如下决议："由于红军完全解放的结果,波兰出现了新的形势。这要求建立波兰临时政府,它将能够建立在更广泛的基础上,并可能包括解放不久的西部波兰。"6月28日,波兰临时民族统一政府组成。波兰领导人贝鲁特在波兰统一工人党第二次代表大会上指出,波兰是在"苏联兄弟般的帮助下获得解放、复兴以及在废墟上迅速重建的"。

捷克斯洛伐克人民同纳粹德国占领者进行了英勇的斗争。1945年3月,捷克斯洛伐克成立了由各民主党派组成的民族阵线。4月4日,在科息斯成立以捷克斯洛伐克共产党为领导的民族阵线联合政府。捷克斯洛伐克人民在苏联红军横扫法西斯德国的大好形势下,借助苏联的帮助,5月9日解放了全境。8月25日,捷克颁布选举临时国会的法令,组成第一届政府。1946年5月26日举行第一届国民议会选举,成立了以共产党人哥特瓦尔特为首的联合政府。

第三,保加利亚、罗马尼亚、匈牙利曾是纳粹德国的附庸国,三国人民为求得自由与解放进行了不懈的斗争。在苏联红军直捣纳粹德国老巢、胜利推进的形势下,这里的共产党人领导并举行武装起义,推翻法西斯政权,建立了人民政权。1944年5月1日,斯大林发布命令:"罗马尼亚、匈牙利、芬兰和保加利亚现在只有一种避免覆灭灾祸的可能,就是与德国决裂而退出战争。"斯大林明确指出,"很难指望这些国家的现政府能够与德国决裂",因此"这些国家的人民必须亲自担负起摆脱德国枷锁的任务"。

保加利亚于1941年3月1日加入德、意、日法西斯集团。保加利亚共产党在1942年建立了联合一切反法西斯力量的祖国阵线。1943年建立了人民游击军。共产党提出的纲领规定:立即解除保加利亚与纳粹德国的联盟,把德国侵略者从保加利亚领土上驱逐出去,"在苏联领导下完全击败德国帝国主义者"。在苏军胜利推进的鼓舞下,保加利亚共产党于1944年8月26日发出第四号通告,号召立即用武装手段来推翻法西斯统治,建立祖国阵线政府。该通告指出:"摆在党、祖国阵线、保加利亚的全体人民和军队面前的紧急任务是:集合他们的力量,起来作勇敢而有决定性的武装斗争。"是日,人民游击军总参谋部发布命令:"发动总攻势并建立地方性的祖国阵线政权。"9月7日,苏联红军攻入保加利亚国土。保加利亚共产党领导的游击队积极开展战斗行动。9月9日,起义取得了胜利,并成立了祖国阵线政府。在谈到人民革命胜利时,保加利亚党的领导人说:"最大的光荣归于英勇的兄弟般的苏联军队",也是保加利亚反法西斯的人民起义与苏联军队在巴尔干的胜利进军相配合的结果。

在第二次世界大战中,罗马尼亚安东尼斯库政权加入了德、意、日法西斯同盟。罗马尼亚共产党领导人民对法西斯政权进行了英勇的斗争。在苏联红军向布加勒斯特推进的情势下，罗马尼亚共产党于1944年8月23日领导武装起义推翻了法西斯统治。1945年3月6日建立了以格罗查为首的民主政权。1947年12月30日建立人民共和国。罗马尼亚领导人高度评价苏军的解放作用："不仅意味着我国的解放"，"它为我国随后粉碎地主和资本家统治阶级、开展人民战争和实现革命改造，创造了必要的条件和各种前提"，"它挽救了我国免遭帝国主义列强的武装干涉，使人民政权的迅速发展和向无产阶级专政形式之一的人民民主制度的过渡成为可能"。

匈牙利政府1940年11月加入德、意、日三国公约，投靠法西斯。1944年3月匈牙利为德军占领。匈牙利共产党领导人民开展了反对法西斯占领者的斗争，并同社会民主党、小农党等组成了民族独立阵线。1945年4月4日，苏联军队解放了匈牙利。1946年2月匈牙利建立人民共和国。

第四，德意志民主共和国成立。

纳粹德国战败后，根据《雅尔塔协定》和《波茨坦协定》，德国分别划归美、英、苏、法四国占领。1949年5月23日，美、英、法三国占领区成立了德意志联邦共和国。10月7日，苏占区成立了德意志民主共和国。德国分裂局面正式形成。

东欧国家人民政权的巩固

东欧国家人民民主政权的建立适应了人民革命的需要。革命的胜利主要依靠本国人民的斗争。各国在共产党的领导下，借助苏联红军反击德国法西斯的时机，通过武装斗争或武装起义，夺取了政权。人民政权建立后在苏联的帮助下，为巩固政权、发展经济进行了艰苦复杂的伟大斗争。

第一，加速政权建立与建设。东欧人民民主国家对政权建设给予了特殊的重视，各国进行国会选举、颁布与实施新宪法、改组政府、实现共产党一党执政。阿尔巴尼亚1946年3月14日颁布了第一部宪法，宣布阿尔巴尼亚为人民共和国，其政治基础是人民会议，主要社会生产资料由人民公有制、合作社所有制和个人所有制组成。保加利亚1947年颁布了第一部社会主义性质的宪法，规定权力来自人民、属于人民，国民议会由3万名选民选举一名代表组成；生产资料属于国家、合作社和私人所有。波兰废除了1935年宪法，1947年2月19日通过小宪法，规定人民当家作主。1949年9月8日和1950年3月20日两次修改，规定立法会议是国家最高权力机关；法院独立行使司法权；总统由选举产生;国务委员会行使对地方人民会议的最高监督权。巩固政权的斗争在那些共产党力量和影响还相对薄弱的国家尤其艰巨与复杂。这些国家在建国初期考虑到当时政治力量对比的实际情况建立了各党派联合政府。

　　1947—1949年东欧各国经历了一个由联合政府到共产党一党执政的变动。这种变动的结果是各国政权从形式到实质都转到了共产党手中。原来在联合政府中的农民党或社会民主党的代表人物先后退出政治舞台,有的是被清除,有的是通过合并。1947年6月,保加利亚政府逮捕农民党领袖佩特科夫等人,并从议会中黜逐了所有反对党议员。8月5日开始对佩特科夫等人的审讯,16日以阴谋叛国罪宣判为死刑。农民党解散。1948年共产党和社会民主党合并。波兰选举在1947年1月19日举行。共产党和它的支持者在444个席位中得到394席。共产党人贝鲁特当选为总统。社会民主党人西伦凯维茨负责组阁。原来在联合政府中担任副总理的农民党代表米科拉伊奇克被赶走,农民党被排除在政府之外。对于波兰的选举,美国国务院于1月28日发表声明进行谴责。① 1948年5月,波兰共产党和社会民主党正式合并。匈牙利于1946年1月废除帝制,小农党人蒂尔迪2月1日当选为总统。2月5日,纳吉被任命为总理。1947年2月26日,小农党总书记科奇被驻匈苏军逮捕。美英要求对此进行联合调查。匈牙利对小农党的清党扩大到议员和阁员。纳吉于1947年外出度假,后拒绝回国并提出辞职。1947年8月31日,匈牙利进行选举,共产党获得100席,成为最大的党。小农党继续分化,一些领导人出逃国外。社会民主党同共产党合并。1949年8月18日,匈牙利颁布新宪法,规定人民共和国是工人和劳动农民的国家,一切权力属于劳动人民。南斯拉夫在1947年指控农民党领袖约瓦诺维奇勾结英国间谍、寻求美国等支持在南发动叛乱。在罗马尼亚,1947年7月国家农民党领袖马钮遭逮捕,并以密谋勾结美、英特务判处终身劳役。该党其他领导人也先后被捕。美英曾对罗马尼亚政局的发展多次提出抗议,但于事无补。1947年12月30日,罗马尼亚国王宣布退位。共产党和社会民主党于1948年2月21日正式合并,成立统一工人党。在3月28日的选举中,统一工人党、农民阵线、罗马尼亚人民党和匈牙利人民联盟赢得了414席中的405席。

　　在清除异己、建立共产党一党执政的斗争中,最具典型意义的是捷克斯洛伐克的二月事件。捷克斯洛伐克在1945年解放后建立的第一届政府由共产党

---

① 《美国国务院公报》1947年2月9日。

人、社会民主党人、其他三个政党的代表及社会贤达组成。在 1946 年 5 月 26 日的选举中，共产党获得 40% 的选票，在 300 个议席中占有 114 席，成为第一大党。共产党同其他政党组成了以哥特瓦尔德为首的联合政府。在 24 名政府成员中，捷共 9 名，社会民主党 3 名、国家社会党、人民党和斯洛伐克民主党各 4 名。由于政治主张的分歧与对立，1948 年 2 月 20 日，参加政府的国家社会党、人民党和斯洛伐克民主党 12 名部长向贝奈斯总统提出辞呈，以制造政府危机致使政府垮台。21 日，政府调警察部队进入布拉格，维护现政府的行动委员会积极活动，还组织了支持现政府、反对其反对派的群众游行示威。25 日，贝奈斯被迫接受了 12 名部长的辞呈，并任命了新政府，其中包括 3 名社会党人，国家社会党和人民党各 2 名。这就是捷克的二月事件。从此共产党单独执政。1948 年 5 月 9 日通过新宪法，宣布为人民共和国，规定人民是国家权力的唯一源泉，行使国家权力的代表由普选产生、对人民负责。1948 年 5 月 30 日选举产生了新的国民议会，哥特瓦尔德当选为新的共和国总统。

为了巩固人民政权，东欧国家进行了缩小教会影响的艰巨斗争。罗马天主教、东正教、基督教在东欧国家有不同程度的影响和作用。东欧各国新建立的政府对教会普遍采取了大致相同的政策：教育世俗化和置教会于政治之外，即学校国有化和政教分离。政府同教会的斗争在匈牙利更引人注目。1948 年 5 月，匈牙利政府提出学校国有化、教会办的学校由政府接管。红衣主教明曾蒂站出来反对。5 月 6 日，他声称要把那些支持改革的人革出教门。他还不时攻击政府，要求政府取消学校国有化，发还罗马天主教的财产并允许教徒继续活动，允许教会出版日报。匈牙利政府认为，明曾蒂的活动超越了教会的范畴，涉及政府的内政和外交。1948 年 12 月 27 日，政府逮捕了明曾蒂，并于 1949 年 2 月 8 日判处无期徒刑。罗马天主教在波兰有相当大的影响。教会强烈要求政府取消对宗教自由的限制和反对学校教育的世俗化。华沙红衣主教赫朗德的立场"基本上与红衣主教明曾蒂相似"①。波兰政府坚持教育的世俗化和教会的活动限制在自己的教务范围之内。南斯拉夫政府同教会的关系也比较紧张。1946 年 10 月 11 日，政府审讯了斯特皮纳兹大主教并判 16 年徒刑。南斯拉夫还抨击梵蒂冈并与之断绝关系。东欧国家同教会斗争的胜利，有利于新生的人民政权的巩固。教会经过一番较量，只得承认现存政权这一事实。

第二，进行生产资料社会主义改造，实行计划经济，建设社会主义的经济基

---

① 彼德·卡尔沃科雷西编著：《国际事务概览（1947—1948）》，上海译文出版社 1990 年版，第 275 页。

础。东欧人民民主国家进行了生产资料的社会主义改造,并取得了胜利。各国宪法规定生产资料分国家、合作社和个人所有。各国在关系到国计民生的生产部门普遍实施了国有化,消灭主要的生产和流通手段的资本主义私人所有制。阿尔巴尼亚的国有化运动分两步进行。1945年对意大利在阿尔巴尼亚的工业、银行、贸易、运输、建筑、农业方面的企业、公司实行国有化。1946年扩大到阿尔巴尼亚本国资产阶级所有的工业企业、股份公司。到1947年底,工业总产值中的87%属社会主义成分。波兰在1946年1月3日由全国人民代表会议颁布了关于国民经济基本部门收归国有的法令。1949年在大中型工业中社会主义成分占90%。捷克斯洛伐克的国有化运动开展较早。1945年60%的工业和全部矿业、银行实行了国有化。罗马尼亚在1948年2月通过了关于把基本工业、银行、运输以及其他企业收归国有的决议。匈牙利的国有化分步骤进行:首先是矿业和其他电气工业;1947年银行;1948年雇工100人以上的工厂企业国有化;后把国有化扩大到经济的所有部门。国有化的实施,加强和巩固了东欧国家社会主义的经济基础。

东欧各国为改变农村的地主所有制和农村阶级关系,普遍实行了土地改革。阿尔巴尼亚在解放后立即采取的第一个最大的经济和社会措施就是土地改革。波兰在1944年9月6日由民族解放委员会颁布了土地改革法令。波兰全国解放后实行了土地改革,没收地主的土地分配给贫农、农业工人及部分中农。在全国25 013农户中40%受益。1950年全国耕地面积的89.6%由个体经营。罗马尼亚的农村政策是依靠贫农、巩固与中农的联盟、限制与反对富农、剥夺地主。南斯拉夫实行了根本的土地改革,规定土地不动产限于10公顷内,主张通过逐步的农村社会主义改造,通过合作社联合农民。匈牙利在解放后进行了土地改革,并把农民引上集体化道路。东欧国家土地改革消灭了地主所有制,并把分到土地的农民逐步组织起来,从而加强了人民民主专政的政治基础——工农联盟。

东欧国家着力于恢复被战争破坏的国民经济。随着生产资料社会主义改造的逐步完成,东欧国家普遍采取计划经济,制定与实施了发展经济的几年计划。波兰实行了复兴经济的1947—1949年的3年计划。匈牙利也实行了类似的三年计划。

东欧国家的社会经济政策在某种程度上解放了生产力,巩固了社会主义的经济基础,为开展大规模的经济建设打下了基础。

第三,加强同苏联的联系,争取苏联的全面支持与援助,以维护国家的政治和经济上的独立。东欧大多数国家经过1947—1949年的剧烈政治斗争,最终确立了共产党的绝对领导地位。各人民民主国家开展了大规模的经济建设,为巩固革命成果、提高人民生活水平进行了不懈的斗争。

苏联同东欧和南斯拉夫的友好合作互助条约

苏联通过同东欧和南斯拉夫签订友好合作互助条约以及东欧国家之间的有关条约,联合成社会主义体系。苏联和东欧人民民主国家在社会主义革命和社会主义建设中互相支持,求得社会主义制度的巩固与发展,在反对帝国主义的侵略战争政策与维护和平的斗争中相互支持。这些条约对于加强社会主义国家之间的联系与团结、确保它们各自的安全、政治和经济独立均有十分重要的意义。

苏联同这些国家是在不同的历史条件下签订条约的,各条约所强调的方面自然会有所不同。

苏联在第二次世界大战的进程中,于1943年12月12日、1945年4月11日和21日先后同捷克斯洛伐克、南斯拉夫和波兰签订了友好合作和战后合作条约。这些条约强调缔约双方在反对法西斯德国的侵略中进行军事合作与互助,直到最后胜利;规定在战争结束后共同采取措施消除来自德国,或者来自以直接或以其他方式与德国相勾结的任何其他国家方面的重新侵略的威胁。如果缔约一方遭到上述侵略,另一方应立即给予军事和其他方面的全力支持与援助;缔约双方不得订立和参加反对另一方的盟约或联盟;缔约双方保持密切合作,相互尊重独立主权、不干涉内政。条约规定本着互助精神,加强在经济、政治和文化生活等一切领域的合作,提供必要的援助。条约有效期为20年。[①] 苏联同捷克斯洛伐克的条约于1963年续延。1965年4月8日苏联和波兰签订了新的友好合作互助条约。苏联和南斯拉夫条约因1948年两国关系破裂而终止。这些条约对于加速法西斯德国在捷克、波兰和南斯拉夫的失败、保障这些国家人民民主政权的建立与巩固无疑具有重要的作用。它们体现了苏联密切同这些国家的关系的愿望和提供各方面援助的国际合作精神。

战争结束后,特别是东欧人民民主国家政权得到巩固后,1948年2—3月苏联先后同罗马尼亚(2月4日)、匈牙利(2月18日)、保加利亚(3月18日)缔结了友好合作互助条约。这些条约强调它们的目的是"进一步发展与巩固"缔约

---

① 《国际条约集(1934—1944)》,世界知识出版社1961年版,第413页;《国际条约集(1945—1947)》,第24—25页。

国双方的"友好关系"。条约认为这符合缔约国人民的"切身利益"并"将最完善地促进"它们之间的经济发展,缔约双方表示"极愿按照联合国宗旨和原则的条件,为世界和平和普遍安全的利益进行彼此合作"。这些条约从内容到措辞基本相同,均为 6 条。(1) 缔约双方应"共同采取它们能做到的一切措施来消除从德国方面或者从直接或以别的方式与德国联结起来的任何一个国家所出现重新侵略的任何威胁",参加"以保证世界和平与各国人民的安全为目的的一切国际行动";(2) 缔约任何一方对试图恢复侵略政策的德国或与德国共同参加过在欧洲的侵略行为的任何国家发生军事行动,或者对直接或以别的方式在侵略政策中同德国联结起来的任何国家发生军事行动时,"缔约另一方应立即以它所能做到的一切方法给予军事及其他援助";(3) 缔约双方"不得缔结针对另一方的任何盟约并不得参加敌对的任何同盟行动或措施";(4) 缔约双方就涉及两国利益和一切重要国际问题进行"相互协商";(5) 加强和发展双边经济和文化联系,"遵守相互尊重独立和国家主权以及互不干涉内政的原则";(6) 有效期为 20 年,并可续延。20 世纪 60—70 年代,苏联和保加利亚(1967 年 5 月 12 日)、匈牙利(1967 年 9 月 7 日)、罗马尼亚(1970 年 7 月 7 日)分别重新签订了友好合作互助条约。

各人民民主国家之间于 1947—1949 年也签订了友好互助合作条约:阿尔巴尼亚和保加利亚(1947 年 12 月 16 日)、保加利亚和罗马尼亚(1948 年 1 月 16 日)、保加利亚和捷克斯洛伐克(1948 年 4 月 23 日)、保加利亚和匈牙利(1948 年 7 月 6 日)、波兰和捷克斯洛伐克(1947 年 3 月 10 日)、波兰和保加利亚(1948 年 5 月 29 日)、波兰和匈牙利(1948 年 6 月 18 日)、波兰和罗马尼亚(1949 年 1 月 26 日)、匈牙利和捷克斯洛伐克(1949 年 4 月 16 日)、匈牙利和罗马尼亚(1948 年 1 月 24 日)、罗马尼亚和捷克斯洛伐克(1948 年 7 月 21 日)。这些条约的基本内容是:(1) 缔约双方在其权力范围内的一切行动以防止德国或其他同德国直接或以任何其他方式联合的国家进行新的侵略,确保和加强普遍和平;(2) 缔约一方受到德国或任何其他同德国直接或间接以任何其他方式勾结的国家的侵略,另一方应立即给予军事及一切可能的援助和支持;(3) 不加入针对缔约一方的任何同盟或任何行动;(4) 缔约双方应就一切有关两国利益的比较重要的国际问题,特别是两国的安全和领土完整、和平与国际合作共同进行磋商;(5) 发展和加强与扩大彼此的经济与文化关系。这些条约的有效期均为 20 年。条约期满前 12 个月缔约任何一方未表示愿意中止,条约续延 5 年。①

苏联和人民民主国家之间以及各人民民主国家之间签订的友好合作互助条约,加强了它们之间的政治合作,是维护其国家安全的重要保障。

经济互助委员会的成立

苏联和各人民民主国家面临着战后恢复与发展国民经济的迫切任务,需要相互支持。东欧国家的国民经济被战争破坏得百孔千疮,形势十分严重。在当时特定的历史条件下,这些国家把得到经济援助的希望寄托于苏联。苏联出于两个平行市场的考虑,不鼓励、不允许东欧国家同西方国家发生关系、争取西方的援助。苏联在自己处于严重的经济形势下,仍然对这些东欧国家进行了可贵的援助。苏联的援助不仅有益于东欧国家克服经济困难,也有利于其捍卫经济独立和政治独立。战争还未结束,苏联就同保加利亚缔结了第一个贸易协定。1945 年 12 月 15 日,苏联同保加利亚签订了苏向保提供 3 万吨玉米和 2 万吨小麦的协议。1945 年苏联以贷款的形式向罗马尼亚提供 30 万吨谷物。1946 年 4 月 12 日苏联同捷克斯洛伐克签订相互提供货物的协定。

苏联严厉批评和谴责美国提出的马歇尔计划,说它"干涉其他国家的内政","重演杜鲁门主义的故技,借助于美元以施加政治压力"。莫洛托夫参加苏、英、法三国外长会议,表示苏联无法接受马歇尔计划。在苏联的要求和影响下,波兰、捷克斯洛伐克、匈牙利、南斯拉夫、罗马尼亚、保加利亚和阿尔巴尼亚没有接受英法两国政府关于参加巴黎会议讨论实施马歇尔计划的邀请。苏联提出和实施"莫洛托夫计划",通过同东欧国家签订一系列的贸易和经济协定来加强彼此的经济联系,顶住西方在经济方面的压力,并与马歇尔计划相抗衡。早在 1947 年 2 月 20 日,苏联和罗马尼亚签订了贸易和航海条约,规定"在有关两国贸易和航海的一切问题以及在工业和两国领土上其他各种经济活动方面,相互给予无条件的和无限制的最惠国待遇"②。苏联还同匈牙利(1947 年 7 月 15 日)、捷克斯洛伐克(1947 年 12 月 11 日)、保加利亚(1948 年 4 月 1 日)和阿尔巴尼亚(1949 年 4 月 10 日)签订了类似的条约或协定。苏联同东欧国家签订了换货协定。苏联同东欧人民民主国家签订的条约、协定以及发展贸易关系对于加速这些国家的经济恢复、克服战后的经济困难是有益的。当然,苏联同东

---

① 参见安·安·葛罗米柯等主编:《外交辞典》,莫斯科,科学出版社 1986 年版。
② 《苏联和外国缔结并生效的条约、协定和公约集》第 8 卷,莫斯科 1956 年版,第 336—342 页。

欧国家的经济关系也是服务于战后初期苏联所推行的外交政策：巩固苏联在东欧的地位，对抗美国的冷战与遏制。

苏联和东欧国家经济的恢复和发展，迫切需要加强社会主义国家间的经济贸易关系，促进经济的共同发展，加强社会主义的市场，迎接来自资本主义经济扩张的挑战。1949年1月5日至8日，苏联、保加利亚、匈牙利、波兰、罗马尼亚和捷克斯洛伐克的6国代表在莫斯科举行经济会议。1月25日，发表了有关成立经济互助委员会的公报。公报指出了成立经济互助委员会的必要性及该组织的宗旨、活动原则。公报指出：社会主义国家之间在经济发展，特别是在商品流通方面有了巨大进展，"由于上述经济关系的建立和经济合作政策的实现"，与会国"有可能加速其国民经济的恢复与发展"，它们之间的经济关系必须适应这种发展；公报还特别强调：经济互助委员会的成立是社会主义国家"不能屈服于马歇尔计划的操纵"的结果，因为这一计划"破坏国家主权和它们国民经济的利益"；西方国家推行马歇尔计划实际上是"断绝与人民民主国家和苏联间的贸易关系"。在这种情况下，人民民主国家和苏联必须探讨加强与扩大彼此间的经济合作和贸易交流的问题。公报在谈到成立经互会的目的和宗旨时说"为了实现人民民主国家和苏联更广泛的经济合作"，"在平等的代表权基础上，交流经济经验，相互给予技术上的援助，彼此在原料、粮食、机器、装备等方面提供协助"。公报强调，经互会是"开放性的组织"，"凡赞同经济互助委员会原则和愿意同上述国家广泛参加经济合作的其他欧洲国家也可以参加这一组织"。[①] 经互会定期举行会议，总部设在莫斯科。1949年4月，在莫斯科举行首次会议，正式宣告经互会的成立。阿尔巴尼亚于1950年2月加入、1961年底停止参加一切活动。德意志民主共和国于1950年9月参加。

根据协议的规定，各成员国代表在经互会中具有平等的权利和义务。经互会讨论的问题和决定，要取得一致同意后才由有关机构讨论决定。各成员国有权不参与决议和不承担义务。经互会的组织机构有：经互会会议，由各成员国的代表团组成的最高决策机构，其代表团的团长通常由各国政府首脑担任，每年至少举行一次，在各成员国首都轮流举行，该国团长任会议主席。会议负责制定经互会的主要活动方针，讨论经互会执委会提供的报告，修改章程，吸收新成员，任命秘书处；经互会的日常工作由执委会负责领导。执委会由各成员国派一名副总理级代表组成。执委会的下属机构是常设委员会，由各成员国指派

[①] 《苏联外交政策：文件与资料(1949)》，莫斯科1953年版，第44—45页。

相应部的领导人为首的代表团组成,负责制定专门的合作措施、决议,拟定多边合作协定。各成员国还有由常驻经互会的代表、副代表、顾问组成的代表团常驻莫斯科。

经济互助委员会的建立奠定了社会主义国家广泛的多边经济合作的基础,扩大了苏联和东欧国家的经济技术交流,促进各成员国经济的发展。但是,苏联后来利用经互会推行经济一体化、国际社会主义劳动分工,忽视甚至践踏其他成员国的利益和主权。经互会实际上是一个封闭的经济集团,各成员国的经济发展直接同苏联的计划经济和经济发展挂钩,受其制约。经互会成员国同世界经济发展脱节,在某种程度上有碍于东欧国家经济的发展。

第三节 欧洲共产党和工人党情报局的建立及苏南关系的破裂

欧洲共产党和工人党情报局的建立

1947年美国苏联冷战开始。是年3月12日美国抛出杜鲁门主义,6月5日又提出了马歇尔计划。美国以此向苏联开展了激烈的冷战攻势。面对如此严重的国际局势,苏联提出要组织力量进行对抗。一方面,苏联加速东欧人民民主国家政权的建设与巩固,帮助这些国家恢复被战争破坏的经济;另一方面,苏联提出要加强在意识形态领域的战斗,要求欧洲各国共产党加强彼此联系,统一认识和统一步骤,以利共同对抗美国。1947年夏天,苏共中央写信给波兰工人党第一书记哥穆尔卡,希望波党出面召集欧洲一些共产党和工人党的会议,讨论如何加强各党在新形势下的互相联系和可能的配合问题。波党中央经讨论决定接受苏共的建议与要求,同意出面召开一次有关会议。

1947年9月22—27日在波兰西里西亚的维利扎—古拉举行了有九个国家共产党和工人党代表参加的会议。他们分别来自苏联(日丹诺夫、马林科夫)、南斯拉夫(卡德尔、德热拉斯)、波兰(哥穆尔卡、明兹)、捷克斯洛伐克(斯兰斯基、巴什托务斯基)、匈牙利(法尔卡斯、里瓦伊)、罗马尼亚(乔治乌-德治、安娜·波克)、保加利亚(契尔文科夫、波普托莫夫)、法国(杜克洛、法戎)和意大利(隆哥、富阿勒)。会议根据日丹诺夫的国际形势报告,作出了《关于国际形势的宣言》。宣言认为第二次世界大战的结束及战后发展,国际形势发生了"根本的变化",其特点是"在世界舞台上活动的基本政治力量的重新部署","战胜国间关系的改变及其重新组合"。它宣称在处理战后所面临的国际问题时出现了两种截然相反的政治路线和政策,"一方面是苏联和其他民主国家的政策,目的在于摧毁帝国主义和巩固民主;另一方面是美国和英国的政策,目的在于加强帝国主义和绞杀民主"。宣言强调在战后国际政治舞台上已形成了两个完全相反和对立的阵营,"一个是帝国主义反民主阵营,它的基本目的是建立美帝国主义的世界霸权和摧毁民主",开展反对苏联和其他社会主义国家的"十字军运动";"另一个是反帝国主义民主阵营,它的基本目的是摧毁帝国主义,巩固民主和根除法西斯残余势力"。会议认为两大阵营的出现是国际政治力量变化的结果,是"在资本主义总危机进一步加深,资本主义的势力日益削弱和社会主义与民主的力量更加强大的情况下发生的"。会议特别提醒人民密切关注帝国主义推行侵略、反民主的政策,对于帝国主义采取的"直接的暴力威胁、讹诈与勒索,各种政治和经济压力、贿赂、利用内部矛盾和冲突"等手段,应有充分的警惕。宣言呼吁民主阵营特别是各国共产党加强团结,充分认识自己的力量,团结一切民主爱国力量同帝国主义的侵略战争政策进行针锋相对的斗争。[①]

会议听取了哥穆尔卡关于各国共产党组织彼此交换经验和协同行动的报告。会议对于未来情报局的性质和作用进行了激烈的争论。面对复杂多变和严峻的国际形势,必须加强各国共产党的联系,甚至在某些方面的协调,在这一点上各与会国代表有着共同的看法与愿望。但在要不要组建另一个共产党国际来进行指挥与调动则有着不同的看法。苏联提议召开这次会议的目的是明白的,即要把各国党的言论与行动统一到它的指挥与控制之下,以便更有力地对抗西方。斯大林曾经表示,苏联把建立情报局看作是各国政府合作的一种尝试,其目的是提高工人阶级的生活水平和保卫各国的独立自主。[②] 会议经过讨论,与会代表作出了《关于出席会议的各国共产党之间交换经验和协调行动的决议》。决议认为,"由于战后国际形势日趋复杂,各国共产党之间交换经验和自动地协同行动的必要,已甚为迫切",否则对工人阶级"将是有害的"。会议作出了设立情报局及有关事项的五条决议。(1)设立情报局,由与会九国的共产党和工人党代表组成;(2)情报局的任务是"组织经验的交换,并在必要时,在互相协议的基础上,配合各党的活动";(3)情报局由各成员党中央委派两名代表组成,各代表由各党中央任命与撤换;(4)情报局以《争取持久和平,争取人

[①] 参见《共产党情报局会议文件》,人民出版社 1954 年版,第 5—8 页。
[②] 斯大林 1947 年 10 月 14 日接见英国下院若干工党议员时的谈话。转引自《国际事务概览(1947—1948)》,上海译文出版社 1990 年版,第 66—67 页。

民民主》作为自己的机关刊物;(5)情报局总部设在南斯拉夫的贝尔格莱德。①

情报局的成立得到了各国共产党的普遍欢迎。情报局成立后立即开展了动员群众投入反对帝国主义侵略战争和维护和平的斗争。情报局在《工人阶级的统一和共产党与工人党的任务》的决议中呼吁工人阶级的团结和统一。决议认为摆在各国共产党和工人党面前的首要任务是"不倦地进行为联合与组织工人阶级全部力量的斗争,强有力地回击美英帝国主义的蛮横要挟,粉碎它们发动新世界大战的阴谋,维持并巩固国际的和平与安全,使垄断资本对劳动群众生活水平的进攻归于失败"。决议强调为了达到上述目的,必须"在思想上揭穿并坚决无情地反对一切机会主义、空想主义和资产阶级民族主义的表现,防范敌人奸细混进党内来"。情报局在《保卫和平与反对战争挑拨者的斗争》决议中指出"美英帝国主义者打算借战争来改变历史发展的进程,解决自己外部和内部的矛盾和困难,巩固垄断资本的阵地并夺取实际统治","英美帝国主义联盟的全部政策,都是为了准备新战争",它们"采取各种军事战略措施,实行政治压力和讹诈手段,经济上向外扩张和奴役他国人民,思想上愚弄群众以及加强反动势力"。面对着帝国主义的侵略战争政策,情报局提出各国共产党和工人党的任务是:"必须更加坚决地在组织上去巩固和扩大和平运动,接连不断地把一批一批的民众吸收到这一运动中来,使这一运动变成全民运动";在这一运动中实现工人阶级的团结与队伍的统一"具有决定性意义";各国党"应当广泛宣传各国人民间的坚固的和持久的和平,不倦地揭穿各种侵略联盟和军事政治联盟";建立各级和平委员会。

情报局在开展反对美国帝国主义的侵略战争政策、提高各国共产党和人民群众对战争的认识、组织投入反对侵略战争、维护和平的斗争起了积极的作用,在抵制帝国主义的思想进攻方面也做了不少的工作。但是,情报局把相当的精力放在处理成员党之间的意见分歧和矛盾方面,造成了极大的内耗,进而影响了它宣传、组织群众投入反对侵略战争和捍卫和平的斗争。同时,一些成员党把自己的意见和见解强加于人,严重损害了各成员党平等、独立的基本原则。这突出表现在粗暴对待与干涉南斯拉夫共产党的问题上。后来的事态表明,情报局逐渐变成了苏联共产党"强制命令的传达渠道和执行助手","指挥"与"协调"各国共产党行动的工具。②

1956年4月,情报局决定结束活动。除南斯拉夫,8个成员党作出了《关于

---

① 《共产党情报局会议文件》,人民出版社1954年版,第9页。
② 彼得·卡尔沃科雷西编著:《国际事务概览(1947—1948)》,第68页。

结束共产党和工人党情报局的活动的公报》。公报对情报局的成立及其活动给予了积极的评价,认为它"在消除各国共产党之间在共产国际解散后所形成的隔膜状态方面起了积极作用","对于加强国际共产主义运动队伍中的无产阶级国际主义","进一步团结工人阶级和全体劳动人民进行争取持久和平、民主和社会主义的斗争","发展和加强"各国共产党之间的"兄弟联系和交流彼此的经验,在阐明根据各个国家具体条件运用马克思列宁主义理论的问题和阐明国际共产主义运动和工人运动的经验"等方面均起了积极作用,这些都"促进了各兄弟党在思想上、组织上和政治上的巩固"以及各党在"群众中的影响的加强"。决议认为鉴于国际形势的剧烈变化,各国党面临着许多新的问题和任务需要解决。在这种情况下,情报局的成员和活动内容"都已经不适应这种新的条件了"。决议说,参加情报局的各国共产党和工人党中央委员会认为,情报局"已经完成了自己的使命",决定"结束"情报局的活动,停止机关刊物的出版。决议还表示相信各国党将"按照马克思列宁主义政党的共同目标和任务以及按照本国的民族特点和条件来开展自己的工作",并在今后的斗争中找到联系和接触的"新的有效方式"。①

苏南关系的破裂

战后南斯拉夫共产党和苏联之间的矛盾与分歧日趋暴露与公开化。1948年3月18日,苏联从南斯拉夫撤走全部军事顾问,次日撤走文职专家。两国领导人就有关两国间关系的问题从3月20日到5月22日6次交换信件:3月20日铁托致莫洛托夫、3月27日苏共中央致铁托的复信、4月13日南共中央致苏共中央信、5月4日苏共中央致南共中央信、5月17日南共中央致苏共中央信以及5月22日苏共中央致南共中央信。苏共中央在信中指责南斯拉夫共产党和它的领导人在南斯拉夫领导人中散布反苏的流言蜚语,诸如"苏共蜕化"、"大国沙文主义在苏联泛滥"、"苏联企图控制南斯拉夫经济"、"情报局是苏共控制其他各国党的工具"等。苏共强调这些都"必然造成一种反苏气氛,损害了苏南两党之间的关系"。苏共中央的信件表示对南斯拉夫的状况不满,说南共放弃党的领导,取消党。苏联在信中说,南共作为一个领导的党"至今仍然不是完全合法的,处于半合法的地位,在报刊上从不发表党组织的决议,也不发表党的会议的报告"。苏联指摘南共"中央委员会大部分成员不是选举而是指派的",南共

---

① 《人民日报》1956年4月19日。

没有自己的纲领,把党湮没在人民阵线内,这无异于孟什维克和党的取消派。苏共中央的信声称南共的这种状况"确是我们两国之间关系恶化的一个重要因素"。苏联把撤退在南斯拉夫的军事顾问和帮助南斯拉夫的文职人员归结为受到了南斯拉夫的不公正待遇。南共中央致信苏共中央就上述指责进行了说明与解释,并指出苏共获取的有关情报是不真实的,是从南共中"人所共知的反党分子,或从各种不满分子那里获得的"。

苏共和南共之间的书来信往并未消除彼此的分歧,达成共识。苏联利用大党大国的地位以及它的影响,使情报局在1948年6月22—28日的会议上,在南斯拉夫共产党拒绝与会的情况下,通过了《关于南斯拉夫共产党情况的决议》。决议列举了南共的罪状与严重问题:(1)南斯拉夫共产党的领导机关最近在内政和外交的基本问题上执行了一种不正确的路线,一种脱离马克思列宁主义的路线;(2)南共领导"对苏联和苏联共产党(布)执行着一种不友好的政策","执行了一种诬蔑苏联军事专家和诽谤苏联的可耻的政策";(3)南共在对内政策上"离开了工人阶级的立场,背离了马克思主义关于阶级和阶级斗争的理论";(4)南共领导机关修改了马克思列宁主义关于党的学说,"正在重复着俄国孟什维克的错误,把马克思主义的党溶解在非党的群众组织之中";(5)南共领导者在党内"造成的官僚主义的统治,对南斯拉夫共产党的生存和发展是致命的危险"。决议认为,情报局得出一致结论:南共领导者违反马克思列宁主义的反党反苏的观点,由于他们的整个态度和他们拒绝出席情报局会议,已使他们自己处于和参加情报局的各国共产党相对立的地位,走上了脱离反帝国主义的统一的社会主义阵线的道路,走上了叛卖劳动人民国际阵营团结事业的道路,采取了民族主义的政策。决议最后警告南共领导,如果他们不能按照情报局的要求行事,公开承认并改正上述错误,其党内的"健全分子"就会"撤换他们,并选出一个新的国际主义的党的领导机构"。① 6月29日,南斯拉夫共产党中央委员会断然拒绝情报局对自己的无端指责,指出它只是苏共中央信件的"重复",是违背事实、"不公正"的。② 南共领导人铁托1948年7月21日在南共第五次代表大会上的政治报告中对情报局的《情况》进行公开答复。他说《情况》是对南共及其团结的攻击,"是在号召一切破坏分子起来摧毁我们为了造福我国各族人民已经建设的一切,这是在号召挑起国内战争,这是在号召消灭我们的国家"。

---

① 参见《共产党情报局会议文件集》,第40—49页。
② 参见《南斯拉夫资料汇编》,世界知识出版社1957年版,第500—507页。

对于南斯拉夫的处理,情报局内部是有不同意见的。波兰、捷克斯洛伐克对于是否对一个盟国进行惩处犹豫不决。匈牙利继续保持同南斯拉夫的经济、文化的往来。但是,慑于苏联的权威和影响,东欧各国还是参加了苏联发动与组织的对南的抵制和禁运。

情报局不听南共领导人的解释和对《情况》的澄清,一意孤行,欲置南共于死地而后快。1949年夏,苏联和东欧国家断绝同南斯拉夫的贸易关系,作出了《南斯拉夫共产党在杀人犯和间谍掌握中》的决议。决议认为,南斯拉夫政府处在"完全依赖外国帝国主义者的地位",变成了帝国主义"侵略政策的工具",致使南"丧失了独立和自主";它和帝国主义者"完全结合在一起,共同反对整个社会主义与民主阵营,反对全世界各国共产党,反对各人民民主国家和苏联"。决议还说什么南共领导机关"已完全落到一群间谍、杀人犯即帝国主义佣仆掌握中了",他们推行"完全受外国帝国主义者支配的法西斯对内政策和卖国的对外政策",他们是"工人阶级和农民的公敌"。决议表示反对南共领导集团是各国共产党和工人党的"国际职责",声称要"竭力援助为使南斯拉夫回到民主和社会主义阵营中来的事业而奋斗的南斯拉夫工人阶级和劳动人民"。

苏南关系的恶化与破裂有着多种原因,但关键的是苏联共产党推行的大党大国政策,是苏联想把自己的意志强加于南斯拉夫党和政府的结果。苏南之间出现裂缝发生在反法西斯战争初期。1941年4月德国法西斯入侵南斯拉夫后,南共组织了游击队进行反对占领者的英勇斗争。苏共对南共的斗争不但不给物质上的援助,而且在政治上还承认流亡政府并给予援助。对此铁托表示不解和气愤。他在1943年1月31日对斯大林说:"我得再次问你们,难道你们不可能向我们提供任何援助?""难道在我们进行了长达二十个月的英勇的、几乎是超人的斗争之后,你们就找不到一种方式来援助我们?"[1]当南斯拉夫向苏联提出援助要求时,苏联总是回答说:"你们不能指望从这里得到军火和自动武器。"斯蒂芬·克利索德在《南苏关系》一书中说,在1941年后的3年多时间里,南斯拉夫"没有得到(苏联)有效的军事援助和物资供应"[2]。1944年9月,铁托在莫斯科遭到冷遇。他对斯大林说:"既然你们不能援助我们,那么至少不要妨碍我们。"[3]

南斯拉夫人民在南斯拉夫共产党的领导下,依靠自己的力量解放了国土。

---

[1] 兹冯科·施陶布林:《铁托的独立道路》,新华出版社1987年版,第27页。
[2] 斯蒂芬·克利索德:《南苏关系》,人民出版社1980年版,第64页。
[3] 兹冯科·施陶布林前引书,第28页。

建国后，南斯拉夫推行的积极内外政策，更增加了苏联的怀疑。苏联党和政府试图对南共施加压力和影响，把自己的路线、方针、政策强加于人。苏联要南斯拉夫按照苏联的模式来改造自己。这对任何一个具有独立性的党、政府和个人都是不可能接受的。苏联对南斯拉夫采取的一系列政策都是企图以牺牲南斯拉夫的民族利益来维护和赢得苏联的私利，包括苏联在外交、经济等方面的利益。在南斯拉夫的里雅斯特的归属问题上，苏联靠牺牲南的利益接受西方国家的解决办法，把该区分成甲、乙两区，甲区由英美统治，乙区由南管辖；苏联对南斯拉夫巴尔干联邦的设想与举动表示了严重的关注，持坚决反对的态度。在经济问题上，苏联不但不提供有益的帮助，还想通过各种途径与方式来控制南斯拉夫的经济命脉，捞到经济实惠。苏联为了达到全面控制与左右南斯拉夫的目的，不惜大量雇用大批南斯拉夫人来广泛收集南的情报，制造攻击南的炮弹。所有这些，对于独立意识较强的南共及其领导人来说都是不可接受的。一个要强加于人，一个要维护独立，这就是苏南冲突和关系破裂的原因所在。

　　苏联和南斯拉夫的公开分裂给南斯拉夫带来了巨大的压力和困难，同时也给国际共产主义运动和东欧各国党的建设与国内政治生活造成了不良后果。东欧一些国家的共产党人被蛮横地扣上"铁托分子"的莫须有罪名，遭到无情打击，甚至惨遭杀害。

第四章　亚洲各国争取民族独立斗争的胜利

第一节　越南和朝鲜革命的胜利

越南民主共和国的建立

19世纪中后期,越南逐步沦为法国的殖民地。从20世纪30年代起,日本为实现"大东亚共荣圈"的构想,推行南下战略。40年代初期,日本进逼越南,迫使法国同其签署日法共同防守法属印度支那议定书和有关军事协定。越南一度成为法日共同统治的双重殖民地。第二次世界大战结束前夕,日本为独占越南,继续向法国殖民者施压,1945年3月9日发动反法政变,解除侵越法国殖民军的武装,接管在越南的法国殖民机构。日本扶植保大皇帝上台,并于3月11日组织以亲日派陈重金为首的傀儡政权,企图长期占领越南,独自实行殖民统治。

越南人民一直坚持打击侵略者,争取民族独立的斗争。早在20世纪20年代末期和30年代初期,以胡志明为首的越南革命者就加紧组建印度支那共产党。30年代后期,他们又成立了印度支那民主阵线。1941年5月,在印度支那共产党的倡议下,建立了由越南各党派和团体组成的越南独立同盟,随后组建越南救国军和越南解放军宣传队,建立并不断扩大根据地,动员全国人民,全面开展反对日法侵略者的武装斗争。

面对日军发动的"三九"政变的新形势,印度支那共产党于1945年3月12日向全国人民发出了立即行动起来"打倒日本帝国主义"、"推翻越南傀儡政权"的动员令,号召全国人民迅速投入民族解放斗争的洪流,以实现成立印度支那人民政府的目标。为了加强对越南民族解放斗争事业的领导,6月4日越南独立同盟作出建立解放区临时委员会的决定。

1945年8月8日,苏联对日宣战,国际形势对越南人民的革命斗争十分有利。印度支那共产党于8月13日召开全国代表会议,对夺取全国政权做出具体部署,决定发动全国总起义。8月15日,日本宣布无条件投降,形势朝着更加有利于越南人民的方向发展。当时正值侵越法军失去战斗力、增援的英美同盟军还未到位,印度支那共产党不失时机地抓紧进行夺取全国政权的各项准备工作。8月16日越南独立同盟举行全国代表大会。会议通过了争取民族独立和实行民主改革的十大政策,作出成立越南民族解放委员会和起义委员会的重要决定。大会正式选出以胡志明为主席的越南民族解放委员会(即越南临时政府)。接着胡志明主席对全国同盟发表了关于举行全国总起义的号召书。

越南人民积极响应总起义的号召,起义首先在河静、广义两地发动,迅速遍及全国各地。8月16日,越南解放军攻克太原。8月19日,河内十万群众举行大规模武装示威,并一举夺取了政权。8月23日和25日,顺化和西贡的起义先后取得成功。这些都直接危及保大皇帝的权位。8月30日,保大皇帝宣布退位,并将象征权力的金印和宝剑交给了临时政府。这场被称为越南八月革命的全国总起义已取得全国性的胜利,从中央到地方陆续建立起人民革命政权。

1945年9月2日,胡志明主席代表越南临时政府在河内巴亭广场发表了越南"独立宣言",庄严宣告越南民主共和国的成立。临时政府同时宣布与法国脱离殖民关系,完全废除越南同法国签订的旧条约,并取消法国在越南的一切特权。1946年1月6日,越南全国举行普选,选出越南国民议会。同年3月,在越南全国议会第一次会议上,成立了以胡志明为主席的越南民主共和国政府。同年11月,国民议会第二次会议通过了越南民主共和国第一部宪法。

越南八月革命的胜利和越南民主共和国的建立,粉碎了越南千余年来的封建制度和80年来的殖民统治,它揭开了越南历史的新篇章。

朝鲜民主主义人民共和国的诞生

朝鲜在1910年至1945年8月的30多年间,一直处于日本帝国主义的殖民统治之下。从20世纪30年代起,以金日成为首的朝鲜共产主义者就开始领导朝鲜人民进行抗日武装斗争,有力地打击了日本侵略者。朝鲜的一批爱国者广泛展开了独立运动,在中国境内建立了"临时政府"。朝鲜志士还建立了自己的军队,同中国人民并肩抗击日本侵略者。1945年8月8日,苏联对日宣战,沉重打击了日本侵略军。8月15日,日本无条件投降,朝鲜获得解放。这一天成为朝鲜结束日本殖民统治的民族解放日。日本投降后,朝鲜人民为民族的独立与新生欢欣鼓舞,表现出了极高的政治热情。9月在汉城(今首尔)举行了人民代表大会,宣告建立"朝鲜人民共和国"。朝鲜各地也纷纷建立了人民委员会。

1945年9月8日,美军在朝鲜南部登陆,9月19日成立"军政府",宣布解散朝鲜南部地方自治机关各级人民委员会。在同年12月举行的美苏英三国莫斯科外长会议上,美国方面主张先对朝鲜实行为期5年的托管,恢复日本统治时期的殖民机构。经过精心策划和全面准备后,美国随即在朝鲜内部将"咨询委员会"、"制宪会议"、"民主议院"、"临时立法会议"等所谓"立法机构"恢复起来。随后,美国还将朝鲜问题交给由美国控制的联合国处理。1947年11月,美国操纵第二届联大非法通过成立"联合国朝鲜临时委员会"。1948年1月,该委员会进驻朝鲜,从事所谓"监督"选举事宜。自此以后,美国加快了破坏朝鲜独立、民主、统一的步伐。同年5月,联合国朝鲜临时委员会组织了朝鲜南部的片面"国民议会选举"。7月12日,"国民议会"通过《大韩民国宪法》。8月15日,成立以李承晚为总统的"大韩民国政府"。美国一手导演的上述分裂活动,给朝鲜的独立、民主和统一造成极大的障碍,遭到朝鲜人民和各政党的一致反对以及世界进步舆论的谴责。

朝鲜人民为实现朝鲜的独立、民主和统一,在朝鲜劳动党的领导和组织下,曾进行了一系列不屈不挠的斗争。

1945年10月10日,以金日成为书记的朝鲜共产党北朝鲜委员会正式成立。1946年8月,朝鲜共产党与新民党合并为朝鲜劳动党。1949年6月朝鲜南北方的劳动党合并为统一的朝鲜劳动党。

在朝鲜劳动党的领导下,朝鲜北部的人民政权建设与民主改革不断向前推进。1946年初,朝鲜人民进行了广泛的民主选举。2月9日,诞生了以金日成为首的朝鲜临时人民委员会。同年3月5日,朝鲜人民委员会颁布了土地改革法,8月10日,又颁布了国有化法令。土改法规定,将原属日本殖民者、叛国者和占地5町步的地主的土地予以没收并分给无地或少地的农民,70多万农民因此分到了土地。国有化法令规定,凡属日本殖民者、亲日分子和叛国者的工厂、矿山、银行、铁路、交通等一律收归国有。上述两个法令的颁布与实施,不仅铲除了农村的封建剥削制度,也铲除了殖民者赖以生存的经济支柱,保证了朝鲜社会主义经济基础的确立。

1946年底至1947年初,朝鲜北方各地相继建立起各级人民委员会,并诞生了最高立法机关——朝鲜人民会议。1947年2月21日人民会议选出了以金日成为委员长的朝鲜人民委员会。为了回击美国在南部举行的片面选举和组建大韩民国政府的行径,使民族免遭分裂,朝鲜劳动党领导和组织了一系列全国性统一行动。1948年4月,朝鲜南北方56个党派团体举行联席会议,与会代表坚决反对片面选举,严正要求联合国朝鲜临时委员会立即离开朝鲜,撤出外国军队。同年6月,上述各政党和团体举行第二次联席会议。朝鲜劳动党主张通过南北总选举成立全朝鲜最高人民会议,建立共和国,制定宪法,组织统一的政府。这一主张得到全体朝鲜人民的积极响应。同年8月25日,全朝鲜最高人民会议的选举正式举行,共选出572名议员。朝鲜北方依据普遍、平等、直接的选举原则,有99.97%的选民参加投票(选出212名议员);朝鲜南方通过秘密签名方式进行,签名率高达77.52%(选出360名议员)同年9月2日,朝鲜最高人民会议第一次会议在平壤召开,通过了"朝鲜民主主义人民共和国宪法",产生了最高人民会议常任委员会。9月9日,朝鲜民主主义人民共和国宣告成立,第一届政府由朝鲜南北代表组成,政府首相为金日成。

朝鲜政府的施政纲领明确宣布,要尽快结束南北分裂状态,使朝鲜成为一个统一的独立国家。9月10日,朝鲜最高人民会议向美苏两国政府提出将两国驻军"同时撤离朝鲜"的要求。1948年底,苏联全部撤出驻朝军队。次年6月美军除留了一个500人的"军事顾问团"外,也从朝鲜南部撤离。

朝鲜民主主义人民共和国成立之初,同其他社会主义国家相继建立了外交关系和经济文化联系,对内着手制订国民经济发展计划,确立了社会主义的发展道路。

第二节 东南亚和南亚民族独立运动的高涨

印度尼西亚的独立

印度尼西亚1596年被荷兰占领,沦为它的殖民地。1942年3月,日本迫使荷兰殖民当局投降,在印尼建立起法西斯统治。日本投降后,英国军队强行在印尼登陆,荷兰殖民者亦随即卷土重来。战后初期,印尼人民发动了八月革命,开展了一场抗击英、荷殖民主义侵略,捍卫民族独立的斗争。

在日本占领时期,印尼人民广泛开展了武装斗争,并取得了一定成果。1945年8月,日本的战败投降为印尼的独立提供了良好的机遇。8月15日晚,印尼共产党领导下的各反法西斯组织的领导人召开紧急会议,讨论立即宣布独立事宜,并决定联合印尼民族资产阶级的领导人。但终因印尼共产党缺乏强有力的中央领导,印尼独立运动的领导权实际落入了资产阶级民族主义领袖手中。

早在日本投降前夕,日本曾对印尼资产阶级民族主义领袖苏加诺、哈达等人作出过将给予独立的许诺。苏加诺等人一直对此抱有幻想。他们主张实现权力的和平移交,不愿作出单方面宣布独立的决定。日本宣布投降后,鉴于日军受降条款的制约,已失去给予印尼独立的权力。在此情况下,苏加诺等人才同意宣布独立。

1945年8月17日,苏加诺在雅加达签署并发表了独立宣言,宣布印度尼西亚共和国的成立。独立宣言庄严宣告:"我们印尼人民谨此宣布我们的独立!有关政权移交及其他事项将迅速地及谨慎地予以执行。"独立宣言发表后,各地纷纷行动起来,开始建立政权机构。8月18日,在日本投降前夕成立的"独立筹备委员会"、印尼共产党领导下的各青年组织及其他政界代表举行会议,通过了印度尼西亚共和国宪法,选举了以苏加诺为总统、哈达为副总统的印尼政府。8月29日,正式成立了行使国会职权的印尼中央国民委员会。11月4日组成了由右翼社会党人沙里尔为总理的第一届内阁,共产党人沙利佛丁担任国防部长兼新闻部长。此后,全国各地相继建立了地方议会组织——各级国民委员会,并建立起正规武装部队,即"人民治安军"。

印度尼西亚共和国的成立和民族独立运动的高涨,严重影响了英、荷、美等国在印尼业已形成的重要的战略利益和经济利益。为了维护他们的既得利益,他们都伺机重返印尼。在此背景下,如何巩固印尼的政治独立,依然是摆在印尼共和国面前的严峻任务。

1945年9月29日,首批英军率先在雅加达登陆,很快占领了雅加达、万隆和三宝垄等城市。英国将被日军拘留在集中营的荷印殖民军释放并组成"荷印联军"。荷军也重返印尼。英荷军队以受降名义强行接管和侵占了印尼的大城市和战略据点。印尼各地爆发了反击英军入侵的武装斗争。在印尼军民的坚决抵抗及世界舆论的压力下,英军于1946年10月全部撤离,但将其控制区交给了荷兰殖民者。

英军从印尼撤走后,美国势力又渗入印尼。美国是以荷兰、印尼双方调停者的面目登场的,并不断扩大其在印尼的影响,企图遏制印尼进步势力的发展。

应当指出,当时印尼人民面临的主要对手是荷兰殖民者。印尼人民捍卫民族独立的斗争也主要是同荷兰殖民者展开的。

荷兰拒不承认印尼所宣布的独立。荷兰殖民者重返印尼后,推行谈判与战争两手策略,即一面准备殖民战争,一面与印尼进行谈判。1946年2月,荷兰代表与印尼政府在雅加达谈判。同年11月15日双方签署《林芽椰蒂协定》,次年

3月两国政府予以批准。该协定实际上将印尼共和国降为附属国的地位。它规定荷兰承认印尼共和国在爪哇、马都拉和苏门答腊"行使事实上的主权",但印尼共和国应和其他荷兰占领地组成印尼联邦,并同荷兰王国一道组成荷兰——印尼联盟,承认荷兰女王为该联盟元首。协定还规定在经济上要恢复和赔偿外国资本的财产和权益。很显然,这是一个妥协投降的协定,是印尼人民所不能接受的。1947年5月,荷兰方面又向印尼方面提出建立"临时联邦政府"、"联合警察部队"、"联合经济局"等要求,企图在政治、军事、经济诸方面完全取消印尼的独立地位。同年7月,荷兰进一步撕毁协定,以印尼共和国拒绝荷兰的要求为借口,出动12万大军对印尼共和国发动全面军事进攻。刚上台不久的沙利佛丁政府组织人民对荷军进行了反击。但终因力量悬殊,印尼人民未能挫败荷兰的殖民战争。印尼的政治独立面临着新的威胁。

1947年10月,联合国决定成立由美、澳、比三国组成的联合国"斡旋委员会"进行"调停"。次年1月,印尼政府作出错误决策,同荷兰签订《伦维尔协定》。该协定进一步扩大了荷兰在印尼的管辖范围,将印尼最富庶的最有战略意义的地区交由荷兰殖民者控制,使印尼共和国的领土主权进一步缩小,损害了印尼的民族利益。

1948年1月哈达组阁后,宣布无条件遵守《伦维尔协定》,并撤退敌后抗荷武装力量,企图以"整编"的名义解散印尼共产党领导的部队,使印尼人民的抗荷武装斗争陷入极为困难的境地。

1948年8月13—14日,印尼共产党中央政治局在日惹召开扩大会议,在总结印尼八月革命经验教训基础上,制定了新的纲领、路线和策略,决心动员印尼人民为坚决取消《林芽椰蒂协定》、《伦维尔协定》而斗争。8月26—27日,印尼共产党中央通过了《印度尼西亚共和国新道路》的决议。此后,在印尼共产党的领导下,印尼人民的独立运动更加高涨。

美荷帝国主义对印尼独立运动的高涨十分恐慌,蓄意制造事端,伺机"消灭红色分子"。1948年7月,美国代表与哈达政府为此进行了密谋。1948年9月,哈达政府制造了骇人听闻的"茉莉芬事件"。哈达政府以茉莉芬地区的共产党人发生了所谓"夺取政权"、"建立苏维埃国家"的政治事件为借口,于9月18日采取突然袭击的手段,对共产党人和进步力量实行大逮捕和大屠杀。在这次事件中,约有36 000名共产党人和进步人士被捕,约10 000名惨遭杀害,其中包括十多位党的主要领袖,共产党领导的武装力量和党的领导核心均遭到了极大的破坏。

1948年12月19日,荷兰殖民者发动了旨在消灭印尼共和国的第二次殖民战争。荷兰殖民军占领了印尼共和国临时首都日惹,苏加诺、哈达等政府官员被俘。印尼爱国军民对入侵的荷军进行了英勇抵抗。联合国"斡旋委员会"(1949年1月易名"联合国印尼委员会")再次出面"调停"。在世界进步舆论的强大压力下,最后荷兰方面同意进行谈判。1949年5月7日荷兰和印尼在雅加达签订停战协定。8—11月,在海牙举行了有印尼共和国政府、荷兰、印尼各傀儡邦以及美国在联合国印尼委员会中的代表参加的圆桌会议。11月2日,印尼与荷兰签订了《圆桌会议协定》。

协定规定:组建印度尼西亚联邦,并加入以荷兰女王为最高元首的"荷兰—印度尼西亚联盟",印尼联邦在外交、国防、财政、经济、文化等方面同荷兰实行"永久合作"。1949年12月19日,印度尼西亚联邦正式成立。苏加诺、哈达当选为正副总统。12月27日,荷兰最后"移交主权"给印度尼西亚联邦共和国。1950年8月14日,印度尼西亚议院通过了统一的印度尼西亚共和国临时宪法。次日,苏加诺总统宣布一个统一的印度尼西亚共和国正式成立。从而,最终确立了印度尼西亚共和国的独立地位。

菲律宾和缅甸的独立

1898年美西战争后,菲律宾被置于美国殖民统治之下。第二次世界大战期间,菲律宾一度被日军占领。1942年1月,日本在菲律宾建立了傀儡政权"行政委员会"。在日军占领期间,菲律宾人民建立了"人民抗日军",坚持武装斗争,解放了大片国土,成立民主政权,并进行了初步的民主改革。日本于1943年10月允许菲律宾建立"独立"的共和国。为同日本争夺对菲律宾的控制权,美国国会在1934年《泰丁斯—麦克杜菲法案》①基础上,又急忙于1944年6月通过一项允许菲律宾提前实现"独立"的法令。1944年10月20日,美军在菲律宾登陆,流亡在美国的原菲律宾自治政府首脑奥斯敏纳同行到达。为达到全面控制菲律宾的目标,美国于1945年初开始进行一系列扫除障碍的工作。美国宣布菲人民抗日军为非法组织,袭击人民抗日军指挥部、逮捕其领导人,宣布解散吕宋岛中部抗日根据地的各级民主政权,并扬言修改《泰丁斯—麦克杜菲法案》,延期宣布菲律宾独立等。

美国的上述行为激起菲律宾人民的愤怒抗议。自1945年9月以来,菲律

---

① 1934年3月24日颁布。它允许菲律宾在美驻菲最高专员监督下于1936年7月4日成立一个菲律宾自治政府。10年后即1946年7月建立独立的菲律宾共和国。

宾多次爆发有数万人参加的反美示威和集会。9月23日,6万多工人和农民在马尼拉举行示威游行,要求独立、民主和土地。12月23日,在马尼拉有6.5万人集会,反对美国对菲律宾的政策。在广大的农村地区也开展了争取独立的斗争。在菲律宾人民的强大压力下,美国政府被迫同意如期宣布菲律宾独立。1946年7月4日,以罗哈斯和季里诺为正副总统的菲律宾共和国政府正式宣告成立。

菲律宾共和国政府的建立,为菲律宾的独立生存和发展提供了机会。它标志着菲律宾的民族独立运动已取得重大的成果。但是由于菲律宾的罗哈斯政府在独立初期奉行亲美反人民的政策,年轻的菲律宾共和国的独立地位依然面临新的考验。自1946年7月4日以来,美国同菲律宾政府相继签署了一系列协定,其中有《美菲一般关系条约》、《美菲贸易协定》(1946年7月)、《美菲军事基地协定》(1947年3月)、《美菲军事援助协定》以及《美菲共同防御条约》(1951年)等。这些协定和条约规定美国人有开发菲律宾自然资源的权利,占有16处军事基地,使用期为99年(后改为25年)、有权控制菲律宾的军队。这些都确保了美国在菲律宾的政治、经济特权。

菲律宾共产党和菲律宾人民为争取菲律宾彻底的独立和建立民主政治进行了坚决的斗争。面对罗哈斯、季里诺政府对人民武装进行全面围剿的新形势,菲律宾人民武装力量总司令部加以重新改组。1948年菲律宾人民武装力量正式更名为人民解放军。菲律宾共产党正式提出"武装斗争是当前的主要斗争形式",号召菲律宾人民通过武装斗争解放国土,推翻亲美独裁政权,建立民主政治。

缅甸原为英国的殖民地。1942年5月被日本侵略军所占领。1944年8月,缅共倡议成立"反法西斯人民自由同盟"。1945年初,以昂山为首的"缅甸独立军"正式加入该同盟。从此,缅甸反法西斯解放斗争进入新阶段,并具有全民性质。1945年3月,反法西斯人民联盟发动全民大起义,给日本侵略军以沉重的打击。

1945年3月以来,出于反法西斯的共同需要,人民自由同盟同英军保持一定合作关系。英军借此机会,占领了缅甸的主要阵地。在反法西斯战争胜利前夕,英国企图重新恢复在缅甸的殖民统治。1945年5月17日英国工党政府就缅甸未来地位问题发表白皮书。它宣布在大战结束由英国总督直接统治三年后,将给予缅甸以自治领的地位。缅甸人民自由同盟在战胜日本侵略军的同时,未能抓住时机,明确宣布独立。英军在重返缅甸后很快建立起军事管制机构。在此形势下，缅甸的民族独立运动经历了一个曲折的发展的过程。

1945年9月，英国殖民当局同缅甸反法西斯人民自由同盟就军事问题举行谈判，双方签署了《抗日军问题协定》(即《康堤协定》)。协定规定：反法西斯人民自由同盟交出武器，抗日军缩减为5000人，并编入由英军司令部管辖的"缅甸国民军"。同年10月，缅甸总督史密斯接管了英军军事管制机构的权力后，拒绝人民自由同盟关于成立临时政府的要求，并于1945年12月组建一个排斥人民自由同盟的行政委员会。

英国在缅甸的殖民统治，激起了缅甸人民的反抗浪潮。1946年1月，反法西斯人民自由同盟召开第一届全国代表大会。大会提出通过选举成立制宪会议，组织民族政府，实现完全独立的要求。同年8月至9月间，在缅共领导下，缅甸爆发了战后历史上最大一次全国总罢工。缅甸各大城市都发生了示威游行，提出了"完全独立"、"撤出英国占领军"的正义要求。罢工斗争致使行政委员会的行政管理和经济生活陷入瘫痪。许多地方还积极开展了武装斗争。面对缅甸人民的日益高涨的斗争，英国殖民者改变统治的手法，吸收自由同盟的领导人参加政府。9月27日，成立一个以缅甸新任总督霍伯特·兰斯为主席，昂山为副主席兼国防、外交部长的新行政委员会。为了实现完全独立的目标，人民自由同盟顺应缅甸人民的要求公开发表声明，要求英国政府必须在1947年1月3日前，宣布在一年内给予缅甸完全独立，否则其代表将退出行政委员会。英国政府迫于压力，同意尽快谈判。

1947年1月12日，英缅双方在伦敦举行谈判。1月27日签订了《昂山—艾德礼协定》。协定规定，缅甸可以"在英联邦内或联邦外尽快取得独立"。英国同意在1947年4月举行制宪会议选举，负责制定宪法，但宪法必须经由英国国会批准。英国将接受制宪会议关于缅甸未来地位问题所作出的决定，承认缅甸组织过渡政府并享有自治领内阁的权力等。

1947年4月，缅甸选举了制宪会议代表，成立了以昂山为总理的临时政府。同年6月，制宪会议第一次会议召开，吴努当选为议长，组成了宪法起草委员会，通过了《关于独立的决议》，决定缅甸脱离英联邦，成立独立自由的共和国。同年7月，缅甸民族独立运动杰出领导人昂山遇害身亡，缅甸人民在悲愤中加快了独立的进程。1947年8月2日，缅甸成立了以吴努为总理的新的临时政府。8月29日，英缅双方在仰光签署了《防务协定》，英国答应从缅甸撤走军队。9月24日，缅甸制宪会议通过了《缅甸联邦宪法》和《缅甸独立法》，决定建立"缅甸联邦共和国"，规定它是英联邦以外一个独立的拥有主权的多民族国家。10月17日，英缅双方在伦敦签署了《关于缅甸独立及有关事项的条约》。条约规定，英国正式承认"缅甸联邦为独立自主的国家"。12月10日，英国议会批准了《缅甸联邦宪法》，并通过《缅甸独立法》。1948年1月4日，缅甸联邦正式成立。根据《缅甸独立法》的规定，以吴努为总理的缅甸联邦政府，正式脱离英联邦。这标志着缅甸的民族独立运动取得了最终的胜利，从此开始了缅甸民族民主革命的新时期。

印度和巴基斯坦的独立

第二次世界大战前，印度是英国的殖民地。战后初期，鉴于世界民主潮流空前高涨和印度民族独立运动的蓬勃发展，英国为继续保持其在印度的殖民利益，采取了"分而治之"的政策。

在第二次世界大战期间，印度的资产阶级力量增长较快。国大党和穆斯林联盟领导的民族运动迅速壮大，业已形成高潮。在印度工人运动蓬勃发展的同时，孟买水兵起义于1946年2月爆发。2月18日，孟买港内20艘舰船和12支陆上部队的两万名印度士兵，高呼"打倒英帝国主义"、"印度独立万岁"等口号举行起义。2月20日，孟买20万工人举行大罢工和示威游行声援起义水兵。水兵的起义迅速波及马德拉斯、卡拉奇。21日全部印度海军人员加入斗争，这一重大事件引起英国殖民者的震惊恐慌，立即调遣军队进行镇压。

印度水兵起义的第二天，英国政府紧急宣布派特使赴印度谈判有关印度自治事宜。3月15日英国首相艾德礼在英国议会上进一步强调应调整对印政策，并准备允许印度独立。他强调"不能采取旧的方式对待现代的局势"。3月24日，英国使团到达印度，会同印度总督魏菲尔一道同国大党和穆斯林联盟领导人举行会谈。在谈判中，各方分别发表了自己的政治观点。国大党主张实现全印统一，由它领导；穆斯林联盟主张建立一个独立的巴基斯坦。5月16日，英国使团提出了关于印度未来的方案：印度变为行省和土邦的联邦，享有自治领的地位；成立临时政府；建立制宪机构，制定新宪法；将印度划分为印度教区和两个穆斯林地区，并相应建立各自的政府机构。英国使团的活动及其对印度政策主张无疑加剧了印度两个政党及教派的对立。

1946年7月，印度举行了制宪会议选举，在全部298席中，国大党获209席，穆斯林联盟75席，其他党派14席。9月2日组成了以印度总督为主席，国大党领袖尼赫鲁为副主席的临时政府。穆斯林拒绝加入，一直抵制到10月26日。12月印度制宪会议召开，通过了尼赫鲁提出的建立一个"独立自主的共和国"

的决议。英国偏袒国大党的行为进一步加剧了国大党同穆斯林联盟之间、印度教徒同穆斯林之间的矛盾。

　　印度反英斗争进一步高涨。工人、农民、学生都发动起来了。他们示威游行、罢工罢课进行"总抵制",农村开展减租活动,甚至建立游击队和人民政权。英方为了挽救在印度的统治和影响,决定采取新的策略。英国政府为此抛出了一项对印新政策。1947年2月20日,英国首相艾德礼在下院发表对印度政策的白皮书(亦称《艾德礼宣言》),宣布至迟在1948年6月前将印度政权转让给"负责的印度人手里"。届时若印度尚未成立一个强有力的中央政府,英方只得将政权移交给省政府。1947年6月3日,新任总督蒙巴顿公布了"印度独立方案"(亦称"蒙巴顿方案")。蒙巴顿方案的主要内容是:(1)将印度分为印度教徒的印度联邦和穆斯林的巴基斯坦两个自治领;(2)王公土邦在政权移交后享有独立地位,可分别加入印度联邦或巴基斯坦;(3)巴基斯坦分为东西两个部分,由西旁遮普、信德、西北边省和俾路支组成西巴基斯坦;由东孟加拉和阿萨姆的西尔赫特县组成东巴基斯坦;(4)原直属印度的其余部分组成印度联邦;(5)作为自治领的印度和巴基斯坦分别建立政府和制宪会议,分别设立总督,仍为英联邦的成员国。

　　1947年7月,英国议会通过了"蒙巴顿方案"。同年8月14日,建立了巴基斯坦自治领,并成立了以穆斯林联盟领袖列·阿里汗为首的巴基斯坦政府。次日,印度自治领也宣布成立,并成立了以国大党领袖贾·尼赫鲁为首的印度政府。印度和巴基斯坦两个自治领分别设有一个总督,由英国国王按照自治领政府的建议任命。

　　印度和巴基斯坦的独立基本结束了190多年英国在印度的殖民统治。这是印度人民经过长期艰苦斗争的结果。印巴宣布独立加速了英帝国的衰落和殖民体系的瓦解。1950年1月26日,印度宣布成立印度共和国。1956年6月23日,巴基斯坦伊斯兰共和国宣告成立。

　　英国策划的印巴分治给新独立的两个国家带来了一系列恶果。分治造成了居民的大规模迁徙和大批难民;酿成了教派之间的仇恨与仇杀;人为地破坏了印度业已建立和发展的统一经济;特别是英国殖民者蓄意制造了一个克什米尔问题。

　　克什米尔包括查谟和克什米尔两个部分,位于南亚次大陆的北部山区,介于印度、巴基斯坦、中国和阿富汗之间,战略地位重要,面积约20万平方公里,人口为500万,其中约77%信奉伊斯兰教,20%左右信奉印度教,还有少量喇嘛教徒和锡克教徒。

克什米尔原为印度仅次于海德拉巴邦的第二大土邦。在其归属问题上,英国一手制造了印巴纠纷。根据蒙巴顿方案穆斯林占多数的地区应划归巴基斯坦。但涉及克什米尔区域划分时,英国却借口该地区为土邦,其归属可以自由选择加入印度或巴基斯坦,或保持中立。在印巴分治时,对克什米尔地区的归属问题没有作出明确规定,印巴两国就此长期争执并曾多次发生武装冲突。印度曾利用在印巴分治时它所控制的克什米尔邦议会通过决议,宣布克什米尔归属印度;巴基斯坦则坚持克什米尔归属应由克什米尔人民进行公民投票来决定。

1948年1月联合国安理会开始讨论克什米尔问题。同年5月,联合国印巴问题委员会成立。8月13日该委员会通过了关于停火的决议。该决议提出通过停火、非军事化、公民投票三个阶段解决克什米尔争端问题。1949年初,印巴双方实现停火。同年7月,划定停火线,规定印度控制克什米尔的3/5地区和人口的3/4;巴基斯坦控制2/5地区和人口的1/4。印巴两国分别在各自控制区建立了政府。该停火线本身违背了克什米尔人民的意志,致使该地区一直持续动荡。

第三节 西亚各国人民反帝反殖斗争的蓬勃发展

叙利亚和黎巴嫩的独立

叙利亚和黎巴嫩位于地中海东岸。作为西亚地区的两个阿拉伯国家,在第一次世界大战前成为奥斯曼帝国的一部分。第一次世界大战后,国际联盟将其交给法国实行委任统治。第二次世界大战初期,法国政府向德国投降后,叙黎两国曾一度被德国控制。

1941年6月,以戴高乐为首的"战斗法国"运动的军队和英军进入叙利亚和黎巴嫩,并在当地反法西斯力量的配合下,打败德国侵略军,占领了叙黎全境。为了继续取得叙黎两国人民的支持,1943年,戴高乐宣布取消对叙黎两国的委任统治。同年7月,叙黎两国通过议会选举建立了民族政府。但实际上叙黎两国并未取得彻底独立,依然处于英法军事占领之下。第二次世界大战后,英法军队不仅拒不撤军,反而继续增兵,严重威胁着两国的民族利益和国家主权。为了捍卫国家的独立和主权,叙黎两国人民举行大规模的罢工和示威活动,并组建民兵和游击队,开展武装斗争,打击英法占领军。1945年5月,因法国占领军对一些城市的示威群众进行武装镇压,叙黎两国宣布同法国断绝外交关系。5月底,法军动用重武器,炮轰大马士革等城市,造成叙利亚军民的重大伤亡。为了防止叙黎人民的反抗浪潮向其他阿拉伯国家蔓延,危及自己在中东地区的利益,英国首相丘吉尔于5月31日呼吁法军停火。6月1日,英国方面以法国利用租借法案供应的武器镇压叙黎人民为由,命令英军干预。6月3日,英国迫使法军从大马士革撤出,英军以所谓"维持治安"的名义,不断向叙黎全境推进,接管了叙利亚和黎巴嫩,取代了法国在叙黎的地位。

1946年1月,叙黎两国政府向英法提交备忘录,要求英法军队立即全部撤出。叙黎两国政府又于同年2月在联合国安理会提出控告,严正指出:英法军队在未经叙黎两国同意的情况下,在叙黎两国领土的驻留是对联合国会员国主权的严重侵害。两国政府强烈要求英法军队立即无条件全部撤出。鉴于美国同英法两国对这一地区的争夺,迫于世界进步舆论的压力,联合国安理会作出决议,要求外国军队迅速撤离叙黎国土。1946年4月和8月,英法军队分别从叙利亚和黎巴嫩两国撤出。叙利亚、黎巴嫩人民反对外国军事占领,争取民族独立和捍卫国家主权的斗争取得了初步胜利。

英法军队被迫撤离叙黎,但两国依然保留了在这里的极其重要的经济利益,并曾一度控制了叙黎的经济命脉。美国凭借其雄厚的经济军事实力同英法等国展开激烈争夺,妄图取得对叙黎两国经济政治控制权。叙黎两国依然面临着巩固政治独立,争取经济独立,反对新老殖民主义入侵的更加严峻的斗争任务。

巴勒斯坦问题

巴勒斯坦位于亚洲西部,面积为27 000平方公里,它西濒地中海、北连黎巴嫩、东邻叙利亚、约旦,西南与埃及西奈半岛交界,南临红海亚喀巴湾,它是连接东西阿拉伯世界的心脏地带和亚非欧三洲汇合点,具有重要的战略意义和经济意义,历来是大国争夺的地区。

巴勒斯坦是一个民族成分和宗教成分复杂的地区,为阿拉伯人和犹太人的聚集地,是伊斯兰教、基督教和犹太教三种宗教的交汇地区。耶路撒冷正是上述三个宗教的必争之地。公元前64年,罗马帝国入侵巴勒斯坦后,对犹太民族进行残酷镇压。公元1世纪前后,一些犹太人流散到世界各地。在此后的一个相当长时期内阿拉伯民族成为该地区的主要民族。19世纪后期,在欧洲的犹太人开始鼓吹犹太复国主义,主张在巴勒斯坦建立犹太人的独立国家。19 世纪 60 年代,一些犹太人开始移居巴勒斯坦。1897 年,在西奥多·赫尔茨的领导下,在瑞士的巴塞尔召开了第一届犹太人代表大会,成立了"世界犹太人复国主义组织",通过了《世界犹太人复国主义运动纲领》,确立了"在巴勒斯坦为犹太民族建立一个由公共法律所保障的犹太人之家"的目标。

第一次世界大战中,英军占领巴勒斯坦后,采用"分而治之"的惯用手段,企图利用犹太复国主义运动,挑起民族纷争和教派冲突,建立和巩固其统治地位。1917 年 11 月 2 日,英国外交大臣贝尔福写信给犹太复国主义组织领导人,声称"英国政府赞成在巴勒斯坦为犹太人建立一个民族之家,并将尽最大努力促其实现"。人们将此称为"贝尔福宣言"。该宣言得到美国等西方大国的赞同。1922 年,美国国会通过了《在巴勒斯坦为犹太人建立一个民族之家》的决议,目的在于利用犹太复国主义运动插手巴勒斯坦事务。

1922 年,英国取得对巴勒斯坦的委任统治权后,具体实施了《贝尔福宣言》。在英国殖民当局的支持下,世界各地的犹太人不断向巴勒斯坦迁移。1939 年居住在巴勒斯坦地区的犹太人由 19 世纪末的不足 2 万人猛增至 44.5 万人。与此相反,一些阿拉伯人被驱逐出自己的家园。阿拉伯人与犹太人的冲突日益加剧。在此形势下,英国于 1939 年 5 月发表白皮书,决定对犹太移民加以限制,并许诺给予巴勒斯坦自治权。二战后期,美国逐步取代英国,成为犹太复国主义运动的主要支持者。1944 年 3 月,美国政府发表声明,表示不赞成英国发表的限制犹太移民的白皮书,并继续向英国施压,以便为战后向西亚、北非的全面渗透扫除障碍。

英国自知无力解决巴勒斯坦问题,只得同意美国参与。1946 年 1 月,英美组成联合调查委员会。4 月该委员会提出建议,主张由联合国托管巴勒斯坦。7 月,英美专家抛出了一个"莫里森—格雷迪计划",建议将巴勒斯坦分为四个省组成联邦制国家,由英国派出高级专员管制。该计划遭到了来自犹太人和阿拉伯人的反对,故未能实施。1947 年 2 月 14 日,英国政府宣布将巴勒斯坦问题交给联合国处理。4 月 2 日,英国驻联合国代表正式通知联合国秘书长赖伊,要求把巴勒斯坦问题列入联合国大会议程。4 月 28 日至 5 月 15 日,联大举行第一次特别会议,专门讨论巴勒斯坦问题,并通过建立由 11 个国家组成的特别委员会的决议。[①] 该委员会于 5 月 26 日至 8 月 31 日先后在纽约、耶路撒冷、贝鲁特

---

① 11 国是澳大利亚、加拿大、危地马拉、捷克斯洛伐克、印度、伊朗、荷兰、秘鲁、瑞典、乌拉圭和南斯拉夫。

和日内瓦举行会议。在讨论中,委员会一致同意结束委任统治,巴勒斯坦经过短期过渡独立。如何实施独立,委员会内曾提出两个解决方案。印度等3国方案主张巴勒斯坦在两年过渡期后成立联邦国家,定都耶路撒冷;加拿大等7国方案主张在英国委任统治结束后经两年过渡期实行阿、犹分治,耶路撒冷由国际共管,三个实体组成一个经济联盟。后将阿、犹分治方案提交联合国大会讨论。

1947年11月,第二届联合国大会对阿犹分治决议进行了长时间的辩论。各方对此方案分歧较大。美苏代表支持分治方案;阿拉伯国家坚决反对分治;犹太方面提出有条件地接受分治;英国代表则表示对分治计划将不"承担义务"。11月29日,联大以33票赞成、13票反对、10票弃权的多数票通过了《关于巴勒斯坦将来治理(分治计划)问题的决议》。决议规定:英国对巴勒斯坦的委任统治应于1948年8月1日前结束,并撤出军队;在此后两个月内,巴勒斯坦成立阿拉伯独立国、犹太独立国和耶路撒冷市国际特别政权。规定阿拉伯独立国面积约为1.1万平方公里,犹太独立国面积约为1.4万平方公里。耶路撒冷市连同近郊区176平方公里由联合国管理。①

联大分治决议,使占巴勒斯坦居民不足1/3的犹太人将占有总面积57%的地区;占总人口2/3的阿拉伯人仅获得总面积不到43%的地区。划给犹太国的地域处于肥沃的沿海地带;划给巴勒斯坦国的地域多为贫瘠荒芜的高原丘陵地区。联大分治决议通过后,有关各方作出了不同的反应。巴勒斯坦人民以武装暴动的形式抵制该决议;阿拉伯国家联盟表示"决心为反对联合国分裂巴勒斯坦的决议而战";英国对上述阿盟声明表示理解和支持;美国则支持犹太人在耶路撒冷和阿拉伯人居住区实行武装袭击强占地盘。分治决议最终触发了阿拉伯人和犹太人的全面对抗。巴勒斯坦地区出现了长期动乱不稳的局面。

第一次中东战争

1948年5月14日,英国宣布结束对巴勒斯坦的委任统治。当晚本—古里安在特拉维夫宣布成立以色列国。美国政府立即予以承认,并向其提供1亿美元的贷款。苏联也于17日承认以色列。5月15日清晨,埃及、约旦、叙利亚、黎巴嫩、伊拉克等国的军队开入巴勒斯坦,同以色列军队发生冲突,第一次中东战

---

① 《国际关系史资料选编》下册,武汉大学出版社1983年版,第174页。李铁城主编的《联合国的历程》一书中称阿拉伯独立国面积为11 000余平方公里,犹太国家14 000余平方公里,耶城为176平方公里(见该书第167—168页)。《世界知识年鉴》则称,分别是1.15万平方公里、1.52万平方公里和176平方公里。

争爆发。

战争爆发以后,美英两国出于自身利益的考虑,采取各自袒护一方的政策。美国对以色列的生存与安全倍加关注,承担义务,在战争中给以色列以全面支持和援助;英国一直对美国将其挤出巴勒斯坦心怀不满,想借阿拉伯国家的力量对抗美国,打击以色列,以便重新取得对巴勒斯坦的控制权。战争开始时,英国曾向阿拉伯国家军队提供武器装备,并派遣英军军官赴阿拉伯军团中协助作战。

战争的头一个月,阿拉伯国家的军队进展顺利,给以色列军队以重创。在以军四面受敌疲惫应战之时,美国加紧向以色列提供价值7500万美元的紧急援助,并在联合国安理会上提出阿以停火的提案,给以色列重整旗鼓之机。鉴于当时英国渴望得到美国的财政援助,同意停火,并随即停止对阿拉伯国家的武器供应。1948年5月29日,联合国安理会顺利通过了为期四周的停火提案,规定阿以双方自6月11日起实行全线停火。自此,第一次中东战争的形势发生逆转,战争朝着有利于以军的方向发展。

在停火期间,美国乘机重组以军,用现代化重型武器重新装备以军。在美国支援下,以色列从美、法、捷等国购进大批飞机、大炮、重型装甲车和许多自动武器,并不断扩充兵员。7月初,以军总人数已从战争初期的3万人增至6.5万人,超过当时阿拉伯国家在巴勒斯坦部队总人数的一倍以上。

相比之下,形势的变化对阿拉伯国家极为不利。首先,因英国停止供应武器而使阿拉伯国家的武器来源发生严重困难;其次,阿拉伯国家内部纷争加剧,难于一致对敌;最后,由于缺乏统一的指挥和周密的安排,加上对停火期满后的军事行动没有可行的作战计划,使自己陷入被动挨打境地。1948年7月8日阿以重新开战后,以色列军发动进攻,阿拉伯国家军队频频失去战机。以色列转败为胜,10天内占领了巴勒斯坦1000平方公里的土地。7月15日,联合国安理会通过阿以"无限期停火"决议。7月19日,阿以双方实现第二次停火。以军趁此再次从欧美国家获取大量军事援助、补充实力,不断破坏停火协议,并于10月15日发动进攻。1948年年底,以军进攻西奈半岛和加沙地带。次年3月,以军夺取了亚喀巴湾西面的埃拉特,控制了通向红海的出海口,切断了阿拉伯国家在陆地上的联系。上述事实表明,以色列在一定程度上已获得战场上的主动权。

自1949年2月以来,在美国人本奇的调停下,参战的阿拉伯国家相继同以色列签订了"停战协定",分别设立混合停战委员会。7月20日叙以签订停战协定,历时 15 个月的第一次中东战争结束。

以色列控制了巴勒斯坦 20 700 平方公里的地域,约占巴勒斯坦土地总面积的 4/5,比联合国分治决议规定的还要多 6700 平方公里。巴勒斯坦的其他领土被分割,其中占巴勒斯坦总面积 20.5% 的约 5000 平方公里的约旦河西岸归约旦管辖;占巴勒斯坦总面积 1.5% 的约 345 平方公里的加沙地带归埃及管辖;耶路撒冷东西两部分分别由约旦和以色列占领。战争使近百万巴勒斯坦的阿拉伯人被赶出家园,沦为难民。

第一次中东战争以阿拉伯国家遭受严重挫折而告终。战争的结果也使阿以力量的对比发生明显的变化。此后,以色列与阿拉伯国家关于巴勒斯坦问题的争端愈演愈烈。

这场战争改变了西方大国对这一地区争夺的态势和格局。美国牢牢依靠和控制以色列,构成该地区持续动荡的根源。英国乘机向埃及、伊拉克和约旦渗透,法国以供应武器为名争取叙利亚。美英法三国为确保在这一地区的既得利益,于 1950 年 5 月在伦敦外长会议上发表共同宣言,三国对现有阿以停战线给予全面肯定,并反对任何国家的破坏。

第五章　美国对华政策的破产和中华人民共和国的成立

第一节　美国对华政策的破产

美国的扶蒋反共政策

第二次世界大战后期，美国的对华政策曾经历了由"援蒋抗日"到"扶蒋反共"的转变。美国政府召回史迪威以及赫尔利取代高思出任驻华大使，就是这种转变的表现。在对日作战尚在进行的情况下，美国实行"扶蒋反共"，并非要立即帮助蒋介石以武力消灭中国共产党，因为内战将削弱中国的抗日力量，同时还"使苏联有可能在日本投降后站在中共一方插手中国事务"[①]，因而又会损害美国的战后计划。所以在初期，美国打算用政治手段来解决共产党的问题。

为解决"史迪威事件"，罗斯福于1944年8月派遣赫尔利以总统私人代表身份来华。行前，罗斯福告诉他此行的主要任务是，"防止（国民）政府的垮台并使中国军队继续（对日）战争"[②]。同年11月赫尔利受命出任驻华大使时，美国政府更明确指示他："支持蒋介石作中华民国的主席与军队的委员长（最高统帅）"，以及"为击败日本计，统一中国境内一切军事力量"。[③] 当时，在美国看来，既要支持蒋介石，又要避免内战，最好的办法就是设法让共产党把军队交出来，然后，作为交换条件，成立有共产党参加的"联合政府"，这就是美国以所谓政治手段解决共产党的做法。这样，既解决了共产党问题，又达到了使中国军队继续对日作战的目的。所以，赫尔利在到达中国后，就热衷于在重庆国民政府与中国共产党之间进行斡旋，并力促双方达成协议。为了早日完成抗日大业，中共愿同国民党实行真诚合作。但是，中共主张国民党必须"废除一党专

[①] 费正清主编：《剑桥中华民国史》第2部，上海人民出版社1992年版，第787页。

[②] 《美国与中国的关系（白皮书）》，《中美关系资料汇编》第1辑，世界知识出版社1957年版，第604页。

[③] 同上书，第139页。

政,承认一切党派合法","释放政治犯","组织真正的民主联合政府",并以此作为中共参加经过改组后政府的先决条件。但是,蒋介石始终坚持共产党必须先交出军队,然后才承认其合法地位;他只能"还政于民",却不能还政于"联合政府"。结果,导致国共双方谈判的中断。

在诱骗不成的情况下,赫尔利变了卦。他不再支持中共方面提出的废止国民党一党专政、成立民主的联合政府的计划,而是声称美国只同蒋介石合作,不同中共合作。与此同时,他还将驻重庆使馆内主张援助中共的工作人员陆续调离回国。1945年2月,赫尔利在回国述职前,曾就有关将美国的武器和装备供给国民政府以外的中国集团的问题,向美国政府建议:"所有这类的要求,不论它们可能看起来如何合理,都要一概予以拒绝。"他的确定不移的立场是:"在中国事实上能够有统一的军事部队或统一的政府以前,一切武装军阀、武装党徒和中国共产党的武装部队,都必须没有例外地服从国民政府的管辖。"[1]在这里,赫尔利已将中共的武装同军阀、土匪一起相提并论。同年4月2日,赫尔利返华前在华盛顿向记者发表谈话,公然宣称美国只"承认中国国民政府",并说"只要还有强大得足以反抗国民政府的武装政党和军阀存在,中国就没有政治统一的可能"。[2] 此项谈话内容,"当然这不只是赫尔利个人的意见,而是美国政府中的一群人的意见,但这是错误的而且危险的意见"。"这个以赫尔利为代表的美国对华政策的危险性,就在于它助长了国民党政府的反动,增大了中国内战的危机。"[3]十天后,罗斯福逝世,继任的杜鲁门政府更是加紧推行"扶蒋反共"的政策。鉴于对日作战尚未结束,美国仍不希望中国在此时爆发内战,其主要做法是继续向中共施压,以迫使其就范。

为了进一步孤立中共,美国还在国际上大力开展扶蒋活动。1945年6月,在美国的授意和导演下,中国国民政府开始同苏联就两国缔约一事举行谈判,并于同年8月14日正式签订了《中苏友好同盟条约》以及有关大连、旅顺口和长春铁路等协定。"在换文时,苏联允诺把在精神上和军事上的全部援助给予'作为中国中央政府的国民政府'"[4]。对此,蒋介石十分感谢赫尔利"帮助他奠定了同苏联接近的基础"[5]。中苏条约签订后,美国驻苏使馆在9月10日给国

---

[1] 《美国与中国的关系(白皮书)》,《中美关系资料汇编》第1辑,第152—153页。
[2] FRUS 1945 Vol. Ⅶ, pp. 317—319。转引自吴东之主编:《中国外交史:中华民国时期(1911—1949)》,河南人民出版社1990年版,第590页。
[3] 《毛泽东选集》第3卷,第1116页。
[4] 《美国与中国的关系(白皮书)》,《中美关系资料汇编》第1辑,第179页。
[5] 同上书,第182页。

务院的电报中认为:"由于俄国的保证,中共讨价还价的地位和企图获得军事支持的基础无疑地大受削弱。"①赫尔利更是得意地说:"蒋介石现在将有机会发扬实在而真正的领导地位。他将有机会发扬不仅在战时,且在平时为中国人民领袖的资格。"②但是,赫尔利只顾自以为得计却未曾料到,由于他对华政策的失败,不久,他就不得不"夹起皮包走路"了。

1945年8月15日,日本正式宣布无条件投降。然而,此刻"蒋介石的权力只及于西南一隅,华南和华东仍被日本占领着。长江以北则连任何一种中央政府的影子也没有"③在此情况下,杜鲁门认为:"假如我们让日本人立即放下他们的武器,并且向海边开去,那么整个中国就将会被共产党人拿过去。因此我们就必须采取异乎寻常的步骤,利用敌人来做守备队,直到我们能将国民党的军队空运到华南,并将海军调去保卫海港为止。因此,我们便命令日本人守着他们的岗位和维持秩序。等到蒋介石的军队一到,日本军队便向他们投降,并开进海港,我们便将他们送回日本。这种利用日本军队阻止共产党人的办法是国防部和国务院的联合决定而经我批准的。"④根据这个联合决定,在以后的三个月的时间里,美国将数十万国民党军队运送至华北、华东以及东北各地。与此同时,美军也在天津、塘沽、青岛登陆。为了维护人民的抗战胜利果实,中共同美蒋展开了"针锋相对,寸土必争"的斗争。1945年8月10日,第十八集团军总司令朱德下令给中国解放区军队,要他们努力进击敌军,并准备接受敌人投降。8月15日,又下令给敌军统帅冈村宁次,命其所属部下停止一切作战行动,并要处于解放区军队作战范围内之日军,听候八路军、新四军及华南抗日纵队之命令,向我方投降。根据这一命令,解放区的抗日军队在不长的时间内,先后收复了华北、东北以及华东大小近200座城市及广大农村,并对来犯的国民党军队给予坚决的回击。

由于中共不惧怕美蒋的压力,并与之进行了针锋相对的斗争,使解放区及其军队有了迅速扩大,遂迫使美蒋改变了策略。同年8月14日、20日、23日,在赫尔利的授意下,蒋介石三次电邀毛泽东赴重庆进行和平谈判。中共为了尽一切可能争取和平,同时也是为了揭露美蒋的真面目,决定派遣毛泽东、周恩来等到重庆,同国民党进行了43天的谈判,于10月10日签订了《国共双方代表会谈纪

---

① 《美国与中国的关系(白皮书)》,《中美关系资料汇编》第1辑,第184页。
② 同上书,第182页。
③ 杜鲁门:《杜鲁门回忆录》第1卷,第72页。
④ 同上。

要》(即《双十协定》)。然而,在谈判的过程中,国民党不仅从未停止对共产党的攻击,而且由于美国已经帮助国民党将其军队运至内战前线,蒋介石在《纪要》签订后的第三天便向其部队发布"剿匪"密令,以百余万的兵力对解放区举行更大规模的进攻。解放区军民在中共的领导下,击退了进犯的国民党军队,这就彻底揭露了美蒋的"和平谈判"不过是一场骗局。在其假和谈真内战的阴谋败露后,赫尔利在中国推行的政策受到了美国国会内外众多人士的批评,被迫于11月26日向杜鲁门提交了辞职书。为了替自己开脱,赫尔利将他在中国推行扶蒋反共政策的失败,归罪于美国国务院中的一些职业外交人员"偏袒中国武装的共产党"①,因而破坏了他的调停使命。次日,杜鲁门接受了赫尔利的辞职,并任命退休尚不足一周的陆军参谋长乔治·马歇尔为驻华特使。

马歇尔使华

赫尔利的去职并不表明美国政府放弃了扶蒋反共的政策。杜鲁门在12月15日发表的对华政策声明中就继续宣称,美国承认"国民政府为中国唯一的合法政府,为达到统一中国目标之恰当机构"。而对于中共军队之存在,杜鲁门则认为"乃与中国政治团结不相符合,且实际上使政治团结不能实现"。杜鲁门主张国民政府应该结束"一党'训政'制度","由中国国内各主要政治党派的代表举行国民会议,从而商定办法,使他们在中国国民政府内得享有公平与有效的代表权"。他还认为,这种"广泛代议制政府一经设立",中共军队及其他一切武装部队就"应有效地结合成为中国国民军"②。

根据这一对华政策,杜鲁门给马歇尔规定的来华使命是,"以适当而可行的方式,运用美国的影响","尽快地以和平民主的方法达到中国的统一"。他要求马歇尔"努力说服中国政府,召开一个包括主要党派的代表所组成的全国会议,以获致中国的统一,同时实行停战"③。简言之,马歇尔的在华任务,就是要"将(中国)共产党人以一种类似西欧共产党所占的地位,纳入一个宪政政体的政治和军事范围之内"④。

1945年12月20日,马歇尔飞抵上海,次日,他在南京同蒋介石会谈后,于

---

① 《美国与中国的关系(白皮书)》,《中美关系资料汇编》第1辑,第604页。
② 《杜鲁门总统关于美国对华政策的声明1945年12月15日》,《中美关系资料汇编》第1辑,第628—629页。
③ 《杜鲁门总统致总统驻华特使(马歇尔)》,《中美关系资料汇编》第1辑,第626页。
④ 费正清:《美国与中国》,商务印书馆1971年版,第264—265页。

22日赴重庆,开始"调解国共军事冲突"。当时,中共虽在军事上取得了一定的胜利,但欢迎马歇尔的"调处",并表示"凡在立即停止内战,实行民主团结原则下的一切办法,都愿意商讨"①。1946年1月7日,成立了由马歇尔任主席,有国民党代表张群(后为张治中)和共产党代表周恩来参加的"三人军事小组"(又称"三人委员会")。1月10日,张群与周恩来签订了停战协定,规定双方军队自1月13日午夜起停止军事行动。为实施停战协定,同时决定在北平(今北京)成立由国共两党及美国军方代表组成的军事调处执行部。停战协定签订的当天,有国共两党、其他党派及无党派人士共38名代表出席的政治协商会议在重庆召开,并于1月31日通过了关于政府组织、和平建国纲领、国民大会、宪法草案以及军事问题的协议。2月25日,"三人军事小组"就"关于军队整编及统编中共部队为国军之基本方案"达成协议,方案规定,在今后18个月内,国民党军队将逐渐缩编为50个师,中共军队缩编为10个师。

停战协定、政协协议和整军方案,是在马歇尔的调处下,国共两党本次会谈所取得的主要成果。然而,蒋介石却无意实施这些协议与方案。就在下达停战令的同时,他又命令国民党军队在停战协定生效前"抢占战略要点",接着又不断调动军队,在东北进攻中共的军队。在此期间,马歇尔一方面以停止运送国民党军队相威胁,要蒋介石勿以武力解决中共军队问题;另一方面却又不断为蒋介石争取军事援助。美国政府除继续帮助国民党运兵东北外,还于3月向国民党政府派出了军事顾问团,积极训练和装备国民党军队,并以大量军火及其他作战物资援助蒋介石。这样,就使蒋介石错误地认为,他完全可以凭借自己手中的实力,在不长的时间内消灭中共的武装。于是,自3月底起,他向中共军队发动了更大规模的进攻。

中共对于蒋介石破坏停战协定的行径早有准备,立即予以有力的还击,并于4月18日攻占了长春。鉴于苏军已于3月中旬开始自东北撤退,马歇尔唯恐国民党军队无法阻止中共军队进占这些地区,而且这一时期,苏联对美国的对华政策多有批评,所以,他在国民党军队于5月20日占领四平、中共为了和平于5月22日退出长春后,又促成了自6月7日中午起的"六月休战",停战期限初为15天,后又延长至6月30日。

在"休战"谈判期间,蒋介石要求中共军队退出陇海路以南地区、胶济线全线、承德及其以南地区、东北大部以及1945年6月7日以后中共武装在晋、鲁两

---

① 《解放日报》1946年1月3日。转引自《战后世界历史长编》第1编第1分册,上海人民出版社1975年版,第337页。

省从伪军手中解放的地区。对此,中共予以坚决拒绝。在此期间,马歇尔为了增强国民党的实力,以迫使中共在谈判中让步,又从美国政府那里为蒋介石争取了大量的军事援助及装备。至 6 月底止,美国共为国民党装备了 45 个师的军队,并将 54 万余人的国民党军队运送至与中共作战的前线。此外,还有 9 万人的美国海军陆战队,占驻在上海、青岛、天津、北平、秦皇岛等重要城市。然而,蒋介石的实力得到增强后,他并未按照马歇尔的意愿行事,而是决心以武力剪除他的心腹之患。于是,在他的密令下,国民党军队于 6 月 26 日在中原地区大举进攻解放区。接着,又于 7 月 12 日在苏、皖两省向中共军队发起大规模进攻,从而挑起了全面内战,并准备在三至六个月内消灭中共军队。

这时,马歇尔并不承认自己的"调处"已经失败。为了摆脱困境,他一方面于 7 月初正式向美国国务院提名司徒雷登出任驻华大使,以帮助他继续完成"调处"使命,美国参议院于 7 月 11 日批准了这项任命。另一方面,马歇尔又促使杜鲁门于 8 月 10 日写信给蒋介石,向他指出:中国如不以和平方式解决其内部的问题,并在短期内取得真正的进展,"则不能期望美国舆论对贵国仍持慷慨大量的态度"。而且,他将"对美国人民重新说明和解释美国的立场"[1]。接着,美国还宣布了对国民政府的部分武器"禁运"令,企图以此迫使蒋介石采用政治手段来实现中国的统一。其实,美国政府自己也承认"这禁令的颁布,正值国民政府贮有充足的器材、逐渐加紧它的军事攻势的时候。这禁令显然没有效果"[2]。事后,马歇尔也承认"当时,中国政府有充分的弹药可供给其军队,他们并不感到窘困"[3]。而且,就在颁布"禁运"令同一个月的月末,美国政府又与国民党政府签订了《中美剩余战时财产出售协定》,将价值 9 亿美元的剩余战时财产,以 1.75 亿美元卖给国民党政府。后来,马歇尔曾证实"经过剩余物资的售予,当时有大量的军用物资到达中国"[4]。美国之所以要对国民党政府实施"禁运"令,不过是想给人们造成一种"公正"的假象。

司徒雷登到任后,经与马歇尔共同的坚持,蒋介石不情愿地同意建立一个非正式的五人小组,由司徒雷登任主席,国共两党各派两名代表参加,以讨论组织国民政府委员会事宜。但是,蒋介石提出了"较 6 月底陷于僵局时所提出的

---

[1] 《杜鲁门总统致蒋介石主席》,《中美关系资料汇编》第 1 辑,第 671 页。
[2] 《美国与中国的关系(白皮书)》,《中美关系资料汇编》第 1 辑,第 232 页。
[3] 同上书,第 395 页。
[4] 同上书,第 396 页。

条件更为苛刻"的条件,"作为在协商政治事件之前必须同意的先决条件"①。中共代表拒绝蒋介石的"先决条件",同时提出,当前最急迫的问题是停战问题,因此,坚决主张立即召开三人会议,以促成停战。蒋介石在马歇尔和司徒雷登的支持下,则坚持"必须要非正式五人小组对商谈国府委员会的改组一事已有切实进展之后才能召开三人会议"。这是蒋介石不愿实现停战的"一种无理的托词",因为有关国府委员会改组一事,蒋介石坚持不让中共及民盟"握有委员会中三分之一的票数,借以保证政协的共同纲领不变"②。

蒋介石心中清楚,不管他对中共采取何种措施,美国总是支持他的。所以,他便决定放手大打。8月底,国民党军队占领承德,9月末又以三路大军进攻张家口。对此,中共代表周恩来于9月30日及10月9日两次向马歇尔提交备忘录,郑重声明:"如果国民党不立即停止对张家口及其周围的一切军事行动,中共不能不认为政府业已公然宣告全面破裂,并已最后放弃政治解决之方针;其因此造成的一切严重后果,当然全部责任均应由政府方面负之。"③此后,在马歇尔的敦促下,虽然蒋介石同意停止进攻张家口十天,举行谈判,但是,他在有关国府委员会委员名额分配及整军方案等问题上,仍坚持其无理要求,所以未获任何结果。

10月11日,国民党军队攻占张家口。当天下午,蒋介石就下令准备召开由其一手包办的"国民大会"。这个分裂的"国民大会"于同年11月15日在南京召开,它遭到中共和各民主党派的反对与抵制。第二天,中共代表周恩来发表声明指出,这个所谓"国大","是违背政协决议与全国民意而由一党政府单独召开的,中国共产党坚决反对"。它的召开,"不但使中共及第三方面最近在商谈中的主张成为不可能,并且最后破坏了政协以来的一切决议及停战协定与整军方案,隔断了政协以来和平商谈的道路"。而且,它还表明"和谈之门已为国民党政府一手关闭了"④。既然如此,中共代表周恩来便于11月19日离宁返回延安。

至此,马歇尔的"调处"使命宣告彻底失败。1947年1月6日,杜鲁门宣布召回马歇尔,并于次日任命他为国务卿。马歇尔在7日发表离华声明后,于8日

---

① 《美国与中国的关系(白皮书)》,《中美关系资料汇编》第1辑,第227页。
② 《中共代表团首席代表(周恩来)致总统特使(马歇尔)》,《中美关系资料汇编》第1辑,第676页。
③ 同上书,第679页。
④ 《中共代表团首席代表(周恩来)的声明》,《中美关系资料汇编》第1辑,第697—698页。

启程回国。他在声明中指出:"和平最大之障碍,厥为国共两方彼此完全以猜疑相对。"他认为:"此项情势之挽救,唯有使政府中与小党派中之自由分子居于领导者地位。"他相信,"在蒋委员长领导之下,此等团体如能顺利推行工作,必可经由良好之政府而达到团结之目标"①。在马歇尔的离华声明中,尽管对国共两党都有"批评",但有两点是非常明确的:一、必须继续支持蒋介石作为统一中国之领袖;二、不再以中共为谈判对手。此前,杜鲁门在其1946年12月18日的对华政策声明中,也认定国共两党谈判是"由中共破裂"的。② 今后,美国虽然继续"鼓励"国民党扩大其政府基础,但已将共产党人完全排除在外。对于中共问题,美国则要公开支持蒋介石以武力来解决。

"白皮书"的发表

马歇尔出任国务卿后,即采取了支持蒋介石打内战的政策。然而,截至1947年7月,蒋介石发动内战已整整一年,中共武装不仅未被消灭,反而开始由防御转入进攻。到1947年11月止,中国人民解放军共歼灭国民党军队169万人,其中打死、打伤的有64万人,俘虏的有105万人。③ 面对中国革命迅猛发展的形势,美国政府十分焦虑。它认为,若国民党政权一旦崩溃,美国便无法利用中国有效地抵抗苏联在远东的扩张,而中国也就不成其为"整个远东的一个稳定因素"。为了防止蒋介石政权被中共击败,马歇尔于5月26日下令取消了在1946年7月开始执行的部分武器"禁运"令。接着,在美国统治集团内部经过了激烈的争辩后,杜鲁门又于7月9日命令魏德迈"即刻前赴中国,就中国现在及未来的政治、经济、心理和军事的情况,作一个估量"④,以便为美国政府制定对策提供一个基础。

自7月22日开始,魏德迈率团在华活动月余,最后向杜鲁门提交了一份长达十万字的报告。他在报告中虽然批评了国民党"反动的领导、高压和腐败已使政府失去人心"⑤,但结论仍然是必须扩大对国民党政府的经济、军事援助。杜鲁门和马歇尔深知国民党政府之腐败无能,除非美国"在实际上接管中国政府,管理它的经济、军事与行政事宜",否则便无法"削弱中国共产党使之成为中

---

① 《美总统特使(马歇尔)个人的声明》,同上书,第698—700页。
② 《杜鲁门总统关于美国对华政策的声明》,同上书,第706页。
③ 《毛泽东选集》第4卷,第1247页。
④ 《美国与中国的关系(白皮书)》,《中美关系资料汇编》第1辑,第300—301页。
⑤ 《魏德迈中将致杜鲁门总统的报告》,同上书,第775页。

国的一个完全无足轻重的因素"①。他们也清楚,如此侵犯中国主权的做法,必将遭到中国人民的强烈反对,而且"会把美国直接牵入中国内战中,……使它在军事和经济上为中国政府承担一切责任,其代价是无法估计的"②。尤其是杜鲁门主义和马歇尔计划相继宣布后,美国已将欧洲作为自己的全球战略重点,有关"扩大援助"的建议更是不可取。此外,美国政府心里明白,由于"国民政府的机构的毫无效率和大批占据高位的官员的腐败无能"③,以致"美国任何数量的军事或经济援助,都未必能够使现在的中国政府有能力重新建立,并进而保持它对全中国的控制"④。不过,"无论他们(国民党)多么令美国人不满意,美国人除了支持他们外,几乎别无选择"⑤。所以,杜鲁门和马歇尔最后只好决定在"美国不得直接地牵入中国内战","也不得在军事上和经济上为中国政府负起担保的责任"的前提下,向中国提供有限制的援助。援助的目的,"在于给中国政府以喘息的时间","给中国政府以更多的机会,以便采取自助的措施"⑥。

1948年4月2日,美国国会通过了总数为4.63亿美元的《1948年援华法案》,其中3.38亿美元为"经济援助",国民党政府必须按规定的项目使用这笔援助。另1.25亿美元为"特别补助","由中国政府斟酌使用,期限仍为一年"。所谓"斟酌使用",即国民党政府可不受任何条件的约束,用这笔款项"采购军需用品与装备"⑦。这样,美国既提供了军事援助,又无须为此而承担任何责任与义务,这就是它的如意打算。

在此期间,蒋介石也曾多次向美国乞求援助,然而,再多的美援也无法挽救他的厄运。在1948年内,人民解放军不仅由防御转入进攻,并在数量上由长期劣势转入了优势。尤其是在1948年9月至1949年1月间,经过辽沈、淮海和平津三大战役,人民解放军共歼灭国民党军队150万余人,"这样就使共产党军队陈兵长江北岸,形成对南京和上海的一个直接威胁"⑧。

---

① 《美国与中国关系(白皮书)》,同上书,第324页。
② 同上书,第327页。
③ 转引自《战后世界历史长编》第5册,第205—206页。
④ 《中美关系资料汇编》第1辑,第324页。
⑤ 费正清主编:《剑桥中华民国史》第2部,上海人民出版社1992年版,第849页。
⑥ 《中美关系资料汇编》第1辑,第323页。
⑦ 同上书,第427—428页。
⑧ 同上书,第343页。

就在人民解放军即将渡江南下之际,蒋介石于1949年1月1日发表"求和"声明,接着,又在21日宣布"引退",并多次呼吁大国出面调停,以图实现与中共"划江而治"。在英、法、苏等国拒绝了国民党的"调停"请求的情况下,代行"总统"职务的李宗仁,一方面开始了与中共的和平谈判,同时又全力争取美国的援助。这时,美国的中国院外集团纷纷指责杜鲁门政府抛弃了国民党政府,并要求立即扩大对南京政府的援助。另一部分官员则认为这时"向国民党占领区运送援助,不仅无益而且有害",因为"等到援助抵达时,他们(共产党)将连同那些地区一并拿将过去"①。

究竟是否应该继续向国民党提供援助? 1月21日上台的新任国务卿艾奇逊提出了所谓"待尘埃落定再说"的主张,他说:"如果森林里有一棵大树倒下来,在飞扬的尘埃降落以前,人们是无法看清它的损害程度的。"②不过,只要国民党尚未垮台,美国政府一定还是继续支持它。不久后,艾奇逊便明确地阐述了美国的对华政策。他说:"上届国会批准的现行援华方案,以及美国自对日战争胜利以来所给予中国的其他大量援助,计达20亿美元以上。中国政府虽有这些援助,但……从满洲到长江的一切重要地区几乎全部已被中国共产党占领",而且,"国民政府没有军事力量在华南维持据点,以阻止共军的挺进"。"美国从对日战争胜利以来所给予中国政府的军用物资,除弹药外,大部分都已落在中国共产党手中。没有任何象征能使我们相信,更多的军用物资就可以改变中国目前的发展情势"。最后,艾奇逊强调:"我们虽有上述意见,但认为美国对于它继续承认的中国政府管辖区域,不应突然停止援助。""我们现在考虑请求国会将1948年援华法案的期限予以一定限期的延长,以便在本年4月2日该法案满期后,所有未经动支的余款,政府仍可继续运用。"③

的确,再多的美国援助也无法"改变中国目前的发展情势",所以,李宗仁还要求美国政府发表声明,以"阻止共产党渡江"④。但是,美国不愿"直接卷入中国内战的漩涡",予以婉拒。

同年4月20日,国民党南京政府拒绝在国内和平协定上签字。次日,中国

---

① 转引自《战后世界历史长编》第1编第5分册,第238页。
② Dean Acheson, *Present at Creation: My Years in the State Department*, p. 306. 转引自《战后世界历史长编》第1编第5分册,第240页。
③ 《艾奇逊国务卿致参议院外交委员会主席康纳利1949年3月15日》,《中美关系资料汇编》第1辑,第1077—1078页。
④ 《中美关系资料汇编》第1辑,第345页。

人民解放军强渡长江,于 23 日攻占了南京,并继续向前推进,国民党在大陆的日子已为期不长了。三年前,蒋介石一手发动了反共内战,美国虽然尽可能地给予了援助,结果,国民党却以出乎人们意料的速度遭到失败。这件事,在美国引起了极大的反响,尤其是国会内外的"援华集团",纷纷愤怒指责杜鲁门政府援蒋不力,使美国"失去了中国"。为了推卸责任,杜鲁门根据艾奇逊的建议,于 1949 年 6 月 13 日命令国务院尽快编写美国与中国关系的详尽报告。同年 8 月 5 日,美国政府发表了题为《美国与中国的关系——着重 1944—1949 年时期》的"白皮书"。

"白皮书"正文共八章,叙述了 1844—1949 年的美国与中国关系,其中有六章是用来详细叙述 1944—1949 年的美中关系。在这部分里,美国政府打破惯例公布了近期的一些有关文件和机密档案,试图说明国民党政府在内战中败给中共,是由于它自身的腐败无能,"不是美援的不充分造成的"①。然而,"白皮书"的发表,不仅未能平息反对派对美国政府对华政策的批评,反而引起他们更猛烈的抨击。在"白皮书"公布两天后,赫尔利就称它是"一份国务院中亲共分子的绝妙辩护词。这些亲共分子图谋推翻我们的盟友——中华民国的国民政府,并协助共产党征服中国"。还有些参议员则称"白皮书"是"为一项一厢情愿而又无所作为的政策辩护的辩护书,这项政策的成就仅是置亚洲于苏联征服之中"②。由于"白皮书"揭露了国民党的无能与腐败,而且是发表在蒋介石正处于危难时刻,所以蒋介石大骂美国"落井下石"③。

"白皮书"发表后,在中国已获得解放的广大地区曾广泛地开展了有关"白皮书"的讨论。继新华社发表了题为《无可奈何的供状》评论后,毛泽东主席又为新华社撰写了《丢掉幻想,准备斗争》、《别了,司徒雷登》、《为什么要讨论白皮书》、《"友谊",还是侵略?》以及《唯心历史观的破产》五篇评论,有力地批判了"白皮书"中对于中国人民革命和中国共产党的种种污蔑,指出"白皮书"的发表,"反映了中国人民的胜利和帝国主义的失败"④。

---

① 《艾奇逊致杜鲁门总统的信》,《中美关系资料汇编》第 1 辑,第 38 页。
② Tang Tsou, *America's Failure in China*, p. 509. 转引自《战后世界历史长编》第 1 编第 5 分册,第 254 页。
③ 转引自吴东之主编:《中国外交史:中华民国时期(1911—1949)》,河南人民出版社 1990 年版,第 780 页。
④ 《毛泽东选集》第 4 卷,第 1487 页。

第二节　中华人民共和国的成立

中国革命的胜利及其对国际关系的影响

中国人民解放军于1949年4月23日攻占了南京后,继续向华南、西南和西北迅速推进。国民党被迫将其政府迁往广州,后又迁至重庆,并再迁成都,最后,于同年12月10日逃往台湾,由此宣告了蒋介石国民党在大陆的彻底失败。

1949年夏,中国人民革命的最终胜利已成定局,为了完成建立新中国的各项准备工作,根据中国共产党的提议,新政治协商会议筹备会于6月15日至19日在北平召开。中共中央主席毛泽东在会上发表了重要讲话。他指出:"这个筹备会的任务,就是:完成各项必要的准备工作,迅速召开新的政治协商会议,成立民主联合政府,以便领导全国人民,以最快的速度肃清国民党反动派的残余力量,统一全中国。有系统地和有步骤地在全国范围内进行政治的、经济的、文化和国防的建设工作。""新的政治协商会议,是中国共产党在1948年5月1日向全国人民提议召开的。这个提议迅速地得到了全国各民主党派、各人民团体、各界民主人士、国内少数民族和海外华侨的响应。""召集一个包含各民主党派、各人民团体、各界民主人士、国内少数民族和海外华侨代表人物的政治协商会议,宣告中华人民共和国的成立,并选举代表这个共和国的民主联合政府,才能使我们的伟大的祖国脱离半殖民地的和半封建的命运,走上独立、自由、和平、统一和强盛的道路。这是一个共同的政治基础。"毛泽东在讲话中郑重向全世界声明:"我们所反对的只是帝国主义制度及其反对中国人民的阴谋计划。任何外国政府,只要它愿意断绝对于中国反动派的关系,不再勾结或援助中国反动派,并向人民的中国采取真正的而不是虚伪的友好态度,我们就愿意同它在平等、互利和互相尊重领土主权的原则之上,谈判建立外交关系的问题。中国人民愿意同世界各国人民实行友好合作,恢复和发展国际间的通商事业,以利发展生产和繁荣经济。"①

同年9月21日至30日,有中共、各民主党派和各界民主人士出席的中国人民政治协商会议第一届全体会议在北平隆重举行。毛泽东在开幕词中说:"占人类总数四分之一的中国人从此站立起来了。""我们团结起来,以人民解放战

---

① 《在新政治协商会议筹备会议上的讲话》,《毛泽东选集》第4卷,第1463—1464、1466页。

争和人民大革命打倒了内外压迫者,宣布中华人民共和国成立了。我们的民族将从此列入爱好和平自由的世界各民族的大家庭,以勇敢而勤劳的姿态工作着,创造自己的文明和幸福,同时也促进世界的和平和自由。""我们的革命已经获得全世界广大人民的同情和欢呼,我们的朋友遍于全世界。"①

这次会议通过了起临时宪法作用的《中国人民政治协商会议共同纲领》和《中华人民共和国中央人民政府组织法》,并选举了以毛泽东为主席、周恩来为政务院总理兼外交部长的中央人民政府。10月1日,在北京举行了开国庆典,宣告中华人民共和国正式成立。中国人民革命的胜利及中华人民共和国的诞生,不仅改变了中国的历史进程,而且对国际关系产生了深远的影响。

中国人民革命的胜利,是继俄国十月社会主义革命之后,又一次成功地冲破了帝国主义阵线,使东方的一个大国脱离了帝国主义体系。它极大地削弱了帝国主义的力量,壮大了社会主义力量,明显地改变了战后东西方力量的对比,大大增强了反对战争、维护世界和平的力量。

占世界人口1/4的中国人民,经过长期前赴后继的斗争,终于取得了胜利。世界上一切被压迫民族和国家的人民在他们争取民族独立的斗争中,必将从中获得极大的鼓舞,并增强了他们的必胜信心。胜利了的中国人民也必将给他们以力所能及的支持。

中华人民共和国的诞生,打乱了帝国主义、殖民主义奴役世界的计划,为被压迫民族和国家的人民开展反对帝国主义、殖民主义的斗争创造了有利的国际环境。中国革命的胜利以及亚非拉民族民主运动的蓬勃发展,对于战后帝国主义国家在反对共产主义的名义下,抢夺中间地带、推行新殖民主义,无疑是一个沉重的打击。

新中国外交的基本原则和具体政策

在辽沈、淮海和平津三大战役刚刚结束不久,为了迎接革命在全国的胜利,中国共产党于1949年3月召开了七届二中全会,对新中国的政治、经济、外交方面应采取的基本政策做出了原则规定。在这次会议前后,毛泽东还就新中国的外交提出了"另起炉灶"和"打扫干净屋子再请客"两项重要方针。所谓"另起炉灶","就是不承认国民党政府同各国建立的旧的外交关系,而要在新的基础上同各国另行建立新的外交关系。对于驻在旧中国的各国使节,我们把他们

---

① 中华人民共和国外交部、中共中央文献研究室编:《毛泽东外交文选》,中央文献出版社、世界知识出版社1994年版,第113—114页。

当作普通侨民对待,不当作外交代表对待"①。所谓"打扫干净屋子再请客",是指"帝国主义总想保留一些在中国的特权",新中国成立后,"帝国主义的军事力量被赶走了,但帝国主义在我国百余年来的经济势力还很大,因此,我们要在建立外交关系以前把'屋子'打扫一下"②,即"把帝国主义国家在中国的势力和特权逐步加以肃清,在互相尊重领土主权和平等互利的基础上同世界各国建立新的外交关系"③。

同年6月30日,毛泽东在这一天发表的《论人民民主专政》一文中,又提出了"一边倒"的方针,宣布新中国将站在以苏联为首的和平民主阵营之内。这是因为,帝国主义不甘心在中国的失败,它很有可能像当年对付苏维埃俄国那样,对新中国进行武装干涉。为了防止帝国主义重演故技,新中国必须倒向社会主义一边,并同社会主义国家联合在一起。

"另起炉灶"、"打扫干净屋子再请客"和"一边倒",这三大外交方针的提出,有效地防止了帝国主义国家的武装干涉,"使我国改变了半殖民地的地位,在政治上建立了独立自主的外交关系"④。

根据上述三大外交方针,《中国人民政治协商会议共同纲领》对于新中国的外交基本原则和政策,作出了具体的规定:

《共同纲领》总纲强调:"中华人民共和国联合世界上一切爱好和平、自由的国家和人民,首先是联合苏联、各人民民主国家和被压迫民族,站在国际和平民主阵营方面,共同反对帝国主义侵略,以保障世界的持久和平"(第11条)。⑤

《共同纲领》规定:"中华人民共和国外交政策的原则,为保障本国独立、自由和领土主权的完整,拥护国际的持久和平和各国人民间的友好合作,反对帝国主义的侵略政策和战争政策"(第54条)。"对于国民党政府与外国政府所订立的各项条约和协定,中华人民共和国中央人民政府应加以审查,按其内容,分别予以承认,或废除,或修改,或重订"(第55条)。"凡与国民党反动派断绝关系,并对中华人民共和国采取友好态度的外国政府,中华人民共和国中央人民政府可在平等、互利及互相尊重领土主权的基础上,与之谈判,建立外交关系"(第56条)。"中华人民共和国可在平等和互利的基础上,与各外国政府和人民

---

① 中华人民共和国外交部、中共中央文献研究室编:《周恩来外交文选》,中央文献出版社1990年版,第48页。
② 同上书,第50页。
③ 韩念龙主编:《当代中国外交》,中国社会科学出版社1987年版,第4页。
④ 《周恩来外交文选》,第49页。
⑤ 《新华月报》创刊号,1949年11月15日,第1卷第1期,第8页。

恢复并发展通商贸易关系"(第57条)。"中华人民共和国中央人民政府应尽力保护国外华侨的正当权益"(第58条)。"中华人民共和国人民政府保护守法的外国侨民"(第59条)。"中华人民共和国对于外国人民因拥护人民利益参加和平民主斗争受其本国政府压迫而避难于中国境内者,应予以居留权"(第60条)。①

《共同纲领》的上述规定,表明新中国外交同旧中国外交的彻底决裂,并决心维护本国的独立、主权和领土完整。新中国还将同世界上一切爱好和平的国家和人民站一起,为共同反对帝国主义侵略,维护世界和平作出应有的贡献。

肃清帝国主义在中国的特权

《共同纲领》总纲明确规定:"中华人民共和国必须取消帝国主义国家在中国的一切特权"(第3条)。② 非如此,便不能建成一个"独立、民主、和平、统一和富强"的新中国。

帝国主义国家在中国的特权始于19世纪40年代。自中国在1842年同英国签订了第一个丧权辱国的《南京条约》后,其他列强也群起效仿。它们以武力迫使中国清政府接受了一系列不平等条约,从而在中国取得了各种各样的特权。这些特权大致可分为如下四类:

第一,政治特权,主要有关税协定权、领事裁判权、内河航行权等。如《南京条约》第十款规定,英国商人在通商口岸"应纳进口、出口货税、饷费,均宜秉公议定则例"③。在1844年7月签订的中美《望厦条约》第二款则规定,"倘中国日后欲将税例更变,须与合众国领事等官议允"。④ 这样,中国便全无关税自主可言。

中英《五口通商章程》第十三款规定,"英人华民交涉词讼,凡英商禀告华民者,必先赴管事官(领事)处投禀","间有华民赴英官处控告英人者,管事官均应听诉,一例劝息,免致小事酿成大案。"如英国领事调停不成,"即移请华官公同查明其事,既得实情,即为秉公定断,免滋讼端。其英人如何科罪,由英国议定章程、法律,发给管事官照办"⑤。《望厦条约》第二十五款也规定,"合众国民人在中国各港口,自因财产涉讼,由本国领事官讯明办理;若合众国民人在中

---

① 《新华月报》创刊号,1949年11月15日,第1卷第1期,第10页。
② 同上书,第8页。
③ 王铁崖编:《中外旧约章汇编》第1册,生活·读书·新知三联书店1957年版,第32页。
④ 同上书,第51页。
⑤ 同上书,第42页。

与别国贸易之人因事争论者,应听两造查照各本国所立条约办理,中国官员均不得过问"。① 这就是说,外国人在中国犯了法,中国却不能按律治罪。

签订于1858年6月的中英《天津条约》第十款规定,"长江一带各口,英商船只俱可通商"。② 这就使列强首次夺得了中国的内河航行权。

第二,经济特权,主要有自由经营权、片面最惠国待遇等。中英《南京条约》第五款规定,"乃凡有英商等赴各该口贸易者,勿论与何商交易,均听其自便"③。《望厦条约》第十七款规定,"合众国民人在五港口贸易,或久居,或暂住,均准其租赁民房,或租地自行建楼,并设立医馆、礼拜堂及殡葬之处"。④ 中英于1843年10月签订的《五口通商附粘善后条款》(即《虎门条约》)第八款规定,"设将来大皇帝有新恩施及各国,亦应准英人一体均沾,用示平允"⑤。此后,中美《望厦条约》、中法《黄埔条约》中也都有同样的规定,即中国"如另有利益及于各国",它们则"应一体均沾",以示"平允"。按此规定,任何一个西方列强从中国夺得任何一种特权,其他各国都要分享。这个片面最惠国待遇不是中国平等地对待各个列强国家,而是各列强国家平等地瓜分中国。

第三,军事特权。《虎门条约》第十款规定,"凡通商五港口,必有英官船(兵船)一只在彼湾泊"⑥。《望厦条约》第三十二款更明确规定,"嗣后合众国如有兵船巡查贸易至中国各港口者,其兵船之水师提督及水师大员与中国该处港口之文武大宪均以平行之礼相待";"该船如有采买食物、汲取淡水等项,中国均不得禁阻,如或兵船损坏,亦准修补"⑦。从此,外国兵船便可自由出入中国的领海,后来更发展为可在中国国土上派驻军队。

第四,文化特权。在1858年的中美、中英《天津条约》中都有传教自由的规定:"耶稣圣教暨天主教原系为善之道,待人如己。自后凡有传授习学者,一体保护,其安分无过,中国官毫不得刻待禁阻。"⑧ 在1860年的中法《续增条约》第六款中更有"任法国传教士在各省租田买地,建造自便"⑨之规定。此后,西方国家更可在中国任意建医院、办学堂,进行文化侵略。

---

① 王铁崖编:《中外旧约章汇编》第1册,生活·读书·新知三联书店1957年版,第55页。
② 同上书,第97页。
③ 同上书,第31页。
④ 同上书,第54页。
⑤ 王铁崖编:《中外旧约章汇编》第1册,第36页。
⑥ 同上。
⑦ 同上书,第56页。
⑧ 同上书,第97页。
⑨ 同上书,第147页。

鸦片战争后,西方列强以武力迫使中国清政府割地、赔款,并利用上述这些特权在中国的国土上设租界、办银行、建工厂、立兵营……,从政治、经济、军事、文化等诸方面对中国实行严格的控制,成为牢牢套在中国人民身上的一副沉重的枷锁。百多年来,无数先烈为之奋斗不息的,正是为了摆脱这副枷锁。

太平洋战争爆发后,出于政治和外交上的需要,美国和英国在1943年1月先后同中国签约,宣布废除两国在华的治外法权和其他特权。但是,第二次世界大战结束后,美国于1946年11月4日通过同国民党政府签订《中美友好通商航海条约》,又将其在中国的特权一一加以恢复。该条约规定:(1)中国向美国开放全部领土,美国在中国"领土全境内"享有居住、旅行、从事商务、制造、加工、科学、教育、宗教、慈善事业、采勘和开发矿产资源,租赁和保有土地,以及从事各种职业的权利;(2)美国商品在中国的征税、销售、支配或使用等,享有不低于任何第三国和中国商品的待遇;(3)美国拥有变相的领事裁判权,中国的法律不能施用于美国商人;(4)美国船舶可以在中国开放的一切口岸、地方和领水自由通航,美国船舶,包括军舰,在遇到任何"危难"时,可以开入中国"对外国商务航业不开放之任何口岸、地方或领水";(5)对美国输入中国或运往美国的任何物品,"不得加以任何禁止或限制";(6)双方在任何时期内,对同一第三国或数国采取敌对行为,侨民可以承担军事训练和服兵役的义务。① 此后,美国又同国民党政府先后签订了有损中国领空主权的《中美空中运输协定》(11月20日)和美国享有对中国海军的监督权及使用中国海军基地特权的《海军协定》(1947年12月8日)。② 使美国在中国的特权得以扩大。

中华人民共和国成立后,帝国主义势力虽然被赶出了中国大陆,但它们在中国的特权并未能全部清除。因此,中国政府根据《共同纲领》有关规定,采取有力措施,坚决肃清帝国主义在中国的一切特权。

关于肃清帝国主义的政治、军事特权。1950年1月6日,中国人民解放军北京市军事管制委员会发出公告:"一、某些外国,过去利用不平等条约中所谓'驻兵权',在北京市内占据地面,建筑兵营。现在此项地产权,因不平等条约之取消,自应收回。二、此项地产上所建之兵营及其他建筑,因地产权收回所发生之房产问题,我政府另定办法解决之。三、目前此项兵营及其他建筑,因军事上之需要,先予征用。四、此项征用,自布告之日起,七日后实施。"③第二天,北京

---

① 李长久、施鲁佳主编:《中美关系二百年》,新华出版社1984年版,第130—131页。
② 同上书,第131、140页。
③ 《北京市军管会征用外国兵营》,《新华月报》1950年2月号,第853页。

市军管会向前美、法、荷（占用前德国兵营）领事发出命令，着其指派专人负责，按期腾交前美、法、荷兵营，不得延误。

美、法、荷前领事曾借口事先同旧中国政府订有条约，企图拖延抗拒。但是，中国政府维护国家主权之立场严正，态度坚决，法、荷前领事不得不按期于1月14日将其所占用的兵营交出。美国虽然认为北京市军管会的命令"违反了1901年给予美国的、并在1943年中美条约中加以重申、久已存在的权利"，甚至胡说中国收回的是"美国领事馆的办公地址和产业"，并以"撤退所有美国官方人员"相威胁，最后，也只得无可奈何地在1月16日将兵营交出。为此，新华社于1月18日发表评论指出，"中国人民政治协商会议的'共同纲领'中已经明白宣布要取消一切帝国主义的在华特权和一切不平等条约，不管它们是'久已存在'的也好，是'1943年重申过'的也好。""在北京的一切守法外侨，包括外国驻京前领事在内，则应当无条件地服从和执行北京市军管会的命令，而不应当妄想保持旧日的特权，否则就是违背我国政府的法令，侵犯我国的主权。"北京市军管会"所收回的不是任何领事馆的'办公地址及产业'，而是某些外国根据不平等条约中所谓'驻兵权'而占据的地产；所要征用的只是此项地产上的兵营；而且因此项地产收回所产生的房屋问题，我人民政府还要另定办法解决"。评论强调指出："中国人民在维护自己的利益以及保卫自己人民祖国的主权的立场上，是从不考虑一切帝国主义者的意志的。帝国主义者在中国所制造的一切不平等条约和特权，必须废除。帝国主义者撤退也好，不撤退也好，叫嚣也好，对我们中国人民的这个正义立场丝毫没有影响。"[①]

此后，中国政府又相继收回了英国在北京的兵营、美国和英国在天津的兵营以及法国在上海的兵营。

1950年7月26日，政务院财经委员会发布关于统一航运管理的指示，规定外轮不准驶入内河。至此，帝国主义在中国的所谓"内河航行权"终被废止。

此外，中国于1949年10月25日成立了海关总署。1950年1月27日，中央人民政府政务院通过了《关于关税政策和海关工作的决定》。规定"海关总署负责对各种货物及货币的输入输出执行实际的监督管理，征收关税，与走私进行斗争，以此来保护我国不受资本主义国家的经济侵略"。"海关税则，必须保护国家生产，必须保护国内生产品与外国商品的竞争"。[②]1951年4月18日和5月16日，政务院财经委员会又公布了《中华人民共和国暂行海关法》和实施

---

① 《美国国务院的狡辩、诬赖和威胁》，《新华月报》1950年2月号，第854页。
② 《关于关税政策和海关工作的决定》，《新华月报》1950年4月号，第1403页。

新海关税则。从此,象征着国家主权的海关才真正由中国自己来主管。

关于肃清帝国主义的经济特权。新中国成立后,对于那些外资企业原准备"按照国籍、系统、行业等各种不同的具体情况,进行个别处理和区别对待"。但朝鲜战争爆发后,美国政府宣布管制中华人民共和国在美国的公私财产。对此,中国政府采取相应的对策,于1950年12月28日发布了"关于管制清查美国财产和冻结美国公私存款的命令"。1951年5月5日,政务院又进一步指出,美资企业中凡牵涉中国主权以及同中国国计民生关系较大者,可以征用,其他可分别情况予以代管、征购或管制。① 至1952年底,对美国在华资产大体清理完毕。

中华人民共和国成立初期,英国对新中国采取了不友好的态度。1951年4月7日,香港英国当局非法征用停泊在香港待修的中国"永灏号"油轮;1952年7月28日,英国枢密院将中国中央航空公司所属40架飞机及其他资财判给陈纳德的"美国民用运输公司"所有;同年10月8日,香港高等法院又将中国航空公司所属31架飞机及其他财产判给陈纳德的上述公司所有。针对英国的上述做法,中国政府除依次向英国提出严重抗议外,于1951年4月30日征用了英商亚细亚火油公司在中国各地除办公用房外财产并征购其存油,于1952年8月10日征用了上海英资英联船厂及马勒机器造船厂的全部财产,于1952年11月20日征用了上海英资电车公司、自来水公司、煤气公司以及上海、天津和武汉的英资隆茂洋行的全部财产。②

关于肃清帝国主义的文化特权。早在北平解放初期,军管会便于1949年2月27日发出通令,禁止所有外国通讯社及外国记者在北平活动,也不许外侨在中国兴办报纸杂志。1950年9月,中国基督教爱国人士发表《中国基督教在新中国建设中的努力途径》的宣言,号召中国基督教会开展"自治、自养、自传"的革新运动。11月,中国天主教也发表了《天主教自立革新运动宣言》。这样,中国的基督教和天主教便逐渐摆脱了西方教会的操纵和影响。对于那些接受外国津贴的文化、教育、卫生、救济等机构,中国政府都依不同情况,区别对待,予以妥善的处理。

通过以上措施,帝国主义的在华特权被一一肃清,神圣的国家主权得到维护,并极大地激发了全国人民的爱国热情。

---

① 韩念龙主编:《当代中国外交》,第20页。
② 同上书,第20—21页。

第二编
20世纪50年代的国际关系
（1950—1959）

第六章 美国推行敌视中国的政策及其在亚洲的侵略扩张活动

第一节 中华人民共和国对外关系的发展

同各国建立外交关系

1949年10月1日,在中华人民共和国开国大典上,毛泽东主席代表新中国中央人民政府向世界各国政府宣告:"本政府为代表中华人民共和国全国人民的唯一合法政府。凡愿遵守平等、互利及互相尊重领土主权等项原则的任何外国政府,本政府均愿与之建立外交关系。"① 与此同时,周恩来总理兼外长也将上述公告正式函告各国政府。接着,新中国便迎来了第一次建交高潮。按照国际惯例,只要两国政府互致承认的电文,就是正式外交关系的建立。然而,新中国在与他国建立外交关系时,针对不同的国家采取了区别对待的做法。

首先,新中国同社会主义国家不需经过谈判便迅速建立了外交关系。中华人民共和国成立前,毛泽东就已宣布新中国"倒向社会主义一边"。因此,中华人民共和国一经成立,各社会主义国家便纷纷致电表示祝贺并予以承认。

中华人民共和国成立第二天(10月2日),苏联政府即致电表示,"苏联政府决定建立苏联与中华人民共和国之间的外交关系,并互派大使"。同一天,苏联政府还发出照会,宣布苏联断绝同国民党广州政府的外交关系,并"自广州召回其外交代表"。10月3日,周恩来外长代表中国政府复电苏联政府,表示"热忱欢迎立即建交并互派大使"。

继苏联之后,其他社会主义国家也都来电祝贺中华人民共和国的诞生,并表示愿意与之建立外交关系。周恩来外长立即分别复电致谢,欢迎正式建交,并互派大使。于是在10月内,新中国先后同保加利亚、罗马尼亚、匈牙利、朝鲜、捷克斯洛伐克、波兰、蒙古以及德意志民主共和国建立了外交关系。接着,

---

① 《毛泽东外交文选》,第116页。

又于 11 月和 1950 年 1 月先后同阿尔巴尼亚及越南建立了外交关系。

新中国成立后，南斯拉夫曾立即表示承认。"但由于当时中国对南斯拉夫的情况缺乏了解，并受到欧洲共产党和工人党情报局决议的影响，中南两国到 1955 年 1 月才正式建交。"①

新中国成立后，迅速同社会主义国家建立了外交关系，对于巩固新生的革命政权，恢复和发展国民经济，以及打破帝国主义对新中国的孤立和封锁，是一个强有力的保证。

其次，先谈判后建交，积极建立同民族主义国家和资本主义国家的外交关系。对于这类国家，新中国在与其建立外交关系时，坚持了先谈判后建交的做法。这是因为：国民党政权在其一手发动的内战中虽然败给了中共，但它几经易地，最后终于在台湾存下身来。当时，世界上有些国家依然同国民党集团保持了正式的外交关系，甚至还有些国家打算在不同国民党集团断交的情况下承认新中国，企图制造"两个中国"。因此，中国政府坚持在建交之前，双方必须派代表就建交的"程序问题"进行谈判，即要求对方明确：是否承认中华人民共和国政府是中国的唯一合法政府，并同国民党集团断交？是否支持恢复中华人民共和国在联合国的合法席位，并驱逐国民党的代表？是否同意将其所属境内的中国财产交还给中华人民共和国？待对方对上述问题给予肯定的回答后，方可就建交日期及互换使节问题进行具体磋商。

在非社会主义国家中，第一个承认新中国的是缅甸。1949 年 12 月 16 日，缅甸政府致函中国政府，承认中华人民共和国，并愿意与之建立外交关系。中国政府根据毛泽东的指示，要求缅甸政府派遣代表来京就有关中缅外交关系问题进行谈判。1950 年 4 月，缅甸政府代表到京，随即开始两国的建交谈判，同年 6 月 8 日，中缅正式建交，并互派大使。

继缅甸之后，印度政府于 1949 年 12 月 30 日宣布承认中华人民共和国。根据中国的要求，印度政府指派的代表于 1950 年 2 月 13 日到达北京，在随即开始的建交谈判中，中国政府要求印度政府对当年 2 月 7 日联合国经济暨社会理事会表决苏联关于开除国民党集团的所谓代表提案时，印度曾投弃权票一事予以澄清。对此，印度政府代表答称："印度政府驻经社理事会的代表团对于开除国民党代表投弃权票，是因为印度代表团觉得这是一个政治问题。对此，安理会更有权来决定。中国政府无疑问地知道，印度政府对于在安理会中提出同样的

---

① 韩念龙主编：《当代中国外交》，第 8 页。

决议,会投赞成票。印度政府的意见是:中国人民政府应该参加联合国及其各机构的活动。"①中国对此解释表示满意,所以,经过顺利的磋商,中印两国于同年4月1日正式建交。由于印度政府代表先于缅甸代表到京,所以,印度成为第一个同新中国建交的非社会主义国家。

与此同时,中国的其他一些近邻也都先后宣布承认新中国。巴基斯坦政府于1950年1月5日,锡兰政府于1月7日,阿富汗政府于1月12日,分别致电承认中华人民共和国。经过谈判,中巴两国于同年5月21日建立了外交关系。中国同阿富汗和锡兰的建交谈判,"因对方'财政困难'或'人员不足'等原因"②,分别推迟至1954年和1956年进行。最后,中国与阿富汗于1955年1月20日建交,与锡兰于1957年2月7日建交。此外,尼泊尔自1951年开始同中国就建交问题进行接触,由于它的"特殊的处境和考虑"③,两国于1955年7月才开始建交谈判,并于8月1日正式建交。根据尼泊尔的建议,中尼两国暂由双方驻印度大使兼任驻对方的大使。1949年12月27日,印度尼西亚联邦共和国成立。中华人民共和国政府于1950年3月28日照会印尼政府予以承认,同时考虑到印尼未曾同国民党建立外交关系,且仍处于继续反对荷兰殖民主义者斗争之中,表示愿在平等、互利和互相尊重领土主权的基础上,同印尼建立外交关系。印尼政府于同年4月13日复照表示同意,中国印尼的外交关系遂于这一天正式建立,印尼成为亚洲非社会主义国家中未经谈判就与中国建交的国家。

此外,西欧和北欧的一些资本主义国家,如英国、挪威、丹麦、芬兰、瑞典、瑞士以及荷兰也相继于1950年初承认新中国,并愿意建立外交关系。其中芬兰既与国民党集团无外交关系,又未参加联合国,所以中芬两国未经谈判,便于同年10月28日正式建交。瑞典、丹麦、瑞士三国与中国的建交谈判进行得比较顺利,先后于同年5月9日、5月11日和9月14日与中国建立了正式外交关系。挪威虽已同国民党集团断绝关系,但在安理会讨论不承认国民党的代表资格议案时,投了弃权票,致使中挪建交问题被长期搁置,直至挪威对中国在联合国的代表权问题表示了明确的支持态度后,中挪两国才于1954年10月5日正式建交。

英国在1950年1月6日就致电承认新中国,并愿意与中国建立外交关系。

---

① 《当代中国外交》,第11页。
② 同上。
③ 同上。

然而在 3 月初开始的建交谈判中,关于英国在联合国所属各机构中,对中国的代表权问题一直投弃权票一事,英国代表未能作出令人满意的解释,而且,对中国在香港的资产问题,推托"诉诸法院",尤其是在中英谈判期间,竟发生 7 架中国留港飞机被炸事件,接着,英国又下令扣押 71 架中国留港飞机,因而导致中英建交谈判的中断。后来,考虑到英国在日内瓦会议期间在印度支那问题上采取了与美国不同的立场,中英两国于 1954 年 6 月 17 日互派了代办。荷兰于 1950 年 3 月 27 日宣布承认中华人民共和国,并愿意建立外交关系。根据中国的要求,两国建交谈判于同年 4 月下旬开始,由于荷兰阻挠恢复中华人民共和国在联合国的代表权,谈判未获结果。1954 年 11 月 19 日,双方同意仿照中英两国关系的方式互派代办。

自中华人民共和国成立至 1955 年底,中国先后同 23 个社会主义和非社会主义国家建立了大使级外交关系,它表明新中国真诚愿意在独立、自主和尊重领土主权的基础上,同世界上一切国家发展平等、和平与友好的关系,也表明上述这些国家对新中国的理解与支持。中国在同非社会主义国家建交时,一般坚持了先谈判后建交的原则,以便更好地维护自己的独立与主权,但对个别的国家也采取了未经谈判就建交的做法,它对于促进中国的和平友好对外关系的发展,无疑是大有裨益的。

《中苏友好同盟互助条约》

中苏两国建交后不久,适逢斯大林的 70 寿辰。为此,毛泽东主席率团于 1949 年 12 月 16 日抵莫斯科,一方面是向斯大林祝寿,另一方面也是为了签订条约。中苏建交后,双方一直都未提及苏联于 1945 年 8 月同国民党政府签订的《中苏友好同盟条约》问题。但是,这个条约是根据苏、美、英三国背着中国签订的有损中国权益的《雅尔塔协定》,强加给中国的。因此,毛泽东此行的目的之一,就是建议斯大林同中国签订新约,以代替旧的《中苏友好同盟条约》。最后,苏方表示同意,于是,周恩来随即率中国政府代表团于 1950 年 1 月 20 日到达莫斯科参加谈判。2 月 14 日,中国总理兼外长周恩来同苏联外长维辛斯基签订了《中苏友好同盟互助条约》、《中苏关于中国长春铁路、旅顺口及大连的协定》和《关于苏联贷款给中华人民共和国的协定》。

《中苏友好同盟互助条约》共六条,自同年 4 月 1 日起生效。其主要内容为:(1)"缔约国双方保证共同尽力采取一切必要措施,以期制止日本或其他直接间接在侵略行为上与日本相勾结的任何国家之重新侵略与破坏和平。一旦缔约国任何一方受到日本或与日本同盟的国家之侵袭因而处于战争状态时,缔约国另一方即尽其全力给予军事及其他援助。"(2)"缔约国双方均不缔结反对对方的任何同盟,并不参加反对对方的任何集团及任何行动或措施。"(3)"缔约国双方根据巩固和平与普遍安全的利益,对有关中苏两国共同利益的一切重大国际问题,均将进行彼此协商。"(4)"缔约国双方保证以友好合作的精神,并遵照平等、互利、互相尊重国家主权与领土完整及不干涉对方内政的原则,发展和巩固中苏两国之间的经济与文化关系,彼此给予一切可能的经济援助,并进行必要的经济合作。"①条约有效期为30年。

《中苏关于中国长春铁路、旅顺口及大连的协定》共四条,自1950年4月11日开始生效,主要内容有:(1)"苏联政府将共同管理中国长春铁路的一切权利以及属于该路的全部财产无偿地移交中华人民共和国政府。此项移交一俟对日和约缔结后立即实现,但不迟于1952年末。""在移交前,中苏共同管理中国长春铁路的现状不变。惟中苏双方代表所担任的职务(如铁路局长、理事会主席等职),自本协定生效后改为按期轮换制。"(2)"一俟对日和约缔结后,但不迟于1952年末,苏联军队即自共同使用的旅顺口海军根据地撤退,并将该地区的设备移交中华人民共和国政府而由中华人民共和国政府偿付苏联自1945年起对上述设备之恢复与建设的费用。"在苏军撤退及移交前,"中苏两国政府派出同等数目的军事代表组织中苏联合的军事委员会,双方按期轮流担任主席,管理旅顺口地区的军事事宜","该地区的民事行政应直属中华人民共和国政府管辖"。"一旦缔约国任何一方受到日本或其他与日本相勾结的任何国家之侵略因而被卷入军事行动时,经中华人民共和国政府提议及苏联政府同意,中苏两国可共同使用旅顺口海军根据地,以利共同对侵略者作战。"(3)"缔约国双方同意在对日和约缔结后,必须处理大连港问题。""至于大连的行政,则完全直属中华人民共和国政府管辖。""现时大连所有财产凡为苏联方面临时代管或苏联方面租用者,应由中华人民共和国政府接收。"②1952年8月,中国政府考虑到朝鲜战争的形势,向苏联政府提议,将苏军自中国旅顺口海军根据地撤退的日期推迟至中苏两国与日本缔结和约时为止。1954年10月,中苏两国发表联合公报,宣布苏军将从旅顺口海军根据地撤退。

《关于苏联贷款给中华人民共和国的协定》共五条,其主要内容是:(1)苏

---

① 中华人民共和国外交部编:《中华人民共和国条约集》第1集,法律出版社1957年版,第1—2页。
② 同上书,第3—4页。

联政府给予中华人民共和国政府的贷款,"总数共为3万万美元:其计算法,系以35美元作为一盎司纯金。""年利百分之一。"(2)"自1950年1月1日起,在五年期间,每年以同等数目即贷款总数的五分之一交付之,用以偿付为恢复和发展中国人民经济而由苏联交付的机器设备与器材","其价格将根据世界商场的价格来决定"。(3)中国政府"将以原料、茶、现金、美元等付还第一条所指定的贷款及其利息。……其价格将根据世界商场的价格来决定。贷款的付还以十年为期,每年付还同等数目即所收贷款总数的十分之一,于每年12月31日前实施之。……贷款的利息系以使用贷款的实数并自其使用之日起实行计算,每半年交付一次"[1]。

在中苏两国政府签订上述条约和协定的当天,两国外长还通过互换照会,声明苏联政府于1945年8月14日同国民党政府签订的《中苏友好同盟条约》及各项协定均失效;中国承认蒙古人民共和国的独立地位;苏联将其在中国东北自日本人手中获得的财产均无偿地移交给中国政府。

中华人民共和国刚一诞生,便同苏联缔结了《中苏友好同盟互助条约》以及其他协定,它对巩固新生的中国政权,打破帝国主义对中国的孤立和封锁,加速中国经济的恢复和发展,密切两国人民间的友谊,保障两国的安全,以及维护远东和世界的和平,有着不可磨灭的贡献。正如毛泽东主席在中央人民政府委员会第六次会议上的讲话中所指出,"实行人民民主专政和团结国际友人是巩固革命胜利的两个基本条件。这次缔结的中苏条约和协定,使中苏两大国家的友谊用法律形式固定下来,使得我们有了一个可靠的同盟国,这样就便利我们放手进行国内的建设工作和共同对付可能的帝国主义侵略,争取世界和平"[2]。

和平共处五项原则的提出和实施

和平共处五项原则,是周恩来总理于1953年12月31日在接见印度谈判代表团时首次提出。

中国和印度于1950年4月正式建交,但在两国关系中依然存在一些分歧和问题,其中之一便是西藏问题。英国早就觊觎中国的领土西藏。自19世纪中起,英国更是不断从其印度殖民地向西藏进行渗透、蚕食,经过1882年、1903年两次侵藏战争,英国攫取了在西藏的一系列特权。印度于1947年获得独立后,继承了英国在西藏的特权,继续在拉萨、江孜等地派有外交、商业代表,经营西

---

[1] 《中华人民共和国条约集》第1集,第45—46页。
[2] 《毛泽东外交文选》,第131页。

藏的邮政电讯事业,并在一些地区或设有驿站,或驻有军队。中华人民共和国成立后,印度仍企图继续保留这些特权,并曾阻挠西藏的和平解放。为了维护国家主权和领土完整,以及中印两国人民间的友好关系,中国外交部于1950年11月16日在给印度驻华使馆的备忘录中表示:"只要彼此严格遵守互相尊重领土主权及平等、互利的原则,我们相信,中印两国的友谊应该得到正常的发展,中印在西藏的外交、商业和文化关系,也可以循着正常的外交途径获得适当的互利的解决。"①对此,印度政府表示同意,于是,从1953年12月31日至1954年4月29日,中印两国就双方在西藏的关系问题在北京举行了谈判。

　　谈判开始时,周恩来总理接见了印度代表团,并首次提出了和平共处五项原则。周总理说:"新中国成立后就确立了处理中印两国关系的原则,那就是互相尊重领土主权、互不侵犯、互不干涉内政、平等互惠和和平共处的原则。"周总理强调:"两个大国之间,特别是像中印这样两个接壤的大国之间,一定会有某些问题。只要根据这些原则,任何业已成熟的悬而未决的问题都可以拿出来谈。"②印度代表赞同周总理的上述主张,随后,双方代表经过友好谈判,于1954年4月29日签订了《中印关于中国西藏地方和印度之间的通商和交通协定》。在协定的序言部分明确宣布:"双方同意基于(一)互相尊重领土主权、(二)互不侵犯、(三)互不干涉内政、(四)平等互惠、(五)和平共处的原则,缔结本协定。"③协定规定:中国得在新德里、加尔各答、噶伦堡三地设立商务代办处,印度得在西藏之亚东、江孜、噶大克三地设立商务代办处;为继续发展中国西藏地方同印度之间的贸易,中国指定西藏的某些地方为贸易市场,印度指定其境内某些地方为贸易市场。同日,中印两国政府还以换文方式规定印度政府将其驻在亚东和江孜两地的武装卫队全部撤走;印度将其在中国西藏地方经营的邮政、电报及电话等企业及其设备以及12个驿站,以合理的价格交给中国政府。这就较好地解决了印度在中国西藏地区曾经保有的一些特权。这次中印两国的谈判之所以比较顺利并获得成功,其基本原因就是基于"和平共处五项原则"。中印《协定》的签订,也是首次在国际条约中以和平共处五项原则作为指导国家间关系的准则,并迅速得到了更多国家的赞同与接受。

　　1954年6月25—29日,周恩来总理应邀访问了印度和缅甸。6月28日,中印两国总理发表联合声明,重申了指导中印两国关系的和平共处五项原则(其

---

① 转引自《当代中国外交》,第175页。
② 《周恩来外交文选》,中央文献出版社1990年版,第63页。
③ 《中华人民共和国条约集》第3集,第1页。

中"平等互惠"原则改为"平等互利",后来,周总理在亚非会议上的发言中,又将"互相尊重领土主权"改为"互相尊重主权和领土完整"),并认为"在他们与亚洲以及世界其他国家的关系中也应该适用这些原则。如果这些原则不仅适用于各国之间,而且适用于一般国际关系之中,它们将形成和平和安全的坚固基础,而现时存在的恐惧和疑虑,则将为信任感所代替"。两国总理指出,"在亚洲及世界各地存在着不同的社会制度和政治制度。然而,如果接受上述各项原则并按照这些原则办事,任何一国又都不干涉另一国,这些差别就不应成为和平的障碍或造成冲突。有关各国中每一国家的领土主权和互不侵犯有了保证,这些国家就能和平共处并相互友好。这就会缓和目前存在于世界上的紧张局势,并有助于创造和平的气氛。"①6月29日,中缅两国总理也发表联合声明,双方同意指导中印两国关系的和平共处五项原则"也应该是指导中国和缅甸之间关系的原则"。两国总理认为,"如果这些原则能为一切国家所遵守,则社会制度不同的国家的和平共处就有了保证,而侵略和干涉内政的威胁和对于侵略和干涉内政的恐惧就将为安全感和互相信任所代替"②。

中、印、缅三国总理通过发表联合声明,倡议将和平共处五项原则作为指导国际关系的准则,它对制止侵略,反对干涉他国内政,缓和紧张局势,保障亚洲和世界和平,具有重大意义。十个月后,在亚非会议上通过的《关于促进世界和平和合作的宣言》中提出的处理国际关系十原则,不仅包括了和平共处五项原则的基本内容,而且有了新的发展。中印、中缅总理联合声明的公布,也是中国运用和平共处五项原则成功地解决同邻国关系的范例。此后,中国政府继续遵循和平共处五项原则,通过和平协商,友好地解决了同其他邻国间的历史遗留问题,先后同缅甸、尼泊尔、蒙古、巴基斯坦、阿富汗签订了边界条约或协定。这些问题的解决,十分有利于中国同周边国家建立和发展睦邻友好关系,以及打破帝国主义对新中国的孤立和封锁政策。

中美大使级会谈

中华人民共和国成立后,美国政府不仅拒不承认新中国,而且对新中国采取孤立、封锁、军事包围乃至武装侵略的政策。中国为了维护自己的独立、主权和安全,自建国初期起,便同美国进行了长期的斗争,斗争的中心内容是台湾问题。

---

① 《中华人民共和国条约集》第3集,第8页。
② 同上书,第13页。

1945年9月,世界反法西斯战争取得了最终胜利,中国根据《开罗宣言》和《波茨坦公告》,从日本手中收回了固有领土满洲、台湾及澎湖等岛屿。1949年12月,国民党集团在其发动的反共内战中遭到失败后,逃至台湾。1950年1月5日,美国总统杜鲁门曾发表声明指出,美国及其他盟国"承认中国对该岛(台湾)行使主权"。并表示,美国"无意在台湾获取特别权利或建立军事基地","亦不拟使用武装部队干预其现在的局势"。①

然而,同年6月25日朝鲜战争爆发后,美国总统杜鲁门又于6月27日发表声明,宣布"我已命令第七舰队阻止对台湾的任何进攻"。他还说:"台湾未来地位的决定必须等待太平洋安全的恢复,对日和约的签订或经由联合国的考虑。"②针对这一声明,周恩来外长代表中国政府立即于6月28日发表了《关于美国武装侵略中国领土台湾的声明》,指出:"杜鲁门27日的声明和美国海军的行动,乃是对于中国领土的武装侵略,对于联合国宪章的彻底破坏。"为此,中国政府宣布"不管美帝国主义者采取何种阻挠行动,台湾属于中国的事实,永远不能改变;这不仅是历史的事实,且已为开罗宣言、波茨坦宣言及日本投降后的现状所肯定。我国全体人民,必将万众一心,为从美国侵略者手中解放台湾而奋斗到底"③。从此,在台湾问题上,中国同美国展开了长期的斗争。

朝鲜战争以及印度支那战争相继实现停战后,美国担心中国有可能集中力量解决台湾问题,遂于1954年12月2日同台湾国民党集团签订了所谓"共同防御条约",并将其"防御"范围扩大到除台湾和澎湖以外"经共同协议所决定之其他领土"。

12月8日,周恩来外长发表了关于美蒋"共同防御条约"的声明,指出"美国企图利用这个条约来使它武装侵占中国领土台湾的行为合法化,并以台湾为基地扩大对中国的侵略和准备新的战争。这是对于中华人民共和国和中国人民的一个严重的战争挑衅"。周恩来郑重声明,"蒋介石卖国集团没有任何权利同任何国家签订任何条约。美蒋'共同防御条约'根本是非法的、无效的","中国人民坚决反对"。④

此外,中国人民解放军于1955年1月18日解放了一江山岛,以打击美蒋勾结,阻挠我解放台湾的活动。次日,美国总统艾森豪威尔在记者招待会上提出,

---

① 《中美关系资料汇编》第2辑(上),世界知识出版社1960年版,第10页。
② 同上书,第89—90页。
③ 《周恩来外交文选》,第18、19页。
④ 《中美关系资料汇编》第2辑(下),第2077—2078页。

他"愿意看到联合国进行斡旋,以谋求一项协议,来停止中国沿海的战斗"①。针对这一谈话,周恩来总理兼外长于1月24日发表了《关于美国政府干涉中国人民解放台湾的声明》,指出"解放台湾是中国的主权和内政","联合国或任何外国都无权干涉中国人民解放台湾"②。此后,联合国安理会根据新西兰的要求曾准备讨论中国政府同台湾当局在中国大陆沿岸岛屿地区发生敌对行动的问题。对于新西兰这个显然是干涉中国内政,并掩盖美国侵略中国的行为的建议,中国拒绝派代表参加讨论。2月5日,周恩来通过瑞典驻华大使答复联合国秘书长哈马舍尔德:国际上一切为缓和并消除远东紧张局势,包括台湾地区的紧张局势在内的真正努力,中华人民共和国总是给予支持的。"现在的问题在于新西兰的提案是要通过联合国使中华人民共和国政府同国民党集团谈判停火,这就是把属于中国内政的事情,把任何外国或联合国都无权干涉的中国内政的事情,放在国际舞台上。"③周恩来强调,"台湾地区的紧张局势是美国造成的,是美国侵占了台湾,侵入了台湾海峡","如果世界各国要和缓这个地区的紧张局势,就应该去劝美国","中国是不拒绝同美国通过外交谈判来解决这个紧张局势的问题的"④。

同年4月,周恩来总理在出席万隆会议期间,在23日举行的部分代表团团长会议上发表声明,指出:"中国人民同美国人民是友好的。中国人民不要同美国打仗。中国政府愿同美国政府坐下来谈判,讨论和缓远东紧张局势的问题,特别是和缓台湾地区的紧张局势问题。"⑤周恩来的这个不足百字声明却重有千钧,引起了国际舆论的极大震动。第二天,周恩来在万隆会议闭幕会上重申,"台湾地区紧张局势的和缓与消除,应该由中国和美国坐下来谈判解决,但不能丝毫影响中国人民行使自己主权——解放台湾的正义要求"⑥。4月26日,美国国务卿杜勒斯在记者招待会上回答是否排斥中美双边谈判的提问时,他明确说:"不排斥。"⑦这就为日后的中美大使级会谈提供了可能。果然,美国政府于7月13日通过英国向中国建议,中美双方互派大使级代表在日内瓦举行会谈。

---

① 《中美关系资料汇编》第2辑(下),第2148页。
② 同上书,第2149—2150页。
③ 转引自《当代中国外交》,第75页。
④ 《周恩来外交文选》,第107页。
⑤ 同上书,第134页。
⑥ 《中美关系资料汇编》第2辑(下),第2252页。
⑦ 同上书,第2255页。

在大使级会谈开始前,中美双方在日内瓦会议期间就有过接触,这可算是中美大使级会谈的前奏。当时,有一些在朝鲜战争期间因侵犯中国领空而被拘禁的美国军事人员,以及因违反中国法律而被拘禁的美国侨民,尚关押在中国。美国政府迫于国内强大的舆论压力,希望中国释放这些在押人员。因此,在日内瓦会议期间,美国代表便打算通过英国代表来办理美国在华被押人员问题。与此同时,中国也有一批留学生和科学家被美国无理扣留。所以,中国代表团于5月27日向新闻界发表了关于美国无理扣留中国侨民和留学生的谈话,并表示中国愿意就被扣押人员问题同美国直接进行谈判。结果,导致了中美两国代表在日内瓦会议期间的会晤。

这次会晤于6月5日至21日举行,共进行了四次会谈,中国代表是外交部办公厅主任王炳南,美国代表是美国驻捷克斯洛伐克大使约翰逊。会谈的主要内容是美方在中国被扣押人员回国问题以及中国在美侨民及留学生回国问题。在会谈中,由于美方代表的态度固执、政策僵硬,此次会晤未取得任何结果。日内瓦会议结束后,中美两国又于1954年9月2日至1955年7月15日在日内瓦举行了领事级会谈,继续就前一阶段未获解决的两个问题进行谈判。结果,仍无进展。尽管如此,这一阶段的接触实为中美大使级会谈做了必要的准备。

根据美国的建议,中美两国于1955年8月1日在日内瓦开始大使级会谈。中方代表是中国驻波兰大使王炳南(于当年4月出任);美方代表仍是美国驻捷克斯洛伐克大使约翰逊。为了有利于会谈,中国政府于7月31日宣布决定提前释放11名在押的美国间谍。经双方协议,会谈的议程有两项:双方平民回国问题;双方有所争执的其他实际问题。经过多轮会谈,中美于9月10日就第一项议程达成协议,双方承认在各自国家的对方平民享有返回的权利。这是中美大使级会谈达成的唯一协议。此后,会谈转入第二项议程——其他实质性问题。

中方代表王炳南大使提出,在这项议程内应讨论台湾问题和两国外长直接谈判问题。但美方却主张讨论中美双方在台湾问题上保证不诉诸武力。中国一贯主张不使用武力解决中美之间的争端,但是,在台湾问题上,就美国而言,是美国在台湾的军事存在,因此,美国应该从台湾和台湾海峡撤走其一切武装力量。对中国来说,台湾是中国领土,中国人民以什么方式解放台湾,这是中国的内政,美国无权干涉。上述外交与内政这两个性质不同的问题,决不能混为一谈。

为便于讨论,中国代表就放弃使用武力问题于10月27日提出两国大使协议声明草案。草案援引了联合国宪章关于各会员国应以和平方法解决其国际争端的条款后,提出中美两国同意"它们应该用和平方法解决它们两国之间的争端而不诉诸武力;为了实现它们的共同愿望",中美两国"决定举行外长会议,协商解决和缓与消除台湾地区紧张局势的问题"①。

美国代表既不同意援引联合国宪章有关条款,也不愿规定中美举行外长会议,最后,于11月10日提出了美方的协议草案:"一般说来,并特别对于台湾地区来说,除了单独和集体的防御外,美利坚合众国放弃使用武力。……一般说来,并特别对于台湾地区来说,除了单独和集体的防御外,中华人民共和国放弃使用武力。"②

美国提出的这个协议草案是十分荒谬的。台湾是中国的领土,美国岂能在那里拥有对中国实行"单独和集体的防御"权利?实际上,这是要中国政府承认美国侵占台湾的既成事实,并放弃解放台湾的权利,这是中国绝对不能接受的。但是,为了照顾美方的意见,使会谈能取得进展,中国代表又于12月1日提出了一个新的草案,这个草案避开了联合国宪章有关条款和两国外长会谈等内容,只提"应该通过和平谈判解决它们两国之间的争端而不诉诸威胁或武力"。对于这个新草案,美国代表在以后接连的三次会议上都不置可否,直到1956年1月12日,美国代表才又提出一个与前次所提草案并无明显区别的草案。此后,在近两年的时间内,会谈一直没有任何进展。1957年12月12日,在中美第73次会议上,美国代表约翰逊竟宣布,他因调任美国驻泰国大使,将退出会谈,而由他的副手、美国驻捷克斯洛伐克使馆参赞埃德·马丁接替参加会谈。

对于美国企图降低会谈级别的做法,王炳南大使当即指出这是不严肃的,经双方协议而举行的中美大使级会谈,一方不能任意加以改变。此后,虽经中方多次催促,美国政府就是不指派新的大使级代表。美国尽可能地拖延中美大使级会谈,就是想"达到冻结台湾地区现状的目的"③。

1958年6月30日,中国外交部发表声明,要求美国政府自即日起15天内指派参加会谈的大使级代表。美国政府虽然没有及时答复,但是,终于在7月28日正式指派了其驻波兰大使雅各布·比姆为美方代表。这样,中断了9个多月的中美大使级会谈终在1958年9月15日在华沙复会。

---

① 王炳南:《中美会谈九年回顾》,世界知识出版社1985年版,第59页。
② 同上书,第60页。
③ 周恩来:《关于目前国际形势、我国外交政策和解放台湾问题》,《中华人民共和国第一届全国人民代表大会第三次会议文件》,人民出版社1956年版,第105页。

会谈开始时,正值第二次台湾海峡危机期间。这一年的 7 月 15 日,美国武装干涉黎巴嫩发生后,台湾的蒋介石集团由此得到鼓舞,便叫嚷要"反攻大陆",并以金门和马祖为基地,加强了对大陆的骚扰与破坏活动。与此同时,美国海军参谋长伯克也于 8 月 8 日宣称:"美国海军正密切注视台湾地区局势,随时准备进行像在黎巴嫩那样的登陆。"①

为此,中国人民解放军于 8 月 23 日开始炮击金门和马祖两岛,以惩戒台湾国民党当局对大陆的骚扰与破坏活动,并打击美国制造"两个中国"的图谋。美国一方面急忙向台湾海峡的第七舰队大量增兵,同时,杜勒斯国务卿又在艾森豪威尔的授权下于 9 月 4 日发表声明,扬言"美国负有条约义务来帮助保卫台湾(福摩萨)不受武装进攻",并说"美国已经作出军事部署,以便一旦总统作出决定时接着采取既及时又有效的行动"。他同时表示希望在台湾地区"获得一项宣布除非在自卫的情况下共同和相互放弃使用武力的声明"②。

针对美国继续与中国人民为敌的行径,周恩来总理于 9 月 6 日发表了《关于台湾海峡局势的声明》,重申"中国人民解放自己的领土台湾和澎湖列岛的决心是不可动摇的。中国人民尤其不能容忍在自己的大陆内海中存在着像金门、马祖这些沿海岛屿的直接威胁"。声明强调:"中国和美国在台湾海峡地区的国际争端和中国人民解放自己的领土的内政问题,是性质完全不同的两件事。美国一贯企图把这两件事混淆起来,以掩盖它对中国的侵略和干涉,这是绝对不能容许的。中国人民完全有权采取一切适当的方法,在适当的时候,解放自己的领土,任何国家都无权干涉。如果美国政府悍然不顾中国人民的再三警告和世界人民的和平愿望,继续对中国进行侵略和干涉,把战争强加在中国人民的头上,美国政府必须承担由此而产生的一切严重后果。"周恩来在声明中指出:"现在,美国政府又表示愿意通过和平谈判来解决中美两国在中国台湾地区的争端。为了再一次进行维护和平的努力,中国政府准备恢复两国大使级会谈。"③

会谈开始后,比姆要求中国在台湾海峡地区停止对金门、马祖的炮击,并说中美两国的共同任务是缓和台湾海峡的紧张局势。王炳南大使当即指出,中国政府对盘踞在金门、马祖的蒋介石部队采取惩罚性军事行动,是中国的内政,任何国家无权干涉。在这个问题上,美国无权代表台湾当局讲话,也无权提出停

---

① 《当代中国外交》,第 105 页。
② 《中美关系资料汇编》第 2 辑(下),第 2681—2683 页。
③ 同上书,第 2686—2687 页。

火的建议。中美两国之间没有发生战争,因而也就不存在"停火"问题。中国人民同蒋介石集团之间的武装斗争,自中国人民解放战争以来就没有停止过,但从未造成国际局势紧张。所以,消除台湾海峡地区紧张局势的关键,是美国军队撤出这个地区。王炳南大使强调,美国若不放弃在台湾问题上干涉中国内政的做法,中美之间不可能解决其他问题。

9月18日,美方代表提出协议草案,要中国同意"除非进行单独和集体的自卫,放弃对金门群岛和马祖群岛使用武力与武力威胁",遭到中方代表的拒绝。9月30日,杜勒斯在记者招待会上就有关台湾海峡局势和中美会谈回答记者提问时说:美国"没有保卫(中国)沿海岛屿的任何法律义务","如果美国认为放弃这些岛屿不会对可能的保卫福摩萨(台湾)和条约(指美蒋《共同防御条约》)地区的工作产生任何不利的影响,我们就不会考虑在那里使用部队"。他还说:"如果在那个地区(台湾海峡)有了看起来相当可靠的停火,我认为,在这些岛屿上保持这批为数不少的部队就是愚蠢的。"①从杜勒斯的谈话可以看出,首先,美国现在还不准备为金门同中国打仗,它只想如何劝说国民党的军队从金门和马祖撤走,不使自己的兵力长期陷在台湾海峡地区,以免影响美国的全球战略利益。换句话说,"美国想从金、马脱身"。其次,"美国想劝蒋军撤离沿海岛屿,用来换得冻结台湾海峡的局势,要我们对台湾不使用武力,即承认美国侵占台湾合法化和'两个中国'的'事实上的存在'"②。杜勒斯的这次谈话,使蒋介石十分生气,并再三地骂美国对不住他。

针对美国的打算,中国采取的对策是:"把蒋介石继续留在金门、马祖沿海岛屿上",让"美国继续干涉"。"美国想从金门、马祖脱身,我们不让它脱身,我们要美国从台湾撤军。"中国绝"不能因为只谈金、马,而换来一个美国占领台湾的合法化,换来所谓'两个中国'的存在"③。因此,中国人民解放军根据命令,经过两次停止对金门炮击后,又于10月25日起,改为逢双日停止炮击金门的机场、码头和船只,使金门诸岛的军民能得到充分的供应,以利于国民党部队长期固守。这样,在相当长的一段时间内,金门等沿海岛屿便处于一种停停打打,半停半打的状态中。同台湾海峡地区局势密切相关,中美大使级会谈也是谈谈停停。1961年9月,美方代表比姆奉调回国,由美国新任驻波兰大使卡伯特继续参加会谈。1964年,王炳南大使调任外交部副部长,由中国新任驻波兰大使

---

① 《中美关系资料汇编》第2辑(下),第2817、2816页。
② 《周恩来外交文选》,第263—265页。
③ 同上。

王国权接替参加谈判。在以后的谈判中,由于美方顽固地拒绝从台湾地区撤出其一切武装力量,致使会谈未能在缓和并消除台湾地区紧张局势这个关键问题上取得任何进展。

从1955年8月至1970年2月,中美大使级会谈共举行了136次会议,它使中美两个大国在互不承认的对立情况下,有了一个保持某种接触和联系的渠道。

第二节 美国对朝鲜的武装干涉

朝鲜战争的爆发与美国的武装干涉

早在第二次世界大战期间,美国就企图把整个朝鲜半岛置于自己的控制之下,使其成为控制亚洲和阻止苏联势力在亚洲扩张的前哨基地。

1945年2月,在雅尔塔会议期间,罗斯福与斯大林达成战后由美、苏、中、英四国托管朝鲜的谅解。所谓"四国托管",在罗斯福看来,应以美国为主导。在同年7—8月召开的波茨坦会议上,美、英、苏三国军事首长曾商定在苏联参加太平洋战争以后,应该在整个朝鲜地区就美、苏两国的海、空军作战范围划一条界线,但没有讨论地面作战区域划分问题。

波茨坦会议后,盟国从各条战线发起对日最后攻势,8月8日,苏联对日宣战,日军迅速溃败。美国原想抢在苏联之前占领整个朝鲜半岛,但赶不上苏军向朝鲜半岛推进的速度。8月10日,美国国务院、陆军部和海军部匆忙召开会议,研究阻止苏军南下的方案,提出将北纬38度作为美军和苏军在朝鲜执行对日军事行动的临时分界线。8月14日,杜鲁门批准了这个建议。翌日,杜鲁门致函斯大林,并附上他给麦克阿瑟的关于日军投降细节的"总命令第一号",征求斯大林以三八线作为受降分界线的意见。8月16日,斯大林复信表示基本同意这种安排。

1945年9月8日,美军在仁川和釜山登陆,开始占领朝鲜南部地区。同时,推进到三八线以南部分地区的苏军相继撤退到三八线以北。这样,就形成了美苏以三八线为界分别占领朝鲜的局面。由于美苏在各自占领区实行不同的政策,致使朝鲜南、北部向着不同的方向发展。

1945年9月19日,美军在原日本总督府的基础上,成立了以麦克阿瑟为首的南朝鲜军政府,各级官员均由美军军官担任。10月21日,麦克阿瑟把在美国侨居37年的亲美派人物李承晚从美国接回朝鲜,竭力扶植其为美国在南朝鲜的代理人。

1948年5月10日,在美国操纵下,南朝鲜进行单方面"选举",组成了以李承晚为议长的"国民议会"。7月17日,该议会颁布了《大韩民国宪法》。8月15日,"大韩民国政府"成立,李承晚出任总统。同时,美国在南朝鲜的军政府宣告结束其使命,致使朝鲜走上分裂的道路。

8月25日,北朝鲜举行普遍民主选举,选出朝鲜最高人民会议。9月2日,在平壤召开最高人民会议第一次会议,并于9月8日通过《朝鲜民主主义人民共和国宪法》,选举产生了以金日成为首相的中央政府。9月9日,朝鲜民主主义人民共和国宣告成立。

南、北朝鲜分别建立政权,标志着朝鲜半岛南、北对峙局面的最终形成。

美国为加强对南朝鲜的控制并把触角伸向北朝鲜,不断扩大对南朝鲜的军事和经济援助,李承晚也妄图以"实力"吞并北朝鲜。据统计,仅1949年一年,南朝鲜军队就在美国军事顾问指挥下,对三八线以北地区发动了2617次侵犯。

1950年5月,南朝鲜举行选举,李承晚集团遭到惨败。6月7日,金日成发起一场规模浩大的运动,要求以普选争取国家和平统一。在南朝鲜面临严重政治危机的时刻,美国总统特使约翰·福斯特·杜勒斯于6月17日至21日飞抵南朝鲜,秘密视察了三八线一带,并在南朝鲜国民议会上保证,美国将在道义上和物质上支持李承晚集团反对共产主义的活动。

1950年6月25日,朝鲜爆发内战。当天,联合国安理会应美国的要求召开紧急会议,在苏联代表缺席的情况下,通过了一项决议案,要求南北朝鲜"立即停止敌对行动",以便为美国进行武装干涉制造借口。6月27日,美国总统杜鲁门发表声明,宣布命令美国海、空军给南朝鲜部队以掩护及支持,直接介入朝鲜战争;命令第七舰队进入台湾海峡,以武力阻挠中国人民解放台湾;命令加强美国在菲律宾的军队,增加对菲律宾的军事援助;并决定支持法国在印度支那的殖民战争。同日,联合国安理会在美国的操纵下,通过关于朝鲜问题的提案,诬蔑朝鲜民主主义人民共和国是"侵略国",予以"武力制裁",并要求联合国会员国追随美国对朝鲜进行武装干涉。6月30日,杜鲁门命令美陆军参加朝鲜战争。7月7日,安理会通过由美国炮制的非法决议,授权美国组建"联合国军"司令部,统帅侵朝的各国军队,并使用联合国的旗帜。次日,杜鲁门任命麦克阿瑟担任"联合国军"总司令。在联合国的名义下,美国纠集英、法等15国军队,悍然扩大侵朝战争。

朝鲜战争发生后,朝鲜人民军在朝鲜劳动党的领导下浴血奋战,6月28日解放汉城。仅在两个多月的时间里,就解放了朝鲜南部90%的土地和92%的人口,取得了初战的巨大胜利。

9月15日,美国凭借海、陆、空优势兵力,在朝鲜中部西海岸仁川登陆,走上了扩大侵略战争的道路。9月30日,美军占领汉城。10月4日,美军越过三八线,大举向北进犯。10月7日,在美国操纵下,联合国通过英国等8国提案,授权"联合国军"总司令用武力"统一朝鲜"。10月21日,美军占领平壤。10月24日,麦克阿瑟下令美军向中、朝边境的鸭绿江边进逼,其险恶居心洞若观火。

中国人民志愿军入朝作战

中国和朝鲜是一江之隔的唇齿之邦。美国对朝鲜的武装侵略,严重威胁了中国的安全。从1950年8月27日起,美国飞机不断侵犯中国东北领空,进行侦察、扫射和轰炸;美国军舰在公海上对中国商船进行炮击和盘查。中国政府对美国的侵略行径多次发出警告。9月22日,中国外交部发言人严正声明,中国人民将永远站在朝鲜人民方面,坚决反对美国扩大战争的阴谋。9月30日,即美军占领汉城的当天,周恩来总理向全世界郑重宣告:"中国人民决不能容忍外国的侵略,也不能听任帝国主义者对自己的邻人肆行侵略而置之不理。"[①]10月3日,周恩来在同印度驻华大使潘尼迦的谈话中明确表示,如果美军越过三八线,"我们不能坐视不顾,我们要管"[②]。但是,美国侵略者无视中国政府的警告,麦克阿瑟甚至叫嚣说:如果中国军队参加战斗,那就杀他个落花流水。10月21日,美军攻占平壤后,继续向北推进,战火一直燃烧到鸭绿江边,使刚刚诞生的新中国面临严重的威胁。

面对美国武装入侵的严重危险,中国人民掀起了抗美援朝,保家卫国的运动。1950年10月25日,中国人民志愿军跨过鸭绿江,同朝鲜人民并肩作战,迅速扭转了战局,至11月5日第一次战役结束时,将推进到鸭绿江边的美李军队赶到清川江以南,歼敌13 000多人。

麦克阿瑟不甘心失败,命令美远东空军司令斯特拉特迈耶出动所辖全部空军,炸毁鸭绿江朝鲜一侧的全部桥梁,以阻止中国军队过江。该命令在盟国和美国政府决策层引起不同凡响。英国和加拿大等国担心战争扩大会使美国政策偏离欧洲这个战略中心;美国务院一些官员也认为,美国被拖在亚洲对苏联

---

① 《周恩来外交文选》,第24页。
② 同上书,第25页。

有利。11月8日,美参谋长联席会议电告麦克阿瑟,美国政府拟考虑用政治手段解决中国介入问题。麦克阿瑟表示反对,并狂妄声称靠现有兵力足可以对付中国军队。

1950年11月25日,中朝军队发动第二次战役,收复了平壤和朝鲜北部广大地区,到12月24日第二次战役结束时,美李军队被赶到三八线以南,中朝军队共歼敌34 000多人。

在战局连遭失利的情况下,美国政府决策层从美苏全球对抗的角度考虑,主张尽可能不使战争扩大,但当前决不能表示软弱。11月30日,杜鲁门在记者招待会上声明,美国将加强军事力量以应付中国参战后的局势,并明确表示,一直在"积极地考虑"使用原子弹。该声明引起西方盟国的不安。12月4日,英国首相艾德礼飞抵华盛顿与美国领导人会谈。艾德礼反对使用原子弹,主张举行谈判以避免战争扩大,否则会使苏联在欧洲获得战略上的好处。双方经过会谈,达成以下共识:(1)在朝鲜进行的战争不应损害欧洲防务;(2)美国在与盟国协商之前,不能将战争扩大到朝鲜半岛以外的地区;(3)目前仍继续进行战争,直到出现对美国有利的谈判条件为止。

1951年除夕之夜,中朝军队发动了第三次战役,即"新年攻势",迅速攻占了汉城,并解放了仁川、水源等重要城镇,把敌人赶到37度线附近,到1月8日战役结束时,共歼敌13 000多人。

1月12日,杜鲁门急忙召集国务院与军方领导人研究下一步军事行动方针。会议决定,美军应设法在朝鲜坚持住,如果苏联参战或者依靠现有兵力无法坚持时,就撤出朝鲜。会后,杜鲁门亲自打电报将会议的决定通知麦克阿瑟。

与此同时,美国在联合国内积极开展外交活动,企图通过谴责中国为"侵略者"的决议。2月1日,在美国的操纵下,第五届联合国大会非法通过诬蔑中国"侵略"朝鲜的第1771号决议,并决定成立所谓"集体措施委员会",妄图对中国实行"制裁"。

第四次战役,又称汉江防卫战,开始于1951年1月下旬。1月25日,美国纠集20多万军队向中朝部队控制下的汉江南岸阵地发动进攻。2月11日,中朝军队发起局部反击。经过一个多月的激烈攻防战,美李军队于3月15日控制了汉城,并很快推进到三八线,但却付出了沉重代价,损失78 000多人。

3月24日,麦克阿瑟发表声明,主张将军事行动扩大到朝鲜境外,公然要求改变杜鲁门政府使朝鲜战争局部化的做法。该声明在美国政府内部造成很大混乱,并在西方盟国中引起严重不安,它们纷纷要求华盛顿予以澄清。为了平息盟国的不满和缓和国内的矛盾,杜鲁门于4月11日撤销了麦克阿瑟联合国军总司令的职务,由李奇微接任。

1951年4月22日,中朝军队发动了第五次战役,至5月21日战役结束时,共歼敌46 000多人。

中朝军队从1950年10月25日至1951年5月21日,进行了5次大规模战役,把美李军队从鸭绿江边赶回到三八线附近,歼敌19万余人,奠定了胜利的基础。

朝鲜停战谈判与停战协定

中国人民是爱好和平的。朝鲜战争爆发后,中国人民和中国政府明确主张和平解决朝鲜问题,并要求美国即刻停止侵朝战争,撤退侵略军队,以利远东的和平。但是,美国侵略者置中国人民的正义要求于不顾,坚持武力统一朝鲜的政策,只是在遭到中朝人民的沉重打击之后,美国政府由于军事上的惨败和国际国内的巨大压力,才迫不得已接受停战谈判。

1951年6月23日,苏联驻联合国代表马立克提出和平解决朝鲜问题的建议,主张交战双方谈判停火和休战,各自把军队撤离三八线。6月25日,杜鲁门发表声明,表示美国准备参加和平解决朝鲜问题的谈判。6月30日,李奇微奉命在战区发表广播声明,邀请中朝方面就停战问题进行谈判。7月1日,中朝方面发表声明,表示同意举行谈判。

7月10日,以美国为首的"联合国军"为一方,以中朝部队为另一方,在开城举行谈判。斗争的焦点首先集中在军事分界线如何确定的问题上。中朝方面提出以三八线为军事分界线的合理主张,遭到美方的拒绝。美国代表公然提出,中朝军队从三八线后撤30公里至60公里,妄图取得1.2万平方公里的土地,作为美国海空优势的所谓"补偿"。由于美国制造障碍,8月23日谈判中断。在谈判中断之前,美李军已发动夏季攻势并接连发动秋季攻势,结果遭到惨败,损失兵力达25万人。

战场上的事实表明,美国靠军事压力无法打开僵局,只好回到谈判桌上来。10月25日,停战谈判在板门店恢复。由于中朝方面的坚持和努力,到1952年5月2日,双方就确定军事分界线和建立非军事区、实现停火和停战的具体安排以及向双方有关各国政府建议事项等问题达成协议。但是,在讨论遣返战俘问题时,美国又节外生枝,拒绝中朝方面提出的在停战后迅速遣返全部战俘的合理主张。当时,以美国为首的"联合国军"控制的中朝军队的战俘比中朝军队控制对方的战俘要多,美方认为,如果全部遣返,将增加中朝方面的军事力量。为了达到扣留中朝被俘人员的目的,美方抛出了"一对一遣返"、"自愿遣返"和"不强迫遣返"等方案,结果使谈判又陷于僵局。

1952年10月14日,美军在上甘岭地区发动大规模攻势,妄图以军事压力增强其谈判中的地位,迫使中朝方面让步。中朝部队顽强作战,到11月底就粉碎了敌人的猖狂进攻,赢得了上甘岭战役的胜利。

1953年4月26日,停战谈判恢复。6月8日,双方达成遣返战俘问题的协议。至此,朝鲜停战的全部议程都已完成。6月18日,李承晚集团在美国警卫部队未加制止的情况下,从战俘营里劫走2.7万名北朝鲜被俘人员,实行强迫扣留,为朝鲜停战的实现制造了新的障碍。李承晚的行动在各方面引起了强烈反响。中朝方面对这一挑衅行为提出强烈抗议并对南朝鲜军队展开了强大的反击战。英法等国也对李承晚破坏停战谈判的行为表示不满。在这种情况下,美国才迫使李承晚作出今后执行停战谈判的保证。作为交换条件,美国答应向南朝鲜提供军事援助、双方签订共同防御条约并帮助南朝鲜训练和装备20个师的部队。

1953年7月27日,双方在板门店正式签署了《关于朝鲜军事停战的协定》。协定的主要内容有:(1)自协定签订后12小时起,双方完全停止在朝鲜的一切敌对行为;(2)以三八线附近的双方实际接触线为军事分界线,双方各自由此线向后撤退2公里,以便建立非军事区;(3)停止自朝鲜境外进入增援的军事人员和武器;(4)停战协定生效后60天内,各方应将其收容下的一切坚持遣返的战俘分批直接遣返,将其余未直接遣返的战俘统交中立国遣返委员会处理;(5)双方军事司令官向有关各国政府建议,在停战协定生效后3个月内,各派代表召开高一级的政治会议,协商从朝鲜撤退一切外国军队及和平解决朝鲜问题。

朝鲜战争是美国在第二次世界大战后发动的第一次大规模侵略战争。在三年多的侵朝战争期间,美国投入了1/3的陆军、1/2的海军和1/5的空军,支出200亿美元的直接战费,还以联合国的名义纠集了15个国家的兵力,结果仍以失败告终。中朝部队共歼敌109.3万人,其中含美军39.7万人,击落和击毁敌机1.2万多架,击沉和击伤舰艇和船舶560多艘,击毁和击伤坦克3000多辆,把美国侵略者赶回到三八线附近。

中朝人民的伟大胜利,粉碎了美国企图用武力吞并整个朝鲜半岛和扼杀新中国的阴谋,沉重打击了美国的嚣张气焰,使其从顶峰上开始跌落下来,维护了远东和世界的和平,极大地鼓舞了日益兴起的被压迫民族和被压迫人民的革命斗争。

第三节　美国单独对日媾和与日美"安全体系"的确立

旧金山和会与《旧金山对日和约》

最早公开提出对日媾和的是麦克阿瑟。1947年3月17日,麦克阿瑟在东京外国记者俱乐部就占领政策发表讲话,声称:"应早日结束对日本的军事占领,缔结正式的对日和平条约,撤销盟军总部。举行和平条约的谈判越早越好,最迟应在一年内开始举行","因为现在缔结和平条约的诸条件已经成熟"[①]。5月8日,美国副国务卿艾奇逊奉杜鲁门之命在克利夫兰的德尔塔市议会上发表对外政策演说,明确宣布:我们[美国]要做的就是推动欧洲与亚洲那两个最大工厂——德国和日本的重建,并强调即使盟国意见不能一致,美国也要立即采取行动,帮助复兴德、日两国。

1947年7月11日,美国副国务卿希尔德林在远东委员会会议上提出建议:由远东委员会十一个成员国于8月19日举行代表会议,共同拟订对日和约草案;在此基础上召开全体对日作战国家会议进行审议;会议采取2/3多数表决制。美国建议的实质,是想在解决对日和约这一重大问题时,绕过本应事先举行的苏、美、中、英四国外长会议,以便纠集和挟持多数操纵会议。对此,英国同意美国提出的表决方式。苏联于7月22日和8月29日两次复照美国,从根本上表示反对,指出:苏、美、中、英四国在战时和1945年12月莫斯科外长会议已就战后和平调整等问题达成协议,承认四国"在战后日本情势诸问题方面,有特别利益",因此苏联"坚持召开对日和约会议之问题必先经过包括苏、美、英、中四国代表之外长会议讨论"[②]。中国国民党政府由于受到《中苏友好同盟条约》有关缔约国不与日本单独媾和条款的约束,同时担心削弱自己的发言权,因此它主张采取远东委员会成员国2/3多数包括四大国一致同意的表决方式。当苏联明确表态后,国民党政府又劝说美国应"不遗余力地"争取苏联参加,以防止它采取独立的行动方针。[③] 这样,美国最初的对日媾和建议因苏联的坚决反

---

① 《朝日新闻》(日本)1947年3月18日。
② 《对日和约问题史料》,人民出版社1951年版,第39—42页。
③ 刘同舜、高文凡:《战后世界历史长编》第6册,上海人民出版社1985年版,第339页。

对和国民党政府的暧昧态度而告搁浅。

1949年中国人民革命的伟大胜利，彻底打乱了美国在远东的战略部署。在1949年8月发表的中美关系"白皮书"中，美国宣称不再全力支持国民党政府，而要在"中国的邻国"遏制"中国对邻国的攻击"。这就表明了美国决心把对亚洲政策的重点转向日本，以挽回其对华政策失败的影响，力求在远东继续维持有利于美国的战略格局。这样，日本在美国的亚洲政策中作为新的战略基地受到了高度重视。为了把日美关系由原来的敌对国转变为同盟国，美国决定结束远东委员会的约束和对日军事占领，通过缔结和约，使日本恢复所谓合法地位。

9月13日，美国国务卿艾奇逊在华盛顿和英国外交大臣贝文就远东问题举行会谈。14日艾奇逊在记者招待会上说："我们讨论了促进对日媾和问题，并在有必要尽快召开对日和会这一点上取得了一致意见。"①9月15日，法国外长舒曼加入会谈，三国外长于9月17日发表联合公报宣称，三国在远东形势以及对形势的处理方式上，已经取得了完全一致的意见，并表示即使苏联反对也要召开对日和会。

1950年4月6日，杜鲁门任命共和党的杜勒斯为国务院顾问，以推动媾和工作的进行。6月17日，杜勒斯抵东京与日本首相吉田茂就媾和问题举行第一次会谈。正在杜勒斯访日期间，爆发了朝鲜战争。驻日的美第8军首先被派到朝鲜战场，继而美国动员了日本的经济和技术力量，以"惊人的速度，将四岛变成了一个大的供应基地"，"如果没有这一招，朝鲜战争就打不下去"②。通过朝鲜战争，美国一方面充分检验了日本作为其远东战略后勤基地的补给作用，另一方面更加快了对日媾和的步伐。

9月11日，美国国务院制定出关于和约"七点原则"的建议，包括缔约国家、联合国、领土、安全、政治与商业措施、权利要求、争端七个项目，其中缔约国家一项规定："任何或一切愿意在所建议的和可能获得协议的基础上媾和的对日作战国家。"③这就表明美国坚持玩弄所谓多数媾和，以孤立苏联并排除中华人民共和国的代表权，强行通过对日和约。9月、10月间，美国将七原则分别送交出席第四届联大会议的远东委员会成员国，企图在此基础上取得各国的同意。

---

① 信夫清三郎：《战后日本政治史》第3卷，东京劲草书房1969年版，第1007页。
② 墨菲：《置身于军人中的外交家》，华盛顿双日出版社1964年版，第347—348页。
③ 关于媾和七原则，参见《对日和约问题史料》，人民出版社1951年版，第61—62页。

1951年1月25日,杜勒斯作为美国总统特使访日,与吉田茂举行第二次会谈。会谈中,杜勒斯表示:"我们不想缔结战胜国对战败国的和约,而是在考虑缔结友邦之间的条约。"吉田茂认为七原则的内容比日方"预料的还宽大,使我们增加了很大勇气"①。经过杜勒斯二访日本,和约的轮廓大体形成。

3月23日,杜勒斯根据七原则拟定和约草案,并提交远东委员会成员国征求意见。4月16日,杜勒斯又专程赴日,与吉田茂就修改和约草案举行了第三次会谈。对于美国的"三月草案",除苏联、中国和印度一开始就表示强烈反对外,其他对日作战国家的不满主要集中在三个方面:(1)澳大利亚、新西兰、菲律宾等国认为草案对日本过于宽大,担心日本军国主义东山再起,要求和约继续限制日本的军备;(2)菲律宾、缅甸等东南亚国家对草案放弃战争赔偿的规定愤愤不平,甚至有国家表示要抵制和会,它们强烈要求修改赔偿条款;(3)在邀请中华人民共和国还是台湾出席和会问题上,美英立场大相径庭。为了解决上述矛盾,同年6月杜勒斯访英,美英两国对和约草案进行了讨论和修改,并达成妥协:中国的两方都不参加和会,将来由日本自己选择与哪一方缔结和约。8月30日和9月1日,美国先后缔结《美菲共同防御条约》和《美澳新安全条约》,以消除这些国家对日本重整军备的担忧。对于赔偿条款,美国做了一些修改,把无赔偿改为劳务赔偿,以拉拢东南亚国家出席和会。

7月12日,美英两国政府同时公布了经过双方修改的和约草案。7月20日,美国向有关各国发出参加和会的请柬,并于8月13日发送美英联合草案的正式文本。至此,美国苦心筹划4年之久的片面对日和会的准备工作全部就绪。

1951年9月4日,美国不顾中国政府的强烈反对,在旧金山召开对日和会。包括日本在内共52个国家出席了会议。南斯拉夫、印度和缅甸拒绝参加。抗日战争的主力、付出牺牲最大的中国的合法代表——中华人民共和国却因美国的阻挠而被拒之和会门外。苏联出席了和会,并对议事规程、和约提出修正动议和修正案,但均被美国操纵下的大会否决。9月8日,参加和会的49个国家签署了对日和约,苏联、波兰、捷克斯洛伐克拒绝签字。和约规定:(1)"日本承认朝鲜之独立";(2)日本放弃对台湾、澎湖列岛、南威岛及西沙群岛的"一切权利、权利根据与要求",但只字不提它们的归属问题,为制造"两个中国"和缔结日台"和约"铺平道路;(3)放弃对千岛群岛及南库页岛的一切权利和要求;

---

① 吉田茂:《十年回忆》第3卷,世界知识出版社1965年版,第9—10页。

(4）日本同意经由联合国把琉球群岛、小笠原群岛交给美国"托管";(5) 日本具有"单独或集体自卫之自然权利,并得自愿加入集体安全协定","盟国"可同日本缔结双边或多边协定,在日本驻军,从而为日美签订"安全条约"提供法律依据;(6)"各盟国"对日本"放弃其一切赔偿要求",日本愿尽速与曾遭受日军占领和损害的盟国进行谈判,以求在制造上、打捞上及其他工作上提供服务,"作为协助赔偿各该国修复其所受损害的费用",但制造所需原料,"应由各该盟国供给"①。

对于美国公然违反和破坏国际协议的行径,9月18日周恩来外长代表中国政府严正声明:"美国政府在旧金山会议中强制签订的没有中华人民共和国参加的对日单独和约,不仅不是全面和约,而且完全不是真正和约","中央人民政府认为是非法的,无效的,因而是绝对不能承认的"②。朝鲜、蒙古、越南也都发表了不承认《旧金山对日和约》的声明。

《日美安全条约》

在对日媾和过程中,所谓日本的安全保障在和约中占有极其重要的地位。1949年12月,美国国家安全委员会制定第48/1号、第48/2号文件,概括汇总了美国对付亚洲革命的方针,提出由"亚洲近海岛屿链上的军事阵地"组成美国在远东太平洋地区的"第一道防线","战略防守的第一线应包括日本、琉球群岛与菲律宾"③。1950年1月12日,艾奇逊根据这两份文件,在全国新闻俱乐部发表美国对亚洲政策的演说时更为明确地指出:"这个防区自阿留申起,经日本直至琉球群岛","这个防区自琉球群岛起,到菲律宾止"④。既然美国从军事战略上把日本纳入了其西太平洋的防御线,那么能否在媾和后继续保留驻日美军,发挥日本这个远东战略基地的作用便成为美国十分关心的问题。美国军方担心,一旦和约缔结后撤出占领军,将导致美国在西太平洋的"安全"受到损害。由此可见,要实现对日媾和,必须首先解决美军留日问题。

在日本,首相吉田茂认为媾和与日本的安全保障是不可分割的,是"相辅相成"的。在1950年1月23日和7月14日的第七、八届国会上,吉田茂先后发表施政演说,公开提出安全保障问题。他说:"保障我国安全的核心力量,就是我

---

① 《国际条约集(1950—1952)》,世界知识出版社1961年版,第333—347页。
② 《中美关系资料汇编》第2辑(上),第605—607页。
③ 刘同舜、高文凡:《战后世界历史长编》第6册,第373页。
④ 《中美关系资料汇编》第2辑(上),第28页。

国国民彻底遵循我国宪法所严正表明的放弃战争和军备的宗旨",但是"彻底放弃战争的宗旨,决不等于放弃自卫权",攻击社会党、共产党和知识界关于全面媾和的主张"是自动坠入共产党谋略之中的非常危险的思想",宣称"早日媾和是全体国民渴望的",但只有日本"愿意同尊重和平与秩序的自由国家共同为世界和平做出贡献……才能被接纳为自由国家的一员",而保障其安全。① 吉田茂讲话表明,日本政府已确定了媾和的具体方针,其核心是在驻军问题上主动迎合美国,对重整军备采取"低姿态"政策,以换取名义上的独立和美国的援助,争取较快地发展经济,重振国力。

为了解决美国既想对日媾和,又要维持驻军,同时又碍于国际舆论不便主动提出驻军的"难题",吉田茂决定派藏相池田勇人以"考察"美国财政为名,赴美转达日本关于媾和的信息。1950年4月池田访美前夕,吉田茂向池田密授了给美国的口信:"日本政府希望尽早缔结对日和约","为了日本及亚洲地区的安全保障,在媾和之后,美军或有必要继续驻留日本,倘若美方自己提出这一要求有困难,可以研究一项从日本方面提出这个问题的办法"②。5月3日,池田在和国务院公使兼陆军部顾问道奇举行会谈时,向美方转达了吉田茂的口信。

美国政府获得信息后,派杜勒斯于1951年1月底访日,正式谈判安全保障的具体问题。会谈的主要议题是日本重整军备和日美双方在安全保障条约中的地位两个问题。在军备问题上,杜勒斯提出不能满足于警察预备队的现状,要求日本按照美国陆军编制建立10个师35万人的地面部队,以增强日本自身的防御力量。吉田茂当即拒绝了杜勒斯的要求,并举出"两大障碍":第一,"急速地重新武装将导致现已转入地下的军国主义分子东山再起,日本有再次为军部统治之虞";第二,"在日本财政刚刚自立时就建立军事力量则是一个沉重的负担","为了给重整军备打下稳固的经济基础也需要时间"③。吉田茂主张,保卫日本领土的安全,"根据安全条约由美军的驻扎来代替",日本则提供"警察预备队协助美军"维持国内治安。④ 经过一番争论,最后吉田茂作出让步,表示要在宪法范围内逐渐增加防卫力量,即充实警察预备队和海上保安队,改组预备队为保安队并设置保安厅统辖其事。这个方案在一定程度上满足了

---

① 吉田茂:《十年回忆》第4卷,世界知识出版社1965年版,第160、163—164页。
② 池田勇人:《财政平衡》,附《回忆占领下的三年》,东京实业之日本社1952年版,第222—234页;宫泽喜一:《东京—华盛顿会谈秘录》,东京实业之日本社1956年版,第39—59页。
③ 石丸和人:《战后日本外交史》第1卷,东京三省堂1983年版,第163页。
④ 吉田茂:《十年回忆》第3卷,第78页。

杜勒斯的要求。

对于会谈中争论的另一个问题,吉田茂主张日本的安全保障应适用于联合国宪章有关集体自卫的第 51 条,在联合国宪章下两国作为平等的伙伴为共同安全而合作,即"日方有承认美方驻兵的义务,同时美方有保卫日本领土的义务"①,日美双方缔结一个对等的、相互性的安保条约。但杜勒斯却反复强调,根据 1948 年 6 月 10 日参议院通过的《范登堡决议》,美国只能参加"连续与有效的自助与相互援助"的集体安全协定,他援北大西洋公约为例,声称要美国承担防卫日本的义务,日本首先必须通过重整军备实现"自助",从而拒绝了吉田茂的要求。美国既要驻军,又不承担防卫义务,这就否定了条约的对等关系。

这次谈判的结果基本上是在美方建议的基础上达成了谅解,以后又经过多次修改,直到 7 月双方才确定了安保条约的最终方案。1951 年 9 月 8 日,和约签字后五小时,日美就签订了《日美安全条约》,其主要内容是:(1)"由日本授予、并由美利坚合众国接受在日本国内及周围驻扎美国陆、空、海军之权利";(2) 驻日美军根据日本政府的要求,可用于镇压"在日本引起的大规模暴动和骚乱";(3) 未经美国事先同意,日本不得将任何基地和陆海空军驻防、演习、过境的权利给予第三国。② 1952 年 2 月 28 日,日美两国根据安全条约又签订了美军驻日具体条件的行政协定,规定:美国可在日本各地设置陆海空军基地;日本除对美军提供一切公共事业和设施外,每年还需分担 1.55 亿美元的驻日美军经费;驻日美军、文职人员及其家属均享有治外法权。1952 年 4 月 28 日,《日美安全条约》、《日美行政协定》与《对日和约》同时生效。

和约的生效给日本的独立披上了一层合法的外衣,但由于随即签订的《日美安全条约》是一个不平等的军事同盟条约,日本的国家主权受到了极大的损害和限制。日本为了早日实现片面媾和独立,免费乘坐美国战车,不得不付出了半独立的代价。

日台"和约"

1951 年 6 月,美英曾就中国参加和会的代表权问题达成一项妥协:将来由日本自己决定与中国媾和的对象。为了使和会早日召开,吉田茂于 8 月 6 日写

---

① 吉田茂:《十年回忆》第 3 卷,第 77—78 页。
② 《国际条约集(1950—1952)》,世界知识出版社 1961 年版,第 393—394 页。

信给杜勒斯,向美国明确保证:"日本政府没有同共产政权缔结双边条约的意图。"①但在旧金山和会后,吉田茂的态度发生了微妙的变化。在 10 月 16 日和 17 日的国会上,吉田茂两次发言指出:"我相信,同中国缔结和平条约的时机会自然而然地产生,现在我们必须等待观察世界各国之间以及中国国内形势的变化","我们希望尽早分别与中国和苏联缔结和平条约","我们将等待,并注视着事态的发展"。② 这就表明和会后日本在选择中国的哪一方为媾和对象问题上采取了观望的态度。

日本态度的这种变化,是吉田茂经过一番深思熟虑的结果。吉田茂认为,国民党势力被驱逐出大陆,"它的统治权只限于台湾的狭小范围,而中国大陆的统治权,已由北京的共产党政权取而代之",并得到英国以及印度、缅甸等许多亚洲国家的承认,从这一现实出发,只有同中华人民共和国缔结和约才有实际意义。但另一方面,吉田茂看到中美军队正在朝鲜战场上交战,美国利用联合国宣布中国为"侵略者",并极力拼凑对中国的包围圈,同时吉田茂难以忘怀日本战败时国民党政府对日军和日侨的"宽大处理",在媾和后加入联合国问题上,日本还要求助于窃据了中国在联合国合法席位的蒋介石集团,因此吉田茂本来的本愿是"同台湾友好,促进彼此经济关系",但又想"避免更进一步加深这种关系而否认北京政府","不希望彻底使日本同中共政权的关系恶化"。由于上述种种原因,吉田茂在和约签订后的三个多月里一直举棋不定,"避免很快地对这个选择作出决定,而想要尽量往后拖延,再观察一下形势的变化"③。

美国在旧金山和会后,利用条约的批准权对日本施加压力。根据和约第 23 条规定,要使和约生效,必须经过澳、新、加、法、英、美、巴、印尼、荷、菲和锡兰(斯里兰卡)11 国中包括美国在内的半数以上国家的批准。在美国,缔结条约的批准权掌握在参议院手里。美国国会把缔结日台和约作为批准旧金山和约的重要前提条件。就在和约签订后不及一周的 9 月 13 日,超过半数的 56 名参议员联名上书杜鲁门,措辞强烈地反对日本承认中华人民共和国,声称不能容忍日本同大陆中国缔结和约。杜勒斯也对吉田茂的讲话惴惴不安,11 月 7 日他电告正在巴黎出席西方国家外长会议的国务卿艾奇逊说:"台湾为吉田在国会审议中的暧昧发言而大感困惑。吉田的一部分讲话已在美国国会引起极大混

---

① 石丸和人:《战后日本外交史》第 1 卷,第 302 页。
② 同上书,第 303 页。
③ 吉田茂:《十年回忆》第 3 卷,第 42—43 页;吉田茂:《激荡的百年史》,世界知识出版社 1980 年版,第 74—75 页。

乱,对批准条约带来不良影响",并准备再次赴日就"日本最真实的意图,取得某种暗示"①。

1951年12月10日,杜勒斯和美国参议员斯帕克曼、史密斯一行抵日。在同吉田茂的会谈中杜勒斯指出:"现在美国官方想知道日本的外交政策是与美国的外交政策并行的,还是与之相悖的","日本应该同台湾仅就其'事实上'控制的中国领土——台湾及其邻近岛屿——缔结条约",至于日本和台湾当局"没有控制的中国其他地区的关系,留待将来再行决定"。② 对于杜勒斯建议的解决中国问题的方式,吉田茂未表示异议。为了让吉田茂留下"字据",杜勒斯在12月18日再次举行会谈时把一封信交给吉田茂,并说:"我准备好一封信,里面写进了日本现在立场的要点。吉田首相能否在近期内把这封信寄给我。……(史密斯、斯帕克曼)两位议员认为,由吉田首相寄来这封信是最低限度的必要条件,如果没有它,要批准条约恐怕是不可能的。"③吉田茂看完后表示同意,并做了某些修改。

12月24日,吉田茂把一封日本政府对中国问题态度的信件寄给美国,日美两国于1952年1月16日同时公布,这就是有名的"吉田书简"。在信中吉田茂公然声称:"日本政府准备一俟法律允许就与中国国民政府——如果它愿意的话——缔结条约,以便按照多边和约中提出的原则,重建两国政府间的正常关系",并再次向美蒋保证"日本政府无意与中国共产党政权缔结一个双边条约"④。"吉田书简"的公布,对美国参议院审议对日和约起了决定性的推动作用。1月21日起美国参议院开始审议,并于3月20日通过了请求批准和约的议案。

与此同时,日台从1952年2月20日开始在台北举行"媾和"谈判,双方最大的争论焦点是条约的适用范围。日本代表主张,由于"国民政府"没有现实地统治大陆,因此日本只能承认其对中国局部地区的统治权力,即条约仅适用于台湾。而台湾代表则强调,它具有代表包括中国大陆在内的全中国政府的资格,因而条约应适用于整个中国。经过两个月的谈判双方才达成妥协,于4月28日签订所谓"日华"和约,主要内容有:(1)结束日本和"中华民国"之间的战争状态;(2)日本根据旧金山和约"业已放弃对于台湾及澎湖列岛以及南沙

---

① 石丸和人:《战后日本外交史》第1卷,第305页。
② 信夫清三郎:《战后日本政治史》第4卷,东京劲草书房1968年版,第1375—1376页。
③ 石丸和人:《战后日本外交史》第1卷,第313页。
④ 《中美关系资料汇编》第2辑(上),第651—652页。

群岛及西沙群岛之一切权利、权利名义与要求";(3) 1941 年 12 月 9 日以前中日两国缔结的所有条约、专约和协定,"均因战争结果而归无效";(4) 凡在双方"因战争状态存在之结果而引起之任何问题,均应依照旧金山和约之有关规定予以解决";(5) 尽早缔结贸易、海运、航空、渔业等协定。此外,双方还采取了议定书、换文等复杂形式阐明各自的立场,其目的一是解决战争赔偿问题,二是为了满足各自对条约适用范围的不同解释。在议定书中规定:"为对日本人民表示宽大与友好之意起见,中华民国自动放弃根据旧金山和约第 14 条甲项第 1 款日本国所应供应之服务之利益。"换文宣称:"本约各条款,关于中华民国之一方,应适用于现在在中华民国政府控制下或将来在其控制下之全部领土。"据吉田茂自称:"我方虽然希望将来签订全面的条约,但此次签署的条约,并未承认国民政府是代表全中国的政权。"①

日台和约的签订,激起中国人民的无比愤怒和强烈反对。5 月 5 日,周恩来外长代表中国政府发表声明,严厉谴责日美台"这一系列严重露骨的挑衅行为",并声明"对于公开侮辱并敌视中国人民的吉田蒋介石'和约',是坚决反对的"②。由于日本与台湾当局缔结了所谓和约,这就给中日关系正常化设置了严重障碍,致使战后 20 多年里中日两国迟迟不能结束战争状态。

《日美共同防御援助协定》

1952 年 4 月对日和约生效后,吉田茂政府在所谓"自卫力量渐增"的方针下,决定扩充陆海警备力量,把警察预备队改编为保安队,兵力由 7.5 万人增至 11 万人,海上警备队改编为警备队,归新设置的保安厅统一指挥,并根据日美在同年 11 月签订的船舶租借协定,接受美国借给的 1500 吨级护航舰 18 艘,250 吨级的登陆艇 50 艘,以加强沿海警备力量。

1953 年 1 月艾森豪威尔就任总统后,美国提出了通过和平手段颠覆社会主义国家的"解放政策",以及以核武器为后盾的大规模报复军事战略,企图进一步加强对苏联和中国的军事包围和封锁。根据这一对外战略,美国大力强化军事同盟体制,要求日本迅速扩充军备,并希望按照共同安全法与日本缔结一项共同防御援助协定,促使日本更加积极地承担起重整军备的义务。

美国的《共同安全法》于 1951 年 10 月在国会通过,旨在大大增加军事援助所占的比重,把外援重点从经济援助转向军事援助,以承担军事义务为条件向

---

① 吉田茂:《十年回忆》第 3 卷,第 46 页。
② 《日本问题文件汇编》第 1 辑,世界知识出版社 1955 年版,第 95—96 页。

受援国提供援助。1953 年 5 月 5 日,美国国务卿杜勒斯在参、众两院外交委员会的联席会议上作证说:"1954 年度的互助计划预算列入了日本国内治安和防卫国土所需之武器的费用。"①杜勒斯的讲话,第一次正式宣布美国准备向日本提供共同防御的援助。对此,日本立即作出反应,外相冈崎胜男在 5 月 13 日会见外国记者时说:"要确切地谈论日美共同防御援助还为时尚早",但又表示"我们希望能够签订满意的协定"。6 月 16 日,冈崎在第 16 届特别国会发表外交演说,进一步明确提出:"根据美国的共同安全法所提供的援助,有益于增强我国的自卫力量,倘若它还能有助于国家的经济,则希望接受这种援助。"②

日本表示愿意接受共同防御援助是有其打算的。在朝鲜战争期间,日本从美军得到大量"特需"订货③,"特需"收入 1951—1953 年依次为 5.9 亿美元、8.2 亿美元和 8.1 亿美元,分别占这三年日本经常性外汇收入的 26.4%、36.8% 和 38.2%。④ "特需"收入的增加扩大了日本的销售市场,使日本获得大量外汇收入,这不仅有利于扩大再生产,而且大大改善了国际收支不平衡的状况,为日本经济带来了"特需繁荣"。但是自从举行朝鲜停战谈判以来,日本政府和财界担心一旦实现停火,必然导致美军"特需"订货剧减,从而影响日本经济的恢复和发展,因此想通过接受共同防御援助来取代"特需"。同时,日本也希望利用这种援助来扶植本国的军事工业,实现重整军备。

根据美国的《共同安全法》第 511 条规定,援助条件之一是受援国必须同意承担军事义务。而日本则担心这项规定有可能增加其军事义务,进而与宪法相抵触,成为日本国内重大的政治问题。为此,日美两国事先通过外交信件共同确认:"作为接受援助条件之一的履行军事义务的必要条件,对日本来说,只要履行根据《日美安全条约》所承担的义务即已足够。"⑤于是,日美两国从 7 月 15 日就共同防御援助协定举行谈判。谈判断断续续进行了近八个月之久,其间两国领导人频繁互访,以解决谈判中的矛盾。双方主要对扩军和援助内容持不同立场。美国主张,通过共同防御援助,帮助日本建立一支远远超过目前兵力的强大部队,使日本尽快承担起本国的防卫责任,"希望日本作为东南亚的核心国家,为防卫做出更加积极的努力",并提出一项增强保安队的扩军计划,即

---

① 吉泽清次郎主编:《战后日美关系史》,上海人民出版社 1977 年版,第 9 页。
② 《吉田内阁》,东京吉田内阁刊行会 1954 年版,第 599 页。
③ 美军为侵朝战争而与日本厂商签订的军需订货,以及驻日美军官兵及其家属的个人消费支出,统称"特需"。
④ 安原和雄、山本刚士:《战后日本外交史》第 4 卷,东京三省堂 1984 年版,第 96—98 页。
⑤ 吉泽清次郎主编:《战后日美关系史》,第 11 页。

日本保安队扩充为相当于 10 个美军标准师,兵力共 32.5 万人,同时建立航空部队等。① 而日本则要求把经济放在优先地位,在美国提供军事援助的同时,更希望获得经济援助,协助重建日本经济,因此日本不同意大规模扩军,坚持按照国力逐渐增强防卫力量。

为了调整两国矛盾,自民党政务调查会长池田勇人作为首相特使于 1953 年 10 月 1 日前往美国,与美国副国务卿助理罗伯逊进行会谈,双方达成原则性协议:(1) 在 3 年内把日本保安队增加到 18 万人;(2) 日本用日元向美国购买价值 5000 万美元的剩余农产品。② 1954 年 3 月 8 日,两国在东京正式签署《日美共同防御援助协定》,以及《购买农产品协定》、《经济措施协定》和《保障投资协定》三个附属文件。协定主要内容有:(1) 日本"履行日本政府依照美日安全条约所承担的军事义务";(2) 日本在其经济条件许可的限度内,"对于发展和维持其自身和自由世界的防御力量作充分的贡献";(3) 日本向美国转让美国需要而又缺乏的原料与半加工的材料;(4) 美国尽可能"在日本采购供应日本及其他国家使用的供应品与装备","并向日本防务生产工业提供情报和便利其技术人员的训练";(5) 两国采取安全措施,以防止按本协定提供的物品、劳务与情报"被泄密或遭到损害";(6) 两国采取"切实可行的共同措施,以实现规格和质量的标准化";(7) 日本接受美国军事顾问团;(8) 日本将与美国及其他国家合作,"采取措施,以管制对威胁世界和平的国家的贸易"③。《购买农产品协定》规定,日本向美国购买价值 5000 万美元的剩余农产品(即剩余小麦),以日元支付。《经济措施协定》规定,购买剩余农产品的货款存在日本银行开立的美国政府专户内,其中该款的 20% 为赠送,用于协助与重整军备有关的日本工业的发展,其余货款则用于实现美国远东军事援助计划而需要在日本采购的物资。④ 这样,日本不但未能获得渴望的纯经济援助,反而承担了扩军的义务。

通过缔结《日美共同防御援助协定》,日美军事同盟得到进一步加强,美国在东京设立了对日军事援助顾问团,开始向日本提供大量军事装备和技术,加速扶植日本的军事工业,把日本完全纳入了以美国为中心的远东安全保障体制。日本政府为了进一步履行其军事义务,在国会强行通过《防卫厅设置法》和

---

① 宫泽喜一:《东京—华盛顿会谈秘录》,第 231—232 页。
② 信夫清三郎:《日本外交史》下册,商务印书馆 1980 年版,第 798 页。
③ 《国际条约集(1953—1955)》,世界知识出版社 1960 年版,第 147—154 页。
④ 《吉田内阁》,第 681 页;科拉尔·贝尔等:《国际事务概览(1954)》,上海译文出版社 1984 年版,第 363 页。

《自卫队法》,于1954年7月1日把保安队和警备队分别改名为陆上自卫队和海上自卫队,并创立航空自卫队,统一归防卫厅管辖,从而向重整军备迈出了重要的一步。

第四节 印度支那战争和日内瓦会议

美国策划扩大印度支那战争与"多米诺理论"

第一次印度支那战争爆发于1946年,终止于1954年。亦称印度支那人民的抗法战争,它以越南人民的抗法战争为主战场。

1945年8月日本投降后,越南通过八月革命建立了越南民主共和国,老挝和柬埔寨也分别成立了各自的抗战政府。法国殖民者并不甘心退出这一统治多年的地区,为大规模重返印度支那进行各种准备和部署。1945年9月,法军在西贡登陆,接着在此重新设立"高级专员"。1946年初,法军控制了整个越南南部地区。1946年3月中法军进抵河内,随即向越南全境扩展。与此同时,法军对老挝、柬埔寨采取了相应军事行动。

1946年3月法越签订"初步协定"。同年9月,法越又签订"临时协定"。两个协定的基本内容是:法国承认越南为一个自由的国家,拥有自己的政府、国会、军队和财政,并成为印度支那联邦和法兰西联邦的一员。越南民主共和国政府承认法国在越南的经济、文化特权及法国所属财产和企业的地位。然而法国重返印度支那,重新实施殖民计划的决心和部署已定。上述两个协定,对于法国而言只不过是缓兵之计。法国不但不履行协议,而且不断扩大侵占的地盘。1946年10月以后,法国明显倚重军事手段,在印度支那地区的军事挑衅和进攻不断升级。同年12月19日,法国全面撕毁协议,法军对越南北部地区发动了大规模的进攻,越南人民奋起反击。第一次印度支那战争全面爆发。法国一开始采取"速战速决"的战略,越南人民则以游击战争相对。经过战场的较量,印度支那战争转入了相持阶段。

在越南人民和印度支那有关各国人民的英勇反击下,法国在印度支那战场损失惨重。1946—1954年间,法军在印度支那战场上损失46万兵力,消耗3万亿法郎。对印度支那的战争把法国经济拖进灾难的深渊。据法国外长皮杜尔的供认:法国已不能继续担负起摧毁着它的经济的财政负担。当法国在印度支那战场严重受挫并最后完全陷入困境之际,美国伺机卷入。美国为推行遏制战略、维护美国的全球战略利益,力图维持并扩大这场印度支那战争。1950年2月,美国正式承认西贡政权。3月18日,美国遣派两艘第七舰队的军舰和70架战斗机到达西贡,并在头顿海面上部署航空母舰。5月美国同法国签订《军事财政援助协定》,支持法国继续和扩大在印度支那进行的殖民战争。美国还派出各种类型的代表团和军事顾问团到达越南进行频繁活动。1953年7月朝鲜停战后,印度支那战争已进入关键时期,一方面,战争的规模在不断扩大,另一方面法国已感疲惫不堪。这为美国扩展其军事政治影响并对社会主义国家实行封锁和包围提供了良机。美国决意扩大对印度支那的渗透和干预。美国总统艾森豪威尔公开威胁说,美国将直接介入印度支那战争。美国增加对法国的军事援助。如果说1951年美援占法国在印度支那军事支出的30%,1953年提高到47%,1954年竟猛增到70%以上。1953年,美国军事顾问帮助法军远征军总司令纳瓦尔制订了一个以消灭越南人民军主力、夺取战略主动权为目标的"纳瓦尔计划",扬言要在18个月内消灭越南抗战力量。美国提供了执行该计划所需80%以上的军费。美国出动军用飞机帮助法军向重要基地运送部队。仅1953—1954年间,美国就向法国提供了军用飞机360架,大小战舰390艘,各种运输车达2.1万辆,轻重武器达17.5万件。

为了实施"纳瓦尔计划",1953年11月法国调集大批部队,侵占了越北重镇奠边府。在美国支持下,法国共在奠边府集结了21个营和11个连的军队,在长12公里宽6公里的地域内修建了49个据点和两个大型机场,建成了一个号称坚不可摧的严密防御体系,以便以此为基地,全面威胁越北解放区。越南人民军于1953年12月发动强大攻势,一举解放莱州,对奠边府形成包围之势。1954年3月,越南人民军开始向奠边府发动强大攻势,首战告捷,攻破了敌军三个防御中心,破坏了法军机场设施。4月越南人民军频频发动攻势,不断扩展阵地,向法军总防御中心推进。5月7日凌晨,越南人民军一举摧毁法军全部防御体系,解放了奠边府。

在奠边府战役中,越南人民军共歼敌1.6万多人,击毁击落敌机62架,活捉了法国守军司令德卡斯特莱少将。

法国侵略军在越南战场上的连续失利,并未使美国放弃扩大战事的既定方针。美国明确告诉法国,军事行动不能停止。美国副总统尼克松声称,如果法国停止其军事行动,美国将立即向印度支那派出自己的军队。这表明美国决心继续和扩大在印度支那的战争,并将其进行到底。

美国支持法国扩大印度支那战争,加紧向印度支那渗透和扩张依据是所谓"多米诺骨牌理论"。多米诺骨牌是西方流行的一种长方形骨牌。玩时将许多张牌竖起排列成行,还可摆成各种图案。当第一张牌被推倒后,其余的牌将依次倒下去。

多米诺骨牌理论首先是美国总统艾森豪威尔提出来的,在这届政府时期比较盛行。朝鲜战争结束后,美国担心在印度支那革命形势日益发展,害怕中国革命影响将进一步扩大,从而导致对美国极为不利的连锁反应。为了维护美国在东南亚乃至全球的战略利益,艾森豪威尔在1954年4月7日的一次记者招待会上说:"你竖起一系列多米诺骨牌,你推倒第一张牌,最后一张牌的结局必然是很快地倒下去","在东南亚,如果有一个国家落在共产党手中,这个地区的其他国家就会像多米诺骨牌一样,一个接一个地倒下去"。美国国务卿杜勒斯为多米诺骨牌理论作了更为清楚的解释。他说:中国牌子的共产主义比俄国牌子的共产主义威胁更大。因为受中国革命影响的不发达地区有16亿以上的人口,如果对中国革命的影响不加遏制,任其蔓延,那么世界上受共产党统治的人口和"自由世界"人口之间的比例,将从2∶1变为3∶1,这将会使"自由世界"陷入极为不利的境地。美国所鼓吹的多米诺骨牌理论的真实意图已昭然若揭。

日内瓦会议

朝鲜战争结束后,法国在印度支那地区进行的殖民战争,特别是美国蓄意扩大这场战争的行径构成了对世界和平的最严重的威胁,引起了全世界人民的普遍关注。法国人民的反战运动不断高涨。1953年11月,在巴黎举行了全法争取越南和平谈判大会,发出了迅速停止"肮脏的战争"的强烈呼吁。12月19日是"国际积极支援越南人民争取停止越南殖民战争斗争日",世界各地进行形式多样的斗争。

1954年2月28日,苏美英法四国柏林外长会议达成一项协议,建议召开有中苏美英法五国代表参加的日内瓦会议,共同讨论朝鲜问题和恢复印度支那和平问题。

1954年4月26日,日内瓦会议开幕。出席会议的有中、苏、美、英、朝鲜民主主义人民共和国、越南民主共和国等23个国家的代表,共一千多人。与会代表团的首席代表为外长级。中国政府总理兼外长周恩来率代表团出席会议。

根据四国外长柏林会议协议,本次日内瓦会议分两部分交叉进行。4月

26 日—6 月 15 日的会议讨论朝鲜问题。5 月 8 日—7 月 21 日的会议讨论印度支那问题。在讨论朝鲜问题时,朝鲜代表提出了"关于恢复朝鲜的国家统一和举行全朝鲜自由选举的方案",主张从朝鲜撤退一切外国军队,举行全朝鲜自由选举,成立统一政府和建立和平统一的朝鲜。该方案得到中苏两国代表团的完全支持,但遭到美国和南朝鲜方面的反对。美国等侵朝国家发表了旨在破坏和平解决朝鲜问题的《共同宣言》,致使朝鲜问题未能达成协议。

日内瓦会议从 5 月 8 日开始讨论恢复印度支那的和平问题。参加者有中、苏、英、法、美、越南民主共和国、越南共和国、老挝王国和柬埔寨王国。通过 8 次全体会议和 23 次限制性会议及若干次会外会谈,对在印度支那恢复和平问题进行了全面深入的讨论。越南民主共和国代表在会上提出了恢复印度支那和平的八点建议。其主要内容是:承认越南在整个领土上的主权与独立,并同时承认老挝和柬埔寨的主权和独立;从印度支那领土上撤退一切外国军队;在越、老、柬三国举行自由选举,各自建立统一的政府;交战双方保证不对战争时期和另一方合作的人起诉;交换战俘;在执行上述措施前,应停止敌对行动,并缔结协定;完全停止从外面运入武装人员和弹药;设立监督委员会以监督停止敌对行动协定条款的执行等。法国主战派政府在会上采取极其顽固的态度,为恢复印度支那和平设置重重障碍。

经过各方长时期的争论,会议于 1954 年 7 月 21 日就恢复印度支那和平问题达成协议。日内瓦协议包括最后宣言、三个停战协定、法国及印支三国政府分别发表的声明。

日内瓦协议的主要内容包括:结束在印度支那三国敌对行动;与会国保证尊重越南、老挝和柬埔寨的独立、主权和领土完整,不干涉其内政;在北纬 17 度线以南、9 号公路稍北划一条临时军事分界线,建立非军事区,越南军队在该线以北集结,法国军队在此以南集结;印度支那三国将分别举行全国的自由选举,具体时间分别是:老挝和柬埔寨将在 1955 年、越南在 1956 年 7 月举行,以实现在民主基础上各自国家的和平统一;印度支那三国保证不参加任何军事同盟或军事协定,禁止任何外国在其领土上建立军事基地;设立由双方司令部代表组成的联合委员会负责解决与停战有关的争端;由印度、加拿大和波兰三国组成国际监察委员会,对协议的执行情况进行监察和监督。美国拒绝在最后宣言上签字,但美国代表团单独发表一个声明,宣布美国将不使用武力或武力威胁来妨碍日内瓦协议的实施。

日内瓦协议肯定了印度支那三国的独立和主权,并给各交战方的人民带来了和平,受到各方的赞赏和支持。

日内瓦会议关于恢复印度支那和平协议的签署,是亚洲和世界人民的胜利,特别是印度支那人民抗法战争的胜利。1954年8月31日,印度支那停战,该地区的和平得以恢复。不久,美国就加紧对印度支那的全面干涉和侵略致使印度支那地区出现了极为严重而复杂的局面。

第七章　西欧联合趋势的发展和欧洲经济共同体的建立

第一节　从舒曼计划到《伦敦—巴黎协定》

舒曼计划和欧洲煤钢共同体

第二次世界大战结束后,西欧国家一些政治家开始认真考虑几个世纪来曾为欧洲一些哲学家和政治家们探索过的欧洲国家的联合问题。他们从两次世界大战皆祸起欧洲的历史出发,从欧洲一分为二、西欧列强沦为二三流国家,而美、苏成为超级强国的现实出发,感到西欧国家必须抛弃历史宿怨,实行联合,使彼此间的利益最大限度地协调一致并交织一起,达到互相依存的地步,只有这样,才能有效地保障欧洲地区的和平,振兴西欧国家的经济,加强自己在世界上的地位。

丘吉尔于1946年9月19日在苏黎世大学发表演讲时就呼吁过建立一个"欧洲合众国"。他在描述了战后欧洲衰微破败的景象后指出,补救的办法只有一个,"就是恢复欧洲民族大家庭……,同时使这个大家庭在一个能够自由、安全、和平地生活的制度下进行重建。我们必须建立一个欧洲合众国"。丘吉尔以一种紧迫感告诫说:"战争是停止了,危险却并没有过去。如果我们要想建立欧洲合众国,那么我们现在就必须行动……"[①]两年以后,丘吉尔阐释英国的三环外交思想,其中一环便是联合起来的欧洲。

法国的戴高乐也一再提到欧洲联合问题,他在自己著的《战争回忆录》中写道:"特别在经济上,我们希望成立一个西欧集团,它的动脉可能是英吉利海峡、地中海和莱茵河。"[②]戴高乐认为,无论从政治、经济或战略的观点出发,欧洲都应自成一体,形成一个"把靠近莱茵河、阿尔卑斯山和比利牛斯山的国家联合起

---

① 转引自阿登纳:《阿登纳回忆录》第3卷,上海人民出版社1973年版,第2页。
② 夏尔·戴高乐:《战争回忆录》,世界知识出版社1959年版,第649页。

来"的欧洲,唯其如此,这个欧洲集团才能成为世界三大势力之一,成为美苏之间的仲裁者。

同样,执掌联邦德国权柄的阿登纳也很早就开始考虑西欧一体化问题。他从战后变化了的形势中作出结论:"欧洲的联合是绝对迫切需要的。没有政治上的一致,欧洲各国人民将会沦为超级大国的附庸。"①阿登纳在1945年10月31日给朋友的一封信中谈到,他正在悉心研究欧洲合众国的问题,他认为欧洲国家要联合起来。此后,阿登纳在多种场合下阐述西欧国家联合的必要性,他用了许多名称,诸如"欧洲一体化"、"欧洲联邦"、"统一的欧洲"、"欧洲联合"或"西欧国家的联合"来指称联合起来的西欧。

毫无疑问,无论丘吉尔、戴高乐或阿登纳,都各有动机。他们首先是从本国的利益出发来考虑问题的。丘吉尔是想利用第三环联合起来的欧洲,由英国充当西欧盟主,戴高乐也毫不掩饰地表明,在联合起来的欧洲中,法国充当领导是当仁不让的,而阿登纳则是一心指望通过联合的西欧来恢复联邦德国的平等伙伴地位,逐步壮大自己,以求最终实现德国统一。但尽管如此,防止战争、发展经济、复兴国家、遏制苏联、制约美国这些共同的愿望使它们殊途同归,汇集到西欧联合的共同认识上。

为了筑起遏制苏联的有效屏障,美国也主张并力促西欧联合。1947年1月17日,当时身为美国共和党外交政策顾问的约翰·杜勒斯就美国对欧政策发表讲话时说道,一个分裂为好几小块的欧洲是不健康的,欧洲的一切潜力都必须利用起来,应大大扩展欧洲的市场。同年3月22日,美国国会通过了赞助建立欧洲合众国的富布赖特提案。美国于1948年4月通过的马歇尔计划,更是明白无误地宣称,要鼓励西欧国家,通过欧洲经济合作组织来加速西欧的经济合作,使其成为一个大规模的统一市场。

在上述背景之下,40年代末至50年代初,西欧出现了一股不大不小的联合思潮。

1948年1月,比、荷、卢关税同盟生效;这一年的4月,欧洲经济合作组织成立;5月,欧洲统一运动海牙会议提出建立欧洲经济和政治联盟;1949年5月,欧洲委员会宣告成立。但这些组织成立后,在西欧联合的道路上皆进展不大。人们寄予很大希望的欧洲经济合作组织实际上只限于分配美援,难以成为人们所希望的西欧长期合作的基础。欧洲委员会也只是对成员国各自的政府起咨

---

① 阿登纳:《阿登纳回忆录》第3卷,第1页。

询和建议的作用,显然不可能通过它来创建一个统一的西欧实体。

横亘在西欧联合道路上一个最大的障碍是如何对待联邦德国,这里特别牵涉到法国和联邦德国的关系。

出于地缘政治的原因和历史的宿怨,法国对德国的戒备和疑惧之心比其他欧洲国家大得多。在德国被占领时期,法占区对德国人的控制最为严厉,德语和德国的字眼被严禁使用,甚至德国社会民主党的缩写"SPD"也只能写成"SP",因为"D"是"德国"的缩写。法国最终同意法占区与美、英占领区合并,主要是在美国的压力和利诱下作出的妥协。联邦德国成立之后,法国对它的戒备之心并未消除。当1949年11月,法国、意大利、比利时、荷兰、卢森堡在巴黎磋商建立一个货币可以兑换的经济联盟时,荷兰提议让联邦德国参加,法国立即表示反对,终使此计划流产。

然而,另一方面,法国又感到西欧联合的必要,而西欧联合若无联邦德国的参与势必作为不大。这就需要在抛开宿怨的大前提下,设想出一个既能把联邦德国联合进来,又能对它加以控制的方案。于是,舒曼计划应运而生。

1949年11月22日至26日,法国国民议会讨论同联邦德国的关系问题。外交部长罗伯特·舒曼在会上首先发言说明,法、德这两个往昔常常互相杀伐的国家需要和平共处,并通过一个更广泛的合作体制达到互相信任和互相依赖。这次国民议会最后以78票的多数通过一项协议。协议明确指出,必须通过西欧联合来解决德国问题,主张建立一个拥有实权的欧洲机构以使西欧各国与德国的关系正常起来。但该协议也同时提出,要加倍警惕德国的军事力量,不得使其复苏,并应使德国的鲁尔矿区国际化,以保证欧洲的安全。

不久,1950年1月13日,舒曼赴联邦德国同阿登纳会晤。这是战后法国外交部长第一次访问联邦德国。这次访问虽然因双方在萨尔问题上的争执而未达成什么协议,甚至连联合公报都没有发表,但它对法、德关系的改善和双方逐渐走向合作起了良好的推动作用。阿登纳不想使萨尔问题阻碍德、法和解和西欧一体化,他于是年3月7日和21日两次会见美国记者金斯伯里—史密斯,借此向法国传递他对德、法建立联盟的想法。阿登纳向这位记者说,可以从关税和经济方面着手,使两国逐步结合,通过这样的步骤,既可使法国的安全要求得到满足,也能制止德国民族主义的抬头。

在法国方面,舒曼回国后即向当时负责法国经济重建工作的法国装备与现代化委员会主任让·莫内征询关于法、德关系的意见。莫内告诉他,法国要有所为,就必须在平等的基础上同联邦德国进行合作。

让·莫内是一位欧洲联合论者,第一次世界大战和第二次世界大战期间,他曾倡导过法、英合作并为此做过努力。第二次世界大战结束后,鉴于变化了的形势,他的欧洲联合思想的范围有所扩大,他认为,欧洲人只有共同努力,结为一体,才能有自己的尊严、独立和进步。莫内把联合的突破口选在了德、法关系上。他认为,法、德历年争夺的一个重点在于煤、钢问题。因此,如果能超越国界之限,将法、德两国的煤和钢合并在一起,便既可剥夺一方的特权地位,又可消弭战争的威胁,这样就可结束两国世仇,化干戈而为玉帛。若进而将欧洲多个国家的煤钢合为一体,则就可以消除导致欧洲紧张局势的一个直接因素。

1950年4月中旬,莫内和他的主要助手,埃克斯大学国际法教授保罗·勒泰以及《展望》杂志编辑雅克·加斯居埃尔等,拟订出一份将法、德煤钢生产联营的计划。5月4日,该计划送到舒曼之手,舒曼立即表示赞同。后又经过一番加工修改,舒曼于9日下午举行记者招待会,他先向记者宣布,今天法国决定在欧洲建设以及同联邦德国建立伙伴关系方面,采取"第一个决定性行动",接着,舒曼宣读了一项声明。

声明指出:"欧洲并不是一下子就能实现统一的,而必须进行具体的,首先是通过确实的团结工作来实现。要使欧洲国家统一起来,就必须结束长达百年之久的法、德间的冲突。着手进行这项工作时首先要考虑到法国和德国。"

声明接着倡议:"立即在一个有限的、但有决定性的方面开始行动",即"把法德的全部煤钢生产置于一个其他欧洲国家都可参加的高级联营机构的管制之下"。

这一高级机构的任务,"是在最短期间内,做到生产现代化,提高质量,以同等条件向法德及其他成员国销售煤钢,促进对其他国家的共同出口,均衡地改善这些工业部门工人的生活条件"。

为完成这些任务,声明提出:"必须采取某些过渡性的措施。其内容是,实行一项生产和投资计划,制定一些价格平衡的办法,设立一项为生产合理化布局的转业基金";"各成员国之间的煤钢流通将立即免除一切关税,并不受递减运价的影响,从而逐渐形成自然地使生产得到最合理的分配和最高生产效率的条件"[①]。

此即"舒曼计划"。

舒曼计划主要是为维护法国自身的政治和经济利益,在权衡了各方面的轻

---

① 转引自姚椿龄、杨宇光:《舒曼计划及其产生的国际背景》,载《西欧研究》1985年第5期,第40页。

重后提出来的。它从控制战争的物质条件着手,提出了建立欧洲煤钢共同体的设想。这一计划不仅标志着1945年以来法国对德政策的一大转折,也为日后西欧联合思想的发展提供了一个模式和基础,它在战后欧洲发展史上占有重要地位。

在舒曼发表声明的当天,舒曼计划的文本以信函的形式送到阿登纳之手。阿登纳以其政治家特有的敏锐立即捕捉到这个计划非同寻常的意义,便于当晚举行记者招待会,盛赞这个计划是法国及其外交部长舒曼对德国和欧洲问题采取的一项宽宏大量的步骤,说"它对德法关系和整个欧洲的发展具有可以想象的巨大意义"。

1950年6月21日,法国、联邦德国、意大利、荷兰、比利时、卢森堡六国代表在巴黎就"舒曼计划"举行会议。会上法国代表正式提出煤钢共同体计划的草案。六国在经过了9个多月的详细磋商后,终于在1951年4月18日于巴黎签订《欧洲煤钢共同体条约》。

欧洲煤钢共同体包括以下四个机构:

(1) 高级机构。它由九名成员组成,任期6年,每个成员国至多有两名成员。其中八个成员由六国一致同意任命,另一个成员则由这八个成员共同推荐。高级机构负责作出决议和提出建议,但不包办代替,各企业的经营管理仍由自己负责。

(2) 部长理事会。每一成员派一政府部长组成部长理事会,其任务在于协调高级机构和各成员国的行动。

(3) 共同体议会。共设87名议员,其中法国18名,联邦德国18名,意大利18名,比利时、荷兰各10名,卢森堡4名。共同体议会通过民主方法对高级机构实行监督,并有权以2/3多数通过弹劾案,解散高级机构。

(4) 法院。由七名法官组成,任期6年,其任命须经六国一致同意。

欧洲煤钢共同体于1952年7月25日正式开始运行。在以后几年里,煤钢共同体有效地促进了成员国冶金工业的发展,并最终导致了欧洲共同市场的建立。

普利文计划和《欧洲防务集团条约》

在舒曼计划逐步付诸实施的同时,美国加紧筹备重新武装联邦德国的工作。

美国重新武装联邦德国之心,早在筹建北大西洋公约组织时就已有之。用杜鲁门的话来说就是:"没有德国,欧洲的防御不过是大西洋岸边的一场后卫战。有了德国,就能有一个纵深的防御,有足够的力量对付来自东方的侵略。"[①] 1949 年秋,美国参谋长联席会议已在探索建立一支联邦德国武装部队的可能性。朝鲜战争爆发后,美国更加坚定了重新武装联邦德国以反对世界共产主义的决心。1950 年 9 月 6 日,美国国务卿艾奇逊发表声明,公开宣称,重要的是要找出一条适当的途径,使联邦德国有可能在西欧防务中占有一席之地。

然而,对一个曾经发动两次世界大战的国家进行重新武装是一个极易引起人们警觉的问题,它不仅立即遭到苏联和东欧诸国的强烈反对以及法国的抵制,而且连美国最亲密的盟国英国一开始也采取不合作态度。英、法两国多次发表声明表示不同意美国重新武装联邦德国的想法。9 月 12 日至 19 日,美、英、法三国外长在纽约举行会议,讨论德国问题。英、法两国外长都是带着本政府反对联邦德国参加西欧防务的指示去赴会的。英国外交大臣贝文在 9 月 12 日抵达纽约时说,必须让联邦德国回到集体中来,但他不认为联邦德国的部队加入西欧防务是一种正确的途径。贝文对新闻界的代表十分明确地表示,他反对建立联邦德国部队作为西欧防务力量一部分的想法。

法国的反对更为激烈。当美国在 1950 年 9 月举行的北约理事会上提出重新武装联邦德国的草案时,法国立即起而反对,并且在北约接纳联邦德国的问题上断然行使了否决权。

但美国要重新武装联邦德国的决心已经下定,出于共同反苏的需要,英、法两国最后不得不向美国作出妥协。对法国来说,既担心一个重新武装起来的西德会威胁自己的安全,但又担心美国可能撇开法国而直接出面武装联邦德国。这种结局,对法国将更为不利。于是,在经过一番筹划以后,1950 年 10 月 24 日,法国总理勒内·普利文以发表政府声明的方式宣布法国对西方防务的计划,变通地接受了美国的主张。

普利文在声明中说,北约各国必须站在一条战线上"反击任何可能发动的侵略,以保卫大西洋共同体","对于没有参加大西洋公约的德国,也号召它参加这个必要的安全体系。德国对建立一支西欧防务力量作出它应有的贡献,这才是合乎情理的"。

普利文要求,毫不妥协、毫不拖延地解决联邦德国参加西方的共同防务问题。

[①] 杜鲁门:《杜鲁门回忆录》第 2 卷,生活·读书·新知三联书店 1974 年版,第 300—301 页。

普利文接着以法国政府的名义建议,为共同的防务建立一支与统一的欧洲政治机构有联系的欧洲军。而这一"由欧洲各国的兵员建立起来的统一的欧洲军队,只要有可能的话,就应把所有的部队和装备完全融合在一起,集中在欧洲统一的政治与军事权威之下"①。

普利文提出的建立欧洲军建议并非独创之见。这一想法最先是在1950年8月举行的欧洲委员会会议上由英国前首相、当时任英国反对党领袖的丘吉尔提出来的并以多数票同意获得了通过。普利文计划的特色在于,它援用了与舒曼计划"相同的方法和精神",既把联邦德国纳入西方防务体系,从而顺应了美国重新武装联邦德国的要求,又把联邦德国将要建立的武装力量约束起来,使其没有自由活动的余地。按普利文计划的要求,联邦德国不能设立自己的国防部、国防军和参谋本部;在欧洲军谈判内的任何一国的军队不经批准不得单独行动,且联邦德国军队在欧洲军总兵力中至多占20%。此外,联邦德国不得加入北约。

阿登纳对普利文计划基本上持肯定态度,因为对联邦德国来说,若参加欧洲军,便意味着要彻底结束美、英、法三大国对联邦德国的占领状态,取消"占领法规",这将是联邦德国走向完全独立主权国家的重要一步。但阿登纳无法接受普利文计划中对联邦德国的诸多限制。因此他提出,普利文计划尽管有许多缺点,但"我充分理解它的积极意义","不过,如果德国加入,有两个先决条件必须得到满足:首先,这一防御阵线必须强大得足以使俄国不能发动任何侵略。其次,如果德意志联邦共和国参加的话,那它应该同其他参与国一样具有同样的义务,当然也享有同样的权利"②。

美国对普利文计划有诸多不满,认为它对联邦德国的限制过严,使美国遏制苏联的战略难以实施。于是美国利用法国当时正在印度支那进行殖民战争,无论在军事上或财政上都有赖于美国的困境,向法国施加压力。在美国的压力和联邦德国的要求下,法国在12月对普利文计划做了修改:同意联邦德国的重新武装与欧洲军的建立同时并举;联邦德国可以向北约提供一定数量的部队;作为"欧洲军"机构的"欧洲防务集团"首先包括法国、联邦德国、意大利、比利时、荷兰和卢森堡六国的武装部队;美国和英国"必要时在欧洲驻军"。

1951年2月15日,法、德、意、比、荷、卢六国在巴黎正式举行关于建立欧洲军的谈判,7月24日大体上达成协定。与此同时,7月9日,美、英、法、意、加拿

---

① 阿登纳:《阿登纳回忆录》第1卷,第432—434页。
② 同上书,第435—437页。

大、墨西哥等四十几个国家政府在经过商议后,宣布结束"对德战争状态"。9月12日至14日,美、英、法三国外长在华盛顿举行会议,决定与联邦德国政府缔结"和平协定"以代替"占领法规",并同意在一个欧洲大陆的共同体内给联邦德国以平等的权利。

有了这些基础之后,1952年5月26日,美、英、法同联邦德国在波恩签订了《一般性条约》,该条约的全称为:《关于德意志联邦共和国和三大国关系的条约》,人们亦称其为《德国条约》或《波恩条约》,条约附有四个附加条约、一系列声明、互换的信件以及其他附件。条约明文规定:结束对联邦德国的占领权;恢复联邦德国的主权;三大国军队继续留驻联邦德国;联邦德国参加欧洲防务集团;等等。按规定,这项条约必须与欧洲防务集团条约同时生效。

5月27日,法、德、意、比、荷、卢六国外长在巴黎签署《欧洲防务集团条约》,该条约又称《欧洲军条约》或《巴黎条约》。条约前言开宗明义,宣称要把缔约国一定数量的部队统一在一个"超国家"的欧洲防务集团之内。条约正文各款规定了欧洲防务集团与北约的关系:欧洲防务集团的所属部队着统一军服,隶属于北约最高统帅部,但各成员国可保持本国的武装部队;缔约国在必要时经欧洲防务集团常委会批准,可调回其在欧洲军内服役的部分部队以供海外用兵需要;欧洲防务部队的基层部队由同一国籍的士兵组成,唯陆军军团的编制由不同国籍的基层部队组成;欧洲防务部队具有"欧洲作用",即可联合起来防卫各成员国欧洲领土和海上通道。条约还在附件中规定三年内建立五十五个师的"一体化"军队,其中常备师为40个,即法国14个,联邦德国12个,意大利11个,荷、比、卢共3个;其余15个师为后备师。

《欧洲防务集团条约》签字时,美、英两国对法国的安全做了保证,但英国不参加欧洲防务集团。

至此,美国重新武装联邦德国以及联邦德国想借其重新武装逐步取得实力地位的心愿似乎得到了实现,阿登纳对此说道,联邦德国于1952年5月26日重新获得了国际法上的行动自由,"我们第一次使用这种行动自由,就是在《欧洲防务集团条约》上签字,这是为了要建立起一番事业,能使德国和欧洲的历史车轮在长时间中向好的方面转动。"[①]

但事态的进一步发展,并不像阿登纳想象的那样顺利。

---

① 阿登纳:《阿登纳回忆录》第1卷,第617页。

《伦敦—巴黎协定》

《欧洲防务集团条约》需经各缔约国的议会批准方能正式生效。但是,到1954年夏,只有四个国家的议会批准了该条约,意大利即将批准,而法国批准条约的前景却十分渺茫。

法国的国民议会从一开始就对联邦德国参加防务集团一事抱着十分警惕的态度。1952年2月11日,法国国民议会在开始辩论欧洲防务集团问题时,就提出要求:一旦《欧洲防务集团条约》生效,就必须对限制联邦德国的武器生产、警察以及对分摊财务负担等方面作出必要保证,而且不得同意联邦德国加入北约。国民议会还要求英、美两国政府作出保证,履行它们对欧洲防务集团承担的义务。为此,英、美两国应在欧洲大陆留驻足够数量的军队,以实现此项保证。

在议会的强大压力之下,当《欧洲防务集团条约》已成事实时,法国总理皮埃尔·孟戴斯-弗朗斯于1954年8月中旬提出了一系列额外的要求,并提议将这些要求以附加议定书的形式附在条约之后,其主要内容是:

(1)保留在20年后解约的可能性。此外,若北约解散或英美军队撤离欧洲大陆或德国重新统一,便可解约。

(2)需要有一个为期8年的过渡期,在此过渡期内,欧洲防务集团的决定需所有缔约国一致同意方能作出。

(3)一体化的武装力量只限于驻联邦德国的武装部队。

不难看出,这些要求袒露了法国对防务集团的半心半意和对联邦德国的歧视和不信任。第一个要求表明法国随时准备解散欧洲防务集团;第二个要求实际上将使法国可以让防务集团形不成任何决议;第三个要求则意味着联邦德国的部队不能驻扎到法国的土地上。

阿登纳对孟戴斯-弗朗斯提出的这份附加议定书极为不满,指责孟戴斯-弗朗斯根本不想使《欧洲防务集团条约》得以实施,却又耍弄手腕把《欧洲防务集团条约》失败的责任推到那些反对他的建议的人们身上。

1954年8月19日至22日,六个缔约国在布鲁塞尔开会就法国的附加议定书进行讨论。但没有达成协议,法国的附加议定书未被其他五国接受。8月29日,法国国民议会就欧洲防务集团条约举行辩论。结果,议会以319票对264票(12票弃权)否决了《欧洲防务集团条约》。法国国民议会作出决定:撤销《欧洲防务集团条约》的批准法案。

法国对条约的否决对阿登纳是一个沉重的打击,使他感到联邦德国多年来重新恢复主权的努力以及多年来在重建欧洲中跨出决定性步伐的努力被毁于一旦。阿登纳于9月1日召开了内阁成员和有联邦议会各党团主席参加的紧急会议,并作出决议:一方面按既定方针办,同已批准和即将批准《欧洲防务集团条约》的国家进一步商讨军事一体化问题,继续为恢复联邦德国的主权而努力;另一方面寻求合理解决其他国家在联邦德国驻军问题的途径,并同美、英两国进行谈判,借美、英之力来挽回大局。

对法国否决《欧洲防务集团条约》,美、英两国也不满意。8月31日,美国国务卿杜勒斯称法国拒绝欧洲防务集团为"不幸事件",并表示要采取相应行动来处理欧洲防务集团垮台后产生的非常局势,9月16日和17日,杜勒斯在波恩同阿登纳会谈。杜勒斯向阿登纳表明,美国贯彻武装联邦德国的决心不可动摇,并表示将对法国施加压力,促使法国向美国的立场靠拢。

与此同时,英国也在积极活动挽救僵局。于1946年提出欧洲合众国思想以及于1950年第一个提出建立欧洲军建议的丘吉尔在1951年再度出山,担任首相之职。他在1954年9月2日派特使向阿登纳递交了一封信件,为阿登纳打气,并通过这位特使转告阿登纳:英国将尽一切力量进行帮助。

9月11日至16日,英国外交大臣艾登到《欧洲防务集团条约》各签字国的首都进行游说。艾登向这些国家提出一份计划,其要点是:吸收联邦德国和意大利加入布鲁塞尔条约组织,联邦德国在参加该条约后,再参加北约;英、美为消除法国对联邦德国重新武装的疑惧,保证在西欧驻军;尽早终止对联邦德国的占领状态。

在艾登的斡旋下,1954年9月28日至10月3日,美、英、法、德、意、荷、比、卢和加拿大九国外交部长在伦敦举行会议。会议一开始,由于法国执拗地坚持在《布鲁塞尔条约》范畴内对联邦德国实行军备监督,严格限制联邦德国本土的军备生产,而阿登纳则坚决不同意这种对联邦德国的歧视,双方激烈争吵,几使会议濒于破产。9月29日,杜勒斯和艾登在会上发表声明,两人重申重新武装联邦德国并将其接纳入北约的决心,同时再三强调将在包括联邦德国在内的西欧地区留驻部队。为了完全消除法国对联邦德国武装的害怕心理,阿登纳在10月1日的会议上也发表声明,宣布联邦德国放弃在国内制造原子弹、生物武器、化学武器及一系列其他重型武器的权利。这些声明终于使法国安静下来。伦敦会议最后以与会国达成原则协议,发表《最后决议书》而告结束。决议书中,美、英、法三国声明,尽快结束在联邦德国的占领状态并取消占领法规,但它们仍将继续承担对德国的责任。《最后决议书》还指出,北约理事会将要求联邦德国加入北约。

1954年10月21日至23日,根据伦敦会议达成的原则协议,西方国家在巴黎举行了一系列会议,其中包括美、英、法、联邦德国的四国外长会议;美、英、法、意、德、荷、比、卢、加拿大九国外长会议以及北约理事会议。这些会议共签订了19个文件,主要内容如下:

(1) 美、英、法结束对联邦德国的占领,但三国军队仍留驻在联邦德国,直至1998年。

(2) 联邦德国建立一支50万人的军队,并加入北约。

(3) 在由英、法、比、荷、卢于1948年缔结的《布鲁塞尔条约》的基础上建立西欧联盟,并吸收联邦德国和意大利参加,删去原《布鲁塞尔条约》中一切有关防止德国重新侵略的词句。

(4) 规定西欧六国的军事力量水平:法国为14个步兵师,联邦德国、意大利各为12个师,荷兰和比利时共5个师,卢森堡为1个团。各国要扩充军力,须经所有缔约国一致同意。

(5) 英国在欧洲大陆保持4个师和一个战术空军联队,作为欧洲安全的保证。

(6) 联邦德国不得在其境内制造原子武器、生物武器和化学武器。

巴黎会议签订的这些文件,连同伦敦会议达成的最后决议书一起,因其原则和内容的一致而被人们统称为《伦敦—巴黎协定》。

1955年5月5日,《伦敦—巴黎协定》正式生效。

《伦敦—巴黎协定》的签订,使联邦德国正式获得国家主权并加入北约,从而完善了美国自40年代末以来苦心孤诣构筑的遏制苏联和东欧社会主义国家的军事集团。为了对付这种挑战,苏联联合东欧七国于1955年5月14日针锋相对地成立了华沙条约组织。从此,欧洲东西方的对立便以这两大集团的对峙为主要标志而继续下去。

第二节　欧洲经济共同体的建立

《罗马条约》

1951年4月,法国、联邦德国、意大利、荷兰、比利时和卢森堡六国在巴黎签订了《欧洲煤钢共同体条约》，并于 1952 年 7 月在卢森堡正式建立了欧洲煤钢共同体。此后，1952 年 12 月和 1953 年 2 月，荷兰外长科恩两次向煤钢共同体中的 5 个伙伴国提出应逐步建立六国共同市场的建议。后来，这个要求作为荷比卢三国的共同建议正式提了出来，受到另外三个大国的重视。1955 年 6 月，欧洲煤钢共同体的六国外长集合于意大利的墨西拿，讨论这项建议，决定将经济一体化措施从煤钢领域扩展到所有经济部门，建立欧洲经济共同体。六国外长通过了著名的《墨西拿决议》，明确宣称，六国政府认为：

> 在建设欧洲的道路上进入一个新的阶段的时刻已经到来。它们主张首先从经济方面做到这一点。它们认为，通过扩大共同机构，有步骤地联络各民族经济，建立一个共同市场和逐步协调它们的政策，这对创建统一的欧洲是必要的。为了使欧洲保持它在世界上占有的地位，为了恢复它的影响和不断提高欧洲居民的生活水平，这样一种政策是绝对必要的。①

根据《墨西拿决议》，六国政府建立了以比利时外长斯巴克为首的筹备委员会，负责起草欧洲经济共同体条约草案和欧洲原子能共同体条约草案，供各国政府代表审议。1956 年 5 月，筹备委员会正式向六国外长提出报告，六国政府经过反复磋商、谈判，终于在 1957 年 2 月就条约草案达成最后协议。3 月 25 日，六国的政府首脑和外长齐集意大利首都罗马，正式签署《欧洲经济共同体条约》和《欧洲原子能共同体条约》，两条约合称为《罗马条约》。7 月至 12 月，《罗马条约》先后得到六国议会批准，并于 1958 年 1 月 1 日生效，宣告欧洲经济共同体和欧洲原子能共同体正式成立。

《罗马条约》宣布，欧洲经济共同体的目标是，通过逐步消除欧洲各国政治疆界对于经济的影响，为在"欧洲各国人民之间建立一个持久和更加紧密的联盟奠定基础"。共同体的任务是，"在整个共同体内赢得经济和谐发展，促使经济不断地和平衡地扩展，保持经济的稳定增长，加速生活水平的提高和成员国之间日益密切的联系"②。

《欧洲经济共同体条约》全文除序言外，分六个部分，还有一批附件。条约的第三条把共同体的"行动"概括为十一项：(1) 在各成员国之间取消商品的进出口关税和定量限制，以及其他有相同影响的措施；(2) 建立共同的关税率和共同的贸易政策以对付第三国；(3) 在各成员国之间废除阻止人员、服务和

---

① 李琮主编：《西欧经济与政治概论》，高等教育出版社 1988 年版，第 195 页。
② 同上。

资本自由流通的各种障碍;(4)建立农业方面的共同政策;(5)建立运输方面的共同政策;(6)建立一个保证在共同市场中竞争不受破坏的制度;(7)运用程序来调整各成员国的经济政策,补救它们支付平衡的失调;(8)在共同市场的必要限度内,使各国的立法趋于接近;(9)设立一笔欧洲社会基金以便增进工人就业的机会,并促进工人生活水平的提高;(10)设立欧洲投资银行,发掘新资源,以利于本集团的经济扩张;(11)各成员国的海外国家和领地也延入共同体以增加贸易,并共同致力于经济和社会的发展。

条约规定,欧洲经济共同体设置部长理事会、执行委员会、议会和法院等机构。

部长理事会负责协调各成员国的一般经济政策,并拥有对共同体事务的决定权力。理事会由各成员国各派一名部长级代表组成。表决方式根据讨论的问题性质分一致通过、简单多数和特定多数三种。理事会所作决议,根据其适用范围及是否具有约束力,又分条例、指令、决定与建议四种。

执行委员会负责监督条约的实施、执行共同体机构决议、向部长理事会提出各种政策建议和意见,并参与起草理事会和议会文件;管理共同体的财务,代表共同体与第三国或国际组织进行联系和谈判等。执委会委员由各成员国推荐并获得成员国一致同意后予以任命。执委会的决议以简单多数通过,须经部长理事会批准后生效。执委只对共同体负责,不接受、不寻求任何成员国政府的指令。

议会(1962年3月正式命名为欧洲议会)负责共同体工作的评议和监督,无立法权。但有权以2/3多数的不信任票迫使执委会集体辞职。议员由各国议会推选产生。

法院负责解释罗马条约及共同体机构颁布的法令和决议,仲裁共同体内部纠纷。法官由成员国政府共同任命,法院的裁决以多数表决作出。

为了保证成员国的平等权利,条约特别强调对成员国"禁止以国籍为由进行任何歧视"。条约第七条规定,如发现这种情况,"理事会经执委会建议并与议会协商后,得以特定多数作出决定制止之"。

《欧洲原子能共同体条约》共六章,外加一些附件。条约规定原子能共同体的任务是:通过建立使核工业迅速形成和增长的必要条件,对成员国生活水平的提高和与其他国家的交换做出贡献。该共同体除与欧洲煤钢联营、欧洲经济共同体共有议会及法院外,还设置部长理事会、原子能委员会、联合研究中心等机构。

从《罗马条约》的条文看,它是经济合作性质的,没有明确提及政治一体化的问题。但六国外长在谈判和草签条约时,曾达成原则协议,待经济一体化实现到一定阶段时,就开始规划政治一体化问题,建立"欧洲政治联盟"。共同体筹委会主席斯巴克根据此精神发表过一个声明称:"从根本上讲,罗马条约的制定者并不将其视为一个经济条约;他们把它看作是走向政治联盟道路上的一个阶段"[①]。欧洲经济共同体首任执委会主席哈尔斯坦更形象地把共同体的目标比作三级火箭,第一级是关税同盟,第二级是经济同盟,第三级是政治同盟。[②]

《罗马条约》生效后,欧洲经济共同体开始着手发射第一级火箭——实施关税同盟。

实施关税同盟计划及共同农业政策

关税同盟是实施西欧一体化的起点和基石。《罗马条约》明确指出,"欧洲经济共同体是建立在关税同盟之上的"。因此,欧洲经济共同体成立后,就集中精力实施关税同盟计划。其主要内容是,共同体成员国之间取消全部关税及贸易限额,对非成员国实行统一关税,以建立工业品和农业品两个排他性的商品市场。

这个计划首先明确地规定两项实施原则:一是"自动性",即要求各成员国政府应自动采取措施,以适应一个开放的市场。二是"不可逆转性",即贸易障碍一经取消不得重建;共同市场建立后具有永久性,不得取消。

然而,六国的工业实力毕竟存在着差异,它们对关税同盟的支持程度有所不同。其中,联邦德国工业实力最强,它从关税同盟中受益最大,因此也最积极。比荷卢三小国对外贸易依赖程度最高,迫切希望扩大商品出口,因此对关税同盟也抱积极态度。而法国和意大利的工业实力相对较弱,工业品竞争力较差,历来实行高关税以保护本国市场,因此,对开放本国市场感到压力较大。特别是法国,国内要求予以特别照顾的呼声一直较强烈。如果无视这两个国家的利益,关税同盟就无法建立。为此,共同体又明确规定了另外两项补充的实施原则,即所谓的"渐进性"和"柔和性"。前者指关税同盟有意安排在较长时期内逐步实施,后者允许成员国在一定时间内采取某些保护性措施,以缓和市场开放对其一国经济所造成的冲击。

实施关税同盟的时间表正是根据这些原则制定的:(1)成员国的关税,规

[①] 《西欧经济与政治概论》,第 196 页。
[②] 何春超主编:《国际关系史》下册,武汉大学出版社 1983 年版,第 287 页。

定自1958年1月1日起经过12年过渡期,分三个阶段逐步削减直至最终完全取消。(2)成员国被允许暂时实施的贸易限额,规定自1958年1月1日起,在5年内逐步放宽直至最终取消。(3)逐步统一对非成员国的对外关税率。规定六国以原有对外关税率的算术平均数作为共同关税率,在12年过渡期内分三个阶段向共同税率靠拢直至统一。这三个时间表后来都提前实现了。

这个计划实施不久人们就发现,上述那些原则在指导和推动工业品建立关税同盟方面是很得力的,但对农产品几乎不起作用。这是因为各国都有大量小农,他们无法利用规模生产的优势以应付竞争,致使那些农产品竞争能力较弱的国家担心,开放市场"会降低本国农产者收入",甚至导致本国农业"不适当的崩溃"。尤其是对联邦德国这样的国家,它是六国中竞争力最强的工业大国,但其农产品远不能自给,又是一个农业"小国"。国内的农产品价格一般都比法国同类产品高出1/4至1/2。市场开放势必使其农业生产者遭到严重冲击,甚至大量破产。因此,联邦德国对农产品共同市场抱抵制态度,成为实现农产品自由流通的一大障碍。由于以上原因,尽管罗马条约规定自动削减关税的原则同样适用于农产品,但实施四年之后,各国仍各自为政,农产品贸易无任何"实际增加"。

法国对这种情况极为不满。法国是六国中农产品竞争力最强的农业大国。它参加欧洲经济共同体的一个先决条件,就是把农产品纳入共同市场,以期向西德等国输出农产品,以补偿它在工业品竞争方面的劣势。当它看到西德等国对搞工业品共同市场劲头十足,却"忽视法国的农业利益"时,它提出警告说,"共同市场必须是完整的,否则必须取消",并声言,如不满足法国的要求,法国将退出欧洲共同体。[①] 这迫使六国转过头来重新考虑建立农产品共同市场的问题。经过艰苦的谈判,终于制定出为各成员国都能接受的共同农业政策,并于1962年1月1日付诸实施,从而使关税同盟有可能进入实施的第二阶段。

共同农业政策的主要精神是,考虑到农业生产的特殊性,将采取政策性措施,把各国对本国农业的保护干预扩大为共同保护干预,使任何成员国的农业不致因市场开放而遭到重大破坏。这些措施有:

(1)建立农产品单一市场,实行统一的价格管理和价格保证。每个市场年度之前,共同体都要为成员国同类农产品制定两种共同价格:目标价格和干预价格。目标价格是为保护消费者利益规定的上限价格;干预价格是为保证农产

---

① 《西欧经济与政治概论》,第203页。

者收入规定的下限价格。当某种农产品供过于求时,共同体有义务以干预价格予以收购。

(2) 对外实行统一的门槛价格,即通过关税壁垒方式,使进口的农产品只能以高于目标价格的价格销售,防止外来廉价农产品的冲击。

(3) 建立共同农业基金,以保证政策实施。基金从成员国摊款中筹集。其用途分为"保证"和"指导"两部分。前者用于对农产品的干预收购和出口补贴,占基金的绝大部分;后者用于资助各国的农业结构改革。

关税同盟计划和共同农业政策的顺利实施,保证了共同市场得以提前实现。

应该指出,戴高乐的欧洲政策对共同体的初期活动是产生了广泛影响的。

戴高乐重新执政后法国的独立自主外交政策

戴高乐是一位为"法兰西的伟大与光荣"奋斗了一辈子的政治家。二战期间,法国被希特勒德国占领,戴高乐逃到国外,组织和领导全国民族解放阵线坚持抗战。1945年巴黎光复,他被推举为临时政府总理。当时,战后秩序尚待建立。他认为,这种形势给法国重建大国地位提供了机遇,并为此设想了一个"宏伟计划"。其要旨是,"防止一个新的德意志帝国对法国再度造成威胁";在东西方之间奉行独立自主政策,努力把西欧国家组织起来成为"世界三大势力之一";最终实现"从大西洋到乌拉尔的欧洲"①。然而,他就任临时政府总理才几个月,就因一项他提出的改革议会选举制度的计划受挫挂冠而去。这个宏伟计划还未来得及付诸实践就被搁置了起来。

戴高乐引退后,回到家乡科隆贝教堂市过隐居生活,但他仍密切注视国内外局势的变化,等待时机、东山再起。他以发表回忆录的方式将他的抱负及他对法国在历史上应有的地位的看法公之于众。戴高乐的政治主张得到了法国新兴垄断集团的高度赞赏,并在政界和军界赢得了大批的追随者和支持者。

在此期间,法兰西第四共和国实行的多党议会制,导致政府更迭频仍,政局动荡不安,而无休止地进行殖民战争,更把国库耗空,民心丧尽。人民对第四共和国的各政党彻底失望,企盼有个强有力的领袖人物出来拯救法国。

1958年1月13日,法国驻阿尔及利亚的殖民将领马絮公开叛乱,全国处于

---

① 戴高乐的"宏伟计划",内容参见布赖恩·克罗泽:《戴高乐传》下册,商务印书馆1978年版,第657—658页。

混乱状态。在这国家危难之际,法国总统吁请时已 67 岁高龄的戴高乐出山组织政府,挽救危局,并授予他 6 个月的全权,处理阿尔及利亚问题和制定新宪法。这成了法国战后历史上由困顿走向振兴的一个转折点。

戴高乐接受授权后,立即采取果断措施,平息了殖民将领的叛乱,把国内局势稳定下来。同时,他任命其亲密助手蓬皮杜领导起草第五共和国宪法。1958 年 9 月 25 日至 10 月 14 日,新宪法草案提交全民公决并获得通过,宣告了第五共和国的诞生。戴高乐被选为第五共和国的第一任总统,于 1959 年 1 月 8 日宣誓就职。

新宪法废除了第四共和国的多党议会制,实行总统制。总统是国家元首,也是三军统帅,集行政、立法、司法、军事大权于一身。总统有权任命总理和组织政府,任命文武官员,主持内阁会议和签署法令、发布法律。当政府与议会发生冲突时,总统有权解散议会,而且可以越过议会将某些重要法案直接提交公民投票表决。在非常时期,总统拥有根据形势采取必要措施的权力。新宪法还明确规定,外交和安全政策的制定和决策权属于总统。

这两件事处理就绪后,戴高乐立即转向他最关注的外交领域,积极推行谋求法国大国地位的独立自主的外交政策。

这时,国际形势与 12 年前戴高乐退隐时相比,发生了很大的变化。一方面是由美苏两个超级大国主宰世界的两极体系已在欧洲和全球范围里形成;它们在欧洲地区组织了两个敌对的集团——北大西洋公约组织和华沙条约组织,严密地控制着各自的欧洲盟国;在原来德国的土地上,存在着联邦德国(西德)和民主德国(东德)两个主权国家,并分别是这两个集团的重要成员。这种格局表明,法国要独立自主,必须首先从美国的控制下挣脱出来;要想把西欧组织起来,必须争取西德合作,肢解德国的想法已经过时。

形势发展的另一方面是,中华人民共和国正以大国的身姿步入国际舞台,民族解放运动方兴未艾,它们有力地冲击着两极体制;西欧国家遭到战争破坏的经济早已恢复并有了长足发展,它们的自信心明显增强;六国集团决定建立欧洲经济共同体,标志西欧国家开始走上一条探求联合自强的发展道路。这些又表明,在西欧乃至在全球范围内,组织抗衡美苏的第三势力是有可能的。

基于对形势的以上分析,戴高乐为法国谋求大国地位的外交政策制定了一套指导方针,其要旨是:反对美国在西方联盟中的霸权统治,维护法国的独立自主;在欧洲和全球范围内组织与美苏两个超级大国相抗衡的第三势力,发挥法国的大国作用。这个政策的几根支柱是：

(1) 建立法国的核大国地位。戴高乐认为,法国的独立核力量,是大国地位的象征和执行独立自主外交政策的保证。他就任第五共和国总统伊始,即下令加速核武器的研制和开发。1960 年 2 月 13 日,法国第一颗原子装置试爆成功,宣告它敲开了核俱乐部的大门。在这个问题上,法国在戴高乐的领导下,毫不妥协地同美国展开了长时间的、激烈的控制与反控制的斗争。

(2) 退出北约军事一体化组织,恢复法国的完全主权。戴高乐在这个问题上的方针从一开始就是明确的,即退出军事一体化组织,不退出北约;反对美国的霸权,但不是要同美国闹翻。这是一个影响很大的行动,操作起来十分不易。戴高乐处理这个问题,表现得既坚定又机智,圆满地达到了自己的目的。

(3) 联合联邦德国,在六国共同体的基础上组建以法国为领导的西欧集团。戴高乐曾反对过《罗马条约》,但他重新执政后,不仅接受了这个条约,还以实际行动积极支持共同市场的建立和发展。如为了使关税同盟能够顺利实施,戴高乐于 1958 年底果断地让法郎贬值,并采取措施开始拆除法国的高关税壁垒。然而,他要建立的欧洲是主权国家的联合,对一切超国家的因素防范很严。这使他同联邦德国等欧洲伙伴之间存在原则分歧,成为组织西欧政治集团的严重障碍。他的继任者们对这个问题的态度比他灵活,使法国在推动欧洲建设方面更好地发挥了政治领导作用。

(4) 对苏联实行"缓和、谅解和合作"政策,同苏联进行直接对话。此举旨在打破美苏主宰欧洲事务的局面,建立美苏欧三角对话的格局,以削弱美国对欧洲盟国的控制。为此,戴高乐谴责苏联搞霸权,同时又强调法苏"没有利害冲突",有关欧洲问题,法国是苏联的"天然对话者"①。他当选法国总统后不久,即向苏联领导人发出访法邀请,很快实现了两国领导人的互访。法国成了苏联在西欧最重要的对话伙伴,有时还充当美苏之间的"掮客",大大提高了法国在欧洲和国际上的地位。

(5) 实行非殖民化,奉行积极的第三世界政策,同美苏争夺第三世界。戴高乐原是个坚定的殖民主义者。但当他看到民族解放运动以不可阻挡之势蓬勃兴起时,敏锐地认识到:"非殖民化已经成为不可避免的潮流。"②于是,他一上台,即建立了法兰西共同体,调整法国同海外殖民地的关系,并在新宪法中给

---

① 《戴高乐传》下册,商务印书馆 1978 年版,第 680—681 页。
② 国际问题研究所编译:《戴高乐言论集》,世界知识出版社 1964 年版,第 485 页。

予殖民地以民族自决权。到 1960 年,13 个非洲法属殖民地和马达加斯加岛相继实现独立,阿尔及利亚也于 1962 年成为独立国家。实行非殖民化后,法国开始在国际上扮演第三世界国家利益的代言人角色,在各种国际场合,都要求发达国家援助发展中国家,反对美苏在亚非拉争夺势力范围,从而扩大了法国在第三世界的影响。

戴高乐制定的这套指导方针,在整个冷战时期,成为法国对外政策的行为准则,对增强法国的大国地位起到了一定的积极作用。

第八章　苏联对外政策的新变化

第一节　斯大林逝世后的苏联外交

对奥和约的缔结

奥地利在第二次世界大战中是德国法西斯的盟国,战后初期由苏联和美国等实行军事占领。围绕奥地利的民主化和中立化,苏联和西方国家分歧严重,斗争激烈。双方分歧的主要点是:苏联要求实行奥地利的民主化和反对这个国家成为北大西洋公约组织的成员国,"奥地利问题同德国问题是不能分开考虑的"①。美国和北大西洋公约组织则力图把奥地利拉入北约,作为北约同苏联和其他社会主义国家进行战斗的前哨阵地。

1953年,苏联政府采取了一系列放宽占领制度和同奥地利关系正常化的措施。是年6月,苏联取消了沿苏联占领区和西方占领区之间边界的管制措施。苏联主张奥地利作为有直接利害关系的一方参加解决奥地利问题、缔结和约的谈判。1954年2月,奥地利应邀参加了柏林外长会议。奥地利明确表示:"奥地利丝毫没有加入任何军事同盟的意图。"②苏联欢迎奥地利的上述表示。为了尽快签订和约,苏联提出在3个月内起草完毕奥地利国家条约的最后文本。苏联特别强调奥地利承担不加入针对解放它的国家的军事同盟和不准在其领土上设立外国军事基地的义务。苏联主张在签订对德和约之前,苏美英法四大国可在奥地利暂时保留少量军队,但没有占领的职能。西方国家反对苏联的上述考虑和主张。1955年2月9日,苏联政府声明可能在缔结对德和约之前从奥地利撤军,但坚决"排除德国再次吞并奥地利的可能"③。苏联建议立即召开四大国外长会议,加速奥地利问题的解决。苏联的立场未获得西方的赞同。于是,苏

---

① 莫洛托夫1955年2月8日的讲话,《苏联外交政策:文件与资料集(1955)》,莫斯科,第217页。
② 转引自安·安·葛罗米柯、鲍·尼·波诺马廖夫主编:《苏联对外政策史(下卷):1945—1980》,中国人民大学出版社1988年版,第228页。
③ 《消息报》(苏联)1955年2月9日。

联决定改变方针,另辟蹊径,同奥地利政府进行直接谈判。1955年2月25日到3月2日,苏联外长莫洛托夫和奥地利驻苏大使在莫斯科会晤。苏联的态度有了明显的改变,苏联提议"不再等待缔结对德和约,四大国即从奥地利撤出他们的军队"。苏联政府十分重视"奥地利不得加入任何联盟或军事同盟",其"领土不得用来建立外国的军事基地"①。1955年4月12—15日,苏奥两国政府在莫斯科举行直接双边谈判。会谈达成一项秘密备忘录。该备忘录和后来的奥地利国家条约文本同时于1955年5月16日在《真理报》公布。奥地利同意苏联的倡议,答应声明承诺"将永久保持像瑞士那样的中立";"不仅不参加任何同盟,而且不保留外国军事基地"。苏联声明愿意"立即签订奥地利国家条约,承认关于奥地利中立的声明",同意"在国家条约生效后,四国军队最迟应在1955年12月31日前撤出奥地利"。在战争赔偿问题上,苏联作出妥协,同意奥地利用货物来抵偿1.5亿美元的赔偿。这样奥地利尽管承受着商业和财政负担,但却保证了在政治上和经济上的独立。②

1955年5月15日,苏、美、英、法四国同奥地利的代表在维也纳签署了《关于重建独立和民主的奥地利的国家条约》。条约规定,恢复奥地利的主权、独立和1938年1月的边界;禁止奥地利与德国合并或缔结任何同盟;奥地利应组成民主政府;不得拥有、制造和试验原子武器;盟国对奥管制自条约生效之日起废止;驻奥盟军在条约生效后90天内,至迟在1955年12月31日时撤退完毕。条约于1955年7月27日生效。奥地利下院和上院分别于10月24日和26日通过了确定奥地利永久中立的法案,规定奥地利不参加任何军事同盟,不允许在它的领土上建立外国军事基地。该法案从11月5日开始生效,奥地利重新获得了自由和独立。

奥地利国家条约的签署结束了美苏英法对奥地利的军事占领与管制,消除了欧洲地区的一个紧张源,有助于缓和欧洲的紧张局势。

日内瓦四国首脑会议

1955年1月,苏联提出召开最高级会议,讨论改善国际气氛和有关的问题。西方国家对这一建议反应不一。英、法支持举行这样的会议。1955年3月29日,丘吉尔曾表示这样一种会议"对于解决世界性的问题是个有希望成功的途径",

---

① 《苏联外交政策:文件与资料(1955)》,第218—220页。
② 杰弗里·巴勒克拉夫等:《国际事务概览(1955—1956)》,上海译文出版社1985年版,第161页。

在这一点上他"从未有过丝毫的动摇"①。美国迫于公众舆论被迫同意。艾森豪威尔在回忆录中曾表白:"我不愿意使自己对许多人寄予希望的政治首脑会晤的态度被看成是无法理解的固执,因而指示国务卿杜勒斯通过外交渠道宣布,如果其他国家确是对这种会晤感兴趣,那么我们愿意倾听他们的意见。"②

1955年5月10日,苏联正式提出举行政府首脑会议的建议,并主张以后续会议来解决具体问题,取得具体成果与进展。1955年5月15日,苏、美、英、法在维也纳会议上就召开首脑会议交换了意见。苏联和美英法分别强调了自己所关注的中心问题。苏联认为会议的中心议题应该是欧洲集体安全、裁军、禁止原子武器,而西方国家表示不能指望在上述问题上有什么突破,取得进展。③

从提出召开首脑会议到举行首脑会议,其间还经过许多摩擦,进程并不顺利。5月18日,艾森豪威尔提出从北到南建立贯穿欧洲的一系列的中立化国家,其后杜勒斯明确表示总统中立化的概念仅仅适用于东欧。6月在西德总理阿登纳访美期间,艾森豪威尔更为明确地表示他关于中立化的建议"完全不适用于德国"。而苏联坚决反对会议讨论东欧国家的地位问题。1955年6月13日苏联复函同意会议于7月18日举行,强调会议的主题是"缓和国际紧张局势"。6月15日,苏联《真理报》认为美国对参加首脑会议另有所图。6月23日,美国国务卿向苏联外长表示,首脑会议可以讨论像裁军、欧洲安全、德国问题、关于东欧的地位以及国际共产主义运动等问题。苏联予以拒绝。苏联仍然希望会议首先讨论裁军、禁止原子武器和建立欧洲集体安全体系问题。会议召开前出现的摩擦与争论,为会议期间的激烈交锋埋下伏笔。

1955年7月18—23日,苏、美、英、法四国首脑在日内瓦举行会议,这是第二次世界大战结束以来的第一次四大国最高级会晤。出席会议的有美国总统艾森豪威尔、英国首相艾登、法国总理富尔、苏联的赫鲁晓夫和布尔加宁。世人为此兴奋,但是事态发展表明,东西方政策的前提、目标、轻重缓急各异,以苏联为一方同美英法的另一方进行了针锋相对的争斗。双方均没有作出妥协,也没有寻求协议的迹象。

在欧洲集体安全和德国统一问题上,西方国家把讨论德国问题放在首位,采取坚决支持西德的强硬态度。美国总统艾森豪威尔表示:"我们对阿登纳总

---

① 英国下院辩论第5辑第539卷第199栏。转引自《国际事务概览(1955—1956)》,第193页。
② 艾森豪威尔:《白宫岁月与受命变革(1953—1956)》,第506页。
③ 安·安·葛罗米柯、鲍·尼·波诺马廖夫主编:《苏联对外政策史(下卷):1945—1980》,第232页。

理和德意志联邦共和国负有义务","我们决不做任何事情来伤害总理或削弱西方维护西德现状的决心"。为此,美国和它的西方盟国要把"会议控制起来"①。英国首相艾登在会上重申东西德须举行"自由"选举,反对缔结对德和约,反对建立欧洲集体安全体系。苏联力主会议解决欧洲集体安全体系的问题,强调各国共同努力来保障欧洲人民的安全。苏联认为首脑会议"能在国家安全问题上拿出个解决办法","建立一个集体安全体系"。苏联同西方国家的分歧在于如何看待德国统一的紧迫性。西方认为统一德国业已提到了议事日程,并坚决主张统一后的德国必须成为北大西洋公约组织的成员国。苏联面对着北约这一现实,主张由集体安全体系来确保自身的安全。苏联认为当务之急不是德国的统一而是裁军,是建立欧洲集体安全体系。

裁军是会议争议的重要问题。苏联主张在 1955 年 5 月 10 日建议的基础上,各大国达成各方均能接受的军事力量水平的协议。苏联建议与会各国承担不使用原子武器和氢武器的义务,就裁军和禁止原子武器建立国际监督系统。苏联称,它的方案充分考虑了西方的立场、态度,并作出了许多的让步。西方大国本来对苏联 5 月 10 日的建议作出了积极的评价,认为这是"迄今达成协议所跨出的最大一步,似乎预示了前景的光明"②。但是,在这次会议上,西方对这样一个方案反应冷淡。他们不谈裁军,只谈对现有军备和武装力量进行监督和检查。西方强调裁军不能同政治问题的解决分开,"在裁军开始之前,先深入研究一下哪些政治问题应该解决"是十分必要的。③ 在西方国家看来,东欧问题、德国统一问题以及共产主义运动等问题均应在优先考虑之列,须进行深入讨论。值得特别提到的是,艾森豪威尔提出了"天空开放"的建议:美苏"彼此提供它们在整个国土上的军事设施的全部示意图,列出这些设施和彼此提供它们的计划","彼此提供空中摄影的广泛机会",其目的是"让全世界相信我们正在就防止相互之间发生大规模的突然袭击而努力,由此减少战争危险和缓和紧张局势"。艾森豪威尔的建议遭到了苏联的断然拒绝,认为这是侵犯国家主权之举,不能接受。当时苏联考虑的主要威胁不是美国本土而是它在欧洲部署的军事力量,美国天空开放于苏并无多大益处。艾森豪威尔的"开放天空"建议未能取得多少好评。托马斯在《裁军,今后的道路》一书中称,总统的方案"与其说它是

---

① 《白宫岁月与受命变革》,第 523 页。
② 《国际事务概览(1955—1956)》,第 193 页。
③ 英国外交大臣麦克米伦的讲话,下院辩论第 5 辑第 542 卷,第 607 页。转引自《国际事务概览(1955—1956)》,第 195—196 页。

一个诚意谋求解决裁军问题的尝试,还不如说是一个敷衍搪塞之举"①。法国提出了通过限制军事预算来限制军备的主张,其具体办法是"参照前一年的预算逐年削减军费在年度预算中占的百分比"。英国主张对军备进行联合视察。

在发展东西方之间的接触问题上,双方均赞成扩大接触交流。但苏联主张扩大经贸关系,而西方则强调思想与文化的交流,特别注意利用媒体来宣传其价值观和生活方式,对于扩大东西方之间的经贸关系态度漠然。

由于与会国对会议主要解决什么问题看法不一,并在一系列重大国际问题上存在着根本的分歧,会议未达成任何有实际价值的协议。但是,这是第二次世界大战后的首次大国首脑会议,它的召开本身就说明国际间的紧张气氛有所缓和,敌对双方能够坐下来讨论一些问题,并在会议结束时发表了一个友好声明。这次会议的召开也给各国人民争取和平的斗争带来了新的希望。

首脑会议还决定把一些主要问题交由外长会议来进行讨论和处理,即把首脑们讨论过的原则化成具体明确的协议。这当然更具难度。为了准备外长会议,有关方面在裁军问题上进行了紧张的磋商。西方国家对苏联5月10日和7月21日的裁军方案表明自己的态度。美国政府声称如果苏联接受"天空开放",美国会认真考虑苏联的建议,在监督问题上作出让步。美国打算由原来所坚持全面绝对监督到相对监督。在裁军小组委员会的会议上,西方国家之间也存在有不同意见。这样,美国的立场又后退了。它强调"美国打算将其安全立足于保持占压倒优势的空中核力量,而不是取消实力;立足于报复的能力,而不是裁军;立足于保留足够数量的核弹以致没有哪一个国家可望发动一场大战而自己不被摧毁,而不是禁止或取消核弹;立足于双方为防止突然袭击而安排的相互监督,而不是国际体制"②。苏联指责这种后退"抛弃裁军小组委员会以前所取得的一切成果"③。苏联对美国不谈裁军而津津乐道于"天空开放"提出了异议和批评。苏联部长会议主席布尔加宁9月19日致信艾森豪威尔,指出美国"离开裁减武装部队、军备和禁止核武器问题"而谈"关于交换军事情报的建议"和"相互之间的空中摄影","这种方针是同世界各国人民的意愿相违背的"④。

1955年10月27日—11月11日在日内瓦举行四国外长会议。四国政府都

---

① 转引自《国际事务概览(1955—1956)》,第204页。
② 美国空军部长摩纳德·夸尔斯的讲话,《纽约时报》1955年9月6日。
③ 《苏联新闻》1955年9月12日。
④ 《苏联对外政策文件与资料选(1955)》,莫斯科,第139—144页。

回到各自原来的立场,并一直坚持下去。会议讨论的主题是"欧洲安全与德国"。苏联坚决主张建立欧洲集体安全体系,并敦促签署有关条约。苏联代表要求美、英、法外长对此表明自己的态度。西方坚持德国的统一是关系到西方安全的关键。杜勒斯清楚地表白,在西方安全概念中"德国的重新统一"是"不可缺的前提",否则"欧洲就不可能有稳固的和平"。西方为了解除苏联对重新统一德国以及德国加入北大西洋公约组织所带来的恐惧,曾提出在德国同东欧国家之间划出地域实行军备限制。这一设想对苏联来说是不可接受的。苏联清楚,承认德国通过"自由选举"的统一并加入北约,这既缩小自己在战后建立起来的安全防御带,有悖于它的国家安全,同时也有损于苏联作为世界大国的形象,因为这是按照西方的设想进行并得到西方的某种保证。在欧洲安全与德国统一问题上,苏联同西方的差异主要在于:苏联认为,"对欧洲人民来说,欧洲安全问题居首要地位",德国问题"附属于这个问题的"。苏联坚持"不解决欧洲安全问题","要解决德国问题是不可能的"。西方国家则持相反的主张,坚持解决德国问题是谋求欧洲和平稳定的基本前提。由于在欧洲安全与德国问题上双方的立场尖锐对抗,会议形成僵局,东西方均不愿作出某些妥协或妥协的表示。英国外交大臣说,他们都在原地"互相观望,唯恐跨出一步即是鬼门关"①。四国外长会议没有取得任何实质上的进展。按麦克米伦的说法,会议的直接后果"非但大家未能再前进一步,而且轻而言之是重陷僵局,重而言之则是我们都后退了一步"②。

日内瓦首脑会议没有实现人们所寄予的愿望,取得应有的成果,其原因是十分复杂的。东西方处于严重对抗之中,哪一方都不打算采取可能导致缓和的举措。但这种会议为解决国际问题提供了可供效仿的一种形式。

苏联同日本恢复外交关系

1951年9月8日,美国单方面签订了对日和约。苏联同日本仍处于战争状态,苏日断绝了一切往来联系。随着朝鲜战争的结束,远东的紧张局势有了明显的缓和。苏联认为必须同日本结束战争状态,发展经济贸易往来。苏联准备采取主动同日本实现关系正常化。1954年10月11日,苏中两国政府在北京发表声明,表示愿意"采取步骤使同日本的关系正常化"③。

---

① 转引自《国际事务概览(1955—1956)》,第218页。
② 同上书,第219页。
③ 《人民日报》1954年10月12日。

1954年12月10日鸠山一郎出任日本首相后,马上着手恢复日苏外交关系。11月重光葵外相发表声明,日本政府愿意在双方可接受的条件下恢复同苏联的关系。苏联方面立即作出了积极反应。16日苏联政府表示,愿意恢复苏日两国的邦交,并在互利条件下发展经贸关系。① 1955年1月25日,苏联驻日本使团团长向鸠山首相递交了莫洛托夫的一份照会,提议双方举行恢复邦交的谈判。

谈判的地点选在何处合适？日本不希望在东京举行,因为可能牵涉到日本承认苏联使团的外交地位的问题。但它又不愿在莫斯科举行,怕此举会引起华盛顿的猜疑。苏联开始主张在纽约进行,后又提出可以在日内瓦或伦敦举行建交谈判。两国于1955年6月初在伦敦开始谈判。日本方面认为苏联在恢复邦交方面采取主动,必然会作出些实质性的让步,因此提高了要价。在谈判开始时,6月7日日本方面重复了重光葵外相的要求:苏联遣返据称的1.2万名在押的日本人;归还千岛群岛、桦太岛、齿舞岛和色丹岛;允许日本人在苏联近海捕鱼以及支持日本加入联合国。② 6月14日,苏联提出恢复两国邦交的原则和要求:发表结束战争状态的宣言;拒绝日本提出的领土要求,要求日本承认苏联在两国有争议岛屿拥有的主权;否认有在押日本战俘的遣返问题。苏联还要求日本不得参加旨在反对太平洋战争中曾同它相抗衡的国家的任何军事同盟,沟通日本海和太平洋的各个海峡对除中国、苏联外的其他任何国家的军舰进行关闭。如果日本能满足上述要求,恢复日苏邦交,苏联将支持日本加入联合国和举行捕鱼问题的谈判,给予日本政治和经济利益,放弃赔款要求和不干涉日本的内政。③ 日苏先后在伦敦和莫斯科举行了两轮谈判,谈判由于在领土问题上的根本分歧而搁浅,但在其他一些问题上取得了进展。日本方面坚持先解决领土问题后谈复交,把领土问题当作恢复外交关系的前提条件。苏联则不承认两国之间存有领土问题,反对把它同两国的复交联系起来。在伦敦谈判中,苏联曾考虑把齿舞岛和色丹岛移交给日本。日本坚决要求一并归还国后岛和择捉岛。谈判自7月31日移至莫斯科后,日本仍坚持苏联必须归还北方四岛,苏联予以拒绝。9月中旬,日本使节离苏,谈判不了了之。

美国竭力阻挠日苏恢复邦交的进程。日苏邦交正常化谈判之前,美国国务卿杜勒斯致函日本鸠山首相以停止援助相威胁,称"日本政府采取与中国和苏

---

① 《真理报》(苏联)1954年12月17日。
② 转引自《国际事务概览(1955—1956)》,第165页。
③ 《苏联新闻》1955年6月15日。

联扩大经济联系、恢复外交关系的路线,在美国人民和美国国会人士中间造成一种日本在寻求接近共产主义国家的印象,日本的这种立场可能成为实现美国政府目前拟制中的援日计划的障碍"①。美国以"永远占领"来要挟与支持日本对苏联在领土问题上的强硬立场。杜勒斯曾对日本外相说,如果日本承认苏联对南库页岛和千岛群岛主权,美国就要永远占领日本的冲绳和小笠原群岛。

日本政府考虑到日苏双方在领土问题上的差距甚远,只得放弃原来的主张和要求,同意把收回领土主权与恢复外交关系分开进行,并决定恢复谈判。1956年10月15—19日,日本首相访问莫斯科,签署了日苏恢复邦交的协议。两国恢复了外交和领事关系,结束了战争状态。苏联答应在日苏签订和平条约后把齿舞和色丹两岛交还日本。苏联支持日本加入联合国,答应全部遣返在苏服刑的日本公民,放弃向日本索取赔偿的要求。至此,鸠山赴苏带有的四项基本要求,满足了三项,即加入联合国、发展苏日经济关系和遣返日本公民,只有归还北方领土问题未完全实现。鸠山赴苏签订复交协定有着自己的考虑。日本政府需要苏联的支持,日本要加入联合国,苏联拥有对此问题的生杀之权。苏联在日本加入联合国的问题上利用其安理会常任理事国的身份,曾三次行使否决权。争取苏联全部遣返战俘,在日本国内已成了严重的政治问题,对政府形成了一种政治压力。日本政府考虑到领土问题一时难以解决,而复交则是其他问题解决的前提条件,决定先复交后在领土问题进行周旋。此时苏联的对外政策也发生了某些变化,在对日关系中一改过去僵硬死板的做法,在领土问题上也有所松动,如同意在复交文件中列入领土问题的条款,并打算将两个岛屿移交给日本。

日苏外交关系恢复后,苏联基本上履行了自己的诺言。日本顺利加入了联合国,日苏经济贸易关系也有所发展,两国签订了渔业协定,解决了日本渔民在北海海域和苏联近海捕鱼的问题。但是,日苏关系的发展并不顺利。日本在外交方面追随美国对苏推行冷战政策,在政治上进行抵制,经济上进行制裁。在这种状况下,苏日关系发展的最大障碍,即北方领土问题,没有取得任何进展。

戴维营会谈

赫鲁晓夫推行和平共处总路线,把改善同美国的关系放在苏联外交政策的首位。苏联一方面调整和改变在一系列国际问题上的立场,以适应美国的需

---

① 《朝日新闻》(日本)1955年5月23日。

要,同时加强同美国的联系,扩大经贸往来。1958年1月,苏联同美国签署了第一个"文化交流协定"。苏美开始进行接触与交流。

1959年1月4日到20日,苏联部长会议副主席米高扬访问美国。这是战后以来苏联最高级别官员首次对美国的正式访问。他的任务是商谈两国的贸易问题。米高扬的访问为美苏双方互相了解提供了机会。米高扬在美访问期间阐述了苏联的观点。杜勒斯认为没有理由期望"苏联会放弃那种它认为……会给潜在的敌人占据战略优势的阵地"①。米高扬把举行高级会晤旧话重提,强调"最高级会谈"更为可取。他说,关于美苏会谈"我们并不要两国来解决那些关系到其他国家的问题,也不要离间美国同它的盟国间的关系,或使他们相互争吵","我们并不拒绝两国领导人或三国领导人坐在一起讨论。重点必须是缓和紧张局势"。

在米高扬访美期间,苏联还采取了一系列举措。1958年1月10日,苏联建议在华沙或布拉格举行28国会议,起草和签署对德和约,强调德国东部边界为奥得—尼斯河。苏联称要同两个德国签约,实际上把德国重新统一问题无限期推迟了。1月13日,苏联又提出重新召开十国会议来讨论突然袭击问题。苏联的建议有如石沉大海,没有引起西方的应有反响。难怪米高扬曾抱怨"我们得不到对我们建议的任何建设性的反建议,也得不到修正的意见"。

米高扬访美之后,美苏关系中的紧张气氛有所缓和。赫鲁晓夫认为东西方关系"至少存在着解冻的可能"。杜勒斯也认为举行会谈来讨论柏林问题、德国重新统一和欧洲安全问题是"适时"的。但美国的基本目标在于德国的"有效的重新统一"。杜勒斯飞往欧洲先后访问伦敦、巴黎、波恩,协调西方在解决德国问题上的立场。

赫鲁晓夫在苏共二十一大闭幕词中重申结束冷战的愿望,要求举行美苏首脑会议,强调解决柏林问题的重要性和紧迫性。2月16日,西方建议召开四国外长会议,以"讨论德国问题的一切方面和一切关系"。此后,赫鲁晓夫和艾森豪威尔分别发表讲话。赫鲁晓夫扬言要同东德单独订约,艾森豪威尔则表示美国及其盟国"决不会被撵出自由柏林"。

这次为解决德国和柏林问题而举行的外长会议看不到成功的希望。为此,英国首相设想利用邀请美、苏、法首脑回访伦敦的机会举行一次非正式的最高级会谈,讨论德国和柏林问题。艾森豪威尔予以拒绝。鉴于赫鲁晓夫曾多次表

---

① 《美国国务院公报》1959年2月2日。

示访问美国的愿望,艾决定趁此机会同苏联领导人会晤,讨论双方感兴趣的问题,首先是德国问题。1959年7月,艾森豪威尔托正在美访问的苏联部长会议第一副主席科兹洛夫带给赫鲁晓夫一封访美的邀请信。8月3日,艾森豪威尔证实,赫鲁晓夫将于9月访美。艾森豪威尔邀请赫鲁晓夫访美,有着多方面的考虑:有意让赫鲁晓夫看看美国社会,给这个共产党人上一堂"大课";通过会谈摸清赫鲁晓夫的立场,看他是否真心想减轻双方的对抗;拓宽交流,缓和气氛;解决某些分歧,维持柏林现状;同时也是对西欧盟国举行最高级会晤要求的一种安慰。

赫鲁晓夫接到访美邀请信后自然感到兴奋,因为他可以实现多年来访美的愿望,借此沟通两国之间的交流与往来。8月5日,赫鲁晓夫在一次记者招待会上表示,他希望同艾森豪威尔的会谈能导致"清除战争遗留下的后果"①。

艾森豪威尔邀请赫鲁晓夫访美并举行美苏首脑会晤,遭到了来自美国舆论的强烈反对,似乎他出卖了西方的利益。艾森豪威尔还要协调西方盟国的立场,需要同西方国家首脑分别进行磋商。8月26日至9月6日,艾森豪威尔先后访问了波恩、伦敦、巴黎,并趁机向赫鲁晓夫施加压力,要苏联作出让步。9月10日,艾森豪威尔在一次广播讲话中称,举行首脑会议的前提是苏联"必须保证我们在柏林的权利和地位受到尊重","苏联必须明白表示,认真的谈判将会带来能减少世界紧张局势起因的真正希望"②。

1959年9月15日,赫鲁晓夫踏上美国国土,开始了对美国为期两周的访问。这是苏联领导人首次访美。赫鲁晓夫访美分两个阶段进行。第一阶段,他花了十天周游美国。他先后访问了纽约、洛杉矶和好莱坞、旧金山、艾奥瓦的农场和匹兹堡。第二阶段是在美国首都华盛顿活动。艾森豪威尔和赫鲁晓夫在戴维营举行了会谈。会谈涉及东西方关系的各个方面,其中主要问题是德国和柏林问题以及裁军问题。双方经过一番较量,在一些问题上达成了某种谅解,并于9月28日发表了联合公报。艾森豪威尔在9月28日举行的记者招待会上称,赫鲁晓夫已经排除了举行东西方首脑会议的"许多障碍",意指这位领导人不再坚持就柏林问题在6个月内达成协议,否则苏联采取单方面的措施。赫鲁晓夫同意解决柏林问题不规定时间的限制并把它作为首脑会议的一项议程。艾森豪威尔同意举行美苏英法四国首脑会议,并接受了于来年春天访问苏联的邀请。

---

① 《苏联新闻》1959年8月6日。
② 《美国国务院公报》1959年9月28日,第435—438页。

戴维营会晤没有也不可能解决两国之间存在的根本分歧。虽然赫鲁晓夫同意放宽解决柏林问题的期限,解除了对西方的威胁,但仍坚持同两个德国签订和约是解决柏林和德国问题的基础。戴维营会谈是战后美苏领导人的首次高级会晤,并就某些问题找到了某种共同点,有益于两国关系和东西方关系的缓和。戴维营会谈的成果在相当大的程度上是个人性质的,但作为首脑外交的一种方式被两国领导人所接受。美苏两国领导人经常利用这种最高级会晤来调整两国关系和解决国际争端。赫鲁晓夫对此次美国之行和戴维营会谈给予了积极的评价,并称艾森豪威尔"有明智的政治家风度"。苏联舆论也加紧吹嘘这种并不真正存在的"戴维营精神"。

第二节 苏联与东欧各国关系出现的新情况

华沙条约组织的建立

1954年10月23日,美、英、法等九个西方国家签订《巴黎协定》,规定吸收联邦德国加入北大西洋公约组织,加速重新武装西德。此时苏联和其他东欧国家面临的首要任务是如何对待西欧联盟和西德的重新武装以及接纳西德为北约成员国。一方面,苏东国家对法国和西德施加压力和影响,试图阻止巴黎条约的批准。早在1954年底,苏联就试图以废除友好条约对法国和英国施加压力,阻止它们批准《巴黎协定》和参与重新武装西德。对西德,苏联发出警告,说如果批准《巴黎协定》,势必阻碍德国的重新统一。1955年1月25日,苏联宣布结束对德国的战争状态,答应参加四国首脑会议讨论德国问题,可能促成全德选举。苏联同时指出,西德如果重新军事化,德国的统一将不再是可能的了。①

苏联进行了积极的外交攻势,主要做了两个方面的外交努力:其一,提出欧洲集体安全的主张,争取国际社会和公众的同情与支持;其二,加速建立自身防御体系与组织,以同西欧联盟相抗衡。1954年11月29日至12月2日,苏东八国在莫斯科举行了"欧洲国家保障欧洲和平与安全会议"。会议宣布"它们具有决心在《巴黎协定》竟然批准时,在组织武装力量和司令部方面采取共同措施"。1955年1月24日苏联外长莫洛托夫就《巴黎协定》一事会见了民主德国驻苏大使,详细讨论了发展苏德关系的问题。2月8日,这位外长声称,如果《巴黎协

---

① 《苏联外交政策:文件与资料(1955)》,第241页,又见《苏联新闻》1955年2月15—17日。

定》批准生效,莫斯科会议的参加国可认为有必要缔结一个友好合作互助条约,并建立一个统一的军事司令部。① 苏联东欧国家以及东欧国家之间就安全问题进行了频繁的外交接触。3月,民主德国外长访问波兰。4月,波兰领导人访问苏联,并指出东欧国家之间有必要建立一个统一的司令部。在华沙访问的赫鲁晓夫宣称,鉴于《巴黎协定》所带来的威胁,莫斯科会议已经决定采取措施"以缔结一个友好互助条约,并建立一个联合军事司令部"②。

1955年5月5日,《巴黎协定》批准生效,西欧联盟正式产生,西德恢复了主权和承担北约的义务。苏联和东欧国家作出强烈反应。苏联宣布废除苏英、苏法友好条约。5月11—14日,阿尔巴尼亚、保加利亚、匈牙利、德意志民主共和国、波兰、罗马尼亚、苏联和捷克斯洛伐克代表在波兰首都华沙举行保障欧洲和平与安全第二次会议,签订了《友好合作互助条约》,即《华沙条约》。缔约国作出了关于成立武装部队联合司令部的决定。根据条约和决议,华沙条约组织诞生。条约希望所有欧洲国家,不分社会制度和国家制度均能参加,建立欧洲集体安全体系,联合它们的力量来保障欧洲和平。条约重申:《巴黎协定》的批准在西欧出现了新的军事集团,西德加入北约所造成的新战争危险给各国人民带来的威胁,欧洲国家"必须采取必要步骤,以保障自己的安全和维护欧洲和平"。条约共11条。其中的第三条规定:"每逢任何一缔约国认为产生了对一个或几个缔约国发动武装进攻的威胁时,缔约国各方为了保证联合防御和维护和平和安全的利益毫不拖延地在它们之间进行磋商";第四条规定:"如果在欧洲发生了任何国家或国家集团对一个或几个缔约国的武装进攻,每一缔约国根据《联合国宪章》第五十一条行使单独或集体自卫的权利,个别地或通过同其他缔约国的协议,以一切它认为必要的方式,包括使用武装部队,立即对遭受这种进攻的某一个国家或几个国家给予援助"。根据条约第十条的规定,条约在阿尔巴尼亚于1955年6月4日交存批准书之日起生效。华沙条约组织正式诞生。1961年8月阿尔巴尼亚停止参加华约的一切活动。1968年9月13日阿尔巴尼亚宣布退出该组织。

根据条约的规定,华沙条约组织建立了武装部队的联合司令部,"统帅根据缔约国各方协议拨归其指挥的各国武装部队",它"将根据共同制定的原则进行工作",其职责是"保障它们的人民的和平劳动,保证它们的疆界和领土的不可侵犯性并确保对可能的侵略的防御"。司令部设在莫斯科,苏联军人担任缔约

---

① 《苏联新闻》1955年2月15日。
② 《苏联新闻》1955年4月27日。

国联合武装部队总司令,各缔约国的国防部长或其他军事领导人为副总司令,"负责指挥拨归联合武装部队作为整体的一部分的各该国的武装力量"。华沙条约组织设政治协商委员会。条约规定"由每一缔约国派一政府成员或特派代表参加",其任务是实行"条约所规定的缔约国之间的磋商和审查由于本条约的实施所引起的问题"。政治协商委员会是该组织的最高决策机构,由缔约国各国的党的第一书记、部长会议主席、国防部长、外交部长组成,负责协商和决定缔约国的国防、政治、外交和经济等重大问题。下设常设委员会。1969年3月华约设国防部长委员会,为最高军事机构,由各缔约国国防部长、华约联合武装部队总司令和参谋长组成,负责研究共同的军事政策以及军队的训练演习等重要事宜。

华沙条约组织原本是对付来自西欧威胁的防御性组织。它对确保苏联和东欧国家的安全、维护欧洲的和平与稳定曾起过积极的作用。《华沙条约》把苏东各国联系在一起,对形成、加强当时的社会主义阵营是有益的。但是,条约为苏联军队驻扎在东欧各国提供了法律依据。随着苏联外交政策的变化,华沙条约组织以及驻扎各国的军队则逐步成为苏联干涉他国内政、推行霸权主义的工具和手段。华沙条约组织成为由苏联控制与指挥的同北约相抗衡的军事政治组织。

苏南关系的改善

南斯拉夫自情报局作出不公正的决定和苏联与其断绝外交关系和经济关系之后,面临着最为严重的局面。但是,铁托顶住了巨大的政治和经济压力,结合南斯拉夫的实际,探索一种有别于苏联建设社会主义的模式。南斯拉夫实行自治制度,开展自上而下的自治改革。1949年在215个企业进行试点,工人参与工厂的生产、劳务、生活等问题的讨论。1950年6月南斯拉夫通过了工人自治法。法令宣布生产资料由国家所有制转为社会所有制,由"工人集体代表社会在国家范围内加以管理"。1951年改变原来的国家计划体制,国家只负责规定国民经济各部门发展的主要比例和积累的比例。1953年改积累制度为分红制,规定企业将2/3的利润上交国家,余下1/3由企业自行处理。广泛实行政治上的自治。1953年1月,南斯拉夫国民议会通过新宪法,宣布国家主权属于劳动人民。国家机关、工人委员会、公民委员会均享有广泛的自治权。在外交上积极寻求同美国等西方国家改善关系。美国曾向南斯拉夫提供经济和军事援助以及军事装备。苏联因而指责南斯拉夫"已经变成了美国的殖民地",其领导人"充当了美国的代理人"①。南斯拉夫对苏联推行的对南政策进行了坚决抵制和揭露。南斯拉夫在国内打击亲苏势力,在国际上进行揭露。早在1951年11月9日,南斯拉夫就向联合国大会控告苏联"煽动和组织反对南斯拉夫的活动,并对它施加挑衅性的压力"。铁托在南共第六次党代会上指责苏联利用南对它的信任"达到他们不正当的目的"。铁托称苏联对南斯拉夫的所作所为使它认识了苏联的真面目,这"对所有那些相信苏联大公无私、相信它是小国的保护者的人来说,这是第一次精神上的打击"。南斯拉夫在苏联的重压下没有垮下,而是在坚定不移地走自己的发展道路。

斯大林逝世后,苏联领导人根据变化了的国际国内环境调整对南政策。1953年4月29日,苏联采取主动,在改善苏南关系方面迈出了第一步。莫洛托夫会见南斯拉夫驻苏代表,商谈恢复两国关系。南斯拉夫同意建立两国"正常的过得去的关系"。1953年6月15日,经过双方协商,两国恢复了大使级外交关系。南斯拉夫重申"无论苏联如何改变自己的外交政策,南斯拉夫绝不再恢复1948年以前的立场"②,强调苏南关系的正常化"不能也不应该破坏南斯拉夫的外交路线","不能改变南斯拉夫同西方国家的关系"③。

苏南外交关系恢复后,两国关系出现了短暂的缓和,有了一些改善。苏南关系的发展是在1955年仲夏苏联采取一次重大和平行动后实现的。苏联政策的基点是搁置意识形态的分歧,改善关系不要求改变各自的信仰与政策。1955年5月18日《真理报》发表文章,宣称南苏存在许多重大分歧,但强调两国人民之间"存在着进行广泛和全面合作的坚实基础"。1955年5月26日至6月2日,以赫鲁晓夫、布尔加宁为首的苏联政府代表团访问南斯拉夫。两国领导人在贝尔格莱德和布莱俄尼岛举行会谈。在访问期间,赫鲁晓夫承担了苏南关系破裂与恶化的责任,并表示苏联希望改善两国关系建立两党关系。由布尔加宁和铁托签署了名为贝尔格莱德宣言的两国政府联合宣言。宣言规定了两国关系的基本原则,表达了它们之间加强联系与合作的愿望。宣言强调"尊重他国的主权、独立、领土完整和互相平等","互相尊重并且互不以任何(经济上的、政治上的、思想体系上的)理由干涉内政",承认"国内制度的问题、社会制度的不同和发展社会主义的具体形式的不同是各国人民自身的事";"承认和发展国际间的和平共处","发展双边的和国际的经济合作","终止散布不信任和在任何

---

① 马林科夫1952年10月在联共十九大的报告。
② 铁托1953年8月10日的讲话。
③ 铁托1954年9月19日的讲话。

方面有碍于造成建设性的国际合作和各国和平共处气氛的任何形式的宣传、错误报道以及其他行动"。宣言就改善两国关系达成了一系列的共识:"采取一切必要的措施来建立正常的条约状态……将在这个基础上调整和保证关系的正常发展";"加强两国的经济联系和扩大两国的经济合作","同意采取一切必要措施来消除两国经济关系中正常条约状态的破裂而产生的后果";"采取措施缔结条约,以便解决关于居住在对方领土上缔约国一方的公民的国籍,或者相应地遣返的问题";双方还决定扩大文化交流、扩大社会团体的接触、在对方建立新闻机构等等。宣言最后说两国政府"将尽最大努力来实现本宣言的任务和决定"。1956年苏南采取一系列举措来落实上述宣言。2月2日,两国政府在莫斯科签订了苏联向南斯拉夫提供3000万美元贷款的协定,年利2%,10年内偿还。2月14日,赫鲁晓夫在苏共二十大上承认"南斯拉夫的国家的权利属于劳动人民,社会建立在生产资料公有制的基础上",从而在政治上为南斯拉夫平反。5月22日,苏南两国在莫斯科签订了关于调整双重国籍人国籍问题的专约。该专约"适用于居住在缔约国一方境内而被缔约国双方认为是其本国公民的人",如果愿意保留原来的国籍可到该国驻居住国使馆提出申请,即居住在南斯拉夫境内而愿意保留苏联国籍者到苏驻南使馆申请,居住在苏联而愿意保留南国籍者到南驻苏使馆提出申请。6月1日至23日,铁托应邀访问苏联。20日,苏南签署了两国政府联合声明和两党关系宣言,即莫斯科宣言。声明和宣言对过去数月来两国关系的发展表示满意,并表示要继续保持"友谊合作"。在访问期间,苏勾销南的一笔3420万英镑的债款,并表示增加双方贸易。9月19日至27日,赫鲁晓夫以"私人身份访南"。9月27日到10月5日,铁托与赫鲁晓夫同机到达莫斯科进行"非正式访问"。苏南关系的改善是苏联采取务实外交的结果。这一政策的着眼点不是意识形态而是各国之间的"和平共处"。改善同南斯拉夫的关系是苏联推行新的外交路线的需要。它要树立新的道义形象,以得到广泛的国际支持。苏联选择南斯拉夫作为突破口是具有重大意义的,这是因为南斯拉夫的独立外交赢得了国际社会的尊重。苏南关系的改善在某种程度上改变了南斯拉夫的处境和提高了它的国际地位。南斯拉夫活跃于东西方对立之中,发挥自己的特殊作用,获得更多的好处与利益。东西方国家均对南斯拉夫给予应有的重视,提供援助。铁托的身价倍增,提高了在国际社会、特别是在中小国家中的地位与影响。由于苏南关系的改善,苏联从中获益匪浅,证明其外交路线和政策行之有效。苏联的道义地位有了改善。苏联的外交政策不但得到了南斯拉夫的支持,也调整了同各方面的关系。苏南关系的改善在西方社会引起了波动与担心。它们一方面表示担忧,同时加强和南斯拉夫的关系,使南在经济上获得好处。美国在 1955 年就向南斯拉夫提供 60 万吨小麦和 4000 万美元的贷款。

1956 年 10 月匈牙利事件爆发后,南斯拉夫对苏联出兵匈牙利持批评态度,两国关系重新开始紧张。11 月 11 日,铁托公开指责苏联出兵匈牙利是"绝对错误的",宣称苏联"处境非常困难"的主要原因不是个人迷信,而是"制度问题"。23 日,苏联公开指责铁托的上述讲话是"对苏联人民的社会生活制度的诽谤"。1957 年 2 月 26 日,南斯拉夫外交国务秘书重申南不加入苏联的社会主义阵营。尽管赫鲁晓夫采取一些措施加强同南斯拉夫的关系也无济于事。苏联对南耿耿于怀。苏南关系的再度恶化是 1958 年 4 月南共联盟七大通过了《南斯拉夫共产主义者联盟纲领》。苏联指责纲领"严重歪曲社会主义国家间关系的性质","造谣中伤","南斯拉夫领导人违背马列主义原则,继续坚持他们的立场"[①]。苏联宣布推迟 6—12 年履行向南斯拉夫提供贷款的义务。苏联强调,鉴于南斯拉夫领导人坚持自己的错误立场,苏南两党关系不能发展,它们之间也不能合作,但希望保持两国政府的正常关系。苏联决定对南斯拉夫的"修正主义观点"进行批判。

波兹南事件

苏联共产党第二十次代表大会,特别是赫鲁晓夫所作的秘密报告披露后,国际共产主义运动面临着极为严重的困难。来自西方的攻击,特别是东欧国家长期被压抑的民族情绪的爆发,国内矛盾以及它们同苏联的矛盾公开和表面化,使苏联遇到了难题。苏联在同东欧国家的关系中把自己的模式强加于人,在政治、经济、军事和意识形态等各个方面都要求东欧国家原封不动地予以推行,给这些国家的内政和外交带来困难。苏共二十大后,这些国家的不满猛烈爆发出来,给各国的政治和经济带来了巨大的冲击,有的甚至酿成事件。东欧各国共产党在不同程度上采取了一些措施,如释放政治犯、为一些人恢复名誉、进行大赦;在司法和警察部门相应进行了变动与改革。有的东欧国家经受住了考验,渡过了难关。但有的国家出现了麻烦和政治风波。波兹南事件就是其中一例。

波兰局势在苏共二十大后就呈不稳定状态。波兰党的领导人贝鲁特于

---

① 《真理报》(苏联)1958 年 5 月 9 日。

1956年3月12日逝世。新任党的第一书记爱德华·奥哈布对"民主化进程"持怀疑态度。政府总理西伦凯维茨看到了"席卷全国的巨大政治活动浪潮","实际上人人都参与的大辩论"。他认为这一民主化进程是"持久性转变"和"不可逆转"的。波兰领导层进行撤换与调整,第一个去职的是国家安全部长,接着司法部长、总检察长、文化部长、高等教育部长和外交部长等重要官员都相继换了新人。自1945年以来一直主管意识形态工作的亚科布·贝尔曼辞去了党内和政府职务。与此同时,当局公开为过去的一些头面人物平反、恢复名誉。4月20日宣布大赦,释放了1000多名政治犯。政治上的动荡不安使政府无法对付严重的经济问题和其他问题。人民的生活水平和工资问题得不到提高与解决,引起人们的普遍不满,加上官僚主义的工作作风,终于引发了6月28日的波兹南事件。

波兹南事件的直接原因是人民对物价上涨、生活水平下降以及官僚主义的不满。波兹南斯大林机车车辆厂(现名策盖尔斯基工厂)的1.4万名工人抗议政府在调资工作中的不当、导致工人工资的下降,要求增加工资和降低奖金税。工人先是通过合法途径找地方和中央以求问题的解决,但工人并没有得到满意的答复,问题也没有得到公正的解决。6月27日由华沙派来的机械工业部代表宣布提高工作定额引起人们的强烈不满。28日工人举行罢工,1000余工人上街,后来扩大到3万之众。游行者高呼"面包、民主、自由"的口号,同警察发生冲突。游行者还喊出了"俄国佬滚回去"。为提工资而举行的罢工变成了政治性的示威。人们袭击市委大楼,包围了保安部大楼、电台、监狱。波兰当局动用部队加以平息。6月29日傍晚恢复了秩序。据官方公布的材料称,这次骚动使53人死亡,300多人受伤,323人被捕。①

波兰政府在开始时把人民要求保障生活条件的举动同"帝国主义代理人"和"煽动分子"联系起来,把本来属于人民内部矛盾的事件变为敌我矛盾来处理,混淆了矛盾的性质,掩盖了自己工作中的问题,但后来调整了自己的态度和政策,没有使事件更具爆炸性和破坏性。7月19日政府宣布满足斯大林工厂工人提出的大多数要求。奥哈布在7月19日的报告中明确指出:"把注意力集中在帝国主义代理人的阴谋上的做法是错误的",重要的是"首先要找出产生这些事件的社会根源"。他强调"中央政权机关和地方政权机关的官僚主义和漠不关心起了不小的作用"②。他在分析事件产生的具体的原因时说,调整工资时

---

① 《国际事务概览(1955—1956)》,第303页。
② 《人民波兰资料选辑(1944—1984)》,第146页。

"某些措施考虑不周,斯大林机械厂的工人中有些人的工资下降了"。这个厂的工作定额在1953年已作改变,之后又做了修改,"劳动生产率提高了24.6%,但在工资方面没有反映出相应的提高"。1955年工人"收入开始下降,75%的工人受到了影响"。他提醒各级领导,波兹南事件"为我们全党敲响了警钟,它说明党与工人阶级的个别部分之间的关系遭到严重的破坏"。[①] 这一事件说明经济问题也能引发政治不满的爆发。他同时又指出捣乱分子、煽动分子和地下反革命分子挑起了罢工与骚动。

  波兹南事件纯属波兰内部的事务。苏联对波兰事态的发展给予特别的关注,感到十分不安,并试图进行干预。7月2日,苏共中央在关于克服个人迷信及其后果的决议中把这一事件称为"反人民的波兹南骚动",要求波党"对于力图潜入社会主义国家来危害和破坏劳动人民成就的帝国主义间谍的新阴谋,绝不能疏忽大意"。布尔加宁和朱可夫率代表团参加波兰7月22日的国庆,并力图对正在举行的波共七中全会施加压力和影响。苏联坚持认为骚乱是"敌对的代理人"所为,不同意波共所采取的态度与对策。波共领导人坚持自己的看法,要求对事件产生的"根源进行深入的探讨",要从国家的社会政治经济等方面进行考虑。波共作出决议:提高工人的工资至少1/3;动员与团结全国力量来建设社会主义;恢复哥穆尔卡的党内地位,建议哥穆尔卡出任第一书记;要求罗科索夫斯基辞去波兰国防部长的职务,返回苏联。10月19日,波共八中全会在华沙举行。哥穆尔卡在总结波兹南的教训时说,工人走上街头抗议社会普遍存在的弊病和对社会主义基本原则的歪曲,把波兹南悲剧说成是帝国主义特务和挑衅分子闹出来的,"这种笨拙的企图在政治上是非常幼稚的"。他说特务和挑衅分子"在任何地方决不能够决定工人阶级的态度",悲剧的深刻原因"应该在我们自己中间、在党的领导中间和政府中间去寻找"。事件爆发的"火种已经积累了多年",工人阶级要求知道全部真相。

  赫鲁晓夫等人未经邀请飞抵华沙,执意参加全会,遭到波共的断然拒绝。赫鲁晓夫在同波共领导人讨论涉及"两党迫切问题"时态度蛮横,指责波共煽动反苏情绪、在不通知苏联的情况下擅自安排领导人是藐视苏联的做法。苏联还扬言要进行军事干预,传出消息说驻波苏军正在向华沙推进。波共领导态度坚决,要求苏军停止前进,并组织公安部队和民兵准备阻击。赫鲁晓夫只得让步,苏军退回自己的营地,同意哥穆尔卡担任第一书记。

---

① 《人民波兰资料选辑(1944—1984)》,第145页。

波共表示继续同苏友好。10月30日,苏联政府发表关于发展和进一步加强苏联同其他社会主义国家的友好和合作的基础的宣言,说"社会主义国家大家庭中的各个国家以建成社会主义的共同理想和无产阶级国际主义的原则团结在一起,它们之间相互关系只能够建立在完全平等、尊重领土完整、国家独立和主权、互不干涉内政的原则上"。苏联承认了"在社会主义国家之间的关系方面的错误以及有损社会主义国家之间关系平等的原则的那些侵害与错误"①。11月15—18日,哥穆尔卡、国务委员会主席萨瓦茨基和部长会议主席西伦凯维兹率波兰党政代表团访问苏联,同赫鲁晓夫、伏罗希洛夫、布尔加宁等苏联领导人举行了会谈,并签署了苏波联合声明。声明强调苏波"牢不可破的联盟和兄弟友谊将在完全平等、尊重领土的不可侵犯、尊重国家独立和主权、互不干涉内政的基础上得到扩大和加强";双方"决心在平等、互利和兄弟互助的基础上发展和加强两国的经济合作",苏联同意免除1956年1月1日以前波兰已使用的贷款,并向波兰提供7亿卢布的长期贷款;双方同意苏军暂驻波兰,但"丝毫不得触犯波兰国家的主权,不得干涉波兰人民共和国的内政",苏军驻地、人数以及驻地以外的调动均得征得波兰政府或有关机构的同意,驻波苏军及其家属"必须尊重和遵守波兰的法律"。

波兰领导人按照自己的原则排除苏联的干扰来分析与处理波兹南事件,这对波兰政治与经济的发展有着重要意义。波兰抵制与挫败苏联所推行的大党和大国主义,这对于苏波关系的正常发展意义重大。

匈牙利事件

匈牙利建立人民政权、走上社会主义道路后,在革命和建设中取得了成绩。但也犯有不顾主客观条件、一味按照苏联的模式来塑造自己的错误。在政治上大规模进行清洗,在党内搞残酷斗争、无情打击。在贯彻情报局决议的旗号下,1949年在清除铁托分子的运动中,处死了党的前领导人拉伊克,逮捕了卡达尔,解除了纳吉·伊姆雷的政治局委员职务。这次运动共牵连到20余万人,大批党的干部被整,党因此遭受了巨大的损失。匈党领导人在经济政策方面推行极左方针,搞强迫命令。人民的生活水平没有得到应有的提高。斯大林逝世后,匈牙利领导人拉科西依然我行我素,坚持原有的一些做法,不愿做任何的改变。在赫鲁晓夫的干预下,拉科西于1953年6月辞去总理职务,由纳吉接任。纳吉

---

① 《新华半月刊》1956年第23期,第102—103页。

受苏联政治变动的影响,采取了一些灵活的政策与举措:释放了政治犯,关闭集中营,并为一些人平反;经济政策也较灵活,允许农民退出集体农庄、个人经济的合法存在;调整工业部门的发展比例,一反传统的以重工业为主的政策,强调农业和轻工业的发展;注意人民生活水平的切实提高。1955年下半年,匈党内部斗争达到白热化,纳吉被戴上右倾帽子赶下台,并遭到开除党籍的处罚。

苏共二十大对匈牙利的局势发展起了推波助澜的作用。匈牙利社会思想活跃、政局不稳,走在前面的是知识分子。1956年3月17日,裴多菲俱乐部成立。它组织各种会议,讨论各种问题,直接批评党和政府的现行政策,提出自己的政治设想。该俱乐部主张民族独立、民主自由以及由纳吉出来主政。作为党中央第一书记的拉科西把它视为洪水猛兽,是对现政权的最危险的敌人。他把该组织定为反党反人民,对其成员进行逮捕,对其活动严加控制与限制。匈牙利人民本来想借苏共二十大打破国内沉闷的政治空气,但遭到了无情的打击。匈牙利党内开展了斗争。1956年7月18—21日举行了党中央全会。会议在米高扬为首的苏联代表团的压力下撤换了拉科西,名为接受他关于解除第一书记的请求。全会认为免去拉科西"首先不是由于已经犯的错误",而是"疾病"、"年纪"等原因"没有能力领导争取完成我党面临任务的斗争"。全会告诫人民,敌人、动摇分子会利用拉科西的解职一事"来制造混乱","集聚在伊姆雷·纳吉周围的右派分子也企图这样做",呼吁全党"戒备"和"最坚决地粉碎一切制造混乱的企图"①。全会要求"全党团结起来,争取社会主义的民主"。此时匈牙利国内的矛盾在日趋尖锐,形势相当紧张。格罗接替拉科西后,没有破除成规旧习的魄力,不进行改革,依旧按部就班行事。这显然不利于克服国内危机。

10月6日,匈牙利为前领导人拉伊克等四人举行国葬,30万人参加,结果变成了一场政治示威。这一举动表示对过去的不满,也表达对进行改革的迫切要求。一些团体和组织纷纷强烈要求进行政治改革。10月22日,裴多菲俱乐部提出了十点要求。布达佩斯的学生联合会提出16条要求,其中包括进行政治经济改革、清算拉科西的罪行、纳吉出来主持政府工作、撤走苏联驻军以及维护民族尊严等。

10月23日,布达佩斯十万余学生和市民走上街头,举行示威游行。游行队伍要求现政府下台,由纳吉出来主持工作。政府态度动摇不定,局势更加复杂。

---

① 《新华社新闻稿》1956年7月20日、7月24日。

党的领导人格罗于12点53分通过电台广播禁止游行。迫于群众的压力,政府在下午2点23分又宣布解除禁令。政府已失去控制的信心和能力。游行队伍同保安部队发生武装冲突。布达佩斯的局势陷入混乱之中。和平的示威在一些人的挑动下变成了骚乱。10月24日,纳吉受命于危难之时出任政府总理。纳吉政府宣布实行戒严,并请驻匈苏军维持首都秩序。在第二天的中央全会上,卡达尔取代格罗为党的领导人。纳吉政府发表了《告全国人民书》,呼吁停止冲突恢复秩序,并解散保安部队,同苏联进行交涉,达成撤军协议。但是局势仍在不断恶化。10月30日,纳吉政府再度改组。局势更为严重。抢劫、破坏和残杀事件频频发生。纳吉宣布结束一党专政后,各种各样的政党纷纷亮相。11月1日,纳吉政府致函联合国秘书长,表示"匈牙利政府立即废除华沙条约,要求联合国和四大国给予援助来保卫这个国家的中立"。

11月4日,苏联军队再度进驻布达佩斯。以卡达尔为首的工农革命政府宣告成立。纳吉政府垮台。纳吉本人逃到南斯拉夫使馆避难。纳吉11月23日离开南斯拉夫使馆后即遭逮捕,并于1958年6月18日以反革命罪被处死。

匈牙利工农革命政府成立后采取了一系列的措施来平息事态。(1)发表告人民书,肯定群众运动,提出克服危机和保卫社会主义的成果。文件说"10月23日所掀起的群众运动的崇高目的是纠正拉科西和他的同谋者所犯下的反党、反人民的错误,保卫民族独立和主权"。文件指出,"纳吉政府的软弱以及钻入运动中的反革命分子的日益得势,使我们的社会主义成果、我们的人民国家、我们的工农政权和我们整个祖国的生存面临危险"。文件呼吁人民动员起来恢复秩序。① 11月6日,匈党中央委员会发出号召书,要求党的组织和党员发挥自己的作用,"我们的组织应当是争取歼灭反革命和争取恢复和平创造性劳动的斗争中的鼓舞者","党员应当成为忠于人民政权、保持战斗精神和对人民的敌人保持高度警惕性的榜样"。② (2)呼吁各社会主义国家给予援助。1956年11月5日,卡达尔政府致各社会主义国家,呼吁给匈牙利人民"兄弟援助",特别是提供粮食、燃料、建筑材料和医药。布尔加宁作出响应,苏联答应给予粮食5万吨、肉类6000吨、糖5000吨、水泥1万吨、木材1万立方米。6日,周恩来宣布"中国政府现决定以价值3000万卢布的物资和现金无偿地、不附任何条件地给匈牙利工农革命政府,作为对兄弟的匈牙利人民的友好援助和支持"。(3)决定提高工资,改善人民的生活。1956年11月10日,卡达尔政府作出决

---

① 《新华半月刊》1956年第23期,第108—109页。
② 同上刊,第112—113页。

定,最迟在1957年1月1日以前要把工资提高10%,把低于1200福林(匈币)的工资提高15%,而把从1200福林到1500福林的工资提高8%—10%。① (4) 致联合国秘书长,反对在联合国大会讨论"匈牙利问题"。1956年11月4日,匈牙利工农革命政府致联合国哈马舍尔德秘书长,声明纳吉政府11月1日给他的信件不具法律效力,要求秘书长不要把"匈牙利问题"提交联合国讨论。

由于苏联的出兵,匈牙利的局势在较短时间内得到了控制,秩序得到了恢复。匈牙利党在总结经验教训的基础上开始了改革的进程。这次事件给匈牙利国家的政治和经济生活带来了巨大的影响。在这一事件中2000人丧失了生命,几万人受伤,直接经济损失多达220亿福林,相当于全年国民收入的1/4。匈牙利党和政府的形象受到无法弥补的损害。这些都给匈牙利社会主义建设带来了新的困难。

匈牙利十月事件的原因是多方面的。从公开的文件来看,匈牙利党认为主要有四个方面:(1) 党的前领导的错误。1956年11月6日,党临时中央委员会的号召书认为,党的领导拉科西集团的政策和方法"曾经动摇了广大劳动群众对我们党的信心和破坏我们党的力量的基础"。人民群众对党和政府有意见,进行批评,本来许多问题不一定到大街上去解决。一些别有用心的人利用了人民的正常的不满煽动闹事,制造骚乱。(2) 纳吉政府的软弱。纳吉集团"放弃了工人阶级的立场,堕入了民族主义和沙文主义的泥坑,为反革命势力开辟了道路,从而转变了社会主义事业"。这个政府在反革命的各种表现面前没有站稳立场,它让自己随波逐流,并一再对不合理的要求让步。② (3) 国内反革命分子的参与和煽动。匈党认为,十月事件发生的一系列事情"并不是外行的组织者干的",一开始"就有各种各样的反革命要求提出来了"。策动十月事件的主要力量是法西斯霍尔蒂反革命势力和资产阶级地主反革命势力。他们中的很大部分是在国内进行地下活动,主要力量则是在境内组织起来的。③ 在事变过程中,被废黜的红衣主教明曾蒂就十分积极。这些人的目的是"推翻匈牙利人民共和国的国家和劳动人民的政权",目标是消灭"我们社会主义革命的成果和在我国恢复资本家—地主的制度"。这批人利用劳动人民对政府的某些缺点和错误进行批评的时机蹿了出来。他们在事件中造谣惑众,唯恐天下不乱,"那些

---

① 卡达尔1956年11月11日广播讲话,《新华半月刊》1956年第23期,第115页。
② 匈牙利领导人1956年11月22日对罗马尼亚通讯社的谈话。《新华半月刊》1956年第23期,第137页。
③ 《匈牙利党临时中央决议》1956年12月3日。

从监狱中释放出来的人,那些直到现在戴着和平公民的假面具的人,还有那些在西部边境等待已久的前霍尔蒂军官都肆无忌惮地活动,在各条战线上对人民国家发动进攻"①。(4)国际势力的影响不可低估。美国等西方国家从事变一开始就给予了特别的注意,并采取了一系列的行动。它们利用舆论工具,散布谣言,攻击社会主义制度,反对社会主义革命与建设,其手法往往是无限夸大确实存在的错误,攻其一点不及其余,甚至无中生有。西方国家还为匈牙利境内的肇事者出谋划策。10月28日,欧洲自由电台得到设在纽约总部的回复,同意它在这次事件中的主张与斗争策略。29日,它通过电波向匈牙利政府的反对派提出了7条指导方针和斗争策略,其中主要有:苏军撤出、自由选举建立新的制宪会议、从政府中清除那些同共产党和前政府有联系的官员以及退出华沙条约组织。② 该电台11月1日的广播中传出了艾森豪威尔支持纳吉政府的消息,表示"美国业已准备对这个国家的新的和独立的政府提供经济援助,……我们关心的是他们的自由"③。11月3日,电台还专门为此发了一篇特别评论。美国对苏联应匈牙利政府要求出兵稳定局势提出责难。1956年11月4日,艾森豪威尔在给苏联部长会议主席布尔加宁的信中说:"为了人道,为了和平,我坚持要求苏联采取步骤立即从匈牙利撤出苏联军队,让匈牙利人民运用和行使联合国宪章确认各国人民享有的人权和基本的自由。"对此,苏联予以坚决拒绝。布尔加宁在回信中说,这"完全是匈牙利政府和苏联政府权限以内的事"。言下之意是美国没有资格指手画脚。④ 西方国家利用联合国的多数干涉匈牙利的内政。匈牙利事件纯粹是这个国家的内部事务。根据联合国宪章的规定,它无权过问纯粹属于国内事务的问题。美国等西方国家却对上述原则于不顾,把所谓的匈牙利问题塞进了第11届联大,并举行了联合国大会特别会议。这种行动遭到苏联的坚决反对和正当的抵制。苏联认为在联大讨论匈牙利问题不符合促进实现联合国的崇高原则,它将转移联合国大会的注意力而不去解决与巩固和平关系密切的重大国际问题。联合国紧急会议讨论匈牙利局势是非法的,它破坏了不得干涉各国内政的联合国宪章的第二条的原则。⑤

---

① 《新华半月刊》1956年第23期,第113—114页。
② 同上刊,第131页。
③ 同上刊,第132页。
④ 布尔加宁1956年11月7日给艾森豪威尔的回信。《新华半月刊》1956年第23期,第113页。
⑤ 《新华半月刊》1956年第23期,第121—122页。

第三节　中苏关系变冷的趋势

中苏分歧的背景

"一边倒",倒向苏联,是中华人民共和国成立之初的外交路线。苏联是承认中国人民胜利和中华人民共和国的第一个国家。1950年2月,中苏两国签订了中苏友好同盟互助条约。两国在政治、经济和外交方面互相支持。苏联对中国的社会主义建设曾提供过宝贵的支援,包括提供优惠贷款、派遣专家以及技术援助。

赫鲁晓夫掌握苏联党政大权后,对苏联过去几十年来的社会主义革命和建设的成果以及苏联共产党的历史给予全盘否定。中国共产党认为对这些关系到国际共产主义运动的根本问题应该立场坚定、旗帜鲜明,对苏联的错误观点应该进行批驳,对苏联所推行的大国主义和大党主义应进行揭露与鞭笞。意识形态的分歧和国家利益的冲突是中苏分歧的根本原因。

1956年2月14—25日,苏联共产党举行第二十次代表大会,提出了"和平共处"、"和平过渡"、"和平竞赛"的"三和"路线。中国共产党认为其中许多观点是错误的、违反马克思列宁主义的。特别严重的是,赫鲁晓夫在这次会议上采取突然袭击的方法,抛出"秘密报告",借口所谓"反对个人迷信"全盘否定斯大林,给国际共产主义运动和苏联共产党抹黑。苏共二十大的举行,特别是"秘密报告"透露之后,国际上掀起了一股反苏、反共的恶浪。国际共产主义运动面临着极为严重的困难。美国政界人物和新闻媒介又是谈话又是文章,为赫鲁晓夫的言行叫好。美国国际新闻署长斯特雷伯特在1956年6月11日的广播讲话中,称赫鲁晓夫大反斯大林是"空前未有的合乎我们目的"举动。6月23日,《纽约时报》鼓吹要利用"秘密报告作为武器来摧毁共产主义运动的威望和影响"[①]。美国国务卿杜勒斯更是踌躇满志扬言要利用有利时机来促进苏联内部的"和平演变"。

在苏共二十大的影响下,国际共产主义运动产生了混乱,东欧一些国家也出现了动荡,甚至酿成暴乱。在这样的情况下,中国共产党为了捍卫马列主义

---

① 杜勒斯1956年4月3日在记者招待会上的声明,《美国国务院公报》1956年4月16日,第638—643页。

的纯洁性和维护国际共产主义运动,勇敢地、义无反顾地投入了同苏联错误进行的伟大斗争。中苏分歧主要集中在两个问题上,一是和平过渡,二是全盘否定斯大林。

赫鲁晓夫在苏共二十大提出"和平过渡"问题,到1961年的苏共二十二大用纲领的形式加以系统化。赫鲁晓夫在二十二大的报告中提出了"通过议会道路向社会主义过渡"。他认为在资产阶级专政的条件下,无产阶级可以通过选举赢得议会的多数,从而改变资产阶级政权的性质,"工人阶级只要把劳动人民、知识分子和一切爱国力量团结到自己周围,并且给那些不肯放弃同资本家和地主妥协政策的机会主义分子以坚决的回击,就有可能击败反动的反人民的势力,取得议会中的稳定的多数"。共产党在议会中取得稳定多数为工人阶级和劳动人民"创造实现根本社会改造的条件",可以"把绝大多数人民团结在自己的领导下,并使基本生产资料转入人民手中"。中国共产党对此持强烈的批评态度。1956年9月,中国共产党在八大的政治报告中提出,"我们党在争取和平改革的时候并没有放弃警惕,没有放弃人民的武装"。1956年12月,中国共产党在《再论无产阶级专政的历史经验》一文中以及在同苏共领导的内部谈话中,对"议会道路"进行了批评。1957年11月10日,中国共产党向各国共产党和工人党代表会议提出了关于"和平过渡"的书面提纲,它全面阐述了自己在这一问题上的坚定立场与观点。这份提纲的主要论点如下:(1)在由资本主义向社会主义过渡的问题上同时提出和平的与非和平的两种可能性比较灵活,"使我们在政治上随时处于主动地位"。纲领强调,"资产阶级不会自动退出历史舞台,这是阶级斗争的普遍规律。任何国家的无产阶级和共产党,决不能丝毫放松对于革命的准备,必须准备随时迎击反革命的袭击,准备在工人阶级夺取政权的革命紧要关头,如果资产阶级用武力来镇压人民革命(一般说来,这是必然的)就用武力去打倒它"。(2)从斗争策略上,"提出和平过渡的愿望是有益的,但不宜过多地强调和平过渡的可能"。"我们必须运用议会斗争的形式,但是它的作用是有限度的,而最重要的,应该是进行艰苦的聚积革命力量的工作。"(3)取得议会的多数,并不等于旧国家机器(主要是武力)的摧毁,新国家机器(主要是武力)的建立。如果旧的国家机器不摧毁,无产阶级要取得议会的多数是不可能的。就是取得了多数,要维护、巩固这种多数也是不可能的。因此这种多数是靠不住的。掌握国家机器的资产阶级可以利用各种方式来限制或取消工人阶级及其同盟者的多数。①

斯大林问题关系到如何评价苏联过去几十年的历史以及整个共产主义运动。如何正确评价斯大林是中苏分歧的重大问题。中国共产党认为,斯大林的功大于过,不能用对敌人的方法来全盘否定斯大林。全盘否定斯大林,实质上就是否定无产阶级专政,否定马克思列宁主义的基本原理。中国共产党强调,赫鲁晓夫否定斯大林是完全错误的,是别有用心的。1956 年 4 月,毛泽东主席在会见来访的米高扬时指出,斯大林"功大于过",对斯大林"要具体分析","要有全面估计"。4 月 5 日和 12 月 29 日,《人民日报》分别发表了编辑部文章《论无产阶级专政的历史经验》和《再论无产阶级专政的历史经验》,对斯大林的一生做了全面分析,总结了无产阶级专政的历史经验。1956 年 10 月 23 日和 11 月 30 日,毛泽东主席两次会见苏联驻华大使,指出"斯大林是需要批判的,但是批判的方式我们有不同意见。还有若干问题,我们是不同意的"。毛泽东主席强调斯大林执政期间的根本方针和路线是正确的,不能用对敌人的办法来对待自己的同志。中国共产党的其他领导人在不同场合也批评了苏共领导在斯大林问题上所犯的错误,这就是对斯大林"完全没有全面的分析","缺乏自我批评","事先没有同兄弟党商量"。中国共产党认为,斯大林在列宁逝世后一直是国际共产主义运动的公认的领袖,是无产阶级革命的旗帜。因此,如何评价斯大林决不单单是苏联党内和国内生活中的事情,它关系到国际共产主义运动的共同的重大的原则问题。②

赫鲁晓夫为了推行"和平共处总路线",不顾社会主义国家的根本利益,要求或强迫社会主义国家服从苏联外交的需要。苏联打着国际主义的旗号,利用各种方式干涉他党、他国的内部事务,甚至明目张胆地攫取他国的国家利益。中国共产党为了维护国家和民族利益同苏联的大国、大党主义,同苏联损人利己的民族主义进行了坚决的斗争。

"共建长波电台"与"共同潜艇舰队"问题

苏共二十大后,国际上掀起了一股反苏反共的狂潮。赫鲁晓夫意识到必须得到中国共产党的支持。而中国共产党为维护苏联党的声誉和国际共产主义运动的团结,在某些方面作了妥协,支持与配合苏联的政策和措施,其目的在于

---

① 《关于和平过渡问题的意见提纲》,见《关于国际共产主义运动总路线的论战》,人民出版社 1965 年版,第 96—99 页。

② 《关于斯大林问题》,见《关于国际共产主义运动总路线的论战》,第 107—130 页。

使苏联和国际共产主义运动渡过难关,挫败帝国主义及其代理人的阴谋。中国党尽管在一系列原则问题上同苏联有着不同的观点和看法,但在公开场合还是对苏联采取了维护的态度。在此期间,中国党内开展了反个人崇拜的斗争。在关于和平过渡问题和其他一些问题上同意沿用苏联的文件。中国党还帮助苏联调整和改善同东欧社会主义国家的关系,促使苏联检讨过去在这些关系中所犯的大党大国沙文主义的错误。中国积极评价与支持苏联政府 1956 年 10 月 30 日发表的《关于发展和进一步加强苏联同其他社会主义国家的友谊和合作的基础的宣言》,认为"苏联政府的这个宣言是正确的。这个宣言对于改正社会主义国家相互关系方面的错误,对于增强社会主义国家之间的团结,具有重大的意义"。1957 年 1 月周恩来率领中国党政代表团访问苏联、波兰、匈牙利和德意志民主共和国。在会谈、讲话和联合声明中阐述了中国共产党关于国际形势、国际共产主义运动的立场和观点,强调要加强以苏联为首的社会主义国家的团结。在此后的一年中,中国党在各国党和东欧社会主义国家中展开了积极的活动,以求克服苏共二十大所带来的消极影响。1957 年 11 月,毛泽东率中国共产党代表团参加在莫斯科举行的社会主义国家共产党和工人党代表会议、64 个共产党和工人党代表会议以及庆祝十月革命四十周年的活动。

　　经过一年多的艰苦努力,国际上利用苏共二十大和赫鲁晓夫秘密报告所掀起的反苏反共浪潮基本上被抑制,东欧国家的局势逐渐平静,苏共在国际共产主义运动中的领导地位得以维护与加强。这是各国共产党人共同努力的结果。但是,苏联以赫鲁晓夫为首的领导集团并未从中吸取应有的教训、抛弃大国大党的沙文主义,也没有真正实施无产阶级的国际主义,推动国际共产主义运动和社会主义运动的发展。赫鲁晓夫对中国共产党提出的原则批评和正确的主张怀恨在心,伺机报复。在此期间,苏联一方面开始就中国共产党及其所执行的政策进行非议,另一方面,借扩大合作为名觊觎中国主权,把苏联的利益强加给中国人民。

　　早在斯大林时期,苏联曾对中国共产党及其领导的人民革命运动持怀疑态度,并作过一些错误的决定和指示。中国共产党人根据本国的实际创造性地运用马列主义革命原理,赢得了人民解放事业的胜利。对此,斯大林晚年已有认识,并作过自我批评。斯大林同中国签订了中苏友好同盟条约,对中国的社会主义建设给予了宝贵的支援。赫鲁晓夫以来,苏联对中国内政与外交不时进行指摘。他们把中国共产党推行的路线、方针政策说成是反苏的民族主义;诬蔑中国共产党制定明确的战略和策略,是试图从苏联手中"夺取"共产主义运动的领袖地位,其途径是"千方百计地利用苏联的经济、军事和其他方面的援助来创造实现这一方针的物质前提","不惜一切手段破坏苏联在世界舞台上的威望",为苏联实现共产主义建设计划"制造困难"①。苏联攻击中国在对外关系和外交政策中推行大国主义和冒险主义,经常不断地表现出干涉别国内政。苏联对中国国内政治生活和政策也进行指责,扬言要依靠和支持中国党内的马克思主义健康力量来遏制和克服民族主义、反苏主义。②

中国人民不会忘记苏联对中国所提供的物质和技术上的援助。但是,赫鲁晓夫提供援助有着自己的政治目的。他在加强全面合作的喧闹声中,试图干涉中国的内政,损害中国的主权。1958年苏联提出"共建长波电台"和"共同潜艇舰队"就是突出事例。它表明苏联妄图在军事上对中国进行控制。

1958年4月18日,苏联国防部长马利诺夫斯基致函中国国防部长彭德怀,希望两国共同建设一座大功率的长波发报无线电中心和一座远程通信的特种收报无线电中心(即长波电台),便于苏联指挥在太平洋地区活动的潜艇。苏联方面的设想是:苏联出大部分费用,中苏合资共建。建设长波电台应该说也是中国国防建设的重要项目,但对苏联的建议的真正意图必须有清楚的认识。中国采取了谨慎的态度。经过研究,6月12日彭德怀对马利诺夫斯基的信件做了明确回答:中国政府同意建立长波电台,但全部费用要由中国负担。苏联只提供技术援助,建成后中苏共同使用。电台的所有权完全归中国。苏联方面对此答复不甚满意,仍坚持共同建造和管理,根本不考虑中国十分强调所有权的立场。7月11日苏联提出协议草案,仍坚持共同建设和管理。中国政府重申,电台由中国负责建造,主权属于中国,苏联提供中国不能自行解决的设备器材和技术,建成后中苏共同使用。苏联攫取中国主权的尝试遭到了失败。

1958年6月28日,中国政府总理周恩来写信给苏联部长会议主席赫鲁晓夫,希望苏联在中国建设自己的海军方面给予新的技术援助。7月21日,苏联驻华大使尤金在求见毛泽东主席时以赫鲁晓夫的名义提出希望同中国进行商议建立一支共同的潜艇舰队。苏联方面的理由是苏联受自然条件的限制,它的潜艇舰队不能充分发挥应有的作用。苏联强调中国的条件优越,海岸线长可以使潜艇充分发挥优势。毛泽东当即表示:主要的问题是要搞清楚是中国办,苏

---

① 奥·鲍·鲍里索夫、鲍·特·科洛斯科夫:《苏中关系(1945—1980)》,生活·读书·新知三联书店1982年版,第105—106页。

② 同上书,第118页。

联帮助,还是只能合办,不合办,你们就不给帮助。① 7月22日,毛泽东主席等中国领导人明确告诉尤金:中国政府决定撤销关于苏联为建造中国新型的海军舰艇提供技术的要求。毛泽东认为,共同建立潜艇舰队涉及主权归属问题。他对尤金说:"要讲政治条件,连半个指头都不行","你们可以说我是民族主义","如果你们这样说,我就可以说,你们把俄国的民族主义扩大到了中国的海岸"②。

苏联的要求都被中国顶了回去。苏联政府显然了解中国在有关主权问题的坚定不移的立场。7月31日赫鲁晓夫到达北京,对苏联方面的提议和要求进行了解释,以推托的言辞掩盖原本的真正意图。赫鲁晓夫说什么建立长波电台和共同潜艇舰队之事苏共并未研究过,前者是马林诺夫斯基的个人想法与行动,不能代表苏联党和国家;后者则是尤金传达了错误的信息而引起的误会,不必深究。赫鲁晓夫决定撤回有关建议。赫鲁晓夫表示苏联同意为建设长波电台提供贷款、设备和技术援助,主权属于中国。后因苏联把中苏意识形态的分歧扩大到国家之间的关系,不顾中国政府的严重交涉和请求,单方面撕毁合同,撤走专家。中国靠自力更生完成了这一项目。

苏联提出建设长波电台和共同潜艇舰队是它瓜分中国主权的尝试。中国坚持原则挫败了苏联的意图。赫鲁晓夫记恨在心,这无疑给中苏关系的发展投下了阴影。

赫鲁晓夫对台湾问题和中印边界冲突的立场

赫鲁晓夫推行"美苏合作,主宰世界"的外交政策,要求国际共产主义运动和社会主义国家的外交均纳入这一轨道,千方百计为苏联获取民族利益。中苏所处的国际环境和面临的主要威胁不同,在对待美国的侵略战争政策方面存在着严重分歧。新中国成立以后,美国对中国一直采取极为敌视的政策,政治孤立,经济封锁,军事包围。美国参与朝鲜战争,出兵台湾,介入越南战争,严重威胁中国的国家安全。中国面临的主要威胁来自美国,反对美国威胁中国国家安全便是中国外交的一项主要任务。1955年以后苏美开始进入有限缓和,两国的紧张关系有所松弛。中苏在如何对待美国和处理同美国的关系问题上存在着根本分歧,甚至持对立立场。

中国主张缓和紧张局势。作为和平共处五项原则的倡导国的中国,主张在

---

① 韩念龙主编:《当代中国外交》,第113页。
② 同上书,第114页。

和平共处原则基础上改善国家之间的关系,促进国际和平。中国不反对苏联采取措施改善同美国的关系,促使国际紧张局势的缓和。但是,中国坚决反对任何国家牺牲他国的国家利益来达到自己的民族私利。赫鲁晓夫恰恰在这个问题上引起了中国政府的警惕与反对。苏联对中国维护国家主权和领土完整的正义斗争持反对态度,生怕这样会刺激美国,打断美苏合作的进程,破坏它的全球战略。

台湾是中国的领土。1950年美国派兵进驻台湾,不断在台湾海峡制造紧张局势。台湾问题直接关系到中国的国家利益,中国政府和人民不能置之不顾。1958年8月,中国政府决定中国人民解放军炮击金门、马祖,目的是惩罚台湾当局的挑衅活动,阻止美国搞"两个中国"、分裂中国的阴谋。在实施炮击之前,中国曾把炮击的意图清楚报告给苏联:有限惩罚国民党部队、打击美蒋的气焰,而绝非用武力解放台湾之举。赫鲁晓夫生怕这种举动会中断美苏缓和的进程、害怕由此引发美苏大战,对中国的举动持反对态度。苏联认为,炮击行动"实际上正好迎合了美国好战集团破坏苏联缓和国际紧张局势方针的意图",借此"激化美苏关系,并利用苏中条约这部机器扩大为远东的军事对抗"。苏联无端指责中国的行动导致"在远东形成了直接的战争危险"[1]。赫鲁晓夫在台湾海峡危机问题上面临着十分尴尬的选择:支持中国会中断美苏接近,不支持中国就意味着1950年条约虚设,完全失去对中国的影响力。赫鲁晓夫采取了极为狡猾的行动即在危机最危险阶段过后支持中国。经过中国的一再解释,赫鲁晓夫于9月7日向艾森豪威尔发出一纸警告,说美国对中国的侵犯就是对苏联的侵犯,美国不要采取可能导致无法挽回的后果的步骤。然而,迷恋于美苏合作的赫鲁晓夫对中国的行动持怀疑和不予支持的态度。1959年9月,赫鲁晓夫在访问美国、炮制"戴维营精神"后,利用出席庆祝中华人民共和国成立十周年的机会,继续贩卖苏美合作处理世界问题的一套货色。在庆祝中华人民共和国成立十周年的宴会上,赫鲁晓夫教训中国不要"用武力去试试资本主义制度的稳定性"。这就表明赫鲁晓夫对中国炮击金门、马祖的义举持完全否定的态度。10月2日,赫鲁晓夫在同中国共产党领导人的长达7小时的会谈中,抱怨中国炮击金门、马祖教训台湾当局的行动给苏联在外交上"造成了困难"。赫鲁晓夫对中国在整个台湾问题上的政策表示不满。他认为这种政策可能引发一场美苏卷入的直接武装冲突。他声称:"美国宣布支持蒋介石,我们宣布支持你们,这样就造

---

[1] 奥·鲍·鲍里索夫、鲍·特·科洛斯科夫:《苏中关系(1945—1980)》,第143页。

成了大战前夕的气氛。"[1]在这次会谈中,赫鲁晓夫还要中国做出让步、牺牲国家和民族利益,甚至暗示让台湾独立,以此来满足美国分裂中国领土、制造两个中国的要求。苏联在台湾问题上的作为,中国人民不能不对这个盟友的忠诚表示怀疑。赫鲁晓夫粗暴干涉中国内政、靠牺牲中国人民的根本利益来实现美苏合作的言论,理所当然地遭到了中国方面的拒绝。对此,赫鲁晓夫耿耿于怀。赫鲁晓夫在回国途经符拉迪沃斯托克(海参崴)时还不忘攻击中国维护国家主权和领土完整的立场,诬蔑中国"像公鸡好斗一样热衷于战争"。对于赫鲁晓夫抹杀中美在台湾问题上的是非界限、混淆世人视听的言行,中国政府进行了坚决抵制,并在可能的情况下阐明自己的立场与观点。

苏联牺牲中国的主权利益来迎合其对美政策及某些国家的需求。1959年8月25日,中印边境发生了印度某些势力挑起的第一次武装冲突。赫鲁晓夫害怕发生在中印之间的边境武装冲突对推行美苏合作的苏联外交政策产生不利影响,妨碍他拟议中的访美活动,不顾中国方面的多次解释和劝阻,于9月9日发表了有关这一事件的塔斯社声明。声明不分是非曲直,对中印边境冲突表示"遗憾",公然袒护印度,把中苏之间的分歧公开暴露在全世界面前。1960年2月6日,中苏两党代表团在莫斯科会谈。苏共代表团就中印边境冲突等问题宣读了苏共中央的口头通知,无理指责中国挑起边境冲突,诬蔑中国进行的反击是"狭隘的民族态度的表现"。苏联动员舆论来攻击中国,说什么"中国领导人为了追求扩张主义和霸权主义的目的,也是为了使苏中关系尖锐化,……挑起了中印边界冲突",其目的是让美苏参与这一亚洲地区的"印中冲突","从而引起严重对抗"[2]。中印边界发生武装冲突后,苏联加紧了同印度的联系并提供援助。1960年1月,苏联最高苏维埃主席团主席伏罗希洛夫访问印度。2月赫鲁晓夫再度访印时发表的联合公报称,两国关系从未有像现在这样"建立在牢固的基础之上"。6月,印度总统普拉沙德访苏,双方称印苏关系"堪称各国关系的范例"。1961年9月,尼赫鲁再次访苏在联合公报中称这是两国友谊和合作"进一步加强的新重要标志"。12月勃列日涅夫访问印度,说两国关系进入了"广泛合作的新时期"。苏联明显增加了对印度的援助。苏联对印度的经济援助始于1955年2月。为援建印度的比莱钢厂,苏提供10.196亿卢比(约合2.14亿美元)的贷款。1957年11月9日,苏联为印度的第二个五年计划提供贷款9.375亿卢比(约合1.96亿美元)。1959年9月12日,苏联发表偏袒印

---

[1] 转引自《当代中国外交》,第115—116页。
[2] 奥·鲍·鲍里索夫、鲍·特·科洛斯科夫:《苏中关系(1945—1980)》,第145页。

度的塔斯社声明后的第四天,苏印签署关于向印度第三个五年计划提供援助协定。苏联向印度提供第一笔贷款 28.124 亿卢比,约 5.9 亿美元。1961 年 2 月 21 日,苏联又答应提供第二笔 9.375 亿卢比的贷款。苏联在印度第三个五年计划期间提供的贷款共计 37.499 亿卢比,合 7.86 亿美元,为第二个五年计划所提供贷款的四倍。1962 年 9 月,中印边界冲突再起,苏联直接向印度提供军事援助。是年 12 月 4 日,印度总理尼赫鲁在印度人民院宣布,苏联将分批向印度提供米格-21 型飞机并建造米格飞机工厂。1963 年 6 月,尼赫鲁称"印苏友谊值 20 个师"。

中国政府和中国人民维护国家统一和领土完整是正义的斗争,作为社会主义国家的苏联,理应给予道义上的支持。但是,赫鲁晓夫害怕这种斗争破坏他的美苏合作、主宰世界的美梦,对中国的举动进行诋毁。苏联说什么它"损害苏中友谊","要挑起美苏冲突,使其在战争中两败俱伤",以便使中国实现"大国主义的目标"[①]。

[①] 奥·鲍·鲍里索夫、鲍·特·科洛斯科夫:《苏中关系(1945—1980)》,第 147 页。

第九章 亚非会议和亚非国家反帝斗争的高涨

第一节 亚非国家万隆盛会

科伦坡五国总理会议和茂物会议

第二次世界大战后,亚非地区的面貌发生了巨大而深刻的变化。大战使帝国主义的殖民体系受到极大削弱。在反法西斯战争中,亚非人民经受了锻炼和考验,民族意识不断提高。亚非地区出现了民族解放运动的高潮,民族独立国家不断涌现。到1955年初,新独立的亚非国家就达13个,使该地区独立国家总数增至近30个。这些独立国家决心维护和发展民族独立的成果,并力争在国际事务中发挥作用,以便彻底结束亚非国家任人摆布的时代。

但是,帝国主义并不甘心完全退出已占领的地盘,老殖民主义者在大战结束后又卷土重来。他们有的采用赤裸裸的殖民战争,有的改用新形式和新手段,或兼而有之。不管采用的手段的异同,其目的都是力图保留自己的势力范围。美国为取代老殖民主义者在亚非地区的地位,极力在亚非地区"填补真空"。这样,许多亚非国家依然受到种族歧视和殖民统治的严重威胁。业已获得独立的国家依然面临着争取和巩固政治独立以及发展民族经济的严峻任务。反对外来侵略和干涉,促进亚非国家的团结与合作,力争在国际事务中发挥应有的作用,制定一个团结反帝反殖斗争的纲领,就成为广大亚非国家的共同愿望和要求。

1954年3月,印度尼西亚政府提议召开亚非会议。同年4月28日—5月2日,印度、缅甸、印度尼西亚、锡兰(今斯里兰卡)和巴基斯坦五国总理在锡兰首都科伦坡举行会议,讨论共同关心的国际问题,其中包括召开亚非会议的问题。印度尼西亚政府关于召开亚非会议的建议得到与会各国的积极响应和广大亚非国家普遍支持。

中国政府对召开亚非会议的建议给予同情和支持。1954年6月底,周恩来总理出访印度和缅甸。中印、中缅总理分别重申了和平共处五项原则,即互相尊重主权和领土完整、互不侵犯、互不干涉内政、平等互利、和平共处。1954 年 10 月和 12 月,中国政府分别邀请印、缅两国总理访华,三国总理继续强调把和平共处五项原则作为处理国家关系的准则。中国政府发表声明,五项原则不仅适用于中印、中缅关系,也适应于同其他国家的关系。中国政府的努力,对于推动亚非国家的团结合作起到了良好的作用。

1954 年 12 月 28—29 日,印度、缅甸、印度尼西亚、锡兰、巴基斯坦五国总理在印度尼西亚的茂物再次举行会议,进一步讨论了有关召开亚非会议的各项准备工作。五国总理一致同意,由他们以发起国的名义发起召开亚非会议。决定亚非会议将于 1955 年 4 月在印尼的万隆正式举行。正式邀请 25 个亚非国家参加,它们是:中华人民共和国、越南民主共和国、南越、阿富汗、柬埔寨、老挝、埃及、埃塞俄比亚、黄金海岸(加纳)、伊朗、伊拉克、日本、约旦、黎巴嫩、利比亚、尼泊尔、沙特阿拉伯、苏丹、叙利亚、泰国、土耳其、利比里亚、也门、菲律宾、中非联邦。确定与会代表的规格为部长级。

五国总理在其发表和发出的《联合公报》及邀请书中,阐明了亚非会议的目的:(1) 促进亚非各国的亲善与合作,探讨和促进它们相互之间的共同利益,建立和促进友好睦邻关系;(2) 讨论与会各国的社会、经济及文化问题和关系;(3) 讨论对亚非各国人民有直接利害关系的民族主权、殖民主义、种族主义问题;(4) 讨论亚非国家和他们的人民对于促进世界和平与合作所能作出的贡献。

1955 年 1 月 15 日,印度尼西亚总理阿里·阿斯特罗阿米佐约代表发起五国总理致电中国政府,正式邀请中国政府出席亚非会议。2 月 10 日,周恩来总理兼外长复电表示应邀派遣代表团参加此次会议。

亚非会议的胜利召开和"十项原则"

1955 年 4 月 18—24 日,在印度尼西亚的万隆召开了没有西方殖民国家参加的亚非国家第一次盛会。这就是著名的亚非会议,亦称万隆会议。出席会议的共有 29 个国家的约 340 名代表。

4 月 18 日举行开幕式,印度尼西亚总统苏加诺致了题为"让新亚洲和新非洲诞生吧!"的开幕词。他说,亚非会议是"人类历史有史以来第一次有色人种的洲际会议"。他指出,"殖民主义并没有死亡",世界上反殖民主义的斗争并没有完全取得胜利。他号召必须从世界上铲除殖民主义,强调亚洲和非洲只有团结起来才能得到繁荣。开幕式后,先后有22个国家的代表在大会上作了一般性发言。大多数代表的发言都谴责了殖民主义、种族主义,表达了加强亚非国家的团结合作,要求维护世界和平,缓和国际紧张局势的愿望。中国代表团团长周恩来总理兼外长在会上表示:"为了对促进世界和平与合作作出贡献,亚非各国应该首先根据共同的利益谋求相互间的亲善和合作,建立友好和睦的关系"。

亚非会议曾受到美国和一些国际反动势力的破坏和阻挠。亚非会议召开前夕,美国通过其所谓"援外款项"作诱饵,拉拢一些与会国,企图挖会议的墙脚。美国和国民党特务企图采取暗杀手段,谋害以周恩来为团长的中国代表团人员。4月10日,雅加达电台证实:美国和国民党特务已在印度尼西亚进行各种准备活动,他们秘密组织"铁血团",加紧进行军事训练,以求一逞。4月11日,中国代表团包乘的印度航空公司"克什米尔公主号"飞机,在从香港飞往印尼的途中,被美国和国民党特务预先放置的炸弹炸毁,致使中国和越南民主共和国代表团工作人员及前往参加会议的中外记者11人遇难,造成震惊世界的国际谋杀案,激起国际舆论的愤怒谴责。由于周恩来总理应邀先去仰光同缅甸、印度、埃及总理会晤,改变行程计划,美蒋谋害周恩来的阴谋才未能得逞。

亚非会议期间,美国蓄意派出的由70人组成的"记者代表团"在万隆四处活动,毒化会议气氛,利用亚非国家在社会制度、意识形态方面的某些差异,以及长期殖民统治所形成的国家间的隔阂,制造混乱,挑唆与扩大分歧,妄图改变会议宗旨,扭转会议方向。美国指使个别国家代表团,提出所谓"共产主义威胁"和"宗教信仰自由"等问题,把攻击的矛头直接指向中国。

中国代表团和其他许多国家代表团共同努力为消除会议的分歧,确保会议的宗旨作出了积极的贡献。周恩来总理在会议的发言中,提出了著名的"求同存异"方针。他强调,亚非各国间有许多共同点,首先他们有长期遭受殖民压迫的共同经历;其次,他们有着维护民族独立和国家主权,保卫和平,反对外来支配和干涉的共同的现实要求。他诚恳地宣布:"中国代表是来求团结而不是来吵架的……是来求同而不是来求异的。"中国代表团的原则立场和"求同存异"方针,得到与会代表的热烈欢迎和普遍赞同。

亚非会议讨论了殖民主义问题、关于世界和平和合作问题以及如何确定亚非国家间建立友好合作关系的共同原则问题。1955年4月22日下午举行的政治委员会会议上缅甸总理要求与会国家宣布以和平共处五项原则和联合国宪章的精神作为他们之间的关系准则;埃及总理提出处理国家关系的七点建议;

个别国家的代表对共处原则提出异议,表示对和平共处五项原则不予接受。

为了在此问题上达成一致协议,周恩来总理一面在会议上阐明中国立场,一面在会下和与会代表进行耐心的平等协商。在处理问题过程中,既坚持坚定的原则性,又富于灵活性。他在23日的发言中强调,为达到集体和平,实现亚非国家团结合作的目的,就必须首先确定一些原则,让大家共同遵守,彼此约束。中国政府代表团草拟了一份"和平宣言"草案,该草案归纳了各国代表发言中的共同点,对会议公报的起草工作起了良好的推动作用,并为亚非会议通过《关于促进世界和平和合作的宣言》奠定了基础。4月24日晚,与会各国代表通过了亚非会议最后公报,会议胜利闭幕。

《亚非会议最后公报》集中体现了亚非会议的伟大成果。公报涉及经济合作、文化合作、人权和自决、附属地人民问题、其他问题、促进世界和平和合作以及关于促进世界和平和合作的宣言等7项内容。

公报在涉及经济合作问题时,强调在"互利和相互尊重国家主权的基础上"建立经济合作,与会国应"在实际可能最大程度上互相提供技术援助"。

公报的文化合作问题部分,谴责了殖民主义和种族主义对亚非人民民族文化的压制和对亚非国家间文化交流的阻碍,充分肯定了亚非人民恢复原有文化接触的强烈要求以及发展新的文化交流的共同愿望。

公报的人权和自决问题部分,谴责了种族隔离和种族歧视政策,强调支持一切反对种族歧视的斗争,明确提出"自决是充分享受一切基本人权的先决条件"。

公报关于附属地人民问题部分,强调"殖民主义在其一切表现中是一种应当迅速予以根除的祸害",表示坚决支持亚非人民的自决和独立权力。

公报在关于促进世界和平和合作宣言部分,提出了各国和平相处、友好合作的十项原则:

(1) 尊重基本人权,尊重联合国宪章的宗旨和原则。
(2) 尊重一切国家的主权和领土完整。
(3) 承认一切种族的平等,承认一切大小国家的平等。
(4) 不干预或不干涉他国内政。
(5) 尊重每一个国家按照联合国宪章单独地或集体地进行自卫权利。
(6) 不使用集体防御的安排来为任何一个大国的特殊利益服务;任何国家不对其他国家施加压力。
(7) 不以侵略行为或侵略威胁或使用武力来侵犯任何国家的领土完整或

政治独立。

(8) 按照联合国宪章,通过如谈判、调停、仲裁或司法解决等和平手段以及有关方面自己选择的任何其他和平方法来解决一切国际争端。

(9) 促进相互的利益和合作。

(10) 尊重正义和国际义务。

著名的亚非会议十项原则充分体现了和平共处五项原则的精神实质,是和平共处五项原则的引申和发展。

亚非会议高举独立、和平、友好与合作的旗帜并充满着求同存异和平等协商的精神,为亚非各国团结合作树立了良好的范例。亚非会议所体现的亚非人民争取和巩固民族独立,维护世界和平,要求友好合作,进行反帝、反殖的共同斗争精神形成了著称于世的"万隆精神"。亚非会议揭开了亚非人民团结战斗的新篇章,亚非会议作为亚非人民团结反帝反殖斗争事业的里程碑而举世闻名。

第二节　苏伊士运河事件和第二次中东战争

苏伊士运河事件

苏伊士运河事件是埃及人民收复苏伊士运河以及由此引发的抗击英法以武装侵略的伟大斗争。

苏伊士运河地带原是亚非两大洲之间的一个地峡地带。1854年,法国一家公司从埃及封建王朝手中获得修建苏伊士运河的特许权。1859年法国殖民主义者费迪南·德勒赛普斯来到埃及后,利用特权着手组织运河的开凿工作。他动用埃及数十万民工,整整花费10年时间。运河于1869年竣工。埃及为此共付出800万埃镑的费用和12万民工的宝贵生命。埃及总统纳赛尔在1956年7月26日的著名演说中指出:苏伊士运河"是由埃及人民的灵魂、头颅、鲜血和尸骨筑成的"。运河开通启用后,一直被英、法两家公司以96%股票的绝对优势牢牢控制着,成为埃及领土上的"国中之国"。1882年,英军占领埃及后,在运河区建立起一个有10万驻军的海外最大军事基地。1936年签订的《英埃同盟条约》,进一步肯定了英国在运河地带的驻军权。

1952年7月埃及革命推翻封建王朝以后,埃及人民的反帝斗争日益发展。1954年10月29日签署英、埃协定,规定英军在20个月内撤出运河区。1956年

6月18日,英军撤出运河区,结束了英军对埃及的74年的军事占领。英军撤走后,运河公司依然被英、法殖民者所控制。彻底收回运河主权,进一步巩固民族独立,保卫经济权益,发展民族经济,已成为埃及民族独立运动的首要目标。埃及人民决心将苏伊士运河收归国有。

1956年7月26日,埃及举行庆祝革命四周年纪念大会,埃及总统纳赛尔在亚历山大港向25万民众庄严宣布外国人任意剥削埃及的历史已经终结,苏伊士运河及运河的收入必将全部属于埃及。接着,他宣读了《关于苏伊士运河公司国有化的法令》,法令规定"国际苏伊士运河公司收归国有,公司一切财产、权利和义务将移交国家,现在负责管理这个公司的一切机构和领导委员会将予以解散",运河航运交由埃及管理机构管理。此后,埃及人顺利进驻了设在伊斯梅利亚、苏伊士和塞得港的运河公司办事处,接管了运河公司的各项工作。

埃及迅速收回运河的管理权,体现了维护独立和主权的坚强意志和坚定信念。同时,埃及政府借此增加收入,支持国内建设。埃及政府曾于1952年秋计划在尼罗河中游建造阿斯旺水坝。这个耗资10亿美元的水坝一经建成,可使埃及扩大耕地面积1000多万亩,增加发电量100万千瓦,国民收入增加达1/4。在建造水坝问题上,某些西方国家及世界银行均曾作出许诺,表示愿意提供部分赠款和贷款,但是终因附加苛刻条件而被埃及政府断然拒绝。

1956年7月24日,纳赛尔表示埃及政府将苏伊士运河公司收归国有的正义行动,得到埃及人民和世界各国人民的普遍支持。同时它也引起整个西方世界的震动。美、英、法等国立即作出反应。经过密谋策划,1956年8月2日美、英、法抛出一个"三国联合宣言",反对埃及将运河公司实行国有化。它声称运河是国际水道,埃及无权干预,诬蔑埃及对运河公司实行国有化的举动是所谓"专断行动"和"抢劫行为",鼓吹必须实现运河国际化,以确保所谓"航行自由"。美、英、法等国企图利用国际会议向埃及施加压力。8月16日,在伦敦召开了有22个国家参加的国际会议。美国代表提出了把运河管理权交给一个"和联合国保持联系"的"国际委员会"的建议,但遭到了多数国家的反对。伦敦会议后,美、英、法等国又发起拼凑一个"五国委员会",妄图以此来接管运河的管理权,遭到埃及政府的拒绝。9月19日,美、英、法等国又策划召开了伦敦15国会议,讨论建立"运河使用国协会"问题。9月23日,苏伊士运河问题被英、法等国提交到联合国安理会讨论。10月13日,联合国安理会通过六项原则。内容包括:尊重埃及主权,保证自由航行,运河同政治不发生关系,由埃及和使用国规定通行费,设立仲裁机构,等等。埃及政府接受了这六项原则,但英、法等国极力破坏运河的正常秩序,不断毒化和平解决运河问题的气氛。它们采取的一些行动包括:煽动非埃及国籍的领港员离职回国,以造成运河航行的中断;冻结了埃及在英、法的存款和运河公司的基金;要求英、法等国通过运河的航船抵制交纳通行费;在地中海和运河口集结兵力,实行武力威胁。英、法加紧同以色列的联系,在塞浦路斯增兵,成立联军司令部,并在国内紧急储备战略物资,做好武装进攻埃及的各项准备工作。显然,围绕苏伊士运河问题一场危机将在所难免。英勇的埃及人民将面临新的考验。

第二次中东战争

英、法对埃及施加的政治讹诈和经济制裁相继破产后,英、法加快进行武力进攻埃及的战争准备,一场新的侵略战争一触即发。

英国、法国、以色列三国发动对埃及的武装侵略怀有各自目的:英国想用武力夺回苏伊士运河的控制权,巩固在该地区的殖民统治地位;法国则希望通过对埃及的武力打击,阻止埃及对阿尔及利亚抗法势力的支持,确保法国在非洲和阿尔及利亚的殖民利益;英、法两国还想借此来巩固和加强传统势力范围和影响,抵制日趋严重的美国势力的渗透;以色列则是想借此机会抢占埃及及其他阿拉伯国家的领土。

1956年10月29日,在英、法支持下,以色列派重兵侵入埃及的西奈半岛,第二次中东战争爆发。10月30日,英、法按照预定计划,以"保证运河的通航安全和自由"为借口,向埃及政府发出最后通牒,要求占领塞得港、伊斯梅利亚和苏伊士。对此埃及政府给予断然拒绝。10月31日英法派遣海空军大举进攻埃及的开罗、亚历山大和塞得港等重要城市。

第二次中东战争爆发后,埃及政府下令实行全国总动员,号召全体军民奋勇抵抗。埃及宣布同英法断交,迅速停止苏伊士运河的航行。11月1日,埃及政府提出"总体战",全面开展游击战。11月2日,埃及查封了英、法两国在埃及的银行,接管了在埃及的英、法石油企业。11月6日晨,英、法军队在塞得港登陆,遭到塞得港人民的英勇抵抗。英、法军队未能如愿完全占领塞得港。塞得港人民的英勇抵抗,有力地挫败了英、法迅速迫使埃及投降的侵略计划。

埃及人民抗击英、法以侵略的英勇斗争得到阿拉伯国家和世界各国人民的同情和支持。在世界进步舆论的压力下,联合国出面解决这场危机。11月1日,在联大召开的紧急会议上10个亚非拉国家发言,一致谴责英、法以对埃及的武装入侵。联大随即通过了有关立即停火和撤军的提案。11月3日,联大又通过了关于建立"联合国紧急部队"监督停火的提案。11月6日,英、法被迫接受停火。11月24日,联合国通过责令英、法以立即撤军的决议。12月3日,英、法被迫接受撤军决议,宣布从埃及撤军。12月15日,联合国紧急部队开始进入埃及。12月22日,英、法军队全部撤出埃及。1957年3月8日,留在加沙地带和亚喀巴湾地区的最后一批以军全部撤出埃及领土。至此,英、法以侵略埃及的计划宣告破产,埃及人民的反侵略战争取得最后的胜利。1957年4月17日,埃及政府宣布苏伊士运河全部恢复通航。

在第二次中东战争中,英、法以三国出动36万兵力(包括20万以色列军队),100多艘军舰,2000架次飞机,付出3亿美元的军费。埃及人民在这场战争中的胜利,极大地推动了中东地区的民族解放运动。战争结束后,英、法在中东地区的殖民统治受到摧毁性的打击。1956年11月,约旦宣布废除英、约同盟条约。1957年元旦,埃及政府取消了1954年签署的英、埃协定,彻底铲除了英国对运河的一切特权。1958年7月,伊拉克人民推翻了费萨尔王朝,建立了伊拉克共和国。1958年9月,阿尔及利亚共和国临时政府在开罗成立。与此同时,叙利亚也加快了清除英、法残余势力的步伐。至20世纪50年代末期,英、法在中东地区的殖民统治基本结束。

应当指出,在第二次中东战争期间和战争结束后一段时间内,在英、法同美国之间,英、法、美同苏联之间,英、法同苏联之间,美、苏之间均存在着错综复杂的矛盾和斗争。美国始终想利用这场战争打击、削弱和排挤英、法在中东的势力。苏联也想乘机向阿拉伯国家渗透,在中东取得一席之地。战争爆发初期,正当埃及面临极大威胁和严重困难时,一些阿拉伯国家曾要求苏联出面干涉。但它未能作阿拉伯人的"患难之交"。战争后期,眼看英、法即将失败苏联才表现出格外的积极。苏联一面建议美国共同出兵埃及,一面向英、法发出将"使用武力",包括核武器的威胁。苏联想将英、法势力从中东地区挤出去,以便同美国平分该地区的势力范围。但是,美国从全球战略利益考虑,绝不会允许苏联插手中东地区的事务,并密切注视苏联在这一地区的动向。美国对苏联的行为抱有警惕,而且不时敲打苏联。1957年1月,美国总统艾森豪威尔在关于中东政策的特别咨文中就指责苏联正采取一切手段,加紧渗透中东。苏联对此也不示弱。1958年7月,苏联针对美、英等国在黎巴嫩、约旦采取的军事行动,两次发表声明,严正警告美、英两国:苏联将保留"采取必要措施的权利"。第二次中东战争后,中东地区的国际关系格局出现了新的情况,美国已取代英、法,不断巩固和加强自己的影响力,苏联也跃跃欲试,加紧渗入中东,并逐步取得立足点。中东地区的民族解放运动出现了更为复杂的外部环境。中东人民的反帝反殖反霸斗争的任务更为艰巨。

第三节 艾森豪威尔主义与美国军事干涉黎巴嫩的失败

艾森豪威尔主义

苏伊士运河国有化和英法侵略埃及的失败,标志着帝国主义在中东的殖民统治开始瓦解。中东民族解放运动的空前高涨,强烈地冲击着西方殖民势力。苏联在苏伊士运河事件中站在埃及一边,从而扩大了在中东地区的影响。

美国为了排挤英、法传统势力,镇压中东民族解放运动,抵制苏联势力的渗透,进而独霸中东,急需制定一项新的中东政策。

1957年1月5日,美国总统艾森豪威尔向国会提出关于"中东政策"的特别咨文。其主要内容是:

(1)强调中东作为欧洲、亚洲和非洲之间的门户,作为东半球各大陆的枢纽,作为目前拥有已经探明的世界石油蕴藏量大约2/3的地区,对西欧和美国经济及其战略具有至关重要的作用。如果中东国家"受到敌视自由的外国力量的统治",这对这个地区和对其他地区的许多自由国家来说,"都将是一个悲剧",对美国的经济生活和政治前景也将产生"最不利的影响"。

(2)声称中东这个地区经常发生骚乱,现在突然达到一个"新的紧急阶段"。这种不稳定的情况,有时候被国际共产主义"所利用了"。咨文一再描绘苏联对中东地区的威胁,说:俄国的统治者长期以来就打算主宰中东地区。沙皇当时如此,现在布尔什维克也是这样。俄国控制中东的欲望不是起源于它在这一地区的经济利益,而是为了强权政治。如果考虑到它把"全世界共产化的公开目标",那么就不难理解它控制中东的欲望了。

(3)宣称许多中东国家意识到来自国际共产主义方面的危险,希望增加实力以保证它们独立的延续。但联合国在涉及苏联"野心"时,不可能是一个可以依靠的"自由保护者",因此美国承担的责任增加了。许多中东国家也"欢迎"同美国建立比以前密切的合作,以使它们能够实现独立、经济福利和文化发展的目标。

(4)建议国会:允许美国在发展用于维持民族独立的经济力量方面,同中东一般地区的任何一个国家或是一批国家"合作",并且对它们提供帮助;允许政府在同一地区"实行军事援助"和同希望得到这种援助的任何一个国家或是一批国家集团进行合作；允许这种援助和合作可以包括"使用美国武装部队"来保证和保护这些要求得到这种援助的国家的领土完整和政治上的独立，抵抗"由国际共产主义所控制的"任何国家的公开的武装侵略；建议授权总统为了"经济和防御性的军事目的"，在1958年和1959年财政年度中，每年得以在这个地区自由支配2亿美元。

艾森豪威尔抛出的这个以侵略和独霸中东为目的的特别咨文，被称为"艾森豪威尔主义"，有时也被称作"填补力量真空主义"。

艾森豪威尔主义一出笼，就遭到许多阿拉伯国家和其他一些地区国家的反对。除了当时亲美的土耳其、以色列、伊拉克、黎巴嫩和伊朗等国表示支持外，其他西亚、北非国家都拒绝接受"艾森豪威尔主义"，认为它是帝国主义奴役阿拉伯人民的一种新形式。

1957年1月10日，叙利亚政府针对艾森豪威尔的中东新政策发表声明，指出：保持中东的和平与安全纯粹是中东地区人民的责任，反对其他国家"干预这个地区的事务"。1月12日，苏联塔斯社发表声明，反对美国在中东推行艾森豪威尔主义。1月19日，埃及、叙利亚、沙特阿拉伯和约旦四国领导人，在开罗签订为期10年的公约并发表一项会议公报，驳斥了美国提出的所谓"中东真空"的说法，宣布阿拉伯民族主义是制定阿拉伯政策的唯一基础。1月26日，埃及总统纳赛尔公开表示，埃及不承认任何势力范围，任何地区的保卫应由这个地区本身来承担。他谴责艾森豪威尔主义是一个"从内部袭击阿拉伯国家的政策"。2月25日至27日，埃及、叙利亚、沙特阿拉伯和约旦四国首脑再次在开罗举行会议，会后发表的公报表示，四国将奉行不偏不倚和积极中立的政策，以保护他们的民族利益。

美国为在中东推行艾森豪威尔主义，一方面派"特使"前往中东游说，一方面对拒绝艾森豪威尔主义的国家施压甚至采取颠覆手段。1957年4月24日，美国在约旦策动政变，颠覆了维护民族利益的纳布西政府。约旦国王侯赛因任命了以哈西姆为首相的新政府，从而引发了国内动乱。4月29日，艾森豪威尔政府宣布向约旦提供1000万美元的紧急援助，并准备用军事力量保持约旦的"稳定"。8月12日，叙利亚政府发表声明，以颠覆活动罪将3名美国驻叙使馆官员驱逐出境。美国进行报复，无理驱逐叙驻美外交官员。8月21日，叙利亚总统库阿特利为加强阿拉伯国家的团结，共同对抗艾森豪威尔主义，同埃及总统纳赛尔举行会谈。此后，埃及武装部队根据《埃及叙利亚共同防御条约》，从

9月中旬开始进驻叙利亚,以加强叙利亚的防御力量。9月23日,美国和巴格达条约的5个参加国在伦敦开会,策划反对叙利亚的新阴谋,对叙进行军事威胁。土耳其在叙利亚边境上将军队从3万人增加到5万人。10月7日,叙利亚外长比塔尔在联大揭露美国干涉中东的真相。10月8日,苏联领导人表示,如果叙利亚遭到入侵,苏联将出面干涉。10月14日,埃及军队增援叙利亚。10月16日,叙利亚向联合国控告土耳其对叙进行威胁。在世界人民的支援下,叙利亚挫败了美国的阴谋。美国在中东的倒行逆施,使中东人民更加认清了艾森豪威尔主义的本质。

伊拉克革命对中东军事联盟的打击

第二次世界大战后,美、英帝国主义为了在经济、政治和军事等各方面全面控制中东地区,镇压该地区风起云涌的民族解放运动,堵塞苏联南下地中海、波斯湾和印度洋的出路,积极策划组织中东军事集团。

1951年10月13日,美、英、法和土耳其四国向埃及政府提出成立"中东司令部"的建议。随后,又将该建议交给叙利亚、黎巴嫩、伊拉克、沙特阿拉伯、也门、约旦和以色列。该建议的主要内容是:(1)中东各国武装部队均隶属于"联合司令部";(2)中东各国把军事基地、交通工具、港口及其他有关设备交给司令部统一支配;(3)美、英派武装部队驻扎在中东各国领土上。也就是说,"中东司令部"将是中东地区的最高军事机构,负责统帅中东各国的武装力量,总司令部拟设在开罗。很显然,这是一个践踏中东各国独立和主权的侵略计划。该计划一出笼就遭到中东各国人民的强烈反对。大多数国家拒绝参加中东司令部。10月15日,埃及政府复照美、英、法、土四国,拒绝考虑关于成立"中东司令部"的建议。黎巴嫩国民大会发表声明,谴责中东司令部计划是对黎巴嫩独立的威胁。只有叙利亚和伊拉克政府表示同意参加,但遭到两国人民的强烈反对。结果,以哈桑·哈基姆为首的叙利亚政府被迫辞职,伊拉克政府也不得不取消参加中东司令部的决定。

"中东司令部"计划的流产表明,西方国家不可能同时把中东国家拉入一个军事集团,因此美国决定采取迂回的手法,先将邻近苏联的土耳其、伊拉克、伊朗、巴基斯坦等国,通过双边或多边军事协定方式组成一个小型军事集团,即所谓"北层防御集团",然后再把这个组织逐步扩大到整个中东地区。

1954年4月2日,在美国的撮合下,土耳其与巴基斯坦在卡拉奇签署了为期5年的《经济合作和军事援助协定》。美国首先选中这两个国家的原因是:土耳其是北大西洋公约组织成员国,又是对美依赖很深的伊斯兰国家,可以通过它拉拢阿拉伯国家,也可以使其作为联系中东地区和北大西洋公约组织的桥梁。巴基斯坦地处中东地区东部,是持亲美立场的伊斯兰国家,由于其独特地势,可以在东南亚条约组织和中东地区之间起联系作用。一端是联系东方的纽带,另一端则是联系西方的纽带。所以,美国非常重视土、巴协定的作用,宣称这个协定为加强中东防御力量"奠定了基础"。

1955年2月24日,伊拉克和土耳其在巴格达签订了《互助合作公约》,通称《巴格达条约》。条约的主要内容是:(1)缔约国"为了它们的安全和防御"进行合作;(2)阿拉伯联盟的任何盟员国,或积极关心本地区的安全与和平并为缔约国双方所完全承认的国家得加入本公约;(3)在至少有四国成为本公约的缔约国时,应设立一个相当于部级的常设理事会以执行在本公约宗旨范围内的职务。该条约有效期为5年。它具有明显的军事性质,并公开邀请非本地区的西方国家参加中东的集体防务,以建立中东军事联盟。

英国为维护在中东的地位,利用它同伊拉克的传统关系,于1955年4月5日加入《巴格达条约》。7月1日,巴基斯坦宣布将土、巴协定并入该条约,9月23日正式参加《巴格达条约》。11月3日,伊朗在美国的威胁和利诱下,也正式参加《巴格达条约》。同月,在巴格达正式成立了由土耳其、伊拉克、巴基斯坦、伊朗和英国参加的巴格达条约组织,总部设在巴格达。美国不是该组织的正式成员国,但以"观察员"的身份列席该组织的理事会,后又参加其中的经济、反颠覆、军事和联络等委员会,对这个集团进行实际的控制。

巴格达条约组织,作为一个在西方国家操纵下的军事集团,对中东各国的独立与安全构成严重威胁,因而遭到中东各国人民和一些政府的反对。埃及总统纳赛尔强烈谴责巴格达条约集团,认为该集团建立的目的是为了打击阿拉伯民族主义,破坏阿拉伯国家的团结,他积极组织一些阿拉伯国家采取共同的对抗行动。1955年10月20日和10月27日,埃及同叙利亚和沙特阿拉伯分别签订了双边防御条约。1956年4月21日,埃及同沙特阿拉伯和也门签订了三边军事条约,从而形成了反巴格达条约阵线。

1958年7月14日,伊拉克爆发了以阿卜杜勒·卡里姆·卡塞姆为首的自由军官发动的起义,推翻了费萨尔王朝的反动统治,宣布成立伊拉克共和国。新政府奉行反帝反殖、维护民族独立、加强同阿拉伯国家的团结以及和平中立的外交政策,决定脱离与西方在政治和军事上的密切关系。7月17日,宣布中止《巴格达条约》,关闭巴格达条约组织办事处。1959年3月24日,伊拉克政府宣布退出巴格达条约组织。

伊拉克革命的胜利,动摇了帝国主义在中东殖民统治的根基,砍断了美国在中东建立霸权统治的一大支柱,打乱了帝国主义在中东的军事侵略体系,增强了阿拉伯国家的团结与合作,极大地鼓舞和推动了阿拉伯民族主义运动的发展。

在伊拉克退出巴格达条约组织之后,该组织成员国中已没有一个阿拉伯国家,实际上这个条约组织已告破产。

美国军事干涉黎巴嫩的失败

黎巴嫩位于地中海东岸,是中东国家通过地中海同欧美往来的必经之地,具有重要的战略地位。长期以来,黎巴嫩一直在西方国家的统治之下。1943年11月22日,黎获得独立,但直到1946年8月英、法占领军才从黎巴嫩撤走。

黎巴嫩内部存在着基督教派和伊斯兰教派的矛盾和对立。1952年,基督教徒夏蒙当选为总统,他奉行亲西方的政策。1957年2月5日,夏蒙政府在阿拉伯国家中第一个宣布接受艾森豪威尔主义。3月16日,黎、美两国发表了一项关于黎巴嫩接受艾森豪威尔主义的联合公报。公报说,美国将根据艾森豪威尔主义给予黎巴嫩以经济和军事援助。夏蒙公开宣称,他接受艾森豪威尔主义的目的,不仅是为了抵制国际共产主义的"威胁",也是为了防止"泛阿拉伯主义的颠覆"。

1957年4月3日,由黎巴嫩穆斯林领导人建立的"全国阵线"向夏蒙政府提出请愿书,主张黎巴嫩应坚持中立不结盟政策,加强与阿拉伯国家的合作,反对政府接受美国的经济、军事援助。1958年5月8日,黎巴嫩著名人士《电讯报》社长纳西·马特尼被暗杀。这件事引起了一连串的抗议浪潮。5月9日,全国各地相继爆发总罢工、总罢市和群众性的大示威。5月10日,的黎波里爆发了武装起义,群众高喊打倒"美帝国主义"的口号,要求夏蒙辞职。5月12日,首都贝鲁特也爆发了大规模武装示威,群众烧毁了美国新闻处图书馆。

5月13日,黎巴嫩外交部长马利克通知美、英、法大使说,黎政府希望在必要时能得到军事援助。5月14日,美国国务院宣布,美国正向黎巴嫩政府提供警察装备和防暴武器。美国海军部宣布,美第六舰队的大批军舰正在向地中海东部的黎巴嫩沿海进发。5月下旬,武装起义已蔓延到黎巴嫩南部和北部。黎巴嫩政府军陆军司令、基督教徒法德·谢哈布为避免陆军因教派冲突而分裂，拒绝卷入政治纠纷，宣布保持中立。夏蒙政府失去支持的后盾。到 6 月 6 日，起义群众已控制全国 2/3 的地区。

1958 年 7 月 14 日，伊拉克发生军事政变，推翻了亲美的费萨尔王朝。这一消息传到贝鲁特，大批群众涌向街头，举行示威游行，要求夏蒙立即辞职。夏蒙十分惊慌，要求美国政府迅速提供直接的军事支持，否则他的"合法政府"将会很快被"颠覆"。

美国担心黎巴嫩成为"第二个"伊拉克，产生"多米诺骨牌"效应，以致使西方国家失去在中东的地盘，决定对黎巴嫩进行军事干涉。7 月 15 日，美军近万名海军陆战队，在第六舰队 70 艘军舰和 420 架飞机的掩护下，在贝鲁特附近登陆。当天晚上，美国总统艾森豪威尔向全国发表电视和广播演说，为美国的军事干涉行动进行辩解。他诡称，美国派遣军队进驻黎巴嫩"不是"干涉黎巴嫩内政，而是为了保持中东国家的"独立和主权"，维护"和平和稳定的国际秩序"。他承认，美国军队在黎巴嫩登陆是会有一些"严重的后果"，但"为了美国的利益"，所采取的行动是"十分必要的"。

美国对黎巴嫩的军事干涉行动，遭到中东各国的强烈反对和世界舆论的广泛谴责。黎巴嫩全国各地到处举行抗议示威，要求美军立即撤出黎巴嫩。许多阿拉伯国家掀起了声势浩大的反美运动，指出美国是阿拉伯人民的头号敌人，要求断绝与美的外交关系并对美实施集体制裁。

1958 年 7 月 16 日，苏联政府发表声明，宣布支持阿拉伯人民反对西方帝国主义的斗争，要求美国立即从黎巴嫩撤军，并且表示，保留为维护和平与安全而采取必要措施的权利。苏联政府要求召开苏、美、英、法和印度五国首脑会议，讨论解决中东危机问题，但遭到美国的拒绝。

7 月 16 日，中国政府发表声明，严厉谴责美国的侵略行为，要求美军立即撤出黎巴嫩，制止美国的战争挑衅。8 月 3 日，中、苏两国政府发表联合公报，谴责美国在中近东地区的侵略行为，主张立即召开大国首脑会议讨论中近东局势，并要求美国从黎巴嫩撤军。

世界上还有不少国家对美出兵黎巴嫩持批评态度。日本政府认为美国的行动加剧了危机。印度总理尼赫鲁表示担心会由此引起世界大战。斯堪的纳维亚国家也都批评美国的行动。

1958 年 7 月 27 日，黎巴嫩议会议长奥赛兰致函美国总统，指责美国对黎的军事干涉。7月31日,基督教徒、陆军总司令谢哈布当选为新总统。9月23日,黎巴嫩总统夏蒙任期届满离职。

黎巴嫩新政府组成后,美国失去了继续干涉的借口,被迫于10月8日宣布从黎巴嫩撤军。10月25日,美军从黎巴嫩完成最后撤退。12月10日,黎巴嫩新政府宣布,黎巴嫩不再接受艾森豪威尔主义。

美国军事干涉黎巴嫩的失败,表明貌似强大、不可一世的美国力量的局限性,使美国在中东的影响进一步削弱,宣告了艾森豪威尔主义的破产。

第三编
20 世纪 60 年代的国际关系
（1960—1969）

第十章 美苏争霸格局的形成

第一节 U-2飞机事件和第二次柏林危机

U-2飞机事件和四国首脑会议的流产

U-2飞机是美国进行间谍活动的高空侦察机。1956年7月开始在苏联领空活动，负责侦察苏联的空军基地、导弹发射台、潜艇船坞、工厂、公路、铁路、核试验基地等。U-2飞机成为美国收集苏联情报的主要工具与途径。苏联对美国的这种侦察早有发现，并曾提出过严重的抗议。但是美国对此矢口否认。

1960年5月1日，由美国空军中尉弗朗西斯·加里·鲍尔斯驾驶的U-2飞机对苏联进行侦察。该机从巴基斯坦白沙瓦机场起飞。当它飞经苏联腹地斯维尔德洛夫斯克东南20英里上空时被苏联火箭击中。鲍尔斯被俘，飞机的残骸在莫斯科的高尔基公园展览。美国有关当局则采取掩耳盗铃的手法，谎称一架科研飞机在土耳其执行航空航天局的气象侦察任务时，坠落在土耳其凡湖地区。美国后来又说"可能是一架洛克希德U-2飞机"，并称5月1日驾驶员报告"缺氧"以后就不知下落了。①

5月5日，赫鲁晓夫在苏联最高苏维埃会议上宣布，苏联击落了一架侵入领空的美国飞机，并谴责这是侵略性挑衅行为。赫鲁晓夫称，尽管发生了这类事件，他并不怀疑艾森豪威尔总统对和平的愿望是真诚的。② 同一天晚些时候，美国国务院发表声明，美国政府"没有授权进行赫鲁晓夫所描述的那种飞行"。国务院称广泛收集情报于美国的国家安全是绝对必要的，它"设法取得现在隐蔽在铁幕后的情报"，"以便采取措施，防御突然袭击"，而且在过去4年来一直"沿着自由世界的边境飞行"③。5月7日，赫鲁晓夫在最高苏维埃会议上公布了有关详情。苏联事实确凿的揭露置美国于十分尴尬的地位。一方面美国的情报

---

① 《美国国务院公报》1960年5月23日。
② 《苏联周刊》(特别增刊)1960年5月5日。
③ 《美国国务院公报》1960年5月23日。

工作在世人面前曝光,同时又戳穿了美国惯用的撒谎伎俩。

5月9日,美国国务卿赫脱发表讲话,为其收集情报侵犯苏联领空辩解。他态度强硬,声称今后会继续这样干。随后几天苏美进行了激烈的舌战。5月10日,苏联政府就此向美国提出抗议照会。次日,赫鲁晓夫为此举行记者招待会。艾森豪威尔也举行记者招待会,强词夺理地声称,美国为了自身的安全有必要继续这种活动。

U-2飞机事件发生在美、苏、英、法四国首脑会议举行之际。赫鲁晓夫在谴责美国的入侵行径时,开始曾小心翼翼地绕过艾森豪威尔,归咎于那些想破坏首脑会议的军国主义分子。赫鲁晓夫如期赴巴黎参加会议。5月15日,赫鲁晓夫会见法国总统戴高乐和英国首相麦克米伦,提出苏联出席首脑会议的条件:美国必须"谴责美国空军这种不可容许的挑衅行为",制止类似行为的继续发展,"并严厉处分那些负责人"。5月16日,赫鲁晓夫在预备会议上发表一项声明,要求美国宣布"它对挑衅政策——它把这叫作在我国领空'自由'飞行的政策——加以谴责,宣布放弃这种政策,承认进行了侵略,并且对此表示遗憾"。艾森豪威尔对此没有作出明确的答复。5月17日,赫鲁晓夫写信给戴高乐,强调美国的行为为苏联参加首脑会议设置了障碍。他说,"如果艾森豪威尔总统声明,美国政府谴责美国飞机对苏联进行的挑衅行为,对这种行为表示遗憾,采取措施惩处罪犯并保证今后不再对苏联进行这种行为",苏联愿意出席会议。美国也明确表示,它不会接受苏联的最后通牒。四国首脑会议宣告流产。艾森豪威尔的访苏邀请亦被取消。

东西方四国首脑会议在克服了许多矛盾和分歧的情况下才得以确定举行。苏联积极主张举行首脑会议,以解决包括德国问题在内的重大国际问题。美国的态度一开始就比较保守,认为应该做好充分的准备,必须先达成解决某些实质性问题的协议。1959年9月,赫鲁晓夫访问美国,在放弃解决德国问题最后期限的情况下,艾森豪威尔同意举行首脑会议。美、苏首脑会议和艾森豪威尔对四国首脑会议态度的转变似乎给东西方再次举行最高级会谈展示了新的前景。但西方国家对此存有不同的看法。法国持怀疑态度。西德处于矛盾状态,一方面认为美国的让步可能带来灾难,另一方面又认为这是一个改善东西方关系的机会,不能丢失。英国持积极态度。麦克米伦于9月30日说会议日期将在"数日之内"确定,后来他又赞同艾森豪威尔的以12月初为宜的看法。法国主张首脑会议应做好充分的准备,不赞成在1960年春天以前举行。法国认为应首先召开一次西方领导人会议。法国不愿看美国人的眼色行事,认为在举行首脑会议方面它处于举足轻重的地位。法国为此采取了一系列的步骤:邀请赫鲁晓夫访问法国、爆炸原子弹。面对盟国的怀疑与不满,艾森豪威尔声称,他愿意在任何时候到欧洲做解释工作,为1959年底召开首脑会议铺平道路。西方国家对于首脑会议要讨论和解决的问题存在着分歧,各有主张,但裁军则是大家均感兴趣的问题。法国强调要解决实际问题,诸如军备竞赛、不发达国家的贫困、横加干涉他国内政等问题。英国同意柏林问题及德国统一问题是不可分的,放弃在东西方之间建立一个监督军备的区域的主张,即所谓麦克米伦方案。1959年12月21日,美、英、法三国领导人正式邀请赫鲁晓夫出席在巴黎举行的最高级会议,时间是1960年4月27日。赫鲁晓夫立即作出了赴会的答复,但认为时间应在4月21日或5月4日。后经商量,最高级会议于1960年5月16日举行。首脑会议迟迟不能召开的主要原因是西方国家没有制定统一的政策和东西国家之间存在着尖锐的分歧。

东西方国家对首脑会议的热情与期望随着会议日期的临近而递减。美国国务卿赫脱3月22日在参议院外交委员会作证时认为,首脑会议无法解决东西方在柏林问题上的分歧而取得任何可能的进步,作出什么重大的决定。这位国务卿还说会议的议程多属探询意见性质。与会国没有解决它们之间存在的问题的诚意是会议必然失败的根本原因,而会议前发生的U-2飞机事件是导致首脑会议流产的直接原因。赫鲁晓夫要求美国就间谍飞机事件作出解释、表示道歉是无可非议的。但是美、苏之间的深刻分歧和互相敌视则是它们南辕北辙、各行其是之原因所在。

首脑会议的夭折对赫鲁晓夫本人来说并无益处。赫鲁晓夫本来想利用首脑会议推销其外交政策。事实证明他的路线与政策并不为西方,尤其是美国所接受。赫鲁晓夫在国内政治舞台和国际共产主义运动中的地位因此受到了一次严重的挑战与损害。

肯尼迪的"和平战略"

肯尼迪是美国历史上最为年轻的总统。肯尼迪根据国际环境的变化,在总结其前任政策得失的基础上提出了对外政策的和平战略。肯尼迪的和平战略同杜鲁门的遏制战略和艾森豪威尔的解放战略基本上是一脉相承的,只不过是强调达到战略目标的途径与手段有所不同。肯尼迪在1960年1月1日的演说中称"遏制政策"为和平战略,认为这种战略是建立在当时美国处于两个垄断的前提下与基础之上,即美国垄断了核力量和能对外进行资本输出与提供技术援助。但他猛烈批评美国政府并未认真实施过这种战略。肯尼迪认为当国际局势发展,特别是美、苏力量对比发生变化后,原有的遏制战略失去基础,遭到了严重的破坏,而艾森豪威尔的解放战略也无力推行,只有另寻途径来实现美国外交战略的目标。肯尼迪认为,他的和平战略的依据是:美国不但丧失了核力量的优势,而且在同苏联的对抗中处于劣势的落后地位。早在1958年,肯尼迪提出了美、苏的所谓导弹差距问题。他认为艾森豪威尔政府"喜欢将财政安全放在国家安全之上"、使美国的"战略和军事要求适应"预算的需要。① 美国放松了武装力量的建设,而苏联在高喊和平共处时却在不断增加军费开支,在军备竞赛方面有了长足进步。他认为在1960—1964年,威慑力量对比很可能对美国"极为不利",苏联在导弹方面就胜过美国"好几倍":苏联的中程导弹能消灭美国在欧洲的导弹和战略空军基地;苏联的洲际导弹能消灭美国这个国家、美国的设施和政府;苏联还拥有历史上最大的潜水艇舰队、远程轰炸机。苏联使用它的导弹能消灭美国85%的工业、50个最大城市中的43个以及"大部分的居民"②。与此同时,苏联拥有良好的空中防御以及分散、隐蔽的进攻力量免遭美国的打击。他认为"威慑力量对比很可能变得对苏联极为有利"③。肯尼迪担心,苏联会利用自身的优势进攻力量作为其盾牌"通过人造卫星外交、有限灌木林火式战争、间接的隐蔽侵略、威吓和颠覆、内部革命、讹诈"等方式蚕食西方世界的外围,破坏实力均衡,渗入和统治同美国"安全有着重大关系的要害地区"④,最终使美国"陷于孤立、屈服或者灭亡"⑤。肯尼迪强调,对美国而言更为糟糕的是"经济差距"。他说新独立国家纷纷走上了独立发展的道路,它们需要有自己效法的榜样以及寻求援助。苏联和其他社会主义国家的发展对这些刚从殖民桎梏中解放出来的落后国家具有极大的吸引力。苏联广泛开展了对外的援助活动,使这些亚非拉国家看到能从苏联方面得到更多的同情、了解和实际帮助。这些国家相信苏联能帮助它们找到解决经济差距的途径。这样势必会造成美国在国际事务、特别在广大发展中国家的孤立。肯尼迪认为,提出和实施和平战略也是可能的。这是因为作为主要对手的苏联,自赫鲁晓夫执政以来在外交政策方面有了重大改变。苏联要同美国进行和平共处与和平竞赛,愿

---

① 阿兰·内文斯编:《和平战略——肯尼迪言论集》,世界知识出版社1961年版,第70页。
② 同上书,第64页。
③ 同上书,第65页。
④ 同上书,第66—67页。
⑤ 同上书,第67页。

意同美国打交道,实现了访美,并在核试验和裁军问题上持灵活态度。同时还应该看到,自赫鲁晓夫实行解放政策以来,东欧国家摆脱苏联控制和统治的倾向明显增强,昔日坚强团结的国际共产主义运动已不复存在,铁板一块的"铁幕"出现了美国可以利用的裂缝。基于上述考虑,肯尼迪提出为了对付挑战,为了在世界舞台上起到"责无旁贷的作用",美国"必须重新检查和改善我们的全套工具——军事的、经济和政治的"。他强调:"在总统的徽章上,美国之鹰的右爪抓着一根橄榄枝,左爪抓着一束箭,对于这两样东西我们要给予同样的注意。"①

肯尼迪的和平战略是以军事实力为后盾,强调用和平的方式加强西方盟国的地位,对苏联等社会主义国家实行"和平演变",加强对第三世界的渗透与扩张,确立美国在世界上的霸主地位。该战略的内容包括:

第一,加强军事力量,推行"灵活反应战略"。消除美苏之间的"导弹差距"是肯尼迪的目标。肯尼迪大肆宣扬这种差距的目的在于为大量投入人力、物力和财力扩张军备鸣锣开道。这种廉价的宣传和鼓噪不管其真实性如何,它都有助于动员舆论和减小扩军阻力。肯尼迪强调,在一个美国面临着来自苏联核优势进攻危险的时刻,作为对"自由"世界负有责任的美国必须"拥有足够强大的实力"和"连贯的军事战略",美国必须"加强我们的军事工具"。肯尼迪政府决定并采取了加速整个导弹计划,加强空运能力以及北极星潜艇计划,以继续加强威慑力量。美国还注意提高常规兵力,建立特种部队以应付各种事变。肯尼迪政府的军费开支迅速增长,1961年为474亿美元,1964年536亿美元,增长13%。在军事战略方面,肯尼迪政府批评"大规模报复战略"是不道德的,也是不现实的,提出并实施"灵活反应战略"。肯尼迪还在当参议员时就争辩说:"为了增加我们在外交方面可能采取的步骤的灵活性和范围,我们也需要增加我们军械库里的武器的灵活性和范围。"②1961年3月28日,肯尼迪在关于国防问题的咨文中对"灵活反应战略"做了明确的阐述。他说:"我们的国防姿态必须要既灵活又坚定。任何一个期望用任何种类的武器——常规武器或核武器——对自由世界任何一部分发起袭击的潜在侵略者都必须懂得我们的反应将是适当的、有选择的、迅速而又有效的。"③灵活反应战略和大规模报复战略的

---

① 肯尼迪1961年1月30日《国情咨文》,梅孜编译:《美国总统国情咨文选编》,时事出版社1994年版,第316页。

② 肯尼迪1959年11月2日讲话,见《和平战略》,第42页。

③ 同上。

目标是一致的,即用军事手段遏制苏联的扩张。它表明在军备竞赛中美国将尽其一切努力追求自己的战略目标。

第二,寻求同苏联的对话。肯尼迪把苏联当作主要敌手。美国在对苏政策中坚持对抗中寻求某些对话,在某些双方感兴趣的领域进行有限的交流与合作。肯尼迪政府强调美苏之间存在着根本的利害冲突,这是国家民族利益以及意识形态的尖锐对立。他说:"冷酷的事实是,苏美冲突的真正根源,并不是通过谈判就能轻易解决的。我们的民族根本利益同他们的民族根本利益相冲突,不论是在欧洲、中东,还是在世界各地都是如此。我们作为自由世界最强大的领袖的抱负同他们作为共产主义世界最强大的领袖的抱负相冲突。任何谈判都无法解决这些分歧。"①但是肯尼迪政府也认为,通过努力双方可以找到某些"共有的基本利益和目标",因此"应该集中力量,解决那些可能达成协议的问题"。肯尼迪认为这些"共同利益的幼芽"反映在:摆脱军备竞赛所造成的沉重负担;双方均不希望爆发核战争;垄断核武器,不希望太多的国家掌握核武器和发动核战争的能力;力图发展自己的经济和取得更多的科学成就等。肯尼迪警告,就是在共同关心的问题上取得协议,两国之间依然会"存在激烈的竞争",而这种竞争将是"贸易和援助"、"生产和宣传"以及"寻找朋友和扩大地盘的竞争"。因此,美国"不能放松我们的努力"。肯尼迪主张通过和平竞赛、通过社会主义制度的"逐步演变"来达到美国所希望的和平。

第三,扩大同东欧国家的来往,进行和平演变。肯尼迪认为高谈"解放"或"和平演变"而缺乏应有的措施只能是"提供给铁幕后面那些仍有可为的自由战士"一些"空话",这种政策终归"无效"。②他说解放政策已被证明是一种幻想。美国既没有解放东欧的决心也没有解放东欧的能力,只是一种空幻的希望。③肯尼迪主张要制定具体目标,"采取具体措施",并要有实施的计划。美国要"以各种形式的经济援助来减轻东欧国家对苏联的依赖",希望有更多的国家效法波兰、南斯拉夫。肯尼迪特别强调,在"共产主义世界已不再是一块坚硬的盘石"时,要注意"只有通过和平的转变,东欧才能得到自由",西方国家要采取"逐步地、慎重地、和平地促进关系",在共产主义世界的裂缝中和东欧国家"培养自由的种子",采取具体措施来促进与鼓励东欧各国的"逐步演变"。④他说,

---

① 肯尼迪 1959 年 10 月 1 日在纽约州罗契斯特大学讲话,见《和平战略》,第 27、33 页。
② 肯尼迪 1957 年 8 月 21 日在参议院的讲话,见《和平战略》,第 133、138 页。
③ 肯尼迪 1960 年 6 月 14 日在参议院的讲话。
④ 肯尼迪 1959 年 10 月 17 日的讲话,见《和平战略》,第 38 页。

当东欧国家那种被美国的保证所引起的空虚的希望破灭之后,"美国必须立刻动手","使那些已经表示不满的仆从国脱开它们的苏联主子,设法削弱这些国家对俄国的经济和意识形态的依附状态,从出现在铁幕上的任何裂缝中培养自由的种子"。① 美国要通过援助、贸易、旅行、新闻、学生和教师交流,提供经济和技术援助,以及在"道义上"的支持来争取这些国家,使美国自由民主在不发生核战争的条件下"传染到共产党控制的地区"②,以便建立一个"自由的、多样化的世界"③。

第四,以援助开道,向第三世界扩张。面对苏联影响的不断扩大,肯尼迪批评其前任的对第三世界的政策"常常是乱花钱和说大话,就是从来没有从全球范围和从长期来考虑",总是忙于应付危机,"一直没有给贫穷国家带来什么新的希望"④。肯尼迪进驻白宫后,明确提出要改进美国的经济工具,建立一个"健全的和日益发展"的自由世界,帮助发展中国家"具备力量来应付它们自身的问题,来满足它们自身的愿望","克服它们自身的危险"。肯尼迪政府任期内提出了一些倡议并采取了一些措施:建立和平队,对落后国家提供技术援助,包括传授知识、技能;传播美国的自由民主和生活方式;建立"争取进步联盟",其目标是在美国的援助下使拉丁美洲国家和人民享受经济和社会进步;提出与实施"粮食用于和平计划",实施粮食救灾和促进经济发展。

第五,坚定维护西方利益。肯尼迪的和平战略的首要目标是维护美国等西方国家的战略利益,维护西欧政治和领土的完整。肯尼迪认为西欧在美国的全球战略中占有关键的地位。肯尼迪政府在加强西方盟主地位的同时,提出了建立平等伙伴关系。美国提出了多边核力量计划,并要求西欧增加常规兵力。肯尼迪政府面对赫鲁晓夫挑起的柏林危机,采取了坚决顶住的立场,维护美、英、法在柏林的利益。肯尼迪最终迫使赫鲁晓夫在有利于西方的情况下结束柏林危机。

维也纳会谈

1960 年 5 月巴黎首脑会晤因美国 U-2 间谍飞机事件流产后,赫鲁晓夫取消

---

① 肯尼迪 1960 年 6 月 14 日在参议院的讲话。
② 肯尼迪 1962 年 2 月 14 日的讲话,《美国国务院公报》1962 年 3 月 19 日,第 443—448 页。
③ 肯尼迪 1962 年 3 月 21 日在加州大学的讲演,《美国国务院公报》1962 年 4 月 16 日,第 615—618 页。
④ 肯尼迪 1959 年 2 月 19 日在参议院的讲话,见《和平战略》,第 81—83 页。

了对美国总统艾森豪威尔访苏的邀请,而把解决柏林问题、改善美、苏关系的希望寄托于新总统。肯尼迪当选后,赫鲁晓夫于1960年11月10日发出了私人贺电,表示愿意同肯尼迪就一切未解决的问题进行谈判。此时,肯尼迪也表示,愿意同"敌对国家""重新开始寻求和平"。12月23日,苏联外交部长葛罗米柯表示苏联"完全准备促进美、苏关系的好转",希望当选总统回到两国友好合作的轨道,使两国关系得以健康发展。1961年1月6日,赫鲁晓夫重申苏联在柏林问题上的立场。这显然是向当选总统打招呼:按照苏联的建议和主张解决这一问题。在肯尼迪就职的第二天,1961年1月21日赫鲁晓夫在接见美国驻苏联大使卢埃林·汤普森时建议两国首脑举行会谈。同时,赫鲁晓夫在给肯尼迪的信中希望进行"认真的合作"采取切实可行的措施"彻底"改善两国关系。① 苏联决定释放两名飞行员,撤销以前向联合国提出的有关U-2间谍飞机事件的抗议,以表示"为美、苏关系的新阶段奠定基础的真诚的愿望"。这样可以使过去的不愉快不致影响良好的未来。② 1961年4月,赫鲁晓夫向美国提出举行两国首脑会晤的倡议。此时,美国策动的雇佣军入侵古巴的行动遭到了失败;东德经过柏林通道到西德的人数日益增加。苏联探求美国可能的让步,同时也是为了阻止东德人流入西柏林。美国方面认为,在这样的条件下举行一次高级会晤不会产生什么积极的结果,没有多大的实际意义。但美国政府考虑到必须迎接苏联在各个方面的挑战,其中包括在谈判桌上的斗争,认为可以举行新的首脑会谈。肯尼迪对立即举行高级会晤缺乏应有的热情,主张通过正常的外交途径来进行和加强两国之间的接触。肯尼迪更加关注的是停止核试验等军备问题。当时,美、苏双方在舆论方面降低了相互攻击的调门,以避免过分刺激对方。值得指出的是苏、美双方认识到有着共同利益的幼芽,应采取措施让这些相似的地方推进两国关系的发展。早在2月美国方面就提出了举行两国首脑会见的建议。据肯尼迪后来所说,这只是为了"打量赫鲁晓夫先生",并为确切了解苏联关于柏林问题、禁止核试验等一系列问题的立场。3月初,美国发现苏联对肯尼迪建议同赫鲁晓夫在非正式基础上举行一次个人会谈感到不满。赫鲁晓夫也只得放下"首脑会议"而同意非正式个人会见。5月初在日内瓦举行的关于禁止核试验会谈中,苏联再次建议举行两国首脑会议以消除彼此存在的一些误会。经过一系列的外交活动,5月16日肯尼迪和苏联驻美大使在华盛顿确定了会议的时间和地点。对此,西欧国家中有着不同的反应。英国表示欢迎,但西

---

① 《苏联新闻》1961年1月24日。
② 《纽约时报》1961年1月1日。

德希望在会谈中能顾及它的利益。法国则认为在此时此刻肯尼迪和赫鲁晓夫举行会谈是极不合时宜的。在会谈之前,美苏双方都在利用舆论工具宣传和表白自己的观点和立场。肯尼迪政府表示要坚决保卫自己的利益和地位。苏联则表示美国一定要承认苏联的实力,希望在柏林问题上按照自己的设想和要求达成协议。双方都过高地估计了自己的地位而过于看重了对方的弱点,都想提高自己在会谈中的要价而采取了不甚恰当的举动。赫鲁晓夫认为美国正处于衰退时期,尤其是肯尼迪政府在利用雇佣军入侵古巴遭到惨败后借此压他作出更多的让步。苏联打算在柏林问题上同美国摊牌,决心把西方从柏林挤出去。

1961年6月3—4日,肯尼迪和赫鲁晓夫在维也纳举行会谈。会谈涉及禁止核试验、柏林问题、老挝、古巴、刚果和联合国等问题。禁止核试验和柏林问题是会谈的重点。赫鲁晓夫曾提出有关的备忘录。关于柏林问题,苏联表示希望能同西方达成协议,按苏联的要求签订条约,否则它要和东德单独签约。这样,留给西方国家要做的事就是同东德当局协商有关通往柏林的高速公路、运河和铁路线的使用问题了。赫鲁晓夫强调,苏联和西方国家均撤出柏林,让柏林成为真正的"自由城市"。肯尼迪表示,柏林对美国来说是"头等重要和至关重要的问题",为此美国打算进行"持久和艰苦的斗争"[①]。美国不会因为赫鲁晓夫的威吓而在柏林问题上作出让步、更不会自动撤离柏林,"美国人哪也不想去,就愿意待在他们现在所在的地方"[②]。在柏林问题上,双方唇枪舌剑、互不相让,谈判未有进展。肯尼迪决定在柏林问题上不同赫鲁晓夫搞什么和解,但又不想过分激怒过于自信的赫鲁晓夫而招致不测。因为赫鲁晓夫在会谈中曾扬言,如果美国在柏林问题上把战争强加于人,苏联准备奉陪到底。在裁军和双边关系等其他问题上,彼此也缺乏共同语言。美、苏维也纳会谈没有取得实质性进展。肯尼迪和赫鲁晓夫互相"打量了一下"就各自扬长而去。

第二次柏林危机

1958年10月27日,民主德国领导人乌布利希提出西方国家没有权利留在柏林。这是第二次柏林危机的序幕。11月10日,苏联领导人赫鲁晓夫在莫斯科列宁运动场体育馆举行的欢迎波兰政府代表团的群众大会上声称:"签订波茨坦协定的国家应当放弃占领柏林制度的残余的时候了"。他宣布苏联准备把

---

① 转引自D. C. 瓦特编著:《国际事务概览(1961)》上册,上海译文出版社1988年版,第304页。
② 施莱辛格:《一千天:约翰·菲·肯尼迪在白宫》,第297—298页。

至今仍由苏联机构执行的管理柏林的职权移交给独立自主的德意志民主共和国。11月27日,苏联政府正式照会美、英、法三国政府,建议"把西柏林变成一个独立的政治单位——非军事化的自由城市",它"将可以有自己的政府,可以管理自己的经济、行政和其他事务"。苏联政府的照会强调,美、英、法来往于西柏林和联邦德国之间的现行军事运输制度,可在半年之内保持不变。如果西方三国"不利用上述期限就西柏林地位达成相应的协议,苏联政府将通过同民主德国达成协议的办法来实现既定的措施"。到时,德意志民主共和国将对本国领土、领空完全行使主权。同一天,赫鲁晓夫在记者招待会上称"西柏林已经变成了一个毒瘤。如果不消除这个毒瘤,就会有导致十分不良后果的危险"。赫鲁晓夫说,苏联决定对这个毒瘤"动外科手术","消除柏林被占领状态"。他又强调苏联准备通过正常的"协商的途径来加以消除"。

苏联在柏林问题上的立场是对美国等西方国家的严重挑战,因而引起了它们的强硬反应。战后西方一直把西柏林看作是"自由世界的橱窗"、"铁幕上钻出来的一个小洞"。肯尼迪曾说,如果离开柏林,就要离开德国,如果离开德国,就要离开欧洲。柏林是考验西方国家"意志"和"实力"的最重要的场所。美、英、法把苏联提出的六个月期限看作是最后通牒,是在故意制造新的危机。12月8日举行的北大西洋公约组织外长会议拒绝了苏联关于结束柏林占领制度的建议。西方答复赫鲁晓夫:"既然只有共同赞成才能终止这些协定","苏联最后必须履行它在柏林问题上的各项现存的协定中所承担的义务"。1959年1月10日,苏联再次照会美、英、法等国,提出一项对德和约草案,建议由联邦德国、民主德国和西柏林组成统一的德国。统一的德国在美、苏监督下退出军事联盟,实行"中立化",在此基础上签订对德和约。该建议再次遭西方拒绝。东西方为寻找解决问题的途径和方式,开展了频繁的外交活动。在美、苏两国处于针锋相对状态时,英国首相麦克米伦担当了联系人的角色。麦克米伦对苏进行了为期10天的访问。苏联在柏林问题上有所松动。赫鲁晓夫宣称柏林问题最后解决的期限可以延长一个月、两个月,并宣布苏联在同一个或两个德国签署和平条约之前是不会移交管制机能的。① 麦克米伦还访问了波恩和巴黎,赢得了对早日举行谈判的支持和理解。麦克米伦在访问华盛顿时,两国领导人就四个基本问题展开了争论:召开首脑会议的条件、柏林和东德、欧洲安全、控制核试验。3月16日英、美同意先后于5月和7月举行外长会议和首脑会议,讨

---

① 《苏联新闻》1959年3月6日。

论柏林问题。苏联对此作出积极响应。3月19日,赫鲁晓夫举行记者招待会,表示同意于5月11日举行外长会议,并表明关于柏林问题不存在什么最后通牒问题。赫鲁晓夫同时又警告说,如果西方国家不予合作,苏联将同东德单独签约。为了迎接即将举行的高级首脑会议,华约和北约都举行了外长会议,以协调与统一政策、共同研究对策。1959年4月27日至28日,华约外长会议在波兰首都华沙举行。会议公报一致支持苏联提出的关于对德和约以及关于"由大国同联合国一起保证西柏林自由市"的建议。西方外长4月29日在巴黎举行会议。会议赞同解决德国和柏林问题的"一揽子交易"。它设想德国的重新统一在3年内分阶段完成,主张在东西方之间建立一条监督裁军的狭小地带以及达成一项关于柏林问题的临时协定,其中可能要涉及颁发西方人出入的新的许可证,减少西方驻军,建立联合国代表机构以及东德官员代表苏联等。[①]

美、苏领导人在不断进行着较量,不时发表些带有威胁性的言辞。赫鲁晓夫5月5日宣布,如果西方在日内瓦拒绝苏联的建议,苏将主动提议单独同东德签约。艾森豪威尔则称,如果苏联这样干,美国退出外长会议,并拒绝首脑会议。

东西方外长会议于5月11日在联合国秘书长哈马舍尔德主持下开幕。美国国务卿赫脱于5月14日提出了西方国家的主张,计划分4个阶段来重新统一德国:通过自由选举统一柏林,在德国统一之前仍保留苏联和西方国家在此的驻军;成立全德委员会,由联邦德国25人、民主德国10人组成,讨论两德之间的接触、负责起草选举法;在两年半时间内举行全德自由选举,组成政府;在一条未规定的界线两边建立一个监督军备地带。由自由选举组成的政府签订和约。西方的建议承诺推迟自由选举、建立全德政府,这是一种让步的表示;但西方在关键问题上并未有什么后退,如维持柏林现状、不承认东德政府、坚持统一后的德国加入北约组织。这些是苏联所不能接受的。5月15日,葛罗米柯提出了苏联的方案,重申1月10日的原则和精神。双方的观点和立场严重对立。会议进行两周而毫无进展,后因杜勒斯去世而中断。5月27日是苏联规定的解决柏林问题的最后期限,4国外长飞到华盛顿参加杜勒斯的葬礼。5月29日返回日内瓦后,东西双方都提出了新的建议和主张。苏联放慢了解决柏林问题的速度,宽限了日期。6月9日,苏联提出建立东、西德有同等代表的全德委员会,西方军队可以享有有限的占领权,在柏林再留驻一年,如不能达成协议,苏联再

[①] 《纽约时报》1959年5月3日。

同东德单独签约。① 6月15日,赫脱提出反建议,西方坚持在柏林保留现有实力。双方的分歧依然如故。西方拒不承认东德的合法存在。7月13日,第二轮会议复会。会议要解决的主要问题是:(1)解决柏林问题的期限。苏联曾提出18个月,西方不愿意按苏联规定的时间表讨论问题。(2)解决德国统一的方案。西方国家提议,苏联要保证西方在柏林的权益不受损害,一旦四国会议被破坏,苏联不得采取单方面的行动。7月22日苏联作出答复,在会议期间苏联不会采取这样的行动。1959年5月和7月举行的两阶段外长会议由于双方立场相距太远,未能取得进展。1959年赫鲁晓夫在访美期间同艾森豪威尔达成谅解,同意就柏林问题举行首脑会晤。赫鲁晓夫答应解决柏林问题不以6个月为期限。1960年5月四国首脑会议流产,东西方围绕柏林问题的一切努力与交易宣告失败。

赫鲁晓夫在1961年6月3—4日同肯尼迪的会谈中提出,如果在年底前不能就柏林问题达成协议,苏联就单独同民主德国缔结条约,把对西柏林通道的控制权移交给民主德国,使西柏林成为"自由城市"。肯尼迪予以拒绝。

1961年6月15日,赫鲁晓夫在莫斯科电视广播中称"对德和约的缔结不能再拖延了","必须在这一年内实现"。他警告西方:"谁如果破坏和平,或者越过德意志民主共和国边境,谁就得自己承担这种行动的全部后果"。6月21日,赫鲁晓夫声称,如果西方想炫耀武力、显显本领的话,那就给他们一次机会吧。② 苏联并为此采取了一系列措施:暂停实施裁军计划,增加国防预算,召集高级军事顾问会议,任命新的驻德司令。

在柏林问题上,美国肯尼迪政府采取了针锋相对的政策。早在6月6日,肯尼迪在电视广播中表示美国决心"冒任何危险来维护"在西柏林的权利。6月28日,他在记者招待会上重申美国待在西柏林,东德无权干涉西方盟国进入西柏林的通道。7月25日,肯尼迪宣布,"北约组织的盾牌早就扩大到包括西柏林——我们已经宣布:进攻这个城市将被认为是进攻我们大家","我们不能,也决不允许苏联通过武力把我们赶出柏林"。肯尼迪决定追加国防费用,加强驻德美军的作战能力,改善其战略地位,特别是增加导弹力量。英、法对美国的政策给予坚决支持。

美、苏双方剑拔弩张。此时出现了东德人进入西柏林的高潮,使业已异常紧张的局势更富爆炸性。1961年8月3—5日,华约组织成员国各国党的第一

---

① 《国际事务文件(1959)》,第53—55页。
② 《苏联新闻》1961年6月23日。

书记在莫斯科开会,决定如果西方国家不愿签订对德和约,华约单方面与民主德国签约,把西方赶出西柏林。8月13日,民主德国部队封锁西柏林四周的全部边界并沿边界拉起170公里的铁丝网,筑起了高3.6米的水泥墙,这就是"柏林墙"。西方对此提出了强烈抗议,称这是对占领国地位的破坏。美国向西柏林增援1500名军人。美国副总统约翰逊、国防部长麦克纳马拉相继访问与视察西柏林。东西方都在加紧备战活动,进行军事演习。但西方国家并未采取摧毁柏林墙的举动。这样就避免了直接的军事冲突与战争。同时双方都在寻求外交途径缓解紧张局势。9月21日,美国国务卿腊斯克和苏联外长葛罗米柯举行会谈。10月17日赫鲁晓夫在苏共二十二大的讲话中强调,"对德和约一定要签订,不管西方大国参加也好,不参加也好"。但他又指出,只要西方国家有意解决德国和柏林问题,"签订和约的期限问题将不再是那么重要的。在那种情况下,我们也不坚持和约一定要在1961年12月31日以前签订"。

第二次柏林危机从1958年10月拉开序幕到1961年10月赫鲁晓夫取消签约的最后期限而基本结束,历时3年。在这期间,东西方都曾发布过强硬的声明、采取过相应的措施,都在考验对方的信心和意志力。但是,双方采取了克制态度。柏林危机的结束确定了德国的分裂局面。美国不愿打一场战争来统一德国,苏联也无力按自己的愿望解决这个问题。争斗的双方只好承认现实。在第二次柏林危机中,美、苏学会了如何最大限度地考验对方的忍耐力,形成了双方均能接受的处理危机的"游戏规则",即多给对方一点回旋的余地。

第二节 古巴导弹危机和部分禁止核试验条约

古巴革命胜利后的古美关系

古巴是位于加勒比海上的一个岛国。美西战争后古巴沦为美国的殖民地。1952年巴蒂斯塔军人政权建立,政治和经济上更加依附于美国。古巴人民为争取民族独立与解放进行过顽强英勇的斗争。1953年7月26日,卡斯特罗率领100余青年发动了反对巴蒂斯塔军人独裁统治的武装起义。起义失败,卡斯特罗被捕。1955年卡斯特罗获释后继续从事反独裁统治的革命斗争,建立了"七二六运动"组织。1956年12月,卡斯特罗等进入马埃斯特腊山区,创建游击根据地,开展武装斗争。1959年1月1日,卡斯特罗率部进入哈瓦那,推翻了巴蒂斯塔政权。古巴革命胜利。

古巴新政权的建立受到拉丁美洲国家和人民的欢迎。美国也承认了卡斯特罗政府。1959年4月,卡斯特罗应邀赴美国进行私人访问。卡斯特罗在美国否认他本人和周围的人是共产主义者,表白与共产主义运动毫无关系。他重申古巴对里约条约的义务,不会触动美国在关塔那摩的海军基地,并宣称他是和西方站在一起的。他希望得到美国在政治和经济上的支持,以巩固其政权。但是,卡斯特罗在美国并未得到他所希望的支持和援助。此后,卡斯特罗在国内开始推行激进的社会经济改革措施,例如实行土地改革和以后的国有化运动。这些招来了美国的不满。美国对古巴革命的胜利和采取的激进的改革措施持仇恨和反对的态度。古美关系随即进入紧张对抗状态。美国对古巴革命政府和古巴人民采取了政治孤立、军事包围和经济封锁的侵略政策。

(1)军事封锁。美国在古巴革命胜利后加强了在加勒比海地区的军事存在。1959年1月1—2日,美国在"撤退侨民"的口实下派5艘军舰到古巴海岸显示武力。在美国协助下,古巴原独裁者巴蒂斯塔家族和原独裁政府的政要500余人逃到了美国。10月28日,美国海军部宣布增派1450名海军陆战队员到关塔那摩基地,并在11月4日举行了24小时的军事演习。艾森豪威尔下令出动海空军对古巴进行武力威胁。1961年1月9日,美国派100艘舰艇在加勒比海举行大规模的军事演习。美国对古巴进行军火禁运。美国还警告那些向古巴提供军火的国家。

(2)经济封锁。美国和古巴有着极为密切的经济关系。美国是古巴糖的主要销售市场,而糖则是古巴经济的支柱。1959年6月,古巴决定进行土地改革,美国对此持反对意见。6月11日,美国照会古巴,要求它就土地改革问题同美国"交换意见"。10月16日,美国对古巴进行威胁,如果不停止土地改革,美国就要减少古巴蔗糖向美国市场的出口份额。美国对古巴征用和国有化美国所占有的财产表示极为不满,不时进行威胁。1960年5月27日,美国宣布停止对古巴的一切经济援助。7月5日,美国农业部宣布,停止古巴食糖的进口,取消了95%购买古巴糖的配额。其实早在3月16日的记者招待会上,艾森豪威尔就放风说,"在古巴发生的许多事情危及我们的供应来源⋯⋯为了确保美国能获得它所需要的食糖","美国有权向别人采购"①。10月19日美国正式决定对古巴实行经济封锁,禁止向古巴销售工业设备和其他商品。美国对古巴的经济政策目的在于使古巴屈服于自己的压力。美国的这种政策给古巴的社会和

---

① 艾森豪威尔1960年3月16日讲话。

经济生活带来了严重的困难。

（3）外交孤立。美国害怕古巴革命影响拉丁美洲各国，危及它在这一地区的统治。美国利用美洲国家组织、动员一些国家对古巴进行围攻，进而把古巴孤立于拉丁美洲的政治和经济之外，为美国对古巴的干涉披上合法的外衣。1959年8月12—18日，在智利的圣地亚哥举行美洲国家外长会议，决定扩大泛美和平委员会的权利，准备扩大对古巴的干涉。1960年1月26日艾森豪威尔在记者招待会上攻击古巴反对美国是"国际共产主义运动的阴谋"。《纽约时报》发表文章鼓吹在拉丁美洲的主要问题是"在这个半球孤立"古巴，防止古巴革命的影响"扩大到半球"的其他地区。① 艾森豪威尔政府谋求拉丁美洲"多边集体行动"对付古巴。1961年6月27日，美国向美洲国家组织的美洲国际和平委员会发出备忘录，敦促注意"古巴政府对美国的挑衅行动，这些行动足以增加加勒比海地区的紧张局势"②。8月28日，美洲国家外长会议在哥斯达黎加的圣约瑟举行。会议在古巴代表退场的情况下通过了干涉古巴内部事务的宣言。宣言"谴责""一个外大陆的强国对美洲共和国事务的干涉或干涉的威胁"；称任何美洲国家接受这种干涉"都将危害美洲的团结与安全，因此美洲国家组织将义不容辞地表示反对，并以相等的力量予以抵制"。1961年1月3日，美国宣布同古巴断绝外交关系。

（4）策动暗杀阴谋和组织武装入侵。美国对古巴的存在是极端仇视的，千方百计要将其置于死地而后快。古巴革命初期，美国曾策动对卡斯特罗的暗杀阴谋，但未能得逞。据美国参议院间谍机关活动特别委员会的一份报告称，1960—1965年"我们至少发现了8起中央情报局打算谋害菲德尔·卡斯特罗的阴谋的具体证明"③。美国收买古巴流亡分子准备入侵。1960年下半年，美国加紧了武装侵略古巴的准备工作：在邻近古巴的佛罗里达州的迈阿密等地建立雇佣兵营，并在加勒比的一些国家如危地马拉、尼加拉瓜、波多黎各等为雇佣兵建立军事基地加紧进行军事训练。美国政府出资公开招募在美国的古巴流亡分子，并不时派遣这些人潜入古巴进行破坏活动。

美国之所以对古巴革命政权采取如此政策，主要是出于政治和经济利益的考虑。首先，古巴革命的胜利打破了美国在拉丁美洲的一统天下，而且还要波

---

① 《纽约时报》1960年2月18日。
② 《美国国务院公报》1960年7月18日。
③ 《新时代》（苏联）1975年第49期，第15—16页。

及美国在整个后院的统治。自1823年门罗主义出笼以来,美国一直把拉丁美洲看作是自己的统治范围,任何国家和势力均不得染指。古巴革命的胜利则向美国的统治提出了严重的现实挑战。卡斯特罗在1961年4月曾说,"古巴革命冲破了帝国主义压迫拉丁美洲的锁链","它标志着历史性的转折,在这里开创了革命运动的新阶段"。其次,古巴政府的改革措施损害了美国在这个岛国的经济利益。革命胜利前,美国控制了古巴所有存款的25%、制糖业的40%、采矿业的90%、牧场的90%以及几乎全部炼油业。古巴顶住了美国在各方面的压力,坚定地推行自己的社会经济政策,粉碎了美国扼杀革命政权的阴谋。

美国对古巴的政策为苏联进入拉丁美洲提供了方便。卡斯特罗在美国遭到冷遇后,尤其是在美国对古巴采取政治恫吓、经济压力和组织颠覆活动等一系列敌视政策后,转向了苏联。1960年2月4—13日,苏联部长会议第一副主席米高扬访问古巴,签订了贸易协定,并向古巴提供1亿美元的贷款,年息为2.5%。苏联还答应提供技术援助。5月8日,苏联同古巴恢复了外交关系。这对古巴打破美国的外交孤立具有重要意义。7月9日,赫鲁晓夫表示苏联将向古巴购买所有美国不愿买的食糖,支持古巴反对经济封锁的斗争。赫鲁晓夫还表示"五角大楼的侵略部队胆敢发动对古巴的干涉","苏联的炮兵就能用火箭炮支援古巴人民"①。

古巴政府和人民对美国在军事、政治和经济等各方面的粗暴干涉进行了坚决的斗争与反击。古巴利用联合国对美国进行揭露,要求安理会讨论美国对古巴的干涉以及所造成的国际紧张局势。古巴人民积极行动支持政府所采取的政策。为了对付美国可能的侵略,古巴组织了百万民兵,加强军事训练。卡斯特罗说:"英勇的古巴人民决不允许别人夺取他们的胜利果实。古巴人民终于做了自己命运的主人,已经没有任何人阻挡住他们了,威胁只能增加他们的力量。人民在威胁面前成长着;古巴人民的革命更加坚定了。"②古巴革命政府坚定推行社会政治经济改革政策:进行土地改革,1959年底土地改革委员会已接管了575个大庄园。1960年为土地改革年。废除美国公司的一切租让权和限制美国资本,接管了美国钢铁等企业所霸占的土地;注意发展多种经济,发展民族工业和对外贸易。1960年9月2日,卡斯特罗在哈瓦那群众大会上当众撕毁圣约瑟宣言,并针锋相对地提出了哈瓦那宣言,强烈谴责帝国主义、殖民主义和

---

① 《苏联新闻》1960年7月11日。
② 《人民日报》1960年3月2日。

寡头政治。卡斯特罗表示不管美国和美洲国家组织怎样反对古巴,"我们的人民已经全副武装","决心击败任何试图入侵的敌人"。他强烈谴责美国"攻击"和"打算毁灭古巴"。①

吉隆滩战役

古巴革命政权建立后,美国一直对其进行颠覆活动,经常不断地向古巴炫耀武力,侵犯古巴的领空领海。美国搜罗古巴在美国的流亡分子进行军事训练,准备利用这些雇佣兵直接入侵古巴以图推翻这个年轻的政权,在古巴恢复军事独裁统治。

随着古巴进行激进的社会经济改革的不断深入,美国加紧了对古巴实施外科手术的准备工作。1960年11月底,艾森豪威尔对入侵的准备工作进行了检查,认为如果没有美国海军把雇佣兵护送到古巴海滩并由美国空军进行掩护,武装登陆是不可能取胜的。美国打算进行这种支援。12月2日,艾森豪威尔拨款100万美元,用于招收古巴流亡分子、扩大雇佣兵队伍。肯尼迪则在竞选中就提出对拉丁美洲实行门罗主义,支持古巴在美国的流亡分子和古巴国内的反政府分子。肯尼迪当选总统后,曾同艾森豪威尔进行过两次谈话,专门详尽地讨论了古巴问题。1961年1月7日,美国表示它无意同古巴进行和解,说对这样一个共产主义政权必须推翻。1月20日,肯尼迪在就职演说中指责共产主义代理人"在距离我们海岸仅仅90英里的古巴建立了一个基地"。2月3日,肯尼迪搞出了一个扶植并利用古巴流亡分子的"九点计划",并拨专款400万美元。3月22日,在美国国务院主持下,古巴流亡分子成立了所谓"古巴革命委员会",目标是打回古巴,推翻卡斯特罗政权,恢复原来的统治。在美国的积极支持下,这个组织广泛搜罗人员,加紧军事训练,为入侵古巴做准备。美国政府也在积极谋划对古巴的入侵。随着入侵日期的临近,美国内部出现了一些分歧。有人认为这种举动是"不道德的",在作战战术上也是不可取的。美国的B-26飞机从距离古巴500多英里的一个中美洲国家起飞,迂回飞行6个多小时才能到达古巴,而它的燃料仅够在古巴上空活动45分钟。古巴的空军能作出及时的反应,这样肯定对美国不利。美国中央情报局则认为招收与训练流亡分子是一种义务,要给他们返回本国的机会。为了作出果断决策,4月4日,美国举行国家安全委员会会议,总统、国务卿、国防部长、财政部长、参谋长联席会议主

---

① 转引自《国际事务概览(1960)》,第639页。

席、总统国家安全事务助理以及中央情报局长等参加,专门讨论与研究对古巴采取军事行动的问题。会议围绕在雇佣兵登陆古巴时美国要不要提供直接的军事支援以及如何有效提供这种支援进行了争论。美国参议院外交委员会主席富布赖特持反对意见。次日肯尼迪召集腊斯克、麦克纳马拉和艾伦·杜勒斯开会。最后作出决定:美国军队不得介入;但可由美国的古巴人驾驶 B-26 飞机在登陆前进行两次空袭,其中一次是在入侵前两天,第二次则定于入侵的当天上午。在国家安全委员会开会的前一天,美国国务院发表了一份有关古巴问题的白皮书,无端指责卡斯特罗的政策"破坏古巴自由制度,使国际共产主义在美洲攫取一个基地和桥头堡,以及分裂美洲国家体系",对美国形成了一种"严重和紧迫的挑战"。① 对于美国策动雇佣兵准备武装入侵古巴,卡斯特罗作了严正的谴责。他指出,在美国流亡的反革命分子同美国的国防部有密切的关系,这些人也是美国国务卿的座上客,他们的活动是在美国的支持下进行的。他指责美国在军事上支持他的敌人,并向其他拉美国家递交一份照会,谴责美国炮制和推行消灭古巴的计划。② 卡斯特罗同时抨击了美国对古巴的经济制裁和封锁政策,指出这种政策的目的是迫使古巴向美国的帝国主义政策屈服。这位古巴领导人表示"帝国主义是扼杀不了拉丁美洲一个自由的民族的理想和独立的政府的",尽管美国的侵略与封锁"造成了人民所需要的某些物质的缺乏",但"人民知道这是美国造成的"。古巴人民将忍受物质缺乏所造成的困难,"我们永远不会屈从美国的束缚"③。

  美国不顾古巴的抗议和警告,继续武装入侵的罪恶活动。美国制造舆论,推卸美国支持和参与颠覆古巴政权的罪责。4 月 12 日,肯尼迪在记者招待会上保证美国军队"在任何情况下",决不会插手推翻卡斯特罗政权,也不允许古巴流亡分子从美国出发对古巴发动进攻,竭力把美国同雇佣兵的进攻拉开距离。然而,谎言是不会长久的。4 月 15 日至 21 日的事态表明,肯尼迪的上述表白是地地道道的不攻自破的谎言。4 月 15 日早晨 6 点,一批三架美国 B-26 型轰炸机轰炸了古巴首都哈瓦那和附近地区的几个主要机场。这些飞机有古巴空军的标志,从危地马拉境内起飞,实行轰炸后两架在美国的佛罗里达着陆,另一架降落在牙买加。次日,卡斯特罗发表讲话,谴责它是美国长期以来准备用雇佣兵发动对古巴入侵的前奏,是"一次典型的军事侵略",是"野蛮的法西斯主义和

---

① 美国国务院公共事务局:《古巴》,华盛顿,1961 年 4 月。
② 《纽约时报》1961 年 3 月 1 日。
③ 《人民日报》1961 年 4 月 9 日。

纳粹主义政府所惯用的不宣而战的侵略别的国家的那种类型的袭击"①。4月17日凌晨,美国雇佣兵1200人分乘4艘舰船在美国两艘驱逐舰和飞机的掩护下,在古巴拉斯维利亚斯省南部登陆。这批雇佣兵在古巴登陆后,没有"众多的古巴人民起义者的欢迎",而处于孤立挨打的境地。这次登陆事件在4月19日基本结束。

美国组织的雇佣兵入侵遭到了古巴政府和人民的强烈谴责。4月15日,古巴驻联合国代表对美国的行径提出了指控,要求召开联合国大会,讨论美国对古巴的侵略与威胁。美国常驻联合国代表极力进行辩解,说什么这是古巴空军的叛乱分子所为。在雇佣兵登陆前9个小时,古巴代表在联合国政治委员会斥责美国违反联合国和美洲国家组织宪章的原则,支持和策动入侵古巴。他要求联合国采取"迅速有效的措施制止美国的侵略"。古巴的正义呼声得到了苏联等社会主义国家的响应。古巴人民同仇敌忾击败了雇佣兵的入侵,粉碎了美国颠覆古巴革命政权的阴谋。在这次反入侵的战斗中,古巴革命武装力量击落敌机10架,击沉舰只4艘,击毁坦克5辆,装炮车10辆,60门火箭炮,击毙入侵者82人,俘虏1200人。古巴军民也付出了代价、作出了牺牲,死87人、伤250人。②

美国策动对古巴的入侵遭到了彻底失败,但肯尼迪政府不思反省。4月20日,肯尼迪在美国报纸编辑协会的讲话中称,这次雇佣兵入侵是"古巴爱国者同独裁者进行的一场斗争",也是美国为"反对外来共产主义渗入"所履行的"主要义务"。这位总统从这次失败中得出"在古巴或者世界上其他任何地方的共产主义的力量都是不可低估的"。他说美国在地球的每一个角落都"面临着一种无情的斗争",而"这种斗争远远超过军队的冲突或者甚至核军备的冲突"。③肯尼迪还攻击卡斯特罗政府是"独裁政权",称美国将支持古巴"难民"利用一切可以利用的手段返回本国和支持他们"不断进行的争取自由的斗争"④。

古巴导弹危机

吉隆滩入侵事件后,美古关系继续恶化。美国把古巴看作是苏联在西半球扩张的跳板与基地,变本加厉地推行敌视古巴的政策。1962年1月,美洲国家

---

① 《人民日报》1961年4月17日。
② 卡斯特罗1961年4月23日讲话,《人民日报》1961年4月25日。
③ 《人民日报》1961年4月23日。
④ 《人民日报》1961年4月24日。

外长会议根据美国的建议决定把古巴排除在拉丁美洲国家体系之外。1962年2月3日,白宫发表声明,宣布除了医疗用品和药物,美国对古巴进行全面的禁运。① 3月23日,美国宣布把贸易禁运扩大到从其他国家进口的、包含有古巴原料的许多货物。由于美国的经济禁运与封锁,古巴的经济状况日益恶化。古巴同美国的贸易急剧减少。两国贸易额从1958年的10亿美元下降到1962年前半年的37.8万美元。古巴同其他西方大国的贸易都有类似的情况。

美古关系紧张和破裂后,特别是1961年5月卡斯特罗宣布古巴走社会主义道路后,苏联加紧改善同古巴的关系。苏联从政治、外交和经济上给古巴以支持。苏联从1960年开始向古巴提供援助,到1962年上半年约有8.5亿美元。苏古贸易有大幅度增长,1962年上半年达3.5亿美元。苏联在联合国支持古巴抗议美国侵略行径的各种提案。1962年7月初,古巴国防部长劳尔·卡斯特罗访问苏联,受到了热烈的欢迎。美国认为在这次访问中苏古两国在军事方面进行了合作的探讨。苏联答应向古巴提供军事援助。肯尼迪在8月21日和30日的记者招待会上对此进行了评说。② 美国也曾向苏联驻美大使提出过警告。8月31日,美国从侦察机拍摄的空中照片上看到了古巴开始安装苏联的防空导弹,也看到了运载地对地导弹驶向古巴的苏联船只。9月4日,白宫发表了一纸声明,肯定了报纸所披露的有关苏联对古巴的军事援助、包括设置导弹和约3500名苏联人在这个岛国进行技术服务的报道。对于美国的评论和报道,苏联矢口否认。苏联领导人赫鲁晓夫致函肯尼迪,保证在美国国会中期选举之前不会干任何有损国际关系和两国关系的事情。③ 塔斯社也在9月11日发表声明,否认苏联把进攻性武器运到古巴,因为"苏联有从它本国领土上给予任何酷爱和平的国家以支援的能力"④。此时肯尼迪并不认为苏联向古巴提供的武器业已构成对美国的严重威胁,美国政府没有理由也没有必要采取先发制人的措施。但他强调,只要这种威胁出现或古巴成为苏联进攻西半球的军事基地,美国将会采取断然措施予以坚决反击。⑤ 肯尼迪呈请国会批准在必要时征召后备役军人。美国还力图动用美洲国家组织遏制古巴。在10月3日该组织华盛顿外长会议上与会国达成共识:鉴于苏联企图把古巴变成一个向美洲国家进行共

---

① 《国际事务文件(1962)》第35号。
② 《美国总统公开文件(1962)》,第638—652页。
③ 罗伯特·肯尼迪:《十三天》,伦敦,1964年,第45页。
④ 《国际事务文件(1962)》第44号。
⑤ 参见肯尼迪1962年9月13日在记者招待会上的讲话。

产主义渗透和颠覆西半球民主制度的军事基地,决定"个别地和集体地采取特殊措施","对于运送军火、战争工具和所有企图对古巴共产主义政权具有战略性的装备之行动进行个别和集体的监视工作"。

进入 10 月后,在美国不断有关于苏联在古巴建立中程导弹基地的报道。肯尼迪政府加强了对古巴的空中侦察与监视。10 月 14 日,美国人通过 U-2 飞机掌握了苏联在古巴建筑 6 个中程导弹基地的证据。16 日该材料送到肯尼迪手中。肯尼迪召开紧急国家安全委员会会议,研究对策。会议从 16 日上午 11 点 45 分开始,持续到 20 日下午。参加会议的有肯尼迪、副总统约翰逊、国务卿腊斯克、国防部长麦克纳马拉、参谋长联席会议主席泰勒、中央情报局首脑麦康。此外,还有肯尼迪的弟弟罗伯特·肯尼迪、财政部长道格拉斯·狄龙、总统国家安全事务特别助理邦迪。美国驻苏大使以及国防部、国务院、白宫资深工作人员也参加了会议。以肯尼迪总统为首组成了国家安全委员会执行委员会,全权处理同古巴有关的事项,其关键问题是迫使苏联从古巴撤走中程导弹。该委员会在讨论如何迫使苏联撤走导弹时,先后提出了几种方式以供选择:邦迪和腊斯克主张通过外交途径,或通过葛罗米柯或直接会见赫鲁晓夫,或向联合国提出。肯尼迪对此持否定态度,认为谈判无益于问题的解决,况且苏联在古巴的导弹工程进展神速。美国必须立即作出反应,时间紧迫不允许通过谈判来解决问题。泰勒、狄龙等主张对苏联在古巴的导弹基地实施外科手术,进行空袭加以摧毁。这种方案遭到不少人的反对,认为这是冒险的、不可靠的。人们担心在空袭中不可能全部摧毁苏联在古巴的导弹,残留下来的苏联导弹可能对美国进行报复,它必将给美国带来巨大的损失。同时,美国实施空袭必然要伤害苏联在古巴的技术人员。苏联可能会作出强烈反应,导致毁灭人类的核战争。罗伯特·肯尼迪表示他的哥哥肯尼迪总统不能成为第二个希特勒或重演珍珠港事件。进行空袭以摧毁苏联在古巴的导弹的方案遭到了否决。麦克纳马拉提出进行封锁,不让苏联继续向古巴运送进攻性武器,在对峙中迫使苏联撤出已在古巴的导弹。委员会认为这是一个可进可退、留有回旋余地的方案。封锁成功迫使苏联撤出,避免直接冲突;封锁不果则可考虑采取进一步措施。肯尼迪最后作出抉择:进行封锁。美国政府为此进行积极活动,一方面加强美国在该地区的军事态势,同时争取外交上的支持。

美国政府精心策划的封锁在有条不紊地进行着。10 月 22 日晚上 6 时,腊斯克把封锁的决定通告了苏联驻美大使。6 时 15 分,西方国家驻华盛顿大使得到了来自美国政府的有关封锁的通报。7 时和 7 时 30 分,肯尼迪发表电视讲话。肯尼迪指出,古巴建设的导弹基地和"伊柳辛-28"轰炸机基地可以击中西半球的大多数城市,构成了"对所有美洲国家的和平与安全的明显威胁"。苏联在古巴这种"秘密、迅速和不同寻常的集结"是"出于预谋的挑衅性地、不正当地改变现状的行动",这对美国来说是完全不能接受的。肯尼迪强烈呼吁赫鲁晓夫"停止和取消对世界和平和我们两国稳定关系的这种秘密鲁莽并富有挑衅气味的威胁",要求苏联放弃世界霸权的计划,结束危险的军备竞赛,从古巴撤走导弹,保持克制,"不作出任何扩大或加深目前这场危机的举动";要求美洲国家组织和联合国制止苏联所造成的威胁。

为了实施对古巴的全面封锁,美国组成了一支有90艘船舰的舰队,动用2万名海军。执行封锁任务的美国海军被授权扣留不受检查的船只,不准可疑船只驶往古巴。10月24日,执行任务的舰队在68个空军中队和8艘航空母舰护卫下驶入封锁带。美国还集结了战后以来最庞大的登陆部队。战略空军部队进入战备状态,摆出了一副应付突然事变,对古巴采取行动的架势。美国进攻古巴的准备工作在大张旗鼓地进行着。美国也开展了一系列的外交活动,争取盟国和国际社会的支持。10月23日,美洲国家组织召开会议,美国的封锁政策得到了赞同。美国驻联合国大使史蒂文森请求安理会举行紧急会议,讨论苏联在古巴部署导弹"对于世界和平与安全的危险威胁"。

苏联面对着肯尼迪的封锁和威吓,态度前后发生了巨大变化。苏联开始时态度强硬,把美国的封锁照会当作不可接受的文件退还美国驻苏使馆。10月23日,苏联政府发表声明,警告美国政府"如果轻率玩火应对和平的命运负严重责任"[1]。苏联政府呼吁各国政府和人民"强烈抗议美利坚合众国侵略古巴和别的国家的行径,坚决谴责这些行动并阻止美国政府发动热核战争"[2]。苏联政府指示它的驻联合国代表提出召开安理会讨论美国"违背联合国宪章和威胁和平"的问题。同时,苏联加速在古巴的导弹基地建设。在美国强大攻势的压力下,苏联开始后退,但又提出一些条件进行讨价还价。24日,美国方面被告知,苏联12艘驶往古巴的船只停止了前进。26日,有几艘经过美国海军检查的苏联船只和它所借用的船通过了封锁线。同一天,苏联方面发出信息,如果美国保证不入侵古巴,苏联可以将导弹撤出。美国国务院对此感兴趣。赫鲁晓夫给肯尼迪的私人信件中也提出了类似的主张和建议。[3] 在27—28日的4次交

---

[1] 《消息报》(苏联)1962年10月24日。
[2] 同上。
[3] 罗伯特·肯尼迪:《十三天》,第86—90页。

换信件中,苏美双方进行了讨价还价。27日赫鲁晓夫在给肯尼迪的信件中,重申苏联向古巴提供武器"只是加强防御能力,因为古巴不拥有任何武器"。赫鲁晓夫说美国在苏联的周边国家部署火箭着实使自己感到不安。赫鲁晓夫建议"我们同意从古巴撤出您认为是进攻性的手段。同意实现这点并在联合国宣布这个保证。美国代表要发表声明:美国方面考虑到苏联的安全和焦虑,将从土耳其撤出自己的这种手段";苏联保证在安理会范围内声明尊重土耳其边界的不可侵犯性及其主权、不干涉它们的内政、不进犯土耳其、不让本国领土作为这种侵犯的跳板,并且将制止那些想从苏联的领土以及从土耳其毗邻的其他国家的领土到土耳其进行侵略的人。他强调美国也应该发表类似的声明。肯尼迪于27日就赫鲁晓夫给他的私人信件作出了回答,提出如果苏联在联合国观察和监督下把部署在古巴的武器系统撤出,并保证不再把它们运入古巴,美国同意:"马上取消现在实施的隔离措施";"提供不进攻古巴的保证"。①罗伯特·肯尼迪会见苏驻美大使多勃雷宁,要求苏联在48小时内从古巴撤走导弹,表示"美国不能在威胁的压力下作出撤走在土耳其的导弹的决定",给自己在外交上和西方盟国内部造成不利影响。他告诉这位大使"肯尼迪总统早就急切地想把这些导弹撤出土耳其"。10月28日,赫鲁晓夫在广播讲话中公开答复肯尼迪,苏联政府下令"拆除您称为进攻性武器的武器,并加以包装运回苏联"②。在这封公开信中,赫鲁晓夫重申"苏联政府曾为古巴共和国政府提供经济援助以及武器。因为古巴、古巴人民曾经常受到入侵古巴的不断威胁"。赫鲁晓夫对美国飞机入侵苏联和古巴领空进行了谴责,但表示愿意同肯尼迪交换意见共同缓和国际紧张局势。肯尼迪政府认为在古巴导弹问题的主要目标即迫使苏联撤出导弹、消除对美国的军事威胁已经达到。苏、美双方都采取措施履行自己的承诺。古巴导弹危机成为历史。

　　古巴导弹危机使人类面临着一场热核战争的严重危险。在关系到国家生死存亡的关键时刻,美苏两国领导人表现了克制态度,相互妥协使危机逐步降温。苏联在监督下撤走了"进攻性武器",美国解除了海上封锁,并于1963年4月从土耳其撤走了导弹。在这场核赌博中,赢家首推肯尼迪。他迫使赫鲁晓夫作出让步。赫鲁晓夫在世人面前丢人现眼。他的所作所为有损苏联的大国形象。但此后苏联潜心发展核力量,在短期内赢得了对美国的核均势。在这场危机中,古巴只是苏美进行讨价还价的筹码,它的主权受到了严重损害。

---

① 《人民日报》1962年10月29日。
② 《人民日报》1962年10月30日。

部分禁止核试验条约

美、苏先后爆炸了原子弹和氢弹,引起了世人的普遍关注。于是禁止核试验的建议提了出来。早在1954年4月,印度总理尼赫鲁在给联合国秘书长的信件中提出"对这些实际爆炸取得某种可称为'停试协议'"。10月,缅甸政府也呼吁就"停止一切旨在制造更大和更强的热核武器与原子武器的进一步试验"达成协议。1955年5月10日,苏联在一次关于缔结裁减军备和禁止原子武器的公约中提出"拥有原子武器和氢武器的国家应停止试验这类武器"。美国等西方国家提出了"对核武器的试验加以限制"的主张。① 1956年10月,苏美两国领导人在交换信件中提出了各自的主张,其分歧主要在于如何进行有效的视察与监督:苏联主张缔结一项不受严格监督的禁试协议,而美国强调必须进行有效监督。在1958年联合国大会上,关于禁止核武器试验问题先后有苏联、美国、英国等17国和阿富汗、印度等14国分别提出的提案和决议草案,但均未获得通过。

1957年核试验高潮过后,英国9月23日、美国10月30日、苏联11月3日分别宣布暂停试验。② 1958年10月31日,苏、美、英关于停止核武器试验的会议在日内瓦举行。联合国秘书长的私人代表列席会议。在谈判中,双方同意将核禁试问题脱离普遍裁军而单独进行。这显然是美、英作出的某种让步。但在就地视察方面双方存在分歧,即视察的标准以及当视察符合标准时是否能自动进行。西方提出立即缔结一项禁止在上达50公里的大气层内进行核试验条约的局部禁试的建议遭到了苏联的拒绝。双方就确定一个监督机构的粗略纲要方面取得了某些进展。1959年底,谈判恢复,双方同意制定就地视察的标准。西方在1960年2月提出了在一切能够实施监督环境中,即在大气层、在能加以控制的最高外层空间、在水下和地下的震度在4.75级以上的地方,禁止一切试验的建议。3月苏联提议签署一个条约,规定在大气层、外层空间、水下和地下在震度4.75级的限度内禁止进行试验,并附有停止4.75级限度以下一切试验的停试时限。该建议得到了美、英的赞同。苏、美、英三国谈判的进展得到了联合国大会的肯定。联合国大会以88票对零票、5票弃权通过了奥地利等三国提案的第1577(XV)号决议和83票对零票、11票弃权通过了26国草案,为第1578(XV)号决议。第1578号决议"敦促有关国家作出一切努力,尽速达成

---

① 《联合国与裁军》,商务印书馆1972年版,第229—235页。
② 同上书,第247页。

在适当的国际监督下终止核和热核武器试验的协议","敦促所有与日内瓦谈判有关的国家将其目前的自愿暂停核和热核武器试验一事继续下去,并要求其他各国放弃这类试验"。① 关于禁止核试验谈判的日内瓦会议在 1961 年复会后遇到了新的麻烦。苏联提出应该成立苏联及盟国、美英及盟国、"中立国"三方代表组成的监督机构。苏联对法国 1960 年的核试验表示严重关注,因为它在继续增加北约的核力量,将会导致任何禁试都成为泡影。美、英提出在监督委员会东西方享有同等的权利。核禁试谈判陷于僵局。1961 年 6 月,赫鲁晓夫和肯尼迪会晤于维也纳,打破这一僵局是其中的主要课题。赫鲁晓夫提出在苏联提案基础上达成禁试协议,或把禁试放入全面裁军进程让其自然解决。他还特别强调三人行政会议实施监督。美国则认为苏联的建议无异于以自身的视察取代国际监督,根本是不可取的。禁止核试验谈判受阻,三国分别恢复了核试验。1961 年 8 月 3 日,苏联政府发表声明,鉴于北约所进行的战争准备,苏联有必要恢复自己的核武器的爆炸。9 月 5 日美国批准恢复地下试验,9 月 15 日进行了第一次爆炸。9 月 9 日日内瓦禁试谈判宣布休会。对此,世界各国普遍表示严重关注。联合国大会作出了第 1649(XVI)号决议,"重申在有效监督下达成一项禁止一切核武器试验的协议的紧急必要性",敦促英、美、苏三国"立即重新作出努力"尽早缔结一项关于停止核和热核武器试验的条约。② 苏、美、英三国会谈于 1961 年 11 月 28 日复会。苏联提出了关于停止在大气层、外层空间和水下进行核武器试验的协定草案,规定用一国自己现有的侦察手段对禁试进行监督。英美对缔结一项不受监督的禁试条约表示坚决的反对。会谈于次年 1 月 29 日无限期休会。

  1962 年,苏美在大气层进行了多次核试验。2 月中旬,肯尼迪作出了恢复核试验的决定。肯尼迪 3 月 2 日在一次全国电视广播中公开宣布该项决定。4 月 28 日至 7 月 11 日,美国共进行了 30 次核试验,其中在大气层试验 27 次、地下 2 次、水下 1 次。③ 苏联也于 5 月 17 日宣布进行一系列核试验。在频繁核试验的同时禁试谈判继续进行。3 月 12 日,苏、美、英三国外长在日内瓦举行会议,核禁试是其中的主要议题。苏联表示完全不能接受国际监督和就地视察的核禁试。3 月 4 日,18 国裁军委员会在日内瓦举行会议。21 日,决定成立美、苏、英三国组成的小组委员会,继续探讨核禁试问题。苏联和西方国家在有关

---

① 《联合国与裁军》,商务印书馆 1972 年版,第 260 页。
② 同上书,第 266 页。
③ D. C. 瓦特编著:《国际事务概览(1962)》,第 34 页。

监督问题上仍然不能找到共同点。肯尼迪在 3 月 29 日的记者招待会上称,检查问题已"成为达成有效禁试的中心障碍",美国不能接受一个无监督保障的协定。① 4 月 16 日,巴西、缅甸、埃塞俄比亚、印度、墨西哥、尼日利亚、瑞典和阿联酋 8 国向联合国提出联合备忘录:通过协议建立一种用以连续地观察和进行有效监督的制度;以一国原有的观察站和观察网为基础,并建立一个来自不结盟国家科学家组成的国际委员会进行监督;要求核大国缔结一项禁试条约,马上禁止在大气层、宇宙空间和水下的核试验。苏、美、英表示可以此为继续谈判的基础。8 月 9 日,美国提出一项修正案,继续强调就地视察,但可以酌情减少这种视察的次数和减少监督站的数量,由原来的 180 个减少到 80 个。8 月 27 日,美、英提出了可供选择的两种方案:一个是实施严格监督的全面协议;一个是在 3 个无争论的大气层、外层空间和水下进行禁试的局部条约。苏联反对就地视察的全面条约,但又强调实行全面禁试,包括地下试验,拒绝西方的局部禁试条约。1962 年 11 月 6 日,联合国大会以 75 票赞成、21 票弃权通过了 37 国提案的第 1762A(XVII)号决议和 51 票对 10 票、40 票弃权通过了美、英修正案的第 1762B(XVII)号决议。A 决议"谴责一切核武器试验","要求立即停止这种试验",敦促苏、美、英解决它们之间的分歧"以便在 1963 年 1 月 1 日以前达成停止核试验的协议",如果不能达成上述协议"它们应立即签订一项禁止在大气层、外层空间和水下进行核武器试验的协议"②。由于苏、美、英三国在就地视察问题上的分歧,联大第 1762A 号决议未能实现,寻求核禁试仍然是 1963 年裁军的主要目标。18 国裁军委员会于 2 月 12 日复会后着重寻求一项全面禁试条约,并取得了一系列的进展,达成了不少的共识。苏、美、英则没有达成谅解。苏联虽然同意了就地视察,但严格限制在每年 2—3 次。它始终认为这种就地视察是西方国家获取苏联情报的重要途径,有损国家利益。美、英则主张至少 8—10 次,最后减少到 7 次。苏联主张建立 3 个自动测震站,美国要求建立 7 个。③

古巴导弹危机之后,苏、美在寻求缓和两国关系的途径。1963 年年中,苏、美、英关于禁试谈判出现了转机。5 月 18 日霍姆提供了可供选择的建议:有限度现场视察的全面禁试或无须检查的在大气层禁试。6 月 10 日,美国肯尼迪总统在美国大学发表讲话,要求重新检查美国对苏联的冷战政策,表示在禁止核武器试验方面采取行动。他决定派艾夫里尔·哈里曼到莫斯科开始关于早日

---

① 《美国总统公开文件(1962)》。
② 《联合国与裁军》,第 277 页。
③ 同上书,第 279—280 页。

缔结一项全面禁止核试验协议的谈判。同日，三国宣布这种谈判将于7月中旬在莫斯科举行。此时苏联作出了让步的表示。7月2日，赫鲁晓夫在东柏林的演说中表示，同意缔结在大气层、外层空间和水下实行禁试的有限条约，其实这是1962年8月27日美、英提出的两个方案之一。7月15日在莫斯科开始的谈判中，苏联放弃了部分禁试条约必须有禁止地下核试验的时限要求。这就为签订部分禁试条约扫清了障碍。

部分禁止核试验条约全名为"禁止在大气层、外层空间和水下进行核武器试验条约"。1963年7月25日草签，8月5日由美国国务卿腊斯克、英国外交大臣霍姆和苏联外长葛罗米柯正式在莫斯科签署，联合国秘书长在场。条约的目的是为"尽速达成一项在严格的国际监督下的全面彻底裁军协议"，"谋求永远不继续一切核武器试验爆炸"。条约规定"缔约各方保证在其管辖或控制下的下列任何地方禁止、防止并且不进行任何核武器试验爆炸或其他核爆炸：甲，在大气层，在它的范围以外，包括外层空间或水下，包括领海或公海，或者乙，在任何其他环境中，如果这种爆炸所产生的放射性尘埃出现在其管辖或控制下进行这种爆炸的国家领土范围以外"，"缔约各方还保证不引起、鼓励或以任何方式参加将在上述任何环境进行的或会产生本条第一条所提到的影响的任何地方的任何核武器试验爆炸或任何其他核试验"。该条约向所有国家开放，无限期有效。条约规定："各方如断定与本条内容有关的非常事件危及本国的最高利益，为行使国家主权，有权退出条约"，但要提前3个月把退出的决定通知参加条约的所有国家。条约于1963年10月10日生效。

部分核禁试条约的签订对于减少对人类生存环境的污染是有利的，故得到了世界上绝大多数国家政府的支持。该条约是苏、美在核时代签署的第一个限制军备竞赛的条约，是古巴导弹危机之后两国关系缓和的积极成果。但是条约的签订并未减缓苏、美核竞赛的步伐。苏、美可利用该条约来限制、阻止别的国家发展独立的核力量，而苏、美照样利用地下核试验不断改进其核力量。

第三节　第三次中东战争和葛拉斯堡罗会谈

第三次中东战争

1967年6月5日，以色列对阿拉伯国家发动了第三次中东战争，即中东"六五"战争，亦称"六天战争"。这场战争是美、苏两国在中东地区加紧争夺和阿以矛盾进一步激化的背景下爆发的。它使中东地区的国际关系及其各方的力量对比发生了明显的变化。

第二次中东战争结束以后,美国通过实施"艾森豪威尔主义",逐步取代英、法在中东的地位,并竭力"填补真空"夺取该地区的霸权。

20世纪60年代以来,苏联利用美国陷入越南战争的机会,加紧在中东地区扩展自己的势力,并先后同埃及、叙利亚、伊拉克等国缔结了军援和经援协定,取得了对该地区的武器供应权,也不同程度地打进了这些国家的主要经济部门。美国认为苏联对中东的渗透与扩张,直接威胁了它在该地区的战略利益。

为了维护在中东地区的既得利益,美国加紧推行孤立埃及等阿拉伯国家、排挤苏联势力、全面武装和全力支持以色列的政策。在第三次中东战争爆发前,美国向以色列提供了36亿美元的援助。仅1967年3—5月间,美国就向以色列提供了400多辆坦克、250架新式飞机,并向以空军部队派遣1000多名空军人员,大大增强了以色列的军事实力,迎合和助长了以色列的扩张欲望和野心。第二次中东战争后,以色列一直在加紧进行扩军备战,严重影响了其经济的发展。20世纪60年代中期,以色列经济、社会和政治危机加剧。以色列统治集团想借对阿拉伯国家发动一场战争来摆脱危机。早在1966年11月,以色列就以约以边境地区发生地雷爆炸事件为由炮轰约旦境内的和平村庄。次年4月7日以色列在叙以边境地区出动装甲拖拉机耕种非军事区阿拉伯人的土地。以色列动用大炮、坦克和飞机袭击叙利亚领土,侵犯叙利亚领空。以色列还想通过扩大战争规模,强占更多的阿拉伯国家的土地。以色列蓄意将埃及拖进战场,于1967年5月有意制造了一个泄漏"绝密情报"的阴谋。据所谓"绝密情报"称,以色列在以、叙边境地区集结了11到13个旅的兵力,计划于5月17日向叙利亚发动进攻。埃及总统从苏联方面得知此情报内容后,立即命令埃及部队进入一级战备状态,派兵进驻西奈半岛,并要求"联合国紧急部队"撤出该地区。与此同时,叙利亚政府发表声明,揭露以色列武装进攻叙利亚的阴谋,并作出相应的军事部署。埃、叙的上述政治、外交和军事行动给以色列扩大战争制造了借口。

5月21日,以色列军队在西奈前线集结了5个师的兵力。埃及军队进驻战略要地沙姆沙伊赫。次日,埃及宣布封锁亚喀巴湾。以色列指责埃及的行动构成了对自己安全的威胁。美国对埃及施加压力,说什么如果问题得不到解决,美国将使用武力进行干预。5月30日,埃、叙两国签署共同防御条约。6月1日,以色列组成"战争内阁"。6月4日,以色列在内阁紧急会议上作出了发动突然袭击的部署。

面对上述日趋紧张的局势,苏联担心战争的扩大可能引起苏、美的正面冲突。它建议美、苏两国分别对以色列和埃及的行动加以约束,以缓和紧张局势。美国阳奉阴违,继续支持以色列进行战争准备。5月底,联合国安理会已通过有关决议,要求有关方面采取克制态度,主张通过"国际外交活动"进行危机处理。埃及方面轻信了有关国际保证,放松了警惕,甚至解除了埃军前线部队的最高戒备状态。在此期间,以军已逐步完成了发动突然袭击的各项准备。

1967年6月5日凌晨,以色列出动大批飞机对阿拉伯国家发动大规模的突然袭击,第三次中东战争全面爆发。以军的作战方针是避免几面夹击,实现各个击破,力争速战速决。以色列首先集中兵力攻打埃及,摧毁埃及空军,再出动地面部队大举进攻,最后将战线扩展到约旦和叙利亚等国。在不到3小时内,以色列出动17批飞机,对埃及的开罗、亚历山大、塞得港等十多处重要机场和导弹基地、雷达站等军事要地进行轮番轰炸,炸毁埃及300多架苏制飞机,并使机场变成了一片废墟。当天,叙利亚、约旦也损失飞机74架。接着,以军大举进攻加沙地带和西奈半岛以及约旦河西岸地区,并向伊斯梅利亚和苏伊士城及几个重要港口实行攻击。6月7日,以军占领了整个约旦河西岸地区,包括耶路撒冷城的约旦管辖区。6月8日,以军已侵占从加沙直至沙姆伊沙赫,西奈半岛全部陷落。在丧失大片领土情况下,约旦和埃及分别于7日和8日接受停火。6月9日,以军又向叙利亚发动全面进攻,次日占领了戈兰高地的大片土地,叙利亚被迫接受停火。至此,历时六天的第三次中东战争以阿拉伯国家的失利宣告结束。

第三次中东战争使阿拉伯国家遭受重大损失,造成埃、叙、约三国2万官兵阵亡,3.5万人受伤,6500人被俘,50万阿拉伯人沦为难民。埃、叙、约三国共损失飞机400架,坦克500多辆,以及70%的重型武器装备,仅埃及一国就损失了约10亿美元的军事装备。阿拉伯国家和巴勒斯坦共丧失6.57多万平方公里的土地。以色列采取突然袭击以很小的损失赢得战争的胜利。它在战争中仅丧失20架飞机,60辆坦克,死亡809人。通过这场战争以色列扩大了自己的地盘,大大加强了实力。

阿拉伯国家在第三次中东战争中的失利说明:阿拉伯国家领导人对以色列的立场和态度缺乏足够认识;对苏联始终抱有不切实际的幻想,丧失了应有的警惕,松懈了斗争志气,陷入被动挨打境地;采取消极防御方针,缺乏危机处理能力,对突然袭击缺少应急措施;指挥不力,缺乏协调,彼此孤立作战。

葛拉斯堡罗会谈

1967年6月,苏联部长会议主席柯西金赴纽约参加讨论中东局势的联合国紧急会议。柯西金同美国总统约翰逊于6月23—25日在美国新泽西州的葛拉斯堡罗州立大学校长办公室举行了会谈。这是自1964年赫鲁晓夫下台后,美、苏两国首脑首次举行的会谈,其内容主要涉及中东问题、欧洲问题、防止核扩散问题、反导弹系统及越南问题等。史称"葛拉斯堡罗会谈"。

在中东问题上,美、苏力图把中东不战不和的局面用法律形式固定下来。在会谈中,苏联为挽回其在阿拉伯国家中的声誉,坚持让以色列军队撤回到战前的停火线。美国则力图巩固以色列既得利益和继续占领在战争中掠夺的土地。美国坚决主张维持现状。鉴于美、苏双方的立场和主张的根本对立,这次会谈未能取得任何实质性进展。1967年7月,联合国安理会作出派遣"联合国观察员"进驻苏伊士运河地区"监督"停火的决议。同年11月,联合国安理会又通过了关于解决中东问题的第242号决议。该决议的基本内容是:(1)以色列武装部队撤出在中东"六五战争"中所占领的土地;(2)结束一切好战言论或好战状态。尊重并承认该地区各国的主权、领土完整和政治独立以及它们在安全和得到承认的边界内和平生活的权利。决议进一步重申必须保证该地区国际水道的通航自由;使难民问题得到公正的解决;通过包括建立非军事化地区等措施保证该地区各国领土不受侵犯及政治独立。

在此后一段时间内,美、苏、英、法四国就解决中东问题分别提出了各自的方案和计划。1969年10月、12月及1970年6月,美国国务卿威廉·罗杰斯就解决中东问题提出了一系列建议,即"罗杰斯计划"。其主要内容有:(1)以色列撤至与埃及的国际边界,结束以色列对加沙地带的占领,加沙问题交付谈判解决;(2)保证苏伊士运河和亚喀巴湾的航行自由(以上两项为1969年10月提出);(3)以色列撤至1949年至1967年停战线;(4)耶路撒冷市应是一个统一的城市,它的政治地位应通过有关方面协商解决,约旦和以色列在耶路撒冷的社会、经济和宗教生活中享有平等地位;(5)解决难民问题必须考虑到难民的愿望和该地区各国政府有理由关心的事情。1970年6月,罗杰斯提出了新的建议,重申了联合国安理会第242号决议的要点,并针对埃、以之间正在进行的消耗战,建议埃、以立即停火。1970年埃及等国政府接受了罗杰斯计划。

美、苏在葛拉斯堡罗的会谈中就核不扩散问题达成了某种默契。8月苏、美分别提出了内容完全相同的条约草案。1968年5月,草案提交第22届联合国大会,6月12日联大以压倒多数票通过,7月1日分别在伦敦、莫斯科和华盛顿同时开放签字。该条约的主要内容:(1)有核武器缔约国保证不直接或间接向无核武器国转让核武器或其他核爆炸装置,不协助、不鼓励、不引导非核武器国家制造或以其他方式获取核武器或其他核爆炸装置;(2)无核武器缔约国保证不制造核武器或其他核爆炸装置,不直接或间接接受其他国家的核武器,其和平利用核能活动应接受国际原子能机构的保障监督;(3)缔约国有权不受歧视地参加和平利用核能的国际合作,有核国家应在促进核能和平利用方面做出贡献。

第十一章　西欧、日本对外政策的调整

第一节　欧洲经济共同体的发展及其同美英之间的矛盾

欧洲经济共同体的巩固和发展

20世纪60年代是欧洲经济共同体逐步走向稳定发展的时期。在此期间，它顶住了主要来自美英的强大压力，克服了初创时期的各种困难乃至内部危机，顺利地建成了共同市场，确定了它在国际社会中的重要地位，为它的进一步发展奠定了坚实基础。

欧洲经济共同体在这个时期的主要成就有：

第一，提前实现关税同盟，调整了机构，加强了领导。《罗马条约》对关税同盟规定的三项指标——提前实现。关于取消成员国间的关税和对外实行统一关税率两项，都比规定的期限提前一年半，于1968年6月实现；另一项是关于逐步取消成员国暂时保留的贸易限额，也提前于1967年底全部完成。1968年7月1日，欧洲经济共同体正式宣布建成共同市场。

为了加强集中领导，共同体六国于1965年4月8日签订了《布鲁塞尔条约》，决定于1967年7月1日正式将欧洲煤钢共同体、欧洲原子能共同体和欧洲经济共同体的三套机构合并，统称欧洲共同体（简称"欧共体"）。但三个组织仍各自存在，可以独立的名义活动。欧洲共同体从1967年开始建立总预算，由成员国按国民生产总值比例摊付。

关税同盟的实施，大大密切了成员国间的经济联系，提高了共同体整体的经济实力。首先，它使成员国间相互出口较外来商品具有竞争上的优势。1958—1970年，共同体成员国间的贸易额增加了6倍，而从非成员国的进口仅增加了不到3倍，从而使内部贸易占贸易总额的比重大幅度上升。其次，成员国间拆除关税壁垒，迫使企业必须作出不懈的努力，提高自己的装备水平、技术水平和管理水平，以求在激烈的市场竞争中立于不败之地。因此，自实施关税同盟计划后,共同体各国一直维持着较高水平的固定资本投资,企业的兼并和联合的速度明显加快,企业的规模越来越大,导致共同体国家大垄断企业在资本主义世界最大公司中的数目愈来愈多。再次,共同市场为欧洲跨国公司的迅速发展创造了方便条件。到 20 世纪 60 年代末,共同体里已出现了一批堪与美国跨国公司相抗衡的共同体巨型垄断企业。最后,由于以上原因,促使共同体成员国经济的迅速发展。共同体六国在此期间的平均经济增长率高于美国,更远远高于尚未加入共同体的英国。到 1970 年,六国的国民生产总值已超过苏联,向美国逼近。一些重工业如汽车、水泥等已经超过美苏,钢铁产量接近美苏,出口贸易和黄金外汇储备遥遥领先于这两个超级大国。[1] 至此,欧共体受到人们刮目相看。美国开始公开承认它是世界的五大力量之一,是美国在贸易上的"有力的竞争对手"。原来对它持否定态度的苏联,也开始承认它的存在是"一个客观现实",并要同它建立联系。

第二,共同体从 1962 年开始实行共同农业政策,建立共同农业基金,调节农产品市场,补贴出口,并进行农业结构改革。1968 年 8 月开始实行农产品统一价格,1969 年取消农产品的内部关税,农产品在成员国间自由流通,农业共同市场正式形成。这不仅使在工业品和农产品占有不同优势的成员国间实现了利益均衡,加强了共同体内部的凝聚力,而且极大地调动了农业生产者的积极性,共同体的主要农产品很快出现了供过于求的局面。虽然这反过来又给共同体造成沉重的财政负担,引出了一些困扰共同体的难题,但共同农业政策仍被视为"成员国经济一体化的最高领域",是维系共同体团结的一个重要支柱。

第三,克服了"伏歇方案"和"空椅子"事件两次危机,共同体的体制开始稳定下来。这两次危机实际上在制定《罗马条约》时就潜伏下来了,其核心问题是建设什么样的欧洲。戴高乐不喜欢《罗马条约》中包含的超国家一体化因素,力图以主权国家联盟的思想改造它,而其他五国特别是联邦德国则想利用条约中的这些一体化因素将共同体向欧洲联邦的方向推进;戴高乐企图在六国共同体的基础上建成一个在法国领导下反对美国霸权,同美苏抗衡的西欧集团,而其他共同体国家不相信法国能取代美国对它们的保护,坚持共同体要加强同大西洋联盟的联系;戴高乐主张把英国排斥在外,而几个较小成员国希望英国参加进来平衡法德。这就是这两次危机爆发的根源。

"伏歇方案"危机发生在 20 世纪 60 年代初。戴高乐重新执政后,积极倡导

---

[1] 何春超主编:《国际关系史》下册,第 288 页。

共同体六国建立欧洲政治联盟,实现各国政府间在外交、防务领域的合作。在他的推动下,1961年2月7日,共同体举行了两次首脑会议,讨论建立政治联盟问题,就一般原则性的意见达成一致,并指定法国驻丹麦大使伏歇领导一个特别委员会起草联盟方案。特委会于1961年11月2日提出的第一个"伏歇计划",不提大西洋联盟,有明显的反美排英倾向,一些成员国认为没有反映首脑会议的精神,要求修改。1962年1月18日,又提出经过修改后的第二个"伏歇方案"。哪知这份草案中反美排英的倾向不仅没有改正,反而有所加强,舆论为之哗然。而戴高乐仍认为该草案限制超国家一体化不够明确有力,建议对草案再次进行修改,取消共同体执委会的自治权,缩小欧洲议会的权力,加强部长理事会的职能。双方立场针锋相对,难以调和。经过两个多月的激烈争吵,谈判于4月14日宣告破裂。双方同意暂时把这个问题搁置起来。

"空椅子"事件因法国抵制共同体的活动而得名,是共同体初期发生的一次最严重也是影响最深远的内部危机。20世纪60年代中期,欧洲议会要求扩大对预算的控制权,执委会也建议共同体应当有"独立财源"。显然,实行这两项内容将加强共同体的超国家性质,同法国的主张相抵触。正好,这时法国希望就农业基金的征集问题达成协议。当时的执委会主席、西德人哈尔斯坦企图利用法国的这一要求同法国做交易。他于1965年5月提出一揽子建议,试图以各国在农业基金问题上的让步,换取法国同意欧洲议会和执委会的要求。这一建议遭到法国的强烈反对,它从共同体各机构召回代表以示抗议,抵制共同体活动长达半年之久,最后迫使其他成员国向法国的立场作出让步,于1966年1月29日达成著名的"卢森堡妥协"。其主要内容包括:(1)执委会在向理事会提出建议前,应通过常设代表委员会同成员国政府协商;(2)部长理事会讨论事关成员国切身利益的重大问题时,应在合理的时间内达成使所有成员国都可以采纳的解决办法,未达成协议前不得放弃讨论。这意味着理事会必须实行一致通过原则,任何成员国都拥有否决权。

这两次危机曾把共同体的内部关系搞得很紧张。但通过这两次大辩论,共同体的主权国家联盟的性质基本确定下来,从而出现了一个持续平稳发展的时期。

美国把共同市场视为它向西欧进行经济扩张的严重障碍。为打破共同体的关税壁垒,它连续发动了"狄龙回合"和"肯尼迪回合"。

"狄龙回合"和"肯尼迪回合"

从欧洲经济共同体成立之日起,美国就发现它对美国的离心倾向,并越来越感到它必将成为美国主要的贸易竞争对手。美国开始修改其对欧政策,在贸易问题上,对欧共体施行高压政策。

在美国全球战略中西欧是抗苏的前沿,然而,战后初期的西欧各国满目疮痍,彼此宿怨未除,难以承担如此重任。因此,美国打算对西欧实行以美援促联合的政策。它希望西欧国家在大西洋联盟的范围内联合起来,以增强对抗苏联的能力,也希望西欧在美国的帮助下联合起来形成一个自由贸易区,成为美国的主要海外销售市场。为此,美国在同西欧的经济交往中采取宽容和扶持的态度,不仅不强求西欧国家立即实行自由贸易政策和自由兑换货币,而且同意它们继续保留高关税和对殖民地的贸易优惠措施。同时,又利用西欧国家急需美援的有利时机,施加有力影响,促使它们实行经济、政治联合。美国在实施马歇尔计划时,明确要求以欧洲国家制定共同经济行动纲领作为提供美援的前提[①],促成了西欧16国代表于1947年7月聚集一堂,建立了欧洲政府间经济合作的第一个组织——欧洲经济合作组织。20世纪50年代初,美国人积极支持法国、西德、意大利、比利时、荷兰、卢森堡等六国建立"欧洲煤钢共同体"。甚至当这些国家酝酿在煤钢共同体的基础上筹建欧洲经济共同体的过程中,美国也曾表现出乐于其成的态度。但当它得知《罗马条约》要建立的不是它所希望的自由贸易区,而是一个排他性的共同市场后,态度就变了。它指责欧洲经济共同体旨在建立关税壁垒,"排挤美国"。为了打破共同体的关税壁垒,美国采取了一系列高压措施,致使共同体和美国之间的经贸关系骤然紧张起来。措施之一是发起"贸易战",即以提高从共同体进口的某些商品的关税相要挟,迫使共同体对美国的某些商品降低进口税。仅60年代初期和中期,美欧之间就接连不断地爆发了"地毯战"、"玻璃战"、"人造纤维战"、"冻鸡战"、"酒战"和"小麦战"等等,后来这种贸易战成了美欧关系中的一种经常现象。措施之二是利用关税与贸易总协定进行关税减让谈判,迫使共同体向美国开放市场。美国在60年代上半期,即发动了"狄龙回合"(1960—1962)和"肯尼迪回合"(1964—1967),两次攻势。

"狄龙回合"因美国副国务卿狄龙而得名。在这一回合中,欧洲经济共同体初建不久,羽毛未丰,美国得以压共同体接受了工业品关税采取"对等减让"原则,规定各减20%,美国从中得到了较多的好处。但在降低农产品关税壁垒的问题上,共同体坚持不让步,没有满足美国的要求。

---

① 参见《西欧经济与政治概论》,第189—190页。

接着，美国国会又于1962年通过了《扩大贸易法》，并授权肯尼迪总统就主要出口品的减、免税问题同西欧国家再开谈判，是为有名的"肯尼迪回合"。这次美国政府的胃口比"狄龙回合"大得多。它企图通过这次范围广泛的减税谈判，一举"打破共同市场闭关自守的政策"，让共同市场为美国的商品重新敞开大门。然而，欧洲经济共同体这次的表现也比上次顽强得多，它不再是逆来顺受，而是采取了同美国对攻的姿态。因此，谈判进行得相当激烈。谈判开始后，美国提出了一揽子减税计划，要求谈判双方仍按"对等减让"的原则各自削减工业品关税50%，农产品也应减税。而共同体国家则指出，美国的工业品平均关税率本来就比西欧的高约16.1%，如一律互减50%，共同体六国对外关税会因更加偏低而大大吃亏。因此，共同体针锋相对地提出高关税多减、低关税少减的"削平"方案。双方都坚持己见，互不相让。美国为了向共同体国家施加压力，在谈判期间加剧了"贸易战"，共同体六国仍表现出不妥协的立场，谈判几近破裂。经过三年多的争吵，最后才于1967年5月勉强达成一项5年减税协议。其主要内容是：美国的平均税率比原来削减37%，共同体六国削减35%；削减从1968年1月1日起分期实行，到1972年1月1日完成。在农产品关税问题上，共同体六国仅同意对少数农产品减税，坚决拒绝美国关于共同体保证美国农产品进口数量的要求。这次谈判，共同体六国团结一致，不屈服美国的压力，敢于同美国抗争，并最后迫使美国接受了它提出的关税"削平"的原则，这标志战后美欧不平等关系开始出现转折，美国不再能够轻易地将它的意志强加于西欧盟国了。

美国肯尼迪政府曾鼓励英国申请加入欧洲经济共同体，希望英国从内部对共同体施加影响。然而，英国作了两次努力都未成功，美国的这一希望也落空了。

欧洲自由贸易联盟与英国加入共同体的波折

英国对欧洲经济共同体的态度经历了一个与之对立到请求加入的转变过程，但它在20世纪60年代提出的两次申请都未获成功。

起初，英国对欧洲经济共同体是抱敌视态度的。还在西欧六国酝酿筹组共同市场时，英国政府就赶忙于1956年10月抛出了所谓"G"计划，企图用一个包罗欧洲经济合作组织所有成员国在内的"工业自由贸易区"，把拟议中的六国共同体"化"掉。六国没有听它的那一套，通过了《罗马条约》，决定成立欧洲经济共同体。英国对此极为不满。1958年6月29日，英国首相麦克米伦跑到巴黎对戴高乐大声抗议:"共同市场是大陆(对英国)的封锁,英国不能接受这种封锁。"①六国仍没有理会他的指责,不久又在谈判桌上把英国的"G"计划反掉了。于是,英国联合奥地利、瑞典、丹麦、挪威、瑞士、葡萄牙等国于1960年5月成立了一个七国的"小自由贸易区",即"欧洲自由贸易联盟",与六国共同体唱对台戏。但英国很快就发现,它领导的这个"小自由贸易区"根本不是六国共同体的对手。1961年5月,后来作为英国与共同体谈判首席代表的希思,在下院的一次讲话中,将这两个组织做了一番对比。他指出,六国人口为1.7亿,七国还不到9000万;1960年六国的内部贸易提高了30%,而七国内部贸易才增长了16%。② 他断言,英国面对的是一个"未来必将获得成功"的"一个大集团","在规模上只有美国和苏联可以与之比较,而且随着它的经济力量的增长,它的政治影响也必将增长"。③ 面对这个现实,麦克米伦首相不得不承认,英国"经不起再待在共同市场外面了"。④

1961年8月10日,英国政府正式向共同体提出申请,表示英国将遵照《罗马条约》行事。然而,戴高乐认为,强调同美国保持"特殊关系"的英国,是美国的"特洛伊木马",其"欧洲籍"令人怀疑。让英国参加进来,将会彻底改变共同体的性质。⑤ 联邦德国总理阿登纳也担心英国把英联邦带进共同体,"消化不了"。这时英国正伙同美国搞"多边核力量"计划,更令法国不快。于是,戴高乐于1963年1月20日指示法国代表团,建议暂停对英国参加共同体问题的谈判,谈判就此告吹。

1967年5月11日,英国再次申请参加欧洲经济共同体。这时,法国刚退出北约军事一体化机构不久,法美关系空前紧张,戴高乐对英国继续追随美国搞核禁试条约等活动甚为不满。这次法国不容同英国进行谈判,就在是年12月举行的共同体部长理事会上拒绝了英国的请求。

英国对共同体先倨后恭,这如实地反映了英国地位衰落的过程。战后初期,英国背着大英帝国这个沉重的思想包袱,总觉得它是二战期间美国在西方的主要盟友,是参与安排战后世界秩序的三大国之一,经济实力仅次于美国,是西方的老二。因此它自诩为世界大国,不屑与其他欧洲国家为伍。诚然,丘吉

---

① 《戴高乐传》下册,商务印书馆1978年版,第668页。
② 乔治·哈钦森:《爱德华·希思》,上海人民出版社1973年版,第77页。
③ 爱德华·希思:《旧世界,新前景——英国、欧洲与大西洋联盟》,哈佛大学1967年版,第26页。
④ 《西欧经济与政治概论》,第233页。
⑤ 《戴高乐传》下册,第627、667页。

尔曾是"欧洲合众国"的鼓吹者,但他只是鼓励法国和德国带头在大陆建立"某种联邦欧洲体系",英国则以监护者的身份"跟它们在一起"①,以便使英国既要具有支配欧洲事务的能力,又不受一体化的约束。在他1948年为英国制定的"三环外交"中,"联合的欧洲"被排在英联邦和英美特殊关系之后,也表明了欧洲联合在英国政策中的地位。1952年英国首相艾登更直截了当地宣称,关于英国"加入大陆联邦"的问题,这是"我们从骨髓里都感到不能接受的事","因为英国和它的利益是超出欧洲大陆范围之外的,我们想的是海洋之外的事"②。因此,1950年,法国和荷比卢等国建议采取积极步骤把欧洲委员会发展成为一个政治和经济联盟时,遭到英国的拒绝。后来,它又拒绝加入煤钢共同体和欧洲防务集团。然而,现在它不得不重新考虑其欧洲政策,请求共同体接纳。发生这样大的转变,归根到底是它经济实力和国际地位日趋衰落的结果,具体表现在以下几个方面:

第一,有"病"的英国经济经不起同共同体的竞争。1947年,英国工业产值超过法、德、意三国的总和。然而,战后英国经济走走停停,增长速度远逊于共同市场国家。到了1960年,联邦德国的国民生产总值已超过英国,1965年法国也把英国抛在了后面。③ 这种趋势一直以相当快的速度向前发展,这使英国产生了强烈的危机感。它希望借助共同市场显现出来的强劲活力,医治其经济增长乏力的"英国病",遏制住其经济地位急剧下降的势头。

第二,英国对共同市场的依赖日深,共同市场迅速地取代英联邦成为英国最重要的出口市场。1958—1970年,英国向英联邦的出口占英国出口总额的比重,从37.3%下降到21%,而英国向共同市场同期的出口在英国出口总额所占比重,虽然有关税壁垒的不利因素,仍从13.9%上升到21.8%。④ 英国自然不能忽视其经济重心这种转移趋势。

第三,为了维持"英美特殊关系",需要在欧洲发挥影响。英国一心想同美国攀亲,旨在显示自己的"大国"地位。但美国是个霸权国家,它对伙伴的重视程度,主要视其实力地位和在国际上的影响力。严格来说,美国从来没有把英国看作"平等伙伴"。尽管英国百般巴结它,它对英国旧有势力范围照夺不误。

---

① 丘吉尔:《演讲全集》第8卷,第8481页。转引自陈乐民:《战后西欧国际关系1945—1984》,中国社会科学出版社1987年版,第150—151页。
② 《戴高乐与欧洲》,上海人民出版社1974年版,第46页。
③ 《西欧经济与政治概论》,第233页。
④ 同上书,第234页。

随着英国的经济地位及其在欧洲的影响力下降,美国日渐看轻英国在其全球战略中的作用,它希望看到英国加入共同体,为实现美国提出的"大西洋共同体"设想作贡献。而英国也逐渐明白,它只有在欧洲站稳脚跟,才能在美国那里加强自己的分量。

第二节　法国对美国霸权的挑战

拒绝美国的"多边核力量"计划

垄断核武器,维护核霸主地位,是美国的一项基本国策。戴高乐决心建立法国独立的核力量,作为实行自主外交政策保证的做法,招来了美国的非议。美国担心,法国的这一举措,将导致削弱西方联盟、损害美国领导地位的后果,认为必须予以阻止。于是围绕这个问题,法美之间展开了一场持续多年的尖锐激烈的控制与反控制的斗争。

美国采取的第一个行动是,它于1958年7月2日发布一项新的原子能法案,说美国只向已有"实质性进展的盟国"提供核技术资料。[①] 因为当时只有英国具有这个资格,这明显的是向法国示意,美国不支持它制造核武器。

两天后,美国国务卿杜勒斯前往巴黎游说戴高乐。他对戴高乐说,法国花那么多钱制造核武器,不如向美国买划算。戴高乐回答说,如果美国愿意卖,法国当然愿意买。问题是一旦买过来,这些核武器就必须完完全全、毫无限制地由法国支配。[②] 杜勒斯碰了一个软钉子走了。

1959年9月2日,美国总统艾森豪威尔访法,再次试图说服法国放弃搞自己的核武器。戴高乐同他进行了一场精彩的舌战。艾森豪威尔重提一年前杜勒斯说过的话,表示美国可以向法国转让核机密,但条件是控制权要掌握在美国的手里。戴高乐依然强调,只有由法国自己掌握这些核武器,法国才愿意接受,法国一定要把命运掌握在自己手里。艾森豪威尔又说,搞核武器很费钱,法国没法赶上苏联水平,也就谈不上法国核武器的威慑价值。戴高乐搬出他的"以小慑大"的核威慑理论反驳说,法国只要能够杀死敌人一次的核武器就够了,到那时,敌人即使有10倍的手段也无济于事了。经过这次对话,美国终于

[①]　《纪事》编辑部:《纪事年鉴(1958)》第18卷,兰德·麦克纳利公司1959年,第221页 C1。
[②]　参见《戴高乐传》下册,第628—629页。

明白了,要说服法国放弃制造自己的核武器计划是毫无希望的。①

1960年2月13日,法国第一颗核装置试爆成功,成为准核国家。这时,美国又企图设法把法国"套住"在某种国际核管理体系中。于是,法美又围绕美国提出来的所谓"多边核力量"计划,展开了一场激烈的较量。

1960年11月,肯尼迪当选美国新总统,他决定以"灵活反应战略"取代原来的"大规模报复战略",并据此要求欧美实行分工,即美国承担"全球责任",其他北约成员国则以发展常规武器为主,不搞自己的核武器。为安抚非核盟国,并达到阻止法国建立自己的核力量的目的,他提出由美国向北约提供五艘北极星核潜艇,建立所谓北约"多边核力量"。但这些核威慑力量仍由美国控制,欧洲盟国只是在使用的问题上有发言权和否决权。

肯尼迪是1961年4月10日在北约军事委员会华盛顿会议上,首次公开提出这一新战略建议的。第二天,戴高乐在记者招待会上立即对这一建议作出反应。他强调,"欧洲大陆国家应该有属于它们自己国家防务的权利和义务。一个国家的命运听从于另一个国家的决定和行动是不可容忍的"②。

5月31日,肯尼迪访法,亲自向戴高乐兜售其新战略。戴高乐不同意他提出的"多边核力量"建议,并一针见血地指出,美国把5艘北极星核潜艇交北约使用,那无非是把它们的指挥权,从这个美国将军手里,转移到另一个美国将军手里而已,决定权终归属于美国总统。他明确表示,法国要成为一个核大国的决心是不可改变的。③

此后,法美在这个问题上的争吵更加针锋相对,戴高乐寸步不让。

1962年5月15日,戴高乐在记者招待会上重申,不论发生什么情况,法国都决心成为一个核大国,法国一定要掌握自己的命运,绝不仰仗美国的保护。④隔一天,肯尼迪针对戴高乐的讲话威胁说,只有北约的核威慑才能提供可靠的保护,一个国家单独发展核威慑武器是危险的。因为这等于削弱整个西方联盟的防务。⑤ 接着,美国国防部长发表讲话,他再次强调只有维持一个统一的核威慑力量,并置于"集中领导之下,北约的防务才是可能的"。否则,这些国家将"无异于自杀"。其话锋所向是一目了然的。法国毫不示弱,它通过政府发言人

---

① 参见《戴高乐传》下册,第638—640页。
② 国际问题研究所编:《戴高乐言论集》,世界知识出版社1964年版,第244页。
③ 戴高乐:《希望回忆录》,台北大明王氏出版有限公司1972年版,第276页。
④ 国际问题研究所编:《戴高乐言论集》,世界知识出版社1964年版,第347页。
⑤ 《纪事年鉴(1962)》第22卷,兰德·麦克纳利公司1963年,第215页。

表示,不管美国提出什么样的指责,法国都将照旧执行其核计划。① 双方舌战几乎达到白热化程度。

鉴于法国不肯就范,美国改而采取突破英国,进逼法国的策略。

1962 年 12 月 19—21 日,美英在巴哈马群岛的拿骚举行首脑会议,肯尼迪以向英国提供北极星导弹为诱饵,赢得英方对"多边核力量"计划的支持,并在会议结束时发表的联合公报中,提出了关于建立北约"多边核力量"防务体系的共同倡议,其要点是:(1)建议北约制订一项"多边核力量"计划;(2)英国从美国得到的北极星中程导弹,将成为北约核力量的一部分,置于北约的指挥之下;(3)美国起码向北约提交与英国相等的核力量,接受北约的统一指挥和控制。美英这两部分核威慑力量将包括在北约"多边核力量"计划之内;(4)北约除了有"一个核盾牌"之外,还需要有"一把非核宝剑"。

英国被突破了,肯尼迪又回过头来说服法国。他在从拿骚动身回国前即致函戴高乐,表示美国愿意按与英国同样的条件向法国提供北极星导弹,并要求法国也参加"多边核力量"②。戴高乐没有马上回复,而是于 1963 年 1 月 14 日选择了更具宣传效果的记者招待会的形式,宣布法国拒绝参加"多边核力量"的决定,并无情地揭露了美国搞核垄断的虚伪性。他说,根据美英达成的协议,将组成由美国将军指挥的"多边核力量"。英国交出的是它全部的核武器,而美国只交出"一些"来,它的核武器的"主体"仍处于"多边核力量"之外。法国绝对不会参加这样的"多边核力量"。对美国表示愿意向法国提供北极星导弹的问题,他揶揄地说,法国缺乏发射用的潜艇和核弹头,北极星导弹对它毫无用处;当它有了这些东西时,北极星导弹又过时了。所以法国要继续发展自己的独立核力量。③

法国鲜明的反对态度对盟国产生了不可忽视的影响。英国国内对把英国的核武器交出去本来就有争议。这时,反对派开始大声说话了,并逐渐占了上风。1963 年 5 月 3 日,已经引退的前首相丘吉尔写信给保守党年会,强调英国绝不能放弃自己的核武器,否则,等于把自己的国防交给一个"友好的、但终究是外国"的手里。④ 当年 10 月 1 日,英国政府宣布,英国政府不拟对"多边核力

---

① 参见《纪事年鉴(1962)》第 22 卷,第 215 页。
② 《国际关系史》下册,武汉大学出版社 1983 年版,第 300 页。
③ 《戴高乐言论集》,第 416—417 页。
④ 《纪事年鉴(1963)》第 23 卷,第 415 页 C2。转引自陈乐民:《战后西欧国际关系 1945—1948》,第 212 页。

量"的具体方案承担义务,敲了退堂鼓。① 那些无核国家原本就觉得参加进去出钱而不得实惠,因而热情不高。现在有了法国在前面顶着,他们也乐得采取消极应付的态度。美国人找他们谈,他们口头表示支持,实际上都不说定。因此,尽管美国派出了特使到西欧各国游说,还召开了几次盟国会议进行磋商,希望把"多边核力量"计划落实下来,但均无结果。1963年11月22日,肯尼迪遇刺身亡,这个"多边核力量"计划,也逐渐不了了之。

在法美关系日趋紧张之际,法德之间却在向签订《法德合作条约》的方向发展。

《法德合作条约》

戴高乐的欧洲政策,是以法国和联邦德国的和解和合作为基础,建立"以法国为中心和首领"的西欧集团。联邦德国总理阿登纳也企盼德法和解,以改善德国在欧洲的处境。因为担心美国同苏联暗中交易牺牲德国利益,他希望西欧联合起来,成为能同美苏对话的一种力量。这些出自现实利益的考虑,同戴高乐的欧洲政策有相通之处,成为法德靠拢的契合点。戴高乐上台后,抓紧同阿登纳开展首脑外交,推动两国关系向前发展。

1958年9月14—15日,戴高乐同来访的阿登纳首次会晤。为了造成一种亲密气氛,以示他对这位德国领导人的敬意,戴高乐不是把巴黎而是把他的故乡科隆贝教堂市选为他们的会谈地点。会谈中,双方一致认为,在存在美苏两个超级大国的情况下,不能永远指靠美国,因而,加强法德合作,建立一个统一的欧洲是绝对必要的。戴高乐提出西欧不能成为美国的工具,阿登纳表示同意,但他主张"必须同美国保持团结"。通过这次会谈,相互摸了底,双方都表达了和解的诚意,揭开了法德关系史上新的一页。同年11月26日,戴高乐带着总理和外长对阿登纳进行了回访,旨在显示新的法德友好关系。在这次会谈中,戴高乐对英国提出的关于建立自由贸易区建议的看法,得到了阿登纳的支持,双方一致认为,欧洲经济共同体应停止同英国谈判。② 同时,戴高乐向阿登纳保证,法国不接受赫鲁晓夫的最后通牒,反对对西柏林地位做任何改变,使阿登纳深为感动。这次会谈进一步加强了双方的信任感。阿登纳毫不掩饰他对戴高乐的敬佩,决定将与法国的和解作为西德外交政策的一项坚定原则。从

---

① 《纪事年鉴(1963)》第23卷,第414页D2。转引自陈乐民:《战后西欧国际关系1945—1984》,第212页。

② 《戴高乐传》下册,第635页。

此,他成了与戴高乐关系最密切的一位外国政治家。据统计,仅从 1958 年下半年到 1962 年中,他们两人共会见 15 次,谈话达 100 小时,交换信函 40 件。① 在他们交往过程中,两国间也发生过不愉快的事情,但他们都能以大局为重,尽量不让这些事情影响两国的和解进程。例如,1959 年 3 月 25 日,戴高乐在记者招待会上谈到德国统一问题时,要德国对奥德—尼斯河线以东的边界"不持异议",这同当时西德的政策是相抵触的,阿登纳对此很生气。他致函戴高乐,请他不要再提边界问题,戴高乐从此不再言此事。② 又如,戴高乐对西德在实行共同农业政策时持消极抵制态度很恼火,阿登纳作出决断,向法国让步,使问题最终得到妥善解决。在欧共体会议上,德国一般都照顾法国的立场。因此,在此期间,法德之间的谅解和合作发展比较顺利。阿登纳首先提出缔结《法德合作条约》的建议,立即得到戴高乐的热情支持,条约的准备工作很快就悄悄地开始了。

1962 年 7 月 2—8 日,阿登纳访问法国。戴高乐在爱丽舍宫举行盛大宴会欢迎他。戴高乐在祝酒词中说,"在您光临的时候,我们实际上在庆祝我们两国从过去的世仇变成坚定的朋友这一巨大转变"③,暗示两国签订友好条约的时机已经成熟。

两个月后,即 1962 年 9 月 4—9 日,戴高乐回访西德。他在西德总统举行的欢迎宴会上,着重讲了法德结成联盟的重要意义。他说,法德之所以要结盟,首先因为法德目前都直接或间接受到威胁;其次,在欧洲要建立起自信和巩固的堤坝,除法德合作之外,别无其他基础;第三,要建立整个欧洲即从大西洋到乌拉尔的均衡、和平与发展,关键是西欧要有一个具有活力的、强大的欧洲共同体,这个共同体的轴心就是法德联盟;最后,是为了促进科学、技术、经济、文化进步。④ 他的这个讲话赢得了西德政界和舆论界的普遍好评。

1963 年 1 月 22 日,法德关系终于迎来了高潮。这一天,戴高乐和阿登纳在爱丽舍宫隆重地举行了《法德合作条约》的签订仪式。最使戴高乐感兴趣的是条约中的磋商条款。该条款规定,"在作出任何决定之前,两国政府必须就有关的外交政策的重大问题,首先是共同利益的问题进行磋商,以便尽可能达成类似的决定"。在戴高乐看来,有了这个磋商条款,就可以使法德建立一种特殊伙

---

① 《戴高乐传》下册,第 635 页。
② 《戴高乐言论集》,第 78 页。
③ 同上书,第 365 页。
④ 同上书,第 370 页。

伴关系。这在法美之间正在改革北约、多边核力量和核禁试条约等问题上斗得不可开交的时候,意义尤为重要。

然而,在西德国内有一个强大的大西洋派,他们也非常关注条约中的磋商条款。他们担心该条款会被法国利用来反美排英,为其同西方联盟闹独立的外交政策服务。因此,德国联邦议院辩论《法德合作条约》时,争论十分激烈。最后,在美国暗中授意下,给条约加上了一个重申大西洋观念的序言①,议会才于1963年5月31日通过了这个条约。随后,法国国民议会也于6月14日履行了批准手续,条约于7月2日生效。

德国联邦议院单方面给条约加的"序言",主要阐明该条约"不影响"德国签订的"多边条约的权利和义务",条约必须促进北约组织的"共同防务和军队一体化",还必须"沿着欧共体所开创的道路前进,实现包括英国在内的欧洲的统一"。加上这个序言,条约就失去了原来的意义。当消息传到巴黎时,戴高乐不无伤感地将条约喻之为一个"少女的青春消失了!"②几个月后,阿登纳被迫引退,其继任人艾哈德推行亲大西洋政策,戴高乐谴责西德不按法德条约办事,法德关系由是趋淡。不过,后来这个条约在建立法德轴心、推动欧洲建设等方面,一直发挥着重要的作用。

尽管法德关系出现了一些波折,但戴高乐推行独立自主外交政策的锐气依旧。不久,他在法国退出北约军事一体化组织问题上采取了惊人之举。

退出北约军事一体化组织

戴高乐在1958年9月第一次同阿登纳会见时,就告诉德国客人,法国迟早要退出北约军事一体化组织。③ 可见,退出北约军事一体化组织,实现法国的"国防和外交政策的独立自主",早已是戴高乐的既定方针。但戴高乐不同盟国谈判此事,也不仓促从事,而是把它当作反对美国霸权斗争的一个压力手段使用,既收到充分的宣传效果,又达到稳妥地退出北约军事一体化组织的目的,表现了很强的策略性。全部过程用了整整8年时间。

法国首先把退出北约军事一体化组织问题同改革北约、与美英平等分享领导权的要求联系起来。1958年9月17日,戴高乐给美国总统艾森豪威尔和英国首相麦克米伦各送去一份备忘录,对大西洋联盟的政治战略决策由美英两家

---

① 〔美〕德波特:《欧洲与超级大国》,中国社会科学出版社1986年版,第282页。
② 《戴高乐传》下册,第664页。
③ 同上书,第634页。

共同决定,而把法国排斥在外表示不满。他建议对北约组织进行改革,"由美英法三国组成"三国理事会,负责对所有影响世界安全的政治问题作出共同决定,负责战略计划、特别是使用核武器的战略计划的制订和执行,负责对各相应的军事地区的防务组织实行领导。他要求三国政府对此建议"尽早进行磋商"。他强调,"法国政府认为这样的安全组织是必不可少的。今后,法国参加北大西洋组织的整个发展情况,将以此作为根据"。① 由于他提出的改造北约的要求被普遍视为"不切实际",这最后一句话引起政治评论家们的特别关注。

美英收到备忘录后,进行了紧急磋商,它们一致认为,戴高乐的建议应予拒绝。但它们又担心,如处理不当,戴高乐是能够做出"分裂联盟"这种事来的。因此,它们采取了拖延战术,同戴高乐周旋。10月21日,艾森豪威尔和麦克米伦分别给戴高乐复信,他们一面说明实行他的建议困难很大,一面又表示可以讨论,并建议先由英法驻美大使同美国代表进行磋商。随后他们又陆续提出一些建议同戴讨论,试图以一些安抚性的小让步争取同戴高乐达成妥协,但都无济于事。如1959年9月,艾森豪威尔访法,提出可以建立特别参谋委员会,就北约组织以外的问题进行非正式磋商。戴高乐对这类"非正式磋商"不感兴趣。1959年12月20日,美英法三国首脑在朗布依埃举行会谈。麦克米伦提出搞一种"有限的三头政治的形式"代替建立正式组织,具体形式就是三国代表利用谈工作的午餐会,就政治合作问题交换意见。他解释说,之所以建议采取这种方式,是为了避免刺激西德等其他盟国。这种建议自然更引不起戴高乐的重视。他坚持三头政治形式是三国首脑的不断会晤。

这种捉迷藏式的政治游戏玩到1960年年中,戴高乐决定迫使美英摊牌。他于8月9日致信艾森豪威尔和麦克米伦,建议9月中旬在百慕大举行三国最高级会议,讨论以下四个主要问题:(1) 需要更密切的三国合作;(2) 扩大北约的地理范围;(3) 在联盟内不搞军事一体化;(4) 达成协议的可能性。② 艾森豪威尔看信后很恼火,回复了一封长信,信中提出一长串问题质疑戴高乐,并表示对"法国今天的基本哲学"不能理解。关于首脑会议问题,艾森豪威尔原本要拒绝的,经麦克米伦劝说,才勉强表示"原则上"同意。关于时间和地点,他建议改在他离任前的12月在华盛顿举行。这等于是变相拒绝戴高乐的提议。③

----

① 《戴高乐传》下册,第630—631页。
② 同上书,第646—648页。
③ 同上。

戴高乐见信后,感到要改变美国人的观点"希望渺茫"[1],他只用了寥寥数语作了回复,根本不再提及三国首脑会议的问题。不久,艾森豪威尔总统两届期满离任,美英法关于"三头政治"的讨论也随之进入尾声。

戴高乐对这种讨论从未抱什么幻想。他参加这场游戏的目的,是为了向国内外暴露美英不愿平等地对待法国,以证明法国最后退出北约军事一体化组织是有道理的。因此,法国在此期间加强了舆论宣传,反复强调法国忠实于联盟,但联盟的防务一体化组织形式已经过时,它使法国和其他欧洲盟国成了美国的附庸,必须改变这种状况。同时,它又以各种借口,陆续地采取了一些从北约撤离的措施。如1959年3月,法国宣布撤回受北约控制的法国地中海舰队;同年6月和7月,法国拒绝在本国领土上储存美国核武器,并把美国的战斗轰炸机赶出了法国;1960年5月,法国拒绝把军事航空纳入北约的空防体系。

1961年肯尼迪就任美国总统,法美之间围绕"多边核力量"计划和美苏英三国禁试条约的斗争愈演愈烈,法国退出北约军事一体化组织的步伐进一步加快。1963年1月,法国拒绝把从阿尔及利亚遣返的部队置于北约一体化司令部管辖之下;同年6月,法国大西洋舰队从北约撤出;1965年5月,法国拒绝参加北约举行的军事演习。

1965年9月9日,戴高乐在记者招待会上就国内外政策发表长篇讲话,首次示意法国可能"最迟在1969年"退出北约。[2] 1966年2月21日,他在记者招待会上再次示意法国将从北约军事一体化组织撤出。他说,联盟"对法国的安全是有用的",但是法国再也不能接受成为"美国保护国"的地位。法国将采取措施恢复其主权,使法国所属的"土地、天空、海洋和武装力量"都仅仅接受法国的管辖。他强调,这并不是法国同北约实行"决裂",而是对变化了的形势的"一种必要的适应"。[3] 经过这两次宣示,他认为时机已经成熟,遂于这年3月9日写信给美国总统约翰逊及其他西方国家领导人,宣布法国暂时保留联盟成员国身份,同时逐步退出北约军事一体化组织;法国驻西德的各个部队仍然留在那里,但不再属于北约组织;所有法国军官和参谋人员将从联合总部撤出,一切外国司令部以及外国的军队、装置和基地必须于1967年4月1日以前迁离法国。[4]

---

[1] 参见《戴高乐传》下册,第646—648页。
[2] 同上书,第689页。
[3] 同上书,第690—691页。
[4] 同上。

法国的这一举措轰动了世界,在西方引起了轩然大波,美国的反应尤为强烈。它一面对法国施行高压,扬言要对法国进行报复,要收回法国驻西德军队所使用的核弹头,不让法国使用北约的雷达警报网,还要法国为北约在法国的军事设施支付迁移费;一面试图采取拖延策略,要求将美军及其军事设施撤离法国的期限延长一年,以期法国政情在此期间发生变化。戴高乐对这一切不予理睬,坚持不同美国讨价还价。美国无可奈何,只得按法国规定的限期,从法国撤走了美军及其军事设施。

接着,戴高乐又在美国最感痛楚之处采取了行动:宣布同中华人民共和国建交。

中 法 建 交

二战结束后,在第四共和国时期,法国各届政府都追随美国,敌视中华人民共和国,与台湾蒋介石保持外交关系。

1958 年戴高乐重新执政后,需要集中精力组建西欧集团,处理与大西洋联盟关系和法属殖民地的民族解放斗争等紧迫问题,在对华政策上,他暂时沿袭了前政权的错误政策,经常把中国与苏联扩张主义相提并论,攻击中国支持阿尔及利亚民族解放运动,吹捧蒋介石的"功劳"。但戴高乐毕竟是个现实主义的资产阶级政治家。他认为,决定国家之间关系的是国家利益,而不是意识形态。[①] 在他思考法国的全球战略时,自然不能无视中国的存在。事实上,他早就在注意观察中国,并得出相应的结论:

(1) 自中华人民共和国成立以来,"几乎整个中国都集合在中国政府之下,它是一个独立主权国家"[②]。

(2) 中国是亚洲的一个强大因素。在亚洲发生的"任何一个政治现实情况,都不会不关系到中国,涉及中国","撇开中国"就不能办成任何大事。法国想重返东南亚,倡导东南亚地区中立化,避开中国它就无法实现这些目标,法国"必须直接听到中国的声音"。[③]

(3) 中国也是一支不可忽视的国际力量。20 世纪 50 年代末,戴高乐就敏锐地觉察到,苏联和中国的关系正在恶化,北大西洋公约组织内部也出现裂痕,国际关系的格局正在发生重大变化。他认为,当今的世界不再是两极而是五

---

① 参见《戴高乐传》下册,第 677 页。
② 《戴高乐言论集》,第 494—495 页。
③ 同上。

极：美洲、欧洲、苏联世界、中国世界以及其余部分的第五世界。① 法国和中国在反对两个超级大国的霸权主义的问题上是有共同语言的。

正是基于这些现实利益的考虑，他执政不久就开始重新审订对华政策，希望改善法中关系。大致从 20 世纪 60 年代初开始，法国在制造"两个中国"的政策上有所收敛，去台湾活动的政府官员逐渐减少，并支持中国在联合国的合法权利，经常在一些国际会议上主动提出蒋介石集团不能代表中国的积极建议。对此，中国是欢迎的，并作出了积极回应。两国关系首先在气氛上有了明显的改善。但法国内部在法中建交的问题上存在分歧，主要是有一派人主张，中国先停止对阿尔及利亚人民正义斗争的支持，再同中国建交。中国是个讲原则的国家，这种无理的要求中国是决不会接受的。

1962 年 2 月，法国同阿尔及利亚签署了《埃维昂协议》，结束了阿尔及利亚战争，从而也为同中国发展关系扫清了道路。这时，美法之间控制与反控制的斗争已全面展开，美苏为阻止法国和中国等国家掌握核武器，维护它们的核垄断地位加紧勾结。戴高乐为打开外交局面，在国际上组织第三势力，开始把目光转向中国。

1963 年 10 月底，戴高乐派法国参议员、前总理埃德加·富尔携带他的一封亲笔信到中国进行半官方的了解情况的"旅行"，受到中方的热情接待。周恩来总理和毛泽东主席都会见了他，并同他进行了友好的谈话，使他"深受鼓舞"。通过这些接触，双方发现它们在一些重大的国际问题上有着一致或相近的立场。周恩来总理谈到中法之间的共同点时说："莫斯科三国部分禁止核试验条约，你们没有签字，我们也反对。""因为我们有共同性，我们都要维护自己的独立和主权，不愿受任何外国的干涉和侵犯，我们都赞成在国际上应该维护世界和平，不允许几个大国垄断世界事务"，"只有世界所有国家取得平等地位，大家都有权过问世界事务，才能真正达成协议，才能真正维护世界和平"。② 富尔同意周恩来的看法，两人都认为中法建交的时机已经成熟。

富尔回国后，他把在中国得到的"深刻印象"和中国领导人的意图向戴高乐做了汇报。当戴高乐知道中国领导人也有同法国建立外交关系的愿望后，立即派代表与中国谈判。谈判结果：法国政府承认中华人民共和国政府是代表中国人民的唯一合法政府，中国方面则同意法方提出的关于建交的具体步骤。

1964 年 1 月，戴高乐总统正式宣布与台湾断绝外交关系。同月 27 日，两国

---

① 《国际关系史》下册，武汉大学出版社 1983 年版，第 303 页。
② 《周恩来外交文选》，第 360—361 页。

政府同时公布关于中法两国建立外交关系的联合公报,宣布法国和中国正式建立外交关系,并互派大使。

中法建交是一个影响深远的重大国际事件。它对美帝国主义是一个沉重打击。它打破了美国长期以来孤立中国、制造"一中一台"和"两个中国"的阴谋。同时,正如一些西方人士评论的那样,它也"打击了以1963年禁止核试验条约为象征的莫斯科—华盛顿轴心"。中法建交公报公布后,美国甚感震惊,但又无可奈何,只好由美国国务卿发表了一个声明表示"遗憾"。而戴高乐则于1964年1月31日举行记者招待会非常自信地说:法国承认中国只不过如实地承认世界,他相信目前某些国家的政府迟早会仿效法国,[①]后来的事态发展证明,他的话是对的,他的确是一个有远见的政治家。

戴高乐于1969年4月辞任后,曾有意访问中国,会晤毛泽东主席,毛主席也期待同他会见。正在双方顺利商洽过程中,1970年11月10日突然传出戴高乐将军逝世的消息,这使"两个伟人的历史性会见"永远实现不了了。直到很久之后,一些国际人士在谈及此事时都深表惋惜。

第三节 联邦德国的"新东方政策"

哈尔斯坦主义

联邦德国从1949年成立伊始,就推行一条坚决向西方一边倒的对外政策。阿登纳政府一方面因接受美、英、法三个西方大国的扶植而不得不倒向西方一边,另一方面也指望借这种扶植逐渐恢复和壮大自己的力量,最后凭借实力达到重新统一德国、恢复1937年时德意志帝国版图的目标。

与倒向西方的政策相适应,阿登纳政府对东边的苏联和东欧各社会主义国家采取敌对政策。在冷战的气氛中,联邦德国不仅与美国为首的西方资本主义国家保持高度一致,反对社会主义国家,而且从自身的特殊利益出发,坚决不承认1949年同时成立的民主德国为一个独立国家,贬称其为"苏占区"或"德国的东半区"或"所谓的德意志民主共和国",宣称联邦德国是全德国的唯一合法代表。阿登纳政府对战后形成的民主德国与波兰之间的奥得—尼斯河边界也拒不承认,声明绝不接受苏联和波兰把奥得—尼斯河以东的德国领土从德

---

① 《戴高乐言论集》,第495页。

国分离出去。

阿登纳的这种对外政策有一个至为重要的前提,即分别以苏联和美国为首的东西方之间的紧张对峙。这种对峙越尖锐、越激烈,联邦德国在西方阵营中的地位就越被看重,它的有关单独代表德国和重新统一德国等要求,也就能可靠地得到西方盟国的支持。反之,一旦东西方之间的紧张对峙局面出现松动和缓和,联邦德国的切身利益就难望得到保证。

1953年斯大林去世,苏联的政治重心转向国内,由斯大林一贯推行的对西方强硬的外交路线和缓下来。新任部长会议主席马林科夫在斯大林死后10天发表的外交政策声明中用温和的语调向西方国家示意:"目前,没有什么问题不能在互相协商的基础上通过和平途径来解决。"①

西方国家希望斯大林身后的苏联发生和平演变,对苏联也作出一些积极的姿态。1953年4月16日,美国新任总统艾森豪威尔发表演说谈到,如若苏联新领导用一些行动来表明他们愿意同西方达成谅解,美国将作出响应。5月11日,曾发表过富尔敦反共演说的英国首相丘吉尔在下院说,苏联的形势已发生变化,他建议以一种新的洛迦诺条约的方式使苏联的安全要求得到满足,即签订一项条约,规定,如苏联侵略德国,西方大国就援助德国,如德国侵略苏联,西方大国就支援苏联。

在这种背景下,1955年7月18日,苏、美、英、法四国首脑在日内瓦举行自1945年波茨坦会议以来第一次首脑会议。会上,四国首脑一扫过去十年间冷战的阴霾,他们频频微笑,语气温和,彬彬有礼,极力向对方作出友好的姿态,英国首相艾登在会上代表西方三国先提出一项计划,该计划要求,四大国和统一的德国共同签订一个安全条约,今后如某一缔约国侵略另一缔约国,其他缔约国家即向被侵略国提供援助。随后,艾登在7月21日又提出一个计划,要求在欧洲东西方之间设立一个军备视察区,由双方派员组成联合视察队在该地区视察。这个视察区的范围则应在两个德国之间的边界两侧。艾登指出,在这样建立起来的视察区内,可以创造出一种互相信任的精神来,而这种精神将是全面解决问题的首要条件。

这次日内瓦首脑会议,以标志四国亲善关系的"日内瓦精神"而著称于世。但阿登纳对此会议十分不满,他不满意西方三大国对苏联表示的亲热态度,更不满意艾登提出的关于建立视察区的计划。他认为,这一计划放弃了德国重新

---

① 联邦德国联邦议会编:《凯辛当代档案》(1956年后改称《当代档案》),苏黎世—维也纳出版社1953年版,第3909页。

统一与欧洲安全之间的联系,并赋予了两个德国间的边界以正式国界的性质,因而实质上将导致德国分裂固定化。日内瓦会议结束后,阿登纳旋即在8月9日写信给美国国务卿杜勒斯说:"人们认为俄国在日内瓦已被盎格鲁撒克逊大国看成是恢复了声誉的国家。其结果是,人们认为盎格鲁撒克逊大国正在牺牲德国的事。"①

为了避免西方大国背着德国,同苏联搞牺牲德国利益的越顶外交,阿登纳接受了苏联方面在1955年6月7日发来的邀请,于同年9月8日到苏联进行访问,第一次同苏联举行正式谈判。

通过谈判,双方达成妥协:苏联释放9626名德国战俘,两国建立外交关系。

联邦德国同苏联建立外交关系固然为联邦德国疏通了同苏联接触的渠道,使自己不必再一味仰承西方三国鼻息,靠西方国家同苏联进行联系。但同苏联建交,开了在一个国家有两个德国大使馆的先例,使阿登纳政府的"单独代表德国要求"以及不承认民主德国的立场在法律上难圆其说。

在随同阿登纳访问苏联的代表团中,有一位叫威廉·格雷韦的成员,此人精于国际法,在外交部任政治司司长。在从莫斯科返回联邦德国的航行途中,格雷韦就在考虑同苏联建交后产生的一些法律性后果了。他在飞机上写下了一些想法,就商于他的上司——外交部国务秘书瓦尔特·哈尔斯坦,哈尔斯坦让他回国后立即在政治司范围内研究这些问题。回国后,格雷韦写出一份报告。根据这份报告,阿登纳在9月22日向联邦议院做关于莫斯科之行的报告时说:同苏联建交是一种特殊的例外,因为苏联是四大战胜国之一,对德国的统一负有责任,所以,同苏联建交是必要的,而"对于第三国,我们在有关所谓德意志民主共和国的问题上仍然坚持我们原来的立场,我必须毫不含糊地指出,联邦政府今后也将把同它保持正式关系的第三国同德意志民主共和国建交看作是一种不友好行动,因为这种行动会加深德国的分裂"②。

在这以后,联邦德国外交部一位发言人发表声明说,联邦德国将同所有与民主德国建交的国家断交,出于这种原因,它也不同东方集团的国家建交,苏联作为四个占领国之一是例外。格雷韦认为,这一提法使断交成为一种自动的、不可避免的制裁行动,将会限制联邦德国今后采取外交措施的余地。于是,他请外交部长授权他在电台以接受采访形式于12月11日发表了一个广播讲话,他说道:

---

① 阿登纳:《阿登纳回忆录》第2卷,第567页。
② 威廉·格雷韦:《西德外交风云纪实》,世界知识出版社1984年版,第231页。

十分清楚的是，——我们经常充分明确地表明了这一点——，加深同潘考夫①的关系对我们来说是一种不友好行动。对其他国家的不友好行动可以用分阶段的措施作出反应，可以先把大使召回述职，或者把使团级别降格。总之，在断绝外交关系之前有一系列措施可以采取。……但同样很清楚的是，这整个问题对我们来说确实是一个极其严重的问题，一旦在第三国出现双重代表的问题，我们很可能别无他法，只好从中得出十分严重的结论。②

格雷韦的这一广播讲话，后来便被人称作"哈尔斯坦、格雷韦主义"。以后在流传中，人们简单地以"哈尔斯坦主义"称之。

哈尔斯坦主义是阿登纳政府不承认民主德国、孤立民主德国的产物，也可以说是阿登纳对外政策的合乎逻辑发展的结果。联邦德国在1957年和1963年先后运用哈尔斯坦主义同南斯拉夫和古巴断绝了外交关系。然而，以后的事实表明，哈尔斯坦主义实际上更多地束缚了联邦德国自己的外交活动能力，反使自己被孤立起来。1965年，联邦德国针对埃及邀请民主德国国务委员会主席乌布利希访问埃及一事再次运用哈尔斯坦主义，试图阻止这次访问，但结果却招致十个阿拉伯国家同联邦德国断交。有鉴于此，1969年5月，当柬埔寨同民主德国建交时，联邦德国只是把它同柬埔寨的关系冻结起来，没有采取断交措施。而在此之前，联邦德国已先后在1967年和1968年同南斯拉夫复交和同罗马尼亚建交，表明它实际上已抛弃了哈尔斯坦主义。

"新东方政策"的形成

第二次柏林危机之后，美、苏两国在相互争夺的基础上谋求缓和关系的势头越来越明显。继1962年美、苏在剑拔弩张而最终偃旗息鼓的古巴导弹事件之后，美国又在1963年拉拢英国同苏联签订了部分禁止核试验条约。这一条约是美苏寻求在世界事务中进行合作、由美苏两家说了算的最明显的例证。法国则打起"缓和、谅解、合作"的大旗，积极为实现其"从大西洋到乌拉尔"的设想而缓和同苏联及东欧国家的关系。

联邦德国却游离在这种缓和之外，阿登纳下台后的艾哈德政府和基辛格政府虽也想改变阿登纳时期的僵硬的东方政策并在一定程度上松动了同东欧国

---

① 潘考夫（Pankow）系民主德国政府所在地区，联邦德国常以潘考夫喻称民主德国。
② 联邦德国外交部编：《德意志联邦共和国外交政策》，1972年，第314、315页。

家的关系,但在承认战后边界现状,即承认奥得—尼斯河边界以及承认民主德国的关键问题上始终拒不让步。到20世纪60年代后期,联邦德国这种在东方政策上的抱残守缺使自己在国际上陷入十分孤立的境地。为了适应变化了的国际形势,联邦德国必须在东方政策上作出根本性的转变,而这种转变靠因循守旧的联盟党显然难以作出,它必须由联邦德国的其他政治力量来实现。

以柏林墙事件为起点,联邦德国的两大政党——社会民主党和自由民主党开始考虑对阿登纳迄今推行的东方政策进行调整和改革。

德国社会民主党在1966年以前一直居于反对党地位。20世纪50年代初期和中期,它几乎在所有关于对外政策的问题上同阿登纳政府发生对抗。1959年,该党以哥德斯堡党代表大会制定的哥德斯堡纲领为契机,开始向阿登纳政府的对外政策靠拢。但1961年的柏林墙事件促使德国社会民主党对联邦德国的对外政策进行新的思考,其先驱人物是勃兰特及其助手埃贡·巴尔。

勃兰特作为西柏林市长对柏林墙事件所显示出来的问题及其产生的影响有着比一般人深刻得多的认识和感受。他认识到,美、苏两个大国既能对抗,也能取得一致,它们之间有一种尊重彼此势力范围的默契。这种默契不仅存在于杜勒斯、肯尼迪与赫鲁晓夫之间,而且也将存在于他们的继承人之间。勃兰特从西方盟国的态度中看到,柏林墙不能用武力推翻,因此只能寄希望于"渐变"。他相信,"历史是运动的,在这过程中,一切都在变"[1]。联邦德国不能一味依赖西方盟国,而只有自己积极主动地去参与这一变化过程并力促对方发生变化,墙才能逐渐打开。而要使对方发生变化,便不能如阿登纳对民主德国采取的政策那样,使两国处于互相隔绝的状态,相反应同对方建立尽可能多的真正的接触和有意义的联系。

1963年7月15日,勃兰特的心腹助手,西柏林市新闻情报局局长埃贡·巴尔在图青市的一次演讲中精辟地阐释了新的东方政策的思想。

巴尔指出,要改变现状,就应该先让现状保持不变。由此,他进一步论证说,民主德国只有在苏联的同意下才能发生变化,但苏联是不可能让人把民主德国夺去加强西方势力的。巴尔接着谈到柏林墙,他说:"墙是虚弱的标志,也可以说,它是共产党政权恐惧和自卫本能的标志。问题在于,有无可能逐渐使这个政权消除其完全正当的忧虑,并在不冒风险的情况下使边界和墙实际上也得以松动。这需要一种政策,人们可以将它归结为一个公式:'以接近求转变'。"[2]

---

[1] 维利·勃兰特:《会见与思考》,商务印书馆1979年版,第94页。
[2] 安德莱阿斯·希尔格鲁勃:《德国史(1945—1982)》,斯图加特出版社1984年版,第83页。

从这种以接近求转变的策略思想出发,勃兰特一面利用西柏林市长的职权,采取小步子政策,通过同东柏林签订通行证协议的方式使西柏林公民能有限度地越过柏林墙去东柏林访问,一面逐步打破联邦德国东方政策上的两个禁区,即承认民主德国和承认奥得—尼斯河边界。1968年3月,勃兰特作为德国社会民主党的主席,在纽伦堡举行的党代表大会上,正式宣布该党的新东方政策构想。勃兰特在工作总结报告中明确指出:"我们国家的统一现在还提不到国际政治的议事日程上来。""由此得出的结论是,我们应该想尽一切办法,按照人民的利益与和平的利益来安排德国两部分的相互并存和相互合作的生活。""两国政府能够,而且必须进行谈判,致力于达成不歧视任何一方的协议。"勃兰特接着提出了一个"两个国家,一个民族"的理论,他在承认两个德国相互并存的同时指出,它们的人民同属一个民族,因此民主德国对联邦德国来说不是外国,联邦德国不能按国际法来承认民主德国。勃兰特还以十分明确的语言指出,应该承认奥得—尼斯河边界。他说道:"德国人民也正想并且需要同波兰和解,但它不知道什么时候才能通过一项和约来达到自己国家的统一。由此得出什么结论呢?结论就是:在达成和约以前承认和尊重奥得—尼斯河边界。"①

最后,德国社会民主党在这次纽伦堡代表大会上作出决议:除了非留待和约解决的问题外,与民主德国解决一切两国间的难题;同民主德国建立正常的、理智的关系,但不按国际法承认它;同一切国家——不管其社会和政治制度如何——建立正常的外交关系;尊重欧洲现有边界。

在社会民主党的新东方政策思想日臻成熟的同时,自由民主党也越来越明确地提出自己的新东方政策设想。

自由民主党自1949年至1957年与阿登纳的联盟党联合执政,②在内外政策上同阿登纳的政策保持一致。但从20世纪50年代中期起,它在对外政策上开始与联盟党出现分歧。进入60年代后,随着柏林墙的建立,自由民主党对阿登纳迄今推行的东方政策越来越不满,要求改善同包括民主德国在内的东欧国家和苏联的关系,反对阿登纳采取的孤立民主德国的政策。1962年2月13日,自由民主党在议会党团会议上发表声明,要求政府对民主德国采取主

---

① 汉斯·埃德加·雅恩:《1945年至今的德国问题》,哈泽和科勒出版社1985年版,第402—406页。

② 自由民主党在1957—1961年间未参加政府,1961年至1966年10月同联盟党联合组阁,1966年10月退出政府,直至1969年与德国社会民主党组成执政联盟。1966年至1969年间,由联盟党和德国社会民主党组成大联合政府。

动接近的行动。

20世纪60年代中期,自由民主党内一批激进人士大声疾呼,要求对政府现行东方政策实行改革,其代表人物是自由民主党联邦事务局负责东方政策研究的沃尔夫冈·绍尔弗和自由民主党司库汉斯·沃尔夫冈·鲁平。他们认为,民主德国是既不能用武力,也不能用谈判消灭的,民主德国业已成为战后欧洲秩序的一个组成部分,它的存在并非仅仅符合东方的利益,因此,联邦德国应该放弃单独代表德国的要求,承认民主德国为第二个德意志国家。在边界问题上,他们指出,德国应对第二次世界大战负责。以1937年边界为界的德意志帝国的重新统一既不可能,也并不是令人向往的,要求归还家园的权利并非只有德国人才有,因此,必须承认奥得—尼斯河边界。

在这些党内人士的推动下,1967年底,当时已被指定为党主席唯一候选人的瓦尔特·谢尔发表声明,反对联邦德国的"单独代表要求"。1969年1月,自由民主党发表该党制订的关于两个德国关系的草案,其中第一条便要求两个德国互派常驻代表。是年4月,自由民主党在纽伦堡举行的党代表大会上通过一个竞选纲领,明确提出:"我们不能再作茧自缚了,必须扔掉哈尔斯坦主义和单独代表权,这样,才会在西方、东方和第三世界为我们带来更多的活动自由。"[①]

不难看出,到20世纪60年代后期,德国社会民主党和自由民主党的东方政策思想已完全趋于一致。它们的政策思想也代表并反映了60年代联邦德国民众舆论的意向。60年代一些有权威性的民意测验结果均表明,越来越多的人不满联盟党的东方政策。要求放弃"哈尔斯坦主义",承认民主德国和奥得—尼斯河边界。

1969年10月,联邦德国大选中,联盟党第一次下野,德国社会民主党和自由民主党组成联合政府,勃兰特出任总理,谢尔任外交部长,为日后推行新东方政策准备了充分的政权条件。

第四节 日本经济的高速增长和日美安全条约的修改

日本经济的高速增长和日美矛盾的发展

1945—1955年的十年是战后日本经济的恢复时期。其间,随着对日政策的

---

① 汉斯·埃德加·雅恩:《1945年至今的德国问题》,第381页。

转变,美国决定从经济上全面扶植日本这个"远东的工厂"。为了复兴日本经济,美国一方面在"占领地区救济基金"和"占领地区复兴基金"的名义下,向日本提供以粮食、工业原料为主的大批商品,总价值达 19.58 亿美元(1945—1952 年)[1],一方面派出专家帮助日本制定和实施复兴日本的稳定经济九原则,确定 1 美元＝360 日元的单一固定汇率,实行税制改革。日本吉田茂政府为了重建战后经济,在美国的大力扶植下积极采取各种有力措施,又通过朝鲜战争的"特需"收入刺激经济,使日本经济很快摆脱了危机,形成"特需繁荣"。到 1955 年,除进出口贸易外,其他各项主要经济指标都大幅度超过战前最高水平。1956 年度的《经济白皮书》宣布:"现在已不是战后。……在恢复中求发展的时代已经结束。今后的发展要靠实现现代化。"[2]

日本经济的起飞始于 1956 年,1956—1973 年的十八年为日本经济的高速增长时期,大体可分为两个阶段。

第一阶段(1956—1964 年)的主要特点是:"通过引进国外(主要是美国)的先进技术实现以重工业、化学工业为中心的工业现代化。"这一阶段的高速增长"基本上是由'伴随着技术革新的设备投资的急剧增加'而引起的"[3]。为了提高重化工业在整个工业中的比重,日本平均每年引进技术达 627 件,成为资本主义国家中最大的技术输入国。在此基础上,以年均递增 20%以上的速度对重化工业进行设备投资,推动企业设备的更新改造,使重化工业化率由 1955 年的 44.7%提高到 1965 年的 56.6%和 1970 年的 62.6%[4],迅速达到并超过了欧美工业发达国家的水平,促使合成纤维、石油化学、电子、汽车等一批新兴工业部门的相继建立。在这一期间,实际国民生产总值年平均增长率达到 9.2%。

第二阶段(1965—1973 年)的主要特点是:继续保持经济高速增长的同时,实行以商品和资本输出为重点的自由开放体制。经过前十年对重化工业大规模的设备投资和更新固定资本,推动了日本经济持续高速增长,其国民生产总值在 20 世纪 60 年代后期先后超过英国、法国和联邦德国,在资本主义世界中成为仅次于美国的第二经济大国。由于新设备、新技术的采用,不仅扩大了生产规模,而且使产品质量不断提高,成本下降,从而加强了产品的国际竞争力,

---

[1] 安原和雄、山本刚士:《战后日本外交史》第 4 卷,第 73 页。
[2] 内野达郎:《战后日本经济史》,新华出版社 1982 年版,第 117 页。
[3] 都留重人编:《现代日本经济》,北京出版社 1980 年版,第 5 页。
[4] 同上书,第 101 页。

重化工业产品在出口中所占比重由 1955 年的 38% 提高到 1973 年的 79.4%①，大大推动了外贸出口的发展势头，从 1964 年以后日本对外贸易一直稳定地保持顺差。外贸出口的扩大，带动了国际收支的好转，同时也使日本外汇收入增多，以此为基础日本发展为资本输出国，资本输出从 1965 年的 4.8 亿美元增至 1970 年的 18.2 亿美元。与此同时，日本经济向自由开放体制过渡，1963 年 2 月转为关税及贸易总协定第十一条国，1964 年 4 月又成为国际货币基金组织第八条国②，从而实现了重返国际经济社会的愿望。1964 年 4 月，日本还正式加入了经济合作与发展组织，标志着日本作为工业先进国的地位受到西方国家的承认。在这一阶段，实际国民生产总值年平均增长率保持在 10.3% 的高水平。

日本经济的迅速发展，使日美两国的经济力量对比逐渐发生变化，两国间的矛盾随之显露出来，日美关系出现了既依靠又竞争的局面。在这一时期，美国利用其所处的有利地位，逼迫日本开放商品市场和资本市场，日本则一面进行百般抵制，竭力保护本国市场，一面积极打入美国市场。

在商品贸易方面，日美两国早在 20 世纪 60 年代初就围绕棉纺织品对美出口问题展开了限制与反限制斗争，从而揭开了日美贸易摩擦的序幕。1965 年，日本一举扭转了长期以来对美贸易逆差的被动局面，并将对美贸易顺差由同年的 1.13 亿美元扩大到 1971 年的 25.17 亿美元，终于导致两国在 70 年代初因化纤纺织品对美出口问题引起了第一次正式贸易摩擦。这场被称为"纤维战"的贸易摩擦反映了当时双方矛盾的激烈程度。以后，日美贸易摩擦由纺织品扩大到钢铁、彩电、小轿车等其他商品贸易方面。由于在对日贸易上美国越来越处于不利地位，从 60 年代初美国就联合西欧对日本施加压力，要求日本全面放宽进口限制，实行进口自由化。对此，日本寻找各种借口进行拖延，以争取时间增强经济实力，同时对已经具有较强竞争力的商品逐步实行进口自由化，以缓和来自美欧的压力，进口自由化率由 1961 年 1 月的 37% 提高到 1965 年 10 月的 93%，但在发达国家中日本限制进口的商品项目仍高达 120 种，远远超过法国的 70 种、西德的 43 种、英国的 26 种。③为此，1969 年 7 月美国在第七次日美贸易经济联合委员会上态度强硬地要求日本撤销进口限制，并迫使日本将限制进口的商品项目减至 1971 年 10 月的 40 种，进口自由化率提高到 95%。此外，美国

---

① 金明善等：《战后日本经济发展史》，航空工业出版社 1988 年版，第 190 页。
② 关税及贸易总协定第十一条规定：成员国不能以国际收支恶化为理由限制进口。国际货币基金组织第八条规定：成员国不能以国际收支恶化为理由而实行汇兑限制。
③ C. 兰顿：《战后的日本外交》，东京密涅瓦书房 1976 年版，第 209 页。

还力图通过降低关税、日本自动限制出口等措施来打破日本的贸易壁垒,改变两国贸易不平衡的状况。

在金融资本方面,日本虽然在1964年4月加入了经合组织,但在其后的三年里一直没有按照该组织有关"成员国之间有效地促进资本流动"的规定承担起资本自由化的义务。日本的这种消极态度引起以美国为首的发达国家强烈不满。1967年6月,经合组织发表题为《日本的国际资本移动自由化》的报告指出,日本"对吸引直接投资没有做出一点努力",批评日本政府"不提供任何有关信息",日本的金融机构对直接投资"完全不抱有热情。"①在美欧的指责下,日本从同年7月起至1971年8月先后四次实行资本自由化。但是为了保护本国企业,日本对外资开放的仅限于资金技术力量雄厚、缺乏投资吸引力的行业,而且还采取了种种限制竞争的措施加以保护。到1971年8月实行第四次资本自由化时,日本允许外资占有100%股份的行业为288种,仅是全部行业的30%,对其余大部分行业限制外资股份为50%,并且还把包括对美国最有吸引力的大型计算机在内的7种行业排除在资本自由化之外。②

日美经济实力对比的变化,必然要反映到两国的政治关系方面,日本在实现恢复日苏邦交和加入联合国后,对旧的日美安全条约表示出越来越强烈的不满,要求摆脱这个条约强加给日本的不平等性,确立对等关系,提高日本的国际地位。日本首相岸信介认为,"为了依靠美军的保护而不得不签订不平等的条约,这不是独立国家应该做的"③,由于这个不平等条约的存在,"日本仍然处于和美军占领相同的状况之下",因此他主张在已经恢复并开始高速发展的经济形势下,通过修改安全条约"使日美关系在一切领域里都实现对等"④。

另一方面,美国利用安全条约获得了在日本的驻军权利,截至1957年2月,美军在日本本土建立军事基地和设施457个,总面积达1005平方公里,驻日美军共117 000人。⑤ 由于驻日美军基地纠纷不时发生,自50年代中期起,日本人民在全国各地掀起了反基地运动,并与前来镇压的警察不断发生冲突。同时,驻日美军无故枪杀日本人的事件层出不穷。1957年1月,群马县的美军基地士兵哲拉德枪杀一名日本农妇。哲拉德事件发生后,日美两国就行政协定中

---

① 山村喜晴:《战后日本外交史》第5卷,东京三省堂1984年版,第41—42页。
② C.兰顿:《战后的日本外交》,第206页。
③ 富森睿儿:《战后保守党史》,东京日本评论社1981年版,第86页。
④ 岸信介、矢次一夫、伊藤隆:《官场政界六十年—岸信介回忆录》,商务印书馆1981年版,第118、154页。
⑤ 石丸和人:《战后日本外交史》第3卷,东京三省堂1985年版,第6—7页。

有关裁判权问题争执不下,又严重影响两国的政治关系。接着,1958年9月在埼玉县约翰逊基地的美军士兵向正在行驶的电车开枪,致使一名乘客死亡。这一系列的流血事件,不但严重伤害了日本人民的民族感情,激起日本各阶层的反美情绪,而且也使日本的执政者们看到旧的安全条约已经越来越不能适应日本的情况,希望通过修改条约来调整日美关系,在维持日美合作的基础上,对美争取平等地位。

《日美共同合作和安全条约》

1957年2月以岸信介为首相的新内阁成立。岸信介上台后提出:"外交要在与自由国家协调、与亚洲各国善邻的基础上,进一步推进与联合国合作的体制。"同年9月发表的日本外交蓝皮书进一步阐明岸信介内阁的外交基本方针,提出日本外交三原则:(1)"以联合国为中心";(2)"与自由主义国家保持协调";(3)"坚持作为亚洲国家一员的立场"①。岸信介主张的"与自由主义国家保持协调",在当时其主要含义就是"要修改美国对日本的占领政策,本着独立自主精神,重新研究日美安全条约和行政协定"②,使日本获得更多的自主性,在较为平等的基础上进一步密切日美同盟关系。

1957年5月,在岸信介主持下召开第一次国防会议,制定的《国防基本方针》规定,"根据国力和国情,在必要的自卫限度内,逐步发展防卫力量";"对来自外部的侵略,则根据同美国的安全保障体制对抗之"。这次国防会议还通过了1958—1960年度的第一次防卫力量整备计划,要求在三年内陆上自卫队达到18万人,海上自卫队舰艇约达12.4万吨,航空自卫队飞机达1300架,三年防卫费总额为4530亿日元。③ 岸信介借此向美国证明日本将履行增强防卫力量的义务,积极承担防卫责任,为修订安全条约创造有利条件,并增强日本在谈判中的地位。

1957年6月16日岸信介赴美访问,与美国总统艾森豪威尔和国务卿杜勒斯举行会谈。在会谈中,岸信介向杜勒斯保证了日本加强自主防卫的决心,并要求修改日美安全条约,他说:"安全条约是在日本没有自卫能力的时候缔结的。现在日本已经逐渐具备了相应的自卫能力",因此"应该重新研究讨论安全

---

① 岩永健吉郎:《战后日本的政党和外交》,东京大学出版会1985年版,第88页。
② 吴学文主编:《日本外交轨迹》,时事出版社1990年版,第48页。
③ 井上清:《日本军国主义》第4册,商务印书馆1985年版,第101、106页。

条约。"①起初,美国并不打算修改条约,但在日本的强烈要求下,最后作出了让步,同意由两国政府对这一问题进行研究。6月19日,日美发表联合声明宣布,"为了就安全条约所产生的诸问题进行研究,一致同意在两国政府间设置委员会";美国"欢迎日本的防卫力量整备计划",并"将在明年大幅度削减驻日美军的兵力;"声明还宣称"日美关系正进入一个建筑在共同利益和信赖基础上的崭新时代"。②岸信介的这次访美,打开了修约谈判的突破口。

1957年8月,日美两国根据联合声明正式设置了安全委员会,同年该委员会举行三次会议,但都没有把修订条约问题列入议题。直到1958年9月,日本外相藤山爱一郎借赴美出席联大会议之机与杜勒斯举行会谈,双方才就修约举行正式谈判达成协议。这时美国同意修改条约是有其原因和打算的。从经济上看,战后由于美国庞大的军费开支和大量的军事援助,导致美元不断外流,国际收支连年出现赤字,在1958年美元危机的征兆已经明显地表现出来,为此艾森豪威尔政府不得不采取财政紧缩政策,大幅度削减用于局部战争的军事开支;从军事战略上看,自20世纪50年代后期美国推行大规模报复战略,使美军基地核装备化,并逐渐修改对盟国的防务政策,要求各盟国分别具有能够应付局部常规战争的作战能力,而自己则作为核战略后盾提供核保护伞;从日美双边关系来看,美国担心日本各地不断高涨的反美运动将损害两国的政治关系,从而影响美国的整个远东战略利益。出于上述种种原因,美国一方面撤出一部分驻日美军,使驻扎日本本土的美军从1957年的117 000人减至1959年的58 000人,以缓和日本人民的反美情绪,另一方面则打算通过修改条约,把日本打扮成美国的"平等伙伴",与日本结成更为紧密的同盟关系,以消除日本统治集团的不满,继续保持驻日美军基地,并通过经济合作,维持和加强对日本的控制。

根据1959年发表的外交蓝皮书,日本要求就以下六个方面进行修改:(1)在新条约中明文规定美军保卫日本的义务,以纠正现行条约的片面性;(2)驻日美军在日本领土以外进行作战时,事先应与日本协商,"以示尊重日本方面的意志";(3)驻日美军的配备和装备发生变化时,事前应与日本达成谅解;(4)现行条约中有关干预日本国内暴动和骚乱的条款,以及未经美国同意日本不得向第三国提供基地的条款,有损于独立国家的主权,应予删除;(5)明确新条约与联合国宪章的关系;(6)规定条约的有效期限,以及改约和废约的

---

① 田尻育三等:《岸信介》,吉林人民出版社1980年版,第158—159页。
② 伊藤满:《日本国宪法三十年》,东京朝日新闻社1975年版,第176—177页。

法律手续。①

从1958年10月4日日美两国为修改条约举行第一次谈判到1960年1月6日谈判结束（其间日美两国和日本自民党内部不断协调立场），共进行谈判25次，达成了最终协议，美国基本满足了日本提出的上述六项要求。1960年1月16日岸信介专程赴美,19日在华盛顿与美国国务卿赫脱正式签署了《日美共同合作和安全条约》,以及有关条约实施细节的换文、会谈纪要和往来信件等八个附属文件。新安全条约的内容及修改要点如下：(1)"缔约国保证按照联合国宪章的规定,用和平方法并以不致危及国际和平、安全和正义的方式解决可能涉及两国的任何国际争端",从而明确了条约与联合国宪章的关系;(2)两国"将设法消除在它们国际经济政策中的矛盾,并且将鼓励两国之间的经济合作",表明了日美将加强经济合作关系;(3)日美"将单独地和相互合作,通过继续不断的和有效的自助和互助,维持并且发展它们抵抗武装进攻的能力",规定了日本不断增强防务力量的责任;(4)"缔约国将随时就本条约的执行问题进行协商",确立了事前协商制度;(5)两国"对日本管理下的领土上的任何一方发动的武装进攻"将"采取行动以应付共同的危险",从而明确了美国对日本的防卫义务;(6)本条约生效十年后,在缔约国的任何一方宣布终止以前一直有效,确定了条约的期限及废约的法律程序。② 此外,新安全条约删去了损害日本国家主权的不平等条款。

比较两个条约,可以看出新条约突出了日美关系的对等性,扩大了两国的合作范围,从政治、经济、军事等全面加强了日美同盟关系,表明日本在继续追随美国的前提下,对美争取了某种有利于日本国家发展的环境和条件,取得了一定的自主权。但值得注意的是,新条约规定美军以日本和远东的安全为由被允许驻扎日本并使用军事基地,这就强化了日美军事同盟的性质。首先,驻日美军不仅为了日本的利益,同时也是为了美国自身的国家利益。"即是说,日本提供基地帮助美国维护国家利益则是安全条约的一个重要侧面。"③其次,当远东地区发生战争而出动驻日美军时,或驻日美军基地受到攻击时,这就大大增加了日本卷入美国对第三国战争的危险,并与日本宪法相抵触。最后,新安全条约还明文规定了日本承担在本土上与美军共同作战的义务,这又违背了日本政府根据宪法第九条宣布的日本只有单独自卫权而无集体自卫权的诺言。就

---

① 石和丸人:《战后日本外交史》第3卷,第82—83页。
② 《国际条约集(1960—1962)》,商务印书馆1975年版,第27—30页。
③ 神谷不二:《战后史中的日美关系》,东京新潮社1989年版,第114页。

连当年直接参加谈判的外务省安全保障课课长东乡文彦也不得不承认：日美对安全条约"做了几乎使相互防卫与日本宪法发生对立的最大限度的修改"①。

由于新安全条约增强了日美军事同盟的成分，突出了日本在美国远东军事战略中的地位，把日本作为美国在 20 世纪 60 年代侵略亚洲的得力帮手，这就加剧了亚洲地区的动荡不安，因而遭到了广大日本人民和亚洲各国的严厉谴责和强烈反对。

日本人民反对日美安全条约的斗争

自 1958 年 10 月日美举行修改条约的谈判以来，日本人民便开始了反对安全条约的斗争。其后，围绕条约的修改，日本全国各地举行的抗议和斗争迅速高涨起来，形成了波澜壮阔的反安保斗争运动。这场运动的声势之浩大、参加阶层之广泛、持续时间之长久，在战后日本历史上都达到了空前未有的规模。

从 1959 年 3 月至 1960 年 6 月的一年多时间里，日本人民的反安保斗争先后举行了 23 次全国性的大规模统一行动，从斗争矛头所针对的目标来看，大致可分为三个阶段。

第一阶段：反安保斗争的主要目标是反对日美修改条约。1959 年 3 月 28 日，以社会党为首的 134 个政党、民间团体和工会组织共 620 名代表举行集会，结成了"阻止修改安全条约国民会议"，这是战后日本革新势力第一次成功地建立起大规模的统一战线，大会提出的中心口号是"以国民的力量阻止修改安全条约，并争取废除之"。1959 年 4 月 15 日发起了第一次统一行动，参加斗争的有工人、学生、知识分子、市民、中小企业者、宗教界人士等，主要采取集会、示威游行、罢工等方式抗议日美修改条约。在这一阶段内共举行了 10 次统一行动，其中以 11 月 27 日发动的第八次全国统一行动的声势最为浩大，约 50 万人在全国 39 个都道府县的 190 处参加了这次行动。在东京，由 2.5 万名工人、学生组成的游行队伍手擎红旗和标语牌，高呼"立即停止谈判"、"粉碎日美军事同盟"的口号包围国会，并两次冲进国会院内静坐，遭到警察的镇压，造成 400 余人负伤。

第二阶段：日美在 1960 年 1 月 19 日签订了安全条约后，日本人民在国际舆论的声援下，反安保斗争的目标转向阻止国会批准该条约。

1960 年 1 月 14 日，即岸信介赴美签署条约的前两天，中国外交部发表《关

---

① 东乡文彦：《日美外交三十年》，东京世界动向社 1982 年版，第 99—100 页。

于日美签订军事同盟条约的声明》,指出这个条约是"威胁亚洲和世界和平的一个极其严重的步骤",是与同盟国在二战期间和日本投降后缔结的一系列国际协定"完全违反的"。① 1月23日,在北京召开了"反对日美军事同盟大会",出席大会的1500名首都各界代表通过了一项决议,"坚决支持日本人民反对日美军事同盟条约,争取独立、民主、和平和中立的正义斗争"②。4月10日,周恩来总理在第二届全国人大第二次会议上发表关于国际形势的讲话,严厉谴责日美新安全条约"不仅威胁中国和苏联的安全,而且首先直接威胁东南亚各国人民的安全,""是违反日美两国人民的利益的"③。从5月9日起,在北京、上海、广州等全国32个大城市相继举行了声援日本人民斗争的大集会,参加集会的总人数超过1200万人。苏联外长葛罗米柯于1月27日把一份备忘录交给日本驻苏大使,备忘录说,"考虑到日本政府签订的旨在反对苏联同时也反对中华人民共和国的新的军事条约",所以苏联政府声明"只有在一切外国军队撤出日本领土和签订苏日和平条约的条件下",才能按照苏日联合宣言的规定"将齿舞岛和色丹岛移交日本"。④

但是,岸信介政府不顾国际舆论的谴责和日本人民的反对,仍然签订了新安全条约,并把它提交到国会审批。4月13日,日本政府发表公告,邀请艾森豪威尔夫妇于6月19—23日访问日本,参加条约的批准书交换仪式。为了阻止国会通过这个条约,国民会议又发动了6次统一行动,国会连日连夜完全陷于游行、示威和请愿队伍的包围中。其中,4月26日举行的第十五次统一行动采取了全国大请愿的方式,参加请愿人数达330万人,国会收到日本各界的请愿书多达17万封。在国会内,社会党等在野党就阻止批准条约与自民党展开了激烈斗争。在自民党单独强行通过条约的5月19日晚,在野党议员挤坐在众议院议长室门前,并用桌椅在走廊构筑路障,阻止议长进入议会大厅。于是,众议院议长将500名警察调进国会,与在野党议员发生激烈冲突,双方扭打成一团,用暴力驱逐在野党议员。在社会、民社等在野党缺席和国会一片混乱中众议院通过了新安全条约。

第三阶段:由于自民党采取了破坏民主、否定议会制的粗暴行动,这就更加激起了日本人民的无比愤慨,斗争矛头随之转向了"解散国会、打倒岸内阁"的

---

① 《人民日报》1960年1月15日。
② 《人民日报》1960年1月24日。
③ 《新华半月刊》1960年第8号,第30页。
④ 《真理报》(苏联)1960年1月29日。

目标上,反对安全条约运动发展成了维护民主主义的斗争。5月20日,5万多名工人、学生挽臂列队,群情激昂,高呼口号,蛇行前进奔向国会示威游行,一部分学生还冲进首相官邸和自民党本部,与警察发生了流血冲突。26日,国民会议组织了200万人参加的全国统一行动。在东京,17万人组成的游行队伍在国会外高呼"岸信介下台"的口号。6月4日,全国54个产业工会的460万工人举行联合大罢工和抗议示威,造成东京附近655列电车停运,交通陷于瘫痪。

6月10日,美国总统新闻秘书哈格蒂为商洽艾森豪威尔访日事宜飞抵东京。在机场出口,他的汽车立即被8000名示威群众团团围住,愤怒的人群高呼"滚回去"的口号,从两侧摇晃汽车,用标语牌猛砸车身,打碎了车窗的玻璃。最后在警察的保护下,哈格蒂一行只好改乘美国海军的直升机逃离机场。6月15日,10万游行群众包围并冲进国会,与前来阻止的警察厮打、混战,造成一名东京大学女学生死亡、千余人受伤的流血惨案,使抗议运动更趋激化。在这种形势下,岸信介在16日召开紧急内阁会议,被迫决定要求美国总统延期访日,从而使已经到达菲律宾的艾森豪威尔取消了访日计划。

6月19日,新安全条约在国会外33万游行队伍的一片抗议声中,未经参议院审议自行通过。这场规模空前的反安保斗争,不仅反映了日本人民争取完全独立、维护和平的正当要求,同时也是对岸信介政府在修改条约中粗暴践踏民主政治的做法表示强烈的抗议。为了平息国内群众的愤怒情绪,6月23日,岸信介在刚刚结束条约批准书交换仪式后便宣布辞职。

第十二章 苏联恶化中苏关系和加强对东欧的控制

第一节 中苏两国关系的恶化

苏联恶化中苏两国关系的步骤

中苏关系的恶化并非一日之寒,有着意识形态的分歧、国家利益的冲突和外交战略的不同等多方面的因素。中苏意识形态的分歧始于1956年苏共二十大。在这次代表大会上,苏联制定了"三和路线"并力图把这条路线强加于其他社会主义国家,把这些国家的对外政策纳入自己的全球战略轨道。

苏联恶化中苏关系的严重步骤是把两党在意识形态的分歧扩大到国家关系。在国际共产主义运动中,各国党所处的历史、社会和现实环境的不同,在一些理论问题上或认识问题上有所差异是不足为奇的。问题是如何对待这些分歧与差别。唯一正确的态度是承认差异、分析产生差异的原因以及采取恰当的措施与手段来消除分歧,达到在马列主义基础上的共同认识,从而面对现实提出无产阶级革命的战略和策略。为消除分歧、求得统一,应当进行平等的讨论与争论。对于一些暂时不能统一认识的问题,允许各自保留,待在实践中去认识和提高,不能把自己的意见和观点强加于人。苏联采取了相反的态度。苏联对持有不同意见的党采取突然袭击的方法,利用在共产主义运动中的多数,特别是利用苏联党的声望和地位来推销自己的路线方针和政策,并要求其他各国接受与实施。1960年6月24—26日,赫鲁晓夫利用51国共产党和工人党参加罗马尼亚工人党第三次代表大会的机会,策划了布加勒斯特会议。苏联原建议是举行社会主义国家共产党和工人党代表会议就美国破坏四国首脑会议后的国际局势交换意见。中国共产党当时表示召开各国共产党和工人党代表会议要做好充分的准备。在这次会议上,苏联共产党对中国共产党发动了突然袭击,散发了6月21日苏共中央给中共中央的通知书。苏联对中国共产党坚持的独立自主立场进行了毫无根据的指责。苏联诬蔑中国共产党是"疯子"、"要发动战争",在中印边界问题上的"纯粹民族主义"。一些听从于赫鲁晓夫的党也在此次会议上配合苏联大肆攻击中国共产党是什么"教条主义"、"左倾冒险主义"、"假革命"等。苏联共产党还纠合所谓多数企图压服中国。中国共产党代表团根据中共中央的指示于26日发表了一项书面声明。声明严正指出赫鲁晓夫的行为在国际共产主义运动中开创了一个极端恶劣的先例。中共代表团庄严声明:"我们在马克思列宁主义的一系列的基本原则上同赫鲁晓夫同志是有分歧的";"国际共产主义运动的命运,取决于各国人民的要求和斗争,取决于马克思列宁主义的指导,而绝不是取决于任何个人的指挥棒";"我们党只信服马克思列宁主义真理,而决不会向违反马克思列宁主义的错误观点屈服"。①

赫鲁晓夫利用多数和手中的指挥棒来迫使中国共产党就范的企图失败后,变本加厉地采取一系列步骤对中国施加压力,单方面撕毁合同、撤走援华专家、挑动边界事件和在中国境内制造民族分裂,致使两国关系不断恶化。

苏联早在1959年6月就单方面撕毁了中苏在1957年10月签订的关于国防新技术的协议,拒绝向中国提供原子弹样品和有关技术资料。1960年7月16日,苏联政府突然照会中国,要把帮助中国建设的苏联专家和顾问从中国召回。在这份照会中还无中生有地指责中国把"自己的观点强加于苏联专家",对苏联专家的劳动表示出"公开的不尊重"。在没有等到中国方面答复的情况下,7月25日苏联通知中国方面,自1960年7月28日至9月1日期间,撤走全部在华苏联专家。苏联还片面中止按协议应派遣的900多名专家来华工作。7月31日中国照会苏联对此进行了严正的交涉,希望苏联政府改变召回专家的决定,真诚挽留在华工作尚未到期的全部苏联专家继续按原聘期顺利完成自己的工作。苏联政府一意孤行,按原计划在一个月内全部撤走了在中国帮助工作的专家1390人,撕毁了中苏两国政府签订的12个协定和两国科学院签订的1个协议书以及343个专家合同和合同的补充书,废除了257个科学技术合作项目。这些撤走的专家分布在中国经济、国防、文教、科研等部门的200多个企业和事业单位,在技术设计、工程施工、设备安装、产品试制和科学研究方面都担负着重要的任务。② 苏联背信弃义撤走专家和撕毁合同对中国社会主义建设所造成的巨大损失应该受到法律上、道义上和政治上的谴责。

中国政府和人民对于苏联曾经给予中国社会主义建设所提供的援助,对苏联专家的辛勤劳动是衷心感谢和高度评价的。周恩来总理在《伟大的十年》一

---

① 《人民日报》1960年6月27日。
② 韩念龙主编:《当代中国外交》,第117页。

文中表示"感谢苏联在第一个五年计划期间援助我国建设了一百六十六个项目,去年和今年又新订了援助我国建设一百二十五个项目的协议,并且在十个月中先后派遣经济、文教专家一万零八百多人来华工作"①。陈毅副总理在欢送奉调回国的苏联专家的联欢晚会上说"苏联专家在中国工作期间,和我们朝夕相处,亲密合作,彼此之间建立了深厚的友谊和感情","你们对我们的帮助,我们是永远不会忘记的"②。当然,中国政府对苏联政府背信弃义、撕毁合同、撤退专家,试图以高压手段来解决两国分歧的恶劣行径进行了尖锐的批评。1960年9月中苏两党高级会谈中,中共中央总书记邓小平说"中国共产党永远不会接受父子党父子国的关系。你们撤退专家使我们受到了损失,给我们造成了困难,影响了我们国家经济建设的整个计划和外贸计划,这些计划需要重新安排"。他强调中国人民决不会在由于苏联政府的不友好政策所造成的困难面前低头,"中国人民准备吞下这个损失,决心用自己双手的劳动来弥补这个损失,建设自己的国家"③。

  尽管苏联采取恶化两国关系的严重步骤,中国党和政府仍然从整个共产主义运动和中苏友谊为重采取了一些维护的措施与举动。1960年11月,中国共产党代表团出席了在莫斯科举行的第二次各国共产党和工人党会议,并访问了苏联,强调中苏友好,反对和抵制不友好的言行。苏联领导人仍然坚持大国主义,继续干着一些恶化两国关系的蠢事,其中最突出的是在中国境内煽动分裂、进行颠覆活动。1961年冬到1962年春,苏联驻伊宁领事馆人员四处活动,鼓励中国居民外逃。3月中旬,塔城地区开始出现外逃。4月,扩大到裕民、额敏、博乐、霍城、察布查、昭苏等县。苏联方面特意撕开边界铁丝网30余处,备有成百辆汽车来回接运外逃人员。到5月底外逃结束,共达61 500人,带走和损失牲畜23万头。中国方面损失共达7000余万元人民币。苏联还策动了伊宁反革命暴乱。1962年5月29日下午,2000余人拥进州人委大楼,要求批准去苏。他们捣毁了人委机关,抢走了部分机密文件,殴打州长、干部和警卫战士,抢走汽车和枪支。暴乱持续了6个小时。在此期间,苏联驻伊宁领事馆人员进行教唆、扩大事态。苏联驻伊宁副领事两次驾车经过闹事地点,为暴乱分子打气。苏联领事馆还接受了暴乱分子抢来的汽车、枪支。苏联一些侨民直接参加了这一暴乱活动,其中3人充当了暴乱分子的代表。苏联还企图把新疆从中国分离

---

① 《人民日报》1959年10月2日。
② 转引自《当代中国外交》,第118页。
③ 同上书,第118—119页。

出去在宣传与舆论方面花了不少工夫。苏联开动强大的宣传机器说什么新疆是中国"新占领的地方"、是"中国的殖民地",叫嚣新疆应该赢得独立,按苏联的模式"建设社会主义"。中国政府对苏联在新疆地区进行的分裂与颠覆活动进行了严肃的交涉与严正抗议。苏联方面不但推卸自己的罪责,反而倒打一耙,说什么中国所采取的政策"促使那些被搞得走投无路的人大批逃离新疆",致使在1962年4月22日至6月初有67 000人迁往苏联。[①] 苏联在1962年9月19日把由苏联策动的伊宁暴乱说成是"中国当局组织人马殴打并打死了非汉族居民"[②]。

苏联挑起边界冲突和珍宝岛事件

中苏之间存在着边界问题。它是沙俄对中国进行侵略扩张、不断蚕食中国领土、把一系列不平等条约强加给中国所形成的。它也是苏联政府推行大国沙文主义和民族利己主义的结果。19世纪下半叶和20世纪初,沙俄从中国掠走了150万平方公里的领土。后来沙俄又越过不平等条约规定的边界线,侵占了中国3万多平方公里的领土。苏联政府于1944年又将中国唐努乌梁海17万平方公里并入自己的版图。

中苏友好时期,两国的边界一直是安宁的。两国边民保持着广泛的联系,进行着频繁的经济和文化交流。随着中苏两党在思想和意识形态分歧的产生和不断加深,特别是苏联把这种分歧扩大到国家关系后,由于苏联方面的骚扰,两国边界冲突时有发生。1960年,苏联边防军在中国新疆博孜艾克尔山口附近地区挑起第一次边境事件,说是中国牧民超越苏联国界"不顾苏联边防军人的要求,拒绝回到中国去"。从此,苏联不断破坏两国边界现状,包括向中国推进巡逻线,在中国境内修建军事设施,破坏中国居民的正常生活和通行,殴打、绑架中国边民,阻止中国边防人员的正常巡逻活动等等。从1962年到1963年,中苏边界发生的事件多达9000起。1963年涉及人数高达10万人。[③] 中国政府解决边界问题的方针是十分明确的:通过谈判解决,在未解决之前应维持边界现状,避免发生武装冲突。中国成功地解决了同缅甸、尼泊尔、蒙古、巴基斯坦和阿富汗等国家的边界问题,并签署了有关的条约。当苏联挑动第一次边界冲突后,中国政府于1960年8月22日和9月21日,向苏联方面提出举行边界谈

---

① 奥·鲍·鲍里索夫、鲍·特·科洛斯科夫:《苏中关系(1945—1980)》,第225页。
② 同上书,第255页。
③ 哈里什·卡普尔:《觉醒中的巨人》,国际文化出版社1987年版,第65页。

判的建议。1963年8月23日,中国又向苏联正式提出了关于维持边界现状、避免边境冲突的六项建议,遭到苏联的无理拒绝。

在中国的倡议下,中苏关于边界问题的谈判于1964年2—8月在北京举行。双方陈述了各自对边界问题的立场与态度。中国方面提出三条基本原则:(1)沙俄强加给中国清朝政府的条约是不平等的条约;(2)中国愿意在这些不平等条约的基础上,全面解决中苏边界问题,中国并不要求收回沙俄根据不平等条约割占中国的150万平方公里的领土;(3)双方违反上述条约而侵占的另一方的领土原则上必须无条件归还对方,但可以根据平等协商、互谅互让的原则,考虑当地居民的利益,对边界上的这些地方做必要的调整。苏联在谈判中根本就不承认中苏边界问题是沙俄把不平等条约强加给中国所造成的,从而否定了中国方面提出的三条基本原则。苏联认为中苏边界线是历史形成的,条约固定的并且由苏军实际守卫的边界线。"苏中现有的边界在许多世纪以前,沿着划分苏联和中国领土的自然界线所形成的。这条边界由一系列条约在法律上加以固定,而这些条约至今仍然有效,这是众所周知的事实"。苏联声称中国政府"从未表示过中苏之间存在着领土争端,对中苏边界的合法性与合理性从未提出过异议"①。苏联坚持,谈判的任务仅仅是使某些地段的边界线走向更为准确而已。苏联实际上拒绝承认侵占了中国大片领土。苏联反诬中国向苏联提出了领土要求,"人为激化"边界局势,利用它来"煽动民族主义反苏情绪"。②由于双方立场的根本对立,中苏边界谈判未能取得任何进展。

勃列日涅夫上台执政后,苏联在中苏边界不断进行武装挑衅和制造流血冲突,边境局势更加恶化。1968年1月5日,苏联边防军越过乌苏里江主航道中心线侵入中国七里沁岛地区,制造了一次流血事件。苏军无理干涉中国渔民的正常作业,用装甲车轧死和撞死中国渔民4人、撞伤和打伤9人。中国政府对苏联的这一野蛮行动提出了严重的抗议。1968年勃列日涅夫主义在捷克斯洛伐克得手后,苏联更加加剧了对中国的挑衅和侵略活动。1969年苏联在中苏边境的东段和西段连续挑起了两次事端。3月2日和15日,苏军入侵中国领土珍宝岛。自20世纪60年代中期以来,苏联动用了直升机、装甲车侵入珍宝岛,仅在1969年1—2月就达8次之多。中国政府对此一直采取克制态度,严正要求苏联停止这种侵犯中国领土的行径。但被大俄罗斯沙文主义和扩张主义驱使的苏联政府竟对此置若罔闻、一意孤行。1969年3月2日,苏联从下米海洛夫

---

① 奥·鲍·鲍里索夫、鲍·特·科洛斯科夫:《苏中关系(1945—1980)》,第221页。
② 同上书,第222页。

卡和库列比亚克依内出动全副武装的军人和4辆装甲车和汽车从南北两个方面侵入珍宝岛,对正在这里执行正常巡逻任务的中国边防军实施突然袭击。苏军开枪开炮打死打伤中国边防军战士多名。中国边防军进行英勇自卫反击,挫败了苏军的入侵,歼灭入侵者31人,击伤14人。① 中国军队捍卫了神圣的国土。苏联却倒打一耙指责中国入侵苏联领土,"提出强烈抗议","要求采取紧急措施,杜绝任何破坏中苏边界的事件"。② 3月15日,苏联再次出动装甲车、坦克和武装部队侵入珍宝岛。苏联政府同时发表声明:"如果苏联的合法权利遭到践踏,如果有人再次企图破坏苏联领土的不可侵犯原则",苏联"将坚决捍卫自己的领土,并对这类侵犯边界的行径以毁灭性的还击"③。中国边防部队打退苏军的三次进攻。苏联的入侵以失败告终。中国政府对苏联侵犯中国领土提出了严正抗议,同时又主张通过谈判全面解决两国边界问题,反对诉诸武力,维持边界现状。中国政府重申维护国家主权和领土完整的坚强信心及和平解决边界问题的真诚愿望。

珍宝岛历来就是中国的领土。1969年3月11日,中国外交部新闻司为此发表文章。5月24日中国政府的声明指出,1689年9月8日《中俄尼布楚条约》划定中俄东段边界,珍宝岛所在的乌苏里江是中国的内河。在1860年11月14日沙俄迫使清朝政府接受的不平等条约《中俄北京条约》中,乌苏里江成为中俄边界东段界河。珍宝岛位于乌苏里江主航道中心线中国一侧。根据国际法公认的准则,珍宝岛理归中国。事实上,在乌苏里江枯水期可以看到珍宝岛同中国江岸相连。对于珍宝岛归属中国,1964年中苏边界谈判中苏联方面也曾不得不予以承认。苏联推行强权政治、试图用武力来实现对中国领土的要求,全然不顾国际法准则和自己原来的承诺。

苏联在中苏边界东段谋求中国领土的梦想被粉碎了,但挑动边界冲突、向中国人民显示武力的贼心不死,连续在中国西北边境制造事端。1969年6月10日苏联武装人员在中国新疆裕民县巴尔鲁克山西部地区制造流血事件,绑架和打死中国牧民。8月13日苏联又在该县的铁列克提地区挑起更为严重的流血事件。苏联方面出动直升机两架、坦克、装甲车数十辆和数百名武装人员侵入中国领土纵深达两公里,打死打伤中国边防人员多名。

20世纪60年代末是苏联扩张主义急剧膨胀的时期。苏联在中苏边境不断

---

① 奥·鲍·鲍里索夫、鲍·特·科洛斯科夫:《苏中关系(1945—1980)》,第351页。
② 《真理报》(苏联)1969年3月4日。
③ 《真理报》(苏联)1969年3月16日。

制造事件正是它推行强权政治的表现。为了缓和中苏之间军事对抗的紧张关系,中国总理周恩来和苏联部长会议主席柯西金1969年9月11日会晤于北京机场。根据中国的提议,双方达成了如下谅解:首先签订一个关于维持边界现状、防止武装冲突、双方武装力量在边界争议地区脱离接触的临时措施的协议,进而举行边界问题的谈判以图全面解决中苏边界问题。

第二节　苏联入侵捷克斯洛伐克和勃列日涅夫主义

"布拉格之春"

捷克斯洛伐克在建设社会主义的进程中出现了许多问题,国家的政治和经济生活不正常。政治上缺乏真正的民主和自由。人民的物质生活水平没有得到应有的提高,精神生活也没有得到满足。人民希望改变现状,实行革命的变革。1966年捷克斯洛伐克科学院的28名学者发表了一份关于在技术革命中捷克斯洛伐克所面临的问题的综合报告——《处在十字路口的文明》,发出警告:领导由于不理解现代科学发展趋势而迷恋粗放式经济必然在经济发展中被抛到后面。捷克的知识界把经济改革同政治改革紧密联系在一起。在捷克党内逐渐形成了以杜布切克为代表的改革派,希望进行改革使社会主义健康发展。在党的十三大上,有人提出了进行基本的政治改革的主张,认为共产党和社会主义必须有自我革新。捷克党对改革思想不是积极鼓励和支持,而是进行压制与打击。1967年在经济限制放宽的同时,在意识形态领域加强了斗争。中央委员会召开了一系列会议,并采取组织措施来反对"自由主义"、"自由化"。经济上的改革也问题成堆。改革由于积重难返,加上领导不力,阻力太大而举步维艰。党内的分歧日益明显,要求撤换原有领导的呼声愈益高涨。1968年1月,捷共中央全会选举杜布切克取代诺沃提尼为党的第一书记。3月18日至4月5日,杜布切克主持召开中央全会,扩大了党中央主席团和中央书记处,以保证实施其改革的设想。杜布切克采取补台的办法,增补人员,并没有把原有主席团成员革除出去。他在上台前后并未提出过激烈的政策主张,故较易被苏联所接受。1月,杜布切克出访莫斯科。公报称这次访问"热烈友好、诚挚,对会谈中涉及的问题取得了完全一致的意见"。进入2月,捷克改革的力度明显增大。经济改革在认真进行。在政治生活中鼓励自由讲话和公开辩论,宣传建设"具有人道面貌的社会主义"。杜布切克在2月1日举行的农业合作社第七次代表大会公开露面。他在讲话中强调民主和纪律同样重要,而不像以前只强调纪律。他宣布,捷共正在准备一个《行动纲领》,它将明确规定"新的社会主义"的目标,阐述"党在社会、国家和经济领域的当前政治任务"。捷共中央主席团从2月6日开始讨论行动纲领。会议规定允许"自由批评和建设性交换意见,也允许对不同的建议和立场作出评价",并决定把主席团和书记处开会讨论的情况公开发表。这无疑是党内生活民主化的重要步骤。经过紧张激烈的讨论与辩论,杜布切克的主张得到了同情与支持。杜布切克采取了一系列的组织措施,控制了思想文化部门和公安机关。2月19日,召开主席团会议,决定全体中央委员、候补中央委员及全国各级党组织"都应积极参与制定行动纲要的工作"。3月28日至4月5日,杜布切克主持召开中央全会,对主席团进行了大换班,并通过了"行动纲领"。纲领要求充分发扬社会主义的民主,保障人民的基本权利,坚持法治,勇敢地为过去受害者恢复名誉,制定新的宪法;实现在党领导下的自由思想,保证言论和新闻自由:"使宪法保证的观点自由得到充分的保障","鼓励和引导文艺作品"在"改造世界的斗争中能够有效地造就社会主义新人";党应该是依靠人民群众的自觉支持而不是采取强制压制手段来实现自己的领导,主张党、政分家,不允许党的组织代替政府机构、经济机构以及社会组织,要让它们充分发挥自己应该起的作用。它强调建立一个在共产党领导下的紧密团结和富有创造性的社会。党的领导"要靠自己党员的工作和自己思想的正确来推行党的路线",实现党的领导。纲领要求进行真正的经济改革,抨击人们习以为常的"平均主义",视这种"虚伪的平均主义"是集约化经济和提高人民生活水平的主要障碍。纲领主张扩大企业自主权、成立工厂委员会、恢复市场的积极作用,取消外贸垄断,允许农业生产自由和个体经营,提高人民生活水平。纲领在谈到捷克的外交政策时强调同社会主义国家的友好合作,反对"帝国主义势力","在相互尊重主权平等的基础上加强与苏联和其他社会主义国家的联盟和合作"。纲领表示要发展同一切国家的互利友好关系,称"在同发达的资本主义国家的关系中,我们将积极地推行和平共处政策","执行一条更加积极的欧洲政策,其目的是发展互利关系,保障欧洲大陆的集体安全"。纲领最后表示,捷共进行全面革新的目的是要以对捷克斯洛伐克的社会发展的正确理解为基础,"运用创造性的马克思主义思想和国际工人运动的经验"进行大胆的试验以"赋予社会主义发展以新的形式"。[1]

---

[1] 参见《共运资料选译》1983年第8期,第23—26页。

杜布切克表示,捷共"有责任总结和利用自己比较先进的物质生产基础,非常高的教育水平和无可置疑的民主传统"来推进全面改革,尽到对国际共产主义运动应负的责任。4月6日原政府提出辞职,8月组成了以杜布切克为首的新政府,任命了新检察长、最高法院院长、选举了新的议长,并着手恢复名誉问题。新政府在施政纲领中称,它主要向国民议会负责,而不是向党负责。捷共的行动纲领及采取的政策措施是东欧国家力图摆脱苏联发展模式而寻找自己发展道路的有益的尝试,它所提出的一些设想与政策主张对于其他社会主义国家也有一定的参考和借鉴作用。当然,捷共根据自身面临的环境和特点而提出的一些看法不一定具有普遍意义。一些观点可能是不正确的。对于杜布切克提出的行动纲领以及据此在捷克斯洛伐克所掀起的改革,西方社会称之为"布拉格之春",它们别有用心地进行鼓噪、煽动,把本来是坚持社会主义的改革运动描绘成脱离社会主义道路、进行它们所希望的和平演变。苏联则把它斥为"反革命","威胁了社会主义大家庭的利益",欲置于死地。苏联对于行动纲领一开始采取沉默的态度。4月9—10日,苏共中央举行全会,听取勃列日涅夫关于《国际形势中的迫切问题和苏联共产党为保卫国际共产主义运动的团结而斗争》的意识形态的报告。全会公报称,苏联党"将为社会主义大家庭在政治上、经济上和国防上的不断加强而作出一切必要的努力",宣称要"对敌对思想进行不调和的斗争"。4月12日苏联《真理报》报道了捷共中央全会并发表文章,公开指责在捷共中央全会期间发表了一些"非马克思主义的意见",各种"反社会主义分子"在"民主化"和"自由化"的口号下削弱党的领导作用、攻击党和党的组织。文章提醒要保卫思想的纯洁性和警惕"修正主义"的危险。

杜布切克领导的改革运动继续推进,捷克国内政治气氛日趋活跃。6月27日,在布拉格出现了一份"两千字声明"的文件。文件称"共产党在战后赢得了人民很大的信任,但是这种信任被官职取代,当它取得了全部官职之后,其他一切就丧失殆尽"。它指责共产党变成了一个"权力组织,使得它对那些权欲熏心的自私自利者,可耻的胆小鬼和心怀鬼胎的人具有很大的吸引力"。文件认为年初开始的复兴过程"没有带来任何太新的东西",呼吁要使社会制度"变得通情达理",必须采取主动。文件主张在不反对共产党的情况下进行民主复兴,反对无政府主义和故意制造不安,采用联邦制解决民族问题,警惕外国势力干涉阴谋,"我们要庄严地坚持自己的立场,而不要冒犯别人",支持按"委托"办事的政府,甚至不惜拿起武器。对于这个文件,苏联反应强烈,认为作为一个纲领"它会使反革命活动进一步活跃",并借此向捷党施加压力。捷共主席团声明认为这是对"民主化进程的明显威胁"。

苏联出兵捷克斯洛伐克

苏联对捷克斯洛伐克的改革运动采取压制的政策。捷共颁布的行动纲领和以后采取的政策遭到了苏联的指责和反对。(1)苏联借频繁的双边会谈、访问对捷克施加政治思想影响与压力。5月3日,捷共中央第一书记杜布切克率代表团对苏联进行了"短暂的同志式访问",双方"讨论了捷最近事态的发展和它面临的紧迫的经济和财政问题"。5月6日,捷外长访苏,向苏解释新政府的外交政策。5月17日,苏联部长会议主席柯西金抵捷,同捷党领导人举行了会谈,名曰"解决传统的经济关系和捷当前的一些具体的经济问题"。进入7月后,苏捷关系明显恶化。苏共建议苏捷两党于7月22日或7月23日在乌克兰举行"最高级"会晤,捷则提议在捷境内举行。7月29日—8月1日,苏捷在捷克的切尔纳举行了这一会谈。公报称双方"就相互关心的问题广泛和友好地交换了意见","就他们国内的局势交换了看法"。8月以来,苏联对捷克进行攻击的言论明显增加。(2)协调华约成员国政策,借举行多边会议向捷施加压力。5月8日,苏联召集保加利亚、匈牙利、民主德国、波兰在莫斯科举行"小型高级会议"。7月8日,勃列日涅夫给捷共主席团打电话,要他们在11日到华沙"就共同感兴趣的问题交换意见",遭到了断然拒绝。苏联《真理报》对此进行严厉指责。7月14日,除捷以外的苏东五国领导人在华沙举行会议以"制定"对付捷克的"统一政策",并于15日晚向捷共中央发出联名信,称"以无产阶级国际主义精神就捷事态发展交流了情况"。信中表示对捷事态发展"深为不安","不能同意异端势力使捷离开社会主义道路"。联名信还指责在捷出现了"反革命的政治和组织纲领"。对于苏党的指责,捷共表示拒绝,并做出解释"我们认为没有任何现实的理由可以把我们目前的局势称为反革命的"。捷共坚决拒绝下列无端指责:捷共改变社会主义对外政策的方针,使捷克同社会主义国家分开的具体危险。(3)苏东国家频繁举行军事演习,进行军事调动,对捷施加军事压力。早在5月中旬,苏联国防部长格列奇科率8人代表团访捷"交流经验和讨论同双方有关的问题"。柯西金也到捷克访问,他在回国前称,华约国家7月在捷克、波兰举行军事演习,要求捷接受1万名苏波军队进驻,作为"对付北大西洋公约组织重新改组战略的一个措施"。6月18日,华约联合武装部队总司令、苏联元帅雅库鲍夫斯基抵捷,指挥苏、捷、波、民主德国举行的参谋演习。7月以来,苏联加紧军队的调动,强调战斗准备。7月27日,格列奇科宣称,由于出现了"对社会主义制度的威胁"苏军必须"进一步加强战斗准备"。7月底,苏联加强了在捷克北部边界的苏联、民主德国和波兰军队的调动。8月11日,苏联宣布在邻近捷克的波兰、乌克兰、东德举行一次新的军事演习。

苏联动用华约的力量,采取政治和军事压力企图使捷克屈服、放弃已经开始的改革。8月19日,苏共中央委员会举行"非常"会议,专门研究捷克的局势及可能采取的进一步措施。8月中旬,苏联军方领导人同东欧国家军方频繁接触。8月20日23时,苏联和波兰、保加利亚、民主德国、匈牙利共25万人从北面、东北、东和南分18路越过捷克边界侵入捷克,并迅速占领捷克全境。苏联驻美大使多勃雷宁到白宫把苏军进入捷克面告约翰逊总统,但未能奏效。苏联驻捷大使契尔沃年科驱车总统府告之捷克总统斯沃博达。21日凌晨,装备有轻型坦克和反坦克炮的空降部队在布拉格和布拉迪斯拉发机场降落,每分钟一架苏制AN-12运输机,而担任指挥的是20日深夜身着便服的乘民航机到达的苏联军官。21日,苏联塔斯社说苏联军队进入捷克,是应该国党政活动家"请求"给予"紧急援助"。这种请求是"由于在捷克斯洛伐克存在着对社会主义制度的威胁,对宪法所确定的国家的威胁,由于同敌视社会主义的外国势力相勾结的反革命势力引起的威胁而提出来的"。但当苏军入侵时,捷共党中央主席团正在开会讨论国内的重大问题。从21日凌晨布拉格电台的广播和刊登在当天《红色权利报》号外的党中央主席团声明来看,捷克党政领导对苏联等国军队的入侵并不知晓。主席团的声明说,苏联等国部队在捷克党政领导人及其机构"不知道的情况下"越过边境。捷克党中央主席团"号召共和国全体公民保持平静,对于开进来的军队不要进行抵抗,没有给我们的军队、保安部队和工人纠察下令保卫国家"。声明强调,捷共中央主席团认为这个行动"不仅是违反社会主义国家关系的一切原则",而且是"无视国际法的基本原则"。8月21日、22日,苏军包围了捷克总统府、外交、电台、内政等要害部门。

苏联的入侵遭到了捷克举国上下的一致反对。人民群众举行罢工和示威游行,严正抗议苏军的入侵。愤怒的群众烧毁了入侵者的坦克,高呼俄国佬滚回去。捷克政府和国民议会要求入侵苏军撤退。政府发表声明谴责入侵是"非法的行动,它违反国际法、社会主义国际主义原则"。国民议会的议员在苏军包围下举行会议,在致华约五国政府的呼吁书中要求全部撤走入侵的军队。捷克党中央委员会举行会议,召开了党的十四大,重申对杜布切克的信任。在告全国人民书中,要求苏联释放囚禁的捷克领导人和撤走入侵军队。苏军挟持捷克总统斯沃博达"访问"苏联和进行"谈判"。苏联向这位总统提出了16点难以接受的要求,其中包括按苏联模式来改变捷克的政治发展方向;宣布十四大无效;进行书刊检查;承认国内出现反革命活动;承认入侵合法;捷克和联邦德国边境由华约保护等。① 捷克领导人在刺刀的胁迫下对苏联的要求不得不作出某些让步。8月26日,苏捷发表会谈公报,称会议讨论了有关帝国主义"加紧策划反对社会主义国家的阴谋"、"有关捷克斯洛伐克最近的局势和五个社会主义国家的军队暂时进入捷克斯洛伐克社会主义共和国领土"。公报称,捷克方面表示"党和国家机关所有有影响的部门的全部工作将引向保证采取为社会主义政权服务、为工人阶级和共产党的领导作用服务,为发展和加强同苏联和整个社会主义大家庭各国人民的友好关系的利益服务"。捷克国民议会拒绝批准苏捷协议,呼吁政府要求苏军撤走。苏联对捷克人民的正当要求置之不理。10月3日,苏联外长葛罗米柯在联大发表演说为入侵捷克进行辩护。他说苏联要利用联合国这个讲坛宣布"社会主义国家不能允许而且决不会允许存在使社会主义的重大利益遭到侵犯的局势"。还是这位外长在其主编的《苏联外交政策史》中宣称,入侵捷克"这是一种非常而又必要的措施。它是为保卫捷克斯洛伐克人民的社会主义成果和社会主义国家而采取的国际主义援助行动"②。同日,捷克领导人杜布切克、切尔尼克率领的捷共代表团到莫斯科同苏联领导人举行会谈。苏联告诉捷克领导人,由于捷克局势的尖锐,苏军决定暂不撤退、"暂时留驻"在这个国家。10月14—15日,苏联又把捷克总理叫到莫斯科,讨论"苏联军队暂时驻在捷克斯洛伐克的条件问题"。10月16日,苏联部长会议主席柯西金到布拉格,同捷克总理切尔尼克签订了《关于苏军暂时留驻捷克斯洛伐克社会主义共和国境内的条件的条约》。条约规定"现在在捷克斯洛伐克社会主义共和国的一部分苏联军队暂时留驻捷克斯洛伐克社会主义共和国境内,以保证社会主义大家庭各国的安全免受西德军国主义势力日益增长的复仇主义野心的侵犯";暂驻苏军"人数和部署地"由苏捷两国政府"协商确定";暂驻苏军不得侵犯驻在国的主权,不得干涉其内政;捷应向暂驻苏军、苏军编制人员及家属"提供军营中的营房和住房"、办公用房、仓库和其他用房、机场及其固定建筑物和设备、国家邮电和运输网设施、电力以及其他服务;苏捷军队共同使用靶场、射击场和演习场。条约于10月18日生效。

---

① 《纽约时报》1968年9月8日。
② 安·安·葛罗米柯、鲍·尼·波诺马廖夫主编:《苏联对外政策史(下卷):1945—1980》,第373页。

苏军入侵捷克斯洛伐克引起了国际社会的强烈反响。南斯拉夫对此进行了公开的谴责。罗马尼亚实行总动员以保卫边界不受侵犯。中国对苏联的行径进行了最为严厉的谴责,批评这是在推行社会帝国主义。

勃列日涅夫主义

苏联为出兵捷克斯洛伐克、干涉他国内政,炮制了所谓的勃列日涅夫主义。在入侵捷克斯洛伐克前后,苏联党政领导人和新闻媒介提出了"有限主权论"、"社会主义大家庭论"、"利益有关论"和"大国特殊责任论"等一系列被称为勃列日涅夫主义的理论。苏联打着国际主义的旗号,推行霸权主义和强权政治。

勃列日涅夫在1968年4月9—10日举行的苏共中央全会上做了《关于国际形势的迫切问题和苏共为世界共运的团结而斗争》的讲话,提出面对帝国主义和各种思潮的进攻,苏共要采取积极进取的态度,认为"同敌对的意识形态作不调和的斗争,坚决揭露帝国主义的阴谋,对苏共党员和全体劳动人民进行共产主义教育以及加强党的整个意识形态活动,具有特殊意义"。他要求各级党组织"向资产阶级意识形态进攻",加强苏联人的"爱国主义和国际主义感情"。全会的公报称,苏共中央要为"社会主义大家庭在政治上、经济上和国防上的不断加强而作出一切必要的努力"。① 有西方学者称该公报是勃列日涅夫主义的前奏,它表明苏联已经强烈感到苏东国家所面临的威胁,当这种威胁降临时苏联准备采取干涉行动。②

随着捷克斯洛伐克改革的进展,苏联感到局势的严重,决定进行思想上的反击。7月3日,勃列日涅夫在克里姆林宫苏匈友好大会上发表讲话,说资产阶级制度的辩护士会用种种假社会主义的外衣扮起来,以便打着"民族形式"的招牌来动摇社会主义、削弱社会主义国家之间的兄弟关系。因此兄弟党要加强"国际主义团结、组织政治统一战线进行反帝斗争"。勃列日涅夫表示"我们是国际主义者。我们不能、也永远不会对其他国家的社会主义建设的命运,对世界上整个社会主义和共产主义事业抱漠不关心的态度"。③ 第二天,他说帝国主义不但在政治上和经济上进行斗争,进行军事挑衅,而且特别努力进行意识形态的斗争,向社会主义世界输出反共主义、民族主义和个人主义,试图削弱社会主义的思想基础。帝国主义还特别注意破坏社会主义国家之间的政治和思想

---

① 《真理报》(苏联)1968年4月11日。
② 塔德·舒尔茨:《"布拉格之春"前后》,新华出版社1983年版,第441页。
③ 《真理报》(苏联)1968年7月4日。

团结,以便达到分裂社会主义大家庭团结的目的。"① 勃列日涅夫还强调:我们的敌人竭力破坏武装力量的声誉、削弱武装力量和人民的联系,必须保护武装力量的威望,加强它同人民群众之间的联系。②

苏联纠集东欧国家入侵捷克斯洛伐克之后,在国际上遭到了普遍的谴责。勃列日涅夫编造种种理由为自己的侵略行径进行辩解。第一,宣扬武装侵略的必要性和合理性,炮制"有限主权论"。勃列日涅夫认为,各社会主义国家虽然有权考虑本国的民族条件来确定自己的社会主义发展的具体形式,但是各国都毫无例外地要遵循"普遍规律,背离了这些普遍规律就可能离开社会主义本身"。塔斯社于 8 月 21 日发表声明,称"捷克斯洛伐克局势的进一步发展,影响到苏联及其他社会主义国家的切身利益",入侵捷克符合"社会主义大家庭的利益",体现了"各国有权单独或集体地进行自卫的原则"。勃列日涅夫强调"当一个社会主义国家国内的和国外的敌视社会主义的势力试图使这个国家的发展转向复辟资本主义的时候,当出现危及这个国家社会主义事业、危及整个社会主义大家庭安全的威胁的时候,这就已经不仅仅是这个国家人民的问题,而是所有社会主义国家共同的问题和关心的事情了"。③ 在这个时候,其他社会主义国家采取军事行动就是十分必要的了。在勃列日涅夫看来,捷克斯洛伐克的事态发展是在断送社会主义的成果,威胁了苏联的安全利益。因此,为了社会主义大家庭的利益,出兵捷克是苏联履行无产阶级国际主义义务。在这里有两个问题必须分清是非:其一,1968 年 3 月以来捷克国内事态发展是捷克斯洛伐克共产党试图打破原有的发展模式,根据本国的实际情况探索一条适合本国的发展道路,谈不上什么复辟资本主义,也不会给其他国家造成什么威胁。如果说是威胁也只能是对原有发展模式的挑战。其二,一个国家的人民可以根据本国的实际选择发展道路与模式。这是一个主权国家的基本权利,别的国家无权干涉、更没有理由进行直接的武装干涉。苏联在捷克共产党和政府并未请求援助的情况下举兵入侵,这是明目张胆的侵犯和践踏捷克的主权,这是国际法所不容的。社会主义国家之间的关系必须建立在完全平等、尊重主权和独立、互不干涉内政的基础上。这说明,苏联领导人口口声声尊重主权,实际上是把自己的主权和利益强加于别的国家,这是霸权主义的突出表现。苏联的新闻媒介

---

① 勃列日涅夫 1968 年 7 月 4 日在全苏教师代表大会上的讲话,《真理报》(苏联)1968 年 7 月 5 日。
② 勃列日涅夫 1968 年 7 月 8 日在为苏联各军事院校毕业生举行的招待会上的讲话,《真理报》(苏联)1968 年 7 月 9 日。
③ 勃列日涅夫在波兰统一党五大的讲话,《真理报》(苏联)1968 年 11 月 13 日。

公开宣称,保护苏联所标榜的社会主义大家庭的利益是"最高主权"①。为此,苏联可以决定其他国家的命运,"包括它的主权的命运在内"②。苏联为了自己的利益把"最高主权"强加于人,视自己支配他国的权力为无限。当国际舆论谴责苏联侵犯捷克主权时,勃列日涅夫却说什么苏军入侵是对帝国主义和反动势力的一次沉重的打击。他把对苏联的谴责说成是"要消灭这种主权"③。苏联《真理报》称,任何一个社会主义国家都是处于社会主义大家庭的体系之中,它就不能脱离那个大家庭的共同利益。当捷克面临着反社会主义的变质的危险的时候,"不能拘泥于对主权的某种抽象理解而使这几个社会主义国家无所作为"。苏联反击帝国主义和反动势力向捷克输出反革命,它构成了捷克斯洛伐克共和国的"真正主权"。④

第二,把捷克斯洛伐克进行的改革说成是帝国主义破坏社会主义的阴谋,是国内反革命势力在国际帝国主义反动派的积极支持下策动政治危机、威胁社会主义成果。勃列日涅夫断言,捷克的改革进程表明,帝国主义采取迂回的策略,从侧翼和后方向社会主义大家庭发动进攻,分散其力量、寻找其薄弱环节,得手后迅速扩大范围。他说,帝国主义加紧了在意识形态方面的进攻,它鼓吹地方主义和民族主义倾向,利用修正主义者削弱共产党的领导作用,进而取代之。⑤ 勃列日涅夫宣称,帝国主义利用捷克来达到瓦解社会主义大家庭、肢解华沙条约组织的目的。帝国主义指望在社会主义大家庭内打开缺口,捷克成了帝国主义反动派和社会主义力量两军对垒的重要地方。⑥ 帝国主义攻击和破坏社会主义国家是国际阶级斗争的一种表现形式,也是帝国主义政策的至关重要的内容。帝国主义为了达到上述目的可以使用一切手段和通过各种途径。因此,提高对帝国主义的警惕是必要的。但是必须把帝国主义的阴谋同捷克国内发生的一切区别开来,决不能把捷克出现的变化简单地归结于外来的影响和破坏。苏联之所以强调帝国主义的破坏无非是为自己的侵略行动寻找理由罢了。

第三,鼓吹社会主义大家庭的一体化。勃列日涅夫说,面对帝国主义的分裂阴谋,社会主义国家必须加强团结与合作,加强相互声援。他认为这是社会

---

① 《国际生活》(苏联)1968年第11期。
② 《红星报》(苏联)1969年2月14日。
③ 《真理报》(苏联)1968年11月13日。
④ 《真理报》(苏联)1968年9月26日。
⑤ 勃列日涅夫在华沙优质钢厂群众大会上的讲话,《真理报》(苏联)1968年11月14日。
⑥ 安·安·葛罗米柯、鲍·尼·波诺马廖夫主编:《苏联对外政策史(下卷):1945—1980》,第372页。

主义体系同帝国主义进行胜利斗争的"主要条件之一"。他还说,社会主义国家的防御的利益以及经济科学和文化发展的利益,都要求它们之间"最广泛的合作,要求全力发展它们之间各方面的联系,要求实行真正的国际主义"。① 勃列日涅夫要求"实行更加广泛的社会主义国际分工、生产协作和专业化",以便发挥社会主义的优越性,更有效地同资本主义进行经济竞赛。毫无疑问,社会主义国家需要加强联系和互相支持,但这种联系与支持应该是平等的、互利的,而不是为了苏联的私利。苏联在处理同社会主义国家的关系中一直推行大国主义政策。为了自己的利益,苏联不顾他国的实际情况硬性推行一体化。苏联利用华沙条约组织和经济互助委员会来推行自己的政策和主张,损害其他成员国的正当利益。这是其他国家所不能接受和要坚决反对的。捷克的事态表明,争取同苏联的平等地位和维护本民族的利益是改革的主要内容。苏联宣称,不断加强苏联的军事力量是"自己国际主义义务的一个极主要部分"。② 这表明苏联十分重视军事力量的发展,把它作为推行霸权主义和强权政治的工具和手段。军事实力是苏联推行其政策的物质基础。苏联领导人宣扬"苏联具有作为一个世界大国的广泛发展的国际联系",对于涉及苏联的安全"不能消极对待"。因此,苏联的军事实力要满足其安全利益的一切需要。苏联不仅在东欧国家驻扎重兵,而且竟然出动20余万大军入侵它的盟国。苏联的军事实力固然有对抗美国、同美国争夺军事优势的一面,同时也有维护其社会主义大家庭的作用。苏联军队在保护东欧国家免遭西方的侵略、维护战后欧洲边界现状的同时,在东欧国家扮演了镇压者的角色。

---

① 《真理报》(苏联)1968年11月13日。
② 勃列日涅夫1968年10月25日在苏联共青团中央庆祝共青团成立50周年的全体会议上的讲话。

第十三章　第三世界的兴起

第一节　不结盟运动和"77国集团"

不结盟运动的兴起

20世纪50年代中期以后,国际关系发生了重大变化。一方面出现了以美苏为首的北约与华约两大军事政治集团的对抗;另一方面,民族解放运动不断高涨,殖民主义体系迅速瓦解,亚非新独立国家的阵营日益扩大。新兴国家在确定自己在世界事务中的地位和作用时,大都表示希望置身美苏冷战对抗之外,奉行独立、自主、和平、中立的外交政策,巩固自己的民族独立,积极维护世界和平。一些具有全球影响的第三世界国家民族运动领袖相互联络,共同努力,以求建立自己的组织。1956年7月,南斯拉夫总统铁托、印度总理尼赫鲁和埃及总统纳赛尔发表联合声明,呼吁新兴国家加强经济文化合作,建立平等友好关系。三国一致表示拥护和平共处原则,坚持民族独立,反对加入对立的军事集团。三国的倡议在第三世界国家中产生了重大的影响,印度尼西亚总统苏加诺,加纳总统恩克鲁玛随即同他们进行磋商,参与推动倡议的实施。一般称上述五国领袖为不结盟运动的主要发起人,其中铁托、尼赫鲁和纳赛尔为不结盟运动建设所作的贡献尤其突出。

第三世界国家领导人的往来频繁,建立发展中国家自己的国际组织的条件日益成熟。1961年2—4月,铁托总统访问非洲9国,提议召开由奉行不结盟政策国家首脑参加的国际会议,得到了广泛的响应。同年6月,在开罗举行了首脑会议之前的筹备会,21个国家的代表出席了会议。纳赛尔总统在会上发挥了核心作用。筹备会议确定了首脑会议的时间和地点,并提出作为不结盟国家的五项标准:(1)奉行以和平共处、不结盟为基础的独立外交政策,至少应当采取符合这种政策的态度;(2)始终不渝地支持民族独立运动;(3)不参加可能导致卷入大国冲突的军事同盟;(4)不与大国缔结双边联盟条约;(5)不允许在本国建立外国军事基地。

1961年9月1—6日,第一届不结盟国家和政府首脑会议在贝尔格莱德举行。25个国家的首脑出席了会议,与会国除南斯拉夫外全部为亚非拉国家。①会议发表了《不结盟国家的国家或政府首脑会议宣言》和《关于战争的危险和呼吁和平的声明》。这次会议标志着不结盟运动的正式形成。与会各国一致认为只有根除帝国主义、殖民主义和新殖民主义,才能实现持久和平;只有和平共处原则才是代替冷战、避免发生全面核灾祸的唯一出路。因此奉行独立和平外交政策的不结盟国家是维护世界和平、消除国际紧张局势的重要因素,不结盟各国应积极参与解决关系到世界和平与安全的问题。不结盟国家在会议宣言中郑重要求撤除一切设在别国领土上的军事基地;消除全面核战争的危险,并承诺将全力支持各国争取民族独立、捍卫国家主权的斗争。宣言还表示与会国将加强经济和商业合作,以抵制大国在国际经济交往中使用的压力政策。

1964年10月5—10日第二次不结盟国家首脑会议在开罗举行,与会国增加到47个。会议通过了《和平和国际合作纲领》,更加明确了反帝、反新老殖民主义的立场,再次指出帝国主义、殖民主义和新殖民主义是国际紧张局势和国际冲突的根源,只有消除这些不稳定因素,才能在世界范围内实现和平共处。不结盟各国重申愿为各国的民族解放运动"提供一切必要的道义上、政治上、或物质上的援助和支持",坚决要求"无条件地、彻底地和永远地废除殖民主义"。会议制定了和平共处九项原则,并首次提出应"迅速建立一种新的、公正的经济秩序"。这说明不结盟运动在规模和影响不断扩大的同时,其政策也在不断发展和深入。

1970年9月8—10日,有54国参加的第三次不结盟国家首脑会议在卢萨卡举行,并最终通过了《卢萨卡宣言》(即《关于和平、独立、发展、合作和国际关系民主化宣言》)和《关于不结盟和经济发展宣言》。在《卢萨卡宣言》中,不结盟各国谴责超级大国的对立危及世界和平,批评美苏两国干涉别国内政、进行颠覆活动、实行政治经济高压政策,破坏了各地区的安全。宣言强烈呼吁实现国际关系的民主化。经济宣言则指出发达国家与发展中国家的经济差距在不断扩大,不结盟国家面临维护经济独立、加快经济发展的艰巨任务。

卢萨卡会议的另一项重大成果是促进了不结盟运动的进一步组织化、制度化。会议决定建立常设的部长级协调局和不结盟国家驻联合国代表协调局,并

---

① 它们是:亚洲的阿富汗、缅甸、柬埔寨、锡兰(斯里兰卡)、印度、印度尼西亚、伊拉克、黎巴嫩、尼泊尔、塞浦路斯、沙特阿拉伯和也门;非洲的阿尔及利亚(临时政府)、埃塞俄比亚、加纳、几内亚、马里、摩洛哥、索马里、苏丹、突尼斯、阿拉伯联合共和国和刚果;拉丁美洲的古巴。

规定此后每三年召开一次不结盟运动首脑会议,会议东道国首脑担任会议主席和不结盟运动的发言人,负责在联合国大会等国际论坛上阐述不结盟国家的观点。这标志着不结盟运动日益走向成熟。

在不结盟国家的共同努力下,不结盟运动保持了强劲的发展势头。其规模不断扩大,1995 年已拥有 113 个成员国。不结盟运动定期举行首脑会议、全体外长会议和协调局外长会议。截至 1995 年不结盟运动共举行了 11 次首脑会议。不结盟国家遵循独立自主、民主协商的根本原则,抵制外部干涉,克服内部困难,保证了不结盟运动的稳定和发展,使该运动在国际事务中的影响力不断提高。作为独立于超级大国对抗之外的"第三种势力",不结盟运动成功地发挥了集体的力量,为稳定国际局势、反对大国霸权主义做出了贡献。不结盟运动首先在推动民族解放运动,其后在反对霸权主义、建立世界经济新秩序等问题上的带头作用,符合广大发展中国家的利益和要求,加深了发展中各国对不结盟运动的认同感,使该运动真正成为具有广泛代表性的第三世界国际组织。

当然,由于不结盟运动规模庞大,其成员国的经济发展水平相距甚远,社会文化传统也存在很大差异,成员国之间有不少历史遗留下来的领土、宗教、民族矛盾,所有这些都给不结盟国家的团结合作造成了困难。加之某些大国试图影响不结盟运动的政策取向,某些不结盟运动的成员国未能严格遵守运动的宗旨。因此,不结盟运动在其发展过程中也经历了若干波折。

"77 国集团"等第三世界国际组织的出现

亚非国家在积极制定独立的外交政策、维护自己的政治独立的同时,逐渐开始注重民族经济的发展,争取以经济独立巩固自己的政治独立。在这一过程中,它们不同程度地感受到旧的不合理的国际经济秩序对发展中国家的压制。虽然第三世界国家先后摆脱了帝国主义和殖民主义的统治获得了独立,但在经济交往中仍处于受剥削、被掠夺的不利地位。要求改变旧有的国际经济秩序、抵制发达国家的经济霸权的共同愿望使众多的发展中国家聚集到了一起。它们开始利用各种机会同发达国家进行接触、交涉、谈判乃至斗争。早在第一次不结盟首脑会议上,发展中国家就提出了在国际经济领域采取联合行动的主张,要求废除国际贸易中的不等价交换、稳定原料和初级产品价格。

1963 年,第 18 届联合国大会就召开联合国贸易和发展会议的问题进行讨论,发展中国家在会上发挥了积极的作用。73 个亚非拉国家与南斯拉夫、新西兰签署《联合宣言》，大力支持召开贸易与发展会议的设想，被称为75国集团。在他们的一致要求下，联合国大会最终决定由联合国经济及社会理事会负责于次年组织召开联合国贸易和发展会议。

1964年3—6月，第一届联合国贸易和发展会议在日内瓦举行，共有120个国家参加。发展中国家再次掌握了会议的主导权。亚非拉国家的代表在会上强烈抨击西方发达国家霸占和掠夺发展中国家的自然资源，指责西方国家在国际贸易中极力维持不合理的价格体系，以高价的工业制成品换取发展中国家的廉价初级产品，使发展中国家无法摆脱在世界贸易中的不利地位。为加强同发达国家对抗的力量、扩大发展中国家正义主张的影响，在原有的75国集团的基础上，77个发展中国家通过协调立场达成了《77国联合宣言》。① 这些国家在宣言中主张发展中国家尽快摆脱帝国主义和殖民主义的压迫、剥削和掠夺，谋求自身的经济发展，并表示要联合起来同西方发达国家进行交涉，维护自己的合法经济权益。这标志着77国集团的正式形成。在77国集团国家的争取下，联合国大会于1964年底决定将联合国贸易和发展会议作为联合国大会的常设机构，以后每四年召开一次。同时设立联合国贸易和发展理事会，作为贸发大会的执行机构，并在日内瓦设置大会秘书处。

虽然77国集团在此以后规模不断扩大，成员早已达到上百个，但仍沿用77国集团的名称。它成为广大发展中国家运用集体的力量维护自己在国际经济交往中的权益的主要机构。在每四年召开一次的联合国贸易和发展会议之前，77国集团总要举行部长级会议，进行政策协调，制定出同西方发达国家讨价还价的共同策略。77国集团并不是一个正式的经济组织。它没有设置总部、秘书处等常设机构，没有章程。各成员国在国际机构和国际活动中互相联系，但不受任何约束。77国集团成员众多、内部差异较大，为保证协调的效率，集团内按亚非拉三大地区分别设立三个地区性协调机构，负责在77国集团部长级会议召开之前进行地区内的协商。1967年，第一届77国集团部长级会议在阿尔及尔举行，通过了《阿尔及尔宪章》，作为向第二届联合国贸发大会提出的建议。宪章基本包括了发展中国家对国际经济贸易的政策主张，为第二届贸发会议的讨论提供了基础。

在77国集团诞生的同时，亚非拉新兴国家为维护自己的经济权利还组织了一系列地区经济组织和原料生产国、输出国组织。1960年9月14日，伊拉

---

① 在原有的75国中，新西兰宣布退出。另有肯尼亚、韩国、南越加入，形成77国集团。

克、沙特阿拉伯、委内瑞拉、伊朗、科威特等国官员聚会巴格达,发起成立了石油输出国组织,亦称欧佩克。后阿尔及利亚、加蓬、印度尼西亚、利比亚、尼日利亚、卡塔尔、阿联酋、厄瓜多尔等国陆续加入,使其扩大为包括13个第三世界主要石油生产国的组织。该组织的宗旨是反对国际石油垄断资本的掠夺和剥削,采取共同行动保卫石油资源和民族经济权益。欧佩克设大会、理事会、秘书处以及有关的委员会。总部起初设在日内瓦,1965年后迁至维也纳。欧佩克成员国通过每年两次的大会协调石油政策,反对欧美国际石油垄断财团对石油生产、提炼、运输、销售各方面的严密控制,维护自己的权益。

1968年1月9日,沙特阿拉伯、科威特和利比亚三国发起成立了"阿拉伯国家石油输出国组织"。其主要目的是联合行动展开同西方石油公司的集体交涉,同时探讨成员国之间在石油工业中进行经济合作的方式和方法。后来伊拉克、卡塔尔、阿联酋、巴林、埃及、叙利亚、突尼斯、阿尔及利亚等国陆续加入。[①]该组织设立部长理事会、执行局和秘书处。其中部长理事会负责制定方针政策和规章制度。通过相互支持,统一行动,上述石油生产国逐步赢得了同西方石油公司协商决定原油标价和石油税率的权利,提高了自己的石油收入。它们同时通过增加本国在外资石油企业中的股份,或直接对这些企业实行国有化,努力收回对石油资源的主权。

1960年12月7日,17个非洲国家成立了"非洲国家咖啡组织",决定共同确定咖啡的出口价格,维护自己的贸易地位。此后,又接连出现了"非洲花生理事会"、"非洲油料生产国组织"等行业性经济合作组织。1964年9月,根据第二届全非人民大会的提议,在联合国非洲经济委员会的主持下,"非洲发展银行"宣告成立,其最初法定资本为2.5亿美元。该银行积极为新独立的非洲国家提供经济发展所需的资金,并试图协调非洲各国的总体发展战略和经济计划,促进非洲国家社会经济的全面发展,探索非洲经济一体化的道路。除南非外,非洲所有独立国家都陆续加入了该银行组织。此外,非洲还出现了一些次地区一级的经济金融合作组织,如非洲—毛里求斯共同体(1961年9月)、西非货币联盟(1962年5月)、中非经济和关税联盟(1964年12月)、东非共同体(1967年12月)。亚洲和拉丁美洲的发展中国家也成立了许多颇具影响的地区经济组织,为改变自己在旧的国际经济体系中的不利地位进行努力。

---

① 1979年4月,埃及被中止会员国资格。

第二节　亚洲反帝斗争的发展

东南亚国家联盟的建立

进入20世纪60年代,东南亚国家的民族主义情绪普遍高涨,各国纷纷表示了脱离美国或英国的影响、争取独立发展的愿望,随之出现了谋求地区合作的趋势。1960年,马来亚总理东姑·拉赫曼首先提议建立东南亚联盟。1961年7月,在马来亚和菲律宾政府的联合倡议下,泰国、菲律宾、马来亚在曼谷成立"东南亚联盟",以求在经济方面发展相互合作。

但当时东南亚国家均立国不久,仍在不断探索发展道路,对如何处理国内民族关系、完善政治体制、谋求经济发展意见不一。英国、荷兰殖民统治时期遗留下来的边界纠纷和民族矛盾也尚未得到解决,地区合作的条件还没有成熟。以马来西亚联邦的建立为导火索,东南亚国家之间关系趋于紧张,地区合作一度遇阻。

建立马来西亚联邦的设想是由马来亚政府首先提出的,目的是改善马来亚的经济环境和民族构成,防止"共产主义势力的扩张威胁"。该联邦将以马来亚为主,把当时正在争取脱离英国统治而独立的新加坡、沙巴、沙捞越、文莱包括进来。英国认为如果让上述各殖民地分别独立可能使它们被美国或印尼所控制,结成统一的联邦国家则相对有利于自己继续保持在这些地区的主导地位。故英国积极支持马来亚的设想。1963年7月,英国同马来亚、新加坡、沙巴、沙捞越在伦敦签订了建立马来西亚联邦的协定。英国放弃对上述各地的宗主权,但此之前签署的各项防务和互助协定为马来西亚联邦自动继承。同年9月,马来西亚正式宣告成立。

马来西亚联邦在酝酿过程中就引起了菲律宾和印尼的异议。菲律宾提出沙巴是菲律宾苏禄苏丹在1878年租让给英国的,菲律宾对其享有无可争议的主权,有权决定这个资源丰富的殖民地独立后的归属,不同意将其并入马来西亚联邦。菲律宾在美国支持下曾提出一个妥协方案,由菲律宾与"马来西亚地区"组建"泛马来西亚联邦",共同管理开发沙巴等地。但马来亚拒绝接受这个提议,导致菲马关系的紧张。

印度尼西亚的苏加诺政府同样反对建立马来西亚联邦的计划,指责它是帝国主义为包围印尼、控制东南亚地区战略资源的阴谋。印尼公开支持文莱人民党领导的反对加入马来西亚、要求彻底独立的武装斗争。文莱苏丹迫于民众的压力,同时考虑到自身的经济和政治利益,最终决定退出马来西亚联邦计划。1963年初,印尼又派遣游击队进入沙捞越,支持当地的独立运动。苏加诺政府宣布与即将成立的马来西亚进入"对抗"状态。

为缓和同菲律宾和印尼的关系,马来亚与上述两国在1963年6月达成协议,同意在沙捞越、沙巴和文莱举行民意调查,以当地居民的认可作为马来西亚成立的前提。三国还一度考虑建立"马来血统国家"的联盟。但在进行民意调查的过程中又出现了争执。印尼指责英国和马来亚限制印尼对民意调查的参与、不待结果公布即宣布马来西亚的独立日期,决定重新开始同马来西亚的对抗。马来西亚宣告成立的当天,菲律宾和印尼宣布拒绝承认这个新生国家。马来西亚遂断绝了同菲律宾、印尼的外交关系。印尼同马来西亚在沙捞越的对抗步步升级。1964年8月,印尼甚至派出伞兵部队袭击马来西亚本土。当马来西亚在1965年被选为联合国安理会非常任理事国时,印尼不惜退出联合国以示抗议。

菲、马、印尼之间的紧张关系使东南亚地区合作停滞不前。直至1965年下半年,印尼和菲律宾的政局先后发生变化,局势才有所改观。1965年9月30日,印尼的一批左翼军官得知陆军高级将领准备发动政变推翻苏加诺政府,于是在印尼共产党的支持下抢先行动,击毙多名陆军高官,宣布成立印尼革命委员会。陆军战略后备军司令苏哈托接管陆军指挥权,迅速调集精锐部队镇压了左翼政变分子,继而展开对印尼共产党及其支持者的大屠杀。1966年3月,实际上早已失去控制权的苏加诺总统被迫签署"授权训令",苏哈托将军正式成为印尼新的领导人。苏哈托掌权后,立即全面调整了苏加诺的激进外交方针。他亲自率团访问马来西亚,同马达成了停止对抗的和平协议。1967年8月,印尼与马来西亚恢复了外交关系。

1965年12月,菲迪南德·马科斯就任菲律宾总统之后,对菲律宾的外交政策也做了调整。他提出"菲律宾第一"主义,要求一切以民族利益为指南,不受美菲特殊关系的局限,积极发展与东南亚邻国的合作。1966年6月,菲律宾恢复了同马来西亚的外交关系。

在马、菲、印尼关系迅速好转的同时,东南亚地区局势也发生了重大变化。英国迫于国力下降,公开宣布实施战略收缩。1967年,英国在面临严重的英镑危机的情况下,决定大幅度减少在新加坡和马来西亚的驻军,并表示计划于20世纪70年代中期撤出在新、马的基地;同时越南战争不断升级,美国极力游说东南亚国家帮助其分担战争责任;东南亚各国普遍担心印支半岛的动荡进一步向本地区扩散。所有这些都促使东南亚国家加快地区合作的步伐。

1967年8月6—8日,菲律宾、印度尼西亚、马来西亚、泰国、新加坡五国外长在曼谷举行会议,发表了曼谷宣言,决定成立东南亚国家联盟。五国宣布该联盟的宗旨是"本着平等和伙伴关系的精神,通过共同努力加速本地区的经济增长、社会进步和文化发展";"遵循正义、国家关系准则和联合国宪章,促进东南亚的和平和稳定";在经济、社会、文化、科技各个领域"积极合作和互助"。[①]五国外长决定每年举行部长会议例会和非正式会议各一次,商讨与本地区有关的国际问题及其对策,制定共同政策。联盟设立常务委员会负责筹备和主持召开外长会议,处理日常事务。常委会下设9个专门委员会,负责工业、矿业、贸易、财政、交通等方面的发展协调。联盟还设立了秘书处以及8个特殊委员会,指导日常工作。东盟的出现标志着东南亚地区合作进入了新的阶段。

印支人民的抗美救国战争

20世纪60年代,美国扶植印度支那反共政权的冷战政策终于导致美国对越南的武装干涉。在越南、柬埔寨、老挝三国人民的顽强斗争下,美国的侵略以失败告终。这成为美国由盛转衰的起点,对战后国际关系产生了深远的影响。

以越南战争为主的印支抗美救国战争大致可以分为三个阶段。第一阶段是1961—1963年在南越的特种战争时期。在这一阶段开始时,美国扶植的南越吴庭艳政权拒不履行日内瓦协议、大肆镇压南越和平民主运动的行径终于激起了南越人民有组织的反抗。1960年12月,越南南方民族解放阵线宣告成立。次年2月,越南民族解放阵线把分散在各地的人民武装统一组建为越南南方人民武装力量。武装斗争的规模不断扩大。以推翻吴庭艳政权、建立民族联合政府为目标的斗争日益高涨。

刚刚上台的美国总统肯尼迪对此深表忧虑。在他看来,南越是美国向亚洲国家示范民主建设、实施"反叛乱战略"、遏制共产主义在第三世界影响的试验场。如果美国松动对越南问题的立场,亲美的东南亚国家将受到打击,美国在亚太的遏制战线可能被动摇。因此,肯尼迪政府决心扩大对南越的干涉,在越南问题上显示美国的力量。

肯尼迪一上台即大幅度增加了对南越的援助。1961年11月,他又正式批

[①] 〔澳〕托马斯·艾伦:《东南亚国家联盟》,新华出版社1981年版,第410—412页。

准泰勒调查团赴越考察后提出的计划,决定向南越派遣美国战斗支援队,并增加在南越军队的美军顾问,直接帮助吴庭艳政权清剿南越的人民武装力量。1962年2月,美国在西贡建立了美驻越南军事援助司令部,大批美军赴越参战。在这一阶段,美国运用化学战、小部队渗透等"反叛乱战争"的手段,展开针对南越游击队的特种战争。在美国顾问的指挥下,南越军队强制农民迁居以建立所谓战略村,企图隔断游击队与民众的联系。

但美国实施的战略收效甚微,南越解放军的活动日趋活跃。1961—1964年间,南越人民武装力量不仅大量歼敌,而且控制了南越80%以上的地区,摧毁了80%以上的战略村。美国及南越军队在战争中使用的恐怖手段反而加剧了普通民众的反抗情绪。吴庭艳对佛教徒的残酷镇压使南越政局更加动荡。肯尼迪政府认为吴庭艳政权腐败无能且丧失民心,已成为美国赢得胜利的障碍。于是美国支持南越军方于1963年11月发动政变,推翻了吴氏家族的独裁统治。随后出现的一系列军政权均脆弱而短命,日益依赖美国的全面支持,使美国深陷越南难以自拔。到1963年底,美驻南越军事人员已从1961年的875人增加到1.6万多人。

战争的第二阶段是1964—1968年的有限战争时期。肯尼迪在1963年底遇刺身亡,继任的约翰逊总统对扩大越南战争持更积极的态度。美国顾问进驻南越各级军政机构,直接参与管理南越的各项事务。约翰逊政府认定特种战争失败的原因在于北越对南越游击队的支持,美国应全力"挫败外部支持和指挥的阴谋"。1963年12月,越南劳动党决定大幅度增加对南方的援助,南越政府军在战场上完全陷入被动。约翰逊政府急于稳定局势,于是加紧对北越展开秘密战,以制造战争升级的借口。1964年8月4日,负责对北越进行电子侦察的美国驱逐舰"马克多斯"号声称在北部湾受到北越鱼雷艇的袭击。约翰逊立即以此为借口下令轰炸北越,并促使美国国会通过"东京湾决议",授权总统"采取一切必要措施……阻止进一步的侵略"。这项决议为美国全面卷入越南战争铺平了道路。

1965年2月,发生了南越解放军袭击美军波莱古基地的事件。约翰逊正式命令执行所谓响雷计划,美空军开始对北越的军事设施和政治经济重地进行持续轰炸。3月,美国地面部队大批进入南越,全面承担了对南越解放军的作战任务。到1968年,侵越美军已达52.5万人。越南战争完全成为美国人的战争。美国还加紧干涉位于越南战场侧翼的柬埔寨和老挝,企图关闭经过这两国境内的著名的胡志明小道,以切断越南南北方之间的联系。1964年,美国操纵老挝右翼集团发动军事政变,强行改组中立政府。1965年,美军飞机侵入柬埔寨领空。美国国务院还公开批准美军随时可以入侵柬埔寨。

随着美国全面卷入越南战争,印支人民的抗美斗争进入了高潮。北越军民提出了"支援南方,保卫北方,统一祖国"的口号,顶住了美军的狂轰滥炸,通过胡志明小道将战略物资源源不断地输送到南方。从1964年底开始,北越人民军进入南方协助南越解放军作战。1965年,柬埔寨宣布断绝同美国的外交关系,以维护自己的中立地位。1967年,柬埔寨同北越建交,并接纳南越解放阵线代表常驻金边。1965年,老挝爱国阵线党与老中立派别举行了政治协商会议,后成立老挝人民解放军,坚决抵抗美国的干涉。

印支三国的抗美战争得到了强有力的外部支持。东京湾事件发生后,中国迅速表示决不坐视美国的侵略,将给予北越全力支持。当美军大批进入南越后,中国应北越方面的请求派出数以万计的援越部队,为北越的防空、后勤保障工作做出了重要贡献。中方同时无偿提供大量的物资援助,有力地支援了越南人民的斗争。赫鲁晓夫下台后,苏联也转而积极支持越南与美国对抗,给予越南巨额援助。

仅就美越双方的军事力量对比而言,美国占据着绝对的优势。美近1/2的陆军部队和1/5的空军部队先后投入越南战场。美国在越南动用了除原子弹之外的所有先进武器,人均弹药消耗量为第二次世界大战时期的26倍。但越南战争更主要的是一场政治心理战,是越南人民争取国家统一和民族独立的决心与美国统治阶层维持霸权地位的意愿之间的对抗。越南南北方的人民承受住了战争造成的巨大损失,而美国的信心却日趋动摇。侵越美军普遍士气低落,消极避战。美国国内出现了声势浩大的反战运动,众多青年拒服兵役甚至使美军的兵源都成了问题。美国政府内部的悲观情绪也日益严重,美各界头面人物纷纷要求约翰逊停止干涉越南。

1968年1月31日(越南农历春节),南越民族解放军在北方配合下发动了著名的春节攻势。解放军集中兵力猛烈进攻南越各大中城市和美军大型基地,西贡的南越总统府和美国大使馆都遭到袭击,战略要地顺化一度被完全解放。尽管美军在几天后击退进攻,但美国的作战意志已彻底崩溃,美国统治层认定美军已无力打赢越战,必须从越南脱身。此役因而成为越南战争的转折点。同年3月,约翰逊宣布暂停轰炸北越,并表示愿意同北越政府进行对话。5月,美国同北越开始在巴黎举行谈判。美方继而宣布全面停止对北越的轰炸。

1969年尼克松就任美国总统后,越南战争进入了第三阶段,即美越和谈与战争越南化阶段。尼克松积极推行所谓战争越南化计划,即将美国在越南的军事义务尽快转交给南越当局,以保证美国逐步撤出其在越南的军队。1969年6月,尼克松宣布了首批撤军计划,表示美国在南越只追求有限的政策目标。另一方面,美国大幅度增加了对南越政府的援助,鼓动南越实行总动员,急剧扩大南越军队的规模,以保持在战场上的压力。美国同时展开和平攻势。1969年3月,美国与越南三方参加的和平谈判正式开始。但因美国坚持北越军队与美军同步撤出南越,谈判进展缓慢。

第三节 非洲国家独立的浪潮

英法非洲殖民体系的瓦解

20世纪50年代末60年代初,非洲的民族解放运动进入了新的高潮,争取民族独立的斗争席卷了整个非洲大陆。英国和法国此时也调整了他们对非洲殖民地的政策,由不惜使用武力的高压政策,转变为承认殖民地人民独立自决的权利。

英法态度的变化主要是殖民地人民长期斗争的结果。法国在阿尔及利亚陷入泥潭,英国在镇压肯尼亚"矛矛"运动时也付出了很大代价。为维持在非洲的殖民统治,英法国民经济不堪重负,外交经常处于被动,日益感到力不从心。屡受打击之后,英法统治集团中的主流派无奈地承认,旧殖民列强国力的衰落和非洲国家的崛起是无法抗拒的潮流,殖民地获得独立的进程已难以阻止。如果继续采取暴力镇压的政策,只会激化殖民地人民同西方国家的对立情绪,加强激进派势力在民族解放运动中的地位,为苏联提供插手非洲的机会,最终导致欧洲国家彻底丧失在非洲的政治、经济利益。为保护自己在非洲的根本利益,英法先后决定承认非洲殖民地走向独立的现实。

1958年戴高乐将军掌握法国政权后,利用制定第五共和国宪法的机会,提出建立法兰西共同体以取代原有的法兰西联邦。共同体由法国及其非洲属地组成,允许非洲成员在共同体内建立自治共和国,但仍须执行统一的财政和经济政策,须将外交、国防、货币方面的决策权交由共同体掌管。事实上共同体的立法权和行政权仍由法国议会和总统执掌,法国在共同体中依然享有特权地位。戴高乐要求各法属非洲殖民地就这一方案进行公民复决,并允诺同意参加法兰西共同体的国家可以继续得到法国的经济、财政、军事、行政等各项援助。

公民复决的结果,大多数法属西非和中非的殖民地都同意加入共同体。而几内亚人民在塞古·杜尔的领导下,不顾法国停止一切援助的威胁,以94.5%的绝对多数拒绝了法国的新宪法,决定立即完全脱离法国的控制。1958年11月,几内亚正式独立。

戴高乐本来希望以法兰西共同体的框架制约法属非洲殖民地彻底独立的倾向,最大限度地维护法国在这些地区的特权。但共同体成立还不到10个月,马里联邦就提出了独立的要求,其他非洲"自治共和国"纷纷响应。法国不得不于1960年5月修改宪法中关于共同体的规定,承认"共同体成员可以通过协议途径成为独立国家,而并不因此脱离共同体",新独立国家将享有外交、国防、货币金融方面的充分主权。与此同时,英国也被迫加快了英属非洲殖民地的非殖民化进程。1960年2月,英国首相麦克米伦在一篇著名的演讲中承认"变革之风已经吹遍非洲大陆,不管我们喜不喜欢,民族意识的增长是个政治事实。我们必须承认这个事实,并且在制定政策时予以考虑"。随着英法政策的变化,1960年非洲有17个国家独立,使这一年以"非洲独立年"载入史册。[①] 1961—1968年间,又有17个非洲国家宣布独立。[②] 英国和法国在非洲的殖民统治基本终结。

英法在非洲的殖民体系的瓦解是非洲民族解放运动的巨大成就。此后,非洲非殖民化运动的焦点转移到南部非洲的葡属殖民地、津巴布韦、纳米比亚和南非问题上。

津巴布韦是英国对非洲殖民统治的遗留问题。它原为英国中非殖民地的一部分,称为南罗得西亚。1953年,英国曾将津巴布韦与被称为北罗得西亚的赞比亚、被称为尼亚萨兰的马拉维合并成所谓中非联邦。此举遭到了当地黑人居民的坚决抵制。1963年,中非联邦被迫解散。马拉维和赞比亚随即取得自治地位,而后实现独立。而南罗得西亚的白人殖民者通过排斥有色人种的大选产

[①] 它们是喀麦隆(1月1日)、津巴布韦(4月18日)、多哥(4月27日)、马达加斯加(6月26日)、扎伊尔(6月30日)、索马里(7月1日)、贝宁(8月1日)、尼日尔(8月3日)、布基纳法索(8月5日)、科特迪瓦(8月7日)、乍得(8月11日)、中非(8月13日)、刚果(8月15日)、加蓬(8月17日)、塞内加尔(8月20日)、马里(9月22日)、尼日利亚(10月1日)以及毛里塔尼亚(11月28日)。

[②] 它们是塞拉利昂(1961年4月27日)、南非(1961年5月31日)、坦噶尼喀(1961年12月9日)、布隆迪(1962年7月1日)、卢旺达(1962年7月1日)、阿尔及利亚(1962年7月5日)、乌干达(1962年10月9日)、桑给巴尔(1963年12月10日)、肯尼亚(1963年12月12日)、马拉维(1964年7月6日)、赞比亚(1964年10月24日)、冈比亚(1965年2月18日)、博茨瓦纳(1966年9月30日)、莱索托(1966年10月4日)、毛里求斯(1968年3月12日)、斯威士兰(1968年9月6日)以及赤道几内亚(1968年10月12日)。

生了以伊恩·史密斯为首的右翼政权。史密斯主张使用武力维持白人的绝对统治,并指责英国同意实施非殖民化出卖了在非洲的白人殖民者的利益。1965年11月,史密斯政权不顾英国的反对,宣布脱离英国而独立,企图自行维持白人少数统治。非洲国家要求英国立即进行军事干预,制止史密斯政权的单方面行动。但英国政府只同意对史密斯政权实施经济和军事制裁。由于南非及其控制下的纳米比亚联合各葡属殖民地拒不执行联合国的制裁决议,制裁根本没有产生效果。史密斯政权公然在国内实施紧急状态法,采取残暴的手段压制黑人要求实行"一人一票"的运动。加纳等9个非洲国家愤然断绝了同英国的外交关系,以抗议英国对史密斯政权的纵容。津巴布韦非洲人民联盟(津人盟)和津巴布韦民族联盟(津民盟)在非洲独立国家的支持下开始进行反对史密斯政权的武装斗争。

英法殖民体系崩溃后,南非成为维护白人在非洲种族主义统治的堡垒。在非洲觉醒运动的高潮中,南非种族主义政权逆历史潮流而动,继续加强其种族隔离制度,并血腥镇压南非黑人的和平抗议活动,在1960年制造了沙佩维尔惨案。在和平斗争受挫的情况下,南非的主要黑人组织"非洲人国民大会"于1961年建立了军事力量"民族之矛",开展反对种族政权的游击战争。

南非当局继续维持它在纳米比亚的殖民统治。纳米比亚亦称西南非洲,一战前曾为德国殖民地,德国战败后由国联委托南非进行统治。1949年,南非自行宣布吞并纳米比亚,但未得到国际社会的承认。1966年,联合国大会通过决议,宣布结束南非对纳米比亚的委任统治。南非不仅拒绝执行该决议,而且加紧在纳米比亚推行种族隔离计划。"西南非洲人民组织"等纳米比亚民族主义组织为反抗南非的殖民统治展开了武装斗争。

南部非洲的民族解放运动得到了已独立的非洲国家的积极支持。而新生的非洲国家也面临着巩固民族独立的任务。英法虽然承认了非洲国家的独立,但还通过英联邦、法兰西共同体等多边组织,通过与非洲国家签订的各种双边条约,利用与非洲国家的历史联系,在政治、经济、人员、科技、军事安全等方面设法保持对前殖民地的控制,以维护自己在这些国家的特权地位。美国和苏联出于全球对抗的需要,乘英法势力收缩之机争相扩展在非洲的影响。大国的插手加剧了非洲的动荡。

阿尔及利亚民族独立战争

法国对待阿尔及利亚的态度与对其他法属殖民地有很大的不同。法国殖民者控制阿尔及利亚上百年,众多的法国大家族在阿尔及利亚拥有巨额资产。尽管在阿居民中法籍居民尚不到10%,但法国统治层一直称阿尔及利亚为法国本土的一部分。特别是在这块殖民地发现石油资源之后,阿尔及利亚被法国上层人物誉为"法兰西帝国复兴的基石"。他们决心不惜一切代价保持对阿尔及利亚的永久控制。

早在二战时期,当时支持"战斗法国"的阿尔及利亚民族主义者就要求法方考虑给予某种形式的自治,或变为法国的联系国。但法方根本不愿放松对阿的控制。对德战争刚告胜利,法国殖民当局就血腥镇压了阿尔及利亚人争取民族权益的和平示威。法兰西第四共和国宪法规定"阿尔及利亚是法国领土的一部分"。接着,法国颁布《阿尔及利亚法令》,建立所谓阿尔及利亚代表大会作为法国驻阿总督的咨询机构。而代表席位的一半由在阿的欧洲人占据,土著代表中的大多数也要由殖民当局指定。

法国当局的政策引起了阿尔及利亚人的强烈不满,民族主义运动的目标很快变成争取脱离法国而彻底独立。1954年11月1日午夜,阿尔及利亚举行全民武装起义,反对法国殖民统治的民族独立战争爆发。法国立即对阿尔及利亚人民的武装斗争进行镇压,调集精锐正规军围剿阿起义军。阿起义军虽然在人员和装备上都处于劣势,但他们依靠普通民众的广泛支持和配合越战越强,由最初的数百人发展到13万人,活动区域由内陆山区扩展到地中海沿岸,威胁大中城市。

法国政府为集中力量镇压阿尔及利亚武装起义,于1956年同意突尼斯和摩洛哥独立。但两个邻国民族解放运动的胜利反而鼓舞了阿尔及利亚人的斗志,促使他们坚决拒绝法国提出的各种有限自治方案,坚持彻底独立的要求。突尼斯和摩洛哥在独立后为阿尔及利亚民族解放斗争提供了大量援助,大多数亚非国家也站在阿人民一边,促使联合国大会通过决议,要求和平、民主地解决阿尔及利亚问题。1958年9月,阿民族解放阵线领导的阿尔及利亚共和国临时政府成立,逐渐在阿农村地区建立起各级政权。

此时,法国驻阿殖民当局企图通过扩大战争规模以挽回败局,法国一半以上的军队被派往阿尔及利亚。殖民当局还颁布各种法令,停止在阿保障公民权利,批准将当地居民强制性地迁入指定地区,以隔绝阿群众与民族解放军的联系。法军和法国在阿的殖民者采取极为残酷的手段镇压阿人民的反抗,引起了国际舆论的一致谴责。法国政府被迫同意美国出面调停。此举又在国内招致批评,引发内阁危机,最终导致法第四共和国的瓦解。

1958年5月,戴高乐接管法国政权,于同年9月建立了第五共和国。戴高乐上台后,在阿尔及利亚问题上做出了若干妥协姿态,包括部分释放阿政治犯,优待被俘的阿解放战士,改善阿尔及利亚人的住房、工资、土地状况等。同时他加强了对阿民族解放军的攻势,以求实现"勇敢者的和平"。法国大部分陆军部队及60%的空军、90%的海军都卷入了对阿作战,加上在阿的法国武装警察、地方保安部队,法国有将近100万人的军事部队参加作战,战争的费用已累计达到150亿美元。但新攻势依然收效甚微,法国经济已难以承受殖民战争的重负。法国因阿尔及利亚问题在国际上处境孤立,使戴高乐重建法国世界大国地位的外交战略难以推行。

在反复权衡利弊后,戴高乐不得不做出痛苦的抉择。他于1959年9月16日发表声明,同意给阿尔及利亚以自决权。他要求阿在三个方案中进行选择:独立;法国化;或与法国联合成一个整体。戴高乐声称希望阿尔及利亚人选择第三方案,但允诺在实现停火四年后,由阿尔及利亚人通过公民投票自由做出决定。阿临时政府随即宣布愿在阿获得独立的前提下,同法国进行谈判。1960年6月,法阿代表开始举行谈判。

在阿尔及利亚的法国殖民者和驻阿法军将领强烈反对戴高乐的决定。阿尔及尔法军卫戍司令公开声称"我们不再理解戴高乐总统的政策"。法国政府将他召回国内并解除职务。在阿的殖民主义分子借机发动叛乱,被戴高乐政府采取坚决手段镇压下去。他们随即在阿成立"秘密军组织",一意孤行地进行殖民战争,疯狂开展针对阿民族解放军、阿著名人士和法国政府的恐怖活动,甚至企图暗杀戴高乐总统。戴高乐为巩固自己的谈判地位,于1961年1月就阿尔及利亚问题组织全民公决,结果他的谈判政策得到75%的法国人的支持。这表明大多数法国人已不愿再继续对阿的殖民战争。

经过艰苦的谈判,法国政府同阿尔及利亚民族解放阵线于1962年3月18日签订了《埃维昂协议》。双方同意实施停火。法国承认阿尔及利亚人民的自决权,承认阿尔及利亚实现独立、主权、领土完整和人民统一的权利;阿尔及利亚将在实行自决后成立独立主权国家,自决投票将在3—6个月内在阿尔及利亚全国举行;法军在阿自决后的3年内全部撤退回国。阿尔及利亚方面则保证尊重法国在阿的财产,允许法开采撒哈拉石油,同意法在15年内继续使用米尔斯克比尔军事基地。① 在1962年4月举行的公民投票中,法国人以压倒多数

---

① D. C. 瓦特编著:《国际事务概览(1962)》,上海译文出版社1983年版,第573页。

批准了该协议。

1962年7月1日,阿尔及利亚举行全民公决,绝大多数人投票支持脱离法国而独立。3日,阿尔及利亚正式独立,法国在阿尔及利亚长达132年的殖民统治宣告终结,阿尔及利亚人民的民族解放战争终于取得了完全胜利。

刚 果 事 件

刚果独立前为比利时殖民地,被比殖民当局称为中非的拱心石,战略地位重要,资源十分丰富,因而为各方瞩目。

亚非会议后,刚果很快成为非洲民族独立运动最高涨的地区之一。1959年1月,刚果民族运动领袖卢蒙巴在首都的群众集会上提出了争取刚果独立的要求,遭到殖民当局的镇压。刚果全国随即爆发反对殖民统治的武装暴动。在刚果人民的强烈要求下,比利时同意召开讨论刚果政治前途的圆桌会议。会上,比利时被迫接受刚果独立的要求,但又强迫刚果方面同意在独立后同比缔结"友好、援助和技术合作条约",允许比利时在刚果独立后仍然保持对刚果军队的控制权,"在行政、司法、军事、文化和科教领域"向刚果提供人员,在外交方面"与刚果政府合作"。

1960年6月,刚果宣告独立,成立以约瑟夫·卡萨武布为国家元首,卢蒙巴为政府总理,基赞加为副总理的共和国政府。新独立的国家面临着十分严重的问题。军事和经济实际上仍被比利时所控制。比利时在政治上也具有重要的影响力。7月,刚果首都等地发生兵变,刚果士兵拒绝接受比利时军官的指挥,要求由刚果人来领导。比利时立即声称刚果出现了无政府状态,借口保护侨民增兵刚果进行干涉;同时,挑动刚果的冲伯集团在加丹加省成立"加丹加共和国",支持卡隆吉集团在开赛省成立"开赛矿业国"。新生的刚果共和国面临着颠覆和分裂的威胁。

刚果政府宣布与比利时处于"战争状态",紧急呼吁联合国提供援助。联合国部队进驻刚果。美国为这次联合国军事行动提供了运输工具和后勤支援,从而正式卷入刚果危机。联合国军到达刚果后,没有按照刚果政府的要求攻击加丹加等地的分裂集团,而是要求各方就地停火,引起了卢蒙巴等人的不满。卢蒙巴遂转向苏联阵营寻求支持,允许苏联、捷克技术人员进入刚果,同时要求联合国撤军。

这样,刚果形成了受到比利时及英法等西欧国家支持的冲伯、卡隆吉一方,受到美国支持的卡萨武布、阿杜拉一方,与受到苏联、中国及众多亚非国家支持的卢蒙巴、基赞加一方激烈角逐的复杂局面。美苏之间虽然存在意识形态竞争,但在驱逐旧殖民主义势力问题上立场一致;欧洲列强虽然对美国取代自己控制中非的意图抱有戒心,但又支持美国抵制苏联插手的政策。因而在三方之间,美国的活动余地最大,逐渐掌握了主动权。由于联合国在刚果的军事行动很大程度上依赖美国的财政和军事支持,加之当时联合国的行政管理层基本为美国所控制,所以联合国在这次事件中事实上沦为美国干涉刚果的工具。

美国首先把锋芒指向它所谓的刚果亲苏势力。1960年9月5日,卡萨武布总统在美国和联合国方面的支持下宣布解除卢蒙巴的总理职务,但刚果议会对此提出异议,卢蒙巴则号召群众支持政府。刚果陆军参谋长蒙博托遂动用武力,接管政府权力。卢蒙巴被联合国军以保护为名软禁起来。后美国中央情报局又策划了绑架卢蒙巴的行动,将他送往加丹加省。1961年1月,冲伯集团将卢蒙巴杀害。但基赞加宣布代理总理职务,将政府迁往斯坦利维尔,继续与美、比支持的势力对抗。

苏联在卢蒙巴政府被颠覆时指责联合国秘书长哈马舍尔德在刚果推行殖民主义,要求取消秘书长这一职位,代之以由西方国家、社会主义国家、中立国家三方代表组成的执行机构。美国则称卢蒙巴被捕属于刚果的内部事务,苏联攻击秘书长是要为自己独家干涉刚果开路,联合西欧国家拒绝了苏联的要求。

1961年2月,美国以驱逐比利时势力为诱饵,利用赫鲁晓夫希望同新上台的肯尼迪政府搞好关系的心情,推动苏联接受了美方的提案,形成新的联合国安理会决议,决议要求"不在联合国指挥下的所有比利时和其他外国军事和准军事人员立即撤离刚果",重开刚果议会。苏联说服基赞加接受这个决议,解散其政府,参加新的议会选举。在联合国部队的保护下,刚果议会于1961年8月选出了以阿杜拉为首的新政府,基赞加被任命为副总理,实际上被剥夺了权力。

美国随即将矛头指向比利时控制的冲伯集团。1961年9月、12月,美国两次策动联合国部队进攻加丹加地区,围剿比、法雇佣军,并迫使冲伯集团承认刚果临时宪章的权威。美国的行动引起了西欧国家的强烈不满。比利时加紧向冲伯集团提供军事、经济和人员支持,比利时示威者甚至冲击了美国驻比大使馆。法国指责联合国的行动违反联合国宪章,不准为联合国军提供后勤支援的飞机飞越法国领空。英国则威胁停止支持联合国在刚果的一切行动。最终在当年底举行的北约理事会上,出现了西欧国家联合反对美国对刚果政策的局面,使美国颇受震动。

美国展开了全面的外交努力,以求改变西欧国家的态度。美国在游说过程中有意夸大苏联在刚果的影响,警告说刚果的分裂局面为苏联势力的滋长提供了沃土,最终将导致苏联接管刚果。美国的共产主义威胁论收到了成效,西欧国家接受了美国在刚果事件中的主导地位。1962年12月,比利时也接受了美方的立场。美国随即支持联合国军第三次进军加丹加。1963年1月,处境孤立的冲伯集团不得不宣布投降,刚果重新实现统一。

削弱比利时殖民势力之后,美国又转回头来彻底清除苏联势力。在美支持下,阿杜拉全力清剿政府中尚存的"卢蒙巴分子"。1963年11月,阿杜拉政府指责苏联外交人员企图支持反对派颠覆刚果政府,宣布同苏联断交,将苏联大使馆全体人员驱逐出境。

但是,美国插手刚果事务的霸权主义做法引起了刚果人民的愤慨。1964年1月,刚果再次爆发争取民族独立的起义。起义军的矛头指向亲美的阿杜拉政府,并很快控制了刚果的北部和东部各省。6月,联合国部队被迫撤出刚果,阿杜拉政府随之倒台。比利时和法国借机迫使美国同意冲伯出任总理。比利时于同年11月出动伞兵占领刚果起义军的基地斯坦利维尔,直接镇压了刚果人民的反抗。此后,刚果政府内分别受美国和比利时支持的两派又陷入了权力之争。

1965年11月,亲美的蒙博托再次发动军事政变,并自任总统。在美国的支持下,他连续击败了比利时、法国挑动的分裂加丹加的武装叛乱,粉碎了几次针对自己的政变阴谋,最终控制了刚果的局势。这标志着美国在各方围绕刚果的角逐中取得了最后的胜利。[①]

非洲统一组织的建立

1963年5月,非洲统一组织宣告诞生,给非洲地区的国际关系带来了深刻的变化。

非洲统一组织的诞生是建立在泛非主义思想和运动的基础之上的。泛非主义是在19世纪末20世纪初兴起的反帝反殖的民族主义思潮,其主旨在于团结非洲人民,开展联合斗争,争取摆脱殖民统治,实现非洲大陆的独立,并在此基础上实现非洲的统一。美国黑人思想家杜波伊斯首先将这一争取非洲独立与统一的理想称为"泛非主义",并创立了泛非大会,致力于非洲解放运动。后来领导非洲各国开展独立斗争的民族主义领袖当中,很多人都深受泛非主义思

[①] 1971年10月27日,蒙博托宣布改国名为扎伊尔共和国。

想的影响。恩克鲁玛、尼雷尔等人都曾积极参加泛非运动。

20世纪60年代初,非洲国家相继独立,为实现泛非主义的理想提供了实现基础。非洲新独立国家的领导人积极推动非洲国家的联合,加强已独立国家之间的相互支持与合作,共同援助尚未独立的非洲国家的斗争。1958年11月,加纳与几内亚结成联盟,1960年马里加入,三国将其联盟命名为"非洲国家联盟"。1960年12月,12个法语非洲国家的领导人在刚果首都布拉柴维尔举行首脑会议,形成"布拉柴维尔集团",决定采取共同外交行动,开展经济文化合作。次年,突尼斯、尼日利亚、多哥等8个国家的领导人同布拉柴维尔集团12国首脑在蒙罗维亚举行会议,扩大组成了蒙罗维亚集团。1961年1月,加纳、几内亚、阿尔及利亚等6国在卡萨布兰卡举行首脑会议,组成卡萨布兰卡集团。此外,科特迪瓦、尼日尔、贝宁等国也成立了协商委员会,决定开展经济合作。

各地区国家集团的出现反映了新独立的非洲国家谋求相互支持与合作的强烈愿望,为更大范围内的非洲国家组织的形成创造了条件。加纳领导人恩克鲁玛随即提出在地区联合的基础上,逐步实现非洲大陆的统一,直至建立"非洲合众国"。在他的倡议下,1958年、1960年、1961年连续举行了三届全非人民大会,会上通过了呼吁进一步推动非洲各殖民地的民族独立解放运动、加强非洲团结、实现非洲统一的决议。

1963年5月,除当时发生军事政变的多哥以外的所有非洲独立国家的领导人汇集埃塞俄比亚首都亚的斯亚贝巴,部分尚未独立的非洲国家也派观察员参加了这次盛会。会上,30个非洲国家的首脑签署了非洲统一组织宪章,宣告非统组织的诞生。非洲统一组织宪章规定,非统组织成员国应致力于消除非洲大陆上一切形式的殖民主义,维护非洲国家的主权、独立和领土完整;加强非洲各国在政治、外交、经济、文化、军事领域的合作,促进非洲国家的统一和团结。

宪章还规定,非统组织各成员国"主权平等",各国应相互"尊重主权及领土完整","不干涉各国的内部事务",保证以和平方式解决争端,谴责一切形式的政治暗杀和颠覆活动。这决定了非洲统一组织没有成为部分泛非运动领导人想象的拥有强制推行共同经济、军事计划和外交政策职权的超国家权力机构,而是非洲各主权国家协调合作的场所。

非统组织以各国首脑会议为最高机构,负责决定非统组织的总政策。首脑会议每年举行一次,还可以在2/3以上成员国的请求下召开特别会议。此外,还设立了部长理事会和秘书处,处理非统组织的日常事务。

非洲统一组织的成立改变了非洲大陆的政治面貌。此后获得独立的非洲国家全部加入了这一组织,使其具有广泛的代表性和号召力。目前非统组织的成员国已达 52 个。非洲国家在非统组织的框架内定期就重大的国际问题交换意见,协调立场,形成一致的外交政策,坚持不与任何大国集团结盟的原则,抵制外来干涉,迅速提高了非洲国家在世界政治中的地位和作用。

非统组织在推动非洲大陆彻底独立的斗争中更扮演了关键的角色。非统组织下设解放委员会(又称非洲解放运动协调委员会),负责计划和组织非洲已独立国家对未独立国家和地区民族解放运动的援助活动,争取世界其他地区对非洲独立运动的支持。解放委员会募集和管理非洲独立国家为各解放组织捐献的基金,给予未独立国家的民族解放运动有力的经济支持。同时帮助各民族主义组织发展对外联系,协调内部关系。在它的积极声援和直接帮助下,非洲国家争取独立的斗争不断取得新的胜利,英、法、比、葡等国在非洲的殖民体系相继被彻底摧垮。

非统组织的另一项重要工作是调解非洲国家之间的分歧和争端,维护非洲团结。长期的殖民统治破坏了非洲国家关系的正常发展,欧洲列强为解决相互之间的利益冲突随意就殖民地人民的利益进行交易,造成了许多遗留问题,形成非洲国家独立后产生冲突的根源。1964 年,非洲统一组织设立了调解、和解和仲裁委员会,按照非统宪章的精神解决成员国之间的矛盾。非统组织的调解取得了一定的成效,特别是非洲统一组织坚持的维持非洲国家现存边界的立场,为解决非洲国家之间的边界冲突提供了基本原则,保证了非洲大陆的总体稳定局面。

此外,非统组织重视非洲各国经济的发展和经济交往与合作。它在各级别的会议上通过一系列涉及经济合作的决议和宣言,制订了科学技术的合作计划,建立了一些区域性合作组织。这些措施对推进非洲各国民族经济的发展、争取经济独立发挥了积极作用。

第四节　拉丁美洲的反美爱国斗争

巴拿马争取收回运河主权

巴拿马运河横贯中美洲地峡,沟通大西洋与太平洋之间的航行,具有重大的军事和经济价值。法国最早获得开凿运河的特权,并于 1881 年正式动工兴建运河,但因工程技术上的困难被迫中途放弃。美国乘机插手,策动原哥伦比亚的巴拿马省在1903年宣告独立。而后在新生的巴拿马共和国立足未稳之时恩威并施,迫使巴于1903年11月与美国签订运河条约:美一次性支付1000万美元,并同意运河开通后的第9年起每年上交巴政府25万美元租金;巴方给予美开凿运河的特权,同意美国"永久使用、占领和控制"运河两岸宽10英里的区域,允许美国在扼运河两端的巴拿马城和科隆市"维护秩序"。

根据这个不平等条约,1914年巴拿马运河竣工后,这一连接两洋的黄金水道即为美国所控制。至20世纪60年代,美国已从中获益450多亿美元,而巴方仅得到11亿美元。美国以保卫运河安全为由,在运河区内建立了"南方司令部"和若干军事基地、军事院校,驻有上万名军事人员。运河区总督由美国总统任命,运河区执行美国法律,悬挂美国国旗。巴拿马警察不能入境巡逻,巴拿马人在运河区内触犯法律要接受美方法庭的审判。运河区几乎成了美国的殖民地。

巴拿马政府为维护自己的国家主权和经济权益反复同美国进行交涉。1904年,美方擅自在运河区建立与运河管理和安全保障无关的邮政和税务机构,巴拿马政府立即提出异议。随着运河航运收益的增加,巴方又坚持要求提高自己分享的份额。美国被迫于1935年和1955年两次提高交付巴拿马政府的运河租金,使这笔款项从最初的25万美元增加到143万美元。

巴拿马人民一直对侵犯巴拿马主权的1903年运河条约深为不满。1958年5月,巴拿马青年学生举行了大规模的反美示威,强烈要求美军撤离。1959年11月,巴拿马群众再次发动"争取主权的进军"。1961年11月,巴拿马国民议会做出决议,在肯定巴拿马运河主权的基础上,要求同美国重新订立新的运河条约。1963年1月,在巴拿马方面一再要求下,美国政府同意在运河区同时升挂巴拿马国旗。但运河区美国人拒绝执行这项协议,引起了巴拿马人的强烈愤慨。此后运河区内多次发生因国旗悬挂问题美巴居民发生冲突的事件。为平息事态,美国运河区当局和巴拿马方面达成妥协,决定自1963年12月起运河区的学校内既不悬挂巴拿马国旗也不挂美国国旗。

1964年1月,几名美国学生率先破坏协议,在运河区学校升起美国星条旗。1月9日,一名巴拿马学生携带巴国旗进入运河区,在试图升起国旗时竟被驻守运河区的美军枪杀。这一事件立即引发了席卷巴拿马全国的反美风暴。3万名巴拿马人聚集起来,高举"巴拿马在运河区拥有主权"的横幅,要求进入运河区升挂巴拿马国旗。美军再次开枪镇压,造成300余人伤亡。游行者随即袭击了美国驻巴大使馆,火烧美国新闻处,捣毁了美国大通银行驻巴分行。

1月10日，巴拿马政府指责美军动用武力镇压群众运动是对巴拿马的入侵，宣布断绝同美国的外交关系，废除1903年运河条约。巴拿马继而举行了有10万人参加的隆重葬礼，追悼死难的爱国青年。葬礼很快演变成一场反美示威，游行者喊出了"打倒美帝国主义"、"要巴拿马，不要美国佬"的口号，坚决要求废除1903年条约，收回运河主权。巴全国各地连续数日进行了罢工、罢市、罢课斗争，抗议美军暴行，要求惩办美国南方司令部总司令，维护国家主权和民族尊严。

　　巴拿马的反美风暴使美国政府受到强烈震动。美国军方警告说，由于巴拿马运河是由众多的水坝、船闸和辅助它们的电厂支持运行的脆弱系统，极易遭到破坏而陷入完全瘫痪。且巴拿马运河地处沼泽和丘陵地带，丛林密布，适宜游击队活动，美军很难防守。如果失去巴拿马方面的支持，美国将难以控制运河。美国政府权衡利弊，被迫向巴拿马方面做出妥协姿态。约翰逊总统亲自打电话给巴领导人，对美军同巴拿马人发生冲突表示遗憾，呼吁双方保持平静，并表示美国愿意重新审查同巴拿马之间的"一切争议问题"。

　　1964年4月，美巴恢复邦交并发表联合声明，共同保证"立即根除引起冲突的原因"。两国开始就签订一项新的运河条约举行谈判。但美国国内反对交回运河控制权的情绪十分强烈。一些右翼强硬派政客宣称，既然美国解决了兴建运河的技术性难题并且提供了修建运河的资金，那么运河就应当归美国所有。有些人甚至说巴拿马政府在1903年运河条约中允许美国永久控制运河就等于放弃了运河主权，巴方现在提出重新谈判是"敲诈勒索"，并诬称巴拿马人根本无力完成管理运河的复杂工作，允许巴方接管运河等于"运河的毁灭"。他们积极活动，鼓动美国普通民众的民族主义情绪，对政府施加压力，拒绝向巴拿马方面让步。

　　在国内的压力下，约翰逊政府在同巴拿马的谈判中态度谨慎，不愿放弃美国对运河区的实际控制权。1967年6月，美巴在经过三年谈判后宣布就三项条约基本达成协议。这些新条约虽然明确废除了1903年运河条约，承认巴拿马对运河及运河区的主权，但没有触及美国在运河区享有的特权，没有改变美国实际控制运河的局面。该协议在巴拿马国内遭到了广泛批评。主持条约谈判的罗贝尔斯总统遭到弹劾。1968年，奥马尔·托里霍斯将军通过政变执掌巴拿马政权后，拒绝承认上述条约。巴政府将1月9日定为"全国哀悼日"，以纪念1964年反美斗争中的牺牲者，坚定巴拿马人民反抗美国强权、恢复对运河区行使主权的决心。

多米尼加事件及美国武装干涉

多米尼加是个面积不到 5 万平方公里的加勒比岛国。20 世纪以来,美国逐渐控制了该国的财政金融、对外贸易和各关键产业,并扶植亲美政权。1931—1961 年间,多米尼加的军政大权被特鲁希略所控制。特及其家族对多米尼加实行铁腕统治,建立组织严密的特务机关,随时消灭所有政治反对派。特鲁希略家族把持着多米尼加所有重要经济部门,通过对普通国民的残酷剥削聚敛了巨额财富。但由于特鲁希略始终全力支持美国对拉美的政策,在 50 年代的危地马拉事件和古巴危机中积极配合美国的干涉活动,美国政府对特鲁希略的残暴统治一直听之任之。美国在多米尼加的经济利益不断扩展,至 60 年代时已经控制了多米尼加 80% 的糖业生产和 1/3 的耕地。

1959 年 6 月,在古巴革命胜利的影响下,多米尼加爆发了反对特鲁希略独裁统治的武装起义。起义军占领了第二大城市圣地亚哥,并得到了空军地勤人员和大学师生的支持。1960 年,反对特鲁希略的群众示威波及各大城市。特鲁希略在强大的舆论压力下宣布辞职,不久遇刺身亡。

1962 年 12 月,多米尼加举行大选,被视为中左集团代表的胡安·博什当选总统。当时美国的肯尼迪政府正积极在拉美建立"争取进步联盟",希望通过摆脱一些臭名昭著的独裁政权,改善美国在拉美的形象,巩固与苏联、古巴对峙的地位。因而肯尼迪政府对博什的当选表示欢迎,增加了对多米尼加的援助,并表示反对特鲁希略家族复辟的企图。

博什执政后,颁布了新宪法,对美国资本采取限制性措施,推行土地改革等政治经济改革,触动了部分军政大员的既得利益,同军方的关系迅速恶化。博什为维持自己的地位,日益转向左派谋求支持。右翼军人集团遂以此为借口,于 1963 年 9 月发动政变夺取政权。新宪法被取消,议会被解散,所有党派被宣布为非法,博什被迫流亡海外。肯尼迪政府认为,多米尼加政府通过军事政变推翻民选政府违背了美国"在西半球促进民主"的目标,因而予以谴责,并拒绝承认多军人组成的新政府,召回美国驻多大使,暂停对多的经济援助。

不久,多米尼加右翼军人推举曾任多米尼加外交部长的卡夫拉尔主持成立文官政府。而接替遇刺的肯尼迪担任美国总统的约翰逊则改变了对多米尼加问题的看法,承认了这个在军方控制下的临时政府,恢复了与多米尼加的外交关系。卡夫拉尔宣布取消博什颁布的各项改革措施,引起了贫苦民众的不满。多农村地区再次出现游击活动,城市中则是示威游行不断,政局持续动荡。

1965年4月24日,一批支持博什的军官发动反政变,要求恢复1963年宪法,允许博什回国执政。他们控制了总统府,与反博什的军队在首都展开争夺。美国驻多米尼加大使馆认为多国内局势失控,全国已陷入无政府状态。25日,约翰逊命令美国航空母舰开赴多米尼加附近海域,密切监视局势的发展。28日,一个以贝尼特上校为首的军政府宣告成立,并立即请求美国政府派出军队,帮助多米尼加"恢复和平"。约翰逊政府则断言"共产党集团及其同情者"正企图控制多米尼加,拉美有"出现另一个古巴"的危险。当天晚间,约翰逊下令在航母上待命的美国海军陆战队登陆多米尼加,实行武装干涉。约翰逊声称美军的行动是为了保护在多米尼加的美国人和其他国家公民的安全,"维护法律和秩序",但更重要的是"美国不能、不应也不会允许在西半球建立又一个共产党政府"。他的这项声明后被称为针对拉丁美洲的"约翰逊主义"。

美军的武装干涉遭到了多米尼加人民的顽强抵抗。首都圣多明各的工人、学生、职员、市民纷纷加入反侵略的斗争,武装抵抗持续数月。多米尼加各地群众也举行了大规模的罢工和示威游行,反对美国干涉多米尼加内政。美军总共出动2.2万名军事人员,在380架飞机和40多艘舰只的支持下逐步控制了多米尼加的局势。

美国的强权行为在国内外都遭到了抨击。拉美各国普遍爆发了声援多米尼加、反对美国干涉的群众运动,美国大使馆和美资企业屡遭冲击。拉美政府大多对约翰逊主义提出批评,指责它是美国"大棒政策"的再现。在联合国关于多米尼加危机的辩论中,美国未能得到任何一个国家的支持,处境极其孤立。美国新闻舆论对约翰逊政府决定武装干涉的理由也公开表示怀疑,指出在多米尼加并不存在共产党接管政权的危险,所谓多米尼加"叛乱者"事实上是争取恢复民选政府的正义力量。美参议院外交委员会主席威廉·富布赖特批评约翰逊对多米尼加的政策反映了美国"对第三世界革命变化的偏见"。

在各方压力下,约翰逊政府急于从多米尼加脱身。1965年8月,美国操纵美洲国家组织通过所谓"和解法",组建美洲国家和平部队,赴多米尼加维持停火。由巴西、尼加拉瓜等国军队组成的和平部队随即进驻多米尼加,大部分美军在入侵多米尼加一个月后撤出。根据和解法,多米尼加成立了以前博什政府外交部长为首的临时政府,实行全国和解政策。1966年6月,多米尼加举行了在美洲国家组织监督下的选举,曾担任特鲁希略政权总理的约昆·巴拉格尔击败博什,当选为新总统。同年9月,包括美军在内的美洲国家和平部队全部撤离多米尼加。

拉美国家联合自强的努力

古巴革命胜利后,苏联势力逐渐渗入拉丁美洲,向美国独家控制拉美的局面发起了挑战。美国为保持自己"后院"的稳定,竭力遏制苏联的扩张,不惜采取军事干涉的手段扼杀它眼中的"共产主义扩张苗头"。拉美地区成为美苏直接对抗的战场,地区和平与安全受到威胁,拉美国家民族经济和民主政治的发展也受到干扰。

在这种情况下,拉美国家的外交政策开始发生重大变化。他们不愿为美苏的争夺所左右,纷纷争取摆脱美国的严密控制,实行独立自主的外交政策。拉美各国一方面加强了同亚非国家的交往和合作,扩大自己的对外联系途径。另一方面加强了地区内部的协商,相互支持鼓励,首先在重大的国际问题上表明了不同于美国的态度和立场。

1962年,巴西、智利、玻利维亚和厄瓜多尔首次向联合国大会提交了建立拉丁美洲无核区的议案。1963年4月,上述4国总统与墨西哥领导人发表联合声明,呼吁拉美国家立即缔结一项多边条约,尽快使拉美摆脱超级大国对抗带来的核威胁,使拉丁美洲成为不生产、不接受、不储存和不试验核武器的无核区。他们的倡议很快得到其他国家的响应。巴拿马、乌拉圭、海地等国加入5国的行列,于同年11月向第18届联大提交建设拉美无核区的决议案,并获得了联合国大会的支持。

1967年2月,21个拉美国家在墨西哥首都正式签署了《拉丁美洲禁止核武器条约》(又称特拉特洛尔科条约)。缔约国一致承诺不在自己的领土内试验、使用、制造、生产或拥有任何核武器,也不接受、存放和部署核武器。各国保证只为和平目的获取和使用核物质或核装置。该条约包括两个重要附件。第一号附加议定书呼吁在拉美地区拥有领地的非拉美国家尊重无核化条约。第二号附加议定书呼吁拥有核武器的国家同意不采取违反条约的行动、不向缔约国使用或威胁使用核武器、尊重拉美国家建设无核区的意愿。拉美国家随即展开联合外交行动,争取各国特别是核大国接受拉美国家建设无核区的意愿。中、美、英、法等国先后签署了第二号附加议定书,但苏联出于同美国全球核对峙的目的,迟迟不愿签字。直至1978年5月,苏联才在提出若干附加条件的情况下,接受了拉美禁止核武器条约的议定书。拉美无核区的建设终于获得成功。

同时,拉美国家开始在经济领域探索团结互助,减少对美国的依赖,自主发展国民经济的道路。1960年2月18日,阿根廷、巴西、智利、墨西哥、巴拉圭、秘鲁、乌拉圭七国签订《蒙得维的亚条约》，决定成立拉丁美洲自由贸易协会。1960年12月，危地马拉、萨尔瓦多、尼加拉瓜和洪都拉斯四国领导人聚会尼加拉瓜首都马那瓜，签订了《中美洲经济一体化总条约》，决定建立中美洲共同市场。条约要求各成员国立即着手取消相互之间的关税壁垒，鼓励互惠贸易。1962年8月，上述4国会同哥斯达黎加在哥斯达黎加首都圣约瑟签订协议，正式成立中美洲共同市场。圣约瑟协议规定，5国取消相互之间的关税壁垒，进行自由贸易，组织关税联盟，对95%的共同市场外进口物品实行统一关税。1968年7月，共同体成员国首脑再次聚会，总结了共同市场成立以来的进展情况，决定建立一系列新的合作项目，包括制定统一财政和工业战略，协调各国的卫生、劳工、教育、运输和农业政策等。

中美洲共同市场的诞生及其发展增强了本地区其他国家进行经济合作的信心。1965年10月，阿根廷、巴西、墨西哥、委内瑞拉等10个拉美产油国成立了"拉丁美洲国家石油互助协会"。9个成员国保证交流石油开采经验和技术，协调石油生产政策，以稳定自己的石油收入。1967年2月，加勒比海国家举行会议，决定建立"加勒比自由贸易区"。1969年4月，阿根廷、玻利维亚、巴西、巴拉圭、乌拉圭五国外长也签署了《拉普拉塔河流域条约》，决定开展经济合作。

1969年5月，玻利维亚、哥伦比亚、厄瓜多尔、秘鲁和智利首脑在哥伦比亚的卡塔纳赫举行会议，正式宣布成立"安第斯条约组织"（又称安第斯集团）。该组织的宗旨是最大限度地利用本地区的资源，加速地区经济的发展，加强成员国之间的政策协调，增强在关于贸易和发展问题的国际会议上的地位，提高与"工业化大国"抗衡的能力。各成员国在《安第斯条约》中承诺取消相互之间的全部关税，发展区域内的自由贸易，并制定对外的共同关税。1970年12月，该组织成员国的外交部长在秘鲁首都利马举行会议，通过了《对待外国资本共同条例》，规定在安第斯集团成员国投资经营的外国企业必须将其51%的股票出售给所在国的投资者；外国企业每年汇回本国的利润不应超过其直接投资的14%。

在次地区一级的经济合作蓬勃开展的同时，拉美国家也在不断探索拉美各国作为一个整体进行政策协调、争取同美国进行平等对话的可能。1966年8月，智利、哥伦比亚、委内瑞拉三国总统及厄瓜多尔、秘鲁两国总统的私人代表聚集波哥大，在美国倡议举行的西半球首脑会议之前协调立场。这次预备性会谈后发表了《波哥大宣言》，阐述了拉美国家对国际政治经济重大问题的看法，呼吁开展拉丁美洲经济合作。1969年5月，美洲国家组织中的拉美国家抛开美国,在智利举行特别协调委员会会议,一致要求改革美国同拉丁美洲国家的传统经济贸易关系。这标志着拉美国家团结互助、争取自主发展的斗争进入了新的阶段。

第五节　中国同第三世界国家的关系

《中国同印尼关于双重国籍问题的条约》

中华人民共和国成立时,中国在国外约有 1200 万侨民,他们同侨居国的人民多年以来友好相处,并对当地的经济开发和繁荣做出了一定的贡献。由于中国与华侨所在国,在有关国籍法方面存在着原则区别(中国遵循血统主义原则,它们采用出生地主义原则),这就产生了所谓"双重国籍问题"。以前,这些东南亚国家大多处于殖民地状态。当时的中国政府腐败无能,既不关心也无力保护海外华侨的正当权益。所以,双重国籍问题并不突出。第二次世界大战结束后,东南亚各国相继独立,它们要求解决双重国籍问题。与此同时,新中国成立后,根据《共同纲领》的规定,中国政府要保护海外华侨的正当权益。再加上新中国宣布在外交方面执行"一边倒"的方针,因此,这些国家担心中国会利用华侨向其所在国"输出革命"。于是,双重国籍问题便突出起来。

针对这种情况,周恩来总理于 1954 年 9 月在全国人民代表大会上的政府工作报告中着重指出:"华侨的国籍问题是中国过去反动政府始终不加解决的问题。这就使华侨处于困难的境地,并且在过去常常引起中国同有关国家之间的不和。为了改善这种情况,我们准备解决这个问题,并且准备首先同已经建交的东南亚国家解决这个问题。"[①]

对于华侨的双重国籍问题,中国政府的政策是,首先,不承认双重国籍。一个华侨要么选择所在国的国籍,要么保留中国国籍。其次,在选择国籍时,尊重本人的意愿,凡愿意选择所在国国籍的华侨,中国政府将赞助他,愿意选择中国国籍的华侨,中国政府欢迎他。最后,已选择中国国籍的华侨,其正当的权利和利益将受到中国政府的保护,但他们应遵守所在国的法律、法令和社会习惯,不参加所在国的政治活动,同当地人民友好相处。总之,中国政府主张遵循和平共处五项原则,通过平等协商,来解决这个历史上遗留的双重国籍问题,以利于

[①]　《新华月报》1954 年第 10 期,第 88 页。

发展同有关国家的友好关系。

印度尼西亚是东南亚的大国,也是世界上最大的群岛之国。居住在那里的华侨约有270万人,其中2/3是出生在印度尼西亚,他们具有双重国籍。印度尼西亚于1945年8月独立后,曾在1950年颁布了一个政府条例,片面规定:具有双重国籍的华侨,凡是在1951年12月27日以前未向印尼有关当局表示拒绝印尼国籍者,一概成为具有印尼国籍的公民。为此,中国政府于1951年11月向印尼方面指出:出生于印度尼西亚的华侨的国籍问题,是中国政府与印度尼西亚政府之间的问题,必须由两国政府通过正常的外交谈判才能获得最合理的解决。对此,印尼政府表示同意。1954年11月2日,双方代表于北京开始就双重国籍问题举行会谈,并达成了协议。1955年4月22日,中国和印尼两国外长于出席亚非会议期间在万隆签订了《中国和印度尼西亚关于双重国籍问题的条约》。这是中国同东南亚国家为解决有关华侨双重国籍问题签订的第一个条约。

该条约共14条,主要规定:(1)凡属同时具有中国和印尼两国国籍的人,在本条约生效时已成年者,都应在本条约生效后两年的期限内,根据自愿的原则就中国国籍和印尼国籍中选择一种国籍。(2)缔约双方同意凡属具有双重国籍的人,按本条约的规定选择了中国国籍,即当然丧失印尼的国籍,若选择了印尼国籍,即当然丧失中国国籍。(3)凡属具有双重国籍的人在规定的期限内没有选择他们的国籍,如果他们的父亲是中国人的后裔,他们应被视为选择了中国国籍;如果他们的父亲是印度尼西亚人,他们应被视为选择了印度尼西亚国籍。如果和他们的父亲没有法律上的关系或他们的父亲的国籍不明,则随其母亲的国籍。(4)凡属具有双重国籍的人,如果在本条约生效时尚未成年,应在他们成年后一年的期限内选择他们的国籍。在他们未成年期间应被视为只具有他们的父母双方或父方的国籍。如果他们在成年后没有在本条约规定的期限内选择他们的国籍,则应被视为自愿选择了他们在未成年期间所具有的国籍。(5)一国之儿童在年满5岁前被另一国公民合法收养,即取得收养人的国籍。(6)中国公民同印尼公民结婚后,双方各保有他们原来的国籍,但其中一方如果根据本人自愿原则申请并取得另一方的国籍,即当然丧失其原有的国籍。他们的婚生子女,不论出生在中国或印尼,其国籍应具与其父母双方或父方相同之国籍。(7)为了改善两国公民互相侨居的情况,缔约双方同意勉励本国侨民尊重侨居国政府的法律和社会习惯,不参加侨居国的政治活动。缔约双方愿意各自依照本国政府的法律互相保护对方侨民的正当权益。本条约的有效期为20年。①

1960年12月,中国印尼双方又制定并公布了《关于双重国籍问题的条约的实施办法》。1961年5月,两国政府正式开始办理选籍工作。中国政府鼓励华侨从本身利益出发,在自愿原则下选择印尼国籍。结果,大部分具有双重国籍的华侨都选择了印尼国籍。中国印尼有关双重国籍问题条约的签订和实施,充分体现了中国政府本着平等互利、友好互谅和自愿原则来解决双重国籍问题的诚意,它既符合华侨和印尼人民的利益,也有利于中国同其他国家解决有关华侨的双重国籍问题。②

中国同缅甸、尼泊尔、巴基斯坦、阿富汗边界问题的解决

中华人民共和国成立之初,同12个国家接壤。由于历史上的原因,中国同其中有些国家的边界尚未正式划定。这些边界问题的存在,不仅被国际上某些敌对势力用来挑拨中国同邻国的关系,而且影响到中国的主权和领土完整以及双方边境居民生活的安定。所以,中国政府主张积极慎重地解决这些历史遗留下来的边界问题。早在1955年4月,周恩来总理在亚非会议上就明确宣布:中国同有些国家的一部分边界尚未划定,"我们准备同邻邦确定这些边界,在此以前我们同意维持现状,对于未确定的边界承认它尚未确定。我们约束我们的政府和人民不超越边界一步,……至于我们如何同邻国来确定边界,那只能用和平方法,不容许有别的方法"③。1957年7月,周恩来总理又在全国人民代表大会上指出:"我们要解决边界问题,其目的是安定四邻,争取国际形势的和缓,便于进行建设,而不是使我们同邻国的关系紧张起来。""就边界问题说,重要的在于我们应该做到使双方真正在平等、互利、友好的基础上加以解决,而不在于我们必须多占一点地方。"对于有争议的地段,应该"根据历史上可以为凭的法理论点,并考虑到我们和有关国家的新的关系和我们的政策,来进行谈判"④。依据这些基本主张,中国首先较好地解决了同缅甸的边界问题。

中缅边界问题是历史上遗留下来的一个较为复杂而又亟待解决的重大问题,"这些问题都是英国遗留下来的,是英国殖民主义者占领缅甸时、也是它对

---

① 《新华月报》1955年第5期,第92—93页。
② 印尼政府于1969年4月单方面废除了《中国和印尼关于双重国籍问题的条约》。
③ 《周恩来外交文选》,第130页。
④ 转引自《当代中国外交》,第144页。

中国进行压迫的时候所造成的问题。"①在中缅两国长达 2000 多公里的共同边界中,有三段边界长期没有划定,即阿佤山区段、勐卯三角地区段以及尖高山以北的一段。关于阿佤山区的一段,在中英两国于 1894 年和 1897 年签订的两个关于中缅边界的条约中都有明文规定。然而,由于有关条文自相矛盾,这一段边界长期没有划定。1934 年初,英国派军队进攻由班洪部落和班老部落共同管辖的地区,以图占领该地区,被当地佤族人民击退,这就是历史上的"班洪事件"。1941 年,正当中国在抗日战争中处于危急的情况下,英国以封闭滇缅公路相威胁,迫使国民党政府于 6 月 18 日以换文的方式在阿佤山区划定了一条有利于英国的边界线,即"1941 年线"。后因太平洋战争爆发,未能在这条线上树立界桩。关于勐卯三角地区,又称南畹三角地区,英国在过去的条约中承认该地区是中国的领土。但是,英国在 1897 年同中国签订有关中缅边界条约时,又以"永租"的名义取得了对中国这个地区的管辖权。缅甸独立后,继承了对这个地区的"永租"关系。关于尖高山以北的一段边界,在英国统治缅甸时,曾在这一地段一再蚕食中国的领土,甚至在 1911 年初竟然以武力侵占了片马地区。"片马事件"激起了中国各地人民的强烈抗议,最后,英国虽然被迫承认片马、岗房、古浪三处各寨属于中国,却仍然继续侵占该地区。

中华人民共和国成立后,缅甸总理吴努于 1954 年 12 月访华时,中缅两国总理在会谈公报中宣布:"鉴于中缅两国边界尚未完全划定,两国总理认为,有必要根据友好精神,在适当时机内,通过正常的外交途径,解决此项问题。"② 1955 年 11 月,中缅边哨部队在黄果园边界地带因误会发生武装冲突。这次事件虽然最终得到适当的处理,却使中缅双方深感必须尽早解决长期未决的边界问题。从 1956 年初起,中缅两国政府开始就中缅边界问题进行磋商。1956 年 11 月,缅甸反法西斯人民自由同盟主席吴努应中国政府邀请来北京商谈解决边界问题。在会谈中,中国政府通过吴努主席向缅甸政府提出了解决中缅边界问题的原则性建议。

关于阿佤山区的一段边界,中方坦率地向缅方表明,中国人民对于"1941 年线"是不满的,因为它是英国乘人之危强加给中国的。缅方领导人表示能够理解中国人民对于"1941 年线"的不满情绪,并承认这条线是英国强加给中国的,但要求中国政府承认这条已经通过换文而划定的边界,还要求中国政府将在 1952 年因追剿国民党残余部队而进入"1941 年线"以西的中国军队撤回。为了

---

① 1956 年 12 月 20 日周恩来总理在仰光答记者问,《新华半月刊》1956 年第 23 期,第 19 页。
② 《新华月报》1955 年第 1 期,第 93 页。

促进边界问题的公平合理的解决,中国政府表示,准备把进入"1941 年线"以西地区的中国军队撤回。中国政府要求,在中缅两国政府没有对"1941 年线"问题取得最后协议并树立界桩前,缅甸军队不进驻中国军队自"1941 年线"以西撤出的地区。缅方对中国准备以"1941 年线"为界,表示非常满意。有关勐卯三角地区,中国政府向缅方提出,由缅甸继续对中国的一块领土保持"永租"关系,是同中缅两国已经建立起来的平等友好关系不相称的。中国政府愿意同缅甸政府商定废除这种"永租"关系的具体步骤。对于尖高山以北的一段边界,中国政府提出片马、岗房和古浪三地区应归还中国,并要求在中国军队撤出"1941 年线"以西地区的同一时期内,缅甸军队也应从片马、岗房和古浪撤出。对此,缅方表示同意。

通过多次友好和互谅的会谈,吴努主席认为中国政府的建议是照顾双方利益的、合理的,缅甸政府已答应予以考虑。1956 年 11 月 10 日,吴努主席与周恩来总理在会谈后发表的联合公报中宣布,"目前,中缅两国政府取得谅解,从 1956 年 11 月底起中国军队将撤出 1941 年线以西地区,缅甸军队将撤出片马、岗房、古浪三个地方。这项撤军工作将在 1956 年年底前完成。"①此后,中缅双方都在 1956 年底以前完成了撤军工作,这就为最终解决中缅边界问题提供了有利的基础。

自 1956 年 12 月至 1958 年 9 月,中缅两国领导人继续就中缅边界问题进行了具体的讨论,并取得了一致的认识。1958 年至 1959 年间,因缅甸国内政局不稳,中缅边界谈判暂时停顿。为了推动中缅边界问题尽早解决,中国政府邀请缅甸总理奈温于 1960 年 1 月 24 日至 29 日访问北京。在访问期间,双方领导人经过进一步的友好商谈,于 1 月 28 日签订了《中缅友好和互不侵犯条约》及《中缅关于两国边界问题的协定》。同年 10 月 1 日,中缅两国正式签订了《中缅边界条约》。

《中缅边界条约》共 12 条,其主要内容是:(1)根据尊重主权和领土完整的原则和友好互谅的精神,缅甸政府同意把属于中国的片马、古浪、岗房地区(面积约为 153 平方公里)归还中国。(2)鉴于中缅两国的平等友好关系,双方决定废除缅甸对属于中国的勐卯三角地所保持的"永租"关系。考虑到缅甸方面的实际需要,中国方面同意把这个地区(面积约为 220 平方公里)移交缅甸,成为缅甸领土的一部分。作为交换,同时为了照顾历史关系和部落的完整,缅

---

① 《新华半月刊》1956 年第 23 期,第 37 页。

甸方面同意把按照 1941 年 6 月 18 日中英两国政府换文的规定属于缅甸的班洪、班老部落辖区（面积约为 189 平方公里）划归中国，成为中国领土的一部分。(3) 为了便于双方各自的行政管理，照顾当地居民的部落关系和生产、生活上的需要，双方同意对 1941 年 6 月 18 日中英两国政府换文划定的边界线中的一小段，做一些公平合理的调整，把永和寨和龙乃寨划归中国，把羊柏寨、班孔寨、班弄寨和班歪寨划归缅甸，使这些骑线村寨不再被边界线所分割。(4) 缔约双方同意，凡以河流为界的地段，不能通航的河流以河道中心线为界，能通航的河流以主航道的中心线为界；如界河改道，除另有协议外，两国的边界线维持不变。①

1961 年 1 月 4 日，中缅两国政府在仰光互换了中缅边界条约批准书，中缅边界条约自即日起生效。至此，极为复杂的中缅边界问题终于获得公平合理与友好的解决。

中缅边界条约的签订，不仅为中缅两国友好关系的进一步发展，奠定了巩固的基础，而且成为亚洲各国之间解决边界问题和其他争端的良好范例。此后，中国政府又利用有利时机，运用解决中缅边界问题的成功经验，比较顺利地解决了同尼泊尔、蒙古、巴基斯坦和阿富汗等国的边界问题。

中尼两国的边界长约 1400 多公里，长期以来从未划定，两国一向按传统习惯线和睦相处。中尼双方对传统习惯线的某些地段虽有不同的认识，但分歧不大。1960 年 3 月，尼泊尔王国首相柯伊拉腊在中国访问期间，双方就有关巩固和进一步发展两国友好关系问题进行了讨论，并于 21 日签订了中尼关于两国边界问题的协定和中尼经济援助协定。

边界协定规定，两国的全部边界以现有的传统习惯线为基础，根据三种不同的情况，按以下办法具体确定两国边界：(1) 对于双方的地图上两国边界线相符合的地段，联合委员会将派出由双方同等人数的人员组成的联合勘察队，进行实地勘察，树立界桩；(2) 对于双方的地图上两国边界线虽不相符，但是双方的实际管辖情况却是无争议的地段，也由联合勘察队根据实际地形和双方的实际管辖情况，确定这些地段的边界线，并树立界桩；(3) 对于双方地图上国边界线既不相符、而双方对于实际管辖的情况又有不同认识的地段，联合委员会将派出由双方同等人数的人员组成的联合小组，实地查明这些地段的实际管辖情况，根据平等互利、友好互让的原则进行调整，确定这些地段的边界线，并树

---

① 《中华人民共和国条约集》第 9 集，世界知识出版社 1964 年版，第 69—76 页。

立界桩。缔约双方还决定,为了确保边境的安谧和友好,每一方在边界本侧20公里的地区内,除了保持行政人员和民警以外,不再派出武装人员进行巡逻。①

中尼双方在边界问题上的主要分歧是,两国的地图有关珠穆朗玛(尼泊尔称萨加·玛塔)峰的位置画法不同,尼泊尔的地图把山峰画在两国的边界线上,中国的地图把山峰画在中国境内。后经协商,中国同意按照尼泊尔的画法把山峰画在边界线上,即峰的北半部属于中国,峰的南半部属于尼泊尔。1961年10月5日,两国在北京签订了《中尼边界条约》,至此,中尼两国终于通过友好协商,公平合理地解决了长期未决的边界问题。

中蒙两国有长约4000公里的共同边界属未定界,但双方争议不大。在中缅、中尼边界问题获得圆满解决后,中国政府主张应本着同样精神尽早解决中蒙边界问题。中国政府于1962年6月照会蒙古政府,提议对于两国边界有争议的地段,应在加强团结、互相尊重、互谅互让的基础上,通过友好协商,求得公平合理的解决。蒙古政府同意中方的建议,两国遂于同年10月在乌兰巴托开始就有关边界问题,进行了友好坦率的谈判,并于11月达成协议。12月26日,中蒙两国在北京签订了《中蒙边界条约》。中蒙边界问题的顺利解决,有利于两国人民友好相处。

中国新疆同由巴基斯坦控制其防务的各个地区相接壤的边界长约近600公里,也属未定界。英国在统治印度次大陆时,曾利用中印边界及中巴边界从未划定这一情况制造过一些纠纷。在巴基斯坦和印度都已取得独立以及中华人民共和国成立后,就不应再让这种纠纷和误会继续存在下去。1961年3月,巴基斯坦政府向中国政府建议举行边界谈判,中国政府也主张通过友好谈判来解决历史上遗留的边界问题。然而,同中国接壤的巴基斯坦负责其防务的地区涉及克什米尔。而克什米尔的归属问题,在巴基斯坦与印度之间尚有争议,中国在克什米尔问题上一向采取不介入的立场,而是希望印巴双方能在排除外来干涉的情况下,通过友好协商求得解决。因此,中国政府于1962年2月向巴方表示:在克什米尔问题获得解决前,中国与巴基斯坦先就实际存在于两国之间的边界的位置和走向,达成一个临时性协议,待克什米尔的归属问题获得解决后,有关主权当局再就克什米尔边界问题同中国政府重新谈判,以签订一个正式的边界条约来取代这个临时性协议。巴方表示同意,所以中巴两国政府代表于同年10月12日在北京开始会谈,并于12月达成了原则协议。1963年3月2日,

---

① 《中华人民共和国条约集》第9集,第63—64页。

中巴两国在北京签订了《关于中国新疆和由巴基斯坦实际控制其防务的各个地区相接壤的边界的协定》。中巴边界协定的签订,对于巩固和发展中巴两国的友好睦邻关系具有重大意义,并对于巩固亚洲和世界和平做出了贡献。它显示了在互相尊重和具有善意的基础上进行友好协商,是解决边界分歧和其他国际争端的有效办法。

中巴边界协定的签订,丝毫不影响巴基斯坦与印度之间关于克什米尔归属问题的谈判和解决。印度政府曾借口克什米尔问题反对中巴两国签订边界协定,是完全没有道理的。中国一向主张中巴要友好,中印要友好,印巴也要友好。中国政府的这种立场,是符合中国、巴基斯坦和印度人民的根本利益的。

中国与阿富汗自古以来就是和睦相处的友好邻邦,也是古代"丝绸之路"的共同开辟者。中阿两国有长约100公里的共同边界,但从未正式划定过。在中国同缅甸、尼泊尔、蒙古和巴基斯坦相继解决了边界问题后,中阿两国政府也决定于1963年6月17日开始就边界问题举行谈判并签订条约。由于双方的真诚合作,中阿两国的边界谈判进行得十分顺利,在短短一个多月的时间内,通过几次会议,就对边界位置和走向以及边界条约草案达成了完全一致的协议。同年11月22日,两国正式签订了《中阿边界条约》。边界条约的签订,为中阿两国人民的和睦相处,提供了牢固基础。

中缅、中尼、中巴以及中阿边界问题的圆满解决,是亚非国家友好合作的胜利,也是和平共处五项原则和万隆精神的胜利,它对巩固这个地区的和平以及加强亚非各国的团结具有重要意义。

中印边界事件

中国和印度同为亚洲的大国,两国互相接壤的边界长约2000公里,中印边界从未正式划定过。但是,两国人民在长期和平相处的过程中,按照双方的行政管辖范围,早已形成了一条传统习惯的边界。它的西段是沿着喀喇昆仑山脉,即中国的新疆和西藏同克什米尔印度占领区的拉达克接壤的边界;中段是沿着喜马拉雅山脉,即中国西藏阿里地区同印度喜马偕尔邦和北方邦接壤的边界;东段是沿着喜马拉雅山脉的南麓,即从中国、印度、不丹三国交界处至中国、印度、缅甸三国交界处。在英国殖民主义者来到东方之前,中印之间从未发生过边界争执。自从英国完全统治了印度以后,就一直以印度为基地,不断进行侵略中国西藏和新疆的阴谋活动。英国企图破坏中印之间长期形成的传统习惯边界线,以扩大英属印度领土的办法,来达到其侵占中国领土的目的,但均遭到历届中国政府的反对而没能实现。

第二次世界大战结束后,印度独立,中华人民共和国诞生。中印两国较早地建立了外交关系,共同倡导了和平共处五项原则,并签订了中国西藏地方和印度之间的通商和交通协定,使中印友好关系有过一定的发展。但是,印度政府继承了英国殖民主义者对中国西藏地方的野心,一直把西藏看作是它的势力范围。因此,在 1950 年,印度政府曾经竭力阻挠西藏的和平解放。在其图谋未能得逞后,印度便越过传统习惯线,不断侵占中国领土。与此同时,印度还在 1954 年突然在其出版的官方地图上,片面地修改了中印之间的传统习惯线,将英国阴谋制造的、但又一直未敢在地图上公开标出的中印边界线,作为中印之间的已定边界强迫中国接受。

在 1951 年西藏和平解放前后,印度首先在中印边界东段越过传统习惯线,完全侵占了传统习惯线以北和非法的麦克马洪线以南、面积为 9 万平方公里的中国领土。所谓"麦克马洪线",是英国代表于 1914 年 3 月背着中国中央政府,同西藏地方代表在德里以秘密换文的方式画出的。历届中国政府都不承认这条非法的麦克马洪线,因为西藏当局作为中国的地方政府无权同外国缔结任何条约。在此后二十多年的时间里,英国政府一直不敢公开在地图上画出这条线,直到 1936 年,英国才在英、印出版的地图上将非法的麦克马洪线以未定界标出。此外,英国在长期内不敢侵入中印传统习惯线以北和非法的麦克马洪线以南的地区,只是到了第二次世界大战后期,英国利用当时中国政府的困难,才占领了这个地区的一小部分。

在中印边界的中段,印度除了继承英国对于传统习惯线中国一边的桑、葱莎两处领土的侵占外,还在 1954 年以后,又陆续侵占了巨哇、曲惹等六处中国领土。这八处地方的面积共约 2000 平方公里。这些地方,历来是属于中国的,西藏地方政府至今仍保存着对这些地方行使管辖权的有关文件。

在西段,位于传统习惯线中国一边的整个广大地区,主要包括新疆所属的阿克赛钦地区和部分西藏阿里地区,其面积约为 33 000 平方公里。这是中国的领土,且一直在中国的有效管辖之下。19 世纪 60 年代,英国为了侵占阿克赛钦地区,曾企图按照自己的意愿改变中印边界西段的传统习惯线,立即遭到中国政府的拒绝。在 1856 年以前,英国官方地图对中印边界西段的画法同传统习惯线大体是一致的。从 1856 年至 1954 年以前,英国和印度的地图都没有标出中印边界的西段的界线,有的即或模糊地画出,但注明是未定界。1954 年以后,印度不仅在地图上片面修改了中印边界的传统习惯线,而且侵占了西段传统习惯线中国一边的巴里加斯。

尽管印度已经占领了大面积中国领土,中国政府仍坚持通过和平谈判,友好地解决这些被印度占领的中国领土问题以及整个中印边界问题。所以,在 1950 年至 1958 年间,中印边境一般是平静的。

1959 年 3 月,中国西藏发生了农奴主的叛乱,印度政府不仅支持和鼓励这次叛乱,而且在此后不久,印度总理尼赫鲁还正式向中国提出了大面积的领土要求。他不仅要求中国政府承认已被印度占领的中印边界东段的 9 万平方公里中国领土和中印边界中段的 2000 平方公里中国领土是印度的领土,而且要求中国政府承认从未被它占领的中印边界西段 33 000 平方公里的中国阿克赛钦地区和日土宗地区也是印度的领土,并要中国让出。否则,就诬蔑中国侵占了印度的领土。这样,中印两国在边境领土上的争端,就涉及 12.5 万平方公里的地区。

接着,印度又以武力来实现它的领土要求。在中印边界东段,印度军队越过了非法的麦克马洪线,侵占了线北的塔马顿、朗久和兼则马尼,并在 1959 年 8 月侵占朗久的过程中挑起了第一次边境流血冲突。同年 10 月,印度军队又在中印边界西段越过传统习惯线,在空喀山口挑起了更为严重的流血冲突。

为了阻止局势的恶化,中国政府于 11 月 7 日向印度政府建议,双方军队沿整个中印边界的实际控制线各自后撤 20 公里,并停止巡逻,同时还建议两国总理举行会谈,讨论中印边界问题。但是,这些合理建议遭到印度政府的拒绝。尽管如此,中国政府为了使双方武装部队脱离接触,避免再发生边境冲突,以利于和平解决边界争端,中国政府单方面地在边界的自己一边停止了巡逻。

1960 年 4 月,为谋求和平解决中印边界问题,中国总理周恩来在新德里同印度总理尼赫鲁举行了会谈。在会谈中,尼赫鲁不愿承认双方在边界问题上存有争议,他要求中国政府无条件地接受印度的领土要求,不容许有任何谈判的余地。后来,在 1960 年 6 月至 12 月的两国官员会晤中,印方坚持非法的麦克马洪线是中印边界东段的传统习惯线,坚持在中国管辖下的阿克赛钦是印度的领土。这样,中国力求以和平方式解决中印边界问题的努力,未获任何结果。

在两国官员会晤结束后,印度军队利用中国单方面停止巡逻的机会,自 1961 年起,在中印边界西段不断向中国境内入侵,到 1962 年 10 月 20 日止,印度在中国境内已建立了 43 个侵略据点。从 1962 年 6 月起,印度军队又在中印边界东段,越过非法的麦克马洪线,侵入线北的扯冬地区,连续向中国边防部队发动武装进攻。

在中印边界局势日益严重的情况下,中国方面始终保持了最大的克制和忍让。中国政府一方面抗议印度对中国的入侵,坚决要求印度军队撤出中国领土;同时努力争取通过谈判和平解决中印边界问题。但是,印度政府坚持中印双方讨论的内容只能是中国从中印边界西段自己的大片领土上撤出的问题,并以中国部队撤出非法的麦克马洪线以北的扯冬地区,作为中印讨论边界问题的先决条件,这就堵塞了讨论边界问题的谈判之门。同年 10 月 5 日,印度在其"东方军区"之下成立了一个专门对付中国的新军团。10 月 17 日,印度军队在中印边界的东段和西段,同时开始了对中国的炮火攻击。10 月 20 日,印度军队按照尼赫鲁的命令,向中国发动了大规模的全面进攻。中国边防部队在遭到严重伤亡的情况下,被迫实行坚决的自卫还击。中国边防部队越过了非法的麦克马洪线,进驻了一些被印度侵占的地方。

中印边境冲突发生后,中国政府为了停止冲突、通过和平谈判解决两国边界问题,于 10 月 24 日发表声明,提出三项建议:(1)双方确认中印边界问题必须通过谈判和平解决。在和平解决前,双方尊重 1959 年 11 月 7 日在中印边界全线上存在于双方之间的实际控制线,双方武装部队从这条线各自后撤 20 公里,脱离接触。(2)在印度政府同意前项条件的情况下,中国政府愿意通过双方协商,将边界东段的中国边防部队撤回到实际控制线以北;同时,在边界的中段和西段,中印双方保证不越过实际控制线,即传统习惯线。(3)为了谋求中印边界问题的友好解决,中印两国总理应再一次举行会谈。① 中国政府强调,实际控制线并不等于两国的边界。承认和尊重这条实际控制线,并不妨碍双方保留各自对边界的主张,却能为重开和平谈判、解决边界问题创造良好气氛。

在收到中国政府建议的当天,印度政府就迫不及待地拒绝了中国政府的建议。印度政府提出必须恢复 1962 年 9 月 8 日以前的边界全线状态,否则就不能进行谈判。这就表明,印度要继续占有自 1959 年以来用武力侵占中国的大面积领土。此后,印度政府继续扩大边境冲突,使中印边境形势日益严重。

为了扭转这种局势,中国政府于 11 月 21 日再次发表声明,郑重宣布:(1)自 1962 年 11 月 21 日零时起,中国边防部队在中印边界全线停火。(2)从 1962 年 12 月 1 日起,中国边防部队将从 1959 年 11 月 7 日存在于中印双方之间的实际控制线,后撤 20 公里。在东段,中国边防部队虽然至今在传统习惯线以北的中国领土上进行自卫反击,但仍然准备从目前的驻地撤回到实际控制线、即非法

---

① 《中华人民共和国政府声明》,《中华人民共和国对外关系文件集》第 9 集,第 147 页。

的麦克马洪线以北,并且从这条线再后撤 20 公里。在中段和西段,中国边防部队将从实际控制线后撤 20 公里。(3)为了保证中印边境地区人民的正常往来、防止破坏分子的活动和维持边境的秩序,中国将在实际控制线本侧的若干地点设立检查站,在每一检查站配备一定数量的民警。中国政府将通过外交途径把上述检查站的位置通知印度政府。① 中国政府在声明中特别指出,中国边防部队后撤之后的位置,将会远离他们在 1962 年 9 月 8 日以前的位置。中国政府希望,印度政府也能对此作出积极的响应。在中国边防部队沿整个实际控制线后撤 20 公里后,如果印度军队越过实际控制线,恢复他们在 9 月 8 日以前的位置,中国保留进行自卫还击的权利。

中国边防部队自 1962 年 12 月 1 日起开始在中印边界全线后撤,至 1963 年 2 月 28 日全部完成了后撤计划。因此,在中印边境上已经有事实上的停火和事实上的双方武装部队的脱离接触,中印边境局势已经和缓下来,只要印度方面不再进行挑衅,中印边境局势便不会再紧张起来。但是,在中国边防部队主动停火和主动后撤以来,印度方面不仅没有采取相应措施,反而不断派遣军事人员和军用飞机侵入中国领土和领空,进行骚扰挑衅。与此同时,印度政府还采取了大肆迫害华侨、封闭中国银行在印度的分支机构、强迫撤销中国在印度的总领事馆、限制中国驻印度大使馆正常的外交活动等一系列反华措施。

尽管如此,中国政府决定自 1963 年 4 月 10 日开始分地、分批释放和遣返被俘的印度军事人员,并主动交还大批缴获的武器、弹药和其他军用物资。整个遣返工作于 5 月 25 日完成,这就为和平解决边界问题创造了一切必要的条件和气氛。中印边境局势能否继续保持和缓,中印边界问题能否早日和平解决,完全取决于印度政府的态度。中印边界问题,最终只能和平解决。

支持印度支那三国人民的抗美斗争

1954 年 7 月 21 日,日内瓦协议的签订,从军事和政治两个方面解决了印度支那问题。美国虽然声明将不以武力妨碍协议的执行,但是就在当天,美国总统艾森豪威尔却在记者招待会上宣布美国"不受会议决议的约束",并"将把共产党的任何重新侵略都看作是要予以严重关切的事情"②。同年 9 月,美国公然将印度支那三国划入了刚刚建立的《东南亚集体防务条约》组织的保护范围之

---

① 《中华人民共和国政府声明》,《中华人民共和国对外关系文件集》第 9 集,第 156 页。
② 《艾森豪威尔回忆录——白宫岁月》(上)(二),生活·读书·新知三联书店 1978 年版,第 414 页。

内。根据日内瓦协议,越南以 17 度线为界的南北双方应通过自由选举以实现国家的统一。但是,美国却明确表示要援助南越吴庭艳集团将越南建成"一个强大的、有活力的国家"①。此后,吴庭艳集团在美国的支持下废黜了保大皇帝后,于 1956 年 3 月举行片面的"制宪会议"选举,成立了由吴庭艳任总统的"越南共和国"。上述种种,完全违背了日内瓦协议关于他国政府不得干涉印度支那三国内政、印度支那三国不得参加任何军事同盟以及三国通过普选实现各自统一的规定。

为了维护和贯彻日内瓦协议,南越人民在越南南方民族解放阵线的领导下,开展了反对美国帝国主义和吴庭艳集团的武装斗争。美国始则出钱、出武器和派出军事顾问,让越南人打越南人,继而于 1965 年 3 月派出海军陆战队直接参战,将"特种战争"升级为"局部战争"。

中国作为日内瓦会议的参加国和日内瓦协议的保证国之一,对于美国在越南造成的严重局势,当然不能漠不关心。早在 1956 年 11 月,中国总理周恩来在访问越南后发表的联合公报中揭露"美国对越南的统一进行了种种阻挠,妄想把越南变成它的殖民地和军事基地,长期分裂越南"。中越两国总理认为日内瓦会议的参加国应"采取共同的有效措施,谋求日内瓦协议的彻底实现"。②

1961 年肯尼迪上台伊始,就在越南南方发动了一场"不宣而战"的"特种战争"。同年 5 月 21 日,中国政府发表反对美国在越南加紧军事干涉的声明,呼吁日内瓦会议两主席和参加国"采取有效步骤,制止美国对南越的干涉和侵略,维护日内瓦协议的实施,保证印度支那和东南亚的和平"③。1962 年夏,鉴于美国有可能对北越进行袭击,中国决定"立即向越南无偿提供可装备 320 个步兵营的枪炮"④。1963 年 5 月,为了进一步声援越南人民抗美斗争,刘少奇主席访问了越南,并向越南领导人表示:"我们同你们是站在一起的,打起仗来,你们可以把中国当成你们的后方。"⑤同年 8 月 28 日,胡志明主席发表声明,强烈抗议吴庭艳集团焚烧寺院、迫害僧尼、封闭学校、任意逮捕教员和学生的罪行,呼吁全世界爱好和平的人民,更加有力地支持越南南方人民的正义斗争。次日,毛泽东发表《反对美国——吴庭艳集团侵略越南南方和屠杀越南南方人民的声

---

① 转引自资中筠主编:《战后美国外交史》下册,世界知识出版社 1994 年版,第 502 页。
② 《中华人民共和国对外关系文件集(1956—1957)》第 4 集,世界知识出版社 1959 年版,第 167 页。
③ 《中华人民共和国对外关系文件集(1961)》第 8 集,世界知识出版社 1962 年版,第 179 页。
④ 《当代中国外交》,第 159 页。
⑤ 同上。

明》,"热烈支持胡主席的声明","坚决支持越南南方人民的正义斗争",并希望"全世界工人阶级、革命人民和进步人士,都站到越南南方人民一边,响应胡志明主席的号召,支援英勇的越南南方人民的正义斗争,反对美、吴反革命集团的侵略和迫害,使越南南方人民免于被屠杀,并且获得彻底的解放"①。

1964年8月5日,美国以所谓"北部湾事件"为借口,连续轰炸北越的一些地区,从而跨过了"战争边缘",迈出了扩大印度支那战争的第一步。对此,中国政府于8月6日发表声明指出,"美国对越南民主共和国的侵犯,就是对中国的侵犯,中国人民绝不会坐视不救"②。美国在越南南方经过三年多的试验,终于发现它的"特种战争"并不能奏效。所以,约翰逊政府于1965年3月初决定派遣3500名海军陆战队在岘港登陆。这样,美国的地面部队便直接参加了对越南的侵略战争,并不断增加它的侵越兵力。与此同时,美国还扩大对越南北方的海空袭击和一再侵犯中国的领海、领空,而且扬言"在越南战争中,将不再有朝鲜战争中那样的所谓'庇护所',他们将对支持越南人民斗争的人实行什么'穷追'"。随着侵越战争的逐步扩大,美国公然宣布把中国当作主要敌人。针对这种情况,中国政府于3月12日发表声明警告美国政府,"中国人民将坚定不移地采取一切可能措施,支持越南人民和印度支那人民,把反对美国侵略者的斗争进行到底"③。3月25日,中国在《人民日报》的社论中宣布,中国人民将尽自己的一切力量,"给浴血战斗着的英雄南越人民以一切必要的物质支援,包括武器和一切作战物资。同时,我们也时刻准备着,当南越人民需要的时候,派遣自己的人员,同南越人民一道,共同战斗,消灭美国侵略者"④。3月28日,陈毅外交部长在给越南民主共和国外长的复信中又重申了这一立场。4月2日,周恩来总理在巴基斯坦同阿尤布·汗总统会谈时,请总统将中国的政策转告美国政府。次年4月10日他在接见巴基斯坦《黎明报》记者时再次重申了这一政策,并将它概括为四句话:"(一)中国不会主动挑起对美国的战争。(二)中国人说话是算数的。那就是,如果亚洲、非洲或世界上任何国家遭到以美国为首的帝国主义的侵略,中国政府和中国人民是一定要给以支持和援助的。如果由于这种正义行动引起美国侵犯中国,我们将毫不犹豫地奋起反抗,战斗到底。

---

① 《毛泽东外交文选》,第503—505页。
② 《中华人民共和国政府声明》,《新华月报》1964年第9期,第161—162页。
③ 《中华人民共和国政府声明》,《新华月报》1956年第4期,第187页。
④ 《全世界人民动员起来,援助南越人民打败美国侵略者》(社论),《人民日报》1965年3月25日,《新华月报》1965年第4期,第188页。

(三)中国是做了准备的。如果美国把战争强加于中国,不论它来多少人,用什么武器,包括原子武器在内,可以肯定地说,它将进得来,出不去。(四)战争打起来,就没有界限。"①

根据越南的要求,中越两国政府于 1965 年 4 月签订协定,"1965 年 1 月到 1968 年 3 月,中国向越南派出的防空、工程、铁道、后勤保障等支援部队先后总计达 32 万余人,最高年份达 17 万余人"②。中国援越部队同越南人民一起,共同保卫越南北方的领空,保证越南北方运输线的畅通。由于越中两国人民的联合抗击,美国不仅在战场上陷入困境,而且在国内也遭遇严重的政治、经济危机,这就迫使约翰逊放弃了 1968 年的总统竞选。当选总统尼克松于 1969 年 1 月上任后,决定采取"收缩方针",准备使越南战争"越南化"。在国内外的压力下,尼克松政府于同年 3 月下旬,在巴黎同越南首次进入了实质性会谈(会谈始于 1968 年 5 月)。最后,美越双方终于在 1973 年 1 月签署了《巴黎协定》,从而结束了这场持续十多年的战争。从 1971 到 1973 年,正是中国向越南提供援助最多的三年,签订援助协定的总额近人民币 90 亿元。周恩来总理当时曾亲自向越南领导人表示:"为了支援你们,我们不惜承担最大的民族牺牲,没有这个决心不行。"③在整个越南抗美战争期间,中国真正做到了"七亿中国人民是越南人民的坚强后盾,辽阔的中国领土是越南人民的可靠后方"。④ 1975 年 9 月 22 日晚,来北京访问的越南劳动党第一书记黎笋在中共中央为他举行的欢迎会上说:"越南人民永远铭记着中国共产党、中国政府和人民在越南长期、艰苦的整个战斗过程中对我们越南人民的深厚情谊、巨大的支持和鼓舞。"⑤

中国在支持越南人民抗美战争的同时,还大力支持老挝和柬埔寨爱国力量为维护日内瓦协议、国家独立和中立而进行的斗争。根据 1954 年日内瓦协议,法国从老挝撤军后不久,美国便于同年 9 月将老挝置于东南亚防务条约组织的"保护"之下,并在老挝扶植亲美势力,多次策划政变。中国政府坚决要求日内瓦会议两主席国苏联和英国,对美国破坏日内瓦协议、干涉老挝内政的行为进行干预。1961 年 1 月 1 日,西哈努克亲王写信给有关方面,提议召开一个扩大的日内瓦会议,以寻求维护日内瓦协议和恢复老挝的和平。1 月 14 日,陈毅外

---

① 《关于中国对美国政策的四句话》,《周恩来外交文选》,第 460 页。
② 新华社、《人民日报》评论员:《越南抗法、抗美斗争时期的中越关系》,《新华月报》1979 年第 11 期,第 152 页。
③ 转引自《当代中国外交》,第 162 页。
④ 《毛泽东给越南南方民族解放阵线主席阮友寿的电报》,《人民日报》1967 年 12 月 19 日。
⑤ 《黎笋在中共中央和国务院举行的欢迎宴会上的讲话》,《新华月报》1975 年第 9 期,第 50 页。

长写信给日内瓦会议两主席(苏联外交部长葛罗米柯和英国外交大臣霍姆),建议他们对西哈努克亲王的积极建议"给予有利的考虑,并且采取适当的步骤,使这一会议能够早日召开"①。

在多数国家的同意与支持下,有 14 国②出席的扩大的日内瓦会议得以在 1961 年 5 月召开。5 月 16 日,中国代表团团长陈毅在第一次全体会议上发言时指出,"和平解决老挝问题有国内和国际两个方面。老挝的内部问题必须而且只能由老挝人自己解决。""老挝问题的国际方面是创造必要的国际条件,使老挝人民真正能够在不受外来干涉的情况下实现自己的愿望。"陈毅强调,"1954 年日内瓦协议关于尊重老挝的主权、独立、统一、领土完整和内政不受干涉的原则和老挝不参加军事同盟、不在老挝建立外国军事基地的规定应该重申,并且得到切实的、一致的遵守"③。

在会议即将进入对解决老挝问题的具体方案的讨论时,陈毅在发言中表示,中国赞成苏联代表提出的"关于老挝中立宣言"和"关于从老挝领土上撤出外国军队和军事人员、关于国际委员会职权的协定"两个草案,但反对美国代表提出的有关老挝问题的"纲领性建议"。因为"美国的建议违反了 1954 年日内瓦协议,混淆了老挝问题的国际方面和国内方面的界限,实际上是以国际共管老挝为目的的"。美国代表在发言中提出老挝的中立"必须超出关于不结盟的经典的概念之外,而包括对于(老挝)国家生活各种因素的完整性的肯定保证"。即老挝的中立"不仅要防止外部的威胁,而且要防止所谓'内部威胁',防止所谓'从国境以外加以组织、指挥和协助的对国家要素的颠覆活动'"。陈毅指出,所谓防止"内部威胁",防止"对国家要素的颠覆活动","其实就是要镇压老挝人民的民族民主运动,扑灭老挝的爱国力量。这是赤裸裸地干涉老挝内政"。对于美国代表建议成立的"具有无上权力的国际机构",陈毅指出,"美国所设计的这种国际机构,并不是为了在尊重老挝独立的基础上维护老挝的中立,而是要不受任何约束地对老挝的政治、军事和经济事务进行全面的干涉,把老挝置于国际共管之下"。"中国政府在原则上赞成必要的国际监察和监督",至于国际委员会职权调整"必须严格划分老挝问题的国内和国际方面,绝对不许干涉

---

① 《陈毅外长就老挝的严重局势给日内瓦会议两主席的信》,《中华人民共和国对外关系文件集》第 8 集,第 16 页。

② 出席会议的 14 国为中国、苏联、美国、英国、法国、印度、波兰、加拿大、越南民主共和国、南越、柬埔寨、老挝、泰国和缅甸。

③ 《中华人民共和国对外关系文件集》第 8 集,第 45 页。

老挝的内政","国际委员会的一切工作,只能在取得老挝政府的合作的情况下进行"①。

在出席会议多数国家的共同努力下,经过14个月的较量,终于迫使美国达成协议,于1962年7月21日一致通过了《关于老挝中立的宣言》和《关于老挝中立宣言的议定书》。于此前成立的老挝民族团结政府在《宣言》中庄严宣布:老挝决心按照"1954年日内瓦协议的原则走和平中立的道路","在对外关系中坚决奉行和平共处五项原则","不参加任何军事同盟","不允许在老挝领土上建立任何外国军事基地","不承认任何军事同盟或联盟、包括东南亚条约组织的保护"②。同一天,陈毅外长在发言中表示:"中国作为1954年日内瓦会议的参加国,历来信守1954年日内瓦会议的协议,完全尊重老挝的独立主权。""中国政府将一如既往,认真地履行我们在协议中所庄严承担的义务。我们诚恳地希望所有的与会国家都以老挝人民的利益为重,以东南亚和世界和平的利益为重,切实遵守共同协议,尊重老挝的独立和中立,不以任何形式对老挝内政进行任何干涉。"③

但是会后不久,美国再一次破坏协议,于1964年支持老挝亲美势力破坏民族团结政府,进攻老挝解放区,老挝爱国军民被迫进行了抗美救国战争。1973年2月,老挝各方代表签署了《关于在老挝恢复和平和实现民族和睦的协定》。翌年4月,成立了新的联合政府和政治联合委员会。1975年12月,老挝召开了首届全国人民代表大会,宣布废除君主制度,建立老挝人民民主共和国。在老挝抗美救国战争中,中国同样给予了大力的支持和援助。

1954年日内瓦会议后,美国还侵犯柬埔寨的主权,破坏柬埔寨的和平与中立地位。1954年9月,美国宣布将柬埔寨置于东南亚条约组织的"保护"之下。1955年9月,柬埔寨举行全国大选后,成立了西哈努克亲王领导的新政府。新政府宣布,"柬埔寨决心不同外国建立军事同盟,不向外国提供军事基地"。西哈努克特别指出:"柬埔寨既不参加东南亚条约集团,也不可能接受这个军事集团的'保护'。"④西哈努克亲王坚持和平中立的立场触怒了美国,它不仅以武力

---

① 《中国代表团团长陈毅外长在扩大的日内瓦会议第九次全体会议上的发言》,《中华人民共和国对外关系文件集》第8集,第48—51页。
② 《关于老挝中立的宣言》,《中华人民共和国对外关系文件集》第9集,第278页。
③ 《中国代表团团长陈毅外长在扩大的日内瓦会议第42次全体会议上的讲话》,《中华人民共和国对外关系文件集》第9集,第276页。
④ 《人民日报》1956年1月24日观察家评论:《对柬埔寨的希望》,《印度支那问题文件汇编》,世界知识出版社1959年版,第379页。

侵犯柬埔寨的领土,而且于1970年3月18日趁西哈努克亲王出国访问之机,通过柬埔寨右翼集团发动政变,宣布"废黜"国家元首西哈努克亲王,成立了朗诺政府。次日,西哈努克亲王自莫斯科来到北京,中国仍将他作为国家元首来接待。周恩来总理告诉他:"我们已发表了亲王作为柬埔寨国家元首抵京的消息","我们支持你的立场是很清楚的","只要亲王有决心斗争到底,我们一定支持你,我们决心支持亲王直到亲王胜利回国"。①

同年4月29日,中国政府郑重声明:中国政府和中国人民"强烈谴责美帝国主义策动柬埔寨右派集团发动的反动政变","坚决支持柬埔寨人民响应国家元首诺罗敦·西哈努克亲王的号召,拿起武器,为反对美帝国主义的侵略和右派叛国集团的残暴统治而进行的英勇斗争"、"坚决支持老挝人民在老挝爱国战线党的领导下反对美帝国主义和泰国反动派侵略老挝的英勇斗争"、"坚决支持越南人民把抗美救国战争进行到底,实现解放南方、保卫北方、进而统一祖国的神圣目标"。"中国政府严正警告美帝国主义,既然你们把侵略魔爪伸进了柬埔寨,并进而扩大侵略越南和老挝的战争,你们就必须为由此而产生的后果承担全部责任。七亿中国人民永远是印度支那三国人民进行抗美救国战争的坚强后盾。"②4月30日,美国政府在所谓柬埔寨内有越南南方人民武装的"庇护所"的借口下,派出美军和南越部队入侵柬埔寨。5月5日,西哈努克亲王在北京宣布成立柬埔寨王国民族团结政府,中国政府立即声明予以承认,并坚决支持柬埔寨人民的抗美救国战争。5月20日,毛泽东发表了题为《全世界人民团结起来,打败美国侵略者及其一切走狗》的声明,"热烈支持柬埔寨民族统一阵线领导下的王国民族团结政府的成立",支持印度支那三国人民的抗美救国斗争。毛泽东指出:"印度支那三国人民加强团结,互相支援,坚持持久的人民战争,一定能够排除万难,取得彻底胜利。"毛泽东强调:"无数事实证明,得道多助,失道寡助。弱国能够打败强国,小国能够打败大国。小国人民只要敢于起来斗争,敢于拿起武器,掌握自己国家的命运,就一定能够战胜大国的侵略。这是一条历史的规律。"③

由于柬埔寨人民的坚持斗争,以及中国和其他国家人民的大力支援,美国被迫于1970年6月撤出其侵柬部队。1975年4月中旬,柬埔寨人民武装解放了全国。同年9月9日,柬埔寨国家元首西哈努克亲王和宾努首相等贵宾光荣

---

① 转引自《当代中国外交》,第171页。
② 《中国政府声明》,《人民日报》1970年4月29日。
③ 《毛泽东外交文选》,第584—586页。

返回祖国。行前,邓小平副总理受周恩来总理委托于 6 日晚举行了盛大欢送宴会,邓小平在讲话中说:"柬埔寨人民的伟大胜利是小国能够打败大国,弱国能够打败强国的杰出范例,是第二次世界大战后又一个具有重大历史意义的事件。它为世界被压迫民族和被压迫人民的斗争树立了光辉的榜样,提供了新鲜的经验。柬埔寨人民敢于斗争,敢于胜利的革命精神赢得了全世界人民的钦佩。你们的斗争和胜利,无疑将对世界人民,特别是第三世界人民反帝、反殖、反霸斗争产生深远影响。"[1]8 日晚,西哈努克亲王举行告别宴会,他在讲话中说:"今天晚上,请允许我再一次强调指出,英雄的柬埔寨人民经过五年零一个月的艰苦奋战,于 1975 年 4 月 17 日取得了彻底战胜美帝国主义及其走狗的伟大胜利,这是同中华人民共和国在我们救国斗争一开始就自发地给予我们热忱的完全支持、多种形式的无条件援助和战斗声援分不开的。""中华人民共和国始终坚定不移地站在小国、弱国、穷国、遭受压迫、剥削或威胁的人民一边,并且同他们一道为共同实现人人自由、人人平等的和平与繁荣的未来而奋斗到底。"[2]邓小平副总理在讲话中指出,两位亲王重返自己的祖国,"这是值得我们大家高兴和庆贺的一件大事。我代表中国政府和中国人民表示热烈和诚挚的祝贺。我们深信,两位亲王回国后,必将对建设一个真正民主的新柬埔寨作出更大的贡献"。"在今后的共同斗争中,我们决心继续和兄弟的柬埔寨人民更加紧密地团结在一起,相互支持,并肩前进。"[3]

---

[1] 《邓小平副总理在欢送西哈努克亲王和宾努首相光荣回国的宴会上的讲话》,《新华月报》1975 年第 9 期,第 33 页。

[2] 《西哈努克亲王在招待我国领导人的宴会上的讲话》,《新华月报》1975 年第 9 期,第 37 页。

[3] 《邓小平副总理在西哈努克亲王举行的宴会上的讲话》,《新华月报》1975 年第 9 期,第 38 页。

第四编
20 世纪 70 年代的国际关系
（1970—1979）

第十四章　美苏在缓和中的争夺

第一节　美苏对外战略的调整

尼克松主义

尼克松上台后面临着自珍珠港事件以来历届总统都未曾遇到的最为糟糕的国际形势和国内麻烦。美国需要有新的对外战略与政策来应付局面,以保持美国在国际政治中的主导地位。

尼克松对美国在国际政治舞台上的地位和作用以及国际局势的重大变化都有较为清醒的认识,采取了较为现实的态度。尼克松认为,国际关系中的战后时期已经过去,美国面临着极其复杂的外交课题,主要表现在:(1)国际局势呈现出多样化倾向。战后美国外交一直受美苏对抗的两极体制的概念所统治。20世纪60年代末70年代初,由于世界各国政治、经济发展的不平衡,出现了美、苏、西欧、日本和中国五大政治、经济中心。如何对待这种变化和制定相应的外交政策,这是尼克松碰到的首要难题。(2)美国惯于用自己的实力和"榜样"来推行外交政策,维持其霸主地位。尼克松当政前后情况发生了变化。美国的经济实力和军事力量相对下降,政治影响力大大缩小。受越南战争的冲击,美国的榜样作用引起了人们的怀疑。美国再也不能随心所欲地凭借实力把世界塑造成它所希望和选择的样子。尼克松的任务是恢复美国的实力和信心,利用有限的手段推行自己的外交战略。(3)战后以来美国一直推行遏制战略,把自己的头等任务定为遏制共产主义的扩展,把加强同盟国的团结作为维护美国国家安全利益的基石。为此,美国自诩为世界民主、自由的保护者和抵制共产主义威胁的防御者。尼克松面临的是共产主义世界政策的变化和内部的分裂、盟国的发展强大、美国自身的相对衰落。美国需要同敌手改善关系,以建立一种较少敌意的关系以及重新评价美国对盟国的安全责任。这些都会影响到美国同盟友的关系。

1969年7月25日,尼克松在关岛同新闻记者的非正式谈话中阐述了他的新亚洲政策：美国"恪守条约的义务"，该地区国家的国家安全和军事防务，美国"鼓励并期望将逐渐由亚洲各国自己来处理"、"自己承担起解决这些问题的责任"。美国将继续在亚洲发挥重要的作用，但必须"避免采取那些会使亚洲国家依赖我们以致把我们拖入像越南那类冲突中去的政策"。美国支持亚洲国家的集体安全，但不要"发号施令"。是年11月3日，尼克松在关于越南问题的全国电视讲话中正式把他的亚洲政策公布于世。尼克松的关岛讲话被称为"关岛主义"。1970年2月8日，尼克松向国会提交外交政策的国情咨文，把上述政策推广到美国的全球外交："美国仍将参与盟国与友邦的防卫和发展"，但美国"不能——也不会——为世界上所有自由国家设想和拟订全部计划，执行全部决策，承担全部防务责任。如果我们的援助能在某地显著生效，并且这样做对我们有利的话，我们将会提供援助"。尼克松对自己提出来的政策主张不断加以补充和发挥，"尼克松主义"由此形成。

尼克松主义以"伙伴关系"为核心，以实力为后盾，以谈判为手段。尼克松的伙伴关系是要加强同北大西洋公约组织成员国之间的关系，在亚洲要加强同日本的关系以及世界上"自由"国家和独立国家的关系，解决它们共同面临的问题，特别是对付苏联的扩张。尼克松强调，美国必须要有强大的力量，实施有效的威慑，"寻求达到一种最能恰当地称为'充足'的战略"。尼克松还强调，美国的实力不仅表现在军事力量方面，而且更重要的是体现在它的意识形态之中。他认为美国在世界上的影响不仅来自"我们的军事或经济实力"，而且还来自世界其他地方对"我们的思想与成就"的需求。美国的外交政策不仅是由能否服务于它的国家利益来判断，还必须同美国的思想意识形态结合起来。尼克松认为，国际局势的巨大变化，对抗时代让位于谈判时代。谈判是美国处理同共产党国家关系的主要途径。

尼克松政府为了实施外交政策的原则，达到外交政策的目标，采取了一系列具体措施。(1) 加强同北大西洋公约组织成员国和日本的伙伴关系。西欧经过战后二十年的恢复和发展，在各方面都取得了明显的进步。20世纪60年代中期以来，西欧同美国在政治、经济、外交乃至防务等方面的摩擦日益暴露出来。美国政府对在新的情况下美欧之间出现的问题需要作出新的反应，采取新的措施与政策。早在1969年2月，尼克松出访欧洲时就表示"美国决心用一种新的彬彬有礼的态度来很好地倾听北约伙伴的意见"，继续履行对北约的军事义务，提供安全保障，并把北约视为美国"整个安全政策的基石"。1973年4月23日，基辛格做了关于"欧洲年"的重要讲话。同年5月3日，尼克松强调"美国和欧洲之间的同盟一直是战后美国外交政策的基石"、"美国对外政策的任何一个方面都比不上同西欧的关系需要有更多的注意和关心",这是因为"我们的价值观、我们的目标、我们的根本利益同欧洲是紧密联系的"。美国认为日本是共同体中的一个基本成员,应该参与"大西洋问题的解决"。① 1974年6月26日,北大西洋公约组织政府首脑在布鲁塞尔会议上通过了大西洋关系宣言。宣言强调"它们的防御是完整而不可分割的",其共同目标是"防止外国对联盟任一成员国独立和完整造成任何威胁";美国重申"有决心与盟国一道,使欧洲的军力保持在必要的水平上,以维持威慑战略的信誉,并在威慑失效时保持防御北大西洋地区的能力"。(2)对社会主义国家推行缓和政策,改善同苏联和中国的关系。美国同苏联举行最高级会谈,并就一系列重大的国际问题和双边关系问题进行了认真的谈判,取得了积极的成果。在尼克松当政期间,美苏签署了相互关系原则和限制进攻性战略武器条约等重要文件。美苏关系由对抗走向缓和。尼克松实现了对中国的历史性访问,打开了通向中美关系正常化的大门,在重建中美正常关系的漫长道路上迈出了可喜的一步。尼克松政府的对华政策反映了美国外交路线的重大转变,也说明他是一位识时务者。中美关系的发展是中美两国互动的结果。它符合两国人民的根本利益,有利于缓和亚洲和世界的紧张局势。(3)退出越南战争。尼克松进驻白宫后决心结束侵越战争,实现"光荣的和平","扭转美国士气(道德)与尊严下降的趋势"。② 美国侵略越南不但给越南人民造成了巨大的灾难,也使美国政府背上了沉重的包袱。侵越战争造成了美军死亡58 015人,伤150 303人,耗费2000多亿美元,加深了美国的社会和政治危机,严重削弱了美国推行外交政策的实力与信心。1973年1月27日,《关于越南结束战争恢复和平的协定》签字,3月19日侵越美军全部撤出越南。美国学者在评述尼克松急切希望退出越南的心情时写道,他"对河内的全部要求就是给他发一张离境证"③。

尼克松推行现实主义外交,并且取得了一定的成效。尼克松推行的外交是美国战后外交的一次重大调整,对缓和国际紧张局势起到了重要的推动作用。美国历史学家小阿瑟·M.施莱辛格对此作出了这样的评价:"尼克松和基辛格这对奇特的搭档毕竟使美国的外交政策甩掉了包袱,冲出了禁区,使全国的视

---

① 尼克松1974年5月3日向美国国会提交的关于70年代外交的报告。
② 《人民日报》1972年2月28日。
③ 马文·卡尔布、伯纳德·卡尔布:《基辛格》,生活·读书·新知三联书店1975年版,第514页。

线从意识形态转向了地缘政治,并且调整了美国政策以适应国际关系结构中的深刻变化"。

苏联的全球攻势战略

20世纪60年代末70年代初,同美国力量相对衰弱形成鲜明对照的是苏联的经济和军事力量有了明显的加强。苏联在外交上采取了进攻态势,展开了同美国争夺世界霸权的角逐。

勃列日涅夫执政以来,苏联政治、经济和军事等各方面都有了很大的发展,主要表现在:(1)苏联国内政局比较稳定。勃列日涅夫在1964年10月取代赫鲁晓夫后,推行比较稳健的政治路线。在领导层的政治斗争中采取补台的措施,而不是赫鲁晓夫那种大上大下造成政局动荡不安的政策。高层政治领导人的相对稳定,政策可保持连续性,这有利于国家政治、经济的持续发展。(2)苏联的经济发展较快,美苏经济力量的对比发生了有利于苏联的变化。(3)苏联的军事力量得到了迅速发展,特别是核武器急剧增加。在美苏军事力量对比中,苏联的常规兵力和常规武器一直占有优势。苏联的核武器在古巴导弹危机以后发展尤为迅速。1962年美苏分别有导弹834枚和190枚,1969年11月则分别增加到1054枚和1140枚。苏联在数量上超过了美国。苏联还注意不断改进核武器的质量,发展和部署了反弹道导弹防御系统。苏联在欧洲部署了中程导弹,形成了对美国的战区核力量优势。(4)1968年苏联入侵捷克斯洛伐克前后提出了勃列日涅夫主义。它鼓吹有限主权论,公然侵犯他国主权和干涉别国内政,积极进行扩张活动,不断扩大其影响和势力范围。

勃列日涅夫积极推行缓和战略。勃列日涅夫对缓和做了如下的解释:缓和是"紧张的松弛","短暂的缓和作为国际关系的一种状态同冷战的长期紧张相对立";它意味着"愿意使用和平的手段而不是用武力来解决分歧和争端";"意味着某种程度的信任和能够考虑彼此的合法利益"。[①] 1969年3月,勃列日涅夫在华约政治协商会议上提出了"欧洲缓和"的一套主张。在会议公报中表示要"竭尽全力"致力于"巩固欧洲的和平与安全",建议就建立包括两大军事集团在内的"集体安全体系"尽快"开始对话",并就召开"欧洲安全与合作会议"问题举行会谈。同年12月,勃列日涅夫在苏共中央全会上做了外交工作报告,说要使缓和进行下去。勃列日涅夫对缓和有明确的说法是他在1970年6月对

---

① 《真理报》(苏联)1975年6月14日、1977年1月19日。

尼克松外交政策的评述。①

1971年,勃列日涅夫在苏共二十四大抛出了六点"和平纲领",宣称要把"缓和"摆在"巩固和加强苏联和平共处外交政策的首位",同美国进行"友好"的对话与谈判。勃列日涅夫从此开展了积极的"缓和"攻势。②

1972年5月,美国总统尼克松应邀访问莫斯科,苏美签订了第一阶段限制进攻性战略武器条约和苏美相互关系原则等重要文件。它们确认了苏美战略力量的均势地位,同意以"和平共处"和"缓和"作为两国关系的指导原则。美国接受了苏联的和平共处,承认了苏联作为两个超级大国之一的世界大国地位。这是勃列日涅夫"缓和"战略的无可置疑的成功。随之而来的1973年勃列日涅夫回访华盛顿、1974年尼克松再度访问莫斯科、勃列日涅夫和福特在符拉迪沃斯托克(海参崴)的会谈,这是苏联"缓和"政策的"黄金时代"。

1976年勃列日涅夫在苏共"二十五大"对"缓和"做了更加明确的说明:第一,"缓和"不能用来"干涉社会主义国家的内政",明确警告美国不要利用"缓和"插手东欧,挖苏联的墙脚;第二,"缓和"绝不是"放弃意识形态的斗争",也不意味着"冻结社会政治现状",表明苏联要积极开展对资本主义的进攻;第三,"缓和"不能妨碍苏联对民族解放运动和进步、民主与民族独立力量的"支持"。在勃列日涅夫看来,"和平共处"与"缓和"结合在一起,"可以把资本主义赶出历史舞台,而又不引起世界大战"。勃列日涅夫认为,"缓和"不是一种临时的现象,而是"国际关系根本改变的开始"。由于"社会主义的强大与影响"、"工人运动的继续高涨"、"民族解放斗争的胜利","缓和"已经"不可逆转"③。

苏联把"缓和"当作外交政策的战略、同西方继续进行斗争与对抗的一种方式,力求在不使用武力或直接运用军事力量的情况下达到自己的目的。1973年勃列日涅夫在布拉格苏东国家共产党领导人秘密会议上说,"缓和"为的是"使苏联赢得时间来加强我们的军事和经济实力,以便在1985年以前使力量对比发生变化,从而使我们能够在任何需要实现我们意愿的地方实现我们的意愿"。

苏联领导人把"缓和"看作既是进攻性的战略,又是防御性的战略。苏联认为,社会主义同资本主义通过"缓和"可以避免战争,尤其是避免核战争。苏联必须承担支持民族解放运动和民族解放战争的国际主义义务,以扩大社会主义的力量与影响。苏联强调"缓和"并不意味着阶级斗争和民族解放运动的结束,

---

① 盖索夫:《缓和与对抗:从尼克松到里根的美苏关系》,布鲁金斯研究所1985年版,第25页。
② 勃列日涅夫在苏共二十四大的政治报告,见《苏联共产党二十四大文件选编》。
③ 勃列日涅夫在苏共二十五大的政治报告,见《苏联共产党二十五大文件选编》。

而是服务于"保证世界的历史性转变"。而这种社会经济、政治的革命性转变"最终走向社会主义和共产主义"。因此,苏联的"和平共处"或"缓和"可以解释为社会主义和资本主义之间避免战争的基本的长期战略,是意识形态的斗争和两种制度的经济竞赛,通过谈判与合作解决可能导致紧张局势的根源。苏联指望通过政治、经济和军事支持民族解放运动,使之同西方疏远并把它们争取到社会主义方面来;鼓励资本主义国家的工人斗争,并赢得他们对苏联"缓和"政策的支持。苏联采取合作或对抗,这要视环境和形势而定。

苏联以军事实力为后盾,在"缓和"的掩护下积极推行进攻战略,加快对外扩张的步伐。第一,同美国进行缓和,谋求大国地位。苏联加速同西欧国家建立政治、经济关系,扩大在西方世界的影响和存在。在美欧之间制造矛盾和扩大矛盾,捞取政治上和经济上的好处。第二,实行南下战略,同美国争夺第三世界。苏联利用缓和时机,打着国际主义的旗号,通过经济、军事援助、搞友好外交、签订友好条约、借助代理人战争扩大了自己的势力范围,抢占了一些战略要地。这些都有利于苏联同美国在全世界的争夺。苏联加强了同古巴的联系,在美国的后院培植反美势力;苏联加强了对南亚地区的渗透和扩张的力度;苏联通过支持越南加强了在印度支那的存在;苏联积极介入非洲的内部的争端,插手安哥拉内战和埃塞俄比亚与索马里之间的冲突,在南部非洲和非洲之角扩大了影响;苏联在1979年还出兵占领了阿富汗。

苏联在20世纪70年代推行的攻势战略取得了某些成就。它使美国承认了苏联与之平起平坐的地位。苏联俨然以一个超级大国出现在国际政治舞台上。苏联从西方国家获取了资金,扩大了在第三世界的影响和势力范围,加强了它同美国争夺世界霸权的地位。但是,苏联的攻势战略的实施最终中断了缓和进程。它暴露了苏联侵略扩张的本来面目,使自己在国际上陷入孤立。苏联为了外交战略的需要,把十分宝贵的人力、物力和财力投入军备竞赛。苏联需要向外提供大量的经济和军事援助,这给本来就已很紧张的国民经济增加了新的负担。苏联的政治和经济逐渐陷入停滞状态。

第二节 东西方关系的缓和

《东方条约》与《四国柏林协定》

20世纪60年代末70年代初,美国和以美国为首的北大西洋公约组织同苏联和以苏联为盟主的华沙条约组织进入了缓和时期。曾经作为东西方冷战的主要战场的欧洲处于缓和的状态。东西方都在制定与推行新的政策来解决战后遗留下来的一些问题，以促进欧洲的稳定和发展。

1969年9月，在联邦德国大选中获胜的社会民主党领袖维利·勃兰特受命组成了该党和自由民主党的联合政府。新政府宣布和推行"新东方政策"：以西方合作为基础，积极发展同东欧国家的关系；承认战后边界现状，承认两个德国存在的现实；发展同苏联和东欧国家的关系。勃兰特的"新东方政策"是对联邦德国历来推行的"哈尔斯坦主义"的重大修正。这一主义认定，除了苏联，不同东欧国家建立外交关系，不承认战后欧洲边界，不承认民主德国是一个主权国家。

勃兰特政府积极推行"新东方政策"，加速改善同东欧国家的关系。联邦德国先后同苏联、波兰、民主德国签订了《莫斯科条约》、《华沙条约》以及《基础条约》。这些条约被称为《东方条约》。

联邦德国和苏联在20世纪50年代中期就建立了外交关系。1955年1月25日，苏联最高苏维埃主席团发表了终止苏德之间"战争状态"的命令。6月7日，苏联政府向联邦德国政府提出建立外交关系和发展贸易与文化关系的建议。是年两国建立了外交关系。双方在如何对待战后"边界现状"和民主德国等重大原则上分歧严重。随后出现了柏林危机，两国关系一直处于紧张状态。1969年勃兰特发表施政演说，强调要同苏联"和平共处"，采取实际步骤改善和苏联的关系，配合美苏缓和求得德国问题的解决、欧洲的和平与稳定。1969年12月8日，苏联和联邦德国开始就"互不使用武力"问题举行会谈。1970年7月26日至8月7日，联邦德国外长瓦尔特·谢尔应邀访问苏联。他同葛罗米柯就签订两国条约举行了会谈，并草签了条约。8月11日至13日，勃兰特首次访苏。12日，由勃列日涅夫、柯西金、葛罗米柯和勃兰特、谢尔分别代表本国政府在莫斯科签订了《苏维埃社会主义共和国联盟和德意志联邦共和国互不侵犯条约》，亦称《莫斯科条约》。条约规定，缔约双方"将通过和平的手段解决争端"，在解决欧洲和国际安全问题时"承担不用武力威胁和不使用武力的义务"；双方一致同意"欧洲的和平只有在谁也不图侵犯现有国界的条件下才能保持"；"严格遵守欧洲各国的领土完整和目前边界"；"他们对谁都没有领土要求，今后也不会提出领土要求"。双方肯定"所有欧洲国家的边界现在和将来都不可破坏"，奥德—尼斯线作为波兰西部边界，以及德意志联邦共和国和德意志民主共和国之间的边界。① 在签约之时,勃兰特向苏联递交了关于德国"通过自决实现重新统一"的信件。② 9月18日,勃兰特在联邦议院发表声明,说在柏林问题取得满意解决之前条约不能生效。同年12月7日,联邦德国同波兰签订了两国关系正常化的基础条约《华沙条约》。代表两国政府在条约上签字的是约·西伦凯维兹、斯·英德里霍夫斯基和勃兰特与谢尔。缔约双方声明,确认两国现存边界在现在和将来都是不可侵犯的,并保证无条件地尊重彼此的领土完整、彼此对对方没有领土要求,今后也不提出这类要求;双方保证通过和平手段解决两国之间的一切争端,并在有关欧洲和国际安全问题及相互关系中不得使用武力或以武力相威胁;两国将采取进一步措施实现关系正常化,发展两国关系。1972年11月,联邦德国和民主德国签订了《基础条约》,规定两国在"平等的基础上发展正常的睦邻关系","现在和将来都尊重双方边界的不可侵犯性";"哪一方都不在国际上代表对方"。③ 东方条约的签订与实施解决了联邦德国同苏联、特别是同东欧国家悬而未决的问题,实现了双边关系的正常化,扩大了交流。1973年9月,两个德国同时加入联合国,德国正式分裂为两个主权国家。

柏林地位问题一直是东西方尖锐对立与对抗的重大问题。战后,柏林被战胜国分区占领。美、英、法占领区合并为西柏林,苏占区为东柏林。围绕柏林的地位问题酿成了两次柏林危机(1948年和1958—1961年)。苏联要求美英法从西柏林撤走,使西柏林变成一个自由城市。西方则坚持维护自己在西柏林的利益。二十余年来双方互不相让。东西方在此针锋相对,冲突一触即发。随着美苏缓和进程以及联邦德国推行新东方政策,解决柏林问题的时机逐渐成熟。1970年3月26日,苏美英法四国关于柏林问题的大使级会谈开始举行。会议到1971年8月23日结束,历时1年零5个月,共举行了33次,终于就签订《关于柏林问题的四方协定》达成了协议。9月3日,由苏美英法四国大使在柏林正式签署。他们是苏联的彼·阿勃拉西莫夫、英国的罗·杰克林、美国的肯·拉什以及法国的让·索瓦尼亚格。协定分3个部分,另有4个附件。协定的主要内容是:四国政府"将尽力促进在有关地区消除紧张局势和防止发生纠纷","同意在本地区不得使用武力或以武力相威胁";"柏林西区和德意志联邦共和国之间沿德意志民主共和国境内的公路、铁路和水路的平民与货物过境交通将

---

① 詹姆斯·梅耶尔等:《战后时代的终结——1968—1975年大国关系文件》,剑桥大学出版社1980年版,第50—52页。
② 同上书,第52页。
③ 同上书,第68—72页。

畅通无阻,这种交通将得到便利,以便按最简单而又迅速的方式予以实行,并将享受优惠待遇";"维持和发展柏林西区与德意志联邦共和国之间的联系","柏林西区仍然不是德意志联邦共和国的一个组成部分,今后也不属于德意志联邦共和国管辖",联邦德国的基本法和柏林西区现行宪法凡不符合上述规定的都应停止行使,今后也仍然无效;英美法三国保留它们在国际上代表西柏林的权利,联邦德国在国际组织和国际会议上可以代表西柏林的利益;西方三国同意苏联在西柏林设立总领事馆。①

《关于柏林问题的四方协定》的签订促进了《东方条约》的签署与实施,同时也消除了召开欧洲安全与合作会议的一个障碍。它无疑有益于欧洲的缓和。

美苏首脑会谈

美苏两个超级大国的领导人为解决相互冲突、增加彼此了解,在20世纪70年代举行了5次会谈。在这些会晤中,苏美两国共签订了100多个条约、协定,制定了指导两国关系的基本原则。美苏高级首脑会谈是两国政治缓和的主要形式和内容。

1972年莫斯科会晤

尼克松寻求同苏联合作的领域,举行高层会晤是受到重视的有效途径之一。1969年2月6日,尼克松说:"我相信一个准备很好的高级会谈。在这里我们坐下来谈我们之间的分歧,我们可能取得进展。这符合我们和他们的利益。"苏美经过多次协商,1970年中宣布尼克松打算同苏联领导人举行会晤。10月22日,葛罗米柯建议来年夏天举行高级会晤。尼克松作出积极反应。他强调美苏关系尽管时冷时热,但重要的是"我们将谈判而不是对抗"。1971年7月,尼克松决定于1972年5月访问苏联,同苏联领导人举行高级会晤。此消息于10月22日正式宣布。1972年5月22—30日,尼克松访问莫斯科,美苏缓和进入高潮。尼克松同勃列日涅夫、波德戈尔内、柯西金举行了会谈。双方签订了《苏美关于限制反弹道导弹系统条约》、《苏美关于限制进攻性战略武器的某些措施的临时协定》,还有关于防止海上事件、进行科技合作、保护和改善人类环境、医学和卫生合作、探索和利用宇宙空间合作等5项协定。

这次会晤的主要成果是双方签订了《苏美第一阶段限制进攻性战略武器条约》和签署了《苏维埃社会主义共和国联盟和美利坚合众国相互关系原则》。后

---

① 詹姆斯·梅耶尔等:《战后时代的终结》,第54—56页。

者奠定了美苏缓和的原则和基础：（1）和平共处是处理两国关系的出发点。"它们共同确信，在核世纪如要保持两国关系，除和平共处外别无其他基础。"两国在意识形态和社会制度方面的差异"并不成为发展两国以主权、平等、不干涉内政和互利原则为基础的正常关系的障碍"。（2）防止核战争是首要任务。双方"将尽一切可能避免军事对抗和防止爆发核战争"；在相互关系中，双方都要有"克制精神"，本着"互惠"、"相互考虑立场"和"互利"精神通过谈判以和平方式解决分歧；双方不得试图取得"单方面优势"，彼此尊重"平等原则基础上的安全的利益"，不得"使用武力或以武力相威胁"。（3）加强两国在政治、经济、科技等方面的合作。双方重申就共同关心的问题交换意见，包括举行最高级会晤；发展两国的经济贸易关系；加强科学技术的交流与合作；加深文化领域的联系与互相了解，促进交流；加强在其他领域的合作；为了保证交流与合作的顺利进行，决定建立联合委员会。（4）加强对军备的控制，"以便在双边或多边基础上限制武器"，其最终任务是"解决全面彻底裁军"和"确保有效的国际安全体系"。（5）双方在国际事务中不企求任何特权与优先权，也不承认任何人享有这种特权和优先权。双方表示"竭尽他们的一切所能来避免发生能够加剧国际紧张局势的冲突与局面"，促进国际和平与安定，承认"所有国家的主权平等"，反对干涉他国内政。①

1973 年华盛顿会谈

1973 年 6 月 18—25 日，勃列日涅夫首次访问美国，同尼克松就经济、贸易、限制战略核武器等问题进行了广泛的会谈。美苏双方签订了《关于进一步限制进攻性战略武器谈判的基本原则》、《美苏关于防止核战争协定》、《苏美关于接触、交流和合作的总协定》、《苏美关于和平利用原子能科学技术合作协定》、《苏美农业协定》、《美苏关于世界海洋研究的协定》、《美苏运输协定》等 9 个协定和议定书。

25 日双方发表的联合公报称：（1）两国关系是建立在和平共处和同等安全基础上。（2）会谈的中心内容是关于维护与加强国际和平；双方讨论了限制战略武器问题，签订了与此有关的条约和协定；双方要求减轻军备竞赛的负担、达成限制和裁军协议，在严格的国际监督下实现普遍彻底裁军。（3）双方讨论了缓和国际紧张局势和加强国际安全的问题，认为国际局势为解决突出的国际问题建立稳定的和平结构提供了有利的机会。双方在印度支那问题上各自阐

---

① 詹姆斯·梅耶尔等：《战后时代的终结》，第 159—160 页。

述了立场。双方就中东问题交换了意见,同意在尊重该地区各国利益的基础上求得解决。(4)加强两国的贸易和经济关系。(5)在和平利用原子能、农业、海洋研究、交通运输等其他领域进行合作。美苏双方决定最高级会晤制度化,定期在两国轮流举行。①

1974年莫斯科会晤

1974年6月27日—7月3日,尼克松访问苏联,先后在莫斯科、明斯克、克里米亚同勃列日涅夫、柯西金、波德戈尔内举行了多次会谈。双方签订了《美苏限制地下核武器试验条约》、《美苏关于限制反弹道导弹系统条约议定书》、《美苏关于不把影响自然环境的手段用于军事目的的声明》、《苏美促进工业技术合作长期协定》、《苏美住宅建筑和其他建筑合作协定》、《苏美能源合作协定》、《苏美人造心脏科学研究协定》等文件。7月3日发表的联合声明说"会谈是非常求实的,是在建设性的气氛中进行的",称会谈的结果是改善美苏关系进程中的"一个新的重要里程碑"。公报的主要内容为:(1)双方决心在和平共处和同等安全的基础上发展两国关系,共同努力减少战争的危险,特别是核战争和大规模破坏力的战争;限制、最终结束军备竞赛,特别是战略武器的竞赛;限制国际紧张和军事冲突的根源;加强和扩大在全世界的缓和进程;发展互利的经济、科学技术合作,促进两国关系的全面深入发展。(2)进一步限制战略武器和进行裁军;双方主张采取富有成效的可能措施消除战争的威胁。(3)促进国际问题的解决;双方认为在欧洲建立和平、友好和合作的可信赖关系的努力取得了显著的进展;双方确信安理会第338号决议是公正解决中东问题的唯一正确选择;双方重申要加强联合国的作用,把它作为一个维护和平与安全、扩大国际合作的工具。(4)双方强调要将1972年签署的两国贸易协定付诸实施,并签订了有关促进经济、科技合作的协定。(5)双方确定在对方建立2—3个总领事馆。此次会晤虽然达成了多项协议,但并没有产生像1972年那样的轰动效应。②

1974年符拉迪沃斯托克(海参崴)会谈

1974年8月接替尼克松的福特,为了完成莫斯科会晤留下来的缔结限制核武器的"十年协定",决定举行新的一轮美苏首脑会晤。11月23—24日,福特到苏联进行工作访问,在符拉迪沃斯托克(海参崴)同勃列日涅夫举行会谈。24日,双方发表了《关于进攻性战略武器的联合声明》和《联合公报》。公报

---

① 詹姆斯·梅耶尔等:《战后时代的终结》,第183—190页。
② 同上书,第191—202页。

称:(1)根据两国已签署的一系列协定,双方在和平共处和同等安全基础上重建苏美关系取得了积极成果。双方决心严格全面地履行两国所承担的相互义务;(2)签署防止核战争和限制进攻性战略武器的协定是防止核冲突及所有战争的良好开端,双方决心为此继续做出努力;(3)双方重申中欧裁军会议的重要意义,并同意在不对任何一方的安全构成损害和禁止单方面取得军事优势的基础上谋求彼此都可接受的解决办法;(4)双方讨论了两国在贸易、经济、科学技术及文化交流方面的情况,强调今后要广泛深入地进行互利合作。[1]

1975年7月30日—8月2日,福特和勃列日涅夫利用出席欧洲安全与合作会议签订最后文件的机会举行了两次会晤。双方讨论了军备控制、中东问题以及双边关系问题。两国领导人力图促进在日内瓦举行的第二阶段限制进攻性战略武器谈判。

1979年维也纳会晤

1977年4月13日,美国总统国家安全事务顾问布热津斯基提出同苏联领导人举行高级会谈是有益的。两天后卡特提出要找机会同勃列日涅夫会晤,并希望勃列日涅夫能到美国访问。4月29日,苏联官方发言人称,勃列日涅夫1977年不会到美国访问,除非美苏第二阶段限制进攻性战略武器谈判达成协议。1978年卡特对苏政策开始转入对抗。3月17日,卡特强调"我们不允许任何国家取得对我们的军事优势",严厉指责苏联派军事顾问、提供军事装备、给予政治支持介入地区冲突。7月7日,卡特警告苏联"是选择对抗还是选择合作",美国都将恰当地应付这种选择。促成美苏高级会晤的关键因素是双方在限制进攻性战略武器谈判方面取得了进展。1979年1月25日,卡特在国情咨文中称欢迎勃列日涅夫不久到美国访问。之后卡特和勃列日涅夫进行私人信件交换。从年初到5月9日,美国国务卿万斯和苏联驻美大使多勃雷宁先后会见25次。

1979年6月15—18日,勃列日涅夫同卡特在维也纳举行会谈。双方就地区问题、民族解放运动等问题陈述了各自的立场与观点,但未进行认真对话。双方签订了《苏美第二阶段限制进攻性战略武器条约》、《苏美第二阶段限制进攻性战略武器条约议定书》、《关于限制战略武器谈判原则和指导方针的联合声明》和《关于确定进攻性战略武器数目的基准数据的谅解备忘录》。双方发表了《联合公报》。公报的主要内容有:(1)双方认为苏美关系的状况"在很大程度

---

[1] 詹姆斯·梅耶尔等:《战后时代的终结》,第203—206页。

上决定着整个国际局势的发展",双方决心进一步加强他们之间关系的"建设性基础",扩大合作的领域。而这种合作应当建立在"完全平等、同等安全、尊重主权和互不干涉内政"的原则基础上。(2)双方确信"核战争对于人类来说将是一场灾难",每一方都不想谋求军事优势。(3)双方支持"缓和国际紧张局势的进程",双方注意到国际紧张局势的策源地,认为所有国家对自己的行动应表现"特别负责和克制精神"。(4)双方主张在互利基础上进行文化、教育、科技交流与合作,确认经济和贸易关系是发展和改善双边关系中的重要因素。双方鼓励本国的有关组织和机构缔结长期基础上的互利的商业协定和合同。①

苏美关于限制进攻性战略武器谈判

苏美缓和的主题是举行军备控制和裁军谈判,限制对方军事实力的发展而争取与保持自身的优势。对于苏联来说,裁军谈判还是追求缓和物质化的重要内容之一。

在缓和的20世纪70年代,苏美举行了限制进攻性战略武器谈判、中欧裁军谈判、禁止核武器试验以及化学武器谈判。经过激烈的讨价还价和互相让步与妥协,双方签署了《防止在海上发生意外事故条约》(1972年5月25日)、《反弹道导弹条约》(1972年5月26日)、《苏美第一阶段限制进攻性战略武器条约》(1972年5月26日)、《苏美防止核战争条约》(1973年6月22日)、《限制地下核试验条约》(1974年7月3日)、《关于核爆炸用于和平目的条约》(1976年5月28日)以及《苏美第二阶段限制进攻性战略武器条约》(1979年7月16日)。

苏美把限制进攻性战略武器谈判并达成协议看作是缓和的主要内容和追求的主要目标。苏美在该领域的谈判取得了重大成果。自1969年以来,美苏就限制进攻性战略武器举行了两次谈判:第一阶段限制进攻性战略武器谈判(1969—1972年)和第二阶段限制进攻性战略武器谈判(1972—1979年)。

第一阶段限制进攻性战略武器谈判(SALT Ⅰ)

1969年1月,苏联宣布愿意就限制战略武器同美国进行谈判。10月25日,美苏双方宣布达成了举行限制战略武器会谈的协议。第一阶段限制进攻性战略武器谈判于1969年11月17日至1972年5月27日先后在赫尔辛基和维也纳举行,共7轮谈判127次会议。谈判的实质性内容或中心议题是在数量上

---

① 《美国国务院公报》1979年7月,第54—57页。

"冻结"双方的核力量。此时美苏核力量对比、特别是在洲际导弹方面基本持平：美国 1054 枚，苏联 1140 枚。美国打算在数量上限制苏联的迅速发展，而有利于自己在质量上的提高，谋取质量和整体上的优势。苏联也想规定发展的最高限额，同时实施战略武器的现代化。谈判中争论的主要问题是：（1）战略武器的概念。苏联认为凡是能使核弹头到达对方本土的运载工具均算战略武器。这样美国部署在西欧的一些中程导弹和轰炸机都应包括在谈判和限制之列。美国对此持坚决反对的态度，因为苏联的中程导弹和一部分轰炸机不能达到美国本土而不算战略武器。（2）谈判的程序和内容。苏联坚持只谈限制进攻性战略武器。美国要求把限制进攻性战略武器和限制反弹道导弹系统都作为谈判的内容。（3）关于最高限额。美国主张把限额定得低一些，限制陆基导弹、海基导弹、战略轰炸机的数量；苏联对此均表示反对。（4）关于反弹道导弹系统。苏联坚持该系统只能部署在两国首都附近，数量限为 100 枚；美国主张只限数量不限地点。经过两年多的谈判，双方达成了《关于两国采取措施防止偶然或未经允许而使用他们所控制的核武器的协定》和《关于使用人造地球卫星完善苏美直接通讯联系的协定》，签署了《苏美关于限制反弹道导弹防御系统条约》、《苏美关于限制进攻性战略武器的某些措施的临时协定》以及《议定书》。

《苏美关于限制进攻性战略武器的某些措施的临时协定》共 8 条，主要内容有：（1）美苏双方在 1972 年 7 月 1 日以后"不再开始建造另外的以地面为基地的洲际弹道导弹固定发射器"；双方不得把轻型的洲际导弹或 1964 年前部署的洲际导弹改装为 1964 年以后部署的重型洲际导弹的以地面为基地的发射架；潜射导弹发射架和现代化的弹道导弹潜艇限制在条约签订时的数字（包括使用或正在建造之中），可以同等数量进行更换；《协定》规定的最高限额是美国 1710 枚，其中陆基导弹 1054 枚；苏联 2358 枚，其中陆基导弹 1618 枚。（2）可以把临时协定所包括的战略进攻性弹道导弹和发射架"现代化和进行更换"。（3）进行有限的核查。各方将"以一种符合普遍承认的国际法原则的方式使用它所拥有的国家技术核查手段"，各方均不得限制上述的国家技术核查手段；双方"保证不使用妨碍用国家技术手段核查本临时协定条款履行情况的蓄意隐蔽措施"。临时协定有效期为 5 年。此后，美苏两国的核竞赛在更高水平上展开，进行"精益求精"的竞赛。

第二阶段限制进攻性战略武器谈判（SALT Ⅱ）

从 1972 年 11 月 21 日开始，美苏双方进入了第二阶段限制进攻性战略武器谈判。这次谈判的主要目标是把临时协定变为永久性协定。1979 年 6 月 18 日卡特和勃列日涅夫签署条约，谈判历时6年半。双方代表共举行了300多次会议，至少正式提出了9个谈判方案。美国指望通过谈判削减苏联占有优势的陆基导弹，并阻止苏联实现导弹的多弹头化。苏联力图保持进攻性武器数量和投掷重量的优先地位。在谈判期间，1973年6月18—25日，勃列日涅夫同尼克松签订了《关于进一步限制进攻性战略武器会谈原则》，规定要制定限制战略武器的永久性协定。1974年尼克松再度访苏，签署了《美苏限制地下核试验条约》。1974年11月23日，福特和勃列日涅夫在符拉迪沃斯托克（海参崴）发表了关于限制战略武器的声明。

1979年6月18日，卡特和勃列日涅夫在维也纳签署了《美苏关于限制进攻性战略武器条约》，发表了《美苏关于限制战略武器谈判原则和指导方针的联合声明》。条约的主要内容有：每一方拥有进攻性战略武器运载工具的数量限制为2400件，到1981年底减至2250件。其中，洲际导弹、潜射导弹或空对地导弹不得超过1200件；可带多弹头的运载工具不得超过1320件，其中装备有多弹头的洲际导弹限定为820件；每一方只可试验一种新型洲际导弹；禁止额外建造固定的洲际导弹发射架、禁止增加固定的重型洲际导弹发射架的数量；禁止重型机动洲际导弹、重型潜射导弹和重型空对地导弹。条约的第二部分是一项有效期到1981年的议定书。它规定禁止试验和部署由机动平台上发射的洲际导弹；禁止部署航程超过600公里的陆基或海基的远程轰炸机；禁止试验和部署空对地导弹。①

第二阶段限制进攻性战略武器条约所规定的各方保存的核武器数量的限额较高，有利于苏联发挥数量多、投掷重量大的优势。条约遭到美国国会的强烈反对。1979年底，苏联武装入侵和占领阿富汗，卡特作出强烈反应，他要求国会终止关于该条约的辩论。故第二阶段限制进攻性战略武器条约没有得到美国国会的批准。

欧洲安全与合作会议

欧洲安全与合作会议（简称欧安会）是在苏联等华沙条约组织成员国的倡议及推动下召开的。会议的举行也是苏美、东西方缓和与进行讨价还价的结果。20世纪50年代中期以来，苏联和东欧国家一再呼吁召开欧洲集体安全会议，签订欧洲集体安全条约。1964年12月14日，波兰外长腊帕茨基在第19届

---

① 《美国国务院公报》1979年7月，第23—46页。

联合国大会上首次提出召开全欧会议,美、苏都应参加。1966年7月6日,华约缔约国政治协商会议布加勒斯特会议正式提出召开欧洲国家参加的"欧洲安全与合作会议"。1969年10月30—31日举行的华约外长会议签署了关于筹备欧洲安全与合作全欧会议的联合声明,提出了这一会议的议程:保障欧洲安全,不使用武力或以武力相威胁,扩大贸易、经济和科技联系,并建议于1970年上半年在赫尔辛基举行。

召开欧安会的建议提出后遭到了美国的强烈反对,因为华约的正式建议没有邀请美国参加。苏东国家想把美国排除在解决欧洲问题之外。1966年《加强欧洲和平与安全宣言》称,只有欧洲国家才有权"平等参加","欧洲国家有能力在没有外来干涉的条件下解决它们之间的关系问题"。西欧国家认为,没有美国的参加,任何关于欧洲安全的会议都是毫无意义的,举行这样的全欧会议也是不可能的。美国态度坚决,声称它"决不参加一次具有批准或默认勃列日涅夫主义作用的会议"。在美国和西欧国家的反对与抵制下,苏联为了早日举行会议作出了让步。苏联采取了一系列举措:1970年初苏联政府发表声明,表示美国和加拿大可以参加会议;1971年9月,美苏英法签订了关于西柏林的条约,解决了柏林问题,这为欧安会的召开消除了最后的障碍。美国考虑到西欧盟国要求举行会议的情绪,也注意到自己的要求基本上得到了满足,从而改变了原来的反对态度。1972年5月尼克松访苏时同勃列日涅夫就召开欧安会达成了谅解。

1972年11月22日—1973年6月8日,33个欧洲国家(除阿尔巴尼亚)和美国、加拿大的代表在赫尔辛基举行了大使级的筹备会议。会议取得重大进展,草拟了《赫尔辛基最后建议蓝皮书》,明确规定了即将召开的欧安会的讨论范围和议事日程。1973年7月3日—1975年8月1日,欧安会分三阶段先后在赫尔辛基和日内瓦举行。上述35国与会。(1)1973年7月3—7日在赫尔辛基举行外长会议,与会者就欧洲通向和平与安全、在政治、经济、科技和文化领域进行合作的途径各自陈述了意见,看法不一,有的分歧很大。经过争论与协商,会议最后通过了筹备会议起草的《蓝皮书》,确定了会议的四项议程:关于保障欧洲安全和欧洲各国关系的原则;在平等的基础上扩大贸易、经济和科技交流;扩大文化合作与组织人员之间的接触;扩大情报交流以及设立欧洲安全与合作协商委员会。(2)1973年9月18日—1975年7月21日在日内瓦举行专家会议,就有关问题举行专门讨论。经过激烈的辩论,会议草拟了《欧洲安全与合作会议最后文件》。(3)1975年7月30日—8月1日在赫尔辛基举行首脑会议。它的主要任务是签署《欧洲安全与合作会议最后文件》(亦称赫尔辛基最后文件)。

在欧安会的三阶段会议中,东西方就一系列问题进行了激烈的争吵。这些分歧和争论主要有:(1)关于边界问题。苏联坚持战后的欧洲边界现状不可破坏,它在《欧洲安全基础和欧洲国家关系总宣言》草案中说:"各参加国认为欧洲现有边界目前和将来都是不可改变的,而且彼此将不提出任何要求,并承认,只有在任何人也不侵犯现有边界的情况下,这一地区的和平才能得以维护。"美国提出,"会议不能肯定仍然分裂欧洲的那些壁垒",不能排除边界的"和平改变"。(2)关于加强相互信任的军事措施问题。西方国家强烈要求互相通报军事演习和部队调动,并派观察员,凡有一个师参加的军事演习必须提前7周通知有关国家;苏联只同意在边境三个师的演习5天前通知有关国家,军事调动不能有观察员。(3)关于人员和思想自由交流。美国强调,欧安会"最主要的是,制定具体的有意义的方法来促进人员接触、更自由地转播情报及扩大文化和教育合作"。苏联认为这是西方进行渗透的手段,是对社会主义国家进行颠覆活动,是进行"心理战"。因此,"绝对不能接受"。

《欧洲安全与合作会议最后文件》的主要内容有:(1)关于欧洲安全问题。文件称,欧安会的目标是促进彼此间较好的关系,并确保各种条件使其人民能免除对他们安全的任何威胁或危害,能在真正和持久的和平中生活。文件强调指导与会国关系的基本原则是:第一,主权平等,尊重主权固有的原则。第二,禁止威胁或使用武力。第三,边界的不可侵犯性。第四,国家领土完整。第五,和平解决争端。第六,不干涉内政。第七,尊重人权和基本自由,包括思想、道德、宗教或信仰的自由。第八,平等权利和民族自决。各民族有权完全自由地决定他们的国内外政治地位,实施政治、经济、社会和文化的发展。第九,国与国之间的合作,促进相互谅解和信任,建立友好睦邻关系。第十,履行国际法规定的各项义务。文件提出要建立信任的措施和安全与裁军。(2)在经济、科学技术和环境领域进行广泛的合作。(3)关于在地中海的安全与合作问题。文件规定增加与地中海沿岸国家磋商,促进合作,缓和紧张局势。(4)人道主义和其他领域的合作。文件要求扩大人员接触,扩大情报交流。

欧安会的召开以及最后文件的签署,肯定了第二次世界大战后欧洲所确立的边界现状,推动了欧洲在政治、经济、文化和人员等各方面的合作与交流,它有利于欧洲局势的缓和。会议的召开和最后文件的签署是东西方互相妥协的产物,而且也不具法律效力,对各签字国没有任何的约束力。根据最后文件的规定,为检查文件的执行情况并交换意见,欧安会先后于 1977 年、1980 年、1986 年分别在南斯拉夫的贝尔格莱德、西班牙的马德里和奥地利的维也纳举行了 3 次续会。

中欧裁军会议

全名为《关于在中欧共同裁减部队和军备以及有关措施的谈判》。军事科学技术的发展与应用,使常规武器同样具有极大的危险性和破坏性。在欧洲常规兵力的对比中,苏联和华约组织占有对美国及北约组织的优势。美国把裁减常规兵力、取消苏联所占有的优势作为军备控制和裁军的极为重要的目标。中欧裁军是美国作为召开欧洲安全与合作会议的先决条件之一首先提出来的。

1968 年 6 月 25 日,北大西洋公约组织部长理事会雷克雅未克会议提出北约和华约两大集团"相互均衡减少部队"的建议,要求在均衡的基础上互相裁减,并应有"充分的核查与监督"。建议把举行中欧裁军谈判同召开欧洲安全与合作会议联系起来,并要求先举行裁军会议后召开欧安会。1970 年 6 月 21—22 日,华约外长布达佩斯会议对北约的建议作出积极响应。华约主张先召开欧安会,取得必要的互相信任后再解决"相互均衡减少部队"的问题。北约和华约虽然都同意举行中欧裁军会议、解决裁减军备的问题以加强欧洲的缓和进程,但一开始就在程序问题上发生分歧和争吵:欧安会和中欧裁军会议到底谁先谁后?召开欧安会是华约首先提出来的。美国和北约国家作出响应。美国和北约认为可利用苏东国家举行欧安会的迫切心理,提出一些条件迫使苏东作出必要的让步,其中包括解决柏林问题和举行中欧裁军谈判。北约坚持裁军会议必先于欧安会,只有取消了苏联和华约在欧洲的常规力量的优势,减少其压力,欧洲才能有安全,欧安会的召开才会有意义与结果。华约也意识到美国提出中欧裁军会议的目的是压苏联在军备竞赛和军备控制中作出让步,所以它主张先召开欧安会,在解决政治和信任问题后,才有可能在军事安全方面取得进展。1972 年 5 月,美国总统尼克松访问苏联时两国同意欧安会和中欧裁军会议"平行举行"。1973 年 1 月 31 日—6 月 28 日,北约 12 国和华约 7 国举行中欧裁军会议的预备会议。正式参加谈判的有 11 国,它们是苏联、民主德国、波兰、捷克斯洛伐克、美国、英国、联邦德国、加拿大、比利时、荷兰和卢森堡。保加利亚、匈牙利、罗马尼亚、土耳其、希腊、意大利、丹麦和挪威 8 国作为观察员参加会议。预备会议就中欧裁军谈判的开始日期、裁减军队和军备的具体地区作出了规定,涉及联邦德国、比利时、荷兰、卢森堡、民主德国、波兰和捷克斯洛伐克等国的领土。

中欧裁军会议在欧安会举行第一阶段外长会议之后于1973年10月30日在维也纳开始。上述19个国家的代表或观察员出席了会议。在第一轮谈判中,10月30日美国和北约方面提出"两个阶段裁军方案":第一阶段苏美各裁减驻军15%,即美国2.9万人,苏联6.8万人;第二阶段其他有关国家实行裁减,使双方在中欧地区的最高地面部队人数为70万。11月8日,苏联、民主德国、波兰和捷克提出:参加谈判的11个正式成员国同时裁减外国驻军和本国军队和军备,削减陆军、空军,其中包括核力量。裁减计划分3阶段进行:1975年双方各裁减2万人;1976年各成员国裁减5%;1977年再裁减10%;按照裁减单位(整个兵团、部队、分队)大体相同的原则对武装力量和军备进行裁减。在长达15年的谈判中,华约和北约分别提出了7项和5项建议与方案,尽管各方都曾对自己的方案做过修改并有妥协的某些表示,但均未被对方所接受。谈判到1989年2月2日结束时,共进行37轮,举行了493次会议,但没有取得具体进展,没有达成任何协议。

北约和华约在中欧裁军谈判中的主要分歧是:(1)对在欧洲的军事力量对比估计上相差甚远。北约开始坚持认为苏联和华约在常规兵力方面对北约占有绝对优势,大约多15万军队和9000辆装甲车。它们要求苏联大幅度裁减;苏联和华约认为双方在此的军事力量基本上持平。(2)裁减的原则迥然不同。美国和北约坚持"均衡裁减"原则即按比例进行削减:多者多裁,少者少减。它们要求苏联和华约多裁。美国认为只有这种裁减原则才能取消华约的优势、维持欧洲军事力量的平衡、保证欧洲的安全。苏联出于东西方军事力量大体相当的立场,主张"对等裁减"即按同等数量减少部队。苏联坚持1对1的裁减原则,其目的在于"使未来的裁减不破坏中欧和整个欧洲业已形成的力量对比"。根据这种裁减原则,其结果是苏联在欧洲的军事优势更为明显。这是美国和北约国家所不能接受的。(3)裁减的范围各执一词。苏联和华约主张中欧裁减应包括各类武装力量和军备,即包括陆军、空军以及装备有核武器的部队;不但包括美国在中欧的驻军,还应包括英国等北约国家在此地的驻军和当地的军队。苏联特别强调要裁减北约的空军和核力量。美国和北约的主要矛头是对准苏联和华约的陆军及其坦克、火炮、装甲车,而对裁减空军和核力量不感兴趣。因为北约在这方面确实拥有不容置疑的优势。(4)裁减的监督问题不能取得共识。美国和北约主张应有严格的国际监督。苏联和华约强调利用本国的核查手段进行。

中欧裁军谈判未能取得进展的根本原因在于与会双方缺少应有的信任。中欧是苏美和北约与华约两大军事政治集团长期对峙的地区,是冷战的主战场。该地区又是检验各自意志力的场所。双方都不打算也没有采取可行的政策措施来突破谈判的僵局。苏美都指望通过谈判、裁军来削弱对方在这一地区的军事存在而继续保持自己的优势。勃列日涅夫在谈话中把谈判未能取得进展归咎于美国没有采取"诚恳而客观的态度",美国"企图利用会谈作为手段使自己的军事地位与另一方相比得到加强"。①

第三节 苏联在缓和掩盖下加紧向外扩张

苏联在南亚的渗透与扩张

南亚地区在苏联的全球战略中占有极其重要地位。南亚地区有印度、巴基斯坦、孟加拉国、斯里兰卡、不丹、尼泊尔和马尔代夫。从地理位置而言,南亚是连接太平洋与印度洋、远东和中东北非的必经之路,是苏联谋求暖水港、通往印度洋的通道。南亚地区又是苏美争霸的重要地区之一。南亚地区各国长期受帝国主义和殖民主义的侵略与奴役,均是战后独立的民族主义国家。苏联打着支持民族独立的旗号,在这里进行所谓的非资本主义发展的试验。印度又是不结盟运动的发起国之一,在国际社会中有一定的影响。苏联指望搞好同这些国家的关系,以扩大其在第三世界和不结盟运动中的影响,加强在世界上同美国进行对抗和较量的地位。

苏联在南亚地区特别注意发展同印度的关系。苏联通过政治支持、经济援助、军事援助以及介入地区冲突逐步向印度进行渗透与扩张。苏联在南亚地区的活动开始于20世纪50年代中期。1955年2月2日,苏联同印度签订了经济和技术合作协定。11月12日,苏联领导人赫鲁晓夫和布尔加宁访问印度。从此,苏印关系不断发展。苏联在几十年的双边关系中,采取了政治、经济、军事等方面的手段与方式,试图把印度纳入自己的势力范围,为其全球战略服务。

苏联在政治上支持印度。苏联领导人声称,"在印度处境艰难和紧急的时期","当各种各样的外部势力试图向捍卫切身利益的印度施加压力的时候",苏

---

① 勃列日涅夫1975年6月13日在选民大会上的讲话。

联总是和印度站在一起。① 苏联在印度同邻国的领土争端中明显袒护印度。早在 1955 年赫鲁晓夫访问印度期间就表示支持印度在克什米尔问题上的立场，声称克什米尔是印度的一个邦。1957 年，苏联又在联合国安理会否决了在克什米尔举行公民投票的决议。在印巴战争中，苏联支持印度。在中印边界冲突中，苏联也扮演了极不光彩的角色。

从 1955 年以来，印度历届政府都主张积极发展同苏联的政治关系，只有 1977 年德赛上台后曾一度表示不同包括苏联在内的任何国家保持特殊关系。印度政府对苏联的国际政策和行为采取了同情、理解和支持的态度。印度在勃列日涅夫提出"亚洲集体安全体系"时表示"感兴趣"，说同印度的想法"极为一致"。在苏联入侵阿富汗的问题上，印度不同意国际社会谴责苏联和要求苏联撤军。在此问题上印度采取了同世界各国完全不同的态度。苏联对印度在主要的国际问题上同自己采取近似和相同的立场表示赞赏，认为印度对建立"国与国之间的和平和真正文明的关系"作出了重要贡献。② 苏联称苏联和印度的关系是两个不同社会制度国家之间关系的典范。③

苏联提供经济援助，支持印度的"五年计划"和搞社会主义的试验。1955 年苏联开始向印度提供经济援助和第一笔贷款。到 1966 年，苏联共向印度提供 28 笔贷款，约 102.11 亿卢比。随后 11 年苏联没有继续这种援助。1972 年苏联开始恢复向印度提供经济援助。苏联通过提供贷款来带动双边贸易。两国的贸易额不断增加。1955 年双边贸易为 1060 万卢布，1970 年为 3.649 亿卢布。苏联成为印度仅次于美国的第二大贸易伙伴。1980 年苏印贸易额达 17.389 亿卢布。1981 年苏印贸易超过美印贸易额，苏联上升为印度最大的贸易伙伴。苏联同时向印度提供了科学技术援助。苏联在印度援建了一批大型工业企业，90% 集中于重工业。苏联援助重点是加强印度的国营经济，为印度走"非资本主义道路"奠定物质基础。苏联称，它援建的比莱冶金联合企业是两国有效合作的标志。苏联援建的企业提供了印度冶金设备生产的 80%。④ 苏印还建立了政府间联合经济委员会和协调计划机构。苏联注意扩大两国间的文化交流，签订了文化科学和技术合作协定。苏联为印度培训技术人员，吸引大批印度青年

---

① 勃列日涅夫：《遵循列宁主义方针》第 4 卷，第 366—367 页。
② 同上书，第 353 页。
③ 安·安·葛罗米柯、鲍·尼·波诺马廖夫主编：《苏联对外政策史（下卷）：1945—1980》，第 455 页。
④ 《共产党人》（苏联）1976 年第 12 期。

到苏联学习。

　　苏联提供军事援助,加强自己在南亚地区的影响和存在。在中印边界冲突时,苏联开始向印度提供军事援助。这种军事援助一开始是提供运输机。1962年后苏联提供重型武器和军事装备。1965年后,美国停止了对印度的军援,苏联则成了印度军火的主要供应国。苏联为印度援建了飞机厂、军工厂、军事科研机构和海军基地。苏联和印度还加强了军事首脑的接触,两国军事代表团和高级将领的互访活动频繁。

　　苏联同印度签订和平友好合作条约,把两国政治、经济和军事往来法律化。条约签订于1971年8月9日,共12条。该条约具有浓厚的军事同盟色彩。条约规定,"缔约双方每一方庄严宣告不缔结也不参加针对另一方的任何军事同盟";"缔约双方每一方保证不对另一方进行任何侵略,并且不容许利用自己的领土来进行可能对缔约另一方造成军事上损害的任何行动"。条约特别强调"缔约双方每一方保证不向参加与另一方发生武装冲突的任何第三方提供任何援助。在任何一方遭到进攻或受到进攻威胁时,缔约双方应立即共同协商,以便消除这种威胁并采取适当的有效措施来保证两国的和平与安全"。关于该条约的军事性质,1971年8月13日葛罗米柯在苏联最高苏维埃主席团讨论批准它时讲得十分清楚:"从当前国际局势来看,尤其从边界以南形成的局势来看,这具有特殊重要性"。在和平友好条约的掩护下,苏印加紧了在军事上的联系。印度官方表示,一旦印度和巴基斯坦发生战争,印度可以立即得到来自苏联的全力支持。在印巴战争中,塔斯社公开表示,苏联对此"不能漠不关心"[1]。苏联为了使印度在战争中得手,竟在联合国安理会连续否决实行停火的提案。

　　苏联出于战略需要全力支持印度,这就不能不引起其他南亚国家的警惕和反感。而美国为了抗衡苏联在这一地区影响和势力的扩张,加强了同其他南亚国家的关系。苏联在巴基斯坦的影响力不大。20世纪50年代末,苏联开始向巴基斯坦提供少量贷款并派遣技术人员。60年代中期,两国关系开始趋于活跃。1965—1970年,巴基斯坦总统3次访苏。苏联部长会议主席两度到巴基斯坦访问。在此期间双方签订了贸易协定、苏联向巴基斯坦提供机器设备的议定书、文化与科学技术合作协定。两国决定扩大双边政治、经济和文化联系。巴基斯坦政府对苏联推行的霸权主义和扩张主义持批评和抵制态度。苏联迅速承认了孟加拉国的独立,并提供了紧急援助。但孟加拉国发生军事政变后,连

---

[1] 《真理报》(苏联)1971年12月5日。

续不断驱赶苏联使馆人员,对苏联入侵阿富汗进行了强烈批评,并要求苏联无条件撤军。苏联同尼泊尔于 1956 年 7 月 9 日正式建立外交关系。两国领导人多次进行互访。苏联曾向尼提供过贷款,签订过经济技术合作协定。尼反对苏联推行的扩张政策,反对苏联的建立亚洲集体安全计划。苏联同斯里兰卡在 1957 年 2 月 19 日建立外交关系后,曾提供过经济和技术援助。1965 年斯统一国民党执政后发生了驱赶苏联外交官的事件。1970 年苏斯关系有所改善。苏联向斯提供了军事援助,派遣军事顾问。由于斯国内政局的变动,苏斯关系的发展呈现出一波三折的状态。

苏联对非洲事务的干涉

非洲是一个战后觉醒的大陆。它占有极为重要的战略地位,是超级大国必争之地。新兴的民族主义国家对于苏联在政治上具有巨大的吸引力。苏联在非洲积极开展外交活动以争取大多数的支持,同时又可以试验非资本主义发展道路。1954 年 3 月,苏联同埃及签署了贸易协定,互相提供最惠国待遇。9 月,苏联答应向埃及出售武器。1956 年 6 月,苏联答应向埃及提供贷款,兴趣集中于阿斯旺水坝。而美国等西方国家拒绝对该项工程提供援助。在 10 月爆发的第二次中东战争中,苏联加紧对埃及提供军事援助,到 1957 年底共约 4.8 亿美元。苏联主张同美国合作制止英法以对埃及的侵略,并扬言苏联要"用武力恢复和平"。苏埃关系在纳赛尔执政期间得以迅速发展。1971 年 5 月 27 日,苏联和埃及签订了友好合作条约。条约规定两国建立友好关系;加强在尊重主权、领土完整、互不干涉内政、平等互利的基础上的政治、经济、科学技术、文化以及其他方面的全面合作关系;双方将就涉及两国利益的一切重大问题举行定期协商;苏联在防御方面帮助埃及训练军事人员,提供武器和装备。苏联在历次中东战争中站在埃及一边反对以色列。但苏联出于本国国家利益的考虑,在中东竭力维持不战不和的局面。这引起了埃及的不满,苏埃关系日趋恶化。1976 年埃及主动废除了埃苏友好合作条约,驱逐了全部苏联专家。苏埃关系的恶化标志着苏联在非洲的影响和势力的下降。苏联在非洲的扩张遭到重大挫折。此时,苏联转向南部非洲和非洲之角,以攫取新的据点,进行新的干预。

随着葡萄牙殖民统治的崩溃和黑人争取民族独立解放斗争的发展,美苏加强了在南部非洲的角逐。南部非洲成为国际冲突的中心之一。苏联和古巴大规模卷入安哥拉内战是苏联干涉南部非洲事务的重要表现。苏联介入该地区的目标,按莫斯科的官方文件称是改善同非洲前线国家的关系,支持这里的民族解放运动,反对和取消殖民主义和种族主义的残余,支持民族独立和社会进步。但是,苏联的行为说明它的实际目标是谋求自己的国家利益,抢占重要的战略要地、资源,削弱美国在这里的影响,扩大势力范围。苏联打着国际主义的旗号,声称支持民族独立、解放和社会正义与进步,以此来赢得南部非洲国家在政治上的认可与支持。对于这些国家来说,首要的任务是摆脱殖民统治、肃清其影响,争取在政治上的独立、经济发展和社会进步。苏联的表白同南部非洲国家所要追求的目标是一致的,这就给苏联推行自己的战略和政策提供了有利的条件。苏联通过军事援助来加强在南部非洲的影响是它在该地区政策的最主要的特点。苏联介入安哥拉内战是其最为突出的表现。安哥拉内战爆发前,1965—1974年苏联向南部非洲输出的武器价值300万美元,1975年上升到600万美元,1976年急剧增到2.36亿美元。安哥拉摆脱葡萄牙统治、赢得独立后,国内存在着3个派别的政治势力。它们为争取领导权展开了激烈的斗争。一开始苏联支持安哥拉"民族解放阵线",1964年转向"人民解放运动"。20世纪70年代中,苏联重申它对"人民解放运动"的支持,而竭力贬低和攻击"民族解放阵线"和"争取安哥拉彻底独立全国联盟"。1975年11月5日,苏联支持古巴出兵安哥拉。这是一场由苏联出钱与武器装备、古巴出人的"代理人战争"。11日,在古巴军队的支持下,"人民解放运动"单方面成立了"安哥拉人民共和国",该运动的领导人内图任总统。苏联马上予以承认。次日,苏联同这个政权建立了外交关系。1976年5月,安哥拉一派政府要人访问苏联,谋求莫斯科给予更多的援助。双方签署了"友好关系和合作原则宣言",决定互设商务代表机构;签订了经济技术、渔业、海运和领事等多项协定。苏联答应帮助安哥拉发展经济、教育、保健和加强国防。10月7—13日,内图访问苏联。8日由内图和勃列日涅夫签订了为期20年的友好合作条约。条约称,双方"将实现牢不可破的友谊和在尊重主权、领土完整、互不干涉内政和平等原则基础上发展政治、经济、贸易、科学技术、文化和其他领域的全面合作";条约规定"一旦危及和平或破坏和平的情况发生,缔约双方将立即进行协商,以便消除业已产生的威胁或恢复和平";双方将"发展在军事方面的合作";缔约双方保证"它们将不参加反对对方的军事联盟或任何国家集团,以及矛头针对缔约另一方的行动或措施"。苏联卷入安哥拉内战,加剧了安哥拉政局的动荡,给安哥拉人民带来了深重的灾难。对安哥拉人民来说,赶走了葡萄牙,又来一个新的殖民者。苏联在安哥拉的举动,遭到了南部非洲国家的反对和谴责,严重影响了它同这些国家的关系。苏联积极介入安哥拉体现了它的政策原则:抓住支持民族解放和独立运动的旗帜,侧重外交和军事,签订友好合作条约,借助"代理人战争",以自身最小的代价换取最大的利益。

苏联在积极推行南部非洲政策的同时,把扩张的矛头指向了非洲之角。非洲之角位于红海和印度洋的会合处,是世界上两条最重要的海上航线的要冲,可控制石油供应的生命线。对于苏联来说,取得这里的海军基地与设施可以加强它在印度洋的存在。苏联从20世纪60年代开始就在这一地区活动。苏联同索马里原本有着较为密切的关系。1961年5—6月,双方签订了经济技术合作协定和文化协定。1969年10月索马里军事政变后的巴雷政府称"将沿着社会主义发展道路前进",并宣布为社会主义国家。苏索关系更为密切。苏联向索马里提供援助,开展军事合作,提供军事物资,建设军事工程。1974年7月,苏联最高苏维埃主席团主席波德戈尔内访问索马里,两国签订了为期20年的友好合作条约。条约规定两国扩大在经济和技术方面的合作以及广泛的联系与交流;苏联"为加强索马里民主共和国的国防""继续发展军事方面的合作",包括为索马里培训军事人员,提供所需武器装备;条约保证"一旦危及和平或破坏和平的情况发生,缔约双方将立即进行接触和彼此进行协商,以便消除业已产生的威胁或恢复和平";双方"将不参加反对对方的军事联盟或任何国家集团,以及矛头指向缔约另一方的行动或措施"。苏联通过军事、经济援助,在索马里攫取了海军基地设施的服务与方便,这对苏联同美国在第三世界,特别是在中东、地中海的争夺是极为有利的。

苏联同埃塞俄比亚早在20世纪50年代末就开始了经济技术合作。1974年埃塞俄比亚发生了军事政变,苏联赞扬政变推翻塞拉西的统治,选择了非资本主义发展道路。苏联开始向埃塞俄比亚提供援助,扩大经济、文化等领域的联系。1977年2月,门格斯图任埃塞俄比亚临时军事行政委员会主席后,埃同美国的关系恶化,更加依赖于苏联。是年5月6日,苏埃两国签署了经济技术、科学文化合作协定、领事公约和《相互关系和合作原则宣言》。双方声称两国经济合作建立在长期协商的基础上,并就共同感兴趣的重大国际问题和双边关心的问题定期交换意见。

1977年苏联对非洲之角的政策发生了巨大的变化,主要表现在埃塞俄比亚和索马里关于领土争端、进而爆发战争中,苏联偏袒埃塞俄比亚。这年初埃索关系趋于紧张。苏联明显表现出同情埃塞俄比亚。索马里表示,在领土问题上决不让步,"决不会出卖自己的主权"。5月,门格斯图访问苏联,苏答应向埃提供5亿美元的军事援助。6月5日,塔斯社公开声明支持埃塞俄比亚。这无疑加速了索埃战争的爆发。7月23日,索埃爆发了欧加登战争。苏联停止了对索马里的武器供应。8月14日,塔斯社指责索马里入侵埃塞俄比亚。8月底索马里领导人访问莫斯科,没有争取到苏联的援助。而苏联增加了对埃的援助,提供了总额为 3.85 亿美元的现代武器。① 9月21日,苏联开始向埃运送武器。10月底,门格斯图访问古巴和苏联。11月13日,索马里废除索苏友好合作条约,取消苏联海军使用本国军事设施的特权,要求苏联在一周内全部撤走军事和文职专家,减少驻在该国的苏使馆人员。11月底,苏联向埃进行大规模的空运和海运武器装备,并派遣军事顾问。古巴 16 000 名军人中的首批进入埃塞俄比亚同索军作战。苏联陆军副总司令波德罗夫到埃参加指挥对索的战争。② 苏联一方面以自己的行动违背对索马里友好合作条约的承诺,另一方面同埃在11月20日签订了类似的条约。条约除重复一般友好合作的词句,强调"一旦出现对和平造成威胁或破坏和平的局势,缔约双方将立即进行接触,协调立场以消除所产生的威胁或恢复和平";"为了确保缔约双方的防御能力,缔约双方将继续在军事方面进行协作";缔约双方各自声明"将不参加旨在反对缔约另一方的联盟或任何国家集团以及旨在反对另一方的行动或措施"。在埃索战争中,苏联不仅保证了埃军的武器装备,还派遣了约 1000 名军事顾问。苏联还利用古巴作为"代理人"进行战争。苏联直接介入埃索战争,加剧了非洲之角的动荡不安。但同时也使人们看得更为清楚,苏联搞什么友好条约外交只是一种推行其扩张主义、牟取国家利益的途径与方式。条约对苏联是没有约束力的。

苏联支持越南反华和侵占柬埔寨

苏联同越南于 1955 年 7 月签订第一个经济技术援助协定,向越南提供 4 亿卢布的无偿援助和 1.6 亿卢布的贷款协定和贸易协定。此后双方领导人进行了多次互访。到 20 世纪 60 年代中期,越南方面访问苏联的有共和国主席胡志明、党的总书记长征、国务委员会主席孙德胜、政府总理范文同以及党和政府其他领导人。苏联方面有部长会议第一副主席米高扬、苏联最高苏维埃主席团主席伏罗希洛夫访问了越南。苏联同越南签订了发展经济合作协定,向越南派遣了近 2500 名技术专家。苏联一方面支持越南反对侵略的斗争,但同时又害怕因越南这样的"区域性战争"导致世界大战而损害自己的根本利益,不敢坚决给越南以支持。勃列日涅夫当政初期加强了对越南在各方面的援助。苏联高层领

---

① 《纽约时报》1977 年 9 月 25 日。
② 《华盛顿明星报》1978 年 1 月 7 日。

导人部长会议主席柯西金、苏共中央书记谢列平访问了越南。苏越双方就加强越南的防御能力进行了磋商,并于1967年9月和1968年6月、11月在莫斯科签署了无偿经济和军事援助与长期贷款协定。这样的协定在以后曾多次续订。《巴黎协定》签订之后,苏越的联系往来更为频繁。越南党政领导人黎笋、范文同、阮友寿、国防部长武元甲等多次访苏。1978年6月29日,经互会在第32次会议上接纳越南为正式成员国。是年11月1—9日,黎笋和范文同访问苏联,双方签订了为期25年的友好合作条约。条约保证全面发展两国在政治、经济和科学技术方面的合作,促进国家政权和社会团体之间的广泛联系。条约第六条规定"缔约双方将就涉及两国利益的一切重要国际问题相互进行协商。一旦双方之一方成为进攻的目标或受到进攻威胁的目标,缔约双方将立即进行相互协商,采取相应的有效措施以消除这种威胁,保障两国的和平与安全"。苏联对越南的建设提供了援助。到1980年6月,苏联在越南援建和扩建的项目达300个。1980年,苏援企业的产品占全越产量的比重:发电量60%、煤炭70%、金属切削机床80%。截至1979年6月,苏联为越南培养干部和技术工人62 000人。同时,苏联有数百名专家在越南工作。苏联还向越南提供了大量的军事援助。苏越友好条约签订后,苏联加紧向越南提供军事装备。1968年12月以后,苏联向越南提供的军事援助每天约300万美元,全年约10亿美元。

越南在苏联的支持下对邻国采取蚕食政策,不断进行挑衅。1979年2月17日,中国被迫进行自卫反击战。苏联公开站在越南一边来诋毁和攻击中国。苏联扬言,它要履行友好条约应尽的义务。苏联在联合国安理会提出要中国撤军以及向越南"赔偿损失"。苏联动用运输机向越南赶运大量的军事补给物资,其中有地对空导弹、反坦克武器、重炮、食品和药品等。苏联还加紧在这一地区显示军事力量,加强了军事活动,企图达到一箭三雕之目的:向中国示威、支持越南以及乘机抢占战略地区。苏联军舰游弋于南海,进泊金兰湾和海防等港口。

苏联支持越南侵占柬埔寨,严重影响和阻碍了印度支那国际关系的正常发展。1956年5月17日,苏联同柬埔寨建立正式外交关系。柬埔寨国家元首西哈努克先后于1955年7月7日和1960年11月28日访问苏联。苏联在金边建了一座医院赠给柬埔寨,援建了一座水电站,还提供了一批飞机高射炮。美国扩大越南战争后,苏联也加紧对该地区国家的援助,并加强了军事援助。1970年3月18日,柬埔寨发生军事政变,推翻了以西哈努克为首的王国政府。此时西哈努克正在苏联访问,如此重要的信息苏联竟向西哈努克保密3个小时。柬埔寨政变之后，苏联的新闻媒介不再提西哈努克是这个国家的元首。这实质上承认了政变政权的合法性。3月23日，西哈努克在北京成立柬埔寨民族统一阵线。5月5日，宣布成立王国民族团结政府。苏联表示支持西哈努克本人，但不承认民族团结政府。1975年4月17日民主柬埔寨成立后，推行形左实右的路线和政策。越南支持民主柬埔寨的反对派。12月3日，由越南宣布成立柬埔寨"救国民族团结阵线"。苏联塔斯社立即给予广播，还说什么该阵线的成立符合柬埔寨"人民的心愿"。1979年1月7日，越南军队攻占金边，成立了韩桑林政权。苏联领导人勃列日涅夫和柯西金致电承认其为柬埔寨"唯一合法的政府"。苏联采取措施支持这个在越南导演下成立的柬埔寨政权。苏联在联合国安理会否决了在柬埔寨实现停火和撤走外国军队的提案，让越南侵略军安然留在这块土地上施展占领者的淫威，巩固韩桑林政权。苏联还向金边政权提供了大量的援助，派遣了军事顾问。金边政权的政要先后到莫斯科访问，谋求苏联在各方面的支持。

苏联出兵占领阿富汗

阿富汗是苏联近邻。苏维埃俄国是第一个承认阿富汗独立的国家。1921年2月28日，两国签订了友好条约，正式建立外交关系。1926年8月31日，两国又订立了中立和互不侵犯条约。1931年6月24日签订新的中立和互不侵犯条约，除了"在缔约一方与第三国发生战争时，另一方严守中立"、保证不参加针对另一方的政治联盟或军事集团，互不干涉内政等内容，还增加了"必须以和平手段解决两国之间所发生的任何争端和冲突"。1936年3月，两国同意将此条约延长10年。从1954年开始，苏联向阿富汗提供经济援助，1955年又提供军事援助。赫鲁晓夫于1955年12月首次访问阿富汗，双方签署了延长1931年条约的议定书。1965年8月6日，两国再次决定延长1931年条约的有效期10年，并规定在条约期满前半年缔约一方未提出终止条约则继续延长。

20世纪70年代以来，苏联在缓和的幌子下，凭借迅速膨胀起来的军事力量，乘美国的收缩之机大举向第三世界扩展。阿富汗被苏联领导人看中作为南下印度洋和西抵中东等战略要地的突破口。苏联利用自己在阿富汗长期存在的影响和邻近的地理位置积极实施全球进攻战略。苏联在阿富汗寻找代理人来实现其计划。1973年7月17日，阿富汗发生了达乌德的军事政变，建立了阿富汗共和国。苏联率先予以承认。达乌德推行亲苏政策，支持勃列日涅夫关于建立亚洲集体安全体系的建议。在达乌德1974年6月访苏时的联合声明中称

"亚洲各国集体努力建立安全体系将是符合亚洲各国人民利益的"。苏联答应给阿富汗一系列的援助。1975年12月,双方又把1931年条约延长10年。达乌德的地位稍有稳固就开始清洗亲苏势力,尽量缩小苏联在阿富汗的影响。这引起了苏联的极大反感,决心把达乌德搞掉。1978年4月27日,阿富汗人民民主党(即共产党)主席塔拉基发动政变上台,并推行亲苏政策,被苏拉入"社会主义大家庭"。阿富汗表示坚决支持亚安体系。12月4—7日,塔拉基访问苏联。双方签订了为期20年的友好睦邻合作条约。条约规定双方:"在平等、尊重国家主权、领土完整和互不干涉内政的基础上发展全面合作";"为保障两国安全、独立和领土完整而进行磋商,并经双方同意后采取相应措施","继续发展军事领域内的合作"。缔约双方各自宣布"不参加旨在反对缔约另一方的军事联盟或其他联盟,不参加旨在反对缔约另一方的任何国家集团以及行动或措施"。友好条约签订后,两国关系有了新的发展。苏联领导人勃列日涅夫称这种关系"已不是什么简单的睦邻关系,而且充满着同志式和革命团结精神的深刻、真挚和牢固的友谊"。勃列日涅夫保证给予阿富汗"全面和无私的援助"。

塔拉基在执政期间推行亲苏政策,内部矛盾重重,政府不断改组。1979年3月,阿明被任命为总理。阿明的表现不为苏联所好。苏联曾同塔拉基密谋搞掉阿明。政治嗅觉灵敏的阿明却捷足先登、发动"宫廷政变"。阿明将塔拉基处死,自任总统兼总理。阿明的政策加剧了阿富汗内部的政治动荡,也引起了苏联的警觉和反感。苏阿关系明显冷却。苏联意识到,要实现南下战略非除掉阿明不可。1979年12月27日晚,苏联军队开进喀布尔,并迅速实行对阿富汗的全面占领。当晚喀布尔电台广播阿明已死,卡尔迈勒被任命为阿富汗人民民主党总书记兼革命委员会主席。28日,塔斯社播发了阿富汗政府的声明,说苏联进驻阿富汗满足了该政府的"紧急的政治、道义、经济援助,包括军事援助的迫切要求"。1980年1月2日,卡尔迈勒称苏军的举动是应阿政府的"请求",是履行两国友好睦邻合作条约。

苏联派大军入侵阿富汗打破了该地区的稳定,引起了国际关系的新变化。美国作出强烈反应。卡特认为,苏军大举入侵严重威胁了美国在中东的切身利益,扬言为了美国的安全要使用一切手段包括军事力量来反击这种侵略。美国重新修好同巴基斯坦的关系,向它提供大量的军事援助和军事设备。苏联入侵阿富汗遭到一切爱好和平国家和人民的坚决反对。联合国大会于1980年1月14日以压倒多数通过决议,要求苏联军队全部无条件撤出阿富汗。此后,要求苏联军队撤出阿富汗一直是联合国的重要议题,每年均作出了相应的决议。苏联入侵阿富汗后,卡尔迈勒政权加深了对苏联的依附。当联合国大会要求苏军撤出时,阿富汗政府却作出决议,请求苏军无限期留驻国内。阿苏两国签订了苏联军队"暂时留驻"阿富汗的条约。双方领导人进行了频繁的互访。苏联给阿富汗政府以坚决支持。苏联把15万军队常驻阿富汗,给自己国家的政治、经济及外交都带来了巨大的压力。苏联原指望打开通向南亚、实现南下战略的通道,但事与愿违。入侵阿富汗却成为一个流血的窗口。苏联陷入了类似美国的侵越战争而难以自拔的困境。

第十五章　西欧联合趋势的加强和日本的"多边自主外交"

第一节　欧洲共同体的扩大和政治合作的进展

欧洲共同体的扩大和发展

20世纪70年代，欧共体相继受到美元危机、石油危机和经济危机的冲击，使它的发展受到影响。它孜孜以求的建立经济货币联盟和欧洲联盟的计划，皆因条件不成熟而搁浅。但它并没有在联合的道路上止步，继续取得了一些引人注目的进展：

第一，实现了第一次扩大。1973年1月1日，欧共体接纳英国、爱尔兰、丹麦为正式成员，由6国扩大到9国。新成员国中，英国的政治、经济地位最为重要。

英国曾两次申请都遭到法国的否决。主要是戴高乐担心英国的加入将会加强美国对共同体的影响，最终导致共同体变成一个"依附于美国并在其领导下的庞大的大西洋共同体"①。到20世纪60年代末，戴高乐已经下台，法国新总统蓬皮杜鉴于欧共体建成共同市场后已经相当巩固，加之英国本身已发生变化，遂改变了对英国的态度，表示"原则上"同意英国加入。故1970年英国第三次提出申请后，欧共体同英国的谈判进展得比较顺利，双方于1971年6月即达成协议。欧共体同丹麦和爱尔兰的谈判，也没有出现大的周折，即就它们加入共同体的条约取得一致意见。1973年正式接纳3国为欧共体成员。条约给3国规定的5年适应期，实际上提前半年，于1977年7月1日完成。从这天起，9国的共同市场正式宣告建成。

由于英国和丹麦加入欧共体，欧洲自由贸易区的其他5个成员国奥地利、挪威、瑞典、瑞士、葡萄牙及其联系成员国也分别以国别身份与欧共体签订特惠

---

① 《戴高乐言论集》，世界知识出版社1964年版，第411页。

自由贸易协定。给它们规定的 5 年适应期,也都于 1977 年 7 月 1 日以前提前完成。这一举措进一步突出了欧共体在西欧的中心地位。

通过这次扩大,欧共体由 6 国变成 9 国,而且西欧最重要的 4 个工业大国都成了它的成员国,这大大地增强了共同体的经济和政治实力,提高了共同体的国际地位。欧共体从此被国际上认定为西欧的代言人。

第二,开始向经济联盟迈步。欧共体从 1970 年 1 月 1 日起基本实现了共同外贸政策,接着又规定在关税的变动、贸易和关税协定的缔结、自由化措施、出口政策等方面建立一致的原则,在与第三国签订贸易协定时,只能由共同体执委会根据部长理事会的授权和指示进行谈判。自 1973 年 1 月 1 日起,上述原则也适用于"国营贸易"国家。至此,共同体实现了完全统一的外贸政策。

此外,共同体自 1977 年 1 月 1 日起,将各成员国在北大西洋和北海沿岸的捕鱼区扩大为 200 海里,作为共同体的共同捕鱼区,由共同体统一管理,并授权共同体执委会与第三国谈判渔业协定。这为其后实行共同渔业政策打下了基础。

第三,创立欧洲货币体系。它是建立经济货币联盟计划搁浅后,为防止美元危机的冲击,发展成员国之间的经贸关系,促进欧共体经济一体化进程,而在欧共体内部建成的一个货币稳定区。

20 世纪 70 年代初,美国出现严重的美元危机,导致以美元为中心的国际货币体系于 1973 年崩溃。西欧国家为求自保,不再采用对美元的固定汇率,纷纷对美元实行了单独浮动或联合浮动。这就是欧洲货币体系的前身。1977 年美元再次出现严重危机。1978 年由法国和联邦德国倡议,同年 12 月 5 日欧共体首脑会议决定创建欧洲货币体系,1979 年 3 月 13 日正式成立。开始时有联邦德国、法国、意大利、荷兰、比利时、卢森堡、丹麦和爱尔兰 8 国参加,英国、西班牙和葡萄牙是后来加入的。

欧洲货币体系主要内容有 3 项:(1) 创设欧洲货币单位"埃居"(ECU),取代原来的欧洲记账单位,并作为未来欧洲统一货币的前身。"埃居"是一种不发行钞票,用于记账和结算的货币。它以欧共体各成员国的货币为基础,各按一定的比例组成;各国货币所占比重取决于成员国国内生产总值和在欧共体贸易额中所占比重,一般每 5 年调整一次。(2) 建立欧洲货币汇率机制(ERM)。对外实行联合浮动汇率;成员国之间则实行可调整的固定汇率;规定出中心汇率和上下限,允许波动幅度不超过上下限各 2.25%,意大利里拉以及后加入汇率机制的英镑、西班牙比塞塔和葡萄牙埃斯库多波动上下限各为 6%。一旦内部汇率波动超过上下限,则由欧共体货币委员会通知有关国家中央银行采取市场干预、调整汇率或其他金融措施。(3)逐步建立欧洲货币基金。计划集中成员国20%的黄金、美元储备以及与此等值的本国货币,以期最终能发挥欧洲中央银行的作用。

第四,建立欧共体"自有财源"制度。这是1970年4月决定的,但直到1980年才完全实行。自有财源包括三个部分:农产品进口差额税;工业品进口关税;各成员国对商品零售征收增值税的一部分。后来又增添了第四部分来源,即各国按其在共同体国民生产总值中所占比例缴纳一定数量的摊款。考虑到20世纪60年代曾因"自有财源"问题引起一场"空椅子危机",达成这项协议不能不说是个进步。

20世纪70年代,欧共体不仅顺利实现了自身的扩大,并在经济一体化方面取得了显著的成就,而且在政治联合方面也有了一定程度的进展。

政治联合在曲折中前进

西欧国家走联合的道路是为了实现自立自强,不再受超级大国的控制和欺负,并在国际上争得一席之地。它们搞欧洲共同体,最终目标不是要建立一个单纯的经济集团,而是要建设一个有强大经济实力作后盾的政治集团,甚至是一个政治实体。因此,对它们来说,需要不断推进经济一体化,但更寄希望于政治一体化。它们认为,经济一体化与政治一体化是一种互动关系。经济一体化会自动导致走上政治一体化,而经济一体化又需要政治一体化的措施予以保证。诚然,欧共体作为一个主权国家联盟,成员国有不同的利益追求,一体化是条崎岖难行的道路,政治一体化尤其如此。但它们仍坚持不渝地在这条道路上进行探索。因为,它们要实现自立自强,除此之外,别无捷径可寻。故此,共同市场建成后,欧共体国家不仅提出了建立经济货币联盟的计划,而且迫切希望加快政治联合的步伐。

1969年12月,法国总统蓬皮杜在6国首脑卢森堡会议上,再次倡议就政治联盟问题举行谈判,得到与会者的积极响应。会议通过决议,并责成外长们"研究政治统一方面取得进展的最好方式",并委托以比利时外交部政治司司长达维尼翁为首的委员会就此起草报告。

1970年10月,6国外长讨论并通过了达维尼翁委员会提出的《关于欧洲政治统一的报告》,又称《卢森堡报告》。该报告明确指出,"在政治统一方面取得进展的最好方式"是,"首先集中于外交政策的协调,以便向全世界表明欧洲负有政治使命"。为此,"各国政府决定在外交领域里进行合作"。报告规定的合作目标是:(1)通过定期交流情报和协商,以确保重大国际问题上更好地互相理解;(2)通过彼此观点和立场的协调,以及在可能或所希望的方面协调共同行动,来加强团结。报告还制定了建立外交事务合作的磋商制度,并决定从1970年11月起,成员国外长每年定期举行两次会议,外交部政治司司长每年定期举行4次会议,就外交政策问题交换意见,协调行动。[1] 这就是"欧洲政治合作"的雏形。

1973年7月,9国外长会议在哥本哈根举行。会议通过了关于发展政治合作的第二个报告,即《哥本哈根报告》。它肯定了《卢森堡报告》在外交领域所建立的协商制度及其作用,指出它深刻地影响了成员国之间的关系以及欧共体同第三国的关系。它进一步规定了进行政治磋商的目的是要谋求在具体问题上执行共同政策,凡涉及欧洲利益的问题,在未磋商之前,成员国不作最后决定。为加强外交政策的磋商和协调,报告规定,将外长的定期会晤由两次增加到至少四次,并由各国外交部政治司司长组成政治委员会,为外长会议服务;另成立外交政策专家小组,研究中、长期问题。[2] "欧洲政治合作"制度由此正式建立。

政治合作制度建立后不久,欧共体9国又明确提出,应力争在国际事务中"用一个声音说话",以体现"欧洲同一性",使政治合作有了更加明确的目标。1981年10月,共同体外长伦敦会议在回顾前一阶段共同体的外交活动时确认,政治合作已成为成员国外交政策中的关键因素。事实上,政治合作是欧共体20世纪70年代在政治联合方面所取得的一项最重要的成就。

然而,共同体中主流派的目标是建立政治联盟,他们不满足于成员国只在协调外交政策方面取得有限的进展。1974年12月,巴黎首脑会议又讨论了建立欧洲联盟的问题,并委托比利时首相廷德曼斯就此问题提出报告。

1976年1月7日,廷德曼斯报告问世。报告指出,如果共同体成员国能在经济、货币、防务、外交等各方面实现合作,1980年左右即可望建立欧洲经济联盟和政治联盟。报告建议,9国制定一项共同的外交政策,特别是在对苏联执行缓和政策、调节欧美关系和建立经济新秩序等问题上采取一致立场。报告还建议讨论共同体的共同防务政策。由于这个报告的超国家一体化要求相当高,9国难以达成协议,未获通过。同年11月,9国首脑在海牙开会,只发表了一个关

---

[1] 参见《西欧经济与政治概论》,高等教育出版社1988年版,第230页。
[2] 同上书,第230页。

于建立欧洲联盟的原则声明,未提具体计划,实际上是把它作为一个长远目标暂时搁置起来。

欧洲联盟计划搁浅后,9 国在政治联合问题上继续采取碎步前进的方针,在形势发展需要而又可能达成妥协的问题上,力争达成协议,以期积小步为大步,逐渐向目标靠近。因此,在此期间,除政治合作外,还取得了另外一些进展,主要有:

(1) 首脑会议从 1975 年开始制度化,定名为"欧洲理事会",成为共同体的最高决策机构,每年开会 2—3 次,讨论共同体内部建设、重要的对外关系问题和重大的国际问题。

(2) 欧洲议会实行普选。1976 年 9 月,首脑会议商定,欧洲议会的议员从成员国指派过渡到直接选举。第一次普选于 1979 年 6 月 7—10 日在各成员国分别举行。在这之前,成员国还于 1970 年 4 月和 1975 年 7 月两次协议,给予欧洲议会在预算问题上以下权力:可以以多数票修改非强制性部分开支;可以以绝对多数票建议理事会修改强制性部分开支,如执行共同农业政策的预算开支;能够否决整个预算草案,再要求理事会提出新草案。议会曾于 1979 年和 1983 年两次行使了这一权力。

(3) 成员国的磋商和协调活动明显增多。仅 1975 年至 1979 年的 5 年间,欧共体平均每五天半就召开一次部长会议,每三天多召开一次大使级或部长代表会议,而各种专门委员会或工作小组的年会议工作日总计竟达 2082 个之多。① 其目的是,通过这些密集的活动交流意见、沟通思想,为联合行动创造条件。

第二节 欧洲共同体在对外政策上协调行动

在国际事务中力争"用一个声音说话"

"欧洲政治合作"制度,在 1973 年 7 月 9 国外长通过"哥本哈根报告"后就正式建立起来了。然而,促使共同体国家认识到在国际事务中"用一个声音说话"的重要性的,则是 1973 年 10 月爆发的中东战争。

在这次战争中,有两件事对西欧触动最大。它们不仅导致西欧在中东问题

---

① 《西欧经济与政治概论》,第 268 页。

上同美国分道扬镳,而且还推动西欧国家团结起来,在外交领域谋求"欧洲同一性"。

一是"石油武器"震撼了西欧。在1973年10月爆发的第四次中东战争中,盛产石油的阿拉伯国家为了支援埃及和叙利亚对以作战,第一次以石油作为武器,向美国及其他支持以色列的西方国家施加压力,除大幅度提高原油价格外,还威胁要对站在以色列一边同阿拉伯国家为敌的国家实行石油禁运。其他地区的石油输出国也起而效仿以示支援。这使依靠进口石油的西方工业国家遭到沉重打击,导致这些国家生产大幅度下降、国际收支恶化、通货膨胀加剧、失业人数激增,从而爆发了第二次世界大战结束以来最严重、为时最长的一次世界性经济危机。西欧国家所需石油主要依赖中东供给,因而所受打击最大。过去,西欧国家除法国外,一般都追随美国偏袒以色列。石油武器终于使它们明白了,如继续和美国站在一起支持以色列,就将意味着自断石油来源,置自己于绝地。因此,它们决定改弦更张,并纷纷宣布,禁止美国向以色列运送军火的船只在本国港口停靠。希腊、土耳其、西班牙、意大利等地中海国家率先采取了这一措施。联邦德国也宣布,不同意美国利用它的领土向以色列转送武器。英国也曾示意加入这一行列。

二是战争进入停火阶段时,美国撇开西欧国家,企图同苏联包办中东事务。这激怒了西欧。西欧各国领导人纷纷发表谈话,猛烈抨击美国这种背信弃义的做法。法国外长若贝尔谴责美国企图同苏联"垄断中东问题的解决",使欧洲成为"这场冲突的牺牲品"[1]。联邦德国总理勃兰特宣称:"世界的命运不能也不应当仅由两个超级大国决定。在这个世界上,统一的欧洲的影响已经成为不可缺少的。"[2]英国外交大臣道格拉斯—霍姆针对苏联提出的由美苏监督中东停火的建议说,派到战场去的任何联合国军队不应听从任何一个国家政府的摆布。[3]英国首相希思也在保守党年会上发表讲话,主张欧共体制定一项"对我们的主要盟国——美国的欧洲共同政策"[4]。

正在欧洲国家群情激愤的时候,法国总统蓬皮杜于1973年10月31日致信欧共体各国政府首脑,建议在年底举行9国首脑会议,就中东和其他问题交换意见,协调政策。这一建议迅速得到各国一致的热烈响应。

---

[1] 《西欧经济与政治概论》,第436页。
[2] 同上。
[3] 陈乐民主编:《战后西欧国际关系(1945—1984)》,中国社会科学出版社1987年版,第310页。
[4] 《纪事年鉴(1973)》第33卷,兰德·麦克纳利公司1974年版,第874页 D2。

1973年11月6日,共同体9国外长在布鲁塞尔举行了两天会议,为首脑会议做准备。会议通过了关于"欧洲同一性文件",并发表了联合声明,谴责以色列的政策,要求以色列"结束"它从1967年冲突以来对阿拉伯领土的占领,指出任何和平解决方案都必须"考虑巴勒斯坦人的合法权利"[1]。

1973年12月14—15日,欧共体9国首脑会议在哥本哈根举行。这是英国加入共同体后举行的首脑会议,并且由于它顺利地批准了"欧洲同一性文件",显示了共同体国家的团结,因而格外引人注目。文件认为,目前的国际问题是9国中的任何一国难以单独解决的。国际上的事态发展以及权利和责任日益集中于数量非常少的大国手中一事,意味着欧洲必须团结起来,并且必须越来越用一个声音说话,如果它要发表自己的意见并且要在世界上发挥适当作用的话。文件还明确指出,所谓"用一个声音说话"就是9国应该在对外政策方面逐步确定共同的立场。在会议结束后发表的声明中,重申了11月6日外长会议对中东问题的立场,使"用一个声音说话"首先在中东问题上得到了体现。

欧共体这种不同于美国的鲜明立场,受到阿拉伯国家的欢迎。在9国首脑会议期间,阿拉伯联盟派代表到哥本哈根同共同体9国外长就中东局势和能源问题举行了会谈,向9国外长说明了上个月在阿尔及尔举行的阿拉伯国家首脑会议的立场。然后,阿盟代表又同欧共体轮值主席、丹麦首相耶恩森举行了会晤。这些会晤对欧阿关系的发展起了很大的推动作用。

而与此同时,美欧在中东问题上的矛盾和冲突却在进一步加剧。

1974年2月,美国倡议在华盛顿举行有13个石油消费国参加的会议,企图把石油消费国组织起来同石油生产国对抗。西欧国家对此不以为然。3月4日,欧共体9国外长在布鲁塞尔聚会,探讨与阿拉伯国家开展经济、技术和文化合作的途径,并制定了"前三步"设想,即邀请阿拉伯国家代表同欧共体部长理事会轮值主席在波恩会晤;双方成立联合工作小组,讨论合作的领域;如有可能,考虑举行欧共体和阿拉伯国家的部长级会议。

美国对欧共体自行其是,另搞一套非常恼火,以致美国总统尼克松也亲自出马,在3月15日的电视讲话中,以从欧洲撤军要挟欧共体。他说:"欧洲人总不能两样都要。他们不能既在安全方面要求美国的参与合作,又要在经济和政治方面与美国唱对台戏和持对立态度。"他说,如果西欧继续这样对立下去,那么美国"在安全方面就不可能继续在欧洲保持目前水平的存在"[2]。

---

[1] 《纪事年鉴(1973)》第77卷,第919页 D3。

[2] 《纪事年鉴(1974)》第34卷,第210页 A2。

以中东问题为开端,"用一个声音讲话"成了欧共体成员国在外交领域开展政治合作自觉追求的目标。对国际上发生的一系列重大事件,如南非问题、天然气管道问题以及美国在拉美地区进行大规模军事干涉问题,等等,欧共体国家都发表了共同声明,表明了西欧的独立立场。同时,它们还经常作为一个整体参加各种国际活动与国际谈判,如关税及贸易总协定谈判、欧阿对话、南北对话,等等。对于在联合国的活动,它们也加强磋商、协调行动。仅在1978年第33届联合国大会通过的230项决议中,欧共体9国投一致票的就达201项。正如欧共体执委会指出的,由于越来越经常地"用一个声音说话","自1973年以后,欧共体对世界事务的影响愈来愈大"①。不过,这种影响仍主要限于对发生的国际事件发表意向性声明,远未达到实行共同的对外政策的程度。因此,1981年6月,欧共体外长会议指出了这一点。他们表示要继续努力,使成员国之间的政治合作越过协调阶段,表现为行动。

西欧国家在外交领域谋求"欧洲同一性"或"欧洲特性",对美国来说,这就是离心倾向的表现。为了遏制西欧离心倾向的发展,美国提出了《大西洋关系宣言》,企图重新把西欧拉回到美国全球战略轨道中去。

《大西洋关系宣言》

以共同体为代表的西欧在20世纪60年代经济实力不断发展壮大,成为美国的"有力的竞争对手"。外交上,西欧国家也积极利用开始出现的有利的国际形势,推行其具有欧洲特性的对苏政策和第三世界政策,获得了更多的行动自由。美国认为,这都是"对美国在西方联盟的霸权地位的挑战"。它采取了包括经济制裁、撤军要挟等各种手段,要求西欧国家在经济上为美国开放市场,为拯救美元危机共担风险,并在对外政策上同美国的全球战略保持一致,不得自行其是。西欧国家对美国继续把它们视作小伙伴、对它们发号施令越来越反感,越来越不买账,对美苏之间出现的既勾结又争夺的新动向心存戒备,担心这两个超级大国暗中做交易,牺牲西欧利益。由是美欧之间的不信任感日渐加剧,不断发生争吵和摩擦,直接影响到大西洋联盟的团结。

1969年初上台的尼克松政府,全面分析了"影响美欧关系的新趋向",认为欧共体的发展"使欧洲已成为不可忽视的经济力量","欧洲人对美国人像老师

---

① 《西欧经济与政治概论》,第270页。

那样管教他们已经不耐烦了","美国同新欧洲的关系非改不可"①。否则,大西洋两岸就会经常发生冲突,每次谈判都会变成"实力的角逐",迟早会"损及其他方面的关系"②。因此,尼克松在他就任美国总统后发表的第一个国情咨文中强调,对西欧"必须改变适合于战后时代的那种美国支配一切的状况,来适应今天新的环境"③。他宣布,美国要同西欧建立"伙伴关系",这是美国对外政策的三大因素之一。④

接着,尼克松于1969年2月下旬出访欧洲。行前他作出亲善姿态,一再表白他的这次"旅行"是为了"听取意见",而不是去"发号施令"。在访问过程中,为了消除同盟国间的隔阂,他向西欧各国保证,美国对北约组织承担的义务,是美国"整个安全政策的基石";他同苏联会谈之前,将同西欧领导人"磋商",在同苏联会谈中,西欧的"利益会得到保证"。为了表示美国执行"伙伴关系"政策的诚意,他还主动向西欧国家通报了美国从越南撤军的计划,向他们解释了他"打算改变美国的对华政策"。在其后的美欧领导人互访活动中,他差不多都要表示一番调整美欧关系的决心。

1973年2月15日,尼克松郑重宣布,1973年将是美国的"欧洲年"⑤,美国在这一年里,将集中处理同欧洲盟国的关系。接着,总统的国家安全事务特别助理基辛格于4月23日,在记者招待会上提出美国和西欧制定"新大西洋宪章"的倡议。⑥他说,这个宪章应把大西洋联盟从军事联盟扩大为包括政治、经济、军事等各个领域的全面的"共同体",并以一定形式吸收日本参加,确定对苏联和第三世界的共同战略。为此,他提出了一些具体的设想,主要有:(1)明确美国"有全球性的利益和职责",而西欧盟国则"有地区利益";(2)美国将"在伙伴关系的原则基础上"支持欧洲团结;(3)美国将不放弃对西欧承担的义务,但也希望每个西欧盟国为"共同防务合理地承担部分共同工作";(4)欢迎西欧与美国一起参加"建设性的东西方对话";(5)建立常设性的协商机构,保持和发展欧美关系中的"大西洋成分"。5月3日,尼克松在国会发表的题为《70年

---

① 1969年初,尼克松总统第一篇国情咨文。转引自何春超主编:《国际关系史》下册,武汉大学出版社1983年版,第328页。
② 《纪事年鉴(1973)》第33卷,第359页A3。
③ 转引自何春超主编:《国际关系史》下册,第328页。
④ 同上。
⑤ 尼克松在1973年5月3日提交国会的《70年代美国对外政策》报告中再次宣布1973年为"欧洲年"。
⑥ 参见《基辛格回忆录——动乱年代》第1册,世界知识出版社1982年版,第194—195页。

代美国对外政策》演说中,用了相当多的篇幅全面分析"欧洲和大西洋联盟"问题,进一步详细阐明了基辛格在记者招待会上关于《新大西洋宪章》的观点,强调"美国外交政策的任何一个方面都比不上同西欧关系需要更多的注意和关怀"。经过这一连串的举动,的确在美国制造出了一种"欧洲年"的气氛。

然而,西欧国家对此的反应却相当冷淡。这主要是因为欧共体扩大后,成员国当时关心的是巩固欧共体已经取得的成果,正聚精会神地讨论建设经济—货币联盟和欧洲联盟的问题。它们首先要加强的是"欧洲特性",而不是"大西洋成分"。因此,它们并不急于同美国谈大西洋的伙伴关系问题。据基辛格的记载,英国当时正期待参加欧洲共同体,英国首相希思的态度是,"他主张欧洲的组织机构在取得进展之前,建立伙伴关系之事先搁一搁"①。意大利总理安德雷奥蒂只是泛泛地向美国表示了友好和支持,"但不肯在新倡议中带头"②。联邦德国总理勃兰特在5月1日访美同尼克松会晤时,借口"欧共体成员国谁都不能以本国代表身份讲话",闭口不谈"新大西洋宪章"问题。③

美国曾想从法国那里取得突破,但情况更加令人泄气。5月26日,美国政府专门为尼克松和蓬皮杜将于5月31日在雷克雅未克举行的首脑会晤,给法国送去一份备忘录。美国特地在备忘录中提出,希望在尼克松年底访欧时与西欧国家草拟"大西洋关系准则",并以宣言的形式发表。④ 备忘录还列举了美国建议宣言应包括的各项内容。美国这样做的目的很清楚,那就是希望首脑会晤讨论这个问题,并得到法国的支持。然而,备忘录送出后,始终未见法国的回复。基辛格为两国总统会谈做准备,曾多次会晤法外长若贝尔,重点也是谈美国的建议,均无结果。尼蓬会谈进展得很不顺利,也就可想而知了。

这样,美国发起的"欧洲年",始终没有热火起来。关于草拟"大西洋关系准则"一事,因爆发中东"十月战争",也暂时搁置起来。直到这次战争的善后处理告一段落,双方都冷静下来之后,才重议此事。这时美欧都感到双方关系因在中东政策上的分歧搞得很紧张,这对双方都不利,需要有新的准则予以调整。经过一段时间颇不轻松的谈判,最终达成了协议。1974年6月,北大西洋集团各国首脑齐集布鲁塞尔,正式签署了《大西洋关系宣言》。

《宣言》强调,北约组织成员国"有共同的命运","它们的共同防务是不可

---

① 《基辛格回忆录——动乱年代》第1册,第183页。
② 同上书,第193页。
③ 同上书,第200页。
④ 同上书,第216页。

分割的";美国部队"继续留驻欧洲,对保卫北美和欧洲起着无法替代的作用";"盟国为实现共同目标,需要保持密切的磋商、合作和信任";"它们将作出特别努力,争取消除经济政策发生冲突的根源,并鼓励相互经济合作"。①

《宣言》的签署,使美欧关系表面上有了一个新的开端,但未能解决它们站在不同立场上的深刻分歧。在欧共体提出的《宣言》草案中,既不提"相互依赖",也不提"伙伴关系",而是强调欧美各自的特性,明确要求美国承认欧共体在世界事务中是一个"独特的实体"。基辛格见后,甚是"伤感"。② 后来的事实证明,美欧双方都是按照各自的立场解释《宣言》的。

《宣言》选择在尼克松访苏前夕发表,明显有向苏联显示西方联盟团结的用意。这表明,欧美在对苏实行"防务+缓和"的政策上,有着共同的利益。

"防务+缓和"——对苏政策的两个轮子

西欧国家形成具有欧洲特性的"防务+缓和"的对苏政策,首先得益于1967年的《哈默尔报告》。

《哈默尔报告》的本来任务是为西方联盟对付缓和潮流的冲击提出对策。当时,戴高乐早已率先对东方开放;美国自肯尼迪推行"和平战略"以来,加强了同苏联的"对话"和"接触";在联邦德国也出现了要求执行"新东方政策"的强大势头。其他西欧国家在这股缓和潮流的驱使下,纷纷同苏联和东欧国家发展关系,捞取经济和政治实惠。各国的政策和步调缺乏协调,相互猜疑比较严重,致使欧美各国都有许多人担心正在升温的"缓和热"有可能被苏联利用,损害西方的团结,"腐蚀北约的防务基础"。1966年法国宣布退出北约军事一体化机构,进一步加重了他们对西方联盟的危机感。故此,当年召开的北约理事会根据比利时政府的提议,决定对1949年北约成立以来的国际形势作一次全面分析,以便"指出这种形势对联盟的影响,确定面临的任务"。③ 会议委托比利时外长哈默尔负责起草研究报告。1967年提交各国政府研讨的《哈默尔报告》提出,在新形势下,联盟应执行"防务+缓和"的方针。④ 各国政府对此一致赞同。1968年6月在冰岛首都雷克雅未克召开的北约部长会议,又根据这个报告精

---

① 转引自何春超主编:《国际关系史》下册,第329页。
② 《西欧经济与政治概论》,第436页。
③ 约翰内斯·施泰因霍夫:《北大西洋公约组织向何处去?》,商务印书馆1977年版,第13—14页。
④ 同上书,第13—14页。

神,制订了"从实力地位出发推进缓和"的计划。① 美国原本希望北约通过了"防务+缓和"的方针后,可以约束西欧国家的行为,并将之导入美国设计的轨道。然而,西欧国家却将它变成具有欧洲特性的东方政策。美欧之间常因对这个方针的两个方面所强调的重点不同而闹矛盾。

西欧国家认为,"防务+缓和"是对苏政策的两个不可偏废的轮子。它应包括军事均势、政治缓和和均衡裁军三个互动的要素,而缓和居于中心地位。② 其要点是:(1)北约和华约两个集团保持军事均势是推行缓和政策的前提条件;没有军事均势,就不会有政治缓和。而保持军事均势的关键,在于美苏在欧洲地区采取克制态度,不谋求军事上的优势。联邦德国前总理勃兰特明确指出,"只有保持了两个超级大国卷入欧洲的均势,保持欧洲均势的任务才能完成"③。因此,西欧国家对美国一再提出要求欧洲盟国在加强常规军备方面多作贡献的建议,一直不热心,对苏联在欧洲地区加强军备更保持高度警惕。(2)缓和进程必须包括裁军谈判。通过均衡裁军,实现"低水平"的军事均势,它反过来又可巩固缓和的成果,推动缓和进程。20世纪70年代初期,联邦德国在德苏条约谈判中,就运用了这种联系原则,推动了西柏林问题的解决,以及欧安会和中欧裁军谈判会议的召开。

将政治缓和放在三大要素的中心地位,不论任何时候,西欧国家都抓住缓和的旗帜不放。即便出现突发事件和谈判破裂的情况,它们也不放弃任何机会同苏联、东欧国家改善关系,努力保持对话通道的畅通。20世纪70年代末和80年代的头几年,因频繁发生"中导危机"和苏联入侵阿富汗之类的事件,东西方关系重新被紧张气氛所笼罩。但除英国外,西欧国家都不愿追随美国对苏联实行经济制裁,也不同意美国关于"缓和已经破产"的论断。法国总统德斯坦明确表示,他"不赞成对苏联进行惩罚","从外交上孤立苏联是一个严重的政治错误"④。德国总理施密特也强调,为了防止"冷战"恢复,"仍然需要保持与苏来往的渠道"⑤。这时,苏联由于世界抗议浪潮正处于孤立状态,这两位西欧国家领导人不顾盟国反对,分别去华沙和莫斯科同勃列日涅夫会晤。这一时期西欧国家东方政策的另一特点是,努力把东欧国家同苏联分开。虽然同苏联的关系

---

① 约翰内斯·施泰因霍夫:《北大西洋公约组织向何处去?》,第13—14页。
② 赫尔穆特·施密特:《实力均衡——德国的和平政策和超级大国》,伦敦威廉·金伯出版社1969年版,第225页。
③ 维利·勃兰特:《停止对于北约组织的失败主义的谈论》,《泰晤士报》(伦敦)1982年2月12日。
④ 转引自《西欧经济与政治概论》,第451页。
⑤ 同上。

出现紧张,却没有影响西欧国家同东欧国家保持正常往来。正因如此,东西方关系在此期间得以呈现出一种"大紧张、小缓和"的景象。

西欧并不掩饰它们推行的缓和政策实质上是和平演变政策,是"进攻性"的。联邦德国外长根舍曾著文专门阐述了这个问题。他说:"欧洲对东方的缓和政策,是在分裂的欧洲寻找和维持彼此相安无事的妥协办法,使东西方在不同的思想和不同的长期目标的鸿沟上搭起对话和合作的桥梁。这样做的意图是在短期内减轻欧洲分裂的后果;从长期来说,在于促进东欧和苏联本身的演变过程,最终……在欧洲建立真正的和平秩序。"①

演变的重点对象是东欧国家。因此,西欧国家对苏联推行"防务+缓和"政策的同时,努力利用东西方缓和的大气候,加强对东欧国家进行政治和文化渗透。在做法上,它们主要坚持了以下三条:一是分别打交道的原则。20世纪70年代末,苏联提出经互会和欧共体两个一体化组织建立直接合作关系的建议,遭到欧共体的断然拒绝。拒绝的理由是,苏联的建议旨在加强对东欧国家的控制,限制东欧国家与西欧自由发展关系。它坚持经互会国家只能单个地同欧共体建立合作关系。二是区别对待的原则。罗马尼亚是华约集团中独立性较强的一员,欧共体同意给它以联系国待遇,而对那些紧密追随苏联的国家,则在政治和经济上采取严厉的态度。这样做的目的在于促使东欧国家发生分化。三是利用欧安会达成的《最后文件》强化"人权"攻势,尤其注意物色和扶植这些国家中倾向西方文明的政治反对派和代表人物,以期通过他们促进这些国家的自由化进程。

西欧国家对它们实行的"防务+缓和"政策的评价很高。事实上,它也基本上达到了预期的目的。在政治上,大体上维持了欧洲地区的安宁,增强了西欧独立自主的行事能力,并对东欧和苏联的和平演变发挥了重要的促进作用。在经济上,它打开了苏联、东欧的市场,获得不少经济实惠。

除了欧美、欧苏关系外,西欧国家在20世纪70年代同第三世界国家的关系也取得长足进展。《洛美协定》就是这种进展的集中表现。

从《雅温得协定》到《洛美协定》

20世纪70年代的西欧国家已由原来作为民族解放运动的主要对立面,演变成为发展中国家在政治上和经济上争取合作的对象。角色的转变,使西欧国

---

① 迪特里希·根舍:《西方争取和平、自由和进步的全面战略》,《外交季刊》(美国)1982年秋季刊。

家有可能实行更有进取心的对第三世界的政策。

历史上,广大亚非拉国家大多曾沦为欧洲列强的殖民地、半殖民地或势力范围。掠夺成性的殖民统治给亚非拉地区的国家和人民带来深重的灾难。二战后,蓬勃兴起的民族解放运动把旧的殖民制度冲击得摇摇欲坠,迫使欧洲的这些殖民地宗主国不得不改变策略。其中最主要的一手就是通过欧共体实行隐蔽性较强的新殖民主义政策。1957年3月,欧洲经济共同体6国签订的《罗马条约》,特地以附件形式确立了"联系国"制度。其要旨是,通过向原来与共同体成员国有传统殖民地或附属领地关系的国家提供某些特殊优待,把这些国家纳入共同体的外部势力范围。条文规定,联系国与共同体成员国间,对各自出口的商品提供优惠待遇(逐步实行免税),对投资提供方便和安全。这显然是出自便利西欧国家向联系国的经济扩张、保护它们在联系国的传统利益的考虑。同时,这种联系国制度是西欧国家单方面制定的,排除了联系国的自主权利。这表明建立在联系国制度上的双边关系,仍然是带有殖民制度烙印的不平等关系,理所当然地引起已获得政治独立的联系国的不满,它们强烈要求改变这种从属地位。

于是,1963年共同体同意改进联系国制度。以共同体为一方,以18个非洲国家为另一方举行谈判,签订了为期5年的《雅温得协定》。因为联系国是以主权国家的身份参加谈判的,使这个协定在表面上具有政治平等的性质,但就经济关系而言,同原来的联系国制度没有实质的区别。1968年,又按这种方式签订了《阿鲁沙协定》。这个协定除增加了肯尼亚、坦桑尼亚、乌干达三个联系国外,这种联系国制度几乎没有什么明显改进。由于参加者都是非洲国家,《雅温得协定》、《阿鲁沙协定》实际上成为共同体与非洲国家发展经济关系的模式,表明欧共体尚无完整的对第三世界的政策。

不过,在此期间,西欧和第三世界的发展中国家之间的关系已在悄悄发生变化,双方由对立向相互寻求接近的方向转变。如1970年就有22个拉美国家发表宣言,要求加强与欧共体的贸易往来和经济技术合作,欧共体予以积极响应。这种变化主要是由于以下原因使然:第一,双方出于不同利益的考虑,都反对美苏两个超级大国在第三世界争夺势力范围。第三世界国家反对,是因为它们深受其害;西欧国家反对,是由于它们的经济对第三世界国家依赖很深。美苏在第三世界争夺势力范围,威胁到它们的原料和能源的供应基地,破坏它们的传统市场。同时,它们还担心,美苏在第三世界的激烈争夺,会影响东西方缓和。第二,亚非拉发展中国家赢得政治上的独立后,主要任务转向经济建设。

由于缺乏资金和技术，迫切需要外援。而西欧国家则想通过提供发展援助和开展经济合作等经济手段，占领发展中国家的市场，扩大其政治影响。它们提供的发展援助不仅数量较多，而且也不像美国那样附加很多政治条件；在开展经济合作时，也比较照顾发展中国家的利益和需要，如提供贸易优惠和传授技术。西欧国家的这些做法对发展中国家是有吸引力的。

然而，最终促使欧共体国家从战略角度考虑南北关系，并确立具有欧洲特性的第三世界政策的是1973年的中东战争和由它引发的"石油危机"。这次中东战争使西欧国家痛切地认识到，美国同西欧在中东乃至第三世界其他地区的利益是不一致的，不能一味追随美国；同时，也使西欧国家认识到，发达国家与发展中国家的关系，不再是强者与弱者的关系，而是同东西方关系具有同样重要性的南北关系。西欧能否处理好南北关系，对它的经济的发展和国际地位的提高至关重要。故从这时起，以中东问题为开端，欧共体国家开始把第三世界政策列为政治合作的一项重要内容，而且日益显现出"欧洲同一性"，形成一个有别于美苏的第三世界政策。

正是在这种背景下，西欧国家对紧张的南北关系提出了"以对话代替对抗"的方针，对发展中国家维护自身经济权益的斗争，采取了比较积极的态度。它对1974年第六届联合国特别大会通过的《关于建立新的国际秩序宣言》和《行动纲领》采取的态度就与美国不同。这两个文件正式肯定了发展中国家关于改变旧的国际经济秩序，建立新的国际经济秩序的要求。对此，美国坚持顽固的反对立场，而西欧则积极提倡"南北对话"，主张召开国际经济合作会议，寻求解决办法。在增加援助、提供商品出口稳定基金、签署国际海洋法宣言、推动全球谈判等方面，西欧国家也同美国不同，表现出愿意同发展中国家合作的态度。

也正是在这种背景下，欧共体于1975年2月28日，与46个非洲、加勒比海和太平洋地区的发展中国家签订了《洛美协定》，从而把直接联系制度扩大到非洲以外的发展中国家，使西欧与发展中国家的经济关系向前迈进了一大步。与以前的《雅温得协定》和《阿鲁沙协定》相比，《洛美协定》向发展中国家作出了更多的让步。第一，原来的"贸易互惠制"被"单向优惠制"所取代，即欧共体对非、加、太的协定签字国的全部工业品和94%的农产品免除限制，可以免税进入共同体国家，而共同体国家向非加太国家的出口则只享受最惠国待遇。第二，由共同体出资3.75亿欧洲货币单位建立"稳定出口收入基金"。当非加太地区的联系国因原料价格下跌或遇灾害减产而遭受损失时，就用这笔基金向有关国家提供赠款或无息贷款。第三，增加对发展中国家的财政援助额。在提供援助时,听取受援国的意见,与当地经济发展计划相结合。第四,对发展中国家的工业发展提供支持,开展广泛合作,并为此建立"工业发展中心"。《洛美协定》不仅对于稳定和加强西欧与协定签字国的经济关系起到重要的作用,而且为促进西欧同其他发展中国家加深经济联系建立了信誉。继《洛美协定》之后,欧共体又先后与许多国家(如摩洛哥、突尼斯、阿尔及利亚、约旦、叙利亚、埃及)分别签订了综合经济、贸易合作协定或商品进出口优惠协定。后来,又发展到同东南亚联盟、安第斯条约国组织等地区经济组织建立经济合作关系。

《洛美协定》执行得比较顺利,期满后每隔5年续订一次。续订前都要进行长时间的谈判,对双方提出的要求进行讨价还价,最后都能达成妥协。到1979年底签订第二个《洛美协定》时,参加协定的发展中国家已由46个增加到63个。

第三节　日本的"多边自主外交"

日本经济实力的增强和国际地位的提高

日本经济进入20世纪70年代后,在两次石油危机的冲击下,转入了稳定增长时期,其劳动生产率的年均增长速度虽然从60年代的8.5%下降到70年代的3.4%,但仍高于美国的0.4%、联邦德国的2.3%、法国的2.4%和英国的1.6%。[1] 由于日本的劳动生产率在西方发达国家中始终保持着高水平,从而使其经济实力得以迅速膨胀,在世界经济中所占比重不断增大。

1974—1979年,日本经济的年均实际增长率达到4.1%的水平,大大超过美国的2.5%、联邦德国的2.4%和英国的1.2%。日本的国民生产总值从1955年的240亿美元增至1973年的4170亿美元,到1979年又翻了一番多,达到10085亿美元,为美国的42.6%、联邦德国的1.32倍、英国的2.52倍。[2] 日本的实际国内生产总值由1973年的145.9万亿日元增加到1979年的181.5万亿日元,年均增长率为3.7%。[3] 在世界总产值中,美国所占比重从1960年的44.9%降至1980年的22.9%,而同期日本则从3.8%提高到10.2%。[4]

---

[1] 竹内宏监修:《日本的国力·国际比较大事典》,东京讲谈社1984年版,第52页。
[2] 矢野恒太纪念会编:《从数字看日本的一百年》,东京国势社1982年版,第58页。
[3] 日本经济企划厅编:《国民经济计算年报》,日本在藏省印刷局1981年版,第171页。
[4] 竹内宏监修:《日本的国力·国际比较大事典》,第56页。

在工业生产方面,日本不仅在钢铁、彩电、汽车等重要工业的产量上居世界领先地位,而且在电子计算机、半导体等尖端技术领域也接近或超过美国。日本钢铁工业的设备比欧美国家领先 10—15 年,全世界 20 座容积在 4000 立方米以上的超大型高炉中,日本占有 15 座,其中 10 座 4500 立方米的超大型高炉有 7 座建在日本,苏、英、法各 1 座;日本平均每座氧气顶吹转炉的生产能力为 209 万吨,而美国的只有 131 万吨。[1] 1979 年日本粗钢产量达 1.12 亿吨,超过联邦德国、法国和英国粗钢产量的总和(0.909 亿吨),占世界粗钢产量的 15%。[2] 日本的汽车生产在 1979 年突破 1000 万辆大关,达到 1004 万辆,占世界汽车产量的 23.5%,1980 年又增至 1148 万辆,是美国的 1.4 倍,其中出口为 640 万辆,比美国、联邦德国、法国和英国汽车出口的总和(564 万辆)还要多。[3] 1980 年日本生产彩色电视机达 1520.5 万台,占世界彩电产量的 21.9%,而美、英、法、联邦德国仅分别为 13.7%、3.4%、2.8% 和 6.4%。[4] 石油危机后,日本开始对国内产业结构进行调整,在重化工业的尖端技术基础上,大力发展知识密集型产业,相继建立起新型原材料、微电子、生物工程等三大高技术产业。在 1970—1979 年的十年间,日本的台式电子计算机产量增长 31.5 倍,达到 5973.6 万台,占世界市场的比重为 77%。[5] 1980 年日本拥有工业用机械手 14 246 台,为美国 4100 台的 3.47 倍、联邦德国 1130 台的 12.6 倍、英国 371 台的 38.4 倍。[6] 以微电子为中心的尖端技术的推广和应用,使日本经济从 70 年代后期走上了高度信息化、技术密集化、能源节约化的发展道路。

经过 20 世纪 70 年代的稳定增长,日本经济规模不断扩大,在经济实力得到增强的基础上,国际竞争能力进一步加强,日本的国际地位也迅速提高。在国际贸易方面,1979 年日本的进出口贸易总额达到 2137 亿美元,较 1955 年的 45 亿美元增长 46.5 倍,占世界贸易总量的比重随之从 2.3% 提高到 6.5%,而美国在同期则从 14% 下降到 12%。[7] 作为国际竞争能力增强的一个重要标志,就是日本出口商品结构发生重大变化。1965 年日本重化工业产品(金属、各类机械、化学产品等)的出口仅 51.6 亿美元,为美国的 35%、联邦德国的 38.5%,其

---

[1] 竹内宏监修:《日本的国力·国际比较大事典》,第 101—102 页。
[2] 同上书,第 160、163 页。
[3] 矢野恒太纪念会编:《从数字看日本的一百年》,第 167—168 页。
[4] 竹内宏监修:《日本的国力·国际比较大事典》,第 127 页。
[5] 同上书,第 119 页。
[6] 日本通产省编:《通商白皮书(1982)》,日本大藏省印刷局 1982 年版,第 415 页。
[7] 矢野恒太纪念会编:《从数字看日本的一百年》,第 239—241 页。

至少于法国的 53 亿美元,但到了 1978 年猛增至 818.4 亿美元,几乎与美国的 842 亿美元不相上下,是法国的 1.7 倍①,重化工业产品占日本出口的比重提高到 1980 年的 84.4%。如果仅从电器、运输、精密仪器等高附加值的机械产品来看,1980 年日本该类产品出口的比重为 65.8%,远远高于美国的 42.5%、联邦德国的 47.6%、英国的 37.4% 和法国的 35.7%②,从而表明日本已成为工业制成品的重要输出国之一,在同其他发达国家贸易中日本拥有较强的竞争力。国际竞争力的增强,使日本贸易收支连年盈余,在 1974—1980 年间,日本贸易顺差累计达 622 亿美元。③ 在贸易盈余的基础上,一方面外汇储备额大幅度上升,从 1955 年的 7 亿美元增至 1973 年的 181 亿美元,1980 年底达到 249 亿美元④;另一方面推动日本加快资本输出,对外直接投资累计额在 1980 年达到 365 亿美元,较 1971 年的 44 亿美元增长 7.3 倍,虽然与美国的 2135 亿美元相距甚远,也仅为英国 756 亿美元的一半左右,但其年均增长率在同期却达到 26.4%,大大高于美国的 11.1%、英国的 13.8%⑤。

日本经济实力迅速增强的结果,必然促使它的对外政策思想发生转变。这时的日本已经不满足充当美国俯首帖耳的小伙伴角色,在政治上日益表现出独立行事的倾向。从 70 年代初起,日本在积极开展多边自主外交的同时,以其经济实力为后盾扩大对外经济援助,并跻身西方七国首脑会议,力图通过对国际事务发挥与其经济力量相称的政治作用,提高日本的国际地位。

对外经济援助是日本用于提高其国际地位的重要手段之一。日本自 1964 年 4 月加入经济合作与发展组织以来,不断增加政府开发援助,1965 年日本的这项费用是 2.44 亿美元,仅为美国 40.23 亿美元的 6%,但到了 1980 年猛增至 33.53 亿美元,扩大了 13.7 倍,为美国 71.38 亿美元的 47%,在经济合作与发展援助委员会 18 个成员国的总额中,日本所占比重随之从 3.8% 上升到 12.3%,而美国却从 62% 下降到 26%。⑥ 从援助地区来看,日本政府开发援助的 2/3 集中在亚洲地区,而东盟国家又是日本在亚洲的主要援助对象,这与日本在 70 年代大力开展以亚洲为重点的自主外交,扩大对亚太事务的影响,提高在该

---

① 矢野恒太纪念会编:《从数字看日本的一百年》,第 248 页。
② 日本通产省编:《通商白皮书(1982)》,第 205—207 页。
③ 矢野恒太纪念会编:《从数字看日本的一百年》,第 256 页。
④ 都留重人:《现代日本经济》,北京出版社 1980 年版,第 182 页;《朝日年鉴(1981)》,日本朝日新闻社 1981 年版,第 270—271 页。
⑤ 日本通产省编:《通商白皮书(1982)》,第 372 页。
⑥ 长谷川启之编著:《经济政策的基础理论》,东京八千代出版株式会社 1990 年版,第 264 页。

地区的国际地位不无关系。

由于日本和西欧经济实力的增长,打破了美国一统资本主义世界天下的局面,一个由美日欧三足鼎立的经济格局已具雏形。日本和西欧迫切要求经济上减轻对美国的依赖,政治上增强自主性和独立性,美日欧之间的矛盾愈来愈多地暴露出来。与此同时,在 20 世纪 70 年代初的金融危机、石油危机和经济危机的接二连三的沉重打击下,终于迫使西方大国坐到一起,寻求一种解救危机的新方式。日本参加西方七国首脑会议本身,就说明了日本已经与西方大国平起平坐,积极参与国际事务。在 1978 年举行的伦敦首脑会议上,美国总统卡特要求日本发挥"火车头"作用,加快其经济发展速度,以带动整个西方世界"恢复景气",这从一个侧面也反映出日本的经济实力在西方经济中已经占有举足轻重的地位。

日本开展"多边自主外交"和"全方位外交"

20 世纪 70 年代初期,由于美苏两个超级大国实力对比发生变化,日本和西欧的崛起,以及中国国际地位的提高,世界格局出现了多极化的发展趋势。面对这一现实,尼克松提出:美国、西欧、苏联、大陆中国、日本"这五大力量将决定世界在本世纪最后 1/3 时间里的经济前途",以及"在其他方面的前途"[①]。尼克松之所以把日本称为世界"五大力量中心"之一,宣称建立日美"平等伙伴关系",一是看到日本在经济实力壮大后,政治上奉行相对独立政策的愿望日益强烈,为此美国不得不改变以往对盟国的政策;二是从作为尼克松主义"三根支柱"之一的"伙伴关系"出发,通过承认日本与美国的平等地位,继续获得并借重日本的支持来牵制苏联。

随着经济实力的增强和世界各种政治力量结构的重大变化,日本根据自身的国家利益加紧调整其外交政策,从迄今"对美一边倒外交"转变为以日美关系为基轴的"多边自主外交"。1972 年 6 月,作为自民党总裁候选人的田中角荣在题为《给国民的提议——我的十大基本政策》的竞选纲领中第一次提出:"坚持日美亲善的基本方针,在平等自主的立场上努力增进友好关系。"[②]同年 7 月,新上任的大平正芳外相直言不讳地指出:"过去日本只要听从美国的意见即可,但今后不是这种时代,已经进入了用自己的头脑和意志加以思考的时代"[③],从

---

① 冬梅编:《中美关系资料选编(1971.7—1981.7)》,时事出版社 1982 年版,第 79 页。
② 早坂茂三:《田中角荣秘闻》,中国文联出版公司 1989 年版,第 123 页。
③ 古川万太郎:《日中战后关系史》,东京原书房 1981 年版,第 391 页。

而直率地表明了日本对确立自主外交的志向和欲望。1972年9月田中内阁果断地同中国恢复邦交,是日本实行多边自主外交的一个重大步骤,它使日本在对美、对苏外交上取得更大的回旋余地,并在经济上获取实惠。

自从美国决定战略收缩、从越南撤军后,日本在美国全球战略中的地位和在亚太地区的作用明显提高。同时,美国也有意抬高日本,使日本在亚太地区部分接替美国承担大国责任。1973年5月3日,尼克松在向美国国会提交的一份题为《七十年代美国对外政策:缔造持久和平》的咨文中指出:"日本现在是国际体系中的一个重要因素","日本不再需要也不再能够……保持充当小伙伴的习惯了","日本不再只是一个在更广泛的外交领域中依赖美国的太平洋地区国家了",在"广阔的多边外交舞台"中,"日本是其中一个重要的因素。日本已经在一个日益扩大的范围内自主地行动了。它的强大现在给它带来了新的责任","这种责任,目前不可避免地包含在它的经济力量以及它在许多方面参与的全球性外交活动中"。① 日本在成为经济大国后更是踌躇满志,借助美国要求日本为其分担一部分责任的愿望,提出"为发挥与'世界中的日本'相称的国际作用而开展多边外交"的口号②,以逐步承担起与其经济大国地位相适应的国际责任。1973年7月29日至8月6日,田中首相出访美国,在会谈中日美首脑一致认为,两国之间具有越来越重要的全球关系,是"世界中的日美关系"。正是在美国的许可和鼓励下,日本凭借经济大国的实力调整其对外政策,在20世纪70年代前期从以下几方面开展多边自主外交。

第一,随着印支半岛形势的变化,积极推行"亚洲外交",力图在印支问题上取得发言权,对东盟与印支实现和平共处发挥影响力。1974年1月田中首相访问东盟五国,旨在加强双边关系。日本在调整对东盟政策的同时,加紧改善与北越的关系,反复表示"要为印支地区的战后复兴和开发提供力所能及的援助",想借越南战争结束、印支国家重建家园之机,及时打入印支地区,使日本的作用和影响力扩大到整个东南亚地区。1973年9月21日,日本与越南建立了外交关系,并决定向越南提供总计为135亿日元的无偿援助。1974年4月7日金边解放后,日本立即表示承认柬埔寨民族王国政府,并于1976年8月2日与柬建立外交关系。与此同时,日本在1972年2月24日与蒙古建交,并向蒙古提供50亿日元的无偿经济援助。

第二,为确保石油供应实行"新中东政策"。1973年10月第四次中东战争

---

① 《尼克松1973年对外政策报告》,上海人民出版社1973年版,第165—179页。
② 日本外务省编:《我国外交的近况(第18号)》上卷,第12页。

爆发后,阿拉伯产油国以石油为武器先后采取了提价、减产等措施,对亲以色列的西方国家实行禁运,从而使日本面临"油断"的危境。日本自 20 世纪 60 年代以来打着"联合国中心主义"旗号,一直支持美苏操纵下通过的把巴勒斯坦人民族权利仅作为"难民问题"加以对待的联合国安理会第 242 号决议,在阿以冲突中保持所谓"中立"。阿拉伯产油国实行这些措施后,"石油恐慌"立即席卷日本全国,诱发并加重战后日本第七次经济危机。另一方面,美国担心"要是日本目前倾向阿拉伯,那阿拉伯各国则更加强硬",要求"日本政府节制有碍于达成和平的行动"[①],继续与美国的中东政策保持一致。然而,面对国内日益严重的经济危机,日本不顾美国的压力,终于在 11 月 22 日以二阶堂官房长官发表谈话的形式宣布新中东政策,主要内容有:(1)"不得以武力获得或占领别国领土";(2)"以色列军队从 1967 年战争中所占领的全部占领区撤退";(3)"必须尊重中东地区所有国家的领土完整和安全";(4)"承认并尊重基于联合国宪章的巴勒斯坦人的正当权利"。[②] 这是战后日本在外交上第一次采取与美国不同的政策,它标志着日本对中东政策发生了 180 度大转弯。同年 12 月,日本副首相三木武夫以特使身份访问中东八国,重申支持阿拉伯、反对以色列的立场。这样,阿拉伯产油国才于 12 月 25 日决定把日本列入友好国家,放宽对日本的石油限制。

第三,加强同苏联对话,增大外交自主性。20 世纪 70 年代初,日本利用中美日三国接近、苏联在亚太地区的国际地位进一步下降的有利形势,以经济实力为后盾,不失时机地对苏展开自主外交,以寻求解决北方领土的突破口,扩大日苏经济合作,提高自己在大国中的地位,同时也减少来自苏联的阻力。苏联为了扭转处于孤立的被动局面,使日苏关系维持在日中关系之上,一方面利用日本缺乏资源的弱点,不断以开发西伯利亚资源为诱饵拉拢日本;另一方面从军事上加强在远东和北方四岛的兵力,造成包围和威胁日本的态势;同时在外交上力图通过缔结苏日和平条约来冲淡日美安全条约的同盟性质,诱惑日本参加"亚洲集体安全体系",以达到分化日美同盟的目的。在这种背景下,1972 年 1 月苏联外长葛罗米柯访问日本,从而使延期了五年的日苏外长定期协商得以举行。1973 年 10 月田中首相出访苏联,与勃列日涅夫实现了相隔 17 年的日苏首脑会谈。双方在联合声明中同意"解决第二次世界大战以来悬而未决的诸问题"[③],并口头确认包括北方领土问题。田中访苏的意义在于正式确定了改善日

---

① 永野信利:《日本外务省研究》,上海译文出版社 1979 年版,第 255 页。
② 日本外务省编:《我国外交的近况(第 18 号)》上卷,第 46 页。
③ 同上书,第 20 页。

苏关系的基点,今后日本不管谁来改善日苏关系,都必须从这一联合声明出发而不得后退。在这一时期,日苏两国在建设东方港、开发西伯利亚资源、联合勘探萨哈林大陆架石油天然气等方面进行了经济合作。

三木执政时期(1974年12月至1976年12月)正值中日谈判缔结和平友好条约。苏联为了阻止中日友好关系的进一步发展,不断向日本施加军事压力,同时极力宣扬日苏经济合作,并频频向日本建议缔结绕过领土悬案的日苏睦邻合作条约。面对苏联的外交攻势,三木主张在加强日美关系、继续依靠美国核保护的同时,利用中苏矛盾,左右逢源,在中苏之间推行"等距离外交"。三木一方面反复表示要全力推进中日和平友好条约的谈判,稳步发展中日友好关系,力图通过中日和约谈判来增强对苏交涉地位,迫使苏联在北方领土上作出让步;但另一方面又担心因缔结带有反霸条款的中日和平友好条约而开罪苏联,故而对反霸条款施加种种限制,称"反霸条款是普遍的和平原则之一",并扩大日苏经济合作和加强日苏对话,以增加对美国讨价还价的资本,提高对中国谈判的地位。三木推行"等距离外交",其结果使中日缔约谈判由于三木内阁的拖延而中断,缔结日苏睦邻合作条约也因领土问题而告吹,同时引起美国的不满和批评。1975年6月18日,基辛格国务卿在日本协会年度晚餐会上发表演说指出,美国政府的立场是,"美国把同盟国和敌对国加以明确区分。'等距离外交'是神话"①。

在福田内阁时期(1976年12月至1978年12月),日本推行"全方位和平外交"。为了修补日美关系中的裂痕,福田上台后立即在施政方针中宣布:"当前日本外交应努力解决的紧急课题是加强我国、美国、西欧等主要发达工业国家之间的合作","日美两国通过不断协商沟通思想是极其重要的"②。由于美国因实力衰退准备分阶段从南朝鲜撤军,而苏联对亚太地区威胁的增强,福田担心整个远东军事力量失去平衡,危及日本的利益和安全,所以主张加强"世界中的日美合作"关系,注意配合美国的全球战略。1977年3月福田访美国,与卡特总统举行会谈并发表联合声明,两国首脑约定"美国遵守其安全保障方面的义务,在西太平洋地区保持均衡,并维持柔软的军事存在","日本在包括经济开发的诸领域,为本地区的稳定和发展作出更大的贡献"③。这就明确了两国将以美国负责提供军事保护、日本承担经济援助的战略分工合作关系来抵制苏联的扩

---

① 日本外务省编:《我国外交的近况(第20号)》下卷,日本大藏省印刷局1976年版,第139页。
② 日本外务省编:《我国外交的近况(第21号)》下卷,日本大藏省印刷局1977年版,第9页。
③ 日本外务省编:《我国外交的近况(第22号)》,日本大藏省印刷局1978年版,第384页。

张,维护亚太地区的和平与稳定。1978年8月,在美国的推动下,福田下决心与中国缔结了和平友好条约。9月20日,福田首相在第85届临时国会发表政见演说第一次明确提出以日美关系为基轴的"全方位和平外交",他说:日本外交是面向世界的一切方向,谋求同所有地区、所有国家之间建立和平友好关系。福田的这一外交方针纠正了三木的中苏"等距离外交",为20世纪70年代末期中美日三国在亚太地区共同抗衡苏联扩张的反霸格局的客观形成起了促进作用。

日本对东盟政策的调整

东南亚地区对日本的国家发展有着十分重要的战略意义。日本认为:"东南亚对日本具有生死攸关的重要性","没有恢复在东南亚的地位,就不能恢复日本在世界的地位"①。因此从20世纪50年代起,日本就把目光投向东南亚,以战争赔偿为手段扫清向东南亚发展的障碍。

在20世纪60年代,日本随着经济的高速增长、经济实力的增强,趁美国因经济衰退和陷入侵越战争泥潭而无暇顾及东南亚之机,大举向东南亚地区进行经济扩张,到70年代,日本与东南亚各国的经济关系已相当密切。1967年8月东盟成立时,五国中除菲律宾外,其余四国与日本的贸易额均超过与美国的贸易额,日本已取代美国成为东盟最大的贸易伙伴。1970年,在东盟五国出口总额中日本所占比重为24.2%,而美国为17.4%;在东盟的进口总额中日本占25.8%,美国仅为15.1%。② 日本直接投资的重点以1970年为界线,开始由北美转向亚洲,而东盟又是日本在亚洲的主要投资对象国。1973年日本对东盟直接投资达6.3亿美元,占日本对亚洲投资的63%,为日本对外直接投资的18%。到1976年,在东盟引进的外资中日本的比重已达33%,远远超过美国的23%。③ 在这一时期,日本和东盟关系还停留在经济关系的低层次上,日本主要把东盟各国作为其商品市场、资源基地和投资对象加以对待。

日本对东盟的认识是在实践中提高和转变的。20世纪70年代初,由于中美接近、美国撤离亚洲的倾向日益明显,为亚洲局势的缓和带来了转机,同时也对东南亚地区的力量均衡产生重大影响。在这种形势下,1971年11月东盟第一次特别外长会议发表了《吉隆坡宣言》,宣布东盟各国要"共同努力"使东南

---

① 吴学文主编:《日本外交轨迹》,时事出版社1990年版,第65页。
② 郭焸烈:《日本和东盟》,知识出版社1984年版,第15页。
③ 同上书,第55—56页。

亚成为"和平、自由、中立的地区"。《吉隆坡宣言》是一个宣布东盟的存在、价值和性质的划时代文件，表明五国要在政治上团结起来，使东盟作为一个区域性政治实体的形象显露出来。从此以后，东盟注意在政治、经济方面加强共同行动，增强与日本的交涉地位。为了进一步加深对东盟的认识，1974年1月田中首相出访东盟。但由于双方关系仍停留在旧的经济关系上，日本对东盟的经济扩张损害了这些国家的民族利益，造成它们在经济上严重依赖日本，因而在田中访问时发生了规模空前的反日、排日运动，同时这场反日运动也迫使日本对以往的东南亚政策进行深刻的反思。

1975年4月越南战争的结束，使印支地区形势发生了急剧变化，极大地改变了东南亚地区的力量均衡，美国从亚洲的收缩恰好为苏联的"南下"战略提供了机会，在该地区形成社会制度和意识形态相互对立的两个集团。在这种形势下，东盟对于日本的重要性除传统的经济因素外，又增添了海上运输线的安全、维护东盟地区的和平与稳定等政治因素的成分。正由于这些政治因素，日本为了自身利益需要对东盟的作用加以重新认识，从而使双边关系上升到一个新的高度。

东盟控制的马六甲海峡是重要的国际海上通道，又是日本经济的生命线。日本同欧洲、中近东、非洲、西南亚地区之间的货物运输几乎都要经过这一海峡。据统计，1974年相当于日本进口总额40％的货物是经由马六甲、新加坡海峡运送的，其中包括78％的中近东石油。如果加上来自东盟各国以及澳大利亚西部并通过印度尼西亚海域的进口，那么日本进口的半数以上则通过东盟海域。[①] 这条海上通道一旦被切断，将导致日本经济的崩溃。由此可见，日本的海上运输已远远超出了经济的范畴，确保海上航线的安全已成为日本能否生存的一大政治问题。

日本出自国家利益的考虑，希望维持亚太地区的和平与稳定。东盟主张的"和平、自由、中立地带"设想基本符合日本的国家利益，因此日本把东盟视为东南亚地区的重要稳定因素。日本认为，东盟的存在是从双重意义上维持该地区的和平：一是能够使东南亚的国际关系保持稳定；二是有助于增强东盟国家、地区的坚韧性[②]，两者之间有着紧密的联系。坚韧性的提高将增强东盟的国际地位，以资维护该地区的和平环境，这对于日本来说是非常有利的。东盟国家、地区坚韧性的基础在于经济发展，而日本是亚洲西方体制的中心国家，又与东盟

---

① 冈部达味编：《围绕东盟的国际关系》，日本国际问题研究所1977年版，第322页。
② 同上书，第325页。

保持着密切的经济关系,东盟对日本寄予期待,希望借助日本来充实自己的经济实力,在东南亚维持西方经济体制,与社会制度迥异的印支国家和平共处,但同时又对日本的经济渗透表现出强烈的不满和戒心,要求在平等的基础上加强经济合作。

1976年2月,东盟五国根据印支地区出现的新形势,在印尼的巴厘岛举行了东盟史上意义重大的第一次首脑会议。日本高度重视这次会议的召开,三木武夫首相在2月23日的贺电中表示:"希望会议成为朝着实现东南亚的发展与稳定这一共同目标而迈进的历史性的一步。我们期待着进一步强化与东盟的合作关系。"①为了扩大与东盟的对话和经济合作,双方于1977年3月正式建立了"日本—东盟论坛"。日本采取的这些行动表明,日本通过实践对东盟的战略地位及其政治作用的认识正在迅速提高,并力图把这种认识变为具体政策固定下来。

1977年是日本和东盟关系发生转折性的一年。同年3月,福田首相访美并与卡特总统举行首脑会谈。美国早在从亚洲退却之际就希望日本能取代自己填补这一"空缺",要求日本不仅在经济上,而且在政治上对东南亚地区发挥更大的作用。通过会谈,日美两国首脑共同表示认识到东盟存在的重要性,并在联合声明中"高度评价东盟各国为提高自身的自主性和该地区的坚韧性所作出的努力","对于东盟各国朝着地区团结和发展的努力,两国准备给予继续合作和援助"②。这就表明即将公布的"福田主义"事先得到了美国的首肯和支持,日美两国在对东南亚政策上已达成共识。

1977年8月,正值东盟成立十周年和东盟五国在吉隆坡召开第二次首脑会议之际,福田赳夫首相启程访问东盟各国,经过首脑会谈,于8月7日发表联合声明。在声明中,日本对"东盟为确保东南亚的和平、进步、繁荣与稳定所发挥的作用"表示赞赏;双方一致同意,"应以伙伴关系的精神,在日本与东盟之间发展特殊而紧密的经济关系";日本并承诺:对东盟扩大对日出口进行合作,考虑提供10亿美元用于实现东盟产业工程项目,对促进与东盟地区的文化交流予以资金合作等等。③ 8月18日,福田首相在出访的最后一站马尼拉发表了题为《我国对东南亚政策》的演说,主要内容有:(1)日本不做军事大国,"并从这一立场出发,为东南亚乃至世界和平与繁荣作出贡献";(2)日本与东南亚各国之

---

① 日本外务省编:《我国外交的近况(第20号)》上卷,第169页。
② 日本外务省编:《我国外交的近况(第22号)》,第384页。
③ 同上书,第363—364页。

间要在政治、经济、文化等广泛的领域,"作为真正的朋友建立起心心相印的相互信赖关系";(3) 日本从"对等合作者"的立场出发,"对于东盟及其成员国加强团结合作与坚韧性的自主努力",给予积极合作。①

以这三根支柱为核心的日本对东南亚政策被称为"福田主义"。它的出台,调整了日本迄今推行的掠夺东南亚国家资源、抢占东南亚市场的"经济外交",表明日本要改变以往对东盟只追求经济实惠的那种"物质和金钱"的关系,第一次规定了日本和东盟双边关系的政治原则,确定了今后日本对东盟外交的基调,标志着日本已经开始从全球观点出发,把对东盟政策纳入了日本对外总体战略之中,并构成20世纪80年代日本推行大国外交的一个重要组成部分。

---

① 日本外务省编:《我国外交的近况(第22号)》,第329—330页。

第十六章　第三世界联合反帝反殖反霸斗争的新局面

第一节　东南亚国家的反霸斗争

印支人民抗美救国斗争的胜利

尼克松政府上台后,美国的全球战略态势转向收缩。摆脱越战僵局,尽快从越南脱身,成为美国此次战略调整的最重要一环。为"体面地结束对越南的直接干预",尼克松政府精心设计了和平谈判与军事进攻交相进行的双轨政策,企图实现战争的越南化。在与越南三方举行的巴黎和谈中,美国拒不接受北越代表提出的美军必须无条件撤出南方的主张,坚持要求美军与北越部队同时撤退,要求北越和越盟接受南越的政治现状。美方的僵硬立场致使谈判进展缓慢。

为强化自己在谈判中的地位,尼克松政府悍然决定扩大侵略战争,企图以战促和。1970年3月18日,美国策动柬埔寨的朗诺—施里玛达集团乘柬国家元首西哈努克亲王出国访问之机发动政变,建立亲美政权。4月,美国又出动10万美军和大批南越军队侵入柬埔寨,声称要一举铲除南越解放军在柬境内的"庇护所和军需供应地",消灭新生的柬埔寨人民武装力量,以完全控制柬埔寨,切断南越解放军的后勤供应。同时,美国加紧对老挝境内连接南北越南的运输线——著名的胡志明小道实施饱和轰炸,并支持南越军队于1971年2月入侵老挝南部,正式将战火燃遍印度支那三国。

美国的入侵立即激起了柬埔寨和老挝人民的抵抗。1970年3月23日,西哈努克亲王在北京成立柬埔寨民族统一阵线,号召柬埔寨人民起来推翻受美国操纵的朗诺政权。在西哈努克亲王的提议下,印支三国四方于同年4月下旬举行印度支那人民最高会议。会议通过的联合声明表示三国将加强团结,相互支持,共同开展反侵略斗争。5月,柬埔寨民族统一阵线在北京召开了柬埔寨人民全国代表大会,宣布成立以西哈努克亲王为首的民族团结政府。由宾努亲王出任首相,负责对外事务,乔森潘担任副首相兼国防大臣和军队总司令,负责内部事务。大会通过的统一阵线纲领提出"反对美帝国主义的种种阴谋和侵略行径,捍卫民族独立、和平、中立和主权"。

印支人民的反侵略斗争得到了世界各国的声援和支持。毛泽东主席于1970年5月20日发表了《全世界人民团结起来,打败美国侵略者及其一切走狗》的著名声明,表示中国人民"坚决支持印度支那三国人民和世界各国人民反对美帝及其走狗的革命斗争"。

尼克松政府扩大印支战争的决定在美国国内也遭到了强烈反对。美国人民反对越南战争的群众斗争达到了新的高潮,美国统治层内部也出现了严重的意见分歧。美国参议员库珀和丘奇联名对援外法提出了修正案,禁止总统动用任何款项支持有美国地面部队或军事顾问参加的对柬埔寨的军事行动,要求在1970年6月30日之前把所有美国军队撤出柬埔寨。

尼克松政府的战争升级不仅使自己在政治和外交上陷入孤立,在军事上亦未能取得预期效果。老挝解放军与南越解放军协同作战,给予入侵的西贡伪军沉重打击,迫使其撤出老挝南部。老挝解放军乘胜进军,解放了近4/5的国土。在柬埔寨,由柬共领导的民族解放武装力量顶住了美军飞机的连续轰炸,与朗诺政权军队展开激战,逐渐控制了柬2/3的领土。在越南,南方民族解放阵线领导的爱国武装力量于1972年3月发动了自1968年春节攻势以后最大的战役,同时在南方数省发动攻势,击溃了南越方面的北部防线,一度解放距西贡仅60公里的重要省会城市。美国对北越要地进行大规模空袭,并在北越港口外布雷,实施海空封锁。但所有这些都无法扭转在南越的被动局面。

在和战两手接连受挫的情况下,美国更加急于从越南脱身。巴黎谈判逐步进入实质性阶段。1972年10月,北越方面在其新建议中提出将政治与军事问题分开解决,由越南三方共同组成"民族和解和全国和睦委员会"负责处理过渡时期事务。和谈取得突破。1973年1月27日,越南民主共和国外长阮维桢、越南南方共和临时革命政府外长阮氏萍、美国国务卿罗杰斯及南越政权代表陈文林在巴黎正式签署了《关于在越南结束战争、恢复和平的协定》和其他四个附属议定书。协定规定即日起在越南南方实现停火;美国承诺撤退全部军事人员,保证不再干涉越南南方的内政,尊重越南的独立主权、统一和领土完整;越南南方的政治前途将由南方人民通过普选决定;越南北南方在没有外来干涉的情况下协商达成协议实现统一；承认和尊重柬埔寨和老挝人民的基本民族权利和中立。①

美军撤退之后，美国继续向西贡政府提供"最大限度的援助"，以保证美国在南越的安全利益。南越政权倚仗美国支持，拒绝履行巴黎协议。但南越政府腐败无能，早已失去民心，美国的战争越南化计划很快破产。1975年3月，越南南方爱国武装力量在越南北方人民军的全力支持下向西贡政权发动总攻，西贡政府首脑阮文绍被迫逃亡台湾。5月1日，南越全境宣告解放。1976年4月越南举行全国普选，产生越南统一国会。6月，越南统一国会第一次会议在河内举行。会议正式宣告越南南北方实现统一，定国名为越南社会主义共和国。

1975年3月底，柬埔寨人民武装力量向朗诺政权发起最后攻势，并于4月解放金边，控制全国。西哈努克亲王率政府成员从北京回国。1976年1月5日颁布新宪法，改国名为民主柬埔寨。

1975年5月，老挝人民革命党中央委员会发出号召，提出废除伪军、清除右派势力，建立人民政权。7月，右翼军队和警察武装被解散，美国军事人员全部离开了老挝。12月，老挝召开全国人民代表大会，宣布废除君主制，建立老挝人民民主共和国。至此，印度支那人民的抗美救国斗争最终取得了完全胜利。

印支三国抗美救国战争取得胜利后，越南当局自恃在战争中贡献大、牺牲多，对老挝和柬埔寨两个邻国颐指气使，无理干预其经济、安全、外交政策，强迫柬、老与越实行"联合经济、联合部队"，要求两国与越推行共同的经济和外交政策，企图建立自己在印支国家中的主导权。越南的做法遭到了柬埔寨的抵制，越南即利用越柬边界问题对柬施加压力，公然蚕食柬埔寨领土，并拒绝归还抗美战争中柬方为支持越南南方的解放而允许越南使用的柬埔寨领土。1977年底，越南竟集结重兵进攻柬埔寨边境地区。这标志着越南当局的野心已急剧膨胀，决意凭借自己的军事优势，建立在印支半岛的霸权。

苏联从自己的全球战略出发，对越南给予全力支持。1978年6月，越南被吸收加入经互会。同年11月3日，苏越又签订了带有军事同盟性质的《苏越友好互助条约》。该条约规定，两国就一切涉及双方利益的重要国际问题相互协商，并在受到"进攻威胁"时共同采取行动。苏联随即向越南派遣了大批军事顾问，为越提供了大量武器装备，并给予越南巨额经济援助。越南则投桃报李，允许苏联使用金兰湾等重要军事基地，在越南各地建立情报中心和电子监听站，

---

① 参见《关于在越南结束战争、恢复和平的协定》，人民出版社1973年版。

把自己完全纳入苏联的全球战略体系。

1978年底,越南在苏联的支持下发动了对柬埔寨的全面侵略。12月25日,10多万越军兵分7路大举入侵柬埔寨,并于1979年1月占领柬埔寨首都金边。在越军的扶植下,宣告成立以韩桑林为首的政权。越南总理范文同随即访问金边,同韩桑林政权签订了有效期为25年的《越柬和平、友好、合作条约》。越南实际上全面控制了柬埔寨的内外政策。

越南对一个独立主权国家的公然入侵立即遭到世界大多数国家的强烈谴责。联合国大会以绝对多数通过决议,拒绝承认受越南控制的金边政权,保留柬合法政府在联合国的席位,要求外国军队立即全部撤出柬埔寨。东盟国家积极向坚持进行抵抗斗争的柬各派武装提供援助,并努力争取国际社会的支持。中国于1979年2月进行了对越自卫反击战,对越南在中越边境地区的疯狂挑衅给予了必要的还击,从侧翼声援了柬埔寨人民的抗越斗争。

东盟国家的联合反霸斗争

进入20世纪70年代之后,亚太地区形势的急剧变化使东南亚国家联盟的发展进入了新阶段。美国从亚太地区收缩力量,公开要求其亚洲盟国逐渐承担本国的国内安全和军事防卫责任。苏联则表现出填补美国撤出后留下的地缘政治真空的强烈欲望。1969年6月,苏共中央总书记勃列日涅夫在莫斯科各国共产党和工人党会议上提出建立"亚洲集体安全体系"的设想,企图以此为契机向东南亚进行渗透。面对形势的急剧变化,东盟国家重新认识自己的安全环境,调整对外战略,加强协调合作。

1971年11月,东盟五国外长在吉隆坡召开特别会议,希望"寻求共同步骤"适应新的形势。会议最终通过了《东南亚中立化宣言》,即《吉隆坡宣言》。宣言表达了东盟国家的一致愿望,决心通过共同努力使东南亚成为一个"不受外部强国任何形式干涉的和平、自由和中立地区"。东南亚国家自己将承担促进地区"经济和社会稳定及保证和平进步的民族发展"的主要责任,"维护自己的民族特点",抵制外来干涉。在历史性的变革关头,东盟国家选择了团结自强、独立发展的道路。

东南亚国家对苏联的亚洲安全体系倡议进行了坚决的抵制。印尼外长表示,亚安体系设想是建立在"政治霸权基础上的",是想保持超级大国在东南亚的影响。菲律宾总统马科斯也提出"亚洲的安全必须基本上依靠亚洲人自己"。1973年4月,东盟第六次部长会议专门讨论了亚安体系的问题,认为它不符合东盟政治中立的原则,决定拒绝参加。会议还要求禁止超级大国在这一地区进行宣传活动。苏联不甘受挫,又向印尼、马来西亚等国提出签订"友好条约",再次遭到拒绝。

东南亚国家不仅努力抵制超级大国对本地区的渗透和干预,而且积极参加在国际事务中反对霸权主义、维护第三世界国家合法权益的斗争。在1973年第四次中东战争和阿拉伯国家开展的石油斗争期间,东盟谴责以色列"违反国际惯例和国际准则、以武力进行扩张的行为",支持阿拉伯国家的正义斗争,要求恢复巴勒斯坦人民的合法权益。在第六届联合国特别大会上,东盟国家积极活动,要求纠正国际经济秩序中侵犯发展中国家权益的不合理现象,呼吁建立国际经济新秩序。在制定海洋法的斗争中,东盟国家亦同其他第三世界国家协调一致,抨击超级大国维护其海洋霸权的企图,并在实际行动中予以坚决抵制。针对苏联主张的"马六甲海峡国际化",马来西亚和印尼先后宣布将领海从3海里扩大为12海里,重申自己对马六甲海峡的主权。1971年,马来西亚、印尼和新加坡三国又发表联合声明,宣布共同管理马六甲海峡,并成立了相应的联合管理机构。三国还就超级油轮"无害通过"马六甲海峡的问题达成协议,以确保海峡的航行安全。

在维护地区中立化的斗争中,东盟国家日益感到内部的团结一致是保证国际地位、抵制大国干涉的基础。各国的有识之士纷纷指出团结和区域合作是"防止外来势力扩展其权力竞争的唯一先决条件"。1976年2月,东盟首次首脑会议在印尼的巴厘岛召开。与会各国首脑签署了《东南亚友好合作条约》和《东南亚国家联盟协调一致宣言》,决心加强政治经济方面的协调与合作。与会国一致认为经济合作是保证地区中立化的基础,各国应在国际经济往来中采取"共同的态度和行动"。条约规定一切国家相互尊重彼此的独立、主权、平等、领土完整和民族特征;各国都有权保持其民族生存,不受外来干涉、欺凌或压力;互不干涉内政,用和平手段解决分歧或争端,放弃使用武力或武力威胁。缔约国还决定建立就地区和国际问题举行定期磋商的制度,逐步消除各国的政治分歧和摩擦,维持地区稳定;决定成立高级理事会,负责受理已经出现并有可能破坏本地区和平与和谐的争端或情况。

1977年8月,在吉隆坡举行了第二次东盟首脑会议,对成员国之间的关系做进一步调整。菲律宾与马来西亚就沙巴问题达成妥协,东盟五国又签署了特惠贸易安排协定。东盟开始真正作为一个政治经济实体活跃于国际事务之中,先后同美国、日本、欧共体进行了部长级对话,建立了统一的协商机构。

越南在苏联支持下占领柬埔寨之后,东盟国家更强烈地感受到霸权主义势力对自身安全的威胁。他们协调一致谴责越南的侵略行径,并全力推动联合国大会通过决议,拒绝承认越南操纵的金边政权,要求越军立即全部无条件地撤出柬埔寨。东盟国家同时紧急扩充军事力量,举行一系列双边或多边军事演习,支持泰国在泰柬边界制止越军的渗透和挑衅,防备越南的进一步扩张,维护东南亚地区的稳定。

第二节 阿拉伯国家反对霸权主义和以色列侵略的斗争

第四次中东战争和石油斗争

"六五"战争之后,美苏一方面加紧对中东地区的渗透和扩张,另一方面从自己的利益出发,都不急于打破阿以不战不和的局面。在"六五"战争中遭受惨重损失的埃及对此日益不满。1970年,萨达特出任埃及总统后,公开宣布1971年为中东问题"决定性的一年",决心在这一年里打破僵局,实现中东问题的公正合理解决。

1971年2月,萨达特提出了新的和平倡议,声明在以色列撤出其1967年占领的领土的前提下,埃及愿意同以举行和谈。此倡议得到了尼克松政府的响应,但以色列政府反应冷淡。埃及同时开始准备用武力收复失地,并为此努力争取苏联的军事支持。1971年5月,埃及为换取苏联的军事援助,同苏签订了为期15年的"友好合作条约"。条约规定,为加强埃及的防御能力,双方将根据有关协定发展军事方面的合作。苏联协助埃及训练军事人员,使其掌握向它提供的武器和装备,在加强它抵抗侵略的能力方面提供协助。但苏联从其全球战略出发,将美苏缓和放在首位,不愿在中东问题上与美发生对抗,因而迟迟未向埃及提供武器。萨达特总统在1971年10月—1972年4月三次出访苏联,要求苏方履行条约,始终未能获得满意的答复。更令埃方难以容忍的是,1972年5月苏美在举行首脑会谈后发表联合声明,主张在中东实现"军事缓和",表明了它们继续维持中东僵局的真实意愿。

萨达特认识到苏联不会再依约向埃及提供新式武器,于是决心依靠自己的力量对以色列采取军事行动。1972年7月,萨达特先后作出了处理同苏联关系的四项重要决定,强烈谴责苏拒不提供军事援助,宣布结束8000名苏联军事顾问在埃及的使命,接管苏联在埃及建立的军事设施和装备。接着,埃及同其他阿拉伯国家、特别是叙利亚和约旦的军方领导人商定了对以共同作战的计划。他们吸取了历次中东战争失利的教训,进行了精心准备和周密部署。

1973年10月6日,埃及集中兵力向踞守苏伊士运河东岸的以军发动了猛攻,第四次中东战争(又称十月战争)爆发。在战斗的第一阶段,埃及方面完全占据了主动,一举突破了被以色列视为坚不可摧的"巴列夫防线",在一周之内即全部清除了以在运河东岸的据点。叙利亚军队在北线收复了戈兰高地的部分失地,阿尔及利亚、约旦等九个国家也派兵参战。

与此同时,阿拉伯产油国按照战前的约定在外交领域发动了震动全球的石油斗争。战争爆发当天,叙利亚首先关闭了自己境内的一条输油管道。次日,伊拉克宣布将两大美国石油巨头在伊拉克石油公司中拥有的股份收归国有。不久,阿拉伯石油输出国组织部长级会议决定每月递减石油产量5%,并按对阿以问题的态度将石油进口国划分为"友好"、"中立"、"不友好"国家,确定不同的石油供应量,对美国等顽固支持以色列的国家实施禁运。

阿拉伯国家的石油斗争迫使西方国家出现分化。日本及多数西欧国家不得不停止对以色列的援助,拒绝为美国增援以色列提供合作,有些国家很快转而支持阿拉伯方面的立场和要求。以色列在国际社会中陷入孤立。而以军在军事上也是处境危急,装备损失惨重,被迫向美国请求紧急援助。美国从10月13日起出动大批运输机向以色列运送军火,使以军得以补充武器消耗,获得喘息之机。以军事当局决定采取集中兵力突破一面的作战方针,摆脱被动局面。以军首先全力对付叙利亚,并很快取得效果,稳定了北线战局。

接着,以军将攻击矛头转向埃及军队。10月16日,以军偷渡运河进入埃及军队后方,一举切断了埃军的补给线,使战事转入第二阶段。以军夺回战场主动权,隔断运河两岸的埃及军队,直接威胁到埃及首都开罗。此时,美苏为维持中东地区的均势开始积极策划停火。21日,美苏联合向安理会提出"关于中东战争就地停火"的议案。22日,安理会在此基础上通过338号决议。该决议未提及阿拉伯被占领土和巴勒斯坦问题,只是简单要求交战各方在12小时内停止战斗。埃以在当天先后接受了停火决议,但以色列同时声称"决不退回1967年6月4日的界线",并继续在运河两岸和戈兰高地发起攻势,占领大片阿拉伯领土,包围埃及第三军。埃及要求美苏派兵监督停火。10月23日,联合国安理会通过了美苏提出的监督中东停火议案,形成第339号决议,规定第二次停火于次日起生效。苏联随即命令其7个空降师进入紧急状态,继而照会美国要求立即共同出兵监督停火,否则将单方面行动。美方针锋相对,命令全球美军进入紧急戒备状态。最后,安理会通过了妥协方案,决定组成不包括常任理事国军队的"联合国紧急部队",负责监督停火。第四次中东战争宣告结束。

在此次中东战争中,交战双方都遭受了巨大损失,其中埃及、叙利亚损失尤为惨重。阿拉伯国家虽未能通过战争收复被占领土,但确实依靠自己的力量打破了中东不战不和的局面,粉碎了以军不可战胜的神话,鼓舞了己方的士气。阿拉伯国家以此次战争为契机开始的石油斗争更是打击了西方国家主导的世界经济秩序,提高了自己的经济实力和在国际事务中的发言权,产生了深刻的影响。在中东国家的努力下,第29届联大接纳巴解组织为正式观察员。

十月战争结束后,阿拉伯产油国决定进一步巩固和扩大石油斗争的成果。同年11月,石油输出国组织决定再次减产25%。不久又宣布从1974年1月起将标准原油的价格从每桶5.11美元提高到11.65美元。1974年,继伊拉克等国实行石油生产国有化之后,沙特、科威特等国也开始同西方石油公司谈判,增加产油国的控股权,最终逐步实现了石油产业的国有化。长期为西方公司所把持的石油定价权回到产油国手中。1979—1981年,石油输出国组织再次决定提高油价,中东原油价格一度达到34美元一桶,给西方国家带来所谓第二次石油冲击。价格的提高和对石油开采权的控制给阿拉伯产油国带来了巨额财富,迅速改变了这些国家的经济面貌,影响到中东的实力对比。中东产油国石油斗争的成功也极大地鼓舞了其他第三世界资源原料出口国,刺激了众多原料生产组织的兴起,使争取国际经济新秩序的斗争达到高潮。

埃及、苏丹抵制苏联的干涉

十月战争结束后,美国抓住这一时机调整了其中东政策,大力发展同阿拉伯国家的关系,使美苏在埃及的影响出现了引人注目的此消彼长的趋势。战事刚刚平息,1973年11月6日,美国务卿基辛格即出访开罗,宣布同埃及恢复外交关系。随后,基辛格排除苏联的参与,单独在埃以之间进行穿梭斡旋,促使双方于1974年1月在距开罗101公里处签订了军队脱离接触协议。该协议规定,以军撤至苏伊士运河以东20公里一线,在埃以军队之间建立7英里宽的缓冲区,由联合国部队驻扎。1975年9月,埃以又在美国调解下达成了进一步在西奈半岛脱离军事接触的协议。以色列在协议中同意将军队撤至具有战略意义的米特拉和吉迪山口以东,由联合国部队进驻其撤出地区,并由美国派出电子技术人员监督协议遵守情况;以色列还放弃了它控制下的阿布鲁斯油田和萨达尔角,由联合国会同埃及方面接管这一地区。埃及则允许以色列的民用船只通过苏伊士运河。

根据两次脱离接触协议,埃及初步收复了西奈半岛约 5.5% 的埃及领土。埃及通过战后的外交接触感到美国确有同阿拉伯方面改善关系的打算。美国的穿梭外交取得成效,显示了美国对以的影响力,使埃及方面看到了通过和平谈判收复失地的希望,从而决意改善和发展埃美关系。

1974 年 2 月,埃美正式恢复外交关系。4 月,萨达特宣布埃及将在发展独立的军火工业的基础上,实行武器来源的多元化。6 月,萨达特邀请尼克松总统访问埃及。双方签署了《埃美关系和合作协定》,同意加强两国在科学、技术、经济和文化领域的全面合作。美国还承诺考虑向埃及出售非军用核反应堆和核燃料。1975 年 9 月,萨达特回访美国。在访问中,萨正式请求美方向埃供应武器装备。美同意进行研究,并决定向埃提供 7.5 亿美元经济援助和 2.5 亿美元的粮食援助。双方还达成了相互协作和平利用核能的协议。

埃美的接近使苏联大为不满,苏企图通过向埃及施加压力迫使其改变策略。苏联不顾埃及战后恢复时期经济遇到的困难,拒绝埃及重新讨论归还苏联贷款日期的要求,迫使埃及以近四分之一的出口物资抵偿苏联的贷款及其利息。埃以第二个脱离接触协议达成后,苏联公开批评埃及允许美国人员进入西奈半岛,拒绝出席该协议的签字仪式,继而加紧对埃及施压。1975 年底,苏联拒绝提供埃及急需的苏制米格—21 飞机零件,甚至催逼埃及支付武器贷款利息。

苏联的粗暴态度和对埃外交政策的无理干预严重伤害了埃及人的民族自尊心,使十月战争前已经趋向冷淡的苏埃关系进一步恶化。1976 年 3 月 15 日,埃及断然宣布废除 1971 年签署的《苏埃友好条约》,接着又宣布取消苏联军舰使用亚历山大等港口的一切便利条件。苏联在埃及的势力遭到了沉重打击。4 月 1 日,苏联宣布停止对埃及的各种援助,声称埃及政府应承担由此引起的一切严重后果。1977 年,萨达特总统又宣布停止向苏联和捷克的棉花出口,延期 10 年偿还埃及欠苏联的军事债务。当年 12 月,埃及下令关闭了苏联、东欧国家在埃及的所有文化中心,关闭苏联、捷克、东德和波兰在亚历山大等城市的领事馆。

苏丹对苏联的颠覆和渗透活动也进行了坚决的打击。苏联自 20 世纪 50 年代起,即以提供经济和军事援助的方式向这个非洲面积最大的国家进行渗透。"六五"战争之后,苏丹为抗议美国偏袒以色列的行径,断绝了同美国的外交关系。苏联趁机派遣大批军事人员打进苏丹武装部队,控制了苏丹的军事供应体系,并取得了在苏丹建立火箭基地的权利。

1969年5月,以尼迈里为首的一批青年军官组成革命指挥委员会掌管国家政权,公开奉行反帝、反殖、反霸的外交政策,宣称要"建立民主的社会主义共和国"。苏联开始向苏丹提供军事援助,两国的政治经济关系亦发展迅速。1971年,苏丹发生"七一九"政变,企图推翻尼迈里政权,被苏丹武装力量粉碎。直接参与政变阴谋的苏联外交人员和大部分苏联专家顾问被驱逐出境,苏联一度停止对苏丹的军援。1973年后,两国逐步恢复接触,但苏联仍未放弃颠覆尼迈里政府的计划。1976年7月,苏丹反政府势力再次发动军事政变,被苏丹政府镇压。事后进行的调查证明许多政变分子都曾接受过使用苏制武器的训练。尼迈里总统对全国发表广播讲话揭露苏联的阴谋,指责苏联"直接或间接地"参与了叛乱。

此时苏联非但没有改弦更张,反而公开对尼迈里施加压力。苏联在1977年5月停止向苏丹供应武器弹药,拒绝承担两国协议规定的工程项目,迟迟不向苏丹运送急需的机器零件,以图迫使尼迈里政府就范。

苏丹政府并未屈服于苏联的压力,而是断然采取反措施。1977年5月18日,苏丹政府宣布解除在苏丹的全部苏联军事专家的工作合同,关闭苏联驻苏丹大使馆的苏联军事专家办事处,命令这些专家在一周之内离境。5月底,苏丹政府又要求将苏联驻苏丹使馆的人员减少一半。6月18日,苏丹政府宣布关闭苏联设在喀土穆的文化中心。苏丹领导人多次谴责苏联是"社会新殖民主义"、"新社会帝国主义"。苏联丧失了在苏丹多年苦心经营的成果,其在北非地区的影响再次遭到削弱。

《戴维营协议》的签署

埃苏友好合作条约废除之后,埃及的外交战略完成了根本性的转变,走上了联美抗苏的道路。埃苏关系的紧张使萨达特政府在国内外面临着一些严峻的挑战。埃及同受苏联支持或影响的部分中东国家之间摩擦不断。1977年7月,埃及与利比亚发生了武装冲突,埃及与埃塞俄比亚之间的关系也持续紧张。埃及深感国家安全受到威胁。埃及虽然同以色列达成脱离接触协议,但双方军队仍处于敌对状态。埃及被迫拿出国民生产总值的近1/3维持军队开支,使国民经济不堪重负,长期未能从战争的影响中恢复过来。经济的凋敝又引起了社会的动荡,萨达特政府不得不依靠外援安抚民心,致使1976年外债总额高达120亿美元。1977年初,萨达特总统宣布实行经济紧缩措施,减少生活补贴,提高基本商品价格,结果引起骚乱。埃及国内的亲苏势力乘机积极活动。

萨达特总统决心采取大胆行动推动阿以和谈,实现中东和平,以便从根本上减轻军备负担,克服经济困难,并集中精力对付亲苏势力的挑战。1977年11月19日,萨达特未同其他阿拉伯国家协商,突然访问了耶路撒冷。他在以色列议会发表演讲,提出了缔结埃以和约的五项原则,公开呼吁推倒阿拉伯人和犹太人之间的心理墙壁。他在演讲中说:"我向世界宣布……以色列已成为既成事实,我们要和你们在公正而持久的和平中生活。"

萨达特的行动在中东国家中掀起轩然大波,许多阿拉伯国家都表示震惊和不满。1977年12月,埃及在首都开罗主持召开有关中东问题的国际会议,以筹备预定在日内瓦举行的正式会谈。但叙利亚、黎巴嫩、约旦和巴解组织联合抵制了这次会议,苏联也拒绝与会。埃及在阿拉伯世界中的核心地位受到了挑战。

但萨达特的主动行动得到了美国的赞赏和支持。此时美国已经认识到,阿以争端久拖不决使中东地区形势长期得不到稳定,为反美情绪的滋长提供了土壤。20世纪70年代中东国家进行的石油斗争和苏联对这一地区的渗透干预,都使美国担心它在该地区的战略利益受到威胁。因此美国努力促进中东冲突各方进行和谈,推动阿以接触与和解。卡特政府上台后,一度雄心勃勃地打算全力推动阿拉伯国家与以色列的关系正常化,但进展甚微。此时埃及采取的主动行动正中美方下怀,美国于是及时调整其中东和平战略,希望首先促成埃以和解,以带动整个和平进程取得突破。

埃以双方的利益需求相距甚远,以色列右翼政府又在双边谈判中持僵硬态度,埃以和谈逐渐陷入僵局。此时,卡特决定亲自介入埃以谈判。1978年9月5日,萨达特总统和以色列总理贝京应卡特的邀请来到美国总统的休假地戴维营,参加美埃以最高级会谈。在卡特斡旋下,埃以双方进行了激烈的讨价还价。由于以色列方面坚持毫不妥协的立场,萨达特一度决定中断磋商,谈判几乎破裂。此时,美国对以色列施加了强大的压力,指责以变成了中东和平的主要障碍,并警告说如果谈判因以方原因而破裂,美国对以色列的巨额援助将受到影响。同时,卡特又向埃以许诺如果它们能相互妥协达成协议,美国将大幅度增加对它们的经济和军事援助。美国关键时刻软硬兼施进行干预,终于说服以色列在西奈问题上做出让步,奠定了妥协的基础。

9月17日,在卡特主持下,埃以领导人签署了《关于实现中东和平的纲要》和《关于签订埃以和平条约的纲要》两个文件,又称《戴维营协议》。第一个文件规定:埃及、以色列与约旦及"其他地方当局"协商约旦河西岸和加沙地带自治问题,由该地的"自由当局组织当地居民的自由选举"建立自治机构;两地自治机构建立后,进入过渡时期,各方必须在过渡时期进入第三年之前开始就西岸和加沙地带的最后地位进行谈判;以军将撤离上述两地区,但可以保留部分据点;约旦与以色列应在过渡时期完成约以和约的谈判工作;上述谈判应以联合国安理会第 242 号决议为基础。第二个文件规定:在纲要签字后 3 个月内缔结埃以和约;在缔结和约后 3—9 个月内,以军开始撤出西奈半岛,并在 2—3 年内完成撤军;保证以色列船只在苏伊士湾和苏伊士运河的自由通行;在签订和约和以色列完成第一阶段撤离工作之后,埃以建立正式外交关系。

《戴维营协议》出台后,立即遭到部分阿拉伯国家的反对。它们指责该协议未保证恢复巴勒斯坦人的民族自决权、保证其拥有重建家园的权利,协议也没有明确规定以色列军队最终必须彻底撤出它占领的所有阿拉伯领土,包括叙利亚的戈兰高地,而且协议有意回避了耶路撒冷问题。1978 年 9 月,由叙利亚、阿尔及利亚、利比亚、南也门和巴解组织组成的"拒绝阵线"召开会议,抵制《戴维营协议》,并决定断绝同埃及的政治和经济关系。11 月举行的阿拉伯国家首脑会议也批评《戴维营协议》违背历届首脑会议的决议,要求埃及放弃实施该协议。以色列的右翼政党从另一个角度对这一协议提出了反对意见,不同意放弃"六五"战争中占领的土地。在各方的阻挠和干扰下,埃以未能按协议规定如期缔结和约。

卡特再次亲自出马,于 1979 年 3 月赴埃及和以色列进行穿梭外交。在他的斡旋下,埃以终于在 3 月 26 日正式签署了和平条约。1980 年 2 月,埃以两国建立外交关系。埃及通过和谈收复了西奈半岛,结束了同以色列的多年敌对状态,经济和军事压力都得到了缓解。特别是按照美国的意愿实现埃以和平后,埃美战略合作关系得到突破性进展。1979 年 7 月,卡特政府正式批准向埃及追加 18 亿美元经济和军事援助,使埃及在 1979—1981 年间共得到近 55 亿美元的巨额资助。美国还同意向埃及提供 F-16 战斗机等先进武器,并开始同埃及军队频繁举行联合军事演习。埃及逐渐成为伊朗革命后美国在中东最重要的盟国。

但埃及与以色列单独媾和的举动使它在阿拉伯世界陷入孤立,并导致阿拉伯国家的分裂。前后有 17 个阿拉伯国家宣布同埃及断绝外交关系,对埃进行经济制裁;阿盟宣布暂停埃及的会员国资格,将阿盟总部从开罗迁至突尼斯。阿拉伯世界的消极反应,加之以色列对进一步推动中东和平缺乏诚意,使埃以媾和未能如预期的那样扩展为阿以之间的全面和解。

第三节 非洲的民族独立运动和反霸斗争

非洲之角的动荡

非洲之角通常指非洲大陆东北部,为印度洋、亚丁湾和红海所包围的突出部分,传统上包括索马里、埃塞俄比亚、吉布提三国(1993年5月厄立特里亚独立,成为这一地区的新成员)。由于它地扼海陆交通要冲,因而深受美苏两国的重视。埃塞俄比亚一度是接受美援最多的非洲国家。苏联自20世纪60年代开始也逐步向非洲之角进行渗透,并先后在索马里和埃塞俄比亚获得了立脚点。

1974年,埃塞俄比亚爆发了社会各阶层参加的反政府运动,一批青年军官组织了"军队、警察及地方武装力量协调委员会",逐步控制了国家政权。9月,他们宣布废黜与西方关系密切的海尔·塞拉西皇帝,解散议会,废除旧宪法,以临时军政委员会为国家最高权力机关。不久,军政权又决定实行工商业国有化,废除封建土地制度,开展土地改革,并宣布埃塞俄比亚为社会主义国家。

长期支持塞拉西政权的美国对军政权的上述政策深感疑虑,对军政权严厉镇压政治反对派、镇压厄立特里亚地区分离主义运动的做法亦存异议,美埃关系趋于冷淡。苏联则借机表示赞赏和支持军政权的内外政策,积极扩大在埃塞俄比亚的影响。同时,苏联还在1974年7月与索马里签订了《友好合作条约》,向索派遣了数千名军事顾问和技术人员,提供大量军事和经济援助,把索马里的三个重要港口变成自己在印度洋的舰队停泊点,并在伯贝拉港修建海军基地。

1977年门格斯图就任埃塞俄比亚临时军政委员会主席后,非洲之角的形势进一步向有利于苏联的方向变化。门格斯图一上台即加强了反美宣传,表示要转向东方寻求军事支持。美国政府则指责埃塞俄比亚军政权侵犯人权,决定暂停向埃提供军事援助。门格斯图随即下令关闭驻埃的美国新闻处、军事顾问团、武官处和总领事馆,要求美国将驻埃大使馆人员减少一半。美与埃塞俄比亚关系恶化的同时,埃塞俄比亚与苏联开始迅速接近。1977年5月,门格斯图访问苏联,同苏签订了苏埃相互关系与合作宣言及经济技术合作议定书。苏联开始向埃塞俄比亚提供大批武器装备,苏联和古巴的军事人员也秘密进入埃塞俄比亚,训练和指挥埃政府军。

在这种背景下,埃塞俄比亚和索马里在两国接壤的欧加登地区发生了激烈的武装冲突。埃索两国关于欧加登地区归属的争端是欧洲殖民主义者造成的历史遗留问题。在19世纪末欧洲列强瓜分非洲之角的交易中,索马里族聚居区被分为五个部分。其中面积38万平方公里的欧加登地区被划入埃塞俄比亚境内。索马里独立后,坚持认为该地区是索的固有领土,称之为"西索马里",并将收回该地区的政策明文载入宪法。1963年,主张欧加登地区自决与独立的西索马里解放阵线成立,索马里立即表示支持。埃塞俄比亚则始终坚持欧加登是埃不可分割的一部分。两国多次为此发生边境冲突。1977年7月,在索马里的全力支持下,西索马里解放阵线采取军事行动,在四个月内控制欧加登90%的地区。埃塞俄比亚立即指责索马里支持和挑起争端。9月,索埃断交。苏联在官方声明中则表示索马里应对欧加登冲突负主要责任。

索马里认为苏联在欧加登冲突中偏袒埃塞俄比亚,于1977年11月宣布废除苏索友好合作条约,驱逐在索的所有苏联军事和文职人员,要求苏联撤除在索领土和领海上的所有军事设施,削减驻索的外交人员。索马里总统在向全国发表的讲话中称苏联是索的最大敌人,并呼吁国际社会对苏联和古巴施加压力,迫使他们停止对非洲之角的干涉。

此后,苏联更公开加紧对埃塞俄比亚的支持。至1978年初,在埃塞俄比亚的苏联军事人员已逾千人,古巴军队人数估计在1.1万—1.9万人之间。苏还向埃输送了价值10亿—15亿美元的军事装备,相当于1953—1977年间美国对埃军事援助总额的4—5倍。埃塞俄比亚军队在苏援助下逐渐掌握了主动权,古巴军人甚至直接参与了在欧加登地区的战斗。索马里被迫于1978年3月宣布从欧加登撤军。在欧加登冲突中得手使苏联同埃塞俄比亚关系更加密切。门格斯图在1978年两次访问苏联,于当年11月同苏签订了友好合作条约。该条约规定两国继续进行军事合作;且在和平受到威胁时,立即协调立场,以消除威胁。条约有效期为20年。不久,苏联又与亚丁湾北岸的南也门缔结了内容相近的友好合作条约,并鼓动埃塞俄比亚与南也门签订了类似的条约。苏联、埃塞俄比亚、南也门事实上结成了控制非洲之角的同盟。

面对苏联在非洲之角咄咄逼人的攻势,美国一度反应迟疑。卡特政府按照其"以水灭火"的理论,在索埃欧加登冲突中试图保持中立,不急于利用苏索交恶扩张自己的在索马里的势力,而希望改善同埃塞俄比亚的关系。但美国对埃的友好姿态收效甚微,苏埃联盟日益巩固。继而又发生了伊朗伊斯兰革命和苏联入侵阿富汗等严重事件,与苏联在非洲之角的扩张相呼应,使美国在波斯湾、印度洋地区的利益受到威胁。卡特政府被迫调整战略,加强在非洲之角的军事存在。1980年8月,美国同索马里签订军事协议。美国获得使用伯贝拉和摩加迪沙的基地设施的权利,并派遣小分队进驻伯贝拉,将其作为美国在这一地区的主要前沿部署基地。作为交换,美国同意在两年内向索马里提供4000万美元的军事贷款和5300万美元的经济援助。美苏在非洲之角形成了针锋相对的对峙局面。

葡属殖民地的独立和美苏的干预

包括佛得角、几内亚比绍、安哥拉、莫桑比克等地在内的葡属非洲殖民地是欧洲列强在非洲建立的最古老的殖民地之一。20世纪50年代中期,在英法殖民地人民民族解放斗争胜利的鼓舞下,葡属殖民地也纷纷建立了民族主义组织。在它们的领导和影响下,几内亚比绍、安哥拉、莫桑比克这三个主要的葡属殖民地先后展开了大规模的反殖游行和示威,但这些和平斗争遭到了葡萄牙殖民当局的血腥镇压。上述民族主义组织被迫走上了武装斗争的道路。

到20世纪70年代中期,这些民族解放组织分别控制了本国的部分地区,给予葡萄牙殖民军队以沉重打击。特别是几内亚比绍的反殖武装力量到1973年时已解放全国近2/3的领土,并瓦解了葡萄牙殖民当局于70年代初发起的围剿。当年9月,几内亚比绍召开全国人民议会会议,宣告几内亚比绍共和国诞生,并很快得到70余个国家的承认。葡萄牙在非洲的殖民统治已陷于风雨飘摇之中。

长期镇压反殖运动使葡萄牙背上了沉重的经济政治包袱。20世纪70年代的前几年,葡萄牙把财政预算的40%用于殖民战争,78%的军事力量被派往非洲维护殖民统治。但殖民战争的效果每况愈下。在其他欧洲国家均已结束在非洲的殖民统治的情况下,葡萄牙国内外要求顺应历史潮流的呼声日益高涨,葡军将领对镇压民族解放战争也感到厌倦。1974年4月,葡萄牙一批青年军官发动军事政变,推翻坚持维护殖民帝国的卡埃塔诺法西斯政权,要求实行"非殖民化和民主化",表示愿意承认殖民地人民的自决权。葡萄牙新政府开始就独立问题同各殖民地民族解放组织进行谈判。

1974年9月,几内亚比绍共和国率先得到承认。其他国家也陆续与葡萄牙方面达成了关于建立过渡政府、葡军撤出等独立程序的协议。1975年6月,莫桑比克宣告独立;7月,圣多美和普林西比、佛得角相继独立;11月,安哥拉宣布独立。至此,葡萄牙在非洲的殖民统治彻底结束,葡属殖民地各国人民都拥有了独立的国家主权。

此时,美苏出于自身战略利益的考虑,积极插手前葡属殖民地国家的事务,企图填补葡萄牙殖民势力撤退留下的力量真空。这些新独立的国家又沦为美苏争霸的角斗场,安哥拉甚至因此陷入连绵不断的内战之中。

安哥拉民族解放运动主要由三个组织领导:安哥拉民族解放阵线(简称安解阵)占据安西北部;争取安哥拉彻底独立全国联盟(简称安盟)在东南和东北部地区活动;安哥拉人民解放运动(简称安人运)控制东部和中西部的主要地区。1975年1月,三个组织发表原则宣言保证在非殖民化进程中进行合作。1月15日,三方共同签署了与葡萄牙政府达成的独立协议,即《阿沃尔协议》,宣布停止诉诸武力,组织联合过渡政府,共同行使权力。但三方协调合作的局面在美苏的干预下很快被打破了。

苏联企图利用自己同安人运的传统联系左右安哥拉的局势。苏公开批评安盟和安解阵是"保守、反动组织",鼓动安人运与它们进行对抗。苏还抓住过渡期给安人运输送了近3亿美元的武器装备,派遣数百名军事人员,并空运1.2万名古巴军人赴安备战。美国在此之前执行的是通过支持葡萄牙,间接控制葡属非洲局势的策略,希望避免同苏联发生正面交锋。葡萄牙政局的变化使美不得不放弃这一战略,直接出面向同苏联相对疏远的安解阵和安盟提供财政和军事支持。到安哥拉正式独立前,美国给予这两个组织的公开援助已达3170万美元,同时还通过秘密渠道提供了大量武器装备。1975年9月,南非在美国支持下借口位于纳米比亚的南非军营受到来自安哥拉的导弹袭击,派遣近千人的部队深入安境内25英里,直接介入安哥拉内部冲突。

在外部势力的挑动下,安哥拉三方原有的矛盾和分歧迅速激化,终于在1975年7月爆发内战。同年11月10日,葡萄牙殖民当局宣布把权力移交给安哥拉人民。第二天,安人运在苏联支持下抛开其他两派,单独宣布成立安哥拉人民共和国,内战更加激烈。美国公开对人运政府实施经济制裁,命令美国公司停止在安哥拉的营业活动,撤销同安签订的出口协议。南非军队也更深地卷入安内战当中,高峰时约有4000—6000名南非士兵在安活动。苏联、古巴更是不遗余力地进行干预,向安人运提供了包括米格21战斗机和T-54坦克在内的大量先进武器,数万名古巴军人直接参与了攻击安解阵和安盟的战斗。

在内战的关键时刻,美国国会对卷入安哥拉的政策提出质疑,并以"避免出现另一个越南"为由,通过了停止向安提供援助的决议。美国政府的手脚受到了束缚,苏、古在争夺中占了上风。1976年2月间,安盟被逐出各大主要城市,安解阵几乎被击溃。3月,失去美国支持的南非宣布将军队全部撤出安哥拉。苏联及其支持的安人运完全控制了安哥拉的局势。

苏联干预安哥拉得手后,安的邻国扎伊尔又连续遭到来自安哥拉境内的入侵,引起了国际社会的普遍关注。入侵军的主力是原扎伊尔冲伯集团的残余势力。他们在20世纪60年代被迫流亡安哥拉,到处充当雇佣军,后帮助人运作战,因而在人运掌权后得到了人员和装备补充。1977年3月,近3000名雇佣军侵入扎伊尔南部的沙巴省,一路攻城略地,并包围战略重镇科尔韦齐,威胁到扎伊尔的矿产经济命脉。三个月后被扎政府军击退。1978年5月,雇佣军卷土重来,发动了更大规模的入侵并占领科尔韦齐。应扎伊尔政府紧急呼吁,法国和比利时向沙巴派出了伞兵部队,帮助收复了科尔韦齐。两次沙巴事件均以雇佣军的失败而告终。

扎伊尔政府指责苏联、古巴、东德及安哥拉人运政府操纵了沙巴事件,并称苏、古军事人员直接参与了入侵沙巴的军事行动。蒙博托总统称苏联是扎伊尔的头号敌人,宣布停止与苏联的教育文化交流与合作,终止同古巴和东德的外交关系。

美国对第一次沙巴事件持慎重立场,认为蒙博托总统推行的内外政策是导致局势动荡的重要原因,企图趁机推动扎伊尔进行内部改革,造成美扎关系紧张。第二次沙巴事件后,美国做出了迅速和强烈的反应,指责苏联和古巴参与入侵。美第82空降师奉命进入戒备状态,美出动飞机运送法国和比利时部队前往沙巴,并对扎伊尔政府提供了紧急援助。入侵被击退后,美国又积极支持非洲国家向沙巴派驻安全部队,以防止新的入侵或渗透,美保证为其提供后勤支持。

南部非洲人民反对白人种族主义的斗争

葡属非洲殖民地相继获得独立,津巴布韦、纳米比亚和南非的民族解放斗争受到了很大鼓舞,这些国家的白人种族主义政权则面临着更大的内外压力。在这些国家拥有重要经济利益的美、英等西方国家担心苏联在控制安哥拉之后,利用南部非洲的动荡局面进一步扩张,于是调整了支持白人种族主义政权的传统政策,对他们不同程度地施加压力,企图通过谈判和平解决南部非洲问题。1976年4月,美国国务卿基辛格在赞比亚首都卢萨卡发表重要讲话,阐述美国对南部非洲的新政策。他宣布美国"支持南部非洲所有各族人民的自决、多数统治、权利平等和人权尊严"。

美英立场的变化引起了非洲前线国家和南部非洲各民族解放组织的注意。他们在继续坚持武装斗争的同时，开始利用有利的国际形势，谋求以和平手段获得独立。在此背景下，解决南部非洲三个热点问题取得了不同程度的进展。

津巴布韦问题

进入20世纪70年代，一度受挫的津巴布韦民族武装斗争又趋活跃。特别是安哥拉、莫桑比克等国独立后，不断有黑人游击队员越界进入津巴布韦，支援当地的反殖斗争。美国和南非担心苏联乘机插手，要求津巴布韦白人政权首脑史密斯尽快与黑人组织举行和谈。与津民族解放组织关系密切的赞比亚也宣布关闭边界，敦促各派黑人组织组成联合代表团参加谈判。1974年12月，罗得西亚当局释放了被长期关押的几位民族解放组织首脑，并保证将全部释放政治犯，取消对各黑人组织的禁令，计划于两个月内召开有广泛代表性的制宪会议。不久，以津人盟领导人恩科莫为首的民族解放组织代表团与史密斯在津赞边界举行谈判。

但史密斯政权在谈判中没有表现出和平交权的诚意，反而在过渡时期期限、过渡期间权利的分配等问题上设置障碍，而且拒绝履行政治民主化的诺言。津巴布韦各派民族解放组织之间在谈判策略上也出现严重分歧，津民盟拒绝参与和谈。谈判终告破裂，游击战重新开始。

美英此时为避免迫在眉睫的苏联干涉直接出面推动和平谈判。1976年3月，英国外交大臣卡拉汉提出了分两阶段解决津巴布韦问题的建议，要求召开津各党派会议，争取在两年内实现多数人统治。基辛格随即在4月的卢萨卡讲话中支持英国的提议，宣布美国保证对罗得西亚当局实施经济制裁，同时将向因关闭边界而蒙受经济损失的津巴布韦邻国提供援助。

在英美两国的推动下，1976年10月在日内瓦召开了由津巴布韦各党派参加的会议，讨论过渡时期安排。英国作为宗主国担任会议主席。英美在会议期间又提出了由英国派专员控制津过渡政府、掌管国防和警察部门的折中方案，但遭到史密斯政权拒绝。会议被迫宣布无限期延期。

史密斯政权此时竭力推行所谓内部解决方案，企图建立白人操纵下的黑人政府。1978年3月，"非洲人全国委员会"领导人穆雷佐瓦与罗得西亚当局签订了内部解决协议。白人公民投票通过了新宪法。次年举行了白人政权控制下的选举，组成以穆雷佐瓦为首的政府。但"内部解决"政府未能得到世界各国的承认，津主要黑人组织亦拒绝参加。游击战争愈演愈烈，史密斯政权不得不宣布全国80%以上的地区进入紧急状态。

1979年英国保守党内阁执政后,在美国及欧共体、英联邦各国的支持下,再次出面打破僵局。10月在伦敦兰开斯特大厦召开了津巴布韦制宪会议,津"内部解决"政府和由津民盟、津人盟组成的爱国阵线派团参加了会议。双方最终接受了由英国外交大臣卡林顿勋爵提出的宪法草案,并于12月21日达成协议。协议规定在过渡时期由英国总督负责内政管理,未来议会100个席位中白人占20个席位,其余由非洲人选举产生。双方同时签署了停火协议,津巴布韦问题终于得到了和平解决。

纳米比亚问题

葡属殖民地独立后,南非不得不改变其控制纳米比亚的策略,宣布从1976年8月开始从纳撤军,召开制宪会议决定纳米比亚未来。但会议却将纳米比亚主要黑人组织西南非洲人民组织排除在外,而着重讨论南非提出的内部解决方案,企图继续保持白人对这一地区的统治。西南非洲人民组织强烈谴责南非的阴谋,并开始同苏联、古巴接近,获取武器援助。这引起了欧美的不安。

1977年4月,美国、英国、西德、加拿大、法国组成了五国接触小组,共同推动纳米比亚问题的和平解决。1978年2月,五国外长联合向联合国安理会提出和平解决纳米比亚问题的方案,建议在联合国监督和控制下,在纳米比亚举行自由选举,制定宪法,实现纳独立;南非军队在选举后全部撤出。接触小组随即同非洲前线国家进行磋商,在它们的支持下说服纳西南非洲人民组织接受了五国方案。南非政府迫于美英压力也对五国方案表示赞同。

1978年9月,联合国安理会在历次有关纳米比亚问题决议和西方五国方案基础上通过了第435号决议。决议要求南非撤销在纳米比亚的非法行政机构,在联合国协助下把权力移交给纳米比亚人民;联合国将建立过渡时期援助团,为纳举行自由和公正的选举进行监督,使纳早日获得独立;南非必须同联合国合作,立即执行本决议,一切违反本决议移交权力的措施被视为无效。第435号决议奠定了和平解决纳米比亚问题的基础。

南非当局虽然在国际压力下表示接受该决议的基本原则,但根本不愿允许纳米比亚脱离自己的控制获得完全独立。它一方面在执行联合国决议的具体办法上横生枝节,阻碍和平计划的实施;另一方面加紧推行自己的内部解决方案,企图造成既成事实。1978年12月,纳米比亚在南非单独控制下举行选举,建立所谓制宪议会,开始为单方面宣布纳米比亚独立做准备。

南非问题

进入20世纪70年代后,南非黑人反对种族主义政权的斗争不断高涨。

1972年秋至1973年初,由德班港工人罢工引起的罢工浪潮席卷南非各大中城市。1976年6月16日,约翰内斯堡市郊索韦托黑人聚居区的数千名中学生举行示威,抗议当局强令黑人学校用荷兰语教学。南非军警进行了残酷镇压,造成上千人伤亡。索韦托惨案引发了全国范围内的黑人抗暴斗争,群众与南非军警的冲突直到三个月后才完全平息下来。

南非当局决心以恐怖统治维持种族隔离制度。1977年,当局逮捕并杀害了著名的黑人觉醒运动领导人比科,大肆取缔黑人和其他有色人种组织,封闭其机关报。

南非当局的暴行遭到了世界大多数国家的严厉谴责。一贯纵容袒护南非白人政权的美英等国出于稳定南非局势的需要,也公开对南非政府提出批评。卡特执政初期,美国政府还一度向南非施加压力,要求它允许"所有公民得到充分的政治参与"。1977年,美国及其他西方国家还投票支持要求对南非实行强制性武器禁运的联合国决议,同意马上停止向南非提供军队和警察所需的武器装备,停止提供核技术。

但美英对南非政权的压力始终是有限的、不彻底的。他们一直阻止联合国通过对南非实施经济制裁的决议,对南非的武器禁运也未认真执行,而且坚持南非问题与津巴布韦、纳米比亚问题不同,必须采取"渐进方式"谋求解决。在他们的偏袒下,南非当局只对社会经济政策做了一些极其有限的改良,而拒绝触及种族隔离制度的核心。

第四节　拉丁美洲的联合反霸斗争

拉美国家反对海洋霸权

拉美国家除巴拉圭和玻利维亚外均为沿海国家,其海域内蕴藏着丰富的渔业和矿产资源。特别是20世纪六七十年代拉美国家沿海相继发现大面积油气田之后,海洋开发更成为拉美民族经济发展的重要支柱。拉美国家开始积极行动,维护自己的海洋权益,打破欧美海上强国的海洋霸权。

早在1947年,智利和秘鲁就分别发表声明,宣布其领海范围是200海里。1952年8月,智利、秘鲁、厄瓜多尔三国在智利首都集会并联合发表《圣地亚哥宣言》,重申200海里领海权。次年,三国又签订了补充协议,规定一旦上述海洋区受到武力侵犯,缔约国应采取行动加以保卫。在此期间,哥斯达黎加、洪都拉斯也先后宣布突破原有的 3 海里限制,并对沿海大陆架拥有主权。

拉美国家的要求与美苏两个超级大国控制海洋的企图发生了冲突。苏联主张规定领海范围为 12 海里,美国坚持将领海限制在 3 海里,西欧国家也拒绝承认拉美各国关于 200 海里领海权的协定。在 1958 年、1960 年两次联合国海洋法会议上,由于美苏的联合反对,拉美国家的合理要求未能得到采纳。会议通过的领海及毗连区等公约基本体现了海洋大国的意愿。

拉美国家争取海洋权益的斗争仍在不断扩展。1960—1970 年间,巴西、阿根廷等重要国家也加入了主张 200 海里领海权的行列。1970 年 1 月,智利、秘鲁、厄瓜多尔再次召开会议,通过有关 200 海里领海权理论的多项决议。5 月,已经宣布 200 海里领海权的 9 个拉美国家在乌拉圭首都蒙得维的亚举行领海权会议。会议通过了《蒙得维的亚海洋法宣言》,宣布各沿海国家有权根据本国的地理、地质特点,根据调节和合理利用海洋资源的需要,划定其海洋主权和管辖权范围,对海洋资源的利用具有合法的优先权。宣言还提出了海洋法应遵循的六项基本原则。

在拉美国家的推动下,1970 年联合国大会通过了著名的《关于各国管辖范围以外海床、洋底及其底土的原则宣言》,庄严宣布上述区域的资源是人类的共同继承财产。第 25 届联大还同时通过第 2750 号决议,要求再次召开海洋法会议,以针对与日俱增的海洋资源利用问题,制定新的全面性的海洋公约。

为筹备这次海洋法会议,拉美国家进行了积极的活动。1971 年 1 月,拉美 9 国在秘鲁首都利马举行保卫海洋权会议,一致重申《蒙得维的亚宣言》的原则,谴责超级大国的霸权立场,提出联合亚非国家,在联合国海洋法会议上共同行动。1972 年 6 月,加勒比海沿岸 12 国在多米尼加的圣多明各集会,发表了《圣多明各宣言》。宣言重申拉美国家的基本立场,主张沿海国家对"邻近领海的称为承袭海的区域"内的自然资源拥有主权,领海与承袭海的总宽度可达 200 海里。与会国认为应允许外国船舶和飞机自由通过承袭海,但前提是该国必须承认沿海国家对这一区域的权利。这个宣言基本明确了沿海国家对 200 海里区域的权力的性质、范围和具体内容。

拉美国家争取海洋权益的斗争得到了亚非国家的呼应和支持。1972 年 6 月,非洲国家海洋法问题区域讨论会在喀麦隆首都雅温得举行。会议总报告中提出了专属经济区的概念,认为沿海国家应对经济区内的一切资源享有主权,对控制经济区资源、防止污染等问题享有专属管辖权。后来肯尼亚又对这一概念提出两点补充,即专属经济区范围最大不超过 200 海里,沿海国对经济区内的科学研究也同样拥有管辖权。完整的专属经济区概念得到了1973年第十次非洲国家元首和政府首脑会议的批准,成为未来海洋法的核心概念之一。

1973年12月,经过长期筹备的联合国第三次海洋法会议在纽约联合国总部开幕。应邀与会的有167个国家和近50个国际组织的代表。会议设立三个委员会,分别审议国际海底勘探开发制度、海洋法一般事项、海洋环境保护和海洋科学研究及技术合作问题。以拉美国家为首的第三世界国家同美苏等海洋大国在会议上进行了激烈的辩论。双方的主要争议点包括领海的范围、是否应建立专属经济区制度、大陆架界限的确定、国际海底资源的勘探与开发、海峡通行权、技术转让等。制定新的海洋法的谈判进行了9年,共经历了11轮艰苦磋商,终于在1982年4月完成了得到大多数国家支持的联合国海洋法公约。

新海洋法成功地体现了发展中国家在海洋问题上的基本立场和主张。它规定各沿海国家领海为12海里,同时对相邻的200海里专属经济区内的自然资源拥有主权;沿海国家对其大陆架的自然资源享有主权;海床、洋底应被视为人类共同继承的财产,应建立国际管理机构实现共同开发;海洋大国应履行向发展中国家转让海洋开发技术的义务。

拉美国家争取经济独立的努力

以巴西、墨西哥为代表的拉美国家在第二次世界大战后实现了经济的高速增长,到20世纪70年代已基本完成了工业化的目标,建立了较为完整的国民经济体系,成为世界经济中引人注目的新兴工业化国家。民族经济的发展增强了拉美国家的自信心,也激发了他们摆脱美国资本的影响和控制,独立扩展对外经济关系的强烈愿望。于是70年代出现了拉美各国维护民族经济权益、谋求自主发展的热潮。

首先,在20世纪70年代初,拉美国家纷纷开展对本国资源和财富进行国有化的运动。智利的阿连德政府在这个浪潮中一马当先。1970年9月,阿连德·戈森斯在社会党、共产党、社民党等左翼6党的联合支持下当选智利总统。他执政后明确提出结束帝国主义者、垄断集团、地主寡头的统治,对外国和本国垄断资本掌握的厂矿企业、银行、外贸、交通运输实行国有化,"按民主的、多元性和自由的模式建立社会主义社会"。智利国会通过铜矿国有化法案,由政府接管了包括最大的两家美资铜业公司在内的重要外资企业,将智利重要的资源和出口产品控制在自己手中。接着将150家私人大企业收归国有,以征购方式实现了银行国有,对外贸实行国家垄断。到1972年11月,国家已完全控制了纺织、化学、机械和电器设备等主要工业部门。

由智利开始的国有化浪潮很快波及其他拉美国家。圭亚那、牙买加等加勒比国家纷纷将外国控制的种植园、矿业公司收归国有,或征购其半数以上的股票。安第斯条约组织成员国严格执行对外资的共同条例,规定外国资本(主要是美国投资者)拥有的股权必须逐步转让给本国资本,争取在15年内使本国资本在企业中拥有50%以上的股份。墨西哥则通过了新的外资法,规定石油、电力、电讯、交通等部门由国家经营,非经特许,外国资本在上述行业企业中所控股份不得超过49%。

委内瑞拉、厄瓜多尔、玻利维亚等国坚决支持阿拉伯国家的石油斗争,主张由产油国自己根据市场实际情况和本国需要决定石油价格。三国先后多次运用这一权力自主提高石油价格。1976年元旦,委内瑞拉宣布将石油和天然气资源收归国有,结束了美国石油公司控制委石油产业长达61年的历史。厄瓜多尔政府及时修改了石油法,规定外国石油公司租让的地区如果3年内未发现石油或外国公司在2—3年内无意开采已发现的油田,厄有权无偿收回其所有和使用权。厄瓜多尔石油公司还将自己在美国德士古—海湾石油公司的控股权由25%提高到51%,控制了这家在厄最大的外国石油公司。秘鲁、玻利维亚也分别把占本国石油生产份额80%—90%的美国石油公司收归国有。通过对外资石油企业的国有化,拉美产油国掌握了这一关键的战略资源,有效地提高了本国的经济收益,同时增强了同西方国家平等对话的能力。

其次,拉美国家的经济一体化运动也有了进一步的发展,使拉美国家得以团结互助,抵制发达国家转嫁经济危机的企图,通过联合自强争取民族经济的持续发展。加勒比海沿岸国家于1968年组成加勒比自由贸易协会。1973年4月第八届英联邦加勒比地区政府首脑会议决定,在贸易协会基础上成立"加勒比共同体和共同市场"。同年7月,巴巴多斯、圭亚那、牙买加、特立尼达和多巴哥四国订立《恰瓜拉马斯条约》,8月1日加勒比共同体正式诞生。该共同体包括13个成员国,其中巴哈马虽为成员国但不参加共同市场。共同体的主要任务是发展本地区的工农业,加速改造殖民统治遗留下的单一经济;协调成员国的对外政策,加速地区一体化进程。在共同体框架下,又出现了拉美和加勒比地区中小工业联合会、加勒比地区粮食公司、加勒比地区海运公司等各领域的多边组织,加强了加勒比岛国的互助。1981年,格林纳达、伯利兹等8个"相对更不发达国家"另行组建东加勒比国家组织,并于1983年成立了东加勒比中央银行,决定发行共同货币。

1974年,墨西哥总统埃切维利亚提议拉美国家联合成立地区经济体系,扩展经济一体化运动。他的提议很快得到普遍赞同。1975年10月,拉美23个国家签署了《巴拿马协议》,宣布成立"拉丁美洲经济体系"。该体系是拉美地区政府级、区域性的经济合作与协商机构。它为拉美各国发展地区内合作提供了基础,促使拉美国家就地区经济课题进行协商,加速成员国的经济和社会发展,推动地区一体化进程;协调对外经济政策,采取共同立场和战略同其他国家发展关系。1977年4月,在经济体系范围内提出了《关于指导跨国公司活动的法律草案》,规定跨国公司必须尊重所在国的主权,遵守所在国的国内法律,不得干涉所在国的内部事务。后来,拉美经济体系又推出了"拉美经济安全与独立战略",提倡排除美国影响、独立自主发展经济;呼吁不断加强地区合作,抵制外来威胁和侵略。

巴拿马收回运河管辖权

1964年巴拿马人民反美斗争之后,美国虽然被迫同意与巴拿马重新谈判运河条约,但美国国内反对重谈运河问题的情绪一直十分强烈,致使谈判多年未能取得进展。1974年2月,美国国务卿基辛格同巴拿马外交部长胡安·塔克发表联合声明,一致同意指导运河问题谈判的八项原则,但双方在具体细节上的立场分歧依然如故。

卡特当选美国总统之后,经过权衡利弊,决心尽快解决巴拿马运河问题。卡特及其智囊们认为随着军事技术和海空运输技术的发展,巴拿马运河对于美国经济、安全的战略意义已有所下降,使在运河控制权问题上做出让步成为可能。十几年来历届美国政府在运河谈判中采取的拖延战略,激化了巴拿马人民的反美民族情绪,甚至使驻守运河区的美军面临着游击战的威胁。美国军方也承认,如果没有巴拿马的配合与支持,美军无法有效地保证运河的安全。此外,巴拿马运河问题长期得不到解决也影响了美国同拉美国家关系发展。拉美各国大都明确支持巴拿马在运河问题上的立场,认为美国不愿放弃运河控制权是美地区霸权政策的体现,这就为苏联、古巴乘机扩张势力提供了机会。而卡特政府对付苏联在第三世界活动的基本思路是设法解除第三世界国家对美国的疑虑,密切它们同美国的关系,消灭苏联插手的机会。巴拿马可称得上是实施这个战略的理想场所。因而卡特表示巴拿马运河问题的解决"将显示本半球的意识形态"。

卡特就任总统后立即任命前驻美洲国家组织大使林诺威茨为特别代表,参加运河问题的谈判,加速谈判进程。由于卡特政府承认巴拿马对运河拥有无可争议的主权,因此双方对巴拿马参与运河的管理并最终全面接管运河很快达成一致。美方继而提出美国须永久享有优先使用运河的权力,而且有权保卫运河的永久中立。巴拿马方面担心美国利用这一规定干涉巴拿马内政,坚持只有在运河受到外部威胁时美军才可行使保卫权,应由巴拿马负责保护运河不受来自内部的威胁。

最后,双方相互做了让步。1977年8月,美国和巴拿马宣布就运河问题达成协议。1903年订立的条约被废除,而代之以新的《巴拿马运河条约》和《巴拿马运河永久中立和经营条约》。其中的运河条约规定:取消美国永久占有运河区的特权,设在原运河区的司法、移民机构和海关由巴方接管;1999年之前由美国同巴拿马人组成的联合委员会管理运河,巴方在各级管理机构中所占的比重将逐步增加;2000年本条约期满,巴拿马完全收回运河及其管理权,美军全部撤出运河区。中立条约规定:美巴共同保证运河永久中立,保证所有国家船只和平通过运河;美国对运河承担主要责任,巴拿马参加防卫并逐步增加作用;美国保留在2000年后与巴拿马共同维护运河中立地位的权利。

同年9月,在华盛顿举行了有24个拉美国家首脑参加的签约仪式。巴拿马领导人托里霍斯将军和卡特总统分别代表两国政府在上述两个条约上签字。10月,美巴首脑又联合发表了一项谅解声明,对新条约及有关重要问题做了说明和补充。声明宣布美国和巴拿马在运河中立受到威胁和破坏时,有权采取行动保卫运河,但这不能被解释为美国有权干涉巴拿马内政;美国和巴拿马舰只在必要时有权优先通过运河。不久,巴拿马通过公民投票首先批准了条约。

但新的运河条约在美国国内却遭到批评。右翼政客指责卡特"抛弃了运河",鼓动选民向国会议员施加压力,阻止国会批准新条约。卡特政府为在参议院获得批准条约必需的三分之二多数进行了艰苦的努力。为争取关键的几张赞成票,卡特政府不得不接受议员对中立条约附加保留案。其中的纳恩保留案提出2000年以后,在美巴两国认为必要时,美军仍可驻扎在运河一带。德孔尼奇保留案提出如果巴拿马国内出现诸如大罢工等动荡,致使运河停止运转,美国有权进行军事干涉。

巴拿马政府对美国国会横生枝节表示不满,尤其不能接受德孔尼奇保留案,认为它是对巴内政的粗暴干涉,构成了对美巴条约的实质性修正。两国可能不得不因此重开谈判,再次履行批准手续。为挽救新条约,一批同情巴拿马的美国议员在运河条约后附加澄清提案,明确指出美国为保证运河中立采取的任何行为都不能被解释为"有权干涉巴拿马内政或干涉其政治独立或领土完整"。这一妥协最终为各方所接受。中立条约和运河条约先后在美参议院以微弱优势得到批准,两项条约所得赞成票均只比必需的票数多1票。

  1979年10月,美巴新运河条约正式生效,美国开始向巴拿马政府移交运河控制权。巴拿马人民经过长期不懈的斗争,终于成功地恢复了对运河的管辖权,维护了自己的民族权益。卡特政府则因在巴拿马问题上的明智选择赢得了拉美国家的好评。卡特自称"在革命席卷中美洲各国期间,我国同巴拿马和其他拉美国家通过这两项条约(指新运河条约)加强了关系,对于扩大美国的影响具有很大价值"。

第十七章　中国对外关系的新篇章

第一节　中国在联合国合法席位的恢复和国际威望的提高

中国在联合国合法席位的恢复

1945年6月,联合国在美国旧金山宣告成立。当时,有50个国家的282名代表参加签署了《联合国宪章》。中国是联合国的创始国和安理会常任理事国。中华人民共和国成立后,理应由新中国的代表取代原国民党政府在联合国内的席位。但是,由于美国对新中国采取敌视、孤立的政策,致使中华人民共和国在联合国的合法席位长期被剥夺。

新中国成立后不久,周恩来外长便于1949年11月15日分别致电联合国秘书长赖伊和大会主席罗慕洛,声明"中华人民共和国中央人民政府为代表中华人民共和国全体人民的唯一合法政府。现在中国人民解放战争业已获得了决定性的全国胜利,国民党反动残余政权业已基本灭亡,不复再有代表中国人民的任何资格"。中国政府正式要求联合国"根据联合国宪章的原则与精神,立即取消'中国国民政府代表团'继续代表中国人民参加联合国的一切权力"①。1950年1月8日,周恩来外长又致电联合国,声明"中国国民党反动残余集团的代表留在联合国安全理事会是非法的,并主张将其从安全理事会开除出去"②。1月19日,周恩来外长照会联合国大会主席罗慕洛和秘书长赖伊,通知他们"中华人民共和国中央人民政府业已任命张闻天为中华人民共和国出席联合国会议和参加联合国工作、包括安全理事会的会议及其工作的代表团的首席代

---

① 《中央人民政府外交部周恩来部长向联合国提出重要声明》,《新华月报》1949年第12期,第340页。

② 《周外长致联合国要求安理会开除国民党反动残余集团代表电》,《新华月报》1950年第2期,第841页。

表"①。同年9月17日,周恩来外长致电联合国秘书长赖伊,再次要求第五届联大立即驱逐国民党残余集团的非法代表,并"请立即办理一切必要手续,使中华人民共和国代表团得以出席此次联合国大会"②。

与此同时,印度和苏联代表在第五届联大上,分别提出提案,主张邀请中华人民共和国代表参加大会及其所属各机构的工作。然而,这届联大在美国操纵多数的阻挠下,竟否决了印苏两国代表的合理提案。中华人民共和国外交部发言人为此发表声明说,"中国人民热烈欢迎印度与苏联代表在联合国大会所作的努力"。联合国大会否决印苏两国代表的提案"是完全没有道理的,完全非法的","美国政府应负这一非法决定的主要责任"③。此后,在每届联大上,虽有苏联等友好国家一再提出恢复中华人民共和国在联合国的合法席位,以及从联合国一切机构中驱逐蒋介石集团代表的提案,但是,在整个20世纪50年代,美国和追随它的国家在各种借口下,以形式上的"多数",迫使联大通过了所谓"不考虑关于中国在联合国中的代表权问题"的议案。

然而,随着中华人民共和国国际地位和声望的不断提高,以及一系列亚非拉新独立国家加入联合国,要求恢复中华人民共和国在联合国的合法权利的呼声越来越强烈。1960年9月,第15届联大开幕。在会上发言的31国代表中,有24国代表坚决支持把恢复中国在联合国的席位问题列入大会议程,只有6国代表支持美国的立场。大会表决的结果,虽然以42票赞成,34票反对,22票弃权,通过了美国的提案,但同10年前相比,美国的支持率大大下降了。在1951年的第六届联大上,在参加表决的52票中,37票支持美国,占71%;11票反对,占21%;4票弃权,占8%。而在第15届联大上,在98票中支持美国的虽有42票,但其支持率下降到43%;与此相反,反对的34票却占了35%。面对这样的现实,美国国务卿腊斯克也不得不承认"这种暂缓讨论的方案得到的支持已经所剩不多了……目前看来,这肯定是一个依靠起来将是危险的方案"④。上述事实表明,美国操纵联合国,剥夺中国合法权利的做法已经越来越不得人心。正在受到孤立的不是中国,而是美国。

美国已预感到在1961年即将召开的第16届联大上,它将难以再继续阻止

---

① 《周外长关于任命张闻天为我出席联合国首席代表致联合国的照会》,《新华月报》1950年第2期。
② 《周外长致联合国电》,《新华月报》1950年第10期,第1300页。
③ 《外交部发言人对联合国中国代表权问题的声明》,《新华月报》1950年第10期,第1297页。
④ 转引自《美国阻挠恢复中国在联合国中的合法权利的旧阴谋和新花招》,《人民日报》1961年9月21日。

讨论恢复中国在联合国的席位问题,就连《纽约时报》也曾在 9 月 16 日的社论里指出,如果美国在本届大会上仍继续反对讨论中国在联合国的席位问题,它将处于"困难的"、"站不住脚的立场"①。所以,在 9 月 19 日开幕的联大上,美国一反过去"暂缓讨论"的做法,而是通过新西兰表示"赞成"讨论这个问题,但又声明说什么"中国代表权问题是一个严重的问题",必须获得联大 2/3 的赞成票方可通过。十分明显,美国采取这种"新策略"的目的,"是把这个问题挂起来,或者推迟一年,或者交给一个小组委员会去研究,结果仍是拖延"②。当时,在美国尚掌握暂时多数票的情况下,这项提案终于得以通过。

针对这一情况,《人民日报》于 1961 年 9 月 22 日发表社论指出:美国的主张"完全违反联合国宪章"。"按照联合国宪章第 18 条第 2 项规定,需要大会的三分之二多数决定的重要问题",是指"新会员国加入联合国之批准,会员国权利及特权之停止,会员国之除名等。而恢复中国的合法权利问题,根本不属于上述范围之内"。"中国本来就是联合国会员国,只是由于美国硬把蒋介石集团的代表塞在联合国组织里,剥夺了中国在联合国的合法席位,才发生中国代表权的问题。"因此,解决这个问题的办法十分简单,那就是立即驱逐蒋介石集团的代表,同时恢复中国合法权利。③

尽管美国挖空心思,在程序上玩弄花招,同样无法长期阻挠恢复中国在联合国的合法权利。1970 年 9 月,第 25 届联大就恢复中国代表权问题进行了辩论并表决,结果,有 51 票赞成,49 票反对,另有 25 票弃权。这是自从联合国大会表决恢复中国的合法权利以来,赞成票第一次超过了反对票。据西方通讯社报道,表决结果一经显示,"大会上爆发了暴风雨般的掌声","热烈的掌声持续了几分钟"。④ 一位长年工作在联合国的外交官说:"我在联合国生活了二十五年,第一次听到那样的掌声。"⑤与此相反,美、日等国的"重要问题"提案付诸表决时,"会议大厅立刻被一种令人窒息的沉默所支配"⑥。最后,这项提案虽然以 66 票赞成,52 票反对,7 票弃权,获得通过,但同上一年相比,赞成票减少了 5 票,反对票却增加了 4 票,弃权票也多了 3 票。美日提案获得通过时,会场上

---

① 转引自《美国阻挠恢复中国在联合国中的合法权利的旧阴谋和新花招》,《人民日报》1961 年 9 月 21 日。
② 《周恩来外交文选》,第 313 页。
③ 《坚决反对美国的新阴谋》(社论),《人民日报》1961 年 9 月 22 日。
④ 新华社 1970 年 11 月 22 日讯,见《人民日报》1970 年 11 月 23 日。
⑤ 《朝日新闻》1970 年 11 月 21 日。转引自《人民日报》1970 年 11 月 25 日。
⑥ 同上。

寂静无声,甚至投赞成票的人也没有鼓掌。西方通讯社从联合国报道说:"在许多观察家看来,今天(20日)的最大的失败者是美国。"合众国际社也哀叹,18国提案表决的结果"令人沮丧"①。美国及其追随国对于继续剥夺中国的合法权利越来越感到信心不足了。

在美国预感到无法永远拒中国于联合国大门之外的情况下,便伙同日本佐藤政府在1971年的第26届联大上抛出了两项提案,一个是曾被多次提出的所谓"重要问题"提案,另一个是所谓"双重代表权"提案。美国企图在它们的"重要问题"提案被否决,联合国接纳中华人民共和国代表后,仍可保住蒋介石集团的"代表权",妄想在联合国内制造"两个中国"的局面。但是,在这次联大上,跟着美国走的国家已是寥寥无几。最终,它的"重要问题"提案被否决,另一个"双重代表权"提案未经表决也成为废案。因为在10月25日举行的联大第1976次会议上,阿尔巴尼亚和阿尔及利亚等23国关于恢复中国在联合国的一切合法权利,并立即驱逐蒋介石集团的联合提案,以76票赞成、35票反对、17票弃权的压倒多数获得通过。

长期以来,美国推行剥夺中国在联合国合法权利的政策,以及企图在联合国内制造"两个中国"的阴谋,最后以彻底失败而告终。这是联合国内一切维护正义的国家,多年来为恢复中国的合法权利而进行不懈斗争的结果。不管美国如何费尽心机,施展何种手段,它终究无法阻挡前进的历史潮流。就连美国通讯社也不得不承认,"这是美国自联合国成立以来遭到的最惨重的失败"②。

中国在联合国为反对霸权主义和维护世界和平而斗争

1971年10月26日,联合国秘书长吴丹就联大通过恢复中国在联合国的合法权利的决议致电中国政府。10月29日,中国外交部代部长姬鹏飞打电报给吴丹,通知他中华人民共和国将在近期内派出代表团出席联大第26届会议。11月11日,中国出席联大第26届会议的代表团到达纽约。乔冠华团长在机场发表讲话说:"我们中华人民共和国代表团高兴地来到纽约,出席联合国大会第26届会议。我们对前来欢迎的联合国总部的代表、各个国家的代表和各方面的朋友们,深表谢意。""中国政府一贯主张,在和平共处五项原则基础上,同其他国家建立和发展正常的关系;一贯支持被压迫人民和民族争取自由解放、反对外来干涉、掌握自己命运的斗争。"中国代表团将遵循中国政府的既定政策,"在

---

① 新华社1970年11月22日讯,见《人民日报》1970年11月23日。
② 《历史潮流不可抗拒》(社论),《人民日报》1971年10月28日。

联合国里同一切爱好和平和主持正义的国家的代表一道,为维护国际和平和促进人类进步的事业而共同努力"。他还说:"美国人民是伟大的人民,中美两国人民有着深厚的友谊。我愿借此机会,向纽约市各界人民和美国人民表示良好的祝愿。"①

11月15日,中华人民共和国代表团出席了联合国第26届会议的全体会议,受到极其热烈的欢迎。大会主席马利克(印度尼西亚)在致辞中说:"今天上午,中华人民共和国代表团第一次在联合国大会就座","这是一个具有历史意义的时刻"。"毫无疑问,由于中华人民共和国参加工作,联合国的工作成效将得到加强。"②接着,先后有57个国家的代表在大会上致辞,对中华人民共和国代表团表示诚挚的欢迎。科威特常驻联合国代表比沙拉代表亚洲国家讲话说:"10月25日的夜晚发生了在联合国和国际大家庭的史册上具有历史意义的事件。""没有中国的积极的、建设性的作用,世界上出现的诸如裁军、国际安全、和平、特别是东南亚的和平等紧迫的问题就不能得到解决。不论是谋求宪章中所规定的目标和宗旨的联合国也好,或者是有着不同制度和政策的世界各国也好,都少不了中国。"③捷克斯洛伐克副外长代表东欧国家讲话说:"中华人民共和国来到联合国,是为这个组织的活动创造更广阔的基础的一个决定性的前进步骤。"④荷兰常驻联合国代表罗伯特·法克代表西欧和其他国家讲话说:"中华人民共和国在联合国的权利得到恢复,使这个世界组织现在已经进入了一个新的时期。"中国代表出席会议,"无疑地将使联合国在处理我们所面临的重大国际问题时能有更大的权威"⑤。丹麦外交大臣安德生代表北欧五国讲话说:联合国恢复了中华人民共和国的合法权利,"这是令人十分满意和感到取得了成就的日子,我们深信,中国将对联合国各个方面的工作作出巨大的贡献"⑥。摩洛哥常驻联合国代表桑塔尔代表阿拉伯国家讲话说:"联合国大会一直耐心地等待这个今天同我们坐在一起的杰出的代表团的到达","代表全人类四分之一人口的中华人民共和国参加我们的工作",这肯定会有助于我们"发展全世界的

---

① 《乔冠华团长在纽约机场发表讲话》,《人民日报》1971年11月12日。
② 《联大第26届会议主席马利克的讲话》,《新华月报》1971年第11期,第149页。
③ 《科威特常驻联合国代表阿卜杜拉·雅各布·比沙拉(代表亚洲国家)的讲话》,同上刊,第149页。
④ 《捷克斯洛伐克外交部副部长米兰·克鲁萨克(代表东欧国家)的讲话》,同上刊,第150页。
⑤ 《荷兰常驻联合国代表罗伯特·法克(代表西欧和其他国家)的讲话》,同上刊,第151页。
⑥ 《丹麦外交大臣克·布·安德生(代表北欧五国)的讲话》,同上刊,第151页。

和平"以及"增进全人类的福利"①。布隆迪常驻联合国代表特伦斯在代表多数非洲国家的讲话中指出:"中华人民共和国参加这个庄严的大会将带来新的世界平衡。"②哥斯达黎加常驻联合国代表莫利纳代表拉丁美洲国家讲话说:中华人民共和国参加联合国的工作和活动,将"帮助我们实现我们的基本目标,这就是在世界上建立公正的和持久的和平"③。奥地利常驻联合国代表瓦尔德海姆在讲话中指出:"没有中华人民共和国充分参加联合国的各项活动,我们就不可能期望这个组织所面临的许多问题取得显著的进展。"④

在各国代表致欢迎词以后,乔冠华团长在联大第 26 届全体会议上发表了重要讲话。首先,他以中华人民共和国代表团的名义,感谢大会主席和许多国家的代表对中国代表团表示的欢迎,并对许多国家的政府和人民为恢复中国在联合国的合法权利进行的"不懈的卓有成效的努力","表示衷心的感谢"。乔冠华在讲话中指出,中国主张"国家不论大小,应该一律平等,和平共处五项原则应该成为国与国之间的关系准则。各国人民有权按照自己的意愿,选择本国的社会制度,有权维护本国独立、主权和领土完整,任何国家都无权对另一个国家进行侵略、颠覆、控制、干涉和欺侮"。中国"反对大国欺侮小国、强国欺侮弱国的强权政治和霸权主义"。中国主张:"任何一个国家的事,要由这个国家的人民自己来管;全世界的事,要由世界各国来管;联合国的事,要由参加联合国的所有国家共同来管,不允许超级大国操纵和垄断。"他还指出:"中国政府一贯主张全面禁止和彻底销毁核武器,并倡议召开世界各国首脑会议讨论这个问题,作为第一步,首先就不使用核武器达成协议。"乔冠华代表"中国政府再一次郑重声明,中国在任何时候、任何情况下,都不首先使用核武器"。最后,乔冠华指出,"根据联合国宪章的宗旨,联合国应当在维护国际和平、反对侵略和干涉、发展各国之间的友好合作关系方面发挥应有的作用"。他表示,中国"将同一切爱好和平、主持正义的国家和人民站在一起,为维护各国的民族独立和国家主权,为维护国际和平、促进人类进步事业而共同努力"。⑤

---

① 《摩洛哥常驻联合国代表迈赫迪·姆拉尼·桑塔尔(代表阿拉伯国家)的讲话》,《新华月报》1971 年第 11 期,第 152 页。
② 《布隆迪常驻联合国代表恩桑泽·特伦斯的讲话》,同上刊,第 155 页。
③ 《哥斯达黎加常驻联合国代表何塞·路易斯·莫利纳(代表拉丁美洲国家)的讲话》,同上刊,第 156 页。
④ 《奥地利常驻联合国代表瓦尔德海姆的讲话》,同上刊,第 163 页。
⑤ 《中华人民共和国代表团团长乔冠华在联大第 26 届全体会议上的发言》,《人民日报》1971 年 11 月 17 日。

11月23日,中国常驻联合国安全理事会代表黄华、副代表陈楚出席了安理会会议。在各理事国代表致欢迎词后,黄华发表了讲话。他感谢会议主席和各理事国代表对中国代表的欢迎,并指出,"根据联合国宪章的宗旨,安理会应当在维护国际和平、反对侵略和干涉方面发挥应有的作用"。黄华表示,"我们希望联合国宪章的精神能够得到贯彻"。为此,中国"将同一切爱好和平、主持正义的国家和人民站在一起,为维护各国的民族独立和国家主权,为维护国际和平、促进人类进步事业而共同努力"①。

从此,中国便在联合国和安理会内同各成员国一起,为贯彻、实施联合国宪章的宗旨与原则,始终不渝地尽着自己应尽的义务。中国与绝大多数亚非拉国家同属第三世界国家。因此,在联合国和安理会内,中国坚决支持广大第三世界国家维护本国主权、领土完整和民族利益的正当要求,并同它们一道,积极进行反对霸权主义和强权政治的斗争。

中华人民共和国代表团在首次出席的联合国大会上,就申明中国完全支持朝鲜民主主义人民共和国政府于当年4月提出的和平统一祖国的纲领;坚决支持它提出的废除联合国关于朝鲜问题的一切非法决议和解散"联合国韩国统一复兴委员会"的合理要求。在第28届联大上,中国同其他国家一道促使大会通过了关于朝鲜自主、和平统一、民族大团结三项原则,并决定解散干涉朝鲜内政的"联合国韩国统一复兴委员会"。1975年11月18日,联大第30届会议通过了阿尔及利亚、中国等43国联合提出的关于《在朝鲜把停战转变为持久和平、为促进朝鲜自主和平统一创造有利条件》的决议草案,要求"解散'联合国军司令部'和撤走在联合国旗帜下驻在南朝鲜的一切外国军队",并"建议停战协定的实际当事者用和平协定代替朝鲜军事停战协定,作为缓和朝鲜紧张局势、维护并巩固和平的措施"。决议还"敦促朝鲜北方和南方遵守南北联合声明的原则",采取实际步骤,"把双方的军队大幅度裁减到相等水平,防止武装冲突","维持持久和平,促进国家的自主和平统一"②。

关于巴勒斯坦问题,中国认为它是"整个中东问题的一个重要和不可分割的组成部分"③。中国代表团多次指出中东问题的实质,是以色列"在超级大国

---

① 《我国常驻安理会代表黄华副代表陈楚出席联合国安理会会议受到欢迎》,《人民日报》1971年11月25日。
② 《联大全体会议通过43国关于朝鲜问题提案》,《人民日报》1975年11月20日。
③ 《黄华在第30届联大上发言》,《人民日报》1975年11月12日。

的支持和纵容下对巴勒斯坦人民和阿拉伯人民的侵略"①,中国政府和人民"坚决支持巴勒斯坦人民和阿拉伯各国人民为恢复民族生存权利、收复被占领的土地而进行的斗争","并且给以力所能及的援助"。中国主张:"巴勒斯坦人民重返家园的民族生存的正当权利必须得到恢复。"②在1980年7月22日召开的关于巴勒斯坦问题的紧急特别联大上,中国代表"坚决谴责以色列的侵略政策,坚决谴责超级大国牺牲阿拉伯和巴勒斯坦人民的利益、在中东进行的扩张和争夺"。中国代表指出,"以色列的安全绝不能通过霸占别人的领土来获得,迷信武力是靠不住的,也是危险的。以色列只有改弦易辙,放弃侵略扩张政策,同阿拉伯人民和睦相处,化干戈为玉帛,才会有自己的前途"。③经过中国与其他主持正义的国家的共同努力,第35届联大于1980年12月15日通过了关于巴勒斯坦问题的决议,重申巴勒斯坦人民享有重返家园、实现民族自决、民族独立和主权以及建立他们自己的国家等权利,要求以色列从1967年6月以来它所占领的所有巴勒斯坦和阿拉伯领土上,包括耶路撒冷,完全地、无条件地撤出去。决议还宣布,在"没有巴勒斯坦解放组织平等参加的情况下,任何国家都没有权利采取任何行动和措施,或者举行任何可能涉及巴勒斯坦人民的前途以及他们不可剥夺的权利和被占领的巴勒斯坦领土的谈判"④。大会还谴责了以色列不遵守联合国有关决议的态度。

中国政府和人民坚决支持印度支那三国人民的抗美救国战争;坚决支持印度支那人民最高级会议的联合声明和越南南方共和临时革命政府的七点和平倡议。中国主张"美国政府立即无条件地全部从印度支那三国撤出美国及其仆从的一切武装力量,让印度支那三国人民在没有外来干涉的情况下,独立自主地解决他们自己的问题",并认为"这是缓和远东紧张局势的关键"。⑤ 1978年底越南发动大规模侵柬战争后,中国政府立即于1979年1月7日和14日两次发表声明,郑重宣布"中国政府和中国人民对柬埔寨所面临的严重局势十分关切"⑥,中国"一如既往坚定不移地站在柬埔寨人民一边,竭尽全力给柬埔寨人民以多方面的支持和援助",并呼吁"一切主持正义的国家和人民","站在艰苦奋斗中的柬埔寨人民一边,同情和支持他们的正义事业",迫使越南"停止一切

---

① 《乔冠华在第26届联大上的发言》,《人民日报》1971年11月17日。
② 《乔冠华团长在联大辩论中东问题的全体会议上的发言》,《人民日报》1971年12月10日。
③ 《何英副外长在紧急特别联大会议的发言》,《人民日报》1980年7月26日。
④ 《联大通过关于巴勒斯坦问题的决议》,《人民日报》1980年12月17日。
⑤ 《乔冠华在联大第26届全体会议上的发言》,《人民日报》1971年11月17日。
⑥ 《中华人民共和国政府声明》(1979年1月7日),《人民日报》1979年1月8日。

侵略活动,从柬埔寨撤出全部侵略军队,为维护亚洲和太平洋地区以及全世界的和平、安全与稳定而共同努力"。①

在当年召开的第 34 届联大上,中国代表在发言中指出,"印度支那局势的核心问题就是柬埔寨遭到残暴的侵略"。"越南这种赤裸裸的侵略","是对联合国宪章和国际法基本准则的粗暴践踏"。中国认为,联合国应"采取有效措施,首先要迫使越南立即全部从柬埔寨撤军,停止对柬埔寨的侵略和军事占领,继而解决其他有关问题"。"外国军队必须立即全部从柬埔寨领土上撤走,这是解决当前印度支那问题的关键。"②在 1981 年 7 月举行的关于柬埔寨问题的国际会议上,中国代表团提出全面政治解决柬埔寨问题必须包括的三要素:"一、越南军队必须在限期内全部撤出柬埔寨";"二、柬埔寨人民的自决权必须得到充分尊重";"三、对柬埔寨的独立、中立和不结盟地位要确立必要的国际保证"。为了求得柬埔寨问题的公正合理解决,中国代表团还提出建议:"在越南军队从柬埔寨全部撤出后,由安理会常任理事国、越南、东盟及其他有关国家共同作出以下保证:(1)不以任何方式干涉柬埔寨的内政;(2)尊重柬埔寨的独立、中立和不结盟地位;(3)不利用柬埔寨作为侵略或干涉其他国家的基地;(4)尊重柬埔寨人民在联合国监督下,通过真正自由选举所选择的结果。"③在中国、东盟及其他主持正义国家的共同努力下,联大自 1979 年起,多次以压倒多数票通过决议,要求必须从柬埔寨撤走一切外国军队,以实现柬埔寨问题的公正和持久的解决。

1979 年底,苏军入侵阿富汗后,中国代表多次在联大上指出,"阿富汗问题的实质是一个超级大国对一个弱小的第三世界国家的武装干涉和军事占领。因此,解决阿富汗问题的关键是从阿富汗立即、无条件地撤出全部外国军队"④。为寻求阿富汗问题公正、合理的解决,中国还曾提出解决阿富汗问题的三项基本原则:"苏联必须遵照联合国有关决议,立即无条件地从阿富汗撤出它的全部军队;阿富汗人民在没有外来干涉的情况下决定自己的命运;恢复阿富汗的独立和不结盟地位。"⑤

关于南部非洲问题,中国在多届联大上指出,"南非当局坚持推行种族主义

---

① 《中华人民共和国政府声明》(1979 年 1 月 14 日),《人民日报》1979 年 1 月 15 日。
② 《中国代表团团长韩念龙在第 34 届联大上的发言》,《人民日报》1979 年 9 月 29 日。
③ 《韩念龙在关于柬埔寨问题的国际会议上的发言》,《人民日报》1981 年 7 月 15 日。
④ 《中国常驻联合国代表在第 38 届联大上的发言》,《人民日报》1983 年 11 月 23 日。
⑤ 《中国代表在第 35 届联大审议阿富汗局势时的发言》,《人民日报》1980 年 11 月 19 日。

政策","是南部非洲形势动乱不安的主要祸根"①。为了维护这一地区的和平与安全,中国坚决支持广大非洲国家根据联合国宪章对南非实行全面的强制性制裁的主张。有关拉丁美洲问题,中国在联大支持阿根廷等拉美国家要求英阿双方通过和平谈判解决马尔维纳斯群岛的争端,并认为"阿根廷对马岛的主权要求,应当得到国际社会的尊重"②。中国在安理会上强烈谴责美国出兵入侵格林纳达,指出这是"对一个较小的主权国家的'赤裸裸的侵略'和对它的内部事务的干涉",它"威胁了加勒比地区的和平和安全"。"美国出兵入侵格林纳达不管以什么作为借口,都是'绝对不能接受的'。"③中国要求超级大国必须停止干涉中美洲事务。

中国在联合国内同广大第三世界国家一道,坚决要求对现有的国际经济制度结构进行根本的改革,并呼吁联合国成员国为建立一个公平合理的国际经济秩序和繁荣世界经济而共同努力。早在1974年4月,在研究原料和发展问题的联大特别会议上,中国代表团团长邓小平在发言中坚决支持第三世界的正义主张,并同第三世界各国共同努力,使会议通过了反映第三世界要求的《建立新的国际经济秩序宣言》和《行动纲领》两个重要文件。为解决发展中国家面临的紧迫问题,中国于1984年10月在联大第二委员会会议上提出五点具体建议:"第一,必须扩大和增加官方发展援助,首先保证多边援助机构的资金水平。第二,立即停止实行新的保护主义措施,消除国际贸易中对发展中国家的歧视性限制。第三,加强和改进国际货币和金融体系,以解决发展中国家的困难。第四,债权国、国际金融机构及有关商业银行与债务国共同承担责任,寻求从长期着眼的综合解决债务问题的途径。第五,立即就解救非洲危急的经济困难采取协调一致的国际行动。"④中国主张,加强南南合作,走集体自力更生的道路,发展独立自主的民族经济,减少对发达国家的依赖,这是发展中国家争取经济繁荣、增强自身经济实力的可靠途径。当然,加强南南合作并不取代南北对话,也不是要减轻发达国家对发展中国家承担的义务,而是对南北对话的一种推动。

对于裁军问题,中国除积极参加联合国组织的有关裁军问题的会议外,并提出了关于综合裁军方案的建议等文件。中国一贯主张,所有国家,不分大小强弱,也不论是否拥有核武器,都有权在完全平等的基础上参加裁军问题的审

---

① 《吴学谦在联大第38届全体会议上的发言》,《人民日报》1983年9月29日。
② 《中国常驻联合国代表在联大上的发言》,《人民日报》1982年11月5日。
③ 《我国代表强烈谴责美国霸权主义行径》,《人民日报》1983年10月28日。
④ 《中国常驻联合国代表在联大第二委员会上的发言》,《人民日报》1984年10月13日。

议和解决;再也不能容许任何人把联合国当成为某些双边谈判歌功颂德的场所;再也不能容许任何人把裁军机构当作他们手中任意玩弄的工具。关于人们十分关切的核裁军,中国的基本立场是:一、"主张全面禁止和彻底销毁一切核武器",这是实现核裁军、消除核战争威胁的根本途径。二、"作为核裁军的实际步骤,中国主张苏美两国率先停止核试验、改进和生产核武器,并在就大幅度削减其核武器达成协议之后,召开包括所有核国家在内、具有广泛代表性的国际会议来共同制定进一步实行核裁军的具体步骤。"三、在此之前,"所有核国家应当承担义务不首先使用核武器和无条件地不对无核国家和无核区使用或威胁使用核武器,并就互不使用核武器达成协议"。"中国拥有少量的核武器,目的完全是为了自卫。但作为一个核国家,我们决不推卸自己对核裁军的责任。"①

鉴于当今世界局势动荡不安,人们普遍要求加强联合国维持和平的能力。为此,中国提出了七点原则看法:一、作为联合国维持国际和平与安全的有效手段之一,"中国支持符合联合国宪章原则的维持和平行动"。二、"维持和平行动必须应当事国的请求或获其同意,并严格尊重其独立、主权和领土完整"。三、"当事国或当事各方应与维持和平行动努力合作,充分利用维持和平行动所争取到的时间和有利条件,尽快地寻求有关问题的政治解决"。四、"每项维持和平行动都必须有明确的任务权限规定,任何国家或方面都不得利用维持和平行动牟取私利或干涉别国内政"。五、"维持和平行动的授权归安理会"。六、"维持和平行动费用应当贯彻公平分摊、合理负担的原则,可视各种不同情况在会员国中分摊、自愿捐款或由有关国家支付"。七、"为了加强联合国维持和平行动,拟定指导方针和采取实际措施都是必要的,维持和平行动特委会可同时从以上两方面进行工作"。②

自联合国恢复中国的合法席位以来,多年事实表明,中国同第三世界各国在联合国的共同斗争,使第三世界在联合国的影响日益增强。由此,联合国的形势也发生了根本的变化,超级大国随心所欲地控制联合国事务的日子,已一去不复返。中国作为联合国的创始国和安理会常任理事国,为维护联合国宪章的原则和世界和平尽了自己最大的努力。

---

① 《中国常驻联合国副代表在联大第一委员会上的发言》,《人民日报》1984年10月25日。
② 《中国常驻联合国副代表在联大特别政治委员会上的发言》,《人民日报》1984年10月17日。

第二节 中美外交关系的建立

基辛格秘密访华

1949年中华人民共和国成立,美国一直拒绝承认,中美两国关系隔断了二十多年。20世纪70年代初开始的中美关系正常化的过程,是两国调整外交政策的产物。

1969年1月,共和党人理查德·尼克松就任美国第37届总统。当时,正值美国面临着自二战结束以来的最为严峻的形势。越南战争的沉重负担、国内政治、经济以及社会危机的加深,使美国在同苏联的争霸斗争中,日益处于不利的地位。受命于危难之际的尼克松意识到美国的霸权地位正在衰落,因此,他在1971年2月向国会提交的关于美国在70年代外交政策报告中说:"我们已到了一个时代的结束之时,战后的国际关系秩序业已结束,决定1945年以来美国外交政策思想和实践的条件也随之成为过去",所以,"我们的政策必须进行调整"。[1] 同年6月,尼克松又在堪萨斯的一次讲话中提出了今天世界上有"五个力量中心"(美国、苏联、西欧、中国和日本)的看法。为了适应这种新的形势,并改善美国在同苏联争霸斗争中的不利处境,所以,尼克松决定要在中国"为自己找个可以依靠的有利地位"。[2]

尼克松在竞选总统期间和就任总统后,都曾多次表示要与中国接触并改善同中国的关系。1969年2月1日,刚刚入主白宫的尼克松便要国家安全事务助理基辛格研究"同中国人接触的可能性"。1969年3月珍宝岛事件发生后,尼克松政府认为这是改善同中国关系的良好时机,他立即请法国向中国转达美国欲改善中美关系的愿望。同年7月,美国又宣布放宽对华贸易和到中国旅行的限制。8月初,尼克松利用出访的机会,请巴基斯坦总统叶海亚·汗和罗马尼亚总统齐奥塞斯库向中国领导人转达:"美国不同意苏联建立亚洲集体安全体系的建议,不参加孤立中国的安排,希望同中国对话。"[3] 9月5日,副国务卿理查

---

[1] 转引自资中筠主编:《战后美国外交史》下册,世界知识出版社1994年版,第603页。
[2] 《当代中国外交》,第217页。
[3] 王立、邱盛云:《历史的功勋——周恩来与打开中美关系大门的进程》,《研究周恩来——外交思想与实践》,世界知识出版社1989年版,第203页。

森在一次讲话中说,美国对苏联威胁中国安全表示"深深地关注"①。10月,美国通过巴基斯坦转告中国,它将撤走在台湾海峡巡逻的驱逐舰。12月3日,在华沙文化宫举办的南斯拉夫时装展览会上,美国驻波兰大使向中国方面表示愿意同中国驻波兰代办会晤。

对于美国的上述种种试探,中国方面都及时作出了反应。珍宝岛事件使中国明显地感到,苏联已对中国的安全构成直接的威胁。为了全力抵御苏联,中国需要改变同美国长期进行对抗的政策。

1969年12月,中国驻波兰代办奉命邀请美国驻波兰大使进行会晤。由此,中断了两年多的中美大使级谈判于1970年1月20日恢复。但是,同年3月,因美国入侵柬埔寨,中国决定中断同美国的大使级会谈,直至6月底美军撤出柬埔寨,中美才又恢复接触。10月1日,美国记者埃德加·斯诺夫妇被邀请登上了天安门城楼,与毛泽东主席一起检阅国庆游行队伍。10月5日,尼克松向《时代》周刊记者公开表示想访问中国的愿望。他说:"如果我在死以前有什么事情可做的话,那就是到中国去。如果我去不了,我要我的孩子们去。"10月下旬,尼克松在欢迎来访的罗马尼亚总统的宴会上,发出了一个意味深长的外交信号,他第一次公开使用了"中华人民共和国"这个名称。

11月中旬,巴基斯坦总统叶海亚·汗访问北京,并带来了尼克松的口信:美国将同中国走向和好,并愿意派一高级使节秘密访华。周恩来总理于11月14日答复说:"台湾是中国不可分割的领土,解放台湾是中国的内政,不容外人干预。美国武装力量占领台湾和台湾海峡,是中美关系紧张的关键问题。如果尼克松真有解决上述关键问题的愿望和办法,中国政府欢迎美国特使来北京商谈。"②12月18日,毛泽东在同斯诺的谈话中说:尼克松"如果想到北京来,你就捎个信","我愿意和他谈,谈得成也行,谈不成也行,吵架也行,不吵架也行,当做旅行者来谈也行,当做总统来谈也行。总而言之,都行"③。1971年4月6日,中国主动邀请参加第31届世界乒乓球锦标赛的美国乒乓球队访华,周恩来总理在4月14日接见美国运动员以及随行记者时说:"你们这次应邀来访,打开了两国人民友好往来的大门。我们相信中美两国人民的友好往来将会得到两

---

① 转引自资中筠主编:《战后美国外交史》下册,第629页。
② 转引自魏史言:《基辛格秘密访华内幕》,外交部外交史编辑室编:《新中国外交风云》第2辑,世界知识出版社1991年版,第35页。
③ 《毛泽东外交文选》,第592—593页。

国人民大多数的赞成和支持。"①举世瞩目的"乒乓外交",以"小球转动了大球",有力地推动了中美关系和世界局势的变化与发展。

同年4月21日,周恩来总理通过巴基斯坦向美国政府转达口信:"要从根本上恢复中美两国关系,必须从中国的台湾和台湾海峡地区撤走美国一切武装力量。而解决这一关键问题,只有通过高级领导人直接商谈,才能找到办法。因此,中国政府重申,愿意公开接待美国总统特使如基辛格博士,或美国国务卿甚至美国总统本人来北京直接商谈。"②尼克松于5月17日经巴基斯坦驻美大使答复说:"为了解决两国之间那些分歧问题,并由于对两国关系正常化的重视,他准备在北京同中华人民共和国诸位领导人进行认真交谈,双方可以自由提出各自主要关心的问题。"并提议:"由基辛格博士同周恩来总理或另一位适当的中国高级官员举行一次秘密的预备会谈。基辛格在6月15日以后来中国。"③

5月31日,中国政府通过叶海亚·汗总统转告尼克松:欢迎他来北京访问,并同意基辛格来华作一次秘密的预备性会谈。6月2日晚,当基辛格将上述备忘录交给尼克松时,他高兴地说:"这是第二次世界大战以来美国总统所收到的最重要的信件。"④二人即一起干杯祝贺,并将基辛格的中国之行称为"波罗行动"(意为与当年意大利旅行家马可·波罗来华"探险"相比)。

根据事先的安排,基辛格于7月9日抵达北京。当天下午,周恩来总理便同他开始举行会谈,会谈的重点是台湾问题。在台湾问题上,基辛格表示:(1)美国承认台湾是中国的一部分,不支持"台湾独立";不支持"两个中国"或"一中一台",但希望台湾问题能和平解决;(2)美国拟在印度支那战争结束后撤走三分之二的驻台美军,并准备随着美中关系的改善逐渐减少其在台余留的军事力量;(3)美蒋《共同防御条约》留待历史去解决;(4)美国不再与中国为敌,不再孤立中国,在联合国内将支持恢复中国的席位,但不支持驱逐台湾代表。此外,他还谈到了印度支那、美苏关系及日本等方面的问题。周总理坦率地说:中美两国在许多国际问题上有不同的看法,但这种分歧并不妨碍我们两个在太平洋两岸的国家寻求阁下所说的平等友好相处的途径。首先一个问题是平等,换句话说是对等,一切问题从对等出发。关于台湾问题,周总理重申,

---

① 《周恩来外交文选》,第474页。
② 转引自《当代中国外交》,第220—221页。
③ 转引自魏史言:《基辛格秘密访华内幕》,《新中国外交风云》第2辑,第37页。
④ 同上书,第38页。

它历来是中国的领土,解放台湾是中国的内政,不容外人干预;美国军队必须限期撤离台湾,美蒋《共同防御条约》必须废除。

中美双方在会谈的重点问题上虽然尚有分歧存在,但考虑到尼克松政府要改善中美关系的愿望,以及它在台湾问题上有所前进,所以,中美两国就尼克松访华一事较快地达成协议,并于7月16日公布了经过反复推敲的公告:

周恩来总理和尼克松总统的国家安全事务助理基辛格博士,于1971年7月9日至11日在北京进行了会谈。

获悉,尼克松总统曾表示希望访问中华人民共和国,周恩来总理代表中华人民共和国政府邀请尼克松总统于1972年5月以前的适当时间访问中国。尼克松总统愉快地接受了这一邀请。

"中美两国领导人的会晤,是为了谋求两国关系的正常化,并就双方关心的问题交换意见。"①

公告一经公布,立即震动了整个世界。基辛格圆满地完成了他的秘密的"波罗行动"后,于7月11日中午经巴基斯坦回国。他对此次密访十分满意,他说他是"带着希望而来带着友谊而去",访问成果"超过了他原来的期望"②。

尼克松访华与中美《上海公报》

为了确保尼克松总统访华成功,基辛格于1971年10月20日至26日进行了"波罗二号"行动,主要是商谈尼克松访华的具体日期和联合公报草案。在此期间,周总理同基辛格进行了10次会谈。经双方协议,尼克松总统访华的日期定于1972年2月21日。在有关尼克松访华联合公报草案问题上,双方对重大国际问题和台湾问题的认识,存在较大的分歧。如在美方提出的草案中,有意回避美国从台湾撤军问题,反而要求中方承诺不使用武力解决台湾问题,这当然不能被中方接受。最后,在中方的坚持下,美方同意在联合公报中,明确写出双方的共同点与分歧,允许双方各自阐明自己的主张。1972年1月3日,美国总统国家安全事务副助理黑格准将又率先遣组来华,与中方商谈尼克松访华期间的活动安排以及电视转播等技术性问题。与此同时,中方也对尼克松的来访做好了细致周密的准备。

1972年2月21日,美国总统尼克松乘专机来华,随同访华的有国务卿罗杰斯、国家安全事务助理基辛格等人。当天上午11时30分,总统专机抵达北京

---

① 《人民日报》1971年7月16日。
② 《新中国外交风云》第2辑,第45页。

机场。尼克松在欢迎的掌声中走下舷梯,急忙伸手向前来迎接的周总理走去,主动同周总理热情握手。尼克松在事后说:"当我们的手相握时,一个时代结束了,另一个时代开始了。"①

当天下午,毛泽东主席在书房里会见了尼克松。访问期间,周总理同尼克松进行了五次会谈(四次在北京,一次在上海),双方就国际形势和中美关系深入地交换了意见。在同周总理的会谈中,尼克松坦率地说:"多少年来我对人民共和国的态度是主席和总理完全不能同意的。把我们带到一起来的是,认识到世界上出现了新的形势。"他表示同意周总理所说的,一个舵手一定要顺应潮流。如今世界变了,美中关系也必须改变。关于台湾问题,尼克松重申了美国处理台湾问题的原则:承认只有一个中国,台湾是中国的一部分,今后不再说台湾地位未定;不支持台湾"独立"运动;支持任何关于台湾问题的和平解决办法,不支持台湾当局用任何军事方法回到大陆的企图;寻求美中关系正常化,决定在4年内逐步从台湾撤走军事人员和设施。但是,尼克松强调因在政治方面尚有困难,不能马上承认中华人民共和国政府是中国唯一的合法政府,他希望在其第二届任期内实现中美关系正常化。②

周总理指出:"还是那句话,不愿意丢掉'老朋友',其实老朋友已经丢掉一大堆了。'老朋友'有好的,有不好的,应该有选择嘛。"关于以和平方法解决台湾问题,周总理说:用什么方法完成中国的统一,这是中国的内政,外国无权干涉。就我们的愿望来说,"我们只能说争取和平解放台湾。为什么说'争取'呢?因为这是两方面的事。我们要和平解放,蒋介石不干怎么办?"③

与此同时,姬鹏飞外长同罗杰斯国务卿也举行了五次会谈。着重探讨了发展中美两国经贸合作和科学技术文化交流问题。

中美双方经过六天的反复磋商,并对《联合公报》的文本进行多次修改后,于2月28日在上海签署了《联合公报》(又称《上海公报》)。《公报》并列了中美双方对一系列重大国际问题的不同看法,承认中美两国的社会制度和对外政策有着本质的区别。双方同意,各国不论社会制度如何,都应根据和平共处五项原则来处理国与国之间的关系。双方声明:"中美两国关系走向正常化是符合所有国家的利益的";"双方都希望减少国际军事冲突的危险";"任何一方都不应该在亚洲—太平洋地区谋求霸权,每一方都反对任何其他国家或国家集团

---

① 转引自魏史言:《尼克松总统访华》,《新中国外交风云》第3辑,第85页。
② 参见上书,第89—90页。
③ 同上书,第90页。

建立这种霸权的努力";"任何一方都不准备代表任何第三方进行谈判,也不准备同对方达成针对其他国家的协议或谅解"。

有关台湾问题,中国方面重申自己的立场:"台湾问题是阻碍中美两国关系正常化的关键问题;中华人民共和国政府是中国的唯一合法政府;台湾是中国的一个省,早已归还祖国;解放台湾是中国内政,别国无权干涉;全部美国武装力量和军事设施必须从台湾撤走。中国政府坚决反对任何旨在制造'一中一台'、'一个中国、两个政府'、'两个中国'、'台湾独立'和鼓吹'台湾地位未定'的活动。"

美国方面声明:"美国认识到,在台湾海峡两边的所有中国人都认为只有一个中国,台湾是中国的一部分。美国政府对这一立场不提出异议。它重申它对由中国人民自己和平解决台湾问题的关心。考虑到这一前景,它确认从台湾撤出全部美国武装力量和军事设施的最终目标。在此期间,它将随着这个地区紧张局势的缓和逐步减少它在台湾的武装力量和军事设施。"

双方同意,扩大中美两国人民之间的了解是可取的,并各自承诺对进一步发展这种联系和交流提供便利。双方一致认为平等互利的经济关系是符合两国人民的利益的,并同意为逐步发展两国间的贸易提供便利。

双方同意,他们将通过不同的渠道保持接触,包括不定期地派遣高级代表前来北京,就促进两国关系正常化进行具体磋商并继续就共同关心的问题交换意见。

《上海公报》的签署与发表,标志着中美两国关系进入了一个新时期,它对亚洲及世界的和平与稳定发挥了重大作用,并对世界形势的发展产生了深远的影响。正如尼克松在回国前夕的宴会上所说,他在中国访问七天,是"改变世界的一星期"[①]。

中 美 建 交

尼克松访华和《上海公报》的发表,开始了中美两国关系正常化的进程。此后,双方的贸易、科技和文化往来逐渐增多。与此同时,为进一步促进两国的关系的正常化,中美双方政府官员也在不断进行接触。

1972年6月,基辛格再次来华,向中国通报了美苏首脑莫斯科会晤的情况。1973年初,尼克松连任总统后,基辛格于2月15日第五次访华。经过会谈,双

---

① 〔美〕哈里·哈丁:《脆弱的关系——1972年以来的美国和中国》,生活·读书·新知三联书店(香港)1993年版,第7页。

方一致认为中美关系在这段时期内取得的进展,对两国人民是有益的。双方还认为,现在是加速中美关系正常化的适宜时机。为此,双方决定相互在对方首都设立联络处。美方委派戴维·布鲁斯为首任驻北京联络处主任;中国委派原驻巴黎大使黄镇为首任驻美联络处主任。双方联络处于当年 5 月 1 日开始工作。在会谈中基辛格还表示,美方设想在尼克松第二任期的后两年内"准备走类似日本的方式实现中美关系完全正常化",即美国同中国建交。①

1973 年 11 月,已任国务卿兼国家安全事务助理的基辛格第六次访华。中美双方重申《上海公报》各项原则和在和平共处五项原则的基础上解决国与国之间的争端。双方一致认为,在目前情况下特别重要的是,在具有权威的级别上保持经常接触,就共同关心的问题交换意见。双方满意地注意到在北京和华盛顿的联络处正在顺利地行使其职能,经商定,应继续扩大联络处的工作范围。此外,双方还研究和商定了下一年扩大两国交流的项目。②

1974 年 4 月,邓小平副总理出席第六届特别联大时,在美国同基辛格谈了中美关系正常化问题。基辛格说,美国正在研究如何实现"一个中国"的设想,但尚未想出办法来。邓小平表示,中国希望这个问题能较快地解决,但也不着急。

同年 8 月,尼克松的第二届任期未满,便因"水门事件"而辞职,由副总统福特继任总统。1974 年 11 月,福特派遣基辛格国务卿访华。基辛格在同邓小平副总理的会谈中提出,美国在台湾问题上的处境有别于其他的国家:一是美国同台湾订有"共同防御条约",二是美国国内存在着一股亲台势力。故此美国设想:美国愿意按"日本方式"解决中美关系正常化问题,但要在台湾设"联络处";美国将在 1977 年撤完全部驻台美军,但尚未找到妥善解决美台"共同防御条约"问题的方案,希望中国声明和平解放台湾,以便美国考虑放弃美台"防御关系"。③

可以看出,美国在台湾问题上的态度已有明显的后退。对此,邓小平指出:从本质上讲,这不是"日本方式",而是"一中一台"方式,在建交问题上无非是一个"倒联络处"的方案,中国不能接受;至于美台"共同防御条约",根据《上海公报》的原则必须予以废除;台湾问题是中国的内政,应由中国人自己去解决,

---

① 《当代中国外交》,第 225 页。
② 《人民日报》1973 年 11 月 15 日。
③ 《当代中国外交》,第 226 页。

用什么方式解决也是中国人自己的事。①

1975年10月,基辛格再次来华,为福特总统访华做准备。同年12月1日,福特抵京。在会谈中,他向邓小平副总理解释说:由于美国国内形势的需要,解决中美关系正常化问题须推迟到1976年大选以后,届时再按"日本方式"实现中美关系正常化。福特还重弹"期待中国政府和平解决台湾问题"的老调。邓小平再次强调:按照"日本方式",就是美国要接受断交、废约和撤军三原则,美台间的民间贸易关系可以继续保持。至于用什么方式解决台湾问题,应由中国自己来决定。②

当时,由于美国大选临近,以及美苏第一阶段限制战略武器协议早已签署,两国关系已开始缓和,因而福特政府未能下决心接受中国提出的建交三原则,以及承认中华人民共和国是中国的唯一合法政府,中美关系正常化没能在其任内实现。

1977年1月,民主党人吉米·卡特就任美国第39任总统。当时正值第二阶段限制战略武器谈判陷入僵局和苏联加紧向外扩张,美苏缓和出现逆转,因此,卡特决定在其任期内实现中美关系正常化。他上任后不久,便于2月8日在白宫会见中国驻美国联络处主任黄镇时说:"我们对(中华)人民共和国的政策将以上海公报为指导,我国政策的目标是关系正常化。"③

同年8月,卡特派遣国务卿万斯访华,同黄华外长举行了多次会谈。万斯说:卡特总统对华政策的目标是关系正常化。他提出:中美关系正常化后,须保证美国同台湾的贸易、投资、旅游、科学交流和其他私人联系不受影响,并允许美国政府人员在非正式安排下继续留在台湾。万斯还提出:美国将在适当时候发表声明,重申美国关心并有兴趣使中国人自己和平解决台湾问题,希望中国政府不发表反对美国政府声明的声明,不要强调武力解决问题。若中国能接受这些条件,美国将承认中华人民共和国政府是中国唯一合法政府,美台"外交关系"和《共同防御条约》均将消失,美国将从台湾撤走全部军事人员和军事设施。④

邓小平副总理在接见万斯时指出:"如果要解决,干干脆脆就是三条:废约、撤军、断交;为了照顾现实,我们还可以允许保持美台间非官方的民间往来;至

---

① 《当代中国外交》,第226页。
② 同上。
③ 李长久、施鲁佳主编:《中美关系二百年》,新华出版社1984年版,第248页。
④ 《当代中国外交》,第227页。

于台湾同中国统一的问题,还是让中国人自己来解决,我们中国人是有能力解决这个问题的。"①

卡特上台初期仍想对苏搞缓和,以便在第二阶段限制战略武器谈判问题上取得进展,尚未下决心接受中国提出的建交三原则。然而,自1978年夏起苏联在世界各地大力扩张,再加上中国决定加快经济发展、积极扩大对外经济交往,促使卡特决定尽快实现中美关系正常化。

1978年3月8日,卡特打电报给中国政府表示:"我们保证致力于在上海公报的基础上使我们同中华人民共和国的关系正常化。我把我们两国间的关系看作是我国全球政策的一个中心因素。"②同年5月,卡特派国家安全事务助理布热津斯基访华。他于20日抵京,当晚,他在黄华外长举行的宴会上说:《上海公报》反映了我国要同中国友好的承诺,是基于共同关心的事项,而且是从长远的战略观点出发的。美国并不把它同中国的关系看作策略上的权宜之计。③ 他在同中国领导人的会谈中说:"卡特总统认为,中国在维持世界均势中发挥中心作用,一个强大的、独立的中国,同邻国和平相处的中国,在一个多元化的世界中,将是和平的力量,将对解决世界的问题起建设性的作用。"布热津斯基着重指出,美国政府认为中美两国之间的关系在美国全球政策中具有中心的重要性,卡特总统下决心同中国实现关系正常化。他表示,美国愿意接受中国提出的建交三原则,但"希望(而非作为条件)在美方作出期待纯属中国内政的台湾问题得到和平解决的表示时,不会明显地遭到中国的反驳。这样美国国内的困难将更容易解决"④。布热津斯基还宣布,美国政府已授权其驻华联络处主任伍德科克同中方具体商谈有关两国关系正常化问题。

同年7月初,中美双方开始在北京举行建交谈判。中方代表是黄华外长,在黄华外长因病住院期间,由韩念龙代外长同美方谈判。在谈判中,中方坚持断交、废约和撤军三原则,以及如何解决台湾问题应由中国自己来决定。美方则坚持要保证美国同台湾的经贸、科学、文化等方面的联系不受影响,并要求中方默认不以武力解决台湾问题。

中美双方经过将近半年的谈判,终于达成如下的协议:(1)美国承认中国

---

① 《当代中国外交》,第227—228页。
② 《中美关系二百年》,第250页。
③ 同上书,第251—252页。
④ 《当代中国外交》,第228页。

关于只有一个中国的立场,承认中华人民共和国政府是中国的唯一合法政府,在此范围内,美国人民将同台湾人民保持文化、商务和其他非官方关系;(2)在中美关系正常化之际,美国政府宣布立即断绝同台湾的外交关系,在1979年4月1日以前从台湾和台湾海峡完全撤出美国军事力量和军事设施,并通知台湾当局终止《共同防御条约》;(3)从1979年1月1日起,中美双方互相承认并建立外交关系,3月1日互派大使、建立大使馆。① 1978年12月16日,双方同时发表了《中华人民共和国和美利坚合众国关于建立外交关系的联合公报》。

中美外交关系的建立,结束了长期以来中美关系不正常的状态,开始了两国关系的新阶段。中美关系正常化,对于维护亚洲—太平洋地区的和平以及全世界的和平与稳定,具有重大意义。因此,它不仅符合中美两国人民的共同愿望和利益,而且将受到全世界人民和一切爱好和平国家的欢迎。

在建交谈判中,还遗留了一些未能解决的问题。这主要是有关解决台湾问题的方式及美国继续向台湾出售武器问题。针对前者,双方在建交公报发表后,同时分别发表声明。美国在声明中表示:"美国继续关心台湾问题的和平解决,并期望台湾问题将由中国人民自己和平地加以解决。"②中国政府在声明中指出:"台湾问题曾经是阻碍中美两国实现关系正常化的关键。……现在这个问题在中美两国之间得到解决,从而使中美两国人民热切期望的关系正常化得以实现。至于解决台湾回归祖国、完成国家统一的方式,这完全是中国的内政。"③针对后者,中国政府在宣布中美建交时强调:"在两国关系正常化后美方继续向台湾出售武器,这不符合两国关系正常化的原则,不利于和平解决台湾问题,对亚太地区的安全和稳定也将产生不利影响。"④这些悬而未决问题的存在,表明美国在中美建交后,还会利用这些问题干涉中国的内政。

中美建交后,邓小平副总理应卡特总统的邀请,于1979年1月28日至2月5日对美国进行了友好访问。访问期间,邓小平同卡特就国际形势,以及台湾与中美关系问题交换了意见。同时,中美双方还签署了科技及其他领域的多项合作协定与协议。邓小平对美国的访问,有力地推动了中美两国合作关系的发展。

---

① 《当代中国外交》,第229页。
② 《美国政府声明》,《人民日报》1978年12月17日。
③ 《中华人民共和国政府声明》,《人民日报》1978年12月17日。
④ 《人民日报》1978年12月17日。

第三节　中日关系正常化

中日恢复邦交

1971年中国外交上发生的两大国际事件不但使中国的国际地位和威望大为提高,并且对战后的日本对华政策产生了重大而深刻的影响。7月15日尼克松访华公告一经发表,立即轰动全球,震惊日本。美国事先未通知其重要盟国日本便在对华政策上采取"越顶外交"的行动,造成对佐藤政府的巨大冲击,被日本视为"从未有过的'背信行为'"①。接着,在10月25日联大第26届大会上中国在联合国合法席位的恢复,使企图阻挠中国行使合法权利的佐藤政府再次受到猛烈震动,佐藤政府追随美国、敌视中国的对华政策完全陷于绝境。

如果说中日关系正常化的实现是以1971年发生的两大事件为契机的话,那么两国人民长期不懈的努力则是其真正的动力。20世纪50年代初,由于吉田茂政府实行亲蒋反华政策,中国政府决定区别对待日本的政府和人民,采取"逐步积累"、"循序渐进"的方针,即首先增加两国民间接触和友好往来,在民间积累的成果基础上,发展半官方关系,以此推动日本政府,最后向两国关系正常化过渡。经过50—60年代两国人民的不懈努力,到70年代初要求中日友好和恢复中日邦交的运动已经在日本各界人民当中蓬勃兴起,出现了以民促官推动两国关系正常化的有利形势。

1970年12月9日,在日本国会内建立了以藤山爱一郎为会长的"促进日中邦交议员联盟",近一半左右的国会议员参加了这一超党派组织,在成立大会上发表的宣言宣布:"我们各党有志议员要为解决超越党派和意识形态的全体国民的课题:从法律上结束日中战争状态、在和平共处和不干涉内政原则的基础上恢复邦交而通力合作。"②日本各在野党也纷纷谴责自民党的反华政策,抛开佐藤政府开展在野党外交。1970年10月,成田知巳委员长率领社会党代表团访华,与中日友好协会发表共同声明宣布,反对一切敌视中国的政策,要求按照和平共处五项原则立即恢复中日邦交。1971年7月,以竹入义胜委员长为首的公明党访华团和中日友协发表共同声明,提出"一个中国"、废除日台"和约"等

---

① 永野信利:《日本外务省研究》,上海译文出版社1979年版,第10页。
② 古川万太郎:《日中战后关系史》,东京原书房1981年版,第307—308页。

五项主张。1972年4月,春日一幸委员长率领民社党代表团访华,并与中日友协发表联合声明,中方把迄今签署的一些声明重新归纳为三项基本内容:(1)中华人民共和国政府是代表中国的唯一合法政府;(2)台湾是中华人民共和国领土不可分割的一部分;(3)日台条约是非法的、无效的,必须废除。① 这就是著名的中日复交三原则。与此同时,为了推动中日邦交正常化,各在野党还建立起本系统的群众团体组织,把复交运动推向新的高潮。

在1972年2月尼克松总统访华后,日本经济界上层掀起了相继访华的热潮,特别是对日本政府决策有很大影响的三菱财团三巨头联袂访华,以及稻山嘉宽率领的日本经济界代表团访华,是对佐藤政府的又一次沉重打击。中日友好已经深入人心,两国复交有着广泛而坚实的基础,广大日本人民和各界人士对恢复中日邦交怀有强烈的愿望,形成一股不可阻挡的时代潮流,猛烈地冲击着顽固坚持"两个中国"立场的佐藤政府,迫使佐藤首相宣布辞职。中日关系经历了战后27年的曲折发展终于迎来了历史的转折点。

1972年7月7日,以田中角荣为首相的新内阁成立。在当天举行内阁会议后,田中发表谈话说:"在外交方面,要加快与中华人民共和国的邦交正常化,在激烈动荡的世界形势中,全力推进和平外交。"②大平外相会见记者时也表示:"我认为,为实现日中邦交正常化,首相或外相到时候是要访华的","随着日中邦交正常化谈判取得进展,……很难设想日华和平条约还能继续存在"③。

对于田中内阁的积极姿态,中国政府立即作出反应。7月9日,周恩来总理在欢迎也门民主人民共和国政府代表团的宴会上发表致辞借机表示:"田中内阁7日成立,在外交方面声明要加紧实现中日邦交正常化,这是值得欢迎的。"④在接到中国方面的信息后,田中首相一面着手调整自民党各派的意见,把自民党内的"中国问题调查会"改组为直接隶属于总裁的"日中邦交正常化协议会",并在8月2日的会议上确定了实现日中邦交正常化、田中首相访华的基本方针⑤,一面指示在外务省设立"日中问题特别小组",为举行两国首脑会谈做准备。与此同时,田中还积极争取在野党的支持与合作,各在野党自愿充当中日邦交正常化的"桥梁",从而在对华关系上出现了罕见的"超党派外交",形成

---

① 林连德:《当代中日贸易关系史》,中国对外经济贸易出版社1990年版,第109页。
② 石丸和人等:《战后日本外交史》第2卷,第221页。
③ 永野信利:《日中建交谈判记实》,时事出版社1989年版,第17页。
④ 《当代中国外交》,第293页。
⑤ 古川万太郎:《日中战后关系史》,第376页。

朝野合作推进中日建交的新形势。

为了取得美国的谅解和支持,田中首相于8月底访美与尼克松总统举行会谈。8月31日,白宫新闻发布官对记者宣布:"日本的中国政策与日美安保条约并不矛盾。……美国确信安保条约不会由于日本采取的行动而受到影响。"①9月1日,日美发表联合声明称:"两国领导人希望总理大臣即将对中华人民共和国的访问,将有助于促进亚洲紧张局势的缓和。"②

经过社会党、公明党的穿针引线和多方的铺路准备,1972年9月25日,田中首相偕大平外相率领日本政府代表团访华。在华期间,中日双方举行了四次首脑会谈和多次外长会谈。会谈中,中国方面主张把复交三原则以某种适当的形式写进联合声明。这样,谈判焦点主要集中在战争责任、台湾归属和结束战争状态三个问题上,而后两个问题直接与日台和约有关,所以关键就是如何处理日台和约问题。

关于战争责任问题。在9月25日周恩来总理举行的欢迎晚宴上,田中首相致辞说:过去几十年里,"我国给中国国民添了很大的麻烦,我对此再次表示深切的反省之意"③,想以这种轻描淡写的措辞将日本发动侵华战争的责任一笔了之。对此,周恩来总理在第二天的会谈中严肃指出,"添了麻烦"这句话,就像不留神把水泼到妇女裙子上表示的歉意,对过去侵略战争的反省和谢罪用"添了麻烦"来表达,在中国人民中间是行不通的,而且会引起强烈的反感。④ 在中国方面的坚持下,最后在联合声明中写道:"日本方面痛感日本国过去由于战争给中国人民造成的重大损失的责任,表示深刻的反省"⑤,从而明确了日本对过去的侵略战争负有责任。

关于台湾归属问题。在谈判中,日方代表居然以中国政府的实际统治权没有管辖到台湾为理由,表示对这个问题不能完全赞同中国的立场。此外,日方还提出不能同意复交三原则中关于"日台和约是非法的、无效的,必须废除"的主张,认为"宣布这项经过正式手续缔结的条约无效"就等于否定了日本外交的合法性。⑥ 为了解决这一难题,双方决定采取分别阐述各自立场的做法。联合

---

① 永野信利:《日中建交谈判记实》,第30页。
② 石丸和人等:《战后日本外交史》第2卷,第230页。
③ 《人民日报》1972年9月26日。
④ 参见吴学文主编:《日本外交轨迹》,第116页;早坂茂三:《田中角荣秘闻》,中国文联出版公司1989年版,第149页;永野信利:《日中建交谈判记实》,第41—42页。
⑤ 《中日联合声明》,《中日条约集》,外文出版社1983年版,第1—3页。
⑥ 永野信利:《日中建交谈判记实》,第44—45页。

声明第 3 条规定:中国政府重申"台湾是中华人民共和国领土不可分割的一部分。日本政府充分理解和尊重中国政府的这一立场,并坚持遵循波茨坦公告第八条的立场"。日本遵循《波茨坦公告》第 8 条关于对日本领土主权范围的限定,实际上就是承认了台湾是中国的领土。对于日台和约,在联合声明序言中规定:日本重申站在充分理解中国政府提出的"复交三原则"的立场上,"谋求实现日中邦交正常化这一见解"。

关于结束战争状态问题。日本代表从条约理论出发提出,日本在日华和约中已经宣布结束了两国的战争状态,所以联合声明不能写进"结束战争状态"的词句,如果中方坚持要写,则由中国单方面宣布。① 中国方面认为,中国单方面宣布不能达到全面结束战争状态的效果。最后,周恩来总理想出一个办法,使双方达成了妥协。这就是在联合声明的序言和正文对这一问题分别进行阐述。序言写道:"两国人民切望结束迄今存在于两国间的不正常状态。战争状态的结束,中日邦交的正常化,两国人民这种愿望的实现,将揭开两国关系历史上新的一页。"这就首先点明了"不正常状态"就是指"战争状态"。正文第 1 条规定:中日两国之间迄今为止的不正常状态宣告结束。

双方经过激烈交锋,同时由于中国方面既坚持原则又适当灵活,以及田中首相从政治高度作出决断,基本上把复交三原则的精神写进了联合声明,最终圆满地解决了上述问题。9 月 29 日,两国政府首脑签署了《中日联合声明》,其主要内容有:(1)中日两国自 1972 年 9 月 29 日起建立外交关系;(2)中国政府宣布"放弃对日本国的战争赔偿要求";(3)两国同意进行以缔结和平友好条约以及政府间的贸易、航海、航空、渔业等协定为目的的谈判;(4)"两国任何一方都不应在亚洲和太平洋地区谋求霸权,每一方都反对任何其他国家或国家集团建立这种霸权的努力"。签字仪式结束后,大平外相举行记者招待会,代表日本政府宣布:"作为日中邦交正常化的结果,日华和平条约已失去了存在的意义,并宣告结束。"②

中日联合声明的发表及两国关系的正常化,是两国关系史上的一件大事,它结束了自 1894 年甲午战争以来中日之间的不正常状态,彻底否定了"台湾归属未定论",为中日两国在各个领域里发展长期、稳定的友好关系奠定了基础,对缓和亚洲紧张局势、维护世界和平发挥了积极的促进作用。

---

① 参见古川万太郎:《战后日中关系史》,第 387—388 页。
② 《人民日报》1972 年 9 月 30 日。

《中日和平友好条约》

从立法程序的角度来说,中日联合声明的发表,虽然结束了战争状态,实现了两国关系的正常化,但是声明毕竟无法代替条约,只有两国政府缔结条约,并经过两国立法机关的审议、表决和批准,才算完成中日建交的正规手续。

为此,中日双方根据联合声明的有关规定,自1974年11月至1975年4月举行了五次中日条约的预备性会谈。在谈判中,双方争论的焦点集中在反霸条款上。中国方面认为,反霸条款是中日联合声明的一项重要原则,中日和平友好条约只能从联合声明的基础上前进,而不能后退,主张把反霸条款写进条约的正文。① 日本则担心缔结带有反霸条款的中日条约会刺激苏联,使自己卷进中苏对抗的漩涡中去,因而以反对霸权主义的定义不明确、"霸权"与条约用语不符为理由,提出"反对第三国的霸权不属于本条约的范围"②,致使谈判未能取得进展。

就在中日举行预备性会谈期间,日本首相易人,1974年12月三木武夫就任日本首相并组成新内阁。1975年1月24日,三木首相在国会发表施政演说指出:在日中之间缔结和平友好条约,以便巩固日中两国子子孙孙"永远友好关系的基础"。此后,三木首相在国会又多次表示要履行联合声明的各项原则,促进缔结日中和平友好条约,摆出了一副全力推进缔约谈判的积极姿态。然而,在他执政的两年间,中日缔约谈判却因反霸条款迟迟不能进展,其干扰和破坏主要来自自民党内右翼势力和苏联两个方面。

三木执政是自民党为避免因田中引退导致党内发生混乱和派系抗争激化而达成妥协的产物。与田中、福田、大平等自民党内大派相比,三木派势单力薄,居弱小地位。为了支撑政权,三木不得不联合福田派、中曾根派和椎名派,而在这三派中右翼势力较强,集中了所谓慎重派的大部分亲台、亲韩议员,并由他们把持了自民党和内阁的多数重要职务,使得三木内阁的对外政策在很大程度上受制于自民党右翼势力。这些亲台派和亲韩派出于反共、反华的本性,极力维持与台湾的关系,顽固地反对缔结中日和平友好条约。亲台派的重要组织——自民党亚洲问题研究会(会长滩尾弘吉)公开表态说:"日本卷入中苏对立将导致亚洲的不稳定和紧张。"自民党内极右派别"青岚会"举行全体会议,对

---

① 谢益显主编:《中国外交史:中华人民共和国时期(1949—1979)》,河南人民出版社1988年版,第531页。

② 东乡文彦:《日美外交三十年》,东京世界动向社1982年版,第211页。

中日缔约谈判提出谋求保全台湾地位、确认钓鱼岛是日本领土等四个条件,并声称如果条件得不到满足,就不承认是外交谈判。① 青岚会成员、参议员玉置和郎甚至以倒阁威胁三木,他说:虽然支持三木体制,但是若处理日中条约有误,"三木内阁将吃不消"。1975 年 4 月,自民党亲台派议员还组织代表团专程赴台湾参加蒋介石的葬礼,三木首相也以自民党总裁的名义发去了唁电。三木因自身派系力量弱小,对自民党缺乏控制力和领导力,所以不仅在台湾问题上迎合、迁就自民党右翼势力,而且在中日缔约问题上表现得软弱无力,徘徊不决。

苏联在中日缔约谈判开始后不久,就对日本展开了软硬兼施的外交攻势,不仅以扩大日苏经济合作为诱饵,牵制中日缔约谈判,而且还四出游说,向三木内阁施加压力。1975 年 2 月 3 日,苏联驻日大使特罗扬诺夫斯基拜访自民党副总裁椎名悦三郎时声称:"日本打算缔结日中和平友好条约,不会给苏联以满意的影响",要求日本采取慎重态度。② 2 月 13 日,勃列日涅夫写信给三木首相,强调要保持日苏友好关系,并正式建议两国缔结日苏睦邻合作条约,但遭到三木的拒绝。正当中日缔约谈判陷于僵局之际,苏联政府于 6 月 7 日发表了措辞强硬的对日声明,告诫日本不要参加"中国企图通过一切手段把针对苏联的条款强行写进和平友好条约",要求日本与苏联一道为了"共同的利益,对于第三国根据自己的一孔之见试图给日苏关系的改善设置障碍而采取的任何行动,给予应有的回击"③。在苏联的牵制和干扰下,一直持慎重态度的外务省更加顽固地坚持不能写进反霸条款的立场,同时也使三木首相在缔约问题上瞻前顾后,总想在中苏之间搞不偏不倚的"等距离外交",保持所谓"中立",反映出日本既想借重中国抗衡苏联,又不愿因反霸条款而得罪苏联的矛盾心理。

为了打开僵局,1975 年 9 月中日两国外长在联大会议期间举行了两次会谈,日本外相宫泽喜一就反对霸权问题提出四项原则:(1)不仅在亚洲太平洋地区,而且要在世界各地反对霸权;(2)反对霸权不是针对特定第三国的;(3)反对霸权并不意味着日中采取共同行动;(4)不得与联合国宪章的精神发生矛盾。④ 这就是所谓"宫泽四原则"。11 月,日本向中国提交了一份写有反霸条款但附带宫泽四原则的条约草案,其目的是要把反霸条款作为国际法的普遍原则加以对待,同时也表明日本同意在条约中有条件地写进反霸条款,这与日

---

① 吴学文主编:《日本外交轨迹》,第 121—122 页。
② 《每日新闻》(日本)1975 年 2 月 4 日。
③ 日本外务省编:《我国外交的近况(第 20 号)》上卷,第 86 页。
④ 古川万太郎:《日中战后关系史》,第 408 页。

本最初的拒绝写进反霸条款的立场相比,毕竟作了很大的让步,但与中国立场仍有较大差距。中方认为这是日本有意对反霸条款加以种种限制,是从联合声明倒退,所以不能接受。

1976年12月,福田赳夫接替三木担任日本首相。翌年1月31日,福田首相在国会发表施政演说提出:日中两国对尽早缔结和平友好条约都怀有热情,我国政府"要在双方都感到满意的情况下,为实现这一目标付出更大的努力"①。同时,福田还委托即将访华的公明党委员长竹入义胜给中国领导人捎口信,表示"要忠实履行日中联合声明","尽早举行和平友好条约谈判"②。中国政府对此表示欢迎。

到了1978年,围绕中日条约谈判的形势发生明显变化,正如福田首相在施政方针演说中所指出的那样:"谈判的时机正在逐渐成熟。"③首先,中国在粉碎"四人帮"后逐步全面推进四化建设路线,经济建设开始成为党和国家的工作重点,对外实行开放政策,加强同西方国家的经济合作,开始积极引进西方国家的先进技术和设备。其次,日本经济界强烈要求发展长期、稳定的中日经济合作关系,在与欧美国家争夺中国市场的竞争中不甘处于落后地位,他们纷纷敦促福田首相在缔约问题上采取果断行动。日本经团联会长土光敏夫说:"日中关系应该友好地发展下去,应该尽快缔结友好的、正常的政府间条约。对此我们也抱有热忱。"④副会长稻山嘉宽也表示,"在经济界人士中,几乎没有人反对缔结日中条约"⑤。1978年2月在北京签订的中日贸易长期协定,从经济方面对中日条约的缔结起到了推动作用。最后,由于苏联推行咄咄逼人的扩张主义政策,美国出于自身战略的考虑,把中国视为遏制苏联在亚太地区扩张的一支重要战略力量,积极谋求美中关系正常化,并支持日本与中国缔约。1978年5月福田首相访美,卡特总统在日美首脑会谈时强调:美、日、中三国在抗衡苏联的扩张方面有着"共同利益",明确表示"作为美国来说,反对霸权不存在问题",并"预祝缔约成功"⑥。

正是在这些有利因素的推动下,促使福田首相下决心恢复中日缔约谈判,并在自民党内开展统一认识工作,谋求慎重派的合作。5月26日,自民党总务

---

① 日本外务省编:《我国外交的近况(第22号)》,第283页。
② 永野信利:《日中建交谈判记实》,第127页。
③ 日本外务省编:《我国外交的近况(第22号)》,第308页。
④ 《每日新闻》(日本)1978年5月10日。
⑤ 吴学文主编:《日本外交轨迹》,第123页。
⑥ 《每日新闻》(日本)1978年5月19日。

会举行会议,正式决定重开条约谈判。① 从 1978 年 7 月 21 日重开谈判,到 8 月 7 日中日双方共同举行 14 次事务级会谈,基本解决了双方的分歧。1978 年 8 月 8 日,日本外相园田直访华,与中国外长黄华举行谈判。8 月 12 日,两国外长签订了《中日和平友好条约》。条约规定:(1)两国在和平共处五项原则的基础上发展持久的和平友好关系;(2)"在相互关系中,用和平手段解决一切争端,而不诉诸武力和武力威胁";(3)双方表明:"任何一方都不应在亚洲和太平洋地区或其他任何地区谋求霸权,并反对任何其他国家或国家集团建立这种霸权的努力";(4)进一步发展两国间的经济、文化关系,促进两国人民的往来;(5)"本条约不影响缔约各方同第三国关系的立场"②。从条约内容看,中国方面在不损害原则的前提下采取了务实、灵活的态度,既照顾了日本的难处,又坚持了自己的原则立场,从而使缔约工作圆满完成。1978 年 10 月,邓小平副总理作为战后中国第一位正式访日的国家领导人出席了在东京举行的条约批准书互换仪式,条约随之生效。

《中日和平友好条约》的缔结是继中日邦交正常化之后两国关系史上的又一件大事,它既是对迄今中日关系的政治总结,又是发展两国睦邻友好关系的新起点,符合中日两国人民世世代代友好相处的共同愿望,也符合世界人民的根本利益,成为维护亚太地区和平与繁荣的一个重要稳定因素。条约明确写上反霸条款,是国际条约中的一项创举,也是对中日双方的自我约束,它表明中国恪守永远不称霸的既定政策,并使日本承担不谋求霸权的义务,同时对于威胁国际安全和世界和平的霸权主义又是一个沉重打击。

第四节 中国对外关系的全面发展

同西欧国家建交的高潮

自中华人民共和国成立至 1970 年以前的 20 年中,在西欧国家中(包括北欧和南欧),同中国建立大使级外交关系的只有瑞典、丹麦、瑞士、芬兰、挪威和法国六国。英国、荷兰同中国只建立了代办级关系。进入 20 世纪 70 年代,随着中美两国开始了关系正常化的进程,美国的欧洲盟国便解除了顾虑,纷纷开

---

① 田中明彦:《日中关系(1945—1990)》,东京大学出版会 1991 年版,第 101 页。
② 《中日条约集》,第 131—132 页。

始了同中国的建交活动。

在20世纪70年代,意大利是西欧国家中第一个同中国建交的国家。早在1964年,意大利就同中国建立了商务关系,1969年初,意大利宣布承认中华人民共和国。后经谈判,中意两国于1970年11月6日正式建交。继意大利之后,又有一批西欧国家通过谈判,先后同中国建立起大使级外交关系。它们是奥地利(1971年5月28日)、比利时(1971年10月25日)、冰岛(1971年12月8日)、马耳他(1972年1月31日)、希腊(1972年6月5日)、联邦德国(1972年10月11日)、卢森堡(1972年11月16日)、西班牙(1973年3月9日)、葡萄牙(1979年2月8日)、爱尔兰(1979年6月22日)。此外,圣马力诺于1971年5月6日同中国建立了领事级外交关系。

在此期间,英国与荷兰也采取积极行动,将它们与中国的代办级关系升格为大使级外交关系。英国于1971年向中国表示,愿意撤销其设在台湾淡水的"领事馆",并改变在联合国内对于恢复中国合法席位的两面态度。与此同时,荷兰也在同年的第26届联大上,投票赞成恢复中国在联合国的合法席位。这样,经过谈判,中英、中荷先后于1972年3月13日和5月18日将代办级升格为大使级外交关系。

此外,欧洲共同体委员会于1974年11月提出同中国谈判缔结贸易协定。1975年5月,在北京经过谈判,欧洲共同体同中国达成建交协议。同年9月,中国在布鲁塞尔设立了驻欧共体使团。1988年5月,欧洲共同体委员会正式在中国设立驻华代表团。

在20世纪70年代这十年中,中国已同15个西欧国家(包括欧共体)建立了正式外交关系,相当于此前中国同西欧建交国家的两倍。至此,除安道尔、列支敦士登、摩纳哥和梵蒂冈外,中国同所有的西欧国家都已建立了大使级的外交关系。

中国与西欧国家外交关系的建立,极大地促进了双方人员的互访,以及各个领域的交流与发展。20世纪70年代,几乎所有的西欧国家的领导人,或国家元首,或政府总理,或外交部长,都先后来华进行访问。其中重要的有:法国总统蓬皮杜、比利时首相廷德曼斯、联邦德国总理施密特及外长谢尔、丹麦首相哈特林、英国外交大臣霍姆、意大利外长梅迪奇,还有奥地利外长,以及荷兰、卢森堡、挪威、丹麦、瑞典的外交大臣等。同时期内,除邓小平于1973年5月访问法国外,中国还有总理、副总理和外交部长多人,先后访问了法国、联邦德国、英国和意大利等国。通过领导人的互访和会谈,加深了相互间的了解。

在会谈中,中国领导人多次向西欧国家领导人表示:中国赞赏西欧国家对许多世界大事作出独立自主的判断;中国希望西欧能加强联合,团结自强,并积极评价欧共体成员的逐渐扩大。对于法国主张用对话方式来解决南北问题,欧共体重视发展与第三世界国家的关系,在南北问题上采取比较开明的政策,以及一些西欧国家在中东问题上采取有别于美国的立场,中国都表示赞赏。

与此同时,中国同许多西欧国家在经贸、金融、科技、文化、航运等众多领域内的合作与交流都有了较大的发展。其中如联邦德国,已逐渐成为中国在西欧的最大的贸易伙伴,1983年两国进出口总额达20.7亿美元。法国自蓬皮杜总统于1973年访华后,逐步放宽了对中国产品的进口限制,双方的贸易持续增长,1982年两国的贸易额为6亿美元,1983年便增加为7.85亿美元。意大利与中国建交后,先后同中国签订了贸易、海运、民航、商标注册互惠、科技、文化及经济合作诸协定。在1982年和1983年,两国又先后签订了第一个和第二个三年经济、技术、财政合作协议。1983年中意两国贸易额为5.5亿美元。1978年4月,中国同欧共体签订了为期5年的贸易协定,并3次延长(每次延长1年)。1979年7月,中国与欧共体又草签了为期5年的纺织品贸易协定。从1980年起,欧共体给予中国普遍优惠制待遇。以上这些,都为中国与西欧国家间发展互利合作关系,奠定了良好的基础。

同东欧国家和南斯拉夫关系的变化

中华人民共和国于1949年10月1日宣告成立后,保加利亚、罗马尼亚、匈牙利、捷克斯洛伐克、波兰、德意志民主共和国、阿尔巴尼亚,这些东欧社会主义国家都相继宣布承认新中国并互派大使。地处巴尔干半岛的南斯拉夫也立即表示承认新中国,但中南两国至1955年1月才正式建交。当时,中国和这些国家同属社会主义阵营,彼此的关系十分友好。

20世纪50年代后期,中苏两国逐渐交恶。随之,波兰、民主德国、捷克斯洛伐克、匈牙利和保加利亚五国,同中国的关系也日益转坏。但是应看到,就是在这些国家同中国的关系十分不正常的时候,它们仍在继续反对"两个中国"的政策,仍在要求恢复中国在联合国的合法席位。此外,波兰还一直保持着波中友好协会的活动和中波轮船公司的运营。在1964年,波兰还主动提出愿为营救当时被巴西政变当局无理扣押的九位中国人员做些工作。对此,周总理强调"我们不能忘记波兰对我们的帮助"。还有,民主德国在1964年曾一度表示要改善同中国的关系。60年代后期,匈牙利和捷克斯洛伐克在中国大使已回国参加"文化大革命"的情况下,它们的驻华大使却一直留在北京。①

进入 20 世纪 70 年代后,由于双方的努力,中国同这些东欧国家的相互关系有了程度不同的缓解。1971 年,波兰通过报刊和领导人讲话表示愿意同中国"保持正常的而又改善的关系"。自那以后,两国官员的互访得到恢复,陆续签订了换货协定和科技合作议定书。自 70 年代起,中国同捷克斯洛伐克的关系逐渐有所好转。捷总统胡萨克和总理什特劳加尔都相继表示愿意逐步恢复和改善捷中关系。1973 年,中捷恢复互派记者和科技合作。随后,两国间的贸易不断增长,文化、体育等方面的交往得到恢复。中国同匈牙利的关系在 70 年代逐步得到恢复和改善。1970 年 5 月,匈牙利蒂萨河地区遭受严重水灾,中国红十字会向匈捐款 50 万人民币。同年 11 月,匈牙利社会主义工人党领导人在该党"十大"的总结报告中说:匈中两国"尽管在许多问题上仍然存在着严重的意识形态和政治观点的分歧,最近期间我们同中华人民共和国的国家关系有了一定的改善"②。1971 年 4 月和 1972 年 9 月,匈牙利外贸部长和中国外贸部长进行了互访。在此前后,两国恢复了科技合作、两国科学院之间的联系以及体育团体的互访。此后,两国间的贸易逐渐增长,人员互访增多,互访规格也在提高。1971 年 4 月,保加利亚共产党领导人在该党"十大"上说:保加利亚"不管在意识形态和政治上存在着严重分歧,一直致力于同中华人民共和国的国家关系正常化"③。1973 年,中保两国决定延长 1955 年签订的科技协定。此后,又于 1974 年和 1976 年先后签订了海运协定以及中国民航班机过境协定。同时,两国在贸易、文化、卫生和体育等方面的来往与合作也有所发展。德意志民主共和国在 1981 年向中国提出了发展双方在各个领域的合作的建议,中国给予了积极的响应。

与上述五国的情况不同,"中苏关系的恶化对中罗关系的影响是短暂的"④。1963 年 12 月,罗马尼亚领导人乔治乌-德治向中国表示,希望改善罗中关系,加强友好合作。对此,中国予以积极响应,并赞赏罗马尼亚依照独立自主的方针来处理兄弟国家间的关系。中罗两国关系由此不断获得改善与发展,两国领导人互访频繁。在国际事务中,中罗两国相互支持,密切合作。自 1964 年起,罗马尼亚就坚决抵制在国际共产主义运动内部一度出现的对中国的围攻。

---

① 《当代中国外交》,第 317 页。
② 各国概况编辑组编:《各国概况》下册,人民出版社 1972 年版,第 702 页。
③ 同上书,第 718 页。
④ 《当代中国外交》,第 310 页。

70年代初期,罗马尼亚为中美关系的改善发挥了积极的"桥梁作用"。在中国同某些西欧国家和其他第三世界国家的建交过程中,罗马尼亚也做了大量有益的工作。

进入20世纪70年代,中罗两国之间的团结与友好合作关系得到广泛发展。当1970年罗马尼亚发生特大水灾时,中国红十字会在5月下旬捐款50万元人民币,四天后又捐助价值50万元人民币的食品、药品、粮食等。6月,中国政府又向罗马尼亚提供了无偿物资援助。1971年6月,齐奥塞斯库总统率党政代表团访华。此后,罗共中央执委、国务委员会副主席波德纳拉希和罗共中央执委、中央书记维尔德茨,先后于1973年9月和1975年9月访华。其中,维尔德茨是周恩来总理生前会见的最后一位外宾。在此期间,李先念副总理于1974年8月率中国党政代表团参加罗马尼亚30周年国庆。1978年5月,齐奥塞斯库总统再次来华访问,两国签订了经济技术合作长期协定等文件。同年8月,华国锋率中国党政代表团访罗,两国签订了建立经济技术合作委员会协定,以及科学技术合作、旅游合作等协定。

在东欧国家中,阿尔巴尼亚是唯一未受中苏关系恶化影响的国家。在20世纪60年代至70年代初,中阿两国曾有过极为亲密的友好合作关系。1960年,在51国共产党和工人党的布加勒斯特会议上,阿尔巴尼亚劳动党的代表挺身而出,反对苏共对中国共产党的高压做法。阿尔巴尼亚一贯主张恢复中国在联合国的一切合法权利、驱逐国民党集团"代表"。自1963年起,阿尔巴尼亚一直是这一提案的主要提案国。在阿苏关系恶化乃至断交,阿尔巴尼亚处境困难的时候,中国严肃地批评了苏联对阿尔巴尼亚的大国主义态度,并从60年代起,中国在自己尚有许多困难的情况下,向阿尔巴尼亚提供了巨大的援助。"中国帮助阿尔巴尼亚兴建了钢铁、化肥、制碱、制酸、玻璃、铜加工、造纸、塑料、军工等新的工业部门,增建了电力、煤炭、石油、机械、轻工、纺织、建材、通讯和广播等部门的项目,大大增加了这些部门的生产能力。中国无偿向阿尔巴尼亚提供了大量的武器装备。为了执行援助任务,中国先后向阿尔巴尼亚派出过近6000名专家。中国为阿尔巴尼亚培养了大批经济和军事的技术骨干,其中在中国培训的就有2000余名。"[①]

然而不幸的是,阿尔巴尼亚由于对中美两国在20世纪70年代初改善关系不满(阿尔巴尼亚曾表示:"永远不同美苏发生关系"),特别是"到了1975年,

---

[①]《中国外交部关于被迫停止对阿尔巴尼亚援助和接回专家问题的照会》,《人民日报》1978年7月14日。

当中国难以完全满足阿尔巴尼亚在援助方面提出的过高要求时,两国关系开始恶化了"①。

1976年11月,阿尔巴尼亚领导人在其劳动党"七大"上,对中国外交的某些行动和中国援阿问题进行影射和攻击。虽然如此,中国仍希望同阿尔巴尼亚继续保持友好合作关系。同时,中国仍继续向阿提供援助,中国专家也继续履行协议,坚持工作。在1977年至1978年间,"中国向阿尔巴尼亚发运经济和军事援助物资近30万吨,帮助阿尔巴尼亚建成和基本建成项目10个,还同意了阿尔巴尼亚政府的请求,把1980年以前应该偿还的贷款2.17亿元人民币推迟到1991年至2000年偿还,并签订了中国向阿尔巴尼亚无偿提供军事装备零备件的协议"②。

然而,中国欲保持中阿友好关系的良好愿望和努力,未能得到阿方的响应。1978年4月和5月,中国政府曾两次照会阿尔巴尼亚,希望通过交换意见,解决分歧,使合作能继续下去,但阿方拒绝接受照会。这样,中国政府别无选择,只得在7月7日再次照会阿尔巴尼亚:"停止对阿尔巴尼亚的经济和军事援助,停止支付对阿尔巴尼亚的援款,接回在阿尔巴尼亚工作的经济和军事专家。"自1979年起,阿尔巴尼亚中断了同中国的一切来往,仅保留了大使级的外交关系。

南斯拉夫于1955年1月同中国建交,1958年南共联盟召开"七大"后,中共与南共联盟间的关系中断,并导致两国各自撤回自己的大使。但是,南斯拉夫依旧一直要求恢复中国在联合国的一切合法权利,并反对西方国家推行的"两个中国"的政策。1968年苏联出兵入侵捷克斯洛伐克后,中南两国关系开始逐步改善。1969年3月,南斯拉夫经济代表团访华,两国签订了新的贸易支付协定。1970年5月和9月,南斯拉夫和中国先后重新互派大使,两国自1958年以来只保持代办级外交关系的状况得以结束。随之,双方人员交往增多。1971年6月,南外长特帕瓦茨访问中国。在会谈中,中方赞赏南斯拉夫奉行不结盟政策,并表示尽管两国存在着一些分歧,但不妨碍两国关系正常化。通过会谈,双方一致确定以和平共处五项原则作为处理两国关系的准则。在中南两国已增进了相互了解的情况下,南斯拉夫联邦执行委员会主席比耶迪奇于1975年10月应邀访问中国。邓小平副总理在同他会谈时指出:"中南两国对许多重大国际问题的看法是相同或类似的;中南关系在过去几年中取得了良好的发展,正

---

① 《当代中国外交》,第316页。
② 《中国外交部关于被迫停止对阿尔巴尼亚援助和接回专家问题的照会》,《人民日报》1978年7月14日。

面临着广阔的发展前景。"①

1977年8月底,中国人民隆重地欢迎85岁高龄的南斯拉夫总统铁托来华进行访问,中国主要的负责人都同铁托总统进行了会见。在会谈中,中国充分肯定南斯拉夫在国际事务中奉行的正确方针,以及在国内建设中所取得的巨大成就。中国领导人指出:中南两国"在反对帝国主义、殖民主义和霸权主义方面,目标一致,利害相同;至于我们在某些国际问题上有些不同的看法和做法,这是可以理解的,可以彼此交换意见,增进了解,但不强求一致"②。铁托总统也认为,"中南双方在很多方面有共同利益和共同观点,至于存在一些差异,主要是由于过去的经历和今天的处境有所不同,这些差异不应影响两国在不少领域的合作,这尤其是因为中南双方都不想把自己的主张强加给对方"③。

1978年8月,华国锋率中国党政代表团访问南斯拉夫,双方除继续就重大国际问题与双边关系交换意见外,两国政府还签署了《中南两国经济、科学和技术长期合作协定》,并决定成立中南经济、科学和技术合作委员会。

中南两国最高领导人互访后,两国关系进入了全面友好合作和稳定发展的新阶段。

同加拿大、澳大利亚、新西兰建交

加拿大是一个西方大国,并与中国有着传统友谊。在中国抗日战争期间,中国人民的朋友诺尔曼·白求恩大夫为了中国人民的抗战事业,献出了自己的宝贵生命。中华人民共和国成立后,中加两国虽然尚未建交,但从1954年便开始了直接贸易往来。1955年双边贸易额达326万美元。④ 从1963年起,加拿大政府领导人多次表示要扩大同中国的经济、文化往来。1969年5月,中国同加拿大在斯德哥尔摩开始举行建交谈判。1970年10月10日,中加两国签署联合公报,决定根据互相尊重主权和领土完整、互不干涉内政和平等互利的原则,自同年10月13日起,互相承认并建立外交关系。在联合公报中,"中国政府重申,台湾是中华人民共和国领土不可分割的一部分。加拿大政府注意到中国政

---

① 《当代中国外交》,第313页。
② 同上。
③ 同上书,第313—314页。
④ 中华人民共和国外交部政策研究室编:《中国外交概览(1987)》,世界知识出版社1987年版,第326页。

府的这一立场"。"加拿大政府承认中华人民共和国政府为中国的唯一合法政府。"①

加拿大作为美洲的一个大国与中国建交,符合两国人民的共同愿望和利益,并有力地打击了美国拒不承认中华人民共和国和制造"两个中国"的错误政策。1973年10月,周恩来对来访的特鲁多总理说:"加拿大是70年代首先承认我们的国家,支持我国在联合国中的合法地位,影响很大。"②

中、加建交后,两国的关系和人民之间的友好往来日益发展。在第26届联合国大会上,加拿大投票赞成恢复中国在联合国的一切合法权利和立即驱逐国民党集团"代表",对美、日两国的"重要问题"提案投了反对票。继加拿大外长夏普于1972年8月访华之后,特鲁多总理也于1973年9月访问中国。中国政府副总理薄一波、全国人大常委会副委员长姬鹏飞也先后访问了加拿大。1973年,中加两国签订了贸易协定,并互相给予最惠国待遇。1983年,两国贸易额约为15.2亿美元。

中、加建交后不久,澳大利亚工党在1972年的大选中获胜,惠特拉姆出任总理。工党原就主张"仿效加拿大做法承认人民中国"③,所以惠特拉姆上台后便积极同中国进行建交谈判。同年12月21日,中、澳两国签署关于建立外交关系的联合公报,宣布中、澳两国政府"根据两国人民的利益和共同愿望,决定自1972年12月21日起互相承认并建立外交关系"。"两国政府同意,在相互尊重主权和领土完整、互不侵犯、互不干涉内政、平等互利和和平共处的原则基础上,发展两国之间的外交、友好和合作关系。""澳大利亚政府承认中华人民共和国政府是中国的唯一合法政府,承认中国政府关于台湾是中华人民共和国的一个省的立场,并决定于1973年1月25日前从台湾撤走其官方代表机构。""中华人民共和国政府对澳大利亚政府的上述立场表示欣赏。"④中、澳建交后,澳大利亚总理惠特拉姆和弗雷泽先后于1973和1979年访问中国,外长维尔西和皮科克也先后于1975年和1979年来访。中国方面有副总理和副委员长多人访澳。1973年,中澳签订了贸易协定,相互给予最惠国待遇,并成立了两国贸易合作委员会,双边贸易有较大的发展。此外,中、澳两国还先后签订了文化合

---

① 《中华人民共和国政府和加拿大政府关于中、加两国建立外交关系的联合公报》,《人民日报》1970年10月14日。
② 转引自《当代中国外交》,第307页。
③ 同上。
④ 《中华人民共和国政府和澳大利亚政府关于中、澳两国建立外交关系的联合公报》,《人民日报》1972年12月23日。

作协定、技术合作促进发展计划协定等。

在中、澳建交的当天,中国同新西兰也签署了建立外交关系的联合公报。两国政府"根据互相尊重主权和领土完整、互不干涉内政和平等互利的原则,决定自1972年12月22日起互相承认并建立外交关系"。"中国政府重申:台湾是中华人民共和国领土不可分割的一部分,台湾是中国的一个省。新西兰政府承认中国政府的这一立场。""新西兰政府承认中华人民共和国政府为中国的唯一合法政府。"①建交后,新西兰总理马尔登于1976年和1980年两次访问中国,副总理兼外长托尔博伊斯也于1977年和1979年两次访问中国,议长杰克于1977年前来访问。在此期间,中国也有副委员长和副总理多人访问新西兰。通过这些互访,进一步加强了两国间的了解和友谊。中、新建交后,双方在经济、贸易、科技、文化、体育等领域的合作与交流发展顺利。1972年,两国贸易额仅为970万美元;至1979年,双边贸易额便突破1亿美元。②

---

① 《关于中华人民共和国和新西兰建立外交关系的联合公报》,《人民日报》1970年10月14日。
② 《中国外交概览(1987)》,第377页。

普通高等教育"九五"国家级重点教材

HISTORY
OF INTERNATIONAL RELATIONS

国际关系史

战后卷
下册

方连庆 王炳元 刘金质 ◎ 主编

北京大学出版社
PEKING UNIVERSITY PRESS

目 录

第五编 20世纪80年代的国际关系(1980—1989)

第十八章 美苏争夺的新态势和世界多极化趋势的发展 …… 479
第一节 美苏争夺的新态势 …… 479
卡特主义 …… 479
里根的新遏制政策 …… 481
"星球大战计划" …… 484
戈尔巴乔夫的外交政策新思维 …… 486
美苏首脑日内瓦会晤和雷克雅未克会晤 …… 488
里根主义 …… 491
美苏中程导弹协议的签署 …… 493
布什的"超越遏制"战略 …… 495

第二节 西欧联合步伐的加快 …… 498
欧共体的进一步扩大和发展 …… 498
"尤里卡"计划 …… 501
西欧防务联合的进展 …… 504
东欧剧变及其对西欧的影响 …… 507
德洛尔计划 …… 510

第三节 日本从经济大国走向政治大国 …… 513
综合安全保障战略的提出和实施 …… 513
日本的环太平洋经济合作 …… 517
日美加强同盟关系 …… 521

第十九章 第三世界争取和平与发展的斗争 …… 526
第一节 亚洲地区的热点问题 …… 526
两伊战争 …… 526

以色列入侵黎巴嫩 529
　　　柬埔寨、阿富汗人民反侵略斗争的高涨 531
　　　苏联从阿富汗和越南从柬埔寨撤军 534
　　　巴勒斯坦国的诞生与美国中东政策的变化 536
　第二节　非洲局势的动荡 539
　　　津巴布韦共和国的成立和纳米比亚人民争取独立的斗争 539
　　　乍得内战和外部势力的军事干涉 541
　　　西撒哈拉问题 543
　　　《西南非洲和平协议》的签署 545
　第三节　拉丁美洲的反帝反殖反霸斗争 548
　　　债务危机 548
　　　马尔维纳斯群岛战争 551
　　　中美洲危机和美国入侵格林纳达 553
　　　拉美国家的和平努力与《中美洲和平协议》的签署 556
　第四节　发展南南合作推进南北对话 559
　　　争取建立国际经济新秩序与南北问题的提出 559
　　　南北对话的艰难历程 561
　　　南南合作的进展 563

第二十章　中国对外关系的发展和变化 566
　第一节　中美关系的发展和变化 566
　　　《八一七公报》的发表 566
　　　中美两国领导人的互访 571
　　　中美经济技术合作的发展 575
　　　中美关系中存在的困难和障碍 576
　第二节　中国同苏联、东欧和南斯拉夫关系的改善与发展 581
　　　中苏关系的逐步改善 581
　　　戈尔巴乔夫访华和中苏关系正常化 584
　　　中国同东欧和南斯拉夫关系的新发展 589
　第三节　中日友好关系的发展和存在的问题 592
　　　中日关系四原则的确立 592

教科书问题 ·· 595
　　　参拜靖国神社事件与光华寮案 ··· 598
第四节　中国同第三世界的团结合作进一步加强 ·································· 600
　　　努力发展同周边国家的睦邻友好关系 ··· 600
　　　扩大同非洲国家的友好合作关系 ·· 610
　　　增进同拉丁美洲各国的关系 ·· 614

第六编　冷战后的国际关系（1990—2000）

第二十一章　转换中的世界格局 ··· 619
第一节　美苏两极格局的瓦解和冷战的结束 ······································· 619
　　　美苏签署削减战略核武器条约 ··· 619
　　　戈尔巴乔夫外交新思维的实施 ··· 621
　　　布什的"世界新秩序" ·· 623
　　　苏联的解体 ·· 626
　　　冷战的结束 ·· 629
　　　北大西洋合作委员会的成立 ·· 631
　　　独立国家联合体 ··· 634
　　　美俄首脑会晤 ·· 636
　　　北约东扩与"和平伙伴关系" ·· 640
　　　克林顿政府的"参与和扩展战略" ··· 643
　　　叶利钦的"双头鹰"外交 ·· 650
第二节　欧洲格局的新变化 ··· 659
　　　"新大西洋主义"和《欧共体—美国关系宣言》 ···························· 659
　　　德国的统一 ·· 662
　　　《新欧洲巴黎宪章》 ·· 665
　　　《欧洲联盟条约》 ·· 668
　　　欧洲经济区协议 ··· 671
　　　南斯拉夫解体 ·· 674
　　　波黑冲突 ··· 676
　　　科索沃战争 ·· 679

第三节　日本走向政治大国的外交实践 ……………………… 683
　　《联合国维持和平行动合作法》的通过 ……………………… 683
　　日美贸易摩擦激化 …………………………………………… 686
　　日俄关系的曲折发展 ………………………………………… 689
　　宫泽主义与日本同亚洲的关系 ……………………………… 692
　　新《日美防卫合作指针》……………………………………… 695
第四节　联合国作用的加强 ………………………………… 699
　　日益活跃的联合国维持和平行动 …………………………… 699
　　国际裁军与军备控制的新进展 ……………………………… 701
　　环境与发展问题 ……………………………………………… 707
　　酝酿之中的联合国改革 ……………………………………… 711
　　新时期联合国的地位和作用 ………………………………… 713

第二十二章　第三世界的动荡与发展 ……………………… 717
第一节　西亚、非洲的国际关系 …………………………… 717
　　海湾战争 ……………………………………………………… 717
　　中东和平进程 ………………………………………………… 720
　　南非民主进程 ………………………………………………… 723
　　非洲的发展与动荡 …………………………………………… 726
第二节　东亚、中亚地区的国际关系 ……………………… 728
　　朝鲜半岛局势的变化 ………………………………………… 728
　　巴黎和平协议与柬埔寨大选 ………………………………… 731
　　中亚、外高加索地区的动荡 ………………………………… 734
　　东盟地区论坛 ………………………………………………… 738
第三节　拉丁美洲的国际关系 ……………………………… 741
　　拉丁美洲的"民主化进程" …………………………………… 741
　　拉美国家经济一体化的进展 ………………………………… 744
　　古巴同美、苏、俄关系的变化 ……………………………… 746

第二十三章　面向新世纪的中国对外关系 ………………… 750
第一节　中美关系的曲折发展 ……………………………… 750
　　美国对中国的制裁 …………………………………………… 750

　　　　中美最惠国待遇问题 ………………………………………… 755
　　　　中美贸易谈判 …………………………………………………… 763
　　　　布什批准向台湾出售 F-16 战斗机 …………………………… 771
　　　　克林顿政府的对华政策 ………………………………………… 773
　　　　中美建设性战略伙伴关系的建立 ……………………………… 787
　　第二节　中俄新型的国家关系 ……………………………………… 795
　　　　江泽民总书记访问苏联 ………………………………………… 795
　　　　中国同原苏联各加盟共和国建立外交关系 …………………… 797
　　　　叶利钦访华与《中俄联合声明》 ……………………………… 808
　　　　江泽民主席访问俄罗斯 ………………………………………… 810
　　　　中俄经贸关系的发展 …………………………………………… 816
　　　　中俄战略协作伙伴关系的建立 ………………………………… 818
　　第三节　中日关系的进一步发展 …………………………………… 824
　　　　海部访华与中日关系的全面恢复 ……………………………… 824
　　　　中日最高级互访的实现 ………………………………………… 827
　　　　中日关系中的摩擦与问题 ……………………………………… 829
　　　　中日致力于和平与发展的友好合作伙伴关系 ………………… 832
　　第四节　中国同欧洲、北美、大洋洲各国关系的发展 …………… 835
　　　　中国同西欧国家关系的改善和发展 …………………………… 835
　　　　中国同欧共体关系的改善和发展 ……………………………… 850
　　　　中国同加拿大、澳大利亚、新西兰友好合作的加强 ………… 854
　　　　中欧建立长期稳定的建设性伙伴关系 ………………………… 859
　　第五节　中国同周边国家的睦邻友好合作关系 …………………… 865
　　　　中越领导人互访和两国关系正常化 …………………………… 865
　　　　中印关系的新发展 ……………………………………………… 873
　　　　中韩建交 ………………………………………………………… 879
　　　　中国同东盟各国关系发展的新阶段 …………………………… 882

附　录　大事年表 ………………………………………………… 889

第五编
20世纪80年代的国际关系
（1980—1989）

第十八章　美苏争夺的新态势和世界多极化趋势的发展

第一节　美苏争夺的新态势

卡 特 主 义

1976年美国民主党的竞选纲领称新的一届民主党政府"必须和将要提倡一个新的美国外交政策"。作为民主党总统候选人的卡特,在竞选时更明确地提出了"以世界秩序政治取代力量均衡政治"。卡特就任总统之后,1977年5月22日,在印第安纳州南湾市的圣姆大学发表了关于外交政策的讲话。他强调美国的外交政策"要建立在对它的价值保持一贯纯正以及对它的历史观点保持乐观的基础上"。卡特声称美国外交政策制定的基本前提是反映美国"对于促进人权事业所负有的基本义务"、"工业化民主国家间的密切合作"、"强有力的防御能力"和"以更全面的和更对等的方式改善"同苏联和中国的关系、缩小南北差距以及"鼓励所有国家摆脱狭隘的国家利益"而关注诸如核战争的威胁、种族仇恨、军备竞赛、环境污染、饥饿、疾病等全球性问题。① 卡特推行三边主义,注重调整与发展西欧、日本同美国的三边关系,更多关注第三世界事务,实施人权外交。卡特政府实现了同中国关系的正常化,撮合埃及和以色列缔结和平条约,签订了新的巴拿马运河条约、解决运河及运河区问题。

卡特政府在制定和实施对苏政策中缺乏应有的连续性。卡特执政时对苏联利用缓和积极扩张影响与扩大势力范围采取迁就的政策,没有作出坚决的反击。当苏联及代理人向非洲推进时,卡特称美国希望避免超级大国在这里的竞争,想通过外交途径迫使苏联撤退。由于美国未能作出应有的反应,苏联在第三世界的扩张更加放肆,并连连得手。苏联在缓和中肆无忌惮的扩张以及中东

---

① 卡特1977年5月22日在圣姆大学的讲话,美国国务院《美国对外政策基本文件(1977—1980)》,1983年版,第6—9页。

事态的发展对卡特政府提出了严重的挑战,美国必须作出明确的决策。(1) 美国如何对待在伊朗所发生的一切。伊朗一直是美国在中东的战略资本,是防止苏联向中东扩张的前哨基地。美国曾对伊朗提供了大量援助,运送了大批军火。1978 年下半年伊朗爆发了反对国王统治的群众运动。流亡巴黎的宗教领袖霍梅尼回国并于 1979 年 2 月接管了伊朗的政权。霍梅尼政权强烈反美,把美国视为头号敌人。是年 11 月,伊朗人占领了美国驻德黑兰大使馆,扣留美国人质。伊朗政局的变化,打断了美国战后以来所营造的防御体系中的一环。卡特认为这是对美国安全利益和遏制苏联南下的政策的极为沉重的打击。(2) 苏联出兵侵占阿富汗。美国认为苏联的举动威胁和损害了自己的战略利益。卡特对此作出了强烈的反应。美国国家安全委员会举行多次会议,确定了处理苏联入侵阿富汗的三点原则意见,决定采取更为广泛的战略对付苏联:对苏联进行制裁;把该地区的安全同美国的安全利益结合起来;加速美国战略力量的更新。关于制裁问题,经过多次会议的讨论,决定采取 26 项特别措施。1980 年 1 月 4 日晚,卡特向全国发表演说,宣布了美国为抗议苏联入侵阿富汗而对其进行制裁的决定:撤回第二阶段限制进攻性战略武器条约在参议院的审查的请求;实行部分粮食禁运;严禁向苏联出售可能用于军事范围的高科技项目;大大削减苏联在美国海域内捕鱼的特权;召回美国驻莫斯科大使;终止两国之间的一切官方交往,其中包括科技和文化交流项目等。卡特后来又增加了一项抵制莫斯科夏季奥运会。1980 年 1 月 23 日,卡特在国情咨文中提出了卡特主义。

卡特认为美国的利益和价值观面临着最为严重的挑战,这是因为:苏联军事力量的稳步增长和在国外军事行动的增加;西方民主国家对中东石油的严重依赖,而中东处于动荡之中;许多发展中国家仿效伊朗革命、进行社会和宗教压迫以及经济与政治的变革。卡特强调,在这样的国际环境中,美国要保持自己的目标,追求国家的最大利益:保护美国人质的生命安全并尽可能得到释放;迎接来自苏联军事实力的挑战和寻求解决分歧的途径。他认为,苏联入侵阿富汗是第二次世界大战以来对和平的最严重的威胁。美国要求集体努力来对付在波斯湾和西南亚出现的威胁。卡特宣布:"任何企图控制波斯湾地区的外来势力都将被认为是对美国根本利益的侵犯,我们将采取任何必要手段,包括武装力量在内,反击这种企图"[①]。

卡特主义强调地区性安全结构。卡特宣布"我们准备同这个地区的其他国

[①] 吉米·卡特 1980 年 1 月 23 日国情咨文,《美国总统国情咨文选编》,时事出版社 1994 年版,第 656 页。

家建立一个相互协作的安全结构,这种结构尊重不同的价值观念和政治信仰,然而却都能巩固所有国家的独立、安全和繁荣"。卡特主义表明美国把它所关心的三个安全地带,即西欧、中东和远东联结起来了。本着这种安全结构设想,美国加紧改善与加强同有关国家如巴基斯坦、埃及、沙特阿拉伯等的关系。美国向这些国家提供援助,特别是向巴基斯坦提供大量的经济和军事援助,使之成为抗击苏联继续南下的前哨基地。在中东,美国鼓励阿拉伯国家同以色列的和解进程。

卡特政府决心扩充军力,调整核战略。面对着苏联的咄咄逼人的进攻态势,卡特政府在1978年就开始了加强军事力量的工作。尤其值得一提的是建立快速反应部队,使之有能力在一些关系到美国切身利益的地区部署军队,对侵略与威胁作出有力的反应。美国寻求防止苏联具有赢得一场核战争的能力。卡特发出警告,苏联一旦发动对美国的核进攻,美国将对苏联的军事目标、指挥、控制、通信系统以及战备工业实施打击报复。卡特政府为了加强军事实力,采取了一系列重要举措,其中包括:(1)增加军费开支。1980年美国增加470亿美元用于开发新的武器系统。美国国防部的预算由1976年的1700亿美元增加到1981财政年度的1970亿美元。美国国会13年来首次表示再增加总统提出的军费开支52亿美元。(2)停止履行竞选时要从韩国撤出地面部队的许诺。(3)增加出售军火,1980年比1976年增长一倍,达153亿美元。对于卡特政府扩军的举动,美国历史学家加第斯·史密斯称是"回到军国主义"[①]。里根则认为,卡特政府加强军备实在搞得太晚。

里根的新遏制政策

里根入主白宫后面临着苏联的严重挑战:20世纪70年代末80年代初,苏联仍处于进攻态势。里根认为苏联的扩张与军事实力的强大是对美国国家利益的最严重的挑战,是对美国世界霸权的强劲挑战。里根看到,苏联以前所未有的速度进行军事建设,以谋求对美国的军事优势。苏联继续介入世界上不稳定的地区并企图借助武力来解决地区冲突问题,试图把自己的制度和模式强加于人以及无视国际关系和国际法准则、违背对条约和协定的承诺。苏联还利用物质手段和舆论工具进行激烈的意识形态战。里根政府认定,美国面临的"根本挑战"是"制止苏联的全球野心"。

[①] 《华盛顿邮报》1986年2月27日。

里根出于两极体系的考虑,把整个世界看作是分别以美国和苏联为基础的秩序,美国在其中占据领导地位。里根政府以是否反苏作为唯一标准,来确定美国的敌人与朋友。里根主张对苏联推行实力政策、恢复对苏联的遏制,其要点如下:

第一,扩充美国的军事实力,谋求打破战略均势。里根决心打破苏美之间在军事力量方面的相对平衡,采取坚决措施来谋求军事优势,用武力抵抗苏联危害美国利益的任何"冒险行动"。美国指望依靠军事实力来实现其政策目标。美国注意在增进核威慑的同时,大力加强常规力量,并在某些关键地区加强自己的军事存在,以有限的军事手段达到有限的政治目的。为此,里根政府提出了新的核战略,并大力加强核战略力量。1981年3月4日,国防部长温伯格向国会提出了里根政府重振军威的计划。美国准备"同时至少打两个大规模战争",一个在欧洲,一个在别的什么地方,很可能在中东,以及准备在世界"任何一个角落"应付苏联的挑战。美国在核战略方面实施"抵消战略",颁布了三合一战略现代化计划。里根准备在6年内耗资1803亿美元实现核力量现代化,并提出和实施战略防御计划。里根政府为美国的核力量规定了四项任务:防止美国及其盟国遭受核袭击;防止大规模常规力量袭击;防止苏联在一场重大危机中进行核讹诈以及对苏联保持足够的核威慑。里根调整核战略的目的在于:打破美苏在核力量对比中的均衡状态,谋求对苏联的核优势;把苏联拖入一场新的军备竞赛之中,迫使苏联拿出更多的资金投入军备建设,借此拖垮苏联的经济;给苏联在经济、政治、军事以及心理上带来巨大的压力和打击,使苏联在国际竞争和争夺中陷入不利地位。

第二,组建堵截苏联的战略防线。苏联入侵阿富汗后,美国决心堵住苏联进一步向南扩张。里根政府为此采取了一系列措施:同中东一些关键国家如以色列、埃及、沙特阿拉伯达成防止苏联势力扩张的"战略一致",特别是同以色列建立了"战略合作"关系;推动中东和平进程,稳定中东局势,防止给苏联扩张提供机会;支持巴基斯坦、土耳其等国,把巴基斯坦作为反苏、防苏的前线国家;继续支持阿富汗的抵抗力量,动摇与打击苏联占领军。里根注意调整同西欧、日本的关系,以协调对苏政策。里根政府同中国签署了"8.17"公报,两国关系得以正常发展。

第三,以实力为后盾,执行"以实力求和平"的方针。里根政府在同苏联进行的核谈判中,一方面向苏联显示力量,以加强自己的地位;同时又向苏提出明显不会被苏联接受的建议,把谈判可能失败的责任推给对方。里根政府对苏联施加压力,迫使苏联按美国提出的要求找到令美国满意的解决办法。

第四,开展对苏联的经济攻势。里根在同苏联的经济贸易关系中推行大棒政策,主要表现在:(1)实行贸易歧视政策,拒不提供最惠国待遇;(2)严格控制向苏联的高科技及产品的出口;(3)实行经济制裁,把两国间本属于正常的经贸关系与活动作为施加政治压力的工具与手段。里根一方面限制、取消同苏联的经贸关系,同时却把苏联引进军备竞赛。美国试图利用经济财政和技术上的优势,延缓苏联经济发展,迫使苏联限制其在外部的侵略扩张活动。

第五,通过美苏两极体制的框架来看待第三世界和地区冲突。美国宣布它的利益遍及全球,积极插手和干预地区冲突,同苏联进行争夺。里根政府把中美洲看作是自己门前的台阶和自家的后院,标榜在这一地区的目标是"支持民主,发展经济,维护地区安全和承担对话与谈判的义务"。美国以加强在加勒比海地区的军事存在为主,配合政治、经济等多种渠道来排斥苏联的影响,维护自己的传统利益。在中东,美国力图建立"抗苏战略合作体系"。1983年1月,美国成立了中央指挥部,以协调太平洋、大西洋和欧洲地区的指挥。美国还想一手包揽中东和平进程,不准苏联插手。为了加强在第三世界同苏联的争夺,美国采取了如下措施:(1)对第三世界的"友邦"和"中立国"给予充分关注,强调第三世界在美国外交政策中必须"提高到和保持在更高的地位",必须使美国公众、国会和第三世界国家懂得苏联对第三世界的一般战略是利用代理人战争、提供援助和技术培训、支持激进政权和直接出兵等;(2)对一些国家和地区在关键时刻及时提供必要的支持,确保美国的利益;(3)要求第三世界国家遵守有关人权的某些行为标准,注意可能被苏联利用的国内问题,防止苏联乘机发难来改变这些国家的政权;(4)帮助第三世界国家提高保卫自己的能力,特别是提高他们的反暴乱战术,改进通信、情报工作;(5)帮助第三世界国家发挥私营经济的作用,鼓励向第三世界的投资,加强在第三世界国家同苏联的竞争。

第六,进行意识形态战。里根政府在意识形态领域加紧向苏联发动进攻。里根刚进驻白宫就发出了刺耳的反苏言论。1981年1月21日,里根在举行的第一次记者招待会上就表示不能相信苏联,因为苏联为自己"保留了犯罪、说谎和欺骗的权利",并以此谋求主宰整个世界。1982年6月8日,里根在英国议会攻击社会主义的出现是人类历史上"奇异的篇章"。里根声称要对共产主义进行新的"十字军东征",扬言要把苏联和苏维埃制度一起扫进"历史的垃圾堆"。① 1983年3月8日,里根又在佛罗里达的奥克兰发表了攻击苏联是"罪恶帝国"的讲话,指责苏联是"现代世界的罪恶之源"。反苏宣传和意识形态领域的战斗是里根政府对苏政策的一个极为重要的组成部分。里根政府的反苏言论首先是在国内煽动对苏联的仇恨和赢得公众的支持。其次也是说给盟国听的。里根政府的强烈的反苏政策一般说来得到了美国国内的支持。这是因为里根政府的反苏和反共宣传与说教深深影响了美国公众的情绪,使原来就有的敌意更为严重。这样,里根政府的一系列旨在加强与苏联对抗的政策和举动受到了欢迎与支持。里根的政策适应了美国保守主义的需要,反映了他们对美国在国际舞台上地位及实力相对衰落所流露出来的失落情绪,同时也体现了他们力图改变这种状态、恢复其世界领袖地位所进行的努力。

"星球大战计划"

里根1983年3月23日在关于国防开支和防务技术的电视讲话中提出了战略防御计划,即"星球大战计划"。他说自第二次世界大战以来,美国政府都遵循着以报复相威慑来慑止侵略的原则,现在应该"制订一项计划","用防御的手段来对抗令人生畏的苏联导弹威胁"。该计划是把战略弹道导弹拦截和摧毁在到达美国国土之前,以求达到消除战略弹道导弹的威胁的目的。他说战略防御计划是"减少核战争危险的途径"。

1985年1月3日,白宫全文公布了《总统战略防御计划》,在序言中阐述了战略防御计划的目的和性质。(1)发展有效的防御对付弹道导弹所造成的威胁,确保美国及其盟国的安全,以美国的技术优势,谋求建立一个"较为安全和稳定的世界"。(2)战略防御计划仍然是威慑。过去是利用核报复来威慑,使敌手不敢轻易发动侵略。美国"必须谋求另外一种遏止战争发生的手段"。美国要设法改变"在很大程度上依赖迅速进行大规模报复"的局面,而"更加依靠不威胁任何人的防御系统",即战略防御计划。(3)战略防御计划是"一个集中搞先进防御技术的研究计划",目的在于"寻找方法,为遏止侵略、加强局势的稳定和增进美国和我们的盟友的安全提供一个较好的基础"。(4)战略防御计划是针对苏联"不断大规模扩大反弹道导弹力量的活动",同时也是一种"使美国和苏联科研稳妥地同意进行大量削减,甚至最终消除弹道导弹及它们携带的核

---

① 美国国务院:《美国外交政策现行文件(1982)》,第14—20页。

弹头"的有效途径。(5)实施战略防御计划需要盟国的合作。①

里根提出战略防御计划是美国推行强硬的军事新政策的反映。它标志着美国核战略思想的转变。里根认为其前任推行的核战略要确保摧毁是"不道德的",同时也使美国的核威慑能力大大削弱。美国需要的是寻找一种新的途径,不但使核武器"不能发挥作用",而且"可以永远废除这些武器",求得人类生存与安全。按照温伯格的说法,战略防御计划的提出标志着美国的核战略正从"相互摧毁"转变为"相互确保生存",美国通过战略防御计划可望建立一个共同生存的稳定的世界。

美国制订与实施战略防御计划也是对苏联发展核力量和防御项目的反应。里根政府认为,苏联早美国10年就开始了类似的计划,研究防御技术已有20年时间。里根认定苏联以军事预算的"一大部分用于先进的战略防御计划,已经拨给这项计划的资金远远超过美国预先估计的在10年中将花费的资金"②。自20世纪70年代中期以来,苏联花在防御方面的费用要比美国多14倍。③ 在苏联有1万名科学家和工程师参加战略防御计划,到20世纪末可把一个导弹防御系统部署在太空。④

里根提出战略防御计划在美国社会乃至整个国际社会引起了高度重视与不同的反响。关于战略防御计划的争论围绕着一些极为重要而敏感的问题展开:美国的核战略要不要转变、战略防御计划在技术上是否可行、美国经济能否负担起如此巨额开支、会不会打破美苏业已存在的军事平衡而导致新一轮的军备竞赛、美国同盟国的关系会不会因此遭到破坏,等等。对此,美国的朝野有着不同的看法。一批科学家和一些政界要人持反对意见。其中最具代表性的人物是参议员肯尼迪。他的助手认为对战略防御计划怎么进行嘲弄都是应该的,并造出了"星球大战"这个词。经过新闻媒介的渲染,"星球大战计划"被美国人民和世界所接受。战略防御计划的拥护者和支持者则认为,战略防御计划仍然是威慑,只不过是探索一条以防御为主的、冒险性较小而较为安全可靠的途径,从维护美国的根本安全利益而言这是必需的。它可以通过更有保证的防御来威慑苏联对美国的攻击,并取得对苏联的某种优势。这些人还指望通过改变

---

① 1985年1月3日《总统战略防御计划》文件,引自丹尼尔·奥·格雷厄姆:《高边疆——新的国家战略》,军事科学出版社1988年版,第310—313页。
② 里根1985年7月13日广播讲话。
③ 《外交季刊》(美国)1987年秋季号。
④ 里根1985年10月12日讲话。

军备竞赛的重心,迫使苏联改变其计划,加重苏联的经济负担。针对国际上关于战略防御计划是制造新的不稳定和使军备控制进程复杂化的指责,他们辩解说美国强调的是加强威慑,战略防御计划能增加对手在进攻时的无把握程度,使苏联的洲际导弹失效,从而减少核战争的危险。

里根在提出战略防御计划后,即采取了一系列举措予以实施。(1)在有关战略防御计划的必要性和可能性的争论中坚持自己的立场,极力宣传政府的观点,积极争取国内的支持,特别是争取军事工业集团的支持。(2)采取组织落实措施。早在1982年7月,里根发布总统指令,确定美国宇宙活动的主要目标是建立"宇宙防御"。9月1日,美国航空司令部成立。1984年3月21日,里根任命詹姆斯·亚伯拉罕森将军负责战略防御计划,4月15日,又任命他为新组建的战略防御局局长。(3)要求国会拨款,从财政上保证战略防御计划的实施。里根提出战略防御计划后,美国国会并没有马上拨款。1985财政年度国会才第一次拨款给战略防御计划。1985—1991财政年度共拨款213.8亿美元,而里根政府要求305.5亿美元。国会的实际拨款为政府要求的70%。(4)积极争取盟国的支持与参与。美国先后出动了副总统布什、国防部长温伯格、总统裁军顾问尼采以及亚伯拉罕森等到西欧开展游说活动。该计划得到了英国、联邦德国、意大利和欧洲议会的不同程度的支持。

戈尔巴乔夫的外交政策新思维

20世纪80年代前期苏联对里根推行的新遏制政策采取了极为强硬和全面抗衡的政策与措施。勃列日涅夫、安德罗波夫和契尔年科时期对美政策主要为:保持庞大的军事力量,在军事上决不容许美国形成对苏联的优势;以缓和与经济联系推进同西欧国家的关系,制造欧美不和,从中坐收渔人之利;坚守在第三世界业已攫取的利益,不为美国的咄咄逼人而后退;坚决反对干涉苏联内政,利用"缓和"争取国际社会的同情和支持。苏联在同美国争霸的斗争中,进取的步子稍有放慢、调门也略有降低,但对抗美国、扩张势力的目标并未有丝毫改变。里根政府的新遏制政策和苏联领导人所采取的强硬对抗政策,使美苏关系处于新的冷战之中,其特点是:军备竞赛激烈并扩大到太空领域;互相指责与攻击;中断了高级官方往来,在里根执政的前4年美苏之间没有举行过一次最高级会谈。

1985年3月11日,戈尔巴乔夫成为苏联共产党总书记。他在国内政策中提出"公开性"与"改革",试图结束勃列日涅夫后期以来苏联出现的停滞状态,求得社会政治经济的复兴与发展。他提出了外交政策新思维,指望改善在国际舞台上的不利处境,从而加强同美国的竞争。

1986年1月15日,戈尔巴乔夫在苏联政府声明中提出了"新思维"。他说,为了停止军备竞赛,建立国与国之间的信任与合作关系,需要大胆的态度和新的政治思维。其后,戈尔巴乔夫在苏共27大的政治报告、庆祝十月革命70周年的讲话、《改革与新思维》一书中,对新思维进行了解释。戈尔巴乔夫的新思维涉及对当前世界发展趋势的基本估计以及苏联在处理国际关系中的基本原则。戈尔巴乔夫的新思维大致可以归纳为以下几个方面:

第一,当前的世界是一个多样性的统一体。戈尔巴乔夫认为,由于科学技术的高速发展,各国政治和经济的联系的普遍加强,整个世界形成了一个不可分割的统一体。人类面临着生存和发展的迫切问题,需要把各自的力量联合起来。

第二,核战争威胁着人类的生存与发展。戈尔巴乔夫强调,新思维的理论基础是改变对战争与和平的看法。它的基本原则是"核战争不可能成为达到政治、经济、意识形态及其任何目的的手段"[①]。他认为,核武器的出现改变了战争与和平的观点,打破了战争与政治的传统观念,"核战争将不是政治的继续"。他认为核战争意味着整个人类文明的毁灭。当前人类要在生存与毁灭之间作出自己的抉择。

第三,全人类的利益高于阶级利益。戈尔巴乔夫强调新思维的"核心"是"承认全人类的价值高于一切,更明确地说是承认人类生存的利益高于一切"[②]。当前,全人类的利益就是使自己免于毁灭。各国社会制度和意识形态不同,但防止核战争,解决全球性问题,求得生存与发展的利益是共同的,高于一切的。他说,各国都应该把社会的道德伦理标准作为国际政治的基础,使国际关系人性化、人道主义化。国际关系中的非意识形态化是新阶段的要求。它意味着各自坚持自己的信念、哲学和传统,而不号召别人放弃自己的东西。

第四,资本主义仍然具有发展前途与富有生命力。戈尔巴乔夫认为在世界政治格局中,出现了美国、西欧、日本三个资本主义中心。资本主义虽然在发展过程中遇到了许多难以解决的问题,但它仍"保持具体的经济、军事、政治和其他阵地",而且在某些方面"甚至能进行社会报复和收还过去失掉的东西"。资本主义本身的发展规律还没有导致资本主义的"绝对停滞,并没有排除其经济

[①] 米·谢·戈尔巴乔夫:《改革与新思维》,新华出版社1988年版,第177页。
[②] 同上书,第184页。

增长和掌握新的科学技术方面的可能性",资本主义在未来的高科技革命中可能"占领新的高地,在世界力量对比中赢得优势"。帝国主义是还在继续发展的一个强大而危险的敌人,需要认真对待。

戈尔巴乔夫根据对世界发展以及趋势的基本估计,提出了苏联处理国际关系的根本原则:

第一,和平共处的普遍原则。戈尔巴乔夫认为,面对如此复杂而危险的世界,各国政治家必须采取现实主义的负责任的态度。在国际关系中,要寻求相互谅解、对话,实行和平共处,实现国与国关系的非意识形态化,尊重各国的合法权益,以求各方利益的均衡。

第二,自由选择的原则。各国社会发展的多样性日益增加,必须遵循自由选择的原则,充分尊重各国人民按照自己的选择而生活,并在和平条件下独立自主地解决自身的问题。任何国家或国家集团都无权干涉他国的内政,或把自己的政治制度和经济模式、意识形态利用军事的、经济的手段强加于人。

第三,普遍安全的原则。安全是普遍的、相互的、不可分割的。安全的唯一原则基础是充分主权。尊重其他国家,同时用客观的和自我批评的眼光看本国社会。各国要使自己的安全同国际社会所有成员的安全结合起来,不能靠牺牲别国的安全利益来谋求自己的安全。安全首先是政治问题、互相信任问题,不能通过军事手段来保障。通向安全的唯一道路是政治解决的道路,是裁军的道路。

第四,维持两极体制的原则。戈尔巴乔夫确信,维护两极结构是苏联对外政策的出发点。他认为,两大社会体系的对立只有通过和平竞赛与竞争的形式进行,不能使用武力或以武力相威胁,更不能用暴力战争。他称,苏美处于对立的两极,但解决全球问题不能光靠一个或几个国家的力量。苏联不能光从苏美关系的角度来观察世界、处理国际政治问题,否则就要犯"大错误"。

美苏首脑日内瓦会晤和雷克雅未克会晤

里根在第二任期大幅度调整对苏政策,实施"现实主义"、"实力"和"对话"的方针。1984年共和党总统竞选纲领提出,新的一届政府在坚持原来的强硬立场的同时,"随时准备谈判",实行"以实力求和平的政策",加速同苏联进行军备控制的谈判。里根政府之所以调整对苏联的政策,主要是因为:里根认为美国的实力与信心得到了恢复,可以推行更灵活的对苏政策,全力推进美国的利益与理想;苏联实行的针锋相对的顶回去的政策,使里根推行的新遏制政策并未取得实际进展,而且这种政策不为国内和西欧盟国所普遍赞同、甚至提出异议。里根调整对苏政策还由于苏联领导人的更换以及政策的变化。

里根政府的"现实主义"表现在:承认苏联是同美国有着根本分歧的超级大国;两国有着根本利害冲突和完全不同的意识形态;苏联是美国的主要对手,是美国国家利益的主要威胁,苏联对美国的挑战具有全球性质;处理同苏联的关系是美国外交政策中心课题。美国在处理同苏联的关系中要坚持"实力"政策,加强美国的军事力量,组织对苏联的全面抗衡,推进裁军谈判并要求苏联在军事问题上采取公开性方针。里根同时也主张与苏联对话,进行高级会晤,增加互相了解,解决业已成熟的问题。这种对话主要包括军备控制、地区冲突、人权问题以及双边关系。戈尔巴乔夫执政后把处理同美国的关系作为苏联外交政策和外交活动的中心环节。他认为"美国是一个大国,我们要同它一起生活","在保障和平方面如果没有美国,我们什么也做不成;同样,如果没有我们,美国也什么都做不成。我们回避不了美国人,美国人也回避不了我们。因此需要接触、对话,必须寻找改善关系的途径"。

里根和戈尔巴乔夫进行政策调整,积极推进高级会晤。从 1985 年 11 月到 1988 年 12 月,戈尔巴乔夫和里根分别在日内瓦、雷克雅未克、华盛顿、莫斯科和纽约共进行了 5 次会晤。在这些会晤中,双方注意解决两国关系中的关键问题,即军备竞赛和裁军问题;双方都比较注重实效,达成了进一步发展两国关系的政治原则;会谈气氛比较轻松,双方态度都比较积极。经过会谈,双方的立场有了相当的接近,为两国关系的改善创造了条件。

1985 年日内瓦会谈

1985 年 3 月 13 日,里根提出要同苏联新领导人戈尔巴乔夫举行会晤。4 月 7 日,戈尔巴乔夫做出答复,表示赞同。7 月 3 日,美苏双方宣布里根和戈尔巴乔夫将要会见,但未提"最高级会晤"。在准备首脑会晤的过程中,双方充满了矛盾与斗争。这主要表现在:(1)要求讨论的重点不同。美国认为这次会晤要讨论广泛的问题,不要指望达成具体的协议。里根说会晤将"消除我们之间的分歧和解决我们之间所有存在的问题"。戈尔巴乔夫要求重点讨论安全问题,说"注意力集中在安全问题上,首先不允许在太空进行军备竞赛和停止地球上的军备竞赛"。(2)在关键问题上双方立场截然不同。里根明确表示战略防御计划问题不容谈判,美国在此问题上决不让步。戈尔巴乔夫指责该计划"将会在各方面加剧军备竞赛",坚持此计划"不可避免地会导致苏美关系再度尖锐化"。(3)在出席会晤的心态上各异。里根凭借已恢复的经济、军事实力及信心,"将以强有力的地位"参加会晤,从实力地位出发同戈尔巴乔夫举行谈判,争取达成有利于美国的协议。戈尔巴乔夫强调高级会晤是"平等基础上的谈判",而"不是为了签署某一方的投降书"。(4)双方相互攻讦。里根指责苏联"继续是世界上进行侵略的主要根源",加强了"全球各地的暴力与镇压"。戈尔巴乔夫则说,如果美国要坚持战略防御计划,"战争的威胁将会增加"。苏联抨击美国实行"极端军国主义、扩张主义的方针",其政策是建立在"反苏反共和军国主义的基础上的"。

11月19—21日,戈尔巴乔夫和里根在日内瓦举行了首次会晤。两国领导人讨论的主要问题是:战略防御计划和削减50%核武器协定;地区冲突,包括阿富汗、安哥拉、埃塞俄比亚、柬埔寨、萨尔瓦多和尼加拉瓜;双边关系,包括文化交流、航运和人权等。双方签订了《关于在科学、教育和文化领域进行接触和交流的协定》,达成了在纽约和基辅同时开放总领事馆的协定。21日发表《联合声明》。主要内容:1.双方讨论了安全方面的关键问题,认为两国对于"维护和平负有特殊责任",必须防止它们之间爆发任何战争;双方都不得谋求军事优势;2."讨论了关于核武器和太空武器的谈判"问题,决定加速谈判进程,以"防止在太空展开武器竞赛,结束在地球上的武器竞赛,限制和减少核武器并加强战略稳定";3.加强对话,把两国之间的各级对话置于定期的基础上,举行专家级的会议就地区问题交换意见,鼓励民间往来与接触。①

1986年雷克雅未克会晤

1985年日内瓦会晤时确定两国首脑次年在华盛顿继续举行高级会谈。1986年由于美苏关系的发展特别是军备控制谈判中的问题,一直很难把会晤的时间和地点确定下来。

1986年军备竞赛依然是美苏争夺的主要内容。在这一年,戈尔巴乔夫提出了一系列有关裁军的新建议,其主要目标是压美国放弃或延缓实施战略防御计划。里根政府对苏联的裁军建议没有作出积极的反应,继续实施战略防御计划。

1986年,戈尔巴乔夫为了推动裁军谈判、缓和两国关系,曾三次提出同里根进行会晤。3月29日,戈尔巴乔夫提出准备在伦敦或罗马以及欧洲任何一国的首都同里根会晤。美国予以正式拒绝。4月8日,戈尔巴乔夫再次表示愿意会见里根。9月19日,戈尔巴乔夫致信里根,提出在冰岛或英国举行过渡性的首

---

① 《美国国务院公报》1986年1月,第7—10页。

脑会晤的建议。第二天,里根表示了赞同。

里根和戈尔巴乔夫的第二次会晤于10月11日至12日在冰岛首都雷克雅未克举行。两国首脑举行了4轮会谈,讨论了削减战略武器、中程导弹、最终禁止核试验等问题。苏联方面作出了"史无前例"的"重大让步":(1)不再坚持把能打到苏联领土的美国中程导弹和部署在前沿阵地的武器都算作战略武器的要求,建议双方把各种战略武器都削减50%;(2)同意把英、法核力量排除在美苏核谈判之外,建议美苏彻底销毁在欧洲的中程导弹;(3)主张在苏联亚洲和美国本土保留100枚中程导弹,不提美国在日本部署的核力量;(4)要求美国限制核爆炸的当量与次数;(5)美国可以在实验室研究与试验太空武器等。在会晤中,美苏在削减战略武器50%和在10年内不退出《反弹道导弹条约》问题上取得了一致。双方的主要分歧是美国的战略防御计划。苏联指责美国"直到最后一分钟还坚持有权在空间进行试验",说美国不想作出任何让步,只是"空手而来"。美国坚持战略防御计划,不愿意"放弃这块保护自由的盾牌"。会谈没有达成任何协议,没有发表联合声明,也没有确定下次首脑会晤的时间。

里 根 主 义

20世纪70年代末80年代初,国际环境向美国提出了挑战,也提供了机会。世界范围的通货膨胀;各国经济发展进程中断;发展中国家政治动荡、不稳定性加剧;苏联军事力量膨胀;美国威信下降。

里根进驻白宫后,经过仅4年的努力,美国恢复了力量和信心。这主要表现在:(1)美国恢复了现实精神,能够"清醒地认识我们生活的世界和我们不可逃避的全球责任"[①];(2)美国已拥有威慑力量,可以有效发挥威慑作用;(3)经济恢复与发展,经济实力增长,能够保证防务政策的实施;(4)加强了同盟国的关系,协调了同盟国的政策与行动;(5)美国重建了军事力量,而且知道如何使用这些力量。里根强调:"美国的领导地位已经恢复。我们决不会返回到手足无措、失败主义、下降和失望的年代。"美国国务卿舒尔茨认为,美国已"重建了我们的军事实力,经济重新走上了在不引起通货膨胀的情况下持续发展的道路",美国业已培植了一种"新的爱国精神"、"新的自豪感"以及"对自己国家在世界上的作用和未来恢复了信心"。[②]

---

① 里根1984年4月6日在乔治城大学的讲话,《美国国务院公报》1984年5月,第1—6页。
② 舒尔茨1984年10月19日在洛杉矶世界事务委员会的讲话,《美国国务院公报》1984年12月,第5—10页。

里根对苏联在第三世界的扩张、苏联以及代理人在发展中国家的影响与存在给予了特殊的关注。这是因为第三世界对美国来说有着生死攸关的战略利益。第三世界是美国的重要贸易伙伴和能源和原料的供应地。据统计,在20世纪80年代,美国商品出口的35%输往第三世界,进口的40%—45%来自这些国家和地区,特别是能源和原材料。因此,第三世界在美国同苏联的争霸世界的斗争中有着极为重要的战略地位。美国积极鼓励和支持第三世界国家经济自由化、市场化的努力,广泛促进其"民主"运动,特别是提出与实施里根主义,要把苏联在第三世界的影响与势力推回去。什么是里根主义,美国官方并无一个十分明确的定义。作为一般理解,里根主义就是美国要承担抵抗苏联及由它支持的在世界任何地方的"侵略",支持反共产主义的起义并击退共产主义,在第三世界建立美国式的民主。

作为里根主义的核心,就是要把"共产主义的扩张势力"推回去。早在1980年共和党总统竞选纲领中就提出了这一点。1982年2月24日,里根在加勒比湾倡议中提出:"我相信,我们半球的自由与和平发展需要我们帮助这里的政府控制来自它们边界以外的侵略,保卫它们自己……我们做什么都是谨慎和必要的。"1983年4月17日,里根在国会联席会议上进一步阐述了美国对中美洲的四大基本目标:支持民主、改革和人类自由,即美国利用援助、说服,以合法的途径培植民主体制;支持该地区的经济发展;面对着来自古巴和尼加拉瓜的军事挑衅,支持该地区受到威胁国家的安全;支持对话,通过该地区国家和一国内部的谈判解决问题。[①]

里根主义的针对性是极为明确的,这就是抵制苏联在中美洲的渗透,是为了巩固美国的后院而不让苏联染指。1986年3月14日,里根向国会提出了《自由、地区安全和全球和平》的咨文,把里根主义推广到全世界。在这篇咨文中他对里根主义做了系统、全面的阐述,其主要内容是:(1)地区安全关系到美国的切身利益,"只有在一个其他民族也能在不受国内外的高压或暴政压迫的情况下、由自己来决定自己的命运",美国未来的和平与繁荣才能得到最可靠的保证。苏联在发展中国家继续冒险是对全球安全的威胁;(2)苏联在全世界的扩张使美国的安全受到严重威胁。美国要为苏联实现其野心设置障碍,并鼓励苏联自我克制;(3)美国"反对以任何形式出现的暴政,不管它是左的暴政还是右的暴政",谴责"苏联式的独裁政权对世界和平构成的一个几乎是独一无二的威

[①] 《美国外交政策现行文件(1983)》,第1314—1320页。

胁";(4)美国要用军事力量和经济活力"支持自由战士",作"友邦的后盾",防止地区冲突的扩大,遏制共产主义的扩张。①

里根主义是美国里根政府同苏联争夺第三世界,特别是争夺拉丁美洲的政策。里根主义强调"我们必须同民主盟友站在一起。我们不能对那些从阿富汗到尼加拉瓜以及世界上所有地方冒着生命危险为打败苏联支持的侵略者以及确保人类生而有之的权利而斗争的人们失去信心";"支持共产党统治国家内的'自由战士',把苏联取得的政治和军事进展推回去";支持亲苏国家里的反共武装通过低烈度战争推翻亲苏政权或在较为有利的条件下求得政权性质的政治解决。②

里根主义是在美国的力量与信心得到恢复和发展之后提出与实施的,它是里根对苏联推行新遏制政策的一个极为重要的方面。里根主义同杜鲁门主义有许多共同之处:(1)在美国国家实力强大、充满信心的情况下提出,具有明显的进攻性和挑衅性;(2)用美国的价值观和政治、经济模式以及生活方式改造世界、统治世界;(3)打击目标是苏联以及扩张活动;(4)特别注重意识形态的斗争。但是,里根主义所要遏制的范围更广。里根主义在某种程度上取得了进展。

美苏中程导弹协议的签署

美苏关于中程导弹的谈判几经起落,最终在 1987 年签订了有关条约。

苏联从 1977 年开始在欧洲地区部署 SS-20 导弹。1979 年 10 月,联邦德国总理施密特指出,苏联在欧洲部署中程导弹打破了欧洲军事力量的均势,主张北约的威慑战略各个组成部分实现同苏联的平衡。1980 年 10 月,美苏就欧洲的中程导弹问题开始了预备会议。美国要求苏联对部署 SS-20 导弹规定最高限额,与美国部署同等数额的武器保持平衡。苏联则要求美国冻结新的部署计划。1981 年 11 月 18 日,里根提出"零点方案",主张苏联全部拆除它已在欧洲部署的中程导弹,美国则取消在此部署新导弹的计划使双方在欧洲的中程导弹数量均为零。苏联认为这是美国企图以一纸计划来换取苏联单方面的裁减,而且还不包括英法的核力量以及美国的"前沿基地系统",故予以拒绝。1981 年 11 月 30 日,美苏关于中程导弹的谈判重新开始。苏联提出把美苏在欧洲的中程导弹冻结在原有水平的"冻结方案",即美苏双方都不在欧洲部署新的导弹。

---

① 《美国外交政策现行文件(1986)》,第 1—8 页。
② 里根 1985 年 2 月 6 日国情咨文,《美国总统国情咨文选编》,第 724 页。

1982年勃列日涅夫和安德罗波夫先后提出了"分阶段裁减方案"和"同等裁减建议"。苏联把部署在欧洲的中程导弹减少到162枚,相当于英法核力量之和。美国加以反对,认为英法的核力量不应包括在美苏谈判之内。1983年,美苏双方都提出过修改的建议,但是均未被对方所接受,谈判陷入僵局。美国加紧在西欧部署中程导弹的准备工作。1983年11月14日,美国第一批陆基巡航导弹运抵英国的格林汉康芒空军基地。11月23日,苏联宣布退出谈判。从1981年11月30日到1983年11月23日,美苏共进行了6轮谈判,谈判未能取得任何实质性的进展。

1985年3月12日,美苏中程导弹谈判复会,作为"一揽子谈判"的内容之一。在以后两年多的谈判中,美苏双方在中程导弹限制与消除的范围、核查手段、与太空武器谈判脱钩、同英法核力量脱钩、拆除联邦德国潘兴-1型导弹等一系列问题上进行了激烈的争吵。谈判开始后,美国坚持"零点方案",苏联要求美国冻结新的部署计划。1986年1月,戈尔巴乔夫建议在5—7年内消除美苏全部中程导弹。2月,美国建议分3年实施经过修改的"零点方案"。10月12日,里根和戈尔巴乔夫在冰岛的高级会晤中同意消除部署在欧洲的全部中程导弹。进入1987年后,美苏中程导弹谈判加快了步伐并最终达成了协议。2月28日,戈尔巴乔夫表示可以把中程导弹从美苏"一揽子谈判"中脱离出来、单独签订一个条约。苏联的这一重大让步使双方在中程导弹问题上达成协议的条件趋向成熟。3月,美国提出一项条约草案,其中包括现场核查问题。4月,戈尔巴乔夫在会见舒尔茨时提出"双零点方案",即苏联消除它在欧洲的中程导弹,美国不得在此部署。7月22日,苏联宣布全球"双零点方案",苏联在亚洲也不保留100枚中程导弹,要求美国采取同样的举措。此建议得到了美国的响应,为中程导弹协议的签署扫清了道路。9月10日,美国国务卿舒尔茨和苏联外长谢瓦尔德纳泽在华盛顿会晤,双方就销毁中程导弹达成了原则协议。之后又在莫斯科会晤,议定条约的最后细节。12月8日,美苏首脑在华盛顿签署了《美苏消除两国中程和中短程导弹条约》。条约规定:消除所有双方达成协议的中程导弹和发射装置,以及一切有关的辅助设施和设备;最迟在本条约生效3年以后,任何一方都不再有中程导弹、发射装置、辅助设施和辅助设备;在条约生效18个月后,任何一方都不再有中短程导弹、发射装置及辅助设施;本条约生效后,任何一方都不再生产或试验任何中程导弹和中短程导弹。每一方都拥有就地检查的权利。各方每年进行20次检查,为期3年;以后5年每年检查15

次。再往后是每年检查 10 次,为期 15 年。①

根据中程导弹条约,美国需销毁 859 枚中程导弹和中短程导弹,苏联则是 1752 枚。这些导弹在美苏核武库中约占 4%。到 1991 年 5 月,属于中程导弹条约规定范围内的中程导弹和中短程导弹业已全部销毁。中程导弹谈判历时 6 年,前后共经过了 14 轮会谈,美苏两国首脑和外长进行了多次磋商,终于达成了协议。在谈判中,美苏处于不对等的地位。美国采取了进攻的态势,一开始就以一纸计划或者说计划之中的中程导弹来取消苏联在欧洲已经部署的中程导弹;美国后来又提出"双零点方案",要求苏联销毁在欧洲和亚洲的中程导弹。苏联在谈判中的态度与立场变化很大。苏联在同美国进行了一番较量后,全盘接受了里根政府所提出的方案。

中程导弹条约的签订及执行在美苏裁军史上占有重要的地位,有着十分重大的意义。它表明美苏已走上了实际裁减军备的道路。中程导弹作为一类核武器的销毁,提高了世界对美苏核裁军谈判取得积极成果的信心。条约的执行减轻了中程核武器对欧洲的压力,推动了欧洲常规兵力的谈判。严格的核查解决了美苏裁军中的最大难题。这些都加强了美苏之间的相互信任,有利于两国关系的发展。

布什的"超越遏制"战略

美国总统布什于 1989 年 5 月 12 日在得克萨斯农业和机械化大学提出了"超越遏制"战略。21 日和 24 日,布什又在波士顿大学、海岸警卫学院作了进一步的阐述。布什在访问欧洲和出席北大西洋公约组织首脑会议的讲话中重申了上述战略。从此,超越遏制战略成为西方对苏联的共同战略。

超越遏制战略是遏制战略的继续和发展。它强调"谨慎、考验和渐变",提醒人们注意由战后的"相互遏制逐渐变为同莫斯科合作的可能性"。超越遏制战略提出了美国对苏政策的目标和具体要求。超越遏制战略强调把苏联引入国际社会,使它在国际合作中发生演变。布什在 5 月 12 日的讲话中声称"美国现在的目标远不仅仅是遏制苏联的扩张主义,我们所谋求的是苏联重新成为国际社会的一员"。这位总统要求苏联"在国际上以较负责态度行事"。要求它在国内政策方面"朝着较开放和民主化的方向前进",以便"回到世界秩序中来"、"维护国际社会的稳定"。布什还向苏联提出了一系列具体要求:社会的更加开

---

① 《美国国务院公报》1988 年 2 月,第 24—30 页。

放,放开对外移民、开放辩论、开放无线电和电视广播、开放苏联出版和销售被禁止的书籍和报纸、开放人员与思想的自由交流,实现"政治多元化";"尊重人权"和"开放天空"。布什称要对戈尔巴乔夫在苏联进行的公开性给予支持,鼓励苏联朝着开放社会演变。美国要"使自己的步调与他们的步调一致","以与苏联的目标并行不悖的方式谋求自己的利益"①。

超越遏制战略提出要建立"一个开放、统一和自由的欧洲"。布什在5月12日的讲话中要求苏联打破"铁幕"、"拆除柏林墙",以便实现"从莫斯科驱车到慕尼黑,见不到一座岗楼或一股有刺的铁丝网"。布什于7月先后访问了波兰和匈牙利,说"共产主义正在急剧崩溃",公开宣布支持这两个东欧国家"自由和独立的浪潮",支持它们"把自己的命运全部掌握在自己手中"的斗争,以建立"更民主的体制,实现更自由的选举和扩大政治多元化与增加经济选择"。

超越遏制战略强调实力地位政策。布什说美国"必须在经济上、外交上和军事上保持强大"。布什在5月12日的讲话中把战后美国推行遏制战略的成功归结于"我们民主原则、制度和准则是正确的","我们的联盟过去是、现在仍然是牢固的","自由社会和自由市场优越于停滞的社会主义",以及拥有对苏联的更为巨大的实力。布什称要在维持对苏政策的同时,谋求限制与裁减军备、谋求与苏联以及盟国达成"可以核查的起稳定局势作用的军备控制和军备裁减协定"。

超越遏制战略是美国在新形势下提出的对苏战略。20世纪80年代以来,国际政治格局发生了重大变化。这种变化主要表现在:(1)世界由战后的两极向多极化演变。美苏支配世界政治舞台的局面明显瓦解。它们面临着"一系列重新塑造国际新秩序的挑战"。苏美要认真对待人类所面临的一系列紧迫问题。(2)美国在里根时期实力有了长足的发展。美苏力量的对比发生了有利于美国方面的变化。美国自我标榜为"世界上最强大和最富裕的国家","有继续作为世界领袖的能力",能胜任"维护人权、民主、自由,促进国际合作的历史重任"。② 戈尔巴乔夫提出和实施外交政策新思维,鼓吹全人类的利益高于一切,希望苏联"全力参加"国际上"诚实、平等和建设性的竞赛",参加国际政治经济一体化和国际劳动分工,积极参与解决国际问题。这些都被美国视为对其施加压力与影响的极好机会。布什认为"现在是越出遏制阶段进而为90年代

---

① 布什1989年5月12日讲话,《美国外交政策现行文件(1989)》,第11—15页。
② 《华盛顿邮报》1988年10月2日。

制定一项新政策的时候了。这是一项充分承认世界各地以及苏联本身所发生的变化的政策"。美国宣布"鼓励苏联朝着开放社会演变"。

布什政府采取一系列具体政策与举措来实施其超越遏制战略。(1)推进美苏最高级会晤,在政治上支持戈尔巴乔夫。布什先后同戈尔巴乔夫举行了5次会晤,即1989年12月2—3日马耳他会晤、1990年5月31日—6月3日华盛顿会晤、1990年7月7日伦敦会晤、9月9日赫尔辛基会晤、1991年7月30日—8月1日莫斯科会晤。在这些会谈中,两国领导人广泛讨论了人权、军备控制、地区冲突以及双边关系等问题。(2)提供经济援助,支持与影响戈尔巴乔夫的改革。布什的经济援助的允诺是以戈尔巴乔夫彻底改变苏联社会经济制度为基本条件的。美国要求苏联实行自由选举、自由移民、政治多元化、彻底私有化和市场经济。美国政要声称在苏联"没有实行根本改革之前,我们是不会提供任何数量的援助的"。美国所要求的"根本改革"就是"朝着民主化前进,朝着私有化前进,朝着开放市场和实行自由经济前进"①。布什政府曾答应向戈尔巴乔夫提供约40亿美元的援助,其中大部分是向苏联出口粮食的信贷担保。(3)借助戈尔巴乔夫搞垮苏联、促使东欧变化和瓦解华沙条约组织。

超越遏制战略的提出以及实施促进了苏联和东欧国家的演变。苏联的变化主要是戈尔巴乔夫放弃了社会主义的立场与原则。当布什提出超越遏制战略时,苏联政要还曾进行过抨击。当时的苏联外长说布什的讲话使他"吃惊"。他说:"使我吃惊的是他的调门,我甚至要说是他的某种旧式的意识形态的味道,有的地方,则具有教训人的那种教师爷的倾向。"戈尔巴乔夫在一段时间内对美国千方百计利用苏联国内困难制造麻烦、牟取私利的行径也有所警觉。戈尔巴乔夫还曾表示过社会主义和"自由世界"在价值观念和社会制度问题上"存在着尖锐的对立"②。但是,当戈尔巴乔夫推行的公开性把苏联社会搞得政局动荡、经济严重衰退的时候,为了挽救自己的政治生命,戈氏就把全部希望寄托于美国。这位以改革家自诩的人物在政治上需要布什政府的支持以站稳脚跟,在经济上乞求美国的援助为他进行的所谓改革输血打气。戈尔巴乔夫按美国的要求行事,使自己走上了绝路,最终断送了苏联几十年社会主义革命和建设的成果。

---

① 美国副总统奎尔在访问西欧时的讲话,法新社波恩1991年6月3日。
② 戈尔巴乔夫1989年11月14日在接见法国外长罗朗·迪马时的谈话。

第二节　西欧联合步伐的加快

欧共体的进一步扩大和发展

20世纪80年代,西欧一体化进程明显加速。然而,在80年代最初几年,西欧还弥漫着一种"欧洲悲观情绪"。这一方面是由于从1973年起的10年间,西欧国家发生严重经济危机,染上了经济停滞与通货膨胀并发的所谓"滞胀顽症",医治乏术,复苏缓慢,失业率节节攀升。结果,导致欧共体内部矛盾丛生,摩擦迭起。尤其是成员国间围绕欧共体预算摊款的争端久拖不决,使欧共体的正常运转受到严重影响。另一方面则是由于面对新技术革命冲击、太平洋地区崛起、国际贸易竞争激化、美苏争夺加剧等一系列挑战,欧共体却因摆脱不了内部矛盾的困扰,迟迟做不出反应,使人们对它产生了信任危机。为了扭转这种局面,法德两国决定加强合作,联合行动,把基本处于停顿状态的一体化进程推向前进。它们首先于1984年6月,推动欧共体枫丹白露首脑会议就欧共体预算摊款问题达成了一项重要妥协方案,从而扫清了前进道路上的障碍。接着,它们又促使欧共体首脑会议于1985年通过了具有历史意义的《欧洲一体化文件》,给一体化进程注入了新的动力。

此外,枫丹白露会议还决定成立一个由各成员国首脑的代表组成的"特别委员会",负责研究和提出加强欧洲联合的建议。为了从政治上予以推动,法德两国联合提出了"关于欧洲联盟条约草案",提供给1985年6月米兰首脑会议讨论。

米兰首脑会议的首要议题是讨论法德提出的《欧洲联盟条约草案》,同时也讨论了建立科技共同体和统一内部市场以及加强政治联合等重大问题。这次会议,虽然在联合发展尖端科技以及于1992年底前建立内部统一大市场等方面达成协议,但在建立欧洲联盟问题上,却出现了严重分歧。英国赞成加强政治合作,但反对缔结欧洲联盟条约。意大利嫌法德草案步子迈得不够大。荷比卢原则赞成建立欧洲联盟,但对法德轴心忽视小国作用的做法不满。结果这次会议未能就此问题达成协议。

为了进一步商讨建立欧洲联盟问题,主席国意大利不顾英国等国反对,根据《罗马条约》有关条款规定,采纳多数意见,决定于10月召开政府间会议,讨论修改《罗马条约》、建立欧洲联盟、草拟共同外交与安全政策等问题。经过半年的频繁磋商和辩论,对有关议题取得不同程度的进展,但有的问题仍存在较大分歧,尤其在建立欧洲联盟问题上达不成共识。

1985年12月2—3日,欧共体首脑会议在卢森堡举行,会议对尚有争议的问题又进行了紧张艰苦的谈判,最后通过了《欧洲政治合作草案》,并就修改《罗马条约》的内容达成协议,写成《欧洲统一文件》,附在《罗马条约》后面。它主要包括以下内容:

(1)将首脑会议正式列入条约,正式名称为欧洲理事会。它由各成员国国家元首和政府首脑以及欧共体执委会主席组成。每年至少举行两次会议,负责讨论共同体内部建设、重要的对外关系及重大的国际问题,是共同体最高决策机构。理事会主席由成员国首脑轮流担任,任期半年。理事会下设总秘书处。

(2)单列《欧洲政治合作条约》,突出其重要性。规定政治合作的最终目标是"制定和实施欧洲共同体的对外政策"。要求成员国"互通情报,就欧洲普遍关心的对外政策进行磋商";各国在具体行动时,"要充分考虑其他伙伴的立场",并在欧洲安全问题的政治和经济方面协调政策。条约还规定,各国外长和执委会的一名委员每年至少举行4次政治合作会议,在布鲁塞尔设立一个与欧共体执委会平行的政治合作秘书处,负责行政事务。

(3)改革部长理事会决策程序。限制成员国使用否决权、扩大"多数表决"的范围。这是这次体制改革最重要的成就。《文件》规定,部长理事会在决定与实现内部统一市场有关的问题时,绝大多数都可实行"特定多数表决制",但在协调增值税、货币、环保、安全、人员流动、消费保护等涉及各国根本利益的问题时仍需一致通过。另外,《文件》还规定,执委会的建议如获欧洲议会赞同(包括议会通过的修正案),部长理事会只需简单多数作出决定。

(4)欧洲议会的权限有所扩大。它将有权参与欧共体某些范围的立法,对部长理事会的决定可提出修改意见或加以拒绝。若部长理事会仍欲维持原议,须作出一致通过的决定。欧洲议会还可以2/3多数弹劾执委会,迫其集体辞职。

(5)规定于1992年底以前实现统一的内部市场。其目标是逐步取消各种非关税壁垒,包括有形壁垒(海关关卡、边境手续、卫生检疫标准等)、技术壁垒(法则、技术标准)和财政壁垒(税制、税率协调),以保证在共同体内实现商品、人员、资本和劳务的自由流通。为此,《文件》对《罗马条约》中一些易被成员国用来实行变相保护主义的条款补充了限制性内容。

(6)规定加强货币合作,扩大欧洲货币单位的作用,各成员国要确保必要的经济和货币政策的协调与合作。但在建立货币联盟问题上,因成员国意见分歧,最后一致同意只将它作为长远目标写进《罗马条约》前言,不写进本文,并规定将来如做任何改动均需一致通过。

(7) 规定加强社会政策协调。富国增加对穷国的财政支持,努力缩小地区间的发展差距,帮助工业落后或生产下降地区协调发展。

此外,《文件》还加强了欧共体在技术合作和环境保护等领域采取有效措施的权限,增加了强化"欧洲意识"的内容。

1986年2月17日,各国首脑在布鲁塞尔举行《欧洲统一文件》签字仪式。意大利、希腊和丹麦三国出于不同原因,当天没有在文件上签字,10天后才补办了这个手续。后来又由于等待爱尔兰公民投票的结果,不得不将文件生效的时间整整推迟了半年,直到1987年7月1日才开始生效。

《欧洲统一文件》实际是《罗马条约》的更新,它使欧共体又有了新的奋斗目标,获得了新的动力。由此欧洲一体化的进程明显加快。具体表现在:

(1) 欧共体实现了第三次扩大。1986年1月1日,西班牙和葡萄牙正式加入欧共体,使欧共体扩大到12国,人口增加到3.2亿,国民生产总值达2.6万亿美元,贸易额占世界总额的40%。

(2) 欧共体和欧洲自由贸易联盟建立了18国"自由贸易区"。从1984年1月1日起,两个集团成员间取消全部工业品和部分农产品的关税。接着,它们又提出建立"西欧统一市场"和"西欧经济区"的新合作目标。此后,双方的合作关系日益密切,年年都有新的进展。到1989年,筹建"欧洲经济区"的问题正式提上议事日程。

(3) 加紧统一大市场建设的立法工作。自欧共体执委会采用"多数通过"表决制后,立法工作步伐加快。执委会确定的279项措施,到1989年底已基本完成。这为1992年底实现统一大市场提供了保证。

(4) 筹建欧洲货币联盟有所进展。1989年12月欧共体首脑会议决定,于1990年就建立货币联盟修改《罗马条约》问题召开政府间会议。12国同意从1990年7月1日开始进入货币联盟第一阶段。

(5) 欧洲货币单位—埃居使用范围愈益广泛,由结算和储备手段发展到存贷款、信用卡和银行支票等业务领域。到1987年,经营埃居业务的银行有700多家。作为债券,埃居的发行已超出欧共体成员国,进入美、日、加、澳等国。1986年3月,欧洲货币单位协会同国际清算银行签署协议,建立了埃居清算制度。1987年3月,第一批埃居硬币面市,标志埃居开始由理论货币转变为具体货币。

（6）确定资金完全自由流通时间表。1988年汉诺威会议决定，至迟从1990年7月1日起，欧共体公民可以在任何一个成员国的任何一家银行存款或贷款。同意西班牙、葡萄牙、希腊、爱尔兰4国于1992年底实行这项指令，若还有困难，就再推迟3年。

（7）探索西欧防务合作出现新势头。沉睡多年的西欧联盟开始苏醒，活动日渐增多。西欧主要国家为加强防务合作频繁磋商，以法英核力量为基础的西欧核防务合作和以法德常规力量为基础的西欧常规防务合作，都在加强。欧洲军工市场的合作尤为活跃，发展很快。联合开发军备的大型计划涵盖了飞机、坦克、导弹等各个领域。

（8）共同农业政策的改革取得积极成果。共同农业政策大大促进了农业的发展，但农业补贴费用已占共同体预算开支的65%—70%，成为共同体沉重的财政负担，并导致其连年出现预算亏空，陷入财源枯竭的困境。改革农业共同政策成为成员国争论不休的老大难问题。从1984年起，成员国陆续就改革共同农业政策达成一些协议，对控制农业费用、遏制盲目生产、改革农业社会结构、缓和农产品过剩危机，产生了良好效果。

（9）科技合作成绩显著。1984年共同体执委会正式批准"欧洲信息技术研究与发展战略10年计划"，争取10年内在微电子领域赶上美日。1985年制定了"尤里卡"计划。1988年3月，欧共体执委会就跨国技术和工业合作的投资渠道提出一系列建议。1988年9月，欧共体部长理事会提出一份为期5年（1987—1991）的科研大纲，涉及信息、电讯、能源、卫生、环保、工业现代化等项目，总拨款为64亿埃居。

"尤里卡"计划

由于西欧国家在20世纪60年代和70年代，特别是1973—1974年经济危机之后，仍把精力放在抓传统工业的整顿上，抓高新科技产品不力。当它们于70年代末80年代初再看世界时，惊恐地发现，它们在新科技革命竞赛中已落后于美国和日本，导致西欧在蓬勃发展的世界高新科技产品市场上的比重大幅度下降。1972年，美国高科技产品占世界份额的32.3%，日本为13%，而西德（26.3%）、英国（13.8%）、法国（11.1%）三国所占比重就达51.2%，比美日的总和还多5.9%。但到了1982年，美日分别上升到37%和25%，而德、英、法都分别下降为17%、10%和8%，3国合起来还比美国少两个百分点。① 由于高新技术的落后，也影响了传统工业产品质量的提高及其市场的竞争力，成为西欧国家经济普遍出现产业结构危机和失业率居高不下的重要原因。面对这种严峻形势，共同体国家决定加强科技合作，建立"科技欧洲"，赶超美日。为此，欧共体采取了一系列的重大步骤。如1983年5月，部长理事会通过了《1984—1987年欧共体科技战略计划》，1984年2月，又通过了为期10年的《欧洲信息技术研究和发展战略计划》；同年5月，欧共体决定资助英、德、法、比等8国联合研制比电子计算机快数百倍的光计算机计划。

正当西欧国家在高新科技领域作出重大努力赶超美日的时候，1985年3月，里根政府正式宣布，美国决定投入巨资实施"战略防御计划"（又名"星球大战"计划），并邀请盟国参加，西欧对此反应强烈。法国总统密特朗认为，美国的计划是对西欧的双重挑战，首先是战略上的挑战。这一计划实现后，将出现北美和西欧两个不同的安全区，最终可能导致美欧防务的脱钩。第二是技术上的挑战。资金多达260亿美元的战略防御计划，很可能进一步加强美国在尖端技术领域里的领先地位，并将欧洲的高科技人力和资金吸引走，使西欧赶超美日的愿望落空。而这一计划在西欧引起的思想混乱，更是不祥之兆。为此，密特朗于4月17日针锋相对地提出建立"欧洲研究协调机构"即"尤里卡"计划的倡议②，号召西欧国家在诸如光电子学、大型电子计算机、高速微电子学、高功率激光和粒子学、新材料和人工智能等尖端领域进行合作，建立一个"欧洲工艺技术共同体"。这个倡议一提出，迅即得到广大媒体十分积极的反响，并得到6月在米兰举行的欧共体首脑会议的全力支持。根据米兰首脑会议的决定，7月17日在巴黎召开了第一次"尤里卡"部长级会议。参加会议的有欧共体12国和奥地利、瑞士、挪威、瑞典、芬兰共17国的外长和科研部长，以及欧共体执委会的代表。与会者一致赞成"尤里卡"计划，并在18日发表的最后公报中宣布，"尤里卡"自即日起正式诞生。

"欧洲信息研究和发展战略计划"的问世用了5年时间，而"尤里卡"计划从提出到诞生只花了短短3个月，其进展之"神速"在欧共体历史上是独一无二的，反映了这个计划是顺乎人意的。

根据巴黎会议的决定，1985年11月5—6日在德国汉诺威召开了"尤里卡"第二次部长级会议(增加了土耳其)。由于法德两国通力合作，做了充分的会前

---

① 马克·勒鲁瓦-博列厄：《世界尖端工艺技术市场》，《日内瓦论坛报》(瑞士)1984年6月6日。
② 让-巴蒂斯特·曼·德布瓦西埃：《"尤里卡"计划》，《国防》(法国)月刊1986年第12期。

和会外准备工作,这次会议开得相当成功。会议通过了"尤里卡宪章",宣布了尤里卡计划的头10个研究项目,并决定成立一个独立于欧共体执委会的秘书处。这标志"尤里卡"计划正式开始实施。

"尤里卡宪章"规定,尤里卡计划是民用性质的;它的研究项目由企业和科研单位自下而上地提出,由有关国家决定;每个研究项目必须有两个以上不同国别的企业参加;资金来自国家基金的部分最多不得超过50%,其余由工业界提供,等等。

1986年6月30日,第三次"尤里卡"部长级会议在伦敦举行。其主要任务是筹建常设秘书处和为新合作项目的出现创造一个有利的环境。这些都得到比较顺利的解决。会议签署了62项新的合作项目和一份有关常设秘书处的备忘录①,并决定秘书处设在布鲁塞尔,第一任秘书长由法国人担任。从此,"尤里卡"完全步入正轨。

从第五届"尤里卡"部长级会议开始,每9个月召开一次,按国名字母顺序由参加国轮流担任主席国,主持会议。每次会议都宣布一大批新项目。随着时间的推移,西欧以外的国家如美国、日本、加拿大、以色列、波兰和阿根廷等非"尤里卡"成员国的企业和科研机构也先后参加了"尤里卡"的研究项目。东欧、苏联剧变后,匈牙利和俄罗斯也被接纳为"尤里卡"成员国。

"尤里卡"最显著的特点,也是它最显著的优点是,它不是一个确立了项目的研究计划,而是一个供欧洲合作的"开放框架",实行"自下而上"的原则,由基层参加单位自立地选题和确立合作伙伴、合作范围及合作方式。上面只有一个常设秘书处和各国的对口单位负责组织协调。它把企业和科研机构紧密地结合在一起,解决了基础研究与市场脱节的难题。它要求每个项目都有不同国别的企业参加,有助于统一技术和产品的标准及统一大市场的建立,其出资方式也可以有效地避免资金的浪费。因此,"尤里卡"计划发展顺利。它不仅促进了"工艺欧洲"的形成,振奋了西欧"联合自强"的精神,而且也给西欧开展科技合作提供了许多有益的经验。如1987年欧共体制订"欧洲信息研究和发展战略计划"第二阶段计划时,就强调要鼓励工业企业、研究中心和大学在共同体内进行跨国界的合作,要求根据市场的需要而不是按过去的老办法来选择研究项目。

---

① 安娜-玛丽·罗科:《"尤里卡"计划伦敦会议》,《经济论坛报》(法国)1986年6月30日。

西欧防务联合的进展

自1954年《欧洲防务集团条约》遭法国议会否决后,西欧防务合作问题几乎成了盲区,很少再有人提起。为补救那次失败而成立的西欧联盟也无声无息地"昏睡"了近30年,连部长理事会也不经常开。然而,到了20世纪80年代,西欧防务联合问题又提上了西欧国家的议事日程,而且成为一个经久不衰的热门话题。这一情况的出现,最初是由于受到"中导危机"的强烈刺激。70年代末,因苏联在欧洲部署SS-20导弹而引起的争端,不久演变为美苏在欧洲地区的新一轮核对抗,西欧成了它们对抗的"核人质"。这使西欧国家深切地感到,自己没有防务能力,命运只能听别人摆布。安全得不到保障,独立自主就是一句空话。为此,法国率先采取主动行动,得到联邦德国的积极支持,两国决定加强军事合作,振兴西欧联盟,推动西欧防务联合。后来,美国提出了"星球大战"计划,并且通过美苏首脑冰岛会晤,在西欧国家不知情的情况下,讨论了撤除中导和短导的"双零方案",加剧了西欧国家对美国核保护的不信任感,从而进一步促进了西欧防务联合的发展势头。

在此期间,西欧防务联合主要在以下几个方面取得进展:

第一,作为西欧联合发动机的法德联盟在防务领域的合作明显加强。1982年10月21—22日,法国总统密特朗同西德总理科尔在波恩举行会晤,决定实施法德合作条约中已被冻结20多年的军事条款,成立"安全—防务共同委员会",规定两国外长和国防部长每年各会晤两次,协调两国的防务政策,并就安全政策进行磋商。[①] 1986年,两国首脑又达成共同培训军官、联合举行军事演习的协议。美苏首脑冰岛会晤讨论"双零方案",西欧反应强烈,西德尤感不安。它担心撤掉中导、短导这两个核武器的梯级后,将严重损害核威慑理论和"灵活反应战略"的有效性,西德将首当其冲地面临苏联常规军备优势的威胁。为对付这个挑战,并为"应付美国最终从欧洲撤军作必要的准备",西德总理科尔于1987年6月19日正式提出建立一支5000人的法德联合旅的建议[②],法国对此表示热烈欢迎。法国总统密特朗认为,建立这样一支联军"必将成为欧洲防务的雏形"[③]。这促成了两国于1988年1月22日决定建立"防务理事会"以取代1982年成立的"安全—防务共同委员会"。"防务理事会"由法国总统和总理、

---

① 参见王燕阁:《法德合作的新阶段》,《现代国际关系》1988年第5期。
② 吴鸥:《困难的尝试:法德联合旅》,《世界知识》半月刊1987年第19期。
③ 同上。

西德总理及两国外长、国防部长和总参谋长组成,是一个"对涉及两国军事合作的一切事情进行决策的机构"。其任务是:"拟订防务和安全领域的共同方案"以及保证双方在与欧洲安全有关的安全问题,包括军备控制和裁军问题上密切协调。理事会下设三个小组,分别负责军事行动合作、防务机构的协调和拟定共同的军备计划。"法德混合旅",由防务理事会负责筹建,于1989年1月12日举行了部署仪式,荷兰等国也表示了参加的意向。"防务理事会"的建立,不仅把法德合作特别是防务领域的合作推进到一个新的阶段,而且对西欧的防务联合起了重要的促进作用。

第二,在法德携手推动下,西欧联盟得到恢复和改造。它逐步取消了对西德的歧视条款,成为西欧国家专门讨论防务问题的论坛。1984年6月2日,西欧联盟7国外长在巴黎举行会议,讨论"恢复西欧联盟的活动",原则同意了法国提出的一项关于振兴该联盟的一揽子建议。10月26日,西欧联盟7国的外长和国防部长选择该联盟诞生30周年的这一天,在罗马举行联席会议,通过了以法国建议为基础的《罗马宣言》,宣布重振西欧联盟。《宣言》声明,7国决定加强西欧的共同防务,协调联盟各国有关武器生产与控制的意见,发挥欧洲在北约中的作用;并决定取消西欧联盟中关于禁止西德生产常规武器的条款。[①]为健全组织机构,会议决定联盟7国外长和国防部长每年召开两次联席会议,必要时还可分别举行会议,并要求加强部长理事会与联盟议会之间的联系;决定全面改组部长理事会下设的军备监督处、常设军备委员会和秘书处等机构。至此,一个经过改造的西欧联盟以新的面貌出现于欧洲政治舞台上。它密切关注一切与西欧安全和防务有关的问题,包括美苏会谈和东西方的裁军谈判,提出形势报告和对策建议,并根据形势发展和防务合作的需要,采取一些相应的措施。1985年,联盟决定建立一个常规尖端武器研究基地。1986年7月成员国同意在反恐怖主义方面加强合作,年底增设"欧洲安全政治委员会",由各国外交部政治司长组成,定期就安全政策进行磋商,需要时还可请国防部高级官员参加。

美苏首脑冰岛会议后,西欧联盟议会和部长理事会多次开会分析西欧安全形势。部长理事会于1987年10月26日在海牙通过了《欧洲安全宪章》,决心进一步加强西欧的防务合作。这是西欧联盟成立30多年来发表的第一份西欧安全宣言。它全面阐述了欧洲安全的原则,指出军备控制是西欧安全政策的一

[①] 《世界知识年鉴(1990—1991)》,世界知识出版社1991年版,第889页。

个不可分割的部分,强调西方的防务战略"必须继续建立在足够的核力量和常规力量的基础上,只有核因素才能对付潜在的侵略者","美国常规和核力量的存在,在西欧防务中具有不可取代的作用"。在美苏就"双零方案"谈判出现达成协议前景的时刻发表这个《宪章》,明显有牵制美国的意思。

1988年鉴于伊拉克和伊朗在海湾地区展开"袭船战",联盟同意驻守在海湾的欧洲各国海军加强协作,并决定吸收西班牙和葡萄牙为成员国,以加强地中海安全。

1989年是东欧局势急剧变化的一年。11月中,西欧联盟外长和国防部长聚会讨论新形势下的西欧防务问题,着重就以下问题进行磋商:(1)创设一个防务机构,以唤起人们对安全形势的认识,告诫人们不要因东西方趋向缓和而放弃防务措施;(2)成立"欧洲军用卫星局",为西欧将来参与核查裁军协议的执行情况提供手段,打破超级大国垄断核查的局面;(3)加强北约中的"欧洲支柱",发挥西欧联盟在常规军备裁军谈判中的作用;(4)西欧联盟与欧共体等其他欧洲机构在安全方面相互协调的问题。

以上情况表明,西欧联盟已不仅是一个论坛,它开始作为西欧国家协调安全和防务政策的机构发挥作用。

第三,军工合作有了长足进展。这一方面是为了改变西欧在先进武器装备上严重依赖美国的状况,谋求自立。另一方面,也是由于研制现代武器装备花费大,一国难以承当。同时,西欧国家还希望通过军备合作,有助于统一标准,为将来的欧洲独立防务创造条件。早在1976年,由法国创议成立了"独立的欧洲项目小组"。到20世纪80年代,这个机构已发展为西欧国家军备技术合作的中心,西欧国家在军备研制和生产方面的双边和多边合作蓬勃发展起来。其中大型项目有:德法英3国联合研制第三代反坦克导弹协议;英法德意4国联合生产多用途火箭筒协议;法德西意英5国联合制造800架双发动机飞机协议;德英意西4国共同研制EF2000欧洲战斗机协议;法德共同研制新式反坦克导弹协议;等等。这些军工合作颇见成效。它不仅开发出被两个超级大国所垄断的某些军事技术,还大大提高了西欧的军工产品在国际市场上的竞争力,缩小了同美国武器贸易中的严重不平衡。1984年,美国向西欧的武器出口下降45%,而从西欧的进口上升了14%。[①] 以后,西欧同美国的武器贸易逆差总的趋势向缩小方向发展。

---

① 冯·彼得·奥德里希:《欧洲与军事技术》,《法兰克福汇报》(德国)1986年4月28日。

20世纪80年代是西欧防务联合自战后以来进展最快的时期。但总的来看,还处于较低的起步阶段,远未达到实施共同防务的程度,更谈不上很快实现独立防务的问题。西欧国家争取的现实目标是,通过它们之间多种形式的防务合作,加强北约组织中的"欧洲支柱"。而80年代末,东欧发生的剧变,完全改变了西欧的安全形势,对西欧防务合作产生了极其复杂的影响。

东欧剧变及其对西欧的影响

1985年戈尔巴乔夫就任苏共总书记,对外奉行"新思维",在国内标榜"公开性","民主化",实行政治体制和经济改革。东欧各国国内围绕改革问题的斗争也随之尖锐起来。西方抓住这个时机,加紧推行其和平演变战略,对苏联、东欧发起了强大的"人权"攻势,公开支持东欧国家中的"民主反对派"的反政府活动,以迫使这些国家走上自由化改革道路。而那些反对派组织则在这种有利的国际大气候下加紧活动,扩大组织。它们抓住共产党长期执政过程中发生的缺点、错误乃至弊端,抓住当前的经济困难,发动群众,开展进攻,迫使执政党节节退让,达到最后取而代之。1989年,波兰首先被突破,很快在所有东欧国家产生连锁反应,政权相继易手。1989年成了东欧剧变年,其余波一直延续到1991年阿尔巴尼亚完成演变过程。

7个东欧国家除罗马尼亚外,都是以和平方式实现这种演变的。都改行多党制和私有化;都改了国名、国歌和国徽;共产党都更名为民主社会主义党或社会党;政权易手后,都对共产党领导人进行政治清算。它们的演变过程有许多相似之处,但具体情况又各有特色。

波兰的政局变化是以团结工会合法化为转折点的。20世纪80年代初,团结工会领导了大规模工潮。波兰政府于1981年底至1983年7月间在全国实行"战时状态",取缔了团结工会。但西方在国际上发起了声援团结工会的声势浩大的运动。故团结工会虽被取缔,仍照样活动。波兰从1982年实行经济改革,1987年7月进入第二阶段后,有些商品提价过猛,招致人民不满。1988年,团结工会又发起大规模罢工,导致新的社会动荡。为了缓和矛盾,波兰统一工人党开始改变对团结工会的政策,于1989年1月,通过了《关于政治多元化和工会多元化立场》的决议。2月6日至4月5日,举行以统一工人党和团结工会唱主角的、有全国所有主要政党和组织参加的圆桌会议,达成了关于团结工会合法化、改行总统制和增设参议院、实行议会民主等协议,并确定提前于1989年6月举行议会大选。选举结果团结工会大胜,组成以它为主体的联合政府。新政府宣布对国家的政治经济制度进行彻底改造。

匈牙利紧随波兰之后,采取主动。1989年2月,匈牙利社会主义工人党召开中央全会,宣布放弃执政党地位,实行多党制,并对1956年匈牙利事件作了重新评价。接着于6月,社工党中央和政府为在1956年事件中以叛国罪判处死刑的纳吉彻底平反。10月6日,社工党举行非常代表大会,决议将社工党改建成社会党,"同无产阶级专政、民主集中制和阶级政策决裂"。10月18日,国民议会通过修正案,改国名为"匈牙利共和国",宣布新共和国"体现资产阶级民主和民主社会主义价值观"。1990年3月25日至4月8日,举行实行多党制后的首次大选,反对党民主联盟获胜,同其他小党组成联合政府,决定加速私有化进程。

民主德国受到匈牙利政策改向的巨大冲击。民主德国历来最担心的是劳动力流失。1989年5月,匈牙利宣布拆除与奥地利之间的边界设施,9月又单方面废除与民主德国签订的《关于禁止对方无有效证件公民去第三国的双边协定》,匈牙利变成了民主德国公民出走联邦德国的通道。民主德国劳动力大量流失,人心浮动,社会生活陷入混乱。接踵而至的是一批反对派组织的出现和一些城市爆发规模不等的示威游行。但当时尚未危及政权的生存。正在这十分敏感的时刻,到柏林参加民主德国国庆活动的戈尔巴乔夫对记者发表谈话,不点名地批评民主德国领导人不能"及时地认识到社会的要求,并且做需要做的事",并警告说,"谁赶不上趟,谁将受到生活的惩罚"[1]。西方舆论普遍认为,这是苏联要搞掉不听话的民主德国领导人昂纳克的信号。反对派组织从中受到鼓舞,活动起来更加有恃无恐。至此,昂纳克领导集团已感到孤立无援,支撑不下去了,开始分化。10月18日,昂纳克被迫下台,现政权很快呈现倾危之势。11月7日,以斯多夫为主席的部长会议集体辞职,让位于有11名非统一社会党成员参加的联合政府,人民议会主席也改由民主农民党人担任。12月3日,统一社会党召开中央全会,决定将昂纳克、斯多夫等12名前领导人开除出党,宣布中央委员会和政治局集体辞职,随后举行特别代表大会,决议将党改名为"德国统一社会党—民主社会主义党"(简称"民社党")。12月7日,举行有16个党派、政治组织和社会团体代表参加的"圆桌会议",确定于1990年5月16日举行人民议院选举。选举是在西德公开干预和操纵下进行的,科尔总理全力支持的德国联盟获得48.15%的选票取胜,从而为两德统一铺平了道路。

---

[1] 世界知识出版社编:《德国统一纵横》,世界知识出版社1992年版,第127页。

捷克斯洛伐克领导人同昂纳克集团一样,也是顶风而行的。自1989年初以来,捷国内各种政治势力围绕着对1968年的"布拉格之春"和苏联等5国武装入侵事件的重新评价问题展开了激烈的较量。以总书记雅克什为首的捷共中央坚决顶住来自国内外包括苏联和一些东欧国家的压力,反对为1968年事件翻案。10月,民主德国政局突变,捷共也顶不下去了。11月6日,雅克什领导班子辞职。新班子上台,立即同反对派联合组织"公民论坛"会谈,表示"愿走一条新路"。接着,议会修改宪法,取消捷共在社会生活中的领导作用等条款;捷共主席团发表声明,为"布拉格之春"平反;改组政府,吸收非党人士入阁。12月22日,捷各派政治力量举行"圆桌会议",一致同意提名"公民论坛"代表哈维尔和"布拉格之春"领导人杜布切克分别为总统和联邦议会主席候选人,并于28日和29日经议会批准。

受这种大气候的影响,一向比较平静的保加利亚也出现社会动荡。1989年10月下旬,由一些社会名流组成的"生态公开性"组织举行集会和示威游行,要求当局仿效波兰、匈牙利和民主德国实行改革,实行多元化。与此同时,社会上关于保共领导人日夫科夫搞一言堂、独断专行、任人唯亲及裙带关系的流言盛传,党内外群众要求日夫科夫让权的呼声日高,遂使国内矛盾激化,社会动荡加剧。11月7日,日夫科夫被迫辞去保共总书记和国务委员会主席职务。1990年1月16日,保反对派组织举行圆桌会议,就向民主制度和平过渡等问题达成协议,并商定6月10—17日举行自由选举。4月3日,保共更名为保加利亚社会党。6月大选,社会党获得大国民议会400个席位中的211席(52.7%)。但在当时国际国内条件下,社会党单独组阁难保社会稳定,而人民联盟等3个主要反对党又拒绝参加组阁,新政府迟迟不能产生。最后,达成妥协,大国民议会选举人民联盟主席热·热列夫为总统,无党派人士迪·波波夫为总理。

与这些国家和平演变不同,罗马尼亚是通过军事政变夺取政权的,且事起突然。导火线是蒂米什瓦拉事件。1989年12月16日晚,罗马尼亚西部城市蒂米什瓦拉几百名市民、学生和工人将持不同政见者、匈族新教神父拉斯洛·托克什所在的教堂团团围住,反对地方当局令其拆迁,次日发展成数千人的反政府示威游行,部分人冲进地方政府大楼,同军警发生冲突,造成人员伤亡。西方、苏联和东欧国家对该事件作出强烈反应,罗国内各种矛盾骤然激化。21日,罗首都发生大规模的反政府、反齐奥塞斯库的示威游行,并设置路障同前去弹压的军警对峙,在冲突中多人伤亡。22日上午,电台公布国防部长自杀。接着,国防部军队宣布,"不再向人民开枪",拒绝执行"全国进入紧急状态"的命令,守卫在重要部门的士兵开始撤离。11时45分,示威群众冲进罗共中央和政府大厦。齐奥塞斯库夫妇乘直升机逃亡,于当晚在距首都70公里的特尔戈维什泰附近被捕,经临时组成的军事法庭秘密审判后就地枪决。随即由扬·伊利埃斯库将军等军界人士组成的罗马尼亚救国阵线宣告成立,宣布由它接管国家的一切权力,它公布的10条施政纲领包括实行多党制和立法、司法、行政三权分立,并决定于1990年4月举行自由大选。整个事态发展不到一个星期。

阿尔巴尼亚的变化来得较迟,直到1990年末才显出动静,1991年逐步完成。演变过程与保加利亚近似。

东欧剧变,西欧是主要受益者。东欧国家转向西方,首先是转向欧共体。这不仅给它提供了一个新的大市场,而且也使它的势力范围由西欧扩大到东欧,成为居于整个欧洲中心地位的一个主体组织。更重要的是,东欧剧变,预示华约组织即将解体,苏联的军事威胁基本消失,这使西欧的外部安全环境大大改善。

然而,东欧剧变也给西欧带来一些新的问题和挑战,主要有:(1)"雅尔塔格局"行将就木,建立什么样的欧洲和平新秩序的问题已成为欧美苏斗争的焦点。(2)两德统一骤然变成现实,恐德情绪开始在欧洲蔓延。将来是"德国的欧洲"还是"欧洲的德国",也成为西欧国家需要认真考虑的问题。(3)苏联威胁消失后,美欧之间不会继续维持保护与被保护的关系。调整欧美关系势在必行。(4)东欧国家转轨后,都迫切要求加入欧共体。这对欧共体构成了沉重的"扩大"压力。(5)东欧国家转轨,政治、经济、社会生活出现无序状态、国内的民族矛盾和宗教冲突及邻国之间的民族和领土纠纷又重新活跃起来,甚至后来发生像南斯拉夫解体及波黑内战这样的严重问题,对欧洲地区的稳定和安全形成新的威胁。而苏联、东欧国家大批移民像潮水般涌向西欧,又给西欧国家带来一系列的政治、经济和社会问题。为迎接新的挑战,欧共体国家决心加强自身建设,加速一体化的进程。

德洛尔计划

为落实一体化文件,欧共体执委会主席雅克·德洛尔受首脑会议的委托,分别于1987年和1989年提出两份具体实施计划。

第一份"德洛尔计划"是"为一体化文件的成功而奋斗"的报告。因为它涉及的是财政改革的问题,故又称为"一揽子财政改革方案",其主要内容是:(1)今后5年(1988—1992)严格控制预算支出,削减农产品保证价格,把农业开支由占预算总额 70% 以上减到 50%;(2) 取消强势货币(如西德马克)成员国出口农产品的补贴,以消除其过剩农产品盲目增长,同时取消弱势货币(如法国法郎)成员国出口农产品的过境征税;(3) 改革欧共体预算"自有财源"制度,把其中关于征收各成员国增值税的 1.4% 改为按各成员国的国内生产总值提成,预计 1992 年欧共体预算岁入比 1987 年增加 25%,约达 580 亿埃居;(4) 5 年内将欧共体预算支出的结构基金(包括地区发展基金,欧洲社会基金以及农业指导保证基金的指导部分)拨款,由 1987 年的 69 亿埃居翻一番。

1987 年 2 月,德洛尔携带该计划遍访 12 个成员国,同各国首脑进行磋商。但在当年年中和年底举行的两次首脑会议上,该计划未获通过。分歧在于:(1) 英国坚持欧共体财源的增加必须以严格控制农业开支为前提,否则它就反对任何有关增加财源的建议;(2) 英国要求实施农产品产量超过限额规定时,自动削减保证价格,法国和联邦德国认为这样做会影响农业经营者的收入;(3) 联邦德国和英国不同意按国内生产总值提成来为欧共体预算集资,法国财长认为逐步增加欧共体财源是合适的,但主张以提高征收增值税率的办法来确保预算平衡;(4) 英国等富国认为 5 年内就将结构基金翻一番增长得过快,这将加重它们的负担,而希腊、爱尔兰和西班牙、葡萄牙等主要受益国则坚决支持 5 年翻番的建议。

1988 年 2 月,由于联邦德国居间斡旋和多方工作,在布鲁塞尔举行的特别首脑会议上终于就"德洛尔计划"达成妥协。其中规定:(1) 农业开支定为 275 亿埃居,并以 1998 年为起点,其增幅每年为欧共体国内生产总值平均增长率的 74%(以欧共体国内生产总值平均增长率的 80% 为基数,扣除 6% 作为休耕制的补贴);(2) 建立稳定农业的体制,将谷物保证价格的限额定为 1.6 亿吨,超过限额则自动降价 3%;(3) 欧共体预算集资由各成员国增值税收入的提成,改为按国内生产总值提成,但上限为国内生产总值的 1.3%;(4) 结构基金翻番的时间定为 6 年,即由 1987 年的 69 亿埃居增加到 1993 年的 141 亿埃居,比"德洛尔计划"推迟一年。

这项协议的重要意义在于,它为实施一体化文件所规定的近期计划(解决预算赤字、农产品价格)和中期计划(改革农业政策、财政制度和结构基金)开辟了道路。

这个问题解决后,接于 1988 年 6 月在汉诺威举行的首脑会议继续就执行一体化文件问题进行磋商,对加强货币合作、建立货币联盟的必要性达成共识,决定委派一个专门小组就此问题"进行研究并提出具体步骤",一年内提出研究报告交各成员国财长审查。该小组由执委会主席德洛尔领导,成员包括12国的中央银行总裁和3名专家。

1989年4月17日,德洛尔小组向在卢森堡举行的12国财长会议提交了一份"关于欧共体经济与货币联盟"的报告。该报告计划分三个阶段实现欧洲货币联盟。其总的指导思想是:"欧洲经济与货币联盟意味着人员、财产、机构和资金的完全流动自由,各国货币最终有固定汇价,最后确立统一货币……它意味着在欧洲逐步实现经济一体化进程。"计划规定,1990年7月1日开始第一阶段,12国从这一天开始实施资本自由流通。在第一阶段里,要求成员国的所有货币,包括尚未加入的英国、希腊、葡萄牙的货币都要加入欧洲货币体系及其汇率干预体制。同时,财长理事会负责协调各国的经济政策、预算政策和货币政策,并从第一阶段开始建立欧洲储备基金。第二阶段须待1992年单一市场实现后,成员国签订新的条约。新条约经各成员国议会批准、宣布生效之日,即是进入第二阶段之时。在这个阶段,将依法筹建欧洲中央银行体系,使货币政策的协调实现质的飞跃,开始提出并逐步执行共同货币政策;在这个阶段,还要缩小欧洲货币体系的汇率浮动幅度。第三阶段的特点是,在经济和预算政策方面作出一些限制性决定;在货币方面建立固定汇价,制定单一货币政策,"把各国当局的决定权逐步转移到共同体机构","在最后阶段,各国货币将为单一货币所取代"。

这一计划遭到英国的强烈反对。它不同意建立欧洲中央银行和发行共同货币,表示在任何情况下都不会把大部分经济和社会决定权转让给欧共体。财长会议没有得出任何结论,将报告提请首脑会议讨论。

1989年6月,首脑会议在马德里举行。会议一开始就出现"顶牛"局面。法德等大多数国家坚持三个阶段"整个进程"不可分割,坚持全部实施德洛尔报告,12国达成"明确的政治协议"。而英国只愿意有条件地接受第一阶段计划,坚决反对德洛尔报告提出的总体进程,尤其反对召开政府间会议。

执行主席国西班牙首相,面对这种对峙局面,"意识到(就德洛尔报告)达成协议的可能性很小"。于是,他在最后一刻提出了一个四点折中方案,终于为12国一致接受,达成协议。其主要内容是:欧洲理事会重申它在欧洲一体化文件中规定的、并由汉诺威首脑会议所确认的关于逐步实现经济与货币一体化的决心;认为德洛尔报告完全符合汉诺威会议的委托;决定实现经济与货币一体化的第一阶段工作从1990年7月1日开始;要求各职能机构为开始第一阶段工作进行必要的安排,并筹备召开一次政府间会议,以便讨论修改《罗马条约》,为实现经济货币联盟后续阶段奠定法律基础。

英国在会议最后阶段接受了逐步实现经济与货币一体化的原则,特别是同意在一定时期召开政府间会议讨论后续阶段的问题,从而确保货币一体化的连续性进程得以继续下去。这是此次会议取得的一个重要突破。

但是,这个折中协议只规定了第一阶段开始的时间,未规定完成的时限,对后续阶段也没有作出明确的承诺。在召开政府间会议的问题上,附加了一些条件,一是规定在第一阶段开始实施前不召开。二是会前必须作"全面、充分的准备",在此基础上才能讨论货币联盟新条约。三是规定政府间会议作出的任何结论或商定的新条约,必须所有成员国协商一致才能通过。这使货币联盟的前途处于不确定的状态中。但这个问题半年后得到纠正。

12月8日,在法国斯特拉斯堡举行的第42届欧洲理事会上,再次讨论了建立欧洲经济货币联盟问题。这次会议不顾英国首相撒切尔夫人的反对,通过决议,在1990年12月底以前召开关于建立货币联盟的政府间会议。这预示欧共体国家已做好准备,即将向下一个一体化的宏伟目标发起冲刺。

第三节 日本从经济大国走向政治大国

综合安全保障战略的提出和实施

自20世纪70年代初日本摆脱"向美国一边倒"的"追随外交"后,开始了对自主外交的摸索,先后采取了"多边自主外交"、"等距离外交"及"全方位和平外交",在不断实践和调整的基础上,终于在70年代末推出了战后日本第一个具有全局观点和长远考虑的国家总体战略——综合安全保障战略,从而为日本在80年代推行大国外交确定了理论依据和行动方针。

在20世纪70年代中期,日本的政界、财界和学术界人士便纷纷着手探讨今后的日本安全保障问题,并有《展望21世纪的战略》等书籍相继问世。1978年11月,大平正芳在竞选自民党总裁的演说中提出了综合安全保障战略的基本思路,宣称"不仅要把防卫力量,而且要把经济力量、和平外交、文化创造力量都用一根链条连接起来","为日本在世界上的发展创造一个和平的国际环境"。大平担任日本首相后,立即建立了九个政策研究组作为其内阁的咨询机构,其中包括以猪木正道为首的综合安全保障组。1979年3月,大平首相在日本防卫大学毕业典礼的训示中进一步谈道:"我国的安全保障只有在整备防务力量的同时,把经济力量、外交力量、文化创造力量等我国具有的全部力量都综合地集聚起来才能得到保证。"①

1980年7月,综合安全保障研究组的20多名专家学者经过一年零三个月的反复研究向日本政府提交了《综合安全保障战略报告书》。这份报告从国家安全高度对战略的主导思想、基本措施等进行了全面论述。根据该报告及有关材料,综合安全保障战略的主要内容是:(1)国家间相互依存关系日益增强,已经到了"全球社会的时代",但由此产生的世界对立、冲突的一面也在加剧。政治、经济、军事、宗教等各种因素相互影响,交错发展,对世界和日本构成多种多样的综合性威胁。(2)"为了应付各种类型和各个阶段的威胁,当然所采取的手段也必须多种多样。在这个意义上,安全保障政策必须是包括各种政策在内的综合性"②,"要把防卫、政治、经济、外交、文化等一切力量综合地汇集起来,充分加以运用"③,注重多种手段结合的综合效果,它们之间是互补关系,而不可用一种手段直接取代其他手段。(3)要应付综合性危机的挑战,不能单靠一国力量,"必须依靠集体努力",联合具有共同战略利益的国家,而"日本的安全与稳定所能依靠的地区,应当考虑的是日美欧三方关系或'经合组织'"④,其核心是紧密的日美合作关系,因此"维持日美两国的亲密关系是日本综合安全保障政策的支柱,今后亦是如此"⑤。(4)"防卫努力是综合安全保障努力不可缺少的一部分",在坚持日美安全条约、依靠美国核保护的前提下,有节制地扩充防卫力量,重点放在提高防卫质量上,"为日美间公平分担防卫责任进一步作出努力"⑥。

1980年7月铃木内阁成立。10月3日,铃木善幸首相在国会发表施政演说称,"要继承并进一步发展已故大平首相的遗志","考虑到今天复杂的国际形势和我国所处的地位,为了确保国家的安全,不单单从防卫方面,而且要从包括经济、外交在内的广泛立场出发作出努力。我正在研究,在取得国民理解后推进这一所谓的综合安全保障政策"⑦。为了从组织机构上保证这一战略的贯彻,

---

① 《现代用语的知识基础》,日本自由国民社1980年版,第533页。
② 佐伯喜一:《日本的安全保障》,引自日本经济展望谈话会:《日本经济和综合安全保障》,东京大学出版会1981年版,第41页。
③ 综合安全保障组:《综合安全保障战略报告书》,日本大藏省印刷局1980年版,第22页。
④ 综合研究开发机构编:《展望21世纪的战略》,日本东洋经济新报社1980年版,第265页。
⑤ 综合安全保障组:《综合安全保障战略报告书》,第44页。
⑥ 佐伯喜一:《日本的安全保障》,第48、58页。
⑦ 日本外务省编:《我国外交的近况(第25号)》,日本大藏省印刷局1981年版,第346、350页。

同年12月铃木内阁设立了由各主要省、厅长官及自民党干事长、总务会长和政调会长参加的"综合安全保障阁僚会议"，并对综合安全保障政策定义为："因国际性威胁的发生，对给予或可能给予我国生存基础造成严重影响之各种类型的威胁，通过外交、国防、经济等各项政策的综合运用，防患于未然，或在已经发生威胁时妥善应付，以维持国家的生存并防止发生大的社会动乱。"[1]1981年度的日本《外交蓝皮书》明确规定，综合安全保障政策的重点是"在平时尽可能地维护我国周围国际环境的和平与稳定，以此防止危机的发生于未然"[2]。日本学者认为："国家安全未受到任何威胁时防患于未然，……则是努力使受到威胁和损害的可能性降到最低点，从而具有主动改善现状的战略特征。"[3]从这个意义上来说，日本的综合安全保障战略带有积极、主动地追求国家战略目标的性质。

日本的这一战略是依据围绕日本的国际环境发生急剧变化而提出的。20世纪70年代末期，由于美国实力的衰落，导致美苏军事力量对比失衡，苏攻美守的战略态势基本形成；苏联大力推行南下进攻战略，对日本赖以生存的海湾产油区和海上通道构成重大威胁；苏联不断增强在远东的军事力量，直接威胁日本本土的安全；伊朗伊斯兰革命和两伊战争使中东局势严重动荡不安，并呈现出长期化的趋势，造成能源供应不稳，给主要依赖中东石油供应的日本带来严重的危机感；日本国力的增强和日美经济实力的接近，使日本大国意识滋长，要求承担与经济实力相适应的国际责任的愿望变得更为强烈。面对这种国际形势，日本认为美国在军事和经济方面的"明显优势已经丧失"，"美国主导下的和平时代已告结束"，因此"有必要对国际责任的分担进行重新调整，日本必须为明确其应当发挥的国际作用作出努力"[4]。

在中曾根内阁时期，综合安全保障战略与"战后政治总决算"结合起来，把"国际国家"作为日本发展的战略目标，使这一战略直接为实现从经济大国向政治大国的转变服务，通过综合安全保障战略的运用来扩大日本对国际事务的影响力，提高日本的国际地位，增大日本在世界上的发言权，因而这一国家战略进一步得到充实、完善和提高。

1984年12月，中曾根首相的私人咨询机构"和平问题研究会"提交了一份题为《国际国家日本的综合安全保障政策》的研究报告。该报告认为，当今世界

---

[1] 日本外务省编：《我国外交的近况（第25号）》，第17页。
[2] 同上。
[3] 佐藤英夫：《对外政策》，经济日报出版社1990年版，第115页。
[4] 佐伯喜一：《日本的安全保障》，第55—56页。

形势是"军事上的两极,政治和经济上的多极","太平洋时代"的先兆已经出现,"随着太平洋重要性的增大,在这个地区的争夺将加剧"。根据对这一形势的判断报告提出:(1)在政治方面,日本要"更多地参与制定世界政策","承担相应的义务和分工",坚持以日美关系为基轴的基本原则;努力扩大与苏联东欧国家的交流和对话,为实现东西方之间的核裁军创造条件;促进与发展中国家的关系,谋求亚太地区的稳定。(2)在国际经济方面,加强与发展中国家的经济合作,大幅度增加政府开发援助,扩大日元结算的国际贸易,促进以内需为中心的经济增长。(3)在安全保障方面,在有节制地提高自主防卫力量的同时,加强日美军事合作体制,要重新研究防卫费不超过国民生产总值1%的决定,运用综合安全保障政策等其他手段,确保日本的安全。①

为了推进这一战略,日本采取的措施有:

第一,公开宣布日本持"西方一员"的立场,建立日美欧"创造性的相互依赖关系"②。所谓"西方一员"的含义是:坚持民主主义和自由等西方国家共有的价值观;在处理重大国际事务中与欧美国家保持协调。日本力图通过日美欧三方紧密合作的国际集体力量,对苏形成战略优势,以争取"和平的国际环境",维护有利于整个西方世界利益的国际秩序。在阿富汗事件后,日本同西欧一道积极配合美国对苏实行经济制裁,按照巴黎统筹委员会的决定限制向苏联出口高技术,抵制参加莫斯科奥运会,并严厉谴责侵阿事件"是不可容忍的行为,是威胁世界和平与安全的暴行"③。同时,日本还积极配合美国的全球战略部署,加强对泰国、巴基斯坦、土耳其等"争端周围国家"的援助。1983年1月中曾根首相访美,把1981年正式确认的"日美同盟"关系又推进一步,宣称"日美是命运的共同体",表明日本"对维护日美同盟的认识,超出了仅仅改善两国关系的范围,而且要在经济、政治、外交等更广阔的领域与美国进行更大的合作"④。

第二,充实防卫力量,对美分担防卫责任。大平首相表示:"要以自己的国家亲手保卫的气概,谋求整备有节制、高质量的防卫力量。"⑤1980年7月提交的报告书曾建议将1981年度的防卫费在上一年度的基础上增加20%,即由占国民生产总值的0.9%提高到1.1%。1984年12月的研究报告再次对1976年

---

① 中国社会科学院日本研究所:《日本问题资料》,特刊第1期,1985年1月28日。
② 日本外务省编:《我国外交的近况(第24号)》,日本大藏省印刷局1980年版,第350页。
③ 永野信利:《日本外交手册》,东京,1981年,第149页。
④ 吴学文主编:《日本外交轨迹》,第166页。
⑤ 日本外务省编:《我国外交的近况(第25号)》,第352页。

11月三木内阁关于防卫费不超过国民生产总值1%的决定提出质疑。中曾根首相公开表示"防卫费的限额和内容都是变动的",并在1986年底正式取消了这一规定,从而使防卫费自1987年度起连年突破1%。在中曾根内阁期间,日美还签署了《联合作战计划》和《保卫海上通道联合研究报告》,进一步密切了日美军事合作体制,扩大了日本的防卫责任。

第三,突出经济安全保障在综合战略中的核心地位。日本为确保资源、能源的供应和产品市场的稳定,不能不加强与第三世界国家的经济合作,处理好南北关系。日本认为,"日本未来长期发展所能依靠的地区是亚洲太平洋地区"①。因此,推进环太平洋经济合作成为综合安全保障战略的中心环节。发挥日本经济大国的优势,增加对发展中国家的官方援助,以扩大南北经济合作,改善南北关系,推动太平洋经济圈的形成,并通过经援促进第三世界国家政治、经济的安定,间接增强日本的安全保障。

第四,确立"科技立国"的方针。日本强调技术进步是日本经济发展的支柱,把科技视为促进经济发展的基本动力。为此,日本从20世纪80年代初起大力发展高技术与创造性劳动相结合的知识密集型产业,从组织上加强官民学三位一体的合作研究体制;建全情报信息服务网络系统;不断增加科研投入;积极扩大国际科技交流。通过发展高技术的知识密集型产业,促进产业结构的转换,以减轻对海外能源资源的依赖,实现日本经济的安全保障,并以科技力量推动经济保持强劲的发展势头,确保经济大国的地位,同时也为推行大国外交、确立政治大国地位捞取资本。

综合安全保障战略的提出和实施,使战后日本外交发生了转折性的变化,从追随美国的"被动外交"逐渐转变为追求国家战略目标的"主动外交",由偏重经济转向注重政治,其外交的出发点也从双边关系的低层次上升到世界战略的高水平,从而标志着日本开始朝着争取政治大国的目标迈进。

日本的环太平洋经济合作

太平洋经济合作构想是由日本学术界和财界在20世纪60年代初率先提出来的,后日本政府受其启发并加以吸收,由当时的日本外相三木武夫于1967年3月在国会公布于众,成为日本官方的构想。在70年代后期,日本再次掀起探讨环太平洋经济合作的热潮,各式各样的构想竞相提出,其中野村综合研究所

---

① 综合研究开发机构编:《展望21世纪的战略》,第266页。

在题为《日本的综合战略》研究报告中所主张的以日、美、加、澳、新和东盟国家为基本成员的"太平洋共同体构想"尤为引人注目。①

1978年11月,大平正芳在竞选自民党总裁时把环太平洋合作构想列入竞选纲领,明确提出:"……如同美国对中南美各国、西德对欧洲共同体各国、欧洲共同体对非洲各国给予特殊关照那样,我国对太平洋地区各国也应给予特殊关照。我国已经拥有仅次于美国而与西德同等的经济力量,对太平洋地区国家给予特殊关照,是国际社会对我国的期待。"②同年12月大平内阁成立后,环太平洋合作随之成为日本政府的政策纲要内容之一,确定为今后20年国家发展战略的一项基本国策。1979年3月,九个政策研究组中的环太平洋合作组成立,该研究组于1979年11月和1980年5月分别提交了有关环太平洋合作构想的中间报告和最后报告。

这两份报告就环太平洋合作提出了五大课题和具体措施,其要点有:(1)增进相互了解。报告认为:"具有不同历史和传统而且经济发展、政治制度和社会习惯又多种多样的太平洋各国国民在推进区域合作时,尤其需要努力增进所有层次的相互了解。"③为此,要从文化、教育和学术等方面的交流着手,扩大各方面人员交往,改革留学生制度,培养发展中国家的人才,促进旅游事业的发展,以培育"共同的思想和感情"。(2)加强海洋开发和资金合作。日本的设想是,在能源、资源、粮食和渔业等方面确立国际合作体制,通过国际间的密切合作,推动能源、资源的共同开发和利用,稳定粮食的供求关系,调整有关国家之间的利益。(3)推进产业结构的调整。在太平洋沿岸国家中,日美等发达国家"正处于如何改变产业结构的重要关头,"发展中国家也面临着"如何实现工业化并以何种产业结构为目标的难题"④。为此,日本谋求进一步开放本国市场,并希望建立"环太平洋产业政策协商论坛",定期磋商太平洋地区南北国家间的产业结构调整问题,"探讨南北国家间的新型合作形式"。(4)充实经济合作和促进对外投资。报告建议设立"太平洋贸易开发机构",扩大太平洋地区的多边贸易关系,并通过投资保护协定的缔结,完善投资环境,促进有关国家间的资本转移,逐步形成相互依赖和相互补充的经济体制和贸易关系。(5)改善货币金融制度,推进日元的国际化。报告预测,在今后20年"太平洋地区和大西洋地区

---

① 综合研究开发机构编:《展望21世纪的战略》,第260—261页。
② 大平正芳回想录刊行会编:《大平正芳传》,吉林人民出版社1984年版,第582页。
③ 《环太平洋合作构想(最后报告)》,日本大藏省印刷局1980年版,第27页。
④ 《环太平洋合作构想(中间报告)》,《世界经济译丛》1980年第5期,第38页。

有可能迎来以美元为中心的多极货币时代","与其他地区相比,日元在太平洋地区将占有更高的比重"①。因此,要进一步健全和扩大东京国际金融市场,加强同香港、新加坡等亚洲国际金融中心的联系,使日元逐步成为本地区经济决算和外汇储备的主要货币,形成以日元为中心的"太平洋货币体系"。

1980年1月,大平首相为推动"构想"的实施出访大洋洲,与澳、新两国领导人商讨环太平洋合作问题,并发表了题为《太平洋时代的创造性合作关系》的演说,指出环太平洋合作构想重视文化和经济的合作,是"开放的区域合作","决不形成排他性的集团",强调"日澳两国是应当对创造新太平洋文明发挥重要作用的国家"②。根据日澳两国总理的共同创议,1980年9月,美、日、澳、新、东盟等太平洋国家在堪培拉召开了第一届"太平洋共同体讨论会"③,标志着亚太区域合作取得了实质性进展。

从本质上讲,日本积极推进亚太合作既有经济上的客观需要,又有在政治上掌握亚太地区主导权的主观意图。日本经济存在一些致命弱点,如国内资源极度匮乏和市场相对狭小,从而产生了强大经济实力与严重对外依赖的失衡。随着经济规模的不断扩大,这一对矛盾变得更加突出。正是这种日益加深的对外依赖性,决定了日本把稳定周边国际环境作为经济发展的前提,谋求在太平洋地区寻找出路。这除了地理、历史以及双边关系等因素对日本有利外,太平洋地区的许多优越条件也为这一选择提供了依据。首先,太平洋地区蕴藏着极其丰富的自然资源,为该地区经济的持续发展准备了雄厚的物质基础。其次,太平洋地区经济发展迅速,充满活力,易于日本发挥经济大国的作用,形成以日本为核心的区域合作。再次,太平洋地区是世界最广阔的贸易市场,各国贸易关系日趋加深。1984年太平洋地区贸易占世界贸易总额的11.2%,第一次超过占世界贸易总额10.8%的大西洋地区贸易。④ 日本与该地区的贸易关系尤为密切,1980年日本对太平洋地区进出口贸易分别占其进出口额的45.9%和54.5%。⑤ 最后,该地区经济发展的不平衡和产业结构的多样性,有利于日本通过资本转移使本国的产业结构调整扩大到整个西太平洋地区,同太平洋各国形成相互依赖和相互补充的连带关系,把日本的经济安全保障同整个太平洋地区

---

① 《环太平洋合作构想(最后报告)》,第79页。
② 日本外务省编:《我国外交的近况(第25号)》,第367—368页。
③ 该组织在1983年11月举行的第三届大会上正式定名为"太平洋经济合作会议"(PECC)。
④ 日本通产省编:《通商白皮书(1986)》,第243页。
⑤ 日本外务省编:《我国外交的近况(第25号)》,第547页。

联系起来,共同对付不测事变的发生。日本借助这些有利条件,运用本国强大的经济技术优势,确立其在亚太地区的主导地位,并以太平洋为立足点,进而争取成为与经济实力相称的政治大国。

"构想"公之于世后,东盟对之疑虑重重:担心政治上受日美大国的控制,削弱东盟自身的团结;经济上加深对日美工业大国的依赖;在地区安全上不愿成为大国对抗其他势力的工具,从而破坏东盟自己提出的"和平、自由、中立区"的主张。印尼总统苏哈托曾明确表示,"我们不希望东盟成为大国的工具","东盟是我们自己的组织,我们是为了我们自己的利益建立这个组织的。"东盟的戒心实质上反映了区域合作中的南北矛盾。为了打消东盟的疑虑,1981年5月,日本发表"关于太平洋合作的见解",表示亚太合作要特别尊重东盟的主张,"当务之急是争取东盟国家支持。"此后,日本为推动东盟参加合作做了大量的解释和说服工作,终于使第二届太平洋经济合作会议于1982年6月在东盟国家的泰国曼谷举行,表明东盟对环太平洋合作的态度开始发生重大转变。

在东盟态度发生变化的同时,日本又不失时机地朝着推动区域合作的方向迈出了新的一步。1982年6月,铃木首相在美国檀香山发表了题为《太平洋时代的来临》的政策演说,提出了被称为铃木主义的"环太平洋团结设想"五项原则,主张太平洋必须成为"和平的海"、"自由的海"、"多样的海"、"互惠的海"、"开放的海"。[①] 较之大平构想侧重经济合作的特点,铃木主义则突出政治色彩,把日美安保体制、太平洋五个发达国家的联合以及与东盟国家的合作当作增进该地区和平与繁荣的重要因素,在做法上日本由后台走到前台,亲自出面推动区域经济合作。

从20世纪80年代中期,美国和东盟对"构想"表现出极大的热情。1983年11月里根总统访问日本和韩国时反复强调美国重视亚太地区,公开宣布美国是"太平洋国家"。1984年9月美国成立了由政府官员、国会议员、财界和学者代表组成的太平洋经济合作美国委员会。10月19日,国务卿舒尔茨在洛杉矶世界问题评议会上正式表示建立太平洋共同体是美国政府决定的目标。

1983年11月,第三届太平洋经济合作会议在印尼的巴厘岛举行。一直对"构想"持消极态度的印尼举办这次会议本身就意味深长。更重要的是,1984年7月在东盟外长扩大会议上,印尼外长穆赫塔尔提出太平洋经济合作计划,建议通过东盟六国与太平洋五个发达国家(5+6)的对话形式来讨论太平洋地区合

---

① 日本外务省编:《我国外交的近况(第27号)》,日本大藏省印刷局1983年版,第410页。

作问题。这是东盟第一次对亚太合作问题主动表现出向前看的积极姿态。

美国和东盟态度的变化,给日本增添了信心和力量。在中曾根第二次内阁组成后,日本加快了推进太平洋合作的步伐,大力加强官方的合作协调机构:在外务省国际问题研究所内设立了"太平洋合作日本国内委员会";在通产省成立了"太平洋构想研讨委员会";在经济企划厅组织了"21世纪太平洋地区经济结构研究会";在邮政省制定了《太平洋情报信息开发计划》等,这些机构的设置表明日本开始进入体制建设的新阶段。1985年1月,中曾根首相出访澳、新等大洋洲四国,在他发表的题为《新的展望——向亚太新时代迈进的日澳伙伴关系》的演说中提出了太平洋合作四原则:(1)"以东盟为主导进行合作";(2)推进民间的合作与交流;(3)"在经济、文化、技术等领域进行合作";(4)采取开放型合作体制,不搞排他的集团主义。①

中曾根四原则的一个突出特点就是承认并尊重东盟在太平洋合作中的主导作用。东盟在亚太合作的南北关系中代表了发展中国家,因此日本非常重视东盟参加合作的政治和经济意义,把亚太合作视为缓和南北矛盾的一种尝试。日本认为,没有东盟的参加,亚太区域合作将"大为逊色"②。正如1983年5月中曾根首相访问东盟时所强调的那样:"没有东盟的繁荣就不会有日本的繁荣","维持与东盟各国之间的友好而密切的关系",是日本外交的"最重要的基本政策之一"③。

可以预测,随着该地区经济的增长、经贸关系的密切和相互依赖的加深,太平洋经济合作将成为历史发展的必然趋势。日本正是顺应这一趋势,把本国发展战略与之巧妙地结合起来,谋求实现政治大国的战略目标。但另一方面,日本也有许多棘手的难题:首先面临着与美国的竞争和争夺,美国不希望日本成为太平洋地区的主宰;其次,亚太地区发展中国家对日本的戒心并未完全消除;再次,在开放本国市场、放松技术转让和经济援助的限制方面,日本也要不断作出努力。因此对日本来说,推进太平洋经济合作既是机会又是考验。

日美加强同盟关系

从20世纪80年代起,日本外交的一个突出特点就是"政治大国志向化",把谋求实现政治大国地位作为其外交政策的总目标。1981年5月,铃木首相访

---

① 《日本经济新闻》1985年1月16日晚刊。
② 钱学明:《亚太区域合作与日本》,载于《亚太经济》1986年第2期,第17页。
③ 日本外务省编:《我国外交的近况(第28号)》,日本大藏省印刷局1984年版,第399—400页。

美时发表了被称为"第三次开国"的演说,宣布:"日本正开始'第三个新起点',即要从被动的受益者成为积极创造者。"中曾根担任首相后打着"战后政治总决算"的旗号更是摆出了一副超越历届首相的政治姿态。1983年7月,中曾根作为首相第一次公开宣称:"要在世界政治中加强日本的发言权,增加日本不仅作为经济大国的分量,而且作为政治大国的分量。"其后,日本政府考虑到"政治大国"的提法会使人们产生日本将成为军事大国的疑虑,于是中曾根在同年8月27日举行的一次自民党研修会上改称为"国际国家",并在9月10日召开的第100届国会上发表题为《国际国家日本的作用》的施政演说,指出:"不单单停留在经济的国际化,如果不把我国再向前发展成为在文化上和政治上都积极发挥世界作用的国家,那么我国就够不上真正的国际国家。"[①]

　　日本追求政治大国地位,首先是凭借其经济实力这一国内基本条件,随着国力的增强,导致日本对外政策思想发生转变,大国意识滋长,谋求发挥大国作用的愿望随之日趋强烈。其次,国际环境的重大变化也为日本提供了机遇。20世纪70年代末和80年代初,苏联在军事战略上发起咄咄逼人的攻势,颇有在全球范围内排斥美国的势力和影响的势头。里根政府为了扭转军事战略上的不利处境,迫切要求日本加强与美国的战略协调关系,分担防卫责任,共同抗衡苏联的军事扩张。为此,布什副总统于1982年4月访日时发表演说指出,"随着日本发挥作用的扩大,它的责任也会相应增大","日本不能逃避发挥政治作用"。日本的愿望和美国的要求一拍即合,日本通过为美分担责任,建立日美战略合作关系,既可以维持以美国为首的西方阵营对苏的战略优势,维护有利于日美双方和整个西方世界的国际体系和秩序,又能够进一步抬高自己在日美关系和美国全球战略中的地位,借助美国的影响为日本在国际上确立起政治大国的形象。因此,日本在80年代对维护日美同盟的认识大大超出了改善两国双边关系的范围,而是在政治、外交、对外援助等更加广阔的领域积极配合美国的全球战略,从而使这一时期的日本外交和日美关系出现许多新的特点。

　　第一,明确日美同盟关系,加强西方阵营的团结合作。

　　自1979年日本表明持"西方一员"的立场起,它就已下决心站到与苏联对峙的立场,在政治上同西方国家保持团结一致。1981年5月,铃木首相访美时第一次把"日美同盟"写进日美联合声明,宣称"日美两国间的同盟关系建筑在民主主义和自由等两国共有的价值观上"[②]。中曾根上台后把这种同盟关系又

[①] 日本外务省编:《外交蓝皮书(第28号)》,日本大藏省印刷局1984年版,第376页。
[②] 日本外务省编:《我国外交的近况(第26号)》,日本大藏省印刷局1982年版,第465页。

向前推进一步,他在 1983 年 1 月访美时直截了当地承认日美同盟"带有军事性质",提出在对苏战略上日本与美国处于一个同心圆,美国是进攻的矛,日本是防守的盾。在两国首脑会谈上,中曾根对里根表示要与美国"最紧密地团结一致",作出协调努力,以使苏联在国际行动方面变得较为"克制"一些,并强调"日美是命运的共同体"。通过中曾根的访美,彻底改变了日本在战略上长期依赖美国的消极立场,进而以"负责的协助者"姿态主动为美国的抗苏战略补台。

中曾根组阁伊始,便于 1983 年 1 月中旬实现了战后日本首相对韩国的第一次正式访问,一举解决了拖延一年半之久的对韩经济合作问题,向韩国提供 40 亿美元的经济援助。日韩联合声明称,"维护半岛的和平与稳定对包括日本在内的东亚和平与稳定是至关重要的。"这就表明日韩将实行包括安全在内的政治合作,从而推动日美韩三角军事合作体制的形成,发挥从侧面支持美国远东政策的作用。

1983 年 5 月,在美国威廉斯堡举行的西方七国首脑会议上,中曾根表现异常活跃,不仅作了首席发言,为会议确定了基调,还积极游说英法等国,劝其与美国团结一致,接受美国的欧洲核裁军方案。会议通过的政治声明充分反映了日本坚持的七国"安全不可分割"、"必须在全球基础上"削减中程核武器的主张,并宣布西方七国要"保持充分的军事力量","团结一致",共同对付苏联的分化。中曾根在政治声明中所作的承诺,使日本同其他北约六国结成某种共同安全保障关系,进入以美国为中心的西方全球集体防御体制。

第二,调整日本的防务政策,强化日美军事合作体制。

1983 年 1 月中曾根访美时提出日本防务的三大目标:(1)日本"应像一艘不沉的航空母舰","阻止苏联逆火式轰炸机的渗入";(2)完全彻底地控制日本各岛之间的三个海峡,不使苏联潜艇、军舰通过;(3)把防务范围扩大到日本岛周围几百海里的海空领域,确保关岛至东京、台湾海峡至大阪之间的两条海上通道的安全。为此,中曾根大破"禁区",开展日美军事合作。1983 年 11 月,日美签署了关于武器技术转让的备忘录。根据这一备忘录,日本政府不仅允许私人企业参加美国星球大战计划的研究工作,而且于 1987 年 7 月与美国又签了政府级联合研究协议,日本成为继英国、德国、意大利、以色列之后的第五个参加这一计划研究的西方盟国,突破了日本历届内阁坚持的"武器输出三原则"。

为了"建立日美互为补充的防务态势",两国于 1984 年 12 月和 1986 年 12 月先后签署了《日美联合作战计划》及《保卫海上通道联合研究报告》。中曾根宣称，日本一旦有事，自卫队有权在周围数百海里和交通线 1000 海里的范围内保护"支援日本的"或"攻击苏联基地"的美国军舰。① 这不但超出了《日美安全条约》规定的适用范围——"日本管理下的领土"，也突破了日本政府宣布的"不行使集体自卫权"的原则。随着中曾根内阁同意携带核武器的美国舰只进入日本港口，"无核三原则"实际上只剩下了两原则。

日本自卫队频繁与美军开展联合军事演习和军事训练，而且规模不断扩大；日美间还根据 1978 年 11 月制定的"联合作战指针"确立了情报交换制度。当 1983 年 9 月苏联击落韩国民航客机事件发生后，日本立即将其电子监听站获得的情报提供给美国。

第三，不断增加防卫支出，突破 GNP 1% 的限制。

中曾根担任首相后，面对美国"白乘车"的指责，在加强"自主防卫"的口号下，采取的一个重大而具体的行动就是连年大幅度增加防卫费，在其执政的五年期间，防卫费增幅年均达到 6%，于 1987 年占到国民生产总值的 1.004%，打破了三木内阁于 1976 年 11 月决定的防卫费不超过 GNP 1% 的限额。值得注意的是，日本的防卫费采用最狭窄的计算模式，如果按照北约国家的统计方法，还应包括军人抚恤费和海上保安厅经费等，这样 1987 年度的日本防卫费则为 324 亿美元，占国民生产总值 1.2%，分别超过西德的 320 亿美元和法国的 317 亿美元，仅次于美苏两国，成为世界第三军费大国。② 1987 年日本海上自卫队规模居世界第七位，其中反潜作战能力超过苏联和英国，为世界第二；防空作战能力居世界第三位。③ 同时，日本分担的驻日美军经费也由 1980 年的 10 亿美元增至 1987 年的 23 亿美元。

第四，以扩大战略性经济援助支持美国的全球战略。

20 世纪 80 年代初日本提出政治大国的主张后，借美国向日本提出增加经济援助分担责任的要求，积极提供战略性经济援助，援助重心随之由经济利益转向战略利益的高度，把经援置于抗衡苏联的美国全球战略中，同时以此作为日本扩大政治影响、提高国际地位的重要手段。1982 年 3 月 1 日，美国副国务卿霍尔德里奇发表讲话指出："日本将来的经援的发展既符合日本自己的利益，又支持美国的目标。"自 1980 年起，日本除了不断扩大对泰国、巴基斯坦、缅甸等与自身安全直接有关的周围国家的经济援助外，还向土耳其、埃及、索马里、

---

① 《朝日新闻》（日本）1983 年 8 月 14 日。
② 《读卖新闻》（日本）1987 年 5 月 8 日。
③ 小川和光：《陆海空"日本军队"全部战力》，《现代》（日本）1987 年 5 月号。

南斯拉夫和中美洲等国家提供为数可观的援助。日本共同社评论说:"日本敢于加强援助,这是进一步积极参与美国的世界军事战略",表明日本"向进一步采取全球性的、战略性的援助政策迈进了一步"。

以上情况表明,在中曾根内阁时期,日本非常重视与美国建立战略合作关系,与北约相呼应,成为美国全球战略中从东方遏制苏联扩张的一个重要侧翼。对此里根表示十分满意,称日美关系显得非常活跃而富于建设性,犹如"美满的婚姻"。

第十九章 第三世界争取和平与发展的斗争

第一节 亚洲地区的热点问题

两伊战争

1979年初,伊朗发生伊斯兰革命后,它与邻国伊拉克的关系迅速恶化。两国领导人相互攻讦,边界冲突时有发生。1980年4月1日,在巴格达的一次集会上,一个伊朗籍人扔出一颗手榴弹,炸伤在场的伊拉克副总理阿齐兹。伊拉克总统萨达姆·侯赛因立即指责伊朗是袭击的背后策划者。这一事件成为两伊冲突升级的导火索。双方互相驱逐对方的外交官和侨民,两国军队在边境地区连续交火。9月21日,萨达姆命令伊拉克武装部队对伊朗发动"威慑性打击"。次日,伊拉克飞机空袭了包括德黑兰国际机场在内的伊朗目标,接着伊拉克军队越境向北起席林堡、南至阿巴丹的伊朗军队防线发起全线进攻。伊朗马上宣布全国进入紧急状态,并出动空军袭击了伊拉克的两个基地。第二次世界大战后两个第三世界国家之间最严重的局部战争开始。

造成两伊交战的原因是相当复杂的。首先是两国之间的领土纠纷,其中最突出的是关于阿拉伯河的划界问题。这一由来已久的争端可以一直追溯到奥斯曼帝国与波斯帝国争雄时期,当时双方曾在阿拉伯河流域长期争斗。而英、俄殖民势力的逐步插手使两国的纠葛变得更加复杂。1913年11月两大帝国在英俄裁定下,签订《君士坦丁堡议定书》。1914年根据上述议定书组成的划界委员会又达成了会谈纪要,规定阿拉伯河除靠近波斯的霍拉姆沙赫尔一段以河道深水线划界外,其余部分以伊朗一侧浅水线为界,整个河流的主权属于奥斯曼帝国。1937年7月,独立后的两伊在德黑兰缔结边界条约,商定伊朗阿巴丹附近约4公里长的阿拉伯河改为以河道深水线划分,其余部分仍遵照《君士坦丁堡议定书》之规定。

随着石油资源战略地位日益突出,伊朗日益不能容忍阿拉伯河这一重要的油船航道为伊拉克所控制。况且随着石油出口而带来的财富增长,两国统治者多少滋长了扩张地区影响力、进而称霸波斯湾的野心,并视对方为最强劲的竞争者。1969年,伊朗国王巴列维单方面废除1937年的边界条约,两国一度因此断交。1975年3月,在石油输出国组织阿尔及尔首脑会议上,巴列维国王和萨达姆总统(当时为革命指挥委员会副主席)达成了解决边界纠纷和发展睦邻关系的协议,即阿尔及尔协议。双方同意以阿拉伯河主航道中心线为两国水上边界,并决定依照1913年议定书和1914年会谈纪要勘测陆地边界。伊拉克当时在边界问题上做出比较明显的让步,是为了换取伊朗停止对伊拉克库尔德族分离势力的支持。霍梅尼在伊朗建立伊斯兰共和国以后,伊拉克认为在边界划分中让步的前提已不存在。1980年9月17日,萨达姆总统正式宣布废除阿尔及尔协议。不久,阿拉伯河两岸成为两伊战争的主战场。

两伊宗教文化上的分歧则是造成两国交兵的深层因素。两伊恰好处于两大文明的交汇处,伊朗继承了古波斯文化的传统,而伊拉克属于阿拉伯文化圈。两大民族的融合与冲突有力地影响着两伊关系。此次两国开战的起因之一,就是伊拉克自命为阿拉伯人的代表,要求伊朗交回海湾三岛:阿布穆萨、大通布、小通布。这三个岛屿位于霍尔木兹海峡的入口处,战略位置相当重要。历史上阿拉伯人和波斯人曾为它数动干戈。1971年,英国从苏伊士运河以东撤军,伊朗即出兵占领,以控制波斯湾出海口,引起阿拉伯国家的反对。

而从宗教上看,两伊虽然同奉伊斯兰教,但分属两大教派。95%的伊朗人是什叶派教徒,伊拉克虽也有占人口60%的什叶派教徒,但国家政权一直掌握在逊尼派手中。两大教派在宗教主张和对现实问题的看法上都有明显的差异。霍梅尼统治伊朗后,伊拉克不断指责伊朗企图鼓动其他海湾国家的什叶派起来夺权,造成什叶派聚居的伊拉克南部地区局势不稳。

从某种意义上说,霍梅尼掌握伊朗政权所造成的中东地区国际关系的动荡,是引起两伊战火的直接原因。作为伊斯兰宗教领袖,霍梅尼主张的内外政策与当时大部分中东国家的政策有明显分歧。他提出建立高于世俗政权的宗教统治,在日常生活中严格按照古兰经教义办事,对外则坚决抵御西方的影响。他在夺取伊朗政权后,积极向外输出这种"伊斯兰革命"的思想,中东各国的宗教激进主义势力纷纷抬头,对各国的统治阶层都构成了严重挑战。而霍梅尼排斥外来影响的政策,亦使努力插手中东地区的美苏等国感到不安。特别是美国,把奉行反美、反西方政策的伊朗视为对自己在海湾地区利益的巨大威胁。遏制和打击霍梅尼政权影响力的进一步扩张,成为上述各国心照不宣的共同战略目标。伊拉克作为伊朗的邻国,一方面对伊朗革命的冲击最为担忧,另一方面也意识到国际社会疏远伊朗给自己提供了削弱老对手的机会,因而决心同伊朗开战。

两伊战争的第一阶段为 1980 年 9 月至 1981 年 5 月,这期间伊拉克掌握着战场上的主动权。其军队占领了伊朗境内纵深约 10—90 公里的大片土地,伊拉克政府还提出了结束冲突的三项条件:伊拉克重新拥有整个阿拉伯河的主权;伊朗必须接受伊拉克对两国边界争议地区的主权要求;伊朗必须把它占领的海湾三岛交还阿拉伯国家。伊拉克当时估计由于霍梅尼上台后对伊朗军队进行了大规模清洗,伊朗部队已失去战斗力;而霍梅尼推行的伊斯兰化政策可能引起伊朗社会各阶层的不满情绪,伊朗军队和社会陷于动荡,使伊拉克可以速战速决。但局势的发展却恰恰相反,外敌入侵反而促使伊朗人团结起来,伊拉克的攻势很快被遏止。

两伊战争的第二阶段从 1981 年 5 月持续到 1982 年秋,伊朗军队一度占据上风。伊拉克速胜的希望破灭后,伊朗军队在人数和武器装备上的优势开始显示出来。1981 年 5 月起,伊朗不断发起局部反攻。到 1982 年 5 月,基本收复全部失地。此时,伊拉克宣布自己出兵的目的在于"遏制伊朗的扩张主义",而现在这一目的已经达到,因而决定从 6 月 10 日起单方面停火撤军。伊朗则提出必须惩办挑起战争的罪魁,赔偿伊朗蒙受的巨额经济损失。在满足此条件前决不停止战斗。1982 年 7 月,伊朗军队打入伊拉克,企图夺取对方的经济重镇巴士拉。霍梅尼甚至声称要将伊拉克现政权扫入"历史垃圾堆"。伊朗的反攻在阿拉伯世界引起强烈反响,约旦、苏丹、北也门等国向伊拉克派出了志愿军,其他海湾国家则全力向伊拉克运送武器装备。阿拉伯国家联盟非斯首脑会议发表宣言,称"对于任何一个阿拉伯国家的侵略都将被视为对整个阿拉伯世界的侵略"。在阿拉伯国家的全力支持下,伊拉克在己方境内 10—20 公里一线顶住了伊朗军队的攻势。后来伊朗又试图在中部战线打开缺口,也没有明显进展。

此后,两伊战争进入僵持阶段。双方都曾集中兵力展开大规模攻势,但始终未能取得决定性胜利。在地面战的同时,两国还进行了残酷的袭城战和袭船战,企图破坏对方的石油出口,打击对方的经济和士气。两国平民在对方飞机和导弹的袭击中伤亡惨重,而在袭船战中前后有 500 多艘中立国船只遭攻击,仅海湾 6 国因石油出口受阻而蒙受的损失就达 300 亿美元。1987 年 4 月起,苏美英法等国应海湾国家要求,派军舰为来往船只护航,多次与两伊军队发生冲突,引起国际社会的普遍关注。

两伊战争开始后,各国际组织和有关国家曾多次进行调停。面对战争扩大化的危险，联合国安理会于 1987 年 7 月通过第 598 号决议，再次做出结束战争的努力。该决议规定：(1) 两伊立即停火，并将军队撤至国际公认的边界内；(2) 在敌对行动停止后，立即释放和遣返战俘；(3) 由联合国秘书长和两伊协商，委托一个公正团体调查冲突责任问题；(4) 由联合国秘书长会同两伊及其他有关国家审查保持该地区安全与稳定的措施。该决议得到安理会常任理事国的一致支持，并首次引用《联合国宪章》第 39 条和第 40 条，规定如有一方拒绝执行，安理会将"开会审议确保决议获得遵守的进一步措施"，即实施制裁。从而对两伊构成了强大的压力。

两伊此时都已战至精疲力竭。伊拉克立即接受了联合国决议，而伊朗自恃占有伊拉克的法奥半岛，在讨价还价中地位有利，指责联合国决议没有明确战争责任而拒不接受。1988 年 4 月，伊拉克军队发动攻势收复法奥地区，并趁势攻入伊朗境内。同时，美国等西方国家一再要求安理会对伊朗实施经济制裁。在外交和军事双重压力下，伊朗被迫于 7 月 18 日宣布接受第 598 号决议。8 月 20 日，双方正式停火，长达 8 年的两伊战争终于结束。在两伊战争中双方死亡人数超过 35 万，伤者 65 万；两国包括首都在内的数十座城市遭到破坏，战争耗费高达 5400 亿美元。这场战争使两国的发展至少迟滞了 20—30 年。

以色列入侵黎巴嫩

进入 20 世纪 80 年代以后，中东和平进程再次陷入停滞状态。由美国主导的埃以谈判在巴勒斯坦自治问题上陷入僵局。一方面，埃及在阿拉伯世界中被孤立，巴勒斯坦问题的当事方巴解组织和约旦拒绝加入这一阶段的谈判。另一方面，1981 年 6 月利库德集团联合全国宗教党等 3 个小党在以色列组成极右翼政府，在埃以谈判中立场转向僵硬。以色列外交部长宣布要坚持三不方针：不同意成立巴勒斯坦国，不同意耶路撒冷分治，不回到 1967 年边界。而在伊朗国王倒台后，美国更加倚重以色列的战略合作，其中东政策向有利于以色列的方向调整。里根政府不再压以色列在和平谈判中让步，而且在 1981 年 9 月同以签署了第一个战略合作谅解备忘录，保证从经济和军事各方面给予全力支持。

在这种背景下，贝京领导的极右翼政府提出了所谓"80 年代以色列战略"，声称要保持以军在中东地区的绝对优势，同时谋求扩大以色列的安全边界范围。由于同埃及达成了和平协议，东方劲敌伊拉克又陷入同伊朗的战争中，以色列安全战略的重点转向北方边界，视巴解在南黎巴嫩的存在和叙利亚在黎巴嫩的两万驻军为自己的主要安全威胁。1981 年，以色列即以叙利亚部署苏联提供的萨姆导弹为由,与叙军在贝卡谷地对抗,制造了叙以导弹危机。以军还多次轰炸贝鲁特和巴解在黎南部的基地。1982年以完成从西奈半岛的撤军后,更加积极地准备对黎的军事行动。1982年6月初,以色列驻英大使在伦敦被巴解激进派成员刺成重伤,以色列即以此为借口,于6月6日大举入侵黎巴嫩,挑起了第五次中东战争。

6月7日,以军兵分三路攻入黎巴嫩。巴解在黎南部的基地全部失守。三天后,以军对黎巴嫩首都贝鲁特形成包围,设于贝鲁特西区的巴解总部、巴解电台和巴勒斯坦通讯社人员及守卫战士共6000人陷于重围。与此同时,以军出动战机袭击贝卡谷地,摧毁了叙利亚部署在此的萨姆-6空对空导弹基地。以军地面部队随即对叙军发动攻击,迫其后撤,切断了叙军增援贝鲁特的道路。6月11日,叙利亚与以色列单独达成停火协议。巴解组织的处境更加艰难。

以色列倚仗军事优势,提出强硬要求:要巴解人员放下武器,撤离黎巴嫩;巴解要保证从此不再动用武力,变成一个纯政治性的组织,否则将血洗贝鲁特。巴解向苏联、叙利亚和其他阿拉伯国家紧急求援,但苏、叙反应冷淡。6月26日,阿拉伯国家联盟就此召开外长会议,然而与会者未能达成一致意见,会议最终无结果而散。突尼斯要求召开阿拉伯联盟紧急首脑会议,也未能得到普遍响应。巴解执委会在孤立无援的情况下,经过反复磋商被迫同意撤出贝鲁特。可是巴解人员的去向又成为难题。许多阿拉伯国家以约旦和黎巴嫩为前车之鉴,担心巴解在东道国内再次形成国中之国,所以不愿全盘接收巴解人员。后经反复协调,突尼斯、伊拉克、苏丹、约旦、阿尔及利亚、叙利亚和南北也门同意分别接收部分巴解人员。8月7日,在美国特使哈比卜调解下,巴解同黎巴嫩政府达成撤离协议。以色列在几天后也接受了协议。8月21日—9月1日,1.2万名巴解人员在美、法、意派遣的多国部队监督下,分批撤出被围困的贝鲁特,前往上述中东8国。叙利亚军队也相继撤离贝鲁特西区。

9月13日,负责监督撤军的多国部队撤离。但以色列军队依然占据着黎巴嫩四分之一的领土而拒绝撤军,并于9月15日占领贝鲁特西区,要挟黎政府接受以色列的要求,将黎南部地区划为以色列的安全区,并将叙利亚军队全部清除出黎巴嫩。1983年5月,在美国的干预下,黎以达成撤军协议,黎巴嫩同意在黎南部45公里内设置安全区,由以色列推荐的亲以人士参与管理该安全区,黎政府军在安全区内的人员和装备受到限制,以色列可派员参与安全区内的巡逻。在黎以签署撤军协议的同时,美国驻以大使与以色列外长签署了关于协议的备忘录,美国承诺尽最大努力促使叙利亚从黎撤军。

至此,以色列出兵时宣布的三个目的:驱逐巴解力量、迫使叙利亚从黎巴嫩撤军、在黎南部建立安全地带已经基本达到。但以色列也为此付出了高昂的代价。以军在战争中死伤近3000人,付出战争费用30亿美元,并因此造成经济滑坡,通货膨胀率达到130%。叙利亚和巴解组织始终拒绝接受黎以达成的撤军协议。1984年3月,黎巴嫩在苏联和叙利亚的支持下,宣布废除黎以撤军协议。以美国为首的多国部队被迫撤出黎巴嫩,穆斯林民兵逐渐渗透进黎南部所谓以色列安全区,不断骚扰以北部地区,以色列的安全并未得到保障。越来越多的以色列人看到战争并不是谋求安全的有效途径,以国内反战情绪明显上升。6月,以色列侵黎一周年之际,以国内爆发大规模示威,贝京总理被迫辞职。

在第五次中东战争尚未结束时,阿拉伯国家中曾出现采取现实主义态度谋求中东和平的呼声。1982年9月,阿拉伯国家联盟非斯首脑会议根据沙特阿拉伯的提议,拟定了解决阿以冲突的8项原则,即"非斯方案"。该方案含蓄地承认了以色列的存在,并首次表明阿拉伯国家愿同以色列谈判解决争端。但以色列侵略军的所作所为使阿拉伯国家中倾向使用政治和外交手段解决问题的温和派处于不利地位。以巴勒斯坦为例,以黎巴嫩为基地的巴解主流派在以军的入侵中人员伤亡惨重,撤出黎巴嫩后又被迫分散到8个国家,力量遭到严重削弱。倾向采取恐怖主义手段的激进派势力相对上升。特别是当巴解撤离贝鲁特后,以色列军队放纵亲以的黎巴嫩基督教长枪党民兵进入贝鲁特西区夏蒂拉、萨布拉两个难民营,声言对数天前黎巴嫩总统、长枪党领袖杰马耶勒被炸身亡一事进行报复,屠杀巴勒斯坦平民1000余人,激起阿拉伯世界的义愤。激进组织趁机宣扬复仇,在中东制造了一系列绑架和杀害西方人质的事件。美国和以色列以此为由,继续指责巴解是恐怖组织,拒绝让巴解参加中东和谈。美以还坚持所谓"里根方案",反对召开国际会议讨论中东问题,主张巴勒斯坦人自治、然后同约旦联合,有关各国与以色列分别进行直接谈判。美以的强硬态度使和平进程陷入僵局。

柬埔寨、阿富汗人民反侵略斗争的高涨

20世纪80年代,柬埔寨、阿富汗人民继续与在军事上占绝对优势的越南、苏联侵略军展开艰苦的斗争。越军在占领金边之后,集中兵力围剿退守柬泰、柬老边境的民柬武装,企图一劳永逸地消灭柬埔寨人有组织的抵抗。民柬游击队则利用山区和乡村的有利地形同越军周旋,在边境地区建立和保持了一系列军事基地,以此为依托不断骚扰和打击西部和西北部地区的越南占领军。越南

部队被牵制在柬各地的战场上,陷入长期的消耗战中,始终无法完全控制柬埔寨局势。

与此同时,军事超级大国苏联在阿富汗同样陷于困境。苏军尽管拥有武装直升机、坦克、空地导弹等现代化装备,但面对阿富汗抵抗组织的游击战显得束手无策。苏军只能保证对喀布尔等大城市和几条重要交通线的控制,广阔的山区成为游击队出没的地带。苏联为打破僵局一再向阿富汗增兵,侵阿苏军从1979年的8万人增加到1985年的15万。但苏军官兵日益厌战,苏军中的穆斯林士兵和苏联控制的阿富汗政府军经常暗中支持游击队,甚至公开倒向抵抗组织。强大的苏军一直不能征服这个多山的小国,连苏联国防部官员也表示对苏军在阿富汗的作战情况感到非常失望。

而柬、阿抵抗力量则在反侵略的战斗中不断发展壮大,并逐步走向联合。1980年5月起,民柬领导人乔森潘与高棉阵线主席宋双进行数次会晤,探讨联合抗越的可能性。在支持柬埔寨抵抗组织的各有关国家的协调下,西哈努克亲王捐弃前嫌,宣布愿意有条件地同民柬合作,出面领导柬统一战线和联合政府。乔森潘亲赴平壤与西哈努克会商合作事宜。民柬方面为解除各派疑虑,推动联合抗越,提出五点纲领。民柬表示抗越胜利后,将在联合国的严格监督下以无记名投票方式举行直接选举,实行议会制,暂时不搞社会主义或共产主义革命。不久,西哈努克与宋双也进行了会谈。1981年9月柬三方代表终于在新加坡实现了首次三边会谈,并发表联合声明,宣布正式开始讨论组建联合政府。经过反复磋商和相互让步,三方于次年6月签署了《民柬联合政府成立宣言》,决定组织联合政府,共同展开抗越斗争,解放祖国。

宣言规定在联合政府的框架下,各方依然保持各自的组织和政治独立,保持行动自由;联合政府在三方原则、平等原则、任何一方都不拥有支配权的原则下开展活动,重大问题必须经三方协商一致方可决策;一旦在行动准则上出现无法解决的分歧,"由乔森潘领导的民柬有权作为唯一合法的柬埔寨国家和联合国成员国恢复活动,以保持柬埔寨国家的连续性"。7月9日,民主柬埔寨联合政府正式成立。西哈努克亲王任主席,乔森潘任负责外交事务的副主席,宋双任总理。

阿富汗抵抗力量的联合过程更曲折一些。阿富汗各游击队多以部族为基础,派别林立,各自为政。据统计,阿国内约有3000多个大小部族。由于长期过着漂泊不定的游牧生活,阿各地的交通联络又不够发达,他们彼此之间联系很少。加之宗教信仰上的分歧,要实现相互沟通进而联合对敌确实是比较困难的。但在抗击人数和装备居绝对优势的苏军的战斗中,阿各派武装都感到了相互配合,相互支援的必要。特别是随着战事的发展,抵抗组织除了坚持在农村地区的游击战之外,开始试图围攻一些中小城镇,越来越需要协同作战。抵抗力量在现实需要下由分散走向集中。1981年6月,伊斯兰民族阵线、阿富汗民族解放阵线、伊斯兰促进会、伊斯兰党等六个逊尼派组织宣布成立阿富汗圣战者伊斯兰联盟。1985年5月,伊斯兰联盟扩大为有七个派别参加的组织,简称七党联盟,成为阿富汗反侵略斗争的主力。其总部设在巴基斯坦边境城市白沙瓦,各党领导人联合组成最高委员会,轮流担任联盟主席。聚集在其旗帜下的游击队战士共计10万人,活跃在阿富汗北部、东部、南部的广大地区。1987年9月,8个什叶派游击队结成了阿富汗伊斯兰革命联盟,简称八党联盟。其总部设在伊朗首都德黑兰,主要在阿富汗中西部地区作战。

民柬联合政府和阿富汗七党联盟、八党联盟的成立使柬、阿两国的反侵略斗争得到了国际社会更加广泛和一致的支持。世界的大多数国家都拒绝承认苏越扶植的傀儡政权,而支持抵抗力量在国际组织中拥有合法席位,并积极向他们提供经济和军事援助。联合国大会每年都要通过决议,谴责苏联对阿富汗、越南对柬埔寨的侵略,要求苏越立即、全部、无条件地撤军。伊斯兰国家联盟、欧共体、东盟等重要国际组织纷纷发表声明,要求恢复柬、阿的独立主权和领土完整,通过政治谈判解决柬、阿问题。

有关国家和国际组织为推动和平谈判进行了不懈的努力,提出各种建议和方案。1982年,安德罗波夫出任苏共总书记后,苏联在阿富汗问题上的立场一度有所松动。联合国抓住时机,促成由巴基斯坦和阿富汗政府代表团参加的政治解决阿富汗问题的谈判。因为巴基斯坦拒绝承认苏联扶植的喀布尔政权,谈判由联合国秘书长的私人代表科多维茨主持,他分别与巴、阿代表团进行会晤,替双方传达意见。喀布尔政府在苏联支持下,要求先组织以该政权为主体的"民族和解政府",然后再讨论苏联撤军问题。巴方坚持国际社会的普遍立场,提出苏军应立即无条件撤出。双方分歧甚大,谈判进展很慢。到1983年契尔年科担任苏共最高领导人后,苏联的阿富汗政策又趋强硬,谈判一度中断。

同样,政治解决柬埔寨问题的努力也因越南的阻挠而受挫。1985年2月,西哈努克亲王为打破僵局建议举行"非正式、无先决条件的国际会议",并要求法国出面邀请各方与会。11月,印度尼西亚外长穆赫塔尔在西哈努克建议的基础上,提出召开有关各方参加的非正式会谈,亦称"鸡尾酒会"的设想。其第一阶段是民柬三方与金边政府代表的会晤,第二阶段越南和东盟国家加入会谈。

越南对此反应冷淡,坚持把排斥红色高棉作为举行任何国际会谈的前提条件,还声称自己是柬埔寨问题的局外人,拒绝参加国际和谈。该建议因而被搁置。可见,柬埔寨和阿富汗问题是与苏联和越南的总体战略态势密切相关的。在苏越两国,尤其是苏联的外交政策没有重大调整的情况下,柬、阿问题的和平解决就不可能取得实质性的突破。

苏联从阿富汗和越南从柬埔寨撤军

戈尔巴乔夫上台执政后,在苏联国内推行政治和经济改革,在对外政策中提倡新思维,对苏联外交的种种失误进行反思。在此背景下,苏共领导层开始正视入侵阿富汗给苏联造成的沉重负担。苏军在阿富汗战场上的伤亡人数高达3.5万,苏军士气受到严重影响。苏联用于支持侵阿战争和维持喀布尔政权的开支总计300多亿美元,是苏联社会经济的大包袱。对阿富汗的占领使苏联在国际社会中处于极端孤立的境地,特别是使第三世界国家对苏联产生了戒备心理。阿富汗问题是苏联缓和同美国等西方国家关系的主要障碍之一,中国也把解决阿富汗问题作为改善中苏关系的前提条件。苏联通过权衡利弊,认识到从阿富汗脱身已是无法回避的选择。

1988年2月,戈尔巴乔夫就阿富汗问题发表声明,表示苏联愿意从当年5月15日起在10个月内撤走在阿富汗的全部苏军,而且可以接受巴基斯坦等国的要求,在第一阶段撤走大部分军队。3月,巴基斯坦和阿富汗政府的间接会谈在日内瓦复会。苏联在会议期间做出进一步妥协,正式放弃必须在撤军前组建"民族和解政府"的要求,但坚持在苏军撤退的同时应停止一切外来干涉,即美国须停止援助阿富汗抵抗组织。巴方则提出美国停止援助抵抗组织,必须与苏联停止援助喀布尔政权同时实现,而且未来的阿富汗政府不应以喀布尔政权为主体,应当由抵抗组织、流亡难民的代表、喀布尔方面联合组成。

经讨价还价,各方最终以联合国秘书长私人代表提出的草案为依据,于4月14日达成了政治解决阿富汗问题的协议。协议由四个文件和一项谅解备忘录组成,规定苏联自当年5月15日起开始撤军,在8个月内撤出其在阿富汗的所有军队;巴基斯坦和阿富汗喀布尔政权保证不干涉对方内政,不在自己领土上为颠覆对方政府的活动提供支持;苏联和美国表示支持这一政治解决方案,保证不干涉阿富汗内政。根据协议,到第二年的2月18日,苏军完成了撤军计划,阿富汗从长达8年的被占领状态下解放出来。

在从阿富汗脱身的同时,苏联也改变了在柬埔寨问题上的立场。1987年

4月,苏联副外长罗高寿发表谈话,称关于阿富汗问题的日内瓦谈判是解决柬埔寨问题的榜样。罗高寿继而遍访东南亚各国,解释苏联对柬和谈的设想。苏联立场的变化使越南不得不改变在柬和平问题上的顽固态度。越南经济因连年战争及国际社会对其侵柬行为实施的制裁而濒临崩溃,早已无力承担占领柬埔寨的巨额消耗。苏联出于国内改革的需要,也急于放下这个财政包袱,迫使越南改弦更张。1987年5月26日,越南宣布开始从柬埔寨撤军,当年撤出5万人的部队;并且同意参加印尼提议召开的"鸡尾酒会",共商解决柬埔寨问题的政治方案。1989年9月,越南宣称:全部越军都已撤出柬埔寨。

苏联和越南先后从阿富汗和柬埔寨撤军,是阿、柬两国人民坚持长期艰苦抵抗的结果,是国际社会团结一致、反对霸权主义侵略扩张的一大胜利。但苏越军队的撤退并不意味着柬埔寨、阿富汗问题的解决。这两个为全球瞩目的热点只是急剧降温,而并未完全消失。关于政治解决阿富汗问题的日内瓦协议出台时,阿七党联盟即宣布不受该协议的束缚。各派抵抗组织趁苏军撤退之机,纷纷抢占中小城镇,并包围了坎大哈、贾拉拉巴德等大城市,切断了首都与外省的联系。抵抗组织提出喀布尔政权在苏军完成撤军后应立即交出政权,阿富汗人民民主党没有资格参加未来的联合政府,现政权官员中只有得到抵抗组织认定的"好穆斯林"能以个人身份参政。喀布尔政府则坚持应组成现政权、抵抗组织、以前国王为首的流亡人士三方参加的联合政府。苏联完成撤军后,喀布尔政权立即宣布全国进入紧急状态,成立最高军事委员会,凭借武器装备上的优势固守各大城市,拒绝向抵抗组织交权。

而美苏在日内瓦协议签署后,非但没有停止给阿富汗各方的军事援助,反而加快了向阿输送武器的速度。苏联在撤军的同时给阿政府留下了价值10亿美元的武器装备。美国则宣称只要苏联不停止支持喀布尔政权,美就不中断给抵抗组织的军援。在美苏的支持和鼓励下,苏军撤出不久,阿富汗就陷入内战之中。喀布尔政府依赖苏联的军事援助,阻遏了游击队的攻势。游击队未能实现速战速胜的计划,战事陷入胶着状态。

柬埔寨问题则更加复杂。越南从柬埔寨撤军没有任何国际协议的框架背景,完全是单方面的行动。越南在撤军过程中拒绝国际社会的监督,自称完成撤军后又拒绝联合国派员核实撤军的有效性。民柬三方一直怀疑越军是否真正全部撤出了柬埔寨。他们指责越南故意低报在柬的越军人数,大量越军混迹于金边政权的军队中,10万越南军事顾问和武装民兵则根本不被越南算作应撤离的人员,此外还有近百万越南移民滞留柬埔寨。西哈努克亲王强调,只要柬埔寨还存在着任何形式的殖民主义,柬埔寨的抵抗运动就要持续下去。

同时,越南虽然同意参加关于柬埔寨问题的国际会议,但却没有改变它在柬问题上自称局外人的传统立场。在苏联的支持下,越南提出非正式会议应限于讨论柬问题的"国际方面",而所谓国内问题得留给柬各方自己解决,即实行部分解决方案。民柬、东盟和美国当即表示反对,认为越南方案将使柬埔寨也像阿富汗一样陷入内战。在各国的努力推动下,柬埔寨问题非正式国际会议于1988年7月在印尼的茂物举行。民柬方面在会议上就彻底实现柬埔寨问题的政治解决提出了新建议,提议同时解散金边政权和民柬政府,在国际机构的保证和监督下组织四方联合政府和四方武装力量共同参加的"柬埔寨国民军"。而越南和金边政权代表依然坚持把排除红色高棉作为民族和解的先决条件,致使会议无结果而散。

在此次会议期间,西哈努克亲王表示希望法国出面,组织一次更大规模的国际和会,以期推动柬问题的解决。经过酝酿,关于柬埔寨问题的巴黎国际会议在1989年7月召开。除柬埔寨四方外,联合国安理会五个常任理事国、东盟国家及越南都派代表出席了会议,联合国秘书长和不结盟运动的代表也应邀与会。会议经两天讨论,达成几个框架协议:成立国际监督、国际保证、难民和柬埔寨重建三个委员会,讨论全面公正解决柬问题的具体办法;成立一个特别委员会,研究柬民族和解及建立以西哈努克亲王为首的四方临时政府问题;尽快派遣调查团赴柬进行实地考察。但由于越南仍然坚持其"部分解决方案",坚持排除红色高棉,反对对等解散金边政府,第一次巴黎会议在实质性问题上并没有取得进展。

巴勒斯坦国的诞生与美国中东政策的变化

随着戈尔巴乔夫上台后美苏缓和的步步深化,长期徘徊的中东和平进程有了新的转机。阿拉伯国家积极利用全球热点降温的趋势,试图打破中东问题的僵局。1987年度的阿拉伯国家联盟外长会议和首脑会议均通过决议,呼吁召开中东和平国际会议。同时,美国在中东问题上的立场也有所松动。当年2月,美国国务卿舒尔茨致信以色列总理沙米尔,讨论召开中东和会的可能性。里根总统在沙米尔访美时也劝说他考虑参加和平会议。此时在以色列执政的工党—利库德集团联合政府内部出现分歧。担任外长的工党领袖佩雷斯支持召开中东和会,而来自利库德集团的总理沙米尔对和会设想丝毫不感兴趣,想方设法为和会设置障碍;同时加紧在1967年占领的约旦河西岸及加沙地带建造犹太人定居点,加速向该地移民,以图造成占领的永久化。

1987年底,被占领土上爆发了规模空前的巴勒斯坦人起义,给沙米尔的顽固立场以沉重打击。事件起因于当年12月8日,加沙地带一辆巴勒斯坦人汽车与以色列卡车相撞,造成4死5伤的严重事件。次日,加比利难民营的巴勒斯坦人游行示威,要求惩办凶手。以色列占领当局竟出动军警镇压,打死打伤示威者17人,还在该难民营实行宵禁。以军暴行激起被占领土上巴勒斯坦人的义愤,被压抑了20年的民族情绪猛然爆发出来。加沙地带和约旦河西岸的几乎所有城镇都卷入了反以示威游行和罢工罢课浪潮,耶路撒冷和其他以色列境内的巴勒斯坦人居住区也被迅速波及。以境内的17万巴勒斯坦人进行了总罢工;在耶路撒冷,愤怒的示威者烧毁了一家美国银行和两家以色列银行;约旦河西岸比尔泽特市的巴勒斯坦人甚至将以军驱逐出市区,升起巴解旗帜,宣布该市为解放区。以色列政府紧急出动大批军警,动用武装直升机和坦克实施强硬的镇压措施。以军在许多巴勒斯坦难民营实行宵禁,肆意逮捕和枪击巴勒斯坦人,还公然阻止国际组织观察员接近难民营。巴勒斯坦青年则在街头筑起街垒,以石块和自制燃烧弹与以军对抗。以军始终难以控制被占领土的局势,以色列人普遍感到失去安全感。

被占领土巴勒斯坦人的起义使长期得不到公正解决的巴勒斯坦问题再次突出出来,也使沙米尔政府在国内外处于极其孤立的地位。联合国接连通过决议,谴责以色列的镇压政策,要求以保障被占领土上巴勒斯坦人的基本权利。欧共体成员国一致抨击以色列的暴行,美国也在决议表决时投了赞成票。1988年初,美国提出解决中东问题的新建议,即所谓"舒尔茨方案"。其主要内容是:(1)由联合国秘书长邀请安理会五个常任理事国及中东各方代表举行中东和平国际会议;(2)国际会议开幕后,立即转入约以、叙以、巴以三场地区性直接谈判;(3)国际会议不干涉、不参与双边谈判,不对双边谈判强加任何建议,也无权否决或反对双边谈判达成的协议。这一方案使美国的立场向阿拉伯国家的主张靠近了一步,同时与沙米尔坚持只进行双边单独谈判的僵硬态度拉开了距离。

阿拉伯国家注意到一贯偏袒以色列的里根政府态度有所变化,也注意到美苏在中东和谈问题上的立场在逐渐接近,决心抓住这个机会,实现中东问题的突破。1988年9月,约旦国王侯赛因突然宣布断绝同约旦河西岸的法律和行政关系。接着,巴解组织开始紧张筹备组建临时政府。11月15日,巴勒斯坦全国委员会在阿尔及尔召开第19次特别会议,通过了《独立宣言》和《政治声明》,宣布成立巴勒斯坦国,巴解执委会主席阿拉法特宣誓就任巴勒斯坦国的第一任总统。接着,阿拉法特总统在联合国关于巴勒斯坦问题的专题辩论会上发表声明:(1) 无条件接受联合国第 242 号和第 338 号决议;(2) 承认包括以色列在内的阿以争端各方和平安全生存的权利;(3) 反对一切形式的恐怖活动。这是对巴解传统立场做出的重大调整,立即得到国际社会的好评。联合国大会以压倒多数通过决议,接纳巴勒斯坦国为联合国观察员。

美国在阿拉法特在联大发表政策调整声明后,宣布取消不与巴解人员进行接触和谈判的禁令,同巴解组织开始实质性对话。12 月 16 日,美国驻突尼斯大使佩特莱鲁与巴解代表团在突尼斯城举行首次会谈。中东和平的主要难点——巴解代表权问题有了解决的希望。1989 年初,布什就任美国总统后,对中东和谈表现出更加积极和主动的姿态。3 月底,在接待来访的以色列外长时,美国务卿贝克提出了分两阶段实现中东和平的倡议。其第一阶段要求以色列和巴解分别采取实际步骤缓和被占领地区局势,创造和解气氛。第二阶段由以色列、巴解、被占领土的巴勒斯坦人代表进行直接谈判,讨论既能保证以色列人的安全,又能实现巴勒斯坦人的自决的"最后解决方案"。同年 10 月,他又在此基础上提出了促使巴以在开罗进行对话的五点建议,即"贝克计划"。

贝克计划受到了阿拉伯方面的欢迎。他们以巴解为中心,围绕实施贝克计划的具体方案与美进行了艰苦的磋商,终于在 1990 年初就争议焦点的巴勒斯坦代表权问题达成了各方都能接受的协议草案,规定该代表团主要由被占领土的巴勒斯坦代表组成,但至少可有一名被以色列驱逐的流亡者代表,和一名在西岸有居住权的东耶路撒冷人士。美国还进一步提出对巴以谈判议程的设想,即主要谈判选举问题,但允许巴方提出对中东问题最后解决的意见。

美国政策的一再调整给以色列带来了沉重的压力。以色列国内的意见分歧不断扩大。工党声称只要巴解信守放弃恐怖活动的诺言,就愿意接受它为谈判对手;以色列可以考虑实现被占领土的非军事化,甚至从被占领土撤军,以换取和平。而利库德集团依然坚持其顽固立场,坚决拒绝与巴解接触或谈判,反对以土地换和平,决不容许讨论耶路撒冷的主权问题。两党政见针锋相对,联合政府不断发生内阁危机。最终在 1990 年 3 月因对"贝克计划"的具体方案意见不一,沙米尔解除佩雷斯的副总理职务,联合政府垮台。工党联合一些小党通过对沙米尔的不信任案,使其成为以色列历史上第一个被议会推翻的总理。但佩雷斯接下来的组阁努力未能成功。6 月,沙米尔再掌大权,组成右翼政府。因为不再受来自政府内部的牵制,他更加露骨地推行强硬的内外政策。一方面加紧镇压被占领土上的起义,另一方面以种种借口抵制和平谈判。以色列仍然是中东和平的最大障碍。

与此同时,阿拉伯国家内部反对和谈的激进派势力亦有所抬头。叙利亚指责巴解让步太多,拒绝承认巴勒斯坦国。巴勒斯坦人阵、法塔赫分裂派等极力抨击巴解主流派推动和平谈判的努力,指责阿拉法特偏离巴全委会第19次特别会议的决议,"表现了投降主义倾向",并声言将继续进行旨在消灭以色列的武装斗争。1990年6月,巴解激进派武装分子袭击了特拉维夫海滩,造成多名以色列人伤亡。美国以此为由,指责巴解"谴责恐怖活动不力",宣布中断与巴解的对话。一度出现希望的中东和谈再次受挫。

第二节 非洲局势的动荡

津巴布韦共和国的成立和纳米比亚人民争取独立的斗争

1980年2月,津巴布韦开始执行一年前在伦敦达成的协议,举行首次多种族参加的议会选举。英国派出大批官员监督大选,来自英联邦国家的1300名士兵作为中立的观察员维持选举期间的秩序。在竞选期间,南非竭力支持"非洲人全国委员会"领导人穆佐雷瓦,从资金到人员给予他大量援助,希望穆在选举中获胜,以组成亲南非的新政权。但由"人盟"和"民盟"组成的津巴布韦爱国阵线在长期的反殖斗争中在津全国树立了崇高的威望,受到大多数黑人的坚决拥护。选举结果,爱国阵线在议会的80个非洲人议席中赢得77席,其中民盟获得57席。即使合计由白人占据的20个议席,爱国阵线也无可争议地赢得了议会的绝对多数。民盟主席穆加贝获得了组建新政府的权力。英美表示接受选举结果,承认爱国阵线的胜利反映了津巴布韦"人民的意志"。因为它们注意到津巴布韦反殖运动与苏联的关系并不密切,穆加贝在竞选中显示了温和的政策倾向。英美希望穆加贝上台后能执行现实主义的内外政策,使津成为南部非洲的稳定因素,减少苏联插手的机会。英美态度的改变使南非无力推翻民盟上台执政的事实。1980年4月,穆加贝宣誓就任津巴布韦总统,成为津历史上第一位黑人总统。津巴布韦终于摆脱殖民主义、种族主义统治,实现独立。

津巴布韦的独立使纳米比亚成了非洲最后一个仍未摆脱殖民统治的国家。如前所述,20世纪70年代末,以美国为首的西方五国"接触小组"曾就纳米比亚问题展开积极活动,对南非施加了一定的压力,迫使南非不得不在表面上接受了联合国提出的和平方案。但进入 80 年代后南非却在纳米比亚问题上重新采取强硬立场,公开阻挠国际社会解决纳米比亚问题的努力。1980 年 6 月,南非不顾包括西方大国在内的国际社会的一致反对,根据自己操纵的 1978 年议会选举的结果,宣布组成纳第一届"内部解决"政府,推出白人农场主德克·穆克任所谓部长会议主席。8 月 1 日,又宣布在纳成立一支新部队,加紧镇压游击队,搜捕游击队的支持者。次年 1 月,南非代表中途退出联合国在日内瓦召开的关于纳米比亚问题的国际会议,宣称实现联合国第 435 号决议的条件尚未成熟。

  南非此时改变在纳米比亚问题上的拖延战略,肆无忌惮地对抗联合国的和平计划,与当时国际形势的变化有密切联系。里根政府上台后,美国与苏联的关系由 20 世纪 70 年代的缓和走向新冷战,里根政府把第三世界看作遏制苏联扩张的主要战场,美国对南部非洲的政策也随之有了明显的变化。卡特政府遵循的策略是"以水灭火",试图通过推动南部非洲的非殖民化进程,促使南部非洲各国出现温和的黑人政权,消除苏联、古巴兴风作浪的机会。而里根主张的策略是坚决把苏联势力"推回去",直接从经济和军事上支持亲西方的势力,与接受苏联援助的一方展开对抗。纳米比亚是里根在南部非洲推行这一战略的两大重点地区之一。在美国看来,领导纳米比亚独立斗争的西南非洲人民组织和人民解放运动领导下的安哥拉政府都是受苏联影响的势力,是对美国在非洲战略利益的威胁。苏联及古巴的代表曾出席该组织的中央委员会会议,该组织主席努乔马访问过苏联和东德,争取到东方阵营的武器援助。里根政府对该组织将在纳米比亚独立后掌权持疑虑态度,因而对推动纳米比亚独立亦不再热心。

  南非本来就无意放弃对纳米比亚的控制。纳拥有丰富的战略资源,南非在该地享有巨大的经济利益。南非所有的大公司都在纳建立了子公司或分公司,纳近一半的矿产掌握在南非公司手中。纳米比亚对南非的政治和军事意义也非比寻常。在莫桑比克、津巴布韦等国相继独立后,它已成为南非与前线国家之间最后的一个缓冲地,是南非隔绝非国大的外部支持,维护种族隔离制度的重要防线。美国非洲政策的调整,使南非得以不择手段地维护在纳米比亚的殖民统治。1982 年,南非操纵成立的西南非洲"议会"在处理一项法案时违背了南非的意旨,南非派驻该地的行政长官立即宣布解散"议会",傀儡主席德克·穆克被迫辞职,第一届西南非洲内部解决政府随即垮台。南非政府于是召集所谓西南非洲多党会议。该会议在南非授意下通过建立"民族统一过渡政府"的计划,推选产生新的过渡政府和议会。但计划规定,南非依然控制纳米比亚的外交、国防、内部安全,新议会通过的一切法案仍需经南非派驻的行政长官签署后方能生效。这个计划得到了南非的批准。1985年6月,第二届"内部解决"政府成立。南非继续对纳米比亚实行殖民统治。

使形势更为复杂的是,南非在美国支持下,提出所谓解决南部非洲问题的联系方案,要求将纳米比亚独立同古巴从安哥拉撤军联系起来,声称古巴在安哥拉的军事存在威胁了南非的国家安全,由于古巴继续干预安哥拉内战,南非不能执行联合国第435号决议。南非的"联系方案"遭到了联合国和有关非洲国家的一致反对,但迎合了里根政府的政策,即在西南非洲的两大热点地区与苏联展开对抗,坚决遏制其扩张势头。里根一上台就恢复了公开支持安哥拉反政府武装力量安盟的政策,两次邀请安盟主席萨文比访美,并说服国会取消了禁止向安哥拉反政府武装提供援助的法案。自1986年起,每年向安盟提供1500万美元的军事援助,其中包括先进的"毒刺"式导弹。

南非大力支持美国在南部非洲的"低烈度战争战略",先后通过纳米比亚向安盟提供了将近10亿美元的军事物资;同时,亲自出马镇压纳米比亚西南非洲人民组织,秘密派兵进入安哥拉境内,配合安盟的军事行动。1983年,南非公然出兵占领了安哥拉南部地区;1985年5—6月,又公开袭击安哥拉的卡宾达地区,声言要摧毁西南非洲人民组织在境外的活动基地。另一方面,南非亦不时采取一些怀柔政策,企图离间纳米比亚西南非洲人民组织与安哥拉政府的关系。1984年,南非释放了被长期关押的托衣沃等西南非洲人民组织领导人,并同西南非洲人民组织代表进行了直接会晤,要求西南非洲人民组织断绝"外部联系",加入南非操纵的"内部解决"政府。同年,南非又与安哥拉政府谈判,表示愿从安南部撤军,条件是安政府保证不再允许西南非洲人民组织游击队以该地为后方基地。西南非洲人民组织和安哥拉政府都没有接受南非的条件,南非便以此为由拒绝执行关于纳米比亚独立的联合国决议。

乍得内战和外部势力的军事干涉

乍得是中非内陆国家,原为法国殖民地,1960年8月11日独立。由于乍得位于沙漠与草原、阿拉伯人为主的北非与撒哈拉以南非洲的交界地带,在民族构成、宗教信仰、生活习惯等方面都存在着明显的南北差异。约占人口44%的伊斯兰教徒大部分居住北方,而占人口三分之一的基督教徒控制着南部地区。1965年起,乍得北部、中部居民因不满由南方人控制的政府采取歧视北方的政策而开始暴动。此后,乍得国内冲突不断,并逐渐演变成为古库尼、哈布雷、卡穆格三派之争。由于外部势力的干预,乍得国内固有的部族、地方势力之间的矛盾更加激烈和复杂。法国虽然结束了在乍得的殖民统治,但仍视乍得为自己在非洲势力范围的一部分。先是在军事和经济上支持基督教徒控制的政府,继而支持哈布雷一派。乍得的北方强邻利比亚则是另两派的后援。各派武装陷于拉锯战中,多年相持不下。

1980年,当时控制国家政权的古库尼根据同利比亚签订的《友好同盟条约》,邀请利军进入乍得,依靠其军事支持打败了哈布雷,一度将哈布雷逐出国境。古库尼政府继而宣布乍得将与利比亚合并。这立即引起了周边国家的反对和法国的抗议。在国际社会的压力下,利比亚被迫从乍得撤军。不久,哈布雷卷土重来,在大反攻中节节胜利并夺取首都恩贾梅纳,1982年10月宣布就任总统。古库尼退至北部,联合卡穆格成立临时政府,继续与哈对抗。双方于1983年重开战火。哈布雷向联合国控告利比亚军队直接卷入古库尼的军事行动,侵入乍得领土;并紧急呼吁法国和美国"立即进行直接和大规模干预"。8月,法国根据与哈布雷政府达成的军事协定,采取"大鳎鱼"军事行动,出兵约3000人,沿北纬15度(后挺进到16度)构成防线,阻止古库尼在利军支持下推进。此后一度形成南北对峙的局面。1984年8月,法国同利比亚达成协议,双方同时撤军。但据哈布雷政府的指控,利比亚未严格遵守协议,仍有部分利军滞留乍得帮助反政府武装。

1986年2月,乍得战乱又起。古库尼在利军支援下突破16度线。法国迅速做出反应,派出飞机轰炸反政府武装控制的机场,并从位于中非的法国基地抽调500名士兵和13架战机进入乍得,展开所谓"食雀鹰行动",遏制了古库尼的进攻。这时,乍得内战的国际环境发生了重大变化。刚刚推出"里根主义"的美国以中东为进行"低烈度战争"的两大重点地区之一。而在美国看来,卡扎菲领导下的利比亚是中东恐怖主义活动的后台,对美国在中东的利益构成了严重威胁,是首当其冲的打击目标。美第六舰队盘桓于利比亚的领海外寻衅,并两次出动飞机空袭利比亚。同时,美国也开始积极干预利比亚南边的热点地区——乍得。在此之前,美国只是以通过其他国家将美国物资转运乍得的方式,对乍得政府提供有限支持。此时,美国开始同法国协调,直接出面支援哈布雷政府。美向乍得派出了军事顾问,并向乍得政府军提供了防空武器等总共价值3500万美元的军事援助。试图遏制利比亚势力的扩张,对利形成南北夹击之势。

美国的干预打破了乍得内战的僵持局面,哈布雷政府在军事对抗和政治谈判中的地位都得到加强。哈布雷抓住这一时机推动全国和解,先后向十几个非洲国家和非统组织派出特使,请求他们出面调停。乍得政府的姿态得到了非洲国家的广泛支持,在反政府武装内部也引起反响。卡穆格首先宣布归降,继而不断有反政府派别投向政府一方。到1986年11月,古库尼为大势所迫,亦宣布承认哈布雷为乍得的合法元首,同政府达成军事联合协议,其部下归入政府军。

至此,乍得内战告一阶段,乍得问题演变成为乍得与利比亚之间的纠纷。乍得各派武装在哈布雷的指挥下开始致力于清除乍得领土上的利比亚军队。到次年4月,在乍得的利军已损失了三分之一的兵员和5亿—10亿美元的军事装备,被迫退守乍得北部的奥祖地区。该地区面积11.4万平方公里,盛产矿石,1973年6月被利比亚出兵占领。卡扎菲宣称,乍得的宗主国法国和利比亚的宗主国意大利在1935年达成的《罗马条约》规定,将奥祖地区转让给意大利。所以利比亚对奥组拥有主权。而乍得认为该条约未经法意两国议会批准,因而不具备法律效力。而且1960年乍得独立时奥组属乍管辖,按非洲统一组织章程规定:非统成员国应遵守独立时的边界。利比亚占领奥组地区不具备任何法律依据,只能被视为侵略。在1987年乍得各派的联合行动中,乍得一度收复奥组,后又因缺乏空中支援而被迫撤军。乍得为了报复,曾突袭利比亚的军事基地,把战火引入利境内。

1988年5月,受全球热点普遍降温的影响,利比亚领导人卡扎菲宣布:利比亚决定结束与乍得的战争,承认以哈布雷为首的乍得政府,准备恢复两国的外交关系,以此作为对非洲统一组织成立25周年的献礼。三个月后,乍、利在非统组织调解下在加蓬首都就关系正常化举行了会谈,并于10月签署了复交联合公报。1990年8月,哈布雷与卡扎菲在摩洛哥会晤,一致同意将两国关于奥组的争端提交海牙国际法院仲裁。

1990年11月,乍得国内政局亦发生戏剧性变化。伊德里思·代比率2000士兵从苏丹进入乍得,一路攻城陷地。在关键时刻,法国以海湾危机牵制和运输力量不足为理由,宣布保持中立,拒绝援助哈布雷政府。哈被迫逃亡国外。12月1日,代比出任乍得国家元首和国务委员会主席。代比掌权后,一方面在国内实行和解政策,另一方面积极改善与利比亚的关系,释放了450名利战俘。利宣布免除乍得全部债务,并给予经济援助。两国关系进一步好转。

西撒哈拉问题

西撒哈拉位于非洲西北部,总面积仅为26.6万平方公里。该地降雨极少,植被稀疏,不宜农耕,但磷酸盐矿蕴藏丰富,预计可开采 120 年以上。19 世纪 80 年代,西班牙控制了西撒地区,并同当时控制北非地区的法国按经纬线确定了西撒与摩洛哥、阿尔及利亚、毛里塔尼亚的边界。1958 年西班牙把西撒划为自己的海外省,企图永久占据该地。西撒人民为摆脱西班牙的统治进行了长期斗争。1970 年,西撒的三个邻国(摩洛哥、毛里塔尼亚和阿尔及利亚)组成推动西撒非殖民化的"共同阵线"。1973 年 5 月,西撒人在邻国毛里塔尼亚宣布成立萨基亚阿姆拉和里奥德奥罗人民阵线,简称为波利萨里奥阵线,即西撒哈拉人民解放阵线。西撒人阵自成立时起即打出民族独立的旗帜,把西撒的反殖运动推向高潮。西班牙不得不准备放弃经营了 90 余年的西撒,而西撒的邻国摩洛哥、阿尔及利亚、毛里塔尼亚开始就西撒的归属展开激烈争斗。

摩洛哥在联合国大会上要求将西撒问题提交海牙国际法院裁决。1975 年国际法院发表咨询意见,认为西撒不是西班牙所谓"无主土地"。当地居民一部分曾与摩洛哥有宗教联系和法律上的效忠关系,另一部分则同毛里塔尼亚有联系。据此,1975 年 11 月,西班牙、摩洛哥、毛里塔尼亚达成马德里协议,决定在西班牙撤军后由摩、毛两国分割治理西撒。摩占领西撒北部 17 万平方公里土地,毛占有南部的 9 万平方公里土地。该协议立即遭到西撒人阵的强烈反对,阿尔及利亚也表示极其不满。因为毛里塔尼亚、摩洛哥、阿尔及利亚三国首脑在当年成立共同阵线时曾达成协议,西撒地位将在西班牙撤军后由西撒人民自由决定。1976 年 2 月,西班牙军队开始撤出,同时,摩洛哥、毛里塔尼亚从北南两面进兵西撒。阿尔及利亚宣布同摩、毛断交,并支持西撒人阵于 2 月 27 日宣布成立阿拉伯撒哈拉民主共和国,西撒人阵总书记穆罕默德·阿齐兹宣誓就任国家元首。西撒人阵组织了上万人的游击队,以阿尔及利亚为后方,与摩、毛军队展开周旋。

1979 年 8 月,不久前政变上台的毛里塔尼亚军政府为全力应付国内局势,与西撒人阵谈判媾和。双方在阿尔及尔签订"和平协定"。毛里塔尼亚宣布中立,放弃对西撒的领土要求,将军队撤出西撒。摩洛哥迅速接管由毛控制的南部地区。西撒问题演变成为摩洛哥与受阿尔及利亚支持的西撒人阵的双边冲突。摩洛哥在军事上占绝对优势。摩将近一半的军队派往西撒,最高峰时达到 17 万人,并在西撒由南至北筑起 6 道长达 2400 公里的沙墙,有效地阻止了西撒人阵游击队的渗透。摩洛哥还向西撒前后移民 12 万人,派驻大批行政官员。西撒人阵很难凭借武力推翻摩洛哥的统治。

但西撒人阵在国际上赢得了广泛的同情和支持,先后得到 70 多个国家的外交承认。特别是在 1984 年 11 月第 20 届非洲统一组织首脑会议上，西撒被接纳为正式成员国。摩洛哥百般阻止无效，被迫宣布退出非统组织。西撒冲突作为长期困扰北非地区的热点问题而久拖不决。国际社会曾做出多种努力，调解西撒冲突。1984 年 11 月，联合国通过决议，呼吁有关各方实行停火，通过直接谈判解决问题，让西撒人民通过公民投票自己决定自己的命运。非统组织则成立关于西撒问题的专门委员会，连续几任非统组织的执行主席都曾亲自进行斡旋调停。但一直收效甚微。

直到 1988 年，在全球热点降温的大趋势左右下，西撒冲突才有了明显的转机。当年 5 月，摩洛哥与阿尔及利亚恢复了中断长达 12 年之久的外交关系，共同参与组建了阿拉伯马格里布联盟。摩阿和解为西撒冲突的解决创造了条件。8 月 3 日，摩洛哥国王哈桑二世公开宣布，愿就西撒前途问题同西撒人阵进行会谈。他声称："和平热正在席卷世界"，"我们马格里布不应成为唯一的热点，那样全世界都会责备我们"。西撒人阵立即做出了积极响应。8 月 11 日，联合国秘书长德奎利亚尔分别会见了摩洛哥和西撒人阵的代表，向他们提出解决西撒问题的建议：（1）实行停火；（2）准备在 6 个月内实行公民投票；（3）由联合国派遣 2000 名工作人员负责组织公民投票，维持秩序，摩洛哥军队和行政人员可以留在西撒，但不得介入公决或日常事务的管理。8 月 30 日，冲突双方表示原则上接受联合国的和平方案。11 月，西撒人阵宣布单方面停火。

1990 年，德奎利亚尔又草拟了西撒和平的执行计划，包括任命一位秘书长特别代表，全权负责在西撒组织公民投票；成立联合国西撒公民投票特派团，分民事、军事、治安三个小组，以监督停火，监督当地机构处理行政事务。1991 年 4 月，联合国通过第 690 号决议，批准秘书长的修正案，要求西撒交战双方停火、交换战俘，摩洛哥驻军减少到 6.5 万人，在联合国观察团监督下举行公民投票决定西撒归属。6 月 27 日，摩洛哥和西撒人阵签署停火协议，同意于 9 月正式停火，1992 年 1 月举行公决。西撒的战火平息了，但由于当事双方在公决效力、参加公决的选民资格等问题上互不相让，公民投票未能如期举行，西撒的前途依然悬而未决。

《西南非洲和平协议》的签署

1988 年，在全球热点普遍降温的大潮中，围绕错综复杂的西南部非洲问题进行的外交活动终于有了实质性进展。1 月，在同美国举行的会谈中，安哥拉政府代表首次表示：安同意古巴军队最终全部撤出安哥拉。古巴官员也首次出现在安美谈判的现场,同美国官员进行了接触,并表示愿与安政府同步松动立场。3月,安、古、美进行了第一次关于安哥拉问题的三方会谈。安哥拉政府进一步提出了古巴军队在4年内分阶段撤出的具体方案。5月,会谈扩大为包括南非在内的四方谈判。

此后,四方围绕古巴和南非军队分别撤出安哥拉、实现纳米比亚独立等问题进行了11轮艰苦谈判。最终于1988年12月13日达成了由古巴、南非、安哥拉政府三方签署的布拉柴维尔议定书。12月22日在纽约联合国大厦正式签署了安、古、南三方条约以及关于古巴从安哥拉撤军的安哥拉—古巴双边协议,合称《西南非洲和平协议》。该协议规定,自1989年4月1日起,按照联合国安理会第435号决议逐步实现纳米比亚独立;古巴应同时开始从安哥拉撤出其全部军队,撤军应分阶段在27个月之内完成;在此期间,南非应从安哥拉和纳米比亚撤军,从纳米比亚撤军的工作应在1989年11月之前完成;南非和安哥拉应同联合国秘书长合作,保证在纳米比亚举行的选举不受任何干扰;各方应尊重纳米比亚的领土完整和边界不受侵犯。

促成西南非和平协议诞生的原因是多方面的。其中最重要的是美苏关系再次走向缓和,及美苏两国,特别是苏联对第三世界热点地区政策的变化。戈尔巴乔夫上台后,苏开始逐渐从各个热点地区抽身,以减轻军费开支对经济的沉重压力。在阿富汗问题基本得到解决后,南部非洲就成了苏联关注的重点。苏联在安哥拉驻有军事顾问和技术人员3000多人。10年间向安提供的军事援助共达40亿美元。这还不包括为驻安古军提供的支持。1987年美苏就中导问题达成协议的同时,苏就与美国就西南部非洲问题进行了多次高级接触。苏联外长、副外长又分别前往葡萄牙、古巴、安哥拉等国,为推动和谈协调各方的态度。苏联官员还在各种场合强调南部非洲问题应当通过政治谈判而非军事手段解决,表示安哥拉问题应在所有外部势力撤出后,由安本国人民自行决定。

美国抓住苏联态度的变化,与苏密切配合,力图按照"联系方案"的思路化解南部非洲问题。1988年4月底,美国负责非洲事务的助理国务卿克罗克与苏联副外长阿达米申见面,确定举行首次四方谈判。同年5月29日—6月2日,里根与戈尔巴乔夫在莫斯科首脑会谈中,双方又达成共识,要以"现实主义"和"利益均衡"为基本原则,按照阿富汗模式解决西南非洲问题。这也成了此后各轮四方谈判的基调。西南非洲和平协议产生后,美苏又共同参加了监督协议实施的联合委员会,随时讨论和解决在协议执行中产生的问题。可以说,西南非洲和平进程的每一个进展,都与当时美苏两国关系的大气候密切相关。

当然,实现和平的关键是直接卷入军事对抗的安、古、南三国愿意放弃武力,谋求政治解决。他们经过长期军事较量,都感到难以取得全胜,难以完全按自己的意志决定事态的发展。而战事久拖不决,给三国的经济都造成了沉重负担。其中安哥拉的损失尤为惨重。据安政府宣布,战争造成的经济损失高达200亿美元,政府每年要拿出将近一半的财政开支用于军费。安全国75%以上的工矿企业关闭,90%的农场抛荒。国民经济面临崩溃。所以安哥拉政府在和平谈判中表现得最为主动。

南非政权一度在谈判中横生枝节,不择手段地阻挠和平进程。先是要求古巴在几个月内全部完成撤军,接着又拒不同意将自己在安哥拉的军队对等撤出,后来又提议组建一个"既不亲苏也不亲南非的"安哥拉中立政府。但在安哥拉的南非军队表现出强烈的厌战情绪,南非企业则为沉重的经济负担叫苦连天,加之美国为实现自己满意的西南非和平计划而对南非施加经济压力,南非政府最终极不情愿地同意在和平协议上签字。

此外,西南非洲人民组织政策的调整也是推动西南非和平进程,特别是纳米比亚独立进程的重要因素。西南非洲人民组织根据20世纪80年代后期国内外形势的变化,由此前较为亲苏的激进政策,转为主张现实主义的温和政策。诸如提出民族和解的口号,在强调反对种族主义的同时,表示尊重多党制民主;放弃迅速实行大规模国有化的经济政策,主张混合经济;在对外政策上,表示愿与东西方同时保持友好关系,而且提出要在和平共处五项原则基础上与南非保持睦邻关系,既反对南非白人政权,又要客观对待与南非的传统联系。西南非洲人民组织的新政策有效地树立了自己的稳健形象,减轻了西方国家对它的疑虑,使他们对纳米比亚独立采取了更积极的态度。

《西南非洲和平协议》建立在国际形势深刻变化的基础之上,因而得以顺利实施。南非军队按计划撤出了纳米比亚,它操纵成立的纳临时政府和所谓西南非洲领土军自动解散。联合国向纳派出了由军人、警察、文职人员和选举监督员组成的过渡时期协助团,非统组织、不结盟运动等30多个国际组织也在纳设立了观察组或联络处。在国际社会的密切注视下,1989年11月,纳米比亚如期完成了制宪议会选举。西南非洲人民组织得到57.33%的选票,在72个议会席位中占了41席。1990年3月21日,纳米比亚正式宣告独立,西南非洲人民组织领导人努乔马作为纳第一位黑人总统宣誓就职。独立后的纳米比亚成为非统组织的第51个成员国,奴役非洲长达500年的殖民统治终于结束。

第三节 拉丁美洲的反帝反殖反霸斗争

债务危机

20世纪80年代初,随着资本主义世界经济体系出现严重的危机,拉美国家的经济形势急剧恶化,其对外负担的债务额迅速上升,偿还债务的能力却因出口受阻而迅速下降。1982年拉美各国的债务总额达到3335亿美元,仅当年就需还本付息321亿美元,而当年拉美的出口却下降了7.1%。以国际公认的几项债务指标衡量,拉美当时的债务情况已极其危险。其负债率达到331%,远远高于200%的安全线;偿债率达到26%,明显超出国际公认的20%的警戒线;拉美各国持有的外汇储备只能满足2.9个月的进口需要,低于保证3个月进口需要的安全线。

1982年8月,人们普遍担心的债务清偿危机终于爆发了。墨西哥政府因无力支付到期的268亿美元债务,请求外国银行准予延期。在遭到拒绝后,墨宣布停止偿还外债,无限期关闭全部外汇市场,国内金融机构中的外汇存款一律转换为本国货币。墨西哥的行动很快影响到其他拉美国家,巴西、阿根廷、智利等国先后宣布暂时终止对外支付,要求同外国债权人重新磋商债务安排。拉美国家的行动引起西方金融界,特别是以美国银行为主的拉美债权人的恐慌。经过紧急协调,他们勉强与拉美国家达成延期偿付协议,避免了国际金融秩序的全面崩溃,但拉美的巨额债务问题未能得到根本的解决。20世纪80年代,拉美的债务持续增长,不时发生拉美债务国因无力还本付息而被迫停止还债的事件,几乎所有的拉美国家都被债务危机困扰。

酿成这次空前严重的债务危机的原因是多方面的。第一位的,也是最直接的起因是20世纪70—80年代国际金融形势的起伏变化。在70年代,由于西方发达国家无一例外地陷入滞胀危机中,其国内投资不振,急于向外输出资金,国际金融市场上出现了供大于求的局面。债权方提供的贷款条件极其优惠,1975—1978年间国际利率扣除通货膨胀因素外竟为负数。拉美国家正是在此时急剧扩大借债规模。1974年,拉美的债务不过400亿美元左右,到1980年却已负债近2430亿美元,埋下了危机的祸根。进入80年代后,国际货币市场的形势突然逆转。发达国家为制服通货膨胀采取了以高利率为主的紧缩性货币政策,国际贷款利率随之飙升,1980—1989年的实际利率相当于1973—1979年的 6 倍。拉美国家债务本息负担也直线上升,在这一起一落之间背上了难以摆脱的债务包袱。应当指出的是,因国际金融形势动荡而落入债务陷阱的不仅是拉美诸国,亚非的一些国家同样背上了庞大的债务包袱。

第二,国际贸易形势在这段时间里同样发生了不利于拉美国家的变化。西方国家在危机中采取经济紧缩政策,日益明显地奉行贸易保护主义,拉美的制成品出口备受打击。同时,拉美出口的初级产品价格却一路下跌。特别是石油价格出人意料的跌落,给墨西哥、委内瑞拉等拉美石油输出国造成了严重的后果。他们原来估计 20 世纪 80 年代油价会继续爬升,是他们取之不竭的财源,因此放手借债。结果却落入了债务陷阱。出口不振使拉美国家无法有效地减少债务,只能借新债还旧债。而新贷款的利率越来越高,贷款条件越来越苛刻,致使其外债总额日益膨胀。

第三,拉美各国的经济发展战略出现了明显失误。20 世纪 70 年代,拉美国家经济起飞时期积累的一些弊病,如社会分配不公、农业发展滞后、国内积累率低等已经露出苗头。而此时执掌大权的军人政府非但没有把政策重点转向经济调整,反而企图继续以大投入谋求高增长,以大量吸收外国资金掩盖经济结构中的问题。结果不仅酿成债务危机,而且由债务问题引发经济的全面衰退。再有,拉美国家奉为圭臬的"进口替代战略"也存在着重大缺陷。长期奉行该战略造成对民族工业的过度保护。尤其是占相当比重的国营企业,生产效率低、技术落后、管理混乱,而拉美国家大量举债得到的资金很大一部分被它们所吸纳。在 80 年代国际经济环境突变的情况下,它们缺乏适应严酷竞争的能力,无法为国家偿债做出贡献。

第四,拉美国家在具体的债务管理过程中举措失当。无控制地借入以浮动利率结算的商业贷款,导致在利率回升时损失惨重;过高估计初级产品价格走向,造成对偿债能力的盲目自信;在债务指标已全面突破警戒线时,仍未收敛,甚至在 20 世纪 80 年代初,国际经济形势已明显恶化之时,还在大笔借款。所有这些都促成了债务的失控。

由以上的分析可以看出,拉美债务危机是在国内、国际两方面因素共同作用下形成的。克服这一空前严重的危机既需要拉美国家进行自我调整,也需要国际金融界、主要是拉美的债权方给予相应的支持,也可以说双方合作的诚意是解决问题的关键。但从危机爆发时起,债权方与负债国就产生了意见分歧。拉美国家希望尽量避免债务问题把整个经济都拖入深谷。他们提出应把拉美的债务问题作为一个整体解决,债权方应考虑适当减少债务国的偿债额,以使拉美社会经济恢复良性循环,争取边发展边偿债。而债权国则担心自己的银行因不能收回贷款而倒闭。特别是握有大部分债权的美国,几乎所有的大银行都卷入了20世纪70年代向拉美投资的热潮,已经因周转不灵被拖到了金融危机的边缘。因此美国带头采取了寸步不让的强硬态度,要求拉美国家以尽快还债为首要任务、实行严厉的经济紧缩政策,而且只同意安排推迟偿债期限,不考虑减免债务。对于敢于提出异议的债务国,债权方联合行动,不支持其经济计划,拒绝提供新贷款,迫其就范。拉美国家不得不按债权国规定的指标,以牺牲经济发展、降低生活水平为代价偿还债务。结果由于国家经济实力严重受损,偿债能力不断下降,债务额反而继续上升。

1984年6月,11个拉美债务国在哥伦比亚集会,表示对发达国家在债务危机中的政策强烈不满。他们组成了卡塔赫纳集团,要求集体与债权方对话,寻求政治解决。而此时西方经济状况有了明显好转,西方债权国的态度略有变化。1985年10月美国财政部长詹姆斯·贝克在国际货币基金组织和世界银行年会上提出了"美国关于发展中国家持续增长的计划",承认债务国应通过恢复经济增长提高偿债能力。该计划设想由国际货币基金组织牵头,通过国际金融机构和私人银行在此后的三年内为15个债务负担最重的国家提供290亿美元贷款,另向其中的低收入国家提供27亿美元,支持它们的经济调整。计划涉及的15个重债国中有10个是拉美国家。贝克计划比起美国此前的僵硬态度有明显进步,但仍避而不谈债务减免问题,对计划的资金支持也语焉不详。该计划终因国际金融形势动荡和里根政府拒绝采取实际的支持措施而流产。拉美国家不得不继续在债务的重负下挣扎。

直至20世纪80年代末期,美国对拉美债务危机的政策才有了进一步的调整。此时,美国也认识到拉美国家为偿付债务已尽了最大努力。拉美经济如继续被债务问题所困,美国在日益明显的国际经济区域化潮流中将缺少一个稳固的后方,对美国经济的长期发展也是不利的。况且美国银行已基本从80年代初的危急状态摆脱出来,普遍完善了呆账准备金制度,也就不再坚持拉美债务国必须按名义价值还债。因此,新上任的美财长尼古拉斯·布雷迪于1989年3月提出了解决债务问题的新方案,即著名的布雷迪计划。该计划接受了拉美国家减免债务的主张,提出由世界银行和国际货币基金组织负责筹款200亿—250亿美元作为担保,资助债权与债务双方在3年内减免700亿美元债务本息。具体减免方式是鼓励私人债权银行按一定的折扣,把旧债券换成新债券,或变成对债务国的直接投资。也就是所谓债务债券化和债务资本化。但债务国必须接受由国际货币基金组织认可的经济调整计划,进行以市场为中心的改革。

布雷迪计划得到了拉美国家的肯定。墨西哥、委内瑞拉、智利等国率先在该计划的框架内同债权方达成了债务减免协议。到 1992 年,最后的两个负债大国巴西和阿根廷也接受了布雷迪计划的安排,同债权方达成新的债务协定。拉美国家的偿债负担逐步得到缓解,经济也开始普遍恢复,朝着经济增长、还债力增强的良性循环迈进了一步。但由于多年的债务积累,拉美的负债总额还在上升。债务危机的彻底解决还有待有关各方继续努力。

无论债务问题的未来前景如何,它已给拉美经济造成了极大的损害。债务危机肆虐的 20 世纪 80 年代,也是拉美经济陷入全面危机的时期。十年间拉美国家的人均国民生产总值累计下降 8.3%,工业产值年均增长率只有 0.5%,汽车生产一类支柱产业实际倒退到 70 年代中期的水平。在苏联解体、东欧剧变之前,拉美是世界上通货膨胀最严重的地区,1990 年的通货膨胀率达到 1492%。灾难性的通货膨胀使拉美人均实际收入下降了 10% 左右,一度缩小的与西方国家的差距又迅速拉大。因此有人称 80 年代对拉美而言是"失去的十年"。

马尔维纳斯群岛战争

马尔维纳斯群岛(以下简称马岛)位于南大西洋水域,距离阿根廷海岸约 480 公里,由索莱达岛、大马尔维纳斯岛和二百多个礁石岛组成,还包括南乔治亚岛、南桑威奇群岛等附属岛屿。麦哲伦在进行环球航行时首先发现该群岛,此后又曾有多名欧洲冒险家到达。1690 年,英国人约翰·斯特朗登岛后,以英海军大臣福克兰子爵的封号命名之,从此英国人称之为福克兰群岛。18 世纪,法国、英国、西班牙相继在此设立殖民据点,该群岛被改称为马尔维纳斯,后西班牙根据乌得勒支和约将法英势力驱逐。1816 年阿根廷独立后,宣布继承包括马岛在内的西班牙属地,并在该地设置了行政区和军政长官。但 1833 年英国派军占领马岛,宣称英国一直拥有该群岛的主权。自此马岛一直为英国控制和经营,而阿根廷从未放弃收回马岛的努力。

1958 年马岛归属问题被提交联合国。1965 年第 20 届联合国大会通过第 2065 号决议,认为马岛主权存在争议,敦促双方和平解决。英阿进行了外交谈判,并曾达成密切马岛与阿根廷日常往来的协议。但此时有消息说,马岛周围蕴藏着丰富的石油资源,其储量可能是英国北海油田的三倍。英阿双方一度松动的立场又强硬起来。

进入 20 世纪 80 年代后,阿根廷经济陷于严重衰退之中,全国上下对军政府的不满情绪日益强烈。当时的政府首脑加尔铁里将军匆忙决定以武力收复马岛,企图以此激起群众的民族情绪,转移对政府的压力。1982年3月,英国马岛当局与阿方因几十名阿根廷工人进岛工作的问题发生争执,阿根廷政府即以此为契机开始行动。4月2日,阿海陆空三军约4000人一举占领马岛首府,控制了机场和电台。驻岛的少量英国守军很快被迫投降,阿宣布收回马岛主权,将其列为阿的第24个省,并任命了驻该群岛的军事长官。

阿根廷军政府当时估计,英国会对此做出强烈反应,但不大可能为夺回马岛而动武。此时的英国早已不是可以在全球出击的海上霸主,对距本土万里之外的马岛颇有鞭长莫及之感。加之英国也正为经济衰退所苦,财政拮据,保守党政府因实行紧缩政策遭到广泛批评,很可能无暇他顾。

但出乎意料的是,英国首相撒切尔夫人毫不迟疑地选择了对抗之路。在她请求下,英议会于4月3日决定组织特混舰队,奔赴南大西洋应战。英国还宣布断绝同阿根廷的外交关系,停止同阿的一切经济往来,冻结阿在英的全部财产,吁请盟国一道对阿实行经济制裁。尽管当时英国国内不少人对军事行动能否成功、为海外孤岛而劳师动众是否明智持怀疑态度,但撒切尔夫人坚持认为这是决定英国国威能否重振的关键时刻,如果犹豫退让,将造成英国国际地位不可遏止的衰落。她撤换了态度不够坚决的外交大臣卡林顿爵士,组成新的战时内阁,宣布马岛周围200海里水域为海上禁区,决意与阿周旋到底。阿根廷也继续增兵马岛。战事一触即发。

此时,与英阿有着密切关系的美国的态度显得格外重要。英军虽然在整体实力上明显优于阿军,但远赴马岛作战,后勤补给大成问题。如果没有美国的支持,很难顺利取胜。所以英国一开始就把争取美国支援当作外交重点。而美国最初采取了中立调停的姿态。一方面,英国是美最亲密的盟国,撒切尔夫人又是里根政府对苏联展开新冷战最坚定的支持者;另一方面,美国正为遏制苏联、古巴在中美洲影响的扩张而忙碌,需要得到拉美国家的支持和配合,不希望在此时开罪阿根廷。因此,美国务卿黑格在英阿之间展开了穿梭斡旋,谋求和平解决。他声称英阿都是美国的朋友,希望大家能找到"既没有胜利者,也没有失败者"的体面解决办法,并提出一个搁置主权问题,由美、英、阿三方共管马岛的方案。

但英阿双方都拒绝在主权问题上让步。英国提出阿军必须首先撤出马岛,待恢复4月2日前英国对该群岛的管辖之后,可以考虑由岛上居民行使自决权。阿根廷则坚持只有在阿对马岛主权要求得到保证之后,才能撤军。因双方立场难以调和,黑格的斡旋终告失败。尽管内部仍存在意见分歧,但里根政府决意站在英国一边。4月30日,美国正式谴责阿根廷为"侵略者",宣布对阿实行经济制裁,同时保证为英军行动提供援助。在此之前,美国已经允许英军使用距马岛5600公里的阿森松岛上的美国军用设施,使英军得到了重要的后勤中转站。

英军特混舰队到达战区,在首先收复南乔治亚岛后,正式对"海上禁区"实施封锁。阿军进行了猛烈抵抗,特别是阿空军作战相当勇猛,击沉"谢菲尔德"号驱逐舰等英军主力舰只,予英军以重创。但英军的武器优势逐步占据上风,基本掌握了制海权和制空权。5月21日,英军登陆索莱达岛。接着兵分两路进逼马岛首府斯坦利港,于6月13日向该港发起总攻。阿军伤亡惨重,被迫停止抵抗。17日,英国宣布接受驻岛阿军的投降。至此,英阿马岛之战以英方全胜而告结束。

马岛战败立即在阿根廷国内引起风暴,本已不得人心的军人统治更加难以维持。负有直接责任的加尔铁里将军被迫辞去总统职务,宣布从陆军退役。军人执政委员会亦发生分裂,三军各自推出自己的新总统人选,互不相让。最后陆军宣布单独治理国家。继任的比尼奥内总统同意取消政党禁令,开始民主化进程。次年10月,阿举行大选,产生了以阿方辛为首的文人政府。该政府采取了一些缓和与英国关系的主动行动,但仍坚持阿根廷对马岛的主权要求。马岛归属依然是英阿之间悬而未决的难题。

中美洲危机和美国入侵格林纳达

20世纪70年代末到80年代初,一批长期统治中美洲各国、与美国关系密切的军事独裁政权先后受到冲击。有的被反对派以武力推翻,有的在内战中节节失利、朝不保夕。而向它们发起挑战的政治力量,不少都奉行亲苏政策,与苏联、古巴建立了联系,造成美苏在中美洲的影响力此消彼长的局面。这其中最引人注目的是尼加拉瓜、格林纳达和萨尔瓦多3国的动态。尼加拉瓜是中美洲面积最大的国家。桑地诺民族解放阵线经过长达18年的武装斗争,于1979年推翻了以残暴著称的索摩查政权,建立民族复兴政府。该政府对美国的拉拢态度冷淡,而积极与苏联发展关系。1980年尼派出大型党政代表团访苏,与苏签订经济、文化、政党合作等一系列协议。1979—1985年间,尼共接受苏联20多亿美元的军事援助,得到苏制武器共计17万吨。苏联在尼建立了有百余名工作人员的庞大使馆,比当时美国在中美洲最大的使馆还大4倍。苏联、古巴向尼派遣了大批军事顾问,并曾打算帮助尼修建30多个军事基地。

在1974年刚摆脱英国殖民统治而独立的格林纳达,"新宝石运动"于1979年3月发动政变,推倒亲美政权。该运动控制局势后,即公开接受了古巴派遣的军事顾问。1980年,格国防部长在哈瓦那与苏联代表签订了军事援助协定。苏帮助格武装了近1500人的"人民革命军"和2000人的准军事部队,古巴则负责在格修建军用机场。此后,格又同苏联、东德、捷克签订了贸易协定,从安全和经济上与苏联阵营紧密结合在一起。

在萨尔瓦多,反对军政府的左翼组织于1977年开始进行游击战。1980年,萨共联合其他左派组织,建立法拉本多·马蒂民族解放阵线,宣布对政府发起总攻,接着连续给予政府军沉重打击,军人统治风雨飘摇,多次出现政变和内阁危机。在尼加拉瓜、格林纳达政权更迭后,萨尔瓦多游击队得到了两国新政府的积极支持,声势更加浩大,于1983年宣布建立与军政权对立的人民政府,逐渐控制了北部和东部约占全国面积三分之一的地区。

应该说,这些中美洲国家政局出现动荡的根本原因是,右翼政权长期独裁统治造成政治腐败、经济凋敝、社会分配严重失衡,国内矛盾已积累到难以调和的地步。在这些国家推动变革的不仅是一些激进的左翼组织,包括中小资产者在内的各个阶层都普遍要求革新。但里根政府却片面地将之理解为苏联操纵的颠覆活动,认为中美洲已出现了由古巴、尼加拉瓜、格林纳达和萨尔瓦多游击队组成的反美四角联盟,担心其他国家像多米诺骨牌一样倒下,在美国的"后院"形成一系列红色政权。里根政府把中美洲当作遏制苏联扩张的主战场,全力推行与苏对抗的低烈度战争战略。

里根政府的中美洲政策首先是扶植尚存的亲美政权,鼓励他们镇压国内游击队,或与亲苏的邻国对抗。其中萨尔瓦多是美国援助的一大重点。美对该国的军援从1981年的3560万美元直线上升为1984年的2.43亿美元。美国还负责培训萨政府军指挥官,帮助他们改变战术,以小分队方式出击,配合进驻非军事人员,以图清除游击队活动的社会基础。

对洪都拉斯、危地马拉、哥斯达黎加等尼加拉瓜邻国的援助是美国政策的另一大重点,尤其是对洪都拉斯的支持。美帮助洪建立了遍布全境的军用机场、雷达站、海军基地和导弹基地,向其提供了50余架战斗机和武装直升机。自1983年起,美国每年都与洪军联合举行"大松树Ⅱ"军事演习,由海陆军合作完成,时间甚至长达半年。美军常驻洪都拉斯的士兵约为3000人,并有300人的军事顾问团。受美全力支持的洪都拉斯不断与尼加拉瓜发生边界冲突,尼洪两国军舰还曾于 1983 年在丰塞卡湾展开激战。

除大量的军援外,美国也从经济上支持这些国家。1981 年,美牵头成立了"拿骚集团",联合加拿大、墨西哥和委内瑞拉共同援助中美洲,古巴、尼加拉瓜、格林纳达自然被排除在外。次年 2 月,里根又提出"加勒比地区倡议",决定在当年向该地区紧急追加 3.5 亿美元的经济援助,并宣布在 12 年内对该地区的大部分出口商品实行免税,鼓励对这一地区的私人投资。

其次,美国对亲苏的中美洲国家采取了高压政策,同时公开和秘密地支持这些国家的反政府力量。这一政策矛头主要指向尼加拉瓜。1983 年,美将从尼进口食糖的限额削减了 90%,还取消了飞往尼的航班。1985 年 5 月起又对尼实施全面经济制裁,终止双边贸易,断绝海空联系。美军舰经常侵入尼领海,还在尼的海上通道布雷,对尼炫耀武力。应里根要求,美国会 1985 年批准给尼反政府武装 1 亿美元的经济和军事援助。而事实上,里根政府早已通过秘密渠道向尼反政府武装提供了大量武器装备。在美支持下,残余的索摩查分子在洪都拉斯南部和哥斯达黎加北部建立营地,频繁侵入尼内地,破坏尼的石油生产。由于美国的封锁和反政府武装的进攻,尼不得不宣布进入战时经济状态,人民生活极其困难。

最后,美国在自认为时机成熟时不惜亲自出马,除掉亲苏政权。这就是 1983 年美军对格林纳达的入侵。当时新宝石运动领导层发生内部分歧,强硬派代表、格政府副总理科尔德指责总理毕晓普未能坚决推行经济革命。当年 10 月,毕晓普被撤销职务、开除出党、软禁在家。当其支持者试图营救他时,毕晓普被下令枪决。科尔德一派随即成立革命军事委员会,宣布实行 24 小时宵禁,任何人随意出入公共场所都将被逮捕。美国立即断言格林纳达已不存在有效的政府,在格林纳达医学院的 800 名美国学生的安全已得不到保障。

10 月 25 日,美国陆军、海军、海军陆战队的 1900 名士兵,会同 6 个加勒比国家派出的 400 名军人,对这个总面积只有 344 平方公里的岛国发动攻势。入侵军仅遇到岛上古巴军事顾问团的轻微抵抗,第二天就全面控制了岛上局势。美国将被俘虏的苏联、东德、古巴等国顾问全部驱逐出境,格林纳达总督随即宣布同苏联和利比亚断交,取缔岛上的"无政府主义派别"。美国的侵略行为遭到众多国家的反对。联合国于 11 月 2 日通过决议,要求美军撤出格林纳达。12 月 19 日,格林纳达举行大选,所谓温和派重新上台执政。大选前 4 天,美军开始撤出,但留下了帮助格进行军事训练和维持治安的分遣队。① 格林纳达被重新纳入美国的势力范围。

美国和苏联的干预使中美洲各国的政局越发动荡不安。内战和国际对抗使该地区在整个 80 年代危机不断,成为全球瞩目的热点地区。

拉美国家的和平努力与《中美洲和平协议》的签署

中美洲局势的动荡引起拉美其他国家的关注和忧虑。他们既反对苏联借机扩张自己的势力,也不同意美国偏袒一方、迷信武力干预的政策,不希望中美洲变成美苏较量的战场。早在 1980 年,中美洲 6 国外长就曾发表《圣约瑟声明》,谴责"各种形式的殖民主义和新殖民主义",指出中美洲"不是任何一个大国的势力范围"。随着危机升级,拉美各国对超级大国的政策越来越失望,自主解决矛盾的决心也更加强烈。

1982 年 9 月,墨西哥总统波蒂略和委内瑞拉总统坎平斯联名致信美国、洪都拉斯、尼加拉瓜领导人,呼吁他们为缓和中美洲紧张局势做出努力。哥伦比亚立即对墨委两国的行动表示赞同;巴拿马和哥斯达黎加总统也发表联合公报,支持墨委两国的观点,强调中美洲问题只有由拉美国家通过和平方式自己求得解决。

在此基础上,1983 年 1 月,墨西哥、哥伦比亚、巴拿马、委内瑞拉四国外长在巴拿马的孔塔多拉岛举行会谈,共商和平解决中美洲冲突之路。会议发表的新闻公报称四国外长"对外国直接或间接干涉中美洲冲突深感不安",紧急呼吁中美各国"不要采取任何可能使局势恶化和使冲突扩大到整个地区的危险行动",请求他们"通过对话和谈判缓和紧张局势,并为建立各国间和平共处与相互尊重的持久气氛打下基础"。公报还提出停止向中美洲地区输送武器、撤走所有外国顾问等具体建议。这次会议是拉美国家合作谋求和平解决中美洲问题的重大举措。与会四国从此密切配合,共同行动,形成了第一个为中美洲问题奔走斡旋的常设国际组织,即著名的"孔塔多拉集团"。

1983 年 7 月,孔塔多拉集团四国首脑聚会墨西哥坎昆,签署了《关于中美洲和平的坎昆宣言》。再次强调解决中美洲问题的基本原则,即"不干涉、自决、各国一律平等、进行经济和社会发展合作、和平解决争端、允许人民真正自由地表达意愿、各国和平共处";并提出了排除外来势力、各国互不干涉、实现公民自决

---

① 美军最终于 1985 年 6 月全部撤离格林纳达。

的具体步骤。该宣言成为孔塔多拉集团调解中美洲问题的基本纲领。

孔塔多拉集团国家本着坚持和平谈判、决不排斥或偏袒任何一方的精神为缓和中美洲的紧张局势进行了积极努力。四国外长先后访问尼加拉瓜及其邻国萨尔瓦多、洪都拉斯、危地马拉和哥斯达黎加，进行了艰苦的调解工作。终于促使上述5国在孔塔多拉集团的参与下举行了外长会谈，讨论尼洪、尼哥边界冲突问题。9国外长会谈在1983年共举行了4次。在9月的第四次会议上，达成了稳定中美洲局势的《目标文件》。文件包括21点内容，基本确认了坎昆宣言提出的各项原则，指出应禁止在中美各国"设立外国军事基地或实行任何其他形式的外来军事干涉"。虽然文件规定出于种种原因未能得到有效贯彻，但它为此后的谈判提供了基础。此外，在孔塔多拉集团斡旋下，美国和尼加拉瓜、萨尔瓦多政府和游击队也分别进行了和谈。

但里根政府的强硬政策阻碍了孔塔多拉集团和平努力的进一步深入。1984年，该集团总结前一阶段和谈的成果，提出《中美洲和平与合作纪要》。美国指责该文件对尼加拉瓜有利而没有反映出美国在中美洲的利益，受美国影响的洪都拉斯等国也以"缺乏必要的检查和监督措施"为由加以反对，致使文件未能签署。不久，美国抓住尼加拉瓜部署苏制米格飞机问题大做文章，加紧孤立和打击尼，使孔塔多拉集团的和平活动受挫。

此时，其他拉美国家展开了积极的外交活动，声援和支持孔塔多拉集团的和平努力。1985年7月，参加秘鲁新总统就职仪式的阿根廷、巴西、乌拉圭代表与秘鲁官员举行会谈，决定成立支持孔塔多拉集团的机构作为其后援。这就是著名的利马集团。8月，该集团与孔塔多拉集团在哥伦比亚的卡塔赫纳进行外长会谈，并发表了联合声明，宣称利马集团的成立"是拉美有意愿、有能力按照自己观点协调一致地处理地区性问题的表现"，"孔塔多拉集团的调解是实现中美洲和平，恢复各国和睦与合作的唯一可行途径"。1986年12月，两个集团的8国外长再次聚会巴西里约热内卢，决定组成里约集团，作为政治协商的常设机构。

众多拉美国家的参与使一度陷入僵局的中美洲和平进程重获生机。1987年1月，由里约集团8国外长、联合国秘书长、美洲国家组织秘书长组成的"十人和平使团"重新开始了对中美洲国家的斡旋工作。哥斯达黎加总统阿里亚斯响应国际社会的和平呼吁，倡议召开了除尼加拉瓜以外的中美四国首脑会议。会议产生了实现中美洲持久和平与稳定的"10点建议"，又称"阿里亚斯计划"；并提出召开中美洲5国首脑会议的设想。美国又站出来横加阻挠，推出自己的中美洲问题6点计划与之对抗。但此时里根政府正被"伊朗门事件"困扰。它绕过美国国会,用与伊朗秘密武器交易所得巨款购买武器,支援尼加拉瓜反政府武装等内幕被逐渐揭露出来。里根政府在国内受到严厉的抨击和审查,美国会一年内三次推迟讨论其中美洲援助计划,使它失去了有效决策和行动的能力。里根的中美洲政策在拉美国家中也丧失了信誉。哥斯达黎加等国排除美国的干扰,独立举行了中美洲首脑会谈。

1987年8月,中美洲5国首脑终于在阿里亚斯计划的基础上,达成了《在中美洲建立稳定和持久和平的程序》,即《中美洲和平协议》。其主要内容包括:各国政府在90天内与反政府武装实行停火;停止国外对反政府力量的援助,各国保证不让自己的领土被用于对邻国的颠覆活动;分别实行大赦,成立全国和解委员会,实现新闻自由和政治多元化,准备进行自由选举;成立国际检查监督委员会,负责检查协议执行情况。《中美洲和平协议》的签署,是以孔塔多拉集团为代表的拉美国家不懈努力的结果,显示了该地区人民强烈的和平意愿。它的出现是中美洲问题的重要转折,标志着遍及中美洲的热点冲突开始降温。

该协议受到了国际社会的热烈欢迎。第42届联大通过决议,表示将给予"最坚决的支持"。里约集团也很快召开首脑会议,称该协议是中美洲国家"通过对话解决冲突政治意愿的最高体现"。联合国中美洲经济合作特别计划、欧共体紧急援助计划、中美洲恢复和发展国际委员会等一系列国际机构相继成立,为和平计划的实施提供了经济基础。

不过,由于《中美洲和平协议》有意回避了政府与反政府势力对等谈判、撤退外国军事顾问、停止挑衅性军事演习等棘手难题,协议能否得到顺利贯彻前景并不明朗,特别是和平进程的外部环境尚不完备。好在苏联对中美洲政策的大幅度调整很快解决了这些问题。1987年苏联削减了对尼加拉瓜的经济援助,尤其是石油供应,不再支持尼同美对抗,而是要求桑解阵进行民主改革、加入和平进程。1989年,苏正式停止了对尼的军事援助,并向美国表示今后在中美洲将采取与美并行不悖的政策。同年4月戈尔巴乔夫访问古巴时指出:"拉美大陆不应成为东西方对抗的场所。"失去苏联支持后,古巴自己也面临着严重的经济困难,无力再干预他国事务。苏古退出角逐之后,美国也相应调整了对中美洲热点问题的立场。这些变化都保证了《中美洲和平协议》真正得到贯彻,长期困扰中美洲国家的大规模武装冲突逐渐平息下来。

第四节　发展南南合作推进南北对话

争取建立国际经济新秩序与南北问题的提出

所谓南北关系主要是一个经济地理概念。由于大多数经济发达国家位于北半球，而发展中国家则大多位于南半球，所以发达国家与发展中国家的关系也被形象地称为南北关系。当第三世界国家基本实现了政治独立和民族自决之后，它们的主要目标逐步转向发展民族经济，希望以经济自主巩固政治独立。在此过程中，南北关系中存在的种种不合理现象显得日益突出，南北问题成为国际关系的核心问题之一。

众多的发展中国家都认为，南北方之间不平等的经济关系使它们无法摆脱在国际经济交往中的不利地位，难以维护自己的合法权益，严重阻碍了民族经济的发展。南北关系不平等的表现是多方面的。其一，南方国家在国际贸易结构中处于不利地位。发展中国家主要依靠出口原料和初级产品，换取发达国家生产的工业制成品。根据联合国发展与国际经济合作总干事 1980 年对 102 个发展中国家进行的调查，这些国家中原料出口占出口总额 85% 以上的有 76 个国家，原料出口几乎达到 100% 的有 19 个国家，只有 7 个国家制成品出口达到 50% 以上。而当年第三世界国家工业制成品出口只占世界总额的 9%。这就形成了国际贸易中的垂直分工结构，大多数发展中国家无法通过贸易换取急需的资金，也就难以建立合理的国民经济体系。

其二，南方国家在国际金融领域没有发言权。国际货币基金组织、世界银行等主要国际金融机构大都实行按出资比例决定投票权的制度，因而为北方国家牢牢控制。北方国家经常通过改变贷款条件，左右南方国家的经济发展方向，使之符合自己的愿望，而不顾可能给南方国家造成的社会经济动荡。

其三，南方国家在生产技术上被迫依附于北方。世界的先进生产技术基本为北方国家垄断。据 20 世纪 70 年代的统计，当时最新技术 95% 为发达国家的各大公司占有，在世界科技发展潜力中，发展中国家只占 5%。发达国家对技术转让的控制极其严格，在有限的技术转让中又经常附加苛刻的条件。

这些领域的不合理结构结合在一起，形成明显向发达的北方国家倾斜的国际经济秩序，使南方国家深受其害。在其影响和作用下，世界经济发展的成果未能得到公正的分配。富裕的北方和贫困的南方之间的差距非但没有逐步缩小,反而不断扩大。1960—1980年,低收入国家(按联合国统计数字1979年人均GNP在370美元以下者)平均年经济增长率只有1.7%,远低于发达国家的3.3%。1950年发达国家的人均GNP是低收入发展中国家的24.3倍,到1980年,其人均GNP是后者的42.6倍。南方国家人口约占世界人口总数的76%,却只拥有全球国民生产总值的20%。其中占世界人口46%的低收入国家GNP只占世界总额的4%,生活在联合国划定的贫困线之下。世界经济越发展,南北差距越大,南北矛盾也就越突出。

早在20世纪50年代举行的万隆会议上,亚非国家就曾提出世界各国应在互利和相互尊重主权的基础上进行经济合作,共同稳定原料价格。60年代,随着第三世界国家民族独立斗争的进展,它们开始利用各种国际讲坛提出南北关系问题。1964年3月,第三世界国家促成了联合国第一届贸易和发展会议的召开,拉开了南北对话的序幕。在这次会议上还出现了南方国家争取经济权益的第一个国际组织——77国集团。同年10月召开的第二次不结盟国家首脑会议,首次明确主张建立"新的公正的经济秩序"。1971年77国集团发表《利马宣言》,声明发展中国家应有权"充分参加改革世界贸易和金融制度的任何磋商和决策"。

1973年中东国家石油斗争的胜利使发展中国家受到极大鼓舞,争取国际经济新秩序的斗争进入了高潮。此后的5年中,发展中国家迅速成立了14个原料生产国和输出国组织,而在20世纪50—60年代,此类组织才成立了9个。这些生产国组织纷纷仿效石油输出国组织,与北方发达国家展开价格战。如可可生产国联盟决定提价45%,阿尔及利亚等磷矿出口国把价格提高了3倍,铜出口国政府联合委员会则宣布削减铜出口量以维持其价格。1975年2月召开的发展中国家原料会议通过了《达喀尔宣言》,表达了南方国家相互支持、力争改变不合理的原料价格的愿望。1978年8月,石油、铝矾土等8个原料出口国组织举行会议,同意建立原料生产国理事会,准备展开联合行动。

在南方国家的积极推动下,1974年4月,联合国大会召开了研究原料和发展问题的第六届特别会议。南方国家要求保障自己的合理权益,变革国际经济关系的呼声左右了会议的进程。会议最终通过了由77国集团起草的《关于建立国际经济新秩序宣言》和《行动纲领》。这两个文件分析了建立新的国际经济秩序的必要性,指出旧的秩序是"阻挠发展中国家获得彻底解放和进步的最大障碍",发展中国家在旧秩序中"不可能取得均匀和平衡的发展"。宣言和纲领强调,世界的发展"是紧密地相互关联的","国际合作是所有国家都应具有的目标和共同责任"。文件认为新的国际经济秩序应该建立在下列原则的基础上：(1) 各国主权平等,一切民族实行自决,维护领土完整,不得干涉他国内政；(2) 所有国家都拥有平等地参与解决世界经济问题的不容剥夺的权利,在公平的基础上进行最广泛的合作；(3) 每个国家有权选择最适合自己发展的经济和社会制度；(4) 所有国家都有权对其自然资源和国内经济活动行使永久主权,从控制跨国公司的活动,直至实行国有化；(5) 发展中国家有权建立原料和初级产品生产国联合组织；(6) 应着手改革现存的国际货币金融制度,改变南北方国家商品贸易中的不合理关系。[①]同年12月,第29届联合国大会通过了《各国经济权利和义务宪章》。它同第六届特别联大通过的两个文件一起,构成了变革南北关系的基本纲领。

南北对话的艰难历程

南方发展中国家争取建立国际经济新秩序斗争的不断高涨,特别是中东国家石油斗争的胜利,有力地冲击了控制国际经济旧秩序的北方发达国家,迫使他们改变对南北对话的冷淡态度,开始正视南方国家改变国际经济交往中不合理因素的要求。

联合国特别会议之后,在法国总统吉斯卡尔·德斯坦的倡议下,美国、日本、加拿大、瑞士、瑞典、西班牙、澳大利亚和欧共体开始与19个主要的发展中国家(包括南斯拉夫)接触,探讨进行对话的可行性。这些南方国家认为应当就能源、原料、金融、经济发展各方面广泛交换意见,而以美国为代表的几个发达国家则坚持只集中讨论他们最关心的能源问题。经过两次筹备会议的磋商和协调,终于召开了由上述27个国家和集团参加的巴黎国际经济部长级会议。一般认为这是第一次在全球范围内进行的南北对话。第一次巴黎国际经济会议于1975年12月举行。与会国家商定组建能源、原料、财政、发展四个委员会,讨论双方合作的具体步骤,并负责向最后阶段的会议提交报告和建议。1977年5月,又召开了巴黎国际经济会议的第二次会议。在与会的南方国家的不懈努力下,会议达成两项协议:建立稳定原料价格的共同基金,建立援助最不发达国家的特别基金。

在巴黎国际会议之外,南方国家还利用各种国际组织提供的渠道,积极同发达国家进行不同范围的接触和对话,并取得了一些成果。联合国贸发会议通

---

① 《联合国年鉴1974年》第28卷,纽约,第305—312页。

过了稳定发展中国家初级产品价格、鼓励在原料产地进行加工生产、提高原料出口国在国际贸易中的地位的方案。国际货币基金组织同意部分提高发展中国家在该组织中的资金份额,以相应地增加南方国家的投票权。大多数发达国家先后同意减免部分发展中国家,尤其是最不发达国家的官方援助债务。1977年总额为10亿美元的国际农业发展基金正式建立,目的在于资助南方国家进行现代化的农业生产,减少从北方发达国家的粮食进口。该基金的管理方法较之以往的国际机构有了明显变化,发达国家、石油输出国组织和接受援助的发展中国家各拥有三分之一的表决权。1979年发达国家又同意出资2.5亿美元,建立发展中国家科学与技术基金。

但这些进展无论从广度还是深度上衡量与南方国家的要求都有很大差距。发展中国家认为发达国家并没有做出实质性让步,国际经济秩序也没有发生真正的变化。1979年爆发了第二次石油危机,南方国家试图利用这个机会,加快南北对话的进程。在当年的第34届联合国大会上,77国集团提出了举行全球谈判的新的一揽子建议,主张在联合国范围内发动新一轮南北谈判。谈判将把原料、贸易、发展、能源和货币金融五个领域的问题联系起来讨论,发展中国家希望能利用在能源问题上的有利地位迫使发达国家改变态度,推动南北关系的全面进展。77国集团还主张以全球谈判会议作为未来南北对话的核心,因为它将与联合国一样实行一国一票原则。由它来审定关贸总协定、国际货币基金组织等联合国专门机构的谈判结果,可以排除个别发达国家的阻挠,提高南北对话的成效。这一建议得到了大会的支持。12月通过了联合国的专门决议,确认举行全球谈判的构想和基本原则,责成联合国全体委员会负责筹备工作。

可是进入20世纪80年代以后,世界经济发展出现了不利于南北谈判的新趋势。一方面,南方国家的总体经济地位急剧恶化。除了困扰拉美国家的债务危机外,众多的发展中国家同时遇到了粮食危机、通货膨胀危机、就业危机,经济发展陷入极其困难的境地,急于得到发达国家的援助,在南北对话中的立场趋于软弱。另一方面,发达国家也面临着严重的经济衰退,于是想方设法向发展中国家转嫁危机。它们压低原料和初级产品价格,对来自发展中国家的进口产品设置种种贸易壁垒,提高对发展中国家的贷款条件,促使国际经济关系进一步向有利于北方的方向倾斜,以保证自己的既得利益。在此背景下,以美国为首的一些发达国家在南北对话中采取了十分僵硬的立场,为拟议中的全球谈判设置种种障碍。1980年,联合国全体委员会进行了三次会议都未能就全球谈判的具体议程和程序达成协议。当年的第11届特别联大和第35届联合国大会也都没能在此问题上取得进展。

为打破僵局,墨西哥总统与奥地利总理联合发出倡议,提出举行关于合作与发展的最高级会谈。1981年10月,这次会议在墨西哥的坎昆举行,来自14个发展中国家和8个发达国家的国家元首和政府首脑参加了会谈,就尽快举行全球谈判交换了意见。与会各国在一些南北关系具体问题上取得了一致,发展中国家和大多数发达国家的首脑都表示赞同全球谈判和国际经济合作的设想,认为"紧迫地支持在互相同意的基础上和在可望取得有意义进展的情况下,在联合国内就开始全球谈判达成一致意见是适宜的"[1]。但由于美国顽固抵制,会议未能确定全球谈判的具体时间和议程。这次南北方国家的最高级对话未能取得任何重大成果。自此以后,南北对话事实上陷于停顿。

南南合作的进展

南方国家之间在国际经济领域里的合作自第三世界形成之时起就顺理成章地发展起来了。而在南北对话受挫乃至停顿,发展中国家争取国际经济新秩序的斗争处于低潮时,发展南南合作就更加为广大的南方国家所重视。他们既希望通过南南合作互相协调立场,互相配合与支持,提高与发达国家谈判时的地位,同时也把南方国家的经济互利合作当作获得重振经济所急需的资金、技术、人力的有效渠道。因此,与南北对话相比,南南合作的气氛要热烈得多,成效也更为显著。

不结盟运动和被称为"穷人工会"的77国集团在促进南南合作过程中起着核心作用。1976年1月,77国集团在菲律宾召开第三次部长级会议,会上通过了开展发展中国家经济合作的专门决议。同年9月,该集团特意召开了发展中国家经济合作会议,推出发展南南合作的《墨西哥城方案》。1979年在坦桑尼亚阿鲁沙举行的77国集团第四次部长级会议又提出了《争取集体自力更生纲领和关于政治谈判的纲要》。纲要指出集体自力更生是全球经济制度的一个组成部分和改革国际经济关系的一个基本要素;集体自力更生的目标是加强发展中国家间的经济和贸易关系,增强其同发达国家的谈判能力,减少对发达国家的依赖,从而建立一种新型的国际经济关系。这种经济关系必须以完全尊重独立国家之间的主权平等、不干涉内政、尊重不同的社会经济制度以及每个国家充分永远地控制本国的自然资源和一切经济活动、不遭受任何经济侵略或歧视

---

[1] 《关于合作与发展的国际会议两主席的书面总结》,上海国际问题研究所编:《国际形势年鉴(1982)》,中国大百科全书出版社1982年版,第371页。

的原则为基础。纲领还建议在发展中国家之间建立全球贸易优惠制度,组织跨国联合销售企业和生产企业,开展技术转让和研究方面的合作,积极援助最不发达国家。这是南南合作中出现的重要的纲领性文件,反映了发展中国家对发展相互合作的迫切愿望。同年9月举行的不结盟国家第六次首脑会议也通过了《加强发展中国家集体自力更生的哈瓦那政策性指导原则》。1981年5月,77国集团再次在委内瑞拉召开高级会议,确定了"加拉加斯行动纲领",明确发展南南合作的具体措施。

在这两个国际组织的共同努力下,1982年2月在印度进行了有44个国家代表出席的"新德里磋商",就通过南南合作推进南北对话的问题深入交换了看法,最后呼吁发展中国家"以更大的政治意志加快发展中国家相互合作的步伐"。在此基础上,1983年4月在北京召开了第一次南南合作会议。来自26个国家的学者和政治家应邀出席,提出了许多解决南北问题的方案和措施,并就南方国家的发展战略进行了广泛讨论。与会者充分肯定了南南合作的重大意义,指出南南合作应面向实际,从各个地区和各个经济领域的具体情况出发,逐一解决问题,以期积累经验、扩大成果。1984年和1985年,第二、第三次南南合作会议继续在哥伦比亚的卡塔赫那和津巴布韦的哈拉雷举行,进一步研究在南南合作发展中遇到的新问题。两次会议都建议成立第三世界银行或南方银行,提供长期和短期资金,帮助南方国家改善经济状况。77国集团组织了高级政府专家会议,提出《南方银行纲要》,初步确定了该银行的宗旨、职能和政策方向。

在广大发展中国家的共同努力下,南南合作在20世纪80年代取得了引人注目的进展。在货币金融领域,南方国家联合建立了若干多边机构,以期通过相互合作解决资金融通中的严重困难。其中一部分属于清算机构,支持各种区域性的支付安排,帮助成员国解决外汇短缺的问题。如西非清算机构、亚洲清算联盟、拉美自由贸易协会支付制度、加勒比共同体多边清算机构等。另一部分属于援助机构,旨在为南方国家提供条件优惠的财政援助、发展启动资金和贷款。这方面比较活跃的有安第斯储备基金、东盟贸易安排、拉美自由贸易协会财政援助协定,而由财力雄厚的中东产油国建立的国际发展基金会表现尤为突出。中东国家通过这个组织向发展中国家,特别是其他阿拉伯国家提供官方开发援助、进口贷款、建设项目贷款。1973—1984年间,他们提供的多边援助达到148亿美元,双边援助额为592亿美元。阿拉伯诸国还承诺每年给予41个非洲国家7.4亿美元的贷款,而且这笔贷款的80%以上条件优惠,不附加任何经济或政治条件。

在生产和贸易领域,南方国家也开展了多种形式的合作。如东盟国家制定了工业互补计划,在汽车、电子、化学、橡胶、食品生产等工业部门进行生产协作,互相提供关税优惠,向对方开放市场,以促进这些国民经济重要部门的发展。拉美国家也通过拉美一体化协会建立了20多个《工业合作制协议》。在化学、制药、电子等生产部门进行协作生产,由私人组织和各成员国政府共同协商,根据参加协作企业的特长分配部件生产、成品组装工作,产品享受关税优惠。这些措施使南南贸易中制成品的比例有了明显提高。1985年5月,根据"阿鲁沙纲领"进行的发展中国家贸易优惠谈判取得成果,在巴西首都巴西利亚签订了全球贸易制度总协定,51个南方国家在协定上签了字。

在科技领域,南方国家也在已有的基础上尽可能地加强技术研究的合作与交流。1986年11月,在北京召开了发展中国家技术合作政府间协商会议,充分表达了南方国家通过技术培训、交换科技情报、出售专利、进行学术交流等多样化的活动,共享技术进步的成果的愿望,会上共达成205项技术交流协议。发展中国家在一些应用技术上的合作互助也取得了一定成效。像印度建立了南亚地区技术转让和技术培训中心,菲律宾与非洲国家签订了农业和基建技术合作协定,都受到了有关国家的欢迎。

不过,由于南方国家数量众多、分布广泛、经济发展水平各不相同、社会文化背景迥异,南南合作的全面展开也遇到了难以克服的困难。特别是进入20世纪80年代后,南方国家经济发展趋势出现了明显的差别,拉美国家为严重的债务危机所困,非洲大陆在连续的自然灾害和政策失误的打击下陷于停滞和衰退,中东产油国财富猛增的势头由于80年代中期油价大跌而受到遏制,只有东亚国家及时调整了政策从而继续实现了经济的高速增长。不同地区的发展中国家面临着不同的任务,追求不同的近期目标。南南合作的主要形式也就逐渐变为区域性经济合作。这其中比较活跃的地区组织除了前面提到的东南亚国家联盟、西非经济共同体之外,还包括1981年3月成立的拉丁美洲一体化协会[①],同年5月成立的海湾合作委员会,1983年8月成立的南亚区域合作联盟,同年10月成立的中非经济共同体。南方国家的区域性经济合作由于适应了这些国家的发展需要,因而显示了较强的生命力,取得了相对令人满意的成效。

---

① 该协会由1960年成立的"拉丁美洲自由贸易协会"(参见第十三章第四节)演变而来。1980年,原自由贸易协会成员与玻利维亚、哥伦比亚、厄瓜多尔、委内瑞拉四国共同签署了《1980年蒙得维的亚条约》,决定将原组织改称为拉丁美洲一体化协会,为建立拉丁美洲共同市场而努力。

第二十章　中国对外关系的发展和变化

第一节　中美关系的发展和变化

《八一七公报》的发表

中美两国于1978年12月16日公布建交公报的当天,两国政府分别就中美建交发表了声明。美国政府的声明中说道:"今后,美国人民和台湾人民将在没有官方代表机构,也没有外交关系的情况下保持商务、文化和其他关系。""本政府将寻求调整我们的法律和规章,以便在正常化以后的新情况下得以保持商务、文化和其他非政府的关系。"①据此,卡特总统于1979年1月26日向国会提出关于美国与台湾关系的"立法调整"法案。国会参、众两院经过两个月左右的讨论与修正,于3月底通过了这一法案——《与台湾关系法》,卡特总统于4月10日签署后生效。

这个有18项条款的《与台湾关系法》,违反了中美建交时双方同意的原则以及美国的承诺。其主要问题是:(1)变相恢复美台《共同防御条约》,严重违反中美建交公报的基本原则。中美建交时,美国明确承诺,承认中华人民共和国是中国的唯一合法政府,台湾是中国的一部分,美国人民将同台湾人民保持非官方关系。然而,《与台湾关系法》第二条却声称:"美国决定同中华人民共和国建立外交关系是基于台湾的前途将通过和平方式决定这样的期望";"认为以非和平方式包括抵制或禁运来决定台湾前途的任何努力,是对太平洋地区的和平与安全的威胁,并为美国严重关切之事";"使美国保持抵御会危及台湾人民的安全或社会、经济制度的任何诉诸武力的行为或其他强制形式的能力"。②十分明显,这是美国企图以《与台湾关系法》取代它已在中美建交公报中宣布将予终止的美台"共同防御条约"。(2)继续向台湾提供"防御物资"和"防御服务",露骨地干涉中国内政。《与台湾关系法》第三条竟然规定:"为促进本法第

---

① 《美国政府声明》,《人民日报》1978年12月17日。
② 冬梅编:《中美关系资料选编》,时事出版社1982年版,第163页。

二条规定的政策,美国将向台湾提供使其能保持足够自卫能力所需数量的防御物资和防御服务";"总统将对台湾人民的安全或社会、经济制度的任何威胁并由此而产生的对美国利益所造成的任何危险迅速通知国会。总统和国会应依照宪法程序决定美国应付任何这类危险的适当行动"。[①] 这既是对中国内政的公然干涉,也是对国际法准则的践踏。(3)将台湾当作一个政治"实体",力图使美台关系带有官方性质。《与台湾关系法》第四条规定:"外交关系或承认之不存在不应影响美国法律对台湾的适用,美国法律适用于台湾应与 1979 年 1 月 1 日以前相同";"凡当美国法律提及或涉及外国和其他民族、国家、政府或类似实体时,上述各词含意中应包括台湾,此类法律亦应适用于台湾";"国会批准美国同到 1979 年 1 月 1 日止被它承认为中华民国的台湾治理当局所签订的并在 1978 年 12 月 31 日有效的一切条约和其他国际协定(包括多边公约)仍继续有效,除非直到按照法律予以终止"。[②]《与台湾关系法》第六条宣称:今后美国与台湾间的交易和其他往来,应通过"美国在台湾协会"这个"非政府实体"去办理。但是该法第十二条又规定:"协会与台湾治理当局或台湾设立的机构之间缔结的任何协定","需遵守同样的向国会报告,由国会审查和批准的规定和程序,如同这些协定和交易是同协会所代表行事的美国政府机构自己达成或通过它达成的一样"。[③] 该法第十条还规定:美国与台湾之间互设的办事机构的工作人员,都享有"为有效执行其职务所必需的特权和豁免"[④]。此外,在该法第四条第三款还规定:"承认中华人民共和国一事丝毫不应影响台湾治理当局于 1978 年 12 月 31 日或以前所拥有或持有的,或在此以后获取或赚得的对各种有形或无形的财产和其他有价值的东西的所有权或其他权利或利益。"[⑤]上述诸条,无不严重地违反了在建交时,美国在台湾问题上对中国的承诺和公认的国际法基本准则。

在《与台湾关系法》尚处于美国国会讨论阶段和正式生效以后,中国政府都曾多次向美国表达了自己的看法。1979 年 3 月 3 日,中国驻美国大使柴泽民奉命向美国国务卿万斯转达口信说:美国政府和国会制定什么法律是美国的内政,中国不予干涉。但是,中国方面不能同意任何干涉中国内政,使美台关系带

[①] 冬梅编:《中美关系资料选编》,第 164 页。
[②] 同上书,第 166 页。
[③] 同上书,第 172 页。
[④] 同上书,第 169 页。
[⑤] 同上书,第 165 页。

有某种官方性质以及变相地保持美台《共同防御条约》的立法条款。① 3月16日,黄华外长约见美国驻华大使伍德科克,代表中国政府向美国政府申明:美国国会行将通过的"美台关系法",在一系列问题上违反两国建交时双方同意的原则以及美方的承诺,实质上是企图在某种程度上保持美蒋《共同防御条约》,使美台未来关系具有官方性质。对此,中国政府当然不能同意。如果这些立法议案按照目前的措辞获得最后通过,并经签署生效,这对中美两国刚建立的新关系是很有害的。② 4月19日,邓小平副总理接见美国参议院外委会访华团时指出:我们对美国国会通过的《与台湾关系法》不满意。这个法案最本质的问题就是不承认只有一个中国,法案的许多条款表示要保护台湾,说这是美国的利益,还说要卖军火给台湾。一旦台湾有事,美国还要干预。因此,这个法案损害了中美关系正常化的政治基础。③ 4月28日,中国外交部照会美国政府,郑重指出:"中国政府反对'两个中国'、'一中一台'的立场是坚定不移的。如果美国方面在台湾问题上不恪守建交时达成的协议,而怀有继续干涉中国内政的图谋,这只会给中美关系造成损害,对中美任何一方都不会带来好处。"④ 7月6日,美国复照中国政府说:"美国将遵守同中华人民共和国达成的关于建立外交关系的各项谅解";"国会最后通过的美台关系法并不是在每一个细节上都符合政府的意愿,但它为总统提供了充分的酌情处理的权力,使总统得以完全按照符合正常化的方式来执行这项法律"。"美国政府一直努力确保该法措辞不损害我们同贵国政府达成的谅解,或迫使我国政府采取背离这种谅解的行动"。⑤

1981年1月,罗纳德·里根就任美国总统。在竞选总统期间,里根就曾说:"我感到满意的是,《与台湾关系法》为维护我们同台湾的关系提供了一个官方的充分的基础,我保证实施这个法律。"⑥ 5月12日,在里根的授意下,总统顾问米斯宣称要全面执行《与台湾关系法》,包括向台湾出售武器和在政府机关接待台湾的"官方来访者"。此后不久,美国报界有消息说,数十名参议员致函里根,要求向台湾出售先进的FX战斗机。

在中美建交谈判时,本就留有美国向台湾出售武器的问题未能解决。现在,里根政府不仅要继续向台湾出售武器,而且准备提高出售武器的性能,所

---

① 《当代中国外交》,第232页。
② 冬梅编:《中美关系资料选编》,第54页。
③ 李长久、施鲁佳主编:《中美关系二百年》,新华出版社1984年版,第261页。
④ 同上书,第262页。
⑤ 《当代中国外交》,第235页。
⑥ 冬梅编:《中美关系资料选编》,第191页。

以,中国一方面在报刊上多次发出了对美国的批评和警告,同时,当黑格国务卿于6月14日至17日访华时,黄华外长向他严肃指出:"中美建交时,中国声明反对美国继续向台湾提供武器,中国原希望经过一段时间后这个问题能够得到解决,但迄今为止,美国方面没有采取任何积极的步骤;中国同意美国在建交后同台湾保持民间往来,但美国向台湾出售武器绝不是一般商品贸易,也不是民间往来。美国这样做,同公认的国际关系准则是不相容的;美国在南北战争时期反对英国向南方出售武器,现在为什么忘记了历史,把自己坚决反对过的一种国际行为强加到中国头上呢?"[1]黑格表示他认识到中国对这个问题的敏感性,美国将非常谨慎和克制地对待这一问题,但他仍坚持美国"在可预见的将来仍要向台湾提供一些经过仔细选择的、性能适度的防御性武器"[2]。

同年10月,中国总理和外长在出席坎昆南北首脑会议时,又同里根总统和黑格国务卿讨论了这个问题。会后,黄华外长访问华盛顿时,又继续讨论了这一问题。中国向美方提出:(1)在规定的期限内,美国出售给台湾的武器在性能和数量上不超过卡特政府时期的水平;(2)在同样的规定期限内,美国出售给台湾的武器将逐年减少以至最后完全停止。美方表示:它不能接受在规定的期限内停止向台湾出售武器的要求;在中国实现统一前,美国将继续执行"谨慎、克制、有选择地向台湾出售武器的政策";美国预计以后售台武器的性能和数量都不超过卡特政府时期的水平,对台湾飞机的更换也将如此处理。[3] 最后,双方商定,关于美国售台武器问题将在北京继续进行会谈。

1981年12月4日,关于美国售台武器问题的中美会谈开始在北京举行。中方代表是外交部副部长章文晋,美方代表是美国驻华大使恒安石。会谈期间,美国政府于1982年1月11日发表声明,宣布美国有关机构"已就向台湾出售飞机问题作出了判断。它们的结论是,不需要向台湾出售先进的战斗机,因为在军事上不需要这种飞机。台湾的防务需要,在现在和在可以预见的将来,可以通过用类似的飞机更换台湾现有的陈旧飞机,以及通过延长在台湾的F-5E飞机的共同生产线期限来予以满足"[4]。次日,中国外交部发言人就美国11日声明提出强烈抗议。发言人指出:"整个美国售台武器问题,是事关中国主权的重大问题,必须由美国政府同中国政府商谈才能取得解决,美国政府任何单方

---

[1] 转引自《当代中国外交》,第235—236页。
[2] 同上书,第236页。
[3] 同上。
[4] 《中美关系二百年》,第286、290页。

面的决定,中国政府决不接受。"①

由于美方仅同意今后在售台武器的性能和数量上将不超过中美建交以来的水平,而不接受在一定期限内完全停止向台湾出售武器,并且,它还坚持将美国逐渐减少售台武器以及最终解决这一问题,同中国和平解决台湾问题联系起来,中美谈判遂在1982年春陷入僵局。5月2日,《人民日报》发表评论员文章,指出:"美国向台湾出售武器是侵犯中国主权、干涉中国内政的行为","在事关本国主权的原则问题上,中国人民是决不会退让的。美国如果一意孤行,将不可避免地把中美关系带到危险的境地"。

为了打破会谈的僵局,美国副总统布什于5月5日来华,同中国领导人进行了会谈。布什表示:美国不同意承诺一个停售的日期,并不意味着今后它要无限期地继续向台湾出售武器。最后,双方同意两国代表继续就这一问题进行会谈。5月30日,美国参议院多数党领袖小霍华德·贝克应中国全国人大常委会的邀请访问中国。中国方面向他指出:"现在,中美关系的发展受到严重的阻碍",但是,"只要国际关系准则得到切实的遵守,两国间存在的严重分歧就不难得到解决"。贝克表示:"我可以向你们保证,我的大多数同事都强烈支持我们两国继续发展友好关系。"②此后,中美双方经过艰苦的谈判,终于在8月15日达成协议,并在8月17日发表了《中华人民共和国和美利坚合众国联合公报》(即《八一七公报》)。

中美双方在公报中,重申上海公报和建交公报中双方一致同意的原则。两国强调,互相尊重主权和领土完整、互不干涉内政的原则,"仍是指导双方关系所有方面的原则"。"中国政府重申,台湾问题是中国的内政。1979年1月1日中国发表的告台湾同胞书宣布了争取和平统一祖国的大政方针。1981年9月30日中国提出的九点方针是按照这一大政方针争取和平解决台湾问题的进一步重大努力。""美国政府非常重视它与中国的关系,并重申,它无意侵犯中国的主权和领土完整,无意干涉中国的内政,也无意执行'两个中国'或'一中一台'的政策。""美国政府声明,它不寻求执行一项长期向台湾出售武器的政策,它向台湾出售的武器在性能和数量上将不超过中美建交后近几年供应的水平,它准备逐步减少它对台湾的武器出售,并经过一段时间导致最后的解决。在作这样的声明时,美国承认中国关于彻底解决这一问题的一贯立场。"③

---

① 《中美关系二百年》,第286、290页。
② 同上。
③ 《中华人民共和国和美利坚合众国联合公报》(1982年8月17日),《人民日报》1982年8月18日。

公报发表的当天,美国总统里根就公报发表声明说:"同中国建立牢固而持久的关系,一直是连续四届美国政府的一项重要的对外政策目标。这种关系对我们国家安全的长远利益是十分重要的,而且有助于东亚地区的稳定。"但他又宣称:美国向台湾"出售武器将继续根据《与台湾关系法》进行"①。

同一天,中国外交部发表声明指出:"美国售台武器本来早就应该完全停止。由于考虑到这是一个历史遗留的问题,中国政府在坚持原则的基础上,同意分步骤予以解决。美国方面承诺售台武器首先在性能和数量上不超过两国建交以来近几年的水平,逐步减少,并经过一段时间最后解决这个问题,这里所说的最后解决,其含义当然是指美国售台武器经过一段时间必须完全停止。"声明还说:"中国方面在公报中提及关于争取和平统一祖国的大政方针,是为了进一步表明我国政府和人民争取和平解决台湾问题的诚意。在这个纯属中国内政的问题上,不容许有任何曲解或外来干涉。""任何试图把本公报同《与台湾关系法》相联系的解释,都是违背本公报的精神和实质的,都是不可接受的。"②

中美联合公报的发表,打开了两国在美国向台湾出售武器问题上的僵局。但是,这只是解决问题的一个开端。重要的是,公报的有关规定能得到认真履行,以早日彻底解决美国售台武器问题,这对保持和发展中美关系是必不可少的。后来的事实证明,美国并没有严格履行公报的各项规定。因此,在这个问题上,中国同美国的交涉将是长期的和持续不断的。

中美两国领导人的互访

中美联合公报发表后,使当时一直威胁着中美关系的危机得到缓解。然而,两国间仍时生龃龉。1982年9月1日,美国亚拉巴马州法院就所谓"湖广铁路债券案"对中国作出"缺席判决",要中国政府赔偿原告本息4130万美元。同年10月5日,美国总统国家安全事务助理克拉克等政府高级官员应邀出席台湾驻美机构(北美事务协调委员会)在华盛顿举行的"双十国庆"招待会。克拉克代表里根总统表示祝贺。为此,中国驻美大使柴泽民于10月18日向美国政府提出抗议,指出,美国高级官员出席台湾驻美机构的"双十"活动,是违反中美建交公报和联合公报的严重事件,是实际上制造"两个中国"或"一中一台"的行径。12月13日,美国亚太事务助理国务卿霍尔德里奇在美中全国委员会午餐会上发表讲话时说,美国在中美联合公报中所持的立场"同《与台湾关系法》

---

① 《中美关系二百年》,第291—292页。
② 同上书,第292页。

完全一致","美国将根据自己对台湾的军事需要的判断来向台湾出售武器"①。1983年1月13日,中美纺织品贸易谈判未达成协议,美国决定对32类中国纺织品单方面实行进口限制。对此,中国于1月19日决定立即停止批准从美国进口棉花、化学纤维和大豆的新合同,并削减从美国进口其他农产品的计划。

为了改善中美两国日趋转坏的关系,国务卿舒尔茨于2月2日抵达北京。当天,他在同中国外长吴学谦会谈时表示,美国希望同中国建立"牢固而持久的"关系。2月4日,中国总理在会见舒尔茨时指出:"发展中美关系的关键是要建立相互信任,这是两国关系健康发展的基础"。他还说:"发展两国关系的主要障碍是台湾问题。要使中美关系得到发展,双方必须认真执行1982年8月17日发表的中美联合公报。"②舒尔茨说:"美国政府和里根总统都已表示,美国将充分信守联合公报的所有条款。"③在此期间,舒尔茨还会见了邓小平和其他领导人。舒尔茨此行虽未达成什么具体协议,但缓和了气氛,并导致中美两国领导人和高级官员的互访。

1984年,中国总理应美国总统的邀请访问了美国。访问期间,中美两国领导人就中美关系和共同关心的问题交换了意见。中国总理指出:"中国政府十分重视中美关系。中美两国都是世界上有重大影响的大国。中美关系如何,事关全局,对世界局势的发展不能不产生重大的影响。"中国总理表示:"中国方面希望中美关系能够稳定而持久地发展下去。"中美关系"能否稳定持久发展,关键是台湾问题。具体地说,两国关系不稳定的根本障碍就是美国国会制定的《与台湾关系法》。这个障碍不彻底排除,两国在各个领域的合作不能不受到影响,即使两国关系有所发展,也是不巩固、不稳定的"。他要求美国政府"以实际行动履行中美《八一七公报》","这对增强两国之间的相互信任是至关重要的"。在会谈中,中国总理向美国总统表示:"中国政府准备以最宽厚的态度来实现大陆和台湾的和平统一。"但是如何解决台湾问题,"这是中国的内政,我们不能向外国作出只采取和平方式来实现统一的承诺"④。美方表示:美国将信守中美公报,执行一个中国的政策,履行《八一七公报》中美方应承担的义务。但同时又表示,美国不能抛弃台湾这个"老朋友",期待台湾问题和平解决。⑤

---

① 《中美关系二百年》,第297页。
② 同上书,第299页。
③ 同上。
④ 《人民日报》1984年1月12日。
⑤ 《当代中国外交》,第344页。

同年4月26日—5月1日,美国总统里根对中国进行回访。中国党和国家领导人同里根进行了会晤,并就重大国际问题和中美双边关系交换了意见。中共中央顾问委员会主任邓小平在同里根会谈时指出:"中美关系中的关键问题是台湾问题","中国政府为解决台湾问题做了最大努力,就是在不放弃主权原则的前提下允许在一个国家内部存在两种制度"。邓小平希望美国不要做妨碍中国大陆同台湾统一的事情。他说:"海峡两岸可以逐步增加接触,通过谈判实现和平统一。统一后,台湾的制度不变,台湾人民的利益不会受到损害。台湾同美国、日本可以继续保持现有的关系。""我相信我们这个办法是行得通的。台湾问题解决了,中国同美国之间的疙瘩也就解开了。"邓小平说:"中美两国虽然前一段时间吵了一些架,但近来两国关系的发展是好的。中美两国在一些国际问题上有共同点,但也有分歧点。中美两国都有发展合作的愿望。我们希望今后两国领导人和政府人员加强交往,更多地交换意见,以便继续发展我们之间的关系。"①

在中美两国领导人就中美双边关系举行会谈时,中国总理指出:"总的来说,中美关系在双方的共同努力下有了改善,我们对此感到高兴。"但是,"中美关系仍处于幼苗阶段,要使两国关系稳定、持久地发展,需要双方精心加以培育"。中国总理强调:"如果说还有什么问题会使中美关系遭受重大挫折的话,那就是台湾问题。""中美两国已经签订了三项公报,这是中美关系的基础。美国政府也一再承诺要奉行'一个中国'的政策。但是目前美国仍有人在鼓吹'美台关系'升级甚至台湾'独立'。我们要警惕这种动向。我们希望在中美关系向着好的方向发展的情况下,特别是在里根总统访华之后,不要再发生这种伤害中国人民感情的事情,以免使中美关系再次受到波折。"②里根总统表示:"美国愿意恪守美中之间的三项公报。台湾问题是一个需要中国自己解决的问题,美国无意进行干涉,但希望这个问题能够得到和平解决。"③里根还表示,美国将支持中国现代化的努力,并愿意扩大中美经贸和文化往来。

1985年7月,李先念主席应里根总统的邀请,对美国进行了国事访问。访问期间,李先念分别同里根总统和舒尔茨国务卿举行了会谈。李先念指出:"近一个时期以来,中美关系比较平稳,在许多领域取得了新的进展。"但是,"台湾问题仍然是两国关系中的主要障碍,需要继续努力解决这个重大的分歧"。在

---

① 《人民日报》1984年4月29日。
② 《人民日报》1984年4月28日。
③ 同上。

谈到中国准备按照"一国两制"的设想和平解决台湾问题时,李先念希望美国政府能在这个问题上采取明智的、积极的态度。此外,李先念对中美之间经贸关系的总的情况表示满意,同时也对美国国内日益加深的贸易保护主义倾向表示关切。①

同年10月,美国副总统布什访华,并同中国领导人进行了友好的交谈。在谈到中美关系问题时,邓小平说,总的来看关系是正常的。中间曾有过一些风波,通过协商,彼此取得了一些谅解,问题得到了一定的解决,但还没有完全解决。他指出,两国关系中主要的问题还是台湾问题。如果这个问题解决了,中美关系就可以在各个领域顺利地发展。布什说,美国方面对美中关系的发展是满意的,虽然还有些问题,但两国关系中有不少积极的因素。② 中国总理告诉客人,中国坚定不移地奉行独立自主的和平外交政策。我们不同任何大国或国家集团结盟,愿意在和平共处五项原则基础上同一切国家建立和发展关系。我们认为这样做最有利于世界和平。③

此后直到1989年上半年,中美双方保持了高层互访和对话的势头。在此期间,美国国务卿舒尔茨于1987年3月初和1988年7月中,两次对中国进行了正式访问。1987年5月,中央军委副主席杨尚昆率中国政府代表团访问了美国。布什在1989年初就任总统后,于2月下旬应邀对中国进行了工作访问。在欢迎布什的宴会上,杨尚昆在讲话中说,希望中美双方在三个联合公报原则的指导下,共同做出更大努力,进一步增进相互了解和信任,充分挖掘两国关系中的潜力,使中美关系得到更大的发展。布什说,美国珍惜两国之间已经建立的新关系。美国依然信守构成两国关系基础的三个公报所确定的原则。美中两国根据只有一个中国的基本原则,已经找到了建设性地、不带恶意地讨论台湾问题的途径。美国一直关注由中国人自己和平解决自己的分歧。邓小平在会见布什时说,中国是从自己的根本利益出发来制定国内外政策的,中国不打什么牌,也不搞权宜之计。中国的问题,压倒一切的是需要稳定。没有稳定的环境,什么都吹了,已经取得的成果,也会失掉。邓小平认为,十年来中美两国关系的发展是平稳的,尽管也存在一些问题。要以增加信任、减少麻烦的精神进一步发展中美关系。布什说,他在世界发生重大变化、面临许多机遇和挑战的时刻来访华,是非常有意义的。美中关系的发展有巨大的潜力。他完全赞成

---

① 《人民日报》1985年7月25日。
② 《人民日报》1985年10月16日。
③ 《人民日报》1985年10月14日。

邓小平对两国关系的看法。① 中美两国领导人还就共同关心的问题进行了会谈。美国欢迎中苏改善关系,认为这将有利于世界和平与稳定。关于台湾问题,布什表示,美国坚决执行一个中国的政策,继续遵守三个联合公报的原则。美国公开宣布这一政策,以表示反对岛内分裂主义分子。

同年5月,中国全国人大常委会委员长万里应美国副总统丹·奎尔的邀请访问美国。万里分别会见了布什总统、奎尔副总统和贝克国务卿,并向他们介绍了不久前中苏首脑会谈的情况。万里指出,中苏关系实现正常化,不仅有利于中苏两国人民,也有利于亚太地区和世界的和平与安全。中苏首脑会晤确定以和平共处五项原则为基础建立两国的新型关系。奎尔副总统向万里委员长介绍了他不久前访问东南亚的情况。双方认为国际社会应该对越南继续施加压力,以便使柬埔寨成为真正和平、中立和不结盟的国家。②

在上述同一时期内,中美之间还有副总理、副国务卿、部长、副部长等多人进行了互访。但同年6月,美国政府对中国实行制裁,遂中止了两国副部长以上官员的互访。

中美经济技术合作的发展

中美建交后,两国在许多领域的交往都有较快的发展。1979年1月邓小平副总理访美时,同卡特总统签署了中美科技合作协定和文化协定。在签署协定的仪式上,邓小平说:"我们曾经预期在中美关系正常化以后,两国的友好合作将在广泛的领域里迅速地开展。今天所签订的协定就是我们的第一批成果。"③后来,根据科技合作协定,中美两国又先后签订了27个科技合作议定书。

1984年1月中国总理访美时,两国政府签订了中美工业技术合作协定,以及延长中美科学和技术合作协定。同年4月里根总统访华时,两国签订了《关于所得税避免双重征税和防止偷漏税的协定》和中美文化协定1984年、1985年执行计划。此外,两国还签订了工业技术科学管理合作议定书及科学技术情报合作议定书。1985年7月李先念访美时,两国签署了中美关于和平利用核能合作协定、中美文化协定1986年和1987年执行计划、中美教育合作交流议定书以及中美渔业协定。

1983年5月,美国决定进一步放宽对华贸易的出口管制,并于6月21日正

---

① 《中国外交概览(1990)》,第306—307页。
② 同上书,第308页。
③ 田增佩主编:《改革开放以来的中国外交》,世界知识出版社1993年版,第394页。

式宣布,将中国由美国出口商品管制条例所规定的"P"组国家改为"V"组国家,即将中国列为友好而非盟国一类。1985年10月,布什副总统访华时宣布,美国对华放宽27类电子产品的出口,1987年又扩大为31类。1988年7月和8月,美国国会众、参两院分别通过了修改后的"综合贸易法案"和"1979年出口管理法修正案",8月23日经里根总统签署后生效。其中"1979年出口管理法修正案"进一步放宽了对中国的出口的管制。它规定:(1)对华出口高技术实行分销许可证办法后,一种产品或技术在获准出口后,两年内可重复出口,不必重新办理审批手续;(2)将中国转口产品中含有美国控制的零部件比例由10%提高到25%;(3)取消对普通现代化电梯、一般医疗设备、通用办公用品的出口管制,对装有微电脑的通用设备不再因装有电脑而加以管制;(4)前往中国进行展览的产品,在能按时收回的前提下,不计其高技术水平,均予放行。但美国对向中国出口高技术仍实行严格管制。

自1979年至1989年底,美国企业界同中国共签订投资协议953项,协议金额累计40.5亿美元。经对外经济贸易部批准的中国在美国兴办的合资、独资企业共62项,协议金额约2.9亿美元,其中中方投资2.5亿美元,占投资总额的86%。① 据中国海关总署的统计,1989年中美两国的贸易额为122.49亿美元,比1988年增加22.36%。其中中国出口额为43.86亿美元,比1988年增加29.76%,进口额为78.63亿美元,比1988年增加18.58%,中方贸易逆差34.77亿美元,比上年增加7%。② 截至1989年底,中美双方开展的科技合作项目有500多个,人员交流5000多人次。③

中美关系中存在的困难和障碍

中美建交以来,在双方共同的努力下,两国关系得到了发展。但是,两国关系中仍然存在着不少困难和障碍。

台湾问题

这是发展中美关系的主要障碍。中美建交后不久,美国先是通过了《与台湾关系法》,后又增加向台湾出售武器。以后,虽然经过多次谈判,中美两国签署了《八一七公报》,达成分步骤直至最后解决美国向台湾出售武器的问题的协议,但是,美国并没有完全遵守公报的有关规定。《八一七公报》发表两天后,美

---

① 《中国外交概览(1990)》,第320页。
② 同上书,第318页。
③ 同上书,第320页。

国政府便于 8 月 19 日通知国会,决定延长与台湾联合生产 F-5E 战斗机的协议,并向台湾出售 60 架 F-5E 战斗机及其所需的装备。① 1983 年 2 月初,美国政府又宣布向台湾出售 60 架 F-104 星式战斗机。2 月中旬,美国总统里根就中美联合公报对《世纪》周刊记者发表谈话说,中国方面"同意他们将设法用和平手段解决台湾问题。我们则把我们关于(向台湾)供应武器的声明同上述这一点联系在一起"。"(联合公报中)提到减少武器供应的全部字句都是以在这方面取得的进展为条件的。"里根还说,美国"将恪守《与台湾关系法》",美国不会"随着时间的推移"而"减少向台湾出售武器"②。1984 年 5 月,美国政府通知国会,美国准备向台湾分批出售 12 架 C-130 军用运输机,其性能超过了过去美国出售给台湾的军用运输机。③ 1985 年以来,美国通用动力公司与台湾合作设计制造 IDF 新型战斗机。1987 年 6 月,美国政府同意向台湾出售"佩里"级导弹护卫舰技术图纸。④ 1988 年 10 月,台湾"中国船舶公司"同"美国巴斯钢铁造船公司"签订合同,共同在高雄制造"佩里"级导弹护卫舰。⑤ 对于美国上述种种违反联合公报规定的做法,中国政府都向美方进行了交涉或抗议。

此外,在台湾问题上,美国国会还时常通过一些分裂中国的决议,企图造成"两个中国"或"一中一台"的局面。1983 年 11 月 15 日,美国参议院外交委员会通过了一项所谓关于"台湾前途"的决议案,声称"台湾前途的解决应是和平的,不受强制的;其方式应为台湾人民所能接受,并符合国会通过的法律和美国与中华人民共和国之间达成的公报"。两天后,美国参、众两院又分别于 17 日和 18 日通过了一项关于国际金融机构的拨款法案,其中有一项条款声称:"中华民国台湾应继续成为亚洲开发银行的正式成员,并且不论中华人民共和国申请加入该行的问题如何处理,中华民国台湾在亚洲开发银行中的这一地位应保持不变。"⑥ 为此,中国政府先后于 11 月 18 日和 25 日向美国政府提出强烈抗议和严重抗议。在前一个抗议照会中,中国政府指出:"美国参院外委会就中国领土的一部分的前途妄加评论,甚至通过所谓决议,这是对国际关系准则的肆意践踏,是霸权主义的表现。"在后一个抗议照会中,中国政府指出:"在任何政府间国际机构中,包括亚洲开发银行在内,只有中华人民共和国政府才能代表中

---

① 《中美关系二百年》,第 292 页。
② 同上书,第 300 页。
③ 《改革开放以来的中国外交》,第 403 页。
④ 《世界知识年鉴(1989—1990)》,第 714 页。
⑤ 《改革开放以来的中国外交》,第 403—404 页。
⑥ 《人民日报》1983 年 11 月 26 日。

国。"而美国参、众两院通过的拨款法案,"坚持台湾应继续成为亚洲开发银行的正式成员,并公然称台湾为'中华民国'。这是美国国会企图制造'两个中国'的一次新的升级行动"。它"完全违背了美国政府在历次中美公报中所作出的承诺"①。同年12月8日,中国第六届人民代表大会第三次会议又通过了《关于谴责美国国会制造"两个中国"严重事件的决议》,指出"美国国会一再制造'两个中国'的行为,是粗暴干涉中国内政,践踏国际关系准则,严重损害中美关系的霸权主义行径"②。

美国总统里根在1984年4月访华时,邓小平曾对他说,中国力求用"一国两制"来实现大陆与台湾和平统一。1986年9月,邓小平又说,在中国统一问题上,美国"可以鼓励、劝说台湾首先跟我们搞'三通':通商、通航、通邮。通过这种接触,能增进海峡两岸的相互了解,为双方进一步商谈统一问题创造条件"③。然而,美国却以"不介入、不调解、不阻挠"为由,拒绝表示支持。美国的所谓"不介入"是不真实的。因为美国制定和实施《与台湾关系法》,并继续向台湾提供武器,早已是介入了。中国希望美国在中国大陆同台湾统一的问题上,能采取明确与积极的态度,并有所作为。十分明显,台湾问题这个障碍不排除,中美关系终难获得稳定、持久的发展。

西藏问题

美国国会时常通过决议,指责中国在西藏侵犯人权。1987年6月18日,美国众议院不顾中国方面的一再交涉,通过了所谓《关于中华人民共和国人权》和《关于中华人民共和国在西藏侵犯人权》两项修正案。这两项修正案严重歪曲了中国的现状,粗暴干涉了中国内政。中国通过驻美使馆向美国当局"表示极大的遗憾和强烈的反对,要求美方立即采取有效措施消除这两项修正案所造成的严重后果,并防止今后再发生类似事件"④。同年9月19日达赖喇嘛访美,美国国会的佩尔、赫尔姆斯、罗斯等几名议员为达赖召集众议院人权小组会议,为其鼓吹西藏"独立"、破坏中国统一提供场所。9月22日,佩尔等8名议员又联名写信给中国总理,公然支持达赖在9月21日提出的旨在搞"西藏独立"的"五点计划"。10月6日,美国参议院就所谓"西藏问题"通过修正案,要求美国行政当局插手西藏事务,干涉中国内政。

---

① 《人民日报》1983年11月19、26日。
② 《人民日报》1983年12月9日。
③ 《邓小平文选》第3卷,第169—170页。
④ 《人民日报》1987年6月27日。

12月3日,美国国会参、众两院联席会议通过所谓《中华人民共和国在西藏侵犯人权》的修正案。12月10日,中国政府就此事约见美国驻华大使洛德,向美国政府表示强烈不满和抗议。但是,美国国会众、参两院不顾中国政府的多次交涉和反对,于12月15日和16日分别通过了上述修正案。这项修正案和另外200余项修正案一起附在国务院授权法后面,经里根总统于12月22日签署后生效。为此,中国全国人民代表大会民族委员会和外事委员会于12月26日发表严正声明:"美国国会的这项'修正案'肆意歪曲我国西藏自治区的历史和现实,对中国政府和中国人民进行污蔑和攻击。'修正案'打着维护'人权'的招牌,粗暴地干涉我国内政,并公然要求美国行政当局干预中国的内部事务。对美国国会这种无视国际关系基本准则、践踏中美间历次联合公报原则的行为,我们感到极大的愤慨并提出强烈的抗议。"①

1988年4月29日,美国众议员罗斯和吉尔曼在众议院提出一项所谓中国在西藏违反人权的提案,主张在贸易和经济援助方面对中国进行制裁。② 6月23日和29日,众议员吉尔曼、罗斯和参议员佩尔、赫尔姆斯、克兰斯顿、穆考斯基分别在众、参两院提出第324号和第129号决议案,支持达赖在斯特拉斯堡提出的建议,呼吁中国领导人与达赖会谈。6月22日,中国驻美大使馆发言人指出:"达赖喇嘛最近在法国斯特拉斯堡的讲话其实质是否定中国政府对西藏拥有神圣主权,并企图使所谓西藏问题国际化。中国对西藏的主权不容否定。西藏独立不行,半独立不行,变相独立也不行。"发言人还说:"我们曾多次向达赖喇嘛表示,欢迎他本人或由他派代表来北京同中央政府商谈问题;除了西藏独立问题不能商谈,其他任何问题都可以谈。达赖喇嘛同中央政府接触的渠道始终是畅通的。"③

1989年3月上旬,西藏少数分裂主义分子在拉萨市制造暴力骚乱后,美国参议院就所谓西藏问题于3月16日通过一项决议,以关切西藏人权为借口公然支持西藏少数分裂主义分子的骚乱行为,并要求美国行政当局和国际组织插手中国西藏事务。为此,中国全国人大外事委员会于3月19日发表严正声明,对美国参议院公然支持西藏少数分裂主义分子的暴行和粗暴干涉中国内政的行为,表示极大的愤慨并提出强烈的抗议。声明指出:"最近在拉萨发生的事件,既不是民族、宗教问题,更不是人权问题,而是少数分裂主义分子预谋和蓄

---

① 《人民日报》1987年12月27日。
② 《人民日报》1988年5月12日。
③ 《人民日报》1988年6月23日。

意制造的分裂祖国的暴力活动。""为维护国家统一、保障社会安定和公民的人身财产安全以及保护公共财产不受侵犯,中国政府采取了必要的措施。这是完全正当的主权行为。""西藏问题,是中国的内政,任何外国政府、议会或国际组织都无权干涉。"中国"希望美国国会从维护中美关系的大局出发,停止一切干涉中国内政的活动"[①]。3月21日,中国驻美大使韩叙奉命就美国国会参议院通过西藏问题决议一事向美国政府提出抗议,重申"中国政府坚决反对任何人用任何借口插手中国西藏事务,支持分裂主义的活动",并要求"美国政府能恪守自己的诺言,从维护中美友好关系大局出发,采取切实措施,防止这种事情再次发生"[②]。5月16日,美国众议院也就西藏问题通过一项类似的决议。中国人大常委会外事委员会于5月19日发表声明,抗议美国国会又一次粗暴干涉中国内政。

中国对外军售问题

在这个问题上,美国主要是指责中国向伊朗和中东出售武器,加剧了那里的紧张局势。1987年10月22日,由于海湾局势日益紧张,美国国务院就所谓中国向伊朗出售武器问题宣布,美国已决定停止放宽某些对华出口的高技术产品。10月24日,中国外交部新闻发言人在回答记者问时说,美国国务院10月22日借口海湾局势紧张作出停止放宽某些对华出口高技术产品的决定,是完全没有道理的,中国对此表示遗憾。事实证明,正是大国的军事卷入加剧了海湾地区的紧张局势。把加剧海湾紧张局势的责任推到中国身上的企图是绝对不能得逞的。[③]

1988年7月27日,美国参议院又通过一项由共和党领袖罗伯特·多尔提出的修正案,指责中国向中东出售导弹和其他"破坏稳定的"武器,声称"中国如果不停止执行这种军火销售政策,美国应重新估量对华关系"。8月4日,中国全国人大外事委员会副主任委员曾涛发表谈话,对美国参议院通过"多尔修正案"、无理干涉中国内政,表示遗憾和不满。他说,众所周知,中东地区局势紧张和动荡的根源,是以色列长期推行侵略扩张政策。一些阿拉伯国家要求适当增强常规防御能力,这是合情合理的事情。中国应个别国家的要求,出售少量常规的防御性武器,这只能有利于中东地区的和平与稳定,而不是相反。曾涛指出,中国有原则地、负责地出售少量防御性武器,是中国与有关国家之间的事,

---

[①] 《人民日报》1989年3月20日。
[②] 《人民日报》1989年3月23日。
[③] 《人民日报》1987年10月25日。

这与中美关系毫不相干,多尔先生把这个问题同中美双边关系扯在一起,企图借此向中国施压,甚至威胁要重新估量中美关系,这是中国人民绝对不能接受的。① 9月8日,中国外交部发言人在新闻发布会上重申了中国政府在军品贸易问题上的立场。他强调指出,中国是个负责任的国家,在军品出口问题上,中国一贯采取严肃、慎重、负责的态度,并严格遵循三项原则:一是"有助于增强有关地区国家的正当自卫能力";二是"有助于维护和促进有关地区的和平、安全和稳定";三是"不以军品出口为手段,干涉别国内政"。② 所以,对中国军品出口的担心是完全不必要的。

贸易问题

多年来,中国对美贸易一直存在着较大的逆差。据中国海关统计,1989年中美两国贸易总额为122.49亿美元。其中中国出口额为43.86亿美元,进口额为78.63亿美元,中方贸易逆差34.77亿美元。因此,扩大中国出口,从而提高支付能力,已成为进一步发展中美贸易关系的关键。然而,由于双方的计算方法不同,美国反而认为自己在对华贸易中存在逆差,因而对进口的中国商品(如纺织品)实行严格的限制,并不断提出针对中国出口商品的"反倾销"案。中国则要求美方放弃保护主义限制性措施。

第二节 中国同苏联、东欧和南斯拉夫关系的改善与发展

中苏关系的逐步改善

中苏两国在20世纪50年代曾建立过同盟关系,但到了60年代,两国的友好合作关系却逐渐严重恶化,甚至在边境地区发生了武装冲突,苏联还在长达7000公里的中苏边境以及蒙古境内驻扎重兵。70年代末,接连发生了苏联支持越南入侵柬埔寨和出兵阿富汗事件,这就严重威胁着中国的周边安全。为了消除苏联对中国安全的威胁,并维护亚洲与世界和平,中国力求通过谈判来缓和中苏之间的紧张关系。

1969年9月,周恩来总理在北京机场会见了苏联部长会议主席柯西金,双方讨论了两国关系的紧迫问题,尤其是边界问题。结果,导致当年10月在北京

---

① 《人民日报》1988年8月5日。
② 《人民日报》1988年9月9日。

恢复了中苏边界谈判。这次谈判延续了将近9年,由于苏方在谈判中拒不承认中苏边界存在争议地区这一客观事实,并认为中方提出"争议地区"是对苏联提出领土要求,因而自1978年7月起,中苏边界谈判便一直处于休会状态。

中华人民共和国成立初期,曾于1950年2月同苏联签订了《中苏友好同盟互助条约》。根据该条约第六条规定,"本条约有效期为三十年,如在期满前一年未有缔约国任何一方表示愿予废除时,则将延长五年,并依此法顺延之"。该条约将在1980年4月11日期满,中国作为缔约国一方,必须在1979年作出决定,是否延长这一条约的有效期。

当时,中苏盟约已然失去它存在的意义。首先,苏联已不是昔日的盟友。其次,作为中苏同盟条约主旨"共同防止日本帝国主义之再起"也早已时过境迁。苏联已在1956年同日本结束战争状态,并建立了外交关系;中国也与日本在1972年实现了关系正常化,并在1978年缔结了和平友好条约。"鉴于国际形势已发生重大变化,中苏友好同盟互助条约由于并非中国方面的原因遭到践踏而早已名存实亡",所以,中国第五届全国人民代表大会常务委员会第七次会议于1979年4月3日通过决议,决定条约期满后不延长。当天,黄华副外长会见了苏联驻华大使谢尔巴科夫,"将上述决定通知苏联方面,并重申中国政府一贯主张,中苏之间的原则分歧,不应妨碍两国在互相尊重主权和领土完整、互不侵犯、互不干涉内政、平等互利、和平共处五项原则基础上,保持和发展正常的国家关系。为此,中国政府向苏联政府建议,中苏双方就解决两国间悬而未决的问题和改善两国关系举行谈判"①。

根据中国的上述建议,双方商定,轮流在两国首都举行副外长级谈判。第一轮谈判于1979年9月下旬开始在莫斯科举行。在谈判中,由于苏方只谈一般原则,拒不解决中苏国家关系中悬而未决的实际问题,第一轮谈判未能取得任何成果而于当年11月底结束。1979年底,苏军入侵阿富汗后,中国外交部新闻司发言人宣布,"苏联入侵阿富汗,威胁世界和平,也威胁着中国的安全,并为中苏两国关系正常化制造了新的障碍。在当前情况下,进行中苏谈判显然是不适宜的"②。

1982年3月24日,苏联最高苏维埃主席团主席勃列日涅夫在塔什干群众大会上发表讲话。他一方面说继续执行反华政策,另一方面又作出某些"改善"苏中关系的表示。对此,中国外交部发言人于3月26日发表谈话说:"我们注

---

① 《人民日报》1979年4月4日。
② 《人民日报》1980年1月21日。

意到 3 月 24 日苏联勃列日涅夫主席在塔什干发表的关于中苏关系的讲话。我们坚决拒绝讲话对中国的攻击。在中苏两国关系和国际事务中,我们重视的是苏联的实际行动。"①

同年 8 月,中国再次向苏联政府提议,为消除两国关系正常化的障碍举行磋商。后经协商,双方确定在两国首都轮流举行副外长级特使磋商。第一轮磋商于 1982 年 10 月 5 日开始在北京举行。中方特使是副外长钱其琛,苏方特使为副外长伊利切夫。两国特使磋商共举行了十二轮,历时近 6 年。在磋商中,中方指出,苏联在中苏边境和蒙古驻扎重兵、支持越南入侵柬埔寨和出兵占领阿富汗,从北部、南部和西部严重威胁着中国的安全,这是实现两国关系正常化的三大障碍。其中,特别是越南入侵柬埔寨,是妨碍中苏关系正常化的首要障碍。因为越南侵柬,使"中苏实际上处于热点和对峙"②,这种状态如任其发展下去,就可能导致中苏两国的直接对抗。所以,实现中苏关系正常化的首要之举,便是苏联停止支持越南侵柬,并劝说越南从柬埔寨撤军。但是,在相当长的时间里,苏联以涉及第三国利益为借口,拒绝讨论解决三大障碍问题。

尽管两国特使磋商在这一时期内未能取得什么进展,但为两国恢复交往创造了良好的气氛。1982 年 11 月 10 日,苏共中央总书记、苏联最高苏维埃主席团主席勃列日涅夫逝世。中国政府派出国务委员兼外交部长黄华为特使出席葬礼,并会晤了葛罗米柯外长。双方就如何排除障碍、进一步推动两国副外长之间的磋商以取得实质性进展的问题,进行了讨论。1984 年 2 月和 1985 年 3 月,苏联领导人安德罗波夫和契尔年科相继逝世。中国政府先后派出以国务院副总理万里、李鹏为团长的政府代表团参加葬礼。苏联领导人阿利耶夫和戈尔巴乔夫分别会见了中国代表团团长。戈尔巴乔夫表示,苏联希望苏中关系得到重大改善。他说,"苏中之间应继续进行对话,提高对话级别,缩小分歧,经过双方努力在更广泛的领域里取得进展。"③中苏两国间的这些高层接触,对改善两国关系具有重大促进作用。

1986 年 7 月 28 日,苏共中央总书记戈尔巴乔夫在符拉迪沃斯托克(海参崴)发表讲话,说了"一些过去没有讲过的关于改善两国关系的新话"④,表示将从蒙古撤出"相当大一部分"苏联军队。8 月 13 日,吴学谦外长在会见苏联驻

---

① 《人民日报》1982 年 3 月 27 日。
② 《答美国记者迈克·华莱士问》,《邓小平文选》第 3 卷,第 169 页。
③ 《人民日报》1985 年 3 月 15 日。
④ 《中国外交部新闻发言人答苏联记者问》,《人民日报》1986 年 8 月 7 日。

华使馆临时代办时说,对戈尔巴乔夫的讲话"我们予以重视并表示欢迎"。他强调指出,戈尔巴乔夫讲话中"对一些问题的阐述离消除三大障碍距离尚远,特别是回避了越南从柬埔寨撤军问题,中国方面是不满意的。越南从柬撤军,公正合理地解决柬埔寨问题是中国方面最感关切的问题。中国方面真诚地愿意早日实现中苏关系正常化,希望苏方认真考虑中方的意见"①。9月2日,邓小平在接受美国记者华莱士电视采访时说:"如果戈尔巴乔夫在消除中苏间三大障碍,特别是在促使越南停止侵略柬埔寨和从柬埔寨撤军问题上走出扎扎实实的一步,我本人愿意同他见面。"邓小平还说:"我是决心不出国的了。但如果消除了这个障碍,我愿意破例地到苏联任何地方同戈尔巴乔夫见面。我相信这样的见面对改善中苏关系,实现中苏国家关系正常化很有意义。"②9月24日,吴学谦外长在出席第41届联大期间,同苏联外长谢瓦尔德纳泽举行了会晤,双方就中苏关系正常化和国际问题交换了意见,并就1987年恢复两国副外长级的边界谈判达成协议。同年4月和10月,分别在莫斯科和北京举行了第八、九轮两国特使磋商。1988年2月8日晚,戈尔巴乔夫发表关于阿富汗问题的声明,宣布"苏联和阿富汗政府已就苏军撤出阿富汗的具体日期达成协议:1988年5月15日开始撤军,在10个月内撤完"③。同年6月13至20日,中苏政府特使第十二轮磋商在莫斯科举行。双方着重讨论了柬埔寨问题。苏方在磋商中表示,越南军队撤出柬埔寨是解决柬埔寨问题的一个重要因素,并建议苏中双方就柬埔寨问题举行专门磋商。至此,中苏两国政府特使经过十二轮磋商,终于在不同程度上消除了妨碍中苏关系正常化的三大障碍,中苏国家关系即将开始一个新阶段。

戈尔巴乔夫访华和中苏关系正常化

1988年8月27日至9月1日,中苏副外长就柬埔寨问题在北京举行工作会晤。在此期间,中苏副外长共举行了四次为时较长的会议。这次会晤是在"认真、坦率、求实"的气氛中进行的。会晤中,双方都主张柬埔寨问题应该通过政治手段予以公正、合理的解决,并且都表示将尽力促使这个目标的实现,但双方也存在着分歧。当年9月,钱其琛外长在出席第43届联大期间,于28日与苏联外长谢瓦尔德纳泽进行了会晤。双方就柬埔寨问题、中苏双边关系以及其他

---

① 《人民日报》1986年8月14日。
② 《答美国记者迈克·华莱士问》,《邓小平文选》第3卷,第167、169页。
③ 《人民日报》1988年2月10日。

双方感兴趣的问题坦诚地交换了意见。双方商定,钱其琛外长将于年内访问苏联。

1988年12月1日至3日,钱其琛外长访问苏联。这是自1957年以来中国外长第一次访苏。访问期间,钱其琛同苏联外长谢瓦尔德纳泽就广泛的问题,特别是柬埔寨问题和中苏关系正常化问题举行了三轮会谈。关于柬埔寨问题,中苏双方都表示希望早日公正合理地解决柬埔寨问题,越南尽快从柬埔寨撤走军队。中国方面认为关键是越南方面要提出一个能为各方所接受的撤军时间表。钱其琛强调指出,越南全部撤军后,所有国家都应停止对柬埔寨各派的军事援助,这是使柬埔寨保持和平、稳定的重要保证。中国也希望苏联停止对越南用于侵柬战争的援助。会谈中,双方既有一致和相似的看法,也有一些分歧①。12月2日,戈尔巴乔夫会见了中国外长钱其琛,并就中苏关系正常化及其他相互关心的问题进行了会谈。钱其琛指出,希望中苏双方共同努力,尽早解决好柬埔寨问题,它对中苏两国,对本地区的稳定与和平,对越南和柬埔寨人民都是有利的。他还强调,中苏两国有必要在和平共处五项原则的基础上建立新型的国家关系。戈尔巴乔夫表示,苏联方面希望尽早实现苏中两国关系的正常化,并愿意在和平共处五项原则的基础上同中国建立新型的国家关系。他还说,从各方面的情况看,柬埔寨问题是到了该解决的时候了,苏联希望早一些解决这个问题。双方在讨论中都认为有必要进行中苏高级会晤,但要进行准备。双方商定,谢瓦尔德纳泽将于明年初访问中国。两国外长会谈结束后,钱其琛在记者招待会上说,他这次对苏联的访问是有成效的,中苏两国关系正常化的进程已经开始。

1989年2月1日,苏联外长谢瓦尔德纳泽开始对中国进行正式访问,这是中苏关系史上苏联外长第一次正式访问中国。访问期间,两国外长在友好、坦诚和求实的气氛中,就政治解决柬埔寨问题、中苏边界谈判以及有关中苏高级会晤问题进行了讨论。2月4日,邓小平在上海会见了谢瓦尔德纳泽。邓小平说:"上次钱外长访问莫斯科,现在你来北京,中苏已开始了关系正常化的进程。但是,中苏关系正常化的正式开始,还是中苏高级会晤,也就是我同戈尔巴乔夫的会晤。"谢瓦尔德纳泽说:"现在有充分的理由实现苏中关系正常化,邓主席同戈尔巴乔夫总书记的会见将是一个重大事件。苏中关系将建立在和平共处的基础上。"②会见时,谢瓦尔德纳泽还向邓小平转交了戈尔巴乔夫总书记给邓小

---

① 《人民日报》1988年12月3日。
② 《人民日报》1989年2月5日。

平主席的一封信。信中说,中苏关系"已经十分接近实现完全正常化的重要关头","苏中之间没有不可能找到解决办法的问题,这些解决办法将符合两国人民的利益,与两国在国内和国际事务中自主决定的方针相一致"。①

2月5日,中苏两国外长发表了关于解决柬埔寨问题的九点声明:"双方主张尽早公正合理地政治解决柬埔寨问题,并表示愿意作出努力,以促使这一目标的实现";"双方认为,越南从柬埔寨撤军是政治解决柬埔寨问题的重要组成部分。双方注意到越南宣布的至迟于1989年9月底之前从柬埔寨撤军的决定,并希望这一决定付诸实施将促进解决柬埔寨问题其他方面的谈判进程";"双方认为,随着越南军队从柬埔寨撤出,有关各国对柬埔寨任何一方的军事援助都应逐步减少,直至完全停止";"中苏两国认为,柬埔寨的内部问题应由柬埔寨各方在民族和解的基础上,在没有任何外来干涉的情况下通过谈判解决。双方欢迎柬埔寨四方对话,并希望这种对话能卓有成效地发展";"双方主张,在外国军队撤出后,应对柬埔寨作为独立、和平、中立、不结盟国家的地位进行国际保证。中苏两国表示两国将愿意参加此项国际保证";"双方同意就解决柬埔寨问题的某些方面尚存的分歧继续进行讨论"。②

在两国外长会谈期间,钱其琛外长受杨尚昆主席的委托,向谢瓦尔德纳泽转达了对戈尔巴乔夫总书记访华的正式邀请。谢瓦尔德纳泽受戈尔巴乔夫的委托接受了邀请。双方宣布,戈尔巴乔夫将于5月中旬访问中国。

1989年5月15日至18日,苏共中央总书记戈尔巴乔夫应邀对中国进行了正式访问。戈尔巴乔夫于15日中午抵京后,在机场发表了书面讲话。他说:"我们是在春天来到中国的。这是个大自然苏醒,万象更新的美好季节。世界各国人民都把更新和希望寄托于春天。""我们希望我们同中国领导人要进行的会晤和谈判将对苏中关系,对建立在公认的国家间交往和睦邻的原则基础上的这种关系的进一步发展具有划时代的意义";"我们认为,这种苏中关系的发展如实地反映了双方的根本利益,并与世界上出现的积极变化和谐相称"。③

当天晚上,杨尚昆主席设宴欢迎戈尔巴乔夫及其一行。杨尚昆致辞说:"在过去的岁月中两国关系经历了曲折的历程,今天,我们走到了一个新的起点。"他强调指出:"今天,中苏两大邻国结束过去,开辟未来,探讨在和平共处五项原则基础上建立新型关系。"戈尔巴乔夫在致答词中强调:"这次会晤来之不易,要

---

① 《改革开放以来的中国外交》,第297页。
② 《人民日报》1989年2月6日。
③ 《人民日报》1989年5月16日。

求双方表现出智慧和责任感,坚持不懈地克服多年来沉重地笼罩在两国关系上的消极的积垢和成见。""今天,我们有理由说,苏中关系正在进入一个崭新的阶段。"对于发展中苏关系,戈尔巴乔夫还用"三个赞成"来表达他对发展苏中关系的看法,即"赞成相互尊重主权和领土完整,互不侵犯,互不干涉内政,平等互利与和平共处;赞成在经济和文化方面进行合作;赞成两国在解决当前迫切的国际问题时相互协作"。①

5月16日上午,中共中央军委主席邓小平同戈尔巴乔夫总书记进行了历史性的高级会晤,双方宣布中苏两国关系实现了正常化。邓小平说,三年前,我请人给你带口信,"希望中苏之间能够消除三大障碍,早日实现我们之间的见面和对话"。戈尔巴乔夫表示记得此事,并说:"这对我们的思考是一个促进。"邓小平说:"我们这次会晤,可以概括为八个字:结束过去,开辟未来。"戈尔巴乔夫对此表示赞同。邓小平强调说:"关键是国家与国家要平等。""中国不会侵略别国,对任何国家都不构成威胁。"戈尔巴乔夫说:"对以前双方关系恶化的历史,苏方认为,自己方面也有过错。至于一些历史问题,情况很复杂,尽管邓主席的看法不是没有根据的,但苏方还有一些不同的看法。"两位领导人表示:"过去的事过去了,重点在于应该向前看,在发展两国关系上,多做实事。"②中苏关系实现了正常化,不仅符合中苏两国人民的根本利益,也有利于亚洲和世界的和平与稳定。

戈尔巴乔夫访问结束时,中苏两国于5月18日在北京发表了《中苏联合公报》。《公报》共有18条,其主要内容可分为以下三个部分:

关于中苏两国国家关系。"中苏两国领导人认为就中苏两国关系问题交换意见是有益的。双方一致认为,中苏两国高级会晤标志着中苏两国国家关系正常化。这符合两国人民的利益和愿望,有助于维护世界的和平与稳定。中苏关系正常化不针对第三国,不损害第三国利益";"双方声明,中华人民共和国和苏维埃社会主义共和国联盟将在互相尊重主权和领土完整、互不侵犯、互不干涉内政、平等互利、和平共处的国与国之间关系的普遍原则基础上发展相互关系";"中苏双方愿意通过和平谈判解决两国之间的一切争端,相互不以任何形式,包括不利用同对方接壤的第三国的领土、领水和领空使用武力或以武力相威胁";"双方同意采取措施将中苏两国边境地区的军事力量裁减到与两国正常睦邻关系相适应的最低水平,并为在边境地区加强信任、保持安宁作出努力"。

---

① 《人民日报》1989年5月17日。
② 《人民日报》1989年5月16日。

"中国方面对苏方宣布从蒙古人民共和国撤出 75% 的苏联驻军表示欢迎,并希望其余的苏联军队在一个较短的期限内全部从蒙古撤走";"双方主张以有关目前中苏边界条约为基础,根据公认的国际法准则,本着平等协商、互谅互让的精神,公正合理地解决历史遗留下来的中苏边界问题","根据上述原则,中苏两国领导人商定加紧讨论尚未协商一致的中苏边界地段,以制定相互都能接受的同时解决东西两段边界问题的办法";"中苏两国将在平等互利的原则基础上积极而有计划地发展经济、贸易、科技和文化等领域的关系,增进两国人民之间的了解和往来";"双方认为两国在社会主义建设和改革方面交流情况与经验,并就双边关系和共同关心的国际问题交换意见是有益的。双方在某些问题上的分歧不应妨碍两国关系的发展";"中国方面重申:台湾是中华人民共和国领土不可分割的一部分。中国方面坚决反对旨在制造'两个中国'、'一中一台'或'台湾独立'的任何企图。苏联方面支持中国政府的这一立场"。

关于柬埔寨问题。"双方注意到越南军队在有效的国际监督下于 1989 年 9 月底以前全部从柬埔寨撤出的决定";"中苏双方关心并认为必要的是,在越南全部撤军后在柬埔寨不发生内战,并认为未来的柬埔寨应成为独立、和平、中立、不结盟的国家。为此,双方支持柬埔寨四方参加的民族和解。中方主张在越南全部撤军后至大选结束前的过渡时期在柬埔寨建立以西哈努克亲王为首的四方临时联合政府。苏方主张柬埔寨内部问题,包括在国际监督下筹组大选,应由柬埔寨人民自己解决。苏方欢迎加紧高棉之间的对话,愿意支持柬埔寨各派就解决柬埔寨问题的各个方面所达成的任何协议";"双方将尊重柬埔寨人民在国际监督下进行大选的结果";"双方认为,随着越南军队从柬埔寨撤出,有关各国对柬埔寨任何一方的军事援助都应逐渐减少,直至完全停止";"双方主张尽快召开柬埔寨问题的国际会议","双方同意就解决柬埔寨问题,包括双方仍存在分歧的问题继续进行讨论"。

关于国际形势、国际事务及对外政策。"中国方面重申,中华人民共和国奉行独立自主的和平外交政策,坚持不同任何国家结盟的原则立场","苏联方面声明,苏联外交政策以和平是最高价值观念为出发点,始终不渝地力求实现包括核裁军在内的实际裁军;认为各国的安全不能靠损害别国来保障";"双方声明,中苏两国任何一方都不在亚洲和太平洋地区以及世界其他地区谋求任何形式的霸权。中苏两国认为在国际关系中应当摒弃任何国家把自己的意志强加于人和在任何地方谋求任何形式的霸权的企图和行动";"双方认为,和平与发展已成为当代世界两个最重大的问题。双方对长期紧张的国际形势出现缓和表示欢迎,并积极评价世界各国为裁减军备和缓和军事对抗作出的努力以及在解决各个地区冲突方面取得的进展,双方表示愿意在这些方面各自继续作出努力";"中苏双方主张提高联合国的威望",支持联合国在国际事务方面发挥更大的作用。"世界所有国家,不论大小和强弱,都有权平等参与国际生活";"双方对世界经济形势,特别是发展中国家经济状况恶化、南北差距拉大、债务问题愈益严重表示关切。双方认为迫切的是,在考虑各国人民利益和平等互利的基础上建立国际经济新秩序";"中苏两国认为有必要促进国际关系的根本健康化。为此,中方主张在和平共处五项原则基础上建立国际政治新秩序,苏方主张在国际关系中确立政治新思维"。此外,"双方认为,两国领导人之间的接触和对话是重要的,并打算今后继续下去"。①

《中苏联合公报》的发表,标志着中苏两国新型国家关系的建立。中苏关系实现正常化,其意义不仅是对亚太地区产生积极影响,并将会对世界的和平与稳定发挥重大的作用。

中国同东欧和南斯拉夫关系的新发展

20 世纪 80 年代初,中国政府调整了对外政策,1982 年中共十二大又提出了处理兄弟党关系的"独立自主、完全平等、互相尊重、互不干涉内部事务"的四项原则。在上述政策和原则的指导下,中国同东欧各国的关系有了广泛的发展。

20 世纪 80 年代,中国同罗马尼亚和南斯拉夫的友好合作关系在原有的基础上又有了进一步的发展与加强。中罗、中南两国和两党的领导人互访频繁。

中华人民共和国主席李先念、中共中央总书记胡耀邦以及中国政府主要领导人都先后访问了罗马尼亚。罗马尼亚总统、罗共总书记齐奥塞斯库、政府总理维尔德茨和德斯克列斯库也先后对中国进行了访问。此外,中罗两国其他党政领导人也多次进行了互访。通过双方高层领导人的互访,中罗两国两党之间的"亲密友好、合作和团结的传统关系在严格遵守民族独立、主权和权利完全平等、不干涉内政、互利和同志式互助的原则基础上得到了顺利发展"。② 1989 年 12 月 22 日,齐奥塞斯库政府被推翻,成立了救国阵线委员会。12 月 26 日,中国政府向罗马尼亚驻华大使表示,中国尊重罗马尼亚人民的选择,中国政府愿在和平共处五项原则的基础上继续同罗马尼亚保持和发展友好关系。

---

① 《中苏联合公报》,《人民日报》1989 年 5 月 19 日。
② 《人民日报》1986 年 7 月 7 日。

在中罗两国发展关系的同时,中共中央总书记胡耀邦、国家主席李先念、外交部长吴学谦、钱其琛等均先后访问了南斯拉夫。南斯拉夫总理久拉诺维奇、外长弗尔霍维茨、南联邦议长迪兹达莱维奇、南共联盟中央主席马尔科维奇、南联邦主席团主席扎尔科维奇、南联邦执委会副主席舒科维奇等也都先后访问了中国。中南两国高级领导人的互访,进一步巩固和发展了两国全面友好合作关系。

在经济、贸易和科技合作关系方面,1982年4月,中罗签订了发展经济和科技合作长期纲领协定、两国关于和平利用核能合作协定等。1985年10月,两国签订了中罗关于1986—1990年双边经济关系发展协定、中罗关于1986—1990年相互供应主要货物的长期贸易协定和中罗关于1986—1990年现汇易货协定。1986年11月,中罗科技合作委员会在北京签署了会议议定书和中罗1986—1990年科技合作纲要。据中国海关总署统计,1989年中国与罗马尼亚进出口商品总额为6.5922亿美元。其中中国进口3.5497亿美元,出口3.0424美元。① 1984年,中南两国签订了1986—1990年长期贸易协定。1988年,两国政府又签订了1988—1992年长期科技合作纲要和避免双重征税协定。1989年中南两国贸易额为9091万美元,比1988年略有下降。②

进入20世纪80年代,中国同波兰、民主德国、匈牙利、捷克斯洛伐克和保加利亚五国,都有发展相互关系的愿望。而且,彼此间并没有根本的利害冲突。所以从1983年起,中国同上述五国先后实现了国家关系正常化。双方高级官员互访增多,双边互利合作全面展开。

1986年9月,波兰统一工人党中央第一书记、波兰国务委员会主席雅鲁泽尔斯基对中国进行了工作访问。这是30年来波兰统一工人党最高领导人对中国的第一次访问。通过访问,恢复了两党、两国最高领导人之间的接触,使中波的政治关系进入了一个新的发展阶段。两国外长利用每年出席联大的机会举行会晤,就两国关系问题和共同感兴趣的问题交换意见。两国各部门负责人也往来不断。中波双方在一些重大国际问题上相互支持,如中国支持波兰提出的建立欧洲无原子武器区的腊帕茨基计划;支持波兰在联合国人权委员会、国际劳工组织和国际货币基金组织中的立场;波兰也一贯支持中国在台湾问题上的立场。中波两国在经贸和科技合作方面的关系发展平稳。1985年两国签订了1986—1990年长期贸易协定。据中国海关总署的统计,1989年中国与波兰进

---

① 《中国外交概览(1990)》,第240页。
② 同上书,第247页。

出口贸易总额为 71 624 万美元,其中中方出口 37 576 万美元,进口 34 048 万美元。①

1983 年 9 月,中国外长吴学谦在出席第 38 届联大期间,同民主德国外长菲舍尔举行了两国外长 20 多年来的第一次会晤。1986 年 10 月,德国统一社会党中央书记、国务委员会主席昂纳克应邀对中国进行友好访问,这是中德建交以来民主德国党和国家最高领导人首次访华,它标志着两国关系有了显著的进展。1985 年中德两国政府成立了经济、贸易、科技合作混合委员会,并签订了 1986—1990 年长期贸易协定。1989 年两国进出口商品总额为 6.3 亿美元,其中中方出口 3.237 亿美元,进口 3.0636 亿美元。②

自 1984 年起,中匈两国外长每年在联合国大会期间举行会晤。1984 年 6 月,中匈两国成立经济、贸易和科技合作委员会,1985 年 5 月,两国签订 1986—1990 年长期贸易协定。1986 年 6 月,中国外长吴学谦访问匈牙利,两国外长举行了会谈。双方对两国关系的发展感到满意,同时签署了中匈第一个领事条约。中匈经贸合作在 80 年代有较大发展,1989 年进出口贸易总额为 1.9319 亿美元,其中中国进口为 1.0855 亿美元,出口为 8463 万美元。③

自 1983 年起,中国与捷克斯洛伐克两国外长每年在联大会议期间会晤一次。1986 年 3 月,捷共中央委员会主席胡萨克在捷共十七大上所作的政治报告中表示,捷"准备实现同中华人民共和国关系的完全正常化并同它发展友好合作关系"。同年 12 月,捷外长赫努佩克访华,这是中捷建交 37 年来捷外长第一次访华。1985 年 12 月,中捷两国政府签订了 1986—1990 年长期贸易协定和 1986—1990 年科技合作纲要。1986 年 5 月,中捷签订了两国国家科委直接合作议定书和关于执行两国 1986—1990 年科技合作纲要项目的备忘录。1989 年中捷两国贸易额创历史最高水平,进出口总额为 8.9522 亿美元,其中中方出口额 3.8769 亿美元,进口额 5.0754 亿美元。④

自 1983 年以来,中国与保加利亚两国外长每年都在联合国大会期间举行会晤。1984 年,两国签订了文化交流计划和体育交流计划。1985 年 11 月,保国民议会主席托多罗夫率议会代表团访华。同年 12 月,中保两国签订了 1986—1990 年长期贸易协定。1986 年 4 月,保共中央总书记日夫科夫在保共

---

① 《中国外交概览(1990)》,第 225 页。
② 同上书,第 229 页。
③ 同上书,第 238 页。
④ 同上书,第 234 页。

十三大的报告中表示,"保愿意同中国进一步发展关系,并准备同中国在争取和平、社会主义和反帝的斗争中进行合作"。中国领导人高度评价日夫科夫关于社会主义经济建设中社会财产的所有权和经营权可以分开的论断,并认为保加利亚的体制改革对中国有借鉴意义。① 1989 年中国同保加利亚的换货总值为 1.2599 亿美元,其中中国出口总值为 6071 万美元,进口总值为 6528 万美元。②

自 1979 年中断了同中国一切来往的阿尔巴尼亚,随着形势的变化,于 1983 年恢复了同中国的贸易关系,贸易额逐年有较大的增长。1985 年底,中阿两国签订了 1986—1990 年长期贸易协定,贸易总金额为 1.3 亿美元。1985 年两国贸易额为 1757 万美元,比 1984 年增长了近 2 倍。随着贸易关系的发展,中阿之间的接触不断增加,并且双方都表示愿意改善和发展两国关系。1985 年 4 月,李鹏副总理在吊唁霍查逝世时表示,中国愿意在和平共处五项原则的基础上,改善和发展同阿尔巴尼亚的关系。1986 年下半年,中国总理在会见阿驻华大使时表示,中国方面对进一步改善和发展同阿尔巴尼亚的关系持积极态度。中国主张求同存异,在和平共处五项原则的基础上建立正常的国家关系。1986 年 11 月,阿劳动党中央第一书记阿利雅在其九大报告中表示,阿尔巴尼亚愿意在互利的基础上同中国"正常地发展两国关系"。1988 年 10 月,中阿两国外长在联合国大会期间举行了多年来的第一次会晤,双方同意意识形态的分歧不应妨碍国家关系的改善。1989 年 3 月,阿副外长卡普拉尼率团访华。这是自 1979 年以来阿政府向中国派出的第一个政治性代表团。钱其琛外长同卡普拉尼就双边关系和国际问题交换了意见,双方表示愿意将两国关系进一步推向前进。访问期间,中阿两国初步商定成立经济技术合作混合委员会。1989 年中阿两国进出口商品总额为 3651 万美元,其中中国出口额为 1542 万美元,进口额为 2019 万美元。③

第三节　中日友好关系的发展和存在的问题

中日关系四原则的确立

1982 年是中日邦交正常化十周年。在这十年间,中日两国在经济、科技、文

---

① 《中国外交概览(1987)》,第 248 页。
② 《中国外交概览(1990)》,第 234 页。
③ 同上书,第 250 页。

化等领域的交流和合作得到了迅猛的发展。特别是双边经贸关系,随着中国改革开放、实现现代化政策的全面推行而日益密切。1981年,中日贸易额首次突破100亿美元,为建交前的10倍,年增长率超过25%。中日贸易额占当年中国对外贸易总额的四分之一,使日本成为中国当时最重要的贸易伙伴。[①] 在中日两国政府间不同级别的磋商制度逐步建立的同时,两国的民间往来也日益频繁。

回顾中日关系正常化后十年的发展,两国政府都表示满意,同时也一致认为两国关系依然存在巨大的发展潜力,存在着需要进一步完善的领域。如日本企业对华投资一直过于谨慎,1982年日方投资仅占中国吸引外资额的1%。中方在积极完善国内投资环境的同时,希望日方真正努力扩大双边经济合作规模。日本对于在变化了的国际关系形势下,中国如何确定自己的外交方针,如何估价中日关系的作用感到不太有把握。特别是20世纪80年代初中苏关系有所缓和,使日本有些人担心中苏再次形成同盟关系。为解决上述问题,在中日邦交正常化十周年前后,两国高级领导人进行了频繁的互访,在深入交换意见的基础上,共同确定了指导双边关系发展的重要原则。

1982年5月,中国总理应邀访日。在同日本铃木首相举行会谈时,中方提出了进一步发展中日经济关系应当遵循的三项原则。(1)根据中日两国政府联合声明和中日和平友好条约精神,在两国间现存的和平友好关系基础上,积极发展两国经济关系。(2)中日经济关系应当遵循平等互利的原则,从两国各自的需要和可能出发,互通有无,取长补短,不断向新的广度和深度发展。(3)发展经济关系符合两国人民的根本利益和世世代代友好下去的愿望,应该是长期的、稳定的,不受国际风浪的影响。这三项原则可以概括为:"和平友好,平等互利,长期稳定"[②]。中方提出的三项原则立即受到日本政府的欢迎。双方一致表示愿意按照上述三原则加强交流与合作,继续建设长期稳定的睦邻友好关系。在两国政府的积极推动下,中日关系的发展进入了又一个高潮。

1983年11月,中共中央总书记胡耀邦赴日进行友好访问,与日本朝野人士进行了广泛的接触。中日人士对把两国关系进一步推向前进都表示了极大的热情和关注,希望使中日老一辈政治家为中日友好所作的努力后继有人,把中日友好事业拓展到下个世纪,并世代相传。日本首相中曾根康弘在同胡总书记会谈时再次确认了中日友好三项原则,双方还同意在此基础上再增加"相互信

[①] 《人民日报》1983年11月19日。
[②] 《人民日报》1982年6月2日。

赖"的内容。胡总书记明确表示：中国将本着求同存异、开诚相见、平等协商的精神同日本各界人士交往，不断增强相互信任。他还说，中国主张中苏关系正常化是有原则的，即苏联必须首先消除阻碍两国关系发展的三大障碍，而且中苏关系的发展决不会妨碍和损害中日友好关系。这样，中日两国政府一致同意将中日关系三原则扩大为中日关系四原则，即：和平友好、平等互利、长期稳定、相互信赖。这四项原则同中日联合声明和中日和平友好条约一道，成为处理中日关系的基本原则。

在同胡耀邦的会谈中，中曾根谈道："日中两国在考虑到对方国情的情况下，进一步促进经济、文化、科学技术各方面的交流，特别是进一步加强肩负未来重任的青年之间的交流是重要的。"为此，他建议成立日中友好二十一世纪委员会，保证两国的友好合作关系成为二十一世纪乃至世世代代牢固发展的关系。胡耀邦赞同这个设想，并提出该委员会应包括老、中、青代表，强调应有代表下世纪的青年代表参加和发挥作用。日方认为应包括学者和政界、经济界人士，也得到了中方的支持。双方都表示希望通过设立这样一个委员会，探讨中日两国走向二十一世纪的政治、经济、文化问题。

胡耀邦总书记在访问期间还出席了在日本广播协会举行的青年欢迎集会，他在对日本各界青年代表发表的重要演讲中称："我们两国领导人在谋求睦邻友好关系长期稳定发展的时候，特别寄希望于青年，寄希望于在和平年代成长起来的两国青年相互了解，相互信赖，深刻认识到中日和平友好来之不易。"他代表中国政府向日本青年发出邀请，邀请日本各友好青年团体派 3000 名青年在第二年秋季对中国进行为期一周的访问。他表示，相信日本"青年朋友一定能够感觉到，中国人民和中国青年对于日本人民和日本青年，是满怀友情的"①。

1984 年 3 月，中曾根首相对中国进行了回访。中日双方就"中日友好二十一世纪委员会"的名称、任务和组成达成了一致意见。中日双方的委员会都由老、中、青各方面代表共 10 人组成，中国共青团中央第一书记王兆国和日本庆应大学校长石川忠雄分别担任中日首席委员。同年 9 月，中日友好二十一世纪委员会第一次会议在东京举行。双方委员就如何保证中日睦邻友好关系长期稳定坦率地交换了意见，并一致同意设立中日关系中长期展望、中日经济科技交流、中日青年文化交流三个专门委员会，以便随时就双边关系中可能出现的各种问题进行讨论。双方委员还决定向两国政府建议，在北京建造中日青年交

---

① 《人民日报》1983 年 11 月 27 日。

流中心。

在中日友好二十一世纪委员会正式成立的同时,3000名日本青年应中国政府邀请来华访问。他们分别在上海、杭州、南京、北京、西安、武汉六城市同中国青年举行了联欢,最后汇集北京参加了新中国成立三十五周年庆典。

教科书问题

友好合作是20世纪80年代中日关系的主流,但在两国关系发展中也出现了一些引人注目的问题和风波。随着日本经济实力的上升和在世界经济中地位的提高,日本统治层内部分人的大国心态重新抬头。他们呼吁日本争取政治大国地位,并视日本侵略战败的历史为树立政治大国形象的绊脚石,利用一切机会美化当年的侵略罪行。他们的活动引起了中国政府和人民的抗议和警告。如何正确认识日本侵略历史成为中日关系中极为重要的政治课题。教科书问题就是其中具有代表性的事件。

日本战后教育实行教科书审定制度。学校教科书由民间出版社组织编写出版,文部省每隔三年对中小学教科书进行一次全面审定,被判为合格者才能正式发行并在教学中使用。日本保守派对日本民间组织在编写的教科书中正视侵略历史的所谓左倾倾向一直心怀不满。1980年自民党在国会选举中获得大胜,拥有稳定的多数席位后,右翼政客不断要求以教科书问题为突破口,抬高日本的历史形象。当时任法务大臣的奥野诚亮率先抨击现行教科书"缺少宣传爱国精神的方面"。文部大臣小川立即附和。① 自民党代表大会随即将"弹劾左翼倾向的教育"定为党的运动方针,自民党干部会则决定开展"教科书运动"。

在这种背景下,1982年日本文部省在审定小学和高中所用历史教科书时,对作者明确记述日本侵略战争行为表示不满。文部省审议会称:"现在的教科书把日本写得很坏。要把日本写得更好些,要培育大摇大摆迈向世界的国民。""过去的罪过是没有必要写进教科书的。"②他们强令教科书作者重新进行修改,尽量淡化对日军残暴行为的描述。作者被迫按照文部省的意见修改教科书的措辞,把日本关东军蓄意制造"九一八"事变,改为日本军队"爆炸了南满铁路的局部地方";把日军挑起卢沟桥事变"侵略"华北,改为"进入"华北;把日本对中国的"全面侵略",改为"全面进攻";把日本占领军在中国实行"三光政策",改为"抗日运动的展开,迫使日本军队保证治安"。

---

① 《人民日报》1982年8月14日。
② 《每日新闻》(日本)1982年8月4日。

在审定记述南京大屠杀的章节时,文部省审议委员称日军在南京屠杀中国军民30万的数字是推断出来的,难以确认;南京大屠杀是在双方军队战斗中发生的,情况异常混乱,事实真相不清楚;学术界对大屠杀问题还有争论。他们不顾教科书作者的反驳和抗议,强行将原教科书中"在占领南京之际,日军杀害了中国军民,并进行了强奸、掠夺、放火,这一南京的屠杀遭到了国际上的谴责,据说中国牺牲者达20万人之多"一段删除,改写成"在占领南京时,遭到了中国军队的顽强抵抗,日本军队蒙受相当大的损失,引起日军激愤,杀害了很多中国军民"①。

日本文部省利用审定教科书的机会蓄意歪曲历史,掩盖日本军国主义者的侵略罪行,立即激起了中国人民的强烈愤慨。中国政府表明了坚决反对文部省篡改日本侵华历史的严正立场,要求日本方面纠正错误。韩国等亚洲国家也对日本文部省的做法提出了抗议。但日本文部省个别官员却声称,教科书的编写是日本的内政问题,企图抵制国际压力。这进一步激怒了中国和其他深受日本军国主义侵害的亚洲国家。中国方面郑重声明,是否正视日本的侵略历史,是中日关系中的重大原则问题。日本某些人否认战争罪行、篡改历史,严重伤害了中国人民的感情,影响中日友好的大局。

在中国政府的一再交涉下,日本政府承诺将负责纠正教科书中存在的问题,修改中方指出的错误表述,以求早日解决教科书问题。1982年11月,文部大臣小川在记者招待会上发表大臣见解,表示文部省尊重中日联合声明精神,决定在教科书审定标准中新增一款,要求"在处理与近邻亚洲各国发生的近代和现代历史上的事实和现象时,从国际理解和国际协调的观点出发,给予必要考虑"②。这个文部大臣见解刊登在《文部公报》上,下达各校,以求在教学中实际满足中国等亚洲邻国的要求,挽回已经审定通过的错误教科书造成的恶劣影响。

但日本文部省并未从这次事件中真正吸取教训。1985年在审定第二年小学使用的教科书时,文部省声称"让儿童理解详细的事实很困难",执意把关于南京大屠杀的记述改得简略、笼统,删除死难者30万这个具体数字。1986年,它又将由右翼组织"保卫日本国民会议"编写的严重歪曲日本侵略历史的《新编日本史》审定为合格,同意日本高中选用,再次制造了教科书事件,引起中方的抗议。中国外交部指出,该书有意掩饰日本发动侵略战争的事实,回避日本军

---

① 《人民日报》1982年7月20日。
② 《人民日报》1982年11月27日。

国主义应负的历史责任。要求日方贯彻中日联合声明的精神,履行日本政府在处理1982年教科书事件时做出的承诺。在中国政府的坚持下,日本不得不对该书中明显的错误表述进行了删改。

教科书问题之后,又发生了文部省大臣藤尾正行公然否认历史事实,为日本侵略历史翻案的严重事件。藤尾在1986年8月12日对日本记者俱乐部发表的演讲中称:"世界史就是一部侵略史、战争史,必须纠正那种认为只有日本进行过侵略的错误看法。"接着又在"八一五"终战纪念日宣称远东军事法庭判处东条英机等战争罪犯死刑"是不正确的"。在提前出版的《文艺春秋》10月号中,藤尾再次为日本军国主义辩解,称南京大屠杀是"不明不白的事件",日军屠杀中国人是"为了排除抵抗",并露骨地说:"战争就是要杀人。"

藤尾的荒谬言论立即引起了亚洲国家的一致抨击,日本有识之士也对其进行了严厉的批评。但藤尾仍坚持其错误观点,拒不辞职。9月8日,中曾根首相断然决定罢免藤尾,这是日本"1955年政治体制"建立后日本首相首次对其阁僚使用罢免权。日本政府官房长官继而发表谈话,指出"藤尾大臣的讲话与我国利用各种机会一直表明的对过去战争的反省及在此基础上为和平友好而努力的决心不相称","谨向中国、韩国表示歉意"。①

日本右翼极端势力虽然接连受挫,但仍不放弃歪曲历史事实的顽固立场。事隔不久,日本内阁级官员公开为侵略战争辩护的严重事件再次发生。1988年4月22日,当时任国土厅长官的奥野诚亮以公职身份参拜靖国神社,并在参拜后举行的记者招待会上称:"日本一直不是一个侵略国家","日本是为了保卫自己的安全而发动战争的"。奥野的言论引起国内外舆论大哗。日本社会党、公明党、民社党等主要在野党决定在国会对此进行紧急质询,要求政府明确对侵略战争的认识。但竹下首相在国会回答问题时只是表示奥野发言只代表他个人的观点,回避了对奥野的正面批评。奥野自觉有恃无恐,在5月9日的国会决算委员会会议上再次宣称日本当年没有侵略意图,说东京审判是胜者强加给败者的惩罚,并否认东条英机等甲级战犯为罪犯。日本在野党立即指出奥野的讲话是"对历史的重大错误认识",对此不能再放任,决定追究奥野的责任,要求政府罢免其职务。中国、朝鲜等亚洲国家也严厉谴责奥野的狂妄言论。不料奥野竟顶风而上,又说日本全面侵华战争是"偶发性的"。虽然在内阁同僚的劝说下,他很快收回了战争偶发论,但同时声称:"不准备取消全部讲话。"他顽固自

---

① 《读卖新闻》(日本)1986年9月9日。

大的态度进一步激怒了亚洲各国人民和日本有识之士,要求罢免奥野的呼声更加高涨。在国内外的批评声中,奥野被迫宣布辞职。日本舆论称奥野因美化侵略战争而丢官是"常识的胜利"。

日本高官蓄意歪曲历史的事件接连发生,给中日友好关系投下了阴影,不能不引起中国方面的警惕。正如邓小平在会见日本来宾时多次表示的:如果对右翼极少数人的活动处理得过分软弱,就会助长他们的气焰。这些事情看起来不大,但积累起来就代表一种倾向,成为破坏中日友好的一种力量。我国提出一些见解,有时采取了外交行动,但都是在两国人民世世代代友好下去的前提下进行的。相信根据中日联合声明和中日和平友好条约的原则,能够妥善处理这类风波。①

参拜靖国神社事件与光华寮案

与教科书问题同时出现、性质同样恶劣的,还有参拜靖国神社问题。靖国神社始建于 1869 年,是日本神道祭祀自明治维新以来历次战争中牺牲的日本人的神社。在日本进行侵略战争时期,靖国神社被作为日本军国主义的精神支柱。"九一八事变"后,日本政府规定参拜靖国神社是"表示忠心"的国家祭祀活动,国民不得拒绝参加。"七七事变"后,靖国神社又划归日本陆军省和海军省管辖,成了日本军国主义者的工具。日本战败投降后,根据美国占领当局的政教分离指令和日本新宪法的规定,神道与国家政权分离,靖国神社也不再是特殊的国家机构。但历届日本首相仍然以私人身份参拜靖国神社。

1978 年,在日本极右翼势力的鼓动下,东条英机等 14 名被远东军事法庭确认为甲级战犯的战争元凶的牌位被安置进靖国神社,作为"为国殉难者"接受祭祀。日本保守派把这看成是推翻东京审判的结论,为日本在二战中的侵略行为翻案的象征。进入 20 世纪 80 年代后,日本的极右翼势力活动更加猖狂。"东京审判是战胜国对战败国的审判",日本进行"大东亚战争是帮助亚洲国家摆脱英、美殖民统治"等言论不绝于耳。1982 年 11 月就任日本首相的中曾根康弘提出"战后政治总决算"的口号,声称要"不设禁区,以新的想法、观点重新认识历来的带基本性质的制度和格局"②。他公开指责所谓东京审判史观引发了日本的"自虐性思潮",宣称要将其全部清除。

---

① 邓小平会见伊东正义、二阶堂进等人时的讲话。《人民日报》1987 年 9 月 5 日、1988 年 4 月 20 日。

② 吴学文主编:《十字路口的日本》,时事出版社 1988 年版,第 87 页。

作为突破战后形成的历史"禁区"的象征,中曾根作为首相决意正式参拜靖国神社。中国方面立即指出,普通日本官兵的亲属在春秋祭日前往靖国神社追悼自己的亲人是可以理解的,但日本首相以官方身份参拜供奉着甲级战犯灵牌的神社,等于承认这些战犯是为国牺牲的"功臣",等于直接否认日本当年的侵略历史。中国政府敦促日方认识到问题的严重性,认识到参拜靖国神社的行为将严重伤害中国人民的感情,希望日方取消这一错误决定。其他亚洲国家也纷纷发表声明,对中曾根政府的决定表示反对。

但中曾根不顾国内外舆论的压力,在1985年8月15日率领其内阁成员和172名日本国会议员正式参拜了靖国神社。这是二战结束后日本首相第一次以内阁总理大臣身份参拜靖国神社,而这一严重事件又发生在纪念二战结束40周年之际,不能不引起中国等亚洲国家的警惕。中国政府对此提出了严正的交涉和批评,要求日本政府认识到问题的严重性。中曾根首相表示,不会复活军国主义、神道国家,并在国会答辩中承认过去的战争是侵略战争。在此后的两年任期内,他也没有再进行正式参拜活动。继任的历届首相也未再以官方身份参拜靖国神社。

除对日本侵略历史的认识问题外,阻碍中日友好关系顺利发展的另一方面问题是日本有些人不断在台湾问题上制造麻烦,企图为发展日台实质性关系打开方便之门。光华寮案就是由此引发的。光华寮是位于日本京都的中国留学生宿舍。1950年,台湾当局驻日代表用变卖侵华日军从中国大陆掠夺物资所取得的公款买下了光华寮,它是中国的国家财产。

1967年,台湾当局称由于居住在光华寮的华侨和留学生组成的"光华寮自治会"不服从"中华民国"驻大阪总领事馆的管理,指示其"驻日大使"向京都地方法院起诉八名中国留学生,要求他们搬出光华寮。在案件审理期间,中日邦交实现正常化。京都地方法院于1977年做出一审判决,认定光华寮为中国国家财产,由于日本承认中华人民共和国政府为中国的唯一合法政府,根据国际法,旧中国在日本财产的所有权和支配权自然由中华人民共和国政府继承。京都地方法院因而宣布驳回台湾当局的诉求,将光华寮判归中华人民共和国政府所有。

台湾当局随即向大阪高等法院提出上诉。1982年4月,大阪高等法院竟无视中日联合声明的原则,将台湾当局作为"未被承认的事实上的政府",认为其仍具有当事人的能力。大阪高等法院还声称,中国政府不能完全继承旧政权在国外的财产,并据此宣布撤销原判,将案件发回京都地方法院重审。1986年2月,京都地方法院接受其上级法院的意见，改变了原来的正确判决，称经营学生宿舍是非权利行为，光华寮不属于行使国家权力所必需的财产，将光华寮判为台湾当局所有。① 这项错误判决引起了中国的强烈不满。作为被告的中国留学生向大阪高等法院提出上诉，要求撤销京都地方法院的无理判决，维护中华人民共和国政府的合法权益。次年2月，大阪高等法院做出了维持原判的错误决定。

在光华寮案件审理期间，中国政府一直密切注视着局势的发展，多次向日方提出严正交涉。1987年2月，中国外交部还派出由条约法律司司长率领的法律专家代表团赴日，与日本交换意见。中国专家在会谈中对日本司法机构据以支持错误判决的种种法律依据一一加以批驳，指出日本两级法院的判决在法律上是完全站不住脚的。中国政府同时指出，光华寮案件绝非普通的民事诉讼案件，而是涉及中日关系大局的原则性问题。日本两级法院的判决不仅违反国际法和国际准则，而且犯有严重的政治错误。按照中日联合声明精神和中日两国政府在邦交正常化过程中达成的谅解，日本承认中华人民共和国政府是中国的唯一合法政府，承诺与台湾当局断绝一切官方往来，只保留民间关系。而日本法院竟然无视这些重要原则，将中国国家财产判归台湾当局所有。这不仅是对中国政府合法权益的损害，而且是在公然制造"两个中国"，干扰中日友好关系的正常发展。中方一再要求日本政府严肃对待光华寮判决事件，采取有效措施制止日本法院的错误行为，真正做到依法公正裁决。

但日本政府却称，日本实行三权分立的政治体制，行政部门无法干预司法部门的行为，拒绝对光华寮案件的审理施加影响。中方指出日本政府的行为等于默认日本司法当局制造"两个中国"的行动，拒绝为光华寮问题给中日关系造成的损害承担责任。中方敦促日方切实遵守中日联合声明、中日和平友好条约和国际法准则，妥善合理地解决这一问题。可是，至今日本法院仍未对此作出最终判决。

第四节　中国同第三世界的团结合作进一步加强

努力发展同周边国家的睦邻友好关系

1983年6月，中国总理在第六届全国人民代表大会第一次会议上的政府工

---

① 《法律学家》（日本）1987年7月15日。

作报告中指出,"中国是第三世界的一员。加强同第三世界国家的团结和合作,是我国外交工作的基本立足点"。基于这一指导思想,在20世纪80年代,中国继续坚持同第三世界国家的团结与合作,以促进共同发展和维护世界和平。

中国正在致力于四化建设,迫切需要一个长期的和平的国际环境,尤其希望能维护亚洲地区的和平与稳定。在这方面,巩固与发展中国同周边国家的睦邻友好关系,在中国外交工作中占有十分重要的地位。

中国同朝鲜两国长期形成的友好合作关系,在20世纪80年代继续得到巩固和发展。在此期间,中朝两国高层领导人多次互访,往来频繁。中国国家主席李先念(1980年10月、1986年10月)、杨尚昆(1988年9月)、中共中央顾问委员会主任邓小平(1982年4月)、中共中央总书记胡耀邦(1982年4月、1984年5月、1985年5月)、全国人大常委会委员长彭真(1983年9月)等访问了朝鲜。朝鲜国家主席金日成在80年代对中国进行了四次友好访问(1982年9月、1984年11月、1987年5月、1989年11月)。朝鲜劳动党中央政治局常委、国家副主席李钟玉(1989年9月)、朝鲜劳动党中央政治局常委、中央书记金正日(1983年6月)、政务院总理姜成山(1984年8月)、李根模(1987年11月)等也都访问过北京。中国支持金日成为实现朝鲜民族的自主和平统一,于1980年10月提出的关于建立高丽民主联邦共和国的方案,支持朝鲜于1984年1月提出的关于举行朝鲜北南双方和美国参加的三方会议,以解决美军撤出南朝鲜、朝美签订和平协定和北南双方签署互不侵犯宣言等主张。中国还支持朝鲜政府于1986年6月提出的关于在朝鲜半岛建立无核和平区的倡议。多年来,中朝两国间的经济合作和贸易不断发展。1986年9月,两国签订了1987—1991年长期贸易协定。1987年11月,两国政府签署长期科技合作纲要。1989年中朝两国商品贸易总额为5.6272亿美元,其中中国出口额为3.7737亿美元,进口额为1.8535亿美元。①

中国与蒙古于1949年10月建交后至60年代初,两国在各个领域的关系密切。在60年代中期至70年代,中蒙关系经历了一段曲折。后经双方的共同努力,两国关系逐渐有了恢复和发展。1984年7月,蒙古第一副外长云登访华,两国在北京签署了中蒙边界第一次联合检查议定书及其附图。1985—1987年,吴学谦外长连续三年在出席联合国大会期间会见了蒙古外长杜格尔苏伦。1985年11月,中蒙签署边境贸易议定书。1986年4月,两国在北京签署中蒙第

---

① 《中国外交概览(1990)》,第38页。

一个长期贸易协定。同年8月,中国副外长刘述卿访蒙,两国签订第一个领事条约。1987年6月,彭冲副委员长率全国人大代表团对蒙古进行正式友好访问。同年7月,两国在乌兰巴托签订1987—1988年度科技合作计划。1988年7月,章文晋会长率中国人民对外友协和中蒙友协代表团访蒙。同年9月,蒙古大人民呼拉尔主席林钦率代表团访华。11月,蒙第一副外长云登访华,双方签署中蒙边界制度和处理边境问题的条约。1989年3月30日至4月3日,蒙外长贡布苏伦访华,两国签署了关于成立中蒙经济、贸易、科技合作委员会等三个协定。同年8月31日至9月4日,中国外长钱其琛访问蒙古,并同蒙外长签署了中蒙两国关于民事和刑事司法协助条约。同年11月,中蒙两国签署了关于1990年相互供应货物和付款议定书。1989年中蒙两国贸易有较大的发展。这一年,两国间的贸易总额为2853万美元,其中中国出口额为1986万美元,进口额为867万美元。①

中国与阿富汗于1955年1月建交后,两国一贯遵循和平共处五项原则,和睦相处。1960年8月和1963年11月,两国先后签订了中阿友好和互不侵犯条约以及中阿边界条约。1974年中阿签订了新的经济技术合作协定。1979年12月27日苏联武装入侵阿富汗后,中国政府于12月30日发表声明,严厉谴责苏联的侵略行为,并在联合国内多次要求苏联必须遵照联合国有关决议,立即无条件地从阿富汗撤出它的全部军队。1989年3月苏联完成自阿富汗撤军后,中国真诚地希望阿富汗各派政治力量通过协商,尽早建立基础广泛、能为各方接受的联合政府,使阿富汗人民能够重享和平。鉴于当时阿富汗内战未止,大批难民仍无法返回家园,中国在这一年通过巴基斯坦政府向阿富汗难民提供了价值350万元人民币的救济物资,并表示将继续向他们提供力所能及的援助。1989年中国同阿富汗商品贸易总额为1140万美元,其中中国出口总额为1112万美元,进口总额为28万美元。②

中国同巴基斯坦于1951年5月建交,两国在亚非会议后往来日渐增多。1956—1966年,中国总理周恩来先后五次访问巴基斯坦。1966年3月,中国国家主席刘少奇访巴。1965年3月,巴基斯坦总统阿尤布汗访华。1970年11月,叶海亚·汗总统访问中国,并为中美关系的改善发挥了积极的"桥梁作用"。布托执政时期,一次以总统身份(1972年)、两次以总理身份(1974年、1976年)访问中国。齐亚·哈克总统于1977年10月、1980年5月和1982年10月三次访

---

① 《中国外交概览(1990)》,第33页。
② 同上书,第74页。

华。居内久总理于 1985 年 11 月访华。巴基斯坦从 1965 年起在历届联大都作为提案国,支持恢复中国在联合国的合法席位。1982 年 10 月,中巴成立经济、贸易和科学技术委员会。1986 年 9 月,中巴两国签订了关于和平利用核能合作协定。1988 年 12 月,贝·布托就任总理后表示将继续重视发展同中国的友好关系,并重申对华友好是巴对外政策的支柱之一。1989 年 11 月,中巴两国政府签订了关于对所得税避免双重征税和防止偷漏税的协定、经济技术合作协定、关于中国向巴基斯坦俾路支省提供筑路机械的议定书和关于中国政府向在巴基斯坦境内的阿富汗难民无偿提供物资的换文。1989 年中巴两国进出口贸易总额为 5.92 亿美元,其中中国出口额为 3.68 亿美元,进口额为 2.24 亿美元,分别比 1988 年增加 11.55% 和 306.31%。①

印度是第一个同新中国建交的非社会主义国家,并共同倡导了和平共处五项原则。1959 年后,因边界问题两国关系开始恶化,并发生了大规模武装冲突。此后,两国一度撤回驻对方的大使,但仍保持外交关系。1976 年恢复互派大使,中印关系逐渐得到改善和发展。1979 年 2 月和 1981 年 6 月,中印外长进行了互访,双方达成就边界问题进行官员级会谈的谅解。1980 年 5 月、1981 年 10 月和 1985 年 10 月,中印两国总理先后三次在国际场合会晤,中国总理表示愿意积极同印度发展友好合作关系,印度总理对改善印中关系表示乐观。1988 年 7 月,人大常委会委员长万里会见了出国访问途经北京的印度人民院议长巴·拉姆·贾卡尔,双方表示只要两国在和平共处五项原则的基础上进行友好协商,两国的边界问题是可以逐步得到解决的。

同年 12 月 19—23 日,印度总理拉·甘地对中国进行正式访问。这是印度总理时隔 34 年后首次访华。两国领导人就双边关系问题和国际问题进行了广泛的讨论。双方同意通过和平友好协商方式解决中印边界问题。为此,决定采取一些具体措施,如建立关于边界问题的联合工作小组和经贸、科技联合小组。拉·甘地总理重申,西藏是中国的一个自治区,印方不允许一些西藏人在印度进行反对中国的政治活动。访问期间,两国政府签署了科学技术合作协定、民间航空运输协定和文化合作协定 1988 年、1989 年和 1990 年交流执行计划。拉·甘地对中国的访问使中印关系进入了一个新阶段。1989 年 10 月,吴学谦副总理访问印度,同拉奥总理举行了会谈。双方表示愿在和平共处五项原则的基础上发展中印两国的睦邻友好关系,并对发展经贸、科技等领域中的合作与

---

① 《中国外交概览(1990)》,第 72 页。

交流表示出积极的态度。继 1977 年中印两国恢复直接贸易后,1984 年 8 月两国政府签署了新的贸易协定。1985 年中印贸易总额约 7300 万美元。1989 年 9 月,两国政府签订了 1989 年 9 月至 1990 年 9 月贸易议定书。1989 年中印两国间的商品贸易总额为 2.7119 亿美元,其中中国出口额为 1.6871 亿美元,进口额为 1.0248 亿美元。① 中国与尼泊尔王国于 1955 年 8 月建交后,两国始终互相尊重,平等相待、真诚合作。两国领导人多次进行互访。比兰德拉国王于 1973 年、1976 年、1978 年、1979 年、1982 年和 1987 年六次访华。比斯塔首相和国务会议常委会主席卡尔基也都先后访问了中国。在 20 世纪 70 年代后访问尼泊尔的中国领导人,主要有邓小平副总理(1978 年 2 月)、黄华外长(1979 年 11 月)、阿沛·阿旺晋美副委员长(1983 年 3 月)、李先念主席(1984 年 3 月)、班禅副委员长(1986 年 11 月)等。中尼两国在国际事务中一贯相互支持。尼泊尔在联合国内一直支持恢复中华人民共和国的合法席位。中国支持比兰德拉国王于 1975 年提出关于尼泊尔为和平区的建议。中尼两国签订有经济援助协定(1956 年 10 月)、和平友好条约(1960 年 4 月)、中尼边界条约(1961 年 10 月)、贸易协定(1964 年 5 月)、文化合作协定(1964 年 10 月)、民航协定(1987 年 8 月)、经济技术合作协定(1989 年 11 月)等。1989 年中尼两国间商品贸易总额为 3280 万美元,其中中国出口额为 2748 万美元,进口额为 531 万美元,分别比 1988 年增加 26.62% 和 75.83%。②

中国同不丹王国尚未建交,但两国关系友好。不丹于 1971 年 10 月加入联合国后即投票赞成恢复中国在联合国的合法席位。1974 年 6 月,中国驻印度使馆临时代办应邀参加了不丹新国王的加冕典礼,受到了热情的接待。1983 年 9 月和 1984 年 9 月,中不两国外长两次在出席联合国大会期间进行友好会晤,就发展两国关系交换意见。自 1984 年起,中不两国边界问题会谈每年一次轮流在北京和廷布举行。

中国与缅甸于 1950 年 6 月建交后,两国关系发展顺利,双方领导人互访频繁。在 80 年代,中国访缅的主要领导人有外长吴学谦(1984 年 2 月)、国家主席李先念(1985 年 3 月)。缅甸访华的主要领导人有外长吴漆兰(1982 年 7 月)、副外长吴翁丁(1983 年 7 月)、副总理吴吞丁(1984 年 6 月、1988 年 5 月)、总统吴山友(1984 年 10 月)、社会主义纲领党主席吴奈温(1985 年 5 月,第 12 次访华)、总理吴貌貌卡(1986 年 4 月)、外长吴耶贡(1988 年 5 月)等。通过互访,双

---

① 《中国外交概览(1990)》,第 82 页。
② 同上书,第 76 页。

方领导人都表示,要继续巩固和发展由两国老一辈政治家开创的中缅友好合作关系。中缅两国先后签订了四个经济技术合作协定(1961年、1979年、1984年、1989年),根据这些协定,中国向缅甸提供无息贷款总额为人民币3.17亿元。1989年中缅两国贸易总额为3.1372亿美元,其中中国出口为1.8766亿美元,进口为1.2606亿美元。①

中国与老挝于1961年4月建交后,两国签订有修建公路协定和航空运输协定(1962年)、经济和技术合作协定、民航协定和邮电合作协定(1974年)。自1978年开始,老挝在越南的影响下,同中国的关系逐步恶化。1980年7月和8月,中老两国大使先后返回本国。1986年12月,中国副外长刘述卿访老,就改善两国关系问题同老挝副外长坎派·布法进行磋商。1987年11月,布法访华,双方同意恢复互派大使,并原则同意就恢复两国经贸关系、边民互市和人员往来等问题进一步商谈。1988年6月7日和11日,中老大使先后到任。同年12月,老挝贸易代表团访华时,双方签署了两国建交以来第一个贸易协定和1989年相互供货议定书。1989年,中老两国关系有了较大的发展。10月5—12日,老挝部长会议主席凯山·丰威汉访华,同中国党政领导人举行了会谈,双方签署了中老领事条约、两国政府互免签证协议、关于处理两国边境事务的临时协定和文化协定。1989年中国同老挝的进出口贸易总额为1629万美元,其中中国出口额为364万美元,进口额为1266万美元。②

中国同越南曾是"同志加兄弟"的亲密邻邦,在越南抗法、抗美和经济建设中,中国曾竭尽全力向越南提供不附带任何条件的、总额达200多亿美元的援助。越南抗美战争结束后,越南当局日益恶化同中国的关系。自1974年起,越南不仅向中国提出领土要求,而且侵占中国南沙群岛岛屿。为此,中越两国曾于1974年、1977年和1978年举行副外长级谈判。由于越方始终坚持无理立场,致使谈判未能取得任何成果。1978年夏,越共四届四中全会称中国是"最直接、最危险的敌人"和"新的作战对象"。接着,便在中越边境制造一系列武装入侵和挑衅事件。中国边防部队被迫于1979年2月17日至3月5日进行自卫还击。与此同时,中国多次建议通过和平谈判解决中越双方有关边界和领土上的争议。在中国一再努力下,中越两国于同年4月至12月先后在河内和北京举行了两轮副外长级谈判,中国提出了处理两国关系的八项原则的建议。由于越南方面缺乏诚意,谈判于12月下旬中断。

---

① 《中国外交概览(1990)》,第57页。
② 同上书,第51—52页。

在20世纪80年代,中越两国的关系仍未能得到改善。1980年12月,越南通过了有反华内容的新宪法,并不断武装入侵中国边境地区,仅1985年越军就向中国境内发射各种炮弹50多万发。1986年,越军仅对中国云南老山地区的武装挑衅和入侵就多达900余起,中国边防部队都给予了应有的回击。越南在坚持反华的同时,又表示愿意同中国"在任何时间、任何级别和任何地点"进行谈判。对此,中国多次向越南指出:"中越关系正常化的根本障碍是越南侵占柬埔寨。只要越南不放弃侵占柬埔寨,从柬埔寨撤出全部侵略军,一切都无从谈起。"①1988年3月14日,越南武装舰船非法侵入中国南沙群岛海域,并悍然向正在南沙群岛赤瓜礁海域进行正常考察和巡逻的中国船只发起武装袭击,中国船只被迫进行自卫还击。1989年6月后,越南当局派遣军队先后非法侵占中国南沙群岛的蓬勃堡礁、万安滩、广雅滩,使越南非法侵占的中国南沙岛礁共达20余个。对此,中国政府多次发表声明,强烈谴责越南侵略扩张行径,并要求越方尽快从非法侵占的中国南沙群岛岛礁撤走。同年6—11月,越南曾多次建议中越双方举行第三轮磋商。中国政府表示,如果越南真正从柬埔寨全部撤军,并接受联合国主持的有柬埔寨四方参加的国际监督与核查,同意在柬过渡时期建立以西哈努克为首的四方临时联合政府,中方便愿意考虑越方关于举行新一轮外长级磋商的建议。10月初,中共中央军委主席邓小平在会见老挝部长会议主席、人民革命党总书记凯山·丰威汉时说:"我们同苏联的关系已经正常化了,同老挝也改善了关系,现在就剩下一个越南了。""中国是愿意改善同越南的关系的,但越南必须要干干净净地撤军。"越南"做了这件事之后,才能说'结束过去'。我们没有别的要求"②。

除周边接壤国家外,中国同其他亚洲国家的关系在20世纪80年代也都有了新的发展。在南亚,中国同斯里兰卡之间的友好合作关系继续得到巩固和发展。斯里兰卡总统贾亚瓦德纳于1984年5月访问中国,中国国家主席李先念于1986年3月访问斯里兰卡,1989年4月斯里兰卡总理维杰通加访华。多年来,中斯两国在各个领域的友好合作关系经受住了时间的考验,并成为不同社会制度国家在和平共处五项原则基础上发展友好合作关系的典范。孟加拉人民共和国于1971年成立后,因当时的情况复杂,至1975年8月31日,中国政府始致电予以承认。同年10月4日,两国正式建交。此后,中孟两国间的关系一直发展顺利。1980年7月,孟加拉国总统齐亚·拉赫曼应邀访华。1981年5月30日

---

① 《人民日报》1986年8月21日。
② 《人民日报》1989年10月8日。

拉赫曼遇刺后,国内政局不稳,中国总理仍如期访孟。1982年11月和1985年7月,艾尔沙德先后以部长会议主席和总统身份访问中国。1986年3月,李先念主席访问孟加拉国,这是中国国家元首对孟加拉国的首次访问,"双方都对两国关系的发展感到满意,并将共同努力把中孟友好合作关系推进到新的更高的水平"。访问期间,中孟两国签署了经济技术合作协定和中国向孟加拉国赠送一批儿童服装的换文。1987年7月和1988年11月,艾尔沙德总统又两次访问中国。他表示将进一步探讨扩大孟中合作关系的途径,努力开拓新的合作领域。应孟方的要求,两国决定成立联合专家小组,以交流防洪经验。中国同马尔代夫自1972年10月建交后,两国关系发展平稳、顺利。1980和1981年,贾米尔外长与黄华外长进行了互访。1984年10月加尧姆总统访问中国,两国签订了第二个经济技术合作协定、互免签证协定和关于中国向马尔代夫赠送500吨大米的议定书。此外,中国支持孟加拉国倡议的、由南亚七国共同成立的南亚地区合作联盟,并希望"南亚地区合作联盟能为促进南南合作的发展、维护南亚及亚洲地区的和平与稳定作出积极的贡献"。

在东南亚,中国与柬埔寨具有传统的友好关系。1978年底,越南在苏联的支持下出兵入侵柬埔寨后,中国坚决支持柬埔寨的抗越救国斗争,并多次发表声明,谴责越南的侵略行为,要求越南撤退其侵柬军队,恢复柬埔寨的独立、统一、领土完整和不结盟的地位。1982年7月,西哈努克亲王、宋双和乔森潘三派爱国力量实现联合,成立民柬联合政府,继续坚持抗越斗争。1983—1989年,西哈努克亲王率领的民柬联合政府代表团每年都应邀对中国进行正式友好访问。中国领导人一再表示,中国政府将一如既往坚决支持柬埔寨人民的抗越正义斗争,直到取得彻底胜利。1986年3月17日,民柬三方领导人在民柬主席西哈努克亲王主持下,在北京举行内阁会议,提出了政治解决柬埔寨问题的八点建议。中国政府坚决支持这个建议,因为它合情合理,大度灵活,为柬埔寨问题的政治解决提出了切实可行的办法。为推动公正合理地解决柬埔寨问题,中国外交部于1988年7月1日发表声明:"一、越南尽早从柬埔寨全部撤军是解决柬埔寨问题的关键。越南方面应尽早提出一个短期内从柬撤军的时间表";"二、随着越南撤军,我们赞成在西哈努克亲王主持下建立柬埔寨四方参加的临时联合政府";"三、柬埔寨四方临时联合政府成立后,柬各派的军队应当冻结,不参与政治,不干预大选,让柬埔寨人民在没有外来干涉和武力威胁的情况下,进行自由选举";"四、对越南撤军、维持柬埔寨和平和进行自由选举都要有切实有效的国际监督。有关各方如能就柬埔寨问题的政治解决达成协议,中国愿意同其他国家一道对柬埔寨的独立、中立和不结盟地位作出国际保证"。①

1989年,西哈努克亲王于1月、4月、5月、7月、9月和11月先后六次来华,同中国领导人就政治解决柬埔寨问题交换意见。3月17日,中央军委主席邓小平在会见泰国总理差猜时强调:"在柬埔寨问题上,我们坚持三项原则:第一,柬埔寨问题应当政治解决,其前提是越南必须真正地从柬埔寨撤出其全部军队;第二,在柬埔寨当权的应该是以西哈努克亲王为首的四方临时联合政府,并由国际保证;第三,政治解决柬埔寨问题必须消除柬埔寨内战的因素。中国主张柬埔寨四方的军队各自减少。"②

同年7月31日,钱其琛外长在巴黎召开的有关柬埔寨问题的国际会议上发言时强调指出,"柬埔寨问题是由于一个国家出兵侵略另一个主权国家,并实行长期军事占领所造成的"。"政治解决柬埔寨问题的两个基本方面,即越南全部撤军和成立以西哈努克为首的四方临时联合政府,两者紧密相关,缺一不可。越南不真正全部撤军,柬埔寨和平无从谈起;撤军后而未消除侵略造成的后果,柬埔寨同样不得安宁。"所以,"这次国际会议不仅应该讨论越南撤军、国际监督及其他有关问题,而且应该对如何保证柬埔寨和平、避免发生内战、促进民族和解进行求实的认真的讨论"。为此,中国认为"这次会议增设一个关于保证柬埔寨和平、避免内战、促进民族和解的专门委员会是十分必要的"。钱外长说:"在柬埔寨问题达成全面协议、越南在国际监督下真正全部撤军后,中国将同有关国家一道承担义务,停止对柬埔寨各方的军事援助。在以西哈努克亲王为首的四方临时联合政府成立后,中国将只同该政府发生交往,并且尊重由它主持的未来大选的结果。中国愿同其他国家一起对柬埔寨的独立、主权、中立、不结盟地位作出国际保证。"③这次会议,由于越南方面"毫无政治诚意",未能达成协议。

9月下旬,当越南方面宣布其占领柬埔寨的最后一批军队已于26日全部撤出后,中国外交部发言人在28日发表声明说,"越南并未真正全部撤军"。"越南宣布的撤军是单方面的,既没有联合国主持下的严格、有效的国际监督与核查,也没有柬埔寨军民协助监督与核查,这样的撤军谁能够相信呢?""很清楚,越南控制柬埔寨、搞印支联邦的基本图谋没有改变。"④在这种情况下,中国政府

---

① 《人民日报》1988年7月2日。
② 《人民日报》1989年3月18日。
③ 《人民日报》1989年8月1日。
④ 《人民日报》1989年9月29日。

应柬埔寨三方爱国武装力量的要求,继续向他们提供了必要的军事装备和物资援助。

"在东南亚,中国最好的朋友是泰国"①,双方高层领导人往来频繁。双方领导人通过互访,除讨论了两国友好合作的问题外,还对许多重大国际问题交换意见、协调立场。特别是在柬埔寨问题上,中泰两国一直保持着良好的协调与合作,力求柬埔寨问题获得公平合理的政治解决。中泰两国在经贸方面的合作关系也在持续稳固地向前发展。

中国与马来西亚于1974年5月建立后,中马两国领导人进行了互访。中马两国领导人都强调要进一步发展两国友好合作关系,并表示两国要为维护本地区的和平与稳定和促进南南合作而继续共同努力。1989年中马两国贸易额为10.44亿美元,其中中国进口额为6.92亿美元,出口额为3.52亿美元。②

中国与菲律宾于1975年6月9日建交,此后,两国在各领域的关系都不断得到稳步的发展。1989年中菲两国间贸易总额为3.4003亿美元,其中中方出口额为2.5714亿美元,进口额为8288亿美元。③

中国与印度尼西亚虽然在1950年4月建立了正式外交关系,但1965年印尼发生"九三〇事件"后,两国关系于1967年10月30日中断,直接贸易关系也逐渐停止。进入80年代后,双方愿意通过恢复直接贸易和往来,逐步改善两国关系。1985年4月,中国外长吴学谦率代表团赴印度尼西亚,参加万隆会议30周年纪念活动。这是中国与印尼中断外交关系18年来,第一个赴印尼的中国政府高级代表团。在印尼期间,两国外长就恢复直接贸易等共同关心的问题交换了意见。1985年7月5日,印尼工商会主席苏坎达尼同中国贸促会主任王耀庭在新加坡正式签署了关于两国直接贸易的谅解备忘录。7月25日,苏哈托总统批准了恢复印尼同中国的直接贸易。1989年2月,钱其琛外长在东京参加日本天皇葬礼期间,分别同印尼总统苏哈托和国务部长穆尔迪奥诺举行了会谈。双方就恢复邦交正常化问题达成了三点一致意见:(1)双方同意,进一步采取措施,实现两国关系正常化;(2)两国关系应建立在和平共处五项原则和万隆会议十项原则基础上;(3)双方决定,通过双方驻联合国代表就两国关系正常化进行具体商讨,有必要时,两国外长举行会晤。这是中国与印尼中断外交关系以来,两国官员第一次举行的正式会谈。12月5—9日,中国和印度尼西亚复

---

① 邓小平会见差猜总理时的讲话,《人民日报》1989年3月18日。
② 《中国外交概览(1990)》,第61—62页。
③ 同上书,第66页。

交技术谈判在雅加达举行。通过谈判,两国复交的原则和技术性问题都已解决,下一步将由两国外长会晤,来最终完成两国关系正常化。1989年中国印尼间的贸易总额为8.0523亿美元,其中中方出口额为2.2288亿美元,进口额为5.8234亿美元。①

中国与新加坡在20世纪80年代尚未建交,但自70年代中期起,两国关系就不断有了发展。新加坡总理李光耀于1976年5月、1980年11月、1985年9月和1988年9月四次访问中国。副总理吴庆瑞、吴作栋也先后于1979年和1987年5月访华。在此期间,邓小平副总理(1978年11月)等领导人也都先后访问了新加坡。1981年9月,中新两国互设了商务代表处,享受必要的外交特权和豁免,并兼办签证业务。1985年,新加坡前副总理吴庆瑞应聘担任中国沿海开发经济顾问兼旅游业顾问。同年5月,中新两国通航。1986年1月,中国新华通讯社在新加坡设立了分社。李光耀总理多次表示,待中国同印度尼西亚的关系正常化后,新加坡将随即与中国建交。1989年中国同新加坡的商品贸易总额为31.9173亿美元,其中中国出口额为16.9283亿美元,进口额为14.9890亿美元。②

文莱达鲁萨兰国于1984年1月1日宣布独立后,中国政府曾致电表示祝贺和承认,但两国在80年代未能建交。两国间有着传统的贸易关系(间接贸易),1989年贸易总额为1192万美元,其中中国进口837万美元,出口355万美元。③

扩大同非洲国家的友好合作关系

中国同非洲国家的友好交往有着悠久的历史。新中国成立后,中国政府更是重视发展同广大非洲国家的友好合作关系。1963年末至1964年初,周恩来总理先后访问了阿拉伯联合共和国、摩洛哥等10个非洲国家,并提出了中国同阿拉伯和非洲国家相互关系的五项原则:(1)支持阿拉伯和非洲各国人民反对帝国主义和新老殖民主义、争取和维护民族独立的斗争。(2)支持阿拉伯和非洲各国政府奉行和平中立的不结盟政策。(3)支持阿拉伯和非洲各国人民用自己选择的方式实现团结和统一的愿望。(4)支持阿拉伯和非洲国家通过和平协商解决彼此之间的争端。(5)主张阿拉伯和非洲国家的主权应当得到一

---

① 《中国外交概览(1990)》,第67页。
② 同上书,第63页。
③ 同上书,第64页。

切其他国家的尊重,反对来自任何方面的侵略和干涉。①

在访问中,周总理还提出了中国对外援助的八项原则。其主要内容是:中国政府根据平等互利的原则对外提供援助;中国政府提供的这种援助,绝不附带任何条件,绝不要求任何特权;中国政府对外提供援助的目的,不是造成受援国对中国的依赖,而是帮助受援国逐步走上自力更生、独立发展的道路;中国政府帮助受援国建设的项目,力求投资少,收效快,使受援国政府能够增加收入,积累资金;中国政府派到受援国帮助进行建设的专家,同受援国自己的专家享受同样的待遇,不容许有任何特殊要求和享受。② 中国同阿拉伯和非洲国家相互关系的五项原则以及中国对外援助的八项原则的提出,为进一步发展中国同这些国家的友好合作关系奠定了坚实的基础。

进入 20 世纪 80 年代后,中国根据国内经济建设任务的需要和国际形势的新发展,对外交政策进行了重大的调整。经过调整后的中国对外政策,其基本任务是反对霸权主义、维护世界和平,加强同第三世界国家的团结和合作,在和平共处五项原则基础上发展同各国的友好合作和促进共同发展。1982 年 9 月召开的中共十二大,重申了这一对外政策,并强调加强同第三世界国家的团结与合作是中国对外政策的基本出发点。

作为第三世界的一员,中国十分重视加强同第三世界国家,特别是同阿拉伯和非洲国家的团结,以及发展友好合作关系。因为中国同这些国家在过去有着相似的苦难经历,今天又面临着共同的艰巨任务。为了增进了解和友谊,加强团结与合作,并向非洲人民学习,中国总理在中共十二大召开后访问了埃及、摩洛哥、几内亚等 11 个非洲国家。

在访问期间,中国总理指出,自 1963 年周恩来总理访问非洲后的 19 年来,非洲地区发生了深刻的变化。非洲已经生气勃勃地站起来了,成为第三世界的一支强大力量。总的来说,整个非洲大陆,除南部非洲的一隅之外,已经进入了争取经济独立,以经济独立巩固政治独立的历史新阶段,并在国际事务中正在发挥着越来越重要的作用。但是,许多非洲国家的经济在不同程度上还面临不少困难。非洲国家的贫困与不发达,完全是帝国主义、殖民主义长期进行剥削和掠夺造成的。当前,不平等的国际经济秩序和某些发达国家转嫁经济危机,更加重了它们的困难。中国将像 20 世纪 50 年代和 60 年代支持非洲国家争取政治独立斗争一样,支持非洲国家争取经济独立的斗争。他指出,近年来,第三

---

① 《当代中国外交》,第 141 页。
② 同上书,第 141—142 页。

世界国家为建立国际经济新秩序进行了不懈的斗争,取得了一定的胜利。但是,由于极少数发达国家的抵制,使"南北谈判"至今停滞不前。第三世界国家愈来愈认识到,要真正改变贫困落后的面貌,在继续推动"南北谈判"的同时,第三世界国家还必须团结互助。进行"南南合作",以加强集体自力更生的能力。在这方面,中国愿意根据团结友好、平等互利的原则同非洲国家进一步在经济技术方面进行合作。为此,中国总理在1983年1月13日宣布了中国同非洲国家开展经济技术合作的四项原则:

(1)"遵循团结友好、平等互利的原则,尊重对方的主权,不干涉对方的内政,不附带任何政治条件,不要求任何特权"。

(2)"从双方的实际需要和可能条件出发,发挥各自的长处和潜力,力求投资少、工期短、收效快,俾能取得良好的经济效益"。

(3)经济技术合作的方式"可以多种多样,因地制宜,包括提供技术服务、培训技术和管理人员、进行科学技术交流、承建工程、合作生产、合资经营等等。中国方面对所承担的合作项目负责守约、保质、重义。中国方面派出的专家和技术人员,不要求特殊的待遇"。

(4)合作的目的"在于取长补短,互相帮助,以利于增强双方自力更生的能力和促进各自民族经济的发展"①。

他将这四项原则概括为"平等互利、讲求实效、形式多样、共同发展"四句话,并表示中国愿同非洲各国一起,继续进行探讨,积累经验,为逐步开拓经济技术合作这一广阔的领域而共同努力。

在访问中,中国总理重申了中国一贯支持南非人民反对种族隔离、种族歧视的斗争,坚决支持纳米比亚人民争取民族独立的斗争,坚决反对南非当局在一个超级大国的支持下,阻挠联合国安全理事会有关决议的实施、阻挠纳米比亚的独立。他表示,中国决不同南非当局发生任何政治、经济、贸易关系,并支持非洲国家要求对南非进行全面的、强制性的制裁的正义立场。有关非洲内部问题,应排除外来干涉,通过耐心的和平协商方式来解决。

在历时近一个月的访问中,中国总理同不少老朋友重叙旧谊,并结识了许多新朋友。通过访问,既向非洲人民学习了许多东西,也增进了中国同非洲国家之间的了解与友谊,加强了团结与合作,达到了预期的目的。中国总理指出,中非友谊是在长期的共同斗争中建立和成长起来的,有着坚实的基础。中非友

---

① 《人民日报》1983年1月15日。

谊的巩固和发展符合中非人民的共同利益,也符合各国人民的共同利益。

1984年,非洲国家遭受特大旱灾,中国政府先后向非洲28个受灾国家捐赠了17万吨救灾粮。1986年,中国红十字会向非洲灾民捐赠价值50万元人民币的救济物资。中国青年学生也为援助非洲灾民开展募捐活动,共募集50万元人民币,捐赠非洲灾民。为促进中非文化交流,中国同撒哈拉以南34个非洲国家签订了文化协定;接受这些国家留学生1800多人。此外,还向30个国家派出了医疗队。[1]

1986年5月19日,南非当局悍然出动空军和地面部队袭击博茨瓦纳、津巴布韦和赞比亚三国首都,造成人员伤亡。中国外交部于20日发表声明,予以"严厉谴责"。同年6月,南非当局在南非人民纪念索韦托惨案十周年之际,宣布"实行全国紧急状态",变本加厉地强化对黑人活动的武力镇压。在巴黎召开的"制裁种族主义南非世界大会"上,中国政府代表团于6月17日呼吁国际社会对南非当局施加更强大的压力,采取有力的政治、经济等制裁措施,迫使它彻底放弃种族隔离制度,并建议大会:(1)要求南非当局立即,无条件释放纳尔逊·曼德拉等黑人领袖,取消对民族主义组织禁令,切实采取消除种族隔离的措施;(2)呼吁国际社会进一步加强对南非人民、纳米比亚人民和非洲前线国家的政治、道义和物质上的支持;(3)要求安理会按照联合国宪章有关规定,对南非采取切实有效的制裁行动。[2]同年9月,联合国召开了关于纳米比亚问题的第十四届特别联大。中国外长吴学谦出席了会议,并强调指出,南非当局必须立即无条件地实施安理会第435号决议,结束对纳米比亚的非法占领,让纳米比亚人民按照自己的意愿,实现民族独立。

20世纪80年代末,南部非洲的形势出现了积极的变化。联合国安理会于1978年9月通过的关于纳米比亚独立问题的第435号决议,终于在1989年4月1日起得以实施,这标志着非洲大陆即将完成非殖民化的历史使命。对此,中国人民感到由衷的高兴。同年8月初,为了支持南部非洲人民争取独立、反对种族隔离政策的斗争,中国外长钱其琛应邀访问博茨瓦纳、莱索托、津巴布韦、安哥拉、赞比亚和莫桑比克6国。8月4日,他在哈拉雷就南部非洲局势及中国对解决这一地区问题的基本主张发表了四点声明:(1)争取实现南部非洲地区持久和平与稳定的斗争是艰巨的,还需要坚持不懈的努力。中国政府和人民高度赞赏南部非洲人民谋求政治解决地区问题的努力,并将一如既往坚决支

---

[1] 《中国外交概览(1987)》,第149—150页。
[2] 《强烈谴责南非当局实行全国紧急状态》,《人民日报》1986年6月19日。

持它们根据本国和本地区实际而采取的正确的政策和策略。(2) 要实现南部非洲的和平、稳定、发展、繁荣,最关键的就是必须彻底铲除南非的种族隔离制度。南非当局应认清形势,顺应历史潮流,采取开明政策,宣布废除种族隔离制度和一切种族歧视法律和法令。(3) 纳米比亚顺利举行自由公正的大选、按期实现独立,既是纳米比亚人民应当享有的神圣权利,也是南部非洲和平与发展事业的客观要求。希望纳米比亚问题的有关各方,特别是南非当局,信守诺言,认真履约。只要大选是自由和公正的,中国将同大选产生的纳米比亚政府在和平共处五项原则的基础上商谈建立邦交事宜。(4) 发展问题是南部非洲地区面临的一个重要问题。希望国际社会,特别是发达国家采取明智而有远见的政策和切实有效的措施,改善严重阻碍非洲经济发展的外部环境,并向南部非洲国家提供积极的支持和充分援助。中国将继续在力所能及的范围内,向它们提供援助,并在平等互利的基础上,巩固和发展同它们的友好合作关系。① 与此同时,中国政府向联合国纳米比亚过渡时期援助团派出 20 名官员,参加监督纳米比亚制宪会议的选举。

中国与利比里亚于 1977 年 2 月 17 日建交后,两国关系发展良好。但利比里亚政府于 1989 年 10 月 2 日宣布与台湾当局"复交",并于 10 月 9 日签署了联合公报。同年 10 月 10 日,中国政府中止了同利比里亚的外交关系。1993 年 7 月,利比里亚表示愿意恢复与中国的外交关系,并确认断绝同台湾当局的"外交关系"。8 月 10 日,中利两国政府在蒙罗维亚签署了关于恢复两国外交关系的联合公报。此后,中利关系有了进一步的发展。1994 年 2 月,中国政府向利政府无偿捐赠 200 万元人民币物资。同年 6 月,中国政府向利政府无偿捐赠 500 吨大米。1995 年中利两国贸易总额为 3562.6 万美元,其中方出口额为 3552.8 万美元,进口额为 9.8 万美元。② 1996 年中国同利比里亚贸易总额为 1.14 亿美元,全部是中方出口,无进口。③

增进同拉丁美洲各国的关系

中华人民共和国成立后,除与古巴在 1960 年 9 月建立了外交关系外,同其他拉美国家在 20 世纪 50—60 年代只保持了民间贸易和文化交流。进入 70 年代,中国恢复了在联合国的合法席位后,中国同拉美国家的关系有了新发展。

---

① 《钱外长就南部非洲问题阐述中国的立场》,《人民日报》1989 年 8 月 6 日。
② 《中国外交(1996)》,第 238 页。
③ 《中国外交(1997)》,第 293 页。

到70年代末,中国先后与智利、秘鲁、墨西哥、阿根廷、圭亚那、牙买加、特立尼达和多巴哥、委内瑞拉、巴西、苏里南和巴巴多斯11国建交。在80年代,中国又同厄瓜多尔、哥伦比亚、安提瓜和巴布达、玻利维亚、尼加拉瓜、乌拉圭6国建交。至此,中国已同18个拉美国家建立了外交关系(在此期间,中国曾于1985年10月和1987年2月先后同格林纳达及伯利兹建交。后因两国于1989年又同台湾"建交",中国政府遂于8月和10月分别中止了与格林纳达和伯利兹的外交关系)。

对于尚未同中国建交的拉美国家,中国也愿意在和平共处五项原则的基础上,本着和平友好、平等互利、互相支持、共同发展的精神,同它们建立和发展友好合作关系。

中国极为重视拉美国家在世界格局中占有的重要地位,十分珍惜同拉美国家和人民的友谊与合作。1981年10月,中国总理在出席了于墨西哥的坎昆市举行的关于合作与发展的国际会议后,于24日飞抵墨西哥城,对墨西哥进行四天的正式友好访问。这是中国政府首脑对拉美国家的首次访问。1985年10月,中国总理在参加联合国成立40周年纪念活动之后,又应邀对哥伦比亚、巴西、阿根廷和委内瑞拉四个南美国家进行了正式友好访问。

中国和拉丁美洲虽然地各东西,远隔重洋,而且建立外交关系较晚,彼此了解较少,但是,这些并不妨碍中国与拉美国家发展友好合作关系。因为,就中国与拉美国家的历史与现状而言,却又十分相近。中国总理在同哥伦比亚总统会谈中就列举了中国与拉美国家有八个共同点:(1)在历史上有过共同的遭遇,为了摆脱殖民枷锁,争取本国的独立和解放,都进行过长期的英勇斗争。(2)同属第三世界,并面临发展本国经济、改善本国人民生活的共同任务。(3)地大物博,人民勤劳、聪明、发展的潜力很大。(4)为了尽快克服不发达的状态,都需要长期的和平国际环境来建设自己的国家。(5)都十分珍惜本国来之不易的独立,都执行独立自主和不结盟的对外政策。(6)都尊重各国人民的自决权,反对外来干涉和强权政治,都主张通过和平谈判解决国际争端,不诉诸武力和武力威胁。(7)都努力缓和国际紧张局势,积极维护世界和平。(8)都深受不合理的国际经济秩序之害,主张推进南北对话,发展南南合作,建立新的国际经济秩序。[1] 他说:"最重要的是,我们有共同的利益和传统的友谊,有进一步发展友好合作的强烈愿望。"[2]中国真诚希望在和平友好、互相支持、平等互利、共

---

[1] 《瞭望》1985年第45期,第4—5页。
[2] 《人民日报》1985年11月1日。

同发展的原则基础上同所有拉美国家发展友好合作关系,特别希望在经贸关系方面能逐步有较大的增长。在同巴西总统的会谈中,中国总理阐述了中国与拉美国家发展经贸合作的六个有利条件:(1)资源都很丰富,可以互通有无,互为补充。(2)经济发展水平相近,技术各有特色,市场广阔,便于互相交流。(3)都在根据本国条件探索自己的发展道路,积累了丰富的正反两方面的经验,可以相互借鉴。(4)都是发展中国家,对对方的处境和困难比较容易理解,相互提供的技术和设备也往往更适合发展中国家的条件。(5)在对外经贸关系中都愿意遵循平等互利、共同发展的原则,而不是损人利己,强加于人。(6)最重要的是都有进一步发展相互关系的政治愿望,并认为这是发展南南合作的重要组成部分。① 由于有这么多的有利条件,中国同拉美国家在各个领域的交流与合作,特别是贸易和经济技术合作,完全可以在更加稳定和持久的基础上向前发展。

中国非常关心中美洲地区旷日持久的紧张和动荡局势,中国政府认为,中美洲的问题应由中美洲人民自己解决,反对任何外来势力以任何形式干涉中美洲事务。孔塔多拉集团和由巴西等国组成的利马集团为缓和中美洲局势、寻求政治解决争端进行了不懈努力。中国支持这种努力,并希望能有所成就。

对于困扰第三世界国家的债务危机和贸易条件恶化等迫切问题,中国也深为关切。中国支持阿根廷等11个拉美主要债务国在历次会议上提出的合理主张。中国希望债权国能从世界经济的全局和未来着眼,与债务国共同协商,本着以发展促进还债的精神,寻求合理解决问题的积极办法,不要使南北之间的差距进一步扩大。

中国总理这次对拉美四国的访问,"是一次开拓之行",它将有助于把中国同拉美各国的经济贸易和科学技术合作关系推进到一个新阶段。通过访问,中国同这些国家签署了15项协定、协议和议定书,扩大和巩固了中国同它们在各个领域里的合作,密切了中国与拉美国家的联系。

此后,中国与拉美国家经贸关系发展的步伐逐步加快。1985年,中国与拉美国家的贸易额为25.7亿美元。② 1989年增长为29.68亿美元,其中中国出口额为5.5亿美元,进口额为24.17亿美元。③ 与此同时,中国同拉美国家的经济、科技合作以及文化交流也都有进一步的发展。

在20世纪80年代,拉美国家也有总统、总理、外长及其他官员多人先后访问了中国。

---

① 《人民日报》1985年11月3日。
② 《中国外交概览(1987)》,第323页。
③ 《中国外交概览(1990)》,第341—342页。

第六编

冷战后的国际关系
(1990—2000)

第二十一章 转换中的世界格局

第一节 美苏两极格局的瓦解和冷战的结束

美苏签署削减战略核武器条约

20世纪80年代初,美国里根政府开始了同苏联关于削减战略武器的谈判。这是美苏进行的第一阶段和第二阶段限制进攻性战略武器会谈的继续与发展,谈判是围绕削减双方的进攻性战略武器的原则和数量展开的。

1982年5月9日,里根在尤里卡学院提出要同苏联举行削减战略武器的谈判,并拿出了在今后5—10年内分阶段削减的方案。里根还写信给勃列日涅夫,说美苏两国"以往在限制战略进攻性武器方面所作出的努力尚不能达到对它们进行削减均衡、核查的标准",美苏要"全力去减少乃至消除在战争中使用核武器的可能性"①。里根政府在不断扩充军备的同时提出并举行削减战略武器谈判,主要是出于对核战争的担心、确保美国战略核力量的安全、推动军备控制和裁军进程以及减轻军备竞赛给国民经济带来的重压。1982年6月29日,美苏开始了削减进攻性战略武器谈判。双方为了达到自己的目标,提出了各自的方案,进行了激烈的争吵。这一轮谈判因美国在西欧部署中程导弹、苏联退出以示抗议而中止。

1985年3月12日,美苏在日内瓦开始"一揽子裁军谈判"②。谈判一开始双方就处于尖锐对抗之中。美国把进攻性战略武器作为主要裁减对象,特别是盯住苏联占有优势的陆基导弹,在战略防御系统上毫不相让。里根意识到,在谈判中战略防御计划必然是一个双方争吵的问题。他表示美国"绝不能让步",无论苏联提出什么样的条件"我们决不放弃"③。苏联则抓住美国的战略防御计划不放。苏联强调,如果美国不放弃战略防御计划,美苏在核谈判中就不可

---

① 罗纳德·里根:《里根自传:一个美国人的生活》,东方出版社1991年版,第503页。
② 包括削减战略核武器、太空武器和中程导弹的谈判。
③ 罗纳德·里根:《里根自传:一个美国人的生活》,第556页。

能取得任何进展。

美苏经过3年多的艰苦谈判与讨价还价以及3次首脑会晤,到1988年底达成了削减进攻性战略武器50%的初步协议。双方同意将核武器的运载工具及其核弹头分别减少到1600件和6000枚,其中陆基和海基导弹的弹头4900枚。在谈判的进程中,双方的政策都进行了调整,相互作出了一些让步。苏联推行戈尔巴乔夫的新思维,在观念和外交上进行了重大改变。苏联国内局势的重大变化,有求于美国。戈尔巴乔夫的外交适应了美国的需要。美苏政治关系大大改善。在此期间,美苏在中程导弹和欧洲常规兵力等其他裁军领域取得了重要进展。由于苏联政局的发展,美国要调整自己的战略重心,决定加速谈判进程。1989年9月,苏联同意将美国的战略防御计划同削减进攻性战略武器谈判脱钩,放弃了原来一直坚持的立场,这就为达成削减进攻性战略武器协定清除了唯一的障碍。此后,双方经过三轮谈判,在限额和核查方面达成了协议。1990年6月,美苏双方签署了一项在7年内把各方的战略武器削减1/3的框架协议。布什和戈尔巴乔夫在华盛顿签署了关于削减战略武器的联合声明。声明肯定了双方谈判的主要成果。这些都集中体现在即将签订的条约之中。

削减进攻性战略武器谈判历经9年,双方共进行了11次首脑会晤,近60次外长磋商,最终于1991年7月31日由布什和戈尔巴乔夫签订了条约。该条约规定双方削减核力量的1/3,规定了核查方式及条约的期限。按条约规定,双方各拥有1600件战略武器运载工具,苏联要从现有导弹中减少36%,美国减少29%;核弹头6000枚,苏联减少现有弹头的41%,美国减少43%。条约规定双方可以减少已部署在某些弹道导弹上的弹头数量,以便各方继续发展新的核力量,提高其质量;条约对苏联占有优势的洲际导弹作出专门的限制,要它减少154枚SS-18导弹中的50%;条约规定了12种不同的现场检查和大约60种涉及生产、试验、移动、部署和销毁进攻性战略武器的通知方式。条约还规定不允许将进攻性战略武器转让给第三国,除已有合作协定者;不得在本国领土以外建立永久性的进攻性战略武器基地。条约的有效期为15年。如双方同意可再延长,每期5年。

苏联解体后,它的核武器分布在俄罗斯、白俄罗斯、乌克兰和哈萨克斯坦4国。1992年5月23日,美国同上述4国在葡萄牙的里斯本签署了一项履行削减战略武器条约的议定书。它规定乌克兰、白俄罗斯和哈萨克斯坦在7年内销毁境内的所有核武器,成为非核国家。1992年10月1日,美国参议院批准了1991年7月31日由布什和戈尔巴乔夫签署的条约。

1992年6月16日,布什和俄罗斯总统叶利钦在华盛顿签署了《削减战略武器谅解协议》,表示把各自目前部署的约1万个弹头减少到3000—3500枚。在此基础上,布什和叶利钦于1993年1月3日在莫斯科签署了《关于进一步削减和限制进攻性战略武器条约》。条约规定将双方的战略核力量削减2/3,到2003年1月1日完成削减任务。届时,美国和俄罗斯的各类战略核弹头削减到3000枚和3500枚之间,或者每一方为自己确定的更少数量,但任何情况下均不得超过3500枚;消除所有分导式弹头洲际弹道导弹;潜射弹道导弹核弹头削减到1700—1750枚;重型轰炸机携带的任何种类的核弹头限为750—1250枚;核查规则同1991年条约。条约规定削减任务分两阶段进行。在1991年条约实施后的7年内,美俄把核弹头削减到3800枚到4250枚之间,可以少于3800枚,但不得超过4250枚。①

美国和苏联、俄罗斯先后两个削减战略武器条约的签署,标志着它们之间的裁军谈判取得了实质性的进展。大幅度削减战略核弹头,有利于减少两国关系中的不稳定因素。

戈尔巴乔夫外交新思维的实施

戈尔巴乔夫为实施外交新思维,以美苏关系为核心,对外交政策做了全面调整。这种调整主要包括以下几个方面:

第一,戈尔巴乔夫认为同美国的关系是苏联外交最为优先需要处理的问题。对美政策向来都是苏联对外政策的关键。戈尔巴乔夫把主要的注意力放在改善同美国的关系。1989年2月23日,戈尔巴乔夫表示要积极推进外交新思维,以"移开苏美对抗这种悬挂在世界上空的巨石",为"整个世界进程的转变创造条件"。4月29日,他认为"美苏关系不加强和改善,世界局面就不能好转",因此"对美苏关系时刻要有高度负责的精神"。为了改善同美国的关系,戈尔巴乔夫采取了如下举措:(1)积极推进两国首脑高级会谈,解决业已成熟的问题。戈尔巴乔夫在任内先后同里根和布什举行过8次会晤,即1985年日内瓦、1986年雷克雅未克、1987年华盛顿、1988年莫斯科和纽约、1989年马耳他、1990年华盛顿和1991年莫斯科会晤。(2)作出单方面让步,促进裁军谈判。在裁军谈判中,戈尔巴乔夫要求实现"对等同等安全"原则,后又提出"合理充足"论。戈尔巴乔夫不时提出裁军建议,并在一些关键性问题上作出重大让步,

---

① 参见上海国际问题研究所编:《国际形势年鉴(1994)》,中国大百科全书出版社1994年版,第272—277页。

促成了谈判最终达成协议。1986年1月15日,戈尔巴乔夫提出到20世纪末分三阶段彻底销毁核武器、实现无核武器世界的建议。在美苏举行的一揽子裁军谈判中,戈尔巴乔夫同意将中程导弹谈判同太空武器谈判、削减进攻性战略武器谈判脱钩,提出中程导弹问题单独解决。中程导弹条约的签订,特别是苏联放弃了美国的战略防御计划同削减进攻性战略武器挂钩的主张,这就大大推动了削减进攻性战略武器的谈判进程,并最终签订条约。随着苏联政治思维和政策的改变、布什政府积极推行超越遏制战略,美国在裁军谈判中也持积极态度。苏美恢复了关于限制和禁止核试验的谈判,重开禁止化学武器的谈判。双方还参加了欧洲裁减常规武器的谈判。苏联采取妥协的政策,苏美立场不断接近,谈判均取得了进展。1991年7月,苏美首脑举行了最后一次高级会晤,签订了《第一阶段削减进攻性战略武器条约》。苏美在欧洲常规兵力的谈判中也达成了最后的协议。该谈判从1989年3月6日到1990年11月19日,共举行了七轮会谈。戈尔巴乔夫承认苏联在欧洲常规兵力的对抗中所具有的优势,放弃了原来一贯坚持的"对等"削减的原则,同意按美国的要求进行不对等的裁减。条约规定,北约和华约任何一方均不得超出下列限额:坦克2万辆、火炮2万门、3万辆装甲车、6800架飞机、2000架直升机。戈尔巴乔夫主动采取单方面行动多次延长停止核武器试验的决定。美苏还举行了有关禁止化学武器的谈判。1989年1月在巴黎举行了禁止化学武器的国际会议。(3) 在同美国争夺第三世界的斗争中采取退让政策;在解决地区冲突中配合美国的行动。(4) 按美国的意愿和要求进行国内的政治、经济变革,适应美国"超越遏制"和平演变的需要。

  第二,戈尔巴乔夫在东欧国家实施"自由选择"的原则,对东欧各国的政治动荡采取不闻不问的态度。戈尔巴乔夫力图把自己的新思维和改革的模式推向东欧国家,并督促这些国家按苏联的改革和美国的设想与设计去实施。

  第三,提出"欧洲大厦"设想,推动欧洲外交。1985年9月30日,戈尔巴乔夫在对法国电视观众的讲话中首次提出了"欧洲大厦"的主张。他说:"我们同你们生活在同一个欧洲","我们住在同一所房子里,尽管有的人是从这一个门进入房子,另一些人则从另一个门进入房子。我们应当相互合作并修好这所房子内的通道"。后来,他在《改革与新思维》一书中做了更为明确的描述:欧洲是座共同的大厦,欧洲每个国家都有自己的一套房子,各家有各家的大门。要保护这座大厦,使之免遭火灾或其他灾难,使之更舒适、更安全。要保持大厦中应有的秩序。欧洲人要共同作出努力,遵守公共生活的各项合理准则。[①]

戈尔巴乔夫认为,全欧大厦的提出意味着承认欧洲的某种整体性,但也有它的客观情况:东西方对峙使欧洲的武器——核武器和其他武器——过于饱和;在这里核战争和常规战争都只能是毁灭性的;一体化过程加紧进行,在一系列问题上全欧有着共同的利害关系[②]。戈尔巴乔夫为实施上述设想采取了一系列外交举动。首先,他加强了同欧洲国家领导人的广泛接触,以增进互相了解与信任,其重点是西欧的三个大国——法国、英国和联邦德国。1985年10月,戈尔巴乔夫作为苏联领导人出访的第一个西欧国家就是法国。戈尔巴乔夫曾5次同英国首相撒切尔夫人会面。苏联特别注意同联邦德国的关系。苏联还注意做好欧洲南北两翼国家的工作,实现双方领导人的互访。其次,同美国和有关国家达成裁军协议,注意减轻对西欧的军事压力,以此赢得西欧国家朝野与公众的好感和支持。最后,加强同西欧国家的经济联系,促进欧洲各国开展在各个领域的全面合作。

第四,卸掉包袱,减轻在第三世界同美国的对抗。戈尔巴乔夫在第三世界采取了明显的收缩政策,主张尊重第三世界国家选择自己的发展道路,反对外来干涉;通过政治对话,解决地区冲突,缓和地区的紧张状态;苏联认为地区冲突多是源于内部的政治、经济、宗教、种族原因,不能把它变成两种制度,特别是苏联和美国对抗的舞台。戈尔巴乔夫主张在解决地区冲突中必须有美国的合作与参加,否则将一事无成。美苏双方就柬埔寨、中东等地区性问题商谈了20余次。由于美苏双方的默契与配合,缓解了阿富汗、中东、南部非洲、中美洲等热点地区的紧张局势。1988年4月14日,经过艰苦的谈判,巴基斯坦、阿富汗、美国和苏联在日内瓦分别签署了有关政治解决阿富汗问题的5项文件。苏联大大减少了对第三世界的经济和军事援助。戈尔巴乔夫疏远了同古巴的关系。

布什的"世界新秩序"

布什根据变化了的国际环境,提出了一种不同于其前任的外交政策主张。布什认为世界进入了一个新的时期,它应该有新的秩序。1990年9月11日,布什在美国国会联席会上的讲话中认为"世界新秩序"是一个"公正"、"和平"、"安全"的新纪元,"一个世界各国,不管东方还是西方,北方还是南方,都能繁荣富强,和谐生活的新纪元"。1990年夏天到1991年3月,布什先后42次公开提

[①] 米·谢·戈尔巴乔夫:《改革与新思维》,第252页。
[②] 同上书,第252—255页。

及新秩序。1991年4月13日,布什在马克斯韦尔空军基地比较集中地论述了"世界新秩序"这一政策主张。其后,布什在1991年9月23日联合国大会发言、9月27日在美国全国电视讲话中对"世界新秩序"作了进一步补充与阐述。布什原来打算就新秩序发表4篇重要讲话,但没有说完他就离开了白宫。根据布什和其他美国政要的言论,布什关于"世界新秩序"的基本构想可以归纳为:

第一,世界新秩序的可能性。美国认为,美国和西方国家赢得了冷战的胜利,为世界新秩序的建立提供了坚实的基础。苏东国家政局的巨变,两德的统一,华约的解体,欧洲分裂局面的结束,"一个变化了的欧洲比以往任何时候都更加紧密地团结起来,坚守自己自由和民主的命运";戈尔巴乔夫的改革使苏联放弃了原来的政策与主张,同美国采取合作的态度;海湾战争的胜利证明国际社会承认美国的领导,并愿意采取联合行动;上述都为新秩序的建立提供了条件。

第二,世界新秩序的目标。冷战的结束并未使世界进入持久和平的时代。美国认为,建立新秩序就是建立一个稳定与安全的世界。通过建立新秩序来维护与扩展美国的全球利益。这些利益包括巩固战后以来美国对苏联进行遏制的成果,维持战略力量的平衡,消除地区冲突,通过国际合作解决人类面临的一系列共同的问题,比如环境污染与恶化、武器扩散、毒品走私、恐怖主义以及全球经济问题等。新秩序意味着"各国不分大小,共同承担责任",各国要"以新的方式同其他国家合作,以制止侵略,实现稳定,实现繁荣,首先是实现和平"。在布什看来,世界新秩序是按美国的价值观、意识形态、政治制度、经济模式建立起来的由美国领导的新世界。在建立这样一个新世界的进程中,要求巩固与扩大自由、民主、政治多元化、市场经济,要清除"阻挡民主价值观的种种障碍"。

第三,世界新秩序的原则与作用。布什把新秩序看作是"处理新世界可能出现的各种情况的手段",其特征是"法治而不是诉诸武力","合力解决争端而不是搞无政府状态和流血"以及"对人权的笃信"。布什声称新秩序的基本原则是"和平解决争端,团结一致反对侵略,减少和控制武器,公正对待所有国家的人民"。布什政府认为,要建立世界新秩序必须遵循下列原则、推行有关政策:(1)建立美国的领导地位,发挥美国在建设新秩序中的领导作用。布什政府称,美国在国际事务中起着"主要的领导作用",它的领导地位是没有谁能取代的。他们扬言,"在世界各国中,只有美国同时具有道义上的声望,也具有维持这一声望的物质力量"。美国凭借自己的重任及强大的实力,已成为世界各国人民追求自由民主的"灯塔"。① 他们宣称自由的思想在美国"得到了最大胆、最明确的体现",世人"从美国思想中看到了希望"并"着眼于美国的范例"。他们说什么美国已经从西方世界的领袖变成了世界领袖,它有责任为走向新秩序"引路"。因此,"维护美国的领导地位"是"建立充满希望的新纪元"的"首要原则"。美国认为,美国要履行领导责任,首要的是把美国的价值观变成人类"共同的原则与价值观";其次,要用榜样的作用和实力促进全世界实现美国式的民主、自由、社会制度、市场经济和政治体制。(2)加强同盟友的伙伴关系是建立新秩序的基础。美国深知要建立新秩序光靠自己的力量是不可能的,"必须在任何可能的地方寻求盟友和伙伴"。② 美国要借助联盟关系和盟友的力量。美国提出了所谓的联盟战略,即要联合行动又要分担义务。布什政府强调,美国"必须调整联盟以及集体安排",说这是一种"基于磋商、合作和集体行动"、"公平地分担经营和义务"的"伙伴关系"。③ 美国保证"仍将留在欧洲",继续支持北大西洋公约组织,这是因为"美国的命运和利益与欧洲的命运和利益是不可分的"。(3)在美国领导下发挥苏联小伙伴作用。布什的新秩序是强调美国领导、美苏不平等的合作来实现。美国要"同苏联建立使我们各国和其他许多国家得以加强国际和平与稳定的合作关系","继续支持苏联国内旨在实现政治和经济自由的改革进程",并为两国的合作"奠定一个持久的基础"。美国认为,把苏联纳入美国领导下的新秩序是建立世界新秩序的关键。(4)实施地区防御战略,把战略重心放在地区冲突以及可能带来的危险。美国决心维持必要的军事力量和可靠的核威慑,在关键地区进行前沿部署,借助美国在世界各地的军事存在来确保稳定。美国寻求地区冲突的解决,认为只有在不得已的情况下才使用军事手段。(5)发挥国际组织,特别是联合国的作用。布什认为,联合国在新秩序中能够成为一种工具,"愿意的各方可以运用这个工具解决他们旧的争端","通过其国际贷款和援助机构促进自由市场的发展";联合国的维持和平行动及调解工作可缓解地区冲突,维持地区稳定;美国说实施联合国宪章就能建立一种"共同担当责任和愿意相处为基础"的"和平与谅解的时代"。

布什的世界新秩序是美国政府关于世界格局所设计的蓝图。布什政府为建立这样的新秩序作出了种种的努力。新秩序的实质是在美国的领导下,用美国的价值观来改造世界。很明显,要实现这样的设想是不可能的。这是因为:

---

① 布什1991年1月29日国情咨文,《美国总统国情咨文选编》,第786页。
② 国务卿贝克1991年3月11日同《新闻周刊》记者的谈话。
③ 布什1990年10月1日在联合国大会上的讲话。

（1）两极格局结束后，并不是美国所认定的变成了美国为领导的单极世界。世界正处于向新的多极格局转变发展的过渡时期，旧的格局消失了，新的格局还未形成。世界各国人民不会甘心在美国的领导下用美国的价值观来改造自己。美国的"领导"意味着霸权主义、强权政治、对别国的入侵、干涉和制裁等，这是人人皆知的事实。在多样化的世界里，各国都有自己的国家利益以及为达到此目的的政策，要想统一在美国的国家利益之下是不现实的，也是不可能的。（2）美国的实力和影响下降，美国的榜样作用以及实力实难完成如此重大的历史使命。美国用自己的价值观建设了一个富裕的社会，它的民主、自由以及富裕的物质生活条件确实具有很强的吸引力，让人向往。但是美国过于强调与发展个人主义，并使之恶性膨胀，整个社会的道德水准在不断下降，各种社会问题丛生。美国的经济实力在世界经济中所占的比重已远不如战后初期。美国还是一个贫富差距悬殊的国家。美国是一个科学技术高度发达的国家，但同时又是一个教育质量不断下降的国家。美国面临着许多难以解决的问题。1947—1993财政年中，美国的军费开支为9.3万亿美元。美国政府耗资巨大建筑了一架庞大的战争机器。冷战结束后，军事实力的地位和作用明显下降，而在国际舞台上经济实力的竞争更加激烈。美国的军工产品在国际市场上富有竞争力，但民用产品在激烈的竞争中每况愈下。美国在意识形态和心理战方面也失去了一张王牌。自杜鲁门以来，美国政府都是拿共产主义威胁来煽动公众，取得美国人民和其他盟国的支持。冷战结束后，关于共产主义威胁的说教再也不那么灵验了。美国社会对布什的新秩序并未作好准备，认同程度不高。美国人民更多的是关心国内的事情，关心自己的工作、收入和生活。（3）冷战结束后，旧有的矛盾尚未解决，新的矛盾不断出现。现实不允许美国按照它的设想运转。世界面临的许多问题，绝不是美国所能解决的。人类发展需要世界各国参与解决，由美国领导、用美国的价值观来解决这些问题只能是美国的一种主观臆想，是根本不符合世界现实和时代发展潮流的。

苏联的解体

1991年"八一九事件"后，苏联急剧走向崩溃与解体。1991年12月7—8日，俄罗斯会同乌克兰、白俄罗斯签署了独立国家联合体协议，宣布"苏联作为国际法的主体和地缘政治现实正在停止自己的存在"。自波罗的海沿岸三国独立开始，到1991年12月16日，苏联的15个加盟共和国除俄罗斯外都先后宣布了独立。12月21日，俄罗斯、乌克兰等8国领导人在排除戈尔巴乔夫的情况下会晤于阿拉木图,签署了《建立独立国家联合体协议》,决定建立由缔约各方参加的独立国家联合体,宣布"苏维埃社会主义共和国联盟停止存在"。会议还通知苏联总统戈尔巴乔夫:"苏联已停止存在,苏联总统设置同时取消。"12月25日,戈尔巴乔夫无可奈何地宣布辞去苏联总统职务。当晚7时38分,克里姆林宫的苏联国旗降下。次日苏联最高苏维埃召开最后一次会议,宣布苏联解体。世界上第一个社会主义国家消失。

苏联曾是世界人民向往的地方、世界革命的圣地。社会主义在苏联的失败和苏联的解体引起了世人的普遍关注。历史的经验与教训值得认真总结。社会主义在苏联的失败以及苏联解体的根本原因是:苏联共产党几十年在领导革命与建设中没有解决好关于社会主义的理论与实践问题。苏联共产党在执政期间在政治、经济、社会、意识形态、民族、外交等诸多方面都存在着问题,有过重大的失误。苏联高度集中的官僚政治体制和计划经济管理体制,不能充分调动人民群众的积极性和主动性。这种僵化的体制严重缺乏自我调节的功能,不能根据变化的环境和条件来调整战略、政策,以克服前进中的障碍,求得与世界各国同步发展;苏联的民族问题严重存在,苏联共产党从根本上忽视民族差异,推行民族沙文主义;苏联推行大国主义、霸权主义的外交,把自己的意志强加于人,耗费了自己的国力,败坏了社会主义的声誉。苏联领导人对于上述严重问题长期以来处于麻木状态。个别领导人也曾想到过或进行过改良,但均未能有所改观。苏联的政治和经济问题成堆,积重难返。为了社会主义的发展,苏联必须在理论上、思想上、管理体制上来一个彻底的更新与改革。但是,这种改革的目标必须是完善、巩固和发展社会主义。

戈尔巴乔夫的改革却促成了苏联的政治危机、信仰危机、经济危机,这些危机交错发展,最后不可收拾而导致社会主义在苏联的失败和苏联的解体。历史进程表明,戈尔巴乔夫并不是自我标榜的改革家,而是毁灭苏联的罪人。戈尔巴乔夫的改革一开始是想从经济入手,试图以此来"完善社会主义",增强苏联的综合国力。戈尔巴乔夫的改革未能触动几十年所积累起来的弊端,但却触犯了官僚体制的既得利益。这样的改革造成了群众的不满和当权者的反对。改革阻力大,进展缓慢。在这种情况下,戈尔巴乔夫把改革的重心匆匆转移到政治体制的根本变革。戈尔巴乔夫在理论上抛弃了科学社会主义,提出所谓"人道的民主的社会主义";他采取的改革途径是大搞"民主化"、"公开性"、"多元化"。戈尔巴乔夫实行公开性,鼓励揭露苏联共产党和苏维埃政权的"黑暗面",全盘否定几十年来苏联共产党领导苏联人民进行社会主义革命和社会主义建设所取得的成果。在苏联掀起了一股怀疑一切和打倒一切的狂潮,其中不乏借此打倒共产党取而代之的政客。公开性还鼓吹盲目赞赏与崇拜西方的一切,似乎西方存在的一切都是美好的与合理的。在公开性和政治多元化的幌子下,意识形态领域进行了一场惊心动魄的争夺人心的"残酷大战"。在苏联社会,各种反马列主义、反苏维埃的思想言论四处泛滥,宣扬资本主义的物质文明和价值观的言论充斥于新闻媒介,它们腐蚀着人们的思想与灵魂。广大共产党员和人民群众面对着思想政治围攻受不到应有的保护。人们的思想被搅乱了,信仰被歪曲了。

戈尔巴乔夫毁灭苏联社会主义的关键是篡改苏联共产党的性质,削弱和取消共产党的领导作用与地位。苏联共产党第二十八大通过的党的纲领性声明称,苏联共产党是"代表工人阶级、所有劳动者的党"、是"一个按自愿原则联合苏联公民,实施以全人类价值和共产主义思想的基础的纲领性目标的政治组织",是一个"自治的社会政治组织"。该声明称苏联共产党的指导思想是"以创造性地发展马克思、列宁的思想为基础","继承了摆脱了教条主义解释的马克思、恩格斯、列宁的遗产"。苏联共产党的奋斗目标是"在国内建立人道的、民主的社会主义,保证人的自由全面发展的条件"。戈尔巴乔夫提倡政治多元化,搞多党制。1989年12月和1990年2月,苏共中央全会提出修改和取消苏联宪法第六条,即苏共在国家政治和社会生活中的领导地位与作用。3月,苏联人民代表大会正式修改了这一条,从法律上取消了苏共的领导地位。叶利钦以俄罗斯总统的名义率先发布"非党化命令"。1991年"八一九事件"后,苏联出现反共高潮。叶利钦于8月23日宣布"停止俄罗斯共产党的活动"。当天,苏共中央办公楼被查封,党旗也被强行扯下。第二天,戈尔巴乔夫宣布辞去苏共中央总书记,并建议中央"自行解散"。在戈尔巴乔夫亲自掀起的反共恶浪中,25日苏共中央和书记处被迫解散。8月29日,苏联最高苏维埃通过决议《暂停苏共在苏联全境的活动》。苏共的财产被全部没收,其舆论工具被查禁。

戈尔巴乔夫的公开性引起苏联民族纠纷和地区动荡,而美国的插手使问题更为尖锐与复杂。1991年3月11日立陶宛就宣布了独立。"八一九事件"后,各加盟共和国的独立活动大大加强,速度加快,最终导致苏联的解体。

苏联虽然解体了,但它在历史上的地位和作用是不容抹杀的。苏联作为人类历史上第一个社会主义国家,曾援助过各国人民的革命与解放斗争,特别是在第二次世界大战中为拯救人类文明作出了不可磨灭的贡献。在战后的冷战中,在相当时期内坚持反对帝国主义的侵略战争政策,为维护和平作出了贡献。

戈尔巴乔夫曾经是一位风云人物。后来他把自己的政治生命完全依赖于美国，按照美国的旨意和要求行事，成为美国推行对苏政策的工具。戈尔巴乔夫及其一伙断送了苏联的社会主义和社会主义的苏联。戈尔巴乔夫也被他所鼓吹与推行的改革所打倒，为公众所唾弃。

冷战的结束

战后冷战的产生是美国凭借举世无双的经济和军事力量以及巨大的政治影响对苏联和其他社会主义国家进行遏制。美国提出和实施马歇尔计划、拼凑北大西洋公约组织，把西方国家联合起来共同对付苏联。它们在政治、外交上企图孤立社会主义国家；在经济上进行封锁禁运；利用军事的优势地位形成军事压力并开展激烈的军备竞赛；在意识形态领域进行全面进攻。当时的苏联对美国等西方国家推行的敌视政策进行了针锋相对的斗争。苏联加速战后的恢复与发展，迅速提高综合国力，特别是在军事力量方面得到迅速发展。苏联帮助东欧国家建立人民政权，巩固和发展了社会主义制度。苏联在国际上支持反对帝国主义的侵略战争政策。苏联建立了华沙条约组织和经济互助委员会，把苏东国家联合起来同美国和北约进行对抗。苏联在意识形态领域里坚守阵地，宣传自己的社会制度与价值观，批判西方侵略扩张理论和生活方式。这样就形成了长达数十年的冷战局面。

冷战主要在美国和苏联之间进行。美苏两国有着根本对立的社会制度、经济制度、价值观念和外交战略。它们都极力争取和维护自己在国际政治中的地位和作用。冷战的主要表现是美国和以它为首的北大西洋公约组织同苏联和以它为领袖的华沙条约组织的全面对抗，包括政治、军事、经济和意识形态。冷战的主战场在欧洲，特别是在德国。

冷战对人类社会的发展造成了严重的后果：（1）冷战把国际社会分裂开来，使之互相对立、仇恨。在冷战期间，国家之间不能进行正常往来和有效的合作，不能合力解决人类面临的共同问题。冷战使人们处于紧张和恐惧之中，人们受到巨大的精神压力。（2）冷战把大量的人力、物力、财力以及最新的科学技术投入无休止的军备竞赛之中。核武器和常规武器以及庞大的军事机器使世界各国和各国人民处于战争的威胁与恐怖之下。人类都得提心吊胆、不知什么时候就会有毁灭性的战争降临。军备竞赛妨碍了有关国计民生的民用经济的正常与健康发展。（3）经济上相互对立与封锁，先进的科学技术和最新的创造发明不能普遍应用。人类共同积累的知识不能为提高人类本身的生活水平服务。冷战使人们的生活得不到应有的改善。（4）在冷战期间不时爆发热战，数以千万计的平民百姓抛尸于战场，多少国民财富损耗在战争之中。战后几十年的紧张对峙的冷战并不能防止热战，历史进程表明冷战也不能通过热战来解除。

冷战的结束是一个过程。它开始于1989年柏林墙的倒塌、德国的统一、华沙条约组织的解散，最后完成是1991年底苏联的崩溃与解体。冷战最终以苏联作为美国对立面的消失而结束。冷战的结束首先发生在东欧。20世纪80年代末，东欧国家出现了一股改革的潮流，要求摆脱几十年来推行的苏联模式，探索适合本身情况的独立自主的发展道路。美国把它视为是施加影响的极好机会。美国及时调整了对东欧国家的政策，支持这些国家进行的改革。1989年春，美国前总统尼克松在《外交》季刊发表文章《美国的对外政策：布什的日程》，首先提出了东欧问题的政治解决。他说："东欧已变成等待爆炸的经济和政治火药桶"，建议布什在制定和推行东欧政策时遵循下列三项原则：（1）施加压力，促使东欧发生和平演变。美国要利用现代化的大众传播媒介打破东欧政权对人民的控制，并向那里要求和平演变的人和组织提供支持。（2）对东欧政权实行区别对待的政策。支持那些搞政治多元化的政权，提供经济援助和较先进的技术，延长偿还债务的期限。（3）把东欧问题纳入美苏首脑会谈的议程。美国要明确提出在东欧进行自由选举以及人民有权选择他们的政权。同年5月，布什提出超越遏制战略，要求建立自由民主的欧洲。7月，布什访问波兰、匈牙利，亲自推销美国式的民主、自由、政治经济模式，并答应给予援助以支持这两个国家进行的自由化运动。1989年11月28日，布什签署支持东欧民主化法案。美国要求东欧国家：进行结构调整，进行经济改革；发展私有经济；政治民主化。1990年5月12日，布什把美国支持东欧国家的目的归结为"促进经济自由"、"举行自由公正选举"、"加强东欧自由社会的基础"以及"帮助这些国家沿着民主的经济前进"。美国的政策得到了来自戈尔巴乔夫的支持与配合。戈尔巴乔夫对东欧国家的变化采取了支持的政策，同时强调要确保苏联的战略利益。后来面对美国的步步进逼以及东欧政局的激烈变动，戈尔巴乔夫节节败退。东欧国家的变化按美国所希望的方向发展。东欧国家的政权相继更迭，政治制度和经济制度发生了根本改变。东欧国家昔日的社会主义制度已不复存在。

柏林墙的倒塌和两德的统一是冷战结束的主要标志之一。德国的分裂是德国统治阶级推行法西斯政策、发动第二次世界大战所带来的灾难，同时也是战后各大国瓜分势力范围的结果。德国的分裂是东西方斗争的产物,也是它们之间进行激烈斗争的焦点。民主德国政局发生剧变,联邦德国的政治家认为统一时机已到。联邦德国总理科尔提出按其价值观来统一民主德国。对于这样一个关系到欧洲和整个国际格局的重大问题,美苏及其他国家都给予了特殊的关注。东西方国家并不反对德国的统一,但一开始在统一的原则上存在着尖锐的冲突。西方国家坚持用自己的价值观来演变民主德国,让联邦德国吃掉民主德国。苏联则要把两德的统一纳入欧洲大厦的设想之中。苏联主张维持欧洲现状。1990年两德统一的步伐大大加速,完成了一系列准备工作。联邦德国抓住时机利用经济援助来争取苏联对德国统一的支持,同时也公开承诺履行国际义务,消除美苏英法四大国的疑虑。1990年2月13日开始举行美苏英法和两德外长的"二加四"会议,着手解决德国统一的外部问题、清除其障碍。9月12日,六国外长在莫斯科签署了《最终解决德国问题条约》。条约规定德国现有领土和边界的最终性;统一后的德国声明奉行和平政策,放弃核武器、化学武器和生物武器,并保证4年内将军队减至37万人;苏联驻民主德国军队于1994年底撤离;美英法苏4个战胜国结束对德国的权利和责任,统一的德国拥有完全的主权。1990年10月3日,民主德国正式并入联邦德国。德国的统一消除了东西方对抗和苏美冷战的重要因素。

1991年底苏联的解体标志着冷战的最终结束(参见"苏联的解体")布什曾夸耀美国赢得了冷战的胜利。他后来又称冷战的结束是西方价值观的胜利。冷战结束后,原来的国际格局发生了根本性的变化,美国和其他国家都要调整自己的战略与政策。冷战虽然结束了,但冷战思维、政策、行为依然存在。它们都会继续影响国际关系的健康发展。

北大西洋合作委员会的成立

1989年东欧剧变,欧洲政治地图发生了根本性的变化。原来作为苏东国家集体防御组织的华沙条约组织由于内部的政见分歧与对立,已失去了继续存在的必要性和可能性。1991年3月31日,华沙条约组织的军事机构和结构被取消。7月1日华沙条约组织首脑会议在布拉格举行。这是东欧政局变化后的第一次会议,也是该组织的最后一次首脑会议。与会者中除了苏联领导人,其余都是取代共产党执政的新面孔。这次会议决定解散华沙条约组织。会议通过的《关于停止友好合作互助条约效力的议定书》称:"1955年5月14日在华沙签署的友好合作互助条约和1985年4月26日在华沙签署的关于延长友好合作互助条约效力的议定书,在本议定书生效之日停止其效力。"根据条约而组成的华沙条约组织即随之解散。华沙条约组织解散后,东欧地区出现了力量真空。北大西洋公约组织看到了这一点,积极寻找途径来进行填补。北约知道,不能让东欧国家马上参加北约组织,因为这样做必然会引起苏联的强烈反对,增加该地区的对立与紧张。同时,北约根据变化了的情况进行战略调整,决定采取新的苏东政策。西方认为,苏东的变化使北约组织的安全环境有了根本的改善:东欧出现了"民主化"、"自由市场经济"的国家;在意识形态方面也改变了过去的敌视态度;苏联本身的衰落已无力控制东欧;德国统一后西方实力得到了加强;裁减军备也取得了明显的进展。西方确信,在这个时候进行战略调整可取得最佳效果。

1991年6月6—7日,北大西洋公约组织国家外长在哥本哈根举行会议,发表的一项声明中称要加强同东欧国家的政治军事关系。这项声明是北约官员经过3周的会谈,根据欧洲局势,特别是苏东国家政局的强烈变化而拟定的。声明称欧洲几十年的分裂局面结束后,北约组织国家谋求同东欧国家"建立建设性的伙伴关系,以便进一步促进一个自由和统一的欧洲的安全与稳定。这样一个欧洲承认,除了必不可少的防御以外,政治、经济、社会和生态也在安全中起着作用"。声明表示:"我们自身的安全同所有其他国家的安全不可分割地连在一起。因此巩固和维护整个大陆的民主社会和它们的自由使之不受任何形式的威胁和恐怖是我们直接和切实关注的事情。"该项声明强调:"我们不会从欧洲变化的局势中谋求单方面的利益,也不会威胁任何国家的合法利益,但我们将继续努力以确保欧洲各国人民生活在和平和安全之中。我们不希望孤立任何国家,也不愿看到这个大陆出现新的分裂局面"。

1991年11月7—8日,北大西洋公约组织首脑会议在罗马举行。这次首脑会议的主题是批准成立北大西洋合作委员会。会议决定每年同东欧、中欧9国、苏联和波罗的海3国举行一次安全会谈,讨论同欧洲有关的安全问题。在这次会上,布什重申美国继续在欧洲的军事存在。布什在8日的会议上说:"欧洲的安全和美国的安全是不可分割的。在新时期里,美国将继续履行它对欧洲的承诺","北约不需要靠苏联这样一个敌人来使它聚合在一起"。首脑会议通过了《罗马和平与合作宣言》。这个宣言专门谈到北约组织同苏联东欧国家的关系。宣言称北约打算"发展一种比较制度化的就政治与安全问题进行磋商与合作的关系"。首脑会议决定邀请保加利亚、捷克和斯洛伐克联邦共和国、爱沙尼亚、立陶宛、波兰、罗马尼亚和苏联的外长参加1991年12月在布鲁塞尔举行的北约外长会议。这次外长会议将发表一项政治宣言,以表示欧洲新的伙伴关系时代开始,并进一步确定这个过程的形式与内容。首脑会议的宣言称,苏东国家可以参加北大西洋理事会部长级年会、北大西洋理事会常驻代表定期会议、北大西洋理事会在特殊情况下召开的部长级或常驻代表特别会议。苏东国家同北约下属的委员会,包括政治委员会和军事委员会以及其他军事组织按照双方商定的间隔时间举行定期例会。首脑会议强调,北约和苏东国家的协商与合作将集中在"安全及有关的问题上",北约将向苏东国家提供经验与技术以及有关北约的信息等。

根据北约首脑会议的决定,1991年12月20日北约和苏东25国外交部长或代表在布鲁塞尔举行北大西洋合作委员会第一次会议。会议通过了《有关对话、伙伴关系及合作的声明》。它标志着北大西洋合作委员会的正式成立。声明称委员会致力于"北约同中欧和东欧国家之间建立真正的伙伴关系",以图建立"欧洲持久的和平新秩序"。声明列举了北约同苏东国家可进行合作的一些项目,如制订防御计划、武器控制、空中交通管制、国防工业转为民用、科学与环境等。第一次外长与代表会议决定合作委员会每年召开一次部长级会议,每两个月举行一次大使级会议。

1992年3月10日,原苏联的11个加盟共和国在布鲁塞尔北约总部正式签字,成为北大西洋合作委员会的成员国。此时北大西洋合作委员会共有成员国36个。它们是北约16国、波罗的海3国、中欧和东欧6国、独联体11国。

1992年3月10日在布鲁塞尔举行了北大西洋合作委员会特别会议。会议声明表明,该委员会成员国"决心通过对话、伙伴关系和合作,为在欧洲建立一个新的、持久的和平秩序而共同努力"。会议还制定了《有关对话、伙伴关系及合作的工作计划》。会议表示各成员国要尽力促成欧洲常规力量谈判达成协议并限制自己的常规力量。根据合作委员会的宗旨,加强了在安全方面的合作与磋商。北约和前华约国家国防部长于1992年4月1日在布鲁塞尔举行会议。国防部长会议拟定了一份全面合作清单,包括军事政策、防务管理、防务规划、武器控制协调、训练、防务教育、后备部队、空中交通管制、搜索和救援以及军用医学。4月10日又在布鲁塞尔举行了参谋长会议,对上述内容进行了具体的讨论。

1992年6月5日在奥斯陆举行了合作委员会年会。会议同意接纳阿尔巴尼亚为第37个成员国。

独立国家联合体

戈尔巴乔夫搞的"公开性"、"民主化",使苏联社会政治和民族矛盾空前尖锐。各加盟共和国纷纷要求独立。迫于压力,戈尔巴乔夫于1990年6月曾提出建立"主权的社会主义国家联盟"的构想。1991年"八一九事件"后,各加盟共和国宣布独立。是年11月6日,苏联10个加盟共和国在主权共和国经济共同体条约上签字。11月15日公布的新联盟条约称"联盟是一个联邦制的民主国家"。

1991年12月8日,白俄罗斯最高苏维埃主席舒什克维奇、俄罗斯总统叶利钦和乌克兰总统克拉夫丘克在白俄罗斯首都明斯克市郊的别洛韦日会晤。三方签订了《独立国家联合体协定》。它规定:缔约各方组成独立国家联合体;保证本国公民享有平等权利和自由;相互承认并尊重领土完整和联合体范围内现有边界的不可侵犯性;缔约国在有关确保国际和平与安全、裁军等领域进行有效合作,并成立联合司令部;在平等的基础上协调对外政策与活动,在经济方面实行合作;保证履行原苏联签署的条约和协定所承担的国际义务。协定敞开供原苏联加盟共和国和赞同文件宗旨及原则的其他国家加入。这次会议同时宣布原苏联各机构在联合体境内的一切活动将停止。

1991年12月12日,上述三国和哈萨克斯坦、吉尔吉斯斯坦、塔吉克斯坦、土库曼斯坦在阿什哈巴德发表声明,称七国为独立国家联合体"平等的创始国"。12月21日,除波罗的海三国和格鲁吉亚,原苏联其余11个加盟共和国签署了建立独立国家联合体协定书,通过了《阿拉木图宣言》、《关于武装力量议定书》。这次会议宣布成立独立国家联合体,苏联不复存在。1991年12月25日,戈尔巴乔夫宣布辞去苏联总统职务。12月30日,独立国家联合体11个成员国的首脑在明斯克签署了独立国家联合体国家元首理事会和政府首脑理事会临时协定。协定规定,国家元首理事会是独立国家联合体的最高机构,由独联体国家元首组成。该理事会有权讨论有关独联体的重要决策问题。每年至少召开两次,可根据多数国家元首的建议举行非例行会议。各成员国元首轮流担任会议主席。会议一般在明斯克举行,也可以协商在其他国家举行。政府首脑理事会由各成员国政府总理或部长会议主席组成,负责协调解决成员国政府间共同面临的各项任务。理事会每三个月至少举行一次会议。上述理事会活动的基础是:相互承认并尊重成员国的国家主权和主权平等;享有不可剥夺的自决权、平等和互不干涉内部事务的原则;放弃使用武力或以武力相威胁;现有边界不可侵犯;尊重人的权利和自由;认真履行各项义务以及其他公认的国际法原则和准则。理事会作出决议时,每个成员国持有一票。俄语是工作语言。自1991年12月8日到1995年5月,独联体国家元首理事会共举行了18次会议,其中1991年3次,1992年6次,1993年5次,1994年2次,1995年2次。

独立国家联合体的成立是为了否定苏联的存在。独联体是原苏联12个加盟共和国的极为松散的联合。独联体成员国原来在苏联境内存在密切的联系,在政治、经济和安全等各方面都严重相互依存。它们在成为独立的民族国家后迫切要求加强彼此的联系。独联体成立几年来在促进成员国联合方面采取了一系列举措,并取得了不同程度的进展。

第一,促进经济一体化。1993年9月,俄罗斯、白俄罗斯、乌克兰、哈萨克斯坦、乌兹别克斯坦、吉尔吉斯斯坦、塔吉克斯坦、亚美尼亚和摩尔多瓦9国签署成立经济联盟条约,彼此提供最惠国待遇,并决定建立统一的信贷政策。1994年4月15日,建立常设机构经济联盟委员会,建立自由贸易区,分阶段取消独联体内部的关税和各种捐税,建立关税同盟。是年10月21日,建立12国跨国经济委员会,负责对跨国性质的经济事务进行统一管理。同时决定建立跨国银行、经济法院。1995年5月26日,在第18次独联体国家元首理事会会议上,决定建立独联体货币委员会。

第二,推进军事合作。独联体在成立之初就签署了关于武装力量临时司令部的议定书,决定在核武器问题上采取共同的措施。1992年5月15日,在塔什干举行的独联体国家元首理事会第7次会议上决定成立独联体维持和平部队,负责解决独联体内部的热点问题。1994年4月15日,独联体边防军司令理事会协调处决定协调解决内部矛盾。7月,军事协调部制定出分三个阶段正式建立独联体武装部队。目前参加集体安全条约的国家有9国,它们是俄罗斯、白俄罗斯、格鲁吉亚、阿塞拜疆、哈萨克斯坦、乌兹别克斯坦、土库曼斯坦、塔吉克斯坦和吉尔吉斯斯坦。1995年2月10日,在第17届国家元首理事会阿拉木图会议上,11个成员国签署了《关于维持独联体和平与稳定备忘录》,重申独联体国家建立集体安全体系的极端重要性。备忘录重申了一系列重要的原则:独联体国家之间"互不使用军事、政治、经济和其他压力";"相互边界不可变动";就国家安全利益"进行紧急磋商";"不得参加反对任何一个独联体成员国的联盟或集团";"制止本国境内的任何分裂主义、民族主义、沙文主义和法西斯主义的行动";"不得支持其他成员国境内的分裂主义运动及分裂主义政权"。在1995年5月26日举行的第18次国家元首理事会上,7个成员国签署了关于保卫独联体外部边界的协定。

第三,政治上的联合滞后。独联体的成员国的地位和作用不同,它们所追求的目标不一,故对在政治上建立联盟的态度存在着很大的差异。俄罗斯在独联体谋求主导地位、发挥支配作用。俄罗斯的经济实力、军事力量是其他成员国所无法比拟的。在独联体中,俄罗斯、白俄罗斯和哈萨克斯坦关系密切。俄罗斯和白俄罗斯加速实现一体化。俄罗斯和哈萨克斯坦签订了多项有关政治、军事、经济和社会合作的协定、协议。独联体自成立以来通过了500多项决议,但真正落实和实施的却很少。

美俄首脑会晤

美国对苏联的崩溃和解体感到既喜又忧。布什政府喜的是它"赢得了"冷战,把主要对手苏联打败了,完成了里根时期开始的讨伐苏联的"十字军东征",把苏联和它的苏维埃制度"扫进了历史的垃圾堆"。忧的是如何同原苏联各加盟共和国打交道。苏联解体后,布什政府面临着许多严重的问题,如核扩散的威胁、原苏联各加盟共和国的政治经济危机和政局不稳,特别是俄罗斯的局面更引起美国的关注。布什政府要保障原苏联加盟共和国的顺利转轨,把原来的社会主义制度转变为美国式的"民主和经济自由",完全消除这些国家对美国以及盟国安全的威胁,进而把这种威胁变为在安全上的合作者,把原苏联各加盟共和国,特别是把俄罗斯变成在美国领导下解决国际问题的小伙伴。

布什政府为了同俄罗斯建立新的关系展开了积极的外交活动。布什和俄罗斯总统叶利钦于1992年2月、6月和1993年1月举行了3次首脑会议,签订了有关削减2/3进攻性战略武器条约和《美俄关于建立伙伴与友好关系宪章》,即《华盛顿宪章》等30余个文件。

1992年2月1日,布什同叶利钦在戴维营举行了"不是作为对手,而是作为朋友"的会谈。联合声明称,美俄两国"不把彼此视为潜在的敌人",它们之间的关系"将是友谊和伙伴关系"。这种关系"建立在互相信任和尊重的基础之上","共同致力于民主和经济自由";两国保证"努力消除冷战敌对状态的一切残余","积极地促进自由贸易、投资和我们两国之间的经济合作"。联合声明强调双方"尽一切努力来支持倡导我们共同的民主价值观、法治、尊重人权,包括尊重少数民族的权利,尊重边界以及全球的和平变革"。两位总统表示"共同积极努力","防止大规模破坏性武器及有关技术的扩散和制止先进的常规武器的扩散","和平解决地区冲突"以及对付恐怖活动、制止贩毒和防止环境恶化。

1992年6月16—17日,叶利钦再次访美,在华盛顿同布什举行了会谈。布什称,叶利钦这次访美和两国领导人的会晤具有极为重要的意义,它"标志着一个新时代、一种新的首脑会谈的开始",因为"这不是两个争夺世界霸权的强国之间的会谈,而是两个力争建立民主和平的伙伴之间的会谈"①。在访问期间,叶利钦作为俄国历史上第一位在美国国会发表演说的领导人,向美国议员们保证要把俄罗斯"改造"成具有美国式的"民主自由"和经济制度的国家。叶利钦声称共产主义已经在俄罗斯死亡,他决不会让其卷土重来。他还告诉这些议员,原来瞄准美国的俄罗斯的核武器已经取消了警戒状态。②这次会谈双方签订了《美俄关于削减战略武器的谅解协议》、《关于战俘和失踪人员的联合声明》、《关于双边关系问题的联合声明》、《美俄关于科学与技术合作的联合声明》等涉及政治、经济、科技、贸易、军事等各个领域的30余个声明和协议。布什和叶利钦还签署了《美俄伙伴和友好关系宪章》。宪章肯定了2月戴维营会谈所确定的指导两国关系的基本原则。宪章的主要内容如下:(1)美俄两国建立"民主和伙伴关系":双方"致力于民主的理想、法治的首要地位和尊重人权的基本自由";两国以"相互信任和尊重以及对民主和经济自由的共同承诺为基础",保证"发展伙伴和友好关系","将为促进和捍卫共同的民主价值观以及人权和基本自由而在国际领域进行密切合作";双方决定扩大在各个级别的经常性的磋商,进行"广泛对话"、"定期地举行首脑会晤"、"扩大公民之间的接触"。(2)两国共同维护"国际和平与安全":宪章称美俄努力"建立一个民主的和平,一个基于政治和经济自由为双重支柱的民主的和平";它们"决心用和平手段解决双方争端,并且不对对方的领土完整和政治独立进行威胁或使用武力",双方保证"尊重欧安会参加国(包括新独立的国家)的独立、主权和现存边界",重申任何边界的变动必须"通过和平和协商一致的途径来实现";两国领导人表示"支持加强欧洲—大西洋大家庭","共同致力于进一步控制武器和裁军",以及不扩散核武器。(3)加强双边经济合作:布什表示继续支持俄罗斯的改革,继续对俄罗斯提供双边或多边援助;双方"鼓励在贸易、投资、商业推销和科学技术方面的互利性合作"。

大幅度削减进攻性战略武器是美俄领导人会谈的极为重要的内容。在6月华盛顿会谈中,布什和叶利钦达成了新的核裁军协议。双方答应在2003年以前将各自的核弹头削减到3000—3500枚,削减幅度为2/3。叶利钦在占有优势

---

① 布什1992年6月16日在白宫前草坪的讲话。
② 叶利钦1992年6月17日在美国国会的演讲。

的陆基洲际导弹方面向美国作出了让步,同意大幅度削减。美国在海基导弹方面作出让步作为回报。1993年1月2—3日,布什利用在位的最后时刻飞往莫斯科同叶利钦举行会谈。两国签订了第二阶段削减进攻性战略武器条约。该条约规定在2003年以前削减核弹头2/3,减少到3000—3500枚。条约还规定到时将全部销毁陆基多弹头洲际弹道导弹,并将潜射弹头削减到1700—1750枚。

克林顿进驻白宫后,依然把处理美俄关系作为对外政策的重心。克林顿提出与实施同俄罗斯的"伙伴关系"战略,并认为这符合美国的最高国家利益,是对保障美国安全所作出的"最有远见和最宝贵的贡献"[①]。美国在叶利钦的政治地位受到挑战的时候总是坚定地给他以支持,并答应给予经济援助。克林顿同叶利钦自1993年4月到1995年5月共举行了7次最高级会谈。

第一次于1993年4月3—4日在加拿大的温哥华举行。这次会晤双方签署了《温哥华宣言》。宣言称美国和俄罗斯"坚决致力于"两国"富有生气、卓有成效并加强国际安全的伙伴关系"。两国领导人批准了一项"促进民主、安全与和平的全面合作的战略"。在会晤中,叶利钦表示"坚决致力于促进民主化、法治和市场经济"。克林顿则保证给予叶利钦"积极支持"。应该特别指出的是,这次首脑会晤是两国领导人首次把会谈的主题由传统的安全问题转入经济领域,双方承诺扩大贸易和经济联系。克林顿答应向俄罗斯提供16亿美元的一揽子援助。

1993年7月10日,叶利钦和克林顿在日本的东京会晤,双方就进一步加强两国的伙伴关系等问题达成谅解。

1994年1月12—15日,克林顿访问俄罗斯,同叶利钦举行了第三次高级会晤。双方讨论了包括削减和不扩散核武器在内的安全问题、欧洲安全体系、地区热点及双边关系。会谈发表了《莫斯科宣言》。宣言重申两国遵循俄美伙伴友好宪章所规定的两国关系的基本原则。宣言称两国关系已"进入了成熟的战略伙伴关系的新阶段",并沿着"开诚布公和相互信任"的道路发展。两国领导人"对全面不扩散核武器机制受到的威胁日益加剧表示担忧","坚决主张尽快结束全面禁止核试验谈判";两国决定自己掌握的战略核导弹最迟在1994年5月30日以前不再瞄准对方。双方认为"必须建立新的欧洲安全体系",称"和平伙伴关系计划"是形成欧洲安全模式的重要因素。此次会晤签署了11个双边

---

① 《华盛顿邮报》1993年10月22日。

合作文件。

第四次会晤于 1994 年 7 月 10 日在意大利的那不勒斯举行。克林顿和叶利钦会晤 90 分钟。双方讨论了有关波黑、朝鲜以及俄罗斯从波罗的海撤军的问题。

1994 年 9 月 26—28 日叶利钦抵美访问,同克林顿举行了第五次高级会晤。叶利钦在出访前就美俄两国关系发起了一场外交攻势。他称两国之间的问题"越来越多",要求同美国建立"平等的关系",反对美国不时向俄罗斯施加压力。叶利钦称:"我们不再请求美国提供援助。我们将向美国提供参与联合经济计划的机会。必须使两国关系更具活力。"美国也根据变化了的情况调整了对俄罗斯的政策。第一,默认俄罗斯在原苏联地区有权干预和扩大影响。美国在一份内部文件中称"对于基于国家利益和强权政治的俄罗斯外交,只要它不妨碍美国的国家利益,只限于国际法的范围内,不暴露出复活帝国主义的危险性,就不能加以反对"。美国驻联合国大使奥尔布赖特也称"只要俄罗斯遵守国际维和原则,它得到授权并实施这种授权,那么这件事情是适合由它去做的"。第二,推迟同俄罗斯举行削减核武器的新谈判。美国制定新的核计划,仍把矛头对准俄罗斯,克林顿政府决意在欧洲保留 480 枚核武器。第三,改对俄罗斯的直接援助为增加贸易和投资,并广泛吸收企业界参加。在克林顿和叶利钦的第五次会晤中,双方讨论了两国经济关系、核武器控制、欧洲安全等问题。9 月 28 日,两国元首签署了《经济进步关系协议》和《关于战略稳定与核安全的联合声明》。其中《经济进步关系协议》确定了双边贸易、经济合作和投资关系的原则与目的:两国尽可能迅速建立正常贸易关系,美国将尽早废止根据 1974 年贸易法所制定的对俄政策;加强经济合作和密切商业伙伴关系。美国答应继续为俄罗斯"为建立市场经济而作出的努力""提供积极的援助"。俄罗斯决心加强同美国的密切合作"以找到两国能够携起手来加速俄罗斯向市场体制转变的途径"。

1994 年 12 月 5—6 日,克林顿和叶利钦在出席欧安会首脑会议期间举行了第六次会晤。关于北大西洋公约组织东扩问题,双方立场对立。叶利钦指责北约东扩将会"播下不信任的种子"。他质问道:"为什么要播下不信任的种子?我们毕竟不再是敌手,而是实际上的伙伴。"克林顿则声称"不能允许外部国家否决扩大计划"。

在 1994 年,美俄关系中出现了许多麻烦。俄罗斯外交发生了由完全倒向西方到东西并重的全方位的重大转变。俄罗斯社会普遍存在低调的反美情绪。

美国不再严重关注俄罗斯的危机。克林顿的对俄政策同样遭到国内的批评。美俄双方越来越意识到,它们的利益并不一致。为了调整关系,克林顿和叶利钦于 1995 年 5 月 10 日在莫斯科举行了第七次会晤。双方讨论了俄罗斯同伊朗的核贸易、北约东扩、军备控制等问题。在俄伊核贸易问题上,叶利钦向美国作出了一点小小的让步,答应"为了实施不扩散核武器原则,决定不向伊朗提供气体离心技术和相关设备"。在北约东扩问题上,双方没有找到共同点。双方在车臣问题上也各执一词。对于会谈的结果,俄罗斯的美国问题专家阿尔巴托夫认为:"俄美两国结束了蜜月而进入对立时代的现实,正好表明俄罗斯已成长为能够坚持自己意志的国家了。"

北约东扩与"和平伙伴关系"

1990 年北约伦敦首脑会议决定将北约由军事政治组织转变为政治军事组织,把原来同苏联对抗变为同苏东国家的政治军事合作。1991 年北约罗马首脑会议将其作用扩大,除"集体防御"外还可执行联合国所赋予的任务,以及与其他国际组织合作。北约的目标由"单向"转变为"多向"。后根据美德建议于 1991 年 12 月成立了"北大西洋合作委员会"。1992 年北约奥斯陆部长理事会决定北约的任务扩大到除西欧以外的欧洲的维和使命。北约的防区扩大到 53 国。东欧政局变动后,东欧国家为了自己的安全利益,要求加入北约。美国和北约组织想利用东欧出现的暂时真空进逼俄罗斯。1993 年上半年美国力主尽速吸收东欧国家加入北约。1994 年 1 月北约首脑会议重申"欧洲其他国家都可以参加北约"。会议最后公报称,北约的大门对"能够推进北大西洋公约原则的实施并对北大西洋地区的安全作出贡献的其他欧洲国家""敞开"。会议认为,北约将在一个"渐进的过程中"扩大,逐渐把东方民主国家吸收进来。会议还强调,在北约东扩问题上任何国家和势力都不允许有否决权。这话明显是说给俄罗斯听的。北约东扩是美国和北约的既定政策。美国国务卿克里斯托弗称,北约扩大计划是经过"深思熟虑"的。他说,北约的扩大进程正在按计划进行,没有加快,也没有延缓。① 美国助理国务卿霍尔布鲁克称,"西方必须尽快在实际上和精神上向中欧扩展。美国准备在这方面率先行动"。但他认为北约应同俄罗斯建立一种公开的关系,"承认俄罗斯的特殊地位"。北约外长理事会在 1995 年 5 月 30 日的公报中强调:"扩大北约组织将是一项广泛的欧洲安全构想

---

① 克里斯托弗 1995 年 4 月 24 日的讲话。

的组成部分,这种构想的基础就是整个欧洲建立真正的伙伴与合作关系。"美国的一些知名人士如基辛格、布热津斯基都强烈主张北约东扩,并且要加快速度。基辛格批评克林顿政府在北约东扩问题上所采取的"不偏不倚"的政策,认为它"很可能会在没有使俄罗斯得到安抚的情况下加速瓦解西方的团结"。因此,他强调北约东扩需要的是"一项决定,而不是一项研究报告"。布热津斯基认为北约东扩的第一步是非常重要的,首先让波兰、捷克和匈牙利加入,随之而来的是波罗的海三国,因为"俄罗斯进行抵制的这块坚冰将会融化"。

俄罗斯对北约东扩持坚决反对立场。早在1993年初,俄罗斯外长就指出,东欧的未来是变成一座连接东西大陆的桥梁。他说:"俄罗斯不答应中欧国家一起加入北约或欧洲联盟。"面对北约东扩危险的增加,俄罗斯的态度越来越坚决与强硬。俄罗斯国家杜马国际事务委员会主席卢金称,北约东扩对俄罗斯来说是不可接受的。外长科济列夫强调北约东扩"不符合俄罗斯的国家安全利益,也不符合欧洲安全的利益"。他提醒美国等西方国家"不要盲目地仓促行事"。叶利钦则多次发出警告:北约东扩将导致"恢复冷战";"北约扩大到俄罗斯边界"将恢复"两个军事集团";北约东扩"不仅在欧洲版图上产生新的分界线,而且将在人民的心头刻下深深的伤痕"。① 俄罗斯为对付北约东扩的威胁采取了一系列的措施,诸如加强自身的核保障、巩固同周边国家特别是同西部边界国家的联盟关系、加强独联体国家的军事协调等。

北约东扩已是不可逆转。北约东扩只是速度问题。但是随着俄罗斯外交的全面调整,及其处理欧洲事务态度的日趋强硬,西方国家会在北约东扩问题上尽可能给俄罗斯一点关照,减少它的"孤立感"和"威胁感"。

美国和北约为了满足东欧国家参加北约组织的要求又不招致俄罗斯的坚决反对,提出了一种处理欧洲国家之间关系的方针,即建立"和平伙伴关系计划"。该计划首先由美国总统克林顿在1993年9月提出。1994年1月10日,克林顿强调是建立和平伙伴关系的极佳时机,把"东方前共产党国家拉进西方安全和价值的范围"。是年1月举行的北约首脑会议"提出建立和平伙伴关系的主要倡议"。会议最后公报称,"考虑到整个欧洲安全和政治发展"的需要,欧洲国家之间不能局限于对话与合作,要"建立真正的伙伴关系,即和平伙伴关系"。公报希望参加北大西洋合作委员会的其他国家和能够也愿意促进此项计划实施的其他欧安会国家与北约组织一道建立这种伙伴关系。

---

① 叶利钦1995年5月1日在接受美国《时代》周刊记者采访时的谈话,《时代》1995年5月8日。

和平伙伴关系计划的主要内容有：(1) 所有中东欧国家和原苏联各加盟共和国均可在自愿基础上与北约建立和平伙伴关系；(2) 北约与愿意参加国分别进行谈判决定其加入程度；(3) 北约不提供安全保障，但参加国在安全受到威胁时可与北约磋商寻求解决的办法；(4) 北约的大门是为伙伴关系国敞开的，计划可作为最终加入北约的准备阶段，但无加入的日程表和具体标准；(5) 参加国应提高国防预算的透明度，国防部民主管理、文官控制军事机构，对北约开放军事设施，向北约的政治、军事机构派常驻联络官；(6) 参加国组成"联合特遣部队"，由西欧联盟领导，不属于北约。但北约提供必要的指挥、后勤及情报保障。

俄罗斯对建立和平伙伴关系计划的反应是不确定的，其态度多有变化。俄罗斯要求西方澄清"伙伴关系"的概念，并提出"全欧伙伴关系"，由西欧和俄罗斯共同提供安全保障。之后，俄罗斯要求同北约签订特别协议，同北约建立一种特殊的伙伴关系。俄罗斯提出同北约建立定期的磋商制度，广泛讨论欧洲和世界安全问题；进一步加强欧安会的作用，使之成为统一协调全欧安全的常设机构。在建立和平伙伴关系方面俄罗斯同西方进行了激烈的讨价还价。俄罗斯提出参加伙伴关系的条件，其中包括：承认其强大的军事力量，双方在军事部门进行相互协作；向俄罗斯提供资金和技术帮助俄国军转民；扩大双方在维和、举行军事演习领域合作；就重大问题进行政治磋商、彼此协调立场。当西方部分满足其要求后，俄罗斯在1994年中表现出了一定的积极性。6月22日，俄罗斯签署了"和平伙伴关系计划"的框架文件，成为第21个成员国。[①] 同时，俄罗斯还签署了一份附加文件"俄罗斯—北约合作议定书"，说"俄罗斯和北约一致同意单独制定同俄罗斯的大小、潜力和重要性相适应的广泛的伙伴关系计划"。北约答应就安全问题同俄罗斯进行政治磋商，在维和与联合演习等方面同俄罗斯合作。但是，签署的计划只是一纸空文。俄罗斯和西方国家在安全构想方面依然存在着严重的分歧。北约仍在继续它的东扩计划。1994年12月1日，俄罗斯外长拒绝签署同北约的单独与伙伴关系两个文件，即关于执行"和平伙伴关系计划"的俄罗斯与北约的军事合作计划和关于建立双方定期协商与合作的协定。俄罗斯认为北约没有满足自己关于建立特殊伙伴关系的要求，没有给俄罗斯以"否决权"。俄罗斯采取积极措施推进独联体的经济一体化和军事上的

[①] 参加"和平伙伴关系"的前20个国家是罗马尼亚、立陶宛、波兰、爱沙尼亚、匈牙利、乌克兰、斯洛伐克、保加利亚、拉脱维亚、阿尔巴尼亚、捷克、摩尔多瓦、格鲁吉亚、斯洛文尼亚、阿塞拜疆、芬兰、瑞典、土库曼斯坦、哈萨克斯坦、吉尔吉斯斯坦。

联盟,加强对抗力量。在得到美国关于北约东扩将考虑俄罗斯利益的保证后,1995年5月31日,俄罗斯宣布它同北约的伙伴关系计划生效。但俄罗斯依然主张建立一个面向未来的、稳定的和无所不包的欧洲安全体系。这个体系应有助于建设统一的欧洲,有助于欧洲和大西洋地区各国广泛合作。北约东扩已经启动,俄罗斯无力阻拦。俄罗斯所能做的是尽可能把北约东扩给自己带来的损害降到最低点。

克林顿政府的"参与和扩展战略"

克林顿进驻白宫后,在一段较长时间内主要精力用于解决国内问题,并未对美国在国际上遇到的挑战提出自己明确的对外战略。经过一段时间的酝酿和外交实践,1993年9月21日安东尼·莱克在霍普金斯大学和9月27日克林顿在联合国大会的讲话中提出了扩展战略。克林顿及其政府要员相继发表讲话,阐述了扩展战略的前提、内容和目的。

第一,扩展战略提出的必然性。冷战后国际局势发生了巨大变化:美国的核心思想——民主和市场经济得到广泛接受;美国成为名副其实的唯一超级大国,美国强大的军事力量和经济实力,有利于展示美国的榜样与领导作用;世界各地种族冲突激增;科学技术的飞速发展等等。因此,冷战时期的国家安全战略框架已经过时,应该建立一个更为多样化、更为灵活的新框架。它将推进美国的利益,倡导美国的价值,保持和发挥美国的领导作用。

第二,扩展战略的核心目标是追求"全球民主化",实现美国的全球霸权。为了达到上述目标,美国需要加强西方"民主堡垒",巩固与扩大原苏联和东欧地区"民主化"的成果;对抗与演化非民主国家,支持这些国家的"自由化";扩展民主,实施人道主义政策,解决人道主义问题。

第三,扩展战略是超越遏制战略的继续与发展。它强调实力是基础,目标是推进民主,实行和平演变。为达到这一目的,美国需要广泛利用政治、外交、经济、军事、意识形态、心理等各种手段。克林顿政府提出的扩展战略其目标更明确,涉及的对象更多,更具进攻性。①

克林顿指出:在一个危险和机会并存的新时代,我们的首要目标是扩大和

---

① 参见:1993年9月21日美国国家安全事务顾问安东尼·莱克在霍普金斯大学高级国际问题研究院的讲话;9月24日美国驻联合国大使马德琳·奥尔布赖特在华盛顿国防大学的讲话;9月27日克林顿在联合国大会的讲话;Alvin Z. Rubinstein, Albina Shayvich and Boris Zlotnikov, *The Clinton Foreign Policy Reader: Presidential Speeches with Commentary*, M. E. Sharpe 2000, pp. 20—27。

加强世界以市场经济为基础的民主国家的大家庭,力求扩大在那些自由制度下生活的国家的圈子,加强自由市场民主制度,支持在苏联和拉丁美洲的国家开始生根的市场民主制度的巩固,努力减少敌视民主的政权的威胁,支持愿意和平相处的非民主国家的自由化。克林顿政府提出的扩展战略强调的是世界民主化和自由市场经济。

1994年7月,克林顿政府出台了《国家参与和扩展安全战略》。克林顿在该文件前言中说,冷战的结束从根本上改变了美国的安全需要,美国要面对更加多种多样的危险。在这种新的形势下,美国的领导作用从来没有像现在这样重要,它要在世界各种危机的险境中导航并利用其产生的各种机遇。美国必须积极参与全球事务,才能应对冷战后时代所提出的挑战和利用可能出现的机遇。该战略文件明确界定了美国国家安全利益,并按其重要程度分为三个层次:第一,生死攸关的利益:领土安全、公民安全、社会经济福利、关键性的设施(能源、银行、通信、交通);第二,重要的国家利益,不影响国家的生存,但影响国家的福祉,如全球环境保护,解决那些关系到美国利益的地区问题,防止难民流动等;第三,人道主义与其他利益。这涉及美国的根本价值观,如维护人权、推进民主化和法制化等。

美国的"参与和扩展战略"的主要内容是:

第一,美国的领导作用是国际关系发展和国际局势稳定的根本保证。冷战结束后世界面临着捉摸不定的形势和明显的威胁,只有保障美国的领导作用才能遏制侵略。美国应该促进和平,解决危险的冲突,帮助民主政权和解决全球性问题。为了履行领导责任,美国人民必须付出应有的代价。

第二,美国必须参与国际事务,担当起领导责任,迎接一切复杂的挑战,维护全球政治稳定。美国的参与必须是有选择的,重点应放在与美国切身利益关系最密切的问题上,力量应集中于能对美国安全产生最大影响的地方。美国可采取单边主义和多边主义行动。当美国的直接利益遭受危害时,美国采取单独行动;如果涉及的是共有利益,可以采用与同盟伙伴国的联合行动;处理涉及整个国际社会利益的事件,则应采取多边行动。但不管采用什么方式,必须以符合美国自身的长远的国家利益为标准。

第三,参与和扩展战略要达到三个目标:(1)加强美国的安全,促进国内经济繁荣。克林顿政府认为,必须维持强大的防务能力,适时恰当地使用美国的军事力量对付主要危险,即由大规模杀伤性武器、地区性侵略和对国家稳定的威胁所构成的危险;防止大规模杀伤性武器的扩散与使用,进行有成效的军备控制以及积极参与和平行动,加强情报能力。(2)提高美国的竞争力,积极开拓国际市场,加强国家的宏观调控,保障能源供应,促进国内经济的持续发展。(3)促进民主是参与和扩展战略的核心目标,即寻求一个越来越多地接受民主价值观念、尊重人权和法制的世界。

第四,为了达到上述目标,克林顿政府制定了整体性的地区性政策。(1)建立一个与美国合作维护和平及促进繁荣的统一、民主的欧洲。美国对欧政策的目的是:通过军事力量和合作实现安全;发挥北大西洋公约组织的主导作用;促进欧洲的经济一体化。(2)支持原苏联和东欧地区的民主化进程,扩大个人自由。(3)在东亚,美国推行安全、开放市场和推进民主三管齐下的战略,提出了太平洋共同体的主张,重点是加强它同日本、韩国的同盟关系,制止大规模杀伤性武器的扩散和推进民主化浪潮。(4)在中东寻求和平与安全。(5)在西半球促进民主和繁荣,加强贸易,实现持续发展。(6)在非洲则要创造一种能促进发展、振兴社会和激发希望的环境。①

克林顿政府为了推行"参与和扩展战略"采取了如下一些措施:

第一,谋求美国的经济安全。

美国的经济利益成为美国外交政策关注的焦点。首先,改善国内宏观经济状况,促进美国国内经济的持续高涨,提高国际竞争力。克林顿当政8年,美国的国民经济实现了112个月的持续增长,其时间之长超过了美国历史上任何时期。经济发展的显著特点是以知识经济、信息技术、高新技术为核心的"新经济"发展。克林顿强调:当我们进一步展望未来,就会清楚地看到未来经济机会的决定性因素之一就是掌握技术优势,这对个人和企业同等重要。克林顿时期实现了"零通货、充分就业"的经济增长。2000年美国的国内生产总值为98 828.42亿美元。1990—2000年年均增长3.4%。高技术产业在国内生产总值中的贡献率超过1/4。1997—1998财年实现了近30年来首次财政盈余。2000年盈余高达1173亿美元。他的前任(布什政府)1989—1992年的赤字则是9335亿美元。其次,积极推行经济外交。美国的贸易代表说:我们的经济关系和经济保障已经成为我们的国家安全。我们在今后几年的努力主要集中在经济与贸易方面。美国采取的措施主要有:积极推进世界经济的一体化和全球化;从自由贸易到"公平"贸易;建立自由贸易区;开拓新兴市场;促进美国产品的出口;稳

---

① 参见梅孜编译:《美国国家安全战略报告汇编》,时事出版社1996年版,第243—292页。Alvin Z. Rubinstein, Albina Shayvich and Boris Zlotnikov, *The Clinton Foreign Policy Reader: Presidential Speeches with Commentary*, pp. 28—35.

定国际金融秩序。2000年美国的对外商品贸易总额为20 404.56亿美元,出口7824.29亿美元,进口12 580.27亿美元。①

第二,加强与扩大同盟国的关系。

加强本国的实力和加强与同盟国的关系是克林顿政府推行外交战略的主要依托。克林顿时期,继续保持同英国的特殊关系,争取英国的全面支持与配合;试图同德国建立伙伴关系,作为推行欧洲政策的基石;强调欧洲安全不可分割,继续履行对欧洲的安全承诺;加强同欧盟的关系,建立跨大西洋的经济政治合作关系,扩展新的市场;推动北约东扩;扩大同日本、韩国的战略联盟,加强在亚太地区的存在与影响。

1994年,克林顿四度出访欧洲,表示要继续致力于加强大西洋伙伴关系。1995年,美国同欧盟签署了《跨大西洋纲要》和《欧美联合行动计划》,重申北约是大西洋安全的核心,强调加强美欧关系的重要性。

美国是北约东扩的主要推动者。它把北约从一个名义上的"防御性"组织变成了向外扩张、进行广泛干预的进攻性组织。美国积极推动北约东扩出于它的战略考虑:建立以北约为核心的欧洲安全结构,继续维持美国的主导地位。同时也是推行"参与和扩展战略"的需要。通过北约东扩,美国可以达到扩展战略的主要目标,扩大冷战的胜利成果,保障东欧的民主化进程,遏制俄罗斯,防止它重温帝国旧梦。

在东亚,美国通过加强美日同盟,把北约扩张的理念与行动运用于亚太地区。1995年2月27日,美国国防部发表的《美国东亚战略报告》完成了冷战后美国东亚战略的基本定位:安全利益为基本出发点和立足点;经济利益优先;人权外交为重要工具,推进民主化进程;全面开展经济、政治、军事、外交和意识形态攻势;确保美国在东亚地区的主导地位。其主要措施是:(1)维持前沿军事存在,继续在日本和韩国驻军,以作为推行其战略的物资保障。(2)巩固和加强联盟关系。美国认为,同日本的安全联盟是美国在亚洲安全政策的关键;同韩国的关系是维护朝鲜半岛和东北亚稳定的中心,是美国支持和促进民主的一个重要组成部分。(3)以军事实力为后盾、以谈判为手段,谋求建立多边安全合作机制和建立地区信任措施。(4)对华推行全面、建设性接触政策,使中国"完全融入地区和全球社会",成为地区稳定的积极因素。但美国要对中国日益强大的实力和影响保持高度警惕,抑制中国在东北亚地区的作用与影响。

---

① 参阅陈宝森:《当代美国经济》,社会科学文献出版社2001年版,第3—81页;世界银行:《2002年世界发展报告》,中国财政经济出版社2002年版,第234—241页。

第三,保障俄罗斯的转轨,展开地缘政治经济争夺。

苏联解体后,俄罗斯和美国对建立和发展彼此关系都寄予了过高的期望和太多的热情。两国关系确实出现过短暂的和谐,即"蜜月"期。但是,美国把俄罗斯视为冷战的失败者。美国负有继续改造它的任务,使其完全融入国际社会,以加入自己领导的国际秩序。叶利钦则希望借助美国巩固自己的政治统治,完成改造俄罗斯的任务。因此,保障俄罗斯转轨和融入国际社会是美俄的共同目标。

从布什到克林顿,美国政府对俄罗斯的政策目标是:保障其转轨和完全融入国际社会;不断挤压其地缘战略空间;尽可能削弱俄罗斯,使其变成美国在国际舞台上的"小伙计"。为达到上述目标,美国采取了以下措施:

其一,全力保住叶利钦,支持他在俄罗斯的"变革"。美国相信叶利钦所推行的政策同美国的战略目标相吻合,认定支持俄罗斯新领导人完全符合美国的国家利益。其理由是:(1)叶利钦是俄罗斯历史上最亲西方的领导人。如果叶利钦失败,战争就会在原苏联地区爆发,它们就会使用武力恢复"历史边界",东欧的民主化成果就要被埋葬。(2)叶利钦所进行的各项改革,可保障俄罗斯沿着政治多元化、经济私有化和市场自由化的方向发展。(3)俄罗斯保留了巨大的核武库,拥有破坏美国指挥和控制系统的能力,可能向"无赖国家"扩散大规模杀伤武器(WMD)以及相关技术,俄罗斯的核专家可能流失。(4)俄罗斯的局势发展存在不可预测性,既能变成欧亚大陆心脏地带的稳定因素,也可能成为破坏因素。(5)俄罗斯的野心和影响的扩大,可能会向美国国内的保守派提供反对政府政策的借口,刺激军事开支,影响经济和社会政策的实施。(6)借助叶利钦削弱俄罗斯,使其配合美国外交,有利于美国推行霸权主义和强权政治。

其二,建立战略伙伴关系,营造良好的政治气氛,在政治上支持叶利钦。美国同俄罗斯发表了一系列的有关建立战略伙伴关系的政治宣言。布什和克林顿同叶利钦多次举行最高级会晤,以扩大了解和加强信任,共同解决两国关系中的问题。

其三,加速核裁军谈判,大幅度削减进攻性战略武器,满足俄罗斯减轻军费负担的需求。美俄在战略武器方面的均衡,给俄罗斯提供了一个同美国平等讨论和关注全球安全的机会。但是,美国却不顾俄罗斯的反对,执意发展与部署国家导弹防御系统。

其四,提供经济援助,支持俄罗斯向自由市场经济转变。美国政府从布什到克林顿都想通过国际贷款、鼓励私人投资和提供技术援助来帮助俄罗斯。一方面帮助俄罗斯解决在经济转轨中所产生的困难,另一方面迫使俄罗斯按美国的意图行事以及向俄罗斯施加政治上的压力。

其五,积极推进北约东扩,加紧抢夺中亚的石油资源,扩大在该地区的存在与影响,不断压缩俄罗斯的地缘政治和经济空间。

第四,推行全面接触的对华政策。

1993年9月,克林顿政府作出同中国进行全面接触的决策,目的是通过对话来改善双边关系。11月,克林顿同江泽民在西雅图亚太经合组织领导人非正式会议上会晤,他表示美国重视对华关系。1994年5月,克林顿宣布对中国的最惠国待遇同人权问题脱钩。

1996年年中,克林顿政府开始以积极的姿态谋求改善同中国的关系。5月20日,克林顿在太平洋地区经济理事会的讲话中表示改善同中国的关系符合美国的利益。11月20日,克林顿在澳大利亚国会阐述美国外交政策时,重申要加深同中国的接触。1997年2月4日,克林顿在国情咨文中说:为了美国的利益和理想,我们必须与中国加深对话。10月24日,克林顿发表了专门阐述美国对华政策的长篇讲话。在这次讲话中,克林顿提出对中国实行"建设性接触"政策。他认为,美国必须对中国推行"建设性"的、"积极的接触"政策,孤立中国是不可能的,也是危险的。

第五,对"无赖国家"实施制裁与打击。

1993年9月21日,安东尼·莱克在霍普金斯大学的讲话中把世界上的国家分成民主国家、过渡国家、"无赖国家"和"失败国家"。1994年7月,克林顿政府颁布"参与和扩展安全战略",其中提到了5个"失败"和"无赖"国家,即伊朗、伊拉克、利比亚、朝鲜和古巴,说这些国家的共同特点是独裁专制与残暴统治、激进的意识形态、糟糕的人权记录、敌视民主制度、谋求大规模毁灭性武器、威胁地区稳定、搅乱民主与和平等。美国政府决定对这些"无赖国家"采取外交孤立、经济制裁,甚至军事打击。

首先,为遏制核武器的扩散对朝鲜推行强硬外交。美国为防止核扩散对朝鲜推行强硬外交,采取打击和孤立政策。1991年9月,美国谴责朝鲜"正在研制核武器",要求对朝鲜的核设施进行强制性检查。1992年5月到1993年2月,国际原子能机构对朝鲜的核设施进行了6次不定期的检查,结论是朝鲜的核技术处于初级阶段。美国对此结论表示不满,说朝鲜故意"隐藏了核设施和核物资",要求朝鲜接受"强制性"检查。在美国的压力下,国际原子能机构于1993年

2月25日作出对朝鲜核设施进行"强制性"检查的决定。3月12日,朝鲜宣布退出《不扩散核武器条约》。此后,美国软硬兼施,力图使朝鲜重返《不扩散核武器条约》。1994年2月25日,美国同朝鲜就核核查问题达成协议。3月1—15日,朝鲜接受了国际原子能机构的"全面检查"。然而,美国却说朝鲜在接受检查时"没有给予完善的帮助与合作",决定取消原定的美朝高级会谈。5月,朝鲜自行更换核电厂反应堆的燃料棒,美国对此作出了强烈反应。美、韩、日商定对朝鲜进行经济和军事制裁。朝鲜针锋相对,宣称如果美国采取行动,就退出《不扩散核武器条约》,甚至退出国际原子能机构,并明确表示拒绝任何检查。朝鲜半岛局势日趋紧张。9月23日,美朝举行了全面解决朝鲜核问题的会谈,签署了一份框架协议:美国答应向朝鲜提供轻水反应堆以更换石墨减速反应堆,朝鲜接受国际原子能机构的安全保障,并接受该机构的特别或例行检查。但是,克林顿政府为了制约朝鲜,对履行框架协议采取消极态度,始终没有放弃敌视朝鲜的政策。1998年,美国又把朝鲜列为支持恐怖主义国家,对其实施制裁。1999年,美国将朝鲜定为"无赖国家",2000年,又称之为"失败国家"。美国一直把朝鲜作为打击、孤立和演变的对象。

其次,对古巴、伊朗、利比亚实行经济制裁。美国于1962年开始对古巴进行全面的经济封锁和制裁。冷战结束后,美国对古巴的制裁变得更加严厉。1992年,美国炮制出强化封锁的《托里舍利法》。它企图利用古巴所遇到的经济困难,迫使古巴做出让步,甚至推翻古巴合法政权。为此,美国加强了对古巴的意识形态进攻,更加放手地利用流亡美国的古巴侨民组织,给古巴在政治上和社会稳定方面制造更大的困难。

1994年8月20日,克林顿政府宣布:减少从迈阿密到哈瓦那的包机航班;禁止从美国汇款到古巴;禁止逃亡美国的古巴人回国探亲。1996年2月28日,克林顿政府又宣布,严格限制外国在古巴的投资,其目的在于全面对古巴进行经济制裁,促使古巴现政权早日垮台。

克林顿政府还把制裁的矛头对准伊朗和利比亚。冷战结束后,美国认定伊朗是美国国家安全最严重的威胁,因为它正在谋取核武器、拥有化学武器,支持和从事恐怖主义。克林顿政府期望通过制裁搞垮伊朗现政权,使它停止对宗教激进组织的支持活动。1995年3月,克林顿政府宣布废止美国大陆石油公司和伊朗的一项价值10亿美元的合同。4月30日,美国政府又宣布中断同伊朗所有的贸易和投资关系,严禁美国石油公司及其海外公司同伊朗进行任何石油交易。5月7日,克林顿正式签署了全面制裁伊朗的行政命令,断绝同伊朗的一切投资和贸易关系。1996年8月5日,克林顿签署了针对伊朗和利比亚的《达马托—肯尼迪法》。根据该法案,美国对一年内在伊朗和利比亚的石油和天然气工业投资2000万美元以上的外国公司和违反联合国对利比亚决议的公司进行制裁。

最后,利用联合国左右对伊拉克的经济制裁,并对伊发动"先发制人"的军事打击。1990年8月6日,联合国安理会通过第661号决议,决定对伊拉克进行强制性的经济制裁和武器禁运,以惩罚它对科威特的侵略。1991年4月,联合国通过第687号决议,对伊拉克进行严格的武器核查。同年9月,联合国通过第712号决议,允许伊拉克出口有限的石油以换取食品、药品和生活必需品。1998年年底,美国伙同英国对伊拉克发起了"沙漠之狐"行动,利用军事优势对伊拉克实施打击,目的是摧垮萨达姆政权,实现其控制中东的战略目标。

叶利钦的"双头鹰"外交

1991年12月25日苏联解体,俄罗斯联邦作为它的继承国走上国际舞台。

俄罗斯面临着严峻的国内外环境。它的版图比苏联大为缩小,地缘政治和经济空间受到前所未有的挤压,以美国为首的北约向俄罗斯的边境步步进逼。俄罗斯国内社会政治动荡,经济严重衰退,人民生活水平急遽下降。此时的俄罗斯"成了一个麻烦甚多的民族国家,在地理上没有便捷的与外部世界联系的通道,在东、西、南三面都面临着会与邻国爆发削弱自己的冲突的潜在危险"[①]。

俄罗斯外交的调整

随着国内外环境的变化以及自身对形势的认识与判断,俄罗斯的外交处于经常变动和调整之中。叶利钦时期外交演变的基本趋势"是由虚幻走向现实,由注重意识形态走向强调国家利益"[②]。

第一,完全倒向西方的外交。

叶利钦执政初期做出了完全倒向西方的外交抉择,强调从政治、经济、安全等各个领域向西方靠拢。叶利钦这一时期的外交,实质上是戈尔巴乔夫外交新思维的继续与发展:"以西方政治经济模式为价值取向,以全面融入西方国际政治机制和安全系统为最终目标,以争取西方政治扶植与经济援助来实现政治经济转轨为核心任务,在外交实践上以西方国家为主要合作对象,在重大国际问

[①] 兹·布热津斯基:《大棋局:美国的首要地位及其地缘战略》,上海人民出版社1998年版,第126页。

[②] 林军:《俄罗斯外交史稿》,世界知识出版社2002年版,第475页。

题上丧失自己立场、掩盖甚至放弃国家利益而盲目追随西方。"①叶利钦和外长科济列夫推行了完全倒向美国的大西洋主义,把搞好同美国的关系摆在压倒一切的地位。叶利钦在当政后不久就称:"俄罗斯打算实施诚实、公开和道义的政策","目标是融入并同世界上其他国家一起,维护人类共同体的人道主义思想、自由和民主"②。叶利钦称西方是俄罗斯的"天然盟友",美国是俄罗斯的"伙伴"和"朋友"。科济列夫说,"只有西方民主国家才是俄罗斯的真朋友",俄罗斯对美国的政策目标是"朝着建立在共同价值观基础上的战略伙伴和盟友的方向发展稳定关系"。③

西方对俄罗斯的外交政策取向表示满意与支持。俄罗斯则对西方寄予了太多的希望。但是,西方对俄罗斯的支持往往是口惠而实不至,令俄罗斯失望。俄罗斯为了追随西方的政策而损害了本国的利益,降低了自己在国际上的影响力和曾经作为一个大国的尊严。

第二,《俄罗斯联邦对外政策构想》与"双头鹰"外交方针的确立。

俄罗斯看到,在处理同西方和美国的关系中尽管做出了巨大的让步,并未得到来自对方应有的回报。叶利钦在希望与现实、付出与回报的强烈对比中开始反思完全倒向美国的外交政策,逐渐意识到俄罗斯应该有自己的独立外交,以维护国家利益与尊严。1992年7月,叶利钦在一次讲话中明确表示:我们奉行亲西方政策是不完全正确的,俄罗斯的外交需要从"倒向西方"转到坚定不移地"走向东方"。10月27日,叶利钦要求俄罗斯的外交在加入"文明国家大家庭"的同时"有更多的方位"。

1993年4月,俄罗斯正式出台了《俄罗斯联邦对外政策构想》。它把追求与维护俄罗斯的国家利益作为外交政策的基本点,拒绝完全倒向美国的大西洋主义,推行"双头鹰"外交。其主要内容是:(1)俄罗斯应同那些有助于俄罗斯国家复兴的国家坚决地发展关系,首先是同邻国、同经济强大的西方国家以及各个地区的新兴工业化国家发展关系。(2)强调俄罗斯在独联体地区的"特殊利益",要求重视发展同独联体国家和邻国的关系。(3)俄罗斯同西方国家既有一致的利益又存在许多矛盾甚至对立的地方。(4)俄罗斯争取稳定地发展同美国的关系,它的目标是建立战略伙伴关系,而长期目标是建立盟友关系。

---

① 林军:《俄罗斯外交史稿》,第477页。
② Sharyl Cross and Marina A. Oborotova, *The New Chapter in United States-Russian Relations: Opportunities and Challenges*, Westport 1994, p.3.
③ Ibid., p.5.

文件希望在共同价值观和利益的基础上同西方国家建立"伙伴关系"。在"全方位"外交思想指导下,叶利钦推行"东方外交",开始修复同一些亚太国家的关系。

第三,《俄罗斯联邦国家安全构想》与"大国复兴战略"。

1993年到1994年,俄罗斯国内政局发生了重大变化:叶利钦巩固了自己的统治地位,民族主义情绪高涨,积极推行亲西方政策的极端民主派逐渐失势。在此背景下,俄罗斯需要制定与推行体现本国利益和大国地位的外交战略。1994年2月,叶利钦提出俄罗斯外交要"永远符合俄罗斯大国地位应有的最高标准,要不断实现俄罗斯民族利益的战略方针","结束有缺陷的单方面让步的做法"。俄罗斯的最佳战略是"全方位伙伴关系战略",不同任何国际"力量中心"对抗。① 1996年,普里马科夫取代科济列夫任外长后强调:"俄罗斯是一个大国,它应该有自己的对外政策",俄罗斯"不能忽视自己的利益","不能牺牲在俄罗斯的全部历史当中其中包括在'帝俄'时代以及'苏维埃'时期积累下来的积极的价值观与传统";"俄罗斯有权关心自己的利益,尤其重要的是安全、稳定和领土完整,创造必要的条件以利于经济和社会进步,防止任何外来势力企图离间俄罗斯与独联体国家之间的关系"。② 他在第一次举行的记者会上谈到俄罗斯外交的基本任务时指出:"第一,创造最好的外部条件以巩固我国的领土完整";"第二,增强原苏联地区的向心趋向";"第三,稳定地区性国际局势";"第四,发展国家间的良好关系,有效制止新的紧张局势策源地的产生,尤其是防止大规模杀伤性武器的扩散"。③

1997年5月7日,俄罗斯联邦国家安全会议通过了《俄罗斯联邦国家安全构想》。12月17日经叶利钦总统批准正式生效。1998年5月12日,叶利钦在俄罗斯外交部发表重要讲话。主要内容是:(1)关于国际局势和俄罗斯的定位。叶利钦指出,"世界多极化的趋势正在加强","向多极世界过渡是一个复杂而充满矛盾的过程",现在"仍有人强烈企图建立依仗单方面军事力量解决重大国际政治问题的国际关系系统";俄罗斯作为多极世界中有影响的一极的大国,"在解决涉及自身利益的重大国际问题方面的影响力大大下降"。(2)在世界走向多极化的情况下,俄罗斯的国家安全面临着许多严重的威胁。(3)俄罗斯的对外战略目标是维护国家利益、恢复大国地位、发展全方位的伙伴关系。维

---

① 上海国际问题研究所编:《国际形势年鉴(1995)》,上海教育出版社1995年版,第370页。
② 叶夫根尼·普里马科夫:《大政治年代》,东方出版社2001年版,第187页。
③ 同上书,第193页。

护国家利益是外交战略最重要的原则。恢复俄罗斯的大国地位是外交战略的核心目标。(4)俄罗斯外交的战略重心依次是独联体、西方尤其是美国,以及亚太地区。①

第四,《俄罗斯联邦对外政策构想》与普京的务实外交。

俄罗斯外长伊万诺夫在《俄罗斯新外交:对外政策十年》中指出:"已经有足够的根据表明,俄罗斯对外政策的形成阶段已经基本结束。俄罗斯国家对外政策的基本原则总体上已经制定完成。这些原则建立在对国家利益有明确认识的基础之上。"②1999年,俄罗斯制定了《21世纪和平构想》。它是"那些想建立没有战争和暴力世界秩序国家的价值观和相互关系原则的综合"。《构想》强调世界的多极化、集体安全、平等参加国际事务、联合国的中心地位以及建立关系到俄罗斯根本利益的世界系统。2000年6月28日,普京签署了《俄罗斯联邦对外政策构想》。《构想》指出,"俄罗斯外交方针至高无上的优先方向是保护个人、社会和国家的利益",主要致力于:(1)"确保国家的可靠安全,维护和加强其主权、领土完整以及在国际社会中的牢固和权威的地位,这种地位应在最大程度上符合俄罗斯联邦作为一个大国、当今世界的一个有影响中心的利益","增强俄罗斯政治、经济、人才以及精神潜力"。(2)"对世界进程发挥影响,以建立一个公认的国际法准则和平等的伙伴式国家关系为基础的稳定、公正和民主的国际秩序"。(3)"为俄罗斯的稳步发展、经济的振兴、居民生活水平的提高、顺利推行民主改革、巩固宪法制度以及维护人权与自由创造有利的外部条件"。《构想》称俄罗斯外交政策的特点在于其平衡性,这是由俄罗斯作为一个欧亚大国的地缘政治地位所决定的。俄罗斯对解决全球性问题的优先方面是"建立国际新秩序"、"加强国际安全"、"国际经济关系"、"人权与国际关系"以及"外交活动的信息保证"。俄罗斯外交关注的优先地区是:"发展与独联体所有国家的睦邻关系和战略伙伴关系";"与欧洲国家的关系是俄罗斯外交政策的传统优先方面";"俄罗斯准备消除最近与美国关系中出现的重大困难,维护将近花了10年时间建立起的俄美合作的基础";"亚洲在俄罗斯外交政策中具有越来越重要的意义,这是因为俄罗斯直接属于这个飞速发展的地区和必须发展西伯利亚和远东的经济"。③

---

① 参见林军:《俄罗斯外交史稿》,世界知识出版社2002年版,第491—498页。
② 伊·伊万诺夫:《俄罗斯新外交:对外政策十年》,当代世界出版社2002年版,第2页。
③ 同上书,第148—162页。

俄罗斯外交的实施

俄罗斯推行侧重西方的全方位外交,其基本内涵是:推进同美国的关系,继续谋求美国的支持与援助,同美国建立"务实"和"平等"合作和伙伴关系,实现两国利益均衡,反对干涉内政;推进裁军谈判,削减战略武器,减轻军备负担,减少核威胁;在国际舞台上同美国进行有选择的合作;回归欧洲,调整同欧洲国家的关系,谋求参与欧洲的安全进程;推进独联体的全面一体化,确立和加强在该系统中的领导地位;反对美国遏制和缩小俄罗斯的活动空间;向亚太推进,重点建立同中国的战略协作伙伴关系,加入亚太经合组织。

第一,积极推进独联体的一体化。

加强与独联体国家的合作,推动各国政治、经济和军事一体化,是俄罗斯外交政策与外交活动的核心。1995年9月,叶利钦签署了《俄罗斯联邦对独联体国家的战略方针》,强调"同独联体国家的关系在俄罗斯政策中占有优先地位,独联体的发展符合俄罗斯的切身利益,同独联体国家的关系是俄罗斯参与世界政治和经济结构的重要因素"。俄罗斯的政策目标是推进独联体的经济和军事一体化,并提出了加深一体化的原则:保留独联体国家的主权;消除封闭状态,实行开放;建立灵活的管理机制。为实现上述政策目标,俄罗斯积极推动独联体的建设:制定规范各成员国行为的法律文件,协调各成员国行动的执行机制,增强独联体的政治凝聚力;建立多边经济合作机制,促进经济一体化进程,重建统一经济空间;军事上强化集体安全机制,推进军事一体化进程,恢复统一的安全空间;协调国际政策,防止独联体国家的离心倾向与行动。俄罗斯之所以极为重视独联体,是因为它在这里有重要的地缘政治和经济利益。[①]

第二,同美国的合作与抗争。

俄罗斯曾对美国的援助抱有很高的期望,希望在美国的帮助下完成"民主化进程"融入西方社会。为此,叶利钦在执政初期采取了一些迎合美国的政策。他在国内推行民主和市场经济改革;在国际舞台上完全支持美国的政策,甚至不惜牺牲本国的国家利益。但随着国内政治形势的变化,美国不能兑现援助并且采取咄咄逼人的进攻态势,俄罗斯逐渐调整对美政策,要求美国同它建立"平等"的伙伴关系。1996年以来这种要求越来越强烈,并且在一些涉及俄罗斯国家利益的问题上进行了抗争。俄罗斯的这种抗争主要围绕北约东扩和美国国家导弹防御系统展开。

[①] 参见学刚、姜毅主编:《叶利钦时代的俄罗斯·外交卷》,人民出版社2001年版,第150—173页。

美国推进北约东扩是挤压俄罗斯战略空间、无视俄罗斯安全利益的典型实例。美国积极推动北约东扩出于它以下的战略考虑:建立以北约为核心的欧洲安全结构,继续维持美国在该结构中的主导地位。俄罗斯虽然原则上反对北约东扩,但面对北约东扩的现实,只能尽可能减少自己在地缘政治和经济上的损失。

美俄围绕美国国家导弹防御系统和1972年的《反弹道导弹条约》展开了激烈的争吵。俄罗斯一直反对美国建立国家导弹防御系统,认为它违背了《反弹道导弹条约》,必然导致新一轮的罕见的军备竞赛,破坏军事战略平衡和业已建立起来的核军备控制与核裁军的国际制度。俄罗斯为此做了许多外交工作。(1)广泛开展访问外交。俄罗斯积极开展对北约成员国的外交活动,试图利用美国同欧洲盟国之间的分歧,争取得到支持。俄罗斯同英国、法国、德国、意大利等国家进行了接触,目的在于打消或推迟美国建立国家导弹防御系统。(2)俄罗斯继续坚持1972年签订的《反弹道导弹条约》,反对修改这个条约。一是争取中国的支持与配合。1998年中国和俄罗斯就反导问题开始了磋商,并达成了许多共识。1999年4月14日发表《中俄关于〈反导条约〉问题磋商的新闻公报》,2000年7月18日双方签署了《中华人民共和国主席和俄罗斯联邦总统关于反导问题的联合声明》。二是争取联合国的支持。俄罗斯在1999年10月21日提出维护《反弹道导弹条约》的提案。11月5日,负责裁军与国际安全事务的第54届联大第一委员会以54票赞成、4票反对、73票弃权通过了"维护和遵守《反弹道导弹条约》"的决议。三是同美国磋商,谋求谈判解决问题。1999年6月20日,克林顿和叶利钦在科隆就《反弹道导弹条约》发表了一项声明,并决定举行双边谈判。10月,美俄在莫斯科进行了关于修改《反弹道导弹条约》的会谈。11月2日,普京在奥斯陆向克林顿转交了叶利钦的信,强调国家导弹防御系统给《反弹道导弹条约》所造成的破坏会给整个裁军进程带来极其危险的后果。(3)做出相应的战略安排。俄罗斯领导人称不惧怕美国国家导弹防御系统,早有对付它的准备,并拥有技术上的优势。俄罗斯军方发出警告:如果美国胆敢部署一套国家导弹防御系统的话,俄罗斯将部署更多的可以摧毁美国导弹防御系统的核弹头。

第三,重新确定在欧洲的地位与作用。

叶利钦曾经推行全面倒向西方的外交,指望来自西方的支持与援助。1993年后,叶利钦意识到外交政策必须建立在俄罗斯国家利益的基础上,企盼在欧洲扮演重要角色,加入欧洲政治进程。其主要表现是:(1)强调欧洲安全合作组织应成为维护欧洲和平与安全的中心,要求它的运作制度更加严格,对话更加规范与灵活。俄罗斯强调自己在欧安组织中的特殊利益,并希望获得西方的尊重。1999年11月18日,在欧洲安全与合作组织成员国国家元首和政府总理会议上,俄罗斯签署了《欧洲安全宪章》。该文件表示:"坚定不移地忠实于建立自由、民主和更加统一的欧洲安全与合作组织地区的事业,使本地区的成员国之间和睦相处,居民和社团在自由、富裕和安全的条件下生活"。在"平等伙伴关系基础上"确立以合作为基础的安全纲领原则。这些原则涉及军事、政治、人以及经济安全等各个方面。[1] (2)加强同欧洲联盟的经济合作与政治对话,发展特殊关系,建立自由贸易区,确保本国经济安全。2000年6月3日,普京批准了《俄罗斯联邦与欧洲联盟关系中期发展战略(2000—2010)》。该战略的基本目标是:"保障俄罗斯联邦的国家利益,通过建立可靠的全欧洲集体安全体系,提高俄罗斯在欧洲和世界上的作用和威望,吸收欧盟的经济潜力和管理经验,推动发展俄罗斯联邦基于公平竞争原则的社会取向市场经济,以及进一步建设民主法制国家。"(3)加强同西欧联盟的对话,使合作制度化,建立特殊伙伴关系。(4)加入欧洲委员会。1996年2月俄罗斯成为欧洲委员会的正式成员国。(5)谋求同法国、德国建立特殊伙伴关系,俄罗斯同上述两国建立了三方首脑会谈机制。[2]

第四,同亚太地区国家建立广泛联系。

重视与加强同亚太国家的关系是叶利钦政府外交的重要组成部分。俄罗斯亚太政策的核心是谋求同亚太国家特别是中国、印度、日本建立合作关系,加入亚太地区政治、经济组织和一体化进程。俄罗斯逐渐加大外交力度,全面恢复同亚太国家的关系,目的在于为本国社会政治稳定和经济发展创造有利的周边环境,借重"东方"推行对"西方"的外交。

俄罗斯试图谋求同日本关系的正常化。1992年2月,叶利钦致函日本首相宫泽,称两国是"根据共同的价值观而结成的伙伴和潜在的盟国"。叶利钦政府承认日俄之间存在领土争端,愿意在1956年《苏日联合宣言》的基础上进行谈判。日本则坚持"政经不可分"的强硬态度,要求俄罗斯承认日本对北方四岛的主权,坚持领土问题不解决就不能签订和约,日本也不会向俄罗斯提供大笔经济援助。1993年10月叶利钦访问日本,双方签署了《东京宣言》和《经济宣言》以及日本帮助俄罗斯销毁核武器等16个文件。俄罗斯确认:"苏联和日本之间

---

[1] 伊·伊万诺夫:《俄罗斯新外交:对外政策十年》,第173—193页。
[2] 参见学刚、姜毅主编:《叶利钦时代的俄罗斯·外交卷》,第120—134页。

缔结的一切条约和国际协议均有效。"日本表示发展同俄罗斯的经贸关系,并承诺在能源、钢铁等11个领域开展合作。双方表示要"在共同价值观的基础上建立真正的伙伴关系"。1996年4月,日本首相桥本到莫斯科参加八国核安全首脑会议期间同叶利钦会晤。双方同意恢复有关缔结和平条约的谈判。叶利钦宣布进一步裁减驻在北方四岛上的兵力。1998年11月,小渊首相对俄罗斯进行正式访问。双方签署了旨在建立"创造性伙伴关系"的《莫斯科宣言》。2000年4月,日本首相森喜朗对俄罗斯进行非正式访问。9月普京正式访问日本。双方决定进一步推动在经济、技术领域的合作。这次访问在解决领土争端与签署和平条约方面没有取得突破。①

俄罗斯积极推动同印度关系的发展。印度曾经是苏联在南亚地区的战略盟友。苏联解体后,俄罗斯无意也无力推行原来的对印政策,俄印关系曾一度冷落。俄罗斯向印度提供的武器装备明显减少,两国贸易额急剧下降,由1991年的35亿美元下降到1992年的7亿美元。1993年1月叶利钦实现了对印度的首次访问,他强调两国要建立有别于冷战时期的新的俄印关系。叶利钦称:"过去的苏印关系明显带有共同对付美国和中国的色彩,现在这一切均已过去。"俄罗斯重视发展同印度战略盟友的关系,"但是决不会像冷战时期那样,把它看作是对付美国和其他国家的一张牌"。② 叶利钦强调印度是俄罗斯的"天然的伙伴"。双方签署了新的《俄印友好合作条约》,取代了1971年的《苏印友好条约》。新条约取消了具有军事同盟内容的条款,剔除了诸如"帝国主义"等话语。新条约为两国建立和发展新型的伙伴关系设定了基本框架。两国领导人还就债务问题达成某些共识,双方同意按1990年1月1日卢布对美元的国际汇率计算,这样印度尚欠俄罗斯150亿美元的债务。印度将每年用10亿美元的实物偿还俄罗斯的债务,一直到2005年。余下债务不计利息,逐步付清。双方认为叶利钦的访问开创了两国军事、经济和科技全面合作的新篇章。1994年6月29日—7月2日,印度总理拉奥首次访问俄罗斯。俄印签署了10项文件,涉及扩大两国的双边关系以及地区与国际合作。同年底俄罗斯总理切尔诺梅尔金访印。双方又签署了8项有关经贸、军事合作等方面的协议。两国领导人的互访,把一度冷淡的俄印关系提到了当年苏印关系的水平。俄罗斯和印度有共同的安全战略需要。俄罗斯的经济需求和印度的军事需要使两国关系越来

---

① 参见学刚、姜毅主编:《叶利钦时代的俄罗斯·外交卷》,第184—189页。
② 合众社新德里1993年1月27日电。

越密切。① 1998 年 5 月 11 日和 13 日,印度连续进行 5 次核试验,引起了世界的普遍关注。克林顿政府对印度的核试验进行了谴责,并根据 1994 年《武器出口管制条例修正案》对印度进行了广泛的经济制裁。俄罗斯既不公开谴责印度,也没有进行制裁。1998 年 12 月,普里马科夫在访问印度期间表示继续致力于同印度的特殊关系。两国签署了为期 10 年的军事技术合作协定和发展贸易、经济、工业、财政、科学技术合作等文件。双方主张建立新的公正、平等和稳定的世界秩序。普京上台执政后更加注重发展同印度的关系,把加强同印度的合作确定为俄罗斯外交政策的最优先问题之一。2000 年 6 月印度外长访问俄罗斯,双方讨论了共同关心的广泛问题,决定在建立多极世界中进行密切合作。10 月 2—5 日,普京对印度进行了为期 4 天的访问,双方签署了《建立战略伙伴关系宣言》。该宣言称:双方将不参加任何针对另一方的政治—军事集团、其他联盟或武装冲突;也不加入任何侵犯对方独立、主权、领土完整或国家安全利益的条约、协议。俄印双方决定每年举行一次最高级会晤,并且签订了两国政府间防务技术合作委员会议定书。

第五,同中国建立和发展战略协作伙伴关系。

苏联解体后,中国同俄罗斯等独联体国家建立了外交关系。1992 年 12 月 17—19 日,俄罗斯总统叶利钦访问北京,双方确定了相互关系的基本原则:互视为友好国家;按和平共处五项原则发展睦邻友好和互利合作关系;以和平方式解决争端;不参加针对对方的军事政治同盟,不同第三国缔结任何损害另一方国家主权和安全的条约和协定,不允许第三国利用其领土损害另一方国家主权和安全利益。② 叶利钦访华后,中俄关系进入全面发展时期。1994 年 9 月 2—6 日,江泽民访问俄罗斯,双方达成"构筑面向 21 世纪新型伙伴关系"的共识。这是一种既不对抗,也不结盟,而是建立在和平共处五项原则基础上的长期、稳定的睦邻友好和互利合作关系。③ 1996 年 4 月叶利钦访问中国,在《中俄联合声明》中宣布双方"决心发展平等信任的、面向 21 世纪的战略协作伙伴关系"。这种关系的基本内容是相互尊重和平等;互不干涉内政;互相支持维护主权和领土完整的斗争;互不把对方视为潜在对手;互补互利,共同发展;不针对任何第

---

① Jerome M. Conley, *Indo-Russian Military and Nuclear Cooperation: Lesson and Options for U.S. Policy in South Asia*, Lexington Books, 2001, p. 63.
② 《人民日报》1992 年 12 月 19 日。
③ 《人民日报》1994 年 9 月 4 日、9 月 5 日。

三国。① 1997年4月22—26日，江泽民访问俄罗斯，双方发表了《中俄关于世界多极化和建立国际新秩序的联合声明》，宣布中俄友好、和平与发展委员会正式成立。同年11月9—11日，叶利钦访华，双方就双边关系和重大国际问题交换了意见，签署了《中俄联合声明》等文件。同时，中俄友好、和平与发展委员会在北京举行了第一次会议并通过了《关于中俄友好、和平与发展委员会活动指导原则的协议》。

中俄关系之所以得到迅速与稳定发展，是因为双方出于国家战略利益的需要，都把发展双边关系放在各自外交政策的重要位置。建立和发展战略协作伙伴关系是中俄双方的共同选择，符合两国的根本利益，也有利于国际和平与稳定。

第二节　欧洲格局的新变化

"新大西洋主义"和《欧共体—美国关系宣言》

1989年12月4日，美国总统布什在布鲁塞尔北约特别首脑会议上首次提出"新大西洋主义"概念。12月12日，美国国务卿贝克在西柏林俱乐部发表讲话，对"新大西洋主义"做了系统的阐述。他表示，美国希望在新大西洋主义的基础上创造一个新欧洲，并建议同欧共体就此问题进行讨论。

美国的"新大西洋主义"是在欧洲战后形成的政治、经济、军事格局正在发生急剧变化的时候提出来的，是美国为迎接冷战后时代的到来制定的一项对欧新战略。其目标有三：一是为美国在欧洲继续存在的"合法性"提供依据。在两大军事集团对峙的冷战时期，美国是作为北约的盟主和西欧的保护者参与欧洲事务的。现在东欧剧变、华约面临解体，苏联军事威胁基本消失，要使北约和美国在欧洲继续存在下去，就必须为北约确立新的任务，并为美国的对欧政策"重新定位"。二是着眼于后冷战时期调整美欧关系。冷战期间，美欧结盟是为了同苏联对抗，它们之间建立的是一种主从关系。现在东西方接近代替了对抗，欧共体在欧洲事务中的影响正蒸蒸日上，对美国的离心倾向越来越明显。因此，美国认为，"美欧之间需要有一个新的基础"，使之团结起来"维护共同利益，对付新的挑战"。三是建立在美国领导下的新秩序。这是"新大西洋主义"的要

---

① 《人民日报》1996年4月26日。

旨所在,其他目标都被纳入这个总目标中来。因此,"新大西洋主义"的核心内容就是按照美国的战略设想,将欧洲现存的三个组织机构——北约、欧共体和欧安会改造成为建设欧洲新秩序的三大支柱。

北约应在继续保持作为大西洋两岸共同军事组织的同时,进一步扩大职能,使之成为"一个能建立欧洲安全新结构的政治组织"。它不但要在裁军领域发挥作用,还应在"加强与东方的政治和经济联盟方面"采取主动行动。这样,北约将被改造成为全面负责欧洲地区安全的超级组织,使美国在减轻军事负担的同时,确保其领导地位不受损害。

关于欧共体,美国承认它是"大西洋关系中的一个经济支柱",并要求它在促进苏联和东欧国家转化方面发挥"越来越重要的政治作用"。但欧共体应向其他国家"开放",通过条约形式同美国建立"机构性的对话和磋商制度"。这样,就把欧共体纳入美国欧洲战略的轨道,让它承担援助苏联和东欧国家转轨的经济负担,并通过建立"机构性的对话和磋商制度",可以使美国对欧共体的事务取得过问权,防止西欧离心倾向的发展,尤其要防止欧共体建成统一大市场后,变成以美国为主要竞争对手的"经济堡垒"。

关于欧安会,美国主张扩大它的职能,使之成为"东西欧最重要的合作场所"和欧洲大陆的管理机构,从而促使苏联和东欧国家更快地实行私有化市场经济和多元化的自由选举。

此外,贝克在阐述"新大西洋主义"时,对德国统一问题给予了特别关注,提出了四点原则:(1)尊重德国人民的自决权;(2)统一后的德国应继续留在北约和欧共体内,并考虑战时盟国的权利和地位;(3)统一的进程必须是和平的、渐进的;(4)欧安会关于欧洲边界的决定必须得到遵守。

"新大西洋主义"提出后,西欧国家一般都赞赏该主义中对苏联和东欧以及对德国统一的政策,也认为"欧美关系需要有一个新的基础"。故欧共体国家外长们同贝克会晤时,原则表示愿就此问题同美国进行谈判。但有些国家对美国想主导欧洲事务的意图保持警惕。法国外长明确反对扩大北约的权限,欧共体执委会主席德洛尔不同意欧共体同美国建立条约联系。因而,在同美国举行谈判前,欧共体进行了一段长时间的内部协商,至1990年6月的首脑会议才作出同美国政府就欧美关系举行会谈的决定。经过谈判,双方于11月23日达成协议,发表了《欧共体—美国关系宣言》。[①]

---

① 霍尔斯特·凯泽:《大西洋两岸宣言:欧共体和美国关系的基础》,《外交季刊》(德国)1991年第4期,第363—372页。

《宣言》包括四个部分。第一部分是准则,确认欧美伙伴关系是在世界大家庭里促进民主、发展经济,并为巩固"新的、民主的和不再是分裂的欧洲作贡献"。为此,双方要维护北约的团结,支持欧洲一体化进程,并努力改善它们之间的关系。

第二部分简单地提到双方最重要的共同目标:在世界范围履行其调停冲突的责任,特别是加强联合国的作用;用它们的政策为世界经济实现持续增长和低通货膨胀作贡献;支持发展中国家的政治和经济改革;向中欧和东欧国家提供必要的援助,鼓励这些国家参加所有多边机构,尤其是贸易和财政领域的多边机构。

第三部分列举了当前开展双边合作的重点领域,主要有:进一步加强世界多边贸易并使之自由化;反对恐怖主义和毒品贸易;强化环境保护和防止ABC武器①以及导弹技术的扩散等。

第四部分为实现协商和对话机构化确立框架。这是《宣言》中最重要的部分。它包括以下内容:(1)欧共体理事会轮值主席和欧共体委员会主席每年同美国总统会晤两次。(2)欧共体12国外长和美国国务卿每年会晤两次。(3)如出现危机情况时,欧共体轮值主席国外长或"三驾马车"(现任、上任和下任轮值主席国)外长同美国国务卿及时进行专题性磋商,次数不限。(4)欧共体委员会和美国政府之间每年举行两次部长级会晤。(5)欧共体轮值主席向驻该国的美国大使通报关于欧洲政治合作(EPZ)开会情况。(6)双方欢迎欧洲议会和美国国会将来每年举行工作委员会一级的会晤。除此之外,《宣言》还规定,双方在一切国际组织中尽可能协调立场。只要有一方提出要求,即应进行协商。

这是美国和欧共体第一次就建立全面合作关系问题达成的正式协议。美国正式承认欧共体是它在欧洲的主要合作和对话伙伴,这件事本身就反映了双方力量对比发生重大变化的客观现实。这是有历史意义的。《宣言》没有完全满足"新大西洋主义"提出的要求,也没有使美国感到完全失望。重要的是它及时地明确了双方在历史转折时期共同面临的任务和挑战,制定了一套比较系统的对话和磋商制度,这对保证双方关系的稳定发展起了积极作用。但它没有、也不可能消除美欧之间缘于利益不一致而日益增多的矛盾和冲突。《宣言》发表后,美欧贸易摩擦愈演愈烈,争夺欧洲事务主导权的斗争日益表面化,在一些

---

① ABC武器即原子武器、生物武器及化学武器。ABC是英文"atomic weapon, biological weapon, chemical weapon"三个词的首字母。

重大的国际问题上协调行动越来越困难,以致到了1995年,美欧双方又感到需要重新调整关系。

德国的统一

1990年10月3日,民主德国正式加入联邦德国,德国实现统一。它标志战后以德国分裂为基础、美苏分治为特征的"雅尔塔格局"已寿终正寝。

由于两德统一将触动四个战胜国的重要战略利益,所以两德统一曾被人们普遍认为是遥遥无期的事。然而,它却从1989年11月9日开始,在不到一年的时间就变成了现实。

1989年11月9日,民主德国被迫开放柏林墙和与联邦德国的边界。联邦德国总理科尔敏锐地觉察到,民主德国政府已失去控制局势的能力,出现了兼并民主德国的良机,但这个时机稍纵即逝,必须迅速行动。于是,他未同四大国打招呼就于11月28日提出实现德国统一的"十点计划"[①],主张民主德国进行"根本的政治和经济改革",两德之间"发展邦联结构",最后通过自由自决实现统一。

"十点计划"提出后,不仅遭到民主德国政府的拒绝,四大国也对他的这种"鲁莽行为"表示震惊和不满。1989年12月初,美苏首脑会晤,双方一致认为,一个强大的、统一的德国不符合美苏两国的利益。[②] 法国总统密特朗也急忙同美苏两国领导人协调立场,接着于12月22日,不顾民主德国政局的急剧动荡,飞赴东柏林,向民主德国领导人表示,法国对"民主德国作为主权国家的继续存在感兴趣"[③]。英国首相撒切尔夫人直到1990年1月还对记者说:"在东欧经济和政治改革完成之前,英国反对德国实行统一"[④]。其他一些西欧国家也对十点计划持明显的保留态度,如意大利总理安德雷奥蒂明确表示,他赞成两个德国继续存在下去。[⑤] 然而,联邦德国方面并未因此而却步。它继续利用民主德国民众情绪这张牌,促使事态朝有利于统一的方向发展。十点计划虽遭民主德国政府的拒绝,却在民主德国一部分群众中激起了要求统一的声浪,局势更加动荡不安,迫使民主德国政府于1990年1月28日再次举行"圆桌会议",决定将

---

① 世界知识出版社编:《德国统一纵横》,第22页。
② 同上书,第158页。
③ 同上书,第166页。
④ 同上书,第167页。
⑤ 同上书,第163页。

原定于5月6日的大选提前于3月18日举行。联邦德国在这过程中施加的影响是显而易见的。这实际是向外部表明，两德统一是不可避免的。因为，在当时的情况下立即举行大选，必然是受到联邦德国支持的政党获胜。

鉴于两德统一已是大势所趋，四大国开始调整各自的政策。苏联首先采取主动，给两德统一开了绿灯。圆桌会议开过的当天，民主德国总理莫德罗随即飞往莫斯科同戈尔巴乔夫会晤。戈明确表示，"德国人有权统一"①。2月1日，莫德罗提出实现德国统一的"四阶段方案"。这个方案同科尔的十点计划没有太大区别，有些设想甚至更具体。不同之处主要是，该方案强调统一后的德国应当中立或非军事化。而科尔则把留在北约和欧共体内作为两德统一的前提。至此，两个德国都把统一问题正式提上日程。美国为了能够有效地控制德国统一的进程，转而支持德国统一，并积极提出建议在四大国和两个德国之间进行政策协调和外交斡旋。由于美苏改变了态度，法英也只好顺应形势，把注意力移到如何制约未来统一的德国上去。

2月13日成了又一个转折点。这一天，四大国外长和两德外长利用出席渥太华北约和华约"开放天空"会议的机会，共同制定了被称为"外交杰作"的"2+4"方案，即先由两德解决"内部"统一问题，再由两德同四大国一起解决"外部"问题。这表明，四大国已默许联邦德国放手推行其统一计划。

这样，联邦德国当局开始无所顾忌地公开操纵民主德国3月的大选，以期通过这次选举在民主德国成立一个"以尽快统一"作为其施政纲领的新政府。为此，联邦德国成立了以科尔总理为主席的"德国统一内阁委员会"，并动员全国上下以及各行各业同民主德国建立对口合作，以造成统一的大气氛。在民主德国竞选期间，联邦德国朝野各党，都从人力、物力、财力等方面对民主德国的"姊妹党"鼎力相助。科尔本人以基民盟主席的身份在一个半月内6次亲赴民主德国，参加当地的竞选集会，为民主德国的基民盟助选。② 他明确表示，只有该党上台执政，联邦德国政府才能大规模地援助民主德国。由于他的助选，使基民盟的得票率(40.8%)大大超过了一度获胜呼声最高、主张分阶段逐步实现统一的民主德国社民党(21.8%)。选举后，组成了以基民盟为主体的五党联合政府，提出了基本体现科尔政府意图的施政纲领，两德很快就统一的目标、方式和时间表达成一致。③ 至此，两德统一已成水到渠成之势。接着，通过以下三个

---

① 《德国统一纵横》，第151页。
② 参见《世界知识年鉴(1990—1991)》，第9、37页。
③ 《德国统一纵横》，第139页。

步骤最终完成了统一大业。

第一,两德于5月12日就"货币、经济和社会联盟"的一揽子条款达成协议,并于18日正式签署。它亦称"第一个国家条约"①。依照货币联盟有关条款的规定,从7月1日起,在民主德国使用联邦德国马克,统一两德货币。联邦德国的联邦银行同时取代民主德国中央银行,主管两德的货币和信贷政策。有关经济联盟的条款规定,在民主德国全面开始实行联邦德国的社会市场经济制度;直接引进联邦德国的主要经济法规;建立"托管局",负责民主德国国有资产的私有化和改造。有关社会联盟的条款规定,按联邦德国模式在民主德国建立独立于国家财政的社会保障制度,实行养老、失业、医务和工伤事故等四大社会保险。该条约的签署和生效,标志民主德国从此放弃了国家的经济和财政主权,为完成两德统一迈出了决定性的一步。

第二,两德于8月3日签订了第二个国家条约:《关于恢复国家统一的条约》。条约规定,民主德国恢复1952年7月23日行政区划改革前的5州建制,并于10月3日按联邦德国基本法第23条集体"加入"联邦德国,使用联邦德国的国名、国旗、国歌和国徽;统一的德国首都设在柏林,政府和议会所在地待统一后再定。条约规定,联邦德国的基本法为全德宪法,联邦德国的所有国内法和它签订的所有双边和多边国际条约、协定以及欧共体的有关法律和条约,从统一之日起都自动延伸到民主德国,与此有抵触的但又需沿用的民主德国法律只作为州法律,民主德国签订的国际性条约、协定,须同联邦德国商谈后再确定是否沿用。对民主德国成立后没收的私人房地产,条约规定原则上一律退还。如已用于有利于发展经济和就业的目的,则由政府出面谈判并给予赔偿。② 条约签订后,联邦德国政府各部门随即向民主德国各相应部门派出庞大的工作组,从经济、内政、外交和国防各个领域对民主德国实行全面接管。统一条约的签订,表明两德统一的内部问题已基本解决。

第三,1990年9月12日,两德和四大国外长在莫斯科正式签署《最后解决德国问题的条约》,解决了与两德统一有关的"外部"问题。条约共10条,主要内容是:(1)两德的边界是统一后的德国"最终的"外部边界。德国现在和将来都不对任何国家提出领土要求。(2)两个德国政府重申,"在德国土地上只会出现和平的声明","不允许"采取破坏人民和平相处的行动,"特别是为进行侵略战争做准备的行动"。(3)统一的德国"放弃制造、拥有和控制核武器、生

---

① 《德国统一纵横》,第39—44页。
② 同上书,第64—72页。

物武器与化学武器",并在 3—4 年中把武装部队人员减少到 37 万人(陆、海、空军)。(4)苏联驻民主德国和柏林部队到 1994 年底全部撤离。(5)苏军撤离民主德国和柏林期间,只有不归北约指挥的德国本土防御部队才能驻扎该地区,驻扎在柏林的非德国武装力量的军队和装备数量不得增加,也不得引进新的武装品种。(6)不对统一后的德国的联盟归属问题做任何规定。(7)四大国将结束它们有关柏林和整个德国的权利和义务,并解散所有有关的四大国机构。统一后的德国将享有内政和外交事务的完全主权。①

10 月 1 日,四大国外长在纽约发表联合宣言,宣布从 10 月 3 日两德统一之日起,中止四大国对德国的权利和义务。10 月 3 日零时,民主德国正式加入联邦德国,德国实现统一。

1994 年 8 月 31 日,在柏林举行了隆重仪式欢送最后一批俄国部队。9 月 8 日,美英法的士兵离开德国,表明德国恢复完全主权。②

东欧剧变和德国统一,促进了欧安会进程和"巴黎宪章"的诞生。欧洲开始进入冷战后的新时期。

《新欧洲巴黎宪章》

1990 年 11 月 19—21 日,在巴黎举行的欧安会特别首脑会议通过了《新欧洲巴黎宪章》等三个文件,正式宣告东西方冷战结束,被认为是"欧安会进程最重要的事件"。

举行这次特别首脑会议的主意是苏联领导人戈尔巴乔夫于 1989 年 11 月首先提出来的。当时,东欧局势剧烈动荡,德国统一的"幽灵"已开始在欧洲大地徘徊,新的不稳定因素不断出现,北约和华约这些在冷战时代建立的组织,面对这些新的挑战感到束手无策。正是在这种情况下,戈氏提出让欧安会在维护欧洲安全问题上发挥更大的作用,并建议在 1990 年底之前召开一次欧安会首脑会议。法国总统密特朗率先表示支持,并建议会议在巴黎举行。然而,这一建议却遭到美国的抵制。因为它担心这会影响北约的作用。直到它看到美欧讨论"新大西洋主义"有所进展,看到苏联开始从东欧撤出第一批军队并同意在常规裁军问题上作出实质性让步之后,才改变了态度。随后,欧安会 35 国外长于 1990 年 6 月在哥本哈根聚会,正式将欧安会首脑会议的时间、地点和议程确定了下来。

---

① 《德国统一纵横》,第 72—85 页。
② 《德国》杂志,波恩联邦政府新闻与信息局出版,1995 年第 4 期,第 21 页。

苏联、美国、西欧对举行这次会议各有打算。苏联倡议召开这次会议,是根据其"欧洲大厦"设想,企图把欧安会建成"泛欧安会组织",用以取代华约和北约两大军事集团。美国和西欧也都希望将欧安会纳入它们各自的"新大西洋主义"和"欧洲人的欧洲"的战略设想。不过,在近期目标上,它们是一致的,那就是通过这次会议达成的协议,把西方的价值观念和经济、政治制度变成苏联和东欧国家的行为准则,并通过裁军协议,削弱苏联的常规军备优势,进而把苏联挤出东欧。在会议举行前,由于苏联国内政治、经济形势已迅速恶化,急需西方援助,加上其东欧盟友们纷纷倒向西方,致使它在谈判中的地位变得相当虚弱,无力同西方讨价还价。因此,最后达成的各项协议,基本上体现了西方的愿望和意志。①

由于德国已经统一,参加这次会议的是34个欧安会成员国的国家元首和政府首脑,包括华约和北约的22国,以及欧洲的全部中立和不结盟国家。日本和阿尔巴尼亚以观察员身份列席了会议。这次会议的任务就是通过和签署已在会前达成的三个协议。作为前奏,先由华约和北约22国签署了《联合声明》和《限制欧洲常规武装力量条约》。

《联合声明》宣布,华约和北约"不再是敌人",它们"将建立新的伙伴关系并互相表示友好","加强政治磋商",决心为裁军作贡献。

《限制欧洲常规武装力量条约》对北约和华约两大集团从欧洲的大西洋海岸到乌拉尔以西的常规武器装备规定了同等数量的限额,并制定了透明度很高的监视条款,以期使任何一方都不能搞突然袭击。对双方规定的限额是:20 000辆坦克,20 000门大炮,30 000辆装甲战斗车,6800架作战飞机,2000架攻击直升机。其中对苏联的限额为:13 000辆坦克,13 700门大炮,20 000辆装甲车,5150架作战飞机,1500架攻击直升机。为执行该条约,苏联要销毁的武器装备比北约所有国家减少的武器总和还要多得多,而美国则利用一项"串联"原则,将其大约2000件较新装备转给了盟国,它一件都未销毁。

这次会议结束前,34国国家元首和政府首脑通过《新欧洲巴黎宪章》,它包括三部分:

第一部分,民主、和平和统一的时代。主要确认了共同的价值观和政治、经济、社会制度。它肯定,"德国的统一是对在统一、民主的欧洲范围建立公正持久的和平作出的重大贡献",宣布签约国的责任是"持久地推动建立在人权和基

---

① 《纽约时报》1990年11月22日载文称,《宪章》的"这些价值观和目标实际上是西方的价值观和目标"。

本自由基础上的民主制度；通过经济自由和社会公正实现社会繁荣；各国都享有平等的安全"，以此要求各国"建立人权、民主和法制国家"，"发展市场经济"和"成员国之间的友好关系"。针对东欧剧变暴露出来的民族冲突和领土纠纷等问题，《宪章》要求签约国不以武力或武力威胁的办法来破坏别国领土完整或政治独立，并决定建立一种保障制度，以防止成员国间冲突之发生。《宪章》还"承认各国在安全方面有作出自己的安排的自由"，这实际上是为统一后的德国以及东欧国家将来参加北约等组织开绿灯。

第二部分，未来的方针。它确定了签约国的共同任务及其行为准则。在人道方面，规定要"同各种形式的种族仇恨、排犹主义、排外行为、对任何人的歧视行为以及出于宗教或意识形态动机的迫害行为作斗争"；要保证"各国公民之间的自由来往和思想的自由交流"。在安全方面，希望成员国之间进行有组织的合作，以便就裁军问题和加强信任与安全问题进行新的谈判；要求尽早地签订关于普遍、全面、能切实实行检查的禁止化学武器的公约；通过双边和多边合作消除恐怖主义；根据国际法准则，和平地解决可能出现的任何纠纷。在经济合作方面，继续支持苏联和东欧国家向市场经济过渡，使它们加入国际经济和财政体系。

第三部分，欧安会的新结构。它规定将设立以下新机构和新制度：（1）部长理事会，即外长会议，定期聚会，每年至少一次。它研究欧安会所属问题，负责准备首脑会议。下设一个高级官员委员会，为部长理事会做准备。（2）秘书处，设在布拉格，负责日常事务。（3）预防冲突中心，设在维也纳，负责交流各国军事情报，核查各国的军备状况，预防冲突，调解纠纷。（4）自由选举局，设在华沙，主要的任务是监督苏联和东欧这些转轨的国家的自由选举。秘书处、预防冲突中心和自由选举局都对部长理事会负责，部长理事会有权确定它们的任务和运作方式。以上机构，后来又有一些新的发展。

1992年7月在赫尔辛基举行的第3次欧安会首脑会议，确定欧安会是联合国的"地区性机构"。无论是欧安会成员国之间还是成员国内部发生冲突，欧安会均可执行联合国的维持和平行动。1994年12月在布达佩斯举行的第4次首脑会议，又决定将欧安会改名为"欧洲安全与合作组织"（简称"欧安组织"），以加强其在解决地区冲突、维护地区稳定方面的作用。然而，由于它没有军事手段，且美、俄、西欧大国之间的利益和战略目标不一致，使它在这方面的作用受到很大的限制。

《新欧洲巴黎宪章》的通过，标志着欧洲正式进入后冷战时期。它对稳定过渡时期的欧洲局势起了积极作用。但同时它也刺激了西方国家企图把它们的价值观和政治、经济制度强加于全球的野心。美国总统布什在通过《宪章》的会议上发表讲话时声称:"法制必须成为全球的准则",如果法制在别的地方受到歧视,冷战在欧洲结束将会成为"一个空的花环"。欧共体领导人也表示,欧共体将为建立一个"更尊重人权和有共同价值观的国际秩序作更大的贡献"。自此之后,以美国为首的一些西方国家更加频繁地采用政治施压、经济制裁乃至武力威胁等各种强权手段,压广大发展中国家按照它们的要求实行"多党制"和"私有制市场经济",并打着"人权无国界"的幌子,恣意干涉别国的内政,导致南北冲突的加剧,造成一些国家的社会动荡。南斯拉夫发生的悲剧就同西方的这种错误政策有很大关系。

《欧洲联盟条约》

1991年12月9—10日,在荷兰小城马斯特里赫特举行的欧共体第46次首脑会议,通过了《欧洲联盟条约》(俗称《马斯特里赫特条约》,简称"马约")。它规定欧共体今后的任务是实现经济货币联盟和政治联盟,将欧共体由一个经贸集团建设成为一个具有强大经济实力并执行共同外交和安全政策的政治实体,实现一次大的质的飞跃。

这次缔约活动始于1989年底,只用了两年的时间就办成了过去二三十年一直想办而没有办成的事。这主要是由于受到以下一些因素的推动:

首先是德国统一的震动效应。两德统一问题一露苗头,立即在西欧引起广泛的不安。西欧国家担心统一后的德国重新支配欧洲。为了防止德国自行其是,法国率先提出德国统一"必须置于欧洲一体化进程中",并要求德国同它一起推动货币联盟的建立。德方为消除西欧国家的担忧,赢得它们对德国统一的支持,不仅同意法国的建议,而且提出货币联盟应与政治联盟同步发展。对此法国也表示赞同,从而形成法德合力推动的局面。

其次,东欧国家转轨后,都要求加入欧共体。面对扩大的压力,欧共体需要加强自身建设,避免大门一开,被"淡化为一个不确定的自由贸易区"。

最后,欧洲和世界都在急剧演变。欧共体想要在建立欧洲新秩序过程中发挥主导作用,并在多极化世界中争得一席之地,必须不失时机地将自己建设成为一个强大的经济和政治实体。

基于以上原因,欧共体国家在这次缔约活动中表现出来一种强烈的紧迫感。1989年12月12日,在斯特拉斯堡举行的首脑会议上,11国首脑不再顾及英国的反对,断然作出在1990年12月底以前召开关于货币联盟政府间会议的决议。1990年4月19日,法国总统密特朗和德国总理科尔又联合倡议在当年年底召开关于政治联盟的政府间会议,并比较顺利地得到于6月举行的都柏林首脑会议的认可。这两个政府间会议分别于12月14日和12月15日开始举行。经过一年的谈判,最后在马斯特里赫特首脑会议上草签了《欧洲联盟条约》。

《欧洲联盟条约》包括《欧洲经济货币联盟条约》和《欧洲政治联盟条约》。

《欧洲经济货币联盟条约》详尽地阐明了经济与货币联盟的总目标和分三个阶段实施的具体步骤:

第一阶段始于1990年7月1日,主要目标是:(1)与统一大市场同步,协调宏观经济政策。为此,将制定普遍适用的经济政策指导方针和建立相应的监督制度。(2)确保资本自由流通。(3)成员国货币都应加入欧洲货币体系和汇率体系。

第二阶段是过渡阶段,规定从1994年1月1日开始。其任务是:(1)进一步实现经济、货币、财政政策的趋同,各国中央银行采取步骤逐步建立独立的欧洲中央银行。(2)建立欧洲货币局,负责监督欧洲货币体系,接管欧洲货币合作基金的职能,为第三阶段货币统一做准备。(3)规定成员国进入第三阶段必须达到4项严格的经济标准:通货膨胀率不超过三个比率最低成员国平均数的1.5%;利率不得超过三个比率最低成员国平均数的2%;预算赤字不超过国内生产总值的3%;公共债务不超过国内生产总值的60%。

第三阶段是完成阶段。其目标和步骤是:(1)规定在1996年年底之前,由财长理事会和欧洲货币局对成员国的经济状况进行评估,如达标超过7国并经欧洲理事会确认,即可于1997年1月实施统一货币。否则最迟于1999年1月1日进入第三阶段。(2)至迟到1998年7月1日建立独立的欧洲中央银行体系,它是有权批准在参加国发行欧洲统一货币的唯一机构。(3)第三阶段生效之日,欧洲理事会将确定参加国货币同欧洲统一货币的兑换率。

直接涉及经货联盟附加书的内容有:(1)宣布欧共体走向经货联盟的行动"不可逆转";(2)给予英国是否以及何时参加单一货币自行作出决定的例外权;(3)给予丹麦就加入单一货币举行全民公决的权利;(4)承诺为西班牙、葡萄牙、希腊、爱尔兰4个经济欠发达国家设立特别基金,促其加速发展经济,尽快达标。

《欧洲政治联盟条约》对英国做了让步,删去了草案中建立"欧洲联盟"的提法,而将建立"更为紧密的国家联盟"确定为基本目标。因为条约涉及的多是有关国家主权等敏感问题,各国在认识上分歧较大,故其中的许多共同政策只提出了目标,而无实施步骤。条约包括以下几个方面:

共同外交和安全政策:(1)12国同意就重大国际问题采取共同立场和"共同行动",逐步实现共同的外交和安全政策;(2)有关重大决策由欧洲理事会全体一致作出,它有权宣布外交和安全政策的某些领域(如军备产品出口管制,核不扩散等等)为"共同行动"对象。具体政策和实施计划由部长理事会以特定多数作出。(3)确定为"共同行动"的领域对成员国的国际活动具有约束力;没有被确定为"共同行动"的领域,成员国也有义务密切协调并需顾及共同体的外交和安全政策。(4)西欧联盟是欧洲联盟的重要组成部分,将逐步发展为欧洲联盟的防务政策臂膀,负责制订和执行联盟在防务方面的决定和行动,加强北约中的欧洲支柱。

共同的司法和内政政策:(1)条约规定,成员国在司法和内政事务的问题上开展广泛合作,逐渐发展为共同政策。它被视为欧洲联盟的第三根支柱。(2)条约规定,护照政策、避难政策和移民政策以及反毒品斗争等由共同体负责。成员国的司法部门要在关税制度、反毒品交易以及同其他形式的严重国际犯罪行为作斗争的问题上开展合作;(3)建立欧洲刑警中心。

共同社会政策:因英国坚决反对,其余11国签署协定,决定实行《欧洲劳动者社会基本权利宪章》,其主要内容为:

联盟公民权:(1)条约规定,成员国公民都是联盟公民。联盟公民居住在任何成员国都可以参加当地的地方选举和欧洲议会选举,有选举权和被选举权。(2)联盟公民将来可以在没有本国外交代表的国家里要求其他欧洲联盟国家提供外交和领事保护。

扩大欧洲议会权限:(1)欧洲议会在涉及内部市场、科研和环保计划、泛欧网络、保护消费者权益等问题的众多领域有共决权。若同部长理事会发生意见分歧,可诉求调解委员会;如仍达不成妥协,议会有权否决。(2)对执委会的主席和成员的任命有审议权,他们只有得到议会赞成才能就职。(3)联盟同别国以及同国际组织缔结的重要条约,需得到欧洲议会的赞同方能生效。(4)对联盟的法律有监督权。如发现有同联盟法律相抵触的嫌疑时,欧洲议会有权组织调查。(5)议会有权接受公民和法人的请愿。它将任命一名巡视员,接受公民和法人申诉并进行调查。欧洲议会还是第一次获得这么多的职权,但它还远不是一个立法机构。

马约原定于 1993 年 1 月 1 日起正式生效。由于 1992 年 6 月丹麦的全民公决否决了马约,英国宣布在丹麦于次年举行第二次公民投票之前,它不会将条约提交议会批准,德国议会也要等到宪法法院作出裁决后,才能对条约进行讨论,因此,马约陷入了批准危机,其生效时间不得不推迟。为了克服这场危机,当年 12 月爱丁堡首脑会议决定向民众大力开展有关马约的宣传解释工作,并对丹麦作出了特殊处置决定:允许丹麦参加马约后,在执行有关共同防务、共同货币以及欧洲公民权和刑警合作等条款上享有例外权。[①] 这才使丹麦舆论发生变化。1993 年 5 月 18 日丹麦举行第二次公民投票,顺利地批准了马约。随后,英国和德国也分别于 7 月和 10 月完成了批准手续。这样才有可能于 1993 年 11 月 1 日宣告 12 国的欧洲联盟正式成立,马约开始生效。

马约生效后,欧盟国家最关切的是能否按期实现货币联盟的问题,因为这是关系马约成败的关键。实施货币联盟的第一和第二阶段难度不大,都已如期进入。第三阶段的准备工作也一直在加紧进行,并取得一些进展,如成员国已达成协议,欧洲中央银行设在法兰克福,欧洲货币定名为欧元,欧元的几种面值和图案设计也基本定下来。但能否如期进入第三阶段,始终是个未知数。到 1995 年全面达到马约规定的 4 项标准的只有卢森堡一个国家,因此,部长理事会不得不提前宣布,放弃 1997 年 1 月进入第三阶段的打算。到 1998 年上半年再开会审查确定哪些国家具备了进入货币联盟第三阶段的资格。鉴于西欧国家经济近年一直处于疲软状态,短期内难有起色,到 1997 年底这一限期时,究竟有几个国家能达标,形势不容乐观。另外,欧盟中反对在这个问题上实行"两种速度"的大有人在,他们担心这会导致欧盟的分裂。这也是不容忽视的问题。

至于政治联盟条约涉及的各个领域也都取得程度不同的进展,但不像货币联盟引人注目。

欧洲经济区协议

1992 年 5 月 2 日,欧共体与欧洲自由贸易联盟(简称"欧贸联")在葡萄牙波尔图市正式签署《欧洲经济区协议》。欧洲一体化进程又向前迈进了重要的一步。

"欧洲经济区"的设想最初是 1977 年 5 月欧贸联维也纳首脑会议作为一个积极争取的目标提出来的,得到欧共体的积极支持。1984 年初,两个组织间实

[①] 《世界知识年鉴(1994—1995)》,第 896 页。

现了工业品自由贸易后,双方都认为,实现这一设想的条件逐渐成熟。1984年6月,欧共体与欧贸联首次举行部长级联席会议,发表了《卢森堡宣言》,正式提出建立18国"单一欧洲经济区计划"①。同年11月,双方代表就与之有关的问题举行谈判。由于欧共体方面采取恃强压弱的态度,擅自决定谈判进程,试图在经济交往中占支配地位,引起了欧贸联国家的"忧虑"。它们担心丧失主权和经济利益,结果导致谈判长期中断。

欧共体开始实施内部统一大市场计划后,对欧贸联国家触动很大。它们担心欧共体统一大市场建成后使它们处于不利地位。1988年11月28日,欧贸联日内瓦部长理事会,重申通过加强两集团的合作来推动"欧洲经济区"的主张。② 欧共体对此做了积极的回应。1989年1月,欧共体执委会主席德洛尔在欧洲议会发表讲话,建议欧贸联与欧共体共同建立一个实现商品、人员、资本和劳务四大自由流通、与欧共体统一大市场模式平行发展的"欧洲经济区"。他许诺,双方在经济区里,将是一种具有共同决策、共同管理的合作关系。③ 这个建议受到欧贸联国家的欢迎。3月20日,两个组织在布鲁塞尔举行部长联席会议,决定成立专家小组,根据这一建议精神拟订方案。10月,方案拟就,经双方讨论认可,决定于1990年初开始谈判。

谈判分两步进行。探索性会谈于1990年3月20日结束。6月20日开始正式谈判。经过16个月六轮谈判,双方在诸如载重卡车过境、捕鱼量以及建立"协调发展基金"等棘手问题取得突破,于1991年10月22日就建立欧洲经济区问题达成协议。

协议的主要内容是:(1)从1993年1月1日起,两大经济组织的19国之间实行商品、劳务、资本和人员的自由流通。(2)废除关税和进口限额,统一工业品标准,简化边境检查手续,有条件地取消双方贸易中的反倾销措施,建立公共采购的共同市场。对双方贸易中仍有争议的少数产品,作出特别安排,逐步予以解决。(3)各国相互承认学历、文凭和职业资格,加强和扩大在环保、交通、教育、科技、旅游、社会政策等领域的合作。(4)两大集团暂时保留各自现行的农业政策,但相互开放农产品市场。(5)欧贸联国家将接受和采用欧共体的1500多项法律和法规,以此奠定欧洲经济区的法律基础。欧共体新的立法是否应用到欧贸联国家,将逐项由"经济区"部长理事会以一致通过的方式决

---

① 《世界知识年鉴(1992—1993)》,第920页。
② 《世界知识年鉴(1991—1992)》,第910页。
③ 同上书,第903页。

定。但欧贸联国家不享有对欧共体立法的表决权。（6）由两个集团成员国共同组成的部长理事会是欧洲经济区的最高决策机构。（7）成立一个独立法庭,处理经济区内可能发生的纠纷及有关竞争政策的起诉事宜。

协议达成后,仍屡生风波,使协议的正式签署和生效的时间一再推迟。同年12月14日,属于欧共体的欧洲法院作出裁决,认定协议中有关成立独立的经济区法庭的规定违反了欧共体的法律。为此,协议双方经过两个多月的紧张谈判,欧贸联最终作出让步,同意取消由双方组成的独立法庭,如纯属欧贸联国家之间的案件或欧贸联占经贸额1/3以上的案件,由欧贸联法院审理,涉及双方的其他案件(约占案件总量的2/3)均由欧共体法院审理。由于这一纠纷,协议一直拖到1992年5月2日才正式签署。

然而,在协议提交各国批准的过程中,12月6日,又发生了瑞士公民投票否决协议的风波。瑞士的否决,不仅导致欧洲经济区协议推迟生效,同时也带来了一系列具体问题。其中最重要的是如何填补因瑞士退出而造成协调发展基金的短缺。根据协议,欧贸联国家应向欧洲经济区内南方欠发达国家提供20亿埃居软贷款和4.25亿埃居赠款。瑞士承担其中的27%。为解决瑞士否决带来的一系列问题,欧共体提出了一个《欧洲经济区补充协定》方案同欧贸联国家协商,双方于1993年3月17日签署了此《补充协定》,对原条约进行了补充和修改。然后,各国又履行了批准手续。《补充协定》的主要内容是:争取《欧洲经济区协议》于1993年7月1日正式生效;敦促列支敦士登脱离与瑞士缔结的关税同盟,参加经济区;决定采取减少基金贷款利息补贴的办法,来弥补地区发展基金因瑞士退出造成的差额。[1]

1994年1月1日协议生效,欧洲经济区宣告正式成立。列支敦士登因不愿解除同瑞士的关税同盟,这两个国家都没有参加欧洲经济区,使经济区的成员减至17个,包括欧共体12国和欧贸联中的5个国家。不久后,瑞典、芬兰和奥地利3国因不满其作为欧贸联国家在经济区内没有决策权,遂申请参加了欧共体,使经济区的欧共体国家增加到15国,欧贸联国家则减至冰岛和挪威两个。即使这样,成立"欧洲经济区"的意义亦不应低估。这不仅是因为它是世界最大的自由贸易区,更重要的是,它的成立标志西欧地区两个相互竞争的经济集团现在已联成一体,是欧洲一体化进程中的一个很有意义的步骤。那些尚未参加欧洲经济区的欧贸联国家,也因经济区的成立而同欧共体的关系更加密切了。

---

[1] 《世界知识年鉴(1994—1995)》,第897页。

正因如此,在酝酿"欧洲经济区"的过程中,欧共体执委会主席德洛尔曾提出建设统一欧洲的"三个同心圆"设想。设想以欧共体为核心圈,自由贸易联盟为第二圈,东欧国家及土耳其、塞浦路斯、马耳他等为外圈。外圈的国家须经第二圈进入核心。从这个设想也可看出,欧共体已把欧贸联视作其外围组织。[①]

南斯拉夫解体

在东欧自由化浪潮冲击下,南斯拉夫境内的民族分离主义势力日趋得势,最终导致联邦的解体。伴随联邦解体的是大规模的军事冲突、内战和如决堤之水的难民潮。它不仅给南各族人民带来深重的灾难,也使地区的安全受到严重威胁。因此,引起国际社会的极大关注和深切忧虑。

南斯拉夫是个多民族国家,经过二战后40多年的和平建设,国家生活的各个领域都取得长足进步,经济水准居东欧国家前列。然而,只短短几年,这样一个国家就被民族矛盾闹到解体的地步。这是内部和外部多种因素共同作用的结果。

第一,历史积怨是民族分离主义的温床。南斯拉夫的6个共和国的主要民族原本都是公元6—7世纪从欧洲东部迁徙到巴尔干定居建邦的信奉东正教的斯拉夫人。但它们先后被外部势力所征服,长期生活在不同的异族统治之下,形成了不同的文化习俗、宗教信仰和民族特性。直到1918年第一次世界大战结束后,它们才联合建立了第一个南斯拉夫王国。而王国实行的是大塞尔维亚主义,拒不承认其他民族及其正当权利,民族关系搞得非常紧张。二战期间,南斯拉夫被德国占领。德国扶植下的"克罗地亚独立国"实行种族灭绝政策,杀害了数十万塞尔维亚人。由于这一历史背景,南斯拉夫各族人民认同感不强,常因对历史人物和历史事件的评价问题爆发公开论战;每当南斯拉夫国内或周边地区出现风吹草动,民族问题便开始涌动。

第二,政策失误助长了民族利己主义。二战后,铁托元帅领导建立的南斯拉夫社会主义联邦共和国(简称"南联邦")十分重视民族平等政策。但它过多地强调民族的个性,忽视它们的共性。特别是1974年的宪法规定,6个共和国和2个自治省都拥有主权,具有国家性,联邦的重要决策要由这8家协商一致才能决定,一家不同意就不能成立,这进一步地削弱了联邦的凝聚力。结果各共和国和自治省都强调自己的民族利益,联邦"协商"经常是议而不决,决而不

[①] 《经济学家》(英)1989年11月25日。

行。发展到 80 年代后半期,斯洛文尼亚这个比较发达的共和国公开抱怨,它在联邦里吃亏"受剥削",甚至扬言要行使宪法规定的共和国分离权。

第三,东欧自由化浪潮是南斯拉夫国内民族分离主义势力膨胀的外部诱因。1988 年,斯洛文尼亚和克罗地亚率先提出"独立自主"的要求,对联邦采取抵制和不合作的态度,迫使南共联盟中央全会于 1989 年 10 月通过"政治体制改革"决议,宣布放弃"一党垄断"。随之,各共和国一下子冒出 200 多个鼓吹民族主义的政党,民族主义思潮开始大肆泛滥。

1990 年,各共和国举行首次多党制大选。结果,反对党联盟在斯洛文尼亚和克罗地亚获胜,组成非共产党政权,主张实行资本主义;在塞尔维亚和黑山,则继续由原共盟组织执政,仍坚持社会主义方向;在波黑和马其顿,由民族主义政党组阁,但原共盟组织在议会中仍有相当力量,这两个共和国的新政权持中间立场,不实行社会主义,也不反共。6 个共和国,三类政情,都要求按自己的模式改革联邦政体,互不相让,只好各行其是,联邦成了一个空架子。

大选后,6 个共和国总统开过三次会议讨论未来南斯拉夫国体问题。克、斯提出"主权国家联盟"方案,主张建立"欧共体式的邦联",而塞、黑主张联邦制,提出了"统一民主联邦国"方案。会议达不成协议,决定将这两个方案交各共和国举行公民投票决定。然而,克、斯两共和国却另有打算。它们在公民投票后,径自于 1991 年 6 月 25 日宣布独立。联邦主席团立即发表声明,谴责其"独立是非法的、无效的"。克、斯对此早有准备,不惜以武力维护其独立的决定。于是,发生了同联邦人民军的大规模武装冲突。虽然在欧共体代表团的调解下,斯、克承诺暂缓三个月脱离南联邦,但脱离联邦的决心没有改变。不过,当时塞尔维亚和黑山两共和国仍愿意留在联邦里,马其顿和波黑两共和国还想看看国际社会对待克、斯独立的态度,行为较为谨慎。因此,联合国和美国都曾警告欧洲国家,不要匆忙承认克、斯的独立,以免南局势变化过激,影响地区安全。

第四,欧共体的错误政策加速了南斯拉夫的彻底解体。南危机一出现即受到欧共体的高度关注。它积极地在南冲突各方之间进行斡旋,力图掌握解决南问题的主导权,以显示其在欧洲事务中的重要地位。欧共体起先是支持南斯拉夫保持统一的。但德国对欧共体的这一立场表示不满。它主张欧共体支持"民族自决权",并宣称,它将单独行动,承认与它有传统关系的斯洛文尼亚和克罗地亚的独立。在它的"挟持"下,欧共体改行支持所谓"民族自决权",实是分裂南斯拉夫的政策。1991 年 10 月 18 日,卡林顿勋爵在南斯拉夫问题海牙国际和会第六次全会上,代表欧共体提出全面解决南斯拉夫危机的协议草案。该文件建议南各共和国成立一个"自由的联合体",各共和国现行边界不变;对要求独立的国家,国际上给予承认,各共和国协商解决共同关心的外交和安全问题。该文件得到斯洛文尼亚、克罗地亚、马其顿和波黑等共和国的支持,却遭到塞尔维亚共和国总统米洛舍维奇和联邦军队方面的强烈反对。欧共体决定对塞尔维亚实行全面经济制裁。① 12月17日,欧共体举行外长会议,经过10个多小时的激烈争论,在德国极力坚持下,决定于1992年1月15日承认斯洛文尼亚和克罗地亚两共和国的独立。由于受到欧共体上述政策的鼓舞,马其顿和波黑两共和国的议会分别于1991年11月20日和1992年3月3日宣布独立。欧共体明知波黑议会多数派独自宣布共和国独立是个充满杀机的行动,它仍然于4月6日宣布承认波黑为独立国家的决定。这一决定导致了两个严重后果:一是南斯拉夫的彻底解体。4月7日,剩下的塞尔维亚和黑山两共和国决定组成南斯拉夫联盟共和国。至此,南斯拉夫最终被一分为五。二是在波黑引发了一场持续了三年多的残酷内战。②

波 黑 冲 突

南斯拉夫解体后,波黑冲突成了前南危机新的焦点。它发展为欧洲自战后以来持续时间最长、后果最惨烈的一场战争,造成了20万人丧生、270万人沦为难民,震撼了欧洲,也震惊了世界。

波黑冲突缘于波黑境内3个主要民族在波黑独立问题上的分歧。在波黑议会中共占据58%席位的穆斯林族和克罗地亚族主张波黑独立,塞尔维亚族反对,它宣称,如波黑独立,它将脱离波黑而独立,双方立场严重对立。后来穆、克两族利用其在议会中的多数地位,不顾塞族的抵制,于1992年2月29日—3月1日就波黑独立问题举行全民公决,得到62.6%选民的支持。接着,他们又在塞族退席的情况下,强行以议会的名义宣布波黑独立,从而激化了他们同塞族的矛盾。于是,三族都抓紧扩建准军事力量,准备兵戎相见,并已在一些地方陆续发生了地盘争夺战。就在这高度敏感的时候,欧共体和美国于4月6日和7日先后宣布承认波黑独立,这无异于给这个"巴尔干的火药桶"拉响了引爆器。塞族立即宣布成立独立的"波黑塞尔维亚共和国",大规模内战由此引发,并迅速蔓延到波黑全境。尽管国际社会做了大量的调停工作,都无法使之停止下来。

---

① 《世界知识年鉴(1992—1993)》,第9页。
② 意大利社会民主党领袖路·普雷蒂1992年4月12日指出,正是欧共体要对波黑内战"承担严重的道义和政治责任"。

波黑冲突表现得如此尖锐、激烈,同它所处的地缘环境及其独特的民族结构有关。

波黑地处南斯拉夫中部,四面同克罗地亚、塞尔维亚和黑山3个共和国接壤,历史上是克、塞两国争夺的地区。它既不是一个单一民族的国家,也没有一个能起核心作用的主体民族。其境内的穆、塞、克3个主要民族分别信奉伊斯兰教、东正教和天主教,各占波黑人口的43.7%、31.4%和17%。这种民族结构同南斯拉夫相似,故素有"小南斯拉夫"之称。当波黑作为南联邦的一个共和国存在时,这几个主要民族间不存在支配与被支配的问题,还能够和睦相处。一朝宣布独立,立即显示出来没有任何力量再能把它们凝聚在一起。因为塞、克两族都心向它们背靠的母国,追求的是实现"大塞尔维亚"和"大克罗地亚"的目标,主张在波黑实行裂土而治。真正希望建立统一国家的,只有穆族一家。因此,在谋求波黑独立时,克族和穆族是同路人,这个目的一达到,它们就分道扬镳了。这时,克族和塞族在国体问题上的共同语言远比同穆族的多。如1992年3月,波黑3方在欧共体代表的斡旋下,曾就波黑的未来进行谈判,塞、克两族代表都主张建立由3个语言区组成的主权国家。① 塞族宣布成立独立的共和国后不久,克族也成立了"赫尔采格—波斯尼亚克罗地亚共和国",都是朝这个方向采取的步骤。在内战中,克族主要不是同军事实力比它强大的塞族作战,而是同比它弱的穆族争地盘。到1992年底,塞族和克族分别占据了波黑60%和30%的领土,实现了它们的军事目标。这时,它们都力图在实际占据的领土的基础上,划定边界,按"瑞士模式"建立联邦制。但穆族仍坚持要建立以它为主体的统一的国家,发誓要"解放""被侵犯"的领土。② 故战争只能继续打下去,而且越打越激烈,越打越残酷。在战斗中,克罗地亚共和国派出4万正规军为克族助战,塞族同其母国塞尔维亚共和国一直保持着密切的联系,而穆族也从一些伊斯兰国家得到武器和人力的支援。正是波黑冲突"国际化"的性质,最让国际社会担心。因为它随时都可能使波黑战火向外蔓延,引起新的地区冲突。为此,联合国在波黑采取了历史上最大的维和行动,其任务除了向波黑人民提供人道主义援助外,就是为遏制战乱的蔓延进行预防性部署。在这方面,联合国的维和行动是有成效的。

尽管波黑冲突各方在战场上斗得你死我活,但最后的政治解决在很大程度上还得取决于西方大国的政治意向。

---

① 《波黑内战为何不止》,《世界知识》半月刊1992年第17期。
② 《世界知识年鉴(1993—1994)》,"前南斯拉夫局势",第1—3页。

应该说，欧美处理波黑冲突的基本方针是一致的。它们都主张在现有的边界内建立一个统一的主权国家。依此，它们在调解过程中实行扶穆族、压塞族的方针，并把南联盟视为塞族的"后台"予以孤立和制裁，以迫使它停止对塞族的支持。1992年在欧美和伊斯兰国家的推动下，通过了对南联盟实行贸易、航空和外交制裁的第757号决议，美欧国家随即派遣大批海军封锁了南联盟的海岸线。此后，安理会还多次应它们的要求通过了加强对南联盟制裁的决议，给南联盟的经济生活造成巨大的困难。

然而，欧美在主导权问题上的明争暗斗相当激烈，步调不一致，使它们的共同方针实行起来很不顺利。尤其是在前半期，以法国为代表的欧共体国家表现得雄心勃勃，他们反对北约插手，主张由欧共体协同联合国领导调解工作。为此，1992年8月，欧共体同联合国共同主持召开了前南问题伦敦国际会议，由它们各指派一名代表担任指导委员会的两主席，共同负责寻求政治解决办法。而这时的美国则采取隔岸观火的态度，对欧洲人谋求和平解决的各种努力和呼吁消极应付，还不时提出一些诸如"解除对穆族武器禁运"、"空袭塞族"等令欧共体国家为难的主意，对欧共体国家强烈要求它向波黑派遣维和部队的问题，则坚决予以拒绝。结果，欧共体国家软弱无力的一面逐渐暴露出来。先是伦敦国际会议两主席提出的"万斯—欧文计划"(1993年初)和"欧文—斯托尔腾贝格计划"(1993年8月)，分别因塞族和穆族拒绝其领土划分方案而流产。接着，欧共体于1993年11月提出的全面解决前南问题的一揽子和平计划，又因发生炮击萨拉热窝露天市场的严重事件而搁浅。至此，法英等欧共体国家感到无力控制波黑的混乱局势，强烈要求美国站出来共撑危局。于是，美国开始从后台走向前台，从欧共体手中取走了主导权。

美国的方针是以武力威慑为后盾，实现"强制性的和平"。它走向前台做的第一件事，就是要求联合国秘书长授权北约可以动用空中力量保护维和行动。接着，组成美俄英法德5国联络小组，取代前南问题伦敦国际会议两主席，负责波黑问题政治解决事宜。然后，按照其"联邦+邦联+邦联"的构想采取步骤。①这个构想的主要内容是，由波黑的穆、克两族组成联邦，这个联邦既同波黑塞族组成统一的邦联国家，同时也同克罗地亚共和国建立邦联关系，以制衡塞族。

美为此采取的第一个步骤是，对波黑穆、克两族以及克罗地亚共和国做工作，促成三方于1994年3月18日签署了《华盛顿协议》，同意建立"联邦+邦

---

① 怀新：《美国打开波黑政策闸门》，《世界知识》1994年第8期，第30页。

联"的关系。

第二步是同 5 国联络小组其他成员协商,于 7 月 5 日共同推出了一个新的波黑版图划分方案,确定穆、克两族与塞族拥有土地的比例为 51∶49。[①] 这意味着塞族必须让出 1/3 由它占据的土地。加上在版图划分上对穆族的要求照顾较多,将塞族辖区分割得支离破碎,因而遭到塞族议会的拒绝。

第三步是三管齐下,逼塞族就范。一是对南联盟以加重制裁相威胁,迫使它宣布中止同塞族的一切政治、经济联系,封锁与波黑塞族区的边界,将塞族置于孤立无援的困境。二是动用北约空军对塞控区的重要军事目标频繁地发动空袭,基本摧毁了塞族的防空和指挥通信系统,使塞军完全失去了大规模进攻能力。[②] 三是支持穆、克军队利用北约空袭之机,在克罗地亚政府军的配合下,联合向塞控区发动大规模进攻,将塞控区缩小到大致同版图划分方案相近的程度。塞族终于坚持不住了,宣布接受 5 国联络小组的方案。

最后,美国把波黑、克罗地亚和塞尔维亚 3 国总统召到美国,在俄亥俄州代顿市附近的空军基地就全面结束波黑冲突举行封闭式的"最后谈判"。1995 年 11 月 21 日,三方达成《波黑和平协议》。协议规定,波黑将继续作为主权国家保持统一,由穆、克联邦和塞族共和国两个政治实体组成邦联,双方分别控制 51% 和 49% 的领土,各方均可保留军队。[③]

《代顿协议》的签署,标志波黑终于实现了"强制性和平"。同时,通过这件事,欧洲国家认识到欧共体还不能取代美国在欧洲安全事务中的重要作用,初步缓解了欧美近几年来在这个问题上的较量。但这毕竟是"强制性的和平",落实《代顿协议》的内容将是十分艰巨的过程,一旦外国军队从波黑撤走,冲突是否还会再起,国际社会将十分关注。

科索沃战争

北约轰炸塞尔维亚的目的是让北约部队进驻科索沃,进而分裂瓦解塞尔维亚,摧垮米洛舍维奇政权,改变该地区的政治地图,从而把整个巴尔干地区置于自己的控制之下。美国把北约盟国拉入对南联盟的军事行动,一方面借用欧洲盟国的力量谋取本国的私利,同时凸显美国的领导地位和作用,牵制欧洲的一

[①] 寒放:《波黑:当前形势和五国方案》(图解),《世界知识》1994 年第 24 期,第 14 页。

[②] 克里斯托弗·贝米拉:《北约是怎样使塞族的指挥系统瘫痪的》,《独立报》(英国) 1995 年 9 月 17 日。

[③] 李君:《和平从代顿起步?》,《世界知识》1995 年第 24 期,第 23 页。

体化进程。

科索沃问题的由来

科索沃是南斯拉夫联盟塞尔维亚共和国的一个省。在近200万人口中,阿尔巴尼亚人占90%。1974年宪法曾给予该省广泛的自治。但是,阿族中的一些分离主义者一直谋求独立。1991年9月阿族举行"全面公决",99.87%的人主张独立,决定成立"科索沃共和国"。1992年5月24日选举130人组成议会,并成立政府。塞尔维亚共和国拒绝承认其合法性。科索沃出现了"两个政权并存"的局面。1995年11月解决波黑战争的《代顿协议》签署后,科索沃冲突不断扩大。

1998年2月28日,科索沃首府发生流血冲突。阿族分裂主义武装分子袭击执行正常巡逻的塞尔维亚警察。在冲突中4名警察和16名武装分子丧生。阿族人走上街头示威游行,并呼吁美国采取措施保护他们的"安全"。阿尔巴尼亚政府要求南联盟政府采取有效措施,呼吁西方大国进行干预。随后大批阿族武装分子潜回科索沃,从此冲突不断加剧。美国借机将科索沃的冲突国际化。3月18日,美国特使称从人权和地区安全而言,科索沃问题已经不再是南联盟内部的问题,而是国际问题,需要国际干预。他以经济制裁相威胁,试图迫使南联盟政府做出相应的让步。6月11日,北约国防部长在布鲁塞尔制订了干预科索沃问题的方案:建立"禁飞区"和"非重武器区",对南联盟人民军的某些目标进行空中打击。9月23日,联合国安理会通过第1199号决议,呼吁科索沃冲突双方立即停火、开展对话,政治解决争端。10月7日,北约秘书长称对南联盟实施空中打击的倒计时已经开始,北约已做好了采取行动的准备。10月13日,南联盟领导人米洛舍维奇同美国特使霍尔布鲁克达成谅解,同意彻底执行第1199号决议,从科索沃撤出武装力量,接受欧安组织向科索沃派遣的2000名国际观察员,答应就科索沃自治安排谈判时间表。在北约规定的最后期限1月27日之前,南联盟从科索沃撤出了4500名武装警察和几支人民军部队,完成了大部分的撤军任务。南联盟停止了在科索沃的军事行动,并准备同阿族人进行政治对话。但是,科索沃解放军并不理会安理会的决议,不时发动对平民和警察的袭击。美国出于主导科索沃问题的考虑,迫使阿族签署一项临时协议,确认南联盟的领土完整,要求科索沃解放军在协议生效后30天内解除武装。

1999年1月15日,塞尔维亚警察同阿族武装分子发生大规模冲突。数十个阿族武装分子在冲突中丧命。欧安组织观察团团长沃尔克在16日向新闻界宣布,塞尔维亚警察屠杀了45名手无寸铁的阿族平民,犯下了惨无人道的滔天大罪。他的讲话引起了国际社会的高度关注。联合国秘书长发表讲话对屠杀平民事件深表震惊。北约举行紧急会议,北约秘书长严厉谴责屠杀无辜平民。但经过由芬兰、白俄罗斯和南联盟三国法医小组的鉴定,所谓被屠杀的平民是死于交战中的阿族武装分子。南联盟决定驱逐制造屠杀谎言的沃尔克,并增加在科索沃爆发武装冲突地区的兵力部署。

1999年1月29日,前南问题国际联络小组发表声明,要求南联盟政府和阿族代表2月6日在巴黎市郊的朗布依埃举行谈判。西方国家的和平方案是:(1)保障南斯拉夫领土的完整,科索沃自治设定3年过渡期。在此期间政府负责外交、国防等事务,科索沃民选政府有权安排除此之外的一切事务。(2)北约派维和部队进驻科索沃。2月6日开始的第一轮谈判没有取得进展,双方均不接受协议。第二轮谈判在3月15开始,阿族代表当天就签了字。南联盟不同意外国军队进入科索沃,对协议持强烈的反对意见。西方国家对南联盟施加巨大压力,美、英、法外长均发表强硬讲话。3月20日,美国国务卿奥尔布赖特飞抵巴黎,称打破僵局的钥匙掌握在米洛舍维奇手中,如果谈判破裂,北约将立即给予南联盟强大的军事打击。北约不断向马其顿增派军队,向塞尔维亚施加军事压力,并准备随时进入科索沃。塞尔维亚在科索沃布重兵以防不测。3月23日,美国特使霍尔布鲁克宣布他同米洛舍维奇的谈判破裂。

3月23日,北约秘书长在布鲁塞尔北约总部向记者们宣布:"所有通过谈判解决科索沃危机的办法均以失败告终,现在除了军事行动外别无选择。为此,我已经下达了轰炸南联盟的命令。北约19个成员国一致同意我的这一决定。"南联盟总理在国家电视台宣布:南联盟因面临着战争危险,所以进入紧急状态。南联盟社会民主党秘书长在议会表示:"不管什么理由,不管付出多大的代价,我们决不允许外国军队进驻南联盟的领土,哪怕是遭到轰炸。"

美国与北约对南联盟的战争

1999年3月24日下午,米洛舍维奇发表《告全体同胞书》。他宣布国家处于危险之中,表示将为捍卫祖国的主权和领土完整而尽力。当天晚上,美国及北约开始了对南联盟实施军事打击的"盟军力量行动"。[①] 南联盟总理发表宣言,呼吁安理会制止北约对南联盟的侵略。北约的第一阶段空袭主要针对南联盟的战略目标,包括地面防空设施、地对空导弹基地、雷达、指挥部和通讯中心。3月27日进入第二阶段。袭击目标扩大到兵营、空军基地、军事设施和武器库。

---

① 参加军事行动的北约国家有美国、英国、加拿大、法国、德国、意大利、荷兰、西班牙。

4月3日北约轰炸贝尔格莱德市中心,开始第三阶段的军事打击。北约不断扩大军事袭击目标,包括道路和通信设施等。北约还加大对南联盟的经济制裁,开展心理战。北约的目标是迫使米洛舍维奇同意从科索沃撤出军队和警察,让外国军队进驻。

北约在不断加强军事打击的同时炮制了政治解决的"和平建议"。5月5日,八国集团即美、英、法、德、意、加、日、俄的外长在波恩举行会议,确定了政治解决科索沃问题的原则。

1999年6月3日,在俄罗斯特使切尔诺梅尔金、芬兰总统阿萨蒂萨里和美国副国务卿塔尔博特的外交斡旋下,南联盟同意在八国集团提出的原则基础上拟订和平计划。6月8日,八国集团就有关结束科索沃冲突条件的决议草案达成一致意见。6月10日,南联盟接受八国集团的条件,从科索沃撤军。北约宣布暂停轰炸。安理会以14票赞成、1票弃权通过相关决议。北约发动的科索沃战争宣告结束。

根据联合国安理会6月10日通过的第1244号决议,科索沃国际部队由北约成员国和非北约成员国组成。除了北约成员国之外,俄罗斯、乌克兰、奥地利、芬兰、瑞典、罗马尼亚、保加利亚、立陶宛、爱沙尼亚、拉脱维亚、斯洛伐克、斯洛文尼亚和马其顿13个国家也表示派兵参加科索沃国际部队。这样科索沃国际部队总数达到6万人,其中德国派出8000人。这是德国战后第一次在国外派驻的军队。英国军队主要部署在科索沃首府普里什蒂纳地区,负责组建国际部队指挥部。

美国积极推动北约发动对南联盟的军事进攻有着明显的战略考虑:(1)通过"人道主义干预"输出"民主价值观",抢占国际关系中的道义制高点。(2)谋取地缘政治、经济利益,扫除北约东扩的地理、政治与心理障碍。因为南联盟是唯一没有申请加入和平伙伴关系计划的东欧国家。北约想建立巴尔干安全机制,扩大在该地区的存在与影响。(3)实践北约新战略。1997年7月北约就提出了新战略,其关键是超越北约的范围担当起维护和平、稳定局势的任务。1999年4月北约新战略正式出台。科索沃战争正是北约进行的安全范围之外的首次战争。(4)主导全欧安全进程,维护与加强在北约的领导地位。

科索沃战争是以"维护人权"和"防止人道主义灾难"为由发动的。为期79天的战争制造了一场更大规模的人道主义灾难:(1)南联盟的生命财产蒙受巨大损失。共50多座桥梁被毁,公路、铁路、机场、电站损失殆尽,损失达2000亿美元;并有1500多名无辜平民丧生,5000余人伤残。(2)造成大量难民流离失所。据联合国难民署1999年6月统计,85.5万科索沃居民逃离居住地。为躲避空袭,大量难民滞留在没有水电和食品的防空洞内。(3)生态环境遭到严重破坏,空气、水源、土地都被污染。北约对南联盟塞尔维亚的军事进攻破坏了国际关系的基本准则和战后国际安全机制,损害了裁军和不扩散体制,使欧洲安全合作组织和裁军协定名存实亡。

俄罗斯与科索沃战争

俄罗斯在科索沃战争中处于一种独特而尴尬的地位。俄罗斯的基本立场是:科索沃问题是南联盟的内部事务;应通过政治手段和平解决;如果要采取"其他手段"必须有联合国安理会的授权。1999年2月17日,叶利钦写信给克林顿称:科索沃危机目前已演变为国际及地区安全与稳定方面最为严峻的挑战之一。唯一可以接受的解决方案是在无条件尊重南联盟主权与领土完整的情况下,通过政治途径和平解决,任何绕过联合国安理会对南联盟使用武力的企图都是不能允许的。3月24日,叶利钦就北约空袭南联盟发表声明:北约对南斯拉夫发动的军事行动只能被认为是一种侵略行为。北约不仅违反了《联合国宪章》,而且违反了俄罗斯和北约关于相互关系、合作与安全的基本文件,开创了采用武力强制政策的危险先例。叶利钦决定:中止总理普里马科夫对美国的访问;要求紧急召开联合国安理会会议,争取尽快制止北约的军事行动;将俄罗斯驻北约的首席军事代表召回莫斯科;暂停参与"和平伙伴关系计划";推迟关于在莫斯科开设北约联络代表处的谈判。叶利钦和克林顿多次通电话,要求美国停止轰炸。他还责成总理、外长、国防部长同南斯拉夫领导人会晤,寻求政治解决途径;但上述措施均没有对美国及北约的军事行动起到真正有效的牵制作用。俄罗斯为保持在巴尔干的影响力,6月16—18日,俄国防部长谢尔盖耶夫同美国防部长科恩在赫尔辛基就参加科索沃维和行动举行会谈。双方协议规定俄罗斯派一支3600人的部队参加。俄罗斯在北约和国际维和部队的指挥框架内派驻代表,俄罗斯军队在科索沃不设单独的维和区,享有"战术控制权"。

第三节　日本走向政治大国的外交实践

《联合国维持和平行动合作法》的通过

面对东西方对峙的国际关系体系的终结,日本政府进一步加快了谋求政治大国地位的步伐。1989年上任的海部政府提出:"世界正处于历史性变化中,日本要运用经济、技术力量,积极参与构筑国际新秩序","尽快地摆脱中小国家的外交,转变为大国外交。"海湾战争爆发后,海部政府为贯彻大国外交方针,配合美国的中东政策,决心不仅要向进驻海湾的多国部队提供经济支持,而且要提供人力支持。日本外相中山首先建议建立"联合国和平合作队"。在得到海部首相的支持后,外务省联合国局开始起草《联合国和平合作法》。海部政府最初的设想是派遣由文职人员组成的"和平志愿队"赴中东,从事后勤支援。但自民党内很快出现派遣自卫队参加多国部队行动的主张,并得到主要派系领袖的赞同。

可是根据日本法律,向海外派遣自卫队是被明确禁止的。日本宪法第九条规定日本放弃以战争、武力威胁或使用武力作为解决国际争端的手段,不承认国家的交战权。1954年日本在美国要求下成立自卫队时,日本参议院专门通过决议,规定自卫队"不得向海外出动"。日本加入联合国后,一直以"使用武力违反日本宪法"为理由,拒绝参加联合国维持和平部队。1987年,谋求政治大国地位的中曾根政府决定参加联合国维持和平活动,但慑于国内政治压力,做出只派遣非自卫队人员、不直接从事军事行动两项保证。总之,向海外派兵一直是日本战后外交的禁区。

这次日本保守派就是要求政府借海湾战争之机,以向国际社会作贡献为借口,突破法律的限制。自民党实力人物金丸信提出重新研究宪法,将矛头直指宪法第九条。前首相竹下登建议修改自卫队法,正式突破自卫队"专守防卫"原则。美国总统布什也要求日本在海湾危机中既要出钱,也要"流汗",鼓励日本参与多国部队的军事活动。在这种形势下,海部政府决定派遣部分自卫队员参加和平合作队,从事联合国维持和平活动,并试图通过《联合国和平合作法》为之提供法律依据。

日本舆论立即将这一法案称为"派兵法案",认为它事实上是批准向海外派遣自卫队,标志着日本安全保障政策的重大转折。该法案出台后,受到出乎预料的强烈抵制。以社会党为首的在野党表示全力反对。自民党内部看法出现分歧。河本敏夫等几位重要人物出面批评和平合作法,相当一部分党员认为突破多年禁区事关重大,不应在国际危机中轻率从事。日本民众则掀起了声势浩大的抗议活动。多次民意测验都表明,反对向海外派兵的日本人占绝对多数。海部政府在将"联合国和平合作法"提交国会后,受到激烈的质疑和批评,形势日益不利,被迫于1990年11月宣布该法案为废案。

和平合作法作废使日本保守派受到打击,但他们认定向海外派兵事关日本政治大国战略的成败,是日本参与建设美国主张的世界新秩序和争当联合国安理会常任理事国的关键步骤,因而坚持要突破历史和法律禁区。海湾地面战爆发后,日本政府绕过宪法和自卫队法的限制,绕过国会的反对,以特例政令的形式派遣航空自卫队战术运输机经约旦运送难民。海湾战争结束后,日本又向波斯湾派遣了由海上自卫队组成的扫雷部队。从而造成了向海外派兵的既成事实。另一方面,日本政府也没有放弃以法律形式准许自卫队海外活动的努力。就在和平合作法被宣布为废案的同时,自民党与公明党、民社党达成协议,准备共同起草新法案取代和平合作法。

1991年9月,在和平合作法基础上略做修改的《联合国维持和平行动合作法》(简称PKO法案)被提交国会审议。该法案由总则、国际和平合作本部、国际和平合作业务等5章和修改自卫队法附则组成。其主要内容包括:由自卫队员兼任国际和平合作队员,参加联合国维和行动;允许和平合作队员在"为保护自身或其他在场队员人身安全,出于迫不得已之需要时"最低限度地使用武器;派出参加维和行动的人数不得超过2000人。法案规定日本可以参加的联合国维和行动包括三大类共16项。其中第一类为隔离各方军队、收缴武器等"步兵行动",第二类为监督选举、民政管理等民事支援,第三类为人道和后勤支援。该法案还规定自卫队员参加联合国维和行动必须遵守五项原则:(1)交战各方达成停战协议并生效;(2)争端当事国同意日本参与;(3)保证维和行动的公平及中立;(4)上述条件一旦发生变化立即撤离;(5)只能在必要的最小限度内使用武器。

日本社会党等在野党认为PKO法案尽管对自卫队员的活动做了种种限制,但从根本上违背了日本和平宪法的精神,表示坚决反对。PKO法案虽然号称是自、公、民三党协作的产物,但事实上仍由自民党独自拟定。民社党要求规定派遣自卫队须获得国会认可,遭到自民党拒绝。民社党于是退出三党合作体制,使该案在正式国会期内未能通过。临时国会召开后,自民党和公明党倚仗多数优势,在众议院国际和平合作特别委员会强行表决通过PKO法,造成日本国会多年罕见的肢体冲突,引起舆论大哗。公明党基层党员对本党领导人一味追随自民党的做法提出激烈批评。公明党高层被迫宣布停止与自民党联合采取进一步行动。PKO法案再次搁浅。

1992年4月,自民党为打开僵局重新同民社、公明两党谈判,同意对PKO法案进行修改。修正后的法案接受了民社党的主张,规定自卫队每次外派前必须获得国会同意。同时按照公明党的意见,规定在两年内暂时冻结自卫队参加法案规定的第一类联合国维和行动,此后参加这类军事色彩较浓的行动也要获得国会批准。自公民三党合作体制再次建立起来,控制了议会多数。尽管社会党等在野党采取各种方式反对国会审议批准 PKO 法案,直至出现社会党等众议员集体辞职,拒绝参与表决的非常情况,但自公民三党仍强行使该法案通过立法程序。1992 年 6 月,《联合国维持和平行动合作法》获得日本国会批准。PKO 法案生效不久,日本政府立即派遣自卫队军官赴柬埔寨参加维持和平活动。禁止日本向海外派遣自卫队的限制终于被突破了。

日美贸易摩擦激化

所谓日美贸易摩擦指的是因日美双边贸易严重不平衡而产生的日美政治经济纠纷。自 1965 年日本对美贸易首次出现黑字以后,日本在双边贸易中获得的顺差持续增长,到 1987 年达到 563 亿美元,几乎占美国当年贸易逆差额的 1/3。美国企业在钢铁、汽车、电子等关键产业的出口竞争不过日本同行,甚至失去了美国国内市场的很多份额。

日美贸易严重失衡的局面是由日美经济实力对比变化的长期趋势、日美经济结构的差异、两国政府经济政策的相互作用等多种因素促成的。而在美国人看来,日本封闭的经济结构和不公正的贸易行为是导致日美贸易失衡的根本原因。美国政府应经济界要求出面干预,企图通过施加政治压力改变美国企业在双边经济竞争中的不利地位。日美贸易摩擦从 20 世纪 60 年代的纺织品纠纷、70 年代的钢铁纠纷发展到 80 年代的全面经济摩擦,成为日美关系中最突出的问题。

1989 年 7 月巴黎西方七国首脑会议期间,美国总统布什提出改变以往就某一领域贸易争端单独进行谈判的做法,集中解决日美经济贸易关系中的"结构性问题"。日美"结构性贸易障碍协商"随之开始。在协商中,美国先发制人,提出日本经济结构中存在六大问题,构成阻碍外国企业进入日本市场的无形壁垒。即储蓄与投资比例失调,土地税制扭曲妨碍合理利用土地,流通分配系统闭锁,排他性商业惯例歧视外国企业,日本工业集团以"链锁体制"垄断国内市场,价格机制扭曲阻碍商品进口。美国认为上述结构障碍导致美国长期难以消除对日巨额贸易逆差,是美日经济摩擦的根源。美方要求日本政府立即解决这些结构性问题,否则就是坚持不公平贸易,可能招致美国的制裁。

美国的指控引起日本朝野的震惊,日本舆论称美国这是企图全面改造日本经济,令日方难以接受。日本在结构协商中针锋相对地提出美国经济中储蓄与投资、企业行为、政府财政政策、研究开发、出口、职工教育等六个领域同样存在严重缺陷,称美国应从解决自己的结构性问题入手,通过增强自身的贸易竞争能力摆脱困境,而不是一味指责日本。双方在前三轮协商中各执一词,互不相让。美国对日本的不满情绪日益强烈,美国政界一度出现"敲打日本"的热潮。日美经济关系极为紧张,并有波及两国政治安全关系的趋向。

日美经济利益的相互交织使两国政府都不愿看到谈判破裂。同时它们也迫切需要密切合作,应对冷战结束造成的国际关系变化。双方在经过一年的僵持后相互让步,于1990年6月完成了结构性贸易障碍协商的最终报告。日本对美国提出的六方面问题逐一规定了具体改进措施,表示将扩大政府公共投资、鼓励民间消费、放宽外国企业对日出口和投资的法律限制、推动日本企业改善经营制度。美国也承诺考虑日本的意见,重视财政赤字居高不下、研究经费不足、教育质量下降等问题。[①] 日美贸易摩擦暂时得到缓解。

但结构性贸易障碍协议并未从根本上解决日美经济关系中存在的问题。进入20世纪90年代后,日本股市暴跌,80年代日元升值引发的"泡沫经济"突然崩溃,经济增长速度急剧下降。日本的进口能力随之降低,本已呈下降趋势的对美贸易顺差迅速反弹上升,到1993年已达593亿美元,超过了1987年的峰值,且占美国对外贸易逆差的51%,引起美国的强烈不满。此时掌权的克林顿政府又极其重视国际经济问题,推行管理贸易政策,主张政府积极干预国际贸易,直接支持本国企业参与国际经济竞争。因而在日美贸易摩擦中采取了空前强硬的态度。与此同时,日本政治体制也在发生重大变革。各党派为树立形象,在对美交涉中纷纷摆出对抗姿态,以争取民众支持。日美经济政治生活发生的变化很快使两国贸易摩擦再次呈现白热化。

1993年4月,日美开始就解决贸易不平衡问题进行一揽子谈判。但谈判立即因所谓目标数值问题陷入僵局。美方认为日本对以往的经贸协议实施不积极,坚持在协议中为改变日美各领域的贸易不平衡规定具体数额标准,使美国打开日本市场的努力获得实质性结果。日本认为这违背自由贸易原则,声称只接受参考数额,作为不具约束力的努力方向。日美首脑不得不亲自出面推动谈判,在同年7月的西方七国首脑会议上,确定了一揽子谈判的新框架,决定以汽车及其零配件、保险业和由日本政府采购的电信、医疗设备作为优先谈判领域。至于如何确定目标数值,日美首脑含混地表示应当根据"过去经济行为定性、定

---

① 日美经济结构协议最终报告,《日本经济新闻》1990年6月29日。

量"形成"客观数额标准"。

在这个含混说法的掩饰下,日美在目标数值问题上依然各执己见。美方明确要求美国汽车、电信、医疗产品在日本市场销售额应在四年内年均递增20%至30%,日本拒不接受。日本首相细川护熙在1994年初访美期间表示:美国提出目标数值同日本政府放宽经济限制的路线背道而驰,日方难以让步。结果日美首脑会谈未能就经贸问题达成协议。美国政府于3月宣布重新启用美国1988年综合贸易法中的超级301条款,声称如果在18个月内不能达成协议,将对日本产品征收惩罚性关税。此外,美方还单方面为日本政府采购部分规定了更严格的最后期限,即必须于1994年9月前完成谈判,否则将实施经济制裁。在全面贸易战的阴影下,日美于9月底勉强就日本政府采购的电信、医疗设备和保险业问题达成部分贸易协议,日本承诺在电信、医疗设备采购过程中给美国公司提供更详尽的信息,扩大其竞争机会;同时分三阶段撤销在保险业中的种种限制,以增加外国公司的销售机会。部分贸易协议的达成避免了迫在眉睫的贸易战,但美日在汽车及其零配件问题上仍未能取得一致。

由于美国在汽车及其零配件贸易中的对日赤字占对日逆差总额的2/3,所以该领域是解决日美贸易失衡的关键。不能在这一领域取得突破,日美经贸摩擦就不可能真正缓解。美方要求延续于1995年3月到期的日本汽车厂家"主动"购买美国零配件的计划,并提出增加采购金额。日本政府以此问题超出政府权限为理由,拒绝讨论。双方几次协商均告破裂。1995年5月,美日分别向世界贸易组织提出诉讼,控告对方违反多边贸易原则。美国同时宣布以同年6月28日为日本向美开放汽车市场的最后期限,如果日本敢于拒绝,美准备对日本出口美国的豪华汽车征收100%的报复性关税。日本则表示保留反报复的权利。

日美之间爆发贸易战的危险引起了世界各国的关注,它们一致呼吁日美遵守世界贸易组织的原则,坚持通过谈判解决问题。日美经济界更对谈判可能破裂表示担心。他们指出,日美一旦发生经济对抗,两国都将是失败者。6月28日,日美代表再次在最后期限到来前达成协议。日本汽车厂家同意在此后三年内将从美采购的汽车零配件金额增加50%,并同意扩大美国汽车在日本的经销网络,使在日本的美国汽车经销商到20世纪末达到1000家。日美汽车贸易协议的完成使日美及时避免了一场贸易战,也挽救了濒于破裂的一揽子贸易谈判,双方对此都表示满意。克林顿称:"我们坚持了我们的原则,我们达到了我们的目标。"即规定了具体的目标数值。而日本代表则指出,协议中载明的数字指标都是日本厂家自愿遵守的,不属于政府间承诺,体现了日本始终坚持的自由贸易原则。

日俄关系的曲折发展

尽管20世纪90年代的国际关系格局发生了剧烈的变动,但日俄关系却一直引人注目地维持着相对冷淡的状态。妨碍日俄关系根本改善的症结就是迟迟得不到解决的日本北方领土问题。苏联及其继承者俄罗斯都主张暂时搁置两国间的领土争议,发展经济合作关系,希望利用日本的雄厚财力支持自己的经济改革。日本则始终坚持政治经济问题一揽子解决,以收回北方领土为提供大规模经济援助的前提条件。在苏联解体前后,日本曾两次进行外交努力,试图利用历史性变革的机会,一举收回对北方四岛的主权。

首先是在1991年戈尔巴乔夫访日期间。积极开展新思维外交的戈尔巴乔夫相当重视改善日苏关系,早在1986年的符拉迪沃斯托克(海参崴)讲话中就主动表示愿意访问日本。东欧政局剧变之后,日本政府经过反复研究,认为东西方对峙格局的变化势必波及亚太地区,收回北方领土的大好时机已经到来。因而同意邀请戈尔巴乔夫访日,并将1991年定为"开辟日苏新时代探索年",为在领土问题上获得突破全力展开外交活动。在戈尔巴乔夫访日之前,日本外相中山、自民党干事长小泽、自民党实力派人物安倍相继访问苏联,敦促戈尔巴乔夫下决心归还北方四岛。日本参众两院也通过决议,呼吁戈尔巴乔夫在访日期间解决领土问题,使日苏关系取得划时代发展的突破口。

1991年4月,戈尔巴乔夫访日计划终于实现。但使日方大失所望的是,戈尔巴乔夫在北方领土问题上未做任何让步。在同海部首相的会谈中,他反复强调边界争端影响着国家命运和民族前途,不能匆忙解决。苏方在谈判联合宣言措辞时拒绝重申1956年《日苏联合宣言》的精神,甚至不接受"领土问题"的提法,主张用"领土划界问题",因为"是根据历史文件和国际法来解决遗留问题,不是转让领土"[①]。日方对此反应强烈,声称如果苏联坚持回避领土问题,日本将放弃签署联合声明和已经商定的15项协议。为避免访问失败,戈尔巴乔夫取消了与天皇话别等活动,同海部进行紧急会谈。直至最后一刻,双方才勉强获得妥协。

在最终确定的1991年日苏联合声明中,苏方同意写入四岛的名称,并允诺

---

① 《读卖新闻》(日本)1991年4月18日。

削减驻四岛的苏联军队,简化日本国民访问四岛的手续。日方则接受了"领土划界问题"的提法,同意在声明中只间接提及1956年《日苏联合宣言》。这一结果与日本外务省事先提出的争取一揽子收复四岛、至少迫使苏联承认日本对四岛主权的目标相去甚远,日本朝野普遍表示失望。而急于打开日苏经济往来局面的苏联对日本政府和民间企业对经济合作的消极态度也表示不满。日苏关系在各个方面都未能获得突破。

日本第二次做出打破领土问题僵局的努力是在1992年筹备叶利钦总统访日期间。直接管辖四岛的俄罗斯联邦对北方领土问题表现出比苏联政府更积极的态度。"八一九"事件结束不久,俄联邦最高苏维埃代主席哈斯布拉托夫即访问日本,带去俄总统叶利钦致海部首相的亲笔信,提出要以"法律和公正为基础"按"五阶段解决设想"打破僵局。所谓"五阶段解决设想"是叶利钦1990年1月以俄联邦议员身份访问日本时提出的。他建议第一阶段由苏联方面承认领土问题的存在,第二阶段宣布四岛为自由经济区,第三阶段实现该地区的非军事化,第四阶段在15—20年内缔结俄日和平条约,第五阶段斟酌当时的国际形势和日俄关系,将"是实行俄日共管,还是实行四岛不属于任何国家的自由化,或是有选择地归还的问题交给下一代新的领导人去解决"。随同访日的俄副外长库纳泽表示俄有意加快推行"五阶段解决设想",并称,我们分析的结论是:这些岛屿应全部哪怕是部分地交给日本。

俄联邦的态度使日本深受鼓舞。苏联解体后,日本正式以俄罗斯为外交对手。1992年1月,日俄宣布设立外长定期磋商会议,成立起草日俄和平条约工作小组。该小组很快确定了叶利钦于当年9月访问日本的计划。日本政府认为,考虑到俄罗斯当时脆弱的社会经济状况,解决北方领土问题的形势从来没有这么好过,因而再次燃起了一举收回四岛的希望。为推动问题解决,日本在对俄罗斯的经济援助方面采取了比对苏联积极的态度,在西方国家商定的240亿美元援俄计划中,日本同意承担26亿美元。日本还主动向俄远东地区提供人道援助,试图缓和该地居民反对放弃领土的情绪。但在筹备叶利钦访问的谈判中,日本仍坚持政经不可分的强硬立场,在俄接受日对北方领土的主权之前,拒绝讨论投资保护协定和经济合作协定,拒绝对俄进一步提供经济支持。宫泽首相对到访的俄外长强调,北方领土的归还日期和方式等具体问题可以考虑俄方的意见,但俄必须明确承认日本对北方四岛的主权和日本收回四岛的原则。[①]

---

① 《朝日新闻》(日本)1992年3月18日。

为吸取戈尔巴乔夫访日的教训,确保俄方做出让步,日本还极力展开外交攻势,努力说服其他西方国家支持日本的立场,利用俄急需西方援助的心理,联合对其施压。1992年4月,宫泽首相出访法国和德国,亲自对这两个经常批评日本援俄不积极的盟国做工作。宫泽在访问中称北方领土问题是国际问题,而不只是日俄之间的问题,认为俄在此问题上的决定"是俄罗斯是否放弃斯大林主义的试金石",希望法德理解并支持日本政经不可分的立场。在日本的坚持下,当年西方七国首脑会议政治宣言中首次明确提出北方领土问题。日本在日俄交涉中的地位得到增强。

尽管受到日方强大压力,俄罗斯仍坚持其暂时避开主权归属问题、分阶段打开僵局的主张。叶利钦总统表示俄日经济合作不应取决于领土问题的解决。俄正处于困难时期,强行解决领土问题,国民的感情难以承受。他要求日本首先支持俄罗斯的民主化进程,"有了良好的合作关系后,才能开始讨论千岛群岛问题"[1]。同时,俄国内反对向日本让步的情绪十分强烈。俄保守派指责主张就四岛问题进行谈判的外交部"妄图出卖领土"。俄军方公开反对将四岛归还日本。颇具影响力的萨哈林州州长费奥多罗夫要求叶利钦不要在谈判基础脆弱的时候访日,否则他将发动俄远东地区居民举行抗议集会。在国内民族主义情绪的冲击下,叶利钦在原定出访日期前一周突然以忙于国内事务为由宣布推迟访问。1992年底,叶利钦访问韩国和中国,而故意将日本抛在一边,使企图一举解决领土悬案的日本政府再次受到沉重打击。

在接连受挫之后,日本政府终于认识到利用历史性变革机会、速战速决收回北方领土已经不可能,必须重新做好长期努力的准备。为防止日俄关系进一步冷淡,也为了与欧美对俄政策保持协调,日本政府于1993年4月公开宣布不再采取政经不可分的消极方针,而以扩大均衡为处理日俄关系的原则,并承诺再给予俄18亿美元的援助,使日本成为排在美德之后的援助俄罗斯的第三大国。[2] 同年10月,叶利钦总统对日本的正式访问终于实现。叶利钦在首脑会谈中宣布,驻四岛俄军已经削减一半,其余部队也将撤离。他还就二战后苏联扣押日本战俘一事表示歉意。细川首相对俄在目前状态下难以一举解决领土问题表示理解,但强调"重要的是要朝这个方向迈进"。双方最后联合发表了《东京宣言》和《经济宣言》。宣言确认苏联签署的所有日苏条约依然有效,同意就北方四岛归属问题进行谈判,"根据历史事实,在法律和正义的基础上早日解决

---

[1] 《共青团真理报》(俄罗斯)1992年7月3日。
[2] 日本官房长官河野洋平答记者问,《东京新闻》(日本)1993年4月16日。

领土问题"①。

叶利钦访日后,日俄关系有所发展。日俄贸易委员会成立,两国外交官员定期互访,军事官员也开始进行接触。日俄还就准许日本渔民进入俄领水作业进行谈判。但北方领土问题的僵持状态,阻碍了两国关系的实质性进展。日本方面依然认为只要领土问题得不到解决,双边经济关系只能有限度地发展。日本对俄承诺的资金援助迟迟不能到位,日本产业界对投资俄罗斯也始终态度冷淡。

宫泽主义与日本同亚洲的关系

日本与亚洲国家的关系一直是其外交的重要支柱。冷战结束后,日本政府对发展同亚洲邻国的合作表现得更加积极。这是因为:一方面,日本"泡沫经济"崩溃后,日本企业纷纷转向海外寻找新的生产基地。日本对美国投资效果不理想,对亚洲国家投资则成倍增长,进展顺利。1991年日本对亚洲国家和地区的投资比20世纪80年代中期增加了3倍,对"四小龙"和东盟国家的出口也增长了200%。亚洲地区从1993年开始超过北美成为日本的第一大贸易伙伴。日本与亚洲邻国建立了密切的经济分工与合作关系。而欧洲和美洲经济贸易集团的出现,使日本日益倚重同亚洲的经济联系。另一方面,日本把在亚洲发挥领导作用当作实现政治大国地位的基石。日本政府开发援助集中于亚洲地区,为日本在亚太发挥政治影响力、施展外交手段提供了基础。日本在欧美面前以"亚洲代表"自居,把自己在亚洲外交中取得的成绩视为提高世界地位的筹码。日本政府多次提出要"以亚太为中心发展国力","扎扎实实地积聚成为(欧美)平等伙伴的实力"。

1993年1月,日本首相宫泽喜一出访印度尼西亚、马来西亚、泰国、文莱四个东南亚国家,并在曼谷发表了题为《亚太新时代与日本和东盟的合作》的演说,提出冷战后日本对亚洲政策的四项原则:第一,参与筹划亚太政治、安全保障对话。宫泽称在东西方冷战格局消失后,在亚太地区也需要制定"关于未来和平与安全的秩序的长期设想"。日本将积极参加讨论,支持处理个别争端与区域性政治对话并行的"两条腿走路方式"。第二,坚持对内对外经济开放。宫泽指出,亚太地区成为世界经济增长中心得益于自由贸易体制。日本将加强对东盟国家的援助,促进投资和技术转让,保证区域内的开放;同时反对贸易保护

---

① 《人民日报》1993年10月14日。

主义趋势,不同意建立排他性的区域经济集团。第三,联合起来推进民主化。第四,合作支援印支三国,特别鼓励东盟国家参与对印支半岛的援助和开发。宫泽还强调要以"亚洲中的日本"的立场,与东盟国家"共同思考,共同行动"。[①]宫泽的讲话引起了广泛的重视。日本外务省官员表示宫泽提出的四项原则是继福田主义之后日本提出的又一项综合性对亚政策,人们因而又将其称为"宫泽主义"。

尽管日本不久就进入政治体制变革的动荡时期,但继任的历届政府基本上都依循宫泽主义的主张,开展对亚太地区的外交。冷战后的日本对亚政策中,安全问题被放在首要位置。日本为围绕东盟建立亚太多边安全对话制度展开一系列外交活动。1993年2月,日本与东盟进行了首次安全问题对话。在日本的大力支持下,东盟地区论坛于1994年宣告成立,亚太地区主要国家和地区都参加了论坛的活动,这是在本地区出现的第一个就安全问题进行多边对话的官方机构。日本在论坛会议上提出在亚太地区开展联合国维持和平活动、地区武器出口控制、军备控制与裁军等问题,宣传日本的政策主张。

在地区经济问题上,日本坚持其建设开发经济的原则。澳大利亚提议召开亚太经济合作首脑会议后,日本立即表示支持,并同美国达成协议共同努力促成首脑会议召开,使亚太经合组织地位提升。在人权和民主化问题上,日本虽与欧美相比态度谨慎,但也提议在亚洲设立人权委员会,并将推动政治民主作为提供政府开发援助的条件之一。在开发印支半岛问题上,日本更是格外积极,抢在美国之前全面恢复同越南、老挝的联系。1995年2月,由日本倡议的"印度支那综合开发讨论会部长级会议"在东京举行,美英法中俄等25个国家及亚洲开发银行等国际机构共同出席会议。日本作为主席国提议设立工作委员会和顾问小组,协调各国对印支三国的援助计划。日本还提出所谓"南南合作"的方针,鼓励东盟国家同发达国家一道向印支提供援助,称印支半岛的稳定关系到东南亚和整个亚太地区。

以宫泽主义为原则的日本对亚外交在不断取得进展的同时,也遇到了明显的问题,其中最为突出的是两个难题。一是如何平衡日美关系与日本同亚洲邻国的关系。日本称自己既是亚洲一员,也是西方一员,要在西方和亚洲的结合点上发挥作用。但亚洲国家关心的是,一旦亚洲国家与欧美在经济安全利益和文化价值观念上发生争执,日本将如何行事。这被认为是日本对亚洲真正态度

---

① 《世界日报》(日本)1993年1月6日。

的试金石,而日本在这个问题上的表现往往令亚洲国家失望。如在亚太经济合作问题上,东盟国家主张建立东亚经贸集团,而对召开亚太经合首脑会议态度谨慎。尽管东盟的倡议同日本官民酝酿多时的东亚经济圈构想相当一致,但由于美国表示疑虑和反对,日本对东盟的主张反应冷淡。日本政府虽然同意讨论东盟的建议,但又提出只能考虑建立非常设机构,只在亚太经合部长会议或东盟经济部长会议召开时顺便集会。① 相反,日本全力配合美国、支持召开亚太经合领导人会议。东盟国家又要求在亚太领导人开会之前设立东亚经济核心论坛,协调东亚国家与美国等发达国家谈判的立场。日本仍担心被看成是"排除美国的经济圈"而拒绝参加。部分亚洲国家对此表示不满,指责日本事实上仍以日美关系为外交基轴,以西方发达国家的立场指导同亚洲的交往。

二是如何正确认识日本的侵略历史,以获得亚洲国家的信赖。尽管日本天皇和首相每次出访亚洲国家都要就过去的战争行为表示反省,谋求亚洲国家的谅解,但日本国内不断出现歪曲历史的逆流,不能不使饱受日本军国主义之苦的亚洲各国持有疑虑。特别是1993年日本政治体制变革以来,保守派势力空前强大,日本政要美化甚至否认侵略历史的事件频繁出现,引起亚洲国家强烈反应。为恢复日本在亚洲国家中的形象,1994年日本自民、社会、新党魁三党在成立联合政权时达成协议,准备在纪念二战结束50周年之际在国会通过"不战决议",表示对过去行为的反省以及走和平发展道路的决心,消除邻国对日本谋求军事大国地位的担心。但在确定决议的具体措辞时,三党却出现了严重分歧。自民党右翼势力成立了有212名自民党国会议员参加的"终战50周年国会议员联盟"②,指责日本政府进行"道歉外交",称通过反省、道歉或不战决议是大错特错的决定。因美化侵略战争而下台的前国土厅长官奥野诚亮出任该联盟会长,自民党干事长、总务会长和多名自民党内阁成员担任顾问,形成了颇有影响的反对通过不战决议的势力。在他们的要求下,自民党坚决反对在决议中承认日本有"侵略行为"和进行了"殖民统治",主张删除"谢罪"、"道歉"的字样。在右翼势力百般阻挠下,日本国会于1995年6月通过的纪念二战结束决议中根本没有"不战"的提法,措辞极其含混。以"世界现代史上殖民统治和侵略的种种行为"的提法,回避日本在其中扮演的角色和应负的责任。而且决议只是对上述行为"深表遗憾"。亚洲各国舆论立即指出,这个在重大历史时刻通

---

① 《日本经济新闻》1991年11月25日。

② 见《朝日新闻》(日本)1995年5月26日的报道。最初参加该联盟的自民党议员为147人,约占当时自民党国会议员的一半。

过的决议比起日本首相近年来的表态出现了明显的退步。如此含糊的决议在产生时还遇到严重阻碍,足见日本有些人根本不愿吸取历史教训,亚洲国家不能不对此存有戒心。日本对历史问题态度暧昧,对日本与亚洲邻国关系的消极影响不容忽视。

新《日美防卫合作指针》

20世纪80年代中期流行的战略判断认为,美国正在从霸主地位滑落,而日本是最有希望的继任者之一。这种观念使两国的心态发生了微妙的变化,美日之间的摩擦愈演愈烈,一度有危及双边同盟关系的趋势。但是随着冷战体系瓦解的尘埃消散,新的亚太地缘格局渐露端倪,实际发生的变化与此前的流行预测相去甚远。美国经济强劲复苏,而且借助信息技术革命重新获得了超群的竞争能力;日本对泡沫经济破灭应对不力,经济停滞状态有长期化的趋势;中国非但没有出现西方预言的社会经济崩溃,反而进入又一个高速成长阶段;朝鲜核问题迅速恶化,地区防扩散机制受到严峻考验。这些事态的发展,使美国对日本经济挑战的担忧减退,日本独力谋求大国地位的自信心受到冲击,两国的注意力开始转向应对地缘竞争。呼吁巩固传统同盟关系的声音逐渐占了上风,而再造美日安保体制成为其中的政策重点。

酝酿过程

1994年夏,克林顿政府对负责亚太事务的高层官员进行了人事调整,主张协调对日政策、改善双边关系的斯坦利·罗斯担任美国国家安全委员会亚洲部主管,约瑟夫·奈出任负责国际安全事务的助理国防部长。后者在稳定美日关系的过程中尤其发挥了关键作用。① 他提醒克林顿总统注意日本防卫问题恳谈会就日本安全战略调整提交的报告②,指出它反映出日本精英阶层对美日关系的疑虑。当年秋天,奈亲自赴日进行考察。在回国后提交的备忘录中,他再次对此前的亚太政策以经济目标为主、经济外交以公开施压为主的方针表示怀疑,建议美日各级官员开展一系列接触,以安全合作为重点,全面协调各领

---

① 任晓、刘星汉:《论20世纪90年代的美日同盟》,《美国研究》2000年第4期。
② 该组织为直属日本首相的高级咨询机构,1994年2月由当时的日本首相细川护熙设立,领导人为日本朝日啤酒公司董事长桶口广太郎,负责全面评估1976年制订的日本防卫计划大纲,为制订新的防卫计划提供参考意见。当年8月,恳谈会将评估报告提交新首相村山富市,题目为《日本的安全保障与防卫能力应有的状态:面向21世纪的展望》,亦被称为"桶口报告"。报告一反常态地没有突出强调美日同盟对日本安全保障的核心作用,反而质疑美国今后是否会固守对东亚地区的安全承诺。

域的政策。①

奈的报告和倡议成为冷战后美国对日政策的转折点。白宫授权他主持双边协调工作,稳定美日同盟。奈决定一方面积极介入日本防卫大纲的修订,确保支持双边合作的声音在日本占据优势;另一方面在美国政府内组织跨部门的亚太政策评估,一致强调美国参与亚太事务的决心。而作为双边合作的核心任务,他主张就修订《美日防卫合作指针》展开对话,为冷战后的美日同盟确立新的基础和目标。

美国政策的调整得到了日本方面的积极回应。双方各级官员在将近一年的时间里进行了密切磋商,很快就亚太地区的安全形势、巩固美日同盟的重要性、维持美军在东亚的存在等原则问题达成一致。美国国防部在1995年2月发表了《东亚—太平洋安全战略报告》,日本在同年11月正式通过新的《防卫计划大纲》,分别肯定了美日安保体制对日本安全的核心作用,强调美日同盟在东亚地区安全中的主导地位。

《美日安全保障联合宣言》的发表

在此基础上,美日两国准备利用1995年年底双边首脑会议的机会发表联合宣言,为美日同盟的再定义确定基调。在起草宣言的过程中,双方对阐述合作原则的总论部分意见一致,但在具体的责权利问题上,两国还是各有所图。②美国要求日本在人力、财力、物力各方面分担义务,如更多地分担驻日美军经费、主动与美分享日本的军事技术、扩大物资和劳务援助范围等。而日本在经济持续低迷的情况下,不能也不愿再像以前那样慷慨解囊。日本方面更为关注的是驻日美军基地问题,希望缩小美军基地、修订不平等的司法条例,以缓解日本民众的不满情绪。这与美国维持美军在东亚前沿部署的方针是有矛盾的。

克林顿总统因与国会爆发政治斗争而推迟了出访日本的计划,不料却为解决分歧争取了时间。1996年1月,一贯倾向保守的自民党党首桥本龙太郎出任日本首相。上台不久,桥本即对美国进行了一次逗留时间仅20小时的闪电式访问,使两国的安全合作谈判再次升温。此后,两国达成了《日美相互提供物资与劳务协定》,规定在进行双边联合军事训练和参与联合国维持和平行动过程中,相互提供军用物资、劳务和后勤支持。关于冲绳美军基地的中期报告亦顺利出台,美方承诺归还20%的基地用地,并部分修改《美军地位协定》,扩大日方司法管辖权;日本承诺在此后5年中每年增拨2亿美元,分担驻日美军费用。

---

① Daniel Williams, "Rebuilding Military Ties to Tokyo", *Washington Post*, Feb. 19, 1995, pg. A. 48.
② 张大林:《日美同盟向何处去》,《国际问题研究》1996年第1期,第26—30页。

1996年4月16—18日,克林顿访问日本,与桥本龙太郎共同签署了《美日安全保障联合宣言》,为再造美日同盟关系确定了基调。如日本舆论界指出的,两国政府虽未制定新的安保条约,但却通过联合宣言的形式转移了双边安全合作的重心,即从冷战时围绕安保条约第五条——共同保卫日本领土安全——的安排,转向围绕安保条约第六条——维护远东地区的和平与安全——进行重新部署。这一调整意义重大,必将对美日安全战略及东亚地区秩序产生深远影响,其实际效果不亚于制定新条约。①

联合宣言的主要内容包括:第一,两国一致认为亚太地区"依然存在着不稳定和不确定的因素",构成对地区安全的主要威胁。虽然宣言中只明确提及朝鲜核问题,其余部分采用了"悬而未决的领土问题、潜在的地区争端"等含混表述,但日本媒体报道双方在谈判过程中指明了俄罗斯远东地区的不稳定和所谓中国发展对周边国家构成威胁,并以此作为美日同盟巩固更新的理由。第二,宣称美日关系是历史上最成功的双边关系,而共同安全保障是两国相互信赖的基础。两国将保持密切协商,共同应对安全态势的可能变化。第三,确定具体合作课题,如技术与装备领域的相互交流、在防扩散和导弹防御研究上一致行动。两国还决定设立专门委员会②,就修改《日美防卫合作指针》问题进行协商,并在当年11月底之前形成中期报告。

新《日美防卫合作指针》的签署

原有的《日美防卫合作指针》是在1978年11月制定的,其目的是在《日美安保条约》的框架下规定双边军事合作的具体内容、步骤和分工。指针包括平时合作、日本受到攻击时的对策、日本周边有事时的对策三大项,当时的主要目的是制衡苏联势力在东亚的扩张,因而设计的重点在其中的第二项。

美日两国在重新定义了冷战后的安保体制之后,自然要对防卫指针这一实施细则做相应的调整。《美日安全保障联合宣言》明确提出,新指针设计的重点应转向第三项,即规划一旦日本周边出现紧急事态如何联手回应。经过一年多的磋商,美日于1997年9月23日正式签署了新的《日美防卫合作指针》。与旧指针相比,新防卫指针出现了以下变化③:

---

① 《冷战后的重心转向日美安全条约第六条》,《读卖新闻》(日本)1995年10月19日。转引自张大林前引文。

② 该委员会的正式名称为防卫合作小组委员会,由两国军事和外交官员组成。它隶属于美日安全协商委员会,即"2+2"会议(美国国务卿、国防部长与日本外相、防卫厅长官的定期会议机制)。

③ 吕云:《新日美防卫合作指针资料汇编》,《国际资料信息》1997年第10期,第13—17页。

第一，对于日本周边出现紧急事态情况下的防卫合作做出详细规定，明确要求日方发挥主动作用，共同防止事态扩大。如在经济制裁和封锁行动中，参与对船舶的临时检查；在非战斗区域实施搜索和救援，帮助运送后勤物资；确保美军能够有效使用日本军事设施，以及民间机场和港口；参与护航、排雷、监控及情报搜集工作。

第二，将双边防卫机制固定化，设立跨部门综合机构和紧急事态协调机构。前者承担的任务尤其繁杂，如负责研究联合作战计划、确定共同的防卫标准、规定共同的实施要领，"以便能在日本周边发生战事时顺利而有效地采取对策"。

第三，为平息各方质疑，指针特别提出了"基本前提和设想"，承诺不改变《日美安保条约》的规定，不改变日美同盟基本框架，且宣称日本根据指针采取的一切行动"都要在日本宪法允许的范围内，遵守专守防卫和无核三原则等基本方针"。

然而，新指针的出台还是引起了广泛疑虑。其中遭到最多批评的首先是对周边事态的定义。新指针宣称"周边事态的概念不是指地理上的概念，而是着眼于事态性质的概念"。日本舆论担心这将导致干预范围的无限扩大，而东亚邻国则强烈要求日美澄清事实，不能以任何借口干预别国内政。其次是新指针对日本自卫队干预周边事态的要求事实上已经突破专守防卫原则，在日本未受攻击的情况下派遣自卫队参与军事行动更是直接违背日本宪法。全面执行新指针将使日本从冷战时期的被保护者，摇身一变成海外干预的参与者。它对于日本安全战略的潜在影响极大，因而在日本国内引起广泛争议。

对美国政府而言，确定新指针等于完成了 90% 的工作，但对日本政府而言，却还有 90% 的工作尚待努力。日本政府必须对相关的国内法律进行修改，并进行新的立法，以保证新指针的实施。扭转和平主义的传统倾向、说服国会和国民接受安全战略和对外姿态的重大调整，似乎需要艰苦的努力。不过事态的发展表明，这个任务并没有最初看来那么艰巨。1998 年 4 月，所谓"有事三法案"提交日本国会审议，即《周边事态措施法》、《自卫队法》修正案、《日美相互提供物资与劳务协定》修正案。一年之后，三法案先后顺利通过众参两院，标志着美日安全同盟再造工程的完工。传统的和平主义左翼势力和追求大国地位的极右翼势力都未能阻挠这一过程，日本从政界到民间似乎形成了新的共识，即回归追随美国的外交模式。如中国学者指出的，日本通过双边同盟的再定义，写下了它从对美国一时的、经济上的"挑战者"身份重新返回"支持者"身份的正式契约。① 不过掌握政策主导权的日本保守派仍另有所图,即借助美国的外压逐步摆脱二战后的种种束缚,使日本成为所谓"正常国家"。从某种意义上讲,这无非是政治大国路线的新版本。

第四节 联合国作用的加强

日益活跃的联合国维持和平行动

联合国维持和平行动是根据《联合国宪章》中载明的"维持国际和平与安全"的宗旨而采取的一项集体安全行动。维和行动由联合国大会或安理会通过决议而发起,由联合国秘书长负责组织和指挥,由各成员国自愿提供行动所需的军事部队、警察或文职人员,目的在于制止冲突、维护和平。早期的维和行动是针对国家之间的冲突,目前已经发展到对某国内部的冲突亦可采取维和行动。

联合国维和行动是国际关系中的一个创举。它体现了联合国的基本目标和精神,但在联合国创建时期的文件中并无对维和行动的具体设想或规定。其内涵和形式完全是在二战后联合国维护国际和平与安全的实践活动中逐渐形成的,因而受到联合国内部权力争斗的制约,经常被视为显示联合国在国际事务中地位和行动能力的晴雨表。

冷战期间,美苏两国的明争暗斗严重影响了维和行动的开展。自1948年联合国为监督阿以停火向中东地区派出停战监督团始,联合国在冷战期间总共只进行了13次维持和平行动,距国际局势的要求和广大会员国的期望都相差很远。

20世纪80年代末90年代初美苏对峙结束,联合国维和行动的外部环境有了根本的改善。在苏联解体前的前三年内,美苏在安理会各项表决中的一致投票率超过了95%,两国动辄使用否决权相互对抗的情况开始成为历史。1990年10月,美苏外长专门发表联合声明,承认联合国正在迅速成为"真正的协调联合行动的中心"。全球各地受美苏操纵或支持的热点冲突纷纷降温,联合国继而担负起和平解决这么多年遗留问题的主要责任,并且得到了多数会员国的认可和支持。1992年1月,安理会理事国在其首届首脑会议的主席声明中一致称

---

① 冯昭奎:《对话:北京和东京》,新华出版社1999年版,第306页。

赞联合国维护和平行动所取得的成就,同意继续增进联合国建立和维持和平的能力。中国于80年代末开始参加联合国维和行动特别委员会的工作,并在1989年首次派出文职人员参加了联合国维持和平行动。目前,向联合国维和行动提供人员的国家已占到会员国总数的1/3。

在世界各国的支持和合作下,联合国维和行动实现了引人注目的发展。1988—1995年间,联合国共进行了24次维持和平行动,超过了前40年维和行动的总和。维和行动的规模也在急剧扩大。1992年活跃在全球各地的维和人员达5万余人,为以往最高纪录的4倍。其中仅驻柬埔寨的维和人员就达2.2万人,使之成为联合国历史上规模最大、耗资最多的活动。

联合国维持和平行动的职能和适用范围也在不断扩大。在冷战期间,联合国维和行动的主要内容是监督停火、遣散军队、建立非军事区,并在有关各方认可的情况下救助和安置难民。而近年来联合国的维和行动远远超出了传统角色的限制。在纳米比亚和柬埔寨,联合国直接负责组织和监督选举,并为完成这一任务接管了过渡时期的部分行政权力。特别是在柬埔寨,联柬机构一度控制了该国的外交、财政、治安、国防等关键部门,事实上参与主持日常行政管理。在萨尔瓦多,联合国建立了人权监督办公室,同时在萨各地部署了631名国际警察观察员,负责在萨建立各方认可的新警察部队之前保证法律的公正实施,制止侵犯公民权利的行为。在波黑,联合国维和部队在交战地区划定安全区和禁飞区,试图以武力保证人道主义救援物资的运输。在马其顿,出现了第一支联合国进行预防性部署的维和部队,标志着联合国维和行动向预防冲突的方向发展。

1992年,布特罗斯·加利就任第六任联合国秘书长之后,为维和行动确定了更加雄心勃勃的目标。他提出联合国今后的作用不应仅限于维护和平、调解已发生的冲突,而应当积极致力于"创造和建设和平"。同年6月,加利完成了题为《和平纲领》的报告,具体阐述了进一步开展维和行动的设想。他在报告中主张建立一支由联合国指挥的快速反应部队,以便在第一时间赶赴冲突地区平息争端,甚至在危机发生前进行预防性部署。他要求成立独立的联合国情报机构,保持强大的情报搜集和判断能力,以建立预防危机发生或升级的控制机制。为保证这些活动需要的资金,加利设想对世界范围内的军火销售征收"和平税",或从各航空公司的机票收入中适当抽取一部分作为"和平基金捐款"。

加利的计划并未得到会员国的热烈支持,而紧接着联合国在索马里维和行动受挫,使维持和平行动迅猛扩展的势头受到了遏制。索马里内战始于1991年初,并逐渐形成军阀割据、连年混战的局面。同时,索又遇到持续干旱,天灾人祸使得64%的索马里人处于饥荒的威胁之下,国际社会深感震惊。1992年4月24日,联合国安理会通过第751号决议,决定实行一项名为联合国索马里行动的小规模维和计划,以监督停火和提供人道主义援助。7月安理会再次通过决议,向索马里提供紧急援助。8月安理会同意向索马里增派维和部队。12月,以美军为主的多国维和部队进驻索马里,以武力确保援助物资的发放。索各派对联合国的行动采取了消极态度,1993年夏又发生了维和部队士兵遭伏击的严重事件。此时在美国的推动下,安理会授权驻索部队"采取一切必要措施"对付袭击联合国部队的派别,联合国驻索特使继而发布通缉令,悬赏捉拿索最大的武装派别头目艾迪德。联合国维和部队脱离了公正的调解人的地位,直接卷入该国内部的斗争,从而丧失了索平民的支持,逐渐陷于被动。美军在索首都的巷战中遭到意外损失,迫于国内压力单方面撤军,缉拿艾迪德的行动宣告失败,联合国救援活动也陷入停顿。1995年3月,加利承认联合国在索受挫,维和部队全部撤出了索马里。

除此以外,在近年来的维和行动中,联合国与提供维和人员的会员国,特别是西方大国在军事指挥权、经费分担、维和行动的手段和目标等问题上不断出现争执。部分第三世界国家则对联合国授权一些国家主持维和活动及不断扩大维和行动的适用范围表示忧虑。

1995年1月,加利秘书长发表报告,对1992—1994年间进行的17次维持和平行动做了回顾和总结,作为对他1992年《和平纲领》的补充。在这份报告中,加利仍然主张对传统的维和方式进行调整,以适应国际形势的变化,但他对维和行动的发展表现出更为谨慎和现实的态度。他承认使用武力维持和平是"很危险的事情",今后应避免贸然授权采取这种行动。他强调联合国宪章明文禁止干预纯属一国内部管辖的事物,因此在处理冷战后遍及全球的国内冲突时应遵循严格的限制。加利还特别指出授权给某些国家去执行维和使命"可能给联合国的地位和信誉带来负面影响"。

国际裁军与军备控制的新进展

冷战结束后,国际社会在军备控制和裁军方面取得了重大进展。美国和俄罗斯签署了《第二阶段削减进攻性战略武器条约》和《削减进攻性战略武器条约》。在联合国主持下,多边裁军与军备控制也有积极进展,主要表现在延长《不扩散核武器条约》、签署《全面禁止核试验条约》和促进《禁止化学武器公约》的生效。根据有关条约的约定,大规模毁灭性武器将大幅度减少,人类可望建立更为安全与稳定的和平。但是,美国采取了一系列有悖于世人和平愿望的行动,诸如部署导弹防御系统和拒绝批准《全面禁止核试验条约》、不断增强军事实力、研发新式武器和进行军事威胁与军事打击。

无条件、无限期延长核不扩散条约

1968年6月12日,联合国大会以压倒多数通过《不扩散核武器条约》,7月1日分别在华盛顿、莫斯科和伦敦开放签字。1970年3月5日条约生效。条约的宗旨和目的是防止核武器扩散、停止核军备竞赛和推动核裁军,促进和平利用核能的国际合作。条约有效期为25年,到时是否延长必须进行商议。自1970年条约生效到1995年4月,已有178个国家签署。

战后初期,美国反对核扩散,是为了维持对核武器的垄断地位。此时美国提出了巴鲁克计划,试图利用国际原子能委员会防止别的国家掌握核技术、制造核武器。50—60年代美国寻求核不扩散条约以保持核武器的优势。当美苏核武器基本持平时,美国想通过核裁军限制对方发展自己。冷战结束后,美国更加关心大规模毁灭性武器及其运载工具的横向扩散。因此美国对是否延长和怎样延长《不扩散核武器条约》特别关注。1995年3月1日,克林顿称无条件、无限制地延长《不扩散核武器条约》是美国最优先考虑的问题,并表示美国将继续做出所有适当的努力以实现上述目标。国务卿克里斯托弗也说,只有无条件无限期地延长《不扩散核武器条约》才能维护该条约的真正力量。美国为了赢得国际社会对它的支持,也做出了一些承诺。4月5日,克林顿保证美国不对没有核武器并同意不获得这种武器的国家使用核武器。同时承诺在无核国家一旦遭到拥有核武器国家的威胁或袭击时,美国将给予帮助。4月6日,美、俄、英、法在联合国裁军会议上保证不对没有核武器并且签署了《不扩散核武器条约》的国家使用核武器,并呼吁国际社会将该条约永久化。4月11日,联合国安理会通过第984号决议,规定核国家不对缔约的无核国家使用或威胁使用核武器。

根据《不扩散核武器条约》的规定,关于审议延长该条约的会议于1995年4月17日—5月12日在纽约联合国总部举行。在为期四周的会议中,大多数与会代表认为条约在防止核武器扩散、维护世界和平与稳定、推动裁军、促进和平利用核能的国际合作等方面都起了一定的积极作用。他们都认为有必要延长条约的期限,让它在军控领域继续发挥应有的作用。但在如何延长的问题上有两种主张:一种主张是由于担心核扩散会危及地区与世界安全,主张无条件、无限期延长,美国最具代表性。美国副总统戈尔强调至关重要的是必须利用这次一次性的选择机会来无条件地无限期延长这项条约;广大发展中国家关注有核国家的核武库的永久化,特别是无核国家的安全因此得不到保障,主张有条件、分阶段延长,而且核国家要承担某些责任与义务。与会代表从大局出发经多方磋商,为了维护条约的权威性,5月11日大会以鼓掌的方式同意无限期延长条约。大会通过了《不扩散核武器条约原则和目标宣言》。其主要内容是:(1)普遍坚持《不扩散核武器条约》是一个紧迫的重点。呼吁所有尚未参加该条约的国家,特别是那些拥有没有采取防护措施的核设施的国家尽早加入该条约。所有缔约各方都应该做出每一项努力来实现这一目标。(2)核武器的扩散将会严重增加核战争的危险。《不扩散核武器条约》至关重要的作用就是防止核武器的扩散。缔约各方应该做出每一项努力来执行该条约的各方面条款,以防止核武器和其他核爆炸装置的扩散,而又不妨碍各方和平使用核能。(3)各方应该坚决恪守在《不扩散核武器条约》中做出的承诺。拥有核武器的国家重申就有关核裁军有效措施问题进行真诚谈判的承诺,不迟于1996年完成《全面禁止核试验条约》的谈判。(4)对无核国家提供具有"国际法律约束力"的安全保障。(5)"不受歧视地行使其发展、研究、生产和使用和平用途的核能的不可剥夺的权利","在所有旨在提倡和平使用核能的活动中,应该对参加本条约的无核武器国家给予优惠待遇,特别考虑发展中国家的需要"[①]。大会决定加强对条约的审议过程,要求建立专门机构,增加审议会议的次数。条约的延长有利于防止核武器和其他核爆炸装置的扩散,也可能逐步形成某种在核问题上进行国际合作的机制。但是,应当看到无限期延长《不扩散核武器条约》基本上体现了美国的意志。美国至今尚未承诺不首先使用核武器,美国在核问题上一贯奉行双重或多重标准。这些都会影响条约的有效性。

1998年5月印度率先试爆核武器,巴基斯坦以自己的核爆炸作为回应。南亚开展了一场新的军备竞赛。1999年4月,印度和巴基斯坦又先后发射中程导弹成功。印度和巴基斯坦的举动是对核不扩散体制的严重挑战。同时也是对美国不扩散和反扩散政策的巨大冲击。克林顿在1998年5月22日严厉指责印度进行核试验是对国际主张停止所有核试验的坚定共识的挑战。布热津斯基就印度核试验发表文章称美国防止核扩散政策已经破产。他认为美国的防扩散政策之所以失败,是因为"美国从未追求和实行过真正具有普遍意义的无歧

[①] 上海国际问题研究所编:《国际形势年鉴(1996)》,上海教育出版社1996年版,第392—394页。

视性的防止核扩散政策"。在核问题上,美国一直采用双重标准和政策。美国也没有做出明确的承诺:遵守条约的国家得到安全保障,破坏条约的国家将受到严惩。①

《不扩散核武器条约》于 1995 年延长后举行了 5 次审议大会。第六次会议于 2000 年 4 月 24 日—5 月 20 日在纽约联合国总部举行,187 个缔约国中的 158 个国家出席了会议。这次会议是在美国决意推进导弹防御系统和美俄核裁军进展缓慢的情况下召开的。会议就核裁军的一些方面达成了共识,并通过了最后文件:同意进一步削减战术核武器;增加核国家在报告核武库信息方面的透明度;减少处于高度战备状态下的核武器数量;呼吁美俄全面实施《第二阶段削减进攻性战略武器条约》。美、俄、英、法、中 5 个核国家就全面销毁核武器和减少核战争威胁等问题做出了"明确承诺"。联合国秘书长安南称这是 1995 年无限期延长《不扩散核武器条约》以来,缔约国首次在几个相关重要问题上达成共识。

《全面禁止核试验条约》的签署

根据对 1995 年《不扩散核武器条约》审议会议和无核国家的承诺,1996 年加快了全面禁止核试验的谈判进程,并达成了协议。早在 1954 年印度领导人贾瓦哈拉尔·尼赫鲁就首次在联合国大会上提出缔结一项禁止核试验国际协议的要求。1963 年美、苏、英三国签订了《部分禁试条约》。《部分禁试条约》签署和生效后,美、英、苏的地下核试验仍在继续进行。1964 年美、苏、英在十八国裁军委员会会议上表示,要尽一切努力通过谈判使种种悬而未决的国际问题获得解决,但只字不提地下核试验。十八国裁军委员会在 1965 年 7—9 月举行会议,8 个不结盟国家提出了一项全面禁试条约的备忘录,敦促有核国家采取紧急措施,尽快就禁止一切核试验达成协议。1965 年 12 月 30 日联大以 92 票赞成、1 票反对、14 票弃权通过了以 35 国草案为基础的第 2032(XX)号决议。决议敦促各国应停止一切核武器试验,要求所有国家遵守《部分禁试条约》的精神和各项规定;要求十八国裁军委员会就全面核禁试继续做出努力。全面核禁试的主要障碍是监督和核查问题。1977 年美国、苏联和英国开始了全面彻底禁止核试验的谈判。美苏在全面禁试问题上尖锐对立。苏联为谋求核均势地位频频发起以全面禁试为内容的核裁军攻势,以图限制美国的核武器技术发展。美国则坚持反对全面禁试,力求实现更新核力量的现代化,提出和实施"战略核武器计

---

① 《读卖新闻》(日本)1998 年 5 月 18 日。

划"和"战略防御计划"。广大无核国家强烈要求缔结全面核禁试条约。苏联解体后,国际军备竞赛和军备控制的形势发生了重大变化。美国失去了核军备竞赛的对手,世界上出现一些"核门槛"国家,美国在核技术方面掌握了以实验室模拟核试验替代真实核爆炸的新手段。美国于是在1993年7月宣布赞成早日开始多边谈判和早日缔结全面禁试条约。全面禁试条约谈判在1994年1月开始。由38个国家(后扩大为61国)组成了禁核试特委会,分成两个工作组负责各项条款的谈判。为了推动全面禁止核试验谈判进程,联大于1995年通过决议,要求在1996年9月第51届联大开幕前达成协议,并将文本提交联大审议通过,然后供各国签署。在谈判进行过程中,5个核国家先后都作出了暂停核试验的承诺。经过两年半的努力,1996年8月20日,会议拟订《全面禁止核试验条约》文本,但由于印度的反对未能获得通过。后来根据澳大利亚的提议,《全面禁止核试验条约》文本直接送交第50届联合国大会审议。1996年9月10日,联合国大会以158票赞成、3票反对和5票弃权通过了《全面禁止核试验条约》。这标志着国际社会在军备控制和裁军的道路上前进了一步。

《全面禁止核试验条约》包括序言、17项条款、两个附件和一项议定书。条约的宗旨是吸引所有国家加入该条约,目标是全面禁止核武器试验爆炸及其他任何核爆炸,有效促进全面防止核武器扩散及核裁军进程,从而增进国际和平与安全。《条约》的主要内容有:(1)缔约国承诺不进行、导致、鼓励或以任何方式参与进行任何核武器试验爆炸或任何其他核爆炸,并承诺在其管辖或控制下的任何地方禁止和防止任何此种核爆炸。(2)在维也纳设立《全面禁止核试验条约》组织,所有缔约国均为《条约》组织的成员。组织机构包括缔约国大会、执行理事会和技术秘书处。(3)为确保《条约》得到遵守,建立以国际监测系统、磋商与澄清、现场视察及建立信任措施为主体的国际核查机制。国际监测系统由地震、水声、放射性核素等全球监测网络组成;磋商与澄清是指缔约国澄清并解决就遵约问题产生的怀疑;现场视察是指对发生可疑事件的现场进行核查来澄清是否发生了违约核爆炸;建立信任措施主要是指缔约国对大规模爆炸进行自愿申报。(4)根据规定,《条约》在其所列的44个有核能力的国家全部交存批准书后第180天起生效。44国是美、俄、英、法、中5个核国家及印度、巴基斯坦、以色列等"核门槛"国家和其他有核能力的国家。(5)《条约》无限期有效,在《条约》生效10年时,将召开审议大会,届时如有缔约国要求,会议将审议是否允许为和平目的进行地下核爆炸。(6)缔约国若断定与本条约主题有关的非常事件已使其最高利益受到危害,有权行使其国家主权退出条约。

如果本条约自开放供签署满 3 周年仍未生效,在过半数缔约国的要求下,秘书长应召开缔约国会议,审议并以协商一致方式采取符合国际法的措施,以加速条约的生效。

1996 年 9 月 24 日,《全面禁止核试验条约》开放供所有国家签署。1999 年 10 月,联合国在维也纳首次召开促进《全面禁止核试验条约》生效大会。由于美国等一些核国家或具有核潜力的国家没有批准与加入,条约至今尚未生效。

促进《禁止化学武器公约》的生效

禁止生化武器的谈判始于 1968 年。《生物和毒性武器条约》早在 1975 年就已生效。美苏关于化学武器的谈判在 70 年代中期就已开始,但未有明显进展。1989 年初,禁止化学武器的国际会议在巴黎举行。美国政府提出每一个国家都必须在政治上作出许诺,遵守有关化学武器使用的国际标准,未在政治上作出保证的国家应加入 1925 年日内瓦议定书;防止化学武器非法使用和危险的扩散等。出席巴黎会议的 149 个与会国签署了最后宣言。宣言要求防止诉诸化学武器、彻底销毁化学武器、不使用化学武器;承认 1925 年条约的有效性;呼吁签订禁止生产、储藏和使用所有化学武器公约。1990 年 6 月 1 日美苏签订《销毁和不生产化学武器及促进多边禁止化学武器公约的措施的协议》。经过多边裁军谈判机构的 24 年艰苦谈判,1992 年 9 月 3 日由 39 个成员国协商一致达成《关于禁止发展、生产、储存和使用化学武器及销毁此种武器的公约》。1992 年 11 月 12 日,联大第一委员会向联合国大会推荐,114 个国家联合倡议,11 月 30 日联大未经表决一致通过。1993 年 1 月 13—15 日在巴黎召开签约大会,当时有 130 个国家签署。公约禁止缔约国自己或支持、诱导别人从事与发展、生产、获取、储存、保有、转让和使用化学武器以及与准备使用化学武器有关的任何活动。缔约国应在规定期限内就其与《公约》禁止或监控的化学品有关的情况向《公约》组织做出宣布。在国际核查下销毁化学武器及其生产设备。《公约》还对关于遗弃化学武器问题做出了规定,遗弃国家承担销毁的义务,为销毁提供一切必要的财政、技术、专家、设施以及其他资源。上述工作都要求在 10 年内完成。

克林顿政府曾对缔结一项全面禁止化学武器公约持积极态度。美国十分关注化学武器的扩散。根据美国的资料,世界上 25 个国家可能拟定了生产化学武器的计划。10—12 个国家被怀疑已经或正在设法开始进行生化计划。全世界只有 3 个国家公开宣布拥有化学武器,美国约有 3.1 万吨、俄罗斯 4 万吨、伊拉克几百吨。① 美国陆军部承认拥有 6000 多万磅化学武器,1986 年就已开始销毁,计划到 2004 年完成,共需耗费 120 亿美元。② 1993 年 11 月,美国政府将化学武器公约交国会讨论批准。美国国防部副部长约翰·多伊奇 1994 年 8 月 11 日在参议院军事委员会的证词认为,缔结这样一项公约更加有利于美国的国家安全。他说美国拥有各种各样的报复能力,如果有人胆敢对美国使用化学武器,美国将对其给予"绝对压倒优势"和"毁灭性"的回击。他强调美国不需要用化学武器来有效地对付化学武器。但他主张美国应该保持强大的化学武器防御力量,并利用公约本身存在的漏洞来干美国所希望干的一切事情,因为该公约中的任何一项条款"都不得解释为妨碍任何一个缔约国为了本条约没有禁止的目的而研究、试制、生产、获得、转移或使用防范化学武器的手段的权利"③。美国参议院在公约正式生效的前夕于 1997 年 4 月 24 日批准,25 日交存。④ 当然在美国也有人反对缔结这样一项条约。例如,前国防部长施莱辛格和温伯格等认为,公约"基本上是无法核实的,未能涵盖全球",因而增加了美国及盟国遭到化学武器进攻的可能性,还可能助长化学武器生产能力的扩散,同时也破坏了美国收集别国有关情况的能力。⑤

1997 年 5 月 6—24 日在海牙举行禁止化学武器组织首届缔约国大会。参加会议的有 89 个缔约国代表,76 个签约国代表。5 月 24 日,禁止化学武器组织正式成立。该组织设立缔约国大会、执行理事会和技术秘书处。总部设在海牙。会议从 89 个缔约国中选出了 41 个成员国组成执行理事会,负责禁止化学武器组织的日常工作。根据执行理事会的推荐任命技术秘书处总干事。会议审议和批准筹委会提交大会的"最后报告"和一系列实施公约的建议、与核查相关的规定与细则。

环境与发展问题

长期以来,人类追求经济的迅速发展和生活水平的快速提高,一方面创造了丰富的物质财富和高度发达的物质文明,但同时也破坏了人类与自然界的平衡。人类对自然界的过度索取带来了一系列严重后果:资源日趋紧缺,环境严

---

① 《国防箴言》(美国)1996 年 12 月 1 期。
② 《纽约时报》1996 年 1 月 13 日。
③ 美新署华盛顿 1994 年 8 月 12 日电。
④ 中国于 1996 年 12 月 30 日由全国人大批准,1997 年 4 月 25 日交存。俄罗斯杜马于 1997 年 4 月 25 日致函各缔约国表示准备批准。
⑤ 《华盛顿邮报》1997 年 3 月 5 日。

重污染。严酷的现实迫使人类改变传统的发展观念,寻找新的发展方式与途径。联合国在《第一个发展十年》中提出:单纯的经济增长不是发展,应该注意"量"的增长和"质"的提高与改进。为了人类和自然界的和谐发展,联合国先后召开了一些重要会议,制定了一系列法规文件,明确提出可持续发展,要求国际社会采取积极行动。

联合国人类环境会议

1972年6月5—16日在瑞典的斯德哥尔摩举行了人类环境会议,113个国家的代表参加。这是国际社会就环境问题召开的第一次世界性会议。它的意义在于唤醒人类对环境问题的关注。会议通过了《关于人类环境的斯德哥尔摩宣言》和《人类环境行动计划》。《宣言》和《计划》把环境、人口、经济和社会发展联系起来,唤起各国政府和人民将环境与发展统一考虑,寻求和谐、协调发展。这次会议之后,联合国根据需要成立了联合国环境规划署。一些专门研究环境与发展关系的报告相继面世。1972年罗马俱乐部发表了《增长的极限》的报告,引起了国际社会对环境与发展问题的极大关注和普遍讨论。一个普遍的认知已经初步形成:经济发展要持续,必须考虑对自然资源的依赖性,要调整人类同自然的关系。1980年国际自然保护联盟与联合国环境规划署、世界野生基金会发表《世界保护策略》的报告,副标题是"可持续发展的生命资源保护"。报告分析了资源与环境保护同可持续发展的关系,保护的目的就是要保证地球具有使发展得以持续和支持所有生命的能力,不断向人类提供社会与经济福利。保护意味着管理人类利用生物圈的方式,使其满足当今人类生存发展的需要,同时要考虑到人类未来的需求。发展则是意味着改变生物圈以及投入人力、财力、生命和非生命资源满足人类的需求和提高人类的生活质量。报告的主要目的是:(1)解释生命资源保护对人类生存与可持续发展的作用;(2)确定优先保护的问题及处理这些问题的要求;(3)提出达到这些目标的有效方式。

1982年5月10—18日,联合国环境规划署在肯尼亚首都内罗毕召开特别会议,105个国家和149个国际组织的代表与会。会议通过了《内罗毕宣言》。《宣言》肯定了1972年以来环境保护所取得的成绩,这表现在联合国环境规划署开展了卓有成效的工作,很多国家通过了保护环境的立法,缔结了一些相关的国际协定,并成立了许多保护环境的非政府组织。《宣言》分析了环境的现状,指出人类无节制的行动导致环境日益恶化。《宣言》在贫困对环境产生的压力、战争对环境产生的影响、跨国界的国际行动以及发达国家对发展中国家应尽的义务等方面提出了新的看法。《宣言》就能源合理利用、预防环境破坏、鼓励公众参与以及全球、地区和国家在保护环境方面应该承担的义务都做出了规划。内罗毕会议的意义在于使各国更加明确了环境保护的重点。

1983年12月成立的世界环境与发展委员会经过4年的研究和工作,1987年发表了一份极为重要的报告《我们共同的未来》,提出了"从一个地球走向一个世界"。报告从人口、资源、环境、食品安全、生态系统、物种、能源、工业、城市化、机制、法律、和平、安全与发展等方面比较系统地分析了可持续发展问题。报告首次明确定义了"可持续发展"。可持续发展是指既满足现代人的需求又不损害后代人满足需求的能力。换句话说,就是指经济、社会、资源和环境保护协调发展,涉及能源开发、环境保护、发展援助、清洁水源和绿色贸易等方面,它们是一个密不可分的系统,既要达到发展经济的目的,又要保护好人类赖以生存的大气、淡水、海洋、土地和森林等自然资源和环境,使子孙后代能够永续发展和安居乐业。环境保护是可持续发展的重要方面。可持续发展的核心是发展,但要求在严格控制人口、提高人口素质和保护环境、资源永续利用的前提下进行经济和社会的发展。

联合国环境与发展会议

内罗毕会议以后,国际社会对保护环境的认识不断深化,保护措施不断加强,国际环境法得到了极大发展。到1992年国际社会先后签订了《联合国海洋法公约》等四十多个国际公约与协定,这标志着世界环境保护向前迈进了一大步。

1992年6月3—14日联合国环境与发展会议在巴西的里约热内卢举行。178个国家的代表参加,其中103个国家的国家元首或政府首脑出席。会议制定和通过了《关于环境与发展的里约热内卢宣言》、《21世纪议程》、《联合国气候变化框架公约》、《联合国生物多样性公约》以及《关于所有类型的森林的管理、养护和可持续开发的无法律约束力的全球协商一致意见的原则声明》。这次会议使世界各国对可持续发展达成了共识。各国接受了可持续发展的战略方针,并在发展中付诸实施。这是人类社会发展观及发展方式的重大历史性转变。

《宣言》(又称《地球宪章》)重申了1972年6月16日在斯德哥尔摩通过的联合国人类环境会议的宣言,其目标是通过在国家、社会重要部门和人民之间建立新水平的合作来构建一种新的和公平的全球伙伴关系。《宣言》为可持续发展制定了27条原则。涉及可持续发展的"公平性"、"可持续性"、"和谐性"、

"高效性"等。其主要内容是：(1)人类处在关注持续发展的中心。他们有权同大自然协调一致从事健康的、创造财富的生活。(2)各国根据《联合国宪章》和国际法原则有至高无上的权利按照它们自己的环境和发展政策开发它们自己的资源。(3)必须履行发展的权利,以便公正合理地满足当代和世世代代的发展与环境需要。环境保护应成为发展进程中的一个组成部分,不能把它同发展进程割裂开来。消除贫穷是持续发展必不可少的条件。(4)对发展中国家应给予特别优先的考虑。在环境和发展领域采取的国际行动也应符合各国的利益和需要。(5)各国应本着全球伙伴关系的精神进行合作,包括科技合作、开发、适应、推广和转让,促进一个支持性的和开放的国际经济体系,更好地处理环境退化的问题;阻止或防止把任何会造成严重环境退化或查明对人健康有害的活动和物质迁移和转移到其他国家去;发达国家掌握技术和资金,它们在国际寻求持续发展的进程中承担着责任。(6)减少和消除不能持续的生产和消费模式以及倡导适当的人口政策。(7)各国促进和鼓励公众了解和参与;提供采用司法和行政程序的有效途径;进行有效的环境立法;制定相关赔偿的国家法律;广泛采取预防性措施。(8)妇女在环境管理和发展中起着极其重要的作用。调动全世界青年人的创造性、理想和勇气,形成一种全球的伙伴关系,以便取得持续发展和保证人人有一个更美好的未来。各国应该承认并适当支持他们的特性、文化和利益,并使他们能有效地参加实现持续发展的活动。《宣言》要求各国和人民应真诚地本着伙伴关系的精神进行合作,贯彻执行本宣言中所体现的原则,进一步制定持续发展领域内的国际法。

里约热内卢会议后,国际社会在可持续发展领域发生了许多积极的变化。第一,已经签署的一系列国际环境保护公约相继生效。全球性、地区性和双边环保公约、条约、协定相继出台,涉及的领域不断扩大。第二,各国政府将可持续发展纳入本国经济和社会发展战略。150多个国家建立了环境及其保护的相关机构。80多个国家向联合国递交本国执行《21世纪议程》情况的报告。全世界2000多个城市制定了地方《21世纪议程》。各国采取措施与政策履行自己的国际承诺。国际环境管理加强,资金有不同程度的到位,技术转让也在进行。第三,联合国根据1992年6月联合国环境发展大会通过的《21世纪议程》的决定,1993年成立了可持续发展委员会。委员会的宗旨是:保证环境与发展大会后续行动的有效性,加强国际合作;使环境与发展大会事务的决策合理化;审查《21世纪议程》的实施。第四,联合国就环境与发展问题做出了许多规定。1992年联合国大会宣布3月22日为世界水日,旨在推动人们了解水资源开发对经济生产和社会福祉的重要贡献。1994年6月17日联合国通过《联合国防治荒漠化公约》。联合国大会于1994年宣布，把每年9月16日定为保护臭氧层国际日，以纪念在1987年的这一天签署《关于消耗臭氧层物质的蒙特利尔议定书》。联合国大会于1995年宣布6月17日为防治荒漠化和干旱世界日，呼请各会员国推动公众了解为防治荒漠化及干旱影响而开展国际合作以及执行防治荒漠化公约的必要性。1997年6月23—28日联合国举行第十九次特别大会，全面审议和评价《21世纪议程》的执行情况。2000年12月20日，大会宣布5月22日即《生物多样性公约》通过之日为生物多样性国际日。

中国与可持续发展

中国是一个正在迅速崛起的发展中大国，采取可持续发展战略关系到社会、政治、经济的健康稳定发展。中国越来越重视环境与发展的问题。1972年中国代表团出席了在斯德哥尔摩举行的人类环境会议。1973年在北京召开了第一次环境保护会议，中国已认识到环境保护的紧迫性与严重性，迈出了环境保护极其重要的一步。1991年6月18—19日在北京举行了"发展中国家环境与发展部长级会议"，发表了《北京宣言》。1992年里约热内卢会议后，中国根据本国国情制定了《21世纪议程——21世纪人口、环境与发展白皮书》，将可持续发展战略作为实现现代化的一项重要战略。1997年中国向第十九届特别联大提出了《中国可持续发展国家报告》。2000年8月，中国国务院批准成立全国推进可持续发展战略领导小组，18个部委参加，负责编写《国家可持续发展报告》。

中国在实施可持续发展战略方面所做的工作主要有：（1）全国人大和地方人大加强了相关法律、法规的制定，初步形成了可持续发展法律体系。（2）加强可持续发展的宣传、教育和监督。（3）加强国际合作。中国参加、缔结了环境与资源保护国际公约和条约30余个。中国为履行承诺制订了积极可行的行动计划，采取了具体措施与行动。（4）切实履行有关环境与发展问题的国际承诺。

酝酿之中的联合国改革

冷战的结束给国际关系体系带来了巨大的冲击，也改变了联合国赖以运作的权力基础。而联合国在冷战后的国际事务中扮演着日益重要的角色，承担了不少新责任，其原有的组织结构和运行机制已明显不能适应需要。世界各国出于各自的利益考虑不断呼吁着手进行联合国改革，并为此提出了各式各样的建议和设想。其中最为引人注目的是对安理会改组问题的议论。

安理会的组成自联合国成立以来只进行过一次变动。1963年举行的第18届联合国大会考虑到亚非国家纷纷独立,会员国数目迅速增加,决定将安理会非常任理事国从5个增加到10个。此决定于1965年8月生效并一直维持至今。此后30年里联合国有了进一步的发展和壮大。到1995年其会员国已增加到185个,为1965年的1.6倍。而安理会成员国的数量未能相应增长,使安理会成员占联合国会员国总数的比例从联合国创始时的20%下降到不足8%,影响了安理会的代表性。因而不少国家都表示应考虑再次扩大安理会的规模。

使问题趋向复杂的是一些国家借机提出改变自1945年联合国创建以来未有任何变化的常任理事国制度。对这一问题的议论由来已久,冷战结束、国际力量对比发生重大变化使其真正具有现实意义。在安理会五个常任理事国之中,英法的国际影响力早已江河日下。苏联解体后,其席位由俄罗斯继承,而俄长期陷于社会动荡和经济滑坡的状态难以自拔,实力今非昔比。与此同时,二战中的战败国日本和德国重新成为大国。德国实现了民族统一,成为能左右欧洲局势的强国。日本经济实力急剧膨胀,并努力争当政治大国。一些第三世界地区强国亦不满常任理事国制度偏重西方的地域倾向,要求增大发展中国家的比重,以确保自己的发言权。因此冷战结束后,增加安理会常任理事国的呼声不断高涨。

1992年1月举行的首次安理会成员国首脑会议上,日本、印度、厄瓜多尔等国多次要求重新审查安理会的构成和机能。会议最终授权联合国秘书长加利就安理会改革问题进行研究。同年12月的联合国大会又通过由日本、印度等36国联合提出的《关于安理会席位公平分配和成员数目增加的问题》的议案,要求各会员国至迟于1993年6月"就是否审查安理会席位问题提出书面意见",并责成秘书长在此基础上向第48届联大提交报告。经过不断酝酿,1993年12月联大批准成立专门的工作小组,负责起草安理会的改革计划。安理会的改革被正式列入了议事日程,各国围绕这个问题的活动更加活跃。

日本是其中最为积极者。在1990年第45届联合国大会上,日本外相即提出要求删除联合国宪章中将德意日列为敌国、允许对其行使武力的条款,以保证日本等国积极参与联合国的行动。在首次安理会成员国首脑会议上,日本又进一步明确表示希望到1995年联合国成立50周年时能成为安理会常任理事国。日本的主要理由是日本对联合国活动的扩展做出了越来越大的贡献,特别是在经济上给予联合国充分的支持与合作。到1992年,日本分担的联合国经费已仅次于美国而居第二位,而且日本政府还同意继续增加分摊经费的比例。到 1997 年日本一国提供的资金将接近英、法、俄、中四国的总和,占联合国总开支的 15.6%。日本认为自己应当享有相应的政治发言权。

作为争当安理会常任理事国战略的重要步骤,日本政府不顾国内外的强烈异议,于 1992 年 6 月通过了《联合国维持和平行动合作法》,开始派遣自卫队人员参与联合国维持和平行动。1994 年 9 月,日外务省拟定了关于安理会改组的方案,提出将安理会成员国总数增加到 20—25 个,日本、德国成为新的常任理事国,新设的 3 个非常任理事国席位则由印度等 6 个固定的亚非拉发展中国家轮流占据,使其成为所谓"半常任理事国"。日本进行了积极活动,希望这一提案能够为第 49 届联大基本接受。

日本的提议得到了德国的附和,美国的支持,联合国秘书长加利也表示赞同。但大多数国家却持慎重态度。英法先后发表不同意见,认为安理会尚能胜任工作,不必急于进行大规模改组。许多第三世界国家则反对单方面依据经济实力扩大安理会。负责起草改革计划的工作小组未能在联大开幕前就改组问题取得一致意见。日本的提案在联大会议上也未能得到广泛支持。其他国家纷纷从自己的立场出发提出了各种改革设想。其中意见比较集中的有:(1)增加不享有否决权的常任理事国,现有五大常任理事国应保证严格控制、并最终停止使用否决权。(2)减少欧洲国家在安理会常任理事国中所占的比重,将其总席位控制在 2—3 个,由德国、俄罗斯、英国、法国、意大利轮流占据。(3)严格按照地域平衡、人口比例、民族代表性等原则,在广泛征求意见的基础上,增选新的常任理事国,即将新的理事国席位给予亚非拉国家。

联合国的改革是一个极其复杂的问题。作为最具权威性的联合国机构,安理会的改组牵扯到方方面面的利益,涉及微妙的历史和法律问题,各国的意见难以在短时间内得到统一。况且安理会的改革并非是简单增加几个成员。为使联合国机构能够真正朝着适应冷战后国际关系现实的方向调整和发展,各国还需要进行耐心的协调和酝酿。

新时期联合国的地位和作用

冷战结束后联合国面临自我革新和发展的艰巨任务。随着各国社会经济的发展,一些新的全球性问题,如人口、资源、环境、移民问题,成为国际社会普遍关注的新的焦点。这些问题的特点在于它们的根源、影响都不仅局限于某个或某些国家的范围内,只有通过世界各国的共同协调和努力才能使之得到圆满解决。联合国作为最具广泛代表性的国际组织,在团结世界各国、推动上述问题的解决上负有义不容辞的责任。

解决事关社会经济发展的全球性问题,逐渐成为与维持地区安全和稳定同样重要的新时期联合国工作的重点。近年来,联合国围绕着这个目标成功地开展了几次引人注目的活动。

其一,联合国成功地组织召开了人类历史上第一次关于环境与发展问题的全球性首脑会议。在联合国的积极努力下,1992年6月3日至14日在巴西的里约热内卢举行了联合国环境与发展大会(亦称人类环境首脑会议),其中12日和13日两天为各国首脑会议。参加会议的有170多个联合国成员国的代表团,102位国家元首和政府首脑,及联合国各机构负责人和各国际组织的代表。

与会代表对人类社会活动,尤其是社会生产活动所引起的环境破坏表示了深切的关注和忧虑。他们一致同意工业化造成的环境污染是人类面临的共同问题,如不及时纠正,将危及整个人类的生存。因此各国应努力避免在跨国界环境污染的治理问题上的推诿和纠纷,共同承担保护环境的义务。

尽管各国对此问题的基本认识趋于一致,但环境问题毕竟涉及各国重大经济利益,因此与会国在解决环境问题的具体战略上发生了激烈的争执。在会上,欧日与美国的立场出现了明显差异。欧日接受发达国家对保护环境负有更大责任的提法,承诺将用于国际援助的资金提高到占国民生产总值的0.7%。会议期间,日本率先表示愿意每年增加4亿美元的对外援助,帮助发展中国家解决环境污染问题。欧共体随即表示追加40亿美元的援助款项。美国在会上顽固坚持僵硬立场,拒绝签署《生物多样性公约》,拒绝承担更多的环保义务,明显陷入孤立。发展中国家通过相互协调和灵活斗争,掌握了会议的主导权,从而保证了大会的成功。在发展中国家的坚持下,会议的最后文件中载明了发达国家对全球环境恶化所负的责任,及应提供新的优惠条件转让环境技术等重要原则。

会议最终通过了《里约宣言》(又称《地球宪章》)和《二十一世纪行动议程》两个纲领性文件,发表了《关于森林保护的政策声明》。绝大多数与会国在防止全球变暖的《全球气候变化框架公约》和《国际保护生物物种多样性公约》两个文件上签了字。前者要求世界各国尽快改进能源技术,提高能源使用效率,以减少二氧化碳等有害物质的排放,克服温室效应对人类生活和地球生态环境的影响。欧共体和日本保证到2000年把二氧化碳的排放量控制在1990年的水平。公约还规定成立机构负责向发展中国家提供资金和技术援助,帮助他们减少有害气体的排放。后者规定应努力保护生物资源,推动生物技术的合理使用,以建立公正的生物资源市场。里约会议是联合国历史上规模最大、级别最高、筹备时间最长的一次会议。这次会议的成功为各国合作解决全球问题奠定了基础。

其二,由联合国主持的世界人口会议1994年9月在埃及首都开罗召开。来自150多个国家和各社会团体的代表出席了会议。会议的主旨在于讨论日益失控的人口增长对全球资源保护和经济发展的影响,寻求解决世界人口问题的途径。发达国家、发展中国家及一些宗教组织的代表在会上发生激烈争执。经过8天的辩论和协商,会议最终通过了不具有约束力的行动计划,确定了今后20年内的世界人口战略。该计划宣称,应鼓励在世界范围内实行计划生育,保证妇女的合法权益、特别是她们要求生育健康的权利。在伊斯兰国家的坚持下,行动计划中写入了"完全尊重各国不同的宗教、种族价值观念和文化背景"的原则。

参加会议的联合国官员对行动计划给予了积极评价,指出如果该计划得到认真执行,世界人口将在2015年被控制在72.7亿,而不是原来预计的将近80亿。这将有效地缓解对全球资源的压力,促进人类社会经济的持续发展。

其三,联合国组织召开了首次社会发展世界首脑会议。此次会议于1995年3月6日至12日在丹麦首都哥本哈根举行。会议议程分为两阶段,6日至10日是第一阶段的部长级会议,11日和12日为第二阶段世界首脑会议。来自116个国家的政府领导人和非政府机构、国际组织的代表参加了会议,共同寻找促进全球发展的策略。

社会发展会议的讨论围绕消除贫困、增加就业、实现社会和睦三大主题举行。发展中国家及国际组织的代表在会议中表现尤为活跃。他们利用各种论坛阐明自己的观点,指出经济发展是社会发展的基础,全球各国的发展与进步进程是紧密相连的,没有发展中国家的社会经济发展,发达国家也不可能实现持续发展。他们据此要求发达国家在技术转让、资金投入、解决债务问题、消除贸易壁垒等方面采取更加积极的态度,承担向发展中国家提供援助的责任和义务。只有通过南北方的真诚合作,才能解决国际社会面临的共同挑战。

发展中国家的呼吁得到了丹麦、荷兰及北欧国家的积极响应,但大多数发达国家则态度消极。他们强调本国同样面临严重的失业、种族纠纷、贫富分化等社会问题,无力实现以前提出的拿出本国国民生产总值的0.7%作为给予发展中国家的发展援助的目标,全面减免南方国家的债务也不可行。发达国家的设想是自己保证将发展援助中的 20% 用于提高发展中国家中最贫困人口的基本生活水平,发展中国家政府也要同意将本国财政预算的 20% 固定用于此项工作。多数南方国家认为这一方案是对自己主权的变相干涉,坚决拒绝接受。

尽管存在种种分歧,社会发展会议最终还是通过了《宣言》和《行动纲领》,确定了一些能够为各国普遍接受的基本原则。在这两个文件中,与会各国做出了解决社会发展问题的十项承诺,确定了部分具体的政策措施,包括要求各国制定消灭贫穷的综合战略,并将 1996 年定为"消灭贫困国际年"。

联合国在促进世界发展,推动人类面临的共同问题的解决方面存在着许多难以解决的困难与矛盾。在过去的几十年中,尽管联合国为此投入了主要精力与巨额经费,但收效甚微。而今联合国本身缺乏资金、技术以及灵活有效率的管理机制,它在世界发展中所能起到的作用仍是极其有限的。

第二十二章 第三世界的动荡与发展

第一节 西亚、非洲的国际关系

海湾战争

1990年8月2日,伊拉克突然出动近10万军队,大举入侵其邻国科威特,迅速占领科威特全境,科威特埃米尔被迫逃亡。8日,伊拉克宣布兼并科威特,将其作为自己的第19个省。海湾地区的形势骤然紧张。

伊科之间的矛盾由来已久。伊长期宣称对科拥有主权。伊复兴党执政后虽承认科的独立,但未与科勘定具体边界,两国曾发生多次边界争端。两伊战争结束后,伊科矛盾又形突出。伊拉克指责科威特在战争期间在边界争议地区偷采石油,蚕食伊领土。伊提出免除战争期间向科借的150亿美元债务,被科拒绝。伊要求科减少石油产量,以促使油价上升,帮助伊拉克经济重建,又遭科威特反对。伊遂经精心准备,一举以武力吞并科威特。

伊拉克入侵科威特正值东西方冷战走向终结、各热点问题纷纷降温之际,自然引起世界各国的震惊。联合国安理会连续通过决议,谴责伊拉克的侵略行为,拒绝承认伊对科的兼并,决定对伊实行全面的武器禁运和经济封锁,以迫使伊军撤出科威特,恢复科威特的主权和独立。

美国对这一事件的反应尤为强烈。美认为伊拉克的行动打破了海湾地区的力量平衡,对中东石油的稳定供应构成威胁,因而影响美国在中东的战略利益。更重要的是,伊拉克的行动可能影响到美国按照自己的意愿塑造冷战后国际关系的努力。美国担心如果伊拉克的侵略不被制止,各地区强国将争相起来填补苏联力量收缩留下的地缘政治空白,使美国难以驾驭。布什政府迅速决定全力干预海湾危机,通过打击伊拉克确立美国"冷战后世界唯一超级大国"的地位。

伊拉克发动入侵的当天,美即宣布冻结伊、科在美的巨额资产,对伊实行制裁。8月7日,美国宣布应沙特政府要求,向海湾地区派遣美军部队,以阻止伊军进一步入侵沙特。在这次命名为"沙漠盾牌"的军事行动中,美国先后向海湾调集了 50 余万士兵,1300 多架战机和由 3 艘航空母舰率领的庞大舰群,对伊拉克构成了强大的威慑力量。与此同时,美国展开紧张的外交活动,组织、完善对伊拉克的国际孤立和制裁。入侵发生的第二天,美国务卿即同苏联外长进行了紧急磋商,并发表联合声明,宣布对伊拉克进行制裁。布什总统则亲自与西方盟国首脑进行电话联络,争取到他们支持并参与美国出兵海湾的行动。美同时频繁派遣外交使节前往中东,说服或迫使土耳其、叙利亚、约旦等伊拉克邻国关闭伊对外出口石油的管道,停止与伊的贸易往来,继而断绝与伊的海陆交通,保证了对伊拉克经济制裁的效果。

　　面对国际社会的压力和美国的军事威胁,伊拉克仍拒绝从科威特撤军。伊一方面继续向科增兵,一方面采取各种手段分化国际反伊同盟。8 月 15 日,伊拉克总统萨达姆·侯赛因致信伊朗总统,宣布接受对方此前提出的实现两伊和平的所有条件,同意伊拉克军队立即全部撤出伊朗领土,无条件释放伊朗战俘,以 1975 年阿尔及尔协议为基础解决边界问题,由两国共享阿拉伯河主权。伊拉克通过这样的重大让步实现了与伊朗的和解,摆脱了两线作战的危险。接着,萨达姆总统又提出将伊军撤出科威特同以色列撤出其占领的阿拉伯领土挂钩,指责美国和联合国在中东问题上采取双重标准,号召阿拉伯人展开反美反以的圣战。此外,伊拉克还扣留了在伊的数千名西方人作为人质,并称视各国政府对伊的态度决定是否释放该国人质。

　　伊拉克的策略对多国组成的反伊同盟并未产生重大影响。随着美军在海湾集结的初步完成,美国公开把军事行动的目标从保卫沙特扩展为消除伊拉克侵略后果,即解放科威特。美同时积极活动,以取得国际社会的授权。11 月 29 日,联合国安理会通过第 678 号决议,规定 1991 年 1 月 15 日为伊军撤出科威特的最后期限,在此之后各成员国有权使用"一切必要手段"迫使伊遵守联合国的各项有关决议。这事实上是批准了对伊采取军事行动。此时,美国已经组织起有英、法、埃及、沙特等 27 个国家参加的多国部队,并从海湾国家和日本、联邦德国等西方盟国争取到约 540 亿美元的资助,还商定全部战争费用由海湾国家、日德、美国按 60%、20%、20%的比例分担,从而解决了庞大的战争开销问题,作好了开战的一切准备。

　　在此期间,国际社会谋求和平解决争端的努力始终没有停止。法国、日本的政府首脑前往中东进行活动,苏联也派出总统特使前往伊拉克进行斡旋。联合国秘书长德奎利亚尔在最后期限到来之前赶到巴格达,试图说服萨达姆总统撤军。美国在第678号决议通过之后,也曾建议举行美伊外长会谈。但伊方始终拒绝退出科威特,拒绝执行联合国的各项决议。和平努力终告无效。

1991年1月17日,美国宣布开始实施代号为"沙漠风暴"的对伊作战行动,以美军为首的多国部队出动数百架飞机空袭伊科境内的重要军事目标,海湾战争终于爆发。伊拉克亦宣布展开"战争之母"行动,向沙特和以色列发射地对地导弹。驻科伊军开始炸毁科威特的油井,引起油田大火;伊军还向海湾倾倒大量原油,造成严重的污染。但多国部队凭借其绝对的空中优势,掌握了战场的主动权。经过一个多月的连续轰炸,多国部队沉重打击了伊军的指挥系统和后勤补给线,给伊军部队造成一定伤亡。2月24日,多国部队发起了地面进攻。伊军只经过轻微抵抗即开始全线撤退,多国部队顺利解放科威特并攻入伊拉克南部。27日,伊拉克致信联合国安理会,表示无条件接受联合国有关伊科问题的所有决议,同意从科撤军,请求停火。此时,美国担心过分削弱伊军力量将导致伊拉克的解体,使伊朗在海湾地区坐大,遂于28日宣布停火。海湾战争以多国部队的全胜而告结束。

联合国安理会随即通过第686号、第687号决议,规定了对伊拉克正式停火的条件。其中包括:伊拉克须承认科威特的主权独立,接受伊科之间的现有边界;在伊科边界设定非军事区;伊拉克应在国际监督下销毁现有的生物、化学和射程超过150公里的弹道导弹,保证停止研制工作,并将其核材料完全置于国际原子能机构的监督之下;伊拉克应就其侵略行动给各国造成的损失进行赔偿;继续对伊拉克进行经济制裁。伊拉克方面表示无条件接受。

战争失败使伊拉克一度面临崩溃。伊南部的什叶派穆斯林和北部的库尔德人先后发动起义,反对派亦组织了针对萨达姆总统的示威活动。萨达姆出动在战争中未受严重打击的共和国卫队进行严厉镇压。库尔德人被迫流亡。1991年3月底,联合国决定在伊拉克北部建立安全区,收容库尔德难民,后来又将这个安全区扩大到北纬36°以北。1992年8月,美国等西方国家又宣布在伊拉克南部北纬32°以南设置禁飞区,禁止伊政府军用飞机和武装直升机在此区域上空飞行,以遏制萨达姆镇压什叶派穆斯林起义的军事行动。至此,萨达姆政府有效控制下的地区已被缩小到伊拉克领土面积的1/3。美国政府还公开表示希望伊出现温和派政权,取代萨达姆总统。但萨达姆总统利用各种手段最终巩固了自己的统治。

此后,美伊在武器核查、禁飞区控制等问题上不断发生对抗。1992年4月,联合国伊科划界委员会正式确定了两国边界。但伊拉克称该边界将伊方的6

口油井和伊主要海军基地的一部分划入科威特境内,是"大国强加的一个纯粹政治的决定",宣布拒绝接受,引起美英等国的强烈不满。1992年底到1993年夏,美国分别以伊拉克违反禁飞区规定、阻挠核查、威胁美国前总统布什安全为由,多次空袭巴格达。美还坚决阻止取消对伊拉克的制裁和封锁。海湾局势不时出现紧张。1994年10月,伊拉克突然向伊科边界大规模调集军队,美国政府立即宣布向海湾增兵,双方的对抗急剧升级。但伊方很快宣布撤回驻伊科边界的军队。10月13日,萨达姆总统向来访的俄罗斯外长表示,伊正式承认科威特的主权,接受联合国划定的伊科边界。在伊拉克议会以法律形式确定这一承诺后,科威特表示了谨慎的欢迎。但国际社会至今仍坚持对伊拉克的制裁。

中东和平进程

海湾战争改变了中东地区的国际关系格局,为打破中东和谈的僵局创造了条件。海湾战争后,坚决抵制同以色列谈判的阿拉伯拒绝阵线趋向瓦解。该阵线的主要成员中,伊拉克直接遭到战争打击,巴解、也门因在战争中支持伊拉克而处境艰难,叙利亚在危机中转向反伊联盟一边,与埃及、沙特结成了新的轴心,所谓强硬派势力严重削弱。在海湾危机期间,阿盟决定将其总部迁回开罗,埃及恢复了在阿拉伯国家中的核心地位,主张和平解决争端的温和派势力得到加强。

美国通过战争确立了在中东地区的主导权后,也企图利用这种优势建立符合自己愿望的中东和平秩序。海湾战争刚刚结束,1991年3月6日,布什总统就提出了在联合国安理会第242号、第338号决议基础上,"以土地换和平"解决阿以争端的建议。接着,美国务卿贝克携美国拟就的召开地区和平会议的方案前往中东,进行穿梭斡旋。该方案设想在美苏主持下,召开由以色列、与中东问题有关的阿拉伯国家、巴解组织以外的巴勒斯坦人参加的和会,讨论阿以冲突的解决方法。会议只举行简单的开幕式,即转入以色列同阿拉伯各国分别进行双边谈判。阿拉伯方面认为,该方案过于倾向以方主张,排除联合国的参与,排斥巴解组织,将导致以方谋求单独解决,因而要求进行修改。以色列自恃在海湾战争中忍受了伊拉克39枚导弹的袭击没有还击,为维系反伊联盟做出了牺牲,博得了国际社会的同情,而提出了举行和谈的前提条件。以色列特别坚持参加会议的巴勒斯坦代表只能是以方认可的约旦河西岸和加沙地带的巴勒斯坦人,全体会议对双边谈判不能具有任何影响力。由于阿以双方对和会形式存在争议,贝克四访中东均未取得成效。

为打破僵局,布什总统于 1991 年 6 月致函中东国家领导人提出了补充建议,即联合国作为"沉默不语的观察员"出席会议,全体会议可以在各方一致赞同的情况下每隔一段时间召开一次,听取双边谈判进展。阿方经反复磋商接受了经过修改的和会方案。美国极力说服以色列政府,苏联也将苏以复交同以色列同意参加和谈联系起来。以色列政府不得不表示在巴方代表团资格问题得到"满意的解决"的条件下,愿接受美国的会议方案。

1991 年 10 月,首次中东和平会议终于在西班牙首都马德里召开。会议前 3 天为美苏两主席主持下的全体会议,然后转入以色列同阿拉伯国家的双边谈判。两周之后,关于军备控制、水资源、难民等问题的多边谈判开始举行。巴勒斯坦方面派出被占领土上的巴勒斯坦著名人士作为约旦—巴勒斯坦联合代表团的成员参加和谈。由于以色列方面的僵硬立场,会议进展极其缓慢。以方坚持不撤离其占领的阿拉伯领土、不停止在这些地区建立定居点、不同巴解组织进行谈判的三不原则,对阿方提出的各种以土地换和平方案置之不理,还一再就约—巴代表团的组成问题发难。同时,以色列加紧在被占领土上建立犹太人定居点,引起阿方的强烈不满。和会举行五轮之后仍未取得任何实质性成果。

以色列政府的态度令美国不快。美国政府认为以色列的强硬态度已成为中东和平进程的主要障碍。此时,美国对外政策的重点已转向经济方面,美苏在中东地区的较量业已成为历史,以色列的战略价值有所下降。布什政府对以色列采取了空前严厉的态度,决定在以色列继续在被占领土上修建定居点的情况下,不向以提供 100 亿美元的贷款担保。美国支持的减弱加剧了以色列的经济困难,以国内对外政策的争论日益激烈。1992 年 6 月,对和谈持僵硬态度的沙米尔政府倒台,以色列提前举行大选,力主推动中东和谈的工党获胜。工党领袖拉宾在执政后做出种种和解姿态,宣布停止在被占领土上建立定居点,不再反对东耶路撒冷的巴勒斯坦人参加巴方代表团。阿拉伯国家普遍对其灵活态度表示欢迎。中东和平进程重新获得活力。

1993 年初,以色列政府正式解除了与巴解接触的禁令。以巴开始在多边和平会议之外进行秘密的双边谈判。此时的拉宾政府因未能兑现 3 个月内取得和谈突破的竞选诺言而受到强硬派的攻击。拉宾急于取得进展,愿意接受土地换和平的原则。而阿拉法特代表的巴解温和派处境也不乐观。苏联的支持在冷战结束后已化为乌有,海湾国家因巴解在海湾战争中支持伊拉克而停止了财政援助,巴解组织的经济状况急剧恶化。被占领土上的激进派组织"哈马斯"乘机扩展影响力,对巴解的领导地位构成威胁。面对严峻局面,阿拉法特在谈判中做出了重大让步,同意放弃武装斗争,搁置耶路撒冷归属和成立巴勒斯坦国问题,首先在被占领土的部分地区实行有限自治。双方经过十四轮艰苦谈判,终于达成协议。

1993年9月13日,巴以代表在华盛顿签署了《巴勒斯坦人首先在加沙和杰里科实行自治的原则宣言》。宣言确定了分三阶段实现巴以和平的设想:第一阶段,巴以相互承认,以方在协议生效后4个月内从加沙和杰里科撤出军队和行政机构,巴勒斯坦人在该地实行自治;第二阶段,协议签署后9个月内约旦河西岸和加沙地带的巴勒斯坦人选举产生自治委员会,取代以色列机构在整个约旦河西岸和加沙地带行使行政和司法权;第三阶段,在协议签署后两年内,双方开始谈判约旦河西岸和加沙地带的最终归属、耶路撒冷地位、巴方自治区内的以色列移民点等问题。巴以协议的签署标志着巴以双方45年来势不两立的敌对状态的结束。它为巴勒斯坦问题的全面公正解决确定了原则,奠定了基础。1994年5月,巴以经过艰难曲折的谈判,又签署了实施自治宣言的最终协议。巴自治当局获准建立9000人的警察部队,而自治区内犹太人定居点仍由以方守卫。协议规定巴自治当局拥有立法权,可独立发放护照、邮票,但未明确其国家地位。

巴勒斯坦自治协议的达成是中东和平进程的历史性突破。巴以争端这一核心问题上的进展给整个中东问题的解决注入了新的活力。1994年7月,约旦和以色列签署了《华盛顿宣言》,10月又正式签订了和平条约。约旦结束对以的经济抵制,同以建立外交关系;以色列交还1967年攫取的300平方公里约旦土地,再划给约旦一片谷地,换取原属于约旦的一些战略高地;两国还就水资源分配、联合开发约旦河谷等一系列经济合作事宜达成协议。海湾合作委员会6国则宣布结束对以色列的间接经济抵制,不再制裁与以进行商贸往来的外国公司。突尼斯同意和以色列互设经济联络处,作为实现关系正常化的第一步。以阿关系取得全面进展。

1994年10月30日—11月1日,在美国的积极倡导下,首届中东北非经济首脑会议在摩洛哥的卡萨布兰卡举行。以色列和阿拉伯国家的政府官员首次共商地区经济合作发展问题。会议发表的《卡萨布兰卡宣言》称此次会议的目标在于加强阿拉伯人和以色列人之间的和平事业,促进各国政府之间和企业界人士之间实现全面和平并建立新的伙伴关系。宣言肯定了自1979年埃以和平条约以来的中东和平进程,决定采取一系列措施,促进地区经济合作,为和平进程提供经济保障。美国在此次会议上表现最为活跃,提出了建立中东北非经济合作体系的四点计划,促使与会国同意成立中东北非地区开发银行、地区旅游局、地区商务委员会和地区商会,为中东北非经济共同体奠基。美国的意图在于通过阿以经济合作、共同发展克服现阶段中东和平进程中的一些困难,为和解的持续和扩展创造条件。

中东和平进程虽然取得了惊人的进展,但化解阿以多年的恩怨纠葛仍是一项艰巨的任务。至关重要的叙利亚与以色列的和谈尚未取得成果,巴以和谈即将涉及最为棘手的难题。巴勒斯坦和以色列内部的强硬派势力仍在不时挑起暴力事件,危及和平协议的实施。中东国家需继续为实现全面而稳定的和平而努力。

南非民主进程

纳米比亚独立后,南非的白人种族主义统治成为众矢之的,国内外要求结束种族隔离制度的呼声日益高涨。在非国大领导下,南非黑人群众的抗议活动和武装斗争势成燎原,冲击着白人种族主义统治。国际社会对南非的制裁使得其经济面临严重困难,物价居高不下,失业率上升。白人统治集团内部对是否还要一意孤行地维持种族隔离制度也出现了争议。1989年,顽固坚持种族歧视政策的威廉·博塔总统因病辞职。执政的国民党经过激烈的内部斗争,推选温和派人物威廉·德克勒克继任。德克勒克一上任就宣称要"建立一个新南非",使"所有人都可以参与做决定"。非国大对其奉行的灵活政策表示谨慎的欢迎,称这是和平结束种族隔离制度的最后一次机会。在双方的共同努力下,南非开始了实现种族平等和政治民主的艰难历程。

南非的民主进程大致可以分为三个阶段。首先从1990年2月到1991年底是种族隔离制度的崩溃阶段。德克勒克上台后为打开局面,急于同非国大进行谈判。非国大则坚持白人政府必须先满足基本的先决条件,即释放政治犯、解除对反种族主义组织的禁令、结束紧急状态、废除国内治安法令。德克勒克政府在1990年2月采取大胆行动,宣布解除对非国大、泛非大和南非共产党的禁令,释放非国大领导人曼德拉等著名政治犯,取消对33个反种族隔离组织的制裁。曼德拉随即率团同南非当局举行正式会谈,南非民主化进程终于起步。同年6月,德克勒克又宣布取消除纳塔尔省之外地区的紧急状态,废除公共场所隔离法。8月,已经取得合法地位的非国大决定放弃武装斗争。1991年2月,德克勒克进一步宣布取消尚存的重要种族隔离法律,包括土地法、集团居住法、黑人社区发展法和恶名远扬的人口登记法。

至此,除所谓黑人家园立法外的种族隔离法都已被废除,非国大提出的谈判先决条件得到满足。双方建立了基本的相互信任气氛,开始全力筹备为种族平等的新南非奠基的制宪会议。但双方在制宪会议的形式和任务问题上出现了尖锐的分歧。非国大主张仿照纳米比亚模式,举行一人一票的选举,产生制宪会议代表,负责起草新宪法,在此期间成立过渡政府管理国家。南非当局则认为应直接举行多党谈判起草新宪法,由现政府负责过渡时期的安排。为打破僵局,非国大方面提出召开所有政党一致参加的大会,讨论制宪问题。南非当局表示同意。

1991年12月,有南非19个政党参加的"民主南非大会"在约翰内斯堡召开,民主进程进入了举行制宪谈判的第二阶段。非国大和南非当局围绕制宪方式、过渡政府的组成、中央与地方关系等焦点问题进行了艰苦的谈判。德克勒克政府极力主张对黑人多数建立制约机制,以维护白人在新南非中的利益。它设想的分权措施包括建立以种族和部族代表为基础的上院,对全民选举的下院拥有否决权;由三个主要政党组成委员会行使总统职权,委员会主席由三党轮流担任;只有在大选中得票率在15%以上的政党才有权进入政府,以形成国民党与非国大两党分权的局面;削弱中央权力,强化地方政权。

在向地方分权问题上,南非当局得到了黑人和白人极端势力的支持。这些居于少数的极端派为保住自己的既得利益,纷纷要求实行地区自治或联邦制,建立所谓黑人家园或白人家园。为扩大自己的影响,这些组织不断挑起与非国大支持者的流血冲突,其中以祖鲁族组织英卡塔自由党与非国大的冲突尤为惨烈。南非政府内部的强硬派势力则暗中鼓动白人极右翼势力和黑人少数派攻击非国大,以图削弱非国大的力量。大规模暴力冲突一度严重阻碍了制宪谈判的进展。

以曼德拉为首的非国大代表团在错综复杂的形势下表现出了坚定的原则性和成熟的政治技巧。非国大在制宪谈判中的基本主张是必须结束旧南非的分裂状态,形成一个强有力的中央政权,以有效地纠正长期种族歧视造成的社会经济弊端,保证国家团结。但非国大也考虑到白人和黑人少数派的顾虑,承认南非各地区间现有的差异,愿进行合理的妥协。曼德拉一再强调非国大奉行的是民族和解政策,在优先解决黑人的经济问题的同时不会降低白人的生活水平,保证白人的社会经济利益,允许白人在新政府中发挥重要作用。非国大也调整了自己在土地重新分配、企业国有化等问题上的激进主张,推出比较稳健的经济重建计划,博得白人经济界的支持。非国大还努力扩大自己的代表性,吸收白人知名人士参加。

非国大通过有理有力的斗争始终控制着制宪谈判的主导权,使谈判克服种种危机,最终获得成功。1993年7月,多党谈判会议正式批准于次年4月举行首次多种族参加的大选。11月,参加多党会议的领导人签署了过渡时期宪法草案。该宪法基本体现了非国大的政策主张,规定中央政府指挥全国统一的军队,各省有权自行制定宪法并拥有自己的警察部队;年满18岁的公民不分种族、肤色、性别和信仰都拥有选举权,全民选举产生的国民议会为唯一立法机构,按省而不是按种族选举参议员;国民议会选举产生总统。非国大推举的总统候选人曼德拉公布了自己的组阁标准:凡获得5%以上选票的政党都可入阁,组成多党参加的民族团结政府。草案规定由国民议会和参议院联合组成制宪机构,在两年内草拟新宪法,并提交全民公决。新宪法只有获得60%以上赞成票方可成立。

12月22日,南非议会通过了临时宪法,南非民主进程进入第三阶段,即筹备和举行首次多种族大选。1993年底,各党派代表组成的过渡时期行政委员会成立,在安全政策和立法问题上监督德克勒克政府的工作。非国大、国民党等主要政党积极在各种族聚居区展开竞选活动。英卡塔自由党和白人极右翼组织本宣布抵制大选,但在非国大的不懈争取和国内外的压力下,在最后一刻完成选举登记,加入大选。1994年4月,南非历史上首次多种族选举顺利进行,非国大如预期的那样获62.65%的多数票,掌握了组阁的权力。5月9日组成了新的国民议会,非国大在其中占了252席。在第一次国民议会上,曼德拉当选为南非第一位黑人总统。国民党和英卡塔自由党也加入内阁,前总统德克勒克出任第二副总统。民主和种族平等的新南非诞生了,它标志着南非长达342年的少数白人统治的结束。

新南非迅速为国际社会所接纳。联合国在南非过渡行政委员会成立时已经取消了对南非的经济制裁,各国纷纷恢复同南非的外交和经贸关系,不结盟运动和非洲统一组织先后吸收南非为新成员。南非重返国际大家庭使国际格局,特别是撒哈拉以南非洲的国际关系发生了深刻变化。南非凭借其丰富的资源和先进的经济发展水平,自然而然地成为南部非洲经济发展的龙头。曼德拉领导的新南非政府在非洲政治生活和国际事务中也受到了广泛的尊重。在其推动下,安哥拉和莫桑比克的和平进程获得了新的活力。其中莫桑比克在1994年顺利完成了遣散旧武装、组成新军队的任务,成功地举行了首次多党选举,选举结果得到了各方的承认和尊重,初步实现了民族和解。新南非的出现给非洲大陆的和平与发展注入了新的活力。

非洲的发展与动荡

冷战的结束和非殖民化任务的完成使非洲进入了新的历史阶段,但非洲大陆的动荡并未消失。20世纪90年代初,近三分之一的非洲国家都在被严重的政治混乱甚至内战所困扰。

这些动荡按照其起因可以大致分为三类。一是美苏冷战的遗留问题。随着苏联从非洲脱身,受苏支持和影响的政权先后陷入风雨飘摇之中,其反对派乘机发动进攻,造成这些国家战乱连绵。在非洲之角,埃塞俄比亚总统门格斯图于1991年5月辞职出逃,反政府武装占领首都。但不久三大反政府力量就发生了内部分歧。厄利特里亚人民解放阵线自行宣布厄省独立,分别代表提格里雅族和奥莫罗族的两大组织则为控制埃中央政权展开争斗。

在苏联20世纪70年代"进攻战略"的另一个重点地区南部非洲,稳定也并未随着1988年和平协议的签署而到来。古巴和南非从安哥拉撤军后,安哥拉政府军与安盟虽在各方压力下开始谈判,但它们之间的战斗还在继续进行。1991年5月,双方终于达成结束内战的协议,同意接受联合国监督实行全面停火,于1992年9月进行多党制大选;并在过渡期间集结双方军队,将其合并为统一的国民军。可是集结和整编军队这一关键工作进展困难,双方都想尽办法保存了独立的武装。当选举结果的初步统计显示安人运领导的政府方面获得胜利时,安盟立即指责人运在选举中舞弊,拒绝接受选举结果,命令其武装退出新组建的国民军,依托旧有基地争夺地盘。安哥拉内战重新爆发。双方都不具备制服对手的实力,只好展开残酷的围城战,致使全国75%的工矿企业关闭,90%的农田荒芜,近250万人仅靠联合国的紧急救济为生。在国际社会的压力下,安政府和安盟于1994年11月再次达成和平协议。政府方面同意接受安盟参与各级管理机构,并任命安盟领导人萨文比为副总统;安盟又一次承诺将其军队解除武装而后遣散,以编入统一军队。1995年5月,安总统多斯桑托斯与安盟领导人萨文比进行了直接谈判,表达了停止敌对行动的决心。联合国也向安哥拉派出了维和部队,以帮助这个饱经战乱的国家实现真正的和平。

冷战后非洲出现的第二种动乱,是西方国家在非洲推行多党制民主引起的。冷战结束后,美法等西方大国调整了对非洲的政策,将推广西方价值观念和发展模式放在首位。他们纷纷把经济援助同实行多党制挂钩,并通过西方主导的国际金融机构向非洲国家施加压力,要求这些国家改行私有化经济,进行紧缩式经济调整。在西方国家的压力下,先后有20多个非洲国家宣布放弃一党制,进行多党选举。而非洲经济尚不发达,政治文化也尚未成熟,在这种条件下实行多党制导致以民族或部族为基础的政党大量涌现,一度遭到压抑的国内民族矛盾在多党竞争的旗号下重新突出出来,导致政争乃至内战,最极端的情况是像卢旺达和布隆迪那样发生种族仇杀。

这两个中非小国的居民主要是胡图族和图西族人。胡图族在两国都占据多数,但历史上一直是居少数的图西族掌握国家政权。两国于20世纪60年代初独立时,卢旺达建立了胡图族政府,布隆迪仍由图西族控制,两族矛盾长期未能得到解决。90年代初,席卷非洲的多党制浪潮亦影响到这两个国家。卢旺达宣布实行多党民主后,主要由胡图族人组成的两大政党为扩大影响极力鼓动打击图西族的活动,使原政府同图西族反政府武装达成的和解协议无法得到落实。布隆迪进行多党选举则使胡图族首次掌握国家政权,引起仍控制着军队和国家经济的图西族人的疑虑。1994年4月,两国总统同时遇刺身亡,两族之间的残酷杀戮随即蔓延全国,尤以卢旺达的种族屠杀更为惨烈。在3个月内有50万人在屠杀中丧生,约400万人沦为难民,而卢全国人口不过700万。其损失远远超过以往的种族冲突,形成人类历史上的一次浩劫。

非洲政局中第三种引人注目的动荡是宗教势力干预政治生活造成的。其中伊斯兰原教旨主义势力在北非国家抬头,同受西方支持的世俗政权发生的冲突尤其激烈。埃及、突尼斯、摩洛哥等国均为其所困扰,而阿尔及利亚的情况最为典型。由于国际油价的下跌和政府经济决策的失误,阿尔及利亚从20世纪80年代中期开始陷入经济衰退,执政的阿民族解放阵线威信降低,伊斯兰拯救阵线在政治生活中日益活跃。伊阵利用民众对经济状况的不满,提出遵照《古兰经》训条重建社会经济平等,建立政教合一的伊斯兰共和国,以清除政治腐败现象。其主张得到了阿中下层支持。在1991年底举行的议会选举中,伊阵通过第一轮投票即赢得44%的议席,势将组成北非第一个伊斯兰原教旨主义政权。阿民阵为阻止伊阵上台决定总统辞职,由最高国务委员会接管政权,取消第二轮选举。伊阵支持者立即举行抗议活动,阿当局遂宣布伊阵为非法组织,决定在全国实行紧急状态,并逮捕了伊阵的主要领导人。西方国家此时出于对伊斯兰原教旨主义的恐惧,对阿尔及利亚采取了双重标准,默许甚至支持阿政府扼杀多党选举的行动。伊阵转而开展以恐怖活动为主的武装斗争,打击阿军政要人、亲西方的知识分子乃至所有与西方文化有关的教育卫生界人士。不久又宣布要杀死所有在 1993 年 12 月之后仍留在阿的外国人。阿政府则不断强化对伊阵的镇压措施,全力清剿伊阵武装人员。双方的对抗逐步升级,使阿尔及利亚陷于严重的政治经济动荡之中。

造成众多非洲国家政治危机的还有更深层次的经济原因。冷战以后,非洲国家在世界经济中日益处于不利地位。来自外界的援助剧减,初级产品价格继续下跌使多数非洲国家的出口能力进一步下降。非洲国家独立后社会经济政策的失误又造成了人口爆炸、环境恶化、粮食产量下降等一系列危机。经济危机引起了政局动荡,而政治动荡反过来又阻碍了社会经济的调整和复兴,使众多非洲国家面临着日益严峻的局面。

为摆脱这种恶性循环,非洲国家纷纷探索联合自强的道路。1993 年 3 月,东南非优惠贸易区的七个成员国一致同意将相互间的关税削减 60%,并决定建立东南非经济共同体。同年 7 月,西非经济共同体各国领导人签署了经济一体化协议,决定在 2000 年之前实行单一货币。马格里布国家联盟、中部非洲关税和经济联盟等区域一体化组织也在积极加强内部协调和合作。非统组织则于 1993 年建立了泛非维持和平部队,设立非洲进出口银行以促进非洲的贸易发展,积极推动非洲经济共同体的建立,以团结一致谋求政治稳定和经济发展。

第二节　东亚、中亚地区的国际关系

朝鲜半岛局势的变化

美苏冷战的终结给长期处于分裂和对峙状态的朝鲜半岛带来了和解的希望。1990 年 9 月,首次朝鲜北南方总理会谈在汉城举行。朝鲜总理延亨默在会谈中提出消除双方政治军事对抗状态,在自主、和平统一、民族大团结三原则下实现统一,要求南方立即停止同美国举行一年一度的"协作精神"联合军事演习,努力使所有外国军队撤出朝鲜半岛,实现朝鲜半岛的无核化。他还建议北南双方以一个席位加入联合国,建议北南方签署互不侵犯宣言,美国与朝鲜缔结和平协定。韩国总理姜英勋也提出了改善南北关系、促进南北交流、实现人员自由往来的一系列方案,主张双方先就签订相互交流协议书进行谈判,通过交流与合作逐渐改变政治军事的对峙状态。双方在具体问题上的立场还存在着明显分歧,但这次总理会谈毕竟打破了冷战时期隔绝南北交往的坚冰。总理会谈之后,韩国总统卢泰愚接见了延亨默总理,探讨同朝鲜主席金日成举行最高级会晤的可能,表示了谋求民族和解的诚意。

此后,北南方的内部形势和朝鲜问题的国际背景都继续朝着有利于南北和解的方向发展。1991年9月,双方达成协议,同时加入联合国。在10月举行的第4次总理会谈中,双方又就交流合作协定草案达成一致。同年12月13日,北南方总理正式签署了《朝鲜北南和解、互不侵犯和交流合作协议书》。其主要内容包括:(1)双方相互承认和尊重对方的体制,保证停止一切诽谤、中伤对方的敌对行动;(2)双方保证不对对方使用武力,不以武力侵略对方,并将努力变停战状态为和平状态;(3)建立相互信任气氛,包括确定各自的控制范围,在板门店设立联络办事处,在军事指挥官之间建立直通电话联系等具体措施;(4)在各个领域内开始交流和合作,如开设陆海空通道,实现离散家属通信和互访等。该协议是朝鲜半岛分裂近40年后达成的第一个具体和解协议,有效地缓和了朝鲜半岛的紧张局势。

在引人注目的朝鲜半岛核安全局势上也出现了积极的变化。1991年底,韩国总统卢泰愚发表无核宣言,宣布部署在韩国的美国战术核武器已全部撤出。美国总统布什则表示对从朝鲜半岛撤走核武器不持异议。当年12月31日,南北方草签了《朝鲜半岛无核化联合宣言》,宣言包括六项内容。朝鲜同意接受国际原子能机构对其核设施进行核查。韩美随即宣布暂停1992年度的"协作精神"联合军事演习。1992年4月,朝鲜正式批准同国际原子能机构签署的核保障协议(正式名称为《保障监督协定》),开始接受该机构的例行检查。

朝鲜南北方和解的同时,它们与有关国家的关系也有了不同程度的改善。1990年9月,韩国与苏联建立了外交关系。1991年1月,朝鲜同日本开始进行建交谈判。1992年1月,朝鲜劳动党国际部副部长金容淳同美国副国务卿坎特在纽约进行了首次朝美副部长级高级会谈。1992年8月,中韩签署了建交联合声明。冷战时期遗留下来的东西方国家围绕朝鲜问题的对立局面有了明显的改观。但值得注意的是,在与朝鲜问题有关的各国纷纷探索新型关系的热潮中,美国对朝鲜的强硬态度一直没有实质性的变化,朝美之间互不信任的气氛并未缓解。

1993年初,朝鲜与美国、韩国围绕所谓朝鲜核问题出现了严重的对立,使朝鲜半岛的局势重新紧张起来。在此之前,国际原子能机构已对朝鲜的核设施进行了6次检查,并未发现朝鲜制造核武器的迹象。但美国认为朝鲜在宁边附近有两处可能用来存放核武器生产原料的场所尚未申报,要求对其进行特别视察。朝方称该地为军事设施而拒绝检查,并暂时终止了国际原子能机构的视察活动。国际原子能机构随即向朝发出最后通牒,要求朝鲜在一个月内接受检查。美国亦表示如果朝不能如期接受检查,美将对朝实施经济制裁乃至动用武力。美韩恢复了联合军事演习,朝鲜则宣布全国进入准战时军事状态。1993年3月,朝鲜在通牒期限到达之前致函联合国安理会,宣布将退出它于1985年加入的核不扩散条约。朝鲜核危机达到第一个高潮。

国际原子能机构将该问题提交联合国安理会。安理会先后通过主席声明和安理会决议,呼吁朝鲜重新考虑其决定。朝鲜则声称该决定是针对美韩军事演习的自卫措施,反对联合国讨论该问题,要求与美进行直接对话。1993年6月,朝美代表在纽约就核问题举行了首次会谈,美朝双方就一些基本原则达成协议:双方保证不使用包括核武器在内的武力和不以武力相威胁;保障朝鲜半岛无核化、和平与安全;互相尊重主权,互不干涉内政;支持朝鲜半岛的和平统一。朝鲜宣布暂不退出核不扩散条约。7月,第二次朝美会谈在日内瓦举行。美国保证不对朝使用或威胁使用核武器,朝鲜同意恢复与国际原子能机构的协调。朝方还提出准备在外界支持下将现有的石墨核反应堆换成轻水反应堆,以消除国际社会对朝鲜核计划的疑虑。局势又有所缓和。

但由于朝鲜在宁边核设施问题上始终坚持原有立场,国际原子能机构宣称朝阻挠全面检查,于1994年3月把朝鲜核问题再次提交安理会。美国则单方面取消了第三次朝美会谈,决定在韩国部署"爱国者"导弹。朝鲜立即指责美国违背承诺,于5月宣布出于技术安全考虑,开始在没有国际监督人员在场的情况下,自行取出宁边反应堆中的核燃料棒。美韩认为朝鲜企图获得制造核武器的原料,要求安理会对朝实行制裁。朝鲜声明制裁将意味着战争。克林顿则表示袭击韩国就等于袭击美国。6月,朝鲜因国际原子能机构停止对朝的技术援助而决定退出该组织。美国声称局势已真正恶化,美政界甚至有人建议先发制人、对朝鲜核设施进行外科手术式的轰炸。朝鲜半岛气氛极其紧张,朝鲜核危机达到第二个高潮。

美韩的对抗政策引起了许多有关国家的异议,在这两国内部也有不少人认为和平解决危机的希望依然存在。在这种气氛中,6月14日,美前总统卡特受克林顿总统委托,前往平壤进行斡旋。金日成主席在接见卡特时表示朝鲜可以允许国际检查人员留在更换燃料棒的现场。他建议同韩国总统举行最高级会晤,要求恢复朝美会谈,并表示愿同美就寻找在朝美军遗骸问题上进行合作。韩国方面立即做出积极反应,向金日成主席发出了访问汉城的邀请。美国则宣布停止在安理会推动制裁朝鲜的决议。危机再次化解。

7月8日，金日成主席去世，拟议中的南北最高级会谈未能举行。但美朝会谈却及时复会并取得了重大进展。10月21日，两国代表在日内瓦签署了解决朝鲜核问题的框架协议。其主要内容是：朝鲜保证全面履行核不扩散条约规定的各项义务，接受国际原子能机构的例行检查和特别检查；朝鲜停止修建石墨反应堆，美国将组织国际财团帮助朝在2003年前建造起轻水反应堆，并在建造期间负责为朝提供重油作为替代能源；轻水反应堆设备运抵朝鲜后，朝将允许对其所有核设施进行连续核查，并将此前取出的燃料棒最终转移到第三国。该协议还规定，美朝取消相互之间的贸易投资限制；开始筹备在对方首都建立联络处。

但围绕日内瓦核框架协议的实施又出现了新的波折。美、韩、日组成了"朝鲜半岛能源开发组织"，就分担向朝鲜提供核反应堆和重油的费用达成了协议，决定由美国负责提供重油，韩国负责提供轻水反应堆。朝鲜立即提出异议，以韩国反应堆不符合技术和安全标准为由拒绝接受。美朝未能在日内瓦协议规定的期限内确定实施细则。美国停止向朝鲜运送重油，威胁要发起对朝鲜的经济制裁。朝鲜则表示考虑自行处理废弃的核燃料棒。双方再次对峙。为挽救濒临破产的日内瓦协议，美朝在吉隆坡进行谈判，最终于1995年6月形成了实施日内瓦协议的具体方案。双方同意由朝鲜半岛能源开发组织负责提供轻水反应堆，反应堆型号由该组织选定。至此，朝鲜半岛局势再次出现缓和。

巴黎和平协议与柬埔寨大选

越南从柬埔寨撤军后，在有关国家的积极斡旋下，在雅加达、巴黎、纽约、东京连续召开了关于柬问题的国际会议。但由于越南及其支持的金边政权坚持由金边现政府在过渡时期行使权力，会议均未取得进展，柬埔寨和平进程事实上陷入僵局。

1990年7月，美国突然宣布调整对柬埔寨问题的政策：不再支持民柬政府在联合国拥有席位；开始同越南和金边政府进行对话；增加对越南和柬埔寨的人道主义援助，但美国同时保证继续支持民柬政府中非共产党抵抗力量。这标志着美对柬政策的重点从遏制越南扩张，转移到防止红色高棉重新掌权。英法等西方国家立即对美国的新立场表示支持，苏联和越南则公开欢迎美政策的调整。8月，美越代表就柬问题在纽约进行了首次接触。柬埔寨问题的国际背景发生了重大变化，柬各派也开始调整自己的立场。

8月28日，联合国安理会五个常任理事国联合提出了解决柬埔寨问题的框架文件。该文件是以 1989 年底澳大利亚外长埃文斯提出的和平计划为基础，经过五国近 8 个月的反复磋商形成的。五国方案的基本原则是在中立的政治环境中和充分尊重柬埔寨主权的条件下，通过联合国组织实施自由公正的选举。该方案仿照联合国解决纳米比亚问题的方式，主张在过渡时期解散各方武装力量，建立一个"代表柬埔寨人民各种意见"的全国最高委员会，然后由它把权力委托给联合国设立的临时管理机构。金边政府此时改变态度，表示基本接受联合国文件。9 月，柬四方在雅加达非正式会议上达成协议，宣布成立四方共同组成的全国最高委员会，就落实联合国框架文件进行讨论。经过激烈的讨价还价，1991 年 6 月，柬全国最高委员会在泰国帕塔亚举行的会议上就一些关键问题取得一致。四方同意从当年 6 月 24 日起实行无限期停火，停止接受外国军事援助，承认全国最高委员会为代表柬独立和主权的最高权力机构。不久，最高委员会致信联合国秘书长，表示完全接受五个常任理事国的框架文件，请求联合国立即派遣调查小组去监督停火和停止外部军援。

帕塔亚协议的达成为 10 月举行的巴黎国际会议的成功奠定了基础。1991 年 10 月 23 日，全面政治解决柬埔寨问题的和平协议在巴黎国际会议中心签署，柬四方代表、出席会议的 18 个国家的外长和联合国秘书长在协议上签字。[①] 该协议包括四个文件[②]，其中最重要的是《柬埔寨冲突全面政治解决协定》。协定规定在柬埔寨举行自由公正的大选，以产生新议会、新宪法和新政府；各派武装力量在大选前裁员 70%，大选后全部复员；在过渡期，全国最高委员会是柬唯一的合法机构；联合国安理会成立柬过渡时期联合国权力机构，在过渡时期控制柬外交、国防、财政、治安等部门。

1992 年 3 月，联合国维持和平部队进驻柬埔寨，联合国驻柬临时权力机构开始工作。先后有来自 34 个国家的 2.2 万名联合国人员赴柬，使这次行动成为联合国主持下规模最大的一次维持和平活动。但柬埔寨和平进程自始至终风波不断，联合国在柬的活动开展得并不顺利。尤其是收编解散各派军队和收缴武器弹药的工作，实际上半途而废。原计划在 1992 年 6 月前遣散各派 70%军队，到 9 月只解散了 25%。金边政权与民柬部队之间的战斗始终没有平息。到后来，联合国驻柬人员的安全也难以得到有效保障。

---

① 出席会议的 18 国代表来自安理会 5 个常任理事国、东盟 6 国以及越南、老挝、澳大利亚、加拿大、印度、日本、南斯拉夫。

② 这四个文件是《柬埔寨冲突全面政治解决协定》、《关于柬埔寨主权、独立及领土完整及不可侵犯、中立和国家统一的协定》、《柬埔寨恢复与重建宣言》和《柬埔寨问题巴黎会议最后文件》。

1992年10月,联柬机构开始进行选民登记工作。但民柬于12日发表声明,称侨居柬埔寨的近100万越南人不应享有选举权,且仍有大量越军未撤出柬埔寨,柬不具备举行公正选举所需的中立政治环境,因此民柬将不参加大选,并拒绝联柬机构进入其控制地区登记选民。民柬与联柬机构的关系进一步恶化。金边政权借机对民柬控制区发起大规模进攻,还要求以"种族灭绝罪"逮捕审判在金边的民柬领导人。1993年4月,民柬以在金边缺乏足够的安全感为由,宣布关闭在金边的办事处,不再参加全国最高委员会的工作,但仍保证遵守巴黎和平协议。

1993年5月23—27日,柬埔寨首次制宪议会选举克服重重困难如期举行。尽管民柬抵制大选,在竞选活动中又一再出现政治暴力活动,仍有约90%的选民参加了投票。而选举结果相当出人意料,由金边政权控制的人民党号称党员人数占选民总数的60%,但得票率仅为38.6%。而由拉那烈王子领导的奉辛比克党获得了议会120个席位中的58席,几乎赢得绝对多数。人民党立即攻击选举计票工作不公正,扬言将不接受选举结果。6月3日,西哈努克亲王为避免双方发生对抗,抢在正式结果公布之前发表告同胞书,宣布成立由他出任首脑、拉那烈和人民党领导人洪森任副主席的民族团结政府。但拉那烈王子在美国等西方国家的支持下,拒绝与人民党分享权力,称西哈努克亲王的做法将使奉辛比克党的胜利化为乌有。亲王不得不于次日宣布取消成立民族团结政府的计划。

人民党立即公开威胁说,如果不允许人民党参加组阁就拒绝接受选举结果。6月12日,金边政权副总理夏卡朋王子宣布磅湛等东部六省自治,不接受新政府的领导。其他地区也纷纷发生人民党鼓动的游行示威和暴力活动。一时全国人心惶惶。奉辛比克党认识到人民党拥有大批军警部队,并通过多年经营的组织体系控制着全国近80%的地区,自己的军事实力很难与之抗衡。它被迫同意与人民党分享权力,人民党这才表示承认大选的结果,取消东部六省的自治计划。6月24日,柬临时民族政府成立,西哈努克亲王出任国家元首,拉那烈和洪森担任联合主席,奉辛比克党和人民党分别在政府中占据45%的职位。

三个月后,新宪法起草完毕并生效,西哈努克亲王再次登上国王宝座,柬制宪会议转为国民议会,临时政府也转为正式的民族政府,拉那烈任第一首相,洪森任第二首相。联柬机构结束了其使命,到11月15日为止全部撤离柬埔寨。

柬新政府建立后,柬和平进程的焦点转到如何对待抵制大选的民柬势力上。民柬拥有近2万人的武装,控制着柬西北部近20%的国土,其影响不可忽视。在新政府开始运作后,民柬曾表示承认西哈努克亲王为国家元首,愿意派员出任政府顾问。西哈努克亲王表示民柬代表可参加内阁,但遭到拉那烈和洪森的一致反对。西方国家也宣布如果接受民柬代表进入新政府,将停止对柬的援助。柬政府中主张对民柬采取强硬政策的意见占了上风。政府军开始进攻民柬控制地区。

1994年5月,西哈努克亲王进行了避免全面内战的又一次努力。在他调停下,拉那烈、洪森与民柬代表在平壤举行了圆桌会议。但双方立场分歧太大,会议未取得任何实质进展即提前结束。柬政府随即命令民柬官员全部离开金边,并于同年7月通过了宣布民柬为非法组织的法案,要求民柬成员在6个月内向政府投诚,但其领导人除外;宣布将没收民柬在国外的一切财产,请求各国停止同民柬的一切联系。该法案通过后,民柬即宣布成立柬埔寨民族团结和救国临时政府,由乔森潘任总理兼国民军统帅。柬埔寨重新面临内战和分裂的威胁。

美国、法国、澳大利亚等国积极向柬政府军提供军事援助,支持其进攻民柬控制区。但政府军在内战中并未占据上风,民柬仍然活跃在柬泰边境地区;而联合政府内部却因对民柬的政策分歧而发生分裂,人民党内部的权力之争也相当激烈,以至在1994年夏再次发生由夏卡朋王子领导的未遂政变。战事不断、政局不稳,使得经济恢复与重建工作进展缓慢,柬埔寨政局仍处于动荡之中。

中亚、外高加索地区的动荡

苏联的解体彻底改变了欧亚大陆的地缘政治版图。原苏联外高加索地区的三个共和国(亚美尼亚、阿塞拜疆、格鲁吉亚)和中亚地区的五个共和国(哈萨克斯坦、乌兹别克斯坦、吉尔吉斯斯坦、塔吉克斯坦、土库曼斯坦)先后独立,使欧亚大陆腹心地区的国际关系出现了崭新的格局。这一地区民族构成相当复杂,宗教信仰亦多种多样。历史上各大帝国的轮番控制给这一地区造成了许多错综复杂的矛盾和纠葛,苏联解体后这些长期被压制的矛盾重新暴露出来。该地区丰富的资源,特别是石油天然气的巨大蕴藏量,吸引着各种外部势力积极介入,争相扩大影响力,使该地区的形势愈益动荡,形成了一些引人注目的热点冲突。

其一,阿富汗内战久拖不决。1991年5月,联合国秘书长为打破阿内战僵局,提出了政治解决阿问题的五点建议。阿内战各方和苏美等有关国家都不同程度地表示欢迎。9月,苏美外长发表联合声明,宣布从1992年起停止向阿富汗对立双方提供武器援助。同时,受苏支持的喀布尔当局决定实行单方面停火。政治解决冲突的主张又占了上风。1992年初,喀布尔政府总统纳吉布拉声称愿意向各方组成的联合政府交出权力。4月上旬他又表示希望在一个月内交权。阿富汗各方随即就成立过渡委员会接管政权一事进行磋商。不料在政权交接工作尚未安排完毕之时,纳吉布拉突然于4月16日宣布辞职,联合国原定的和平交接计划完全被打乱。在联合国秘书长特使的紧急斡旋下,阿富汗各派游击队领导人于4月24日在巴基斯坦边境城市白沙瓦达成协议,组成游击队临时委员会接管政权。

但临时委员会的组成并未有效防止各派游击队争夺权力的斗争,多支游击队分头进入喀布尔等大城市,抢占战略据点。这其中势力最强大的是希克马蒂亚尔领导的伊斯兰党和马苏德、拉巴尼领导的伊斯兰促进会。前者主要由阿富汗南部的普什图人组成,属阿国内的多数部族,曾长期掌握政权。后者成员多为北部地区的少数民族。白沙瓦协议是双方相互妥协的产物,规定由希氏出任临时政府总理;拉巴尼任总统,负责组织大选,拉巴尼应在1992年10月向阿"决策委员会"交权。但拉巴尼到期并未交权,反而操纵举行总统选举,自任阿富汗代总统。伊斯兰党立即带头表示反对。双方动用重武器在喀布尔激战。联合国和巴基斯坦、伊朗等国多次进行调解都无功而返。阿富汗陷入新的内战中。1994年10月底,伊斯兰学生运动武装塔利班异军突起,迅速控制大部分省区,宣称要解除所有组织的武装,建立严格的伊斯兰制度。塔利班的参战使阿富汗的局势更加变幻莫测。

其二,亚美尼亚和阿塞拜疆武装冲突不断。这两个国家的纠纷主要起因于纳戈尔诺—卡拉巴赫州的归属问题。纳—卡州位于阿塞拜疆境内,但其居民76%以上是亚美尼亚人。1923年纳卡地区被划入阿塞拜疆,但亚美尼亚一直对此持有异议。苏联解体之前,两加盟共和国围绕此问题的争端就已公开化。1988年,纳卡自治州苏维埃曾通过决议,请求将该地区划归亚美尼亚,被阿塞拜疆最高苏维埃宣布为非法决议。此后,亚阿两族之间经常发生流血冲突。

1991年底,纳卡当局组织公民投票,决定脱离阿塞拜疆而独立。亚美尼亚表示支持。而阿塞拜疆则坚持对纳卡的绝对主权,拒绝承认其独立,并撤销其自治地位,宣布对其实行总统直接治理。双方围绕纳卡问题的对立急剧升级。此时,原苏联中央政权部署在该地区的军队又被撤走,武装冲突益发失去控制,阿亚军队之间爆发了激烈战斗。亚美尼亚逐渐在战争中占据优势,占领了阿塞拜疆境内的几个重要城市,打通了联结纳卡地区与亚美尼亚的陆上走廊。纳卡地区的亚族武装在亚政府军的支援下,控制了纳卡共和国的大部分地区。亚美尼亚军队还对阿塞拜疆在亚境内的飞地——纳希切万地区展开了进攻,控制了若干战略要冲。

亚美尼亚希望以其占领的阿方领土换取纳卡地区的独立。但阿塞拜疆坚持要在亚方军队全部撤出阿境内后,再开始讨论纳卡问题。阿方希望凭借自己在人口、领土、经济等方面的优势,在持久战中取胜。持续战争使两国的经济遭到严重影响。特别是亚美尼亚,因阿方切断了石油天然气管道和亚美尼亚同俄罗斯之间的交通,食品、燃料奇缺。战争还带来了两国政局的动荡,连续发生政府首脑被罢免,甚至反对派武力夺权的事件。

1994年2月,纳卡冲突各方在俄罗斯调停下,在莫斯科举行和谈,并最终达成了由俄罗斯、亚美尼亚、阿塞拜疆三国国防部长及纳卡地区代表共同签署的完全停火协议。亚美尼亚与阿塞拜疆围绕纳卡地区归属的冲突暂告平息,但冲突的根源并未消除,两国关系及各自的国内局势依然很不稳定。

其三,格鲁吉亚局势动荡不已。苏联解体后,格鲁吉亚先后爆发了加姆萨胡尔加与其反对者围绕总统地位的权力之争和阿布哈兹地区要求独立的分离运动,使这个山地小国陷入内乱之中。加姆萨胡尔加本是格鲁吉亚独立后通过大选产生的首位总统。但他上台后采取了一系列专制措施,独揽国防、外交、司法大权,招致抗议。最后在1992年初被反对派以武力赶下台,被迫流亡国外。

阿布哈兹在1921—1929年间曾为自成一体的"阿布哈兹苏维埃社会主义共和国"。1932年作为自治共和国划归格鲁吉亚管辖,但当地居民一直要求独立。1992年7月,阿布哈兹议会宣布独立,立即遭到格鲁吉亚方面的反对。格向该地区派去高级代表团,企图通过谈判说服阿当局放弃独立计划。不料却发生了加姆萨胡尔加的支持者扣留代表团成员的意外事件,使局势急转直下。8月,格鲁吉亚以"解救人质和恢复秩序"为理由,出动军队占领了阿布哈兹首府。继而宣布解散阿布哈兹议会,成立军事委员会。此举遭到阿领导人的强烈抗议,阿地方武装同格政府军之间爆发激战。加姆萨胡尔加的支持者则站在阿布哈兹一方同格政府军较量。

1993年9月,战场形势突变。阿布哈兹武装单方面废除了两个月前同格鲁吉亚达成的停火协议,全力进攻格军。加姆萨胡尔加也结束流亡生活,率领其支持者攻占了格西部的大片地区。格政府宣布国家进入紧急状态,但未能挽回颓势。阿布哈兹武装收复了其首府。

格鲁吉亚当局在严峻的局势下,被迫改变原来的立场,申请加入独联体。

俄罗斯于是同意派兵保护格铁路和海上运输。格进行了全国总动员,集中兵力进攻占领西部地区的反对派武装。并于当年11月收复了被反对派控制的所有据点。12月,加姆萨胡尔加自杀身亡,格内部政争告一段落。1994年4月,格鲁吉亚和阿布哈兹的谈判代表在莫斯科达成了军队脱离接触协定,并就遣返难民、在冲突地区部署联合国维和部队等问题取得一致意见。主要由俄罗斯军队组成的维和部队随即进驻交战地区。格阿之间的全面武装冲突结束。

尽管如此,格鲁吉亚的民族矛盾和纠葛并未彻底平息。除阿布哈兹的独立问题之外,格境内的南奥塞梯也要求独立并与俄罗斯境内的北奥塞梯合并。这些地区分离势力都与俄罗斯有微妙的联系,使格鲁吉亚问题更加复杂。

其四,塔吉克斯坦内乱,塔吉克斯坦与阿富汗之间发生边境冲突。塔吉克斯坦独立后,原共产党领导人纳比耶夫当选为首任总统,主张建立"非宗教的民主国家"。但塔有86%的居民信仰伊斯兰教,近年来又深受伊斯兰原教旨主义的影响,存在以伊斯兰复兴党为首的强大的宗教势力。该党希望建立政教合一的伊斯兰国家,反对由前共产党官员执政。反对派在与阿富汗接壤的塔吉克南部各州占有优势,而北部各州大多支持纳比耶夫总统。1992年5月起,反对派连续组织示威游行,胁迫纳比耶夫接受部分反对派成员入阁,不久,又强迫纳比耶夫签署辞职声明,让位于亲穆斯林的代总统。塔吉克南北各州之间的武力冲突终于爆发。

1992年11月,塔吉克斯坦议会在北方支持下决定改变政治体制,成立议会制共和国,并选举了来自北部的议长。新政府随即致函俄罗斯和哈萨克斯坦等国,请求他们向塔派遣维持和平部队。塔数万名宗教分子逃亡阿富汗,在塔阿边境地区组织反政府武装,不断偷越边境运送武器。塔吉克斯坦内部的政争逐渐国际化。

驻守塔阿边境的俄罗斯边防军积极会同塔吉克部队封锁边境。1993年3月,以俄军为首的独联体维持和平部队正式进驻塔吉克斯坦。俄塔还签署了友好互助条约,俄方承诺保卫塔阿边境地区安全。1993年7月,发生了塔吉克反政府武装和阿富汗部队袭击塔阿边境上的俄军哨所的事件,俄军死伤数十人。俄罗斯政府立即做出强烈反应,向塔吉克斯坦增兵,并炮击阿富汗境内的反政府武装基地。阿富汗总统拉巴尼和总理希克马蒂亚尔分别呼吁国际社会"制止俄罗斯对阿富汗的侵略",威胁要对俄采取报复行动。塔阿边界的局势引起广泛关注。俄方称塔阿边界为俄罗斯边界的一部分,视穆斯林游击队从阿富汗境内基地越界袭击塔吉克的行动为伊斯兰原教旨主义扩张的表现,对其采取强硬政策。此后不断发生俄军炮击或空袭阿富汗的事件,使中亚地区的局势变得更加复杂。

东盟地区论坛

　　1994年7月25日,首次东盟地区论坛会议在泰国首都曼谷召开。参加会议的国家为当时东盟的6个成员国(泰国、印尼、新加坡、马来西亚、菲律宾、文莱)和美国、加拿大、澳大利亚、新西兰、巴布亚新几内亚、日本、韩国、中国、俄罗斯、越南、老挝共17个亚太地区国家,欧盟也派代表出席了会议。与会国一致同意今后每年召开一次东盟地区论坛会议,讨论共同关注的区域安全问题;同意将《东南亚友好合作条约》规定的目标和原则作为处理本地区国家间关系的行为准则,致力于建立地区信任机制、实现预防性外交、推进政治与安全合作。东盟地区论坛是亚太地区第一个,也是迄今为止唯一一个官方层次的多边安全机制,在区域稳定与合作关系中发挥了独特而关键的作用。

　　东盟地区论坛是由东南亚国家联盟发起和组织的,体现了东盟国家对冷战后地区安全保障的设想。20世纪90年代初,柬埔寨问题最终得到解决、苏联和美国军事力量先后撤离东南亚之后,东盟面临着成立以来最好的安全环境,但也还存在三方面的安全隐忧。一是外部威胁消失之后,东盟内部一些传统的领土、民族、宗教纠纷可能重新出现;二是美苏力量收缩遗留的权力真空有可能引起其他地区大国的兴趣,吸引它们介入东南亚事务;三是东盟周边,特别是东亚—太平洋地区出现新的热点问题,有可能将东盟国家卷入矛盾。东盟成员国认识到这些潜在问题无法仅仅依靠自身力量加以解决,只有通过包容所有大国的地区对话增信释疑,将安全隐患消弭于无形。

　　1990年东盟战略和国际研究中心首次提出设立地区论坛的设想,继而建议在东盟外长扩大会议的基础上邀请对话伙伴国和磋商伙伴国[①]参与讨论,保证交流和协商能够涵盖本地区的重大安全课题。1992年东盟首脑会议接纳了这个设想,并将其载入会后发表的《新加坡宣言》当中。次年举行的东盟外长会议正式启动了地区论坛的筹备过程,东盟分别向美、日、中、俄等对话和磋商伙伴

---

① 东盟对话伙伴国根据1977年第二次东盟首脑会议的决议设立,当时的主要目的是加强与西方国家的联系,抗衡苏联势力在东南亚的扩张。最初的7个对话伙伴为美国、日本、澳大利亚、新西兰、加拿大、韩国及欧共体,它们与东盟国家每年举行一次对话会议。在地区论坛成立之前,又陆续增加了2个磋商伙伴国(中国、俄罗斯)和3个观察员国(老挝、柬埔寨、巴布亚新几内亚)。地区论坛成立之后,东盟于1996年宣布将中国和俄罗斯提升为对话伙伴,并接纳印度为新的对话伙伴国、缅甸为观察员国。

介绍论坛的宗旨和目标,邀请它们参与论坛建设。东盟的倡议得到了四大国的积极回应,它们出于各自的地缘战略考虑都同意接受由东盟出面发起的多边安全对话机制。美国的"新太平洋共同体"构想是以美国主导的若干双边同盟为基础,但同时欢迎多边安排作为重要补充;日本本着建设政治大国的目的,一直倡导、推销地区安全对话的概念,在自己不能获得亚洲邻国的信任、无法出面组织的情况下,视东盟主导为次优方案;俄罗斯一直担心被排除于冷战后亚太安全结构之外,认为多边论坛是维持俄地区影响力的可靠途径;中国则在不针对具体对象、不强行组织集体行动的前提下,一贯欢迎各个层次的协商对话。相关大国的认可和支持使东盟地区论坛得以顺利启动,并获得积极进展。

这样的地缘背景使东盟地区论坛具有国际机制中少见的结构安排,即"小国主导,大国配合"。东盟对地区论坛的主导作用体现在:第一,每年的论坛会议在年度东盟首脑会议和东盟外长会议之后举行,东盟成员国可以事先就论坛的议题和内容统一意见,形成一致立场,以左右论坛的议程。第二,论坛会议轮流在东盟成员国首都举行。尽管美日等国曾提出由所有论坛与会国轮流担任东道主,但东盟仍坚持最初的安排,从而牢牢掌握着论坛的发展进程。第三,也是最重要的,通过规定地区论坛以《东南亚友好合作条约》为基础,东盟国家确保论坛会议始终遵循所谓"东盟模式"。东盟模式的核心原则是协商一致、互不干涉,越是关键和棘手的课题,越要尊重成员国的自主权,允许它们按照自己的步伐行事,不强求一致。西方国家曾对此颇有嘖言,认为它使国际组织缺乏约束力和有效性。而东盟国家坚持自己从多年合作的经验和教训中总结出的方法,认为它是经济、政治、文化差异巨大的国家之间协调关系的不二法门,在地区论坛当中加以强调和贯彻。

东盟地区论坛自成立之后获得了令人瞩目的成绩。首先,论坛的机构建设日趋完善。在年度会议的框架之下,第二届地区论坛会议设立了三个政府间辅助会议和专题小组,并分别指定负责国家进行协调。其中"灾难救援会议"由泰国和新西兰负责,"维持和平行动会议"由加拿大和马来西亚负责,"灾难救援协调及合作会议"由新加坡和美国负责,"建立信心措施辅助小组"由中国和菲律宾负责。在官方的论坛会议之外,还开辟了半官方的"第二轨道",主要由各国专家学者参与,少数官员也以个人身份参加。第二轨道中讨论的多为棘手或敏感的安全课题,因不代表官方立场,各方可以更自由地发表意见,共同寻求突破性的解决方案。第二轨道的各类组织会议中,以"亚太安全合作理事会"最为著名。

其次,地区论坛的包容性和涵盖范围不断扩展。1995年柬埔寨成为新成员,1996年缅甸和印度加入论坛,1998年蒙古加入,2000年朝鲜加入。第三届论坛会议曾明确规定地区论坛近期内关注的范围为东亚(包括东北亚和东南亚)、大洋洲,凡在此地理范围内关注和平与地区安全的国家均欢迎参加论坛会议。随着朝鲜参加地区论坛,东亚、大洋洲国家均已被纳入多边对话制度,这本身就是论坛的巨大成功。它意味着地区内几乎所有的安全纠纷的当事方都有定期会晤、对话的机会,为各方交流意见、澄清立场、探索解决方案提供了便利的场所。

再次,论坛在建立信任措施方面做出了扎实而细致的工作,积累了相当可观的具体成果。第二届地区论坛会议明确规定了地区论坛的未来发展方向,即分三个阶段建设亚太安全机制:第一阶段建立信任措施,第二阶段开展预防性外交,第三阶段着手解决安全纠纷。此后历年达成的相关协议包括:成员国本着自愿原则提交年度国防政策报告,各国在军事院校、参谋学院及部队训练方面进行交流,鼓励成员国积极参加联合国武器登记,等等。[①] 其中最引人注目的成果是1995年12月达成的《东南亚无核区条约》。条约签约国保证不发展、不制造、不储存、不部署、不使用核武器,并且保证不允许其他国家在自己领土内从事以上活动。条约由东盟国家首先签署,并通过附属条约给其他地区论坛参与国提供加入的机会。

最后,地区论坛的成功也有力地推动了东盟扩大和一体化进程。随着冷战体系的瓦解,东盟国家与印支三国的对峙状态宣告结束。1994年的东盟首脑会议提出了扩大东盟的目标,准备接纳印支三国和缅甸入盟,以永久消除东南亚的分裂局面。不过,考虑到老成员国与未来新成员在政治制度、经济发展水平、社会文化结构上的差异,东盟预想的扩大进程是谨慎和缓慢的,准备用20—25年的时间逐步完成。而地区论坛会议顺利召开促使扩大进程不断提速,信任措施的建立尤其为克服冷战时期遗留的防范心态提供了良好环境,帮助新老成员迅速接近。因而到1999年4个新成员的入盟工作均告完成,东盟不仅规模扩大,而且内部一体化也达到了更高的水平。

当然,东盟地区论坛在运作过程中也遇到了一些挫折和困难。主要是在亚洲金融危机爆发后,东盟国家普遍受到严重冲击,一些国家更是面临政局动荡、分离势力活跃等困局,东盟各国自顾不暇,推动地区论坛深入发展的能力下降,

---

① 孙晖明:《东盟地区论坛》,《国际资料信息》2000年第6期,第29—32页。

使论坛失去了建立初期形成的迅猛势头。在第一阶段建立互信措施取得实效之后,论坛迟迟无法向第二阶段提升。一度获得高度评价的综合安全观念,因金融危机时期东盟国家各自为政、未能达成有效的地区救援安排而说服力大打折扣。对于如何克服这些困难,论坛成员国意见不尽相同,也多少影响了地区论坛的发展。

第三节 拉丁美洲的国际关系

拉丁美洲的"民主化进程"

拉美政治素以军政府与民选政府频繁交替而著称,其民主宪政往往脆弱而短命,致使拉美的政治民主化过程显得格外艰难曲折。仅自二战结束至今,拉美就经历了三次民主化浪潮。20世纪40年代中期,拉美部分国家的人民借世界反法西斯斗争胜利之机,推翻国内的独裁专制,建立文官政权,形成第一次民主化浪潮。但拉美军队很快发动反击,在积极建设西半球军事同盟的美国的支持下夺回权力。50年代后半期,拉美反独裁运动再起,古巴、多米尼加等国的专制政权纷纷被推翻,民主化进程达到第二个高潮。但到了60年代中期,拉美又连续发生军事政变,绝大部分国家又回到军人统治之下。80年代,军人政权由于无法制服席卷拉美的经济危机,在信誉江河日下之中被迫还政于民,拉美开始了新的一轮民主化进程。

第三次民主化浪潮持续的时间较长。从1983年阿根廷军政府交权开始(也有人认为应当从1982年洪都拉斯和玻利维亚建立文官统治算起),历经整个80年代,在进入90年代后仍保持着强劲势头。而且这次民主化运动波及的范围也非常广。到1990年3月,智利皮诺切特军政权被通过选举产生的艾尔文政府所取代为止,几乎所有的拉美国家都在民选的代议制政府管辖下。这是拉美历史上从未有过的现象。

这一轮民主化进程的空前成功,是在如下几个因素的推动下实现的。其一,拉美的民主化进程顺应了冷战结束前后世界范围内政治变革的大潮。其二,一度被称誉为"官僚—权威主义政府"的军人政权,在处理拉美20世纪70年代和80年代社会经济问题时暴露出致命的弱点,坚持代议制政府、严禁军人干政逐渐成为拉美公民的共识。其三,冷战后美国对拉美的政策发生了有利于拉美民主进程的变化。在这以前,尽管美国一再标榜支持拉美的民主化和政治进步,但实际上是以是否配合美国的外交战略为标准来决定对拉美政府的态度。结果那些坚决反共、积极参加美组织的军事同盟的军事独裁政权往往为美国所青睐。这也是前两次民主化进程半途而废的重要原因。冷战终结,苏联退出拉美,美国对拉美政策的重点从反共转变为谋求经济利益和区域稳定。美国的经济援助开始转向拉美的民选政府,而军事打击的矛头则指向过去的老朋友、拉美各国企图干政的军人。美国政策的转变对90年代拉美民主政治的巩固和深化起了明显的作用。

冷战后,在美国的直接干预下,拉美民主化进程中出现了几个重大事件。

一是尼加拉瓜和萨尔瓦多举行多党选举。1989年2月,失去苏联援助的尼加拉瓜桑地诺民族解放阵线调整了对如何实施中美洲和平协议的主张,在第四次中美洲5国首脑会议上承诺提前举行大选,并同意大赦政治犯,实行新闻自由,欢迎所有政党参加选举。其他与会国则支持桑解阵对尼反政府武装的政策,呼吁停止对后者的援助,关闭其在洪都拉斯境内的基地,将其人员解除武装后遣送回国参加选举。当时一般认为桑解阵控制着尼加拉瓜的政经大权,建立了遍布全国的组织体系,又具有长期执政的经历;而尼反政府武装在国内始终未能获得立脚点,内部派别林立,力量分散,因此提前大选对桑解阵有利。尼反政府方面对此协议表示强烈不满,尤其不同意被遣返,希望美国予以否决。

但不久以后,美国布什政府同国会达成了关于中美洲问题的两党协议,宣布支持中美洲和平进程,同意对尼反政府武装本着自愿的原则进行遣返,美今后只对尼反政府方面提供"人道主义援助"。美国的政策重点从扶植尼右翼势力武装夺权,转变为支持其和平上台。在美的极力促成下,反对桑解阵的保守派、自由派、社会党派和共产党等14个政党结成全国反对派联盟,以取消义务兵役制、恢复市场经济、归还私有财产的口号,迎合了尼国内普遍的厌战思变情绪。美国为该联盟提供了900万美元的竞选经费。结果在1990年2月的大选中,反对派联盟出人意料地获胜,得票率超过桑解阵15个百分点。桑解阵在国际压力下,以保持对武装部队和保安力量的控制权为条件,同意向反对派交权。美国立即宣称这是"民主的又一次胜利"。

此后,中美洲地区的最后一个热点萨尔瓦多成为关注的焦点。尼加拉瓜政权更迭后,萨游击队的外援通道基本中断。1991年初,美国也宣布暂停对萨政府军的援助。萨冲突双方无力再战,同意接受调停。美苏外长又联名致信联合国秘书长,请求他直接介入萨和平谈判。9月,萨双方应联合国秘书长的邀请在纽约开始最高级谈判,并最终于1992年1月签署了和平协议。协议规定于当年 2 月 1 日起实施停火,在 9 个月内遣散双方军队主力;政府承认法拉本多·马蒂民解阵线为合法政党,承诺进行政治、经济、司法改革,组建中立的警察部队;联合国派军事观察员监督停火,帮助筹备选举。1994 年,萨尔瓦多大选几经波折终于举行。执政党取得了大选的胜利,马蒂民族解放阵线与民主联盟组成的左派联盟得票居第二位,成为主要的反对党。萨尔瓦多实现了和平与和解。

二是美军入侵巴拿马推翻诺列加政权。尽管 1978 年巴拿马的托里霍斯军政府宣布向民选政府交权,但巴事实上仍为军人专制。托氏的继任人诺列加将军原本与美国,特别是美情报部门关系密切,后由于不同意里根政府重新谈判巴拿马运河条约的要求,与美交恶。1988 年,诺列加将企图罢免他的德尔瓦列总统赶下台,招致国内外的批评,美国与他的矛盾也随之公开化了。美对巴拿马实施经济制裁,要求诺列加下野。美佛罗里达州联邦法院以贩毒及恐吓勒索罪对他提出指控,要求将他引渡受审。1989 年 5 月,诺列加在国际压力下被迫组织总统选举。美秘密提供 1000 万美元支持巴反对党。尽管诺列加在选举中大肆舞弊,但反对派仍获得压倒性胜利。诺列加悍然宣布选举结果作废,继而成立了他自己挑选的临时政府。美洲国家组织几次派代表团前往斡旋都无功而返。

诺列加此举使自己在国际社会中陷入孤立。大多数拉美国家召回了驻巴拿马的大使。美国则不断向巴拿马运河区增兵,组织针对诺列加政权的军事演习。10 月,巴军部分低级军官发动政变,被诺列加镇压。诺指责美国插手政变,宣布与美进入战争状态。驻运河美军与巴政府军接连发生摩擦。12 月 20 日凌晨,布什政府以结束诺列加独裁专制、保护在巴美国人的安全与利益为由,发动了代号为"正义事业行动"的军事入侵。近 3 万美军在 F-111 隐形轰炸机等先进武器的支援下,迅速占领巴拿马各要害地区。诺列加兵败后躲入梵蒂冈驻巴大使馆,最终于 1990 年 1 月 3 日向美军投降,被引渡到美国接受审讯。5 月大选中获胜的恩达拉在美军支持下接管政权。美国通过直接军事干预,清除了中美洲唯一敢于与美对抗的独裁政权。

三是海地恢复民选政府统治。1991 年 9 月,加勒比海小国海地发生军事政变,在 1990 年 12 月选举中获胜上台的阿里斯蒂德总统被驱逐出境。拉美国家担心海地政变引发新一轮军人干政的浪潮,一致同意做出强烈反应。美洲国家组织立即宣布对海地实行经济封锁,对海地军人政权实行外交孤立。联合国也迅速通过决议,要求恢复海地的民选政府。阿根廷前外长丹特·卡普托被任命为联合国和美洲国家组织海地问题特别代表,试图说服海地军方恢复民主秩序,但后者一直拒不交出权力。1993年6月,联合国安理会决定对海地实施石油和武器装备禁运,并冻结其军事当局在海外的资产。7月,海地军人被迫接受卡普托提出的方案,与阿里斯蒂德总统在纽约达成协议,同意阿返国并恢复民主政治。联合国随即放松了制裁。但海地军方阳奉阴违,先期回国的流亡政府成员遭暗杀,联合国派往海地的使团被阻止登陆,民选总统返国计划被迫无限期推迟。安理会决定重新开始制裁,并同意以武力保证制裁的实施。1994年5月,制裁升级为对海地的全面禁运。但军政权毫不退让。

海地平民无法忍受严酷的经济制裁,大批逃往美国,美南部各州普遍为难民潮困扰。以民主、人权为外交支柱的克林顿政府益发视海地军政权为中美洲的动荡之源和拉美民主进程中的"坏榜样",决意动用武力驱逐之。1994年7月,流亡美国的阿里斯蒂德总统致函联合国,请求"立即采取行动拯救海地人民"。安理会通过第940号决议,"授权成员国组建一支统一指挥和控制的多国部队,使用一切必要手段促使军方领导人离开海地"。美国立即组织了包括核动力航空母舰在内的庞大舰队,会同其他5个中美洲国家派出的分遣队,开往海地。同时,美国前总统卡特率代表团前往海地,做最后的调解努力。9月18日,在美军发动入侵前的最后一刻,海地政变头目同意向民选政府交权。1.9万美军和平进驻海地,收缴武器、维持治安。10月10日,三位主要政变领导人正式下台、流亡国外,阿里斯蒂德总统领导的民选政府恢复行使权力。

拉美国家经济一体化的进展

拉美本来是世界上最早开展一体化活动的地区之一,但在20世纪80年代经济危机和地区热点问题的干扰下,拉美的一体化进程陷入停顿状态。冷战结束后,拉美经济一体化在有利的政治、经济背景下重新趋于活跃。老的一体化组织重新焕发活力,新的一体化组织还在不断涌现,拉美的一体化运动再次达到高潮。这其中比较引人注目的一体化组织包括:

(1)南方共同市场(一称南锥体共同市场)。该组织包括阿根廷、巴西、巴拉圭、乌拉圭4个南美国家。它是从20世纪80年代后期巴西与阿根廷的一体化合作基础上发展起来的。当时两国在先后建立了文官统治后,关系日益密切。1988年11月,双方签署了《一体化、合作与发展条约》及在23个具体部门开展合作的议定书,提出到2000年建立共同市场的目标。1990年6月,两国总统又签署协定,决定加快一体化步伐,把建立共同市场的时间提前到1995年初。12月两国达成了《经济互补协定》,确定了分阶段降低关税的计划。

同年 8 月,阿根廷、巴西与智利、乌拉圭在巴西首都聚会,决定将巴阿两国合作扩大为次地区一级的合作。1991 年 3 月,阿根廷、巴西、乌拉圭、巴拉圭签订了《亚松森条约》,宣布从当年 11 月起正式建立南锥体共同市场。条约规定:4 国逐步减少相互间的关税,到 1994 年 12 月 31 日实现互免关税(巴拉圭和乌拉圭可延期一年完成),同时拆除非关税壁垒,以保证商品、劳务等自由流通;对外执行统一关税,实行统一的贸易政策;成员国政府相互协调货币、财政、税收等宏观经济政策,在推行产业政策时注意相互配合。《亚松森条约》生效后,该组织成员国之间的相互贸易增长迅速。4 国获得经济实惠,不断加快一体化的进程。乌拉圭和巴拉圭先后同意与巴西、阿根廷同时实现解除关税。

1994 年 12 月,4 国总统在巴西历史名城欧鲁普雷图达成"南方共同市场实施协议",宣布从 1995 年 1 月起启动南方市场的关税联盟和自由贸易区,4 国从此将以南方市场的名义集体同其他地区性经济集团进行谈判。南方市场已成为拥有 2 亿居民,7400 亿美元国内生产总值,规模仅次于北美自由贸易区和欧洲联盟的世界第三大贸易集团。

(2)安第斯集团。这个由玻利维亚、哥伦比亚、厄瓜多尔、秘鲁、委内瑞拉 5 国组成的集团自 1969 年成立后,在一体化建设上一直进展迟缓。1989 年 12 月,该集团举行首脑会议,通过了新的战略文件,提出加强合作的行动计划,预期哥伦比亚、委内瑞拉、秘鲁率先于 1995 年实现关税同盟,其他两国到 1999 年加入。在 1990 年 11 月的首脑会议上,5 国正式签署了《拉巴斯纪要》,确定了地区一体化的时间表:1992 年 1 月 1 日起建立安第斯自由贸易区,成员国之间取消公民旅行签证,取消对跨国运输的限制;按 1989 年设想分两步实现地区关税同盟,但首批和次批进入同盟的时间分别提前到 1993 年底和 1995 年底;尽快放宽对外资的限制,同时推动同盟内资本的自由流动。由于各成员国在协议的执行过程中一再发生意见分歧,尤其是秘鲁总统藤森发动"自我政变"后,集团一度陷入危机,各项一体化指标的完成时间经常被推迟。直至 1993 年 5 月,除秘鲁以外的 4 国才正式建立了自由贸易区。1994 年 5 月,安第斯集团部长理事会才就小地区共同关税达成一致,宣布从 1995 年 1 月起实行统一的对外关税,并继续为减少相互间的流通障碍而努力。

(3)中美洲共同市场。尼加拉瓜大选之后,中美洲经济的恢复和建设被提上了议事日程,一度陷入瘫痪的共同市场又活跃起来。1990 年 6 月的中美洲 5 国首脑会议通过了《中美洲经济行动计划》,提出从建立一体化法律框架到协调农业政策的庞大构想。1991 年 7 月举行的第十次首脑会议上,洪都拉斯重返共同市场。6国首脑签订《多边自由贸易过渡条约》和40个一体化的具体文件,决定:从1992年起建立中美洲自由贸易区,首先实行农牧产品贸易的自由化;1993年开始实行统一关税,继而向成立中美洲共同市场迈进。各国为此同意设立中美洲一体化体系作为最高机构,还批准成立了协调各国法律的专家小组。

(4)加勒比共同体。1989年第十次加勒比共同体首脑会议上,13个加勒比小国的首脑表达了加入地区经济合作潮流的愿望。他们决定恢复加勒比多边支付体系,从1991年起实现公民的自由旅行,保证他们在各国享受同等的工作机会和社会保障。1991年的第12次首脑会议上进一步通过了两项重要决定:建立加勒比投资基金,其起始金额为5000万美元,目的是帮助企业适应一体化进程;到1993年底建立真正意义上的共同市场,并建立统一货币。1994年初,加勒比共同市场正式成立。共同体诸国又开始为到1995年底建立货币联盟而努力。

除了上述次地区一体化组织外,拉美经济一体化进程中还活跃着拉美一体化协会、里约集团等地区一级的一体化论坛,由墨西哥、哥伦比亚、委内瑞拉组成的三国自由贸易区一类的跨区域一体化组织,和一些双边一体化合作协定。几乎所有拉美国家都以某种形式加入此次一体化浪潮中。拉美的一体化浪潮既受冷战后国际经济区域化、集团化趋势的影响,本身也是国际大势的一部分。拉美国家对一体化的空前热情反映了他们在"失去的十年"之后,对顺应世界潮流、进入世界经济发展快车道的渴望,也反映了他们担心因为80年代经济力量的下降,在同其他地区进行经济交往时处于不利地位,而希望以区域联合作为加入国际市场基石的愿望。拉美的政治民主化进程使各国的政治经济政策趋向稳定和一致,为经济一体化提供了可靠的基础。而这种一体化热潮能否持续下去,将取决于社会经济情况差异很大、发展目标各不相同的拉美国家能否相互适应协调,各国的政治经济能否保持稳定,拉美的国际关系能否保持良好的状态。

古巴同美、苏、俄关系的变化

冷战的结束给古巴造成了极大的冲击。古巴的主要盟国苏联、东欧国家削减乃至停止了对古巴的支持,使古巴的国际环境骤然恶化。1989年东欧各国政局剧变后,纷纷终止了与古巴的特殊经济关系。尤其是德国统一后,停止执行民主德国同古巴签订的所有协议,使古巴失去了重要的经济伙伴。从1990年起,苏联开始减少对古巴的石油和食品供应,提出以"经济合作和互利发展"代替单方面援助和补贴,苏古贸易额明显下降。1991年,苏联又同古巴签订了新的经贸合作协定,改变了与古巴的贸易方式,由长期以来的易货贸易,变成按国际市场价格定价、现汇支付。在苏方要求下,古巴积欠苏联的159亿卢布债务改为以美元计算和偿还。而且苏联决定除石油、粮食、蔗糖之外的其他贸易项目将不再由苏国家统一经营,接手经营的苏外贸公司多以古巴缺乏支付能力为由,停止与古的贸易。即使是继续由苏联政府按苏古以前签订的协议安排的贸易,也因苏联自身的经济困难无法保证正常进行。1991年9月11日,苏联又单方面宣布准备撤出驻古巴的军事顾问。

苏联"八一九"政变和国家解体后,双方的经贸关系急剧萎缩。1994年俄古贸易额仅为7.1亿美元,尚不及1991年苏古贸易额的1/10。苏联承诺给予古巴的援助和补贴全部停止,古巴在双边贸易中享受的优惠也被完全取消。在传统的苏古贸易中,古巴出口1吨糖可换得7吨石油,而到1992年却只能换回1.8吨石油。主要出口产品价格暴跌使古巴的进口能力受到严重影响,1992年的进口额比1989年减少70%。同年古巴只从俄罗斯得到180万吨石油,仅为受苏联援助时期的11%,古巴因此出现能源危机。各大中城市被迫实行轮流停电制度,工厂停产,汽车停驶,农业机械无法运转。古巴人称自己遇到了"双重经济封锁",即在西方国家的封锁之外,又受到苏联解体、东欧剧变带来的经济打击。

美国对古巴的孤立和围剿政策非但没有放松,反而变本加厉。1990年3月美国国会拨款3.2亿美元,在"马蒂广播电台"之外,设立了"马蒂电视台",加强对古巴的宣传攻势。在同东欧和中美洲的新政权发展关系时,美国总要将取消对古巴的支持作为条件之一。恩达拉就任巴拿马总统后,美国要求他禁止巴公司同古巴进行贸易。苏联解体后,美国又企图说服俄罗斯停止向古巴出口石油。在美国压力下,捷克新政府不再允许在捷驻美使馆内附设古巴利益照管处,使古巴一度失去了在美国首都的唯一的外交机构。布什总统在他的"美洲事业倡议"中,把古巴排除在美洲自由贸易区之外,还把促使古巴实现民主化作为美洲建设的目标之一。继任的克林顿总统在召集美洲首脑会议时,不顾加勒比共同体国家的反对,拒不邀请卡斯特罗与会。美国还在各种国际组织中发动对古巴的"人道主义攻势",借人权问题对古巴施压,企图使失去苏联东欧国家支持的古巴成为"国际弃儿"。

1992年9月,美国国会通过了由民主党参议员罗伯特·托里塞利提出的"1992年古巴民主法案",又称"托里塞利法案"。该法案规定除了87家旅行社和货运公司在美国政府的严格监督下可以继续同古巴保持联系外,禁止美国公司和美国公司的海外子公司与古巴进行贸易;任何国家的船只若进入古巴港口,在此后的 6 个月内将被禁止在美国港口停靠;任何国家若向古巴提供贸易或财政援助,美国将停止给予其贸易优惠待遇和援助。托里塞利公开宣称要以此"孤立古巴","为古巴的解放开辟道路"。美国加紧经济封锁使古巴的进口进一步萎缩,工农业生产的原材料得不到保证,经济指标连年滑坡,国内出现了严重的食品短缺。

面对国内外的严峻局面,古巴政府采取了一系列紧急措施。自 1990 年起,古共宣布进入"和平时期的特殊阶段",经济重点转向实行全国食品计划。古政府动员数十万城镇职工下乡支援农业生产,允许部分地区的居民拥有私人菜园和猪场,鼓励优先生产创汇产品。1992 年 2 月,古巴颁布了合资企业法,给予外资企业合法地位。1993 年底,古巴全国人民政权代表大会又通过了扩大个体经营法令,允许私人开办企业,允许 140 个行业中出现个体经营者;同意将大部分国营农场转为集体经营的合作社,在管理、财政、贷款诸方面给予农民自主权。1994 年 10 月起,古巴又开放了农贸市场和手工制品市场。

同时,古巴还利用国际社会对托里塞利法普遍感到不满的机会,积极开展外交活动打破美国的封锁。1992 年,古巴向第 47 届联合国大会提交议案,要求美国取消对古巴的封锁,获得大会的支持。拉美国家也不顾托里塞利法案的威胁,继续同古巴发展经济关系。加勒比共同市场邀请古巴作为"正式来宾"参加其首脑会议。拉美一体化协会接纳古巴加入其文化、教育、科技合作协定。最引人注目的是,1994 年 6 月,墨西哥总统应邀访问古巴,同意出资 14 亿美元购买古巴的部分电话系统,帮助古巴改建现代化的通讯体系。坚持对古巴实行强硬政策的美国显然没有得到拉美国家的支持。

1994 年夏,发生了古巴难民大批涌向美国的事件。前后有 3.2 万古巴人在马蒂电台的鼓动下,企图乘小船或木排漂往美国。外逃达到高峰时,美海岸警卫队每天从海上救起和截留近千人。克林顿政府不得不紧急修改对古巴难民的政策,命令将从海上救起的古巴人送入设在关塔那摩海军基地的难民营,禁止他们直接前往美国本土。美国还恢复了与古巴关于移民问题的会谈。古巴方面在会谈中终于同意阻止难民离境,但指出要根本解决难民问题,必须停止美国对古巴的封锁和宣传攻势。1995 年 5 月,美古就难民问题达成了新协议。美国同意滞留关塔那摩基地的两万多古巴人进入美国,但宣布此后偷渡来美的古巴船民将被遣送回国。

此时,美国统治阶层内部在对古巴政策问题上发生分歧。部分右翼国会议员提出议案,要求强化对古巴的经济封锁。克林顿政府则认为古巴可能进行通向市场经济的改革,美国应通过扩大同古巴的联系施加影响。克林顿决定容许美国报刊在古巴设立新闻处,并适当放宽人员往来的限制。

俄罗斯首次杜马选举之后,俄外交独立性和新民族主义倾向上升。俄政府着手利用原苏联的传统关系扩大俄罗斯在世界经济政治中的影响。在此背景下,俄古关系出现了引人注目的升温。1995年5月,古巴外长自苏联解体后首次访问俄罗斯。他同俄罗斯官员讨论重新签订以糖换石油的协议,建立合资企业以完成中断了的原苏联援建项目,包括完成核电站的建设。双方还谈及发展军事技术合作的问题。俄古都表示全面恢复两国关系的条件已经具备。

第二十三章　面向新世纪的中国对外关系

第一节　中美关系的曲折发展

美国对中国的制裁

1989年春夏之交,北京发生政治风波后,美国总统布什于6月5日发表声明,对中国的局势进行指责,宣布"中止一切中美政府间军售和商业性武器出口,中断中美两国军事领导人之间的互访活动"①;并对中国留美学生延长逗留时间的要求给予同情的考虑。6月20日,美国总统又指示美国政府"停止参加与中华人民共和国政府官员的所有高层接触"。除此之外,美国还"将寻求国际金融机构推迟考虑向中国提供新的贷款"②。6月22日,中国外交部发言人在新闻发布会上说,"中国政府坚决反对美国政府干涉中国内政、对中国施加压力",希望美方"不要做不利于双方关系的事情"③。

6月29日和7月14日,美国国会众议院和参议院先后通过关于制裁中国的修正案。为此,中国外交部部长助理刘华秋于7月20日约见美国驻华大使李洁明,向他指出,中国政府对美国国会一再粗暴干涉中国内政和蓄意破坏中美关系的行为,表示极大的愤慨和提出强烈的抗议。④

同年11月15日和16日,美国众议院和参议院不顾中国政府的多次反对和交涉,分别通过了制裁中国的国务院授权法修正案,又提出了一系列对中国的制裁措施。为此,中国外交部副部长刘华秋于11月19日约见美国驻华大使,就美国国会通过了制裁中国的国务院授权法修正案,表示极大的愤慨并向美国政府提出强烈抗议。他指出,美国"国会通过的制裁中国的议案是进一步恶化两国关系行动的又一次升级";它"充分暴露了一些国会议员仍然坚持举世谴责

---

① 《外交部发言人的谈话》,《人民日报》1989年6月8日。
② 《美悍然宣布对我实行新"制裁"措施》,《人民日报》1989年6月23日。
③ 《人民日报》1989年6月23日。
④ 《抗议美国会修正案》,《人民日报》1989年7月21日。

的霸权主义立场";"美国政府对此显然负有不可推卸的责任。美国政府一再表示,愿意恢复和改善中美关系,我们欢迎这一表示。但现在更需要的是美国政府在这一方面的实际行动"。① 第二天,全国人大外事委员会也发表声明,谴责美国国会通过制裁中国的决议,指出"中美关系目前面临严峻困难,这是中国人民不愿意看到的,其责任也不在中国方面。这种状况完全是因为美国深深地卷入了中国的内部事务,粗暴干涉中国内政,对中国实行制裁造成的"。中国"敦促美国国会立即停止一切干涉中国内政、伤害中国人民民族感情、恶化两国关系的言行,取消对华制裁的修正案,为中美关系的早日恢复正常作出努力"②。

由于布什总统认为国务院授权法修正案中的一项条款(即禁止政府使用美国援助款项支持外国执行与美国法律相违的政策)"将会限制美国外交政策的行动",他于11月22日否决了国务院授权法及其修正案,其中包含的对华制裁修正案也一起被否决。③

11月19日和20日,美国国会众议院和参议院又分别通过了"1989年紧急放宽中国移民法案"。24日,刘华秋副外长在就此事向美方交涉时说,"美国国会在这个法案里决定豁免全部持J-1签证中国留学人员必须回国服务两年的限制。对于美国国会这一严重损害中美两国教育交流、进一步恶化中美关系的行动,中国政府表示极大的愤慨,并向美国政府提出强烈的抗议。"他指出,"要求公费留学人员学成回国服务符合国际惯例。中美双方曾于1987年6月就此达成过明确的谅解。美国国会通过上述法案,不仅直接违反了国际惯例,而且严重破坏了中美双边协议。美国国会这一做法是强权政治的大暴露,其提出的立法依据也是极其荒谬的"。刘华秋说,"我们注意到美方多次表示,美国政府反对国会通过上述法案。我们也希望美国政府言行一致,立即采取行动,希望美国总统否决美国国会这一法案。否则,中国政府将不得不作出强烈反应"。④ 后来,美国总统虽然搁置否决了这一法案,但美国政府又就此事于11月30日发表声明和备忘录,以中国留学人员回国可能受到迫害为由,决定通过采取行政手段,实施国会通过的法案中对在美的中国学生的全部措施。为此,中国外交部于12月8日同美方进行了严正交涉。同一天,中国国家教委也发表声明,抗议美方违背中美教育交流协议,粗暴干涉中国内政。

---

① 《我向美国政府提出强烈抗议》,《人民日报》1989年11月20日。
② 《人大外事委员会发表声明》,《人民日报》1989年11月21日。
③ 《布什否决一项包括制裁中国条款的法案》,《人民日报》1989年11月25日。
④ 《外交部向美方严正交涉》,《人民日报》1989年11月25日。

美国政府自6月对中国实行制裁,虽然中止了两国副部长以上官员的互访,但由于中苏两国已然实现了关系正常化,在美苏还在对抗的情况下,同中国完全断绝往来不利于美国的利益。所以,中美两国高级官员和知名人士之间的接触并没有完全中断。

7月,美国总统国家安全事务助理布伦特·斯考克罗夫特将军作为总统特使,在副国务卿伊格尔伯格的陪同下秘密访华,同中国领导人就中美两国关系交换了看法。①

7月31日,应美国方面的要求,钱其琛外长在出席柬埔寨问题巴黎国际会议期间,同美国国务卿贝克进行了会晤。"双方就解决柬埔寨问题交换了意见,并对两国代表团在巴黎国际会议上的合作表示满意。"在会晤中,钱其琛外长向贝克国务卿介绍了中国国内形势,他指出,"中国独立自主的和平外交和改革开放政策不会改变"。贝克表示,"布什总统十分珍视12年来双方培育起来的中美关系,希望共同努力,使这种关系得到维持和发展"。钱外长强调,"中美两国的社会制度、价值观念和文化背景不同,但在政治上和经济上有共同利益,只要相互尊重,互不干涉内政,中美关系是能够得到发展的"。②贝克还表示,布什总统"强烈希望我们保持一种对我们两国不仅具有经济意义,而且具有政治意义和战略意义的关系"。会晤结束后,有记者问他:美国不是停止了同中国的高层接触吗?贝克老练地回答说:"这是在第三国。"③

9月28日,钱其琛外长在出席联合国大会期间,同贝克国务卿再次举行了会晤。钱外长表示:"中国重视中美关系,但两国关系的恢复和发展需要双方的努力,中国希望美国方面采取一些有利于改善中美关系的实际步骤。"贝克国务卿表示:"美国也重视同中国的关系,并愿意为加强两国关系而努力。"④

10月2日,钱其琛外长应邀到美国对外关系委员会发表演讲。他指出,中美关系"正处于一个十字路口",两国关系的恢复和发展"取决于美国政府的政策和行动"。为改善中美关系,钱其琛提出四点意见:"第一,要承认和尊重差异,寻求和发展共同点。中美两国意识形态、社会制度和价值观念根本不同,但这不是也不应该成为发展国家关系的障碍。中美关系得以建立和发展,首先是出于维护世界和平的根本需要。其次,作为最大的发展中国家和最大的发达国

---

① 《中国外交概览(1990)》,第308页。
② 《钱外长会晤贝克国务卿》,《人民日报》1989年8月2日。
③ 周世俭:《美国对华制裁情况回顾》,《国际贸易》1995年2月,第22页。
④ 《中国外交概览(1990)》,第309页。

家,中美两国都可以从发展经济贸易中获利。""第二,不能把另一国的国内政治作为恢复和发展关系的先决条件。""中美目前出现的困难并不是因为中国损害了美国的利益,而是由美国对中国实行制裁所引起的。""中国对纯属自己国内的事务实行什么政策,采取何种行动,这完全是中国的内政,不容外国干涉。如果有人企图通过施加压力的办法改变中国的社会制度,那是永远不可能成功的。""第三,要努力增加相互了解和相互信任。"为此,"应该避免用本国习以为常的标准来判断别国的是非。""我们不想把中国的政治制度和价值观念输出给其他国家。我们也希望别的国家采取同样的态度对待我们。""第四,处理好台湾问题十分重要。当前,台湾当局利用某些国家同中国关系出现暂时困难之机,加紧推行'弹性外交',其实质是谋求使台湾成为一个独立政治实体,制造'两个中国'、'一中一台'。这一做法违背了中国人民和平统一祖国的愿望。美国政府多次声明坚持'一个中国'的政策。对此,我们表示赞赏,并希望这些声明能见诸行动。"①

10月28日,应中国政府的邀请,美国前总统尼克松对中国进行第六次访问。访问期间,中国国家领导人分别会见了尼克松。钱其琛外长在欢迎尼克松来访的宴会上说:"17年前,尼克松先生以杰出政治家的远见卓识,来华访问,与中国领导人一起打开了封闭二十余年的中美关系大门,开创了两国互利合作的新局面。当前,在中美关系面临困难的关键时刻,尼克松先生第六次访华,再次体现了你的政治上的远见和勇气。""中美关系目前出现的困难,不是我们所愿意看到的,也不是我们所造成的。""希望美国政府能够权衡利害,采取向前看的态度,使中美关系早日重新走上正常发展的轨道。"尼克松说:"美中关系对双方都是重要的,美中经济合作对双方都有好处。"他表示:"对美中关系将得到恢复和发展是有信心的。"②

10月31日,邓小平主席在会见尼克松时说:"我们希望尽快解决过去几个月来中美关系的纠葛,开辟未来。在这个问题上,美国应该采取主动,也只能由美国采取主动。同时,美国也是可以采取一些主动行动的。"尼克松说:"17年来我一直关注美中关系,目前两国关系正面临着严重考验,两国的政治家应该想办法,使两国的正常关系得到恢复和继续发展。"③

11月7日,应中国外交部的邀请,基辛格访问了中国。中国国家领导人分

---

① 《钱其琛外长在纽约提出改善中美关系四点意见》,《人民日报》1989年10月4日。
② 《尼克松抵京访问》,《人民日报》1989年10月29日。
③ 《解决中美纠葛美国应采取主动》,《人民日报》1989年11月1日。

别同他进行了会见,钱其琛外长会见并宴请了基辛格。钱外长在欢迎宴会上说:"中美之间有着长远的重大共同利益。中国希望尽快结束中美间这几个月来不愉快的纠葛,共同开辟未来。""我们为了维护两国关系作出了很大的努力。但是事情不取决于我们单方面。我们期待着美国政府采取主动行动。"基辛格说:"由于稳定与和平符合两国的共同利益,两国应共同采取步骤,使双方的关系更顺利地发展。"①

12月9日,美国总统特使、总统国家安全事务助理斯考克罗夫特再次访华。中国国家领导人分别会见了斯考克罗夫特。邓小平在会见时说:"将军这次来访是通报马耳他会谈,实际上应该说是双方一个共同的愿望:能够尽快解决六月以来中美之间在一些问题上存在的纠葛,早点解决,使中美关系能够得到新的发展新的前进。这是我们共同的愿望。"邓小平还请特使转告布什总统:"在东方的中国有一位退休老人关心着中美关系的改善与发展。"斯考克罗夫特表示,美国"将同中方一起促进两国关系的改善"②。

钱其琛外长同斯考克罗夫特举行了会谈,总统特使通报了美苏首脑马耳他会晤的情况,钱外长介绍了中国对一些国际问题的看法。此外,双方还谈了双边关系问题。会谈结束后,钱外长在款待总统特使的宴会上说:"中美关系几经风雨,仍能始终向前发展,充分证明它是富于生命力的。尽管我们之间存在着一些重要分歧,但是,这些分歧不可能抹杀我们之间的重大共同利益。只要双方共同努力,完全可以做到既保持各自的立场而又维护双方的共同利益。为了能够找到克服目前困难的途径,我们应该加强接触,互相沟通。我们相信,这次斯考克罗夫特将军来访,必将有助于我们增进相互了解,有助于克服困难,消除分歧,使中美关系早日得到恢复和发展。"斯考克罗夫特说:"我们今天来,还为我们的双边关系注入了新的推动力和活力,并寻求双方意见一致的新领域——经济、政治和战略。我们是为减少我们关系中的消极影响而来的。"他强调说:"总统的强烈愿望是这次同中方的会谈取得进展,并为我们所寻求的解决办法打下基础。"③

对于美国总统特使这次访华,中美双方认为是"积极的、建设性和有益的","它增进了中美之间的相互了解,有助于克服中美关系中的困难,有利于中美关系的逐步恢复和改善"。通过交换意见,虽然仍存在一些分歧,但是,"双方都认

---

① 《钱其琛会见并宴请基辛格》,《人民日报》1989年11月9日。
② 《邓小平会见美国特使》,《人民日报》1989年12月11日。
③ 《中美双方应加强接触互相沟通》,《人民日报》1989年12月10日。

为,中美在广泛的领域里存在重大的共同利益。中美关系的改善和发展对维护世界和平与稳定具有重要意义"①。

1990年5月2日,江泽民在接受美国广播公司电视节目主持人沃尔特斯采访时指出:"美国对中国的制裁,首先是不明智的,因为经济、贸易、技术、文化等领域的交流符合两国人民的根本利益。从长远讲,制裁中国损害的不仅是中国,对美国的利益也有损害。因此,希望美国政府采取明智办法,我们共同努力,很好地发展我们之间的经济、文化往来。"②

事实确是如此,美国对中国实行制裁,固然给中国带来了一些暂时的困难,但它同时也损害了美国自己的利益。所以,在双方的共同努力下,中美两国的关系自1990年下半年起逐渐有所恢复和改善。

当年11月30日,钱其琛外长应邀对美国进行了正式访问。这是美国对中国实行制裁后,中国高级官员首次正式访美。访问期间,钱外长会见了美国总统布什和其他高级官员,并同众、参两院议员多人进行了接触。双方就海湾危机以及双边关系问题交换意见后认为,中美"两国在许多方面有共同利益,由于双方共同努力,中美关系近来已经有了不少改善","虽然两国在一些问题上有分歧,但只要加强接触、增进了解,相信两国关系将回到正常轨道"。钱外长表示,"中美两国在国际问题上虽有一些不同看法,也有许多共同点,今后双方仍可继续配合"。③ 钱其琛此次访美,是个有重要意义的事件,它有助于增进中美双方的相互了解。

中美最惠国待遇问题

1979年7月7日,中美两国在北京签署了《贸易关系协定》,后经中国外交部和美国驻华使馆于1980年2月1日在北京互换照会,确认各自已完成必要的法律手续而开始生效。该协定规定:"为了使两国贸易关系建立在非歧视性基础上,缔约双方对来自或输出至对方的产品应相互给予最惠国待遇。"④自此以后,中美两国间的贸易发展迅速。1980年中美双边贸易额为46.4亿美元⑤,至1989年便增长为122.49亿美元。⑥

---

① 《美国总统特使访华是有益的》,《人民日报》1989年12月15日。
② 《改革开放以来的中国外交》,第427页。
③ 《布什总统会见钱其琛外长》,《人民日报》1990年12月2日。
④ 《中美贸易关系协定开始生效》,《人民日报》1980年2月2日。
⑤ 《改革开放以来的中国外交》,第409页。
⑥ 《中国外交概览(1990)》,第318页。

根据美国于 1974 年通过的《杰克逊—瓦尼克修正案》，对于给予社会主义国家的贸易最惠国待遇，总统必须每年对是否延长做出决定。而且，总统的决定要送交国会众、参两院审议。国会将在 90 天内决定是否批准总统的决定。如国会不批准总统的决定，总统有权否决国会的决议，而国会两院必须分别以 2/3 的绝对多数票才能推翻总统的否决。中国是社会主义国家，所以美国对华最惠国待遇也在一年一审之列。

1980—1989 年，美国国会每年在年中审议中国最惠国待遇问题时都顺利通过。但是，1990 年 2 月和 3 月，一部分议员借口所谓"人权"问题，要求美国政府取消给中国的最惠国待遇，企图用经济手段对中国施加压力。为此，中国驻美大使朱启桢于 5 月 16 日在洛杉矶世界事务理事会发表讲话时指出，"中美两国自 1980 年以来相互给予的最惠国待遇，大大促进了两国经济和贸易关系的迅速发展"，如果取消给中国的最惠国待遇，就将对中美经济和贸易关系造成破坏性的影响，并"会导致两国总的关系大倒退"。他认为，美方应"从长远的观点出发处理中美关系"。"对中国施加压力或实行制裁并不是处理我们两国间国与国关系的方法"，这种方法过去行不通，今天也决然行不通。他希望"中、美两国能克服两国关系中目前存在的暂时困难，使这种关系最终回到正常的轨道上来。"①

5 月 24 日，美国总统布什在白宫举行的记者招待会上宣布，把给予中国的贸易最惠国待遇延长一年。他说："这'符合美国的最大利益'。如果像某些人建议的那样取消中国的最惠国待遇，美国将会受到损害，同中国的贸易下降，从而使美国的出口商、消费者及投资者的利益受到极大的损害。"②布什的这一决定是一项明智的决策，中国对此表示赞赏和欢迎。它"不仅对中国有利，对美国也有利，同时对香港的稳定和繁荣也是有利的"③。然而自此以后，美国国会中的一些议员总要利用一年一度审议中国最惠国待遇问题的机会，企图对中国施加压力。

1991 年春，针对美国国会内又有一些人为延长中国的最惠国待遇制造障碍，中国驻美大使朱启桢于 5 月 7 日在世界新闻媒介协会举行的午餐会上说，如果美国单方面取消中国的最惠国待遇或者在延长这一待遇时附加某种条件，"这不仅会直接地严重损害两国间的经贸关系，而且也会严重损害两国其他方

---

① 《我驻美大使谈中美关系》，《人民日报》1990 年 5 月 19 日。
② 《布什总统宣布延长中国贸易最惠国待遇》，《人民日报》1990 年 5 月 25 日。
③ 《美延长对华最惠国待遇是明智决策》，《人民日报》1990 年 5 月 26 日。

面的关系",对美国以及对香港和澳门造成不利的影响。关于人权问题,他指出:"中国政府的首要任务是解决占世界总人口22%的中国人民的吃、穿、住的基本人权。只有在稳定的环境下,这些基本人权才能得到保障和保护,而动乱只能带来灾难、饥饿以至像中国历史上出现过的数百万人死亡的局面。""世界上没有抽象的人权,不同的国家和不同的人对人权有不同的解释,人权必须符合各国的法律。"①

5月9日,李鹏在会见美国美中贸易委员会理事长苏利文和下届理事长安德森时指出:"中美经贸关系是中美关系的基础之一。就中国而言,我们希望美国对华最惠国待遇能够得以保持。""中国的基本态度是,我们向最好的方向努力,同时也作最坏的打算。如果美国取消对华最惠国待遇,或附加其他条件","中美关系必将受到严重损害。美国广大企业界也将失掉中国这个潜在的大市场"。②

5月29日,美国总统布什正式通知国会,决定无条件地延长中国的最惠国待遇。他于27日在耶鲁大学发表演讲时说,取消中国的最惠国待遇,或在延长时附加条件,是"不明智"的做法,它"不符合美国的最大的利益",同时也会给香港带来沉重打击。

7月10日,美国众议院通过了众议员佩洛西提出的有条件延长对华最惠国待遇的议案。该议案将解决所谓中国人权等问题作为延长对中国最惠国待遇的条件。同一天,众议院还通过了众议员所罗门提出的不批准延长对华最惠国待遇的议案。7月11日,中国外交部发言人就此在记者招待会上重申:中美两国互给最惠国待遇,是为了利于两国经济和贸易关系发展的互惠安排。任何单方面取消对华最惠国待遇或对其延长附加条件的做法,都是对中国内政的干涉,是中方绝对不能接受的。我们要求美国国会纠正这种干涉中国内政、伤害中国人民感情的做法,避免导致中美关系的严重倒退。

7月19日,美国总统布什在其写给参议员鲍克斯的复信中坚持无条件延长对华最惠国待遇,并重申只有一个中国,台湾是中国的一部分的立场。对此,中国外交部发言人于22日在记者招待会上"表示欢迎"。

7月23日,美国参议院也通过一项有条件延长中国最惠国待遇的议案。24日,中国外交部发言人发表谈话指出:"该议案把解决所谓中国人权、武器扩散等问题作为延长中国最惠国待遇的附加条件。这个决议案和前些日子众议院

---

① 《阐述我对中美关系及最惠国待遇立场》,《人民日报》1991年5月9日。
② 《发展中美关系是两国利益所在》,《人民日报》1991年5月10日。

通过的决议案一样都是对中国内政的干涉,中方是不能接受的。"发言人还说:"我们已看到并希望越来越多的美国国会议员以中美关系大局为重,支持无条件延长中国的最惠国待遇,使这个问题最终得到妥善解决。"①

由于布什总统主张无条件延长中国的最惠国待遇,反对附加任何条件,而且,许多美国的有识之士也持有同样的态度,美国国会两院的议案终被否决。

1992年2月25日,美国参议院再次以"人权"等问题为借口通过有条件延长1992年至1993年度对华最惠国待遇议案。当天,美中贸易全国委员会理事长安德森发表声明,呼吁布什总统否决上述议案。声明说:"在美国企业和工人设法摆脱经济衰退的时候,国会此举会损害美国在国外的竞争力。目前,美国在中国投资额近50亿美元,1991年对中国出口约63亿美元,比1990年增长大约30%。如果上述议案成为法律,美国在华的经济利益就会受到损害。"②2月26日,中国外交部发言人也表示,美国参议院通过的议案违反了两国贸易互惠原则,中国绝对不能接受。

3月2日,美国总统布什否决了国会参、众两院通过的关于有条件延长中国最惠国待遇的决议案。布什在写给众议院的信中指出,国会的决议案"会严重损害美国在华的经济利益,对美国工人造成不利,而且还会减少美国的就业岗位"。他还说,保持对华接触政策正在产生效果。由于国会有条件延长中国最惠国待遇的法案损害这一政策,他否决国会的决议案。为了保护美国的经济和外交政策利益,他需要采取否决行动。对此,中国外交部发言人于3月3日表示"我们欢迎和赞赏布什总统的决定"。

3月11日,美国众议院推翻总统否决获得成功。但是,参议院于3月18日投票表决结果,没有获得2/3多数,未能推翻总统的否决。因此,布什总统对国会关于有条件延长中国最惠国待遇决议案的否决生效。

6月2日,美国总统布什通告国会,他计划将无条件延长下一年度(1993—1994)对中国的最惠国待遇。白宫新闻秘书处在其发表的一项声明中说,布什总统在作出这一重要决定时强调,"如果我们想影响中国的话,孤立中国就是错误的"。声明指出:"在美中关系不完全正常的情况下,'与中国保持建设性的接触政策符合美国的利益'。美中就核不扩散问题的对话已取得了成功:中国加入了《不扩散核条约》,并宣布遵守《导弹及其技术控制制度》,这说明中国已承认了国际核不扩散准则。"声明最后说:"由于没有取消中国的最惠国待遇,'我

---

① 《有条件延长对华最惠国待遇,是对中国内政的干涉不能接受》,《人民日报》1991年7月25日。
② 《美中全国贸易委员会理事长发表声明》,《人民日报》1992年2月28日。

们取得了积极成果'。取消中国的最惠国待遇会使美国商人、投资者和消费者付出沉重代价,它还意味着美国会丧失就业岗位、出现企业倒闭,并使美国的消费品进口多支付数十亿美元。总的来说,与中国人的直接接触是一种成功的政策。为了保护美国的利益和'促进中国的积极变化',美国将保持这种接触政策。"①

第二天,中国外交部发言人发表谈话说:"中国政府赞赏布什总统作出这一现实而明智的决定。最惠国待遇是中美经贸关系的基础,是中美之间一种对等、互惠的安排。这种安排有利于维护和发展两国经贸合作、促进中美关系的进一步改善,也有助于保持和促进香港以及亚太地区的经济繁荣。""中国政府一贯重视中美关系,希望双方共同努力,在中美三个公报原则的基础上,使两国关系继续得到改善,这是双方的共同利益所在。"②

9月22日,美国众议院又通过议案,要求美国在下一年度向中国提供最惠国待遇时增加新的附加条件,即除"人权"条件外,还要求对中国国营企业向美国出口的产品征收高额关税,但可免除中国私营企业出口产品的关税。该项议案还要求中国和美方"合作",以寻找在越南战争和朝鲜战争中失踪的美国人。9月28日,布什总统否决了国会通过的有条件延长1993—1994年度中国最惠国待遇的议案。他在写给众议院的信中表示,他并不是不赞成议案所提出的目标,但认为提出条件的做法"不能使我们更快地实现这些目标"。他还谈到,美国对中国的出口今年将达80亿美元,如果取消中国的最惠国待遇而招致中国的报复,"我们就会失去这个日益扩大的市场,造成成千上万美国人失业,同时也会把我们占有的市场份额输给其他外国竞争者,而它们并未实施对华贸易限制"。布什认为,最惠国待遇是美国同中国保持接触"所必需的基础",国会议案提出的附加条件将破坏这一基础,而且侵犯"总统代表美国进行外交谈判的绝对权威"。因此,为了维护美国的经济和对外政策利益,他不批准这项议案。③

9月29日,中国外交部发言人说,"我们欢迎布什总统的决定,保持两国间的最惠国待遇符合中美两国人民的利益,也有利于两国的经济贸易关系"。

10月1日,美国参议院就布什总统对国会有条件延长1993—1994年度中国最惠国待遇议案的否决进行审议。经表决,59票赞成原议案,40票反对。由于没有取得2/3的绝对多数,未能推翻布什总统的否决,1993—1994年度中国

---

① 《美国总统布什通告国会延长中国最惠国待遇一年》,《人民日报》1992年6月4日。
② 《赞赏布什总统明智决定》,《人民日报》1992年6月4日。
③ 《布什行使否决权》,《人民日报》1992年9月30日。

贸易最惠国待遇将无条件延长。

1992年11月,克林顿当选美国第42任总统,并于1993年1月20日宣誓就职。当年5月28日,克林顿在他签署的一项行政命令中宣布,对中国的最惠国待遇延长一年至1994年7月3日,但对下一年度对华最惠国待遇的延长将附加与"人权"有关的一些条件。

5月29日凌晨,中国外交部就此事发表声明,指出"这是公然违反中美三个联合公报和两国贸易关系协定的原则,严重干涉中国内政的行为。中国政府对此表示坚决反对,并向美国政府提出抗议"。"最惠国待遇是中美双方根据两国贸易关系协定作出的对等、互惠的安排,是中美进行正常贸易的基础,符合两国人民的根本利益。美方将贸易问题政治化,甚至就延长对华最惠国待遇提出附加条件,这是中方不能接受的。如果美方一意孤行,只能严重损害中美关系和经贸合作,最终损害美国自身的重大利益。"声明最后说:"我们注意到,越来越多的美国公众和有识之士主张无条件延长对华最惠国待遇,要求维护和发展中美关系。我们希望美国政府审时度势,改弦易辙,纠正自己在最惠国待遇问题上的错误做法。"[①]同一天,中国对外贸易经济合作部发言人也发表谈话,对克林顿的决定"表示强烈不满"。

1994年2月1日,美国美中商务委员会在华盛顿发表一项声明说:"美国将人权与贸易挂钩,对中国进行制裁,不仅损害美国的经济利益,而且也不利于中国人民。"声明指出:"中国是美国增长最快的出口市场。去年,美国向中国出口了价值约90亿美元的商品,比1992年增长了18%,解决了将近20万个就业机会,其中大多数为高技术领域。""美国在中国的投资项目已超过8500个,总投资额达105亿美元。许多项目的技术、装备和零部件都是从美国引进的。"声明说:"无论取消或是有条件延长对中国的最惠国待遇都将损害美国的战略利益和商业利益,尤其是美国企业和欧洲、日本企业在中国进行激烈竞争的关键时刻,采取上述做法等于为美国企业增加了风险,造成伤害。""美国对中国采取贸易制裁还将会阻碍中国的改革,影响中国老百姓改善生活。"所以,"美中商务委员会不支持美国对中国人民采取的贸易制裁政策"[②]。

2月24日,美国国会众议院赋税小组委员会就美中贸易问题举行听证会。

---

① 《中国外交部声明》,《人民日报》1993年5月30日。
② 《美中商务委员会发表声明人权挂钩贸易损害美国利益》,《人民日报》1994年2月3日。

麦道公司副总裁肯尼思·威廉斯代表美国贸易非常委员会①全体会员发言说："该委员会全体成员强烈要求继续延长对中国的贸易最惠国待遇,并建议国会重新检讨《杰弗逊—瓦尼克修正案》,以取消此议案和免除每年对给中国最惠国待遇问题的辩论、审理,长期延长对中国的最惠国待遇,至少一次延长5年。"他指出:"每年讨论和辩论对华最惠国待遇问题引起的争论,干扰美国企业家的投资信心,影响扩大对华经贸关系,这对美国利益将带来长期性的严重威胁。"威廉斯在列举了麦道公司和美国航空工业同中国进行经贸合作所带来的好处后说:"目前在世界其他国家航空公司不景气的情况下,中国的航空公司却继续发展。预计在今后20年中国将需要价值400亿美元的商业飞机,现在美国在中国占有大部分飞机市场。一旦中国不再购买美国飞机,欧洲就会弥补进去。不光是飞机制造业,其他行业也存在与别国竞争问题。"威廉斯强调:"在目前许多国家都在极力争取与中国进行经贸合作的情况下,美国企业担心因最惠国待遇问题使自己在竞争中处于不利地位。为了使美国企业在华得到更多更好的机会以及维护美国长远的经济利益,'我们需要政府的合作',长期给予中国最惠国待遇,这对美中双方都有好处。"②

同一天,美国美中商务委员会、全美零售联盟、美国纺织品和成衣进口商协会及香港美国商会等组织的代表,在国会众议院筹款委员会贸易小组委员会就美中贸易问题举行的听证会上作证时,"强烈要求国会和政府无条件延长对中国的最惠国待遇,认为这符合美国的长期利益,否则将对美国经济贸易造成损失"。全国零售联盟副主席霍尔说:"自1990年以来,美国对中国的出口几乎增加了一倍,1993年达90亿美元,为美国提供了17万个就业机会。"如果"取消对华最惠国待遇,不仅会因减少出口而使美国遭受损失,同时也会因增加进口关税而使美国消费者增加负担"。美国对中国大多数商品增加关税"将使物价大幅度上涨,给美国消费者带来160亿美元的经济损失,等于使9400万个家庭每户每年平均增加170美元的税务"。"那些中低等收入者将再也买不起许多由中国进口的商品"。香港美国商会的代表在听证会上说:"取消对华最惠国待遇,不仅会破坏我们对新目标的追求,而且还会断送我们已经获得的大部分成果。"③

---

① 美国贸易非常委员会是一个由60家美国大公司参加、共有500万雇员的民间组织。每年出口产品价值1万亿美元,大多数成员与中国有经济贸易关系。
② 《美国贸易非常委员会代表在国会听证会上呼吁长期给予中国最惠国待遇》,《人民日报》1994年2月25日。
③ 《美国一些企业贸易组织在国会作证要求无条件延长对华最惠国待遇》,《人民日报》1994年2月26日。

5月10日,美国国会一些知名议员在美国企业研究所召开的一次有关中国问题的会议上,呼吁美国政府无条件延长中国的贸易最惠国待遇。众议院外委会主席汉密尔顿强调:"现在到了(将人权问题与贸易)脱钩的时候了。"参议员鲍卡斯警告说:"中国不是一个能轻率对待的国家。""美国采取的把贸易和人权问题挂钩的做法使它越来越孤立","继续执行这一政策将是一个灾难"。他"呼吁美国政府给予中国永久性的贸易最惠国待遇,并将这一问题永远排除在政治争论之外"。参加会议的大多数人士认为,无条件地延长中国的贸易最惠国待遇是保持美中正常经贸关系的最佳途径。①

由于中国坚决反对美国政府在对华最惠国待遇问题上的错误做法,以及美国公众、工商界和一些知名人士及国会议员均表示反对在对华最惠国待遇上附加任何条件,克林顿总统于5月26日宣布,他决定延长1994—1995年度中国的最惠国待遇,并表示在以后的年度审议时将人权问题与最惠国待遇脱钩。他说:"我们与中国的关系对所有美国人来说都是重要的。"克林顿承认,中国是世界上经济发展最快的国家,去年美国向中国出口超过80亿美元,维持了15万美国人就业。他还说:"我们必须从美国在亚太地区政策更广阔范围看待与中国的关系。"但是,克林顿同时还宣布,由于人权问题,他将延续对华制裁措施,禁止从中国进口枪支和弹药。美国还将继续就人权问题同中国保持对话。②

5月27日,中国外交部就克林顿决定延长对华最惠国待遇发表声明。声明指出:"这一决定为双方进一步加强和扩大经贸合作,促进两国关系的改善和发展创造了有利条件,符合中美两国和两国人民的根本利益。对克林顿总统这一决策,中国政府和人民表示欢迎。"声明还指出:"中美根据两国政府间贸易关系协定相互给予最惠国待遇,完全是一种有利于双方的对等、互惠安排。这是两国进行正常贸易的基础。我们历来反对把最惠国待遇同与贸易无关的问题联系在一起,反对附加任何条件和要求。美方近几年在最惠国待遇上的做法,已给中美经贸往来和两国关系造成损害,中美两国人民对此都深为不满。我们不得不遗憾地指出,美方在宣布延长对华最惠国待遇的同时维持现有的对华制裁。特别应指出的是,美方对中国人权状况进行无理指责,干涉中国内政,这是完全不能接受的。我们要求美国政府从维护中美两国和两国人民的根本利益出发,尽早解除所有对华制裁,取消一切不利于两国关系的措施。"声明最后表示:"中国政府重视中美关系,并为两国关系的改善和发展作出并继续作出巨大

---

① 《美议员呼吁将人权与贸易脱钩无条件延长中国最惠国待遇》,《人民日报》1994年5月12日。
② 《美国总统克林顿宣布决定延长对华最惠国待遇》,《人民日报》1994年5月28日。

的努力。我们希望美国政府也能面对现实,着眼于大局和未来,以切实的具体行动,表明对发展中美关系的诚意。我们相信,只要严格遵循中美三个联合公报确定的方针和原则,增加信任,减少麻烦,发展合作,不搞对抗,中美关系就会得到顺利、健康的发展。"①

1995年6月2日,美国白宫新闻发言人发表一项声明,宣布克林顿总统决定延长1995—1996年度的对华最惠国待遇。声明说:"延长对中国的贸易最惠国待遇将扩大美国在中国的利益,将使美国能继续与中国进行全面的、建设性的接触,以便在双边关系、地区性及全球性问题上取得进展。"②6月6日,中国外交部发言人说:"我们注意到克林顿总统的决定。中方一贯认为,中美在对等的基础上相互给予最惠国待遇,是一种对双方都有利的互惠的安排,是两国进行正常经贸交往的基础,符合两国和两国人民的根本利益。必须指出,美方对对华最惠国待遇进行年度审议的做法,不利于建立长期稳定的中美经贸关系,我们要求美方尽早改变这种做法。"③

一些美国贸易界人士也赞同克林顿延长对中国的贸易最惠国待遇。美中贸易全国委员会会长罗伯特·柯白说,克林顿总统作出的这一决定是正确的,"我们对此感到高兴"④。

由于美国维持了对中国的贸易最惠国待遇,1995年中美两国的贸易总额为408.3亿美元,比上一年增长15.4%。其中,中方出口额为247.1亿美元,进口额为161.2亿美元,分别比上一年增长15.1%和16%。⑤

中美贸易谈判

中美建交后,两国的经贸关系发展较为顺利。在1978年至1988年的十年内,中美两国的双边商品贸易总额翻了两番,达100.11亿美元,平均每年递增15.1%⑥,美国成为中国的第三大贸易伙伴。

进入20世纪90年代以来,中美两国的贸易虽然继续有进一步的发展,但是,中美关系也遇到了严重困难。1991年9月28日,钱其琛外长在美国亚洲协会为他举行的午餐会上说,近两年来,中国同不少西方国家不断改善关系,进行

---

① 《中华人民共和国外交部声明》,《人民日报》1994年5月28日。
② 《美国延长对中国最惠国待遇》,《人民日报》1995年6月4日。
③ 《美应尽早改变对华最惠国待遇年度审议做法》,《人民日报》1995年6月7日。
④ 《美国延长对中国最惠国待遇》,《人民日报》1995年6月4日。
⑤ 中华人民共和国外交部政策研究室编:《中国外交(1996)》,第491页。
⑥ 《中国外交概览(1989)》,第352页。

高级互访,扩大合作领域。唯独中美关系落在了后面,这不能不令人遗憾、困惑和惋惜。他指出,中美关系中的一个突出问题是,两国经贸关系不断受到政治问题的冲击。一种把经济问题政治化的倾向似乎在扩大,这不能不令所有致力于发展中美经贸关系的人士十分关切和担忧。钱外长表示,处理中美关系应该从大处着眼,立足于两国人民长远的共同利益,不要纠缠小事,不要受一时一事的干扰。

进入20世纪90年代,中美两国在经贸关系方面所面临的主要问题除最惠国待遇外,还有知识产权问题、市场准入问题、监狱劳动产品问题以及纺织品贸易问题等。围绕这些问题,中美双方进行了一系列十分艰难而激烈的谈判。

关于知识产权问题。早在1989年,由于美国政府认为中国对美国的知识产权有侵权行为,故按其1988年综合贸易法"特殊301条款",于5月25日宣布将中国列入重点观察名单,要求中国采取措施,保护知识产权。否则,美国将把中国列入"特殊301条款"重点国家名单,并将采取贸易报复措施。此后,中美双方就此问题进行了五轮谈判,但因彼此分歧较大,没能达成协议。1991年4月26日,美国政府宣布将中国列为未能对知识产权提供充分保护的"重点"国家。中国对美方这一做法表示了强烈反对和抗议。同年11月26日,美国又突然宣布中止正在进行的第六轮有关保护知识产权问题的谈判,将对中国的"特殊301"调查延长3个月,并称如不能在1992年1月16日前达成协议,将对中国实行贸易报复。

后经过双方共同努力,中美两国在有关的国际公约和国际惯例的基础上,终于在1992年1月16日,就知识产权保护问题达成了一致意见。第二天,中国经贸部副部长吴仪和美国贸易代表希尔斯在华盛顿签署了中美关于保护知识产权谅解备忘录。这项备忘录涉及著作权(版权)、专利、行政保护措施和防止不正当竞争等条款。根据这项备忘录,美方将从1月17日起终止根据美国贸易法"特殊301条款"对中国发起的调查,并取消把中国列为重点观察国家。

中国代表团发言人指出,中国与美国在知识产权保护问题上达成谅解,再次表明了中国愿与美国发展经贸关系和促进两国贸易和经济技术合作与交流的良好愿望。中国代表团认为,中美知识产权保护问题得到妥善解决,将为两国经贸关系的改善创造良好的气氛和条件,有利于两国贸易与经济技术合作的进一步发展。①

---

① 《中美今签署谅解备忘录》,《人民日报》1992年1月18日。

然而，上述谅解备忘录签署不到一年，美国便又指责中国侵犯美国企业界的知识产权，使美国受到数亿美元的损失。并且，美国贸易代表坎特于1993年11月底宣称将把中国列入"知识产权重点观察国家"名单。中国外交部发言人于12月2日就此事发表谈话指出，自中美两国于1992年1月17日签订保护知识产权谅解备忘录以来，中国始终严格履行备忘录项下的各项义务，加入了世界版权公约、保护文学和艺术作品的《伯尔尼公约》、保护录音制品的《日内瓦公约》以及《专利合作条约》，还根据有关国际公约规定，重新修订了《中华人民共和国商标法》、《专利法》及其施行细则。此外，中国还就药品、农业化学物质的知识产权问题分别制定了专门的行政保护条例。为加强对知识产权的保护，中国法院成立了专门的知识产权法庭。中国司法机关及有关主管部门，根据中国参加的上述有关公约及中国制定的有关法律法规，严肃查处了一些侵犯商标、假冒专利、剽窃著作权的案件。发言人还指出，我们对美方不顾中国在保护知识产权方面取得的重大进展，采取这种单方面的做法表示强烈不满。在知识产权保护问题上的分歧，应该在已签备忘录的基础上通过协商解决，任何单方面的做法或威胁均无助于双边经贸关系的发展，结果对双方都没有好处。①

1994年上半年，中美两国就知识产权问题进行了多轮磋商。但美国不顾中国在保护知识产权方面作出的巨大努力和已经取得的重大进展，仍在6月30日决定启用"特殊301条款"开始对中国的知识产权问题进行调查，并将根据6个月后的调查结果决定是否对中国向其出口的8亿美元商品实行制裁。7月1日，中国外交部和外经贸部发言人分别就此发表谈话。外交部发言人说，中美双方最近在北京就知识产权保护问题进行了磋商，中方代表向美方代表详细通报了中国在保护知识产权立法、司法及行政保护方面的进展情况，具体回答了美方非正式文件中的所有问题，介绍了中国在保护知识产权方面的进一步安排。但是美方一味坚持自己的无理要求，缺乏合作态度。发言人说，中国政府在短期内完成了具有现代化的知识产权立法，参加了一系列国际公约、条约、协定，走过了包括美国在内其他国家的几十年甚至上百年的历史。在执法方面，中国政府也竭尽努力，做了大量工作，坚持有法必依、违法必究。严厉打击侵犯知识产权的行为，保护知识产权所有人的利益。然而美国政府却不顾事实，以其国内法为依据，将中国列为所谓的外国重点国家名单之中，这是毫无道理的，是我们不能接受的。中国对此表示十分遗憾。② 此后，中美双方又就保护知识

---

① 《外交部发言人答记者问》，《人民日报》1993年12月3日。
② 《美国的做法中国不能接受》，《人民日报》1994年7月2日。

产权问题进行了多轮磋商,由于美方缺乏诚意,并以制裁相威胁,导致谈判中断。为此,中国外交部发言人在12月29日的谈话中指出,中美知识产权谈判的大门是继续敞开的,但必须是在相互尊重、平等协商的基础上解决双方在知识产权方面存在的问题,以制裁相威胁是完全不能接受的。[1]

1995年1月18日,中美知识产权谈判在北京恢复举行。但是,最后于28日无果而终。同一天,中国外经贸部发言人就此事发表谈话说,在此轮磋商中中方表现了极大的诚意,就专利商标、版权、海关边境保护措施、保护知识产权协调指导机构的设置、查处侵权等问题同美方进行了广泛、深入的讨论。双方并就其中许多问题达成了共识。中方在商定各项具体条款时,表现了充分的灵活性。然而,美方不断提出新的要求,有些甚至不属于知识产权保护范畴,致使谈判无法继续进行。发言人指出,我们对此表示遗憾并郑重声明:此轮谈判未能达成协议的责任全在美方。发言人表示,中国不愿意看到双方在磋商期间使用贸易报复手段。任何对华贸易报复行动都将引起相应的反报复措施。这位发言人最后说,我们希望美方重新考虑其在中美知识产权问题上的立场。我们仍希望双方继续采取积极的方式,通过平等、友好协商尽早解决中美知识产权争议。[2]

2月4日,美国贸易代表办公室宣布对中国出口到美国的电子、家具、自行车等价值10.8亿美元的产品实行贸易报复,关税将提高到100%,并将于2月26日生效。中国外经贸部发言人就此发表谈话说,美方这一决定无视中国在保护知识产权方面采取的一系列措施,以及中方在中美多次知识产权磋商中所表现的诚意。我们对此表示极大遗憾和强烈不满。他指出,美方企图通过施压和报复,迫使中国接受超过双边贸易关系协定乃至多边协定规定的要求,是毫无道理的。发言人说,美方要求中国改变司法审判制度,修改民事诉讼法,这是对中国立法、司法的干涉;美方要求在中国举办独资的新闻出版和音像制品公司,从事制造、发行、零售等业务,这远远超过了知识产权的范畴,发达国家至今尚未对音像制品的市场准入达成一致;美方在海关边境措施、保护计算机软件的知识产权、版权认证制度以及行政执法部门的权限等方面向中国提出的无理要求,就连美国本身也没有做到。他说,为维护国家主权和民族尊严,根据我国外贸法的规定,对于美国的贸易报复措施,我国将不得不采取相应的反报复措施。

---

① 《外交部发言人谈中美知识产权谈判以制裁相威胁决不能接受》,《人民日报》1994年12月30日。

② 《中美知识产权谈判未果责任在美方》,《人民日报》1995年1月30日。

出现这种情况责任不在中方。发言人最后表示,我们强烈要求美方放弃在知识产权问题上的错误立场,从中美关系大局出发,同中方一道,采取积极和建设性的态度,在相互尊重和平等互利的基础上,通过认真磋商,谋求问题的妥善解决。①

同一天,中国外经贸部发表一项公告,公布了中国对美国对华贸易报复的反报复清单。中国将对原产于美国的录音带、激光唱盘、照相胶卷等九类进口商品征收除正常进口关税外,加征税率为100%的特别关税;暂停与美国音像制品协会、美国软件出版者协会等组织的合作关系;暂停受理美国音像制品制造公司在华设立分支机构或办事处的申请;暂停与美国公司正在进行的大型汽车合资项目的谈判等七项措施。并将于2月26日,即美国对我出口产品贸易报复措施生效时生效。

后来,根据美国贸易代表坎特的建议,中美两国关于知识产权磋商于2月15日在北京恢复举行,并在2月26日达成协议。根据协议,美国取消依"特殊301条款"对中国的调查,同时撤销美方于2月4日宣布的对中国的贸易报复措施。由此结束了长达20个月的中美关于知识产权问题磋商,也使双方避免了一场贸易战。协议达成的当天,美国总统克林顿发表一项声明说,这是"一项非常重要的协议",它意味着美国在电脑软件、制药、农业和化工产品、书刊以及音像等方面增加收入。美国贸易代表坎特说,这是一项重要的协议。根据这项协议,美国公司的知识产权将受到保护,中国将增加对美国有关产品的进口。

3月11日,中国外经贸部长吴仪同美国贸易代表坎特在北京正式签署了中美两国关于保护知识产权的协议。签字仪式后,吴仪部长对记者说,中美知识产权协议的签署说明只要双方本着相互尊重和平等磋商的精神,两国经贸领域存在的任何矛盾都是可以得到解决的。她说,她相信新协议将会成为中美经贸继续发展的新的转折点,希望双方通过进一步努力,排除非贸易因素的干扰,使两国经贸关系能够保持长期、稳定的发展。

关于市场准入问题。中美两国曾在1991年上半年进行了两轮谈判。应美方的要求,中国政府于9月30日向美方提交了有关市场准入问题的非正式文件。逐条回答了美方提出的有关问题,并就如何解决这些问题做出了"重大、积极、真诚的承诺"。中国政府表示愿在此非正式文件基础上,继续与美方就市场准入等问题进行会谈。但是,美国方面无视中国方面做出的巨大努力,特别是

---

① 《外经贸部发言人就美对华实施贸易报复发表谈话施压与报复无助于解决问题》,《人民日报》1995年2月5日。

在中国已决定取消进口调节税的情况下,仍然于 10 月 10 日援引美国 1974 年贸易法的规定对中国发起"301"调查。通过调查,如果美国总统贸易代表办公室认为中国市场对美国商品形成不合理的、歧视性的做法,并对美国的商业构成了负担,美国政府将采取报复性贸易行动。

10 月 11 日,中国经贸部发言人对此发表谈话说,中国政府对美国贸易代表办公室无视中国政府在市场准入方面做出的巨大努力,执意对中国发起所谓"301"调查,表示强烈不满;美国方面对中国在市场准入方面的指控是完全不能接受的。这位发言人说,中国政府历来认为,中美之间的贸易问题应遵循中美贸易关系协定中规定的原则,通过平等、互利、友好协商的方式来解决,而不应单方面根据本国贸易法发起所谓"301"调查,甚至以贸易报复相威胁,这样做的结果,只能损害双边经贸关系。发言人还说,中国是个发展中国家,改革开放是中国的基本国策,取消出口补贴、取消进口调节税、根据关贸总协定规定的原则逐步降低关税及增加外贸体制的透明度,是中国外贸体制改革的方向。事实上,中国在外贸体制改革方面已取得重大进展。发言人指出,我们希望美国政府从中美关系的大局出发,采取积极现实的措施,使这一问题得到妥善解决,从而使中美经贸关系得以顺利发展。

此后,中美双方又进行了六轮谈判,由于双方分歧较大,且美方态度僵硬,没能达成一致意见。美国又于 1992 年 8 月 20 日宣布了一份针对自中国进口的价值 39 亿美元商品的报复清单。对此,中国也相应拟定了涉及商品金额达 40 亿美元的反报复清单。①

同年 10 月 6 日,中美两国在华盛顿开始举行第九轮市场准入谈判。经过艰难的谈判,中美双方终于在 10 月 10 日达成协议,并签署了《关于市场准入的谅解备忘录》。中美两国本着双边贸易关系协定的原则和目标,并根据关贸总协定和其他有关国际协定的原则,就外贸体制透明度、对进出口数量的限制、货物的标准和检验、关税等条款达成了相互谅解。② 在《备忘录》签字仪式上,中国经贸部副部长佟志广发表讲话说,中美签署市场谅解备忘录是一件值得庆贺的事,它将有利于维护和促进中美双边贸易关系,也有利于维护和改善整个中美关系。他说,中美两国在发展双边经贸关系中的共同利益是双方最终达成协议的最重要的基础。佟志广表示,希望这次达成的谅解备忘录成为中美双边经贸关系发展中的一个新的起点,希望彼此在谅解备忘录以及双边贸易关系协定

---

① 《中国外交概览(1993)》,第 378 页。
② 同上。

的基础上,使中美经贸关系朝着健康的方向发展。美国贸易副代表莫斯科在发言中说,两国达成协议,对美国的出口商、美国的农场主和工人都有很大好处。他还说:"协议的达成意味着我们根据 301 条款进行的调查于今天此时已经结束。"①

关于监狱劳动产品问题。1991 年 3 月下旬,应中国外交学会的邀请,美国国会议员代表团来华进行访问。3 月 27 日,众议员沃尔夫等人访问了北京第一监狱,并参观了监狱织袜车间。参观结束后,监狱负责人向每位客人赠送五双袜子作为纪念品。几天后,沃尔夫便通过境外新闻传媒指控北京监狱生产的袜子出口到美国。沃尔夫回到美国后,竟然又在美国参议院外委会的听证会上,出示他在访问北京第一监狱时接受的那五双作为纪念品的袜子,声称这是中国向美国出口劳改产品的"证据",对中国横加指责。对此,中国方面立即作出澄清,并多次说明真相。但沃尔夫不顾起码的事实,继续在多种场合指责中国向美国出口监狱劳改产品。10 月 4 日至 25 日,美国海关总署署长下令扣查美国公司进口的中国"劳改产品"。此后,中美双方经过多次磋商,终于在 1992 年 6 月 18 日达成协议,并于 8 月 7 日中美双方共同在华盛顿签署了《关于禁止监狱劳动产品进出口贸易的谅解备忘录》。

1993 年 3 月,美国驻华使馆向中国有关部门提出派官员参观北京第一监狱的请求。同年 3 月 30 日,有关部门安排美国驻华使馆的三位官员参观北京第一监狱。这三位官员在参观的过程中,就沃尔夫指控该监狱向美国出口监狱劳动产品一事做了详细的了解,并称将向美国政府报告其调查结果。当年夏天,沃尔夫又在美国举行的一次记者招待会上继续散布他制造的谎言,攻击中国。中国有关部门一再要求美方公布其使馆官员的调查结果。12 月 13 日,美国政府通过《联邦纪事》公布了该项调查结果,确认中国北京第一监狱清河袜厂未向美国出口监狱劳动产品,将来也不可能出口。这样,由美国众议员沃尔夫一手炮制的所谓"中国北京第一监狱向美国出口案",终于得到了符合实际情况的了结。中国有关部门负责人就此事指出,有关劳改产品问题,中国政府的政策是明确的:劳改企业无权进行对外经济贸易活动,不得经营进出口业务。自中美签署《关于禁止监狱劳动产品进出口贸易的谅解备忘录》以来,中方是严格执行的。事实是最有说服力的证明。②

关于纺织品贸易问题。中美两国自建交以来曾签订了三个纺织品贸易协

---

① 《中美签署市场准入谅解备忘录》,《人民日报》1992 年 10 月 12 日。
② 《中国未出口监狱劳动产品》,《人民日报》1994 年 1 月 5 日。

议,其中签订于1987年12月的第三个纺织品协议将于1993年12月31日到期。为商谈签订第四个纺织品贸易协议,中美双方在1993年9月至11月举行了两轮谈判,由于双方在"反舞弊条款"上存在分歧,致使协议未能达成。

12月13日至14日,中美双方又就签订纺织品新协议问题在日内瓦举行了第三轮谈判。在谈判中,美方仍坚持要求中方全盘接受其"反舞弊条款",并声称,双方如不能在这个问题上达成一致,美方将不签订新的协议。如果没有新的协议,美方将采取单边限制,在现有的基础上减少中国25%至30%的纺织品贸易配额。对此,中方指出,中国始终本着真诚合作的态度,努力推动谈判的进展,在反舞弊条款问题上已经作了许多让步,给予了充分的合作。但中国不能接受反舞弊条款中违背国际贸易原则的惩罚性条款以及只强调美国单方面权力的条款。中国历来主张中美双边协议应建立在平等互利的基础上,应符合国际多边协议原则和发展两国关系的准则。为了打破僵局,中国在谈判中提出了一揽子解决问题的建设性建议。由于美方继续坚持其固有的立场,致使这轮谈判也未能取得任何进展。会后,中国代表在接受记者采访时表示,中国代表团对此轮谈判未能取得进展感到非常遗憾。他说,中方已向美方建议尽快举行新一轮谈判,以期早日达成协议。中方还要求在达成新的纺织品协议之前,美方不要采取单边限制行动,否则,将对两国经贸关系产生不利影响。

正值中美双方将要就纺织品贸易问题进行第四轮谈判之际,美国却于1994年1月初单方面宣布大幅度削减中国纺织品对美出口配额。为此,中国外经贸部发言人于1月7日发表谈话,向美方提出严正抗议,并指出美方的这种做法是很不负责任的,不仅在中国引起强烈反应,而且也在美国国内激起广泛不满,这将严重影响中美经贸关系。他郑重声明,中方将按原定计划继续进行谈判,通过协商解决问题。如果美方一意孤行,这将迫使我方不得不采取相应的报复措施。[①]

此后,中美双方进行了第四轮纺织品贸易谈判。在这一轮谈判中,中美双方都做了一些让步。美方不再坚持扣减中方25%至30%的纺织品配额,在对待处理纺织品非法转口问题上,美方撤销了原来的随意性条款。中方也做了实质性让步,在有确凿证据说明中方企业参与了纺织品非法转口时,可同意接受不超过3倍的纺织品配额扣减。此外,中方也接受了美方对纺织品配额中某些类别自然增长的重大调整。在这次谈判中,双方都能从中美经贸关系大局出发,

---

① 《美单方削减中国纺织品出口配额 我外经贸部发言人提出严正抗议》,《人民日报》1994年1月8日。

坚持平等协商、互谅互让的原则,使中美纺织品贸易谈判达成了协议。中美双方于 1 月 17 日在北京签署了为期三年的中美纺织品协议备忘录。

中国外经贸部长吴仪在出席签字仪式后会见美国代表团时说,在双方合作的过程中可能会出现各种各样的问题、困难和矛盾,多年来的实践证明,解决问题的最好办法是通过平等的协商和对话,任何试图施加压力的做法都将是徒劳的,它只能引起贸易大战,这是我们不愿意看到的。吴仪还说,在打击纺织品非法转口方面,中美双方的利益和观点是一致的,希望双方能进一步密切配合,采取措施保证谅解备忘录的顺利实施。美国贸易代表办公室首席纺织品谈判代表希尔曼大使说,美中双方的谈判是富有成效和合作精神的,结果令双方满意。她还表示,中国是美国最大的纺织品供应国,这次达成的协议对发展两国经贸关系是"极为重要"的。①

同年 7 月,美国政府以中国企业通过第三国向美国非法转口纺织品为由,决定单方面扣减中国 1994 年输美纺织品配额。为此,中国向美国进行了严正交涉,指出美方在无充分证据的情况下,决定单方面扣减中国输美纺织品配额,严重违反了中美纺织品协议,希望美方重新考虑这一决定。② 此后以及 1995 年,中美双方曾就此问题进行了多次磋商。

布什批准向台湾出售 F-16 战斗机

1992 年,正值台湾海峡的形势趋于平静,两岸人民的交流不断扩大的时候,美国总统布什于 9 月 2 日在得克萨斯州发表竞选讲话时宣布,他将授权向台湾出售 150 架 F-16A 型和 B 型战斗机。这是自 1982 年以来美国向台湾出售的数量最大、武器性能最先进的一批武器。

9 月 3 日,中国外交部副部长刘华秋紧急召见美国驻华大使芮效俭,就美国决定向台湾出售 F-16 战斗机一事奉命向美国政府提出最强烈的抗议。刘华秋说,美国政府不顾中国政府多次严正交涉,作出向台湾出售 F-16 战斗机的决定,这是完全违反中美《八一七公报》,粗暴干涉中国内政,严重损害中美关系,干扰和破坏中国和平统一大业的行为。中方对此感到震惊和愤慨。刘华秋指出,中美《八一七公报》对美国向台湾出售武器问题作出了明确的规定:"美国政府声明,它不寻求执行一项长期向台湾出售武器的政策,它向台湾出售的武器在性能和数量上将不超过中美建交后近几年供应的水平,它准备逐步减少它对

---

① 《中美纺织品谈判达成协议》,《人民日报》1994 年 1 月 18 日。
② 《中国外交概览(1995)》,第 471 页。

台湾的武器出售,并经过一段时间导致最后的解决。在作这样的声明时,美国承认中国关于彻底解决这一问题的一贯立场。"美国政府自食其言,不断提高售台武器的性能和数量,甚至作出了向台湾出售F-16战斗机的决定,这只能说明美国政府的承诺是不可信任的。刘华秋最后说,中国政府重视中美关系,并为改善和发展中美关系作出了巨大努力。美国政府却至今仍然保持对中国的制裁,并在对中国十分敏感的台湾问题上采取恶化两国关系的措施,这将导致中美关系严重倒退,并不可避免地对中美双方在联合国及其他国际组织中的合作带来消极的影响。中国政府严正要求美国政府取消向台湾出售F-16战斗机的错误决定。在改变此项军售决定之前,中国将难以参加五大国军控会议。如果美方一意孤行,中国政府和人民将不得不作出强烈反应,由此而产生的一切严重后果应完全由美国政府负责。①

同一天,在雅加达出席不结盟国家首脑会议的钱其琛外长,在记者招待会上回答有关美国向台湾出售武器问题时说,美国宣布向台湾出售F-16战斗机,这是一个很严重的事件。这一事件表明美国政府破坏了中美之间所达成的《八一七公报》所确定的原则。他指出,美国主张军控,但是却向台湾出售先进的战斗机,这个行动违反了它自己的承诺。中国对此已经提出了最严重的抗议,并指出,由此产生的严重后果都要由美国方面负责②。

9月4日,全国人大常委会和全国政协常委会分别就美国政府决定向台湾出售战斗机一事发表严正声明,对美方这种粗暴干涉中国内政、严重干扰和破坏中国和平统一大业的行为表示极大愤慨,并向美国政府提出最强烈抗议。

此后,中国的一些群众团体和个人也纷纷发表声明和谈话,表示坚决拥护中国政府的严正立场,强烈要求美国取消向台湾出售战斗机的决定。9月10日,中国农业部门有关负责人在接受记者采访时表示,如果美国政府不以中美两国人民的根本利益和中美关系大局为重,坚持其向台湾出售F-16战斗机的错误决定,我们应立即停止从美国进口小麦。

9月22日,钱其琛外长在美国外交政策协会为他举行的午餐会上发表讲话时说,中美两国不应当对抗,而应该扩大交往,增进了解,本着互相尊重、平等相待、信守诺言、遵守协议的精神处理两国关系,使两国间存在的问题逐步得到解决。在谈到美国向台湾出售武器时,钱外长指出,在维护和改善中美关系方面,美方所作的努力远不能认为是足够的。今年虽是美国大选年,但这并不意味着

---

① 《刘华秋奉命向美国政府提出最强烈抗议》,《人民日报》1992年9月4日。
② 《美售台战机破坏八·一七公报原则》,《人民日报》1992年9月4日。

美方可以向中方提出一个接一个的要求,而自己却在改善中美关系方面无所作为。更不允许借口国内的因素,不顾大局和已经作出的承诺,采取不利于中美关系的行动。向台湾出售 150 架 F-16 战斗机的决定直接违反和破坏了中美《八一七公报》的规定,干扰和阻碍了中国的和平统一大业,理所当然遭到中国政府和全中国人民的强烈反对。他还指出,台湾问题是中国的内政,事关中国的民族尊严和国家的命运,事关中国人民的根本利益,中国政府和人民没有退让的余地。钱其琛外长最后说,中美两国从 20 世纪 70 年代初重新打开交往的大门,20 年来两国关系经历了许多坎坷和曲折,取得的进展来之不易。我们应当倍加珍惜。任何企图将中美两个大国的关系由交往、合作重新推向隔绝与对抗的做法都是极不明智的,也是极为有害的。①

12 月 17 日,外交部副部长刘华秋在北京会见了随美国商务部长富兰克林来华访问的助理国务卿威廉·克拉克。刘华秋说,美国向台湾出售 F-16 战斗机问题并没有了结,美方必须面对事实,严格按照中美《八一七公报》的原则妥善解决这个损害中美关系的严重问题。克拉克说,美方重申,美中三个联合公报构成美中关系的基础,美方保证继续执行一个中国的政策,不搞"两个中国"或"一中一台"。在当前复杂的国际形势下,美方希望在维护世界和平与稳定等方面与中国加强合作。②

美国总统布什在竞选期间公然违反《八一七公报》规定的原则,决定向台湾出售价值 52 亿美元的 F-16 战斗机,固然有企图以此举来改变其在竞选中不利地位的一面,但是,我们也应由此看到美国在台湾问题上是不会轻易改变其初衷的。

克林顿政府的对华政策

1992 年 11 月 3 日,民主党人克林顿在美国大选中获胜,当选为美国第四十二任总统,从而夺回了被共和党占据了 12 年之久的总统宝座。克林顿是第一位在第二次世界大战后出生的美国总统。11 月 5 日,中国外交部发言人在记者招待会上回答记者提问时对克林顿当选美国总统表示祝贺。他说,我们祝贺克林顿先生当选为美国总统,中国政府一贯重视中美关系,愿意在中美三个联合公报确立的原则基础上,同美国新政府一起为改善和发展两国关系而努力。③

---

① 《钱其琛外长谈中美关系》,《人民日报》1992 年 9 月 24 日。
② 《刘华秋副外长会见克拉克》,《人民日报》1992 年 12 月 18 日。
③ 《外交部发言人对克林顿当选美国总统表示祝贺》,《人民日报》1992 年 11 月 6 日。

11月30日,中共中央总书记江泽民会见了来访的美国众议员施罗德女士。江泽民对克林顿当选下任美国总统表示祝贺,并愿在中美三个联合公报的基础上,同克林顿先生和美国新政府进行合作,为中美关系的改善和发展而共同作出努力。[①]

1993年1月20日,克林顿宣誓就职。克林顿当政初期,将其主要精力集中在国内,积极推进各项经济和社会改革。在对外关系方面,他在竞选总统期间,曾对布什政府的对华政策大加指责,主张在人权、贸易等问题上对中国施加压力,并将中国划为伊拉克一类的"暴君"统治的国家。克林顿发表这些言论,既是有意为自己争取选票,也在一定程度上反映了他在中国问题上的基本态度。克林顿入主白宫后,不可能将他在竞选期间讲过的话完全置之脑后。在他看来,苏联解体后,中国的战略地位已经下降。然而,他不得不承认中国是一个大国,在发展本国经济方面已取得了举世瞩目的成就,这就为美国的商品和资金提供了一个颇具诱惑力的市场。况且,中美两国同为安理会常任理事国,双方在维护、促进世界的和平与发展方面有着共同的利益和责任。尤其是在解决诸如朝鲜半岛等一些地区问题上,美国更需要借助中国的作用。所以,克林顿上台后便改变了他在竞选期间的口气,声称他不希望"孤立"中国,并表示"重视美中密切合作"。但是在行动上,他却又不断利用"人权"、台湾等问题制造麻烦,有时甚至将中美关系引到了危险的境地。克林顿当政后,中美关系中的重要问题除最惠国待遇、知识产权、纺织品贸易等问题外,主要有:

第一,"人权"问题。

克林顿政府成立后,美国国务院继续于每年2月1日发表关于各国人权状况的所谓"人权报告"。从1993年至1995年,克林顿政府先后发表了1992、1993、1994年度"人权报告"。这些报告的有关中国部分,虽然称中国在人权方面"采取了一些积极步骤","取得了有限进展",但仍诬蔑中国的人权纪录"远低于国际公认的标准",攻击中国"广泛地存在违反人权、使用酷刑、任意拘押"等问题。[②] 中国外交部发言人多次就美国"人权报告"发表谈话指出,中国的宪法和有关法律充分保障我国各族人民的各项民主权利,中华人民共和国成立以来,中国在保护和促进人民合法权益方面所作的努力和取得的进展是世人有目共睹的。美国国务院的"人权报告"无视这一事实,对中国的人权状况妄加评论,完全是别有用心的。我们一贯认为,人权问题本质上是属于一国主权范围

[①] 《中国外交概览(1993)》,第373页。

[②] 《中国外交(1996)》,第489页。

内的事,各国有权根据本国的具体情况,保护和促进人权。美国无权对中国以及其他国家的内部事务指手画脚。我们坚决反对这种借口人权问题干涉别国内政的行径。①

此外,1995年3月8日,由美国和欧洲联盟向联合国人权委员会第51届会议提交的所谓"中国人权状况"议案再次遭到否决。3月10日,钱其琛外长在八届全国人大三次会议期间的记者招待会上回答记者提问时说,我们主张在各国之间就人权问题可以进行双边或多边交换意见,但这应当在相互尊重的基础上进行。在日内瓦的人权会议上,我们反对的是利用这种多边场合毫无根据地通过反对中国或者反对任何其他国家的决议。我们对所有国家都解释了中国的立场。我们告诉他们这样做不符合在人权问题上互相尊重、平等进行对话的原则,我们也告诫他们坚持反华提案是会失败的,因为从1990年开始,他们已经失败了四次。遗憾的是他们坚持认为他们可以得到胜利,但是今年即使是实质性的投票,他们也失败了。② 同年10月,中美两国首脑在纽约会晤时,美方表示希望避免在人权问题上与中国对抗。③

第二,台湾与西藏问题。

1994年4月28日,克林顿在他执政的第二年,便与副总统戈尔在白宫分别会见了达赖喇嘛。30日,中国驻美大使馆公使杨洁篪就此向美国政府提出交涉。杨洁篪指出,美方安排克林顿总统和戈尔副总统会见达赖,违背了美国政府一再宣称的承认西藏是中国领土一部分的立场,是对达赖鼓吹"西藏独立"、分裂祖国的政治活动的公开鼓励和支持,是对中国内政的严重干涉。美方的这一行动给中美关系造成十分不利的影响,中国政府对此深表关切和强烈不满。④

在克林顿会见达赖的当天(4月28日),美国国会通过了《1994/1995财政年度对外关系授权法》,克林顿于4月30日签署了该法案。《授权法》含有多项反华条款,其中最主要的有:(1)宣称"《与台湾关系法》的第三节优于政府的政策声明,包括公报、规定、指令以及基于上述的政策"。(2)《授权法》主张美国内阁级官员可以访问台湾,并要求美国总统采取步骤明确表示在双边关系上和在美国是成员国的多边国际组织中"支持台湾"。(3)《授权法》公然将西藏

---

① 《美国无权对中国内部事务指手画脚》,《人民日报》1995年2月3日。
② 《钱其琛答中外记者问》,《人民日报》1995年3月11日。
③ 《中国外交(1996)》,第489页。
④ 《中国外交概览(1995)》,第469页。

称为"国家",胡说西藏"是被占领的主权国家,其真正的代表是达赖喇嘛及西藏流亡政府"。(4)《授权法》批准设立"自由亚洲电台"。

为此,中国外交部副部长田曾佩奉命于5月5日约见美国驻华大使芮效俭,向美国提出强烈抗议。田曾佩说,在《授权法》酝酿伊始,中方就对其中包含的多项反华条款表示过严重关切,并向美方进行过多次严正交涉。我们曾向美方郑重指出,这些条款严重损害了中国主权,粗暴干涉了中国内政,必将对中美关系带来严重损害。但美方不顾中方的强烈反对和交涉,悍然通过并签署了这一包括多项损害中国根本利益条款的法案,这不能不激起中国人民的极大愤慨。我奉命就此向美国政府提出强烈抗议。田曾佩最后强调,目前,中美关系正处于关键时刻,我们希望中美关系能朝着积极的方向发展。但中美关系的改善和发展,是要靠双方共同作出努力的。美国《对外关系授权法》中的上述内容严重地破坏了中美关系的基础,是与中美两国和两国人民的根本利益完全背道而驰的,也是与美国政府要同中国发展积极、建设性关系的表示极不相称的。我们在此郑重声明,该法所有的反华条款,中国政府和人民都是坚决反对和绝对不能接受的。我们要求美国政府严格遵守诺言,采取切实措施,恪守中美三个联合公报的原则和国际关系基本准则,改变其错误立场和决定。①

5月16日,美国国务院发言人就《对外关系授权法》涉及的西藏和台湾问题发表声明,声明称,西藏是中国的一部分,这是美国长期的政策。无论是美国,还是其他任何国家,都不认为西藏是一个主权国家。美国不承认西藏流亡政府。声明表示,美国继续遵循"一个中国"的政策。在向台湾出售武器方面,美方继续履行1982年8月17日公报的承诺,并将该公报视为维持双边关系的三个支柱之一。《对外关系授权法》中的任何内容不会妨碍美方继续履行上述承诺。声明最后称,美国将继续遵守对美中三个联合公报的所有承诺,并把这三个联合公报视为美对华政策的框架,《对外关系授权法》中的任何内容没有改变这一点。②

5月17日,中国外交部发言人发表谈话说,我们对美方上述声明表示赞赏,希望美国政府切实履行其承诺。这位发言人表示,只要达赖喇嘛承认西藏是中国不可分割的一部分,彻底放弃"西藏独立"的主张,停止从事分裂祖国的活动,中央政府随时愿意与达赖喇嘛进行谈判,除了"西藏独立"不能谈,其他问题都

---

① 《我向美国政府提出强烈抗议》,《人民日报》1994年5月6日。
② 《美重申在西藏和台湾问题上立场》,《人民日报》1994年5月18日。

可以谈。①

此后不久,美国总统克林顿与副总统戈尔又于1995年9月12日再次在白宫分别会见了达赖。9月14日,中国外交部副部长李肇星召见美国驻华大使馆临时代办,就美方安排戈尔副总统会见达赖以及克林顿总统同达赖进行所谓"顺便见面",向美国政府提出强烈抗议。李肇星说,西藏是中国领土不可分割的一部分。西藏事务纯属中国内政,不容外国干涉。美国政府一再宣称,美国承认西藏是中国的一部分,不承认达赖"流亡政府"。但美国的上述行动却背离了这一立场,是对达赖鼓吹"西藏独立"、分裂祖国政治活动的纵容和支持,是对中国内政的严重干涉,中国政府和人民对此表示极大愤慨和强烈不满。中方再次要求美方严格遵守国际关系准则,停止利用西藏问题干涉中国内政,不要再制造伤害中国人民感情、损害两国关系的事件。此外,美国政府还对中国根据历史定制和宗教仪规所进行的第十世班禅喇嘛的转世灵童的寻访工作妄加指责和评论。对此,中方也向美方进行了严正交涉。

第三,"亚洲民主电台"问题。

1993年6月15日,美国总统克林顿宣布决定建立"亚洲民主电台"。6月22日,中国外交部就此向美国政府提出交涉,要求美方取消设立"亚洲民主电台"的计划。24日,中国外交部发言人在每周一次的记者招待会上发表评论说,美国设立这一电台的真实目的,是利用新闻媒介干涉中国和其他亚洲国家的内政,制造混乱。亚洲各国的事应由亚洲各国人民自己管。在酝酿设立电台的过程中,中国和许多亚洲国家均表示强烈反对的意见。美方这一行动践踏了公认的国际关系准则,也违反了中美间三个联合公报的基本原则。这位发言人说,我们已向美国政府提出严正交涉,要求美方取消设立"亚洲民主电台"计划。② 但是,经1994年4月通过的《对外关系授权法》的批准,美国最终设立了"自由亚洲电台"。

第四,"银河号"货轮事件。

1993年7月23日,美国驻华使馆官员紧急约见中国外交部国际司官员,宣称美方获得确切情报,中国货轮"银河号"于7月15日从大连港出发,装有制造化学武器前体硫二甘醇和亚硫酰氯,正在驶往伊朗的阿巴斯港。美国要求中国政府立即采取措施,制止这一出口行为。此后,美国又多次提出由中方召回该

---

① 《美国重申不承认西藏流亡政府 我外交部发言人谈话表示赞赏》,《人民日报》1994年5月18日。

② 《外交部发言人举行记者招待会》,《人民日报》1993年6月25日。

货轮,允许美方人员登船检查等无理要求。与此同时,美方还在公海上对"银河号"货轮采取军舰跟踪和军用飞机拍照等非常行动,干扰货轮的正常航行。美方还向"银河号"预计停靠的港口所在国施加压力,阻止"银河号"按计划进港卸货。

8月7日,中国外交部部长助理秦华孙紧急召见美国驻华大使芮效俭,就美国无端指责中国"银河号"货轮载有危险化学品并干扰该船正常商业运输活动之事,向美方提出强烈抗议。秦华孙说,中方严正声明,中国遵守化学武器公约的规定,不会出口此类化学品。但美方不予置理,一意孤行,致使中国"银河号"货轮不能按计划停靠有关港口。"银河号"货轮被迫在公海漂泊,美方还在公海采取军舰跟踪和军用飞机拍照等非常行动,对该货轮进行干扰和威胁。秦华孙说,中方进行了认真调查,现已查明,美方所称"银河号"船期、起始和抵达港及所谓载有上述化学品的情况完全失实。中方已多次向美方说明事实,提出解决问题的积极建议,包括在中东第一站卸货时由当地海关与中方共同验货,并要求美方停止一切干扰活动,确保我船进入各有关港口卸货。但时至今日,我船仍未获准进港,面临极大困难。这是美方以莫须有的情报,肆意采取干扰行动所一手造成的。他强调,在国家关系中,依据莫须有的所谓情报对另外一个主权国家采取行动,是违反国际关系准则和国际法的。秦华孙指出,美方的行动无端地损害了中国的国际形象,干扰了中国船只的正常航运,破坏了主权国家之间正常的关系和贸易往来,给中方造成了严重的经济损失,使中方船只及其人员的安全受到严重威胁,并给中美关系投下了新的阴影。秦华孙最后严正指出,中国对美方所采取的这种毫无道理的霸道行为提出强烈抗议。中国再次强烈要求美方立即采取措施,确保"银河号"顺利按原计划进入各有关港口卸货。中方要求美方对其无理做法所造成的一切损失和后果进行赔偿和承担责任,并保证今后不再干扰中国商船的正常航运和商业活动。①

8月26日至9月4日,沙特阿拉伯王国政府代表在中国政府代表在场的情况下,在沙特的达曼港对早在8月2日便已进入阿曼湾水域的中国货轮"银河号"所载货物进行了核查,美国政府派出技术专家作为沙特方面的顾问参与了核查的全过程。这次详细核查的结果表明:中国"银河号"货轮完全没有装载美方所指控的硫二甘醇和亚硫酰氯两类化学品。三方代表签署了核查报告,确认了上述核查结果。

---

① 《我外交部向美提出强烈抗议》,《人民日报》1993年8月8日。

9月4日,中国外交部发表了《关于"银河号"事件的声明》。声明指出,在达曼港的详细核查结果表明,中国货轮"银河号"完全没有装载美方所指控的两类化学品。中方的结论完全符合事实,真相大白于天下。美国一手制造的"银河号"事件,终于以它自己的失败而告终。中国政府对沙特政府为解决"银河号"货轮事件提供的合作表示赞赏和感谢。声明还指出,近来,美国动辄凭借其无中生有或捕风捉影的所谓"情报",肆意向别国施加压力。这是地地道道的霸权主义和强权政治的表现,"银河号"事件只是其中一例。声明强调,"银河号"事件给中国在政治上和经济上都造成了重大损失,中国强烈要求美国立即消除其错误情报所造成的恶劣影响,要求美方向中方公开道歉,赔偿中国所蒙受的一切经济损失。①

同一天,中国检查组负责人发表声明说,通过对"银河号"所载全部货箱的彻底检查,结果表明,船上未载有硫二甘醇和亚硫酰氯两类化学品。美国方面已承诺将上述检查结果通知中国"银河号"货轮预定停靠港的有关国家政府,并承诺努力确保"银河号"货轮顺利进入有关港口卸货。负责人指出,至此,"银河号"事件的真相已经大白于天下,中国"银河号"货轮完全是无辜的。美方一手制造的"银河号"事件无端地损害了中国的国际声誉。"银河号"货轮被迫在公海上漂泊长达24天,并被迫改变航线延误卸货。据中远公司估计,"银河号"事件给该公司造成了1293万美元的重大经济损失。中方完全有理由要求美方公开道歉,赔偿损失,并保证今后不再制造类似事件。②

9月6日,全国人大外事委员会也发表声明,对美国的霸权行径表示极大愤慨和强烈谴责,并完全支持中国政府8月7日向美国方面提出的强烈抗议和9月4日发表的声明,强烈要求美国立即消除其错误情报所造成的恶劣影响,要求美方向中方公开道歉,赔偿中国所蒙受的一切经济损失。声明指出,近来,美国政府官员以及一些美国议员在不少场合都表示要改善和发展美中关系。但是,这需要美国增加对别国的信任,不再给中美关系制造麻烦。美国必须改弦更张,放弃霸权主义和强权政治,承诺今后在国际交往中,严格遵守国际法和国际关系准则,保证不再发生类似事件。③

9月6日,中国"银河号"货轮从沙特阿拉伯的达曼港启航,7日晚,驶入阿拉伯联合酋长国的迪拜港。中国驻阿联酋大使馆临时代办和中国驻迪拜总领

---

① 《中华人民共和国外交部关于"银河号"事件的声明》,《人民日报》1993年9月5日。
② 《美方制造"银河号"事件损害我国声誉》,《人民日报》1993年9月5日。
③ 《关于"银河号"事件的声明》,《人民日报》1993年9月7日。

事等带着鲜花、水果登上"银河号",向在 40 至 50 摄氏度高温下经历 20 多天磨难的 38 名中国船员表示亲切慰问。第二天中午,"银河号"在卸完全部 515 个集装箱后,驶离迪拜港,开始了返回祖国的航程。

9 月 10 日,中国远洋运输(集团)总公司就"银河号"事件举行记者招待会并发表一项声明,谴责美国的霸权主义行径,批驳美方新的谣言和谬论,要求美国公开道歉,赔偿经济损失。

"银河号"事件发生后,英国、日本、巴基斯坦、泰国、伊朗等国舆论纷纷发表评论,指出"美国所作所为违反国际法"、"强权政治不得人心"、"银河号"事件的结果"是美国在外交上的失分"。①

第五,武器扩散问题。

1993 年 8 月 25 日,美国政府以所谓中国和巴基斯坦的某些单位"从事了导弹技术转让"为由,宣布对中巴两国实行为期两年的经济制裁。美国国务院发言人麦柯里在新闻发布会上宣布上述决定时,再次无理指责中国违反"导弹技术控制制度"的有关规定,向巴基斯坦出售了 M-11 导弹技术。麦柯里说,为此,美国决定根据其国内法律对中巴两国"实行二级制裁",即禁止向受制裁国家出口敏感的高技术产品。②

同一天,中国驻美大使馆发言人严正指出,中国方面曾向美国方面多次说明中国没有做过违反对"导弹及其技术控制制度"承诺的事,但美方对中方的澄清置若罔闻,竟然根据自己不准确的情报作出错误的判断,依据其国内法律对中国进行经济制裁,这是完全没有道理的,中国对此表示坚决反对。

8 月 27 日,中国外交部副部长刘华秋紧急召见美国驻华大使芮效俭,就美国政府依据对所谓大量情报的分析,认定中国向巴基斯坦转让了与 M-11 导弹相关的技术,因而决定对华实行制裁一事,向美方提出强烈抗议。刘华秋说,美方不顾中国、巴基斯坦政府多次澄清,以美国国内立法为由,任意对主权国家进行制裁,粗暴践踏了国际关系的起码准则,是地地道道的霸权主义行径。刘华秋强调,中国政府在防止大规模杀伤性武器及其运载工具的扩散问题上一贯持积极和严肃的立场。中方多次明确告诉美方,中国信守按《导弹及其技术控制制度》的准则和参数行事的诺言,没有做过任何与承诺不符的事。刘华秋强调指出,1992 年 9 月,美国政府公然违反中美之间达成的《八一七公报》,决定向台湾出售 150 架 F-16 战斗机,粗暴干涉中国内政。美方一方面向中国关切的敏

---

① 《国际舆论续评"银河号"事件》,《人民日报》1993 年 9 月 8 日。
② 《美国竟然宣布对中巴实行经济制裁》,《人民日报》1993 年 8 月 27 日。

感地区大肆出售先进武器,危及中国的安全,另一方面又无中生有对中国横加指责和干涉。这是一种强权政治的表现。刘华秋最后说,根据中美达成的协议,1992年2月中国政府宣布按《导弹及其技术控制制度》的准则和参数行事是以美方取消1991年6月对中国的制裁为前提的。现在美方恢复了对中国的制裁,迫使中国政府不得不重新考虑对《导弹及其技术控制制度》的承诺问题。美国政府必须对由此产生的一切后果负完全责任。

1994年11月1日,美国负责军控和国际安全事务的副国务卿戴维斯宣布,美国正式取消自1993年8月起就中国出口导弹问题对中国实施的制裁。3日,美国驻华大使芮效俭致函钱其琛外长,说明美国政府取消其1993年8月对中国一些实体及政府活动的制裁自1994年11月1日起生效[①]。

第六,李登辉访美问题。

1995年5月3日,美国国务院就国会众议院不久前通过允许李登辉访美的决议发表声明说,美国政府不可能同意李登辉访美,因为这种访问会给美国的外交政策带来严重的后果。声明说,同台湾保持非官方关系和同中华人民共和国发展官方关系,这是得到美国"两党连续5届政府支持、极其成功的政策框架的基础",如果允许李登辉访美,无论是否以私人性质进行,"将危及我们同台湾的非官方关系、同中华人民共和国的官方关系的一个至关重要的基础"[②]。

然而,事隔不久,美国国务院便于5月22日正式宣布,克林顿总统已决定批准李登辉"作为尊贵的校友于今年对美国进行私人访问"。这样,就使中美关系跌入了建交以来的最低点。

5月23日,中国外交部就此事发表声明,指出,美国政府不顾中方的坚决反对和多次严正交涉,宣布允许李登辉到美国进行所谓"私人访问"。这是美国政府完全违反中美三个联合公报根本原则,损害中国主权和破坏中国和平统一大业,明目张胆地制造"两个中国"、"一中一台"的极为严重的行为。中国政府和人民对此表示极大愤慨,并向美国政府提出强烈抗议。声明指出,美国政府曾多次声称允许李登辉访美不符合美台非官方关系性质,直到最近,美国国务院发言人还表示,一个具有李登辉那样头衔的人来访,不论是否被冠以"私人"名义,都将不可避免地被视为改变美台非官方性质的举动,将危及美国同台湾非官方关系以及同中华人民共和国官方关系的重要基础。余音未落,美国政府就来了个一百八十度大转弯。在这样一个重大原则问题上,美国出尔反尔,自食

---

① 《中国外交概览(1995)》,第468页。
② 《美国国务院声明不同意李登辉访美》,《人民日报》1995年5月6日。

其言,还有什么国际信誉可言!声明强调,中国政府重视中美关系,并为改善和发展中美关系作出了不懈的努力。然而,发展中美关系要讲原则,需要双方作出努力。我们要求美国政府能从中美关系大局出发,立即取消允许李登辉访美的错误决定,重新回到中美三个联合公报的正确道路上来。①

同一天,中国外长钱其琛召见美国驻华大使芮效俭,也就美国政府允许李登辉访美提出强烈抗议。钱其琛指出,台湾问题曾是阻碍中美关系正常化的关键问题,只是在美国政府就台湾问题作出明确承诺之后,中美才实现建交。建交十六年来,美国历届政府都表示奉行"一个中国"政策,遵循中美三个联合公报处理台湾问题。但台湾问题一直是影响中美关系发展的主要障碍。每当美方在台湾问题上违反三个联合公报原则时,中美关系就发生困难,停滞不前甚至倒退。近一个时期来,美方不顾中方的一再交涉,在提升美台关系上越走越远,现在竟然发展到允许李登辉访美的程度。鉴于李登辉的身份,不管他以什么名义和方式访美,都是一个严重的政治问题,都改变不了美国纵容和支持台湾当局制造"两个中国"、"一中一台"的事实。美国政府在几天前还郑重重申不允许李登辉访美,现在却背弃自己的承诺,采取了破坏中美关系基础的行动,后果将是严重的。钱其琛强调,台湾问题涉及中国的主权、领土完整、和平统一大业,牵动着12亿中国人民的感情。任何国家损害中华民族根本利益的行动,中国政府和中国人民都是坚决不答应的。我们再次郑重要求美国政府认真考虑允许李登辉访美的后果,立即纠正错误。中国政府一贯珍视中美关系,但局势的发展将迫使我们不得不作出强烈反应,其责任应全部由美方承担。②

5月24日,全国人大外事委员会和全国政协外事委员会也分别发表声明,对美国政府的上述决定感到极为震惊和愤慨,并坚决支持中国政府向美国政府提出的强烈抗议。

5月26日,中国外交部发言人宣布,由于美国政府宣布允许李登辉访美,损害了中国主权,违反了中美三个联合公报的原则,给中美关系造成了严重损害,中国政府决定推迟国务委员兼国防部长迟浩田原定今年6月对美国的访问。李贵鲜国务委员及空军司令员于振武也分别中止了对美国的访问。③

5月28日,中国外交部发言人宣布,中国政府决定推迟中美"关于导弹及其技术控制制度"和核能合作的专家磋商。美国军控与裁军署署长和负责政治、

---

① 《我外交部发表声明提出强烈抗议》,《人民日报》1995年5月23日。
② 《钱其琛向美方提出强烈抗议》,《人民日报》1995年5月24日。
③ 《中国政府决定推迟迟浩田访美》,《人民日报》1995年5月27日。

军事事务的助理国务卿帮办原分别定于 6 月和 7 月来华的访问也被要求推迟。①

6 月 7 日,美国国务卿克里斯托弗致函钱其琛外长,重申美国执行一个中国的政策,并希望中方能尽快同意美副国务卿塔尔诺夫早日访华。6 月 7 日至 11 日,李登辉以所谓"私人"名义访美。在美期间,李登辉在康奈尔大学发表政治演讲,并在各种场合大肆进行旨在制造"两个中国"、"一中一台"的活动。②

6 月 8 日,中国外交部发言人在记者招待会上就李登辉访美一事回答记者提问时说,我们对美国政府一意孤行,坚持其错误立场的做法表示强烈不满,我们目前正在密切注视事态的进一步发展。

同一天,美国总统克林顿在白宫会见了中国驻美大使李道豫。克林顿对中国大使说,美国执行的是"一个中国"政策,而不是"两个中国"或"一中一台"政策,这一点没有任何变化。不管台湾方面如何宣传,李登辉的访问完全是非官方的和私人的,我不会接待他。他的来访也不代表美国政府承认台湾。美国确有一些人主张奉行"两个中国"或"一中一台"的对华政策。但我是反对这种主张的,今后仍将继续反对。我的责任是保证美对华政策继续沿着美过去几届政府所执行的"一个中国"政策的道路发展。我将继续谋求同中国建立建设性的关系,维护现行的对华政策。李道豫大使说,目前中美关系受到挫折完全是由于美方决定允许李登辉访美而造成的。美方这一决定完全违反了中美三个联合公报的原则,严重损害了中美关系的基础。李道豫指出,李登辉访美完全是制造"两个中国"、"一中一台"的政治行为。美方的任何解释都掩盖不了李登辉访美的实质。当务之急是美方应立即纠正错误,停止任何制造"两个中国"、"一中一台"的活动,以避免给中美关系造成进一步的严重损害。③

6 月 17 日,中国外交部发言人宣布,鉴于目前中美关系的状况,中国政府已决定召驻美大使李道豫回国述职。④ 同一天,美国驻华大使芮效俭任期届满,离任回国。

7 月 11 日,中国外交部发言人在记者招待会上,回答记者有关美国国会有人主张全面承认台湾的提问时说,世界上只有一个中国,台湾是中国的一部分,中华人民共和国政府是中国的唯一合法政府,这是包括美国在内的国际社会公

---

① 《我政府推迟中美导弹核能合作磋商》,《人民日报》1995 年 5 月 29 日。
② 《中国外交(1996)》,第 487 页。
③ 《允许李登辉访问严重损害中美关系基础》,《人民日报》1995 年 6 月 10 日。
④ 《中国驻美国大使李道豫奉召回国述职》,《人民日报》1995 年 6 月 17 日。

认的客观事实。任何人想改变这一事实,是注定要失败的。如果有人企图把台湾从中国版图上分裂出去,中国人民是绝不会答应的,是不会坐视不管的。发言人指出,我们多次说过,如果台湾问题处理不当,引起台湾海峡局势动荡,对中美关系,对亚太地区乃至世界的和平与稳定,必将产生严重后果。我们奉劝美国的政治家们以长远的战略眼光来处理台湾问题和中美关系,使两国关系重新回到中美三个联合公报的正确轨道上来。

8月1日,钱其琛外长在文莱出席东盟地区论坛会议期间,会见了美国国务卿克里斯托弗。钱外长说,这次中美外长会晤是在中美关系面临严重困难的时刻进行的。我们希望中美两国之间保持一种正常和良好的关系,这符合中美两国的利益,也有利于世界和亚太地区的和平与稳定。但是,中美关系的发展是有原则的,这就是中美三个联合公报确定的原则,其核心就是台湾问题。钱其琛说,事实表明,李登辉利用到美国进行所谓"私人"访问,完全是一次搞"两个中国"、"一中一台"的政治行动。美国允许李登辉访美已经造成的恶果是无法否认的。克里斯托弗说,美国尊重中国政府关于世界上只有一个中国、台湾是中国一部分的立场,美国政府将在一个中国的政策基础上处理台湾问题,美国政府反对台湾独立,不支持台湾加入联合国。他还强调,同一个强盛、开放、繁荣的中国保持建设性的关系符合美国的利益。钱外长说,我们重视国务卿的上述表示,同时我想指出,中国有句古话"言必信,行必果",任何承诺要以实际行动来体现才有价值。①

根据中美两国外长在文莱会晤时的商定,美国副国务卿彼得·塔尔诺夫于8月25日来华,同中国副外长李肇星就如何消除李登辉访美给中美关系带来的严重后果进行磋商。在磋商中,塔尔诺夫表示,美国奉行一个中国的政策,遵守中美三个联合公报,反对"两个中国"、"一中一台"的主张,反对台湾"独立",反对台湾加入联合国。钱其琛外长于27日会见了塔尔诺夫副国务卿,钱外长说,美国允许李登辉访美给中美关系带来了严重后果。中国重视中美关系,希望双方增加信任、减少麻烦,避免今后发生类似的事件。塔尔诺夫表示,美方从最近的事件中更加理解台湾问题的重要性和敏感性,重视并尊重中国在台湾问题上立场。他说,美国认为,从世界战略的角度看,中国具有重要地位。美国希望同中国保持和发展良好的关系。②

10月24日,中国国家主席江泽民出席联合国成立五十周年纪念会议期间,

---

① 《钱其琛会见克里斯托弗》,《人民日报》1995年8月2日。
② 《钱其琛会见美国副国务卿》,《人民日报》1995年8月28日。

在纽约同克林顿总统举行了会晤。克林顿重申了对中美三个联合公报各项原则的承诺。①

第七,中美两国首脑会晤。

自克林顿总统执政至1995年,中美两国首脑共进行了四次会晤。1993年11月18日,中国国家主席江泽民应美国总统克林顿的邀请,出席在西雅图举行的亚太经济合作组织领导人非正式会议。19日,江泽民同克林顿进行了首次正式会晤。这也是中美两国最高领导人自1989年2月以来的第一次正式会晤。克林顿总统欢迎江泽民主席来到美国。他说,中国是一个十分重要的国家,并有光明的未来。他对中国在经济上取得的成就十分钦佩。江泽民主席强调,中美两个大国是在世界上有影响的国家,在许多重大问题上有共同的利益。中美之间增加信任,可以在国际上发挥积极作用。双方都认为,中美关系非常重要,它不仅仅是双方关系的问题,而且应该把它放在世界范围内来看,应该着眼于未来,着眼于21世纪。中美两国领导人会晤后,克林顿在记者招待会上表示,这次会晤"富有成果",是"一个好的开端"。他说,"中国毕竟是一个占全球人口1/5、并且是世界上经济发展最快的国家,我们必须就广泛的地区和全球问题作出共同努力"。克林顿还说,他在会晤中具体谈到了人权问题,并称这是两国建立"正常、完全和建设性关系的障碍"。克林顿重申美国坚持一个中国的政策是"正确的政策",但他同时又称,"这不妨碍我们执行《与台湾关系法》"。②

1994年11月14日,中国国家主席江泽民出席在印尼茂物举行的亚太经济合作组织领导人非正式会议期间,同美国总统克林顿在雅加达举行了第二次会晤。江泽民说,去年我们在西雅图会晤,通过坦诚、深入的讨论,在一些重大问题上取得了共识,指导中美关系走上了改善与发展的轨道。我希望并相信,我们这次会晤将推动中美关系获得更大的发展。克林顿说,我们在这方面已经取得了一些重要进展,高层互访增加,两国经贸关系有改善,两国交往得到恢复。他说,现在美中两国关系更加密切了。我们有信心解决其他悬而未决的问题。展望下个世纪,美中两国有着彼此成为良好伙伴的前景。我将继续作出努力,使美中关系沿着正确的方向继续前进。

江泽民表示,中国政府一贯重视中美关系,希望同美国友好。他说,我们希望美国政府也奉行对中国友好的政策。中美之间应该并完全可能建立建设性的新型关系。我们可在中美三个联合公报的基础上,共同确立以下主要原则:

---

① 《江泽民主席与克林顿总统正式会晤》,《人民日报》1995年10月26日。
② 《新华月报》1993年11期,第150页。

第一,双方都着眼于世界大局和21世纪,从更广泛的范围和长远的观点处理中美关系。第二,相互尊重各自的国情和选择,摆脱社会制度和意识形态差异对两国关系的影响,以友好的精神处理相互间的一切问题。第三,充分利用各自经济的优势和特点,在平等互利的基础上推动两国经济合作全面发展。第四,加强两国在国际事务和国际组织中的磋商与合作,在解决世界热点、大规模毁灭性武器扩散及环保、缉毒、恐怖主义、走私等社会问题上开展协作。第五,增进相互间的来往和交流,特别是高层互访和接触。克林顿表示赞成江泽民提出的指导中美关系的原则。他认为,美中两国必须进一步发展互利的经贸关系,树立彼此间的信任,以友好的精神处理分歧,并就解决一些全球问题进行合作。

关于台湾问题,江泽民说,我们提出"和平统一、一国两制"的方针,就是希望通过和平的方式解决这一问题。如果台湾当局搞"台独",外国势力又插手干涉,必将引起台湾海峡局势大乱,我们绝不会坐视不管。克林顿表示美国将坚持三个联合公报的原则和奉行一个中国的政策。

关于人权问题,江泽民指出,中国政府十分重视人权问题,现正在为使广大中国人民享有最广泛的各种权利进行不懈努力。我们愿意在平等和相互尊重的基础上与美方进行有关人权问题的对话,以增进相互了解,消除误解。克林顿对美中恢复人权对话表示感谢。[1]

1995年10月24日,中国国家主席江泽民在出席联合国成立50周年纪念活动期间,同美国总统克林顿在纽约举行了第三次会晤。两国领导人认为,去年在雅加达会晤以来两国关系经历的困难和动荡,不符合两国的根本利益;近两个月来,两国之间进行的接触和磋商对两国关系的恢复具有积极意义;双方决心在此基础上,继续为中美关系的改善和发展作出努力。双方一致认为,中美两国都是对国际事务有重大影响、对世界和平与发展负有重大责任的国家;两国之间存在着广泛、重要的共同利益;建立健康、稳定的中美关系,不仅符合中美两国和两国人民的利益,也有利于世界的和平与稳定。

江泽民说,增加信任,减少麻烦,发展合作,不搞对抗,是我们处理中美关系的基本政策。我们主张:一、两国领导人应当从战略高度看待中美关系,排除各种阻力和干扰,使中美关系的航程始终保持正确方向。二、中美三个联合公报仍然是中美关系的基础。只要三个公报得到遵守,中美关系就发展;相反,就遭挫折。三、中美两国能走到一起,是因为我们有共同的利益。为了发展和扩大

---

[1] 《江主席在雅加达同八国领导人会晤》,《人民日报》1994年11月15日。

双方的共同的利益,我们需要尊重各自的国情与选择,超越社会制度和意识形态的差异,以一种平等、协商和合作的精神,处理相互间的一切问题。江泽民强调,影响中美最重要、最敏感的问题是台湾问题,构成中美关系基础的三个联合公报的核心问题也是台湾问题。我们不希望再发生两国关系稳定发展受到干扰的事件。

克林顿表示,一个强大、稳定、繁荣、开放的中国符合美国的利益。对中国孤立、对抗、遏制都不是选择,同中国进行建设性的接触方是唯一的选择。美国要与中国发展建设性的伙伴关系。美方将作出努力,早日解决中国加入世界贸易组织问题。美方重申对中美三个联合公报各项原则的承诺;重申只有一个中国,中华人民共和国政府是中国唯一合法政府;承认台湾是中国的一部分;同时强调反对"两个中国"和"一中一台"、反对台湾独立、反对台湾加入联合国的主张。两位领导人一致认为,这次中美首脑正式会晤是坦诚、友好、积极、有益的,有助于推动中美关系的改善和发展。①

11月18日,中国国家主席江泽民出席亚太经济合作组织领导人非正式会议期间,在大阪会见了美国副总统戈尔(克林顿总统因国内预算问题未出席会议)。江泽民说,作为世界上最大的发展中国家和发达国家,中美两国之间存在着广泛而共同的战略安全和经济利益。这些重大利益要求双方增加信任、减少麻烦、发展合作、不搞对抗。江泽民说,中美三个联合公报为双方实现这些目标提供了很好的框架和基础,是处理中美关系,特别是台湾问题的原则。只要我们坚持三个联合公报确立的原则,排除人为的障碍和干扰,防止两国关系的大起大落,中美关系就能得到正常、稳定的发展。

戈尔说,克林顿总统认为,美中两国首脑在纽约的会晤是两国关系中的一次突破,使人们得以从战略角度来看待和处理美中双边关系。美国对华政策的核心是接触而不是对抗。双方一致赞成恢复和加强在全球和地区问题、联合国事务、司法交流、打击贩毒和国际犯罪以及和平利用核能等领域的对话与合作。②

中美建设性战略伙伴关系的建立

中美两国自1979年1月1日建交后,双方的关系经历了十年大体上较为平稳的发展。1989年春夏之交,中国发生政治风波,美国带头对中国实行制裁,两

---

① 《江泽民主席与克林顿总统正式会晤》,《人民日报》1995年10月26日。
② 《江泽民在大阪同七国领导人会晤》,《人民日报》1995年11月19日。

国关系随之进入了一段充满摩擦的时期。中美两国关系的发展面临许多障碍，这些障碍主要来自美国。

1993年11月，江泽民在美国西雅图出席亚太经济合作组织领导人非正式会议期间，同克林顿进行了正式会晤。这次会晤，打破了1989年6月美国有关禁止两国高层人士互访的禁令，使中美两国的关系有了一个新开端。然而，1995年5月由于美国允许李登辉访美，又使中美两国的关系跌入了最低点。

1995年10月24日，江泽民主席在出席联合国成立50周年特别纪念会议期间，同克林顿总统在纽约举行了正式会晤。通过这次会晤，双方一致同意应从战略的高度和21世纪的角度来看待和处理中美两国的关系，从而使中美关系出现了改善的势头。

1996年11月25日，亚太经济合作组织第四次领导人非正式会议在菲律宾的海滨城市苏比克举行为期一天的会议。会前，江泽民主席同克林顿总统举行了约70分钟的会晤。

江泽民在会晤中指出，中美两国是世界上具有重要影响的国家。中美两国关系的好坏，不仅关系到中美两国人民的利益，而且必然会影响到世界的和平、稳定与发展。三年来，虽然中美关系不乏波折起伏，但总的趋势是在向逐步改善的方向发展。特别是近半年来，在双方的共同努力下，中美高层互访和接触增加，经贸合作稳步发展，一度困扰两国关系的问题相继得到解决。目前两国关系的气氛已经明显改善，发展两国关系的有利条件明显增多，中美关系面临进一步改善和发展的良好机遇。

克林顿说，美国希望和中国保持对话，共同努力解决两国之间在一些问题上的分歧。他强调，美方愿意看到一个强大、稳定、安全的中国，中美两国在许多问题上有着共同的战略利益。他高兴地看到，中美两国最近在许多问题上取得进展，美方愿意同中国建立起一个良好的合作伙伴关系。

中美两国领导人还就全球的安全、核不扩散等问题交换了看法。双方认为，两国在一些问题上还存在一些分歧，双方应该通过平等对话、加强接触、增进了解来谋求这些问题的解决。双方商定，中美两国元首在1997年至1998年间相互进行国事访问。①

根据中美两国元首在菲律宾第四次会晤的商定，江泽民应邀于1997年10月26日至11月3日对美国进行国事访问。在此期间，江泽民先后访问了檀香

---

① 《人民日报》1996年11月25日。

山、威廉斯堡、华盛顿、费城、纽约、波士顿和洛杉矶七个城市。

10月28日下午,江泽民一行在访问了檀香山后抵达华盛顿。次日上午,克林顿总统在白宫南草坪为江泽民主席访问美国举行隆重的欢迎仪式。当天,中美两国元首就中美关系和共同关心的重大国际和地区问题进行了深入的、富有成果的会谈,并达成了广泛共识。

江泽民说,这是他和总统先生第五次会晤,但这次意义不同,这次是中国国家主席12年来首次对美国进行国事访问。他希望这次访问能推动中美关系进入一个崭新的发展阶段。他说,中美分别作为世界上最大的发展中国家和最大的发达国家,作为联合国安理会常任理事国,在维护世界及地区和平与稳定、促进全球经济发展、防止大规模杀伤性武器扩散、推动亚太区域合作、打击国际犯罪等问题上存在广泛的共同利益。进一步扩大这些共同利益,发展两国在各个领域的合作,是中美两国人民以及世界上一切致力于和平与发展事业的人士的迫切愿望。

克林顿对此表示同意。他希望美中两国进一步加强双方在国际和平、稳定与安全、联合国事务、重大地区问题和在保护环境、禁毒、打击跨国犯罪、国际金融以及预防疾病等方面的合作。他说,中国是世界上经济增长最快的国家,世界贸易组织没有中国的参加,就不可能成为一个有效的贸易组织。克林顿表示,美国政府一直在致力于结束国会一年一度的审议中国的最惠国待遇问题。

在谈到台湾问题时,江泽民指出,台湾问题始终是中美关系中最敏感、最重要的核心问题,严格遵守中美三个联合公报,妥善处理台湾问题是中美关系长期健康、稳定发展的基础。

克林顿说,美国政府将继续坚持一个中国的立场,恪守美中三个联合公报的原则,不支持台湾独立,不支持台湾加入联合国,不支持制造"两个中国"、"一中一台"的主张。①

会谈结束后,双方发表了《中美联合声明》。通过中美两国元首第五次会晤,促进了中美两国关系,增进了中美两国人民的相互了解和传统友谊,确定了中美两国关系未来发展的方向和框架。

首先,两国元首决定,中美两国通过增进合作,对付国际上的挑战,促进世界和平与发展,共同致力于建立中美建设性战略伙伴关系。为实现这一目标,

---

① 《新华月报》1997年第12期,第104—105页。

双方同意,从长远的观点出发,在中美三个联合公报的原则基础上处理两国关系。

其次,中美两国同意双方元首定期互访。同意在北京和华盛顿之间建立元首间通讯联络,以便利直接联系。双方还同意,两国内阁和次内阁级别官员定期互访,就政治、军事、安全和军控问题进行磋商。

再次,双方就如何妥善处理中美关系最重要、最敏感的台湾问题达成重要共识,以确保两国关系的发展不再受其影响和干扰。美方重申奉行"一个中国"的政策,承诺今后要严格按照三个联合公报的原则来处理台湾问题。

最后,中美两国准备采取积极和有效的措施,扩大中美经济和贸易关系。美方表示支持中国加入包括世贸组织在内的所有国际贸易组织,以使中国发挥重要的作用。双方还决定进一步加强中美两国在环保、能源、科技、法律、教育和文化等领域的交流与合作,以及两国军队之间的往来。①

10月29日下午,江泽民与克林顿举行了联合记者招待会。两位领导人在谈话中坦率地承认,两国在一些问题上仍然存在分歧。但双方共同认为,这些分歧只能通过对话和讨论来解决,分歧不应该影响双方扩大和加强在各个领域中的合作。

10月30日,江泽民出席了美中协会等六个团体举行的午餐会,并发表演讲,阐述了发展面向21世纪的中美关系的指针。他说,双方应在认清共同利益和共同责任的基础上,总结过去,着眼未来,确定发展面向21世纪中美两国关系的指导方针:一、坚持用战略眼光和长远观点来审视和处理中美关系,牢牢把握两国关系的大局;二、积极寻求共同利益的汇合点,既要考虑自身的利益,也要考虑对方的利益;三、恪守中美三个联合公报,这是发展中美两国关系的基础;四、本着相互尊重、平等协商、求同存异的精神,正确处理两国间的分歧;五、妥善处理台湾问题。②

江泽民主席这次对美国的国事访问,必将达到增进了解、扩大共识、发展合作、共创未来的目的,并将推动中美关系进入一个新的发展阶段。

1998年6月25日至7月3日,应江泽民主席的邀请,美国总统克林顿对中国进行国事访问。这既是对1997年10月江泽民访美的回访,也是近十年来美国在任总统第一次访华。

在历时九天的访问中,克林顿总统先后访问了西安、北京、上海、桂林和香

---

① 《新华月报》1997年第12期,第110—112页。
② 同上刊,第115—116页。

港特别行政区。6月26日晚,在对西安进行了一天的访问后,克林顿夫妇抵达北京。27日上午,江泽民主席在人民大会堂东门外主持隆重仪式,欢迎克林顿总统对中国进行国事访问。欢迎仪式结束后,两国元首开始正式会谈。双方就中美关系和重大的国际和地区问题深入地交换了意见,并达成广泛而重要的共识。

江泽民说,中美元首实现互访,代表了两国人民的共同愿望,标志着两国关系进入一个新的发展阶段。事实证明,中美关系的改善与发展是历史的必然,是任何力量都阻挡不了的。

克林顿说,这是我首次对中国进行国事访问,也是美国总统九年来第一次访华。这次访问是在你对美国进行非常成功的访问八个月后进行的。这表明中美两国在致力于建设性战略伙伴关系方面取得的进展,也表明美国绝大多数人都欢迎美中关系的改善和发展。

中美两国首脑的会谈是积极的、建设性的和富有成果的。会谈的主要内容是:

第一,两国首脑就重大国际问题与地区问题进行了有成效的磋商。双方同意中美两国进一步加强在重大国际问题上的对话与合作,为把一个和平、安全、稳定、有利于经济发展的世界带入21世纪而努力。

第二,双方同意继续共同努力,向建立中美建设性战略伙伴关系的目标加速迈进。本着这一精神,双方决定互不将各自控制下的战略核武器瞄准对方。为建立建设性战略伙伴关系,双方认为两国领导人保持密切接触,并就双边关系和重大国际问题直接、深入地交换意见,是必要的,也是有益的。

第三,两国首脑在会谈中,讨论了亚洲金融危机问题,美方高度评价中国在缓解亚洲金融危机中所发挥的重要作用。双方同意,进一步加强在经济和金融领域的战略对话,为促进世界经济和国际金融的良性发展作出积极贡献。

第四,双方发表了《中美两国元首关于〈生物武器公约〉议定书的联合声明》和《中美两国元首关于杀伤人员地雷问题的联合声明》。双方还特别就南亚核扩散问题和当前南亚局势进行深入讨论,并发表了《中美两国元首关于南亚问题的联合声明》。

第五,双方同意将继续加强和扩大在政治、经贸、环保、能源、文化、教育、科技、军事、法律等领域的合作与交流。

6月30日,克林顿总统在上海出席了上海图书馆举办的题为"构筑21世纪的中国"的座谈会,他在发言中公开重申美国的"三不政策",即不支持台湾独立,不支持"一中一台"、"两个中国",不支持台湾加入任何必须由主权国家才能参加的国际组织。

中美两国元首在不到一年的时间里,成功地实现了国事互访,推动中美两国关系进入了一个新的发展阶段。这次随克林顿总统来华访问的美国企业家、工商界人士对加强同中国的经贸关系表现出浓厚的兴趣。克林顿访华前后(22日至29日),中美两国有关公司和机构共签署了总金额约30.2亿美元包括12个重要经贸合作项目的协议。中美两国政府还签署了《中美和平利用核技术合作协定》。①

根据中国海关总署统计,1998年,中美贸易总额为549.4亿美元,比1997年增长12.1%。其中中方出口额为379.8亿美元,进口额为169.6亿美元,分别比上年增长16.1%和4%。美国是中国第二大贸易伙伴,中国是美国第四大贸易伙伴。②

因中美两国元首成功实现互访而得到改善的中美关系,在1999年又经历了波折。

5月7日午夜(北京时间5月8日清晨5时45分),以美国为首的北约使用3颗导弹从不同角度袭击了中国驻南斯拉夫联盟大使馆,造成3名中国记者死亡,20多名使馆工作人员受伤,使馆馆舍严重毁坏。

当天上午,中国政府发表声明,对这一野蛮暴行表示极大的愤慨和严厉谴责,并提出最强烈的抗议。5月9日,克林顿致信江泽民,就这一事件表示"道歉和诚挚的哀悼"。5月10日,唐家璇外长向美国驻华大使尚慕杰提出严正交涉,向以美国为首的北约提出严正要求:(1)公开、正式向中国政府、中国人民和受害者家属道歉;(2)对北约导弹袭击中国驻南使馆事件进行全面、彻底的调查;(3)迅速公布调查结果;(4)严惩肇事者。同一天,中国外交部发言人发表谈话,宣布推迟中美两军高层交往;推迟中美防扩散、军控和国际安全问题磋商;中止中美在人权领域的对话。

5月14日,克林顿与江泽民通电话,对炸馆事件表示道歉,并表示将对事件进行彻底、全面的调查。

6月16日,美国总统特使皮克林访华,向中国政府报告了以美国为首的北约袭击中国驻南使馆事件的调查结果,称这是一起"由美国政府一些部门的一系列失误所导致的悲剧性的误炸事件"。中方指出,美方迄今对此事件发生的

---

① 《新华月报》1998年第7期,第6—13页。
② 《中国外交(1999)》,第449页。

原因所做出的解释是难以令人信服的,由此得出的"误炸"结论是中国政府和人民不能接受的。中方强调,美国政府必须切实进行全面、彻底的调查,严惩肇事者,以实际行动向中国政府和中国人民做出满意的交代。中方要求美国政府承担全部赔偿责任,对中国的人员伤亡和财产损失做出迅速、充分和有效的赔偿。

7月28—30日,中美双方就美国轰炸中国驻南使馆造成人员伤亡的赔偿问题达成协议,美方向中方支付450万美元的赔偿金。

9月11日,江泽民在出席亚太经合组织第七次领导人非正式会议前,同克林顿在新西兰的奥克兰举行正式会晤。双方表示,中美两国将继续致力于建立面向21世纪的建设性战略伙伴关系。在台湾问题上,克林顿重申执行"一个中国"的政策。此外,双方还就中国加入世贸组织问题交换了意见。

12月16日,中美两国就美国轰炸中国驻南使馆所造成的中方财产损失的赔偿问题达成协议,美方向中方支付2800万美元赔偿金。

由于中美双方的努力,两国保持了高层接触和交往的势头,使中美两国的关系在2000年继续得到改善和发展。

2000年4月8日,美国副国务卿皮克林向中国通报美国中央情报局对美轰炸中国驻南使馆责任调查的结果,美方承认使用了不合适的目标定位方法,而且每一级审查都未能发现其中的错误。美方对中央情报局8名人员进行了惩处。4月10日,中国外交部发言人就此发表谈话指出,美方的解释是"令人难以置信的"。同一天,中国副外长王光亚召见美驻华大使,强烈要求美国政府对轰炸事件切实进行全面彻底的调查,兑现美方关于赔偿中方财产损失的承诺,严惩肇事者,给中国政府和人民一个满意的交代。

同年9月6日至8日,在联合国总部举行了联合国千年首脑会议。中国国家主席江泽民应邀出席会议。9月8日,江泽民与克林顿总统举行了正式会晤,双方就中美关系以及共同关心的重大国际和地区问题深入地交换了意见。会晤是积极的和富有建设性的。

江泽民说,近几年来,中美关系尽管几经风雨,但总的趋势是不断向前发展的。在进入新世纪的历史关头,中美两国政府和领导人都要站得高,看得远,牢牢把握两国关系的大局,在中美三个联合公报的基础上,扩大交流,加强合作,妥善处理双方的分歧,特别是要处理好台湾问题,使中美关系在新的世纪里健康、稳定、持续地向前发展,这有利于世界的和平、稳定、发展与繁荣。

克林顿表示,他就任总统八年来,美中双方进行了良好的合作。两国领导人亲自推动美中关系的改善与发展,两国拓展了各种沟通渠道。美方真诚地希望美中两国实现真正的合作,希望中国作为一个大国以建设性的方式参与国际事务,希望中国的经济、社会建设取得成功。

在谈到台湾问题时,克林顿表示,美国一定会继续奉行一个中国的政策,并希望海峡两岸的问题得到和平解决。

关于对华永久正常贸易关系问题,克林顿表示,美国政府正在非常努力地争取参议院通过对华永久正常贸易关系议案,参议院的审议也已取得进展。他相信,这个问题会得到解决。9月19日,美国参议院通过该法案。10月10日,克林顿正式签署了该法案。①

11月16日,江泽民在文莱斯里巴加湾出席亚太经合组织第8次领导人非正式会议期间,同克林顿再次举行会晤,双方就中美关系等重大问题交换了看法。

江泽民对克林顿执政期间为中美关系的改善与发展所做的努力表示高度赞赏,希望他今后继续关心和支持两国关系的发展(布什即将接替他出任美国总统)。克林顿感谢江泽民主席8年来同他进行的合作。他说:我们多次进行过坦率的交谈,并在出现困难的时候努力加以克服,从而使得美中关系不断取得进展。

江泽民强调,不论中美关系存在何种困难,只要两国政府和领导人有发展两国关系的坚强信念和决心,坚定地把握住两国关系发展的大方向,保持密切接触,加强磋商,就能推动两国关系不断向前发展。

克林顿表示,一个强大、稳定、繁荣的中国,一个在亚洲、在世界发挥积极作用的中国,对美国来说是至关重要的。他希望美中关系的未来是合作的未来,而不是冲突的未来;是相互促进的未来,而不是相互遏制的未来。双方可能永远会有分歧,但通过对话可以消除分歧。他为现在美中两国关系比8年前更加密切而感到高兴。

江泽民说,中美建交20多年来的历史,包括总统先生执政的8年,都一再表明,台湾问题是影响中美关系全局、能够动摇中美关系基础的重大问题。能否妥善处理台湾问题,直接关系到中美关系的稳定、改善和发展。希望美国政府恪守承诺,明确支持中国实现和平统一。

克林顿表示,美国将继续奉行一个中国的政策。中美双方还讨论了中国加入世贸组织及其他问题。②

---

① 《新华月报》2000年第10期,第8页。
② 《新华月报》2000年第12期,第31页。

通过中美两国元首在纽约和文莱的两次会晤并取得了积极的成果,使2000年的中美关系继续得到改善和发展。美国对华永久贸易关系的确立,扫除了长期制约中美经贸关系发展的障碍,对于中美经贸合作和两国关系的健康发展具有重要意义。然而,中美两国在台湾、人权、宗教等问题上仍然存在分歧。

第二节　中俄新型的国家关系

江泽民总书记访问苏联

1989年5月,苏联最高苏维埃主席团主席、苏共中央总书记戈尔巴乔夫在北京同邓小平举行了历史性会晤,实现了两国关系的正常化。自那以后,经过双方的共同努力,中苏两国间的关系在各个方面都取得了进展。1990年4月,李鹏应邀对苏联进行正式访问,又使中苏两国睦邻友好关系得到新的发展。

李鹏访苏,是继1964年周恩来总理访苏后26年来,中国总理第一次访问苏联。访问期间,中苏两国领导人就发展双边关系和共同关心的国际问题广泛交换了意见,并对中苏关系正常化以来两国在政治、经济、贸易、科技和军事等领域的交往与合作表示满意。双方认为,中苏两国在和平共处五项原则基础上进一步加强睦邻友好关系,符合两国人民的根本利益,也有利于亚洲和世界的和平与稳定。为了进一步加强中苏两国的经贸合作,双方于4月24日签署了《中苏关于经济、科学技术长期合作发展纲要》、《中国政府和苏联政府在和平利用与研究宇宙空间方面进行合作的协定》、《中国政府和苏联政府关于在中苏边境地区相互裁减军事力量和加强军事领域信任的指导原则的协定》、《中国外交部和苏联外交部磋商议定书》、《中国政府和苏联政府关于中国向苏联提供日用消费品的政府贷款协定》及《中国政府和苏联政府关于在中国合作建设核电站和苏联向中国提供政府贷款的备忘录》。[①] 双方认为,这些文件的签署扩大了两国互利合作关系的条约法律基础,有助于双方合作的进一步发展,并为中苏两国在各个领域的合作开辟了新的前景。

同一年,钱其琛外长同谢瓦尔德纳泽外长还先后在莫斯科(4月)、哈尔滨(9月)、安理会部长级会议(9月)、联大会议(10月)和乌鲁木齐(11月)举行了

---

① 《李鹏雷日科夫举行第二次会谈》,《人民日报》1990年4月26日。

五次会晤。双方讨论了海湾局势、柬埔寨问题、双边关系以及其他共同感兴趣的国际问题。1990年,中苏两国经贸关系在平等互利基础上发展顺利。两国协定贸易额达52.3亿瑞士法郎,比1989年增长8.3%。①

在中苏两国经贸关系进一步发展,科技、教育、文化、卫生、体育方面的交流日益增多,以及军事领域的交往已经开始的情况下,中共中央总书记、中华人民共和国中央军委主席江泽民,应苏联总统、苏共中央总书记戈尔巴乔夫的邀请,于1991年5月15日对苏联进行了为期5天的正式访问。这是对戈尔巴乔夫1989年5月访华的回访,也是自1989年中苏两国恢复正常关系以来,中共中央总书记、中华人民共和国中央军委主席首次对苏联的正式访问。

当江泽民一行于5月15日当地时间11时20分抵达莫斯科时,在机场受到了苏联副总统亚纳耶夫、苏共中央副总书记伊瓦什科、国防部长亚佐夫元帅等领导人的热烈欢迎。江泽民在机场发表了简短的书面讲话。他表示,这次访问的目的"就是要继续推动两国、两党关系正常发展的进程"。他说:"中苏两国是具有7000多公里边界的邻国,两国人民之间的传统友谊源远流长,两国关系的稳定、健康发展有着良好前景。""我们深信,通过这次访问,将进一步增进两国、两党领导人之间的相互了解,加强两国人民之间的友谊和合作。"②

访问期间,江泽民同戈尔巴乔夫举行了会谈,并会见了苏联最高苏维埃主席卢基扬诺夫和总理帕夫洛夫。在与戈尔巴乔夫的两次会谈中,江泽民说,两年来中苏关系之所以能健康、稳定地发展,主要应归功于邓小平同志和戈尔巴乔夫总书记1989年5月那次高级会晤。实践证明,建立在和平共处五项原则基础上的睦邻友好关系,是中苏两国和两国人民的最佳选择。戈尔巴乔夫说,苏中关系的发展符合两国人民的根本利益。苏方愿意进一步加强同中国在各个领域的合作。两国关系发展的潜力很大,前景很好。双方还相互通报了各自国内的情况,并就共同关心的国际问题交换了意见。③

5月17日下午,江泽民在克里姆林宫会见了苏联公众代表,并发表了题为《走向21世纪的中国》的重要讲话。主要阐述了:"一、坚定不移地走建设有中国特色的社会主义道路";"二、中国建设和改革的巨大成就";"三、90年代是中国社会主义现代化建设关键的十年";"四、中国需要一个和平的国际环

---

① 《世界知识年鉴(1991—1992)》,第556页。
② 《江泽民抵达苏联进行正式访问》,《人民日报》1991年5月16日。
③ 《江泽民与戈尔巴乔夫第二次会谈》,《人民日报》1991年5月17日。

境"。① 当晚,江泽民还应邀在苏联中央电视台发表讲话,向苏联人民表示:"中国共产党、中国政府和人民将一如既往,辛勤耕耘,精心培育,使两国人民的友谊之树更加枝繁叶茂,四季常青。""中国愿同苏联和世界各国一道,为建立公正、合理的国际新秩序作出不懈的努力。"②

5月16日,中苏两国外长钱其琛和别斯梅尔特内赫共同签署了《中苏边界东段协定》,双方还同意继续就尚未商定的地段加紧谈判,以便公正、合理地解决历史遗留下来的中苏边界问题。

5月19日,双方发表了第二个《中苏联合公报》。公报"重申将继续遵循北京会晤所达成的协议和1989年5月18日《中苏联合公报》所阐明的各项原则"。双方满意地指出,"经过共同的努力,两国在政治、经贸、科技、文化、军事等领域的友好、合作关系正在稳定地发展"。双方在公报中"肯定了两国边界谈判中取得的积极进展,并以条约法律的形式将取得的成果确定下来",双方将"继续就尚未商定的地段加紧谈判,以便公正、合理地解决历史遗留下来的中苏边界问题"。双方一致认为,"两国领导人之间的政治接触和对话是重要的和有益的,今后将继续下去"③。

江泽民总书记此次对苏联的访问,取得了积极的成果。它为中苏两国的睦邻友好合作关系开辟了新的前景,并将对世界的和平与稳定产生积极的影响。

中国同原苏联各加盟共和国建立外交关系

1991年8月,苏联发生"八一九"事件。8月20日,中国外交部发言人就苏联局势发表谈话说,苏联发生的变化是苏联内部的事务。中国政府的一贯立场是,反对干涉别国内政,尊重各国人民自己的选择。④

同年8月,爱沙尼亚、拉脱维亚和立陶宛(已于1990年3月宣布独立)三国先后宣布独立。9月6日,苏联新成立的国务委员会决定承认波罗的海三个共和国独立。9月7日,钱其琛外长分别致电爱沙尼亚、拉脱维亚和立陶宛三国外长,宣布中华人民共和国承认三国独立,并表示中国政府愿在和平共处五项原则基础上同三国发展友好合作关系。

1991年9月11日,中国同爱沙尼亚两国政府代表在塔林签署了建交公报,

---

① 《走向21世纪的中国》,《人民日报》1991年5月18日。
② 《江泽民在苏联中央电视台发表讲话》,《人民日报》1991年5月19日。
③ 《中苏联合公报》,《人民日报》1991年5月20日。
④ 《苏联发生的变化是苏联内部事务》,《人民日报》1991年8月21日。

两国决定自即日起建立大使级外交关系。双方同意在和平共处五项原则基础上发展两国的友好合作关系。爱沙尼亚政府承认台湾是中华人民共和国领土的一部分,爱沙尼亚承诺不和台湾建立任何形式的官方关系。中爱建交后,双方互访逐渐增多。爱沙尼亚访华的主要领导人有:总统伦特纳·梅里(1994年6月)、总理季特·维亚希(1992年5月)、外长特里维米·维里斯特(1993年9月)。中国访爱的主要领导人有:副总理兼外长钱其琛(1994年7月)、副外长田增佩(1993年10月)。1992年中国同爱沙尼亚的商品贸易总额为1418万美元,其中中国出口698万美元,进口720万美元。① 1995年中爱双边贸易总额为867.4万美元,其中中国出口721.7万美元,进口145.7万美元。②

  1991年9月12日,中国与拉脱维亚两国政府代表在里加签署了建交公报,两国政府同意在和平共处五项原则的基础上发展双方之间的友好合作关系。拉脱维亚承认中华人民共和国政府是中国唯一的合法政府,台湾是中国领土不可分割的一部分。拉脱维亚政府承诺不同台湾建立官方关系和进行官方往来。但是,此后不久,拉脱维亚政府便于1992年1月29日与台湾当局签署了所谓"建立领事关系"的联合声明。对此,中国政府曾向拉脱维亚方面提出严正交涉,指出拉方在台湾问题上的这一做法违背了它自己在中拉建交公报中所作的明确承诺,严重损害了中拉关系和两国人民的友谊,要求拉方改变自己在台湾问题上的错误做法。然而,拉脱维亚方面置中方的严正立场于不顾,竟然允许台湾当局在里加开设所谓"总领事馆"。根据这一情况,中国政府决定将中华人民共和国大使馆暂时撤出拉脱维亚。中国政府"希望拉脱维亚方面从维护中拉人民的利益出发,珍惜中拉两国关系和两国人民的友谊,重新考虑并改变在台湾问题上的错误态度和做法,使中拉两国关系回到正常发展的轨道上"③。

  1994年7月25日,拉脱维亚副总理兼国家改革部部长马利斯·盖利斯应邀访华,就两国关系正常化问题同中国方面进行会谈并达成协议。7月28日,钱其琛与盖利斯共同签署了《中国和拉脱维亚关于两国关系正常化的联合公报》。公报表示,中拉两国在相互关系中将恪守两国建交公报所规定的各项原则;双方决定自本公报签字之日起实现两国关系正常化,拉脱维亚与台湾的"领事关系"即行终止;拉脱维亚重申承认中华人民共和国政府是中国的唯一合法政府,台湾是中国领土不可分割的一部分,并承诺不和台湾建立官方关系和进

---

  ① 《中国外交概览(1993)》,第256页。
  ② 《中国外交(1996)》,第303页。
  ③ 《我大使馆暂撤出拉脱维亚》,《人民日报》1992年2月26日。

行官方往来。①

同年12月,拉脱维亚总统贡季斯·乌尔马尼斯访问了中国,并签订了中拉两国间第一个经济贸易合作协定,双方相互给予贸易最惠国待遇。1995年3月,钱其琛外长访问拉脱维亚,并签署了中拉两国外交部磋商议定书。据中国海关总署统计,1992年中国与拉脱维亚进出口贸易总额为291万美元,其中中国出口127万美元,进口164万美元。② 1995年中拉贸易总额为1599.6万美元,其中中方出口额为115.2万美元,进口额为1484.4万美元。③

1991年9月14日,中国与立陶宛建立了大使级外交关系。此后,两国关系稳步发展。1992年8月和9月,立陶宛副外长别尔纳塔斯和最高苏维埃外委会主席波维廖尼斯先后访问中国。1993年11月,立陶宛总统布拉藻斯卡斯应邀访华。1994年6月底至7月初,钱其琛外长对立陶宛进行了首次正式访问。钱外长会见了立总统布拉藻斯卡斯、总理施莱日亚维丘斯和议会主席尤尔舍纳斯。施莱日亚维丘斯总理表示,立政府非常重视同中国发展全方位的合作。④ 钱其琛强调,中国政府重视发展同立陶宛的关系,对立陶宛坚持"一个中国"的立场及在西藏问题上对中国的支持表示赞赏。⑤ 同年7月11日,立陶宛议会主席尤尔舍纳斯率立议会代表团访华。1995年7月,中国全国人大常委会副委员长王汉斌率代表团访问立陶宛。12月,立陶宛总理施莱日亚维丘斯对中国进行正式访问,并同中国领导人进行会见与会谈。双方表示要进一步发展两国友好合作关系。据中国海关总署统计,1992年中国同立陶宛贸易总额为880万美元,其中中国出口额为370万美元,进口额为510万美元。⑥ 1995年中国同立陶宛贸易总额为297.2万美元,其中中方出口额为198.3万美元;进口额为98.9万美元。⑦

继波罗的海沿岸三国独立后,原苏联其他12个加盟共和国也先后宣布成为独立主权国家。1991年12月21日,俄罗斯、白俄罗斯、乌克兰、哈萨克斯坦、乌兹别克斯坦、吉尔吉斯斯坦、塔吉克斯坦、土库曼斯坦、亚美尼亚、阿塞拜疆和摩尔多瓦11国领导人,在哈萨克斯坦首都阿拉木图举行独立国家首脑会议,通

---

① 《中国和拉脱维亚关于两国关系正常化的联合公报》,《人民日报》1994年7月29日。
② 《中国外交概览(1993)》,第257页。
③ 《中国外交(1996)》,第305页。
④ 《立陶宛领导人会见钱其琛》,《人民日报》1994年7月3日。
⑤ 《中立两国外长举行会谈》,《人民日报》1994年7月3日。
⑥ 《中国外交概览(1993)》,第259页。
⑦ 《中国外交(1996)》,第307页。

过了《阿拉木图宣言》和《关于武装力量的议定书》等文件,正式宣告建立独立国家联合体。12月25日,苏联总统戈尔巴乔夫在中央电视台发表声明说,由于当前国内的形势和独立国家联合体的成立,他决定停止在苏联总统职位上的活动。戈尔巴乔夫辞职声明发表后,苏联国旗从克里姆林宫屋顶降下,代之升起的是俄罗斯的红蓝白三色国旗。成立于1922年12月30日的苏维埃社会主义共和国联盟不复存在。

戈尔巴乔夫发表声明的当天,中国外交部发言人发表谈话说:"鉴于原苏联各加盟共和国已宣布成为独立国,中国政府本着不干涉别国内政的原则,尊重各国人民自己的选择。中国政府愿意继续履行与原苏联签署的各项条约、协定和有关文件所规定的义务,希望有关各共和国也继续履行原苏联与中国签署的各项条约、协定和有关文件所规定的义务。中国人民与原苏联各共和国人民有着悠久的传统友谊和友好往来。中国愿在和平共处五项原则基础上,继续与这些共和国保持和发展友好合作关系。"①

12月27日,钱其琛外长致电俄罗斯外长科济列夫,宣布中国政府承认俄罗斯联邦政府,并决定中国原驻苏联特命全权大使王荩卿改任为驻俄罗斯联邦特命全权大使。同日,钱其琛外长还分别致电乌克兰、白俄罗斯、哈萨克斯坦、乌兹别克斯坦、塔吉克斯坦、吉尔吉斯斯坦、土库曼斯坦、格鲁吉亚、亚美尼亚、阿塞拜疆、摩尔多瓦11国外长,宣布中国政府承认这些国家的独立,并准备分别进行谈判有关建交事宜。

同一天,中国政府派出对外经济贸易部部长李岚清和外交部副部长田增佩,率中国政府代表团访问俄罗斯联邦。李岚清在同俄罗斯联邦副总理绍欣会见时,转告了中国政府承认俄罗斯联邦取代苏联在联合国安理会的席位和任命王荩卿为中国驻俄罗斯联邦大使的决定。俄罗斯联邦外长科济列夫在欢迎中国代表团的宴会上说:"俄罗斯联邦今后将把发展同中国的关系作为其亚洲政策中的重要部分。"他希望"中俄漫长的边界成为友好合作的边界"。通过友好会谈,"双方一致确认1989年和1991年中苏两个联合公报所确定的基本原则依然是中俄两国关系的指导原则。双方表示继续履行中国和苏联签订的各项条约和协定所规定的义务。中方重申了中国政府在台湾问题上的一贯原则立场,俄联邦方面表示尊重和支持中国的立场。双方表示愿在和平共处五项原则基础上进一步发展睦邻、友好和合作关系"②。12月29日,中俄双方在莫斯科

---

① 《中国尊重各国人民自己的选择》(外交部发言人发表谈话),《人民日报》1991年12月26日。
② 《中国政府代表团访问俄罗斯》,《人民日报》1991年12月29日。

签署了两国关系会谈纪要,它对今后两国关系的健康发展具有十分重要意义。

1992年1月2日至6日,中国政府代表团先后访问了乌兹别克斯坦、哈萨克斯坦、乌克兰、塔吉克斯坦、吉尔吉斯斯坦和土库曼斯坦6国,并分别同它们签署了建交公报。公报宣布,双方在相互尊重主权和领土完整、互不侵犯、互不干涉内政、平等互利、和平共处的原则基础上,发展两国之间的友好合作关系。上述6国承认中华人民共和国政府是中国的唯一合法政府,台湾是中国领土不可分割的一部分。6国确认不同台湾建立任何形式的官方关系。

中国与乌兹别克斯坦在1月2日建交后,乌兹别克斯坦总统伊·卡里莫夫于3月对中国进行了国事访问。同年11月,钱其琛外长访问了乌兹别克斯坦。在会谈中钱其琛强调,中乌两国人民有着悠久的交往历史。最著名的"丝绸之路"就是从中国经过乌兹别克通向欧洲的。在现代新的形势和条件下,建立一条新的"丝绸之路",也就是欧亚大陆桥,是可能的,也是必要的。卡里莫夫总统高度评价中乌两国友好关系的发展。① 1993年12月,乌外长赛义德·卡西莫夫应邀访华。

1994年4月,中国总理李鹏应邀访问了乌兹别克斯坦。4月19日,李鹏在乌兹别克斯坦议会大厦发表了重要讲话,提出了中国关于发展同中亚关系的四点基本政策:第一,坚持睦邻友好,和平相处。第二,开展互利合作,促进共同繁荣。第三,尊重各人民的选择,不干涉别国内政。第四,尊重独立主权,促进地区稳定。他说,中国发展同中亚各国的关系不针对任何第三国。中国愿意看到中亚各国彼此和睦相处,并且同包括俄罗斯和其他独联体国家在内的世界各国发展友好关系。② 同年10月24日,乌兹别克斯坦总统卡里莫夫对中国进行国事访问。中乌双方签署了两国关于相互关系的基本原则和发展与加深互利合作的声明。强调"双方将在尊重主权和领土完整、互不侵犯、互不干涉内政、平等互利、和平共处的原则基础上发展长期的关系"。"任何一方不参加、不支持针对对方的任何政治或军事同盟;不同第三国缔结损害对方国家主权和安全利益的任何条约或协定;不允许第三国利用其领土损害对方国家主权和安全利益。""为进一步发展两国间的关系,双方将在各个级别上进行会晤并保持经常性的接触。"③

---

① 《钱其琛外长访问乌兹别克》,《新华月报》1992年第11期,第143页。
② 《李鹏总理在塔什干发表重要演讲》,《人民日报》1994年4月20日。
③ 《中乌关于相互关系的基本原则和发展与加深互利合作的声明》,《人民日报》1994年10月28日。

据中国海关总署统计,1992年中乌两国贸易总额为4752万美元,其中中国出口额为3389万美元,进口额为1363万美元。① 1995年中乌贸易总额为1.18552亿美元,其中中国出口额为4756.6万美元,进口额为7098.6万美元。②

中国与哈萨克斯坦于1992年1月3日建交后,两国在各领域的关系都发展顺利。同年2月,哈萨克斯坦总理捷列先科对中国进行正式访问,表示希望在互利基础上进一步发展哈中两国友好关系。8月,哈萨克斯坦外长苏列伊麦诺夫应邀访华,并同钱外长签署了两国政府关于经贸、文化等七个协议。11月,钱其琛外长访问哈萨克斯坦,并会见了纳扎尔巴耶夫总统。双方表示将继续巩固和发展两国间的睦邻友好和互利合作关系。1993年4月,哈萨克斯坦最高苏维埃代表团访问中国。10月,哈萨克斯坦总统纳扎尔巴耶夫应邀对中国进行正式访问。10月18日,江泽民主席同纳扎尔巴耶夫总统签署了《关于中国与哈萨克斯坦友好关系基础的联合声明》。声明强调,双方将根据联合国宪章,并在互相尊重主权和领土完整、互不侵犯、互不干涉内政、平等互利、和平共处等原则及其他公认的国际法准则基础上发展睦邻友好、互利合作关系。双方都特别重视发展符合共同利益的经贸合作。声明宣布,任何一方不参加针对另一方的任何军事政治同盟;不同第三国缔结损害另一方国家主权和安全利益的任何条约或协定;不允许第三国利用其领土损害另一方国家主权和安全利益。声明还表示,双方将促进两国军事部门建立接触和发展联系,以加强军事领域的相互信任和合作。双方确认中苏边界谈判中已达成的协议,并将以有关目前两国边界的条约为基础,按照平等协商、互谅互让的精神继续讨论尚未解决的问题,以找到双方都能接受的公平合理的解决办法。③

1994年1月,哈萨克斯坦国防部长努尔马甘别托夫应邀访华。4月,中国总理李鹏对哈萨克斯坦进行访问,并同纳扎尔巴耶夫总统先后举行了三次会谈。双方对会谈的结果表示满意,并强调,中哈两国愿意根据睦邻友好的精神进一步发展双边关系,在国际舞台上相互合作,以巩固亚洲的稳定与安全。双方一致表示反对民族分裂主义。访问期间,两国签署了《中哈国界协定》、《中国和哈萨克斯坦关于中国向哈萨克斯坦提供政府贷款的协定》等四个文件。4月26日,李鹏在会见哈萨克斯坦经贸和企业界人士时,就发展中国同中亚国家合

---

① 《中国外交概览(1993)》,第248页。
② 《中国外交(1996)》,第291页。
③ 《关于中华人民共和国和哈萨克斯坦共和国友好关系基础的联合声明》,《人民日报》1993年10月24日。

作问题提出了六点主张。它们是:坚持平等互利原则,按经济规律办事;合作形式要多样化;从实际出发,充分利用当地资源;改善交通运输条件,建设新的"丝绸之路";中国向中亚国家提供少量经济援助是一种友谊的表示;发展多边合作,促进共同发展。访问结束后,双方发表了新闻公报,两国领导人表示愿意继续保持高层往来。①

1995年2月8日,中国政府发表关于向哈萨克斯坦政府提供安全保证的声明。声明说,中国政府"无条件不对无核国家和无核区使用或威胁使用核武器。这一原则立场适用于哈萨克斯坦。中国政府呼吁所有核国家作出同样的保证,以增进包括哈萨克斯坦在内的所有无核武器国家的安全"②。2月20日,哈萨克斯坦副总理伊辛加林访问中国。9月11日至13日,哈萨克斯坦总统纳扎尔巴耶夫访问中国,同江泽民主席举行会谈并签署了关于中哈两国进一步发展和加深友好关系的联合声明。在声明中,双方高度评价中哈建交以来两国关系的顺利发展,并认为进一步发展双边政治、经济、人文等各个领域的关系具有广阔的前景和巨大的潜力。双方决心采取积极和全面的步骤,把两国关系提高到崭新水平。

据中国海关总署统计,1992年中哈两国贸易总额为3.6910亿美元,其中中国出口2.2793亿美元,进口1.4117亿美元。③ 1995年两国贸易额为3.91亿美元,其中中国出口7544.7万美元,进口3.16亿美元。④

1992年1月4日中国与乌克兰建交后,两国关系发展顺利。同年8月,中国全国人大常委会副委员长赛福鼎·艾则孜率全国人大代表团首访乌克兰。10月,乌总统克拉丘克应邀对中国进行正式访问,同中国领导人就双边关系和共同关心的国际和地区问题交换了意见。两国还就政治、经济、文化、民航等领域的合作签署了12项文件。1993年4月,乌克兰最高苏维埃主席普柳希率最高苏维埃代表团对中国进行友好访问。

1994年9月,中国国家主席江泽民应乌克兰总统库奇马的邀请,对乌克兰进行正式访问。两国领导人在诚挚友好的气氛中就双边关系和国际问题深入地交换了意见,并签署了《中乌联合声明》。双方在声明中承诺,彼此视为友好国家,按照《联合国宪章》,并本着相互尊重主权和领土完整、互不侵犯、互不干

---

① 《李鹏总理提出六点主张》,《人民日报》1994年4月27日。
② 《关于向哈萨克斯坦提供安全保证的声明》,《人民日报》1995年2月9日。
③ 《中国外交概览(1993)》,第242页。
④ 《中国外交(1996)》,第286页。

涉内政、平等互利、和平共处原则及其他公认的国际法准则将进一步加深和扩大两国友好与合作关系。中乌发展友好合作关系不针对任何第三国。① 此外，双方还签署了《中乌海运合作协议》、《中乌邮电部合作协议》、《中乌外交部新闻领域合作议定书》和《中国公安部和乌克兰内务部合作协议》。12 月 4 日，中国政府发表关于向乌克兰提供安全保证的声明。声明说，中国政府欢迎乌克兰销毁其境内全部核武器的决定，对乌克兰议会于 11 月 16 日批准乌克兰作为无核武器国家加入《不扩散核武器条约》表示赞赏。中国完全理解乌克兰希望得到安全保证的要求。中国政府的一贯立场是，无条件不对无核国家和无核区使用或威胁使用核武器。这一原则立场适用于乌克兰。中国政府呼吁所有核国家作出同样的保证，以增进包括乌克兰在内的所有无核武器国家的安全。②

1995 年 6 月，中国总理李鹏对乌克兰进行正式访问，分别同库奇马总统、马尔丘克总理举行了会谈。双方签署了《中乌两国总理联合公报》、《中国国家环保局和乌克兰环境保护和核安全部关于在环境保护领域进行合作的协定》及中国向乌克兰提供无偿援助的换文。同年 12 月，应国家主席江泽民的邀请，库奇马总统对中国进行国事访问。会谈后，两国领导人签署了《中乌关于发展和加深友好合作关系的声明》、《中乌政府关于和平利用与研究宇宙空间合作协定》、《中乌两国政府关于对所得和财产避免双重征税和防止偷漏税的协定》、《中国人民银行与乌克兰国家银行合作协议》及《中国国家统计局与乌克兰统计部统计合作协议》。

据中国海关总署统计，1992 年中乌两国进出口贸易总额为 1.0460 亿美元，其中中国出口额为 8115 万美元，进口额为 2345 万美元。③ 1995 年两国贸易总额为 6.13 亿美元，其中中国出口 7344 万美元，进口 5.4 亿美元。④

1992 年 1 月 4 日中国同塔吉克斯坦建交后，两国关系平稳发展。1993 年 3 月，塔吉克斯坦国家元首、最高苏维埃主席拉赫莫诺夫访问中国，同中国党、政领导人会见与会谈。会谈结束后，双方签署了《关于中塔两国相互关系基本原则的联合声明》，以及两国外交部合作议定书、两国政府科技合作协定等一系列文件。1994 年 6 月，塔吉克斯坦最高苏维埃第一副主席多斯季耶夫率最高苏维埃代表团访华。11 月，国务委员兼国家民族事务委员会主任司买义·艾买提率

---

① 《中乌联合声明》，《人民日报》1994 年 9 月 8 日。
② 《我国政府发表声明向乌克兰提供安全保证》，《人民日报》1994 年 12 月 5 日。
③ 《中国外交概览(1993)》，第 261 页。
④ 《中国外交(1996)》，第 311 页。

中国政府代表团对塔进行了正式友好访问,双方签署了《关于中国向塔吉克斯坦提供政府贷款的协定》和中国向塔政府赠送一批价值150万元人民币一般物资的换文。1995年7月,塔工会代表团首次访华,双方签订了中塔工会工作协定。

据中国海关总署统计,1992年中塔两国贸易总额为275万美元,其中中国出口为195万美元,进口为80万美元。[①] 1995年两国贸易总额为2385.9万美元,其中中国出口为1461.7万美元,进口为924.2万美元。[②]

1992年1月5日,中国同吉尔吉斯斯坦正式建立外交关系。此后,两国睦邻友好关系稳步发展。当年5月,吉总统阿卡耶夫应邀访华,同中国领导人进行了会见与会谈,双方强调中吉建立友好合作关系至关重要。会谈后,双方发表了联合公报并签署了经贸、教育等多项合作文件。1993年9月,吉外长卡拉巴耶夫来华访问,同钱其琛外长进行了会谈,双方表示要反对各种形式的民族分裂主义。会谈结束后,两位外长签署了中吉领事条约。1994年4月,中国政府总理李鹏对吉尔吉斯斯坦进行正式访问。中吉两国领导人举行了会谈,双方表示要不断加深友谊和加强合作。访问期间,双方签署了《关于中国向吉尔吉斯斯坦提供政府贷款的协定》、《关于建立中吉政府间经贸合作委员会的协定》等多项文件。1995年7月,吉副外长契涅托夫访华,就两国边界问题进行磋商。10月,吉总理朱马古洛夫访问中国。访问期间,双方签署了关于科学技术合作、进出口商品质量认证以及1995—1999年教育合作等协定和协议。

1992年,中吉两国贸易总额为3548万美元。[③] 1995年,两国贸易总额为2.31亿美元,其中中国出口1.07亿美元,进口1.23亿美元。[④]

中国与土库曼斯坦于1992年1月6日建交后,土总统尼亚佐夫于当年11月访问中国。中土双方签署了中土联合公报、领事条约、两国投资保护协定等文件。1994年2月,土国民议会议长穆拉多夫率团访华。4月,中国总理李鹏应邀访问土库曼斯坦,并同尼亚佐夫总统举行了会谈,双方对中土两国关系稳步顺利发展表示满意。访问期间,中土两国签署了《关于中国向土库曼斯坦提供政府贷款的协定》、《中土两国外交部磋商议定书》以及中国向土库曼斯坦政府赠送价值150万元人民币的一般物资的换文等四项文件。1995年3月,土外

[①] 《中国外交概览(1993)》,第250页。
[②] 《中国外交(1996)》,第294页。
[③] 《中国外交概览(1993)》,第252页。
[④] 《中国外交(1996)》,第298页。

交部副部长巴巴耶夫来华进行两国外交部首次正式磋商。

据中国海关总署统计,1992 年,中土两国贸易总额为 450 万美元,其中中国出口额为 409 万美元,进口额为 41 万美元。① 1995 年,中土两国贸易额为 1759.5 万美元,其中中国出口 1126.7 万美元,进口 632.8 万美元。②

1992 年 1 月 19 日至 24 日,白俄罗斯共和国部长会议主席克比奇应邀访华。他是白俄罗斯独立后第一位访华的政府首脑,也是独立国家联合体成立后访华的第一位成员国政府首脑。此前,中国政府代表团曾于 1991 年 12 月 28 日访问了白俄罗斯。双方就扩大经贸合作交换了意见,并就两国建交的原则进行了会谈。这次经过两国领导人再次会谈,双方于 1 月 20 日签署了中国和白俄罗斯建交协议和两国政府经济贸易合作协定,为两国间的友好合作关系的进一步发展开辟了新的前景。

1993 年 1 月,白最高苏维埃主席舒什克维奇率团访问中国,同中国领导人举行了会见和会谈。双方签署了涉及外交、经贸和司法等领域的 6 个文件和中白联合声明。1994 年 6 月,钱其琛外长应邀对白俄罗斯进行正式访问,会见了白部长会议主席克比奇和最高苏维埃副主席鲁萨凯维奇,并同白外长克拉夫琴科就双边关系和共同关心的问题交换了意见。1995 年 1 月,白俄罗斯总统卢卡申科对中国进行正式访问,并同中国国家领导人举行了会谈。双方签署了中白两国关于进一步发展和加深合作的联合声明,以及关于避免双重征税和民用航空运输等协定。与此同时,中白两国国防部长也举行了会谈,并签署了会谈纪要。同年 6 月,中国总理李鹏访问白俄罗斯,同卢卡申科总统、奇吉里总理进行了会谈。双方签署了中白联合公报、军事技术合作协定以及商品援助协定等。

据中国海关总署统计,1992 年,中国同白俄罗斯的贸易总额为 1625 万美元,其中中国出口 764 万美元,进口 861 万美元。③ 1995 年,两国贸易总额为 3854 万美元,其中中国出口额为 1001 万美元,进口额为 2853 万美元。④

中国与摩尔多瓦于 1992 年 1 月 30 日建交后,两国友好关系发展迅速。当年 11 月,摩总统斯涅古尔应邀访问中国,同中国领导人进行了会见和会谈。双方签署了有关政治、经济、文化等领域合作的协定和协议,为两国进一步扩大互利合作打下了良好的基础。1994 年 9 月,摩副外长布里安访华,同戴秉国副外

---

① 《中国外交概览(1993)》,第 254 页。
② 《中国外交(1996)》,第 302 页。
③ 《中国外交概览(1993)》,第 264 页。
④ 《中国外交(1996)》,第 314 页。

长就双边关系和共同关心的国际问题交换了意见。1995年4月,钱其琛外长应邀对摩尔多瓦进行正式访问。钱外长先后会见了斯涅古尔总统、鲁钦斯基议长和桑盖利总理,并同波波夫外长举行了会谈。会谈后,两国外长签署了中摩1995年文化合作执行计划。同年5月,中国国家主席江泽民在莫斯科出席反法西斯战争胜利50周年纪念活动期间,同摩尔多瓦总统斯涅古尔进行了友好的交谈。

据中国海关总署统计,1992年,中摩两国贸易总额为7万美元,其中中国出口额为5万美元,进口额为2万美元。[1] 1995年两国贸易总额为129万美元,其中中国出口额为92万美元,进口额为37万美元。[2]

1992年4月2日,中国与阿塞拜疆建立外交关系。4月16日,钱其琛外长在北京会见了出席联合国亚太经济社会委员会第48届会议的阿塞拜疆外长萨德霍夫,阿外长邀请钱外长访阿。1994年1月,阿塞拜疆外长哈桑诺夫访华,为阿总统访华做准备。中阿两国外长举行了会谈,并签署了两国外交部磋商议定书、领事条约等文件。3月,阿总统阿利耶夫对中国进行正式访问,同中国领导人进行了会谈,双方签署了中阿联合声明、科技合作协议、文化合作协议等文件。1995年4月,阿副总理埃芬季耶夫参加在北京举办的阿著名艺术家巴赫卢尔扎德个人绘画展,并同中国文化部副部长举行了工作会谈。

据中国海关总署统计,1992年中阿两国贸易总额为150万美元。[3] 1995年两国贸易总额为378.3万美元,其中中国出口107.2万美元,进口271万美元。[4]

1992年4月6日,中国与亚美尼亚建交后,两国友好关系有较快的发展。当年7月,亚美尼亚副总统兼总理阿鲁秋尼扬率政府代表团访华,同中国领导人进行了会谈,并签署了联合公报、两国外交部磋商议定书、科技合作协定、中国向亚美尼亚提供商品的政府贷款协定等文件。1995年9月,钱其琛外长在出席联大会议期间会见了亚美尼亚外长帕帕江。

据中国海关总署统计,1992年中国向亚美尼亚出口商品总额为108万美元,无进口。[5] 1995年,两国进出口贸易总额为87.7万美元,其中中国出口81.2万美元,进口6.5万美元。[6]

---

[1] 《中国外交概览(1993)》,第266页。
[2] 《中国外交(1996)》,第317页。
[3] 《中国外交概览(1993)》,第236页。
[4] 《中国外交(1996)》,第278页。
[5] 《中国外交概览(1993)》,第237—238页。
[6] 《中国外交(1996)》,第280页。

1992年6月9日,中国同格鲁吉亚建立外交关系。同年12月,格鲁吉亚议会主席谢瓦尔德纳泽在接见中国驻格鲁吉亚使馆代办时表示,格把中国作为其外交政策的重点国家之一,他本人希望能在1993年实现访华。1993年6月,格鲁吉亚国家元首、议会主席谢瓦尔德纳泽应邀对中国进行正式访问,同中国领导人进行了会谈。会谈结束后,双方发表了《中国和格鲁吉亚联合声明》。两国领导人在《声明》中满意地指出,中格第一次高级会晤具有重要意义,确定了两国相互关系的基本原则,访问取得的成果使中格关系提高到一个全新的水平。访问期间,两国官员还先后签署了关于科技、投资保护、经贸、邮电、新闻、文化、铁路等领域合作的15项文件。1995年8月31日,中国国家主席江泽民打电报给格鲁吉亚国家元首、议会主席谢瓦尔德纳泽,对他在8月29日第比利斯暗杀事件中受伤表示慰问。11月17日,江泽民致电谢瓦尔德纳泽,祝贺他当选为格鲁吉亚首任总统。

据中国海关总署统计,1992年中格两国贸易总额为368万美元。① 1995年,两国贸易总额为40.1万美元,其中中国出口34万美元,进口6.1万美元。②

叶利钦访华与《中俄联合声明》

中国与俄罗斯联邦自1991年12月27日正式建交以来,两国关系发展健康,双方在各个领域的友好合作不断扩大。1992年1月31日,中国总理李鹏出席联合国安理会首脑会议期间,在联合国总部会见了俄罗斯总统叶利钦。这是俄罗斯联邦接替苏联担任安理会常任理事国之后,中俄两国领导人的第一次会见。双方都表示要恪守1989年和1991年中苏两个联合公报,并在此基础上继续发展中俄两国间的睦邻友好关系。在这一年内,中俄两国外长先后进行了四次会晤。

3月16日至17日,俄罗斯联邦外长科济列夫应邀对中国进行首次访问。中俄两国外长就双边关系和国际问题交换了意见,并互换了两国领导人签署的《关于中苏国界东段的协定》的批准书,同时签署了互换批准书的证书。中俄两国政府在证书中确认,中苏国界东段协定批准后,俄罗斯联邦即作为该协定的一方完全承担协定所规定的权利和义务。7月22日,钱其琛外长应邀在马尼拉出席东盟外长会议期间,会晤了俄罗斯外长科济列夫。9月25日,钱外长在联大期间会见了科济列夫外长。双方对两国关系的顺利发展表示满意,同时表示

---

① 《中国外交概览(1993)》,第238页。
② 《中国外交(1996)》,第281—282页。

将继续进行边界谈判和边境裁军谈判。两国外长还就叶利钦总统年内访华进行了商谈。11月24日至26日,钱其琛外长对俄罗斯进行首次访问。钱外长会见了叶利钦总统,同科济列夫外长举行了会谈。两位外长为叶利钦总统访华作了进一步的准备,并草签了关于中俄相互关系基础的文件。

12月17日,俄罗斯联邦总统叶利钦应邀开始对中国进行正式访问。叶利钦总统在首都机场对近百名中外记者说:"俄中两国应该建立我们相互关系的新纪元。作为拥有4000公里共同边界的两个伟大民族曾经历了长达几十年的关系停滞,甚至缺少协调合作。这是不正常的。所以,我们应尽一切努力,以使我们彼此接近、友好相处,进行互利贸易和各个方面的合作。"①当天上午,国家主席杨尚昆在会见叶利钦总统时说:"你是访问中国的第一位俄罗斯国家元首,中俄首次高级会晤有重大意义,必将使两国关系提高到一个新水平,特别是对两国经贸关系的发展注入新的活力。"叶利钦总统说:"俄方十分重视我这次对中国的访问,我访问的目的是为了开辟俄中关系的新纪元。访问期间,双方将签订的约20个文件就是其重要标志。俄罗斯人民也十分关心这次访问,希望俄中关系迅速发展。"②两位领导人还盛赞两国人民的传统友谊。

12月18日,中共中央总书记江泽民会见了叶利钦总统。江泽民说:"一年来中俄关系取得了良好的进展,中俄双方本着互不干涉内政、平等互利的精神进一步发展两国关系的前景是很好的。"叶利钦总统说:"我们十分注意中共十四大决定,对中国在改革中取得巨大成就,人民生活迅速改善表示赞赏。我们愿意在发展两国关系中遵循和平共处五项原则,特别是平等、睦邻友好的原则。"③

同一天上午,国务院总理李鹏同来访的叶利钦总统进行了长时间的会谈。李鹏说,总统的此次来访把两国关系推向更高水平。叶利钦说,发展俄中关系在俄罗斯对外关系中占有优先地位。两位领导人一致认为,在当今复杂多变的国际形势下,作为安理会常任理事国的中俄两国对国际和平与安全负有重要责任。双方同意加强两国在国际问题上的协商与合作。④ 会谈结束后,叶利钦总统与杨尚昆主席签署了《关于中国与俄罗斯联邦相互关系基础的联合声明》。《声明》强调,双方将按照联合国宪章及和平共处五项原则发展睦邻友好和互利

---

① 《俄罗斯联邦总统叶利钦抵北京》,《人民日报》1992年12月18日。
② 《杨主席会见叶利钦总统》,《人民日报》1992年12月18日。
③ 《江泽民会见叶利钦》,《人民日报》1992年12月19日。
④ 《李鹏同叶利钦会谈》,《人民日报》1992年12月19日。

合作关系。双方确认应以和平方法解决两国间的一切争端。双方不参加任何针对对方的军事政治同盟；不同第三国缔结任何损害另一方国家主权和安全利益的条约和协定；任何一方均不得允许第三国利用其领土损害另一方国家主权和安全利益。俄罗斯不同台湾建立官方关系和进行官方往来。双方重申，中俄两国都不在亚洲和太平洋地区谋求霸权，也反对任何形式的霸权主义和强权政治。双方将采取措施加强不扩散核武器的制度，防止其他种类大规模杀伤性武器的扩散。双方重申，在任何情况下都不首先使用核武器及不对无核国家和无核区使用或威胁使用核武器。双方将扩大有关国际问题的双边磋商。为进一步发展双边关系，加强相互信任和理解，双方商定保持各个级别的经常性的政治对话，包括高级对话。双方将以有关目前中俄边界的条约为基础，根据公认的国际法准则，本着平等协商、互谅互让的精神，继续就中国与俄国之间尚未协商一致的边界地段进行谈判，以便公正、合理地解决边界问题。双方认为，必须将中俄边境地区的军事力量裁减到与两国正常睦邻关系相适应的最低水平。中俄《联合声明》为发展两国平等互利、友好合作的国家关系奠定了原则基础，具有极其重要的意义。①

访问期间，中俄双方还签署了24个有关两国在各个领域合作的政府间及部门间的协定或文件。其中有两国政府1993年经贸合作议定书、在中国合作建设核电站及俄罗斯向中国提供政府贷款的协议、中国向俄罗斯提供商品的政府贷款协定、两国文化合作协定、科技合作协定、和平利用与研究宇宙空间合作协定、国际汽车运输协定、北京市与莫斯科市合作协议等。

中俄两国首次高级会晤开辟了双方睦邻友好和互利合作关系的新阶段，中俄双方对这次高级会晤的结果表示满意。

江泽民主席访问俄罗斯

在中俄首次高级会晤的推动下，双方的互访与友好合作不断发展。1993年，俄方来华访问的有由沃罗宁率领的俄罗斯最高苏维埃代表团(1月)、俄罗斯国防部长格拉乔夫(11月)等。中方访俄的有中央军委副主席刘华清(6月)、中国人民解放军总参谋长张万年(8月)。

1994年1月，俄罗斯外长科济列夫应邀访华。俄外长会见了中国领导人，并同钱其琛外长就双边关系、一些地区和国际问题交换了意见。会谈中，科济

---

① 《关于中华人民共和国与俄罗斯联邦相互关系基础的联合声明》，《人民日报》1992年12月19日。

列夫表示,希望今后两国能有一些大型经贸合作项目。他说,俄方愿意参加诸如三峡工程那样的项目。钱外长欢迎俄罗斯参加三峡工程建设的投标。会谈后,两国外长签署了关于中俄边境口岸协定和两国外交部磋商议定书。根据边境口岸协定,双方确认将在中俄边境开放满洲里——后贝加尔斯克、黑河——布拉戈维申斯克、绥芬河——波格拉尼奇内等21对口岸。

同年5月,继俄联邦会议国家杜马主席雷布金于中旬访华后,俄联邦政府总理切尔诺梅尔金应邀在26日至29日访问了中国。国家主席江泽民会见了切尔诺梅尔金总理,中俄两国总理举行了会谈。双方在友好、求实和建设性的气氛中就双边关系及共同关心的国际问题深入交换了意见。访问期间,双方签署了《关于中俄国界管理制度的协定》、《关于对所得避免双重征税和防止偷漏税的协定》、《中俄经贸科技混合委员会第二次会议纪要》、《中俄政府海运合作协定》等七项文件。5月29日,双方发表了新闻公报。6月末,俄联邦副总理绍欣也访问了中国。

6月27日至29日,钱其琛外长应邀访问俄罗斯,同科济列夫外长进行会谈,主要是为国家主席江泽民将于9月访俄做准备。访问期间,叶利钦总统会见了钱其琛。钱外长转达了江泽民主席给叶利钦总统的口信。江泽民在口信中说,中俄是世界上两个起着作用的大国,又互为邻国,两国保持长期稳定的睦邻友好、互利合作关系符合两国和两国人民的愿望和利益,对维护亚洲及世界和平与稳定也很重要。江泽民赞赏叶利钦提出的俄中两国建立"面向21世纪的建设性伙伴关系"的思想,强调两国领导人的历史使命是把两国来之不易的睦邻友好关系精心地维护和发展下去,将它带到下一个世纪,以造福于两国、两国人民,造福于全人类。叶利钦表示完全赞同江泽民的意见,并期待着江泽民对俄的访问。他说,江泽民访问俄罗斯有着非常重要的意义,将标志着俄中关系进入全新的阶段。① 此外,俄罗斯议会上院联邦委员会主席舒梅科也会见了钱其琛外长。

中俄两国外长会谈结束后,双方副外长草签了《中俄国界西段协定》和《中俄外交部新闻领域合作议定书》。28日下午,钱其琛在莫斯科大学就中国的改革开放、对外政策以及中俄关系等问题发表了演讲。

9月2日,应俄罗斯联邦总统叶利钦的邀请,国家主席江泽民对俄罗斯进行为期5天的正式访问。江泽民的这次访问,是对叶利钦总统1992年12月访华

---

① 《叶利钦会见钱其琛》,《人民日报》1994年6月29日。

的回访,也是中国国家主席对俄罗斯的第一次访问。江泽民在抵达莫斯科机场时发表了书面谈话,他说,自1992年叶利钦总统访华两年来,"中俄两国睦邻友好、互利合作关系得到了健康、稳定的发展。我这次访问的主要目的是与俄罗斯领导人一起,从面向21世纪的战略高度,共同探讨进一步发展两国睦邻友好关系的途径,同时也为了更好地了解俄罗斯这个伟大邻邦及其杰出的人民"。"发展同俄罗斯的关系在中国对外政策中一直占有十分重要的地位。相信,这次访问将把中俄两国睦邻友好、互利合作关系提高到一个新水平。"①

9月3日上午,叶利钦总统在克里姆林宫举行仪式,热烈欢迎江泽民访俄。欢迎仪式结束后,江泽民主席同叶利钦总统举行了会谈,随后,中俄两国代表团也举行了大组会谈。

江泽民在会谈中说,近三年来,中俄两国的关系进入了一个新的发展阶段,在各个领域的合作都取得了长足的进展。两国高层往来频繁,双边经贸关系发展迅速,持续两年贸易额超过过去中苏贸易额的最高水平;两国边界谈判取得重要成果,边境裁军谈判有了进展;两国地方和边境的友好往来和互利合作有了新的规模。中俄睦邻友好、互利合作关系发展顺利、富有活力,这是双方共同努力的结果,我们对此感到满意。他还说,中俄都是大国,又是邻国,我们两国关系经过几十年的风风雨雨之后,逐步走向成熟。对抗和结盟都不符合两国人民的根本利益,只有建立在和平共处五项原则基础上的睦邻友好、互利合作关系才真正符合两国和两国人民的根本利益,也有利于世界的和平和发展,因而是最佳选择。江泽民说,人类正在迈向21世纪,把什么样的两国关系带入下一个世纪,这是我们双方共同关心的大事。中国愿意同俄罗斯一道,站在面向21世纪的高度,共同构筑两国关系的未来,把两国关系提高到一个崭新的水平,把两国睦邻友好关系精心培育和发展下去,并带入下个世纪,传给我们的子孙后代。他说,我与阁下即将签署的《中俄联合声明》和以我们两人名义发表的联合声明,确定了指导两国关系进一步发展的一系列重要原则。可以说,我们已在为下一世纪两国睦邻友好关系奠定基础。叶利钦总统赞同江泽民主席的上述看法。他说,我们双方对进一步发展两国关系的态度是一致的。

两位领导人在谈及台湾和西藏问题时,叶利钦总统对中方的立场表示理解和支持。对此,江泽民主席给予高度评价并表示感谢。江泽民说,保持领导人之间的直接交往和接触尤其是对中俄这两大邻国来说,具有十分重要意义。他

---

① 《江泽民主席抵莫斯科受到隆重欢迎》,《人民日报》1994年9月3日。

邀请叶利钦总统再次访问中国,叶利钦愉快地接受了邀请。①

中俄两国领导人会谈结束后,共同签署了旨在进一步发展两国长期稳定的睦邻友好和互利合作关系的《中俄联合声明》和《中俄两国首脑关于不将本国战略核武器瞄准对方的联合声明》。在《中俄联合声明》中,双方重申,恪守1992年12月18日《中俄联合声明》的各项原则,决心面向21世纪,把两国关系提高到一个崭新的水平,并且最大限度地发挥和利用中俄合作的巨大潜力,为促进两国国内改革和发展经济的重大任务以及在亚太地区和全世界建立持久和平提供有利的条件。为进一步确立新型的相互关系,双方决心采取积极和全面的步骤:在政治关系方面,以和平共处各项原则为基础,从社会制度和观点的不同不妨碍各个领域关系的发展这一共识出发,始终如一地维护和发展长期睦邻友好的相互关系,保持经常和多方面的对话,根据公认的国际法准则,本着坦诚、信任和考虑相互利益的精神解决出现的问题;在经贸和科技关系方面,最大限度地利用地缘优势和经济的互补性优势,坚持平等互利的原则,逐步实现向符合国际规范的经济关系形式的过渡,优先考虑发展法律、财政信贷、交通和信息方面的合作;在军事政治领域,始终遵循互不将战略核武器瞄准对方和互不使用武力,特别是互不首先使用核武器的义务;在国际关系方面,互相视对方为在多极世界体系正在形成条件下维护和平与稳定的重要因素的大国,加强在国际事务中的相互合作,包括解决全球性问题上的合作。②

此外,中俄双方还签署了《关于中俄国界西段的协定》、《中俄两国政府海关合作与互助协定》、《中俄两国政府关于船只经哈巴罗夫斯克(伯力)往返航行的议定书》、《中俄经贸合作协定》等多项文件。

9月3日下午,江泽民主席在俄罗斯国际关系学院发表演讲,提出建立中俄新型关系六点主张。他说,叶利钦总统在今年初给我的信中提出两国"建立面向21世纪的建设性伙伴关系"的倡议,我对此表示赞赏。我们认为两国新型关系应建立在和平共处五项原则基础之上,成为不对抗、不结盟、睦邻友好、互利合作、共同繁荣的好邻居、好伙伴、好朋友。为此,我们主张:(一)加强相互理解信任,坚持以长期睦邻友好精神处理相互关系中的一切问题。(二)相互尊重各自选择的发展道路,不断促进两国关系的正常发展。(三)不管形势如何发展变化,两国发展友好合作关系的基本方针不变。(四)充分利用两国天时地利条件,积极发展互利互补的经贸关系,促进共同繁荣。(五)加强法律与制度

---

① 《江泽民主席同叶利钦总统会谈》,《人民日报》1994年9月4日。

② 《中俄联合声明》,《人民日报》1994年9月4日。

建设,健康有序地开展两国间的人员交往,把中俄边界建成和平、友好、繁荣的纽带。(六)加强相互磋商与合作,共同为世界的和平、稳定与发展发挥建设性的积极作用。①

9月4日,钱其琛外长在记者招待会上指出,中国国家主席江泽民对俄罗斯的访问取得了丰硕的成果。这些成果可以概括为以下五点:一、中俄双方就构筑两国面向21世纪的新型伙伴关系达成了共识。这种新型伙伴关系既不是对抗,也不是结盟,而是建立在和平共处五项原则基础上的长期、稳定的睦邻友好、互利合作关系。这种关系符合世界潮流,不针对第三国,不会受两国国内形势和国际形势变化的影响,是可以世代相传的。二、访问期间,中俄双方签署了中俄联合声明、中俄两国首脑关于不将本国战略核武器瞄准对方的联合声明,以及其他各项合作协定。这些文件内容广泛,根据中俄发展关系的指导原则,规范了两国在一些重要领域的合作。三、双方充分肯定了近几年来中俄经贸合作取得的迅速发展,同时又针对前进中出现的问题商定了对策。双方一致认为,今年上半年双方贸易额有所下降是暂时现象,只要双方推动有实力、有信誉的大公司开展合作,采取符合国际贸易规范的方式,两国经贸合作的巨大潜力必将变成现实。四、双方一致同意,加强两国在多层次、多领域的接触与交流,特别是保持两国高层领导人的交往对推动两国关系的发展具有重要意义。五、中俄两国一致同意,为建立公正、稳定的国际政治经济新秩序做出贡献。中俄都是世界上有影响的大国和联合国安理会常任理事国。中俄两大邻国发展双边关系有利于世界的和平与稳定。

1995年,中俄两国在政治、经济、科技等各个领域的互利合作进一步加深。5月7日,应叶利钦总统的邀请,国家主席江泽民赴莫斯科出席在那里举行的纪念反法西斯战争胜利50周年庆典。5月8日,叶利钦总统会见了江泽民主席,宾主双方一致同意为发展中俄两国之间的长期稳定的睦邻友好、互利合作的新型关系而继续努力。5月9日,江泽民出席了在红场举行的卫国战争参加者和后方劳动者的检阅仪式、在俯首山举行的卫国战争纪念馆揭幕仪式以及在克里姆林宫举行的有50多个国家元首及政府首脑参加的纪念反法西斯战争胜利50周年隆重集会和叶利钦总统举行的盛大招待会。

在卫国战争纪念馆揭幕仪式上,江泽民发表了重要讲话。他说,半个世纪之前的世界反法西斯战争,是人类历史上正义与邪恶、光明与黑暗、进步与反动

---

① 《江泽民主席在俄罗斯国际关系学院的演讲》,《人民日报》1994年9月4日。

之间的大搏斗。反法西斯战争的胜利,奠定了世界和平的基础,开辟了民族解放的道路,推动了人类社会的进步,在世界文明发展史上树立了一座不朽的丰碑。在东方,中国和亚洲其他国家人民展开了波澜壮阔的抗日战争。中国人民坚持了长达八年的艰苦卓绝的抗日战争,同苏联、美国等盟国密切配合,为世界反法西斯战争的胜利做出了不可磨灭的贡献。历史表明:和平来之不易,世界大战的悲剧决不能重演;人民终究是自己命运的主人,是社会前进的推动者;社会制度与意识形态不相同的国家能够联合起来,共同对付人类生存与发展面临的挑战;所有国家都应当走和平发展的道路;人类命运休戚与共。今天,世界经济和各国之间的相互联系日益紧密,平等互利基础上的国际合作变得越来越迫切。任何国家都不能孤立于国际社会之外更不能凌驾于国际社会之上。只有加强国际合作,才能求得共同发展。①

江泽民主席这次莫斯科之行意义重大。在从莫斯科返京的途中,钱其琛外长接受记者采访时说,这次两国领导人谈得很好。叶利钦总统强调两国之间不存在什么问题,两国已经签署的边界条约是神圣不可改变的,要排除各种干扰,坚决加以执行。江泽民主席说,中俄是两个伟大的民族,两个伟大的邻邦,两国之间有着传统友谊,中俄间新型的国家关系具有强大和持久的生命力。中俄关系发展的前景是美好的。②

继江泽民主席5月访俄之后,李鹏总理又应邀于6月25日至28日对俄罗斯进行了正式访问。访问期间,李鹏分别同叶利钦总统、切尔诺梅尔金总理和雷布金主席进行了会见,并就两国关系和重大国际问题进行了广泛、深入和富有成果的讨论。会谈结束后,双方签署了《中俄联合公报》,以及《中俄引渡条约》、《关于共同建设黑河——布拉戈维申斯克黑龙江(阿穆尔河)界河大桥的协定》、《关于森林防火联防协定》、《关于相互承认学历、学位证书的协议》等八个文件。

李鹏访俄期间,他同切尔诺梅尔金总理会谈的重点是经贸问题,并取得了巨大的成果。双方主张进一步发展两国贸易关系,而且今后要尽快地改变过去易货贸易的做法,代之以国际通行现汇支付手段。双方主张并将推动大型的、有良好信誉的公司进行直接合作,以减少费用,降低成本,使两国人民都能以较合理的价格买到对方质量好的商品。双方对大型项目的合作进行了探讨,中国欢迎俄罗斯向中国提供有安全保障的核电站,也欢迎俄企业参与三峡水利工程

---

① 《江泽民主席发表重要讲话》,《人民日报》1995年5月10日。
② 《畅谈庆典活动印象及中俄关系前景》,《人民日报》1995年5月11日。

建设。李鹏在同叶利钦会见时,还探讨了合作开发西伯利亚天然气问题。①

9月21日至23日,钱其琛外长应邀对俄罗斯进行正式访问。钱外长分别会见了叶利钦总统和切尔诺梅尔金总理,并同科济列夫外长进行了会谈。钱其琛说,他此次来访的主要目的是为叶利钦总统即将对中国的访问做准备。两国外长就叶利钦总统访华的具体时间、日程以及将要签署的文件等事宜充分交换了意见。此外,双方还讨论了当前的国际形势,认为世界多极化正在不断发展。双方在许多重要的国际和地区问题上有着广泛的共识,并表示将继续就国际问题加强磋商与合作。

10月30日和11月6日,科济列夫外长和叶利钦总统分别就叶利钦总统因健康原因推迟访华致函钱其琛外长和江泽民主席,对他不能如期访问中国表示遗憾,并希望双方对访问的准备工作能继续进行。

在这一年内,中俄双方在经贸、科技、文化、军事、议会等方面的互访与交流也十分频繁。两国在各个领域内的互利友好合作,正在顺利、健康地向前发展。

中俄经贸关系的发展

中俄两国自1991年12月建交后,双方的经济、贸易关系在平等互利的基础上发展较为顺利。1992年3月,中国经贸部部长李岚清同来访的俄联邦外经部部长阿文在北京签署了中俄经贸关系协定。同年8月18日,中俄政府间经贸和科技合作委员会第一次会议在莫斯科举行,中国国务院副总理田纪云率团出席。他在会上指出,去年年底中俄建交后,中国十分重视发展与俄罗斯的经贸关系,并为其顺利发展采取了一系列鼓励措施。去年以来双边经贸关系在两国经济体制发生较大变化情况下,仍保持了稳定发展的势头。上半年两国的贸易额达14.7亿美元。他还指出,中俄扩大合作仍有很大潜力,为了充分利用中俄经济上互补优势,可以广泛采用除现汇和传统易货贸易外的一些新的有效合作形式,如建立合资企业等,双方可在农业、渔业、林业以及其他领域进行合作。绍欣副总理说,尽管俄罗斯目前遇到了严重的经济困难,但俄中贸易仍然向前发展,俄罗斯方面对此表示高兴。他认为,应该扩大两国经贸合作的领域和形式,并支持中方提出的在边境地区建立经济技术合作区的建议。他指出,俄中可在冶金、航空等领域加强合作,还可共同与第三国合作。在会谈后的午宴上,绍欣副总理高度评价俄中经贸合作委员会第一次会议。他说,这次会议揭开了

---

① 《李鹏总理答中俄记者问》,《人民日报》1995年6月29日。

俄中两国经济贸易关系新的一页。田纪云副总理说,中俄两国各有自己的优势和不足,进行多方面合作的潜力是巨大的。中国政府将为进一步扩大和巩固两国人民之间的友谊和两国的经贸合作作出不懈的努力。①

据中国海关总署统计,1992年中国同俄罗斯的贸易总额为58.5亿美元②,超过中苏贸易额的最高水平。

1993年,中俄经贸关系在上一年的基础上又有新的发展,两国贸易总额上升到76.7925亿美元。③ 1994年,中俄政府间经贸和科技合作委员会第二次会议在北京举行。国务院副总理李岚清和俄罗斯联邦副总理绍欣共同主持了会议。李岚清说,中俄贸易关系取得了很大的进展,去年的双边贸易额达77亿美元,比中国与苏联的最高年贸易额多约1倍。他指出,中俄贸易还不到中国外贸总额的4%,因此双边经贸合作尚有巨大的潜力。双方一致认为,中俄两国经济互补性强,地理位置优越,这为双边经贸合作的进一步发展提供了良好的基础。李岚清表示相信,尽管目前中俄双边贸易额还不大,但是俄罗斯将一定会成为中国的重要贸易伙伴。④ 在这一年内,中俄两国的经贸合作领域不断有新的扩大。然而,两国在经贸关系方面也遇到了一些问题。这主要是1994年两国贸易额有大幅度的下降,以及在边境贸易和人员往来方面出现了一些无序现象。

1994年,中俄两国贸易总额为50.8亿美元,比上年下降36.5%,其中中方出口额为15.8亿美元,下降41.2%,进口额为35亿美元,下降29.8%。⑤ 这种状况的出现是多方面因素造成的,它既有双方都在进行经济体制改革的原因,也有旧的贸易方式已不适应新形势的需要,以及双方的商品和产品不能完全适应彼此已经改变了的市场需求等因素。中俄两国一致认为,贸易额下降是暂时的现象,并表示相信只要充分发挥两国经济互补和地缘优势,加强两国既有信誉又有实力的大公司、大企业之间的直接联系与合作,以减少中间环节,同时完善结算支付关系,尽快变易货贸易为现汇支付,中俄经贸合作必将得到进一步的发展。

经过双方的共同努力后,中俄贸易额果有回升。1995年为54.63亿美元,

---

① 《中俄合作委员会举行首次会议》,《人民日报》1992年8月19日。
② 《世界知识年鉴(1993—1994)》,第457页。
③ 《中国外交概览(1994)》,第255页。
④ 《中俄举行经贸科技合作会议》,《人民日报》1994年5月26日。
⑤ 《中国外交概览(1995)》,第270页。

比上年增长 7.6%。其中中方出口为 16.6 亿美元,比上年增长 5.3%;进口为 38 亿美元,比上年增长 8.6%。①

至于中俄边境贸易和人员往来方面出现的一些无序的现象,国家主席江泽民于 1994 年 9 月在俄罗斯国际关系学院的演讲中就给予了十分清楚的解释。他说:"第一,问题无论出在哪一方,都是个别人的行为,不是两国政府的政策;第二,这些问题是前进和发展中的问题,是从过去的相互封闭、隔绝迅速转向相互开放和交流,而双方都缺乏充分的精神和措施准备的情况下出现的问题,它们没有也不应该影响两国关系健康发展的大局;第三,中国政府的原则立场是,支持和保护合法有序的正当的经贸活动,同时特别主张加强两国有实力有信誉的企业之间的合作关系;不支持不保护非法的、混乱无序的损害消费者利益的贸易活动及从事这些活动的人。中国政府一贯反对非法移民,坚决打击从事非法移民活动的犯罪分子;不允许中国公民做有损于两国睦邻友好关系的事情。当然,我们也希望俄罗斯方面切实保护从事正当经贸活动的中国公民的正当权益。双方领导人都认为,加强管理是为了更好地发展往来和合作,而不是像中国成语所说的'因噎废食'。我们相信,中俄双方都珍惜来之不易的两国睦邻友好关系及其取得的长足进展,不愿意看到它受到任何损害。从这个大局出发,通过双方真诚合作,友好协商,这些前进和发展中的问题是不难解决的。"②

中俄战略协作伙伴关系的建立

1995 年 5 月,国家主席江泽民应邀出席在莫斯科举行的纪念反法西斯战争胜利 50 周年庆典期间,曾邀请俄罗斯总统叶利钦再次访华,叶利钦总统接受了邀请,并表示希望下半年能够成行。后来,叶利钦总统由于健康原因未能如期访华。

1996 年 4 月,已经康复的叶利钦总统于 24—26 日对中国进行了国事访问,这是他第二次访华。4 月 25 日上午,江泽民与叶利钦进行了长达两个多小时的会谈。江泽民主席首先代表中国政府和中国人民热烈欢迎叶利钦总统来华访问。叶利钦总统高度评价了俄中关系,他说:俄中两国关系是面向 21 世纪的,这是我们两国做出的战略选择,符合俄中两国的共同利益。我们两个友好大国之间不存在任何问题,我们之间的关系是完全平等的、相互信任的战略协作关系。

---

① 《中国外交(1996)》,第 271 页。
② 《江泽民主席在俄罗斯国际关系学院的演讲》,《人民日报》1994 年 9 月 4 日。

中俄双方一致同意建立两国领导人之间的定期会晤机制,认为这对发展两国关系具有重要意义。两国领导人还同意成立"中俄友好、和平与发展委员会",以推动两国长期睦邻友好合作关系的发展。

江泽民说,中俄睦邻友好、互利合作关系正在不断加强和深化。这种新型面向21世纪的战略协作伙伴关系,是中俄两国人民共同做出的正确的历史选择,完全符合两国人民的长远利益,完全符合冷战结束后世界形势和国际关系发展的客观规律和要求。

两国领导人对中俄双边关系发展前景表示充满信心。他们认为,发展中俄关系不仅符合两国人民的根本利益,而且有利于世界和平与稳定。

在谈到有关北约东扩问题时,叶利钦总统说,俄罗斯坚决反对北约东扩,并将采取相应的措施。江泽民对俄罗斯的这一立场表示理解和支持。

关于国际形势,两国领导人都认为,冷战后,尤其是近年来,各种力量不断分化和组合,世界多极化趋势加快发展;谋求和平与稳定的国际环境、促进本国发展与国际合作、谈判解决争端已经成为当今世界的主流。但天下并非平安无事,有些势力违背历史潮流,坚持冷战思维,推行霸权主义和强权政治,利用各种借口干涉他国内政的趋势有所发展,成为世界及地区不稳定和导致国家关系紧张的主要根源。中俄两国领导人主张建立公正、合理的国际政治、经济新秩序。

会谈结束后,江泽民主席与叶利钦总统共同签署了《中俄联合声明》,并出席了两国十几项合作文件的签字仪式。《中俄联合声明》的主要内容有:

一、关于双边关系。

中俄双方宣布决心发展平等信任的、面向21世纪的战略协作伙伴关系。双方重申恪守1992年12月18日签署的《中俄相互关系基础的联合声明》和1994年9月3日签署的《中俄联合声明》所阐述的各项原则。双方严格遵守于1991年5月16日和1994年9月3日先后签署的《中苏国界东段协定》与《中俄国界西段协定》。双方同意继续谈判,以公正合理地解决尚未达成一致的边界遗留问题。

双方认为,两国领导人之间的高级、最高级接触和协商具有特别重要意义,并决定为此在北京和莫斯科建立中俄政府间热线电话联系。

中国支持俄罗斯联邦为维护国家统一所采取的措施和行动,并认为车臣问题是俄罗斯的内部事务。俄罗斯联邦重申,台湾是中国领土不可分割的一部分,俄罗斯不同台湾建立官方关系和进行官方往来。俄罗斯始终承认西藏是中国不可分割的组成部分。

双方对1994年出现的两国贸易额减少的情况得以克服并正在逐步增加表示满意,并将采取有力措施,利用两国地缘相近和经济互补的独特优势,进一步扩大和发展双边经贸合作。

双方表示愿意进一步发展两国军队之间在各个级别上的友好交往,在平等、互利的基础上并考虑两国承担的国际义务进一步加强军技合作。

二、关于国际和平与发展。

双方认为,当今世界处于深刻而复杂的变化之中。世界多极化趋势在发展。谋求和平、稳定、合作与发展已成为当今国际生活的主流。但是,世界并不太平。霸权主义和强权政治仍然存在,集团政治有新的表现,世界的和平与发展仍面临严重挑战。

双方呼吁所有爱好和平的国家和人民密切合作,共同致力于在和平共处五项原则和其他公认的国际关系准则基础上,建立公正合理的国际政治、经济新秩序,促进地区和全球的和平、稳定、发展与繁荣。

双方表示,应同任何形式的恐怖活动和有组织的跨国犯罪作坚决的斗争,并将在双边及多边基础上经常交流经验,加强合作。

双方认为,环境保护已成为一个全球性的重要问题,并且决心为此加强双边和多边的合作。

三、关于亚太安全与合作。

双方认为,冷战后亚太地区政治相对稳定,经济快速增长,在未来世纪将起重要作用。中俄两国愿为亚太地区的和平、稳定与发展继续做出自己的努力。中俄两国愿致力于发展亚太地区在双边和多边基础上的对话与合作。

双方愿意相互促进参与亚太多边经济合作。中国方面重申支持俄罗斯申请加入亚太经合组织。双方愿继续致力于加强东北亚的安全、稳定与经济合作,并愿为此目的的与所有有关国家进行协调与磋商。①

中俄两国领导人还共同签署了《中俄两国政府关于建立直通保密电话通信线路的协定》等14项双边合作文件。

26日,叶利钦总统一行访问了上海。当天下午,江泽民主席与俄罗斯总统叶利钦、哈萨克斯坦总统纳扎尔巴耶夫、吉尔吉斯斯坦总统阿卡耶夫、塔吉克斯坦总统拉赫莫诺夫在上海展览中心共同签署了《中国和俄、哈、吉、塔关于在边

---

① 新华社讯,《人民日报》1996年4月26日。

境地区加强军事领域信任的协定》。

根据协定,双方部署在边境地区的军事力量互不进攻;双方不进行针对对方的军事演习;限制军事演习的规模、范围和次数;相互通报边境100公里纵深地区的重要军事活动情况;彼此邀请观察实兵演习;预防危险军事活动;加强双方边境地区军事力量和边防部队之间的友好交往等。

签字仪式结束后,五国元首分别发表了热情洋溢的讲话。五国元首一致认为:"这项协定是一份具有重大历史意义的政治、军事文件,它说明五国人民希望与自己邻国相互信任、友好相处。这一文件对保持和进一步加强亚太地区乃至世界的和平稳定必将产生积极、深远的影响,也将会为五国双边和多边关系的持续和卓有成效的发展奠定坚实的法律基础。"①

此后,中俄两国间高层互访频繁,战略协作伙伴关系进一步发展和充实,双方在政治、经贸、文化、科技等领域的合作不断深化和扩大。

1997年4月22—26日,应叶利钦总统的邀请,江泽民主席对俄罗斯进行国事访问。这是1992年以来两国间第四次最高级会晤,也是两国建立面向21世纪的战略协作伙伴关系后的首次最高级会晤。

4月23日上午,江泽民主席与叶利钦总统举行了会谈,并签署了《中俄关于世界多极化和建立国际新秩序的联合声明》。两位领导人一致认为,这一文件阐述了中俄两国对冷战后国际形势基本发展趋势的共同看法和对一系列重大国际问题的一致立场;指出中俄建立战略协作伙伴关系不是要结成针对其他国家的联盟,而是建立一种严格以和平共处五项原则为准则的新型关系。

在这次会晤中,江泽民与叶利钦还就成立"中俄友好、和平与发展委员会"一事达成一致意见,并宣布该委员会于当日成立。该委员会的宗旨是积极促进中俄两国实现睦邻友好、平等信任、互利合作和共同发展,增进两国人民,特别是广大中青年之间的传统友谊和相互了解,加强彼此信任,巩固和扩大中俄面向21世纪的战略协作伙伴关系的社会基础。委员会的主要任务是,总体协调和推动两国民间交往,组织开展各种群众性活动,并就中俄关系的发展提出意见和建议。

4月24日,江泽民在克里姆林宫同俄、哈、吉、塔四国元首共同签署了《关于在边境地区相互裁减军事力量的协定》。这一协定的意义重大,是冷战后处理国际关系、解决地区安全问题的一个创举。它体现了一种不同于冷战思维的新

---

① 新华社讯,《人民日报》1996年4月27日。

的安全观和模式,必将对地区及世界的和平、安全与稳定产生积极的影响。

江泽民这次对俄国的访问,"既有双边活动,又有多边内容,成果卓著,意义重大,影响深远。它不仅揭开了中俄关系史上的新篇章,有利于维护本地区的和平与稳定,而且对世界多极化趋势的发展和建立和平稳定、公正合理的国际新秩序将起到积极的推动作用"①。

同年11月9—11日,俄罗斯总统应邀对中国进行国事访问。这是叶利钦第三次访问中国,也是中俄两国首脑第五次最高级会晤。双方就双边关系和重大国际问题广泛深入地交换了意见。两国元首正式宣布,中俄东段国界勘界工作已全部完成。这是中俄关系中具有重要意义的一件大事。它"是平等协商、互利互让、公正合理地解决历史遗留问题的成功范例,是对两国边境地区的永久和平、安宁、发展与繁荣的有力保障"。会谈结束后,两国元首共同签署了《中俄联合声明》,并出席了《中俄关于经济、科技合作基本方向的谅解备忘录》等3个文件的签字仪式。

1998年11月22—25日,应叶利钦总统的邀请,江泽民主席访问俄国。11月23日,两国元首举行首次非正式会晤。通过会晤,双方就世纪之交国际社会发展的基本趋势协调了立场,并就进一步加强双边合作的长期战略前景达成共识。这次会晤表明,通过两国领导人之间的定期接触,双方相互理解与信任达到了崭新的水平。

江泽民与叶利钦举行非正式会晤后,双方发表了题为《世纪之交的中俄关系》的联合声明、《关于中俄边界问题的联合声明》以及《江泽民主席访问俄罗斯并与叶利钦总统举行非正式会晤的联合新闻公报》。

12月17日,应叶利钦总统的请求,江泽民与他首次利用中俄元首热线电话通话,就美英空袭伊拉克交换意见。双方强调,伊拉克危机,只有通过政治和外交手段,才能得到妥善解决。

1999年,中俄两国间的战略协作伙伴关系有了进一步的发展,双方在伊拉克和科索沃等国际问题上进行了密切而有效的合作。

同年5月8日,以美国为首的北约轰炸中国驻南联盟大使馆后,叶利钦总统于10日与江泽民通了热线电话,对北约的暴行表示强烈愤慨。同时,双方还讨论了科索沃的局势,并商定在此问题上继续保持密切联系。6月8日,江泽民再次与叶利钦通过热线电话就科索沃问题交换了意见。双方强调,应尊重联合

---

① 《一次意义重大影响深远的访问》(社论),《人民日报》1997年4月27日。

国的权威和尊严,呼吁北约应立即停止军事行动。

同年12月9—10日,叶利钦总统应邀访华。9日上午,叶利钦总统与江泽民主席举行两国元首第二次非正式会晤。双方就加强双边友好合作关系和共同关心的国际问题交换了意见。两国元首高度评价双边友好合作关系的顺利发展,强调全面加强双边睦邻友好合作关系是两国人民的共同愿望,并表示愿意共同努力,在新的世纪里进一步深化两国战略协作伙伴关系。

会晤后,江泽民与叶利钦共同出席了签字仪式。两国外长签署了《关于中俄国界线东段的叙述议定书》和《关于中俄国界线西段的叙述议定书》等3个政府间协定。9月10日,中俄双方发表了《中俄联合声明》和《联合新闻公报》。

同年12月31日,叶利钦宣布辞职并任命普京为代总统。同日,江泽民致信叶利钦,对他辞去总统职务深表惋惜。

2000年,中俄两国在政治、经贸、文化、科技等领域的合作不断深化、发展,在国际领域进行了卓有成效的合作。

同年7月17—19日,应江泽民主席的邀请,俄罗斯新当选总统普京对中国进行国事访问。18日上午,江泽民主席与普京总统进行了正式会谈。江泽民首先热烈欢迎普京总统对中国进行国事访问。他指出,几年来经过双方的共同努力,两国战略协作伙伴关系发展顺利,成果显著。中俄关系即将跨入新世纪,此次会晤完全可以被称为是中俄关系中"承前启后,继往开来"的重要会晤。

普京感谢江泽民邀请他访华以及给予他的热情款待。他说,这次访华的目的就是要巩固两国间业已存在的友好合作关系,制定发展两国关系的长远目标。

中俄双方一致商定,为了确保中俄世代友好,永远做好朋友、好邻居、好伙伴,将签署不具结盟性质的中俄睦邻友好合作条约,并就此责成两国外交部就签约问题进行商谈。双方还就共同关心的国际问题交换了看法。

会谈结束后,两国元首共同签署了《中俄北京宣言》和《中国国家主席和俄罗斯联邦总统关于反导问题的联合声明》。《中俄北京宣言》主要表明,中俄两国将在战略协作的基础上继续增进睦邻友好,扩大互利互惠合作,实现携手发展,共同繁荣。此外,两国还将加强在国际事务中的协作,促进世界的和平与稳定。

在《中俄关于反导问题的联合声明》中,中俄两国坚决反对美国关于建立国家导弹防御系统的计划。认为美国实施这一计划,不仅对中、俄和其他国家的安全,而且也对美国自身的安全以及全球战略稳定造成最严重的消极后果。中国和俄罗斯呼吁国际社会对有关国家大力发展破坏全球战略平衡与稳定的导弹防御系统的做法继续予以关注,并采取必要措施防止这一危险事态的发展。

当天,中俄两国政府有关部门还分别签署了《中俄两国政府关于继续共同开展能源领域合作的协定》等3个双边合作文件。

11月15日,在文莱出席亚太经合组织第八次领导人非正式会议期间,江泽民与普京举行了单独会晤。普京说,这是今年以来他同江主席的第四次会见。中俄两国关系不仅在经贸领域开展了很好的合作,同时也在国际事务和安全方面进行了很好的协调与配合。他强调,俄国在反导问题上的立场将坚持不变。

江泽民对2000年中俄双边关系的发展给予积极的评价。他说,今年中俄关系比去年又有新的进展。首先是两国高层交往呈现良好势头。我们两人今年就见了四次。两国议会领导人和两国总理也都举行了会晤。其次,两国政治、经济等各个领域的合作正在不断加强。随着俄国经济好转,两国贸易额大幅上升。他相信,两国经贸合作在新世纪里会有更大的发展。

江泽民说,中俄双方还在反导问题上加强合作,今年联大再次通过关于《维护和遵守〈反导条约〉的决议》。我们的严正立场得到了越来越广泛的支持。双方表示,愿加强在反导领域的协调与合作。

此外,两国元首还就两国经贸合作中的一些有关问题进行了讨论。

据中国海关总署统计,2000年中国同俄罗斯的贸易总额为80.03亿美元,创历史新高,同比增长39.9%,其中中方出口额为22.33亿美元,同比增长49.2%,进口额为57.70亿美元,同比增长36.6%。①

第三节　中日关系的进一步发展

海部访华与中日关系的全面恢复

1989年春夏之交,北京发生政治风波之后,日本同其他西方国家一道对中国采取了制裁措施,包括停止高级政府官员互访,暂停发放第三批日本对华贷款,中断政府间文化交流项目等,使中日关系陷入低谷。但随着时间的推移,日本经济界、新闻界和普通民众对于政府一味追随欧美、坚持制裁中国的政策产生了疑虑。他们指出,中国是日本的重要邻国,日本长期支持中国的改革开放,

---

① 《中国外交(2001)》,第279页。

与中国的经济关系相当密切。坚持对华经济制裁,影响中国经济的发展,与日本的经济利益是相悖的。同时,中国的稳定与繁荣对于维持亚太地区安全格局的基本稳定至关重要,是日本安全环境中的关键因素。日本在决定对华政策时,应首先考虑本国的利益,而不是看欧美的眼色行事。

1989年12月,美国以介绍美苏首脑会晤情况为由派遣特使访华,同时传来了北京政治风波后不久美国曾秘密派遣特使访问中国的消息,更激起了民间对日本政府僵硬政策的批评。日本舆论警告政府不要使70年代尼克松搞越顶外交、置日本于尴尬境地的历史重演。自民党内要求改变对华政策的呼声也日益强烈,要求率先放松对华制裁的意见在日本政府内占了上风。12月29日,日本宣布将分三阶段取消对华援助的限制,首先恢复环保方面的无偿资金合作;其次,部分提供第三批日本对华贷款(1990—1995年度)中与生活有关的计划项目资金;最后正式恢复第三批贷款。为此,日本考虑派遣部长级特使访华,开始就新贷款问题具体协商。①

此时,美国政府考虑到国会的态度,担心日本在放松对华制裁过程中走得太远,开始对日本施加压力。美副总统奎尔及财长布雷迪在会见日本官员时都敦促日方继续与美国协调对华政策,要求日本在对华贷款问题上采取慎重态度,将贷款严格限制在"人道主义范围内"。美国的做法引起了日本的不满。自民党主流派成员表示:欧美可以喊人权,但对于无论从地理或历史的角度来说都是日本重要邻国的中国,日本的做法当然应有所不同。

在1990年7月举行的西方七国休斯敦首脑会议上,日本一方面在与中国有关的问题上坚持采取比其他西方国家更积极的态度,另一方面努力争取其他西方大国的理解和支持。在首脑会议正式开始前,日本首相海部俊树与美国总统布什单独举行会谈,集中讨论了对华政策问题。海部表示维护和发展中国同各国的合作关系,对亚太地区的和平与稳定至关重要,并强调日本政府认为不应当孤立中国,决心推动日中关系继续向前发展。② 海部同时通报美方,日本打算在此次七国首脑会议后全面恢复日本第三批对华贷款,希望获得美国的理解。在与美国基本达成默契后,海部在七国首脑全体会议上表明了日本将单独放松对华经济制裁的立场,指出日本有同中国保持经济关系的历史,日本认为自己可以在中国发挥与其他西方国家不同的作用。对此,法国和联邦德国提出异议,指责日本对援助苏联态度冷淡,对恢复同中国的经济联系相比之下显得

---

① 《日本产经新闻》1989年12月30日。
② 见海部首相对中国《瞭望》杂志记者发表的讲话,《瞭望》1991年第1期。

过于积极。英国则站在美国一边,表示不反对日本的决定。全体会议最终没有对日本的决策提出意见,事实上是默许了日本恢复对华贷款的决定。

此外,在确定首脑会议政治宣言中有关中国部分的措辞时,日本也坚持了有别于欧美的立场。会议一开始拟定的政治宣言草案基本沿用了1989年巴黎七国首脑会议的提法,对中国政府各项政策横加指责。日本对此表示反对。海部指出:"会议的建议对中国态度偏严。这将会使中国的改革行动明显受到损害。我想阐明这样一点,要想使中国的改革前进,就需要我们采取相应的措施。"会议最后接受了日本提出的修正意见,一定程度上缓和了对华强硬态度。《政治宣言》称注意到中国发生的变化,将不断审议制裁措施,以便在中国进一步出现积极情况时做出调整。根据日本的意见,宣言还表示将考虑扩大世界银行对华贷款,如提供环境保护贷款,以促进中国的经济改革。

休斯敦首脑会议结束时,日本官房长官坂本称日本达到了预期目的,在对华政策上取得了很大成果。日本政府随即宣布恢复总额为8100亿日元的第三批日本对华贷款,成为第一个放松对华经济制裁的西方国家。此举立刻受到日本金融界和产业界的欢迎和响应,日资企业纷纷返回中国。中日两国政府继而签订了为期五年的长期贸易协议,成立促进日本对华投资机构,中日经贸关系逐步步入正轨。

1991年1月,当时的日本大藏大臣桥本龙太郎访华。这是1989年北京政治风波后日本内阁成员第一次正式访问中国,自此,中日两国高层官员互访全面恢复,两国在外交、安全问题上的定期磋商也重新开始。中日官方交流日益频繁,终于实现了1991年8月海部首相的访华。

海部是1989年北京政治风波后首位访问中国的西方国家政府首脑。中国国家主席杨尚昆在会见海部时称,海部首相的来访标志中日两国关系的全面恢复。中国领导人对日本政府和海部首相本人为促进中日关系的恢复和发展所做的积极努力给予高度评价,并表示希望促进中日友好合作进一步发展。

海部在访华期间发表了题为《新的世界和日中关系》的重要演讲,宣称日中关系已经进入成熟的睦邻友好阶段,提出要加强"亚洲中的日中关系"和"世界中的日中关系"。海部指出,日中两国都是亚洲的重要国家,日中两国稳定的友好合作关系是亚太地区和平与稳定的极为重要的前提条件。同时,无论从人口,还是从领土面积、经济增长速度来看,亚洲对世界和平、繁荣和稳定所起的作用都不可忽视。日中合作既有利于亚太地区,也有利于促进世界的和平与繁荣。中国作为联合国安理会常任理事国,国际地位很高,责任很重,能在国际事务中发挥很大的作用。在不稳定的国际形势下,日中两国应加强对话,在政治、经济上互相合作、互相协调,进一步携起手来,谋求世界稳定与和平。海部表示,日本将继续支持中国的改革开放政策。他认为中国的改革开放将中国经济与亚太地区的经济活力结合在一起,不仅对中国、也对亚太地区今后的发展具有很大意义。日本将加强对中国的支援。海部在访问期间宣布自1991年起,日本对华贷款将恢复1989年北京政治风波之前的一揽子提供方式,即年度贷款只需一次签署,而不必像1990年度贷款那样分三阶段谈判和签署。此外,日本还将开始同中国谈判提供第三次能源项目贷款。① 海部首相访华成功既标志着中日关系在经历1989年的低潮之后全面恢复正常,也标志着两国关系在世界新旧格局交替时期达到了发展的新起点。

中日最高级互访的实现

1992年是中日关系正常化20周年,中日双方对此都非常重视。在海部首相访华期间,中日两国领导人一致表示希望利用纪念邦交正常化的机会,进一步推动中日友好关系的发展,为未来的睦邻友好关系奠定更坚实的基础。双方商定了一系列庆祝活动,作为其高潮的是实现两国最高级别领导人的首次互访。日方正式邀请中共中央总书记江泽民访问日本,中方也表示希望日本天皇和皇后陛下届时访问中国。海部首相郑重宣称:"决心使这个值得纪念的年份成为新的关键之年,争取在这一年能够充满信心地展望面向21世纪的不可动摇的日中关系。"

1992年初,邓小平在视察南方期间发表了重要谈话,提出加快改革开放的步伐。3月,中共中央政治局全体会议做出了进一步深化改革、扩大开放的决定,中国经济现代化进程由此进入了关键性的新阶段。中国社会经济形势的变化引起了日本朝野的高度重视。日本经济界认为,中国的改革出现了质的进步。他们对中国政府新的路线方针极其关注,并急于了解中方的具体政策措施。日本政府则将江总书记访日视为建设"世界中的日中关系"的第一步。

在上述背景下,江泽民总书记在1992年4月访问了日本,受到日本各界人士的热烈欢迎。江总书记同日本朝野人士进行了广泛接触,向日本各界充分介绍了中国的国内形势和中国政府的发展战略,表示中国将加速改革开放,加快经济发展速度,扩大同包括日本在内的西方发达国家的交流与合作。他指出中

---

① 《海部首相政策讲演及在北京答记者问》,《人民日报》1991年8月12日、1991年8月13日。

国将积极吸收和借鉴人类社会创造的一切文明成果,吸收和借鉴包括日本在内的世界各国的先进经营方式和管理方式。江总书记特别提出:中日两国文化传统接近,经济技术互补,共同利益广泛。中日经济合作具有天时、地利、人和的有利条件,相信日本经济界在中国会找到很多发挥积极作用的机会,希望两国技术合作与交流得到进一步推动,使中日友好关系在更高层次上向纵深发展。

日本首相宫泽喜一在同江总书记举行会谈时再次强调:"今天的日中关系不仅是日中两国之间或地区性的关系,而且已经进入'世界中的日中关系'的时代。"他提出应加强日中合作,为在亚太地区创造和平环境做出贡献,积极支持各国发展社会经济的努力。同时,日本希望就军备控制、裁军以及全球环境等国际社会的共同课题加深同中国的政治对话,致力于实现"为世界做出贡献的日中关系"。江总书记表示:在国际形势变幻莫测的情况下,中日两国进一步发展友好合作关系是一个稳定因素,不仅将造福于两国人民,而且也将为亚洲和世界的和平与发展做出新的贡献。①

江泽民总书记访日获得圆满成功,为中日关系的发展注入了新的活力。日本朝野各党纷纷组织代表团访问中国,参加中日关系正常化20周年纪念活动,了解中国改革开放情况。中日政府官员的往来也达到高潮。但日本自民党内某些人却对天皇回访中国的计划提出了异议。有人称纪念日中邦交正常化20周年活动具有外交意义和政治意义,不具有政治职能的天皇在此时进行访问可能导致"被政治上利用"。有人提出"日中关系至今尚未成熟","天皇访问会同日中间的战后处理问题联系在一起",对宫泽政府施加压力,要求取消访问计划。这些言论遭到了日本舆论的批驳。几次民意测验也都显示,绝大部分日本人支持天皇出访中国。宫泽首相最终表示天皇作为日本国和日本国民的整体象征,在日中邦交正常化20周年实现访华,可以对日中两国关系的进一步发展和增进两国人民的传统友谊产生重要影响,坚持了天皇访华的决定。

1992年10月,日本明仁天皇和皇后美智子正式访问中国。这也是日本天皇首次访华。天皇在访华期间表示,对日中和平友好关系的发展感到高兴,希望这种良好的关系进一步发展成为不可动摇的关系。天皇还谈道:"在两国关系悠久的历史上,曾经有过一段我国给中国国民带来深重苦难的不幸时期。我对此深感痛心。战争结束后,我国国民基于不再重演这种战争的深刻反省,下定决心,一定要走和平国家的道路。"②江泽民总书记访问日本和明仁天皇对中

---

① 《宫泽首相在欢迎江泽民总书记宴会上的讲话及江总书记答辞》,《人民日报》1992年4月7日。
② 《人民日报》1992年10月24日。

国的访问使纪念中日邦交正常化 20 周年的活动达到了高潮,加深了两国的相互了解,标志着中日友好关系进入了一个新的发展阶段。

此后,中日两国的高层一直保持密切的往来,并且做到了坦诚对话,全面增进了相互了解和信赖。日本虽然于 1993 年之后进入政治体制剧烈变革时期,政府更迭相当频繁,但历届政府都十分重视维护和发展日中友好关系,遵循建设"世界中的日中关系"的战略,致力于为"面向 21 世纪的日中关系"奠定基础。日本政府支持中国的改革开放政策的基本方针亦得到贯彻。尽管有人以中国经济实力迅速提升为理由,建议停止向中国提供优惠贷款,日本政府仍决定从 1996 年开始用 5 年时间分两阶段提供第四批对华日元贷款。中日首先就 1996—1998 年的第一阶段贷款进行了谈判,确定贷款额为 5800 亿日元,贷款发放重点由过去的交通建设和电力设施建设等社会基础设施建设转变为改善生活环境,如支持环境保护、扶植农业、帮助内陆地区开发等。① 中日政府官员在经济、外交各领域的定期磋商制度也继续坚持并进一步完善,自 1993 年底起中日官员又开始就安全保障问题进行对话。

中日关系中的摩擦与问题

进入 20 世纪 90 年代以后,中日双边关系克服了短暂的波折,保持了良好的总体发展趋势。两国友好关系迅速发展,不断深化。但由于中日两国社会制度、经济发展程度、所处的国际环境各不相同,两国对双边和多边问题的立场、看法不可能完全一致,加之中日之间又有一段不幸的历史,因此在两国关系顺利发展的背景下,也出现了一些问题与摩擦。

其一,关于如何认识日本侵略历史的问题。冷战结束后,日本政局发生重大变化,政坛风气日益保守化。一批右翼政客更公开地致力于取消和平宪法对日本发展和使用军事力量的限制,美化甚至公然否认日本在第二次世界大战中的侵略历史,为日本成为政治大国、承担国际领导责任清除障碍。在二战胜利 50 周年纪念活动中,日本内阁大臣蓄意歪曲历史的事件接连发生:

1994 年 5 月,法务大臣永野茂门在接受日本《每日新闻》采访时声称:"南京大屠杀事件是捏造的;大东亚战争并非侵略战争,而是日本为求生存,解放殖民地及建立大东亚共荣圈而认真思考的产物。战争的目的在当时基本上是可以被允许与正当的。"

---

① 《东京新闻》(日本)1994 年 11 月 20 日。

同年 8 月,环境厅长官樱井新在谈及正在日本国会酝酿的"不战决议"时说:"日本当时并不是要进行侵略战争。"

同年 10 月,当时任通商产业大臣的桥本龙太郎在众议院回答如何认识对亚洲邻国的战争的问题时表示:"即使被说成是侵略也毫无办法。……能否称之为侵略战争,则有疑问。同进入满洲的苏联作战,不是也不能称之为侵略战争吗?"

1995 年 8 月,文部大臣岛村宜伸在就任后举行的首次记者招待会上声称:"大肆争论是不是侵略,这本身就是战争。难道这不正是优胜劣败,是获胜的一方侵略对方吗?""如果唯独日本单方面做了这种事情,那就需要追究。但世界上有各种事例,因此,总是吹毛求疵究竟是不是明智的做法呢?"

上述日本内阁官员的错误言论引起了亚洲国家迅速而强烈的反应,在中、韩等国的一致批评和抗议下,这些大臣都不得不收回其狂言。日本各界有识之士也对这些宣扬"皇国史观"的言论进行了抨击,日本政府也都明确表示个别大臣的看法不能代表政府的立场。村山富市首相还在二战结束 50 周年纪念日发表"内阁总理大臣谈话",郑重表示:"由于我国过去一个时期的殖民地统治和侵略,对许多国家特别是对中国等亚洲各国的人民造成了巨大的损害和痛苦。日本要进行痛切反省。"①但就在他发表讲话的同一天,其内阁近半数的成员及 168 名日本国会议员不顾国内外的抗议呼声,前往参拜靖国神社。日本极少数人甚至对亚洲国家为反对歪曲历史而进行外交交涉表示不满,主张将历史与政治分开。

中国政府在此问题上始终坚持"前事不忘,后事之师"的立场。江泽民总书记指出:正确对待中日关系上那段不幸历史,既是中日关系政治基础的重要组成部分,也是两国面向未来,发展世代友好关系的重要条件。相信日本各界人士和具有远见的政治家能以对历史负责的态度正确认识和对待历史,维护好中日关系的政治基础。只有这样,两国关系才能继续发展,真正做到"结束过去,开创未来"②。

其二,关于台湾问题。日本政府在中日建交联合声明中接受了一个中国的立场,承诺不与台湾发生官方关系。但日本政界"亲台派"却不断反其道而行之,试图与台湾建立实质上的官方联系,以日台关系平衡中国地区影响力的增长。1993 年 11 月,新生党成立了有 57 名国会议员参加的"日华关系恳谈会",

---

① 《人民日报》1995 年 8 月 16 日。
② 《人民日报》1995 年 8 月 14 日。

新生党干事小泽一郎出任顾问,会员包括羽田孜等新生党核心人物。该组织与"自民党日华关系恳谈会"相互呼应,暗中发展日台实质性关系。次年,新生党派代表团访问台湾,在访问中鼓吹逐步实现日台内阁级官员的往来,并表示欢迎台湾"总统"李登辉访日。日本亲台势力对台湾当局"开展务实外交,扩大国际生存空间"的打算给予大力配合和支持,不断利用在日本举办国际会议和活动的时机企图突破对日台发展官方关系的限制。1994年,他们利用日本举办广岛亚运会的机会,发起"欢迎李登辉访日"的议员签名活动,极力鼓动政府同意李登辉出席亚运会开幕式,结果因中国政府的抗议和警告未能如愿。但在亲台派的压力下,村山政府同意台湾"行政院副院长"徐立德以台申办2002年亚运会委员会主席的身份出席亚运会开幕式,认为此次访问"不是出于政治目的,而是体育交流"。

中国外交部指出,徐立德等人不管以什么名义访日,都显然抱有政治动机,表明台湾当局企图利用体育交流挑起政治事件。日本政府不顾中方的严正立场和多次交涉坚持允许台湾政要访日的错误决定违反了中日联合声明的精神,严重伤害了中国人民的感情,也给中日关系的健康发展蒙上了阴影。中国政府对日本允许徐立德访日的决定提出抗议,并取消了国务委员李铁映的访日计划。中方一再指出:正确处理台湾问题是中日两国关系中的重大原则问题,要求日本考虑中日友好的大局,严格遵循中日建交联合声明的原则,坚持不与台湾发展官方关系。在1995年APEC领导人大阪非正式会晤前夕,日本国内又出现利用东道国权力、邀请李登辉或台湾政要参加会议的鼓噪。日本政府承诺遵循日中联合声明的原则,按照西雅图模式和茂物模式处理台湾人员与会问题,从而保持了日台关系的非官方性质。

其三,将日本对华资金援助与中国核试验挂钩的问题。自1989年起,日本成为世界最大的对外援助国。随着冷战的结束,日本政府开始修改对外援助政策,让对外经济援助为日本实现政治大国的外交战略服务,为推广西方价值观念服务。1991年4月,海部首相提出了对外援助四项指导原则,即日本在决定对外援助时将考虑:(1)被援国的军事开支;(2)被援国的武器开发及生产(是否有生产大规模杀伤性武器的企图);(3)被援国的武器进出口情况;(4)被援国的民主化状况。而后这四项原则被正式载入1992年发表的《日本政府发展援助大纲》当中。

对外援助四原则确定不久,日本国内就有人以所谓中国军费迅速增加为由,要求日本政府重新考虑对华援助问题。当时日本政府一方面指出将四项原则运用到实际情况中存在相当困难,必须采取慎重态度,另一方面表示不认为中国军费增加构成了严重威胁,愿意接受中国对此做出的解释。但日本政界部分人士很快又提出所谓中国进行核试验的问题,声称中国坚持进行核试验是对日本政府和国民的巨大冲击,要求将中国停止核试验作为提供对华援助的条件。1995年8月29日,日本政府以中国不顾日方意见再次进行核试验为由,宣布冻结除部分人道主义援助外的对华无偿援助。执政联盟中还有人主张限制第四次对华日元贷款的规模。中国政府就此指出,中国一贯主张全面禁止核武器,并支持延长防止核扩散条约,中国的核试验次数在所有有核国家中是最少的。是否进行核试验是中国的内政。日本政府企图将其与对华经济援助挂钩,中方不能接受。

中日致力于和平与发展的友好合作伙伴关系

20世纪90年代中期,随着冷战后的地缘格局日益明朗化,亚太地区主要国家不约而同地展开外交努力,争取有利的和平发展环境。本地区重要国家的双边关系大多得到巩固和提升,相形之下,中日关系的状态则并不令人满意。尽管两国间的经贸关系、人员交流仍保持迅速发展的势头,但政治、安全领域的一些矛盾和摩擦也日益引人注目。上文提到的历史问题、台湾问题仍然没有得到彻底解决,若干新出现的纠葛又给双边关系的健康成长投下了阴影。

一是日美安保体制再定义问题。日美发展安全合作关系本是两国的内部事务,但改造后的日美同盟颇有充当"东亚宪兵"的意图,这就不能不引起邻国的警惕。尤其令中方不能容忍的是,日本保守势力借机鼓噪,企图利用制定新《日美防卫合作指针》的过程,将台湾纳入日美同盟干预控制的范围。1997年8月,日本内阁官房长官梶山静六公开表示,日美防卫合作的范围"理所当然包括台湾海峡",而一旦中国以武力解决台湾问题,美国采取干涉行动,日本不应袖手旁观。1998年5月,日本外务省北美局局长高野纪元又声称,日美防卫指针中所指的周边事态包括台湾在内。在中方的严正交涉和抗议下,日本高官公然插手台湾事务的言论有所收敛,但日本政要始终不肯明确承认台湾问题是中国的内政,不肯将台湾排除于日美同盟干预的范围之外。

二是领海主权和海洋权益问题。中日曾一致同意暂时搁置钓鱼岛归属之争,而日方却于1996年纵容日本极右翼分子连续四次登上钓鱼岛,并在岛上设置灯塔和其他设施,摆出"主权实际控制"的姿态。同时,日本又对中国开发东海海洋资源的勘探活动大加指责,多次以所谓"中国船只越过中间线"为理由,向中方施加外交压力,并由海上保安厅出动巡逻艇和飞机对中国的海洋资源调查船进行监视和骚扰。这些做法完全违背了中日达成的"搁置主权,共同开发"的合理共识,引起中国政府和民众的强烈不满。

此外,在双边和地区经济合作领域,中日之间也出现了分歧。尤其是在1997—1998年亚洲金融危机期间,双方未能联手遏制危机的蔓延。中国从区域及全球金融稳定的立场出发,单方面承诺保持人民币汇率稳定,为抵御危机作出了巨大贡献,也付出了经济代价。而日本却加入货币贬值的行列,加重了中方的负担,也拖延了危机的解决。当中方就此提出批评的时候,日本保守派竟将其解释为"敲打日本",要求日本政府强硬反击。他们的无理言行遭到了国内外舆论的抨击。但类似的波折却也从一个侧面表明,在全球化浪潮中中日合作有必要超越双边层次,在地区乃至世界事务中发挥建设性作用。

1998年是《中日和平友好条约》签订20周年。中日两国都希望利用这个机会巩固已有的合作成果,解决双边关系中的问题和纠葛,为新世纪的友好关系奠定基础。当年11月25—30日,中华人民共和国主席江泽民对日本进行了国事访问。江主席此次访日是中国国家元首有史以来首次访问日本。访问期间,江主席会见了日本天皇和皇后,与日本首相小渊惠三举行了会谈,会见了日本众参两院议长和主要政党领导人,分别出席了日中友好七团体和日本经济团体联合会举行的招待会,并在早稻田大学发表了题为《以史为鉴,开创未来》的重要演讲。在会谈和会见中,江主席着眼于中日关系长远发展,全面、深入、系统地阐述了中方在历史和台湾问题上的立场。

关于历史问题,江主席指出,纵观中日两国两千多年的关系史,友好与合作是主流,但近代日本军国主义对中国发动多次侵略战争,给中国人民带来深重灾难。尽管如此,中方在历史问题上一直采取向前看的态度,主张侵略战争的责任应由少数军国主义分子承担,两国人民应积极致力于发展中日友好关系。江主席同时强调,回顾中日邦交正常化20年的历程,我们不能不遗憾地看到,日本国内不断有人在历史问题上制造事端,否认甚至歪曲、美化侵略历史,极大地伤害中国人民感情,干扰了中日关系的正常发展。希望日本政府认真总结这方面的经验教训,真正遏制国内否认和歪曲历史的势力,并对年轻一代进行正确的历史观教育。小渊首相同意为发展面向未来的两国关系,首先有必要正视历史。1995年发表的日本内阁总理大臣谈话,对日本过去的殖民统治和侵略表明了深切反省和由衷道歉。小渊首相代表日本政府再次向中国人民表示反省和道歉,并表示日本基于对过去的诚恳认识,第二次世界大战后一直坚持走和平发展道路,今后也不走军事大国道路。

关于台湾问题,江主席强调,日方在《中日联合声明》中明确表示承认中华人民共和国中央人民政府是代表中国的唯一合法政府,充分尊重和理解中国政府关于台湾是中华人民共和国领土不可分割的一部分的立场。《中日和平友好条约》又确认了《中日联合声明》的各项原则,不仅从政治和法律上解决了台湾的归属问题,而且为正确处理涉台问题确立了明确的指导原则。希望日本政府切实信守承诺,妥善处理台湾问题。小渊首相表示,日本政府恪守《日中联合声明》所确定的原则,并重申中国只有一个,日本决不支持台湾"独立",将继续只同台湾维持民间和地区性往来。

两国领导人本着以史为鉴、面向未来的精神,认真回顾和总结了中日关系发展历史正反两方面的经验教训,在此基础上发表了《关于建立致力于和平与发展的友好合作伙伴关系的联合宣言》,对21世纪的中日关系作出了定位。《中日联合宣言》在1972年的《中日联合声明》和1978年的《中日和平友好条约》两个文件基础上,全面总结了两国交往正反两方面经验教训,为新世纪中日关系的健康稳定发展指明了方向。

中国驻日本大使王毅撰文指出,《中日联合宣言》的重要意义主要体现在以下几个方面:一是首次确认中日关系对两国均为最重要的双边关系之一,宣布建立致力于和平与发展的友好合作伙伴关系,从而明确了对方在本国对外关系中的重要地位,为两国关系的发展提出了新的目标。二是就正确对待及处理历史和台湾问题达成了新的重要共识。宣言中首次写明,正视过去以及正确认识历史,是发展中日关系的重要基础。日方则首次以书面形式承认对华侵略并再次表示深刻反省。在台湾问题上,日方承诺遵守"一个中国"原则,只同台湾维持民间和地区性往来。三是明确中日关系已超越双边范畴,具有地区和世界意义,双方在维护和平、促进发展方面负有重要责任;一致认为建立公正、合理的国际政治经济新秩序是国际社会的共同愿望。①

《中日联合宣言》承前启后、继往开来,为两国发展面向新世纪的友好合作确立了一系列新的原则和行动指南。《宣言》在酝酿过程中,双方约定发表时无须两国领导人签字,但其重要意义并不亚于已签字发表的声明或条约,是中日双边关系名副其实的第三项纲领性文件。

中日领导人还以联合新闻公报的形式,对两国面向21世纪加强在各领域

---

① 王毅:《中日联合宣言确立新世纪行动指南》,《人民日报》2005年4月28日。

的友好交流与合作作出了长远展望和全面规划。此次访问中,双方签署了一系列文件,确定约33项重大合作项目,构成了友好合作伙伴关系充实而具体的内容。其中《中日关于在科学与产业技术领域开展交流与合作的协议》提出两国将继续扩大和充实双边在贸易、投资等经济领域的合作关系,加强科学技术、产业技术领域的官方与民间交流与合作,积极推动产业技术的转让,推动日本企业机构参与中国中西部地区的经济开发。①《中日面向21世纪的环境合作的联合公报》选择大连、重庆和贵阳作为试点城市,由中日合作首先解决防治城市大气污染问题,进而开展防治水污染等方面的合作,向建设环保模范城市的目标努力。此外,双方还将在其他100个中国城市共同建设环境信息网络系统。②《中日关于进一步发展青少年交流的框架合作计划》则提出要提高文化交流的质量,扩大交流领域,为友好合作伙伴关系奠定坚实的基础。计划确认将继续扩大和加强两国青少年的交流活动,在此后5年内争取实现15 000人规模的青少年互访,同时支持中日青年教师和学生、行政官员、经济界人士、科学家、艺术家和运动员等各个群体的交流沟通,加强互派留学生工作。③

第四节　中国同欧洲、北美、大洋洲各国关系的发展

中国同西欧国家关系的改善和发展

在当代国际关系中,西欧国家一直处于举足轻重的地位。中国与西欧国家虽有社会制度和意识形态上的不同,但是,中国与西欧国家之间没有根本的利害冲突。在政治上,中国与西欧国家都反对超级大国的霸权主义和扩张主义。中国将西欧国家看作是一支维护世界和平、制约战争的重要力量,并支持西欧国家奉行独立自主的对外政策和推动世界向多极化方向发展的主张。在经济上,中国与西欧国家可以相互取长补短,促进共同的发展。因此,大力发展同西欧国家的长期稳定的友好合作关系,是中国对外政策的一个重要组成部分。

20世纪70年代末,中国已同24个西欧国家中的21个国家建立了外交关系。其中除圣马力诺与中国为领事级外交关系外,其他20国均为大使级外交

---

① 蒋立峰:《江泽民主席访问日本意义重大》,《日本学刊》1999年第1期,第25页。
② 谷野作太郎:《日中关系展望——关于江泽民主席访日的思索》,《战略与管理》1999年第2期,第19—22页。
③ 蒋立峰:《江泽民主席访问日本意义重大》,第25—26页。

关系。进入 80 年代,随着中国外交政策的调整,中国与西欧各国都十分重视加强相互之间的关系。至 1989 年夏季前,中国同西欧各国的关系发展平稳、顺利。其主要表现是:

第一,双方高层领导互访频繁,政治关系不断加深。

在此期间,中国出访西欧国家的主要领导人有:国家主席李先念于 1984 年 11 月访问了西班牙、葡萄牙和马耳他三国,于 1987 年 11 月访问了法国、意大利、卢森堡和比利时四国。中国总理于 1984 年 5 月访问了法国、比利时、瑞典、丹麦、挪威、意大利六国,于 1985 年访问了英国、联邦德国和荷兰三国,于 1986 年 7 月访问了希腊和西班牙。中共中央总书记胡耀邦于 1986 年 6 月访问了英国、联邦德国、法国和意大利四国。外交部长黄华于 1982 年 6 月访问了联邦德国、卢森堡和葡萄牙。外交部长吴学谦于 1986 年 5 月访问了芬兰、瑞典、挪威、丹麦、比利时、卢森堡和爱尔兰七国,于 1987 年 3 月访问了意大利、圣马力诺、联邦德国和瑞士,于 1988 年 3 月访问了英国。外交部长钱其琛于 1989 年 1 月访问了法国和联邦德国。

同一时期,西欧国家主要领导人访华的有:意大利总统佩尔蒂尼(1980 年 9 月)、法国总统德斯坦(1980 年 10 月)、荷兰首相范阿赫特(10 月)、瑞典首相费尔丁(1981 年 4 月)、比利时国王博杜安一世和王后(5 月)、瑞典国王卡尔十六世古斯塔夫和王后(9 月)、丹麦首相约恩森(10 月)、卢森堡首相维尔纳(1982 年 4 月)、马耳他总理明托夫(6 月)、英国首相撒切尔夫人(9 月)、联邦德国总统卡斯滕斯(10 月)、法国总统密特朗(1983 年 5 月)、联邦德国总理科尔(1984 年 10 月)、挪威首相维洛克(11 月)、英国首相撒切尔夫人(12 月)、葡萄牙总统埃亚内斯(1985 年 5 月)、比利时首相马尔滕斯(4 月)、马耳他总统巴巴拉女士(8 月)、西班牙首相冈萨雷斯(9 月)、奥地利总统基希施莱格(9 月)、卢森堡首相桑特尔(9 月)、丹麦首相施吕特(1986 年 3 月)、希腊总理帕潘德里欧(4 月)、芬兰总理索尔萨(9 月)、英国女王伊丽莎白二世(10 月)、冰岛总理赫尔曼松(10 月)、意大利总理克拉克西(10 月)、瑞典首相卡尔松(1987 年 4 月)、葡萄牙总理席尔瓦(4 月)、荷兰首相吕贝尔斯(5 月)、联邦德国总理科尔(7 月)、卢森堡副首相兼外交大臣普斯(8 月)、丹麦英格丽德王太后(9 月)、奥地利联邦议会议长希登-索梅尔(11 月)、挪威首相布伦特兰夫人(1988 年 1 月)、圣马力诺执政官(国家元首)泰伦和扎费拉尼(2 月)、意大利外长安德雷奥蒂(3 月)、希腊总统萨采塔基斯(4 月)、爱尔兰总统希勒里(5 月)、葡萄牙外长皮涅伊罗(6 月)、芬兰总统科伊维斯托(10 月)、联邦德国副总理兼外长根舍(10 月)。

通过上述高层领导人的互访,增进了中国与西欧国家之间的相互了解,并建立起多层次和多种形式的政治磋商,从而进一步推动了双边关系的发展。

第二,解决了历史遗留的香港和澳门问题。

进入20世纪80年代,解决历史上遗留下来的香港和澳门问题,已经提上了议事日程。1982年9月,英国首相撒切尔夫人对中国进行了首次访问。访问期间,撒切尔夫人同中国领导人就共同关心的国际问题以及香港前途问题进行了深入的讨论。9月24日,中央军委主席、中央顾问委员会主任邓小平在会见撒切尔夫人时指出:"我们对香港问题的基本立场是明确的。""坦率地讲,主权问题不是一个可以讨论的问题。现在时机已经成熟了,应该明确肯定:1997年中国将收回香港。就是说,中国要收回的不仅是新界,而且包括香港岛、九龙。中国和英国就是在这个前提下来进行谈判,商讨解决香港问题的方式和办法。"为了继续保持香港的繁荣,"中国收回香港后,在中国的管辖之下,实行适合于香港的政策。香港现行的政治、经济制度,甚至大部分法律都可以保留,当然,有些要加以改革。香港仍将实行资本主义,现行的许多适合的制度要保持"。"至于说一旦中国宣布1997年要收回香港,香港就可能发生波动,我的看法是小波动不可避免,如果中英两国抱着合作的态度来解决这个问题,就能避免大的波动。我还要告诉夫人,中国政府在作出这个决策的时候,各种可能都估计到了。我们还考虑到了我们不愿意考虑的一个问题,就是如果在十五年的过渡时期内香港发生严重的波动,怎么办?那时,中国政府将被迫不得不对收回的时间和方式另作考虑。""我们建议达成这样一个协议,即双方同意通过外交途径开始进行香港问题的磋商。前提是1997年中国收回香港,在这个基础上磋商解决今后十五年怎样过渡得好以及十五年以后香港怎么办的问题。"①后经中英两国领导人的会谈,双方同意今后通过外交途径就解决香港问题进行商谈。从1983年起,双方经过22轮慎重和耐心的谈判,中英两国终于就中国恢复对香港行使主权的问题达成协议,并于1984年9月26日在北京草签了关于香港问题的联合声明。

1984年12月18日,撒切尔夫人再次来华。19日下午,中国总理和撒切尔夫人分别代表本国政府签署了《中英关于香港问题的联合声明》。1985年5月27日,中英双方互换批准书后《联合声明》正式生效。《联合声明》规定,中华人民共和国政府于1997年7月1日对香港行使主权。为了继续保持香港的繁荣

---

① 《邓小平文选》第3卷,第12—15页。

和稳定,中国政府将在香港采取一系列特殊政策,并在五十年内不予改变。香港问题的圆满解决,为香港长期繁荣和稳定提供了坚实基础。这是中英两国共同努力的结果,也是中英两国关系历程中的一个里程碑。

中共中央顾问委员会主任邓小平在当天谈到中英关于香港问题的协议时说:"我们两国领导人就香港问题达成协议,为各自的国家和人民做了一件非常有意义的事情。香港问题已经有近一个半世纪的历史,这个问题不解决,在我们两国和两国人民之间总是存在着阴影。现在这个阴影消除了,我们两国之间的合作和两国人民之间的友好前景光明。"①

撒切尔夫人完全赞同邓小平的评价,并特别赞扬了邓小平提出的"一国两制"的构想是最有天才的创造。②

邓小平说:"人们担心中国在签署这个协议后,是否能始终如一地执行。我们不仅要告诉阁下和在座的英国朋友,也要告诉全世界的人:中国是信守自己的诺言的。"关于1997年后香港还要保持现行的资本主义制度五十年不变,邓小平说:"这也是从中国的实际出发的。中国现在制定了一个宏伟的目标,就是国民生产总值在两个十年内,即到本世纪末翻两番,达到小康水平。就是达到了这个目标,中国也不算富,还不是一个发达国家。""中国要真正发达起来,接近而不是说超过发达国家,那还需要三十年到五十年的时间。如果说在本世纪内我们需要实行开放政策,那么在下个世纪的前五十年内中国要接近发达国家的水平,也不能离开这个政策,离开了这个政策不行。""所以我们讲'五十年',不是随随便便、感情冲动而讲的,是考虑到中国的现实和发展的需要。""如果开放政策在下一个世纪前五十年不变,那么到了后五十年,我们同国际上的经济交往更加频繁,更加相互依赖,更不可分,开放政策就更不会变了。"③

撒切尔夫人表示,她相信"一国两制"的构想是行得通的。对外开放政策也必将给中国的现代化建设事业带来很大的好处。④

中英两国政府关于香港问题的联合声明的正式签署,对中英两国关系的发展有着深远影响。它不仅是中英两国关系中的大事,也是当代国际政治中的重大事件。它为国际上以和平谈判方式解决历史遗留下来的问题树立了一个范例,因而受到国际社会的重视和欢迎。

---

① 《邓小平文选》第3卷,第101页。
② 《邓小平李先念胡耀邦分别会见撒切尔夫人》,《人民日报》1984年12月20日。
③ 《邓小平文选》第3卷,第101—103页。
④ 《邓小平李先念胡耀邦分别会见撒切尔夫人》,《人民日报》1984年12月20日。

中英两国通过谈判圆满地解决了香港问题之后,中国和葡萄牙通过谈判解决澳门问题的条件也告成熟。早在1979年中葡两国谈判建交时,两国政府曾就澳门问题达成原则谅解,肯定了澳门是中国的领土,至于归还的时间和细节,将由两国政府在适当的时候谈判解决。1984年12月,国家主席李先念访问葡萄牙时,曾同葡领导人就澳门问题交换了意见。1985年5月,中国总理同来访的葡萄牙总统埃亚内斯就解决澳门问题进行了友好的磋商,双方认为通过谈判解决这一问题的时机已经成熟,同意于1986年上半年在北京开始外交谈判。

此后,从1986年6月至1987年3月,中葡双方经过四轮谈判,对中葡两国政府《关于澳门问题的联合声明》草签文本达成协议。同年4月13日,中葡两国总理代表各自政府在北京正式签署了《中葡关于澳门问题的联合声明》。《联合声明》宣布,中华人民共和国将于1999年12月20日对澳门恢复行使主权。1988年1月15日,中葡两国在北京互换了《联合声明》的批准书,澳门从此进入过渡时期。联合声明的签署和生效,是当代国际关系的又一件大事。它标志着澳门旧时代的结束和新时代的开始。它为中葡两国友好合作关系开辟了新的前景,也为澳门长期稳定发展提供了坚实的基础。

中共中央顾问委员会主任邓小平在会见葡萄牙总理席尔瓦时说,在不长的时间内,中葡解决了澳门问题。我们提出的"一国两制"的构想看来是成功的。用这种方式解决澳门这样的问题,可以说为解决国际争端和消除国际热点提供了一点经验。邓小平说,席尔瓦总理这次访问意义十分重大。一是解决了我们两国之间历史上的重大问题,即澳门问题;二是开辟了我们两国间的新关系,结束过去,走向未来。席尔瓦说,通过这次访问他相信中国的开放和改革政策是不会改变的。邓小平说,这个政策至少七十年不会变。中国越发达,与国际上千丝万缕的关系越断不了。国际上需要中国市场,中国需要国际市场,怎么变得了?①

第三,经济贸易和科学技术合作关系发展顺利。

进入20世纪80年代,中国同西欧国家之间开展了多种形式的经济合作,双方的经贸关系不断扩大。根据中国海关总署统计,1986年中国同西欧国家的贸易总额达133亿多美元,其中中国出口额为43.3亿美元;进口额为90多亿美元。② 1988年中国同西欧国家的贸易总额为146.82亿美元,其中中国出口额为

---

① 《邓小平李先念彭真分别会见席尔瓦》,《人民日报》1987年4月14日。
② 《中国外交概览(1987)》,第262页。

52.17亿美元;进口额为94.65亿美元。① 1989年1月至6月中国同西欧国家的贸易总额为75.23亿美元,比1988年同期增长22.42%,其中中国出口增长0.34%,进口增长36.1%。② 在此期间,在中国的技术设备进口中,西欧国家一直保持了第一大贸易伙伴的地位。

第四,教育、文化、军事等领域的合作与交流有较大的发展。

在1989年6月前,中国同西欧国家间每年都相互派出多起教育、文化、演出、展览、军事等方面的代表团进行互访。根据中国国家教委的统计,1989年(主要是上半年)中国派往西欧国家的留学人员为1244人,西欧国家在中国的留学人员为339人。③

1989年春夏之交,中国发生政治风波后,西欧国家同中国的关系出现逆转。西欧一些国家在政治、经济等方面对中国采取了不同程度的制裁措施,有些国家还借所谓人权问题对中国施加压力。中国政府对这些西欧国家的反华行为进行了多次的严正交涉。中国政府申明,中国愿在和平共处五项原则的基础上发展同西欧国家的友好合作关系,但决不能容忍任何国家干涉中国的内部事务,也决不会屈服于任何外来的压力。

"实践证明中国有抵抗制裁的能力。中国经济发展虽然受了一些影响,但影响不大。"④在邓小平同志的"冷静观察"、"稳住阵脚"和"沉着应付"方针的指导下,中国政局迅速走向安定团结,经济不断发展。这样,大约从1990年10月起,中国同西欧国家的关系又逐渐得到恢复和改善。其主要表现是:

第一,高层互访逐渐恢复并日益增多。

1990年10月,欧共体12国外长卢森堡会议决定恢复对华关系,取消了对高级官员访华的限制。1991年7月,又决定取消对政府首脑级官员访华的限制。这样,双方高层的互访逐渐增多。从1990年11月到1995年10月,西欧国家访华的主要高级官员有:西班牙外交大臣奥多涅斯(1990年11月)、英国外交大臣赫德(1991年4月)、英国首相梅杰(9月)、意大利总理安德雷奥蒂(9月)、马耳他总统塔博恩(12月)、英国首相特使、外交部副次官科尔斯(1992年7月)、芬兰外长韦于吕宁(10月)、德国外长金克尔(10、11月)、西班牙首相冈萨雷斯(1993年2月)、奥地利总理弗拉尼茨基(4月)、比利时国王阿

---

① 《中国外交概览(1989)》,第271页。
② 《中国外交概览(1990)》,第256页。
③ 同上。
④ 《邓小平文选》第3卷,第359页。

尔贝亲王和葡萄牙外长巴罗佐(5月)、英国外交大臣赫德(7月)、丹麦外交大臣彼得森(10月)、德国总理科尔(11月);荷兰外交大臣科伊曼斯(1994年3月)、法国总理巴拉迪尔、葡萄牙总理席尔瓦、芬兰总理阿霍和冰岛外长汉尼巴尔松(4月)、马耳他总理阿达米(6月)、爱尔兰副总理兼外长斯普林(9月)、挪威外交大臣戈达尔(10月)、意大利外长马尔蒂诺(11月)、冰岛总理奥德松(12月);西班牙国王卡洛斯一世和王后(1995年3月)、葡萄牙总统苏亚雷斯、瑞士联邦委员兼外长科蒂(4月)、荷兰首相科克(6月)、冰岛总统芬博阿多蒂尔(8月)、奥地利总统克莱斯蒂、意大利外长阿涅利(9月)、希腊外长帕普利亚斯、瑞典外交大臣瓦伦(10月)、挪威首相布伦特兰、德国总理科尔(11月)等。

同一时期内,中国主要领导人访问西欧国家的有:国家主席江泽民于1993年11月访问了葡萄牙,于1994年9月在访问了俄罗斯、乌克兰后访问了法国。在访法期间,江泽民在法国雇主协会、巴黎工商会和法中委员会举办的演讲会上,就中国改革开放、中法关系和中国同西欧国家关系等重要问题发表了重要讲话,并提出了中国发展同西欧国家关系的四项原则:一、面向21世纪,努力发展长期稳定的友好合作关系;二、相互尊重,求同存异;三、互补互利,促进共同发展;四、加强在国际事务中的磋商与合作。① 江泽民还于1995年7月访问了荷兰和德国。国家副主席荣毅仁于1993年9月访问了葡萄牙和西班牙。

中国总理李鹏于1992年1月和2月访问了意大利、瑞士、西班牙和葡萄牙,于6月访问了芬兰,于1994年7月访问了德国和奥地利。钱其琛外长于1991年2月和3月访问了葡萄牙、西班牙、希腊、马耳他,于10月访问了奥地利,于1992年3月访问了英国、德国和比利时,于1993年5月访问了荷兰、瑞典、意大利和德国,于1994年2月访问了法国,于7月访问了芬兰,于1995年4月访问了冰岛,于10月访问了英国、爱尔兰和卢森堡。

此外,在此期间,中国与西欧国家间还有副总理、副首相、政府其他各部正副部长多人次,以及社会知名人士进行了互访。如英国前首相撒切尔夫人和希思、比利时前首相廷德曼斯、意大利前总理德米塔、葡萄牙前总统戈麦斯元帅等也都先后访问了中国。通过互访,进一步增强了彼此的了解,密切了双方的友好合作关系。

1994年6月,中国同安道尔公国建立了正式外交关系。1995年1月,中国

---

① 《江泽民主席在法国发表重要讲话》,《人民日报》1994年9月13日。

又同摩纳哥公国建立了领事级外交关系。至此,中国已同除梵蒂冈外的所有西欧国家建立了外交关系。

第二,经贸关系走向正常并有新的发展。

自欧共体于 1990 年 10 月恢复对华关系,并取消禁止向中国提供发展援助、出口信贷和商业贷款的限制后,中国同西欧国家的进出口贸易发展迅速。据中国海关统计,1991 年中国同西欧国家的商品贸易总额达 173.02 亿美元,比 1990 年增长 11.38%,其中中国出口为 73.23 亿美元,进口 99.79 亿美元,分别比 1990 年增长 19.52% 和 6.08%。① 此时,西欧国家已成为中国的第二大贸易伙伴(仅次于日本)。此后,中国同西欧国家的贸易增长迅速。1992 年为 198 亿美元,比上年增长 14.5%。② 1993 年为 295 亿美元,比 1992 年增长 48.9%。③ 1994 年达 356.44 亿美元,比 1993 年增长 20.8%。④ 1995 年又上升为 421.65 亿美元,比 1994 年增长 18.3%,其中中国出口为 197.44 亿美元,进口为 224.2 亿美元,分别比 1994 年增长 22.3% 和 13.6%。⑤

第三,科技、文教等领域的交流与合作发展正常并有扩大。

自 1991 年起,中国同西欧一些国家的科技混合委员会又都陆续恢复举行,并签订了一些新的科技合作协定。此外,中国同西欧国家的文化交流与教育领域的合作也都取得了新的成果。

综上所述,自 1990 年 10 月起,中国同西欧国家在各方面的关系迅速得到恢复并不断有新的发展。但在双方的关系中也存在一些问题,这主要是有些西欧国家继续利用所谓人权和西藏问题对中国施加压力。还有少数西欧国家违反同中国的建交协议,在台湾问题上制造纠纷。针对上述种种,中国政府都进行了严正的交涉。

在中国同西欧国家恢复和发展关系的过程中,有几个国家的情况值得做些单独的说明。首先,南欧的意大利最早同中国恢复和改善了关系。在担任欧共体轮值主席国期间,意大利积极推动欧共体改善对华关系和取消对华制裁措施。1991 年 9 月,意大利总理安德雷奥蒂应邀访华时说,去年海湾战争爆发后,意中两国进行了良好合作,中国作为安理会常任理事国发挥了重要的作用。现

---

① 《中国外交概览(1992)》,第 260 页。
② 《中国外交概览(1993)》,第 298 页。
③ 《中国外交概览(1994)》,第 335 页。
④ 《中国外交概览(1995)》,第 364 页。
⑤ 《中国外交(1996)》,第 378 页。

在,世界正在发生深刻的变化,意中两国领导人进行对话十分重要,这有利于世界实现平衡。中意双边关系已取得了显著进展,意大利愿意在各个领域进一步发展双边关系,并已将中国列为意大利发展援助计划中第一类优先国家,意政府将鼓励私人企业来华投资,兴办合资企业。① 从1991年起,意大利成为中国在西欧国家中仅次于德国的第二个最大贸易伙伴。据中国海关统计,1991年中意两国进出口贸易总额为23.9亿美元。② 此后,中意贸易额逐年增长,至1995年达到51.8亿美元③,四年中增长116.7%,其中中国出口20.7亿美元,进口31.1亿美元④,分别比四年前增长122.1%和113.3%。

在中意两国恢复、改善关系的同时,中国同葡萄牙的关系也逐步得到恢复和发展。1990年6月,葡萄牙总理席尔瓦强调,"孤立一个拥有10亿人口的国家是不可能的",葡萄牙反对孤立中国。⑤ 此外,在澳门进入过渡期后,中葡两国为贯彻执行关于澳门问题的联合声明进行了良好的合作,并取得了积极的成果。1993年3月31日,八届全国人大一次会议审议通过了《中华人民共和国澳门特别行政区基本法》,以及全国人民代表大会《关于中华人民共和国澳门特别行政区基本法》的决定;关于设立中华人民共和国澳门特别行政区决定;关于澳门特别行政区第一届政府、立法会和司法机关产生办法的决定;关于批准澳门特别行政区基本法起草委员会关于设立全国人民代表大会常务委员会澳门特别行政区基本法委员会的建议的决定。1995年,中葡两国继续就澳门过渡时期的有关问题进行了认真的磋商,并取得了广泛的进展。同年4月,葡萄牙总统苏亚雷斯在应邀访华期间表示,发展葡中关系是葡萄牙各界人士的共识,葡萄牙政府将积极推动两国关系的进一步发展。苏亚雷斯总统对葡中两国在解决澳门问题上的良好合作表示满意。他说,葡中必须很好地解决澳门问题,以确保澳门的长期稳定发展,保证澳门平稳过渡和政权的顺利交接,使澳门问题的圆满解决成为国与国之间解决有争议问题的典范。⑥ 10月16日,中国银行正式在澳门发行货币。12月8日,国家副主席荣毅仁应葡总统苏亚雷斯和澳门总督韦奇立的邀请,出席了澳门国际机场正式启用典礼。据中国海关统计,1995年中国同葡萄牙的进出口贸易总额为1.446亿美元,比1994年增长60.6%,

---

① 《中意两国总理举行会谈》,《人民日报》1991年9月16日。
② 《中国外交概览(1992)》,第295页。
③ 《中国外交(1996)》,第438页。
④ 同上。
⑤ 《葡萄牙反对孤立中国》,《人民日报》1990年6月9日。
⑥ 《江泽民主席同苏亚雷斯总统会谈》,《人民日报》1995年4月12日。

其中中国出口为 1.06 亿美元,进口为 3864 万美元,分别比上一年增长 42.3% 和 148.3%。①

德国在恢复与改善对华关系方面,开始时行动较为迟缓,但自 1992 年末开始,步伐加快。同年 10 月底至 11 月初,德国外长金克尔在访华期间说,我这次访华的时机很好,正值两国建交 20 周年。这次访问标志两国关系恢复正常。德中关系近几年中有一些困难,但我们应采取向前看的态度。德国对扩大同中国的合作怀有很大的兴趣,并对此做了充分的准备。中国在世界上有重要的地位,德国把中国视为最重要的国际伙伴之一。他还说,我们应当同经济发展迅速、市场潜力巨大的中国发展更加密切的合作关系。② 12 月 10 日,德国联邦议院通过决议,决定同中国实现关系正常化,从而取消了联邦议院 1989 年作出的制裁中国的决议,同时取消了德国对华出口贸易的限制。③ 自 1991 年初起,台湾多次要求购买德国潜艇。以科尔总理为主席的德国联邦安全委员会于 1993 年 1 月 28 日作出决定,拒绝批准向台湾出售潜艇。德国外长金克尔认为,向台湾出售军火将损害同中国的关系,也违反德国不向"局势紧张地区"出口武器的立场。④ 同年 11 月,科尔总理的访华更使中德关系进入了新阶段。他说,这次来访的目的是要加强德中两国在各个领域的合作,赋予德中关系新的质量。德中关系应该迈出新的步伐,应取得更多的成果。⑤ 访问期间,中德两国签署了一系列有关经贸、科技、文化等领域的合作与交流协议。中德双方签署的有关项目合同金额总计达 29.27 亿美元。⑥ 1994 年 7 月,中国总理李鹏对科尔访华进行回访。他在访德期间,提出了发展对德关系的四项原则:一、着眼未来,长期友好;二、相互尊重,增加信任;三、在平等互利的基础上进一步发展经济关系;四、加强相互磋商,扩大合作领域。⑦ 通过访问,双方一致认为要从战略高度看待和处理两国关系,着眼 21 世纪,全面加强在政治、经济、文化等领域的友好合作关系。进入 20 世纪 90 年代以来,在西欧国家中,德国一直保持了中国的第一大贸易伙伴地位,而且,双方的贸易额逐年增长。据中国海关统计,1995 年中德两国的进出口贸易总额为 137.1 亿美元,比上年增长 15.2%,其中国出口为

---

① 《中国外交(1996)》,第 447 页。
② 《新华月报》1992 年第 11 期,第 134 页。
③ 《德中关系实现正常化》,《人民日报》1992 年 12 月 12 日。
④ 《德国联邦安全委员会拒绝批准向台湾出售潜艇》,《人民日报》1993 年 1 月 29 日。
⑤ 《新华月报》1993 年第 11 期,第 133 页。
⑥ 《中国外交概览(1995)》,第 350 页。
⑦ 《中国的改革开放和中德合作关系》,《人民日报》1994 年 7 月 6 日。

56.7亿美元,进口为80.4亿美元,分别比上年增长19.1%和12.6%。①

在西欧国家中,英法也是属于较早同中国恢复与改善关系的国家。但是,在它们同中国的双边关系中曾出现过严重困难。法国于1990年开始逐步改善对华关系。当年1月,法国政府曾作出不向台湾出售6艘护卫舰的决定。"中国政府对此做出积极的评价"②。但是,法国达索等公司却在1992年11月18日同台湾签订了出售60架幻影2000-5型战斗机合同。为此,田增佩副外长于11月26日召见法国大使,向法国提出最强烈抗议,并指出"中国政府严正要求法国政府恪守中法建交原则,取消售台战斗机合同。如果法方不顾中方的强烈反对,一意孤行,坚持其侵犯中国主权、危害中国安全的错误做法,中方将不得不作出强烈反应"③。与此同时,全国人大、全国政协和经贸部发言人也都发表声明,支持中国政府向法国提出的强烈抗议。12月23日,外交部副部长姜恩柱又召见法国驻华大使,指出"法国政府不顾中方的强烈反对,坚持向台湾出售战斗机,严重侵犯中国主权和安全,干涉中国内政,干扰和破坏中国的和平统一大业,这是中方决不能容忍的"。"法国政府的行为已对两国关系的基础造成严重的损害。"为此,"我奉命通知如下:中方要求法方在一个月内关闭驻广州总领馆"④。此后在广州地铁及广州第二核电站的工程中又将法国公司排除在外。在此情况下,1992年中法双边贸易总额为22.5亿美元⑤,比1991年下降2.39%。

1993年,中法两国关系仍继续面临严重困难。但巴拉迪尔新政府于3月上台后,有改善对华关系的意向,并派遣总理特使弗里德曼于7月和12月两次来华商谈改善两国关系问题。经过会谈,双方达成了协议,并于1994年1月12日发表了《中法两国政府联合公报》。《公报》宣称:"双方认为,中法两国应在建交原则的基础上,恢复传统的友好合作关系。""中国方面重申了在台湾问题上的一贯原则立场。法国方面确认,法国政府承认中华人民共和国政府是中国的唯一合法政府,台湾是中国领土不可分割的一部分。""中国方面重申,向台湾出售任何武器都损害中国的主权、安全和统一,是中国政府坚决反对的。考虑到中方的关切,法国政府承诺今后不批准法国企业参与武装台湾。""中国政府与

---

① 《中国外交(1996)》,第397页。
② 《中国赞赏法国不向台湾出售军舰的决定》,《人民日报》1990年1月19日。
③ 《中国政府向法国提出最强烈抗议》,《人民日报》1992年11月27日。
④ 《要求法限期关闭驻穗总领馆》,《人民日报》1992年12月24日。
⑤ 《中国外交概览(1993)》,第337页。

法国政府愿意加强政治磋商,举行定期会晤,发展两国间的经贸合作。中方表示,欢迎法国企业在中国市场上平等参与竞争。"①

1994年,是中法建交三十周年。钱其琛外长在1月27日的纪念宴会上说,不久前,中法两国政府就改善两国关系达成了协议,使中法关系又翻开了新的一页。他强调,中法关系不仅要看到现在,而且还要着眼于21世纪。中国同法国保持长期稳定的友好合作关系,是国际上一种稳定和平衡的因素。② 1月22日至24日,钱其琛外长应邀访问法国。4月,巴拉迪尔总理在外交部长、工业和外贸部长的陪同下对中国进行了成功的访问。此后,中法两国在政治、经贸、科技、文化等领域的合作关系都逐渐得到了发展。1995年5月,希拉克当选法国总统后,中法两国在各个领域的关系又有新的发展。据中国海关统计,1994年,中国同法国的进出口贸易总额为33.63亿美元③,1995年更上升为44.9亿美元,比上年增长了33.5%,其中中国出口为18.42亿美元,进口为26.48亿美元。④

英国自1990年逐步恢复和改善对华关系。梅杰首相在1991年9月访问了中国。经过会谈,两国领导人签署了《关于香港新机场建设及有关问题的谅解备忘录》。访问结束时,双方于9月3日发表了《中英联合公报》。双方认为,上述谅解备忘录的签署生效,将使适应香港日益增长需要的新机场建设工作得以尽快进行,并使香港作为国际和地区航空中心的地位得到保持和提高。双方强调两国政府在香港问题上合作的重要性,并重申,在今后的六年中,双方将按照联合声明,密切磋商和合作,以实现香港1997年政权的顺利交接和保证香港的长期繁荣稳定。⑤

1992年4月,英国政府任命彭定康为香港新总督。他上任后不久,便于10月7日在向立法局所作的施政报告中提出要对香港现行的政治体制进行重大改变,即"政改方案"。这就使中英两国在香港问题上的磋商与合作遇到了严重困难。

10月8日,国务院港澳办和外交部发言人分别发表谈话指出,港督事先未与中方磋商,便要对香港的政治体制进行重大改变,这显然不符合中英联合声

---

① 《中法两国政府联合公报》,《人民日报》1994年1月13日。
② 《中法关系翻开新的一页》,《人民日报》1994年1月28日。
③ 《中国外交概览(1995)》,第416页。
④ 《中国外交(1996)》,第433页。
⑤ 《中英联合新闻公报》,《人民日报》1991年9月4日。

明有关双方在香港后过渡期加强磋商与合作、共同审议为平稳过渡所要采取的措施的规定和精神,必将给香港的平稳过渡和政权的顺利交接造成障碍。中方一向主张,香港现行政制不应大变,政治体制的发展必须与基本法衔接。这是保证香港繁荣稳定和平稳过渡的重要前提。①

10 月 20 日至 23 日,港督彭定康应邀来京访问。钱其琛外长在会见彭定康时说,中英 1984 年签署关于香港问题的联合声明以后,双方的合作曾是良好的。但港英当局不久前发表的施政报告中提出将对香港的政治体制进行重大改变,这明显违背了中英联合声明的有关规定和精神,违背了英方关于要使香港政治发展同基本法衔接的承诺,违背了中英双方已达成的有关谅解。这种做法损害了香港的繁荣与稳定,并为香港 1997 年的平稳过渡和政权的顺利交接设置障碍。他说,我们希望合作,不希望对抗,港英当局的做法实际上是对合作的挑战。要解决问题还是应该回到根据中英联合声明的规定进行认真磋商的轨道上来。②

1993 年 4 月下旬至 11 月下旬,中英两国就香港 1994/1995 年选举安排问题先后举行了十七轮会谈。尽管中方在谈判中作出了重大努力,但港英当局在中英双方尚未达成协议的情况下,便在 12 月 2 日宣布将于 12 月 15 日将有关香港选举的部分立法草案提交立法局。当天,国务院港澳事务办公室发言人发表谈话提出,对于英方的这种做法,中方绝对不能接受。中方重申:在中英双方未就香港 1994/1995 年选举问题达成协议的情况下,香港立法局通过的任何有关选举的法案,中方都不会接受,1997 年后将根据基本法的有关规定,另起炉灶。③ 12 月 10 日,外交部发言人发表谈话提出,港英当局已于 12 月 10 日将其部分"政制方案"的立法草案刊登了《宪报》。这是英方不顾中方的反对和警告,蓄意破坏中英谈判的又一严重步骤。中方重申,在中英谈判未达成协议前,如港英当局将其"政制方案"提交立法局,就意味着谈判的终止,英方对其后果必须承担一切责任。④ 12 月 27 日,国务院港澳办发言人指出,根据中英联合声明和基本法的规定,中国政府将于 1997 年 7 月 1 日对香港恢复行使主权,英国对香港行政管理权在 1997 年 6 月 30 日终止,香港的政制架构也随之终结。香

---

① 《中方对港督宪制方案深感忧虑》,《人民日报》1992 年 10 月 9 日。
② 《钱其琛会见港督彭定康》,《人民日报》1992 年 10 月 23 日。
③ 《港英立法局通过任何选举法案中方都不会接受而将另起炉灶》,《人民日报》1993 年 12 月 4 日。
④ 《港英将部分政改方案刊登宪报是与中方对抗的又一严重步骤》,《人民日报》1993 年 12 月 11 日。

港的立法局、区议会和两个市政局都属于港英当局政制架构的组成部分,因而有关三级架构任期的所有法律规定,到1997年7月1日,随着英国管治的结束,势将与基本法抵触而全部废止,这三级架构都应于1997年6月30日解散,按照基本法的规定和全国人大的决定重组。①

1994年2月24日,香港立法局通过了关于1994/1995年选举安排的第一阶段立法草案。港英当局还准备将第二阶段立法草案提交立法局讨论。对此,外交部发言人于当天发表谈话说,英方不顾中方的再三劝告,由香港立法局通过了关于1994/1995年选举安排的第一阶段立法草案,并决定将第二阶段立法草案也提交立法局讨论,这充分表明了英方没有与中方合作解决问题的诚意,执意要在错误道路上越走越远。发言人指出,"谈判的大门已被英方关闭,中英在香港政制问题上合作遭到破坏的责任完全在英方。中方重申,在中英双方没有达成协议的情况下,根据港英当局立法产生的三级政制架构都不能跨越到1997年6月30日之后。"针对英方在同一天公开发表的一份有关中英会谈详情的《香港代议政制》白皮书,外交部发言人强调指出,中英双方早在去年谈判开始前,就已达成不向外透露谈判的内容的谅解。英方单方面公开双方会谈的内容违反双方已达成的谅解。中方将不得不作出应有的反应。② 同年6月30日,香港立法局又通过了彭定康的第二部分政改方案。当天,外交部发言人就此事发表声明说,"中英关于香港1994/1995年选举安排问题的谈判由于英方的原因而破裂,这样,香港1994/1995年选举无论采用什么方案,由其所产生的香港立法局、两个市政局和区议会三级政制架构的任期都只能到1997年6月30日为止。在中国恢复对香港行使主权时,香港特别行政区的三级政制架构一定要按照香港基本法的有关规定予以重新组建。"③ 9月29日,钱其琛外长在出席联大期间会晤英国外交大臣赫德时指出,1984年中英签署关于香港问题的联合声明后,当时两国关系还处于最佳时期。但近年来,由于英国在香港问题上的政策发生了变化,两国关系出现了重大波折,对此,我们感到遗憾。现在距中国恢复对香港行使主权的日期日益临近,双方应加快中英联合联络小组的工作,重点应该就跨越1997年的重大事项、平稳过渡、政权交接等问题进行磋商。希望港英当局在此期间不要在未同中方磋商一致的情况下,采取一些单方面的行动,影响香港的平稳过渡和繁荣稳定。赫德表示,香港问题是英中双边关系中

---

① 《港英立法局等三级架构应随英管治结束而终结》,《人民日报》1993年12月28日。
② 《中英谈判的大门已被英方关闭》,《人民日报》1994年2月25日。
③ 《外交部发言人发表谈话》,《人民日报》1994年7月1日。

的一个重要问题,英国愿意打破僵局,在香港问题上同中国合作。①

11月2日,赫德外交大臣在伦敦发表讲话表示,过去两年中,由于英中在香港问题上的政治分歧,两国关系变冷了。他认为,没有必要使这种状况再持续下去。他表示希望加强同中国在政治、经济、文化和教育方面的合作与交流。赫德还表示,英国不想在香港牟取私利,也不想利用香港给中国制造麻烦。英国希望"体面地和有尊严地"离开香港。② 11月3日,中国外交部发言人在回答记者的提问时说,最近,英方表示了改善中英关系、加强中英合作的愿望。中国对此表示欢迎并且希望英方今后能言行一致,多做真正有益于双边关系改善的事情,而不再做有损两国关系的事。③ 同一天,中英双方就香港新机场总体财务安排达成了协议,这对于香港的民生和经济发展是有利的。中方希望英方能够认真履行协议。12月16日,中英联络小组第31次会议在伦敦结束,中英双方在一些问题上达成了协议;在一些较复杂的问题上,双方正朝着争取解决问题的方向迈步;在分歧大的问题上,中方阐述了自己合情合理的主张。中方要求英方将重大法律修改事项提交中英联合联络小组讨论,在双方磋商取得一致前不得采取单方面行动。④

1995年,中英双方在香港问题上的合作有所加强,彼此的关系有所改善。当年4月,钱其琛外长在纽约出席延长核不扩散条约会议期间会晤了英国外交大臣赫德。钱外长说,自去年9月我们在纽约会谈以来,双方在香港问题上的合作有了一些新的进展,中方对英方表现的任何合作意愿及行动都持欢迎态度。现在离中国对香港恢复行使主权只有两年多时间,当前最重要的是双方加强信任,在香港政权交接方面排除干扰,密切合作。根据中英两国有关香港的联合声明,香港政权交接是中英两国之间的交接,任何试图把一些单方面的做法强加给未来特区政府的想法和行动都是有害的,也是行不通的。赫德表示,香港主权将按时移交中国,这不存在任何疑问。英方有信心在此问题上与中方加强合作,同时希望双方共同努力消除仍存在的一些分歧。⑤ 10月1日,钱其琛外长应邀访问英国。他在与梅杰首相会见时说,在过去的三年中,中英关系遇到一些困难的问题。值得高兴的是,最近在双方的共同努力下,中英关系有

---

① 《钱其琛会见英外交大臣》,《人民日报》1994年10月1日。
② 《赫德希望改善对华关系》,《人民日报》1994年11月5日。
③ 《外交部发言人答记者问》,《人民日报》1994年11月4日。
④ 《中英联络小组第三十一次会议结束》,《人民日报》1994年12月18日。
⑤ 《钱其琛会见英外交大臣》,《人民日报》1995年4月20日。

所改善。希望英国政府履行其根据联合声明所承担的义务,在香港问题上能增加合作,多做实事,减少麻烦。香港政权的顺利交接和平稳过渡符合我们双方的利益,对中英双方都意义重大。梅杰表示,英中在香港问题上有重大的共同利益。英国政府将严格履行关于香港问题联合声明中所规定的义务,同中国密切合作,全力以赴,确保香港政权以最平稳的方式过渡。① 12月28日,八届全国人大常委会第十七次会议,表决并任命了以钱其琛为主任的全国人大香港特别行政区筹备委员会委员。在150名委员中,香港委员有94人,约占63%,内地委员56人,约占37%。② 在这一年内,中英联络小组先后召开了第33、34、35次全体会议,以及数十次专家会议,在有关"香港终审法院问题"、"香港新机场问题"、"香港特区护照问题"、"香港过渡期财政预算的编制问题"、"香港政权交接仪式问题"、"香港防务责任的交接问题"等重要议题上或达成协议,或取得突破性进展。

大约自1993年起,英国同中国的年贸易额在西欧国家中占第三位,仅次于德国和意大利。据中国海关统计,1995年中国同英国的进出口贸易总额为47.6亿美元,其中中国出口为27.9亿美元,进口为19.7亿美元。③

中国同欧共体关系的改善和发展

1975年5月6日,中国与欧洲经济共同体达成建交协议。同年9月,中国在布鲁塞尔设立了驻欧洲经济共同体使团,并委派中国驻比利时大使兼任使团团长。1983年11月1日,中国又同欧洲煤钢共同体以及欧洲原子能共同体建立了外交关系,由此实现了中国与欧共体全面建交。

1987年3月31日,欧共体同中国签署了《中华人民共和国政府和欧洲共同体委员会关于在中华人民共和国设立欧洲共同体委员会代表团及其特权与豁免协定》,确认欧洲共同体委员会代表团、团长和代表团成员等享有和承担外国驻中国使馆、馆长、使馆成员等享有和承担的外交特权与豁免和相同的义务。④ 1988年5月,欧洲共同体委员会正式在中国设立了代表团。

自中国同欧共体建交以来,双方的政治、经济、科技、文化等方面的关系一直持续、平稳发展。1989年春夏之交,中国发生政治风波后,欧共体首脑会议于

---

① 《梅杰首相会见钱其琛副总理》,《人民日报》1995年10月4日。
② 《香港特别行政区筹委会委员产生》,《人民日报》1995年12月29日。
③ 《中国外交(1996)》,第412页。
④ 《中国外交概览(1988)》,第311页。

6月27日在马德里发表声明,宣布对中国实行一系列制裁措施。6月29日,中国外交部西欧司负责人紧急约见欧共体现任、上任、下任主席国西班牙、希腊和法国驻华大使及欧共体委员会驻华代表团团长,对此事表示遗憾和强烈愤慨。① 从此,中国同欧共体的关系发生严重倒退。

1990年10月22日,欧共体12国外长会议作出决定,立即取消欧共体在去年6月以后对中国采取的制裁措施,恢复同中国在政治、经济和文化领域的正常关系。第二天,中国外交部发言人发表谈话说,欧共体卢森堡外长会议作出恢复对华关系的决定是明智的。② 此后,中国与欧共体之间的高层互访逐步得到恢复。

1990年9月28日,钱其琛外长在出席联大会议期间,会见了欧共体现任、上任和下任主席国意大利外长、爱尔兰外长和卢森堡外交大臣。钱其琛外长对恢复与欧共体"三驾马车"外长的会晤表示高兴,并希望中国同欧共体进一步发展关系。意大利外长德米凯利斯表示,在当前复杂的国际形势下,欧共体与中国加强关系,对世界和平与稳定具有重要意义。他强调,希望欧共体与中国早日恢复正常关系。③

1994年6月,中国同欧盟④达成进一步加强双方政治对话协议。该协议规定:(1)保持中国外长同欧洲联盟"三驾马车"外长每年一次在联合国大会期间的会晤;(2)中国外长同欧洲联盟"三驾马车"外长不定期地轮流在北京和欧洲联盟主席国的首都或布鲁塞尔举行会晤;(3)中国外长同欧洲联盟驻北京的大使们每半年举行一次会晤;(4)欧洲联盟主席国外长同中国驻欧洲联盟主席国首都的大使每半年举行一次会晤;(5)双方专家(中国外交部西欧司司长同欧洲联盟"三驾马车"主管亚洲事务的司长)不定期地轮流在北京和欧洲联盟主席国的首都或布鲁塞尔举行会晤。⑤ 9月16日、20日和22日,中国驻欧盟"三驾马车"希腊、法国和德国的使节分别通知三国,中方愿意在相互尊重和平等的基础上与欧盟就人权问题进行对话。⑥

9月26日,钱其琛外长在出席联大会议期间会见了欧盟部长理事会主席、

---

① 《中国外交概览(1990)》,第296页。
② 《恢复对华关系是明智的》,《人民日报》1990年10月24日。
③ 《钱其琛会见欧共体三届主席国外长》,《人民日报》1990年9月30日。
④ 根据于1993年11月1日生效的《欧洲联盟条约》(即《马斯特里赫特条约》),欧共体发展成为欧洲联盟,但欧共体作为欧洲联盟的主要组成部分依然存在。
⑤ 《中国外交概览(1995)》,第433—434页。
⑥ 同上书,第434页。

德国外长金克尔,上任主席、希腊外长帕普利亚斯和下任主席、法国外长朱佩,以及欧盟负责对外关系的委员范登布鲁克。双方就中国同欧盟的关系及共同关心的国际和地区问题交换了意见。三国外长对欧盟和中国关系的发展表示满意。他们认为欧盟和中国的政治对话非常重要,对促进双方关系的发展起了积极的作用。钱外长说,双方今年6月就加强政治对话达成的协议为彼此间加强磋商与合作奠定了基础。他还说,中国和欧盟贸易额继续大幅度增长,但欧盟对中国某些产品实行严格的配额限制,使中国受到很大损失,这是不公正的。双方应进行磋商,寻求解决问题的办法和途径。三国外长对此表示理解,并希望能通过磋商尽快予以解决。① 1994年底,欧盟决定最终取消不同中国进行国家元首互访和军事往来的最后两条限制。②

1995年1月25日至26日,中国同欧洲联盟在布鲁塞尔举行了首次人权对话工作级磋商。③ 7月5日,欧洲联盟委员会制订并通过了《欧盟对华战略报告》。欧盟委员会主管对外事务的副主席布里坦在为此举行的记者招待会上强调,这是"欧盟有史以来制订的第一个全面对华政策"。它表明欧盟希望同中国"发展政治、经济和贸易关系,加强双方在所有领域的合作"。布里坦指出,同中国发展关系、加强合作,不仅有利于亚洲和世界的稳定,也"符合欧盟国家的利益"。欧盟委员会制订的这个对华新战略主要包括"建立政治对话、发展经贸关系、加强全面合作和强化欧盟在中国的存在"四个部分。④ 12月4日,欧盟理事会一致通过了《欧盟对华战略报告》。理事会指出,对华战略是在一个"非常重要的时刻",即"中国正在发挥着作为一个主要的经济和政治大国的作用,并正逐步融入国际经济、安全和政治格局中去"的时刻提出的。欧盟认为,"建立一种能够反映中国在世界和地区范围内实际的和潜在的影响的对华关系,是欧洲的优先考虑"。欧盟对华关系的基本目标是维护世界和平、确保外交和安全政策的稳定性,维持一个开放的世界贸易体系,促进持续发展,支持中国逐渐地顺利融入世界经济体系等。欧盟今后对华合作的重点将放在四个领域:开发人才、提供培训和技术援助、发展在商业方面和在环境问题上的合作。⑤

在中国与欧盟的政治关系得到进一步发展的同时,双方在某些问题上也还

---

① 《钱其琛会见克总统及欧盟三国外长》,《人民日报》1994年9月28日。
② 《中国外交概览(1995)》,第434页。
③ 《中国外交(1996)》,第453页。
④ 《欧盟拟订对华战略》,《人民日报》1995年7月7日。
⑤ 《欧盟理事会批准对华战略报告》,《人民日报》1995年12月8日。

存有严重的分歧。1995年6月7日,欧盟主席国法国代表欧盟发表声明,欧盟"对世界各地当然也包括中国的人权状况感到关切","对近两周许多中国持不同政见者和知识分子遭到逮捕表示遗憾,并要求中国迅速予以释放"。中方为此向欧方表示,欧盟声明是对中国内政的粗暴干涉,中国绝对不能接受。希望欧盟以大局为重,不要再做有损双边关系的事,多做有利于双方关系发展的实事。① 12月14日,欧盟主席国西班牙代表欧盟发表声明,对中国依法审判魏京生"深表遗憾",并要求中国"尽快无条件释放这一维护人权的代表人物"。12月16日,欧盟马德里首脑会议在其发表的会议结论文件中也表示了同样的意思。对此,中国外交部发言人于19日在记者招待会上指出,欧盟对纯属中国内政的事务指手画脚,妄加干涉,这是中方绝不能接受的。中欧关系的发展只能建立在相互尊重和互不干涉内政的基础上,任何与此相悖的做法都不利于双边关系的健康发展。②

在经贸关系与科技文化合作方面,自欧共体于1990年10月取消禁止向中国提供发展援助、出口信贷和商业贷款的限制后,欧共体与中国之间的经贸关系有明显的改善。1991年10月,中国欧共体经贸合作混合委员会在北京恢复举行。这一年,中国同欧共体之间的贸易额有较大的增长。据中国海关统计,中国同欧共体12国全年的贸易额为151.4076亿美元,其中中国出口额67.3896亿美元,进口额84.018亿美元,分别比1990年增长15.5%和0.6%。③ 此后,双方进出口贸易额逐年增长。1994年,中国同欧盟12国的贸易总额首次突破300亿美元,达到315.19亿美元,比1993年增长20.7%。其中中国出口145.8亿元,增长24.7%,进口169.39亿美元,增长17.5%。④ 1995年,中国与欧盟的经贸合作继续有较大的发展。双方贸易总额达到403.43亿美元,比1994年增长18.7%,其中中国出口190.9亿美元,进口212.53亿美元,分别比上年增长24%和14.3%。⑤ 多年来,欧盟一直是中国的第三大贸易伙伴,仅次于日本和美国。

在经贸关系方面,中国同欧盟之间也存在一些分歧。1993年11月,中国有关方面曾就欧共体针对中国出口商品的反倾销案不断增多及不公平裁决问题

---

① 《中国外交(1996)》,第454页。
② 《外交部发言人举行记者招待会对欧盟干涉中国内政表示遗憾和不满》,《人民日报》1995年12月20日。
③ 《中国外交概览(1992)》,第306页。
④ 《中国外交概览(1995)》,第435页。
⑤ 《中国外交(1996)》,第457页。

向欧共体方面进行了交涉。① 1994年3月,欧盟理事会颁布共同进口法规,决定对中国的鞋、玩具等7类主要出口商品和15类丝麻产品设置欧盟一级进口数量限制;同时对中国27类产品实施监督,对19个类别丝麻产品的进口实行严格控制。这些限制措施严重影响了中国对欧盟国家的正常出口。中国为此多次向欧盟提出交涉,要求欧盟取消有关限制。② 此后,双方有关部门曾多次在北京、布鲁塞尔就有关问题进行了磋商。1995年11月27日至12月13日,中国纺织品谈判代表团与欧盟代表团在布鲁塞尔就中国—欧盟第五个双边纺织品协议进行了第二、三轮磋商,达成并草签了有效期为三年的协议。协议对中国向欧盟国家出口纺织品的配额年增长率和灵活条款水平等作出了规定。协议还规定,如中国在上述三年内加入世界贸易组织,该协议将中止并自动纳入乌拉圭回合"纺织品及服装协定"自由化进程。③

多年来,中国与欧盟在科技、文化和教育等领域的合作与交流也取得了可观的成果。尤其是双方在环保领域的合作更是取得了显著的成效。

中国同加拿大、澳大利亚、新西兰友好合作的加强

中国与加拿大自1970年10月建交后,双方的友好合作关系一直发展顺利。但1989年春夏之交,中国发生政治风波后,加拿大政府对中国采取制裁措施。后经中国政府进行多次严正交涉,两国关系在1990年逐渐有所恢复和改善,但加政府仍未取消对华制裁。而且,双方在台湾、西藏以及人权问题上仍有较多摩擦。如:1990年9月26日至10月2日,达赖到加拿大进行活动,加拿大负责多元文化事务的国务部长韦纳曾会见达赖;同年12月12日,加拿大政府在中加双方就加、台通航问题进行磋商尚未达成协议前,单方面批准加、台通航;1992年2月15日,在联合国人权委员会第48届会议上,加拿大代表发言时诬称"西藏人权情况仍不能令人满意,一些从事政治活动的宗教人士继续受到迫害和被关押";12月3日,加拿大代表在联大第三委员会上发言时又就"人权"问题对中国进行攻击。④ 针对这些指责,中方都进行了严正的交涉。

1993年3月下旬,加拿大枢密院主席兼宪政事务部长克拉克应邀访华。钱其琛外长在会见克拉克时说,尽管双方在某些问题上有不同看法,但是两国在

---

① 《中国外交概览(1994)》,第398页。
② 《中国外交概览(1995)》,第435页。
③ 《中国外交(1996)》,第459页。
④ 《中国外交概览(1993)》,第364—365页。

许多重要领域有共同的利益。中国政府一贯重视中加关系,并希望双方本着向前看的精神,使两国关系继续得到改善和发展。克拉克强调,他这次来访是加拿大为使加中关系更加正常化而采取的又一步骤。他表示,两国关系中的一些问题完全可以通过平等磋商、互相学习来求得解决。① 同年 5 月,朱镕基副总理应邀访问加拿大。这是近四年来访加的第一位中国领导人,加政府称这次访问是加中关系中的"一个重要事件"。朱镕基副总理表示,他这次访问的主要目的是增强两国友好,加深相互了解,促进互利合作。② 马尔罗尼总理在会见来访的朱副总理时说,朱镕基副总理的这次访问是加中关系全面恢复正常的一个重要标志,这预示着加中友好合作将进一步发展。他还强调,加中关系十分重要,他本人一贯主张应该不断加强和发展两国关系,并相信加拿大下一届政府领导人将会为密切两国关系、加强相互合作而继续努力。③ 同年 11 月,国家主席江泽民在出席亚太经合组织领导人西雅图非正式会议期间,会见了加拿大总理克雷蒂安。双方表示将进一步发展两国的互利合作关系。

1994 年 3 月 18 日,加拿大总理克雷蒂安在蒙克顿大学的讲话中强调,加拿大在同其他国家进行贸易往来时,从未把人权问题与经济问题联系在一起。同样,发展同中国的贸易关系时,也不能利用人权问题对中国政府施加压力。对中国施加任何压力都不会起作用。我们不能要求中国也像加拿大那样采取议会的体制,更不能说如果中国不按照这种模式做,加拿大就不同中国做任何生意。④ 同年 11 月上旬,应中国政府的邀请,加拿大总理克雷蒂安率历史上规模最大的代表团(包括 9 位省长、两位地区政府首脑和 350 多名企业家)访问中国。中国国家领导人江泽民、李鹏、朱镕基等会见了克雷蒂安,李鹏并同他举行了会谈。会谈结束后,两国总理分别签署了两国政府《关于和平利用核能合作协定》和《关于中加发展合作项目意向书》。

1995 年 10 月,中国总理李鹏应邀访加,同克雷蒂安总理进行了友好、务实和富有成效的会谈。克雷蒂安强调,政治制度和意识形态方面的不同,不应该成为发展双边关系的障碍。加方将与中方共同作出进一步努力,使两国的友好合作关系不断取得新的发展。李鹏说,我们之间没有根本的利害冲突,互不构成威胁,两国都是亚太经合组织的成员,面临着发展经济的任务,在维护亚太地

---

① 《李鹏会见克拉克》,《人民日报》1993 年 3 月 27 日。
② 《朱镕基抵加拿大访问》,《人民日报》1993 年 5 月 18 日。
③ 《加拿大总理会见朱镕基》,《人民日报》1993 年 5 月 19 日。
④ 《不能用人权问题对中国施压》,《人民日报》1994 年 3 月 22 日。

区的和平与稳定,促进共同发展方面,有着广泛的共同利益。我们愿意与加拿大一道为推动两国关系的顺利发展做出不懈的努力。会谈结束后,双方政府有关部门分别签署了《关于人力资源开发的谅解备忘录》、《两国政府核能合作谅解备忘录》、《核能合作项目协议》和《两国卫生部之间的合作备忘录》。① 两国企业界还签订了11个总价值达30亿美元的商业合同。②

中加两国在经贸、科技、文化合作与交流方面,自1990年后也有了较快的发展。1990年10月,加拿大决定取消自1989年下半年开始对中国留学人员实行的"特殊移民政策"。1994年11月克雷蒂安访华后,中加两国经贸关系发展加快。这一年,中加进出口贸易额创历史最高纪录,达32.2亿美元,比上一年增长25.4%,其中中方出口14亿美元,进口18.3亿美元,分别比上年增长18%和33%。③ 1995年中加双方经贸关系持续发展,并再创两国进出口贸易历史最高纪录,达42.14亿美元,又比1994年增长29.8%,约为建交时的27倍。其中中国出口为15.33亿美元,进口为26.81亿美元。此外,中加双方相互投资和经济技术合作也在不断扩大。据中方不完全统计,截至1995年底,中国已批准加方在华直接投资项目2727项,加方协议投资金额约36.67亿美元,实际投资7.26亿美元。中方在加投资项目为116项,中方协议投资金额3.8亿美元。迄今为止,加拿大政府共向中国提供了四批优惠混合贷款,总计金额为21.3亿美元。贷款的30%—40%为无息贷款,偿还期为40—50年,其中含15年的宽限期,其余部分为出口信贷。④

澳大利亚自1972年12月同中国建交后,两国间的友好合作关系一直发展顺利,1989年7月,澳政府宣布对华采取制裁措施,两国的关系遇到困难。1990年1月,澳政府重新审议对华政策,决定在逐案处理的基础上放宽中澳两国部长级官员互访的限制,但仍禁止两国政党、议会、军事、公安方面的交往。⑤ 1991年2月26日,澳政府宣布自即日起正式取消于1989年7月采取的对华政治、经济制裁,但仍保留对高级军事往来、军品贸易和公安警察官员互访的限制。7月底,澳政府同意恢复两国国防部和军队之间的广泛接触,以发展两国的防务关系。⑥ 由此,中澳两国关系恢复正常。此后,双方高层互访增多,经贸关

---

① 《李鹏总理与克雷蒂安总理会谈》,《人民日报》1995年10月15日。
② 《中国外交(1996)》,第472页。
③ 《中国外交概览(1995)》,第456页。
④ 《中国外交(1996)》,第477页。
⑤ 《中国外交概览(1991)》,第321页。
⑥ 《中国外交概览(1992)》,第335页。

系发展迅速。1993年6月23—27日,澳总理基廷访华。这是基廷于3月就任总理后的首次出访,也是近七年来,澳政府首脑第一次访问中国。在华期间,基廷会见了中国领导人江泽民、李鹏和朱镕基,并同李鹏举行了会谈。江泽民说,基廷总理这次访问表明中澳友好关系进入了一个新阶段。他说,中国是一个爱好和平的国家,一贯坚持独立自主的和平外交政策。今天中国仍是个发展中国家,不会对任何国家构成威胁。即使将来国力增强了,也不会去威胁别人。那种认为中国要在亚太地区"填补真空"和对其他国家构成威胁的看法是没有根据的。基廷说,他这次同中国领导人进行了坦率、务实、有益的交谈,这将对两国关系的发展起推动作用。基廷重申,澳大利亚重视同中国的友好合作关系。由于世界政治经济形势的变化,澳大利亚调整了对外政策,愿意面向亚洲,加强同亚太地区的合作。进一步发展同中国的合作关系对澳中两国乃至亚太地区都是有利的。① 在1994年,澳大利亚领导人访华的有总督海登和夫人(4月)、外长埃文斯(3月)。中国领导人访澳的有全国人大常委会委员长乔石(11月)。11月14日,江泽民在雅加达出席亚太经合组织领导人非正式会议期间会见了澳大利亚总理基廷。江泽民说,一年来,中澳两国关系不断取得新的进展。我们高兴地看到两国经济合作发展迅速,双方相互投资持续增加,技术合作取得实质性成果。他表示,希望中澳双方共同努力,为下一个世纪两国关系更大的发展奠定一个好的基础。基廷赞同江泽民对中澳关系的评价,说两国关系全面发展,已进入历史上最好的时期。② 同年7月24日,钱其琛外长在出席曼谷东盟外长和东盟地区论坛会议期间,会晤了澳外长埃文斯。双方就亚太经合组织,以及朝鲜半岛和柬埔寨等地区问题交换了意见。1995年11月18日,江泽民主席在大阪出席亚太经合组织领导人非正式会议期间再次会晤了澳总理基廷。江泽民说,中澳同为亚太地区国家,在促进地区经济合作方面有着广泛的共同利益。近年来,在双方的共同努力下,中澳关系发展比较平稳、顺利,两国关系发展的一个明显标志是双方贸易和互利合作快速增长。我们对此感到高兴。中澳开展经贸合作,条件好,潜力大,前景广阔。双方应把握时机,充分发挥各自优势,在更广泛的领域开展形式多样的经贸合作。基廷说,澳中关系很好,亚太地区政治、经济形势也很好,澳重视这一地区,重视亚太经合组织,希望通过这个组织推动地区经济合作的发展。澳大利亚赞赏中国在亚太经合组织

---

① 《江泽民朱镕基分别会见基廷》,《人民日报》1993年6月26日。
② 《江主席在雅加达同八国领导人会晤》,《人民日报》1994年11月15日。

中发挥的积极、建设性作用。①

在中澳关系中,也存在着诸如台湾、西藏等问题。1995年1月、5月、10月、11月,台湾的中国国民党副主席郝柏村、台湾新闻主管部门负责人胡志强、台湾行政机构副秘书长吴伯雄、台湾省省长宋楚瑜先后访澳。11月,澳驻台商务代表和台驻堪培拉商务代表在台北草签了"避免双重征税协定"和"防止逃税协定"。中国驻澳使馆就上述事件向澳方提出交涉,要求澳遵守两国建交公报原则,把澳台往来严格限制在非官方范围内。12月22日,中国驻澳大使致函澳参议院议长,就澳参议院通过一项关于班禅"转世灵童"问题的决议一事向澳方提出交涉,阐明有关事实真相,重申中国在西藏问题上的原则。②

自中澳关系恢复正常以来,两国在经贸方面的合作与交流发展较为平稳、顺利。1991年中澳两国进出口贸易总额为21.1亿美元,其中中方出口为5.5亿美元,进口15.5亿美元。③ 至1995年,两国贸易总额增长到42.1亿美元,比1991年增长了将近一倍。其中中方出口16.3亿美元,进口25.8亿美元。④ 分别比1991年增长了196%和66.5%。此外,中澳双方在科技合作、文化交流以及军事往来方面也有较大的发展。

新西兰于1972年12月同中国建交后,双方在许多重大国际问题上有着相同或类似的看法,两国的友好合作关系不断发展。1989年6月,新西兰也宣布了对华制裁措施,但是,同年8月后,新西兰总理和其他官员多次发表谈话表示,中国在政治上和经济上对亚太地区甚至全世界都有着举足轻重的作用,新西兰政府愿意"重建"同中国的关系。后在中新双方的共同努力下,两国关系恢复较快。1992年2月和6月,国务院副总理朱镕基及钱其琛外长先后应邀访新,会见了新总督蒂泽德夫人、总理博尔格,并同副总理兼对外关系和贸易部长麦金农举行了会谈。1993年5月,新西兰总理博尔格访华。江泽民在会见博尔格时说,中国和新西兰都是亚太国家,都需要一个和平的国际环境来发展经济,在维护本地区的和平与稳定、促进地区经济合作方面有着广泛的共同利益,双方对于国际问题有不少相同和类似的看法。中国愿意同新西兰一道,共同努力,不断推进两国的友好合作关系。博尔格总理说,中国和亚洲对于新西兰的未来十分重要,特别是在贸易方面。推动两国友好关系的进一步发展是我这次

---

① 《江泽民在大阪同七国领导人会晤》,《人民日报》1995年11月19日。
② 《中国外交(1996)》,第498页。
③ 《中国外交概览(1992)》,第337页。
④ 《中国外交(1996)》,第498—499页。

来访的目的。在同朱镕基副总理会谈时,博尔格说,新西兰奉行"一个中国"的政策,支持恢复中国在关贸总协定中的地位,并希望两国经贸关系进一步发展。他欢迎中国去新西兰投资。① 1994年11月16日,江泽民在雅加达出席亚太经合组织领导人非正式会议期间再次会见了博尔格总理。双方表示愿意继续推动两国友好合作关系向前发展。1995年7月初,新西兰副总理兼外交贸易部长麦金农访华。钱其琛外长在与他会谈中说,自1992年以来,中新关系得到了全面、迅速、健康的发展。两国领导人的互访日益频繁,对双边关系的发展起到了强有力的推动作用。中新两国的经贸合作成绩显著,双方的经济技术合作领域也正在不断拓宽,合作规模越来越大,双向投资也日益活跃。增强双方的互利合作,不仅有着良好基础,也存在着广阔的前景。麦金农说,新西兰对新中关系的发展感到满意,希望继续保持两国领导人的高层互访,以进一步推动双边关系的发展。他重申,在台湾问题上,新西兰将继续坚持一个中国的立场,支持中国尽快加入世界贸易组织。对此,钱其琛表示赞赏。② 同年10月22日,江泽民在出席联合国成立50周年特别纪念会议期间,在纽约会见了新总理博尔格。双方表示将共同努力,增进两国在政治、经贸等各个领域的交流与合作。两位领导人还讨论了亚太经合组织等问题,并取得了共识。

自1991年以来,中新两国在经贸、科技、文化以及其他领域的合作也都取得可喜的成果。据中国海关统计,1995年中国同新西兰的贸易总额为5.78亿美元,比1994年增长14.6%,其中中国出口2.32亿美元,进口3.46亿美元,分别比1994年增长23.4%和9.4%。③ 这一年,中新两国双向投资也十分活跃。截至1995年底,中国累计批准新西兰来华投资项目共245个,协议金额超过1.7亿美元,实际投入4949万美元。截至1994年底,中国在新西兰共设立了约20家合资或独资企业,总投资额9555万美元,中方投入4650万美元。另外,从1993年起,新西兰向中国提供100万新元的援助,用于林业、木材处理、畜牧业、扶贫等。④

中欧建立长期稳定的建设性伙伴关系

20世纪80年代末90年代初,中欧关系在经历了短暂的曲折后,自90年代

---

① 《江泽民主席会见新西兰总理博尔格》,《人民日报》1993年5月16日。
② 《钱其琛与麦金农会谈》,《人民日报》1995年7月4日。
③ 《中国外交(1996)》,第506页。
④ 同上书,第506—507页。

中期以来,得到了持续恢复与发展。

在双边政治关系方面,截止到 2000 年,欧盟已发表了三份对华政策文件:《中国—欧洲关系长期政策》、《欧盟对华新战略》和《与中国建立全面伙伴关系》。

1995 年 7 月 5 日,欧洲联盟委员会公布了第一个对华政策指导性文件——《中国—欧洲关系长期政策》报告。报告强调,鉴于中国在世界上的重要地位,对华关系应"成为欧洲联盟同亚洲和世界其他地区关系的基石"。欧盟必须"同中国发展一种与其对地区和世界经济和政治的影响相称的长期关系"。政治上要对中国实行"建设性接触"战略,经济上要大力发展对华经贸合作关系,加强双边贸易对话,努力扩大欧洲联盟企业在华的存在,同时要"继续坚定地支持中国的改革","尽可能寻求中国在恰当的条件下加入世界贸易组织,并密切监督中国履行其承诺"。①

1996 年 5 月 5—8 日,应国务院副总理兼外交部长钱其琛的邀请,欧盟委员会副主席布里坦对中国进行正式访问。6 日下午,钱其琛与布里坦举行了会谈。双方对近几年来中欧关系的发展表示满意。布里坦说,欧盟认为,欧中关系有两个特点,一个是全面,一个是独立。欧盟愿意在政治、战略、经济合作等方面全面发展同中国的关系。钱其琛对欧盟通过对华关系长期政策报告、主张积极发展同中国的关系表示赞赏。7 日晚,中国政府与欧盟签署了《中欧知识产权合作项目协议》等三个文件。

同年 11 月,欧盟委员会提出《欧盟对华新战略》。这是继 1995 年 7 月欧盟委员会公布《中国—欧洲关系长期政策》后,又一个对华政策指导性文件。该文件"将欧盟对华长期政策进一步具体化,再次强调欧盟对华政策的全面性、独立性和长期性,表示要进一步促进双方在各个领域的交流与合作。文件重申欧盟发展对华合作的优先领域为:开发人力资源、支持中国的经济和社会改革、改善企业经营活动的条件和保护环境等"。②

1997 年 12 月 17 日,欧盟委员会向欧盟理事会建议,在反倾销政策方面,不再将中国列入"非市场经济名单",并将修改有关政策。该建议于 1998 年 4 月 27 日获得欧盟外长理事会的通过。

1998 年 1 月,欧盟倡议在举行第二届亚欧会议期间,举行欧盟与中国领导人首次会晤,并进而建立欧盟、中国领导人定期会晤机制。

---

① 《中国外交(1996)》,第 455 页。
② 同上书,第 539 页。

2月23日,欧盟宣布,不在当年第53届联合国人权委员会会议上提交有关中国人权问题的议案。

3月31日,朱镕基总理应邀对英、法两国进行正式访问。4月3—4日,朱镕基总理在伦敦出席了第二届亚欧会议。会议期间,根据欧盟在1月的建议,朱镕基总理于4月2日同欧盟理事会轮值主席国英国首相布莱尔和欧盟委员会主席桑特举行了首次中国—欧盟领导人会晤,并发表了联合声明。

双方在友好的气氛中就进一步发展中欧关系及共同关心的国际问题深入交换了意见,并达成了广泛的共识。在会晤中,欧方向中方介绍了欧盟委员会对华政策新文件的内容,中方对欧盟委员会旨在提升并充实欧盟与中国关系的建议表示欢迎。双方表示希望在中国和欧盟之间建立面向21世纪的长期稳定的建设性伙伴关系。

双方重申了在互利的基础上对中国加入世界贸易组织问题的有关承诺,以加强世界多边贸易体系。中方对欧盟支持中国加入世贸组织表示赞赏,重申愿在权利和义务平等的基础上,早日成为世贸组织的一员。双方对中欧人权对话去年恢复以来取得的进展表示欢迎。

欧盟赞赏中国面对亚洲金融危机所采取的坚定立场以及中国不使人民币贬值的决心和继续进行经济体制改革和金融体制改革的承诺。双方还将加强在国际金融货币领域的交流与合作。欧盟愿意提供有助于中国建立健全的金融体系的一揽子具体援助。中方对此表示欢迎。①

双方认为,这次会晤是成功的和富有成果的,对中欧关系具有重要意义。双方同意继续保持高层交往的势头,并决定今后每年举行一次中欧领导人会晤,轮流在北京、欧盟轮值主席国或亚欧会议东道国举行。

同年6月29日,欧盟外长理事会审议通过了欧盟委员会于3月25日提出的第三个对华政策新文件——《与中国建立全面伙伴关系》。该文件确定了欧盟对华政策的长期战略目标,要"把中国当作世界伙伴同其全面接触",并决定将欧中关系提升到"与欧美、欧日、欧俄同等重要的地位"。文件还表示,欧盟将继续加强同中国在政治对话和经贸等领域的合作与交流,支持中国早日加入世贸组织。对此,中国表示欢迎与赞赏。

1999年12月21日上午,朱镕基总理同欧盟理事会轮值主席国芬兰总理利波宁和欧盟委员会主席普罗迪在北京举行第二次中欧领导人会晤。朱镕基表

---

① 《中国—欧盟领导人会晤联合声明》,《人民日报》1998年4月3日。

示,欧盟在发展对华关系方面采取了一些积极举措,有利于中欧关系的进一步改善和发展,中国对此予以积极评价。中国一向非常重视同欧盟及其成员国的关系,把它置于中国外交政策中的突出位置。我们同历届欧盟委员会都合作得很好,我们愿与普罗迪为首的新一届欧盟委员会进一步加强合作,使中欧关系在下个世纪得到更大的发展。

关于经贸关系,中方对双边经贸合作取得的成果基本上满意,但认为双方经贸合作的规模与程度还有待进一步提高。希望欧方减少直至最终取消对华贸易限制,增加对华高技术产品的出口和技术转让,并采取积极措施,鼓励更多的欧洲企业来华投资与合作。

利波宁和普罗迪表示,欧盟和中国都处在重要发展阶段,中国和欧盟的经济都在快速发展,欧中发展经贸合作的确潜力巨大,双方经贸合作充满活力。欧盟将研究增加对华投资问题。欧盟支持中国加入世界贸易组织,并希望就此与中国达成一个有利的稳定的协议。

朱镕基重申了中国在入世问题上的原则立场,希望欧盟尽快做出决定,双方能够早日达成协议。

利波宁和普罗迪说,欧洲正在发生重大变化,欧盟正在进行经济结构调整,并将逐步推进政治改革。在新的形势下,欧盟加强同中国的关系至关重要。双方重申,中欧在新世纪中将继续致力于发展长期稳定的建设性伙伴关系,这符合双方的根本利益,也有利于世界和平与经济的发展。[①]

2000年5月15—19日,继3月中欧关于中国加入世贸组织谈判后,欧盟委员会贸易事务委员拉米再次率团来华,与外经贸部部长石广生在北京就中国加入世贸组织继续进行谈判。经过双方友好磋商,中国与欧盟于19日下午达成双边协议。

在签字仪式上,石广生说,双边协议的达成,体现了平等、友好和互利的原则,体现了中欧友好关系。中欧协议的签署,标志着中国加入世贸组织的双边谈判即将结束,中国加入世贸组织将进入最后的加入程序阶段。他强调,中国将同世贸组织其他成员一道,为世界经济贸易的发展,为促进建立国际经济新秩序,发挥积极和建设性的作用。

拉米说,欧盟一直支持中国加入世贸组织,它对中国有利,对欧洲公司和欧中双边关系都是有益的。欧盟希望中国的改革开放进一步深化,并尽早建立市

---

① 参见《人民日报》1999年12月22日。

场经济体制。欧盟相信,中国加入世贸组织,将为中国的改革提供新的动力,因此双方达成的这个协议,具有特别重要的意义。协议对双方都是有利的。

7月10—12日,应欧盟委员会主席普罗迪的邀请,朱镕基总理首次访问欧盟总部,与普罗迪主席举行了会谈。双方就中欧关系和共同关心的国际问题友好、坦诚地交换了意见。

普罗迪欢迎朱镕基的来访。他说,朱镕基总理首次访问欧盟总部,表明欧中关系进入新的阶段。近年来,欧中领导人每年举行会晤,加强了相互理解与沟通。不久前欧中就中国加入世贸组织签署的双边协议不仅将促进双方经贸关系的发展,还将对欧中关系的全面发展产生十分积极的影响。欧盟期待着与中国在世贸组织内加强合作。

朱镕基感谢普罗迪邀请他在中欧建交25周年之际访问欧盟总部,并同意普罗迪对中欧当前关系的积极评价。他强调,中国重视欧盟在世界多极化进程中的重要作用和地位,重视发展与欧盟及其成员国的关系,将其置于中国外交全局中的重要位置。中方愿与欧盟扩大和深化在各个领域的合作,发展面向新世纪的长期稳定的关系。

普罗迪重申,欧盟将继续坚持"一个中国"的政策,只与台湾保持经济、文化联系。双方同意继续通过平等和尊重基础上的对话,处理人权等双方有分歧的问题。

访问期间,朱镕基还会见了欧盟理事会秘书长兼共同外交与安全政策高级代表索拉纳。索拉纳表示,欧盟十分重视中国在国际舞台上的重要性,并相信欧中关系在新世纪会有更大的发展。他希望双方共同努力,使双边关系向更广、更深层次发展。

朱镕基表示,中国支持欧洲一体化进程,并希望欧洲在多极化的世界中起到越来越重要的作用。中国愿与欧盟在现有的友好合作关系的基础上,进一步加强在各个领域的合作。①

9月8日,欧盟委员会向欧盟理事会和欧洲议会提交报告,对1998年通过的《与中国建立全面伙伴关系》政策文件的执行情况进行回顾与评估。报告主张扩大双方政治对话范围;建议欧盟优先加强对华在社会经济改革、人力资源开发、环保、法制与人权以及扶贫等可持续发展领域的合作,帮助和监督中国在加入世贸组织后履行义务。②

---

① 《新华月报》2000年第8期,第38页。
② 中国外交部政策研究室编:《中国外交(2001)》,世界知识出版社2001年版,第445页。

10月23日上午,第三次中欧领导人会晤在北京举行。朱镕基总理与欧盟理事会轮值主席国法国总统希拉克、欧盟委员会主席普罗迪举行会谈。双方在友好坦诚的气氛中就中欧关系和共同关心的问题广泛深入地交换了意见。

　　朱镕基说,自上次中欧领导人会晤以来,中欧在各个领域的合作都有了进一步的发展,双方高层互访和人员交流日益密切,经贸关系发展迅速,各级政治对话与磋商很活跃,取得了积极成果。中方真诚希望和欧方共同努力,在相互尊重、求同存异、平等互利的基础上,推动中欧建设性伙伴关系长期稳定地向前发展。

　　希拉克表示,欧盟方面对欧中关系近年来的发展感到满意。今年5月19日,欧盟与中方就中国加入世贸组织达成协议,对于双方经贸及其他领域关系的发展起到了重要的作用。

　　普罗迪说,欧盟目前是中国第三大贸易伙伴。现在,欧盟对华投资涉及中国经济的各个部门,中国的经济发展不仅要靠高新技术,还要靠传统工业的改造,在这些方面,欧盟都具有优势。这说明,欧中经贸关系发展前景是很广阔的。

　　关于双方贸易逆差问题,朱镕基表示,中方主张通过扩大贸易和经济技术合作逐步实现贸易平衡。他说,中方已采取措施增加从欧方的进口,同时,中方也希望欧方放宽技术产品出口限制,增加对华高新技术转让。他还希望欧盟放松对中国的贸易限制,尽快改变对华出口欧洲产品反倾销和数量限制的做法。

　　朱镕基在阐述中国加入世贸组织的原则立场时重申,中国将信守对欧盟及其他国家在双边协议中所作的承诺,决不后退。同时,世贸组织成员也不要在多边谈判中再增加新的要求,中国只能以发展中国家的身份加入世贸组织,希望得到欧方的充分理解。

　　欧方表示,关于入世的多边谈判,欧盟的立场与中方是相符的。希拉克表示,欧盟愿意加以积极推动,希望通过双方努力,在未来几周内结束中国加入世贸组织的谈判,以实现中方早日入世的目标。

　　中欧双方还表示愿意加强在科技、能源、信息、教育、打击非法移民、中欧人权对话与司法等方面的合作。①

　　此外,中欧自1994年建立政治对话与磋商机制以来,各级政治磋商活跃,进展顺利。中国外长同欧盟"三驾马车"外长在联大定期会晤。截止到2000年,

---

① 《新华月报》2000年第12期,第70页。

中欧已进行了 8 次政治磋商、10 次人权对话、5 次司法研讨会和 2 次妇女权利研讨会。①

中欧建立长期稳定的建设性伙伴关系后,双边经贸合作继续稳步发展。据中国海关总署统计,1996 年中国同欧盟贸易额为 396.97 亿美元,欧盟成为中国的(不包括香港)第三大贸易伙伴。② 1998 年,中欧贸易额达 488.6 亿美元,同比增长 13.6%。③ 2000 年,中欧贸易额为 690.38 亿美元,同比增长 24%。④

截至 1999 年 9 月,欧盟国家实际来华投资金额达 205 亿美元,中国从欧盟成员国引进技术总额约 480 亿美元,欧盟成员国及官方金融组织累计向中国提供政府贷款协议金额约 153 亿美元。欧盟是中国引进技术和吸收外国政府及官方金融组织贷款最多的地区。⑤

此外,中欧双方在科技、金融、工业、教育、发展援助等领域开展了广泛的合作,涉及环保、农业、同声传译培训、中欧工商管理学院、知识产权等许多项目。在此期间,中欧签署了一系列重要合作协议,主要有《中欧科技合作协定》、《金融合作谅解备忘录》、《航空与通信领域工业合作谅解备忘录》、《中国和欧盟关于工业合作的会谈纪要》、《中欧汽车工业合作协议》、《中欧高教合作项目》等。⑥

在中欧双方顺利发展关系的同时,也存在一些问题,主要是欧盟及其机构尤其是欧洲议会不时利用人权、台湾、西藏、民族宗教等问题干涉中国内政,并继续对中国部分输欧产品实行贸易保护主义措施。对此,中方进行了必要的斗争。

第五节　中国同周边国家的睦邻友好合作关系

中越领导人互访和两国关系正常化

中国与越南,曾经是"同志加兄弟"的亲密邻邦。1978 年底,越南大规模武

---

① 《中国与欧洲联盟的关系》,http://www.fmprc.gov.cn/chn/wjb/zzjg/gjs/gjzzyhy/1140/t4596.htm。
② 《中国外交(1997)》,第 539—540 页。
③ 《中国外交(1999)》,第 425 页。
④ 《中国外交(2001)》,第 443 页。
⑤ 《中国与欧盟长期稳定的建设性伙伴关系》,http://www.fmprc.gov.cn/chn/ziliao/wjs/2159/t8999.htm。
⑥ 同上。

装入侵柬埔寨后,中越关系恶化。1979年2月,中越又发生了严重的边境武装冲突。所以,在整个20世纪80年代两国关系一直处于不正常状态。1989年10月,中共中央军委主席邓小平曾对来访的老挝领导人凯山·丰威汉说,我们同苏联的关系已经正常化了,同老挝也改善了关系,现在就剩下一个越南了。中国是愿意改善同越南的关系的,但越南必须要干干净净地(从柬埔寨)撤军。越南做了这件事之后,才能说"结束过去"。我们没有别的要求。

1990年8月28日,中国总理李鹏在七届人大常委会第十五次会议上的报告中说,越南是中国的邻国,随着柬埔寨问题公正、合理的政治解决,中国愿意与越南讨论关系正常化的问题。同年9月1日,越南部长会议主席杜梅在越南国庆45周年集会上的讲话中说,为了(越中)两国人民的利益,为了地区和世界的和平,我们希望同中国关系正常化。我们欢迎中国总理李鹏8月28日在中国第七届人大常委会第十五次会议上的讲话。①

1991年6月越共召开七大,表示愿意"早日全面解决柬埔寨问题","促进同中国实现关系正常化进程"。② 同年8月,中国副外长徐敦信同越南副外长阮怡年在北京就政治解决柬埔寨问题和中越关系正常化问题进行了磋商。双方对最近为实现柬埔寨问题全面政治解决取得的积极进展表示高兴。双方重申柬埔寨问题应该在联合国安理会五常任理事国框架文件的基础上早日获得全面、公正、合理的政治解决。双方认为,尽快恢复两国的经贸、交通、邮电等业务联系,并在和平共处五项原则的基础上实现中越关系正常化,符合两国人民的共同愿望,也有利于本地区的和平、稳定与合作。③ 9月9日至14日,越南外长阮孟琴应邀访华,同钱其琛外长就政治解决柬埔寨问题、双边关系以及地区和国际问题进行了会谈。关于柬埔寨问题,双方对今年以来政治解决柬埔寨问题取得重大进展表示欢迎。双方愿同国际社会一起努力,进一步推动政治解决柬埔寨问题取得进展,争取早日使巴黎国际会议复会,以实现柬埔寨问题的全面、公正、合理政治解决。关于双边关系,双方认为,随着柬埔寨问题的政治解决取得重大进展,两国关系有所改善,今年两国副外长磋商以后,两国具体业务部门在恢复联系方面采取了一些步骤,两国关系逐步地向正常化方向迈进。双方同意要进一步作出努力,在和平共处五项原则基础上,使两国关系得到进一步改善和发展。双方还就越南领导人年内访华问题交换了意见,并取

---

① 《越南庆祝国庆四十五周年》,《人民日报》1990年9月4日。
② 《中国外交概览(1992)》,第49页。
③ 《中越副外长磋商新闻公报》,《人民日报》1991年8月11日。

得了一致看法。

11月5日至10日,越共中央总书记杜梅和部长会议主席武文杰应邀对中国进行正式访问。中共中央总书记江泽民、中国总理李鹏分别同杜梅和武文杰举行了会谈。江泽民与杜梅就双边关系及国际形势等问题交换了意见。关于两国关系,江泽民说,中越关系要长期稳定的发展,双方还有大量的工作要做。当前要注意有计划地恢复两国在各个领域的关系,成熟一项做一项,不必急于求成。对于过去遗留下来的问题,要认真研究,通过谈判逐步妥善解决。总之,中国方面对发展两国关系持积极态度。杜梅赞成双方切实稳定地发展双边关系,并对越中关系正常化感到高兴。他说,越南始终如一地坚持一个中国的立场。越南同台湾的民间经贸往来将遵循上述立场。关于国际形势,江泽民说,世界的两极格局已经打破,世界向多极化发展趋势正在加速。和平与发展仍是当代的主流。国际政治、经济新秩序应以和平共处五项原则为基础,一国的事务应由该国人民自己决定,国际间的事应由各国商量解决。任何国家都无权以这样或那样的借口,把自己的价值观念、意识形态和发展模式强加于人,只有建立在上述原则基础上的国际新秩序,才能保障世界的和平与稳定。杜梅说,在和平共处五项原则基础上建立公正的国际政治、经济新秩序,也是越南方面的主张。①

李鹏同武文杰就两国关系和共同关心的国际问题进行了会谈。李鹏说,中国正在全力以赴地从事现代化建设,我们对内需要稳定,对外需要一个和平的国际环境。同周边国家发展睦邻友好关系,这是中国独立自主和平外交政策的重要组成部分。因此,我们愿意在和平共处五项原则的基础上发展同越南的友好合作关系。武文杰说,在两国关系正常化后,越方愿意本着双方共同商定的原则,在经济、科技、文化领域发展同中国的友好合作关系。现在,两国业务部门正在进行接触,希望他们的努力将取得良好的成果。关于柬埔寨问题,李鹏说,中国方面高兴地看到关于全面政治解决柬埔寨问题的协议已经在巴黎签署。当然,执行协议还需要各方继续努力。我们希望,在国际社会和柬埔寨各方的共同努力下,一个公正、独立、和平、中立、不结盟的柬埔寨将会出现在本地区。这将有利于本地区的和平与稳定。武文杰同意李鹏的看法,并表示,越方将为履行有关柬埔寨问题的巴黎协议而努力。②

会谈结束后,中越双方签署了《中越两国政府贸易协定》和《中越两国政府

---

① 《江泽民李鹏分别同杜梅武文杰会谈》,《人民日报》1991年11月7日。
② 同上。

关于处理边境事务的临时协定》。签字仪式后,江泽民说:"今天天气很好,这标志着我们两国关系正常化后的良好气氛。"杜梅说:"非常感谢中国给予越南高级代表团热情、周到的接待! 现在,全国人民正等待我们带回好消息。"①

访问结束后,中越双方在 11 月 10 日发表了《中越联合公报》。双方在《公报》中声明,中越高级会晤标志着中越关系正常化。中越两国将在和平共处五项原则基础上发展睦邻友好关系。中越两党将根据独立自主、完全平等、互相尊重、互不干涉内部事务的原则恢复正常关系。双方同意,本着平等互利的原则,促进两国经济、贸易、科技、文化等领域的合作。双方同意,将继续采取必要的措施,维护两国边境地区的和平与安宁,鼓励两国边民恢复和发展传统友好往来,把中越边界建成和平与友好的边界。双方同意,两国之间存在的边界等领土问题将通过谈判和平解决。双方声明,中越关系正常化不针对第三国,不影响各自同其他国家业已存在的友好合作关系。中越两国都不在本地区谋求任何形式的霸权,也反对任何谋求霸权的企图。双方主张用和平方式解决本地区各国之间存在的分歧和争端。双方对 1991 年 10 月 23 日柬埔寨问题巴黎会议签署的关于柬埔寨冲突全面政治解决协定表示支持和欢迎。双方希望柬埔寨各方和协定签署国全面履行和平协议,希望未来的柬埔寨成为一个独立、和平、中立、不结盟和同所有邻国都友好的国家。此后,中越双方在各个领域的关系都得到进一步的恢复和发展。

1992 年 11 月 30 日至 12 月 4 日,中国总理李鹏对越南进行正式友好访问。这是自 1971 年周恩来总理访越以来,中国总理首次访问越南,也是对去年 11 月越南高级代表团访华的回访。李鹏同武文杰举行了会谈,双方就双边关系和地区、国际问题诚挚友好地交换了看法。关于双边关系,李鹏说,去年越南高级代表团访华,实现了两国关系正常化。一年来,在双方的共同努力下,中越关系在各个领域都在恢复和发展。当然,中越关系中,也还有一些尚待解决的问题。我们相信,中越双方本着友好协商、增进了解、求同存异的精神,这些问题是能够逐步得到解决的。关于两国间的领土争议,李鹏说,中国主张通过谈判解决争端,双方不使用武力或以武力相威胁。在问题获得解决之前,双方都应保持克制,不要让这些问题影响两国关系的改善和发展。应该看到,中越双方的共同点要远远大于双方之间的分歧。

关于当前的国际局势,李鹏说,在两极体制解体后,世界并不安宁,世界所

---

① 《中越签署两项协定》,《人民日报》1991 年 11 月 8 日。

面临的和平与发展两大问题一个也没有解决。中国愿意同世界各国一道,为世界的和平与发展而共同努力。李鹏说,在动荡的世界上,亚太地区,特别是东亚,始终保持着较快的发展速度,亚洲地区经济持续发展是该地区保持稳定的重要因素。中越两国都处在东亚地区,既可以为亚太地区的和平与稳定作出贡献,也可以利用目前的有利条件,加快自身的经济发展。李鹏指出,那种认为中国会在亚洲"填补真空"的论调是"毫无根据的"。他郑重声明:中国的国防力量完全是为了防御。中国反对霸权主义,自己也不称霸,即使将来强大了,也永远不称霸。我们不赞成"填补真空"说法,更无意填补什么"真空"。武文杰同意李鹏对双边关系的评价和对国际形势的分析。他认为越中关系进一步发展潜力很大,并表示越南方面愿意作出努力,积极促进两国经贸关系的发展。关于两国间的领土争议问题,他赞成双方都应保持克制,避免发生冲突。他相信,双方从维护两国关系的大局出发,进行友好磋商,完全可以找到解决现存分歧的妥善办法。① 访问结束,双方于12月4日同时发表了《中越联合公报》。

双方在《公报》中一致认为,进一步巩固和加强两国之间的睦邻友好合作关系符合两国人民的根本利益和共同愿望,也有利于本地区的和平、稳定与发展。根据双边会谈的结果,双方签署了两国政府间的投资保护协定、经济技术合作协定、科学技术合作协定和文化协定。双方在公报中重申1991年两国高级会晤达成的协议,通过谈判和平解决两国之间存在的边界领土争议问题。在谈判解决前,双方均不采取使边界领土争端复杂化的行动。双方主张,在和平共处五项原则的基础上,建立和平、稳定、公正、合理的国际新秩序。双方认为,保持亚太地区的和平与稳定,加强各国和区域经济合作,符合本地区各国人民的共同愿望和根本利益。双方欢迎东南亚及整个亚洲地区国家之间关系取得的新发展。双方表示将为促进本地区的和平、稳定与合作作出各自的努力。作为柬埔寨问题《巴黎协定》的签字国,双方希望同有关各国和各方一起,为推动全面和严格履行《巴黎协定》作出积极努力,以便在柬埔寨实现民族和解与和睦,建设一个和平、独立、中立、不结盟、与所有国家都友好的柬埔寨,为巩固东南亚地区的和平、稳定作出贡献。②

1993年11月9日至15日,越南国家主席黎德英对中国进行正式友好访问,并同江泽民举行了会谈。江泽民说,黎德英主席此行是1955年以来越南国家主席的首次来访,也是1991年11月中越关系正常化以来两国领导人之间的

---

① 《李鹏与武文杰举行正式会谈》,《人民日报》1992年12月1日。
② 《中越联合公报》,《人民日报》1992年12月5日。

第三次会晤,具有重要意义。黎德英说,越南方面十分重视他的访问,并希望通过这次访问使越中关系进入持续、稳定发展的新阶段。他表示,越方高兴地看到越中关系的恢复和发展,认为这不仅使双方人民受益,而且是对本地区稳定、和平与合作的贡献。他主张进一步加强越中对口部门各个级别的接触和磋商,发展两国在各个领域的多种形式的合作。①

1994年11月19日至22日,中共中央总书记、国家主席江泽民在出席亚太经合组织领导人非正式会议后,应邀对越南进行了正式访问。这是中国党和国家最高领导人对越南的首次访问,受到了越南党政领导人和人民的热烈欢迎。江泽民说,1991年11月,中越双方举行了一次"结束过去,开辟未来"的历史性会晤。三年来,中越之间往来日渐增多,关系全面恢复与发展,经贸合作发展势头良好,并已初具规模。双方还为解决两国间遗留的边界领土问题作出了积极努力,达成了解决边界领土问题的原则。中越之间的传统友谊在新的形势下又有了新的发展。我们对此感到满意和高兴。杜梅说,江泽民主席的这次访问体现了中国对两国关系的高度重视。他说,三年来两国关系得到全面恢复并向深度和广度发展,中越之间的多次高级会晤为两国关系的发展指明了方向。越方对此给予高度评价。② 11月22日,中越同时发表了《中越联合公报》。《公报》的主要内容是:双方回顾了1991年11月中越关系正常化以来两国关系取得的新进展。双方均表示应面向21世纪,面向未来,推动两国关系向着更加深入和广阔的方向发展。双方强调在平等互利的基础上加强两国经贸合作的重要性,为各自国家的发展和地区的繁荣作出贡献。双方签署了两国政府间的《关于成立中越经济贸易合作委员会的协定》、《汽车运输协定》、《关于保证进出口商品质量和相互认证的合作协定》。双方重申1991年以来两国历次进行的高层会晤所达成的协议。双方认为,保持亚太地区的和平与稳定,加强各国和区域经济合作,符合本地区各国人民的共同愿望和根本利益。中方欢迎越南与东盟关系的新发展。双方表示愿意为本地区的和平、安全、稳定与经济合作作出各自的努力。③

在结束访问前,江泽民在记者招待会上说,两国领导人的直接交谈加深了彼此的了解。在这次访问中,双方就进一步巩固和加强两国间的友好合作关系达成了广泛的共识,一致同意面向21世纪,建立一个长期、稳定的睦邻友好关

---

① 《江泽民主席与越南国家主席黎德英会谈》,《人民日报》1993年11月9日。
② 《江泽民同杜梅黎德英会谈》,《人民日报》1994年11月21日。
③ 《中越联合公报》,《人民日报》1994年11月22日。

系。这次访问将把两国关系提高到一个新的水平。他表示相信,通过双方共同的努力,21世纪的中越关系将会更加美好。①

钱其琛外长在同一天举行的记者招待会上说,中越联合公报中最重要的一条是,两国领导人达成了共识,即中越两国都面临着发展经济,提高人民生活水平的共同任务,建立和发展睦邻友好关系,符合双方的共同利益,这是大局。从这个高度看,中越之间的共同点是重要的。分歧可以先易后难逐步解决,一时解决不了的可以搁置起来。关键是要求同存异,协商解决。钱外长说,现在,国际上有些人很关心中越之间的问题,有人天天在预测什么时候中越会发生冲突。江泽民主席的访问和中越联合公报已有力地说明,两国关系不会有这样的前景。中越两国完全有能力妥善解决它们之间的问题。

关于中越之间存在着陆地边界、北部湾、海上岛屿的争议,钱其琛说,双方领导人已达成了以大局为重,友好协商,通过谈判逐步解决问题的原则。他说,双方现已决定,在已有的陆地边界工作小组和北部湾工作小组的基础上,再建立一个讨论南沙岛屿问题的工作小组。这三个小组的建立为逐步解决两国间的问题提供了条件。关于南沙问题,钱外长重申,中国的一贯立场是明确的。中国对这些岛屿拥有主权,但主张通过和平谈判解决在这一问题上的分歧。如果一时解决不了,可以先搁置争议,谋求共同开发。关于中越双方采取何种措施来进一步发展两国睦邻友好关系,钱外长说,采取的措施包括三个方面:第一,两国领导人准备保持经常的接触。第二,两国签署了建立经济贸易合作委员会等协定,这将进一步促进两国经贸关系的发展。第三,双方同意,增加信任,通过谈判、对话与磋商和平解决两国间存在的一些问题。②

1995年5月,越南外交部长阮孟琴访华,同钱其琛外长会谈并签署了《中越两国避免双重征税协定》。9月4日至12日,越南国家副主席阮氏萍作为中国政府的特邀嘉宾来华,出席在北京举行的联合国第四次世界妇女大会。江泽民在会见阮氏萍时强调,中国政府一向十分重视中越两国睦邻友好关系,愿与越方一起为推动两国关系的深入发展继续作出努力。阮氏萍说,越中两国都面临着发展经济的同样任务,同时也面临着一些共同问题,希望两国今后继续加强合作,促进双方经济的发展。她说,越南积极支持中国主办第四次世界妇女大会,派出了一个很大的代表团。③ 11月26日至12月2日,越共中央总书记杜梅

---

① 《江主席接受越记者联合采访》,《人民日报》1994年11月23日。
② 《钱其琛在河内举行记者招待会》,《人民日报》1994年11月23日。
③ 《江泽民会见越南国家副主席》,《人民日报》1995年9月6日。

再次对中国进行友好访问。访问期间,杜梅会见了中国国家领导人并同江泽民进行了会谈。双方就双边关系和共同关心的问题深入交换意见并取得共识。访问结束时,双方于 12 月 22 日发表了《中越联合公报》。

在中越双方高层互访不断发展的同时,两国各部门、各领域的互访与交流也日益频繁。有关两国边界领土争议问题,中越专家小组于 1992 年 10 月中旬和 1993 年 2 月中旬先后在北京及河内举行了两轮边界谈判后,中越两国政府代表团于同年 8 月下旬在北京就两国边界领土问题举行了第一轮谈判。讨论了解决两国陆地边界和划分北部湾问题的原则,也就南沙问题交换了意见。双方团长于 8 月 29 日签署了《会谈纪要》,双方对解决两国边界领土问题的基本原则达成共识。① 10 月 19 日,中越两国在河内签署《中国和越南边界领土问题的基本原则协议》。根据《基本原则协议》规定,目前双方集中解决陆地边界和划分北部湾问题,与此同时,继续就海上的问题进行谈判,以便取得一项基本和长久的解决办法。在问题解决前,双方均不采取使争端复杂化的行动,不诉诸武力或以武力相威胁。② 1994 年 8 月,中越两国政府级第二轮边界谈判在河内举行。双方着重就南沙问题坦诚、充分地交换了意见,并取得了一些共识。双方一致认为,包括南沙问题在内,两国边界领土问题应按两国领导人达成的谅解和双方签署的基本原则协议,通过谈判合理妥善解决。一旦发生问题,双方都应以两国关系大局为重,采取冷静和克制的态度,及时协商解决,不使事态进一步复杂化。双方认为,此轮谈判增进了相互了解,对今后进一步通过谈判解决分歧是有益的。③ 1995 年 7 月,两国在北京举行了第三轮政府级边界谈判。此外,中越两国陆地边界联合工作组在 1994 年内轮流在河内和北京举行了三轮会谈。1995 年,又轮流在北京和河内举行了三轮会谈。两国划分北部湾联合工作组在 1994 年内先后举行了三轮会谈,在 1995 年举行了两轮会谈。这些会谈都取得了积极的进展。1995 年 11 月中,中越海上问题专家小组在河内举行了首轮会谈。

中越两国关系正常化后,双方的经贸关系有较迅速的发展。1992 年中越商品贸易总额为 1.7907 亿美元,其中中国出口 1.0636 亿美元,进口 7271 万美元。④ 1993 年中越两国商品贸易总额上升为 3.98 亿美元,比 1992 年增长

---

① 《中越边界谈判取得积极成果》,《人民日报》1993 年 8 月 30 日。
② 《中越签署解决边界领土问题原则协议》,《人民日报》1993 年 10 月 20 日。
③ 《中越举行政府级第二轮边界谈判》,《人民日报》1994 年 8 月 19 日。
④ 《中国外交概览(1993)》,第 52 页。

159%,其中中方出口 2.76 亿美元,进口 1.22 亿美元。① 1994 年中越两国进出口贸易总额为 5.3282 亿美元,比上年又增长 34.1%。② 1995 年中国同越南的进出口贸易总额又有较大的增长,达 10.5219 亿美元,比 1994 年增长了 97.4%,其中中方出口为 7.2013 亿美元,进口为 3.3206 亿美元。③

中印关系的新发展

进入 20 世纪 90 年代,中印两国关系在原有基础上继续得到进一步的改善和发展。主要表现为高层往来不断;经贸、科技、文化以及军事等领域的合作与交流日渐扩大;边界问题谈判取得进展。

1990 年是中印两国建交 40 周年,这一年的 3 月 20 日,钱其琛外长应邀访问印度,并同印度外长古杰拉尔举行了会谈。双方表示要进一步发展两国友好合作关系。在与钱其琛外长会见时,辛格总理说,一年多来两国关系的进展是好的。印度新政府将在此基础上把它推向前进。中国是最大的邻国,印度将在和平共处五项原则、维护和平和互相尊重的基础上发展两国关系。他指出,尽管两国关系中还存在一些困难,只要双方有政治意愿,是能够解决的。钱外长说,1988 年 12 月印度前总理拉吉夫·甘地访华是两国关系中具有重要意义的大事,中印两国总理在会谈中达成的谅解可以作为继续发展关系的基础。为了发展关系,一方面可以继续保持两国高层领导人的接触,同时共同努力来解决两国关系中存在的边界问题。中印两国都有巨大的经济潜力,两国合作的领域是广阔的。④

1991 年 2 月 1 日,印度外长舒克拉访华并同钱其琛外长举行了会谈。两位外长表示愿意在和平共处五项原则基础上进一步加强两国在经贸、科技、文化等领域的合作,使中印关系得到进一步发展。中方重申了关于解决中印边界问题的一贯立场。印方表示将遵守两国总理 1988 年 12 月就边界问题达成的谅解,并希望印中边界问题联合工作小组尽早就此召开会议。两国外长原则上同意中国在孟买、印度在上海恢复设立总领事馆。两位外长还就国际形势特别是海湾战争交换了意见,他们都希望和平解决海湾冲突,并表示愿意为此继续做

---

① 《中国外交概览(1994)》,第 48 页。
② 《中国外交概览(1995)》,第 46 页。
③ 《中国外交(1996)》,第 42 页。
④ 《印度总理接见钱其琛外长》,《人民日报》1990 年 3 月 25 日。

出努力。① 在第二天的会谈中,两位外长都主张建立国际政治经济新秩序,并一致认为中印两国领导人共同倡导的和平共处五项原则可以作为建立这一新秩序的指导原则。双方还就尽早恢复两国边境贸易原则上达成了协议。

12月11日至16日,中国总理李鹏应邀访问印度,这是对已故印度总理拉吉夫·甘地1988年访华的回访,也是31年来中国总理对印度的首次访问。李鹏会见了文卡塔拉曼总统及其他印度领导人,并同拉奥总理进行了会谈。文卡塔拉曼总统说,印中两国的交往源远流长。他希望中国总理31年来的首次来访将进一步加强印中两国关系。他说,印中两国在许多领域,特别是在贸易、经济、文化等领域,都可以发展合作。李鹏说,近几年来,两国在政治、经贸、科技、文化等领域的交往日益增多,双方在国际事务中的合作也在加强。他希望通过这次访问进一步促进两国关系的发展。他说,中印之间虽有分歧,但双方的共同点毕竟是主要的。中印两国是大的发展中国家,在当今复杂多变的国际形势下,中印合作不仅对两国人民,而且对世界的和平与发展均有重要的意义。文卡塔拉曼说,国际形势的变化需要印中两国加强合作,两国虽然有分歧,但两国的政治家能够找到解决的办法。② 在两国总理的第一轮会谈中,李鹏说,中国作为一个致力于大规模经济建设的发展中国家,我们外交政策所追求的目标是:和平与发展。发展同我周边国家的友好关系,是我国外交政策的重要组成部分。因此,我们十分重视发展同印度的关系。拉奥说,国际形势的发展变得更加捉摸不定,难以预测。失衡情况更加明显。发展中国家面临的形势更加严峻。发展中国家需要互相帮助。印中两国可以加强合作来迎接这方面的挑战。③

在第二天的会谈中,李鹏说,近三年来,两国关系在各个领域都取得了进展,双方即将签署的几项协议就是这些进展的具体表现。拉奥对两国关系取得的进展表示满意,他希望双边关系继续前进。他代表印度政府和人民向中方保证,印度对继续发展和加强两国关系是有诚意的。拉奥重申,印度政府承认西藏是中国领土的一部分。印度政府不允许西藏人在印度领土上进行反对中国政府的政治活动。两国总理讨论了人权问题,双方的"看法是接近的",都反对以人权作为提供援助的先决条件。两国总理一致认为,边界问题不应当影响两国关系的发展。双方赞成本着1988年两国总理就边界问题所谈的精神,积极

---

① 《中印外长会谈》,《人民日报》1991年2月2日。
② 《李鹏总理文卡塔拉曼总统亲切会见》,《人民日报》1991年12月13日。
③ 同上。

努力地谋求解决问题。双方对近几年来两国边境地区保持了和平与安宁,表示满意。对于这次会谈,李鹏说,两天来我们的会谈是卓有成效的。这次访问不仅巩固了三年前拉吉夫·甘地总理访华取得的成果,而且有了新的发展。这必将进一步推动中印两国关系继续前进。拉奥对会谈的成果也表示满意,他说,亚洲两个最大的国家加强合作,不仅对两国而且对世界具有重要意义。① 会谈结束后,中印双方签署了《中国与印度领事条约》、《中印两国政府关于在孟买和上海恢复设立总领事馆的协议》、《中印两国政府关于恢复边境贸易的备忘录》、《中印两国政府1992年贸易议定书》和《中国航空航天部和印度航天部关于和平利用外空科技合作备忘录》。②

访问结束时,中印两国于12月16日发表了《联合公报》。双方重申愿在中印共同倡导的和平共处五项原则的基础上继续发展两国之间的睦邻、友好和互利合作。两国领导人重申,将通过友好协商早日达成双方都能接受的边界问题解决办法。双方声明,中印关系的改善和发展不针对任何第三国,不影响各自同其他国家业已存在的友好合作关系。双方欢迎国际局势缓和的趋势,同时认为世界和平、安全和发展依然面临挑战。双方认为,国际社会应为建立新的国际政治、经济秩序而共同努力。双方强调和平共处五项原则以及联合国宪章的宗旨和原则应成为指导国际关系的基本准则和建立国际新秩序的基础。③

1992年2月1日,中国总理李鹏在出席联合国安理会首脑会议期间,会晤了印度总理拉奥。双方同意共同努力,进一步推动两国关系的发展。双方同意今后要加强在国际上的合作。同年6月13日,李鹏在出席联合国环境与发展大会期间再次会晤拉奥,双方就双边关系和国际问题交换了意见。

5月18日至24日,印度总统文卡塔拉曼应邀对中国进行国事访问,这是中印建交以来印度总统第一次访华。国家主席杨尚昆、中共中央总书记江泽民和总理李鹏分别会见了文卡塔拉曼总统。两国领导人在友好的气氛中就双边、地区和全球等广泛的问题进行了会谈。文卡塔拉曼说,今天,中印两国都面临着建设国家的任务,应加强相互合作。他表示这次来访的目的就是要为发展两国的全面合作关系打下坚实的基础。杨尚昆说,中印两国人口加起来有20亿,两国资源丰富,且面临着现代化建设任务,两国发展合作的领域是广阔的。中国

---

① 《中印总理举行第二轮正式会谈》,《人民日报》1991年12月14日。
② 《中印签署五项协议及备忘录》,《人民日报》1991年12月14日。
③ 《中印联合公报》,《人民日报》1991年12月17日。

愿意在和平共处五项原则的基础上进一步发展两国在各个领域的合作。① 文卡塔拉曼说,第三世界国家要团结起来保卫自己的利益。在这个过程中,印中两国可以发挥重要作用。他说:"人权问题要考虑各国的具体情况。对于发展中国家来说,首先要使人民能够就业,基本生活有保证。任何国家或国家集团都无权对其他国家进行无端指责。"江泽民说:"总统讲得好。中印两国人口加在一起达20亿。我们首先要保证人民的生存权,使人们吃饱、穿暖,这不仅是本国的稳定与发展所必需的,而且也是对世界和平与稳定的重要贡献。"②

1993年9月6日至9日,印度总理拉奥对中国进行正式访问。拉奥同李鹏进行了会谈,并会见了江泽民和其他领导人。两国总理就双边关系和国际形势充分交换了意见。李鹏说:"阁下此次来访,对推动中印关系继续发展具有重要意义,必将为中印关系的发展注入新的活力。"拉奥说:"可以说,现在印中关系成熟了,双方没有让一些分歧妨碍两国互利合作的发展。印中是两个大国,合作潜力巨大,双方可以相互学习的东西很多,进一步发展印中睦邻友好关系,加强各个领域的友好合作,就是我这次访华的目的。"双方同意,就双方共同关心的国际问题和地区问题加强磋商与合作。③ 9月9日,拉奥总理在北京大学就印中关系以及亚洲和世界形势发表了演讲。拉奥在回顾了印中这两大文明古国之间源远流长的友好交往之后说,两国关系摆脱过去的"失常",正进入一个正常和相互理解的时期。他说,即使在曾一度使两国产生对立的问题上,双方也就解决这些问题的必要性和方式达成了一致。拉奥说:"我相信,只要我们共同推进这一进程,我们共同的边界就将继续成为一条安宁的边界。"正如两国人民所期望的那样,印中关系正走向"稳定、持久和睦邻友好"。青年人在加深相互了解、促进友谊方面担负着"特殊使命"。为了让印中两国世代友好,两国青年要加强交往。为此,他建议制订并实施庞大的印中学生交流计划。④ 此前,中印双方在9月7日签署了《中印两国政府关于在中印边境实际控制线地区保持和平与安宁的协定》、《中印两国政府关于环境合作协定》、《中印两国政府关于在什布奇山口两侧扩大边境贸易的议定书》和《中国广播电影电视部与印度新闻广播部广播电视合作协定》。

1994年是中印共同倡导的和平共处五项原则发表50周年,6月27日,中印

---

① 《印度总统文卡塔拉曼抵京》,《人民日报》1992年5月19日。
② 《江泽民会见印度总统》,《人民日报》1992年5月20日。
③ 《李鹏与拉奥举行会谈》,《人民日报》1993年9月8日。
④ 《新华月报》1993年第9期,第122页。

两国分别举行了纪念活动。7月中旬,钱其琛外长应邀对印度进行友好访问。钱外长会见了印度总统夏尔马、总理拉奥、外交国务部长巴蒂亚等领导人,双方签署了《中印两国政府关于避免双重征税协定》。10月21日至28日,印度副总统纳拉亚南应国家副主席荣毅仁的邀请对中国进行友好访问。国家主席江泽民、全国政协主席李瑞环分别会见了印度副总统。纳拉亚南同荣毅仁举行了会谈,双方希望进一步加强双边合作关系。

  1995年3月,国务院总理李鹏在出席联合国社会发展世界首脑会议期间,于3月10日在哥本哈根会见了印度总理拉奥,指出近年来中印关系得到了全面改善和发展,加强了在国际事务中的协调与合作。中印之间虽然边界问题尚未最终解决,但双方都愿意在互谅互让、相互协调的基础上通过谈判加以解决。9月28日,钱其琛外长在出席联大会议期间会见了印度外长慕克吉,就双边关系和共同关心的一些国际问题交换了意见。10月22日,江泽民在出席联合国成立50周年特别纪念大会期间会见了印度总理拉奥。江泽民说,近年来,在双方的努力下,中印关系不断改善和发展。两国间的高层接触增进了相互了解和友谊,促进了双方的友好交流与合作。中印两国市场潜力很大,希望双方公司、企业加强往来,寻找并增加合作机会。两国政府给予积极鼓励和支持,促进中印经贸科技合作上一个新台阶。拉奥说,印中两国关系稳步发展,边界工作小组取得进展,近距离对峙的局面得到缓解,两国经济合作也有发展。江泽民还谈到中印双方在一些重大国际问题上有许多一致或相似的看法。他说,中国赞成对安理会进行适当的改革。扩大安理会应考虑到发展中国家和地区的代表。包括印度在内的一些国家希望成为安理会常任理事国,对此,我们表示理解。安理会改革涉及各方利益,应广泛听取全体会员国的意见,以取得合理的解决。拉奥表示愿意同中国及其他联合国成员国交换意见。①

  在中印两国高层互访不断的同时,中印两国在解决边界问题方面也取得了进展。根据1988年12月拉·甘地总理访华时中印双方达成的关于边界问题的谅解,中印双方共同建立了关于边界问题的联合工作小组。此后,中印边界问题联合工作小组和副外长级磋商自1989年6月起每年轮流在北京和新德里举行会谈(1992年举行了两次会谈)。1993年6月,在新德里举行了第六轮中印边界问题联合工作小组会谈和副外长级磋商。会谈中,双方就保持边境实际控制线地区和平与安宁的信任措施交换了意见,并达成协议。同年9月拉奥总

---

① 《江主席会见印度总理》,《人民日报》1995年10月24日。

理访华时,中印双方签署了《中印两国政府关于在中印边境实际控制线地区保持和平与安宁的协定》。协定规定,中印边界问题应通过和平友好方式协商解决,双方互不使用武力或以武力相威胁,在两国边界问题最终解决之前,双方严格尊重和遵守双方之间的实际控制线,双方将把实际控制线地区各自的军事力量保持在与两国睦邻友好关系相适应的最低水平。[①] 1994 年 7 月,在北京举行的第七轮中印边界问题联合工作小组会谈和副外长磋商中,双方就如何解决边境地区某些地段的近距离军事对峙问题和落实去年签署的《关于在中印边境实际控制线地区保持和平与安宁的协定》坦率深入地交换了意见。

1995 年 8 月 18 日至 20 日,在新德里举行了中印边界问题联合工作小组第八轮会谈和副外长级磋商。经过双方的共同努力,在落实两国签署的保持边境地区和平与安宁的协定方面取得了积极的进展。双方签署了会谈纪要,就以下问题达成一致意见:一、双方同意于 1995 年内撤除旺东地区距离最近的四个哨所,以便双方军队脱离接触;二、双方就对实际控制线走向有不同认识的地区名单达成一致意见。同意通过磋商,逐一解决双方在这些地区存在的分歧;三、双方同意在两国边防当局和军事机构之间加强来往,在军事领域建立信任措施。双方决定于 9 月在乃堆拉山口举行首次边防人员会晤。[②] 双方还商定,中印边界问题联合工作小组会谈将于 1996 年第一季度在北京举行,继续寻求能为双方接受的、公平合理的解决边界问题办法。

进入 20 世纪 90 年代以来,中印两国在经济、贸易、科技、文化以及军事等领域的合作与交流不断加强,范围日渐扩大。自 1993 年起,中印两国进出口贸易额逐年有大幅度的增长。据中国海关总署统计,1991 年中国同印度的商品进出口总额为 2.6482 亿美元。[③] 1992 年为 3.3943 亿美元。[④] 增长 28.17%。1993 年中印两国商品贸易总额为 6.75 亿美元。[⑤] 比 1992 年增长 98.86%。1995 年,两国的贸易总额又上升到 11.62 亿美元。[⑥] 比 1993 年增长 72.14%,比 1992 年增长 242.34%。其中中国出口为 7.65 亿美元,进口为 3.97 亿美元。[⑦]

---

① 《中国外交概览(1994)》,第 94 页。
② 《中印边界会谈取得进展》,《人民日报》1995 年 8 月 21 日。
③ 《中国外交概览(1992)》,第 93 页。
④ 《中国外交概览(1993)》,第 89 页。
⑤ 《中国外交概览(1994)》,第 96 页。
⑥ 《中国外交(1996)》,第 102 页。
⑦ 同上书,第 102—103 页。

中 韩 建 交

1992年8月前,中国同韩国没有外交关系。但在国际多边活动中,中国根据国际组织的章程规定或惯例,有选择地参加在韩国举行的一些国际会议或国际体育比赛。从1987年开始,中国同韩国有一定金额的中转贸易,双方的公民也可去对方探亲。① 在此期间,中国曾派体育代表团先后参加了于1988年9月和10月在汉城举办的第24届奥运会和第8届残疾人奥运会。1990年9月底到10月初,韩国派出体育代表团参加了在北京举行的第11届亚洲运动会。同年10月20日,中国国际商会和大韩贸易振兴公社签署互设代表处的协议。1991年1月30日和4月9日,大韩贸易振兴公社驻北京代表处和中国国际商会驻汉城代表处先后开始办公。4月初,中国代表团出席了在汉城召开的联合国亚太经社委员会。11月,外交部长钱其琛和对外经济贸易部长李岚清率代表团出席了在汉城召开的亚太经济合作第三届部长级会议。12月31日,中国国际商会会长同大韩贸易振兴公社驻北京代表处代表在京签署了《中国国际商会和大韩贸易振兴公社关于贸易的协定》。

1992年8月23日至25日,应国务院副总理兼外长钱其琛的邀请,大韩民国外务部长官李相玉对中国进行正式访问。李相玉抵京的当天下午,钱其琛同他在友好的气氛中就两国关系、国际形势和地区问题广泛地进行了会谈。钱外长说,我们曾多次见过面,外长这次来访负有重要使命。中韩两国关系正常化具有重大意义,并对朝鲜半岛局势的缓和与稳定及亚太地区的和平与发展具有积极的影响。李相玉强调这次访问具有历史意义。② 经过会谈,双方就两国建交问题达成协议。

8月25日上午,中韩两国外长共同签署了《中韩两国建交联合公报》。两国在建交公报中共同宣布,中韩两国决定自1992年8月24日起相互承认并建立大使级外交关系。中韩两国政府同意根据《联合国宪章》原则,在和平共处五项原则的基础上发展持久的睦邻合作关系。大韩民国承认中华人民共和国为中国的唯一合法政府,并尊重中方只有一个中国、台湾是中国的一部分之立场。中国尊重朝鲜民族早日实现朝鲜半岛和平统一的愿望,并支持由朝鲜民族自己来实现朝鲜半岛的和平统一。③ 中韩建交公报的签署,为两国关系翻开了新的

---

① 《中国外交概览(1988)》,第55页。
② 《中韩两国外长在京会谈》,《人民日报》1992年8月24日。
③ 《中韩两国建交联合公报》,《人民日报》1992年8月25日。

一页。它不仅使两国的友好合作关系可以向深度和广度发展,同时也将有助于朝鲜半岛局势的缓和,有助于亚洲的和平与稳定。

中韩建交公报签署后,杨尚昆和李鹏分别会见了李相玉。杨尚昆说,中韩两国交往有着悠久的历史,两国在许多方面,特别是文化方面有共同之处。他说,很高兴看到朝鲜南北双方通过对话协商,关系得到改善,希望双方关系继续改善和发展。李相玉说,韩中建交将为两国关系"百尺竿头"进一步发展奠定坚实基础。他还表示,韩中建交后,朝鲜南北对话将继续,关系将得到不断改善。李鹏在会见李相玉时说,中韩两国发展经贸合作的潜力很大,两国在这方面的合作已具有相当规模。两国建交必将为两国经贸关系的发展创造更为有利的条件。中国愿意同韩国开展各种形式的合作,欢迎韩国经济界人士到中国来投资办厂。李相玉说,中国是韩国的第三大贸易伙伴,今后,必定会有更快的发展。①

中韩建交后,韩国总统卢泰愚应邀于当年9月27日至30日对中国进行国事访问,国家主席杨尚昆同卢泰愚总统举行了会谈,江泽民和李鹏分别会见了卢泰愚。杨尚昆说,中韩两国领导人首次会晤有重要意义,必将增进相互了解,促进两国关系在和平共处五项原则基础上全面向前发展。我们十分重视总统这次来访。他还说,随着国际形势的变化和朝鲜半岛局势的缓和,中韩两国实现了关系正常化,两国关系进入了一个新的时期。中韩建交符合两国人民的根本利益,为两国在各个领域里互利合作开辟了广阔的前景,并有利于东北亚和整个亚洲的和平、稳定与发展,国际社会对中韩建交的反应是很好的。卢泰愚说,韩中两国的交往有几千年的历史,我这次来访也是对两国传统关系的恢复。他说,中国实行改革开放,取得了令人瞩目的成就,经济蓬勃发展,我们对此感到十分高兴和衷心的钦佩。我这次带来了韩国最优秀的企业家,这将有效地推动两国经贸关系的发展。杨尚昆说,我们一贯支持朝鲜半岛局势的缓和,支持北南双方的接触和对话,支持整个朝鲜的和平自主统一。中国政府和人民将继续为朝鲜半岛和东北亚地区的和平与稳定作出自己的努力和贡献。②

卢泰愚总统结束访问前,中韩两国政府于9月30日签署了《贸易协定》、《投资保护协定》、《关于设立经济、贸易、技术联合委员会协定》和《科学技术合作协定》。同一天,双方发表了《新闻公报》。两国领导人高度评价中韩建交,认为两国结束过去不正常的关系,在建交公报的基础上发展睦邻友好合作关系,

---

① 《杨尚昆李鹏分别会见李相玉》,《人民日报》1992年8月25日。
② 《中韩两国元首举行正式会谈》,《人民日报》1992年9月29日。

符合两国人民的利益,也符合当今国际形势的发展趋势,对亚洲和世界的和平与发展具有重要意义。

此后,中韩两国在政治、经贸、科技及文化等领域的合作与交流都有了迅速的发展。首先,两国间的高层互访频繁。1993年5月,钱其琛外长访问了韩国,并签署了《中韩海运协定》。10月,韩国外长韩升洲访问中国,两国外长签署了两国政府间《环境合作协定》。1994年3月,韩国总统金泳三应邀对中国进行正式访问,同江泽民主席就中韩关系和朝鲜半岛局势交换了看法。访问期间,中韩两国签署了《关于对所得避免双重征税和防止偷漏税的协定》和《中韩政府文化合作协定》。① 同年10月,中国总理李鹏应邀访问韩国,同韩国领导人就双边关系、扩大经贸合作及朝鲜半岛局势深入、坦诚地交换了意见。两国政府还签署了《民用航空临时协定》、《和平利用核能协定》和《共同研制民用客机备忘录》,这是中韩加强合作的具体体现。11月,国家主席江泽民在茂物出席亚太经合组织领导人非正式会议期间再次会晤了金泳三总统。江泽民强调,中国在促进朝鲜半岛的和平与稳定方面只会起积极作用,不会起消极作用。②

1995年5月,韩国国务总理李洪九访问中国。同年11月,国家主席江泽民应邀对韩国进行国事访问。中韩两国元首举行了会谈,双方在坦诚、友好的气氛中就中韩关系和国际形势等问题交换了意见。江泽民表示,中国希望从长远眼光出发,着眼于大局、着眼于21世纪、着眼于整个半岛及地区的和平与稳定来处理中韩两国关系。金泳三表示,韩国愿进一步扩大两国关系,并在地区和国际事务中与中国合作,共同为地区与世界的和平、稳定作出贡献。③ 11月14日,江泽民在韩国国会发表了题为《加深相互了解,促进共同繁荣》的演讲,着重阐述了改革开放极大地促进了中国经济的发展;中国的政治稳定和政策连续性是有坚实基础和可靠保障的;中国的发展有利于世界的稳定,中国的强盛是和平力量的增长;中韩加强双边经贸合作大有可为,必将成为促进两国经济繁荣和睦邻友好的强大推动力。④ 访问期间,中韩双方签署了中国化工部同韩国通商产业部合作协议与韩国经济发展基金向中国贷款协定。

在经贸关系方面,1993年2月1日,韩国输出入银行北京代表处开业。5月25日,中国人民建设银行汉城代表处开业。1994年1月19日,中国银行汉城分

---

① 《中韩在京签署两个合作文件》,《人民日报》1994年3月29日。
② 《江主席在雅加达同八国领导人会晤》,《人民日报》1994年11月15日。
③ 《中韩两国元首举行会谈》,《人民日报》1995年11月11日。
④ 《江泽民主席在韩国国会发表演讲》,《人民日报》1995年11月16日。

行开业。6月6日,中韩两国在京签署了《关于成立"中韩产业合作委员会"的协议》和《关于民用航空工业技术合作与开发的谅解备忘录》。12月13日,中韩两国在北京签署了政府贷款协议换函。这是中韩建交韩国向中国提供的首批政府贷款。总金额为345.08亿韩元(约合4300万美元),年利率3.25%,还款期为20年(含5年宽限期)。这批贷款主要用于天津港南疆大桥、山东龙口港、黑龙江东宁铁路和延吉机场等项目。① 1995年10月,中国工商银行与韩国第一银行合资成立"青岛国际银行"。中韩建交后,两国的双边贸易额逐年成直线上升趋势。据中国海关总署统计,1992年中韩商品贸易总额为50.6061亿美元。② 1993年为82.2亿美元,③比上年增长62.43%。1994年达117.2亿美元,④比1993年增长42.58%。1995年中国同韩国的进出口贸易总额为169.82亿美元,比上年增长44.9%。其中中国出口为66.89亿美元,进口为102.93亿美元。⑤

中国同东盟各国关系发展的新阶段

　　成立于1967年8月的东南亚国家联盟(简称"东盟"),其最初的成员国为泰国、马来西亚、新加坡、菲律宾和印度尼西亚五国。1985年,新独立的文莱加入,成员国扩大为六国。在20世纪80年代,中国只同东盟六国中的马来西亚、菲律宾和泰国有外交关系。但是,中国很重视同亚太地区国家,特别是东盟国家发展友好关系。1988年11月,中国总理李鹏在访问泰国时,提出了中国发展同东盟国家关系的四原则。第一,在国家关系中,严格遵循和平共处五项原则。中国和东盟各国虽然社会制度不同,但这不应影响彼此间建立和发展真正的睦邻友好关系。事实证明,国家关系的好坏,并不取决于社会制度的异同,而在于能否严格遵守和平共处五项原则。中国将坚定不移地把和平共处五项原则作为同东盟各国建立、恢复和进一步发展关系的政治基础。第二,在任何情况下,都坚持反对霸权主义的原则。中国现在和将来都决不称霸,也反对任何谋求霸权的企图,中国在本地区不谋求自己的势力范围,不以任何方式干涉别国内政,对于国与国之间某些历史遗留下来的问题,我们愿意通过友好协商加以解决。

---

① 《中韩签署首批政府贷款协议》,《人民日报》1994年12月14日。
② 《中国外交概览(1993)》,第41页。
③ 《中国外交概览(1994)》,第39页。
④ 《中国外交概览(1995)》,第35页。
⑤ 《中国外交(1996)》,第28页。

第三,在经济关系中,坚持平等互利和共同发展的原则。中国和东盟各国都是发展中国家,虽然国情不同,经济和技术水平也有差异,但彼此各有优势,需要取长补短、互通有无、互相补充。中国希望与东盟各国发展成为重要的经济合作伙伴。第四,在国际事务中,遵循独立自主、互相尊重、密切合作、互相支持的原则。中国将一如既往支持东盟维护地区和平和加强区域经济合作所作的努力,支持东盟关于建立东亚和平、自由和中立区的主张。① 此后,中国同东盟各国关系不断发展,双方在经贸、科技和文化等领域的合作逐渐加强。

1989年2月,钱其琛外长在东京参加日本天皇葬礼期间,同印尼总统苏哈托举行了会谈。双方就恢复邦交正常化问题达成一致意见:在和平共处五项原则和万隆会议十项原则的基础上,实现两国关系正常化。随后,两国政府代表于1989年12月、1990年3月和5月,先后在雅加达、北京和香港就复交的技术问题进行了会谈并达成协议。为最终完成恢复两国外交关系的进程,同年7月初,印尼外长阿里·阿拉塔斯应邀访华,同钱其琛外长就双边关系、柬埔寨问题以及其他地区和国际问题交换了意见。双方决定自1990年8月8日起恢复两国外交关系。两国外长还签署了关于解决印度尼西亚所欠中国债务问题的协定。8月6日至11日,中国总理李鹏对印尼进行正式访问,并同苏哈托总统进行了友好的会谈。双方表示要以向前看的精神来改善和发展两国友好合作关系。

新加坡总理李光耀曾经多次表示,在中国与印尼复交后,新加坡将随之与中国建立正式外交关系。1990年8月,李鹏应李光耀的邀请访问新加坡。两国总理就进一步发展双边关系问题深入交换了意见,并一致同意尽快实现两国建交。同年9月中,中国和新加坡政府代表团在北京进行会谈。双方根据两国总理8月会谈时商定的精神就两国正式建立外交关系问题达成了一致意见。10月3日,中国外长钱其琛和新加坡外长黄根成在出席联大会议期间签署了联合公报,宣布中新两国自1990年10月3日起,在和平共处五项原则和联合国宪章的原则基础上建立外交关系。

随着印尼和新加坡相继与中国恢复或建立了外交关系,中国与东盟国家关系在1990年得到全面的发展。在这一年,中国与东盟国家领导人进行了最为频繁的互访。中国总理李鹏两次出访东盟国家,他于8月先后访问了印尼、新加坡和泰国,又于12月访问了马来西亚和菲律宾。这一年,东盟国家领导人访

---

① 《中国愿与东盟一道促进柬问题解决》,《人民日报》1988年11月12日。

华的有:印尼总统苏哈托(11月)、新加坡总理李光耀(10月)、马来西亚最高元首丹·阿兹兰·沙阿(10月)、泰国总理差猜(11月)等。这一年,中国同东盟国家的经贸关系也有了新的发展,贸易额达 66.91 亿美元。东盟国家在中国的累计投资约 10 亿美元。①

在中国印尼复交后,文莱外长也表示希望进一步加强文莱同中国的双边关系。1991 年 4 月,中国政府代表团访问文莱,两国外交官员进行了首次磋商。双方都表示了愿意进一步发展两国关系的愿望。7 月,钱其琛外长在出席第二十四届东盟外长会议开幕式期间,会见了文莱外交大臣穆罕默德·博尔基亚亲王。双方就进一步发展两国关系问题交换了意见。9 月中,文莱外交部常务秘书达图·林玉成访华。中文双方就建交问题进行了会谈,并达成一致。9 月 30 日,钱其琛外长与文莱外交大臣博尔基亚亲王在纽约签署了建交公报,两国决定自签字之日起建立大使级外交关系。

中文建交后,中国同东盟六国都建立或恢复了外交关系。这样,就更加有利于中国发展同东盟国家的友好、互利关系。

自 1991 年以来,中国同东盟国家的关系发展更加顺利。主要表现为政治关系日益密切;经贸合作不断有新的发展。在此期间,中国与东盟国家领导人相互访问不断。1991 年,中国国家主席杨尚昆于 6 月先后访问了印尼和泰国。9 月,马来西亚最高元首沙阿陛下、新加坡总统黄金辉和泰国总理阿南相继访问了中国。1992 年 1 月,杨尚昆访问了新加坡和印度尼西亚。1993 年,新加坡总理吴作栋(4 月)、菲律宾总统拉莫斯(4 月)和泰国总理川·立派(8 月)访问中国。1994 年,国家主席江泽民于 11 月访问了新加坡、马来西亚和印度尼西亚。马来西亚总理马哈蒂尔于 5 月访问了中国。1995 年 8 月,新加坡总统王鼎昌访华。

此外,1991 年 7 月 19 日,钱其琛外长应邀出席了在吉隆坡举行的第二十四届东盟外长会议开幕式,并会见了东盟六国外长。这是中国外交部长首次出席东盟外长会议和对话。钱外长在同六国外长会见时重申:"中国愿同东盟进一步加强合作,在政治、经济、科技和安全等方面同东盟建立对话关系。"钱外长说:"在过去的十多年里,中国同东盟国家在重大国际问题上有着广泛的一致或相似的看法,在维护本地区的和平与安全方面,特别是政治解决柬埔寨问题上,一直进行着卓有成效的合作。实践证明,中国同东盟国家虽然社会制度不同,

---

① 《中国外交概览(1991)》,第 442 页。

但不影响我们在和平共处五项原则基础上发展友好关系,建立新型的友好相处、平等互利的关系。"他说,中国和东盟今后可在经济、贸易和科技领域加强合作。在政治合作方面,他指出:"当务之急是进一步促进亚洲热点问题的解决。"在政治解决柬埔寨问题上,中国愿和东盟国家继续保持合作,共同作出努力。钱外长再次表示,中国尊重并支持东盟关于建立东南亚和平、自由、中立和无核区的主张,支持东盟为加强区域经济合作、维护本国资源和经济权益以及建立国际经济新秩序所做的努力。东盟六国外长对钱外长的讲话表示满意。菲律宾外长劳尔·曼格拉普斯正式邀请钱外长出席明年将在马尼拉举行的第二十五届东盟外长会议。① 从此,中国外长就作为东盟的客人出席一年一度的东盟六国外长会议,同六国外长就地区安全及经济合作问题进行对话与磋商,从而进一步加深了双方的相互了解,增强了彼此间的信任。

1993年7月,钱其琛外长参加了在新加坡举行的第二十六届东盟外长会议有关活动。他向东盟六国外长重申,中国政府高度重视本地区的和平、安全和发展。钱外长说:"中国今天不称霸,即使将来强大了也不称霸。中国的和平外交政策是经得起时间的考验的。""中国不会成为潜在的或现实的威胁。中国只会是确保亚太地区和平、稳定与发展的积极力量。"②会议期间,钱外长还应邀出席了"非正式晚宴"。席间,东盟国家提出设立"东盟地区论坛",就亚太地区的政治安全问题举行部长级多边对话。钱外长表示,中国赞赏东盟有关安全问题的对话安排,赞成成立"东盟地区论坛",但"东盟地区论坛"应属交换情况和看法,不是针对某个国家、某个地区或某个问题做出什么决定,或采取共同行动。③

1994年7月25日,有17个亚太地区国家和欧洲联盟的代表参加的东盟地区论坛首次会议在曼谷举行。东盟地区论坛的宗旨是加强对话,建立信任,防止冲突,开展预防性外交,增强地区政治与安全合作,维护亚太地区和平与稳定。中国外长钱其琛出席了会议并发表了讲话。他说,亚太地区17个国家和欧洲联盟的代表相聚在此,共同商讨政治与安全大事,这在我们这个地区的历史上尚属首次。论坛的建立反映了亚太各国对安全问题的共同关心和加强对话的愿望。钱外长指出,中国希望论坛成为亚太国家在政治和安全问题上扩大共识、增进信任的对话场所,使安全态势进一步改善,更加有利于经济发展。他

---

① 《中国愿同东盟加强合作建立对话关系》,《人民日报》1991年7月21日。
② 《中国即使强大也不称霸》,《人民日报》1993年7月24日。
③ 《中国外交概览(1994)》,第571页。

说,中国主张以循序渐进的方式探讨切合实际的合作途径,并建议在亚太安全合作方面遵循并采取以下原则和措施:(一)以联合国宪章与和平共处五项原则为基础,建立互相尊重、友好相处的新型国家关系。(二)以促进经济共同发展为目标,建立平等互利、互相协作的经济关系。(三)以平等协商、和平解决为准则,处理亚太国家之间的争端和纠纷,逐步消除地区不稳定因素。(四)以促进本地区的和平与安全为宗旨,坚持军备只用于防御的原则,不搞任何形式的军备竞赛。不搞核扩散,有核国家承诺不首先使用、不对无核国家和无核地区使用或威胁使用核武器。支持建立无核区、和平区的主张。(五)以增进了解和信任为目的,促进多种形式的双边或多边安全对话与磋商。钱外长说,中国奉行独立自主的和平外交政策,不搞侵略扩张,不谋求霸权,这一点已写入了中国宪法,成为我国坚定不移的基本国策。中国不谋求势力范围,在国外没有一兵一卒,没有军事基地。作为一个发展中国家,中国将长期致力于经济建设,需要同邻国和睦相处,需要一个持久的和平国际环境。我们在亚太安全方面有三个基本目标:(一)本国的稳定与繁荣;(二)长期和平安宁的周边环境;(三)在相互尊重和平等的基础上开展对话与合作。他最后说,亚太的前途取决于能否在这个地区维护和平,促进发展,这将是一个长期而复杂的艰巨使命。东盟地区论坛的成立为我们提供了一个良好的机会,我们愿同各成员国共同努力,为完成这项重要使命做出积极的贡献。①

1995年7月底,钱其琛外长出席了在文莱举行的第二十八届东盟外长会议开幕式、闭幕式和第二届东盟地区论坛会议,并与东盟外长进行了对话。7月30日,钱外长在与东盟外长对话时说,过去一年来中国同东盟的关系取得了新的进展。中国与东盟国家各层次、各领域的交流和互访频繁并富有成效。他指出:"中国外交政策的首要目标是保持稳定的周边环境,保障国内经济建设顺利发展。中国把同东盟建立长期稳定的睦邻友好合作关系视为实现这一目标的重要因素。维护本地区的和平稳定,促进各国经济繁荣与合作,这是中国与东盟国家的共同利益和目标,是双方最根本的共同点。我们相信,中国同东盟各国将永远是好邻居、好朋友,平等相待,尊重信任,互利合作,将成为冷战之后新的国际形势下国与国新型关系的典范。"关于南沙问题,钱其琛说,南沙并不是无主的岛礁,中国历来对南沙群岛及其附近海域拥有无可争议的主权。中国政府一贯主张以和平方式解决争议。争议各方都应遵守国际法有关国与

---

① 《钱其琛在东盟论坛会议演讲》,《人民日报》1994年7月26日。

国的关系准则和有关和平解决国际争端的原则,不使问题复杂化、扩大化。中方提出的"搁置争议、共同开发"的主张,是目前处理南沙争议最现实可行的途径。[①]

在中国与东盟国家政治关系日益密切的同时,双方的经贸合作也有迅速的发展。1995 年中国同东盟国家的贸易总额达 194.89 亿美元[②],比 1994 年的 132.08 亿美元增长 41.8%,比 1990 年的 66.91 亿美元增长了 191.27%。

---

① 《中国同东盟各国永远是好朋友》,《人民日报》1995 年 7 月 31 日。
② 《中国外交(1996)》,第 657 页。

附 录 大事年表

1945年

9月2日	日本政府代表在东京湾美舰"密苏里号"上签署无条件投降书,第二次世界大战结束
9月9日	侵华日军指挥官冈村宁次在南京签署在华日军投降书
9月11日—10月2日	苏、美、英、法、中五国伦敦外长会议,讨论对意、罗、保、匈、芬五国的和约及共同管制日本问题
9月22日	法国发动印度支那殖民战争
10月24日	联合国正式成立
10月25日	国民党政府在台湾接受日军投降,翌日宣布:"从今日起,台湾及澎湖列岛正式重入中国版图。"
11月20日	纽伦堡国际军事法庭开庭审讯22名德国纳粹战犯。1946年10月1日判处戈林等12人绞刑
12月16—26日	苏、美、英三国莫斯科外长会议,决定成立"远东委员会"和"对日管制委员会"
12月25日	杜鲁门总统发表对华声明,称国民党政府为中国的"唯一合法政府",要以"一切合理方式帮助蒋介石"
12月27日	29国代表在华盛顿签署布雷顿森林协定,国际货币基金组织和国际复兴开发银行正式成立

1946年

1月10日—2月14日	第一届联合国大会在伦敦召开第一阶段会议,联合国的组织机构正式开始运作
2月	联合国国际法院在海牙成立
2月20日	苏联宣布千岛群岛、库页岛为苏联领土

3月5日	丘吉尔在美国富尔顿发表"铁幕"演说,揭开冷战序幕
3月6日	法国与越南签订《法越初步协定》
3月21日	法军入侵老挝
4月18日	国际联盟宣告解散,财产移交联合国
4月25日—7月12日	第二届五国外长会议在巴黎举行
5月3日	远东国际军事法庭在东京开庭审讯日本战犯。1948年11月12日判处东条英机等7人死刑
6月26日	在美国支持下,国民党挑起中国全面内战
7月4日	菲律宾宣布独立,美国与菲签订承认菲独立的《一般关系条约》
7月29日—10月15日	苏、美、英、法、中等21国参加的欧洲和会在巴黎举行
10月23日—12月15日	第一届联合国大会第二阶段会议在纽约举行
11月4日—12月12日	第三届五国外长会议在纽约举行
11月15日	荷兰与印度尼西亚签订《林芽椰蒂协定》
12月19日	法军进攻河内,越南人民8年抗法战争开始

1947年

1月27日	英国与缅甸在伦敦签订《昂山—艾德礼协定》
2月10日	同盟国对意、罗、保、匈、芬五国和约在巴黎签字
3月4日	《英法同盟互助条约》在法国敦刻尔克签署
3月10日—4月24日	第四届五国外长会议在莫斯科举行
3月12日	美国总统杜鲁门在美国国会特别联席会上发表关于"援助"希腊和土耳其的演说,提出"杜鲁门主义"
6月3日	英国宣布印巴分治的"蒙巴顿方案"
6月5日	美国国务卿马歇尔在哈佛大学发表演说,提出帮助欧洲复兴的"马歇尔计划"
7月12—15日	欧洲经济会议在巴黎举行。16个与会国成立了旨在实施"马歇尔计划"的"欧洲经济合作委员会"
7月21日	荷兰对印尼发动第一次殖民战争
8月14日、15日	印巴分治,巴基斯坦、印度先后独立,分别成为英联邦的自治领

9月2日	美国和18个拉美国家签订《美洲国家间互助条约》(又称"里约热内卢条约")
9月27日	欧洲共产党和工人党情报局成立
10月17日	英国与缅甸签订《关于承认缅甸独立及有关事项的条约》
10月27日	第一次印巴(克什米尔)战争爆发。在联合国干预下,1949年1月1日双方实现停火
11月25日—12月15日	第五届五国外长会议在伦敦举行
11月29日	联合国大会通过《关于巴勒斯坦将来治理(分治计划)问题的决议》

1948年

1月4日	缅甸独立,成立缅甸联邦共和国
1月17日	印尼与荷兰签订《伦维尔协定》
2月4日	锡兰(今斯里兰卡)独立,成为英联邦自治领
2月20—25日	捷克斯洛伐克"二月事件"
3月17日	英、法、荷、比、卢五国签订《布鲁塞尔条约》,组成布鲁塞尔条约组织。1955年5月该组织改组为"西欧联盟"
4月30日—5月2日	第九届美洲国家会议签署《美洲国家组织宪章》,决定建立"美洲国家组织",以取代"泛美联盟"
5月14日	以色列国成立
5月15日—1949年9月	第一次中东战争(巴勒斯坦战争)
6月24日—1949年5月	第一次柏林危机
6月28日	南斯拉夫被开除出欧洲共产党和工人党情报局
8月15日	大韩民国成立
9月9日	朝鲜民主主义人民共和国成立
10月9日	英国前首相丘吉尔在保守党年会上发表演说,正式提出"三环外交"
12月18日—1949年11月	荷兰对印尼发动第二次殖民战争

1949 年

1月20日	杜鲁门发表第二任总统就职演说,提出美国对外政策"第四点计划"
1月25日	经济互助委员会成立
4月4日	《北大西洋公约》在华盛顿签署。8月24日公约生效,"北约"组织宣告成立
5月23日—6月20日	第六届五国外长会议在巴黎举行
8月5日	美国国务院发表《美国与中国的关系》白皮书,宣告美国侵华政策破产
9月23日	苏联爆炸第一颗原子弹
10月1日	中华人民共和国成立
11月2日	荷兰与印尼签订《圆桌会议协定》。12月19日,印尼联邦共和国成立
11月8日	《法国柬埔寨条约》在巴黎签订。法承认柬为法兰西联邦独立成员国
12月16日	毛泽东主席率领中国代表团访问苏联

1950 年

2月14日	《中苏友好同盟互助条约》在莫斯科签订
4月13日	阿拉伯联盟各国签署《阿拉伯联盟国家联合防御和经济合作条约》
5月9日	法国外长舒曼建议成立欧洲煤钢共同体,将法、德两国煤钢生产置于该共同体的管制之下(通称"舒曼计划")
6月6日	民主德国与波兰达成协议,承认奥得—尼斯线为德波永久边界。联邦德国声明,不承认新定边界
6月25日	朝鲜战争爆发
6月27日	杜鲁门发表声明宣布,已命令美海空军投入朝鲜战争,并派遣第七舰队控制台湾海峡
6月28日	周恩来外长发表声明,抗议美国侵略朝鲜和中国领土台湾

9月15日	侵朝美军在仁川登陆。10月美军越过三八线,并把战火烧到中国边境
10月25日	中国人民志愿军赴朝作战,进行抗美援朝

1951年

4月18日	《欧洲煤钢共同体条约》在巴黎签订
5月1日	伊朗国王签署石油国有化法。6月21日该法付诸实施
7月9日	美、英、法等40多个国家政府宣布结束对德战争状态
7月10日	朝鲜停战谈判在开城(后移至板门店)举行
8月30日	《美国—菲律宾共同防御条约》在华盛顿签署
9月1日	美、澳、新在旧金山签署《太平洋安全保障条约》
9月4—8日	旧金山会议签订片面对日和约,中国、苏联拒绝承认
9月8日	日本与美国签订《美日安全保障条约》
10月14日	中美洲五国签署《圣萨尔瓦多宪章》,12月14日中美洲国家组织成立
11月9日	美、英、法、土宣布组建中东司令部

1952年

4月29日	澳新美理事会正式成立
5月26日	美、英、法三国同联邦德国签订《波恩条约》
5月27日	法、意、联邦德国、比、荷、卢六国在巴黎签订《建立欧洲防务集团条约》(又称"欧洲军条约")
5月31日	民主德国宣布封锁东、西柏林分界线
7月10日	欧洲煤钢共同体在卢森堡正式成立
8月18日	智利、秘鲁、厄瓜多尔签署《圣地亚哥宣言》,宣布三国拥有200海里领海权
10月2—13日	亚太区域和平会议在北京召开
11月1日	美国爆炸第一颗氢弹

1953年

2月12日	北欧理事会成立

2月28日	南、希、土三国签订《巴尔干同盟条约》
3月5日	斯大林逝世
7月26日	古巴卡斯特罗发动首次武装起义
7月27日	朝鲜停战协定在板门店签字
8月12日	苏联爆炸第一颗氢弹
10月1日	《韩国和美国共同防御条约》在华盛顿正式签署

1954年

1月12日	美国国务卿杜勒斯向对外关系委员会发表讲话,提出"大规模报复战略"
1月25日—2月10日	苏、美、英、法四国外长在柏林举行会议,讨论德国问题
3月8日	《美日共同防御协定》在东京签订
3月13日—5月7日	越南奠边府战役大捷
4月26日	讨论朝鲜和印度支那问题的国际会议在日内瓦举行
4月29日	中、印签订《中印关于中国西藏地方和印度之间的通商和交通协定》,首次将和平共处五项原则载入国际文件
6月25日—7月5日	周恩来总理访问印度、缅甸、越南,共同确认和平共处五项原则是指导国家之间关系的准则
7月21日	日内瓦会议签署关于恢复印度支那和平的《日内瓦会议宣言》以及在越、老、柬停止敌对行动的三个协定。美国拒绝在宣言上签字
8月24日	毛泽东主席接见英国工党代表团,就中间地带、和平共处及中英、中美关系等问题发表了重要谈话
9月8日	美、英、法、澳、新西兰、菲、泰、巴基斯坦八国在马尼拉签订《东南亚集体防务条约》
9月28日—10月3日	美、加、英、法、意、比、荷、卢、联邦德国九国外长会议在伦敦举行,发表《最后决议书》(通称《伦敦协定》)
10月19日	英国、埃及签订《关于苏伊士运河基地的协定》

10月19—23日	九国外长会议在巴黎举行。会议就改组布鲁塞尔条约为西欧联盟、联邦德国和意大利加入西欧联盟以及联邦德国加入北约等问题达成协议(通称《巴黎协定》)
12月2日	美国与台湾当局签订所谓"共同防御条约"

1955年

2月24日	土耳其、伊拉克在巴格达签订"互助合作条约"(即"巴格达条约")。11月21日巴格达条约组织成立
4月18—24日	亚非会议在印尼万隆召开,提出万隆会议十项原则
4月22日	中国与印尼签订关于双重国籍问题的条约
5月5日	《巴黎协定》生效,西欧联盟成立
5月9日	联邦德国加入北大西洋公约组织
5月14日	华沙条约组织成立
6月2日	苏联、南斯拉夫发表《贝尔格莱德宣言》,两国关系恢复正常化
7月18—23日	苏、美、英、法四国首脑会议在日内瓦举行
8月1日	中美大使级会谈开始。至1970年2月20日共举行136次会议
9月20日	《苏联和德意志民主共和国之间关系条约》在莫斯科签订
10月26日	奥地利宣布永久中立

1956年

1月16日	美国《生活》杂志发表专访,报道杜勒斯提出的"战争边缘政策"
2月14—25日	苏共召开二十大,赫鲁晓夫作反对个人崇拜的秘密报告
4月17日	共产党和工人党情报局解散
6月28日	波兰发生"波兹南事件"
7月26日	埃及宣布将苏伊士运河公司收归国有
10月19—20日	波兰发生"十月事件"

10月23日	"匈牙利事件"爆发
10月29日	以色列军队占领埃及西奈半岛,第二次中东战争(苏伊士运河战争)爆发
10月31日	英、法军队联合入侵埃及
12月22日	英、法军队撤出埃及

1957年

1月5日	艾森豪威尔在国会宣读美国中东政策特别咨文,提出"艾森豪威尔主义"
3月25日	法、意、荷、比、卢、联邦德国六国外长在罗马签订《欧洲经济共同体条约》和《欧洲原子能共同体条约》(通称"罗马条约")
4月10日	苏伊士运河恢复通航
10月4日	苏联发射第一颗人造地球卫星
11月14—19日	社会主义国家共产党、工人党代表会议和64国共产党、工人党代表会议在莫斯科举行
12月26日—1958年1月1日	第一届"亚非人民团结会议"在开罗举行

1958年

1月1日	欧洲经济共同体和欧洲原子能共同体正式成立
1月31日	美国发射人造地球卫星
2月24日—4月27日	第一次联合国海洋法会议在日内瓦举行
4月15—22日	第一次非洲独立国家会议在加纳首都阿克拉举行
7月14日	伊拉克推翻费萨尔王朝,宣布成立共和国
7月15日—10月25日	美军入侵黎巴嫩
11月—1961年10月	第二次柏林危机
12月8—13日	第一届全非人民大会在加纳首都阿克拉举行

1959年

1月1日	古巴"七二六运动"领导的武装斗争取得胜利,巴蒂斯塔亲美独裁政权被推翻

3月24日	伊拉克退出《巴格达条约》。8月19日,巴格达条约组织改名为中央条约组织
6月20日	苏联政府单方面中止中苏双方1957年10月15日签订的国防新技术协定
9月15—27日	苏美首脑赫鲁晓夫和艾森豪威尔在戴维营举行会谈
9月30日—10月2日	赫鲁晓夫访问中国,同毛泽东等中国领导人进行了会谈
12月1日	《南极条约》在华盛顿签订

1960年

1月19日	日、美签订《共同合作和安全条约》,用以取代1951年签订的《日美安全保障条约》
1月28日	中、缅签订关于两国边界问题的协定和友好互不侵犯条约
4月28日	中国与尼泊尔签订和平友好条约并互换《关于中尼边界问题的协定》批准书
5月1日	美国U-2间谍飞机入侵苏联领空被击落
5月3日	欧洲自由贸易联盟成立
5月31日	《中蒙友好互助条约》在乌兰巴托签订
6月24—26日	51个社会主义国家及资本主义国家共产党、工人党代表在布加勒斯特举行会晤,中共代表团对赫鲁晓夫组织的围攻进行了斗争
7月16日	苏联政府撕毁与中国的协定和几百项合同,决定撤走全部在华专家
8月26日	中国和阿富汗签订《友好和互不侵犯条约》
9月14日	石油输出国组织成立
11月	81个共产党、工人党代表会议在莫斯科举行
12月14日	联合国大会全体会议通过43个亚非国家提出的《关于给予殖民地国家和人民独立的宣言》
12月20日	越南南方民族解放阵线成立

1961 年

1月4—7日	摩洛哥、阿尔及利亚、几内亚、加纳、阿联、马里六国首脑和利比亚外交大臣在卡萨布兰卡(现名达尔贝达)举行会议,通过《非洲宪章》,决定建立非洲国家组织
1月17日	刚果(利)总理卢蒙巴遇害
4月12日	苏联发射第一艘载人宇宙飞船
4月17—19日	美国雇佣军在古巴猪湾的吉隆滩登陆,被全歼
5月16日—1962年7月23日	和平解决老挝问题的国际会议在日内瓦召开,14个国家和地区的代表签订了《关于老挝中立的宣言》和该宣言的议定书
6月3—4日	苏美首脑赫鲁晓夫和肯尼迪在维也纳举行会谈
7月6日	《苏朝友好合作互助条约》在莫斯科签订
7月11日	《中朝友好合作互助条约》在北京签订
7月31日	东南亚联盟成立
8月13日	民主德国封锁东、西柏林边界,15日筑起"柏林墙"
9月1—6日	第一次不结盟国家首脑会议在贝尔格莱德举行
9月30日	主要资本主义国家协调经济和社会政策的国际组织"经济合作与发展组织"在巴黎成立
11月26日	苏联与阿尔巴尼亚断交

1962 年

3月18日	法国、阿尔及利亚签订法承认阿独立的《埃维昂协议》
8月5日	哥斯达黎加、危地马拉、萨尔瓦多、尼加拉瓜、洪都拉斯五国就统一关税等在圣约瑟签订协议,中美洲共同市场正式形成
10月22日	中印边界发生大规模武装冲突。中国边防军进行自卫还击并于11月22日主动停火
10月22日—11月20日	加勒比海危机(古巴导弹危机)
12月18—21日	美、英就正式建立"多边核力量"举行会谈,签署《拿骚协定》

12月26日	中蒙边界条约在北京签订

1963年

1月3日	戴高乐总统拒绝美、英的"多边核力量计划",坚持建立独立的法国核力量
1月20日	法国与联邦德国签订合作条约
3月2日	中国与巴基斯坦关于边界的协定在北京签订
5月25日	非洲31个国家的元首、政府首脑在亚的斯亚贝巴签署《非洲统一组织宪章》,非洲统一组织宣告成立
6月14日	中共中央发表对苏共中央3月30日来信的复信,即《关于国际共产主义运动总路线的建议》
7月14日	苏共中央发表《给苏共各级党组织和全体共产党员的公开信》,中苏论战公开化
7月31日	中国政府发表声明,主张全面、彻底、干净、坚决地禁止和销毁核武器,倡议召开世界各国首脑会议
8月5日	美、苏、英三国在莫斯科签署《部分禁止核试验条约》
9月6日—1964年7月14日	中共发表九篇评论苏共中央公开信的文章(通称"九评")
11月22日	肯尼迪遇刺身亡,约翰逊继任美国总统
11月22日	中国阿富汗边界条约在北京签字
12月13日—1964年3月1日	周恩来总理访问亚非13国和阿尔巴尼亚

1964年

1月12日	毛泽东主席发表谈话,支持巴拿马人民反美爱国正义斗争
1月27日	法国同中国建立大使级外交关系
3月23日—6月15日	第一届联合国贸易和发展会议在日内瓦举行,"77国集团"诞生
5月28日—6月2日	巴勒斯坦人国民大会在耶路撒冷举行,决定建立巴勒斯坦解放组织
8月2—4日	美国制造"北部湾事件",随后把侵越战争扩大到越南北方

10月16日	赫鲁晓夫被解职,勃列日涅夫出任苏共中央第一书记
10月16日	中国成功地爆炸了第1颗原子弹

1965年

3月8日	首批美军在越南岘港登陆,以美军为主力的"局部战争"开始
5月12日	毛泽东主席发表支持多米尼加人民反对美国武装侵略的声明
6月22日	《日韩基本关系条约》在东京签订
7月13日	中、越签订中国给予越南经济技术援助的协定
8月5日—9月23日	第二次印巴(克什米尔)战争
8月9日	新加坡退出马来西亚联邦,成立共和国
9月30日	印尼发生"九三〇"事件,苏哈托接管政权

1966年

1月10日	印度、巴基斯坦两国首脑签署《塔什干宣言》,宣布通过和平手段解决两国争端
1月19日	英迪拉·甘地出任印度总理
3月9日	法国宣布退出北约军事一体化机构
3月31日—4月2日	第一次东非和中非国家首脑会议在内罗毕举行
6月21日—7月1日	戴高乐总统访问苏联,双方签署《苏法宣言》
8月11日	印尼和马来西亚签署两国关系正常化协定
12月19日	联合国大会通过《和平利用外层空间条约》

1967年

2月14日	拉美21国在墨西哥签署《拉丁美洲禁止核武器条约》
6月5—10日	第三次中东战争(又称"六五战争")
6月23—25日	苏联部长会议主席柯西金访美,同美国总统约翰逊在新泽西州葛拉斯堡罗举行会谈
7月1日	欧洲经济共同体、欧洲煤钢共同体和欧洲原子能共同体三个组织机构合并,统称"欧洲共同体"

8月8日	东南亚国家联盟成立,并取代了1961年7月成立的东南亚联盟
11月22日	联合国安理会提出在中东建立"公正及持久和平"的两项原则,并通过解决中东问题的第242号决议
12月1日	东非共同体成立

1968 年

1月9日	阿拉伯石油输出国组织成立
4月2日	刚果(金)、乍得、中非共和国正式成立地区性组织"中非国家联盟"
4月4日	美国黑人领袖马丁·路德·金遭暗杀
4月16日	毛泽东主席发表支持美国黑人抗暴斗争的声明
6月12日	联合国大会通过《不扩散核武器条约》
8月20日	苏联纠集部分华约国家(波兰、民主德国、保加利亚、匈牙利)武装入侵捷克斯洛伐克

1969 年

3月2—17日	苏军在中国珍宝岛地区进行武装挑衅,被击退(珍宝岛事件)
6月7日	勃列日涅夫在共产党和工人党莫斯科国际会议上发表讲话,正式提出建立"亚洲集体安全体系"
7月16—21日	美国"阿波罗11号"飞船完成人类首次登月飞行
7月25日	美国总统尼克松在关岛发表演说,提出"新亚洲政策",被称为"尼克松主义"
8月13日	苏军在中国新疆铁列克提地区制造流血事件
9月11日	周恩来总理与苏联部长会议主席柯西金在北京机场会晤,就两国边界问题达成谅解
10月10日	安第斯条约组织成立
11月17日	苏美第一阶段限制战略武器会谈开始。至1972年5月共举行七轮谈判

1970 年

3月18日	柬埔寨朗诺—施里玛达集团发动政变,建立亲美傀儡政权
3月23日	西哈努克亲王在北京领导成立柬埔寨民族统一阵线。5月5日柬埔寨王国民族团结政府成立
4月24日	中国第一颗人造地球卫星发射成功
4月29日	侵越美军和南越伪军入侵柬埔寨
5月8日	拉美九国发表《蒙得维的亚海洋法宣言》
5月20日	毛泽东主席发表《全世界人民团结起来,打败美国侵略者及其一切走狗!》的声明
8月4—8日	拉美14国在秘鲁利马签署《拉丁美洲关于海洋法宣言》,坚持200海里领海权
8月12日	联邦德国和苏联签订互不侵犯条约
9月28日	阿联总统纳赛尔逝世。10月25日安瓦尔·萨达特当选阿联总统
12月7日	联邦德国和波兰签订《关于两国相互关系正常化基础条约》

1971 年

3月26日	东巴基斯坦宣布独立,1972年1月7日正式成立孟加拉国
4月10—17日	美国乒乓球队应邀访华
5月	伊斯兰会议组织成立
5月27日	《苏联埃及(阿联)友好合作条约》在开罗签订
6月17日	日、美签订"归还冲绳协定"
7月9—11日	美国总统国家安全事务助理基辛格博士首次访问中国,与周恩来总理举行了会谈
8月9日	《苏联印度和平友好合作条约》在新德里签订
9月3日	苏、美、英、法在柏林签订关于柏林问题的"四方协定"

10月25日	第26届联合国大会通过恢复中华人民共和国在联合国的一切合法权利,并立即把台湾当局代表从联合国及其所属一切机构驱逐出去的提案
11月21日—12月17日	第三次印巴战争
11月27日	东盟五国外长在吉隆坡发表《东南亚中立化宣言》
12月	美、日两国国会先后通过"归还冲绳协定"。31日中国外交部发表声明,抗议美日把中国钓鱼岛等岛屿划入"归还区域",重申中国对上述岛屿的主权

1972年

2月21—28日	尼克松总统访华,中美发表《上海公报》
5月22—30日	尼克松总统访苏,双方发表《联合公报》和《苏美相互关系原则》,签署了《反弹道导弹条约》等
7月3日	印度、巴基斯坦签署《西姆拉协定》,正式结束两国1971年11月以来的战争状态
7月4日	朝鲜半岛南北双方发表《联合声明》,南北对话开始
7月18日	萨达特总统宣布结束苏联军事顾问团在埃及的使命
9月29日	日本首相田中角荣应邀访华。29日双方发表联合声明,中日邦交实现正常化
11月21日	苏美第二阶段限制战略武器会谈开始。至1979年6月共举行约300次谈判
11月22日—12月15日	欧洲安全与合作会议(简称"欧安会")筹备会议在赫尔辛基举行
12月21日	联邦德国与民主德国签订关系正常化基本条约

1973年

1月27日	《关于在越南结束战争,恢复和平的协定》在巴黎签署
2月21日	老挝爱国战线与王国万象政府签订《关于在老挝恢复和平实现民族和睦的协定》
5月27—29日	非洲统一组织第十次首脑会议通过《关于合作、发展和经济独立的非洲宣言》

6月18—25日	勃列日涅夫与尼克松在华盛顿举行最高级会晤。双方签订《关于进一步限制进攻性战略武器会谈的基本原则》和《防止核战争协定》
7月3日	欧安会开幕。至1975年8月,会议分三阶段先后在赫尔辛基和日内瓦举行
7月17日	阿富汗推翻查希尔王朝,建立共和国
8月1日	加勒比共同体成立
9月11日	智利发生军事政变,阿连德政府被推翻
9月18日	联邦德国与民主德国同时加入联合国
10月6—24日	第四次中东战争(十月战争)
11月13日	第一次法国—非洲首脑会议在巴黎举行

1974年

1月1日	西非经济共同体成立
2月22日	毛泽东主席会见赞比亚总统卡翁达,提出"三个世界"的理论
4月10日	邓小平副总理在联大第六次特别会议上发言,阐述中国对外政策和关于"三个世界"的战略思想,倡议建立国际经济新秩序
5月1日	联合国大会第六次特别会议通过《建立国际经济新秩序宣言》和《行动纲领》
6月26日	北约15国外长在布鲁塞尔签署《大西洋关系宣言》
6月27日—7月3日	尼克松总统访苏,双方签订《苏美限制地下核武器试验条约》等十个文件
8月8日	尼克松在"水门事件"冲击下辞去总统职务,福特继任美国总统
8月14日	希腊退出北约军事一体化机构
9月12日	埃塞俄比亚废除帝制,成立临时军政府
11月23—24日	福特总统访苏,同勃列日涅夫在符拉迪沃斯托克(海参崴)会谈,双方发表《关于进攻性战略武器的联合声明》
12月12日	第29届联合国大会通过《各国经济权利和义务宪章》

1975 年

1月15日	葡萄牙政府与安哥拉三个解放组织签署关于安哥拉独立的《阿沃尔协议》
2月4日	第一次发展中国家原料会议在达喀尔举行
2月28日	非洲、加勒比和太平洋地区46个发展中国家同欧洲共同体9国签订关于经济贸易的第一个《洛美协定》
3月4—6日	石油输出国组织第一届首脑会议通过《庄严宣言》
4月10日	印度吞并锡金
4月13日	黎巴嫩内战爆发
4月17日	金边解放
5月1日	越南南方解放
5月8日	中国与欧洲共同体建立正式外交关系
6月1日	西非国家经济共同体成立
7月30日—8月2日	美苏首脑福特与勃列日涅夫在赫尔辛基会晤
8月1日	欧安会第三阶段会议（首脑会议）签署《赫尔辛基最后文件》
11月15—17日	第一次西方七国经济最高级会议在巴黎召开
12月2日	老挝废除君主制，成立人民民主共和国
12月7日	美国总统福特在檀香山发表讲话，提出"新太平洋主义"
12月16—19日	"国际经济合作会议"（南北对话）在巴黎召开
12月	在苏联支持下，古巴派遣首批部队7000人进入安哥拉

1976 年

2月23—24日	东南亚国家联盟第一次首脑会议在印尼巴厘举行，签署《东南亚友好合作条约》和东盟《协调一致宣言》
3月15日	埃及宣布废除1971年埃、苏"友好合作条约"
6月24日—7月3日	越南统一国会第一次会议在河内举行，正式宣布越南南北实现全国统一
7月17日	苏哈托总统宣布"东帝汶为印尼第27个省"

10月8日	苏联与安哥拉签订"友好合作条约"

1977年

3月7—9日	第一次非洲—阿拉伯最高级会议在开罗举行,通过《团结合作宣言》和《政治宣言》
3月31日	苏联与莫桑比克签订"友好合作条约"
5月18日	苏丹政府宣布解除苏联专家在苏丹工作的合同,并驱逐驻苏丹的苏联外交官
6月30日	东南亚条约组织宣布解散
7月15日	越南与老挝签订"友好合作条约"
7月23日	索马里与埃塞俄比亚在欧加登地区发生军事冲突
8月18日	日本首相福田在马尼拉发表演说,提出日本对东南亚政策大纲,即"福田主义"
9月7日	巴拿马与美国签订新的《巴拿马运河条约》
11月13日	索马里宣布废除1974年苏、索"友好合作条约"

1978年

4月27日	阿富汗人民民主党军官发动政变,达乌德亲王政权被推翻
8月8日	中越举行关于越南驱赶华侨问题的副外长级谈判
8月12日	《中日和平友好条约》在北京签字
9月6—17日	埃及、以色列、美国在戴维营举行最高级会谈,签署了《关于实现中东和平的纲要》和《关于签订埃及和以色列之间的和平条约的纲要》,通称"戴维营协议"
9月20日	日本首相福田在第85届临时国会发表施政演说,首次提出以日美关系为基轴的"全方位和平外交"方针
9月29日	联合国安理会通过关于纳米比亚独立的第435号决议
10月22—29日	邓小平副总理访问日本
11月3日	《苏越友好合作条约》在莫斯科签署
11月21日	苏联与埃塞俄比亚签订《友好合作条约》
12月5日	苏联与阿富汗签订《友好睦邻与合作条约》

12月16日	中美发表联合公报,宣布从1979年1月1日起正式建交
12月25日	越军入侵柬埔寨,占领柬大片领土

1979年

1月29日—2月5日	邓小平副总理访问美国
2月6—8日	邓小平副总理在访美归国途中顺访日本
2月11日	伊朗巴列维王朝被推翻,4月1日什叶派领袖霍梅尼宣布成立伊朗伊斯兰共和国
2月17日—3月16日	中国对越自卫反击战
3月13日	在巴黎举行的欧洲经济共同体首脑会议正式宣布实行"欧洲货币体系"
3月26日	埃及和以色列签订《埃以和平条约》
3月28—29日	美国国会参、众两院分别通过违反中美建交公报原则、干涉中国内政的《与台湾关系法》
4月3日	中国宣布《中苏友好同盟互助条约》于1980年4月11日期满后,不延长其有效期
4月30日	中央条约组织宣布解散
6月15—18日	苏美首脑勃列日涅夫与卡特在维也纳会谈,签署《苏美第二阶段限制进攻性战略武器条约》
7月17日	尼加拉瓜桑地诺民族解放阵线推翻索摩查独裁统治,成立民族复兴政府
10月31日	第二个《洛美协定》签订
11月4日	伊朗发生扣留美国人质事件
12月27日	苏军入侵阿富汗

1980年

1月4日	美国宣布对苏联实行谷物禁运
1月23日	卡特总统在国会发表演说,提出对波斯湾地区政策,即"卡特主义"
2月26日	埃及同以色列建交
3月13日	阿富汗卡尔迈勒政府与苏联签订苏军"暂时留驻"阿富汗的协议

4月7日	美国宣布同伊朗断交
4月9日	伊朗与伊拉克发生边境武装冲突
5月4日	南斯拉夫总统铁托逝世
9月22日	两伊战争爆发
10月8日	苏联、叙利亚签订《友好合作条约》
10月30日	洪都拉斯与萨尔瓦多签订《和平总条约》
11月	利比亚出兵参与乍得内战

1981年

1月19日	伊朗同美国达成解决人质问题协议
3月18日	拉丁美洲一体化协会成立
4月21日	美国航天飞机"哥伦比亚号"试飞成功
5月20—27日	关于制裁南非的国际会议在巴黎召开
5月25日	海湾阿拉伯国家合作委员会成立
8月27日	埃、以就西奈半岛完全归还埃及达成协议
9月15日	埃及政府宣布驱逐苏联驻埃及大使和全部专家
10月6日	埃及总统萨达特遇刺逝世
10月21—23日	国际经济合作与发展会议(南北对话)在墨西哥坎昆城举行,中国提出促进发展中国家同发达国家间国际合作的五项原则
12月13日	波兰实行军管,团结工会被取缔

1982年

2月22—24日	44个发展中国家在新德里举行"南南合作"会议("新德里磋商"),中国提出开展南南合作五项原则建议
4月2日—6月4日	阿根廷与英国因马尔维纳斯群岛主权争端爆发"马岛战争"
6月6日	以色列再次入侵黎巴嫩
6月22日	民主柬埔寨联合政府成立
7月26日	中国外交部要求日本纠正文部省审定教科书中篡改侵华历史的错误

8月17日	中美就分步骤直到最后彻底解决美向台湾出售武器问题发表《联合公报》
10月5日	中苏副外长级磋商开始。至1988年6月20日共举行12轮磋商
12月10日	第三次联合国海洋法会议签署《联合国海洋法公约》

1983年

1月8—9日	哥伦比亚、墨西哥、巴拿马和委内瑞拉四国为解决中美洲冲突组成"孔塔多拉集团"
3月7—12日	第七次不结盟国家首脑会议通过《新德里文件》、《政治宣言》、《经济宣言》等文件
3月23日	美国总统里根提出"星球大战"计划
7月17日	孔塔多拉集团首脑会议通过《关于中美洲和平的坎昆宣言》
8月9日	法国出兵乍得
8月31日	韩国一架波音747客机在萨哈林岛上空被苏联导弹击落,机上人员全部遇难
10月17—18日	中非国家经济共同体成立
10月25日	美军入侵格林纳达
11月23—30日	胡耀邦总书记访日。中日关系三原则扩大为四原则,即"和平友好、平等互利、互相信赖、长期稳定"
11月29日	美、以签署战略合作协议

1984年

3月16日	莫桑比克、南非签署"互不侵犯和睦邻条约"(简称"恩科马蒂条约")
3月24日	中日友好二十一世纪委员会成立
4月26日—5月1日	美国总统里根访华
6月	拉美11国为解决债务问题组成"卡塔赫纳集团"
7月7日	埃及与苏联恢复大使级外交关系
10月31日	英·甘地遇刺逝世,其子拉·甘地继任印度总理
11月29日	阿根廷、智利签署《和平友好条约》,两国之间的比格尔海峡主权争端圆满解决

12月8日	第三个《洛美协定》签订
12月18—20日	英国首相撒切尔夫人访华。19日《中英关于香港问题的联合声明》正式签署
12月21—28日	苏联部长会议第一副主席阿尔希波夫访华
12月26日	日、美在东京签署"联合作战计划方案"

1985年

1月1日	苏联开始在越南金兰湾部署米格-23战斗机
1月16日	日本首相中曾根在堪培拉提出"环太平洋合作四原则"
2月4日	新西兰工党政府拒绝美国核军舰访问新西兰港口
3月11日	戈尔巴乔夫出任苏共中央总书记
3月12日	美、苏"一揽子裁军谈判"在日内瓦开始
3月17—18日	里根总统访问加拿大,两国签订《北美防空现代化协议》
5月16日	阿富汗圣战者伊斯兰联盟(七党联盟)成立
7月17日	促进西欧科技合作的"尤里卡"计划正式诞生
8月15日	日本首相中曾根及其阁僚首次以公职身份正式参拜靖国神社
9月30日	戈尔巴乔夫对法国电视观众发表谈话,首次提出建立"欧洲共同大厦"的倡议
10月1日	以色列轰炸突尼斯境内巴勒斯坦解放组织总部
11月19—21日	苏美首脑戈尔巴乔夫和里根在日内瓦举行会谈
12月8日	南亚区域合作联盟成立

1986年

1月15日	戈尔巴乔夫就裁军等国际问题发表声明,首次提出"新思维"见解
1月28日	美国航天飞机"挑战者"号在升空时爆炸
2月17日	欧洲共同体九国签署加强共同体一体化的《单一欧洲文件》
2月17—19日	第一届法语国家首脑会议在巴黎举行,40个国家出席

2月22日	欧洲"阿丽亚娜"火箭成功地将两颗卫星送入轨道
2月25日	科拉松·阿基诺就任菲律宾总统
3月14日	美国总统里根向国会发表题为《自由、地区安全和全球和平》的咨文,系统阐述了"里根主义"
3月17日	民柬联合政府提出政治解决柬问题的八点建议
4月15日	美国对利比亚的黎波里、班加西两大城市发动大规模空袭
4月26日	苏联切尔诺贝利核电站发生核泄漏事故
6月16—20日	制裁种族主义南非世界大会在巴黎举行
7月28日	苏共中央总书记戈尔巴乔夫在符拉迪沃斯托克(海参崴)发表苏联对亚太地区政策讲话
9月	南方发展问题委员会(简称"南方委员会")成立,坦桑尼亚前总统尼雷尔任主席
9月15日	关税及贸易总协定主持下的第八轮全球谈判(乌拉圭回合谈判)开始
10月11—12日	美国总统里根与苏共中央总书记戈尔巴乔夫在冰岛的雷克雅未克举行会晤
11月	美国与伊朗以武器交换人质的秘密被揭露,美国"伊朗门事件"爆发
12月30日	日本政府决定突破防卫费不超过国民生产总值1%的限制

1987年

1月26—29日	第五次伊斯兰国家首脑会议在科威特举行,通过《科威特宣言》
2月26日	日本大阪高等法院对中国国家财产光华寮学生宿舍一案再次做出错误判决,中国政府提请日本政府严肃对待这一问题
4月13日	中葡签署《关于澳门问题的联合声明》
5月19日	联合国人口基金号召各国宣传人口问题的重要性,并确定7月11日为"世界50亿人口日"

6月4—21日	中国国务院总理访问波兰、民主德国、捷克斯洛伐克、匈牙利和保加利亚。这是20多年来中国领导人首次访问上述五国
7月20日	联合国安理会通过要求两伊立即停火的第598号决议
7月22日	美国对伊朗封锁霍尔木兹海峡作出反应,开始为科威特油轮护航
7月29日	斯里兰卡与印度签订关于结束四年之久的种族冲突的《和平协议》
8月7日	中美洲五国首脑签署《在中美洲建立稳定和持久和平的程序》文件
9月16日	阿富汗伊斯兰革命联盟(八党联盟)成立
10月1日	戈尔巴乔夫在苏联北方军事港口摩尔曼斯克发表讲话,提出苏联对北欧国家政策六点建议
10月19日	纽约股票价格暴跌,西欧、日本股市受到强烈冲击
12月7—10日	戈尔巴乔夫和里根在华盛顿举行最高级会晤,双方签署《关于消除中程和中短程导弹条约》(简称《中导条约》)

1988年

4月14日	美、苏、阿富汗和巴基斯坦签署关于政治解决阿富汗问题的协议
5月15日	苏联开始从阿富汗撤军
5月29日—6月2日	戈尔巴乔夫和里根在莫斯科举行会谈,双方交换《中导条约》批准书,签署了七项协定
6月25日	欧共体与经互会签署建交联合声明
8月8日	安哥拉、古巴、南非、美国达成在安哥拉和纳米比亚立即停火协议(简称"四方协议")
8月17日	巴基斯坦总统齐亚·哈克因所乘座机爆炸逝世
8月20日	持续八年的两伊战争停止
9月18日	缅甸成立以苏貌将军为首的军政府
10月15日	美国和菲律宾就军事基地问题达成新协议

11月15日	巴勒斯坦国成立
12月1日	苏联最高苏维埃通过宪法修正案,决定以苏联人民代表大会取代苏联最高苏维埃为国家最高权力机构
12月2日	邓小平会见樱内义雄等日本客人,倡议根据和平共处五项原则建立国际政治新秩序
12月2日	贝娜齐尔·布托出任巴基斯坦总理
12月6日	朝鲜及美国的驻华使馆官员在北京举行首次外交会晤
12月6日	联合国大会通过决议,同意中国加入联合国维持和平行动特别委员会
12月13日	安哥拉、古巴和南非签署关于安哥拉和平和纳米比亚独立的《布拉柴维尔议定书》
12月19—23日	印度总理拉吉夫·甘地访华,双方发表《中印联合公报》
12月31日	巴基斯坦和印度签订《互不攻击对方核设施》等三项协议

1989年

1月7日	日本天皇裕仁病逝。同日皇太子明仁即位,定年号"平成"
1月15日	欧安会维也纳续会通过本次续会的《最后文件》
2月5日	中苏外长在北京发表《关于解决柬埔寨问题的共同声明》
2月6日—4月5日	波兰政府同各党派团体、教会代表举行"圆桌会议",签署了公报及关于政治、经济、社会改革和工会多元化的协议
2月10—11日	匈牙利社会主义工人党召开中央全会,决定实行多党制,并肯定1956年匈牙利事件前半期是"人民起义"
2月15日	最后一批苏军撤出阿富汗
2月16日	阿拉伯合作委员会成立
2月25—26日	美国总统乔治·布什访华
5月12日	布什总统在得克萨斯农业与机械化大学发表演说,提出90年代对苏政策方针,即"超越遏制战略"

5月15—18日	苏共中央总书记、苏联最高苏维埃主席戈尔巴乔夫访华。中苏关系实现正常化
8月23日	爱沙尼亚、拉脱维亚、立陶宛三国的人民阵线组织群众排起一条600公里的"人链",要求波罗的海三国独立
9月12日	波兰团结工会组阁,《团结周刊》主编马佐维耶茨基出任总理
11月6—7日	首届亚太经济合作会议在澳大利亚堪培拉举行
11月9日	民主德国开放"柏林墙",允许公民自由出入国境
12月2—3日	美苏首脑布什和戈尔巴乔夫在马耳他举行非正式会晤
12月4日	布什总统在北约首脑会议上提出美国对欧洲新政策,即"新大西洋主义"
12月12—14日	第二次苏联人民代表大会召开。大会就1939年8月23日苏德条约秘密议定书问题作出决议,宣布该议定书是违法文件
12月15日	第四个《洛美协定》签订
12月16日	罗马尼亚西部城市蒂米什瓦拉发生大规模群众示威游行并迅速波及全国。25日齐奥塞斯库被处死
12月20日	美国入侵巴拿马
12月29日	原"七七宪章"运动创始人之一哈韦尔当选捷克斯洛伐克总统

1990年

2月10—12日	第一次最不发达国家部长级会议在达卡举行
2月11日	南非黑人领袖纳尔逊·曼德拉获释
2月15日	拉脱维亚最高苏维埃通过关于恢复独立的宣言。1991年8月22日拉脱维亚正式宣布独立
2月25日	尼加拉瓜举行大选,全国反对派联盟领导人查摩罗夫人当选总统
3月11日	立陶宛宣布独立

3月12—15日	第三次苏联人民代表大会通过法案,决定取消宪法中苏共领导地位的规定(第六条)。大会选举戈尔巴乔夫为苏联总统
3月18日	民主德国举行大选,基督教民主联盟获胜
3月21日	纳米比亚宣告独立,努乔马宣誓就任总统
3月30日	爱沙尼亚最高苏维埃通过"关于爱沙尼亚国家地位的决议"。1991年8月20日爱沙尼亚正式宣布独立
4月8日	匈牙利"民主论坛"在国会选举中获胜
4月23—26日	中国总理李鹏访问苏联
5月2—4日	南非"非国大"与政府举行首次平等对话,就扫除制宪谈判障碍达成五点协议
5月18日	联邦德国与民主德国签订《关于建立货币、经济和社会联盟的国家条约》
5月20日	罗马尼亚救国阵线主席扬·伊利埃斯库当选总统
5月22日	南北也门统一
5月31日—6月3日	戈尔巴乔夫和布什在华盛顿举行最高级会晤,签署了苏美贸易协定等11项协定
6月1日	"15国集团"第一届首脑会议在吉隆坡举行
6月8—9日	捷克斯洛伐克举行联邦议会选举,"公民论坛"及"公众反暴力组织"获多数席位
6月10日	秘鲁"改革90"独立运动领导人阿尔贝托·藤森当选总统
6月10日	保加利亚举行多党大选,前身为保加利亚共产党的社会党获国民议会多数席位
8月2日	伊拉克出兵占领科威特
8月31日	两德签署《关于实现政治统一的国家条约》
9月5—6日	朝鲜半岛北南双方总理在汉城举行首次高级会谈
9月12日	"2+4"(民主德国、联邦德国与苏、美、英、法)外长会议签署《最后解决德国问题的条约》
10月3日	德国实现统一
11月19—21日	欧安会第一次首脑会议在巴黎举行,签署了《新欧洲巴黎宪章》

12月10日	《苏联与韩国关系总原则宣言》在莫斯科签署

1991年

1月17日	以美国为首的多国部队向伊拉克发动代号为"沙漠风暴"行动的大规模空袭,海湾战争爆发
1月27日	索马里反政府武装攻占首都摩加迪沙,执政20多年的西亚德政权宣告结束
2月27日	伊拉克宣布无条件接受安理会关于海湾危机的12项决议,海湾战争结束
3月25日	马里发生兵变,以杜尔中校为首的马里全国和解委员会接管国家政权
3月26日	阿根廷、巴西、巴拉圭、乌拉圭四国总统签署建立南锥体共同市场的《亚松森条约》
3月31日	阿尔巴尼亚举行首次多党制议会选举,劳动党获胜
4月1日	华沙条约组织军事机构解散
4月13日	布什总统在亚拉巴马州马克斯韦尔空军基地发表讲话,提出建立"世界新秩序"构想
4月29日	联合国安理会通过关于实施和平解决西撒哈拉问题计划的第690号决议
5月15—19日	江泽民总书记访问苏联
5月21日	印度总理拉·甘地在竞选时被炸身亡。6月20日纳拉辛哈·拉奥继任总理
5月22日	《叙利亚、黎巴嫩合作协调兄弟关系条约》在大马士革签署
5月31日	《安哥拉和平协议》在葡萄牙首都里斯本附近的比塞斯签订
6月12日	叶利钦当选俄罗斯联邦总统
6月18—19日	发展中国家环境与发展部长会议在北京举行
6月25日	斯洛文尼亚、克罗地亚宣布脱离南斯拉夫联邦独立
6月28日	经互会九个成员国签订协议书,宣布90天后经互会解散
7月1日	华沙条约组织政治机构解散

7月18—19日	第一届伊比利亚拉美国家首脑会议在墨西哥的瓜达拉哈拉市举行
7月30日—8月1日	布什总统访苏,双方签署《第一阶段削减战略武器条约》
8月19—21日	苏联发生以副总统亚纳耶夫为首的"国家紧急状态委员会"接管苏联国家政权的事件(通称"八一九事件")
8月29日	苏联最高苏维埃通过中止苏共在全国范围内活动的决定
9月6日	苏联承认拉脱维亚、爱沙尼亚、立陶宛三国独立
9月17日	朝鲜、韩国同时加入联合国
10月23日	柬埔寨和平协定在巴黎签署
10月31日	赞比亚"多党民主运动"在大选中获胜。11月2日卡翁达辞去总统职务
11月5—10日	越共中央总书记杜梅和部长会议主席武文杰访华,中越两国、两党关系实现正常化
12月9—10日	欧共体在荷兰马斯特里赫特举行第46届首脑会议,签署《欧洲联盟条约》(通称《马斯特里赫特条约》)
12月11—16日	中国总理李鹏访问印度
12月13日	朝鲜半岛北南双方签署《关于北南和解、互不侵犯与合作交流协议书》
12月21日	原苏联11个加盟共和国领导人签署《阿拉木图宣言》,宣布成立独立国家联合体,并宣布苏联不复存在

1992年

1月16日	萨尔瓦多政府同法拉本多·马蒂民族解放阵线签订和平协议,持续12年的内战结束
1月24日	中国和以色列建交
2月1日	美、俄总统布什和叶利钦在戴维营会谈,发表《俄美新关系宣言》
3月3日	波斯尼亚—黑塞哥维那宣布独立。波黑内战爆发

3月22日	阿尔巴尼亚提前举行议会选举,民主党获胜。4月9日该党主席萨利·贝里沙出任总统
3月24日	欧安会第四次续会在赫尔辛基签署北约和前华约国家达成的《开放天空条约》
4月6—10日	江泽民总书记访问日本
4月27日	塞尔维亚和黑山共和国组成南斯拉夫联盟共和国
4月29日	美国洛杉矶爆发近30年来最严重的种族骚乱
5月22日	法、德就建立"欧洲军团"达成协议
6月15日	日本国会通过海外派兵法案,即《协助联合国维持和平行动法案》
6月16—17日	布什和叶利钦在华盛顿会晤,两国总统签署《美俄伙伴和友好关系宪章》
6月23日	以拉宾为首的以色列工党在大选中获胜
6月30日	欧洲常规裁军谈判第二阶段会谈就各国武装部队最高限额达成协议
7月9—10日	欧安会第二次首脑会议在赫尔辛基举行
8月17日	南部非洲发展共同体成立
8月24日	中国与韩国建交
9月1—6日	第十次不结盟国家首脑会议在雅加达举行,正式接纳中国为观察员国
9月11日	海牙国际法庭对洪都拉斯和萨尔瓦多两国100多年的边界争端作出裁决
9月29—30日	安哥拉举行独立以来首次多党大选。反对派"安盟"(争取安哥拉彻底独立全国联盟)拒绝接受大选结果。首都罗安达10月31日发生大规模武装冲突
10月4日	莫桑比克政府与反对派武装"全国抵抗运动"在罗马签署全面和平协定
10月23—28日	日本天皇明仁访华
11月24日	最后一批美军从菲律宾苏比克海军基地撤离
11月30日	第47届联合国大会通过《禁止化学武器公约》
12月4日	联合国安理会通过第794号决议,决定组建以美国为首的多国部队进驻索马里,以建立国际人道援助所需的安全环境

12月17—18日	俄罗斯总统叶利钦访华,双方发表《中俄联合声明》

1993 年

1月1日	捷克和斯洛伐克正式分裂为两个独立的主权国家
1月1日	东盟自由贸易区计划开始实施
1月3日	美、俄总统布什和叶利钦在莫斯科会晤,签署《第二阶段削减战略核武器条约》
1月28日	《俄印友好合作条约》在新德里签订
2月12日	哥伦比亚、墨西哥、委内瑞拉三国集团和中美洲六国首脑就自由贸易签订了《加拉加斯协议》
3月12日	朝鲜宣布退出《不扩散核武器条约》,并就核调查问题发表备忘录
3月17日	欧共体和欧洲自由贸易联盟就1991年底签订的《欧洲经济区协定》签署了补充协定
4月3—4日	美国总统克林顿和俄罗斯总统叶利钦在温哥华会谈,发表《温哥华宣言》
4月7日	朝鲜最高人民会议九届五次会议通过金日成主席提交的《争取祖国统一的全民族大团结十大纲领》
4月23日	美国总统克林顿发表声明,宣布美将采取措施与俄罗斯和其他原苏联加盟共和国建立"新型安全伙伴合作关系"
4月27日	厄立特里亚宣告独立。埃塞俄比亚表示尊重厄人民的选择
5月23—28日	柬埔寨举行21年来首次大选,以拉那烈为首的奉辛比克党获胜。6月3日西哈努克亲王宣布成立柬埔寨民族政府
6月2日	朝、美就朝鲜半岛核武器等问题在纽约开始会谈
6月14—25日	世界人权大会在维也纳举行,通过《维也纳宣言和行动纲领》
7月6日	韩国总统金泳三就朝鲜半岛统一提出尊重民主、发扬共存共荣精神、增进民族繁荣三条原则和"缓和、合作、南北联系"三阶段统一方案

8月6日	日本八党派代表细川护熙当选为内阁首相,自民党一党执政38年的历史宣告结束
9月6—9日	印度总理拉奥访华,两国政府签订关于在中印边境实际控制线地区保持和平与安宁的协定
9月9日	巴解组织和以色列相互承认。13日巴以和平协议在华盛顿签署
9月21日	柬埔寨恢复君主立宪制,24日西哈努克国王登基
9月21日—10月18日	俄罗斯总统叶利钦宣布解散议会,俄总统与议会对抗加剧,莫斯科发生流血事件
10月6日	"安盟"宣布承认安哥拉1992年9月大选结果和1991年5月比塞斯和平协议
10月11—13日	俄罗斯总统叶利钦访问日本,签署关于日俄关系的《东京宣言》和《经济宣言》
10月15日	南非"非国大"主席曼德拉和南非总统德克勒克同获诺贝尔和平奖
11月1日	《马斯特里赫特条约》生效,欧洲联盟宣告诞生
11月19日	中国国家主席江泽民和美国总统克林顿在西雅图举行非正式会晤
11月20日	亚太经合组织领导人非正式会议在西雅图举行。江泽民主席在会上就发展亚太经济合作提出五点建议
12月12日	俄罗斯经选举组成新议会,并经公民公决通过新宪法
12月15日	持续七年的"乌拉圭回合"多边贸易谈判在日内瓦结束

1994年

1月1日	北美自由贸易区宣告诞生
1月10日	北约首脑会议在布鲁塞尔举行,通过了同前华约成员国和其他欧洲国家建立"和平伙伴关系"计划
4月6日	卢旺达和布隆迪两国总统在基加利同机遇难。随后卢旺达爆发内战
4月15日	"乌拉圭回合"协议最后文件和关于建立世界贸易组织以取代关贸总协定的协议在摩洛哥签署

5月4日	巴解组织与以色列在开罗签署关于实施加沙—杰里科自治原则宣言的执行协议
5月4日	也门政府军向南方发起攻击。7月7日占领南方首府亚丁,内战结束
5月9日	纳尔逊·曼德拉当选南非首任黑人总统
5月17日	以色列向巴解组织移交加沙地区管理权,巴勒斯坦自治正式开始
6月30日	日本社会党在野47年后上台执政,与自民党、先驱新党组成村山内阁
7月8日	朝鲜国家主席、劳动党总书记金日成逝世
7月25日	约旦和以色列宣布结束两国长达46年之久的交战状态
9月19日	首批美军进驻海地
9月27—28日	美、俄总统克林顿和叶利钦在华盛顿会晤,双方签署关于"经济发展合作伙伴"与"战略稳定和核安全"两项联合声明
10月15日	流亡美国三年的海地民选总统阿里斯蒂德回国复职
10月21日	朝、美在日内瓦签署关于朝鲜核问题的框架协议
10月26日	约旦和以色列签署和平条约。11月27日两国建交
11月10日	伊拉克宣布正式承认科威特的国家主权和边界
11月15日	第二届亚太经合组织领导人非正式会议在印尼茂物举行,18个成员国同意2020年实现贸易和投资自由化目标
11月20日	安哥拉政府与"安盟"就结束近20年的内战签署新的和平协议
12月9日	俄罗斯总统叶利钦下令解除自行宣布独立的车臣共和国武装。11日俄军进入车臣

1995年

1月1日	世界贸易组织成立并开始运行
1月28日	越南和美国在河内和华盛顿互设联络处。8月5日两国正式互相承认

2月26日	中美就知识产权问题达成协议
3月6—12日	联合国社会发展世界首脑会议在哥本哈根举行
3月9日	美、日、韩三国组成的"朝鲜半岛能源开发组织"在纽约成立
3月21日	欧洲安全与合作组织52个成员国在巴黎签署《欧洲稳定公约》
3月26日	1985年6月在卢森堡申根签署的《申根协定》开始生效。法、德、比、荷、卢、西、葡七个签约国率先取消边界检查,实行人员自由流通
3月29—31日	中美洲七国首脑会议在圣萨尔瓦多举行,签署了社会一体化协议
4月5日	中国外交部发布关于安全保证问题的国家声明
5月9日	俄罗斯隆重纪念反法西斯战争胜利50周年。中国国家主席江泽民、美国总统克林顿、英国首相梅杰等50多个国家领导人出席庆典活动
5月11日	联合国《不扩散核武器条约》审议和延长大会决定无限期延长该条约
5月22日	美国政府宣布允许台湾当权人物李登辉访美。中国政府对美国政府制造"两个中国"的行径提出强烈抗议
5月24日	叙、以就以色列撤出戈兰高地后的安全安排问题达成协议
5月31日	俄罗斯加入北约"和平伙伴关系计划"
6月21—28日	中国总理李鹏访问白俄罗斯、乌克兰和俄罗斯
6月24日	联合国秘书长加利重申台湾无权进入联合国
6月30日	德国联邦议会通过向前南斯拉夫地区派兵的提案
7月5—15日	中国国家主席江泽民访问芬兰、匈牙利和德国
8月15日	日本首相村山富市就日本战败50周年表示反省。同日,一批内阁成员参拜靖国神社
8月16日	1993年10月29日在危地马拉城签署的《中美洲经济一体化总条约》开始生效
8月30日—9月1日	北约空军对波黑塞族军事目标进行大规模空袭,俄罗斯政府对北约此举提出强烈抗议

9月3日	中国纪念抗日战争暨世界反法西斯战争胜利50周年大会在北京隆重举行
9月7日	俄罗斯总统叶利钦发表声明指出,北约持续不断地轰炸波黑塞族,可能导致莫斯科重新考虑与北约关系的态度
9月15日	北约对俄罗斯做出妥协,同意适当修改《欧洲常规裁军条约》
9月27—29日	太平洋经合理事会第11届大会在北京召开,并通过《北京宣言》
10月17日	中国与俄罗斯在北京互换两国国界西段协定批准书,该协定自1995年10月17日开始生效
10月18—20日	第11次不结盟国家首脑会议在哥伦比亚的卡塔赫纳市举行,并通过最后文件和一些决议。会议正式接纳土库曼斯坦为第113个成员国
10月22—24日	联合国成立50周年特别纪念会议召开,并通过《联合国50周年纪念宣言》
11月21日	前南斯拉夫三方首脑在代顿草签了《波黑和平协议》
12月3日	欧盟轮值主席西班牙首相冈萨雷斯、欧盟委员会主席桑特同美国总统克林顿在马德里签署《跨大西洋新纲要》和《欧美共同行动计划》,以加强欧美合作
12月4日	欧盟理事会批准欧盟委员会提交的、欧盟历史上第一个全面阐述对华纲领性文件——《欧盟对华战略报告》
12月4—6日	图们江地区开发项目管委会第六次会议在联合国总部举行。中、俄、韩、朝、蒙等国在会上签署了关于开发图们江地区三项国际协定
12月12日	关贸总协定128个缔约国在日内瓦举行最后一次会议,宣告该协定历史使命的完结。从1996年1月1日起,世界贸易组织将彻底取代该协定,成为全球最大的多边贸易机构
12月14日	波黑、克罗地亚和南联盟塞尔维亚三国总统在巴黎正式签署《波黑和平协议》,波黑战争宣告结束

1996 年

1月12日	俄罗斯首次派出的1600名维和部队飞抵波黑北部图兹拉美国空军基地
1月26日	美国参议院批准美俄《第二阶段削减战略武器条约》
2月9日	韩国外务部发表声明称,"独岛(竹岛)不管是从历史上还是从国际法上来说,都是韩国的固有领土"
2月19—21日	国际反恐怖大会在菲律宾举行
3月1—2日	首届亚欧会议在曼谷举行,并发表《主席声明》
3月20—21日	中国加入世贸组织非正式多边磋商在日内瓦举行
3月21日	美国参议院通过一项干涉中国内政的决议,宣称美军应该"保护台湾"
3月25日	美、英、法三国代表在斐济首都苏瓦签署《南太平洋无核区条约》,签字国承诺不在该地区使用核武器和进行核试验
3月28日	美国参议院通过《国务院对外关系授权法》,鼓吹进一步提升美台关系
4月2日	俄罗斯总统叶利钦与白俄罗斯总统卢卡申科在莫斯科签署两国成立共同体条约
4月26日	中、俄、哈、吉、塔五国元首在上海签署关于在边境地区加强军事领域信任的协定
5月5—8日	欧盟委员会副主席布里坦访华,中国政府与欧盟签署中国—欧盟知识产权合作项目协议等四项合作协议
5月15日	中国外经贸部发出严正声明,对美国单方面宣布对中国实行"制裁"表示强烈不满,并发布对美国的贸易反报复清单
5月30日	中国外交部发言人重申中美谈判协商是解决知识产权问题的唯一出路
6月13—17日	中美关于知识产权的正式磋商在北京举行,并就有关问题达成一致,双方宣布取消贸易报复和反报复措施
6月22—23日	阿拉伯国家首脑会议在开罗举行,会议发表的最后公报强调,必须继续中东和平进程,恢复阿拉伯国家之间的协调与合作

6月24日	中、蒙、俄三国在北京签署三国国界东、西端交界点叙述议定书及其附图
7月2日	俄罗斯外交部发言人称,俄总统叶利钦近日致函美国总统克林顿,坚决反对波罗的海三国加入北约
7月8—10日	非洲统一组织第32届首脑会议在喀麦隆首都雅温得举行,会议发表了《雅温得宣言》,决心把一个和平、稳定、发展的非洲带入21世纪
7月11日	海牙国际法庭确认了对波黑塞族领导人卡拉季奇和姆拉迪奇犯有战争罪的起诉,并发出国际通缉令,要求将二人逮捕归案
7月18日	中国外交部发言人在回答记者问时说,钓鱼岛是中国领土,中国政府对日本一些右翼分子在钓鱼岛的某一岛上建立灯塔事件表示"严重关切"
7月20日	东盟常委会会议决定中、印、俄三国为东盟全面对话伙伴国
7月22—25日	钱其琛副总理兼外长第一次以东盟对话国身份,参加在雅加达举行的第三届东盟地区论坛会议和东盟与对话伙伴国会议
8月15日	中国外交部发言人表示,中国对日本一些内阁成员8月15日参拜靖国神社的做法表示愤慨
8月19日	中国与尼日尔两国政府签署恢复外交关系的联合公报,决定自即日起恢复大使级外交关系
9月3—4日	美国驻海湾部队对伊拉克军事设施实行了轰炸。阿拉伯国家强烈谴责美国的行为,俄罗斯政府在声明中指出,美国的做法开创了"危险的先例",是不可接受的
9月4日	里约集团第十届首脑会议发表"里约集团科恰班巴声明",谴责并拒绝美国的《赫尔姆斯—伯顿法》
9月9—10日	第50届联大全体会议通过了《全面禁止核试验条约》
9月27日	唐家璇副外长紧急约见日本驻华大使,就香港同胞、港事顾问陈毓祥等组织的"保钓号"抗议船驶抵钓鱼岛海域时,遭到日巡逻艇阻拦,并致使陈溺水死亡一事,向日方提出交涉

10月1日	欧盟部长理事会决定于本月16日向世贸组织仲裁法庭起诉美国的《赫尔姆斯—伯顿法》
10月7日	日本首相桥本龙太郎表示,在担任首相期间,他不去正式参拜靖国神社
10月28日	欧盟各国外长在布鲁塞尔通过一项旨在报复美国《赫尔姆斯—伯顿法》的法案
10月29—30日	在德黑兰举行的阿富汗问题国际会议,通过《德黑兰宣言》,呼吁有关各方以和平方式解决阿富汗危机
11月22—23日	亚太经合组织第八届部长级会议在马尼拉举行,会议通过了《马尼拉行动计划》草案
11月25日	亚太经合组织第四次领导人非正式会议在菲律宾的苏比克举行
11月30日	在雅加达举行的首次东盟首脑非正式会议闭幕,会议决定将吸收柬埔寨、老挝和缅甸以建立"大东盟十国集团"
12月4日	南非总统曼德拉宣布,南非政府将在1997年底同台湾断交,并同中华人民共和国建立正式外交关系
12月11日	瑞士同北约签署"和平伙伴关系"框架文件,瑞士成为该计划的第27个成员国
12月17日	科菲·安南(加纳)宣誓就任联合国秘书长

1997年

1月13—15日	由77国集团和中国共同倡议南南贸易、投资和金融大会在圣何塞召开,会议通过了《圣何塞宣言》和《圣何塞行动纲领》
1月17日	巴勒斯坦与以色列双方代表签署希伯伦问题协议与有关文件,同日巴方接管了大部分希伯伦地区
1月22日	美国参议院批准克林顿总统关于奥尔布赖特出任国务卿和科恩出任国防部长的提名,奥尔布赖特成为美国历史上第一位女国务卿
2月26日	中国—东盟联合合作委员会在北京成立并举行首次会议。会议公报强调逐步扩大在各个领域的合作

3月17日	联合国秘书长安南首次提出对联合国改革的具体方案
3月23日	伊斯兰会议组织特别首脑会议在伊斯兰堡召开,讨论伊斯兰世界如何迎接21世纪的挑战,会议通过《伊斯兰堡宣言》
4月2日	叶利钦与卢卡申科在克里姆林宫签署关于成立俄罗斯与白俄罗斯联盟的条约,以及两国就完成和通过联盟章程相互谅解备忘录
4月22—26日	江泽民访问俄罗斯。访问期间,中俄友好、和平与发展委员会正式成立。江泽民与叶利钦签署《中俄关于世界多极化和建立国际新秩序的联合声明》
4月24日	中、俄、哈、吉、塔五国元首共同签署《关于在边境地区相互裁减军事力量的协定》
5月17日	扎伊尔反政府武装攻占金沙萨。卡拉比宣布将扎伊尔改称"刚果民主共和国",自任总统
5月27日	叶利钦总统与北约16个成员国领导人在爱丽舍宫正式签署《俄罗斯联邦与北大西洋公约组织相互关系、合作和安全的基本文件》
5月28日	乌克兰与俄罗斯两国政府签署《关于俄罗斯黑海舰队在乌克兰领土驻扎的地位和条件》、《关于黑海舰队分割范围》和《关于黑海舰队分割及舰队在乌克兰领土驻扎的有关相互结算的协定》,以及关于履行黑海舰队协定措施的补充议定书。乌俄两国在黑海舰队问题上,经过五年多的谈判,终于达成一致
5月31日	东盟七国外长特别会议在吉隆坡举行,会议决定在本年7月正式接纳缅甸、老挝和柬埔寨为其成员国
6月5—6日	俄罗斯与东盟七国代表举行会议,决定成立俄罗斯与东盟合作联合委员会
6月6日	孟加拉国、印度、斯里兰卡和泰国四国代表签署宣言,宣布成立孟、印、斯、泰四国经济合作组织。东南亚和南亚的第一个区域性经济合作组织由此诞生
7月1日	6月30日午夜至7月1日凌晨,中英两政府在香港隆重举行香港政权交接仪式

7月8—9日	北约首脑会议在马德里举行,会议决定首批接纳捷克、匈牙利和波兰为北约成员
7月9日	乌克兰总统库奇马与北约签署《乌克兰—北约特殊伙伴关系宪章》
7月23日	老挝和缅甸正式加入东盟
8月11日	为帮助泰国摆脱金融动荡造成的经济困难,国际货币基金组织以及亚太一些国家和地区在东京承诺,将向泰国提供160亿美元的经济援助
8月12日	印尼货币(盾)对美元的汇率继7月21日后,再次大幅度下跌
8月14日	菲律宾中央银行再次采取紧缩银根措施,以稳定比索对美元的汇率
9月2日	中美洲国家领导人特别首脑会议召开。会议签署了《尼加拉瓜声明》,决定开始组建"中美洲联盟"
9月23日	日美两国正式公布了《美日防卫合作方针》修改方案。该方案大大扩展了日本军事力量在日本周围地区的活动范围和方式
10月10—11日	欧洲委员会第二届首脑会议在法国斯特拉斯堡举行。法俄两国总统希拉克和叶利钦宣布,他们将同德国总理科尔每年举行一次三方首脑会议
10月22日	俄罗斯、白俄罗斯、哈萨克斯坦和吉尔吉斯斯坦四国政府,决定成立四国自由贸易区
10月26日—11月3日	中国国家主席江泽民应邀访问美国
11月20日	安理会五个常任理事国发表联合声明,要求伊拉克无条件接受联合国武器核查小组人员重返伊拉克。同日,伊拉克接受了这一要求
12月2日	东盟财长会议在吉隆坡闭幕,会议发表的一项声明同意加速实施"马尼拉框架",以促进本地区的金融稳定
12月12—13日	欧盟首脑会议在卢森堡举行,会议就欧盟的第五次扩大达成协议,欧盟向中、东欧的扩展正式启动

12月15日	第二次东盟首脑非正式会议在吉隆坡举行,东盟外长和经济部长分别签署了设立东盟基金的谅解备忘录和《东盟服务框架协议有关实施服务领域的首批一揽子承诺议定书》
12月17日	欧盟委员会建议在反倾销政策方面,不再将中国和俄罗斯列入"非市场经济名单",并将修改有关政策

1998年

1月13日	美国表示在同伊拉克的对峙中不排除单独对伊采取行动的可能性
1月14日	俄罗斯反对用武力解决伊拉克的武器核查问题
1月16日	克林顿与波罗的海三国总统在华盛顿签署《美国—波罗的海伙伴关系宪章》,并决定成立"伙伴关系委员会",美国承诺帮助波罗的海三国加入北约
1月20日	俄罗斯重申反对波罗的海三国加入北约
1月25日	英国"无敌号"航空母舰驶抵海湾,同部署在那里的美国特混舰队会合
2月1日	美国奥尔布赖特国务卿说,美国有权单独采取行动,对伊拉克实施军事打击
2月20日	联合国秘书长安南飞抵巴格达进行斡旋,并于23日就联合国对伊拉克进行大规模杀伤性武器核查,同伊拉克正式签署协议
2月23日	欧盟宣布今年不向联合国人权委员会会议提交有关中国人权问题的议案
3月12日	欧盟与申请加入欧盟的中东欧11国领导人在伦敦正式启动了被称为"欧洲会议"的首脑定期磋商机制
3月14日	美国白宫发言人宣布,美国政府已决定不再在今年联合国人权会议上提出针对中国的人权议案
3月25日	欧盟委员会公布《与中国建立全面伙伴关系》报告,建议欧盟将对华关系提高到一个新的水平
4月6日	英、法两国宣布批准《全面禁止核试验条约》

4月19日	第二届美洲国家首脑会议在圣地亚哥闭幕,与会的国家元首或政府首脑签署了《圣地亚哥宣言》和《行动计划》,宣布正式启动关于建立美洲自由贸易区的谈判
4月20日	联合国武器核查特别小组向安理会递交报告称,在对伊拉克八处总统府邸的核查中未发现被禁武器及有关的设备和资料
5月11日	印度在西部地区成功地进行了三次地下核试验
5月13日	印度又进行了两次地下核试验
5月13—14日	美国、日本、澳大利亚先后宣布对印度进行制裁
5月14日	联合国安理会发表主席声明,对印度连续进行核试验表示强烈不满,并要求印度停止进行任何核试验
5月15日	瓦杰帕伊称印度已成为核武国家,但印度绝不会在《全面禁止核试验条约》上签字
5月27日	俄罗斯与北约在巴黎签署《俄罗斯联邦和北大西洋公约组织相互关系、合作和安全的基本文件》
5月28日	巴基斯坦总理谢里夫电视讲话中宣布,当天下午,巴基斯坦已成功地进行了五次核试验
6月4日	中、法、俄、英、美五国外长在日内瓦举行会议并发表公报,谴责印度和巴基斯坦进行核武器计划
6月6日	联合国安理会通过第1172号决议,要求印巴立即停止核试验
6月25日—7月3日	美国总统克林顿应邀访问中国
7月7日	第52届联大通过决议,决定提高巴勒斯坦在联合国的地位
7月22日	克林顿总统签署有关税收制度的改革法案,其中,将"最惠国待遇"的提法改为"正常贸易关系"
9月11日	叶利钦任命普里马科夫为联邦政府总理
9月24日	北约秘书长索拉纳发表声明,要求各成员国为军事干预科索沃冲突做好准备
10月7日	北约秘书长索拉纳表示,北约对南联盟的空袭已进入倒计时。北约成员国一致同意,对南实施军事打击,无须取得安理会的授权

10月13日	北约理事会发出行动命令,如果南联盟在96小时内不妥协,将授权北约欧洲盟军司令部对南实施空中打击
10月16日	北约理事会决定,将对南联盟科索沃地区进行空中打击的最后期限延长十天,即至10月27日
11月2日	中国同汤加王国建交
11月6日	美国宣布将部分解除今年5月印巴进行核试验以来对两国的经济制裁
11月13日	叶利钦总统与小渊惠三首相共同签署《莫斯科宣言》,确认"建立俄日建设性伙伴关系"
11月17—18日	亚太经合组织第六次领导人非正式会议在吉隆坡举行,会议通过了《走向21世纪的亚太经合组织科技产业合作议程》
11月22—25日	江泽民访问俄罗斯,并发表中俄关系的联合声明与关于两国边界问题的联合声明
11月25—30日	江泽民访问日本,并发表中日联合宣言与联合新闻公报
12月15—16日	第六次东盟首脑会议在河内举行。东盟九国首脑与胡锦涛副主席、小渊惠三首相和金大中总统分别举行"9+3"和"9+1"非正式会晤
12月16日	美、英两国以萨达姆拒绝与联合国武器核查小组合作为由,对伊拉克的军事和安全目标发动了代号为"沙漠之狐"的军事打击
12月22日	由于美、英轰炸伊拉克,俄杜马决定停止审议俄美第二阶段削减战略武器条约的工作
12月25日	叶利钦与卢卡申科签署关于俄白两国建立联盟国家宣言、居民权利平等条约和为两国经营主体创造平等条件协议

1999年

1月1日	欧元正式启动
1月30日	北约理事会举行大使级特别会议,授权北约秘书长索拉纳决定对南联盟动武的时机

2月6日	南联盟政府与科索沃阿族代表就有关科索沃问题的和平谈判在巴黎郊区的朗布依埃镇正式举行
2月22日	俄罗斯再次声明反对在任何情况下对南联盟使用武力
2月23日	南联盟政府和科索沃阿族代表团就科索沃自治"原则上"达成协议,和平谈判将于3月15日继续举行
3月15日	第二轮科索沃问题和谈在巴黎举行
3月18日	因南联盟拒绝在和平协议上签字,科索沃问题巴黎和谈破裂
3月23日	北约秘书长索拉纳发布命令,决定对南联盟进行大规模空中打击。南联盟宣布进入"直接战争危险状态"
3月25日	南联盟宣布断绝同美、法、英、德四国的外交关系
3月26日	中国常驻联合国代表秦华孙在安理会发言说,中国强烈反对北约对南联盟采取军事行动
3月29日	第二届亚欧外长会议在柏林举行,会议通过了《主席声明》,重申各国进一步加强亚欧合作、致力于建立亚欧新型伙伴关系的决心
3月30日	俄罗斯总统叶利钦表示,不允许俄卷入南联盟的武装冲突
4月1—30日	北约连续对南联盟的军用和民用设施进行轰炸,国际社会继续谴责北约空袭,并为政治解决科索沃问题做出各种努力
4月6—14日	朱镕基总理访问美国,朱镕基总理与克林顿总统就中国加入世贸组织问题发表联合声明,中美双方签署《中美农业合作协议》等文件
4月23—25日	北约在华盛顿举行首脑会议,庆祝北约成立50周年,并通过了面向21世纪的新战略
4月30日	柬埔寨被东盟接纳为第十个成员国
5月5日	欧洲议会批准意大利前总理普罗迪出任欧盟委员会新主席
5月6日	西方七国及俄罗斯的外交部长在波恩举行会议,就政治解决科索沃危机达成原则协议

5月7日	北约导弹袭击了中国驻南联盟大使馆,造成3名记者死亡,20多人受伤
5月8日	中国政府发表严正声明,最强烈抗议以美国为首的北约袭击我驻南斯拉夫大使馆。当晚,奥尔布赖特国务卿和美其他高级官员前往中国驻美大使馆,就此事向中国政府表示道歉。同日,联合国安理会应中国代表要求召开紧急会议,就以美国为首的北约袭击中国驻南使馆一事进行紧急磋商和公开辩论
5月9日	克林顿总统致信江泽民主席,对中国驻南使馆被炸"表示道歉"
5月10日	外交部长唐家璇再次就北约袭击中国驻南使馆向美国驻中国大使尚慕杰提出严正交涉。同日,克林顿在白宫讲话中,向中国领导人和人民表示道歉。奥尔布赖特在国务院就此事件再次表示"深切悲痛",并称北约将向中方提供关于此事件发生的原因的全面说明
5月11—12日	由日、美、欧盟和加拿大贸易部长参加的四方贸易部长会议在东京举行,并发表声明支持中国年内加入世界贸易组织
5月18日	德国总理施罗德和法国总统希拉克发表联合声明,坚决支持中国加入世界贸易组织
6月1日	南联盟发表声明,接受八国集团就结束北约空袭提出的协议
6月10日	南联盟开始从科索沃撤军,北约宣布暂停空袭
6月12日	俄罗斯的一支200人的维和部队未经通知北约,抢先进入科索沃首府普里什蒂纳。同日下午,由英国士兵组成的第一批北约地面部队进入科索沃
6月16日	美总统特使皮克林,在北京向中国政府报告美国政府对北约袭击中国驻南使馆事件的调查报告。中国政府指出,美方必须做出令中国人民满意的交代
6月17日	南联盟军队和警察全部撤出科索沃,北约正式宣布停止对南联盟的轰炸

6月28—29日	第一届欧盟—拉美首脑会议在里约热内卢举行,会议发表了《里约热内卢声明》和《行动计划》
7月1日	南联盟外交部正式发表了题为《北约对南联盟空袭罪行》的第一卷白皮书
7月24日	东盟成立了东南亚无核区委员会,以负责监督《东南亚无核区条约》的落实情况
7月28—30日	中美关于美国轰炸中国驻南使馆造成人员伤亡和财产损失的赔偿问题在北京举行第二轮谈判。双方就中方伤亡人员的赔偿问题达成共识。美方将向中方支付450万美元的赔偿金
8月5—9日	朝鲜半岛问题四方会谈第六次会议在日内瓦举行
8月24—26日	中、俄、哈、吉、塔五国首脑在比什凯克举行会晤,并发表声明
8月25日	江泽民同阿卡耶夫和纳扎尔巴耶夫签署中、吉、哈三国国界交界点协定
8月26日	江泽民同阿卡耶夫签署中吉国界补充协定
9月5日	巴、以签署《沙姆沙伊赫备忘录》,埃及和美国作为见证方也在协议上签字
9月13日	亚太经合组织第七次领导人非正式会议在奥克兰举行,会议通过了《奥克兰挑战》宣言
10月6日	北约秘书长索拉纳卸任,英国现任国防大臣罗伯逊于本月中旬接任北约秘书长
10月13日	美国参议院未能批准《全面禁止核试验条约》的决议案
11月18—19日	欧洲安全与合作组织首脑会议在伊斯坦布尔举行,会议签署了《欧洲安全宪章》等文件
11月28日	第三次东盟领导人非正式会议在马尼拉举行。同日,东盟十国和中、日、韩三国领导人举行第三次非正式会晤,并发表《东亚合作联合声明》
12月1日	第54届联大通过了由俄、中、白俄罗斯共同提出的"维护和遵守《反弹道导弹条约》"的决议
12月2日	北爱尔兰自零时起实行地方自治

12月13日	俄国家杜马批准俄白联盟条约
12月14日	美国和巴拿马在巴拿马城为巴拿马运河回归举行交接仪式
12月16日	中美就美国轰炸中国驻南使馆的赔偿问题达成协议,美国将向中国政府支付2800万美元,作为对中方财产损失的赔偿
12月20日	中葡两国政府关于澳门政权交接仪式在澳门隆重举行
12月31日	叶利钦总统宣布辞职,普京被任命为代总统。普京强调,俄将继续执行叶利钦制定的对外政策

2000年

1月11日	普京代总统签署了关于批准《俄联邦国家安全构想》的命令。该安全构想明确表示反对单极世界,重申应建立多极世界,并强调俄罗斯要在这一过程中发挥作用
1月22—23日	环印度洋地区合作联盟部长理事会特别会议在安曼举行,中国被接纳为该组织的对话伙伴国
1月27日	克林顿总统发表国情咨文,呼吁国会支持中国加入世贸组织
2月1日	美国国会众议院通过旨在加强美台军事关系的《加强台湾安全法》
2月2日	外交部副部长杨洁篪召见美国驻华大使普理赫,就美众议院通过《加强台湾安全法》向美提出严正交涉
2月9日	朝鲜和俄罗斯在平壤签署了《朝俄友好睦邻合作条约》
2月11日	英国政府宣布对北爱尔兰恢复直接统治
2月22日	外交部发言人发表谈话指出,中国无意参加八国集团首脑会议及其有关活动
2月24日	俄罗斯发表公告,强烈反对美国和日本关于在亚太地区建立战区导弹防御系统的设想
3月8日	克林顿政府向国会提交了给予中国永久性正常贸易关系地位的议案

3月26日	俄罗斯进行总统大选,普京当选为俄联邦第三届总统
4月4—5日	日本首相小渊惠三病情严重,小渊内阁辞职,日本国会选举自民党新总裁森喜朗为内阁首相
4月7—9日	西方七国集团和俄罗斯环境部长会议在日本大津市举行,并通过《京都议定书》
4月10日	俄罗斯与欧盟在卢森堡宣布,双方决心进一步巩固双边合作伙伴关系,并将其发展成"长期战略伙伴关系"
4月14日	俄罗斯国家杜马批准了美俄《第二阶段削减战略武器条约》,克林顿对此表示欢迎。俄联邦委员会(议会上院)于9日批准该条约
4月21日	俄罗斯国家杜马批准了《全面禁止核试验》
5月1日	法国驻联合国裁军大使代表中、法、俄、英、美五个核大国向在联合国总部举行的《不扩散核武器条约》2000年审议大会提交一份联合声明说,五国将继续履行该条约规定的所有义务,并努力通过谈判实现最终全面销毁核武器的战略目标
5月7日	俄罗斯当选总统普京宣誓就职
5月17日	普京签署命令,正式任命卡西亚诺夫为政府总理。同日,俄罗斯联邦委员会批准了《全面禁止核试验条约》
5月19日	中国与欧盟就中国加入世贸组织达成协议
5月24日	美国众议院通过了对华永久性正常贸易关系议案
6月4日	普京与克林顿在莫斯科就全球战略稳定等问题举行会谈,双方签署了关于战略稳定原则的联合声明
7月1日	阿富汗敌对的两大武装派别爆发了今年以来规模最大的战斗
7月5日	中、塔、俄、哈、吉五国元首在杜尚别举行第五次会晤,五国元首共同签署《杜尚别声明》
7月21日	普京在与克林顿会晤时重申,俄反对美国发展国家导弹防御系统
7月26—29日	首届东盟与中日韩外长会议、第七届东盟地区论坛会议、东盟与对话国会议先后在曼谷举行

7月27日	中国和白俄罗斯发表关于在21世纪加强全面合作的联合声明
8月30日—9月1日	各国议会联盟千年议长大会在联合国总部举行,并通过宣言
9月1日	克林顿总统宣布暂不授权部署国家导弹防御系统
9月6—8日	联合国千年首脑会议在联合国总部举行,并通过一项宣言
9月7日	联合国安理会首脑会议在联合国总部举行,会上通过了首脑会议的决议和宣言
9月19日	美国参议院以压倒性多数通过了对华永久正常贸易关系议案
10月3日	印度总理瓦杰帕伊与俄罗斯总统普京在新德里宣布,印俄两国建立战略伙伴关系
10月5日	中、法、俄、英、美五个核武器国家联合发表声明,欢迎蒙古关于在其全境建立无核武器区的声明,并愿意向蒙古提供不使用或威胁使用核武器的安全保证
10月10日	克林顿签署对华永久正常贸易关系议案,该议案正式成为美国法律
10月10—12日	"中非合作论坛——北京2000年部长级会议"在北京举行,会议通过《北京宣言》等文件
10月20—21日	第三届亚欧会议在汉城举行,会议通过了《第三届亚欧会议主席声明》、《2000年亚欧合作框架》和《朝鲜半岛和平汉城宣言》三个文件
11月1日	第55届联合国大会一致同意接纳南联盟为联合国会员国
11月16日	亚太经合组织第八次领导人非正式会议在文莱的斯里巴加湾举行,会议通过《领导人宣言》和《新经济行动议程》
11月17日	南联盟宣布恢复同美、法、英、德四国的外交关系
11月24—25日	第四次东盟—中、日、韩领导人会晤("10+3")和中国—东盟领导人会晤("10+1")分别在新加坡举行

12月6日	联合国安理会发表主席声明,重申安理会谴责一切形式的恐怖主义活动,敦促那些尚未成为反恐怖国际公约缔约国的国家早日加入这一公约,共同打击恐怖主义
12月7—11日	欧盟首脑会议在法国尼斯举行,会议通过了《尼斯条约》。与会各国还签署了《欧洲基本权利宪章》